Владимир
Войнович

ВЛАДИМИР ВОЙНОВИЧ

Автопортрет

РОМАН МОЕЙ ЖИЗНИ

ЭКСМО

МОСКВА
2010

УДК 82-3
ББК 84(2Рос-Рус)6-4
В 65

Войнович В.

В 65   Автопортрет : Роман моей жизни / Владимир Войнович. — М. :
Эксмо, 2010. — 880 с.

ISBN 978-5-699-39002-1

Новый сенсационный роман-мемуар Владимира Войновича «Автопортрет. Роман моей жизни»!

Автор легендарной трилогии о солдате Иване Чонкине, талантливый художник-живописец, поэт, драматург, журналист и просто удивительно интересный человек — Владимир Войнович на страницах своей новой книги пишет не только о себе, но и о легендарном времени, в которое ему выпало жить, любить и получить всенародные признание и почет.

Эту книгу ждали очень долго, и вот она перед вами!

УДК 82-3
ББК 84(2Рос-Рус)6-4

ISBN 978-5-699-39002-1

Предисловие

Намерение написать автобиографию развивалось во мне постепенно и вначале как ответ на попытки разных людей по недоброжелательству или неведению изобразить события моей жизни, мои побуждения, поступки и дела в желательном для них виде. Реакцией на подобные домыслы стали когда-то мои книги «Иванькиада» (1976), «Дело № 34840» (1992) и «Замысел» (1994). Однако в тех книгах я рассказал только об отдельных эпизодах своей жизни, а к полному жизнеописанию меня побудила газета «Новые известия», с которой я некоторое время плодотворно сотрудничал. Прервал я это сотрудничество, когда понял, что за заданным темпом не поспевал, и мои тексты не всегда совмещались с газетными возможностями: то не влезали, то были слишком короткими. Тем не менее я остался благодарен газете и ее главному редактору Валерию Якову, подвигнувшему меня на это сотрудничество.

В конце концов вот написал все, как было. Может быть, отдельные факты перепутал, но намеренно не врал. Изобразил ли я себя таким, каков есть на самом деле? Не знаю. Большинство людей имеют слабое представление о своей анатомии. А тем более о своих физических, умственных и душевных возможностях. Мнение человека о самом себе — это всего лишь одно из мнений. Оно бывает порой настолько необъективным, что может быть приравнено к лжесвидетельству. Но в том случае, когда человек к объективности более или менее честно стремится, его представление о себе вряд ли будет вполне адекватным. Потому что себя самого он знает лишь приблизительно и в большинстве случаев увеличить это знание даже не пытается.

Я пытался.

Лет с двадцати.

Поэтому мою биографию можно считать не только чередой находок, потерь, иллюзий, разочарований, накоплением опыта и чем-то еще, но и растянувшейся на всю жизнь попыткой самопознания, что лишь частично отражено в этой книге.

Часть первая
Сопротивление материала

ВРАГ НАРОДА И МАЛОЛЕТНИЙ ВЛАДИМИР

Только прожив много лет, начинаешь всерьез понимать, что жизнь действительно коротка. Жаловаться мне вроде бы не пристало. От своей длинно-коротой жизни я получил гораздо больше того, чего ожидал вначале. Но, может быть, меньше того, на что был рассчитан. Потому что в начале жизни никаких талантов в себе не отмечал, да и родители мои ничего такого во мне тоже не видели. Мама, боясь, очевидно, впасть в распространенные родительские преувеличения, часто говорила: «Я знаю, что у моих детей (у меня и у младшей сестры Фаины) никаких особых способностей нет». Нет, так нет, и я все детство и юность провел, ни к чему не стремясь, беря от жизни только то, что она мне подсовывала, не надеясь на сколько-нибудь интересное будущее. В известном анекдоте один человек спрашивает другого: «Рабинович, вы умеете играть на скрипке?» Ответ: «Не знаю, не пробовал». Ответ смешной, но не лишенный смысла. Для того, чтобы понять, можете ли вы играть на скрипке, надо хоть сколько-нибудь поучиться, попробовать. Меня в детстве не учили играть на скрипке, не водили на каток, не записывали в драмкружок, изостудию или в хоккейную секцию. И вообще судьба недодала мне кое-чего, обделенность чем я чувствовал всю жизнь. Тем более что судьба недодала мне чего-то такого, недостаток чего я чувствовал всю жизнь. Учился я нормально только в первом классе, а потом еще два месяца в деревенской школе, три года в вечерней школе рабочей молодежи и из десяти классов средней школы окончил пять: первый, четвертый, шестой, седьмой и десятый. Полтора года ходил в педагогический институт за стипендией. Лекции посещал редко, а когда посещал, то слушал, но не слышал, — голова была занята другим. Из известных мне литераторов моего поколения, кажется, только Владимир Максимов учился еще меньше меня. Но заменой формальному образованию стал для меня тот жизненный опыт, который Горький назвал своими университетами. В этих университетах я научился пасти телят, запрягать лошадь, управлять волами, сторожить огород, а впоследствии овладел профессиями столяра, слесаря и авиамеханика и узнал о жизни много подробностей, неизвестных людям, окончившим нормальные учебные заведения.

Есть сложившееся мнение, что для любого писателя важна его душевная привязанность к тому, что называется малой родиной. Он может писать о чем-то, казалось бы, совершенно не связанном с его личной биографией, но все равно за всем, что он пишет, маячат околица, или крылечко, или березка, или подъезд, соседи, школа, товарищи, любимая учительница. В моей памяти таких примет не сохранилось, потому что до двадцати четырех лет ни на одном месте я долго не задерживался и, только попав в Москву, осел в ней, за вычетом девяти лет эмиграции, можно сказать, навсегда. А до Москвы менялись города, деревни, гарнизоны, школы, соседи, товарищи, наречия, природа и ее дары. Урюк в Таджикистане, паслён в Ставрополье, брусника и клюква на кочках вологодского леса, вишня ведрами на запорожском базаре. Могилы родных тоже раскиданы. Один дед похоронен в Ленинабаде, другой — на Донбассе, одна бабушка — в Запорожье, другая — в городе Октябрьский в Башкирии, мама — в Орджоникидзе (не во Владикавказе, а в более чем захолустном городке Днепропетровской области), папа — в Керчи, сестра — в Запорожье, жена — в Мюнхене, дочь Марина — в Москве. На могилах дочери и жены я бываю регулярно, остальные не посещаю годами по недостатку возможностей, утешаясь тем, что после меня ухаживать за ними все равно будет некому и они запустеют. Сейчас или через десять лет — для вечности, в которой они пребывают и где я скоро к ним присоединюсь, разница небольшая. Да и что с моей могилой будет, меня мало волнует.

Но мне еще повезло. У меня были мать и отец, бабушки-дедушки, а с отцовской стороны известны даже очень отдаленные предки. А вот мой друг Миша Николаев вырос, не имея о родителях никакого представления. У него были причины думать, что их обоих в 37-м году расстреляли, но кто они были и хотя бы как их звали, он пытался узнать, но не узнал, и всю жизнь так и прожил под фамилией, данной ему в детдоме. В детдоме дорос до армии, из армии попал в лагерь и просидел около 20 лет. Потом Миша написал книгу про детдом и не знал, как назвать. Моя жена Ира посоветовала так и назвать: «Детдом», что он и сделал. А я ему советовал написать трилогию: «Детдом», «Дурдом» и «Заключение». Мише мой совет понравился, но воспользоваться им он не успел...

Однако вернусь к себе. Родился я 26 сентября 1932 года в Сталинабаде, бывшем и будущем Душанбе, столице Таджикистана. Отец мой, Николай Павлович, в то время работал в республиканской газете «Коммунист Таджикистана», в 1934 году был первым редактором областной газеты «Рабочий Ходжента» (впоследствии «Ленинабадская правда»). Мать моя, Роза Климентьевна Гойхман, работала с ним. Я обычно в автобиографии указываю, что мать была учительницей математики, но учительницей она стала позже... В 1936 году отец вернулся в газету «Коммунист Таджикистана» на должность ответственного секретаря. Летом того же года отца арестовали за, как было сказано, пр/пр (преступления), предусмотренные статьей 61 УК Таджикской ССР или 58/10 УК РСФСР — антисоветская агитация и пропаганда.

Забегу вперед. В феврале 1992 года я пытался добыть в КГБ мое дело об отравлении меня в 1975 году агентами госбезопасности в гостинице «Метрополь» (об этом подробно в книге «Дело № 34840»). Дела не добыл, но, чтобы отвязаться от меня, гэбисты, приложив некоторые усилия, нашли в Ташкенте (не знаю, как они там оказались!) и привезли в Москву две пожухлые, выгоревшие, облезлые, залапанные сотнями рук папки. Дело номер 112 по обвинению Глуховского, Хавкина, Салата и Войновича в контрреволюционной деятельности.

У меня было слишком мало времени для изучения папок, поэтому первыми тремя обвиняемыми я интересовался не очень и сосредоточил все свое внимание на четвертом — Войновиче Николае Павловиче, бывшем члене ВКП(б), бывшем ответсекретаре газеты «Коммунист Таджикистана», ныне без определенного места жительства и определенных занятий, ранее не судимом, женатом, имеющем сына Владимира четырех лет. Изъятое при аресте имущество: трудовой список, разная переписка, 2 записные книжки, газета «Коммунист Таджикистана», № 158 36-го года, и квитанция № 43801 на вещи в камере хранения Казанского вокзала города Москвы. Насчет остального имущества в «Анкете арестованного» вопросы сформулированы так: «...7. Имущественное положение в момент ареста. (Перечислить подробно недвижимое и движимое имущество: постройки, сложные и простые с.-х. орудия, количество обрабатываемой земли, количество скота, лошадей и прочее.) Ответ: Нет. 8. То же до 1929 года. Нет. 9. То же до 1917 года. Нет». Не было имущества ни в момент ареста, ни до 29-го, ни до 17-го годов.

А что касается обвинения, так вот...

Тихим июньским вечером того же 1936 года в «ленинской комнате» воинской части сидели трое, пили чай, как водится, мечтали о светлом будущем. И один из них, начальник штаба лагерных сборов Когтин (в протоколе допроса указано: грамотный, образование «нисшее»), выразил мнение, что коммунизм в одной отдельно взятой стране построить нельзя. Мой отец (грамотный, образование 3 класса реального училища) с Когтиным согласился. Третий участник разговора, инструктор политотдела Заднев (грамотный, образование высшее), своего мнения не имел, но потом решил, что высказывания первых двух носят враждебный нашему строю характер, о чем счел необходимым, как он сам показал, сообщить «в соответствующие органы». Заднева работники КГБ просили меня не упоминать, руководствуясь гуманными соображениями. Чтобы возможные потомки доносчика моими записками не были бы ненароком травмированы. Я подобной заботы о ранимых потомках не разделяю. Я не мстителен, у меня нет желания сводить счеты с Задневым, который вряд ли еще жив, и нет нужды огорчать его родственников, но фамилии называть надо. В назидание теперешним и будущим сволочам, которые должны понимать, что они ответственны перед собой, перед своей фамилией и перед потомками, которым потом, может быть, придется либо гордиться, либо стыдиться своих корней.

Что сталось с необразованным Когтиным, я не знаю, но отец был уволен с работы, арестован и причислен к группе таких же активных контрреволюционеров и троцкистов, как сам. Всей группе из четырех человек и каждому ее участнику по отдельности были предъявлены обвинения в активной антисоветской деятельности.

Дело номер 112 содержит два тома — 279 и 195 листов. Постановления, протоколы допросов и очных ставок, показания, собственноручно написанные и собственноручно подписанные. Там есть обвинения в развале работы в редакции и в отказе публиковать статьи против врагов народа, но главное вот это: «контрреволюционное троцкистское высказывание о невозможности построения коммунизма в одной отдельно взятой стране».

Отца арестовали в Москве, куда он ездил добиваться правды, оттуда перевезли по этапу из Москвы в Сталинабад, и полтора года, днем и ночью, люди скромных чинов и высоких рангов повторяли один и тот же вопрос: «Следствие располагает данными, что вы, будучи на лагсборе в 1936 году, июнь месяц, среди работников штаба и политотдела допустили явную контрреволюционную троцкистскую трактовку о невозможности построения в одной стране коммунизма. Дайте следствию показания, от кого вами заимствованы эти формулировки». Вопрос задается бесконечное количество раз, и отец бесконечно отвечает: «Эти формулировки я ни у кого не заимствовал. Говорил о невозможности построения не вообще коммунизма, а полного коммунизма в условиях капиталистического окружения».

Изо дня в день, из ночи в ночь одно и то же: «Вы сказали, что не верите в построение коммунизма». А он каждый раз вносит в протокол уточнение: «полного коммунизма». Причем не вообще когда-нибудь, а в условиях капиталистического окружения. «Формулировки свои. Ни у кого не заимствовал. Виновным себя ни в чем не признаю. Может быть, стоило почитать кое-какие теоретические труды по этому поводу, но формулировки свои. Ни у кого не заимствовал. Говорил о невозможности построения не вообще коммунизма, а полного коммунизма в условиях капиталистического окружения, но в возможности построения неполного коммунизма не сомневался». — «А вот Заднев показывает, что вы говорили не о полном коммунизме, а о коммунизме вообще». — «Нет, я говорил только о полном коммунизме, а что касается Заднева, то он человек образованный, у него, как он сам всегда говорит, высшее философское образование, он мог бы нас с Когтиным поправить, но он этого почему-то не сделал». — «Вы говорили, что Литвинов троцкист?» — «Нет, я говорил, что Литвинов пьяница, но что троцкист, не говорил». — «На городской партийной конференции вы повторили свои контрреволюционные утверждения о невозможности построения в одной стране...» — «Нет, на городской партийной конференции я говорил не о возможности построения коммунизма вообще, а о возможности построения полного в одной отдельно взятой стране в условиях капиталистического окружения».

Я спрашивал отца, пытали ли его, он говорил — нет, если не считать того, что допросы были намеренно изнуряющие — по ночам, с наведением на подследственного слепящего света.

В июне тридцать седьмого года следствие было закончено и передано в суд. Трое подсудимых признали свою вину, отец не признал. Чем начал, тем и кончил: «Виновным себя ни в чем не признаю». Тем не менее всех четверых готовили... к чему бы вы думали? Конечно же, к смертной казни. Но наступала первая перестройка, оттепель, либерализация, возвращение к ленинским нормам. Специальная коллегия Верховного суда Таджикистана заседала в январе 1938 года, как раз в те дни, когда в Москве проходил знаменитый январский Пленум ЦК ВКП(б), на котором было сказано о допущенных органами НКВД перегибах. Железный нарком Ежов был заменен еще не железным Берией. Началось (хорошая формулировка того времени) **разбериавние,** в результате которого выяснилось, что в работе НКВД имелись определенные отдельные недостатки. В Москве аукнулось, в Душанбе откликнулось: четырем преступникам, высказавшим где-то кому-то какие-то мысли, был определен срок заключения: троим, признавшимся в своих преступлениях, — по десять лет лагерей, а отцу, непризнавшемуся, — всего лишь пять.

При вынесении отцу приговора суд учел смягчающие его вину обстоятельства (возможность построения коммунизма подсудимый отрицал лишь частично), а также низкий образовательный уровень подсудимого, наличие у него малолетнего сына Владимира и руководствуясь «революционным правосознанием и принципами пролетарского гуманизма».

Подсудимый, превратившись в осужденного, поехал на Дальний Восток, а малолетний Владимир остался с мамой, бабушкой Эней Вольфовной и дедушкой Климентом (это имя было переиначено на русский лад из Колмана, а отчества дедушки я не знал и до сих пор не знаю). Вскоре после ареста отца вместе с перечисленной родней Владимир переехал в город Ленинабад, где по будням посещал детский сад, учил буквы по плакату «Спасибо товарищу Сталину за наше счастливое детство», а в выходные дни ходил с бабушкой в женскую баню.

Не знаю, когда у отца наступило прозрение, до или после ареста, но из тюрьмы он каким-то образом ухитрился передать моей матери посвященное ей стихотворение с заключительным выводом: «Там, за этой тюремной стеною, твоя жизнь безнадежно черней».

ХОДЖЕНТ

Не веря во врожденные способности своих детей, мама не верила и в отдельные их проявления. И, очевидно, поэтому с видимым раздражением относилась к моим словам о том, что я помню, как мы в моем раннем детстве попали в автомобильную аварию (по-нынешнему ДТП).

— Ты никак не можешь этого помнить, — говорила она сердито, — тебе тогда не было и трех лет.

На мой вопрос, откуда же я тогда знаю то, о чем говорю, она никакого подходящего ответа не находила, но соглашалась, что такая авария имела место. Мы ехали в открытой легковой машине, шофер Борисенко притормаживал на поворотах и сигналил, но встречный автомобиль выскочил на полном ходу из-за скалы. От удара нашу легковушку отбросило, и мы чуть не опрокинулись в пропасть, а ударившая нас машина, не остановившись, умчалась. Подробностей я, конечно, не помню, но память сохранила удар и облако пыли.

Мне мои самые ранние воспоминания после аварии легко приблизительно датировать, деля их на две половины. Первая половина, до лета 1936 года, была прожита в Душанбе, как раз перед моим рождением переименованном в Сталинабад, а вторая, до мая 1941 года, протекла в Ходженте, переименованном в Ленинабад непосредственно накануне нашего туда переезда.

Из жизни в Сталинабаде я вывез постепенно угасающее воспоминание о няньке тете Зине и тряпичной кукле, названной в ее честь тоже Зиной. И еще — как меня снимали на редакционном балконе газеты «Коммунист Таджикистана». Фотограф, суя голову в черный мешок, обещал, что из объектива вылетит птичка, и я был очень огорчен, что птичкиного вылета не заметил, и даже хотел не из тщеславия, а исключительно ради птички, надеясь на этот раз не проморгать, сняться второй раз, но второго раза не случилось. Фотография была сделана до ареста отца, значит, не позже весны 1936-го, то есть мне было, примерно, три с половиной года.

От той неувиденной птички сохранился большой снимок лобастого мальчика в матросской курточке, держащего в руках журнал «Пионер» с фотографией рыболова на обложке. На том балконе мне удалось еще раз поохотиться за птичкой шестьдесят восемь лет спустя, когда я с журналистом Олегом Панфиловым навестил свою родину по случаю семидесятилетия газеты «Ленинабадская правда» (так был переименован «Рабочий Ходжента», и новое название сохранилось поныне).

Из душанбинского детства запомнились мне редкие катания с отцом на велосипеде, не очень удобный, но ни с чем не сравнимый способ передвижения на раме. А еще поездки с уже упомянутым редакционным шофером Борисенко в открытом автомобиле. Ветер бил в лицо, сзади струилась пыль, а шофер тешил меня и себя песней: «Эх, яблочко, куда котишься, попадешь ко мне в рот, не воротишься».

Вспоминается и такое: я перехожу дорогу, а на меня надвигается большой, красивый, коричневый, лакированный, страшный «ЗИС-101» со сверкающим никелем радиатором, огромными фарами, и я знаю, что в этом «ЗИСе» едет злой человек, враг народа Абдулло Рахимбаев. Он ездит специально, чтобы давить маленьких детей, и меня он тоже хочет задавить.

Тут в виде одного воспоминания выступают два, слившихся воедино. Должно быть, я видел машину, она меня восхитила и напугала, когда ее пассажир был еще не врагом народа, а председателем Совета народных комиссаров республики. Но потом он стал врагом народа, и тогда мне стало ясно, для чего он ездил по улицам на своем коричневом «ЗИСе».

Тогда Ходжент оставался почти таким, каким был и за тысячу лет до того, — одноэтажным, с грязными арыками, пыльными тополями и толстыми акациями, которые, как почтительно утверждало предание, были посажены Александром Македонским. И ничего удивительного: город и при мне жил, как до нашей эры.

Что-то и из новых времен там уже было. Железная дорога, редкие автомобили и бипланы «У-2», при появлении которых дети приходили в радостное возбуждение и выкрикивали что-то вроде обращенной к небу считалки: «Эроплан, эроплан, посади меня в карман. А в кармане пусто, выросла капуста...» — и дальше в том же духе. А на земле основными приметами пыльных улиц, дворов и базаров оставались верблюды, волы, ослы, бездомные собаки, слепой с лицом, побитым оспой, прокаженный с колокольчиком на шее, чайхана, таджики в стеганых халатах и с голыми брюхами, таджички с лицами, закрытыми паранджой из конского волоса.

Из обуви помнятся ичиги — мягкие сапоги очень хорошей кожи, без подошв, и галоши, блестящие, с красной ворсистой подкладкой и пупыристыми подошвами. Богатые люди ходили в ичигах с галошами, победнее — носили ичиги без галош, еще беднее — галоши без ичигов, а совсем бедные не имели ни ичигов, ни галош.

Это было время, когда люди ездили в пролетках и фаэтонах, белье стирали на ребристых стиральных досках, его же колотили толстыми рубчатыми кусками дерева и полоскали в реке. В чугунных утюгах с зубастыми крышками, какие теперь можно видеть только в музеях, раздували древесный уголь, простуженное горло полоскали керосином, а зубы драли так, что слышно было в другом квартале. Мелкие торговцы развозили по дворам на ишаках жвачки: кусок вара — пять копеек, кусок парафина — десять. На тех же ишаках прибывали к нам во двор восточные сладости: петушки, тянучки и самое вкусное блюдо на свете — что-то сбитое, кажется, из яичных белков с сахаром и еще с чем-то, белое, как снег, густое, как тесто, и сладкое, как сама сладость, под таджикским названием мишоло, переназванным русскими в мешалду.

На ишаках же, иногда запряженных в двухколесные тележки (а чаще в мешках, перекинутых через спину), возили молоко, уголь, дрова, да чего только не возили! На ишаке привезли нашему соседу, начальнику НКВД Комарову, мотоцикл, упакованный в деревянный ящик со стружками. На ишаках с зазывными криками разъезжали точильщики ножей и ножниц, лудильщики кастрюль и старьевщики.

Наша улица тянулась вдоль берега реки Сырдарьи и называлась Набережная. Между улицей и берегом была еще булыжная мостовая (с арыками по обе стороны), за ней луг, а уж за ним река, отгороженная от луга насыпной дамбой против наводнений. Берег был песчаный, пологий, там женщины купались в трикотажных рейтузах с резинками под коленями и в полотняных стеганых лифчиках, а мужчины либо в кальсонах, либо совсем нагишом — входя в воду или выходя, прикрывали причинное место ладонями. А на лугу, готовясь к битвам с мировым империализмом, тренировались кавалеристы в фуражках с опущенными под подбородок ремешками. Они скакали на лошадях, преодолевали препятствия и рубили лозу, взмахивая длинными, сверкающими на солнце шашками.

Мир, повторю, в целом оставался таким, каким был и при Александре Македонском. Мощность армии все еще измерялась количеством штыков или сабель. И в этой стране одержимые безумной идеей люди намеревались завоевать весь мир и путем насилия создать самое справедливое и процветающее общество.

ПЕРВАЯ ЛЮБОВЬ

Не знаю, устроено ли это было намеренно, но в той части Ходжента, где обитала наша семья, жили исключительно русские. Таджиков я воспринимал как иностранцев и встречал только за пределами этой части, не считая моей подружки Гали Салибаевой, а также мелких торговцев, нищих, сумасшедших и прокаженных, которые иногда забредали и к нам.

С Галей я дружил, и очень тесно. Мы ходили всегда вместе, взявшись за руки, она в таджикском шелковом платье с разноцветными расплывчатыми узорами, а я в коротких штанишках со шлейками и поперечными перемычками, в длинных чулках в рубчик, которые прикреплялись к ноге одним из двух одинаково неприятных способов. Либо резинкой, натягиваемой на ногу чуть выше колена, либо с помощью специального пояса вроде того, что носили когда-то женщины, с резинками и застежками. Первый способ был неудобен тем, что резинка постоянно съезжала и падала вниз, к щиколотке, а за нею туда же соскальзывал и чулок, второй же способ постоянно напоминал мальчику, что он еще не вполне полноценное существо и на него можно натягивать что кому вздумается, в том числе и предметы женского туалета.

Когда мы с Галей куда-нибудь шли, мальчишки из нашего и других дворов подбегали, загораживали нам дорогу, приплясывали, корчили рожи и выкрикивали: «Тили-тили тесто, жених и невеста, тесто засохло, а невеста сдохла. Жених плакал, плакал и в штаны накакал». Я огорчался, иногда даже готов был кинуться на дразнильщиков с кулаками, но Галя меня удерживала, утешала и обещала: «Когда ты вырастешь большой, я на тебе женюсь, а когда ты будешь старенький, я буду давать тебе таблетки и порошки и греть грелку».

В детском саду, под транспарантом с благодарностью товарищу Сталину, располагался большой портрет товарища Сталина, который держал на руках девочку, сам смеялся и смешил ее, щекоча ее правую щеку своим левым усом. Эта девочка-таджичка по имени Мамлакат, похожая на Галю, была немногим старше нас, но уже широко прославилась тем, что первая в мире догадалась убирать хлопок двумя руками, а не одной. Воспитательница тетя Паня рассказывала нам, что Мамлакат, достигнув очень больших успехов в уборке хлопка, была приглашена в Москву, в Кремль, где дедушка Калинин лично вручил ей орден Ленина, а Сталин поднял ее на руки.

Глядя на портрет, я завидовал, огорчался и думал, что, если бы меня послали на хлопок, я бы не хуже Мамлакат догадался убирать его двумя руками. Ведь додумался же я своим умом, что, если буквы, которым меня научила бабушка, приставлять одну к другой, из них сложатся слова. И с радостью убедился, что прав, прочтя то, что написано на транспаранте, название газеты «Известия» и вывеску «Продовольственный магазин». Так что я тоже не самый глупый мальчик и до двух рук сам бы непременно додумался. И тогда Сталин меня тоже поднял бы на руки.

ТЕТЯ ПАНЯ

По праздникам — 23 февраля, 1 мая и 7 ноября — к нам в детсад приводили кавалериста со шпорами на сапогах и с длинной саблей на боку. Он рассказывал нам о героической истории Красной Армии, о боях с коварными басмачами и давал потрогать саблю, впрочем, не вынимая из ножен. Нам в детсаду вообще рассказывали очень много важных вещей: о втором съезде РКП(б), о взятии Зимнего дворца, о коварных происках троцкистско-бухаринской оппозиции, и только наша воспитательница тетя Паня читала нам какие-то истории про зайчат, поросят и волков.

Тетя Паня, как я заметил, почему-то отличала меня от других и иногда во время обеда сажала за стол рядом с собой. Раза два или три она с разрешения мамы забирала меня на выходные дни к себе домой, где жила вместе со своей матерью. Там обе женщины развлекали меня и готовили мне обед, усаживали меня за стол, как взрослого, вернувшегося с тяжелой работы мужчину, и смотрели с умилением, как я ем.

Только став взрослым, я понял, что тетя Паня и ее мать жалели меня, потому что я жил без папы. Они, вероятно, знали, где был мой папа и почему.

ЕЩЕ О ГАЛЕ

Галю Салибаеву, свою подружку раннего детства, я помнил всю жизнь, и лет через тридцать с лишним после того, как мы расстались (а тогда нам было по восемь лет), был рад узнать, что и она меня не забыла. В семьдесят каком-то году мой друг Камил Икрамов (он еще не раз появится на этих страницах) зашел ко мне перед очередной поездкой в Среднюю Азию. Обычно он ездил на родину своего отца в Узбекистан, но на этот раз собирался по каким-то делам завернуть и в столицу соседней республики Душанбе. Я к нему обратился с нелепой на первый взгляд просьбой — найти некую Галю Салибаеву.

— А как, где, по каким признакам или приметам я буду ее искать? —

спросил Камил. — Ты знаешь хотя бы, чем она занимается или кто ее родители?

Точно я ответить не мог, но мне помнилось (и это было все), что ее отец как будто работал в Ленинабаде директором какой-то школы. Данных было слишком мало, чтобы на что-то надеяться. Но Камил из командировки вернулся с известием, которому сам был удивлен: Галю он нашел, и это было нетрудно. Она жива-здорова, хорошо меня помнит, передает привет и рада была бы встретиться.

— Но тебе вряд ли захочется встретиться, потому что она замужем и муж ее Председатель Верховного суда Таджикистана.

Если иметь в виду, что я в описываемое время был диссидентом, то есть лицом, пребывавшим практически вне закона, наша встреча вряд ли была бы приятна и ей. Прошло еще много лет, и в конце девяностых годов меня в Москве нашел по телефону муж Галиной дочери. Сказал, что Галя недавно умерла, но пока была жива, время от времени меня поминала и рассказывала домашним о нашем детском романе.

ЛЮДИ И ЖИВОТНЫЕ

Ходжент ввиду частых землетрясений был почти весь одноэтажный, таким был и наш дом, длинный, похожий на барак, но с отдельными, отгороженными друг от друга двориками — каждый на две семьи. В этих двориках жильцы разводили цветы и летом спали среди цветов на открытом воздухе. Моя кровать стояла рядом с кроватью моего друга Женьки Чепенко. Ложась спать, мы шепотом вели между собою нескончаемые дискуссии о том о сем. Например, о том, можно ли саблей перерубить толстое дерево. Или Женька начинал спорить, что он старше меня, потому что он тридцать первого года рождения, а я тридцать второго. С чем я никак согласиться не мог, точно зная, что тридцать два больше, чем тридцать один. Память о наших разговорах перед впадением в сон под низко висящими крупными звездами была бы приятной, если бы не укус скорпиона, которого я во сне случайно коснулся рукой. Боль от укуса была столь велика, что остаток ночи я бегал по двору и орал, перебудив всю округу.

Кроме отдельных двориков, было еще пространство между нашим домом и сараями, как бы общий двор, где водилась в больших количествах всякая живность, включая свиней, коз, кур, кошек и собак. Собаки все были бездомные, но опекаемые людьми: они жили у нас у всех, приходили в плохую погоду и ложились в коридоре. Иногда прибегали, поджав хвосты, прижимались к стене и мелко-мелко дрожали. Это значило, что вскоре во дворе появятся мерзкие люди — собачники, а с ними телега с клеткой, где уже воют отловленные животные, из которых потом, как говорили, изготовят вонючее черное мыло. Нашим собакам удавалось спастись, и когда опасность миновала, они проявляли известную деликатность и уходили во двор.

ПАПА В КОМАНДИРОВКЕ

В Ленинабаде, чем стал очень скоро Ходжент, мы жили сначала вчетвером: бабушка, дедушка, мама и я. Папа остался в Сталинабаде и у нас не появлялся. Поначалу меня это не удивляло: будучи журналистом, он и раньше пропадал, иногда подолгу. Но в конце концов я заметил, что отсутствие отца затягивается, и стал спрашивать у мамы, где папа. Мама отвечала: папа в командировке. Шло время, я все реже спрашивал, где папа, но, когда спрашивал, ответ всегда был один: папа в командировке.

Однажды я прибежал домой в слезах, когда мать была дома. Она кинулась ко мне:

— Что случилось?

— Мокрица сказал, что мой папа сидит в тюрьме, что он враг народа.

— Кто сказал? Мокрица? А ну-ка, пойдем!

Моего обидчика по прозвищу Мокрица, который был старше меня года на полтора, мы нашли во дворе. Увидев мою разъяренную маму, он попытался залезть на акацию. Мама подпрыгнула, стащила его на землю и схватила сразу за оба уха.

— Ты зачем говоришь, что наш папа в тюрьме? Наш папа в командировке. Это все знают, что наш папа в командировке. Ты понял, негодяй? Наш папа в командировке. Где наш папа?

— В командиловке! — проорал потрясенный Мокрица и зарыдал.

Я ходил в детсад, потом в школу, а командировка отца все никак не кончалась. Облик его в моей памяти стал постепенно размываться, и одно только я помнил хорошо: у него была родинка справа над верхней губой.

КОРНИ

Гордиться своими предками так же глупо, как и своей национальностью, но знать свою родословную, если есть такая возможность, по крайней мере, интересно.

В начале семидесятых годов двадцатого века в Америке вышла и стала бестселлером книга Алекса Хейли «Корни» (Roots). Чернокожий автор искал в Африке и нашел сведения о своих отдаленных предках, которые, хотя вряд ли берегли свою генеалогию, какую-то память о себе все же оставили. После этой книги многие американцы кинулись копаться в своих родословных. Примерно то же произошло и в России с некоторым запозданием. Советские люди часто своих корней не знали и знать не хотели или, зная, но, будучи непролетарского происхождения, скрывали, зато после крушения советского строя розыски родословных стали популярны, как кладоискательство.

Мне ничего искать не пришлось. Уже когда я был в эмиграции и жил под Мюнхеном, бывший артиллерийский полковник из Югославии Видак Вуйнович прислал мне книгу своего сочинения: «Войновичи, Войновичи, Вуйновичи и Вуйиновичи», где наше общее родословие расписано начиная с 1325 года. Родоначальником нашей фамилии был некто Воин, князь Ужицкий, воевода и зять сербского короля Стефана Дечанского. После него по мужской линии в нашей ветви известны все члены рода до единого, включая меня и моего сына Павла. Что меня больше всего удивило, что я всего лишь 16-й потомок этого человека. Всего-навсего. Вот полный список моих предков по отцовской линии. У Воина были три сына: Милош, Алтоман и Войислав. Через Войислава род продолжился так: Стефан—Дейан—Джуро—Милош—Воин—Вуйо—Милош—Воин—Александр—Шпиро—Никола—Павел—Николай — и я. Если представить, что каждый член нашего рода знал деда, отца, себя, сына и внука (что вполне возможно), то три человека могли лично знать всех живших в течение шести с половиной веков. На территории бывшей Югославии национальность человека чаще всего определяется его религией, что наглядно демонстрирует род Воина. Второй его сын Алтоман, став взрослым, принял ислам, то есть превратился, насколько я понимаю, в боснийца. В девятнадцатом веке историк Коста Войнович «покатоличил» (то есть перешел в католики) и говорил о себе так: «Я по рождению серб, по мировоззрению хорват, а по вере католик». Сыновья его Луйо и Иво уже считались просто хорватами. Но дочери Луйо Ксения и Марица вернулись в православие и стали опять сербками. Иво считается хорватским писателем, классиком. Все его творчество проникнуто идеей слияния сербов, хорватов и словенцев в единый народ. Кажется, именно он был инициатором того, чтобы общий язык сербов и хорватов назывался не сербским и не хорватским, а сербохорватским. Некоторые потомки Воина сами стали родоначальниками. От Алтомана пошли Алтомановичи, от одного из Милошей — Милошевичи. А еще от разных потомков Воина пошли Войиславовичи, Сердаровичи, Лаличи, Дондичи и проч., и проч., и проч.

Воин был, наверное, самой важной персоной в нашем роду, но и после него были люди, прославившиеся на том или ином поприще: писатели (Иво Войнович из них самый известный), генералы и адмиралы итальянские, австрийские, русские. Были даже венецианские дожи. Один австрийский генерал упоминается в «Похождениях Швейка». Два адмирала Войновича служили в России одновременно в XVIII веке. Йован участвовал в Чесменском сражении под водительством Потемкина, Марко командовал Каспийской флотилией, потом первым на Черном море линейным кораблем «Слава Екатерины», а затем и всем Черноморским флотом (его сменил Ушаков). Главная пристань Севастополя, названная Графской в его честь, как ни странно, даже в советское время сохранила свое название. Мои предки поближе были не столь именитыми, но тоже моряками. Прапрадед Шпиро (Спиридон) на Адриатике в Которской бухте имел собственный флот, его отец Александр был капитаном и градоначальником города Херцег-Нови, шесть сыновей Шпиро были капитанами дальнего плавания. Во второй половине XIX века все шестеро пришли в Россию и здесь остались. Мой прадед Николай Спиридонович никаких дворянских званий уже не имел, но стал Почетным гражданином Одессы. На нем и на его братьях морская линия Войновичей прервалась, его дети стали людьми сухопутными. Мой дед Павел Николаевич родился в 1877 году в Одессе, но затем жил далеко от моря, в городе Новозыбков — до революции Черниговской губернии, а потом Брянской области, там родился и мой отец.

Предки мои были во многих поколениях многодетны: у Александра было шесть дочерей и четыре сына, у Шпиро — шесть сыновей и одна дочь, у прадеда Николы — шесть сыновей, у деда Павла — два сына и дочь, у моего отца — сын и дочь, у меня — две дочери и сын. Сын пока не женат, и, если у него не будет сына, эта ветвь нашего рода исчезнет. По мере захирения нашего рода истощалось и благосостояние. От флота, которым владел Шпиро, его сыновьям досталось по кораблю, а одному из его внуков — моему дедушке — ничего не перепало. По семейному преданию, дедушка рос очень застенчивым мальчиком и заикался. Стесняясь заикания, бросил школу, за что родителями был лишен наследства. Может, оно и к лучшему. Пережил революцию, гражданскую войну и в 1935 году пятидесяти восьми лет от роду умер своей смертью. А слишком умных, образованных, богатых да к тому же иностранного происхождения большевики убивали.

ДЕДУШКИНЫ МЕЛЬНИЦЫ

Моих предков по материнской линии я не знаю никого дальше дедушки с бабушкой, евреев из местечка Хащеваты Гайворонского уезда Одесской губернии. Мой еврейский дедушка (насколько я помню мамины рассказы) был человеком малограмотным, но управлял мельницей. Мама говорила «управлял», и я думал, что он был управляющим, но через много лет после смерти мамы я встретил одного нашего престарелого родственника, который мне сказал: «Твой дедушка Колман был голова и имел три собственные мельницы в Одесской губернии».

Теперь понятно мне, почему в двадцатых годах (опять не очень ясный мамин рассказ) чекисты арестовали его, пытали и отбили почки, требуя выдать спрятанное золото. Не знаю, было ли у него это золото (может быть), выдал ли он его (наверное, выдал), но от прошлого состояния при мне уже не было никаких следов и никаких благородных металлов, не считая дедушкиного серебряного портсигара, маминых золотых коронок и маминых воспоминаний о том, что дедушка любил хорошо одеваться и любимой его поговоркой была: «Я не настолько богат, чтобы покупать дешевые вещи».

Все эти рассказы никак не вяжутся с образом бедного старика, оставшимся в моей памяти.

Другой дедушка, Павел Николаевич, которого я совсем не помню, был мелким железнодорожным служащим в городе Новозыбков. Его жена Евгения Петровна служила народной учительницей и получала жалованье 30 рублей в месяц. Не знаю, сколько получал дед, но знаю, что они имели трех детей и держали прислугу.

Происхождением Евгении Петровны я при жизни ее не интересовался, а теперь и спросить некого, кроме моего двоюродного брата Севы, но он и сам не знает почти ничего. Кажется, она была дочерью полицмейстера Тирасполя. Когда перед самой войной мы с ней встретились, у нее от прошлой жизни еще оставалось несколько вилок-ложек фамильного серебра, на них было выгравировано «Мировъ». Еще я слышал, что фамилия отца ее была Моргулец, и не слышал, а знаю, что родной брат ее звался Ивановым.

КТО НАПИСАЛ «ХОБОТ»?

У меня накопилась большая коллекция смешных казусов, связанных с моей фамилией.

Когда-то, получив первый более или менее крупный гонорар, я купил себе мотоцикл и пошел сдавать на права. Я очень хорошо подготовился, на все вопросы отвечал четко, чем и расположил к себе экзаменатора, майора милиции. Он взял мою карточку, прочел стоявшую там фамилию, переспросил:

— Войнович? — и посмотрел на меня очень благожелательно. — Известная фамилия. Писатель есть такой.

Я только за месяц до того напечатал свою первую повесть (гонорар был как раз за нее) и не ожидал, что слава придет так быстро. Я скромно потупился и согласился, что такой писатель действительно есть.

— И хороший писатель! — уверенно сказал майор. — Очень хороший! — И не успел я достаточно возгордиться, он уточнил: — Войнович написал книгу «Овод».

Это было не первый и не последний раз. В детстве, помню, подошли ко мне две женщины с вопросом, не мой ли папа написал «Овод». Я сказал, что не знаю. Они спросили, а как зовут папу. Я ответил:

— Николай Павлович.

— Ну, вот видишь, — торжествуя, сказала одна из женщин другой, — я же тебе говорила, что он.

Третий случай был связан с местом в кооперативном гараже. Мест этих было меньше чем заявлений, поэтому правление кооператива обсуждало каждую кандидатуру и затем решало вопрос в соответствии с чином заявителя, состоянием здоровья (инвалидам — предпочтение) и заслугами перед обществом. Когда очередь дошла до меня, один из членов правления, генерал милиции, поинтересовался: «А кто это?» Председатель правления сказала: «Вы разве не знаете? Это писатель». «Ах, этот! — вспомнил генерал. — Да за что же ему место, если он ничего кроме «Овода» не написал?

Кто-то засмеялся, а образованная председательница, скрывая улыбку, сказала:

— Ну уж место-то в гараже за «Овода» можно дать.

Вопрос был решен в мою пользу, и я несколько лет пользовался удобством, предоставленным мне за чужие заслуги.

Случай еще интересней был связан с моим соседом по коммунальной квартире пенсионером Александром Ивановичем Печкиным. Он книг моих не читал, но время от времени сообщал мне, что встретил мою фамилию в газете или отрывном календаре. А однажды просунул голову ко мне в дверь и сказал, скромно покашляв:

— По радио передают ваше произведение «Хобот».

— Как? — удивился я.

— «Хобот», — повторил сосед и удалился.

Я точно знал, что никаких «хоботов» не писал. Так что же это могло быть? Я включил радио, но, пока шарил по эфиру, искомая передача подошла к концу и диктор сказал:

— Мы передавали отрывки из романа Этель Лилиан Войнич «Овод».

Сначала моего отца, а потом меня многие люди подозревали в авторстве или родстве с автором «Овода», и только одна женщина, кассир в Хабаровском аэропорту, имела приблизительное представление о возрасте и половой принадлежности истинного автора.

— Извините, — смущенно полюбопытствовала она, выписывая мне билет, — это не ваша мама написала «Овод»?

Меня с Этель Лилиан путали много раз. Но прошло время, и однажды молодой человек, спрошенный, не читал ли он роман Войнич «Овод», ответил, что этого автора он знает только по книге о солдате Чонкине.

Признаться, такая путаница мне показалась более лестной, чем прежние.

ONE OF EACH

За границей меня с автором «Овода» не путали, потому что роман этот там мало известен, но в разных странах к моей фамилии отношение было разное. Немцы ее легко запоминают и, в отличие от русских, даже правильно произносят — с ударением на первом слоге. А вот многим американцам запомнить мою фамилию, а тем более правильно произнести бывает практически не под силу. Так же, впрочем, как и другие имена и фамилии славянского происхождения. Однажды в Принстоне, где я прожил около года, зашел я в местную копировальню размножить какие-то свои тексты. Тогда копировальные машины были еще громоздкие и слишком дорогие для частных пользователей, поэтому приходилось обращаться к услугам копировальных контор. Так вот пришел я делать копию, и человек, там работавший, спросил меня:

— Ваша фамилия Войнинионович?

Мне не хотелось возражать, и я сказал:

— Ну да, что-то вроде этого.

— Вот, — сказал он удовлетворенно. — Вашу фамилию я запомнил быстро. Но у меня ушло несколько лет на то, чтобы правильно произносить Солзеницкин.

И еще один эпизод, который зачем-то описал покойный Сергей Довлатов. Но поскольку это факт моей жизни, а не Довлатова, я хочу, чтобы он был известен читателю по первоисточнику.

Мы с женой, будучи в Нью-Йорке, посетили моего литературного агента Джорджа Боршардта. Мне нужны были срочно копии издательских договоров, а у агента, как назло, сломался ксерокс или, как они это называют, «зирокс». Одолжили документы на время, пошли опять же в копировальню. Тамошний работник взял мои бумаги, посмотрел на меня и спросил (с ударением на последнем слоге):

— ВойновИч?

Я удивился, что он меня узнал, но не настолько, чтобы прыгать от радости до потолка. Я не тщеславен и к тому, чтобы быть узнанным где попало, никогда не стремился. Я даже подумал, уж не собирается ли этот человек сказать мне, что он читал «Овод», и ответил настороженно:

— Да, это я.

Он опять спросил:

— ВойновИч?

Я еще больше удивился. Я же ему сказал, что я это я. Он что, глухой?

И только услышав вопрос в третий раз, я понял его.

— One of each? — спрашивал он, то есть (в русской транскрипции приблизительно «ван оф ич») «С каждого листа одну копию?».

Мне эта история показалась забавной, и я где-то ее описал. Зачем Довлатов пересказывал ее своими словами, я его спросить не успел.

ДОБРЫЙ ДЕДУШКА

Дедушку своего, маминого папу, я очень любил. Я его любил за то, что он был моим дедушкой, за то, что ни в чем мне не отказывал, качал меня на ноге и давал курить папиросы. А заслышав в коридоре шаги, испуганно отбирал окурок: «Мама идет!»

Он же подарил мне раскрашенную картонную лошадь, которая была названа Зиной, в честь куклы Зины, бывшей до лошади моей единственной игрушкой. Лошадь была с колесиками, и я на ней ездил, отталкиваясь от пола ногами. А когда (и не так уж редко) случались землетрясения, Зина по комнате скакала сама.

До поры до времени я обращался с лошадью гуманно, но однажды, пожелав узнать, что у нее внутри, разодрал ей морду по вертикальному шву и был очень разочарован. Внутри у нее не было ничего, кроме того же картона, но даже не крашеного, а просто и как попало покрытого засохшим клеем с подтеками. Стоило ли ради такого открытия портить великолепную лошадь? Тут надо еще и то отметить, что, надругавшись над лошадью, я ее сперва жалел, обнимал и просил прощения, но потом знание того, как она выглядит изнутри, очень меня к ней охладило, даже и кататься на ней не хотелось.

Дедушка часто чем-то болел и постоянно принимал касторку в желтых желатиновых облатках, сладких и приятных на вкус. Картонная коробка с этими облатками обычно стояла на тумбочке перед дедушкиной кроватью, я иногда до нее добирался и одну-две облатки заглатывал. Это, очевидно, вызывало в моем организме определенную реакцию, но я причину и следствие между собой не связывал и к чему именно приводило употребление касторки, не запомнил.

Я курил не только в присутствии дедушки, но порой и тайком, воруя папиросы у него же и у мамы. Курил, а окурки бросал в разорванную лошадиную пасть.

ТАТАРКА

В нашем доме поселилась татарская семья, из которой я запомнил только старуху. Она ходила по дорожке вдоль нашего дома, постукивая клюкой, сгорбленная, косматая. Лицо у нее было перекошено, изо рта торчали два зуба, из-под седых кос проблескивала розовая лысая макушка.

Она была страшна, как ведьма, и все дети ее боялись. При ее появлении шептали друг другу: «Татарка!» — и вели себя тихо, пока она не пройдет мимо.

Само это слово «татарка» таило в себе, как мне казалось, какой-то непонятный зловещий смысл. Мы все ее боялись, а где боязнь, там и ненависть, которую мы с моим другом Женькой Чепенко решили проявить.

Приготовили несколько камней, залезли на крышу сарая, стоявшего у самой дорожки, по которой ходила татарка. Стали ждать и дождались. Татарка появилась на дорожке. Постукивая клюкой, словно слепая, она медленно приближалась. Мы каждый взяли по камню и приготовились. Вот старуха поравнялась с сараем, вот она его миновала. Я не помню, что сделал Женька, но я размахнулся и кинул свой камень...

Всю жизнь помню, как этот камень летел и как я в эти секунды кому-то взмолился, чтобы он пролетел мимо. Но он мимо не пролетел. Он попал старухе точно в то место, где розовела проплешина.

Прошло с тех пор столько времени, что страшно сказать, а я все помню, как старуха выпустила клюку, схватилась за голову, присела и как жутко кричала. Вот и сейчас, мне кажется, тот крик буравит мои барабанные перепонки.

Помню и то, как мы с Женькой сползали с крыши на другой стороне сарая, и у меня дрожали руки и подгибались ноги от страха, что я старуху убил и вообще совершил что-то ужасное.

К счастью, ничего страшного не случилось. Старуха покричала, подобрала клюку, поднялась и пошла дальше. И потом постоянно появлялась на той же дорожке. Была она по-прежнему безобразна, но я помнил ее жуткий крик и понимал, что она никому никакого вреда принести не может. Тем не менее, встречая ее, каждый раз холодел от страха, что она узнала, кто кинул тот камень.

Допускаю, что, несмотря на укоры совести, старуха в конце концов ушла бы из моей памяти, но случилось вот что. Я сидел как-то дома один и цветными карандашами пытался нарисовать землетрясение. В дверь постучали, я открыл и увидел татарку. Обнажив свои два зуба, она улыбалась и протягивала мне старую тряпичную куклу с рыжими волосами, сделанными из чего-то вроде пакли.

— Что это? — спросил я, отступив и прижавшись спиною к стене.

— Это тебе, — сказала старуха. — Это подарок. У меня внучка померла, это осталось. Ты возьми, внучка будет рада.

Старуха ушла, а я прижимал куклу к себе, гладил ее конопляные волосы и плакал. Мне было жалко старуху, жалко ее умершую внучку и жалко себя за то, что я такой негодяй.

Эта кукла была, насколько я помню, моей последней в жизни игрушкой и второй куклой. Эту куклу я назвал, конечно, Зиной. И очень ею дорожил. Но такой любви, как к первым трем Зинам, все-таки не испытывал.

КРАЙ СВЕТА

Мне тоже однажды попало по голове, и даже посильней, чем татарке. Мы с тем же Женькой Чепенко играли в войну, и он в пылу сражения ударил меня трубой. Очнулся я на высокой больничной койке у окна.

Мне долго не разрешали вставать, я целыми днями смотрел в окно и ничего интересного не видел, кроме забора, выкрашенного ядовито-зеленой масляной краской. Но от забора я не мог оторвать взгляда, точно зная, что им отгорожен край света. Но что за этим краем, я просто представить себе не мог.

Потом, когда мне разрешили гулять во дворе, я кинулся к этому забору, нашел в нем дырку, приложил к ней глаз и был очень разочарован.

За краем света росли пыльные лопухи, и по ним ползали мухи, точно такие же, как и в нашем мире.

А У НАС ДЕДУШКА УМЕР

Вскоре после меня в ту же больницу попал и мой дедушка. Я ожидал, что он скоро вернется, но получилось не так. Я играл во дворе, когда там появилась мама:

— Вова, я должна тебе сказать, что наш дедушка умер.

Умер дедушка!

Я знал уже, что у других людей какие-нибудь родственники умирали.

А у нас — ну никто. И вдруг такое сообщение. Остаться равнодушным я, конечно, не мог и, завидев проходившего мимо Женьку, закричал:

— Женька! А у нас дедушка умер!

Только потом, когда привезли гроб и поставили посреди двора на две табуретки и я увидел дедушку, бледного, с закрытыми глазами, и он, когда я его позвал, не открыл глаза, не улыбнулся мне и ничего не сказал, я понял, что случилось нечто непоправимое и ужасное.

Мама и бабушка безутешно рыдали, и я рыдал вместе с ними, а потом еще плакал каждый раз, когда вспоминал, что дедушка умер.

И когда бывало так, что где-то я разыгрался, почему-то смеюсь и не могу остановиться, я вспоминал, что у меня умер дедушка, и сразу испытывал такое горе, что не до смеху.

Долго-долго многое из того, что я видел, напоминало мне об умершем дедушке.

P.S. Как я потом понял из маминых рассказов, дедушка умер от болезни почек, которые были отбиты у него в 20-х годах чекистами, искавшими золото.

РОДИНКА

В первом классе я учился, по выражению тети Наташи Касаткиной, из рук вон ужасно. Причина состояла не в том, что я был слишком туп, а в том, что несколько забежал вперед и на уроках бывало скучно. Ну, в самом деле, какой может быть интерес читать обязательно по складам (так требовала учительница) «Ма-ма мы-ла ра-му» мальчику, который давно уже знал грамоту настолько, что мог читать бегло газетные заголовки, вывески магазинов и рассказ Льва Толстого «Филиппок»?

Но самые ужасные мучения доставляли уроки чистописания, где меня учили писать с правильным наклоном и аккуратным нажимом, и я, в попытке достижения этой цели, выворачивал язык чуть ли не до самого уха, но никак не мог палочку, проводимую пером «Пионер», совместить с косой линейкой тетради. Линейка косилась в одну сторону, палка в другую, а иной раз и ни в какую, поскольку из-под пера «Пионер» вытекала и замирала фиолетовым головастиком жирная дрожащая клякса.

Результаты моих усилий оценивались учительницей однообразно, с употреблением наречия «очень». «Очень плохо!» — писала она красными чернилами с замечательным наклоном и идеальным нажимом.

За этими регулярными «очень» могли иметь место очень неприятные физические последствия в виде домашних колотушек, но я, будучи мальчиком сообразительным (очень, очень), по дороге из школы домой обнаружил некое здание, а в нем подвал с открытой форточкой, куда и сплавлял регулярно и целиком тетради по чистописанию, благо в те времена они стоили всего две копейки. Я опускал тетради в это окно точно так же, как окурки в морду лошади Зины. Не учтя того, что тетради, в отличие от окурков, были не безымянны (на каждой из них было хорошо, с наклоном и нажимом написано: «Тетрадь по чистописанию ученика 1-го класса «А» Войновича Вовы») и что Вова будет очень скоро разыскан обитателями подвала, которые доставят тетради в школу, а затем находку продемонстрируют и Вовиной маме. И у Вовы будут очень, очень большие физические неприятности.

Впрочем, надо признать, что мама по недостатку времени занималась мной нерегулярно. Днем она училась в педагогическом институте, а вечером работала. Когда она уходила в институт, я еще спал, когда она возвращалась с работы, я уже спал. Иногда, впрочем, между учебой и работой мама забегала домой, и тогда мы коротко виделись во время обеда.

Как раз в тот день так и было. Мама пришла, мы пообедали и разошлись: мама на работу, а я на двор, к сараям, где, оседлав свинью Машку, пытался овладеть приемами верховой езды. Во время этой тренировки прибежал Мокрица и сообщил, что меня спрашивает некий дядя.

Дядя оказался каким-то небритым оборванцем. На нем была старая и довольно рваная, с торчащими из нее клочьями грязной ваты телогрейка и стоптанные рыжие солдатские бутсы, прошнурованные шпагатом.

— Ты Вова? — спросил оборванец, странно усмехаясь.

— Вова.

— А как твоя фамилия?

Я сказал.

— А где ты живешь?

Я показал.

— Ну, пойдем к тебе.

Я повел его к себе домой, поминутно оглядываясь и вглядываясь в его заросшее жесткой щетиной лицо.

Во дворе бабушка развешивала белье. Увидев приведенного мною бродягу, она ахнула:

— Коля!

И, бросив белье, повисла у оборванца на шее. А я кинулся вон со двора.

Мать была уже далеко, но я все-таки догнал ее.

— Мама! Мама! — закричал я. — Иди домой, папа приехал!

Мама ахнула, закричала и прислонилась к стене глинобитного дома. Потом опомнилась, посмотрела на меня и уже тихо сказала:

— Что ты выдумываешь!

— Правда! Правда! — захлебывался я. — Это папа. У него вот здесь родинка.

ДЕДУШКА КАЛИНИН

Пока отец сидел в лагере, мама писала письма Председателю Президиума Верховного Совета СССР, или, как его называли, Всесоюзному старосте дедушке Калинину, которого уверяла, что муж ее хороший советский человек, сердцем и душой преданный партии, правительству и лично товарищу Сталину. Она не знала, что жена Калинина тоже сидит в лагере, и он, будучи формально главой государства, не может освободить даже ее. Не зная этого, мама была уверена, что слова ее в конце концов дошли до дедушки и растрогали его. У нее были основания предаваться такой иллюзии. В сороковом году дело моего отца, как и многих других, было пересмотрено. Новый суд нашел, что его высказывание о невозможности построения полного коммунизма в одной отдельно взятой стране было результатом не осознанного враждебного умысла, а незрелой политической мысли. Тем не менее отца продержали в лагере почти до конца срока, после чего он был не только освобожден, но даже реабилитирован, и в мае вернулся домой. Я, пять лет веривший маме, что наш папа в командировке, был потрясен его видом: я не так представлял себе людей, возвращающихся из командировок. Правда, я не представлял себе их никак. Но на другой день, когда отец отмылся, побрился и переоделся в хранившийся все пять лет коверкотовый костюм, то сразу стал таким, каким я его смутно помнил.

Отца, как я узнал, уже будучи взрослым, не только реабилитировали, но даже предложили ему вернуться в партию, от чего он решительно отказался. «В вашу партию, — сказал он секретарю обкома или горкома, — больше никогда в жизни». Когда отец рассказал о своем разговоре маме, она схватилась за голову. Она была уверена, что его не сегодня-завтра опять арестуют и дедушка Калинин больше ей не поможет. Оставаться отцу в Ленинабаде — значит рисковать новым сроком. И мать с отцом договорились, что он возьмет бабушку и меня, бабушку отвезет в Вологду к маминому брату Володе, а мы поедем в город Запорожье, где жила с мужем, матерью и двумя сыновьями сестра отца Анна Павловна.

ИДЕАЛИСТ, ПРОПОВЕДНИК, АСКЕТ

Мой отец родился в 1905 году, 15 мая, а, по народному поверью, каждому, кто рожден в мае, суждено всю жизнь маяться. Не знаю, как насчет других, но в приложении к отцу поверье сбылось полностью, он маялся всю свою жизнь, хотя она и оказалась более долгой, чем можно было ожидать, — он умер через десять дней после своего 82-го дня рождения.

По взглядам он был идеалист, по склонности души — проповедник, по характеру — скромник, а по образу жизни — аскет.

Я знал очень многих людей, призывавших других к исполнению моральных законов, которые сами призывавшие не блюли. И я не знал никого, кто бы, как мой отец, так неукоснительно и до крайностей следовал собственным нравственным установлениям. Он был уверен, что жестокость, проявляемая человеком к человеку, начинается с закалывания свиньи. Сам он не только не ел мяса, но не носил ничего мехового и кожаного: ни воротника на пальто, ни ботинок, ни ремня, ни ремешка для часов. Он исключил из своего рациона рыбу, яйца и молоко. Еще удивительнее, что он не употреблял в пищу фрукты, считая их излишней роскошью, и овощи, кроме картошки и капусты. Да и во всем остальном не давал себе поблажек: спал на жестком, умывался ледяной водой. Он и меня с младенчества пытался склонить к спартанскому образу жизни, приводя в пример исторических личностей, из которых князь Святослав клал под голову седло, а генералиссимус князь Суворов предпочитал шинель перине. «Хлеб да вода — молодецкая еда» — была любимая присказка отца. И еще того же рода наставление: «Держи живот в голоде, голову в холоде, ноги в тепле. Избегай докторов и будешь здоров». Отец обижался, когда я называл его взгляды утопией...

Он пережил все, что выпало на долю его поколения: и голод, и холод, и тюрьму, и войну, с которой вернулся инвалидом. После войны работал в мелких газетах на низких должностях за малую зарплату, а потом получал и вовсе мизерную пенсию, но этого ему, как он сам считал, вполне хватало на все. Он остался идеалистом. Я вырос скептиком. Ни в какие рецепты скорого улучшения общества смолоду не верю и считаю, что все утопии при попытке внедрения в жизнь приводят человека к еще большему озверению...

ЖГУЧАЯ ТАЙНА

Я очень редко расспрашивал отца о его детстве, юности, молодости и войне, а сам он не любил о себе слишком распространяться и не внял моим настояниям написать мемуары. Мама говорила, что был он в молодости веселым, общительным, готовым ко всяким проказам, любил выпить, хорошо рисовал и пел русские народные песни. Уже тогда был склонен к разным чудачествам. В питании и одежде был скромен, и если ему в кои-то веки (точнее, во все веки всего один раз) покупался хороший костюм, то, прежде чем выйти на люди, катался в нем по полу: костюм не должен был выглядеть слишком новым.

Он был человеком всерьез принципиальным и от себя и своих близких требовал большего, чем от других. Какое-то время мать работала в его подчинении и то ли опоздала на работу, то ли что-то еще. Кому-нибудь другому это могло сойти с рук, но не ей. Отец написал немедленно приказ: уволить! И уволил.

Как многие люди его поколения, отец вступил в партию по убеждениям. Он верил в коммунизм, но в чем конкретно проявлялась эта вера, не знаю. Однажды, уже в конце жизни, он сказал, что сидел в лагере не зря. «Я, — сказал он, — состоял в преступной организации и за это должен был быть наказан». О том, что он сам делал в преступной организации, кроме работы в газете, я ничего не знаю, но думаю, что ничего особенного не делал. Один из его очень редких рассказов мне был о том, как однажды в каком-то из российских уездов, будучи членом продотряда, он не справился с поставленной перед ним задачей изъятия у крестьян «излишков продовольствия». Когда отец с пистолетом пришел к первой же избе проверять, что там спрятано под полом, хозяин избы встретил его на пороге с выставленными вперед вилами и сказал: «Не пущу!» В глазах его было такое отчаяние, что отец повернулся, сам уехал и увел продотряд. Потом ему попало «за проявление гнилого либерализма».

После возвращения из тюрьмы отец был совсем не таким, каким выглядел по описаниям матери. Он был невеселым, необщительным, не выпивал, не заводил и не имел друзей. При своей исключительной честности и щепетильности был очень скрытен (вот уж чего я от него совершенно не унаследовал). Посторонним о себе не рассказывал, да и перед близкими душу не выворачивал. Прошлого поминать не любил, а тот факт, что он сидел, вообще держался в тайне от посторонних и от меня тем более, хотя в эту тайну я начал проникать еще в тот майский день сорок первого года, когда отец возник передо мной в образе бродяги и оборванца. Потом я о чем-то сам догадался, кое-что выпытал у бабушки Евгении Петровны и годам примерно к четырнадцати в тайну эту был полностью посвящен.

Но как это обычно бывает: то, что скрывают родители, ребенок тоже держит при себе. Родители мне ничего не говорили, и я делал вид, что ничего не знаю, вплоть до моего возвращения из армии, когда мне было уже двадцать три года. Тогда был приготовлен особый ужин, во время которого сначала затронута, а потом развита соответствующая тема, что не все (нет, увы, не все) в нашей стране устроено так хорошо, как изображается в газетах, и столь осторожная преамбула была выстроена лишь для того, чтобы подойти к фразе: «Знаешь, Вова, мы с мамой в свое время не могли тебе этого сказать, но теперь ты можешь сам разобраться...»

Так, наверное, в прошлом веке добропорядочные родители, приготовляя к замужеству свою созревшую дочь, смущенно открывали ей, откуда берутся дети. И бывали смущены еще больше, узнав, что дочь не столь наивна, как ожидалось, и сама может их кое в чем просветить.

А все же кое-что родителям удалось скрыть от меня до конца жизни. Например, о дедушкиных мельницах я узнал только в 1994 году.

ПЕРВЫЙ И ЕДИНСТВЕННЫЙ

У меня в памяти смутно брезжат ночные отца с матерью разговоры шепотом, смысла которых я, может быть, не понимал, но чувствовал, что дело неладно.

— Ну что, Вова, — сказал мне как-то утром отец бодрым голосом и с улыбкой, которая слабо гармонировала с общим напряжением лица, — ты любишь путешествовать?

Я не знал, что значит путешествовать, он мне объяснил. Путешествовать — это значит шествовать по пути или, точнее, ехать на чем-нибудь, например на поезде, очень долго и далеко. Я уже ездил однажды на поезде из Сталинабада в Ленинабад, а теперь мы поедем гораздо дальше. Поедем втроем. Он, я, и еще возьмем с собой бабушку. Бабушку, мамину маму, мы отвезем в Вологду к ее сыну и моему дяде Володе. А сами поедем к другой бабушке, папиной маме, на Украину.

— А мама поедет? — спросил я.

— Нет, мама пока останется здесь. Она ведь учится в институте. Она доучится и тоже приедет к нам в Запорожье. Запорожье — это очень большой город на Украине. Ты таких больших городов еще не видел. А бабушку ты видел, но, наверное, не помнишь.

Нет, я не помнил. И даже не знал, что у человека бывает по две бабушки и по два дедушки. Мне казалось, что бабушек и дедушек должно быть, как пап и мам, только по одному. А больше даже и не нужно. Теперь же получался какой-то странный, но интересный обмен. Одну бабушку мы сдадим, а другую получим. Отец говорит, что эту другую бабушку я видел, когда мне было десять месяцев. А теперь мне восемь лет с лишним. Я большой мальчик, я почти окончил первый класс. Еще несколько дней, и мне дадут справку, что я его окончил. И мне почему-то это важно. Мне очень хочется иметь эту справку. Но мне ее не дадут. Потому что мы (это я, конечно, узнал потом) уезжаем, стараясь привлекать к себе поменьше внимания. Так что справку за первый класс я так и не получил. А жаль. Потому что этот класс был первым и единственным в нормальной школе, где я учился от начала и почти до самого конца.

ВТОРАЯ СЕМЬЯ

Во времена моего детства передвижение по железной дороге было большим событием для каждого, кто решался пуститься в путь. Отъезжающие и провожающие прощались долго и обстоятельно, произносили напутственные слова, потом замолкали, не зная, что бы еще сказать самого важного (ничего, кроме общих банальностей, на ум не приходило), и ожидание отправления становилось томительным. Но наконец дежурный в красной фуражке ударял в колокол, паровоз отзывался нетерпеливым гудком и испускал с шипеньем пары, поезд с лязгом расправлял суставы и начинал двигаться. Отъезжающие высовывались в окна, а провожающие прикладывали к глазам платочки и затем бежали, бежали вдоль отходящего поезда, спотыкаясь, натыкаясь на фонарные столбы и нелепо взмахивая руками.

А потом — дни и ночи пути, сопряженного с известными трудностями и приключениями, с выскакиванием на станциях за снедью, с очередями у кранов с холодной водой и с кипятком, с вечным страхом отстать от поезда.

Путешествие наше в мае 1941 года было долгим. Сначала пересекли всю страну снизу вверх и из лета поспели к ранней весне. Потом спустились вниз и вернулись опять в лето.

Вот из памяти извлеклась картинка: серое здание вокзала и надпись крупными косыми буквами «Запоріжжя», перрон, газетный киоск, будка с незнакомыми словами «Взуття та панчохи», тележка с газированной водой, милиционер в белом кителе, с шашкой на боку и свистком на шее, и семейство, застывшее, как на старинном дагерротипе: мужчина и женщина, оба в белом и оба в соломенных шляпах, старушка в темном платье в белый горошек и два крупных подростка в майках, в холщовых штанах и в парусиновых тапочках. Как только наш вагон поравнялся с картинкой, она вдруг ожила, превратившись из фотографии в немое кино, и эти дядя, тетя, старушка и подростки побежали рядом с вагоном, взмахивая руками и улыбаясь.

А потом объятия, поцелуи взрослых и ахи:

— Ах, какой большой мальчик? Ах, неужели уже восемь лет? В сентябре будет девять? И уже кончил первый класс? Ах, какой молодец!

Подростки и дядя в шляпе подхватили наши узлы, и мы все пошли к выходу с перрона. Мы — это мы с отцом, бабушка Евгения Петровна, сестра отца тетя Аня, ее муж дядя Костя Шкляревский и их дети Сева и Витя, пятнадцати и тринадцати лет. А потом красно-желтый трамвай, весело позванивая на поворотах и рассыпая искры, вез нас через весь город, увешанный афишами предстоящих гастролей Владимира Дурова и его зверей. Я не знал, кто такой Дуров, и думал, что это, наверное, какой-то дурной мальчик, который или нехорошо себя вел, или плохо учился, за что его назвали Дуровым и будут показывать народу вместе со зверями.

Запорожье оказалось очень большим индустриальным городом. ДнепроГЭС, Запорожсталь, Днепроспецсталь и много всяких других заводов, включая «Коммунар», производивший в те времена комбайны «Коммунар», а потом переключившийся на автомобиль «Запорожец». Еще был завод номер 29, про который все знали, что он секретный, что никому нельзя знать, что на нем именно производится, и все знали, что на нем производятся именно авиационные двигатели.

Почти все запорожцы, как я позже заметил, были местными патриотами, гордились тем, что их город такой необычный. Он делился на несколько основных частей: старая часть, новая часть, село Вознесеновка, Павлокичкас и остров Хортица, где была когда-то Запорожская Сечь. А на правом берегу есть еще село Верхняя Хортица, там в описываемое время жили немцы из бывших колонистов.

До революции Запорожье называлось Александровском в честь Александра Первого. Александра Второго, проезжавшего здесь на поезде по дороге из Крыма, народоволец Желябов хотел взорвать, но не сумел. Запорожцы гордились всеми составными этой истории: и что царь здесь проезжал, и что именно здесь его хотели убить, и что именно здесь его не убили.

Еще гордились тем, что все или многое здесь было самое-самое. Самая крупная в мире гидроэлектростанция, самый крупный в Европе кинотеатр и самый старый в мире, в Европе или на Украине (не помню точно, где именно) дуб, который назывался дубом Махно.

Название пошло от того, что будто бы батько в тревожные минуты залезал на этот дуб и сквозь бинокль вглядывался, не подбирается ли к нему исподтишка коварный враг. Все это, конечно, чистая чепуха, потому что дуб этот и поныне стоит среди других дубов в дубовой роще у Днепра. Не знаю, как батько, но я на этот дуб залезал и могу сказать определенно, что с него ни в бинокль, ни без бинокля ничего нельзя увидеть, кроме других таких же дубов. Тем не менее я во все рассказанные мне легенды охотно поверил и сам стал гордиться славной историей города, его блистательным настоящим и великолепным будущим.

Часть города состояла из пятнадцати рабочих поселков. Самый главный из них, шестой поселок, где жили Шкляревские, примыкал к плотине ДнепроГЭС, был самым современным из всех и имел второе название: соцгород.

Здесь было много такого, чего я никогда раньше не видел. Семья Шкляревских занимала отдельную квартиру с электрическим освещением, паровым отоплением и горячей водой. Меня больше всего поразили ванная и другое чудо индустриальной эпохи — ватерклозет. До Запорожья я не представлял себе, что такие удобства возможны. Еще одним чудом был для меня тети-Анин радиоприемник (кажется, он назывался «Си-235») со светящейся шкалой. По приемнику можно было слушать не только советские, но и иностранные передачи.

В Запорожье было интересно и то, что здесь не только дети, но и взрослые чуть ли не каждый день играли в войну. Чаще всего по вечерам. Чуть стемнеет, как начинают завывать со всех сторон, словно волки, сирены, железный голос диктора разносится по всему городу и, наталкиваясь на стены домов, рассыпается на уходящее в невнятицу эхо:

— Граждане, воздушная тревога... евога... вога... ога...

Граждане тут же, опасаясь штрафов, торопливо выключали в квартирах свет. Уличные фонари тоже гасли, после чего город теоретически должен был бы погрузиться во мрак. Но практически этого не случалось. Потому что как раз во время затемнения где-то далеко за восьмым поселком пышно разгоралось освещавшее полгорода зловещее багровое зарево — это на Запорожстали выливали расплавленный шлак.

Во время тревоги мы, не зная, сколько она продлится, хватали заранее приготовленные узлы с одеялами и подушками и бежали прятаться в железобетонные бомбоубежища, оборудованные в подвалах некоторых домов. Это тоже было обязательно. Милиция могла проверить и оставшихся дома опять-таки оштрафовать.

Взрослых эти тревоги раздражали, а мне нравились. В бомбоубежищах сходилось много народу, взрослого и невзрослого, здесь велись самые разные и порой очень интересные разговоры.

В Запорожье было еще и то хорошо, что у меня здесь сразу появились два брата. Пусть двоюродных, но зато старших. Раньше, когда меня обижали, я жалел, что у меня нет старшего брата. В крайнем случае согласен был даже на младшего. И просил маму, чтобы она родила мне братика. Мама этого не сделала. Но теперь было все в порядке. Сева, конечно, был слишком старше, он мне внимания много не уделял, зато с Витей мы подружились, и нападать на меня он не позволял никому.

А желающие напасть уже тогда возникали на моем пути, и нередко. Одного такого субъекта моего же примерно возраста встретил я в середине дня по дороге от одного подъезда к другому. Он играл сам с собой в игру, которая у нас, в Средней Азии, называлась лянга, а здесь — маялка. Клок козлиной или заячьей шкурки с пришитым к ней грузиком из свинца надо подкидывать одной ногой или двумя поочередно, не давая упасть на землю. Именно этим делом, и с большой ловкостью, занимался мой сверстник. Он отбивал эту маялку и громко считал:

— Сто четыре, сто пять, сто шесть...

Тут как раз появился я. Он на миг отвлекся и на сто седьмом ударе маялку потерял. Но не огорчился. Положил маялку в карман и загородил мне дорогу.

— Здорово! — сказал он и протянул мне свою грязную руку.

— Здорово! — сказал я и протянул ему свою, тоже не очень чистую.

Я еще не дотянулся, а он свою руку быстро убрал и, тыча пальцем в небо, сказал: «Там птички летают». Я посмотрел туда, куда он указывал, но птичек никаких не увидел.

— Здорово! — сказал он опять и опять протянул мне руку.

— Здорово! — отозвался я удивленно и повторил то же движение... Он свою руку тут же убрал и стал большим пальцем тыкать куда-то за ухо.

— Там, — сказал он, — собачки бегают.

— Где? — спросил я, никаких собачек не обнаружив.

— Здорово!

— Здорово! — попался я третий раз на тот же крючок.

— Вот глупый человек, — сказал он, убирая руку. — Куда ж ты руку тянешь? Ты ее мыл? А ты знаешь, как козлы здороваются?

— Нет, — сказал я, — не знаю.

— А вот так! — Он неожиданно нагнулся и резко боднул меня головой в живот. Я упал навзничь, ударился затылком об асфальт и заорал. В это время из подъезда вышел Витя. Он схватил моего обидчика за шкирку и предложил мне сделать с ним то, что тот сделал со мной. Я нагнулся и хотел тоже ударить его головой в живот, но тут со мной что-то случилось: моя голова не захотела мне подчиняться. Я пробовал его ударить рукой, пнуть ногой и делал над собой некие волевые усилия, но тело меня не слушалось. Это привело меня в такое замешательство, что я заплакал и засмеялся одновременно. Мне казалось, что смеюсь я потому, что вот со мной старший брат, который всегда готов меня защитить и с которым я могу отомстить любому, кто посмеет меня обидеть. А плакал я оттого, что мой организм не позволял мне осуществить свою волю. Потом в детстве моем много раз случалось, что меня били, а я не мог дать сдачи, потому что мои руки не подчинялись моим желаниям. И не только руки.

Возле нашего дома для каких-то строительных дел была привезена и насыпана у подъезда куча песка. Мальчишки, в том числе и мой брат Витя, обрадовались — поднимались по лестнице, вылезали через окно на козырек подъезда (на уровне второго этажа) и с криком, визгом сигали в песок.

Я, конечно, — туда же. Подошел к краю козырька, приготовился, напряг мышцы и... и ничего. Опять тело не хочет мне подчиняться. Я пробовал так и эдак, то жмурил глаза, то разжмуривал. То подходил к самому краю, то отходил и пытался прыгнуть с разгона. Я смотрел, как прыгают другие мальчишки. Ведь это совсем невысоко и совсем не страшно. Ведь ничего, ну ничего не может случиться. Я опять поднимался по лестнице, вылезал на козырек, разгонялся, но у самого края останавливался как вкопанный. Мне не было страшно, я видел, что здесь убиться нельзя, я был уверен, что со мной ничего не может случиться, и все-таки какая-то сила не давала мне пошевелить ни одним мускулом.

Случай этот, может быть, ерундовый, стал причиной моих дальнейших сомнений в самом себе и некоторых усилий по их преодолению. Десять лет спустя, вылезая с парашютом на крыло зависшего на восьмисотметровой высоте самолета «По-2», я хотел доказать самому себе, что той силе, которая помешала мне прыгнуть с высоты второго этажа в песок, я больше не подчинен.

ВОЙНА

День 22 июня был очень жаркий, и мы все, кроме бабушки, то есть отец, тетя Аня, дядя Костя, Сева, Витя и я, поехали на остров Хортица купаться. Тогда Днепр был еще полноводным и прозрачным, светлый песок не замусорен, и дно мягкое, но не вязкое. Все было бы хорошо, но из-за жары нам пришлось переместиться к кустам, там меня стала грызть мошкара, я поднял скандал, и, кажется, из-за этого мы вернулись домой раньше обычного. Дома встретила нас бабушка с мокрыми глазами.

— Что случилось? — спросила ее тетя Аня.

— Война, — сказала бабушка и зарыдала.

Я удивился. Что за горе? Война, как я видел ее в кино, это дело хорошее, это интересно, это весело: кони, сабли, тачанки и пулеметы. Музыка играет, барабаны бьют, красные стреляют, белые бегут.

Уже во второй половине того же дня взрослые вышли с лопатами копать по всему городу щели — так назывались траншеи для укрытия от бомбежек. Всем было приказано оклеить окна полосками бумаги, которые, как предполагалось, в случае бомбежки защитят окна от взрывной волны.

— Какой идиотизм! — сердилась тетя Аня. — Какие бомбы? Где Германия и где мы? Эти мерзавцы опять выдумывают всякие небылицы, чтобы пугать народ.

Всюду исключительные строгости насчет светомаскировки. Когда нет тревоги, светом пользоваться можно, но только при очень плотно зашторенных окнах.

Специальные дружинники ходят вдоль домов, следя, чтобы ни малейший лучик не просочился наружу. Говорят, что милиционеры, видя свет, тут же стреляют по окнам.

В разных частях города появились грузовики с установленными на них зенитными батареями, мощными прожекторами и звукоуловителями, похожими на огромные граммофоны.

Чуть ли не на следующую ночь загудели сирены, и знакомый голос диктора объявил воздушную тревогу, теперь не учебную. Мы с бабушкой были отправлены в бомбоубежище, а остальные члены семьи укрылись в щелях.

Бомбоубежище — подвал соседнего дома. Там куча-мала: старики, старухи, дети и инвалиды. Все, как и раньше, пришли с одеялами и подушками, а иные с прочим скарбом. Тесно, шумно и весело.

Насколько я помню, никаких звуков снаружи слышно не было, поэтому дальнейшее произошло неожиданно. Сначала погас свет, потом секунда тишины — и оглушительный взрыв, от которого пол под ногами закачался и с потолка что-то посыпалось. Кто-то громко закричал. Заплакали маленькие дети. Я услышал тревожный голос бабушки:

— Вова, Вова, где ты?

Наконец она нашарила меня в темноте, прижала к себе, стала успокаивать:

— Не бойся, нас не убьют.

А я вовсе и не боялся. Я даже и не думал, что меня можно убить. Побить — да. Но убить? Меня? Да разве это возможно?

Как ни странно, тревога кончилась скоро, и нас стали по очереди выводить из бомбоубежища. Кто-то освещал синим фонариком выщербленные ступени и сверкающий свой сапог.

На улице было достаточно светло, потому что стояла полная луна и на Запорожстали опять выливали шлак.

Дома нас ждал сюрприз. Все окна в нашей квартире были выбиты, стекла разлетелись по всему полу, и багровое зарево отражалось кусками.

— Ну вот, я же говорила, что эти бумажки ни от чего не спасут, — сказала тетя Аня, хотя раньше она, кажется, говорила что-то другое.

Вернулся откуда-то дядя Костя и сказал, что света во всем поселке нет и сегодня не будет, потому что бомба перебила высоковольтную линию. А кроме того, она попала в детский сад и там убила сторожа и собаку. Детей там, слава богу, не было.

Кое-как сгребли стекло в угол, легли спать.

Утром я проснулся оттого, что меня кто-то тряс за плечо. Я открыл глаза и увидел военного, который говорил мне:

— Вова, вставай!

Я решил, что он мне приснился, и попытался от него отвернуться, чтобы сменить этот сон на другой. Но военный был настойчив, я в конце концов пришел в себя и увидел, что это мой папа.

— Вова, — сказал он. — Мы с тобой опять расстаемся. И, может быть, надолго. Я ухожу на войну.

И тут я понял, что война не такая уж веселая штука, как казалось недавно. Я прижался к отцу и сказал:

— Папа, не уходи. Не надо. Я не хочу больше жить без тебя.

Я уткнулся лбом в пряжку его ремня и заплакал.

СОБАКИ, ВРЕДИТЕЛИ И ШПИОНЫ

В Запорожье, как я узнал, было много вредителей и шпионов. Их было немало и там, где я жил раньше. Но здесь еще больше.

Соседи на лавочке во дворе постоянно рассказывали друг другу истории о том, что директор какого-то торга прежде, чем отправить молоко в магазины, купал в нем свою жену. Чтоб у нее кожа была хорошая. Директор средней школы создал из учеников подпольную националистическую организацию под названием СКМ, что означает Смерть Красным Москалям. Японский шпион был застукан на том, что пытался взорвать железнодорожный переезд. Шпион румынский ехал на поезде и считал провозимые мимо танки и цистерны с горючим.

Но Днепровская имени Ленина, ордена Трудового Красного Знамени гидроэлектростанция была самой лакомой приманкой для всех в мире шпионов, и особенно польских, включая нашего дядю Костю Шкляревского, который в свое время признался, что фотографировал плотину ДнепроГЭС не только для газеты «Червоне Запоріжжя», где он работал фотокорреспондентом, но и по заданию польской дефензивы.

Его, между прочим, добиваясь признания, пытали паром. То есть из камеры делали такую парилку, что он в конце концов не выдержал. После чего его, как ни странно, выпустили.

В то время издавалось много книг о всяких вредителях и шпионах, правда, не только местных. Бабушка, с которой я, кстати, тоже подружился не меньше, чем с Витей, прочла мне однажды книжонку про отважного пограничника Карацупу и его верного пса Индуса, переименованного задним числом и много лет спустя, в пору дружбы Советского Союза с Индией, в Ингуса. Карацупа с Индусом вдвоем задержали очень много нарушителей какой-то южной границы. Причем оба описывались автором с одинаковым восхищением. Поэтому, когда я узнал, что за свои подвиги Карацупа был не только награжден орденом, но и принят в члены ВКП(б), я спросил у бабушки, была ли награждена его собака.

Бабушка сказала, что она не знает, но вообще вполне возможно, что собака тоже получила медаль.

— А в партию ее приняли? — спросил я.

— Что за чушь! — сказала бабушка. — Собак в партию не принимают.

— А почему?

От других взрослых бабушка отличалась тем, что любые мои вопросы готова была обсуждать на предложенном мною уровне и всерьез.

— Почему, почему! — рассердилась она. — Потому что в партию принимают только людей. И то не всех, а лишь тех, которые верят в коммунизм. А разве собака может во что-нибудь верить?

Почему собака не может верить в коммунизм, этого мне бабушка объяснить не могла, наверное, потому, что сама была беспартийная. И в коммунизм, как я потом догадался, тоже не верила. В отличие от своего сына, не верила без всяких сомнений.

Несмотря на бдительность людей и собак, число вредителей и шпионов в городе Запорожье никак не уменьшалось. Наоборот, они объявлялись везде, иногда даже совсем рядом. Ровно за неделю до начала войны покончил с собой наш сосед — инженер Симейко. Говорили, будто тоже оказался шпионом и диверсантом, распространял панические слухи о возможной войне с Германией, что, согласно недавнему заявлению ТАСС, было совершенно исключено.

За распространение слухов Симейко в понедельник должны были арестовать, о чем его предупредил другой враг, внедрившийся в органы НКВД.

Враг предупредил, Симейко смалодушничал (так тогда объясняли поступки самоубийц) и прыгнул с балкона четвертого этажа. То есть, вернее, не совсем прыгнул. Сначала он перелез через перила, опустился ниже (должно быть, все же инстинктивно хотел сократить расстояние до земли), уцепился руками за бетонную площадку балкона и долго висел, не решаясь отцепиться.

Потом он даже как будто передумал. Пытался подтянуться и залезть опять на балкон, но сил не хватало, и он стал кричать, звать на помощь. Соседи хотели его спасти и ломились в дверь его квартиры, колотя руками и ногами. Но Симейко, чтобы отрезать себе путь к спасению, сам предварительно запер квартиру на все замки и для надежности придвинул к двери тяжелый шкаф.

Пока соседи ломились в дверь, кто-то более расторопный появился на крыше с веревкой, но тут силы оставили Симейко, и он с криком «а-а-а!» полетел вниз.

Говорили, что хотя в последний момент Симейко вроде передумал, но уже в полете передумал опять и успел для надежности перевернуться вниз головой. Потом выяснилось, что успел не только перевернуться, но, как показало вскрытие, и умереть от разрыва сердца. Насчет разрыва сердца не знаю, но что он врезался головой в асфальт и что голова его была похожа на расколотый очень спелый арбуз, это точно, я сам это видел, и мне стало дурно. Симейко увезли в морг, оставшуюся после него красную лужу засыпали песком, песок смели, но темное пятно еще несколько дней оставалось, как ненадежная память о прошедшей жизни инженера.

Когда началась война, многие вспомнили про предсказания Симейко, а бабушка сказала, что он зря поторопился. Если бы даже в намеченный понедельник его арестовали, то уже в следующий должны были бы выпустить.

— Не говори глупости! — возмутилась тетя Аня. — Ты разве не знаешь, что эти мерзавцы никогда никого не выпускают.

— Ну как же, — сказала бабушка, — ведь теперь ясно, что он был прав.

— Тем более, — сказала тетя. — У этих мерзавцев больше всех виноват тот, кто больше всех прав. А каждого самоубийцу они ненавидят за то, что, наложив на себя руки, он от них уходит и они ничего ему уже сделать не могут.

ЭТИ МЕРЗАВЦЫ

Я давно заметил, что на свете существуют какие-то люди, которые моей тете чем-то очень не нравятся, и одного из них она называет «калмык проклятый», другого — «этот рябой», а все остальные из той же компании — «эти мерзавцы» и «эти негодяи», которые не дают людям жить. Эти мерзавцы хвастались, что войны никогда не будет, а если будет, то только на вражеской территории и исключительно малой кровью, да и то не своей. Когда тетя Аня говорила об этих мерзавцах, дядя Костя делал страшные глаза и прижимал палец к губам, из чего можно было заключить, что эти мерзавцы где-то совсем рядом и могут подслушать. Но тетя не унималась. Она сердилась на этих мерзавцев, что они прошляпили начало войны, дают возможность вражеским самолетам прилетать к нам, а тут еще новая беда: эти мерзавцы приказали всем, имеющим радиоприемники, сдать их на временное хранение до конца войны. Тетя Аня свой приемник очень любила.

— На время, говорят, на время. Мерзавцы! Они если отнимают что-то на время, то этого не получишь уже никогда.

Прибежала соседка:

— Наши тикают!

Мы с Витей побежали на улицу. Люди на тротуарах мрачно, но без укора провожали глазами длинную колонну военных грузовиков. Все машины без номеров, фары закрыты жестяными щитками, для света оставлены только узкие щелочки.

Красноармейцы ехали, как заключенные: сидя в несколько рядов и лицом назад. Лица тоже невеселые и смотрят в сторону. Кажется, им стыдно, что они отступают. Некоторые с забинтованными головами. Во многих ветровых стеклах пробоины от пуль.

— Видишь, — сказал мне Витя, — большинство дырок с левой стороны. Понимаешь, что это значит?

Я понимал. Дырка с левой стороны означала, что недавно этой машиной управлял другой человек.

Вернувшись, мы застали в доме переполох. Дядя Костя в углу комнаты уминал коленями и пытался стянуть веревкой узел из серого одеяла.

Сева, стоя на табуретке, снимал с полки какие-то книги, бегло просматривал или совсем не просматривал и кидал на пол.

— Где вы шляетесь? — накинулась на нас тетя Аня. — Разве можно уходить надолго в такое ужасное время? Давайте собирайтесь!

— Куда? — спросил Витя.

— Ты разве не понимаешь куда? Ах, вы проклятые! — сказала она в сердцах, видимо, обращаясь все к тем же неведомым мне мерзавцам. — Вы же нам обещали: чужой земли ни пяди, но и своей вершка не отдадим. Обещали бить врага только на его территории. Вот она и будет его территория. — Успокоившись, сказала Вите: — Уезжаем мы, сынок. Бежим вдогонку за несокрушимой и победоносной нашей армией. Хотя едва ли догоним.

— И напрасно бежим, — сказала бабушка. — Немцы очень культурная нация. У нас в Новозыбкове в восемнадцатом году на постое стоял немецкий офицер Герд Шиллер, он был очень тихий и воспитанный человек.

— А теперь, говорят, — сказал дядя Костя, — немцы зверствуют. В деревнях жителей загоняют в хаты и сжигают живьем. Всех евреев убивают. Всех, всех, включая детей.

— Неужели ты веришь этим глупостям? — спросила тетя Аня.

— Ну почему же глупостям, Нюся? В газетах пишут.

— О, боже! — воздела руки тетя Аня. — Святая простота! Как будто ты сам не знаешь, что пишут в газетах эти мерзавцы. Как будто ты сам не работаешь в такой же газете.

— Нюся, прошу тебя — потише, — сказал испуганно дядя Костя. — Ты же знаешь, что у наших стен есть уши.

Я подумал, что дядя Костя говорит какую-то чепуху. Я никогда еще не видел никаких стен с ушами.

— А куда мы едем? — спросил я у тети Ани.

— В эвакуацию.

Я не знал, что такое эвакуация, и решил, что это такой город Эвакуация.

Ну, что ж, мне было не привыкать путешествовать. Я уже ехал из Сталинабада в Ленинабад, из Ленинабада в Запорожье, а теперь вот из Запорожья в Эвакуацию.

Это была наша последняя ночь в Запорожье. И последняя бомбежка.

Почему-то в этот раз нас с бабушкой отправили не в бомбоубежище, а в щель, где мне понравилось гораздо больше. А еще больше не в самой щели, а вне ее. Почему-то во время налета мы с Витей оказались снаружи, и я увидел необычайно красивое зрелище. Была ясная ночь, шлак на Запорожстали еще не выливали, и звезды светили ярко и крупно.

Где-то в невидимой вышине ровно, мощно и злобно гудели самолеты, на земле хлопали зенитки, по всему небу шатались, перекрещивались, сходились в одной точке и расходились белые дымящиеся лучи прожекторов, летели разноцветным пунктиром трассирующие снаряды, и совсем недалеко часто и коротко стучал пулемет.

Мы вернулись домой при первых знаках рассвета.

Я чувствовал себя счастливым оттого, что провел эту тревогу вместе со взрослыми, и у меня было такое ощущение, будто сам побывал на войне, которая мне в этот раз понравилась. Я лег, и мне снились прожектора, трассирующие снаряды и белые стены с большими человеческими розовыми ушами. Эти уши принадлежали стенам, и в то же время это были мои уши. Я ими слышал. Слышал странный вполголоса разговор, происходивший где-то в коридоре между тетей Аней и дядей Костей.

— Нюся, — говорил дядя Костя, — в конце концов, если ты не хочешь, мы можем никуда не ехать. Может быть, ты права, немцы культурные люди, они нам ничего не сделают. Зачем мы им нужны? Мы же не коммунисты.

— А Вова? — спросила тетя Аня.

Я даже во сне удивился и затаил дыхание. Что Вова? Может быть, я коммунист, но сам об этом не знаю? Бабушка говорила, что собак в партию не принимают, а детей, может быть, принимают. Может быть, и меня приняли, а я даже не знал.

— Ну что Вова, — сказал дядя Костя, словно повторив мой вопрос. — Вова твой племянник, а ты русская.

— Я русская, а Роза еврейка, и если они это узнают...

— Но, Нюся, ты же сама говоришь, что газетам нашим верить нельзя.

— Газетам верить нельзя, а глазам и ушам можно. Я по радио слышала несколько речей Гитлера. Я почти ничего не разобрала, но поняла, что он такой же мерзавец и фанатик, как этот рябой.

— Тише, тише, тише! — зашипел дядя Костя. И тут же заговорил громко: — Ну что ж, раз решили, значит, решили. Значит, надо поторопиться со сборами.

ЭВАКУАЦИЯ

Из впечатлений от эвакуации в памяти остались товарные вагоны с железными засовами и надписями: «Восемь лошадей/сорок человек», бомбежка на станции Мокрая и те самые две женщины, спрашивавшие меня, не мой ли папа написал книгу «Овод». Поезд останавливался неожиданно и трогался без расписания, поэтому люди старались вагоны не покидать, и пассажирам мужского пола, взрослым и мальчикам, малую нужду разрешалось справлять на ходу в открытую дверь, что они и делали с ощущением своего превосходства над попутчицами, не очень удачно для такого рода удовольствий устроенными. А в большой нужде было полное равенство, во время остановок в степи женщины и мужчины, не решаясь отстать от поезда, высаживались вдоль него в ряд, не испытывая, кажется, ни малейшей стыдливости. Которая, впрочем, тут же возвращалась, как только складывалась для нее подходящая обстановка. На станциях, где меняли паровоз (а это гарантия, что поезд неожиданно не уйдет), люди бежали к уборным и выстраивали — женщины длинный хвост, а мужчины — короткий.

В Тихорецке в мужскую уборную ворвалась рыжая женщина и, торопливо взметнув юбку, села над дыркой между мужчинами. Мужчины тихо, смущенно и злобно зашипели:

— Вы что, разве не видите, куда залетели?

— Ничего, — сказала женщина, — после войны разберемся. А пока не кончилась, мне в штаны, что ли, срать?

Ставрополь тогда назывался Ворошиловском, а край Орджоникидзевским.

На пыльной привокзальной площади Ворошиловска было трехдневное сидение на узлах среди тысяч других здесь сгруженных семей, а потом трехдневный путь через степь на волах. Было жарко, и очень хотелось пить, а воды почему-то не было. Я запомнил девочку, про которую говорили, что она идиотка. Она кусала собственные толстые губы и высасывала из них свою кровь.

СТЕПЬ ДА СТЕПЬ КРУГОМ

Мое поколение, вероятно, последнее в истории человечества, из которого кое-кому лично известно, что значит «степь да степь кругом, путь далек лежит».

Бескрайнее пространство: ни деревьев, ни кустов, ни выпуклостей, ни впадин, только полынь, бурьян, ковыль и волнистая линия уходящей к горизонту дороги.

Передвижение в такой степи в воловьей упряжке, я думаю, сравнимо только с пересечением на древней посудине океана.

Наш обоз состоял из трех просторных, запряженных волами арб, у которых нижняя часть имела вид сколоченного из досок и устланного соломой корыта, а верхняя — длинные жерди. В первой и второй арбе ехали эвакуированные, в третьей была бочка с водой и мешки с провиантом.

Ехали медленно, нарушая степную тишину тихими разговорами, скрипом несмазанных осей и бряканьем привязанных сзади ведер.

На нашей арбе слишком много места занимали два больших фанерных чемодана лягушачьего цвета, принадлежавшие двум женщинам — матери и дочери по фамилии Слипенькие. Имя матери осталось за пределами моей памяти, а ее беременную дочь звали Нарева, что означало Надежда Революции. Нарева с печальным и безучастным ко всему выражением полулежала в углу арбы, держа живот растопыренными пальцами, словно боялась, что он улетит. На первой арбе ехал страдавший от жары старик Франченко, абсолютно лысое темя которого было оторочено густым черным мехом на затылке и за ушами. Франченко задыхался, стонал и скреб ногтями свою раскрытую волосатую (седую, а не черную)

грудь, а его жена, аккуратная худая старушка с косой вокруг головы, об-
вевала его веером или прикладывала к лысине мокрый платок.

Первой упряжкой и задней управляли погонщики мужского пола:
пожилой с вислыми усами и в самодельном соломенном подобии шляпы
Микола Гаврилович и просто Микола, подросток лет шестнадцати, босой, в коротковатых штанах, в дырявой майке и в кепке-восьмиклинке с
маленьким козырьком. Наших волов погоняла Маруся, молчаливая девушка лет восемнадцати, в пестром сарафане, круглолицая, с толстыми
загорелыми босыми ногами. Время от времени она постукивала по кост-
лявым воловьим бокам длинной хворостиной, покрикивая вполголоса:
«Цоб-цобэ!» Порой соскакивала на землю и шла рядом с волами.

В середине дня обоз останавливался для отдыха и кормежки, а вечером — и для ночевки. Днем ели хлеб с салом и запивали теплой водой с
запахом и привкусом бочки. Во время остановок волов распрягали, пои-
ли, кормили отрубями, перемешанными с соломой, после чего они, сытые, либо стояли на одном месте, либо ложились и дремали, не обращая
внимания на жару и обсевших их мух.

Обедая, мы старались расположиться так, чтобы, если прилечь, досталось хоть немного падающей от арбы скудной тени.

Все переносили жару терпеливо, кроме Франченко. Он сидел под
первой арбой, еду никакую не брал, мотал головой, широко открывал
рот и стонал: «Ой, я умираю!» Жена его стояла рядом с ним на коленях,
макала свой платок в миску с водой, прикладывала к его лысине и обти-
рала грудь.

Микола-младший, заигрывая с Марусей, передразнивал Франченко,
закатывал глаза и как бы шепотом, но надеясь, что другие услышат, стонал: «Ой, я умираю!» Маруся делано сердилась: «Ото ж, дурень який!»
Но, не сдержавшись, прыскала в кулачок.

К вечеру мы достигали какой-нибудь прошлогодней скирды соломы,
это было что-то вроде степного оазиса. Тут наступала передышка от дороги и зноя. Волы распрягались. Оба Миколы, старший и младший, рас-
положившись в стороне от скирды, посылали пассажиров таскать солому, а сами тут же выкапывали небольшую ямку, перекрывали ее двумя
закопченными железными прутьями, на них ставили большой казан и в
нем варили фасолевый суп, постоянно подкармливая огонь пучками соломы. Суп был с салом, и большие куски я отдавал дяде Косте, а маленькие с отвращением выплевывал. От вареного сала меня тошнило, фасоль
я терпел, а вот разламываемые на куски круглые пышные паляницы мне
очень понравились.

Мне всегда было неприятно, но любопытно смотреть, как люди едят,
следил я и за тем, как это делал Микола Гаврилович. Он доставал из-за
сапога оловянную ложку, несколько раз плевал в нее, потом вытирал о
край своей выпущенной наружу серой рубахи. Ел медленно, часто вытирая усы и о чем-то задумываясь. Если попадался ему большой кусок сала, он его вынимал из ложки двумя кривыми грязными пальцами и, за-

прокинув назад голову, ронял себе в рот и заглатывал, не жуя. На вопросы отвечал не сразу и немногословно. Наши взрослые его спрашивали, долго ли еще осталось ехать и что есть там, куда мы едем, — колхоз или просто крестьяне.

— Яки ж у нас просто хрестьяне, — отвечал Микола Гаврилович, подумав. — У нас така ж радяньска влада, як и у вас, и колгоспы таки ж сами.

— А вы, значит, украинцы? — спросила его моя бабушка.

Он подумал и покачал головой:

— Ни. Мы хохлы.

— Ну как это можно, — сказала бабушка. — Хохлы — это оскорбительная кличка. А вообще, такой национальности нет. Вы не хохлы, а украинцы.

Микола Гаврилович посмотрел на бабушку удивленно, переглянулся с молодым Миколой, подумал как следует и повторил:

— Ни, мы хохлы.

Бабушка интересовалась, хорошо ли здесь живут люди. Микола Гаврилович отвечал рассудительно:

— А шо ж нам не житы? Мы ж хлеборобы, люды не лядащи, у кожного, несмотря шо колгосп, и кура, и гусь, и индюк, и порося, и корова. Деяки хозяи доси по чотыре коровы мають.

На вопрос дяди Кости, едят ли они черный хлеб, Микола Гаврилович почти обиделся:

— Та вы шо? Та хиба ж мы свыни?

После ужина Микола-младший уходил в степь и с ловкостью кота ловил там полевых мышей, которыми, держа их за хвост, пугал Марусю.

Скирды были для волов дополнительной пищей, а для нас роскошной постелью. В них мы располагались на ночь, зарывшись по горло в солому. Красное солнце быстро опускалось за горизонт, степь серела, чернела, становилась загадочной, суровой и величественной. На фоне этого величия как-то несерьезно вели себя мыши, которые шуршали соломой и попискивали где-то внизу. Я лежал в скирде рядом с Витей, мы смотрели на звезды, такие крупные, каких в Запорожье видеть не доводилось. Витя был большой знаток астрономии. Он мне показывал, где Марс, где Венера, где какая Медведица и где Полярная звезда.

В первое утро я проснулся от крика. Где-то на другом краю скирды кричала женщина, потом раздался детский писк, потом появилась моя бабушка и сказала, что Нарева родила мальчика. Потом Нарева ехала в том же углу арбы и кормила ребенка большой бледной грудью.

На другое утро опять раздались крики. Оказалось, ночью во сне спокойно, без всяких стонов умер старик Франченко.

Покричав и поохав, взрослые уложили покойника на арбу и накрыли его простыней. По дороге я поглядывал то в угол нашей арбы, где Нарева непрестанно совала ребенку свою полную грудь, то на арбу перед нами. Там старуха Франченко, сидя рядом с трупом, время от времени приоткрывала простыню, словно проверяя, не воскрес ли ее муж, и, убедившись, что этого не случилось, опускала простыню, отворачивалась и смотрела вдаль сухими глазами.

К вечеру третьего дня наш обоз медленно втянулся в небольшое селение, которое по-русски называлось бы деревней, а по-здешнему — хутором.

Жизнь сразу же обросла многими новыми признаками устроенного быта: пахло лошадьми, навозом, свежим молоком, приторным кизячным дымом, лаяли собаки, мычали коровы, гоготали гуси, и местные жители вылезали из своих мазанок, чтобы посмотреть на завезенных к ним чужаков.

Остановившись посреди хутора, мы были тут же обступлены местными жителями, которым Микола Гаврилович с досадой сказал:

— Ну шо вы збижалыся? Чи вы жидив не бачилы, чи шо?

Жидами, как я впоследствии понял, назывались здесь все городские люди в отличие от местных хохлов.

ЦОБ-ЦОБЭ

Живя на хуторе Северо-Восточный, я ходил в школу во второй класс на хутор Юго-Западный — в семи километрах от нашего хутора, он был для нас вроде столицей: там и школа, и почта, и правление колхоза, а у нас — ничего. Вернее, я туда не ходил, а ездил вместе с другими на волах, которых нам, школьникам, выделил колхоз. Волов запрягали в просторную квадратную двуколку, и занимались этим старшие школьники, то есть четвероклассники. Двое из них, Тарас и Дмитро, просидев в разных классах не по одному году, были уже люди вполне солидного возраста. Утром мы собирались возле воловни, Тарас, или Дмитро, или оба вместе запрягали животных, мы забирались в повозку и — цоб-цобэ — отправлялись в долгий и скучный путь. Утром туда, а после обеда обратно. И все было бы хорошо, если бы не... Начну, впрочем, издалека.

Не знаю, как в других местах, а вот на Украине и на юге России волы издавна были одним из самых распространенных и надежных видов транспорта. В тех краях, куда занесла нас эвакуация, волы были незаменимой тягловой силой. Конечно, колхозное и иное начальство, начиная от бригадира Пупика, ездило на лошадях. Но если надо было пахать или возить что-то очень тяжелое, если куда-то снаряжался обоз, санный или колесный, то обычно запрягали волов.

Вот типичная картина для тех мест. Два вола, вытягивая шеи, тянут арбу со стогом сена или соломы высотой с двухэтажный дом. Рядом идет погонщик, беззлобно постукивая по спинам и повторяя одно и то же: «Цоб-цобэ!»

Есть такое выражение — бессловесная скотина. Это, если в прямом смысле, именно про вола. Вол — самое работящее, неприхотливое и безропотное животное. Он ничего от своих хозяев не требует, кроме еды и воды. Больше ему ничего не нужно. Причем кормить вола можно чем попало. Есть сено — хорошо. Нет — сойдет и солома. Лошадь по сравнению с волом аристократка. На нее надевают сбрую, часто нарядную, со всякими украшениями, побрякушками, колокольчиками. Ее покрывают расписной попоной. Ей дают пахучее сено, клевер, а по возможности и овес. А хороший хозяин и куском рафинада угостит. Да при этом погладит ей морду, потреплет холку, шею снизу потрет и посмотрит, как она улыбается. А еще ведь лошадь и купают, и чистят, и хвост расчешут, и гриву косичками заплетут, и челку подправят. Как-нибудь похоже обращаться с волом никому и в голову не приходит. Ну, бывает, иногда между рог почешут слегка, ему и это приятно, но смотрит он удивленно: с чего бы такая милость?

Вола ничем не балуют и ничем не украшают. Для него есть ярмо — две деревянные колоды, скрепленные железными штырями — занозами. Его к этому ярму надо только подвести, а уж голову он сам подставит. Даже люди, управляющие лошадьми и волами, по-разному выглядят и называются. Лошадьми в давние времена правили кучера, ямщики в каких-нибудь тоже расшитых камзолах, в расписных рукавицах, в шапках нарядных. Про них слагались песни заунывные («Степь да степь кругом»), романсы лирические («Ямщик, не гони лошадей»). У волов же никаких кучеров-ямщиков нет. У них — погонщик. В длинном зипуне, стоптанных чоботах, в драном каком-нибудь малахае и с хворостиной в руке, сам по себе личность зачуханная и романсами не прославленная.

Преимущество у вола перед лошадью только одно — его никогда не бьют сильно. Не потому, что жалеют, а потому, что не нужно и бесполезно. Быстро он не побежит, хоть убей. А медленно идет без битья. Поэтому его лишь слегка постукивают палкой по костлявому хребту, давая понять, прямо идти или куда заворачивать.

Наблюдая этой скотины повседневную жизнь, видя ее бесконечную рабскую покорность судьбе и погонщику, трудно и даже невозможно себе представить, что это существо не всегда было таким, что оно было готово к сопротивлению и даже бунту.

Ведь волы — это и есть те самые непокорные, гордые, самолюбивые до спеси быки, которые на испанских и прочих корридах сражаются до конца, не имея ни малейшего шанса на победу. Превращаясь в волов, быки не только утрачивают какие-то детали своего организма, но и лишаются некоторых свойств характера. И все же, даже оскопленные, они не сразу покоряются своим угнетателям. Они сопротивляются, они бунтуют, может быть, как никакое другое животное.

Бывает это обычно только раз в жизни, именно тогда, когда на вола впервые надевают ярмо. Не на одного вола, конечно, а сразу на двух. Их запрягают летом в сани потяжелее, на сани накладывают груз или садятся для потехи несколько отчаянных мужиков (перед тем для храбрости изрядно принявших). Садятся для того, чтобы увеличить нагрузку. И вот тут-то как раз применяется не хилая хворостина, а кнут или, точнее, батог, длинный, туго сплетенный, тяжелый и смоченный водою, чтобы был еще тяжелее. Действуют воспитатели быстро, решительно и жестоко. Подвели волов к саням, надели обманом ярмо, волы сначала теряются, косят друг на друга недоверчивым глазом, топчутся на месте, а потом как задрожат да ка-ак рванут! И вот тут самое время для их учебы, для обламывания рогов.

Волы, еще полные силы и ярости, несут эти сани, как легкую таратайку, кидаются из стороны в сторону, сметая, что под ноги попадется или под полоз. Тут-то их и надо батогом, да покрепче, но без мата, а лишь со словами (чтоб только их и запомнили): «цоб» и «цобэ». Эти два слова, и никакие другие. Одного изо всей силы вдоль хребта батогом: «Цоб!» А другого тем же макаром: «Цобэ!» Звереют волы, не хотят терпеть ярма, пытаются его скинуть, мотают головами, шеи выворачивают, швыряют из стороны в сторону сани, несутся во весь опор, готовы растоптать, пропороть рогами все живое и неживое (кто навстречу попался, тот либо в сторону шарахается, либо на дерево влетает, как кошка), и кажется, сил у них столько, что никогда не успокоятся и никогда не остановятся. Но все-таки и воловья сила знает предел, уже вот бег замедлился, и дыхание шумное, и пена изо рта, а рука бьющего еще не устала. Шарах одного с захлестом промеж рог — «Цоб!», шарах другого с потягом по хребтине — «Цобэ!», и вдруг волы остановились, задергались, задрожали и оба разом рухнули на колени. А пар из ноздрей валит, а пена у губ пузырится, а глаза еще красные, но в них уже не гнев, а покорность.

И это все. Учеба закончена. Теперь только дайте волам отдохнуть, а потом подносите ярмо, а уж головы они сами подставят. Бить их больше не надо. Не стоят они того. Да и бесполезно. Бежать все равно не будут, а шагом потащат столько, сколько осилят. Идут себе тихо-мирно, только покрикивай «цоб» или «цобэ», или «цоб-цобэ», это смотря чего вы от них хотите.

А между прочим, самого главного я еще не сказал. Я не сказал того, что «цоб» и «цобэ» — это, во-первых, команды. Причем довольно простые. Если говоришь «цоб», волы поворачивают налево, «цобэ» — направо, «цоб-цобэ» — идут прямо. Во-вторых, Цоб и Цобэ — это не только команды, а еще имена. У всех волов есть только два имени: Цоб и Цобэ. Если опять же сравнить с лошадьми, то тех называют обычно как-нибудь ласково и по-разному. Буран, Тюльпан, Русалка, Сагайдак, Пулька, Крылатка, Весенняя — вот имена из нашей колхозной конюшни. И еще мерин по имени Ворошилов.

Так вот у волов никаких таких Буранов, Русалок и Ворошиловых не бывает. У них только или Цоб, или Цобэ, третьего не дано. И к этому пора добавить, что Цоб и Цобэ — не только имена, а и как бы исполняемые ими функции. И положение, которое они всегда занимают. А именно: Цоб в упряжке всегда стоит справа, а Цобэ, наоборот, слева. В таком порядке все свое дело всегда понимают. Погонщик знает, что если надо повернуть налево, то следует стукнуть (несильно) стоящего справа Цоба и сказать ему: «Цоб!» Тогда Цоб напряжется и толкнет плечом стоящего от него слева Цобэ, тот подчинится, и волы повернут налево. А если направо, то Цобэ толкнет Цоба — и все получится наоборот. Точный, ясный, раз и навсегда заведенный порядок. Если его соблюдать, волы ведут себя безропотно и безупречно. А вот если нарушить порядок, то этого могут не потерпеть.

Именно такого нарушения я и оказался свидетелем и жертвой, когда однажды мы, ученики, собрались после школы домой. Кому-то из наших умных возниц пришло в голову ради шутки поменять перед дорогой Цобэ и Цоба местами. Сказано — сделано. Запрягли, поехали.

Уже когда мы садились в двуколку, было видно, что волы проявляют какое-то недовольство, нервозность. Смотрят друг на друга, перебирают ногами, мотают рогами, дрожат. Ну, сначала как-то двинулись и вроде бы ничего. Доехали до угла школы, а там как раз поворот направо. Тарас стукнул хворостиной левого быка и говорит ему: «Цобэ!» А тот не понимает, потому что он не Цобэ, а Цоб. Но его стукнули, и он пытается толкнуть того, кто стоит от него слева, а слева от него как раз никого нет. А Цобэ, слыша свое имя, пытается толкнуть того, кто стоит справа, но справа опять-таки никого. Потянули они друг друга туда-сюда, никакого поворота не получилось. Дмитро у Тараса хворостину выхватил, неправильно, говорит, управляешь, раз уж запрягли наоборот, значит, наоборот надо и говорить. Хочешь повернуть направо, говори «цоб!», хочешь — налево, кричи «цобэ!». Стукнул он опять Цоба по спине и говорит ему «цоб!», считая, что тот теперь вправо будет толкаться. Цоб направо не идет и опять толкает влево того, кого слева нет. А Цобэ хотя и упирается, но настоящего сопротивления оказать не может, он привык, чтобы его толкали, а не тянули. В результате двуколка наша поворачивает не направо, а как раз налево, как и полагается при команде «цоб», но при этом делает оборот градусов на триста шестьдесят с лишним. «Вот дурень! — рассердился Тарас. — Совсем скотину запутал. Дывысь, як треба». Стукнул он палкой Цобэ и сказал «цобэ»! Цобэ сначала подчинился, пошел вправо, а там никого нет, тогда нажал на Цоба, опять стали крутить налево. А направо — хоть так, хоть так — не идут. Дмитро соскочил на землю, уперся в шею Цоба двумя руками. «Цобэ! — говорит ему. — Твою мать, Цобэ!» А Цоб свое дело знает и имя. И знает, что не для того он поставлен, чтобы толкаться вправо, а для того, чтобы толкаться влево. А Дмитро все в шею его упирается. И тут Цоб не выдержал, мотнул башкой и зацепил рогом на Дмитро телогрейку. Дмитро хотел его кулаком по морде, а Цоб развернулся и, чуть Цобэ с ног не свалив, пошел на Дмитро на таран. Дмитро прыгнул в сторону, как кенгуру. Цоб хотел и дальше за ним гнаться, но тут его осилил Цобэ, и вся упряжка пошла направо. Волы двуколкой нашей чей-то плетень зацепили и частично его свалили, причем свалили с треском, и треска этого сами же испугались. А потом от всего происшедшего непорядка вовсе озверели и понеслись. Мне повезло, я был среди тех, кто за борт вылетел сразу. Но другие еще держались. А волы бежали по хутору не хуже самых резвых лошадей. Бежали, шарахаясь то вправо, то влево. При этом снесли угол школьной завалинки, растоптали попавшего под ноги индюка, потом повернули и устремились прямо к колхозной конторе. Бухгалтер по фамилии Рыба, как раз вышедший на крыльцо, кинулся обратно и захлопнул за собой дверь. Но испугался он зря — у самого крыльца волы крутанули вправо, перевернули брошенную посреди дороги сенокосилку, даже протащили ее немного с собой (потом она оторвалась), выскочили в степь и понеслись по ней зигзагами, разбрасывая в разные стороны своих пассажиров. Когда двуколка перевернулась, в ней уже никого, к счастью, не было. Волы в таком перевернутом виде, подняв тучу пыли, дотащили двуколку до соломенной скирды, в которую с ходу уперлись, и, не понимая, как развернуться, стали бодать солому рогами. Тарас и Дмитро, до смерти перепуганные, с трудом собрали раненых и ушибленных детей, а потом осторожно приблизились к волам. Те все еще проявляли признаки агрессивности, но наши переростки были переростки деревенские. Они в арифметике и грамматике разбирались не очень, но с животными управляться умели. Они волов кое-как перепрягли, и, удивительное дело, те опять стали тем, кем и были до этого: безропотной и покорной скотиной, которая, если не нарушать порядок, ведет себя тихо, мирно и смирно. Не без опаски мы заняли свои места в двуколке, Тарас стукнул палкой Цоба и сказал ему «цоб», а затем стукнул палкой Цобэ и сказал «цобэ». Волы поняли, что теперь все правильно, порядок восстановлен, каждый на своем месте, каждый при своем имени и — пошли вперед, напрягая свои натертые шеи, мерно перебирая ногами, передними, просто грязными, и задними, обляпанными во много слоев навозом.

Я УМРУ

О том, что я умру, я узнал там же, на хуторе.

Мне об этом сказала моя бабушка Евгения Петровна.

Бабушка вообще имела привычку говорить неприятное и пророчить наихудшие варианты. Я однажды нашел где-то ведро с зеленой масляной краской, опустил в него обе руки и получил две красивые зеленые перчатки. Увидев это, бабушка сказала, что масляная краска вообще не отмывается и мои руки придется отрезать. Я ужасно перепугался и даже заплакал, но потом подумал и сказал, что если руки нельзя отмыть, то зачем же их все-таки отрезать? Лучше я буду всю жизнь ходить с зелеными руками. Бабушка возразила, что это никак невозможно. Масляная краска перекрывает все поры, руки без доступа воздуха загниют, и без ампутации не обойтись. Когда я застудил уши, бабушка пророчила мне полную глухоту, и она же одну из своих сентенций начала словами: «Когда ты умрешь...»

Я ее перебил и спросил: а почему это я умру?

Она сказала: потому что все умирают, и ты тоже умрешь. Я сказал: нет, я не умру никогда. Она сказала: что за глупости? Почему это все умирают, а ты один не умрешь? Я сказал: потому что я не хочу. Но никто не хочет, сказала бабушка. Никто не хочет, а все умирают.

Я никак не мог ей поверить. То есть я уже знал, что время от времени где-то каких-то покойников везут в деревянных ящиках куда-то за город или за деревню и там закапывают в землю, такое случилось, например, с моим дедушкой, но я никогда не думал, что это обязательно должно случиться со всеми, и уж вовсе не думал, что может случиться со мной.

Теперь бабушка сказала, что может, и даже непременно случится.

Конечно, моя бабушка была фантазерка и часто рассказывала такое, во что поверить было попросту невозможно. Она даже утверждала, что в свое время была маленькой девочкой.

Я в девочку не верил и в то, что умру, не поверил тоже. Но потом стал думать и попробовал вообразить. Ну, с самой бабушкой все получилось более или менее легко. Она была маленькая, худая, желтая, с острым носиком. Если положить ее в гроб, закрыть глаза, украсить цветами, она там будет как раз на месте. В конце концов, напрягши все свое воображение, я представил себе, что могут умереть мои тетя, дядя, двоюродные братья, даже мама и папа.

Но я?

Было лето, был ясный и жаркий день. Я отошел от хутора подальше в степь и стал смотреть вдаль. В степи, от края до края, серебрился сухой ковыль и перетекал в дымное марево на горизонте. Черный коршун неподвижно висел под солнцем. Я закрыл один глаз и закрыл второй. Открыл глаза поочередно и увидел то же самое: ковыль серебрился, марево дымилось, коршун висел. Я закрыл и открыл глаза одновременно. Все оставалось там, где было, даже коршун не сдвинулся с места.

Я попытался представить, как это все может существовать без меня, но чем больше думал, чем сильнее напрягался, тем яснее понимал, что без меня это не может существовать никак.

ЗМЕЯ С КРУЖОЧКАМИ

После эксперимента с перепряжкой волов колхозное начальство их у нас отняло, решив, что мы не большие баре, можем в школу ходить и пешком. Семь километров туда, семь обратно — для городского мальчика расстояние серьезное.

Вышел я как-то из школы после обеда. Солнце еще высоко, погода теплая, путь далекий. Но зато по дороге колхозный баштан, или по-русски бахча. А там арбузы, или, по-тамошнему, кавуны. Не очень большие, величиной с человечью голову. Некоторые уже созрели, а иные еще нет. А как отличить спелые от неспелых, не знаю. Вот те же Тарас или Дмитро отличают. Приложат к арбузу ухо, постучат пальцем и только после этого сорвут или оставят. Я попробовал поступить так же. Выбрал арбуз покрупнее, постучал пальцем, вроде как раз то, что нужно. Вытащил арбуз на край баштана и о дорогу — она твердая — расколол. Арбуз внутри оказался белый. Вытащил второй. То же самое. Я их уже пару дюжин наколотил, когда раздался голос свыше: «Эй, малой! Ты шо тут робишь?»

Я поднял голову и увидел: на дороге рядом со мной стоит бидарка (двуколка), а в ней толстый, как бочка, бригадир Пупик с кнутом в руках. Его серая в яблоках лошадь, названная за резвость Пулькой, косит огненным глазом то на меня, то на бригадира, как бы спрашивая: «Ну что мы с ним будем делать?»

Я перепугался до смерти. Один извозчик еще в Ленинабаде меня однажды за то, что я сзади за его фаэтон цеплялся, протянул кнутом, и я запомнил, что это больно. Я смотрел снизу вверх на бригадира и молчал, не зная, что сказать, как оправдаться. Если бы я один арбуз разбил или два, а то наколотил их тут целую кучу. Бригадир, не дождавшись ответа на первый вопрос, задал второй: «Дэ идешь?» Не зная местного языка, я догадался, что «дэ» это значит «где», и сказал, что здесь иду, по дороге. Он подумал и спросил: «А ты чей?» Я понял вопрос буквально и буквально ответил: «Мамин и папин». Он снова задумался, но, видимо, понял, что тут без переводчика не обойтись, закричал лошади: «Но-о!» — и свистнул, не касаясь ее, кнутом. Пулька с места в карьер рванула и понесла бидарку вдаль, подняв за собой тучу пыли.

Оставшись один, я мог бы продолжить уничтожение баштанного урожая, но не решился и место преступления торопливо покинул.

Дорога была скучная, длинная и вилась, как река, поворачивая то туда, то сюда, сначала вдоль баштана, а потом втекла в поле, на котором только что скосили пшеницу. Мне не нравилось, что дорога виляет, это делало ее длиннее, чем она должна была быть. Если бы я был здесь начальником, я бы всем приказал ездить только прямо по линеечке. Но поскольку до начальника я еще не дорос, а вилять вместе с дорогой мне не хотелось, я покинул ее и пошел прямо через поле по колючей стерне между копнами пшеничной соломы, оставшимися после недавней жатвы. В других местах (это я видел потом) жали хлеб серпами, стебли связывали в снопы, снопы складывали стоймя в суслоны, а здесь протащенная через молотилку комбайна мятая солома была сбита в копны, разложенные ровными рядами по полю, словно большие, круглые, лохматые шапки. Я проголодался и в предвкушении ожидающего меня обеда шел чем дальше, тем быстрее. Сначала между копнами, а потом прямо через них, пиная их ногами и разбрасывая.

Раз! Махнул ногой, и копна разлетелась. Раз! — разлетелась вторая. Ра-аз! Я копну развалил, а она вдруг зашипела, как масло на сковороде, из нее вывернулась черная змея, которая, повернув ко мне маленькую головку с очень злобными глазками, высунула длинный язык и зашипела еще сильнее.

Приходилось мне до этого и потом испытывать страх в разных страшных случаях, но такого ужаса я не знавал никогда.

Я сначала оцепенел, потом заорал на всю степь «мама!» и кинулся бежать. Я бежал, стерня шелестела под ногами, мне казалось, что все змеи собрались, шипят, гонятся за мной и вот-вот догонят. Я кричал, у меня иссякали силы, кричать я не мог и не кричать не мог. Я бежал неизвестно куда и очень долго, до тех пор пока не свалился без сил. А когда свалился, то подумал, что вот они, змеи, все сейчас ко мне подползут и все будут меня, маленького, несчастного, жалить и жалить, и я умру, как мне обещала бабушка. Но у меня уже не было сил бояться, и я решил, пусть ползут, пусть жалят, только скорее.

Пока я ждал смерти, солнце опустилось к горизонту, большое, красное, предвещавшее, по бабушкиным приметам, ветреную погоду. Я понял, что, раз я не умер, надо вставать и идти. Но я не знал, куда именно. Степь да степь кругом, дороги не видно и ничего, кроме бесконечного ряда копен, такого, чтоб выделялось: ни дерева, ни дома, ни дыма. Я пошел за солнцем, а оно от меня уходило быстро и равнодушно. Оно опустилось за горизонт, и степь потемнела, лишив меня всякого представления о том, куда я должен идти. Опять вернулся страх. Теперь я боялся змей, волков, шакалов, чертей и чего угодно.

Я шел и ревел монотонно, как дождь.

И было отчего. Городскому мальчику остаться одному ночью в степи, разве может быть что страшнее?

Я шел, ревел и вдруг заметил, что там, где-то впереди, очень далеко, что-то как будто светится. Я прибавил шагу, потом побежал и в конце концов с диким ревом вбежал на колхозный ток, где возле горы намолоченного зерна несколько комбайнов стояли почему-то на месте и светили всеми своими фарами. Там же я увидел бригадирскую бидарку и самого бригадира Пупика.

— Эй, малой! — закричал он, потрясенный моим появлением. — Звидкиля ж ты узявся?

Теперь я его понимал. И догадался, что «звидкиля» — это значит «откуда». Я ему сказал, что на меня напала змея. Он слушал меня с удивлением. А потом посадил рядом с собой в бидарку, и Пулька резво понесла нас в сторону хутора.

Там уже был, конечно, переполох. Были опрошены все вернувшиеся из школы ученики, но они ничего путного сказать не могли. Тетя Аня пыталась найти бригадира, чтобы организовать поиски, но не нашла, потому что бригадир уехал на ток.

Дома я рассказал, как шел, как змея выскочила, как завертелась, как зашипела. Я расписал ее самыми страшными словами, какие были в запасе. Пасть у змеи большая, язык длинный, глаза злые, сама она черная, а над глазами такие вот такие страшные оранжевые кружочки.

— Кружочки? — переспросил Сева. — Оранжевые?

И они с Витей оба покатились со смеху. И долго еще смеялись, прежде чем объяснили, что таким страшным показался мне обыкновенный и безобидный уж.

Что меня очень смутило и разочаровало. Когда все прошло, хотелось, чтобы змея была настоящая. Но какая б она ни была, тетя Аня решила в школу меня не пускать, и на этом образование мое прервалось.

СУРОВАЯ ЗИМА

Не знаю, как прошла в Ставрополье коллективизация. Я слышал, что как везде. Что в тридцать третьем году люди и здесь вымирали целыми селами. Но в сорок первом году, когда мы здесь оказались, колхозники жили хорошо, и казалось, даже не представляли, что можно жить хуже. Такого изобилия у крестьян я потом, побывав во многих деревнях, не видел нигде. У всех были свиньи, куры, гуси, утки. Некоторые держали — что для колхозников было вообще необычно — до четырех коров. Обезжиренное после снятия сливок молоко, «обрат», давали нам, а до нас выливали на землю. Когда тетя Аня пыталась местным людям за обрат заплатить, они обижались: за такую дрянь деньги брать, все равно что за воду, стыдно. Хлеб ели только белый.

И мы поначалу жили неплохо. Нам сразу выдали аванс — несколько чувалов (мешков) пшеницы. Дядя Костя с Севой съездили за двадцать километров в районное село Тахта. Оттуда привезли муку, из которой бабушка (она оказалась большой умелицей) пекла вкуснейшие круглые паляницы (буханки) с пенистой корочкой по окружности и еще всякие коржи, булочки, иногда слепленные в виде разных животных и птиц.

Но осенью в районном селе Тахта сломалась мельница, и те, у кого не было больших запасов, скоро остались без муки. Кончилась мука и у нас. Не было больше хлеба и всего того, что умела выпекать и варить бабушка. Но была пшеница, из которой мы готовили некое варево. Бабушка называла его кутьей. Зерно, освобождая его от шелухи, толкли пестиком в ступе, потом варили. Местные жители, может быть, тоже ели кутью. Но у них было еще мясо, сало, молоко, сметана, масло и яйца. А у нас только кутья и банка топленого сливочного масла, которое от долгого хранения испортилось и стало «ёлким», то есть сильно горчило. Впрочем, скоро кончилось и оно. Мы ели кутью всухомятку, и она уже не лезла в горло, когда я (о чем с гордостью потом вспоминал) догадался сыпать в ступу зерно мелкими горстями и толочь его до тех пор, пока оно не превращалось в очень грубую, но все же муку, из которой можно было выпекать что-то хлебоподобное. Конечно, такой способ производства был сродни добыванию огня путем трения, но делать было нечего, и мы все по очереди толкли зерно.

Зима оказалась на редкость для тех южных мест суровой и снежной. Пурга, длившаяся несколько дней, намела сугробы выше крыш. Но природа была к людям милостива, сугробы прилегали к хатам не вплотную, а оставляли некоторое пространство, которое позволяло открыть дверь. Впрочем, иногда соседям приходилось друг друга откапывать.

Дядю Костю угнали на оборонные работы в самом начале зимы. Сколько он там пробыл, не помню, и что делал, не знаю, — кажется, копал противотанковые рвы. Вернулся с обмороженными ушами и руками. А наша соседка Маруся, девушка лет семнадцати, обморозила ноги, да так, что целыми днями рыдала и причитала:

— Ой-ё-ёй! Ой, ноженьки мои, ноженьки!

Говорили, что ей надо отрезать ноги, иначе умрет. Но кто мог провести ампутацию, если на хуторе не было даже фельдшера? Маруся выла, ее мать натирала ей ноги топленым гусиным салом и тем, кажется, в конце концов дочь спасла. Маруся осталась жить и с ногами.

ВОРОШИЛОВ И ПУЛЬКА

Первой лошадью, на которой я учился ездить верхом, был пожилой мерин по имени Ворошилов. Колхозный конюх разрешил мне на нем прокатиться, потому что мерин был самый смирный из всего табуна. Рыжий, со звездочкой во лбу, был он очень похож на своего однофамильца, прославленного красного маршала. Будучи существом солидным, ходил только шагом, на мои понукания никак не отзывался. Сказать, что я на нем чему-то научился, было бы неверно. Он так аккуратно меня носил, что ездить на нем было не сложнее, чем на картонной лошадке, которая была у меня в раннем детстве. Поэтому я спросил конюха, не даст ли он мне лошадку побыстрее, например Сагайдака.

— Да ты шо! Ты шо! — замахал на меня конюх. — Ты знаешь, хто такой Сагайдак?

И объяснил, что Сагайдака, красавца и чемпиона Европы, держат специально для скачек. На нем разрешается ездить только специальному наезднику. А больше никому, включая даже его, конюха, и председателя колхоза. Я огорчился и продолжал ездить на Ворошилове, хотя занятие это мне казалось чем дальше, тем скучнее.

Но однажды мне повезло. Я только слез с Ворошилова, когда на бидарке-двуколке подъехал бригадир Пупик и стал выпрягать кобылу Пульку.

— Эй, малой! — закричал он мне. — Шо твоя бабка гири узяла и нэ нэсэ?

— Какие гири? — не понял я.

— Ну таки, шо на весы кладуть, шоб важиты.

Я вспомнил, что в самом деле, когда нам выдавали в чувалах зерно на заработанные взрослыми трудодни, для этого дела привозили весы и гири. В тот раз весы увезли, а гири забыли.

— Дадите мне Пульку, — сказал я, — съезжу за гирями.

— А ты верхом издить умиешь? — спросил он.

— Умею, — заявил я самонадеянно. — Вот только что на Ворошилове ездил.

— Ха, на Ворошилове! — сказал Пупик. — На Ворошилове и мертвяк поедет!.. Ну, ладно. Погоняй, тильки шагом.

Пупик надел на Пульку уздечку, сделанную из цепи, и подсадил меня. Я тронул повод, лошадь пошла шагом. Но как только мы свернули за ближайшую хату, я показал Пульке конец уздечки, и она сразу рванула галопом. Было страшно, но я держался. Тут выскочила из чьего-то двора черная собачонка и с лаем кинулась в ноги лошади. Лошадь от собаки шарахнулась и стала на дыбы. Я со страху совершил почти цирковой кульбит. Как-то ухитрился стать лошади на спину, прыгнул вниз и упал в пыль, на ногах не удержался. Кажется, я ушибся. Ушибся не очень сильно, но на всякий случай заплакал. Пулька подошла ко мне и, уже не обращая внимания на бесновавшуюся собачонку, склонилась надо мной и дышала мне в лицо, очевидно пытаясь понять, не слишком ли мне больно.

Я поднялся, вытер слезы, подвел Пульку к какому-то сарайчику и в два приема взобрался сначала на крышу сарая, а потом на лошадь. И поехал дальше, теперь уже только шагом. Гири я бригадиру привез, все кончилось благополучно. После этого я ездил на многих лошадях и всегда без седла.

ГАЛА

Осенью тетя Аня, дядя Костя, Сева и Витя работали на уборке клещевины (растения, из плодов которого добывают касторовое масло), бабушка возилась по хозяйству, а я слонялся по дому и вокруг, не зная, чем заняться.

Иногда в гости к нам приходила соседская девочка лет десяти по имени Гала. Пока было тепло, Гала являлась совершенно голая, оставалась у двери, смотрела на меня исподлобья и бессмысленно улыбалась, ковыряя себя пальцем в районе пупа и ниже. Мне она ничего не говорила, я ей тоже.

Бабушка спрашивала:

— Ты зачем пришла? Хочешь поиграть с Вовой?

Гала молча кивала, но как и во что играть, не знала, и я не знал.

Бабушка спрашивала:

— А тебе не стыдно ходить голой?

Гала отрицательно трясла головой.

БОРЬБА С ПРИРОДОЙ

Мы все были люди городские. Все, кроме бабушки, к борьбе с природой не привыкшие. Поэтому зима нас застала врасплох. Мало того, что не оказалось никаких припасов, кроме пшеницы. Вода в колодцах замерзла, да и с топливом получилось неладно. Местные жители топили печи кизяком — лепешками из коровьего навоза с соломой. А у нас не было ни коровы, ни навоза. Поэтому топили соломой. А это — дело нелегкое. Солома горит быстро, огня дает много, а жару мало. Сева и Витя иногда со мной, а чаще без, отправлялись куда-то подальше в поле к одиноко стоявшей скирде. Солома там была уложена очень плотно. Ее приходилось с большим трудом выщипывать, или, как говорили, высмыкивать из середины. Братья со временем наловчились накручивать довольно большие вязанки, тащили их домой и тут же отправлялись обратно. Кизяк или уголь утром заложил, вечером добавил. А солому только успевай подкладывай. Воду вытапливали из снега. Пить противно, она приторно-сладковатая. Но для варки и стирки годится.

Со стиркой, впрочем, были тоже неприятности. Нормальное мыло из нашего обихода вышло, его заменила какая-то черная жижа, которая не столько мылила, сколько воняла. Скоро появились у нас на теле и в голове вши, безуспешную борьбу с которыми вся страна вела дольше, чем с немцами. Так повелось, что во время всех войн в России катастрофически не хватало мыла. В его отсутствие вши возникали немедленно, как будто из ничего. Многие люди искренне верили, что вши рождаются просто от грязи. Вши были разносчиками сыпного тифа, который уносил жизни тысяч людей. Вершителям судеб, стоявшим во главе государств и армий, похоже, никогда не хватало ума догадаться, что, вступая в войну, о запасах мыла следует позаботиться не меньше, чем о производстве пушек. Но мыла производилось мало, зато тратились огромные средства на строительство при вокзалах, казармах, больницах, тюрьмах и лагерях специальных прожарок для белья. Простые люди вшей давили, вычесывали, мыли голову керосином, складки белья проглаживали раскаленным утюгом, отчего скопления гнид трещали, как дрова в печи. В деревнях, где жизнь разнообразием небогата, борьба со вшами превратилась даже в вид развлечения. Бабы вычесывали друг у друга жирных насекомых частым гребешком или искали в голове, перебирая волосы и тут же давя их ноготь об ноготь...

Когда я это видел, меня поначалу тошнило. Потом привык.

ПЕТР ПЕРВЫЙ И СОВЕТСКАЯ ВЛАСТЬ

В декабре 1941 года моей бабушке Евгении Петровне исполнилось 58 лет, но мне она казалась глубокой старухой. Она была мала ростом, очень худа, весила вряд ли многим больше сорока килограммов, вынослива и как будто самой природой приспособлена к выживанию в крайних условиях. Все съестное она экономила до крайности, крошки со стола собирала по одной, картошку чистила так, что кожура текла с ее ножа лентой сплошной и тонкой, как папиросная бумага. Она целый день хлопотала по хозяйству и все умела: ставить опару, печь хлеб, варить щи из крапивы, суп из лебеды и заваривать чай шалфеем. А длинными вечерами при свете коптилки читала Евангелие, шила, вышивала, гадала на картах, занималась спиритизмом, играла на гитаре, которую привезла с собой в числе самых необходимых вещей. Задумчиво перебирая струны, тонким, но чистым голосом она пела песни своей молодости. Из этих песен я запомнил только первую строчку одной гимназической («Мне надоела ужасно гимназия») и «Когда я на почте служил ямщиком» на другой мотив и с другим началом. Начало было такое: «Мы все веселимся, а ты нелюдим, сидишь, как невольник в затворе. Мы чаркой и трубкой тебя наградим, а ты расскажи свое горе...» Затем уж шли слова: «Когда я на почте служил ямщиком». А конец песни замыкал начальный посыл: «Ах, дайте, ах, дайте скорее вина, рассказывать больше нет мочи».

О жизни до революции Евгения Петровна вспоминала примерно с такой же ностальгией, с какой бабушки моего поколения вздыхали по временам брежневского застоя. По ее рассказам выходило, что жизнь была вполне сносная не только у капиталистов или помещиков. Бабушка до замужества работала народной учительницей и на жалованье в 30 рублей жила сама и держала прислугу. Все было дешево, булка ситного хлеба стоила четверть копейки, а ситец восемь копеек аршин. И когда она вышла замуж, родила троих детей и не работала, семья нужды не знала, хотя дедушка был простой железнодорожный служащий. Про царей я раньше слышал, что они все были ужасные, а по бабушкиным словам выходило, что далеко не все. Среди них были Александр Второй Освободитель и Петр Первый Великий, который побрил бояр. Видимо, бабушка бородатых людей не любила, поэтому с большим удовольствием рассказывала историю про какого-то знатного боярина, за которым Петр лично гонялся с ножницами. Из всех царей Петр, по мнению бабушки, был самый лучший.

— А если он был такой хороший, — спросил я однажды, — почему же не устроил советскую власть?

— Еще чего не хватало, — буркнула тетя Аня, но бабушка вполне по-марксистски объяснила, что Петр был хорошим, но все-таки до современных идей дорасти не успел.

— И, — неожиданно закончила она, — слава богу, что не успел.

Николай II, по ее словам, был человек неплохой, но наделал много глупостей. Зато очень любил свою жену и больного сына. Когда их расстреливали, он будто бы посадил сына на плечи и велел не закрывать глаза, сказав, что царский сын должен смотреть смерти прямо в лицо.

Питались мы однообразно, но пока не голодали. Жизнь была скудна, но именно поэтому даже самое мелкое событие в ней приносило радость и запоминалось. Не знаю, откуда они взялись, но у нас было несколько лимонов, которые тетя Аня хранила на всякий случай. Случай вскоре представился. У Севы и Вити расстроились желудки, и тетя Аня давала им чай с лимоном. Мне тоже хотелось чаю с лимоном, и я имел на него право, потому что у меня тоже был понос. Но я не решался об этом сказать, боялся, что мне не поверят, подумают, что я так говорю, потому что тоже хочу чаю с лимоном. В конце концов я все-таки сказал, что у меня тоже расстроен желудок. И мне, конечно, не поверили. Тетя Аня сказала: «Ты, конечно, выдумываешь, но ладно». И налила мне чай и положила в стакан ломтик лимона. Я сказал: «Но у меня, правда, расстроен желудок». Она сказала: «Правда, правда». Но так сказала, что я понял: она не верит, но делает вид, что поверила. Я расплакался и сказал, что раз она мне не верит, я этот чай пить не буду. Она меня обняла и сказала: «Ну что ты, дурачок, конечно, я тебе верю». Теперь я не сомневался, что она мне поверила, но от этого расплакался еще больше. А чай был вкусный и запомнился, как запоминается все труднодоступное...

СПОРЫ О ПИЛАТЕ

Наша библиотека на хуторе состояла из двух книг: Евангелия от Матфея и «Школы» Аркадия Гайдара. Евангелие было бабушкино, дореволюционного издания в твердом переплете с золотым тиснением, но ужасно потрепанное и замусоленное. Тиснение смялось, золото облезло, листы разбухли, растрепались по краям и распадались. В руки мне бабушка Евангелие не давала, но вслух читала охотно. Привязывала очки веревочками к ушам, садилась к окну или к коптилке и читала. Дочитывала до конца и начинала сначала. За зиму некоторые главы я выучил почти наизусть.

Я к тому времени уже прошел большой курс антирелигиозного воспитания в детском саду и в первом классе и знал точно, что Бога нет. Тем не менее Евангелие меня захватило и поразило сочетанием абсолютно реалистических описаний с такими, которые больше похожи на сказку. У меня возникали вопросы, какие возникают у всякого человека, пытающегося представить историю Иисуса въяве. Я требовал объяснений. Сева и Витя, считая бабушку сплошным пережитком прошлого, подсмеивались над ней, а тетя Аня, возвращаясь к вере, держала нейтралитет. В числе обсуждавшихся нами евангельских сюжетов была и история Понтия Пилата, которого бабушка толковала (и мы все с ней соглашались) как хорошего человека. Он предлагал синедриону и просил народ освободить Иисуса, а когда ему было отказано, умыл руки и сказал: нет на мне крови сего человека. Признаться, мне и до сих пор кажется, что Пилат сделал максимум того, что мог себе позволить римский чиновник. Отменив казнь Христа своей властью, он вызвал бы ненависть в Иерусалиме и очень большое, опасное для его карьеры недовольство в Риме. Говорят: но речь же шла о Боге. Но ведь прокуратор не знал, и откуда ему, маленькому человеку, было знать, что Иисус — сын Божий. Этого никто не знал, кроме учеников Иисуса. А те как раз, зная, кто он, повели себя гораздо хуже Пилата. Один предал его за тридцать сребреников — и проклят. Другой трижды отрекся от него — и прощен. Но и другие ученики (это мало кто прочитывает), все до единого, тоже оказались предателями. Когда в Гефсиманском саду брали Иисуса, «тогда, — сказано в Евангелии, — все ученики, оставивши Его, бежали».

ПЕРВАЯ КНИГА

Читать я научился лет в шесть, и первой прочитанной фразой, как, может быть, помнит читатель, была благодарность товарищу Сталину за мое счастливое детство. После этого до девяти лет я читал только вывески магазинов, рекламные плакаты, призывы ВКП(б), короткие тексты из детских книжек и в первом классе что-то несложное вроде рассказа «Филиппок» Толстого. В большие книги не заглядывал и даже не предполагал, что их, такие толстые, можно читать от начала до конца. Но однажды, уже наслушавшись в бабушкином чтении Евангелия, раскрыл «Школу» Аркадия Гайдара, прочел первую фразу: «Городок наш Арзамас был тихий, весь в садах», — и не смог оторваться. А закончив, испытал большое огорчение, что повесть закончилась так быстро, и начал читать с начала.

Я без конца перечитывал эту книгу, она для меня стала второй действительностью, в которую я убегал из безликой жизни среди снегов. Если представить себе, что жил бы я в городской квартире теперешнего времени с телевизором, компьютером и доступом к Интернету, стал бы я читать книги, как я их читал? Сомневаюсь. А тогда я «Школу» перечитал несколько раз, и, возможно, мне ее одной хватило бы на все время пребывания нашего на хуторе. Но, зайдя однажды к соседям, тоже эвакуированным, я увидел у них на подоконнике несколько поставленных в ряд томов. Я спросил, можно ли взять что-нибудь почитать. Хозяйка спросила, что именно. Я долго не думал и ткнул пальцем в название, которое показалось мне привлекательнее других, — «Война и мир». «А не рано ли тебе такое читать?» — спросила меня дочь хозяйки, взрослая девушка. «Нет, — сказал я, — не рано».

Конечно, весь роман был мне еще не по силам. Какие-то куски казались скучными, я их пропускал. Когда попадались французские монологи, лень было читать перевод. Мне, между прочим, понравились описания не только войны, но и мира. Например, сцена приема Пьера Безухова в масоны или разговоры Наташи Ростовой и Сони. В общем, что-то пропуская, я прочел роман от начала до конца и с тех пор стал очень жадным читателем.

Вплоть до призыва в армию я читал книги запоем, обычно лежа на животе. Мы много раз переезжали с места на место, жили то в городе, то в деревне. И везде в первую очередь я бежал записываться в местную библиотеку (если она там была), хватал и читал все, что под руку попадалось. К счастью, мне часто попадалась русская классика, а из французов — Бальзак, Флобер, Стендаль. Так получилось, что книги, на которых обычно вырастали многие поколения моих сверстников, Майн Рида или Жюля Верна, мне в моем детстве прочесть не пришлось, а потом было уже скучно. Но даже прочитанные в детстве «Робинзон Крузо», «Остров сокровищ», «Граф Монте-Кристо» произвели на меня меньшее впечатление, чем, скажем, «Война и мир», «Обломов», «Вешние воды», «Господа Головлевы» или «Мадам Бовари».

В библиотеках лучшие книги были всегда затрепаны, захватаны, замусолены, именно такие и сегодня вызывают во мне вожделение, а по роскошным переплетам мой взгляд скользит равнодушно.

«Школу» я с детства и до 1980 года не перечитывал. Но, готовясь к эмиграции, перебирал свою библиотеку в размышлении, что взять с собой, что раздать, что выкинуть. Дойдя до сборника Гайдара, я нашел в нем «Школу» и заглянул в нее на всякий случай, не ожидая, что через сорок лет после первого чтения она сможет меня увлечь.

Прочел первую строку: «Городок наш Арзамас был тихий, весь в садах».

И опять не смог оторваться.

РАНЕНЫЙ, НО ЖИВОЙ

Не знаю, каким путем шли в нашу глушь письма, но все-таки, сложенные треугольниками, от мамы из Ленинабада и от папы неизвестно откуда с адресом «Полевая почта №...» и штампом «Просмотрено военной цензурой», они нас достигали. Потом случился перебой: с конца ноября 1941-го от отца писем не было. Только в середине января принесли треугольник с адресом, написанным незнакомой рукой. Бабушка, еще не развернув треугольник, заплакала, а прочтя письмо, и вовсе ударилась в рев.

Отец сообщал, что лежит в госпитале, тяжело раненный. На Донбассе под городом Дебальцево во время похода он шагал в строю и курил. Шедший сзади солдат попросил докурить, отец повернулся, передавая «бычок», и больше ничего не помнит. Очнулся в полевом госпитале и узнал, что пуля, войдя под левую лопатку, прошла в нескольких миллиметрах от сердца, пробила бок и левую руку насквозь. Один врач руку хотел ампутировать, другой взялся спасти, но вопрос еще окончательно не решен.

— Боже мой! Коленька! Сыночек! — рыдала с причитаньями бабушка.

Тетя Аня на нее рассердилась:

— Радоваться должна, что живой!

— Нюра, что ты говоришь! Ему же могут отрезать руку.

— Пусть руку, пусть ногу, лишь бы живой. Лишь бы живой! Лишь бы живой! — повторяла тетя Аня, как заклинание. — Почему он должен гибнуть ради этих мерзавцев?

Я догадывался, кого тетя имела в виду, и это меня немного смущало...

БОГАТЫЕ КАЛМЫКИ И БЕДНЫЙ ЕВРЕЙ

Летом мы немного ожили. В Тахте починили мельницу, и у нас снова появилась настоящая мука. Кроме того, меняли тряпки на еду. Сначала в пределах хутора. Потом на колхозных лошадях ездили за полтора километра в Калмыкию, на хутор Тегенур. Калмыки жили богато и за старую блузку или брюки щедро расплачивались маслом, сметаной, мясом и салом.

Однажды в каком-то калмыцком дворе мы встретили старого еврея, просившего милостыню. Было тепло, но он стоял у крыльца в зимнем пальто с каракулевым воротником. На ногах у него были галоши с портянками, которые размотались и торчали в разные стороны, а голова была ничем не покрыта, если не считать седых вьющихся волос, окаймлявших обширную плешь. Воротник пальто был серый, и само пальто, как мне сперва показалось, того же цвета. Приглядевшись, я увидел, что пальто на самом деле синее, а серым кажется оттого, что сплошь покрыто жирными вшами.

Старик запомнился мне на всю жизнь, и именно его я вспоминаю, когда слышу, какие евреи все ловкие и как хорошо умеют устраиваться.

ВТОРАЯ ЭВАКУАЦИЯ

Не только письма, но и газеты («Правда» и какая-то местная) до нашего хутора доходили. Из них мы узнали весной 42-го, что наши войска не отступили, нет (таких слов сочинители сводок избегали), а, выполняя стратегические замыслы командования, отошли на заранее подготовленные позиции.

Вскоре заранее подготовленной позицией оказалась и наша местность.

Витя предлагал мне приложить ухо к земле и послушать.

Я прикладывал, слушал. И слышал глухие удары. Будто кто-то из-под земли пытается пробиться наружу. Теперь я думаю, это было похоже на первые толчки ребенка в животе матери.

— Немцы бомбят Сальск, — объяснил Витя. — Сальск — это город в сотне километров от нас.

— Значит, — предположил я, — скоро будут бомбить и нас.

— Нет, — сказал Витя. — Нас бомбить не будут, потому что нас бомбить слишком невыгодно.

Поскольку я опять ничего не понял, Витя преподал мне краткий курс экономики:

— Бомбы стоят очень дорого. Поэтому немцы бросают их не куда попало, а целятся в заводы, фабрики, электростанции, вокзалы. А у нас на хуторе нет ничего, кроме молочно-товарной фермы и конюшни.

Теперь я каждый день приникал ухом к земле, и с каждым днем толчки ощущались все явственней. А когда уже и через воздух стали доноситься звуки канонады, мы отправились во вторую эвакуацию опять в обозе из нескольких арб до станции Изобильная, где нас ожидал уже привычный товарный состав.

Местные жители, работавшие в поле, завидев обоз, останавливались и молча провожали нас недобрыми взглядами. Но в одном месте выбежали к дороге с лопатами и граблями и, размахивая ими, стали кричать:

— Шо, жиды, тикаете?

Сева открыл рот, хотел что-то сказать.

— Молчи! Молчи! — шепнула тетя Аня.

— Тикайте, тикайте! — кричал самый горластый. — Далеко не вбежите. Немец вас догонит.

Все молчали. Было ясно, что люди эти могут расправиться с нами, не дожидаясь немцев.

На Изобильной погрузились в эшелон. Где-то под Сталинградом переезжали по мосту через Волгу. Внизу плыли по течению горящие баржи, стелился над водой черный дым...

Это путешествие отличалось большей организованностью, чем первое. Пассажирам выдали так называемые рейсовые карточки, по которым в привокзальных магазинах можно было купить хлеб. На некоторых станциях нас высаживали и вели в баню. Сначала мылись женщины, потому что их было больше, потом мужчины. Однажды какая-то женщина, не успев помыться с остальными, оказалась голая среди голых мужчин. Меня удивило, что она никакого стеснения не выказывала, пыталась даже разговаривать. Мужчины же ее присутствием были весьма шокированы и отвечали ей, стыдливо отводя глаза. Когда она попросила дядю Костю потереть ей спину, тот отказать ей не посмел, но исполнял ее желание в большом смущении, усиленном присутствием сыновей и племянника...

Прибыли мы сначала в Куйбышев, потом в место с тремя названиями — Управленческий городок, станция Красная Глинка, пристань Коптев Овраг. Нас поселили на краю городка, врезавшегося в опушку леса, в длинных, наскоро сляпанных бараках, никак не разгороженных, с двухъярусными нарами во всю длину. Живя в одном из этих бараков, я едва не совершил подвиг, который мог быть воспет советской литературой.

НЕСОСТОЯВШИЙСЯ ПОДВИГ

Сначала у меня произошло интересное в своем роде знакомство. Посланный за водой, я пошел с ведром к водоразборной колонке, что была невдалеке от барака. Поставил ведро, открутил кран, вода текла медленно. Подошли две женщины в городских платьях. Одна отдалилась на шаг, расставила широко ноги и, даже не подобрав подола, стала мочиться, гораздо эффективней, чем кран, под которым стояло ведро. Другая женщина сказала:

— Галина Сергеевна, как вам не стыдно! Здесь же молодой человек!

— Это не молодой человек, а мальчик, — возразила Галина Сергеевна, не прекращая процесса. — И ему, наверное, интересно посмотреть, как писают тети. Правда, мальчик?

Я покраснел, кивнул и потупил глаза. Я и раньше видел, как тети писают, приседая и широко разводя колени, но вот чтобы так, стоя, как коровы... Эпизод, сам по себе малоинтересный, давно бы забылся, но знакомство мое с Галиной Сергеевной продолжилось. Наш барак был оборудован сплошными, во всю длину нарами, где все жильцы спали вповалку, ничем не отгороженные друг от друга. Контингент часто менялся. Какие-то люди его покидали, уступая место новоселам. На нарах шли непрерывные перемещения, в результате одного из них Галина Сергеевна стала моей соседкой.

Свету в бараке не было, поэтому люди ложились рано, как куры. Забирались на нары и пускались в долгие разговоры о войне, о прошлой жизни, о том о сем. Однажды кто-то почему-то упомянул Сталина, и тотчас раздался громкий голос Галины Сергеевны:

— Чтоб он сдох, проклятый!

Я до сих пор не забыл то растерянное молчание, которое наступило за этими словами.

Потом кто-то сдавленно произнес:

— Как вы смеете так говорить?

— А что? — лихо отозвалась Галина Сергеевна. — У нас в Ленинграде все так говорят.

Тут и подавно все замолчали, а дядя Костя сказал тихо, но директивно:

— Ладно, пора спать.

Больше в тот вечер ничего сказано не было. Люди еще поворочались и стали постепенно засыпать, каждый на свой манер: кто засопел, кто захрапел, кто застонал во сне, и только я один долго не мог заснуть, ворочался и думал: почему взрослые так спокойно отреагировали на кощунственные слова? Почему никто из них не сволок преступницу с нар и не отвел куда следует? Неужели и наутро этого не случится? Но, если никто из взрослых не знает, что надо делать, придется мне постараться за них. Хотя я и слышал странные речи моей тети об «этих мерзавцах» и «этом рябом», но имя «Сталин» при этом не произносилось. И в моем сознании, с одной стороны, существовал сам по себе мерзкий рябой, а с другой стороны — Сталин, великий вождь, которому я навеки благодарен за свое счастливое детство.

О подвиге Павлика Морозова я тогда слышал лишь краем уха, но «Судьбу барабанщика» Гайдара уже прочел и более или менее знал, как распознавать врагов и что с ними делать. Я смотрел в потолок и представлял, как утром пораньше пойду в милицию и попрошу, чтоб меня принял лично начальник, а не кто-нибудь другой. Меня, возможно, спросят, в чем дело. Я скажу, что дело очень важное, государственное и довериться я могу только самому начальнику. Я вообразил себе начальника, мудрого и усталого человека с седыми висками. Он меня выслушает внимательно, выйдет из-за стола, крепко пожмет мою руку и скажет:

— Спасибо, Вова! Ты оказался настоящим пионером!..

К слову сказать, пионером я не был и потом им так и не стал.

С мыслью о начальнике милиции я уснул. А утром, проснувшись, понял, что идти в милицию не хочется. Я посмотрел на то место, где спала Галина Сергеевна, но ее там не было. Я понадеялся, что кто-то из взрослых успел добежать до милиции и, пока я спал, преступницу арестовали. Но, выйдя на улицу, я тут же увидел Галину Сергеевну. Она на табуретке в тазу стирала какую-то тряпку. На лице ее не было заметно ни малейшего угрызения совести. Я смотрел на нее и думал, что ничего не поделаешь, в милицию идти надо. И опять подумал, что не хочется. Хотя надо. Но не хочется. Хотя надо.

Она подняла голову, и мы встретились взглядами.

— Ты что так смотришь на меня? — спросила она удивленно и улыбнулась. Улыбнулась, как женщины улыбаются мужчинам. — Нет, правда, что ты так смотришь? Ты, может быть, в меня влюбился?

— Нет! — закричал я. — Нет! — И убежал.

И, убежав, подумал, что, может, и правда влюбился.

И именно потому, что влюбился, не пошел в милицию. А может, не пошел, потому что был слишком ленив. Или идейно недостаточно тверд. Или недостаточно тверд, потому что слишком ленив. Да к тому же и влюбчив. Влюбчив, нетверд и ленив, почему и не удостоился крепкого рукопожатия начальника милиции. О чем впоследствии ни разу не пожалел.

МАМА ПРИЕХАЛА

Летом 42-го до Управленческого городка добрались наконец мама — из Ленинабада, а вскоре за ней и папа — из госпиталя.

Мама везла мне большую ананасную дыню (невиданную роскошь), длиной, наверное, с полметра. Но с половиной этой дыни пришлось по дороге расстаться. Управленческий городок был городок режимный. Там находился авиационный завод и что-то еще военное. Поэтому попасть туда нельзя было без особого разрешения или взятки. Взятки охотно брал и разрешения с большой неохотой выдавал какой-то важный начальник. Мама пробилась к нему вместе с дыней. Не представляю себе, как она таскала такую тяжесть, а выпустить из рук не могла.

— Эту дыню, — сказала мама начальнику, — я через всю страну везла своему сыну. Возьмите ее себе.

Начальник, как она рассказывала, ужасно смутился:

— Что ж я, зверь, что ли, отнимать последнее у вашего сына?.. Но, подумав, продолжил: — У меня тоже есть сын, так что давайте поделим: половину вашему, половину моему...

И ПАПА ВЕРНУЛСЯ

После восьми месяцев лечения в госпитале папа приехал почти в том же виде, в каком вернулся из лагеря: солдатское х/б, телогрейка, стоптанные бутсы с обмотками. Но теперь над правым карманом гимнастерки у него была маленькая желтая полоска — знак тяжелого ранения. У него не было ни одного ордена, ни одной медали, потому что тогда ни того, ни другого солдатам отступающей армии не давали. Единственным свидетельством достойного участия в войне была эта желтая нашивка и большая пачка маминых писем, слипшихся от крови.

Теперь отец стал инвалидом. Левая рука была как бы пришита к боку, согнута в локте и не разгибалась, пальцы скрючены и тоже не разгибались.

Возвращение отца было для меня огромной радостью. Я радовался тому, что он вернулся, тому, что был на фронте, и тому, что был ранен. Причем ранен тяжело, с правом на ношение желтой нашивки, а не красной, которая была свидетельством ранения легкого.

Еще до приезда отца был у меня разговор с Галиной Сергеевной. Она позвала меня пойти вместе с ней в лес за хворостом и по дороге спросила, откуда у меня такая фамилия. Я сказал, как слышал от тети Ани, что фамилия наша сербская.

— Ну вот, — удовлетворенно сказала Галина Сергеевна, — а я думала, что белорусская. Некоторые говорят, что еврейская, а я говорю, что этого не может быть. Твой отец — на фронте, а был бы еврей, сидел бы дома.

— Почему?

— Потому что евреи не дураки. Это наши вани там головы кладут за родину, за Сталина, а евреи, люди пронырливые, куют победу в тылу.

Подобные разговоры я часто слышал, и они были мне неприятны. Они напоминали мне, что я тоже имею отношение к этой нехорошей нации, но какие у меня были основания не верить в нехорошесть евреев? Раз люди так говорят, значит, наверное, так и есть. Возразить я не мог, потому что не знал никаких евреев, кроме мамы, бабушки и дедушки. Дедушка на фронте и правда не был, но имел на то уважительную причину: он умер за пять лет до войны. Поверив, что евреи не воюют, я пошел в рассуждениях дальше и решил, что все мужчины нестарого возраста, которых встречал я в нашем Управленческом городке, — евреи. Поэтому я радовался, что отец у меня не еврей, а настоящий фронтовик, пролил кровь и имеет право с гордостью носить свою желтую ленточку.

Отец почти ничего не рассказывал о войне. Лишь сначала я его пытался расспрашивать, но каждый раз попадал впросак.

Однажды спросил:

— Папа, а почему евреи не воюют?

Отец посмотрел на меня удивленно:

— А кто тебе это сказал?

Я пожал плечами:

— Все так говорят.

— Так, — сказал он, — говорят негодяи или глупые люди. Евреи воюют, как все. Не лучше и не хуже других.

В другой раз я задал папе вопрос, который меня волновал не меньше:

— Папа, а сколько ты убил немцев?

Этот вопрос многие дети задавали своим отцам. И многие отцы с удовольствием на него отвечали. Мой дальний родственник, дядя Вова Стигореско, вернувшись домой в конце войны, весь увешанный орденами, весело рассказывал, как крошил немцев из пулемета и как забрасывал гранатами какие-то блиндажи. Но и до возвращения дяди Вовы подобных рассказов я слышал великое множество. И от отца желал услышать что-нибудь вроде этого. Но папа вдруг ужасно рассердился. Еще хуже, чем на вопрос о евреях. А когда он сердился, у него появлялся такой сверлящий взгляд, который будто пронизывал меня до самого позвоночника.

Он просверлил меня этим взглядом и сказал:

— Я не убил ни одного немца и очень этим доволен.

«А что же ты тогда там делал, на войне?» — хотел спросить я. Но постеснялся и не спросил.

ЗНАКИ СУДЬБЫ

Судьба мне подавала столько знаков предначертанности моих действий, что я не могу не чувствовать себя ведомым неведомой рукой.

Я некрещеный, необрезанный, неверующий, но не атеист.

Я никогда не был в обычном смысле слова верующим человеком, но и никогда (или почти никогда) не был неверующим. Точнее всего будет сказать, что я — незнающий. Или, как говорят, агностик. Я не верю ни в какое конкретное представление о Боге, которое может быть выражено средствами литературы, живописи или скульптуры. Я не верю никаким доказательствам существования Бога и никаким доводам в пользу того, что его нет. Мир устроен слишком рационально. Трудно представить, что он устроился так сам по себе, и невозможно вообразить противное.

Но в судьбу я не могу не верить.

Я совершил в жизни несколько безрассудных поступков, которые мне судьба прощала, но при этом посылала предупреждения.

Одно из них я получил, когда мне было лет восемнадцать. Я работал в Запорожье на стройке плотником и в один из дней с наружной стороны только что построенного дома укреплял оконные рамы на втором этаже. С деревянной стремянкой на плече я переходил от окна к окну, вбивая между рамой и оконным проемом железные костыли. В одном месте на моем пути оказалось подъемное устройство, называемое лебедкой. Как раз в тот момент лебедка поднимала две тачки с раствором, стоявшие на квадратной деревянной платформе. Я хорошо знал, что под грузом находиться нельзя, но решил испытать судьбу. Со стремянкой на плече я прошел под лебедкой, сделал следующий шаг — и тут же глыба раствора залепила мне плечи и шею. Трос лебедки все-таки оборвался. Случись это на секунду раньше, я был бы расплющен, как муха, прибитая мухобойкой...

КОВЕРКОТОВЫЙ КОСТЮМ

История с папиным коверкотовым костюмом напоминает мне рассказ Петруши Гринева о заячьем тулупчике, подаренном Пугачеву.

Костюм этот был куплен еще до ареста по настоянию матери. Отец надел его несколько раз до ареста и пару раз в коротком промежутке между лагерем и фронтом. Когда ушел воевать, костюм остался у тети Ани и кочевал с нами из одной эвакуации в другую. Живя на хуторе, мы меняли вещи на еду, возникал вопрос и о костюме. Отец, считая себя ответственным за то, что навязал тети-Аниной семье лишнего иждивенца — меня, в письмах с фронта настаивал на том, что костюм при нужде надо продать. Бабушка склонялась к тому же и показывала вещь заезжавшим на хутор калмыкам. Один, весьма упитанный, долго тряс в обеих руках и поднимал по очереди пиджак и брюки, как будто определяя их вес. Потом начал костюм примерять и непременно распорол бы по всем швам, но вовремя был остановлен тетей Аней.

— Нет, нет! — сказала она. — Это не продается.

— Зачем не продается? — спорил калмык. — Всякий вещь продается. Мой рубашка продается. Мой шапка продается. Мой корова продается, да, а твой тряпка не продается, да?

— Да, да, — сказала тетя. — Это не тряпка, это хороший костюм, он не продается. Тем более что он вам и не подходит.

— Подходит, — уверенно сказал калмык. — Моя хозяйка будет делать так, что подходит. Послушай, женщина, я тебе дам вот такого кабана. — Он развел руки, изображая толщину кабана. Подумал, махнул рукой: — И гуся дам. — И другой рукой махнул: — Два гуся дам.

Но тетя не поддалась, а на воздыхания бабушки реагировала сердито:

— Коля вернется, в чем будет ходить?

Поскольку тетя Аня была в нашей семье главнее бабушки, последнее слово осталось за ней, и костюм вместе с нами поехал во вторую эвакуацию. И теперь хранился под нижними нарами.

На какой-то день после приезда отца тетя Аня объявила ему, что его ждет сюрприз. Полезла под нары за чемоданом и сразу обратила внимание на сломанный замок. Открыла чемодан, но костюма там не увидела. Перебрала все тряпки, надеясь на чудо: костюма не было.

— Как же так, — бормотала она, — как же так! Я только вчера смотрела, он был на месте, а теперь...

Тетя Аня была очень сдержанным человеком и редко плакала. В этот раз она зарыдала в голос.

По странному стечению обстоятельств дядя Костя как раз в тот день ездил в Куйбышев и там на толкучке увидел Галину Сергеевну, торговавшую коверкотовым пиджаком. Дядя Костя сначала ничего плохого не подумал, только заметил, что пиджак очень похож на пиджак брата жены. Но едва он подумал так, Галина Сергеевна странно засуетилась, свернула пиджак и попыталась скрыться. Тогда дядя Костя догадался, что дело нечисто, схватил ее за руку и потребовал объяснений. И заставил ее признаться, что костюм она украла, брюки обменяла на буханку хлеба, а на пиджак покупателей пока не нашла. Дядя Костя отнял у нее и пиджак, и буханку.

Что было потом, я не помню. Наверное, случившееся стало для меня таким шоком, который вызывает провал в памяти. Поэтому я запомнил Галину Сергеевну такой, какой встретил ее у водоразборной колонки, и такой, какая смотрела на меня странным женским взглядом, когда стирала. Запомнил я ее слова о Сталине и евреях, а что с ней потом случилось (скорее всего, ничего), после того как ее поймали с поличным, совсем не помню.

И дальнейшую судьбу пиджака в памяти не удержал. Знаю только, что отец его не носил и носить не мог, потому что у него рука была как бы пришита к боку. Гимнастерку он как-то специально перекраивал, а с пиджаком вряд ли справился бы.

ГОРОДСКАЯ ВОШЬ, КУДА ПОЛЗЕШЬ?

Не знаю, откуда в отце моем взялась страсть к постоянной перемене мест. Может, от предков-моряков передался ему, сухопутному человеку, беспокойный нрав, заставлявший его срываться с насиженного места (чаще всего недостаточно насиженного) и тащить с собой семью неизвестно куда и необъяснимо зачем.

Впрочем, соображения, побудившие нас покинуть Управленческий городок, были объяснимы. Отец считал, что войну легче пережить в деревне. Он нашел работу счетоводом в совхозе имени какого-то Масленникова в Хворостянском районе Куйбышевской области. Счетовод (не знаю, есть ли сейчас такие должности) — что-то вроде маленького бухгалтера. Эту профессию отец освоил, по-моему, в лагере, и она, как мне казалось, ему нравилась. И мне тоже. Иногда отец, не успев сделать что-то в конторе, приносил домой счеты — устройство, о котором теперешние молодые люди в большинстве своем вряд ли слышали. Это деревянные кружки, нанизанные на проволоку и вставленные в деревянную же рамку. Еще, кажется, совсем недавно все бухгалтеры, счетоводы, кассиры были вооружены этими устройствами, как будто бы примитивными, но очень помогавшими совершать все четыре действия арифметики. Мне кажется, эти счеты, как, например, колесо, следовало бы включить в число великих изобретений доэлектронной эпохи. Мне нравилось смотреть, как отец ловко управляется с этими костяшками, ловко отщелкивая их то вправо, то влево.

Совхоз Масленникова был огромный — десятки километров из конца в конец — и состоял из семи отделений. Мы жили на Седьмом отделении. Оно раньше считалось деревней и имело свое название, которое было практически утрачено. Я его знал, но забыл, мне помогла его вспомнить местная жительница, когда я там оказался почти через шестьдесят лет.

Местные к нам и другим городским относились с насмешливым презрением, как к неприглашенным нахлебникам. В те времена деревенским людям вообще было свойственно относиться к горожанам как к паразитам, которые не умеют ни пахать, ни сеять, не знают, где у коровы вымя, и, ничем полезным не занимаясь, способны только поглощать то, что выращивают крестьяне. В мирное время скупают все в своих магазинах, а как прижмет, бегут в деревню. Такое отношение к приезжим взрослые выказывали не всегда, зато дети с удовольствием выкрикивали: «Городская вошь! Куда ползешь? — В деревню кормиться!»

ЕЩЕ ОДИН ПРОПУЩЕННЫЙ КЛАСС

Моя мама гордилась тем, что где бы и чему ни училась, всегда и везде была круглой отличницей. Институт, работая и содержа семью, окончила с красным дипломом. Должна была преподавать математику и физику в средней школе, но за отсутствием таковой радовалась, что нашла работу в местной начальной школе, где вела первый и третий классы. Вторым и четвертым классами руководила Марья Ивановна Шарахова, жена офицера, воевавшего под Ленинградом или в самом Ленинграде. Мне по возрасту полагалось учиться в третьем классе, куда я пошел, но учился недолго. Оказалось, быть маминым учеником удел не из лучших. Мать и отец считали, что должны быть по отношению ко мне объективны. В случае моих уличных конфликтов, когда дело доходило до вмешательства в детские разборки старших, папы и мамы обычно защищали своих детей, независимо от того, кто был виноват. Мои же родители настолько стремились к объективности, что виноватым неизменно оказывался именно я.

В школе мама тоже очень боялась, как бы ее чувства не стали причиной слишком снисходительного ко мне отношения. Если я задачу решал правильно, но не самым кратким путем, она мне уже за одно это снижала оценку, говоря, что, будучи сыном учительницы, я должен соображать лучше других. Она совершенно не считалась с тем, что я, пропустив второй класс, имел право в третьем чего-то не понимать. Дома, после уроков, она готова была сколько угодно времени возиться со всеми учениками, но на меня у нее не хватало терпения. Когда я не понимал ее с первого слова, она начинала топать ногами и обзывать меня тупицей. В конце концов я отказался у нее учиться. Как ни странно, ни она, ни отец на моем учении настаивать не стали, и я пропустил третий класс без сколько-нибудь уважительной причины. Во второй класс я не ходил, потому что было слишком далеко. В третий мне надо было перейти в соседнюю комнату, потому что мы жили прямо в школе.

Предоставленный сам себе, я целыми днями ничего не делал, а только читал запоем книги, которые даже не помню где доставал.

ВСЕМ ХОРОШИМ ВО МНЕ

Я никогда не умел читать понемногу, с перерывами. Читая, впадал в состояние, похожее на летаргический сон. Бывало, мать, имея намерение послать меня по воду или вынести мусор, не могла до меня докричаться. Когда это ей удавалось, я говорил: «Сейчас» — и тут же забывал, что сказал. Однажды днем я запер зачем-то дверь на щеколду и читал (по привычке лежа на животе) «Вешние воды» Тургенева. Я был где-то посередине книги, жил и страдал вместе с героями, потом мне стало что-то мешать, какой-то шум, какой-то стук, исходивший из потустороннего мира. Наконец я оторвал голову от книги... и ничего не увидел. В комнате было так темно, что непонятно, как я мог видеть какие-то буквы до этого и чем-то дышать. Густые сизые клубы дыма шли от печки, поднимались к потолку, опускались к полу, заволокли всю комнату плотным туманом. Резко пахло горелой ватой. Я до этого не задыхался, не чихал и не кашлял, не лил слезы от рези в глазах. А тут зачихал, закашлял и от разъедавшего глаза дыма залился слезами. Чуть ли не на ощупь добрался до двери, в которую давно колотили кулаками и ногами Марья Ивановна Шарахова и ее ученики. Оказалось, на печке у нас загорелись и сгорели почти дотла отцовские ватные брюки. Обгоревшие лохмотья вытащили на улицу, затоптали, залили водой, окна раскрыли, комнату проветрили, после чего я вернулся на кровать и раскрыл книгу. Когда меня вывели из летаргии во второй раз (я тут же стал опять задыхаться, кашлять и лить слезы), выяснилось, что сгорела также почти полностью отцовская телогрейка.

Горький сказал: «Всем хорошим во мне я обязан книгам». Я вообще всем обязан книгам. Так сложилась жизнь, что книги стали практически единственным доступным мне учебником жизни и видом искусства (к кино я приобщился позднее). До переезда в Москву в 24 года я в провинции и в армии видел несколько концертов (песни, пляски, «художественное» чтение и «художественный» свист), пять-шесть спектаклей драмтеатров самодеятельных и убогих, но ни разу не был в опере, в балете, в оперетте, не слушал классическую музыку, не знал никаких музеев, кроме краеведческих, с черепками, ржавыми пиками, кольчугами и портретами местных героев социалистического труда.

Но, поглощая книги в большом количестве, я развил в себе способность к партитурному чтению. Скользя взглядом по странице снизу вверх, я как бы сканировал ее и закладывал в память. При этом запоминал все подробности и особо понравившиеся фразы, хотя взгляда на них не задерживал.

За четыре года солдатчины я эту способность навсегда утратил.

В армии, даже мирной, время от отбоя до подъема расписано по минутам. Только раскроешь книжку — команда: «Выходи строиться!» В столовой читать нельзя, в постели — тем более. На посту некоторые ухитрялись, но у меня не получалось. Поэтому хотя я и почитывал что-то время от времени, но прежнего удовольствия, прежней страсти уже не испытывал, за одним-единственным исключением.

Как-то после наряда по кухне я был освобожден от занятий и целый день пролежал в казарме, читая «Милого друга» Ги де Мопассана.

ИЗБИЕНИЕ УТЯТ

На Седьмом отделении был большой пруд, в котором я учился и научился плавать. Я заходил в пруд до подбородка и, опустив лицо в воду, плыл к берегу. Потом начал плавать от берега, пока дыхания хватало. Потом от одного берега до другого. Плаванье стало для меня невероятной радостью, пока не случилось событие, потрясшее на всю жизнь.

В то утро после завтрака я бежал к пруду, когда увидел картину, которую не забыл до сих пор. Местные мужики набрели в кустах на выводок диких утят и стали бить их палками. Утята на неуклюжих лапках пытались бежать, взмахивали еще бессильными крылышками, пищали, падали, опять поднимались и падали, а мужики с радостным гоготом и не соответствовавшими радости озверелыми лицами бежали за ними и били их палками. Утка-мать с криком кидалась под палки. Мужики весело ее отгоняли, видно, особое удовольствие доставляло им ее беспомощное отчаяние. Утку они отгоняли, а утят продолжали бить. И, лишь покончив с ними, забили и мать. Она-то была сильная, могла улететь, но не улетела...

После этого в пруду я продолжал купаться, но только с другой стороны.

КРАСНОЕ — ЗЕЛЕНЕНЬКОЕ

Шестьдесят лет спустя побывал я в тех местах, на центральной усадьбе совхоза, или, как это стало называться, АО или ООО имени Масленникова. Встречался с читателями, рассказывал о том, как родился замысел «Чонкина», вспомнил о приземлившемся за околицей самолете и сам удивленно воскликнул: «Слушайте, так это же было именно здесь, на Седьмом отделении!» И спросил, есть ли кто-нибудь, кто на этом отделении жил летом сорок второго года. Оказалось, что есть. Старушка, аккуратная, платье в горошек, косынка белая. Ей в 42-м году восемнадцать лет было, она трактористкой работала на сенокосе. Самолет тот прямо над ее головой просвистел, а когда приземлился, она со страху под трактор залезла: решила, что немцы. Старушка оказалась не лишена литературоведческих задатков, стала меня расспрашивать, почему я воспоминанию своему о самолете сам удивился, неужто не помнил, где именно это случилось. «Да нет, — объяснил я, — не то чтоб я совсем не помнил, но в голове не держал. Описал происшествие и связал его с образом деревни Красное, и это вымышленное селение затмило в моей памяти место, где происшествие с самолетом реально случилось». — «А почему ваша деревня называется Красное?» — заинтересовалась старушка. Я пожал плечами: «Ну, так просто называется. Обыкновенное название, с намеком на то, что оно советское». — «А, может, оно у вас именно от нашего села пошло?» — спросила старушка. «Да как же оно могло от вашего села пойти, когда у него и нормального человеческого-то имени не было, а называлось оно Седьмое отделение». — «А вот и нет, — возразила старушка. — Седьмым отделением его назвали, когда совхоз образовался, а до того было оно село Зелененькое».

Тут я вспомнил: действительно Зелененькое, только мы это название не употребляли и всегда говорили «Седьмое отделение». Или даже просто «Седьмое», а теперь, благодаря старушке, всплыло то, что, казалось, выпало из памяти навсегда.

Старушка сильно меня удивила тем, что стала рассуждать прямо по Фрейду, имя которого вряд ли когда слышала. Еще раз спросила, как называется вымышленная мною деревня. Я повторил: «Красное». — «Вот именно, — удовлетворенно покивала она. — Вы думали, что Зелененькое наше забыли, а оно у вас где-то сидело. В мозговой памяти. Только не в самой верхней памяти, а поглыбже. А потом превратилось из Зелененького в Красненькое».

Я не думаю, что старушка вполне права. Описывая Красное, я держал в воображении деревню Назарово под Вологдой, но старушке сказал, что, получи она филологическое образование, вполне могла бы стать заметной в ученых кругах фигурой.

ДРУГ МОЙ, ГУЛЬКА

У всех членов нашей семьи время от времени возникали прожекты, как наиболее достижимым способом прокормиться. Однажды мама ходила зачем-то за двадцать пять километров в районное село Хворостянка и по пути купила маленького, еще совсем лысого, как будто общипанного, гусенка. Мать была уверена, что он женского пола и, когда вырастет, будет нести нам большие гусиные яйца. Будущую гусыню назвали Гулькой и стали ждать, когда она вырастет и начнет нестись. А она выросла и оказалась гусаком.

Как надо поступать с гусаками, все знают. Но мы его резать не стали, поскольку он уже стал членом нашей семьи, а мне больше, чем другом. Скорее, младшим братом, которого мне в детстве очень не хватало.

Мы были с ним неразлучны. Когда я куда-нибудь шел, он ковылял рядом со мной. Когда я сидел, он неуклюже забирался ко мне на колени, на плечи, на голову, гоготал и терся головой о мое ухо или лез в ухо клювом. Разумеется, его тянуло к воде, и я все-таки пару раз ходил с ним на пруд, но не на тот берег, где мужики били утят. Мы с ним плавали рядом, и он смотрел на меня снисходительно, видя, как неловко я это делаю. Мне эти наши заплывы не доставляли большого удовольствия: я боялся, что мужики с другого берега прибегут с палками и забьют Гульку, а я не смогу его защитить. Страх был, конечно, излишний — утят мужики били, потому что те были дикие и ничьи.

Вскоре наши купанья и мои треволненья прекратились, потому что отца перевели работать на Второе отделение, где никакой открытой воды не было, не считая лужи у колодца с «журавлем». Туда совхозные гуси ходили большими стадами и иногда летали. И даже очень неплохо. Иной раз идут-идут и вдруг, как по команде, подхватятся и на небольшой высоте с криком летят через всю деревню. Обычно они паслись где-то за деревней, но потом их пригоняли к колодцу на водопой. Появление их Гульку всегда волновало. Бывало, он увидит гусиное стадо и бежит к нему. Прибьется сбоку, идет вместе со всеми, гогочет, делает вид, что свой. Но стоило мне позвать: «Гуля, Гуля, Гуля!» — он с криком, хлопая крыльями, спотыкаясь, несется ко мне.

Я любил его, наверное, не меньше, чем любого близкого человека, ну и он меня любил, я думаю, побольше, чем любого гуся. И даже гусыни. Кстати, вообще не помню, проявил ли он себя хоть однажды как гусиный самец.

НЕ УБИЙ

Если на хуторе Северо-Восточном нас изводили вши, то в селе Зелененьком одолевали мыши. Они пожирали все наши и без того скудные припасы и чем дальше, тем больше наглели.

Однажды, увидев мышь, я разозлился, схватил палку, загнал мышь в угол и занес палку над ней. Ей деваться было некуда, она стала на задние лапки... и рука моя не опустилась. Я не умом в тот миг пожалел мышь и не сердцем, а (невольный каламбур) мышцами. Просто рука мне не подчинилась.

Это заставило меня задуматься: а что же за сила не дала моей руке опуститься? Меня ведь никто не учил, что мышь нельзя убивать (даже отец мой тогда к животнолюбивым идеям своим еще не пришел). «Ветхий Завет», где помещены десять заповедей, я до тех пор не читал, а если б и читал, то понял бы, что «не убий» к мелким грызунам вряд ли относится. Значит, это у меня шло не от знания и не от воспитания, а от заложенных в меня чувств, или, говоря точнее, инстинктов.

УМНЫЕ ЛЮДИ

К зиме нас переселили из школы в другой дом, где мы делили одну большую комнату с Шараховыми — Марьей Ивановной, ее матерью Еленой Петровной и трехлетним сыном Вадиком. Зима была суровая, уборная далеко. По нужде ходили в ведро, стоявшее в узком тамбуре между двумя дверьми. Поначалу жили мирно. Мама с Марьей Ивановной занимались общим хозяйством, носили воду, ходили в лес, валили небольшие деревья, втаскивали их во двор и там на козлах пилили. Иногда и меня к этому привлекали. Мама моя была маленькая, чуть выше полутора метров, но ловкая. Когда-то в молодости она работала в Архангельской области на лесозаготовках, а теперь учила Марью Ивановну и меня, что пилу надо держать ровно, тянуть на себя не резко, не давить и не толкать, когда тянет напарник. Мне казалось, ей даже нравилось, что она такая вот маленькая, а хватает и сил, и умения и пилить деревья, и колоть дрова, да еще и учить других.

Зимой приехал на побывку выбравшийся каким-то образом из осажденного Ленинграда муж Марьи Ивановны, старший лейтенант. Он развязал «сидор», вещмешок, и оттуда посыпались консервы, кусок сала, два круга колбасы, сухари, пряники, карамельки, что-то еще. Вечером Шараховы устроили ужин и нас пригласили. Оглядывая богатый стол, мама сказала:

— А я слышала, что в Ленинграде ужасный голод.

— Умные люди, — заметил Шарахов, нарезая колбасу, — везде жить умеют.

Мама отодвинула тарелку и сказала:

— Спасибо. Было очень вкусно...

С того ужина в отношениях между мамой и Шараховыми наметилась трещина, которая вскоре переросла в ссоры и скандалы по всякому поводу. То спорили, кому в какой очередности мыть пол, то не могли поделить у плиты две конфорки, то проводили посреди комнаты условную границу, через которую противной стороне переступать воспрещалось. Иногда мама и Шарахова даже пытались между собой не разговаривать, но это не всегда получалось. Бывало, мама говорила:

— Вы залили плиту вашим супом. Могли хотя бы ее протереть.

— Кому мешает, тот пусть и протрет, — отвечала Шарахова.

— Не кому мешает, а тот, кто устроил это безобразие. И горшок после ребенка надо сразу выносить, он воняет.

— Сама воняешь.

— Тьфу, дура! — плевалась мама.

— А ты жидовская морда! — неслось в ответ.

Тем разговор и заканчивался.

УМЕНИЕ БЫСТРО ЗАПИСЫВАТЬ

В Зелененьком была неплохая библиотека, и в ней попались мне пьесы Александра Николаевича Островского. Я взял их с некоторым сомнением, но сразу же зачитался, а дочитав первую пьесу, не помню теперь, какую, понял, что в литературе мне больше всего нравится прямая речь. Описания природы или внешности героев, какие у кого были глаза, волосы или уши, меня совершенно не интересовали, я это часто в прозе пропускал, перескакивая сразу к строкам, начинавшимся со знака «тире». Поэтому после Островского я читал исключительно пьесы, все, которые мне попадались, включая Гоголя, Грибоедова, Шекспира и Шиллера. Но пьесы Островского мне понравились особенно тем, что я очень ясно себе представлял все в них написанное. Хотя я и знал (в этом уверяла меня бабушка), что писатели все выдумывают из своей головы, но поверить в то, что и разговоры Островским придуманы, я не мог. И решил попробовать себя в жанре драматургии. Как раз тогда, к моему удовольствию, между мамой и Шараховой возник очередной скандал, и их разговор содержал очень сильные выражения. Я схватил старую, не до конца заполненную тетрадь и стал записывать слово в слово, что слышал. Но никак за мамой и Шараховой не поспевал и в конце концов бросил это занятие с убеждением, что Александр Николаевич Островский умел не только лучше меня писать, но, главное, быстрее записывать.

ДВЕ МАМЫ

Расставшись с семьей Шкляревских, я ужасно скучал по тете Ане, Вите и бабушке, а к собственным родителям привыкнуть не мог. Общение с теткой было мне интересней, чем с матерью. Тетка считала меня способным и умным ребенком, говорила со мной, как со взрослым, уважительно. Мама же о моих способностях, напоминаю, была невысокого мнения. Это развило во мне комплекс неполноценности, представление о своей полной никчемности, и, берясь за какое-то дело, я его оставлял, думая, что я не смогу, у меня не получится.

За всякие мелкие провинности мама меня ругала, а когда особенно сильно сердилась, могла сказать: «Чтоб ты сдох, проклятый!» Вообще, подобные пожелания она часто адресовала отдельным людям, а порой и целой группе людей (иногда это были руководители партии и правительства): «Чтоб они все повыздыхали!» Сама она к своим проклятиям серьезно не относилась и любила со смехом рассказывать, как я в детстве отвечал ей тем же. Вспоминала, как я ей в трехлетнем возрасте сказал: «У, мама, сёты маты сёб ты доха!» Что в переводе означало: «У, мама, к чертовой матери, чтоб ты сдохла!» Так же несерьезно относилась мама и к побоям, которым часто меня подвергала. Чуть что, начинала драться. Причем не шлепала, а пускала в ход кулаки. Кулаки у нее были маленькие, тыкала она ими не в лицо, а в грудь, физической боли мне не причиняла, но я плакал, чувствуя себя оскорбленным. При этом я всегда сравнивал мать с тетей Аней, которая не только не била меня, но и голоса не повышала. Она вообще считала битье детей преступлением. Наверное, благодаря тете Ане и я на своих детей никогда руку не поднимал...

Оказавшись в Германии, я узнал, что избиение детей родителями там уголовно наказуемо.

ГЕНАМИ ОБРЕЧЕННЫЙ

Почему моя мать не верила в наши с сестрой способности, мне этого никогда не понять. Сама она была очень способной. Училась урывками, но была всегда и везде первая (чем и гордилась). Когда отца моего посадили, мама, работая по вечерам и имея на руках двоих иждивенцев, меня и бабушку, закончила с отличием дневное отделение Ленинабадского пединститута. Преподавала впоследствии математику в старших классах, а внеклассно (и бесплатно) готовила многочисленных учеников к поступлению в самые строгие вузы страны, включая МГУ, ЛГУ, МИФИ, ФИЗТЕХ и прочие. И ученики ее (если не были евреями), как правило, сложнейший тамошний конкурс преодолевали успешно.

Математика была маминой непреходящей любовью. Найдя, бывало, где-то особенно заковыристую задачу для самых непроходимых математических факультетов, мать в нее жадно вгрызалась и могла по нескольку дней, теряя аппетит и просыпаясь по ночам, колдовать, пока не находила решение.

Она говорила, что ей для сложных решений в уме нужна реальная и чистая плоскость, например потолок, на котором она мысленно располагала, складывала, делила, перемножала и возводила в степень громоздкие числа с многоступенчатыми превращениями. Решая задачу, она блуждала взглядом по потолку, шевелила губами и дергала рукой, словно чертила мелом.

Второй ее страстью были книги, которые она заглатывала в огромном количестве. Я встречал в жизни много людей начитанных, но прочитавших столько, пожалуй, не видел. Во всяком случае, она прочла книг гораздо больше, чем мой отец, я и моя сестра, вместе взятые, хотя мы тоже были читатели не последние.

Читать мама любила лежа, а в годы наибольшего благополучия еще и с шоколадной конфетой, заранее отложенной «на после обеда».

Надо при этом признать, что читала она без особого разбора, испытывая склонность к сочинениям романтическим, нравоучительным, с положительными героями, а под конец жизни всей другой литературе предпочитала серию «Жизнь замечательных людей», восхищаясь мужеством, стойкостью, благородством и неподкупностью ее беллетризованных персонажей.

Отец вообще был человеком очень одаренным литературно и столь высоких нравственных качеств, какие я в такой концентрации в серии «Жизнь замечательных людей» встречал, а просто в жизни, пожалуй, нет.

В любом случае при таких генах я был просто обречен на обладание какими-то способностями и не совсем заурядным характером и ума не приложу, почему матери было так важно этого не замечать.

ПОГОНЫ И РУКОПРИКЛАДСТВО

Мама ревновала меня к тете Ане, но после долгих уговоров поддалась на мои настойчивые просьбы и разрешила мне погостить у Шкляревских в Управленческом городке. В конце лета отец отвез меня к ним. Шкляревские по-прежнему жили на опушке леса в бараке, но теперь у них на пять человек была в нем отдельная комната с печкой. Я стал шестым членом семьи. Сначала было все хорошо. Шкляревские существовали сравнительно благополучно, а на случай неблагополучия держали кролика Васю с намерением съесть его, когда прижмет, или помиловать, если обойдется (примерно такие же утопические планы, как у моих родителей).

У кролика была клетка, но он в ней только ночевал, а в остальное время бегал по комнате, иногда выходя и на улицу. Бабушка боялась, что он убежит в лес, но тетя Аня уверяла ее, что Вася — не заяц, делать ему в лесу совершенно нечего.

Недалеко от барака, где жили Шкляревские, в отдельном домике располагалось маленькое военное подразделение — десяток немолодых красноармейцев, вооруженных трехлинейными винтовками. Что они там делали, я не знал, по моим представлениям, только чистили, варили и ели картошку. Наверное, картошки у них хватало, потому что они чистили ее неэкономно, половину переводили на очистки. Заметив это, я стал ходить к ним с ведром, просил очистки для кролика. И кое с кем подружился. Теснее других сошелся с бывшим колхозником, которого все звали Семеныч. Он был похож на Максима Горького — высокий, сутулый, с выслыми усами. И даже окал, как Горький. Семеныч питал ко мне определенную слабость, потому что у него, как он говорил, был сын такой же, как я, и еще две девчонки. Семеныч давал мне пострелять из незаряженной винтовки, показывая, как она устроена. Я кое-что запомнил и потом, попав в армию, удивил своего первого старшину знанием, что затвор состоит из частей, которые называются стебень и гребень с рукояткой.

Между прочим, тогда, в сорок третьем году, в армии ввели погоны, и командиры стали называться офицерами. Это многих шокировало, потому что советская пропаганда воспитывала в людях отвращение к «золотопогонникам» и к самому офицерскому сословию. С возвращением погон были возвращены и некоторые правила взаимоотношений между военными, якобы бывшие в царской армии. Например, рукоприкладство.

Восемь лет спустя, когда я сам оказался в армии, нам втолковывали: да, начальник имеет право бить подчиненного, и тыкали пальцем в Устав, где было написано, что в случае попытки неподчинения приказу начальник имеет право применить все меры воздействия — вплоть до силы и оружия. Устав предусматривал возможность лишь попытки неисполнения приказа, но самого неисполнения не предполагал. То есть, строго по Уставу, если солдат отказывался исполнить приказ, его надо было принудить любым способом, вплоть до избиения и расстрела. На самом деле этот пункт Устава в мирное время не соблюдался, я сам отказывался подчиняться некоторым приказам, и не раз, но жив остался. И не били, во всяком случае, у нас, в авиации, никого.

Но в сорок третьем году я оказался свидетелем действия нового Устава.

Семеныч в очередной раз разрешил мне повозиться со своей винтовкой и показывал, как нужно совмещать мушку с разрезом в прицельной планке, когда вдруг раздался громкий окрик:

— Это что такое?!

Семеныч выхватил у меня винтовку, вскочил с земли, вытянулся перед невысоким, коренастым, еще не опогоненным офицером.

— Ты!.. Твою мать! — закричал офицер. — Какое право имеешь давать пацану оружие?!

И, не вдаваясь в дальнейшие объяснения, подскочил — без подскока достать до лица не мог — и залепил Семенычу мощную оплеуху. Очень умело — видно, и до армии был натренирован.

Повернулся и пошел быстрым шагом прочь.

После этого ни Семеныч, ни другие солдаты винтовку мне не давали, но в картофельных очистках не отказывали.

СЕГОДНЯ КАСТРЮЛЮ ВЫЛИЗЫВАЕТ ДЯДЯ КОСТЯ

Не помню уж почему, но осенью я к родителям не вернулся и пошел в четвертый класс. Начался голод, и чем дальше, тем ощутимей. Я не помню, сколько нам давали хлеба и других продуктов по карточкам, и вообще давали ли что-нибудь, кроме хлеба, но голод был самый настоящий, не сравнить с привычным недоеданием. Люди превращались в ходячие скелеты или, наоборот, распухали, как надувные фигуры. Лица у распухших были синие, и кожа казалась прозрачной. Многие умирали прямо на улице.

В школе нам давали в дополнение к иждивенческой норме еще 50 граммов хлеба. У одноклассника Олега, с которым я подружился, мать работала продавщицей. Не будучи голодным, он предлагал мне всегда свою пайку. Я же, несмотря на голод, не брал, стеснялся. У нормального голодающего человека какие-то чувства, может быть, и ослабляются, но не исчезают совсем. Когда рассказывают, что есть люди, во время голода пожирающие собственных детей, надо иметь в виду, что речь идет об уродах, из тех, которые в обыкновенное время могут подбросить своего ребенка кому-то, спустить его в мусоропровод, а то и умертвить. У нормальных людей, как бы они ни голодали, людоедских побуждений не возникает...

Я ослабел настолько, что не мог ходить в школу. Я постоянно мерз, целые дни проводил на лежанке у печки и никак не мог согреться. Но через силу вставал и шел к солдатам за очистками для кролика, которого у нас на самом деле уже не было. С наступлением голода мы его не убили, но стали объедать: только часть очисток доставалась ему, а остальное мы сами съедали. Кролик сначала тощал вместе с нами, но потом сбежал, предпочтя, наверное, быструю кончину от руки голодающего растянутой во времени и мучительной смерти от голода. Кролик пропал, но я продолжал исправно ходить за очистками, солдаты не отказывали, но удивлялись: «Что это ваш кролик так много ест?»

Я очень хорошо помню тот голод, но описать его впечатляюще уже не смогу. Потому что есть память ума и память чувства — то, что помнится кожей, спиной и желудком. Когда-то я об армии мог написать много, но не спешил, а теперь память осталась, но чувство ушло, и я уже не могу пережить заново ощущение, которое человек испытывает при команде «подъем!», или при встрече в самоволке с патрулем, или страх перед старшиной, или еще что-нибудь в этом роде. Я все это помню, но одних воспоминаний мало. Раньше, видя остриженного наголо солдата, я себя ощущал им, а теперь мне даже не верится, что и я был таким же. Так и с голодом...

Дядя Костя убил камнем ворону. Мы ее съели всей семьей.

Витя поймал в силки воробья. Тоже разделили на шесть человек.

Как-то я спросил у тети Ани, можно ли вылизать кастрюлю. Она сказала: нет, сегодня кастрюлю вылизывает дядя Костя.

Тетя Аня у нас заведовала дележом всего съестного. Хлеб, получаемый на всю семью, делила на три больших куска, соответствовавших рабочим пайкам дяди Кости, Севы и Вити, и на три маленьких кусочка получателям иждивенческих карточек: мне, бабушке и себе. Я однажды как бы невзначай заметил, что папа хлеб всегда делит поровну. Тетя Аня отреагировала на это сердито, сказав, что дядя Костя, Сева и Витя тяжело работают физически и тратят много калорий, а мы ничего не делаем и ничего не тратим. Если они будут есть столько же, сколько мы, они умрут, а мы за ними, потому что сами себя не прокормим.

Очистки мы сначала варили, потом стали делать из них блинчики.

Дядя Костя где-то кому-то сколотил гроб и получил гонорар — две бутылки машинного масла, более или менее съедобного. На этом масле бабушка стала жарить блинчики из вареных очисток. Блинчики казались мне очень вкусными, но их было мало.

Мы все, кроме дяди Кости, продолжали тощать, а он, всякую еду разбавлявший водой, распух.

Почему родители в ту зиму не сразу забрали меня назад, к себе, я не знаю. Может быть, просто не предполагали, что мы голодаем.

КОГДА Я БЫЛ СЪЕДОБЕН

Первый раз меня собирались съесть, и отнюдь не в переносном смысле, а самым натуральным образом, когда мне было десять месяцев от роду. Мои родители, которые всю жизнь зачем-то колесили по всем доступным им пространствам, привезли меня из Таджикистана в город

Первомайск на Донбассе показать своего первенца бабушке Евгении Петровне и дедушке Павлу Николаевичу, которые в те места тоже попали случайно.

К тому времени на Украине уже начался знаменитый голод 1933 года.

Мать моя, по молодой беспечности оставив меня где-то на лавочке, отвлеклась на какое-то дело, а когда вернулась, того, что оставила там, где оставила, не было. Ей повезло, что тетка, которая меня украла, еще не успела удалиться, что она была неопытная воровка и слишком слаба для борьбы с разъяренной матерью.

Таким образом, я был спасен для дальнейшего сопротивления бесконечным попыткам разных людей, организаций и трудовых коллективов съесть меня, как говорят, с потрохами.

ВАРЕНОЕ САЛО

Я уже совсем «доходил», когда в декабре 43-го приехал отец с набитым доверху рюкзаком. Само собой, всех интересовало, что в рюкзаке.

— Сейчас посмотрим, — лукаво сказал отец и, поставив рюкзак на стол, стал его развязывать.

То ли узел был слишком тугой, то ли отец интриговал, но процесс развязывания длился нестерпимо долго, а я все это время глаз не сводил с рюкзака. Наконец узел развязался, и отец (он еще не был тогда вегетарианцем) с видом фокусника стал вынимать из мешка завернутые в газету куски сала. Вареного! Я был разочарован до слез. Я помнил, что на свете нет ничего противнее вареного лука и вареного сала. Оно отвратительнее даже рыбьего жира. Меня, если оно попадалось в супе, всегда от него тошнило. Но все-таки я один кусок взял и сначала осторожно лизнул, потом откусил, стал жадно жевать и понял, что никогда в жизни не ел ничего вкуснее. Я уверен, что никакой гурман ни от какого самого изысканного деликатеса никогда не получал того наслаждения, которое я испытал тогда.

НОВЫЙ ГИМН

Когда меня спрашивают, счастлив ли я, я не могу ответить утвердительно. И чужому утверждению не поверю. Счастье как острое ощущение радости жизни не может быть долговременным состоянием человека, который, как бы удачно ни сложилась его судьба, неизбежно переживает горестные дни, связанные с болезнями и потерей близких, с личными неудачами в работе, в любви или в чем-то еще. Если в какой-то период жизни у него нет личных причин для страданий, он не может оставаться безразличным к страданиям других. Но минуты счастья — и даже острого — бывают у всех. Я думаю, самые острые приступы счастья бывают в момент избавления от несчастья. Или, например, если ты умирал с голоду и вдруг получил кусок хлеба, да еще с маслом. Счастье...

Отец приехал не только чтобы нас накормить салом, но и чтобы наконец-то забрать меня домой, в деревню.

До вокзала шли пешком, и я — кожа да кости — очень сильно замерз. У вокзальной стены, где висела газета «Правда», мы остановились и прочли текст нового гимна СССР. Прежний гимн «Интернационал» переводился на роль только партийного.

— Нравятся тебе эти слова? — спросил отец.

Я сделал такое лицо, как если бы мне, сытому, предложили кусок вареного сала.

— Мне тоже не нравятся, — сказал отец.

Он никогда ничего плохого не говорил при мне о советской власти, но из отдельных междометий, ужимок и усмешек было ясно, что власть эта ему очень не нравится. Разумеется, так было не всегда, но в лагере отец кое-что переосмыслил. Я же по малолетству, несмотря на усмешки отца, реплики тети Ани и ностальгические воздыхания бабушки о жизни до революции, к советской власти относился лояльно. Но потоки славословий и трескотни уже тогда меня раздражали, и бездарный фальшиво-напыщенный текст главной песни страны отвратил от себя даже меня, одиннадцатилетнего. Неприязнь к этому гимну осталась у меня навсегда...

ФИРМЕННОЕ БЛЮДО

В конце 1942 года в Управленческом городке бабушка провела для нас сеанс спиритизма. Написала на листе бумаги все буквы алфавита, нарисовала на краю обратной стороны блюдца стрелку и вызвала почему-то дух Тараса Шевченко. Блюдце, движимое потусторонней силой (и бабушкиными руками, хотя сама бабушка уверяла нас, что не она блюдце двигает), стало ползать от буквы к букве, из которых на естественный вопрос составился ответ, что война закончится победой Красной Армии 20 февраля 1944 года.

В декабре 43-го, когда отец вез меня, полуживого, домой в деревню, перелом в войне после Сталинградской битвы уже наметился, но было очевидно, что даже классики из загробного мира могут ошибаться в прогнозах. До конца не каждому суждено было дожить не только на фронте, но и в тылу. Вот и со мной в голодном Управленческом городке, если бы не приехал отец и не забрал меня оттуда, неизвестно, что стало бы.

Мать, увидев меня, вскрикнула, но сделала вид, что ее вскрик относится не ко мне, а к чему-то стороннему. А я понял, что как раз ко мне он и относится, но никак не отреагировал: долгий голод делает человека бесчувственным.

— Ничего, — сказала мама, — я тебя откормлю. Ты поправишься, вот увидишь...

Мама говорила со мной так, как говорят со смертельно больным, — сама не веря в то, о чем ему говорят. Но мне было все равно, поправлюсь я или нет. Совсем все равно. Не помню, сколько прошло времени, пока не вернулось ко мне ощущение радости жизни. До того я лежал, равнодушный ко всему, и даже друг мой Гулька, когда лез клювом мне в ухо, меня не радовал.

Мама потом рассказывала, что я спал с открытыми глазами и так тихо, что она, желая убедиться, дышу ли я еще, подносила к моим губам зеркало. Я дышал. И ел. И отъедался. Ради меня была зарезана свинья Машка. Свиней мама еще до войны заводила. Но привыкала к ним и превращать их в свинину не могла, давала им дожить до естественной смерти. Машка была первым и последним животным в нашей семье, подвергнутым закланию.

Я отъедался и вскоре не то чтобы стал привередливым (этого во мне нет и сейчас), но мог проявить уже какие-то предпочтения в еде. И когда мама однажды спросила, чего мне хочется больше всего, я попросил приготовить мне мое любимое блюдо — блинчики из картофельных очисток.

Одной из прочитанных мной еще на хуторе книг был сборник рассказов Джека Лондона, а в нем — «Любовь к жизни», произведшая на меня сильнейшее впечатление. Рассказ, как я потом узнал, был одним из любимых рассказов Ленина, так что наши с Владимиром Ильичом вкусы в данном случае совпали. Рассказ этот — о золотоискателе, который во время своих злоключений так изголодался, что, оказавшись, в конце концов, на спасшем его корабле и получая там вполне достаточное питание, крал сухари, прятал в сундук и не мог остановиться. Я сухари не крал и не прятал, но поныне испытываю душевное неудобство, когда приходится (а куда денешься?) выбрасывать заплесневелый кусок. Или когда вижу, как кто-то слишком толсто чистит картошку. Я никакой морали из этого не вывожу, но при виде ножа, безжалостно корнающего картофелину, отвожу глаза в сторону.

Мама к моему заказу сначала отнеслась недоверчиво, считая, что это блажь. Я настаивал. В конце концов, она уступила и пожарила блинчики на сале зарезанной Машки. Я взял блинчик, откусил — и выплюнул. Отвратительнее этого я ничего никогда не пробовал. Кроме разве вареного сала.

НОВОЕ ПУТЕШЕСТВИЕ

Поправляясь, я заметил: то же самое происходит и с мамой. Папа сказал, что мама ожидает ребенка. Я удивился не тому, что мама ожидает, а тому, что про себя папа того же не сказал. Выходило, что мама ожидает, а он вроде бы нет. И я решил, что буду ожидать вместе с мамой. Я ожидал, разумеется, братика.

Пока я ожидал этого события, пришло другое, нежданное. Родители объявили мне, что мы переезжаем в деревню под Вологдой, где работает председателем колхоза мамин брат дядя Володя, Владимир Климентьевич Гойхман. Опять проявилась цыганская натура моих родителей (больше отца, чем матери): ни с того ни с сего срываться с места и тащиться куда-то с жалкими пожитками, преодолевая трудности, на которые могут сегодня добровольно согласиться только отчаянные экстремалы. Наверное, перед поездкой велась какая-то переписка с дядей Володей, в которую меня родители не посвящали. Надежда на то, что дядя Володя сможет улучшить качество нашей жизни, была иллюзорна. Так или иначе, мы собрались. Гульку, моего закадычного друга, оставили соседям, мама взяла с них слово, что они гуся не зарежут. Я думаю, что слово было взято для очистки совести...

Современному человеку вообразить невозможно, что представляли собой тогдашние путешествия по железной дороге, когда поезда брались штурмом, а вагоны набивались народом, несчастным, грязным, вшивым и вороватым. Москва как режимный город для транзитных пассажиров была закрыта. У нас были пересадки в Куйбышеве, в Сызрани, в Горьком и в Ярославле. Где-то мы пересаживались с поезда на поезд на том же вокзале, где-то надо было перебраться с одного вокзала на другой и там ждать поезда часами и сутками. В Сызрани мы провели ночь на кафельном полу. Я вместо подушки подложил под голову мешок с напеченными мамой в дорогу пирогами, а когда проснулся, мешка не было. Воры тащили все, что могли.

В Горьком от станции Всполье до главного вокзала мы, отец, мать на девятом месяце, и я, полудохлый, шли по льду через Волгу.

ПЕРВЫЙ УЧИТЕЛЬ

В Вологде нас встретил дядя Володя. Легкие сани с запряженной в них резвой лошадкой ожидали нас прямо на перроне. По раскатанной снежной дороге мы быстро пролетели двенадцать километров и въехали в Назарово — деревушку на высоком правом берегу реки Тошня. Деревня выгодно отличалась от тех, что я видел до того времени. Здесь избы стояли высокие, иные в два этажа, и все с теплыми уборными внутри.

Семья дяди Володи состояла из шести человек. Его мать (моя бабушка Эня), он сам, жена тетя Соня и трое сыновей 15, 9 и 5 лет, которым он испортил жизнь, дав еврейские имена Юдий, Эммануил и Колман. Старшему впоследствии удалось переименоваться в Юрия, младшему — в Николая, а средний формально остался Эммануилом, но когда вырос и стал строительным начальником, подчиненные звали его для простоты Михаилом Владимировичем.

Меня поселили в одной комнате с Эммануилом.

Сначала я с Эмкой держался снисходительно, все-таки два года разницы в возрасте давали мне такое право, но вскоре уверился, что младший брат во всех отношениях меня образованнее. Он стал моим учителем, опекуном и даже нянькой. По вечерам перед сном он мне рассказывал русские народные сказки, причем все очень скабрезные, которые знал в большом количестве. Я не мог себе представить, откуда Эмка знал их столько, и лишь в зрелом возрасте понял, что сказки были афанасьевские — брат их просто прочел в книге из отцовской библиотеки.

Утром тетя Соня выдавала нам по куску серого хлеба, граммов сто пятьдесят, и мы отправлялись в школу в деревню Новое. Здесь, как и в других деревенских школах, учились вместе: во вторую смену первый и третий классы, а в первую второй и четвертый.

Эмка учился во втором, а я, пропустив два класса, пошел, уже в конце года, в четвертый. Я плавал по всем предметам и остался бы на второй год, если бы не Эмка, знавший на отлично все, чему учили в четвертом, и охотно ставший меня натаскивать.

Полуторакилометровый путь мы обычно преодолевали часа за два, разговаривая о том о сем. Заодно Эмка помогал мне освоить дроби. Чертил цифры на снегу и терпеливо объяснял, почему одна вторая больше четырех десятых. С его помощью я быстро догнал и перегнал одноклассников. Это оказалось нетрудно: все они были ребята туповатые. Самыми тупыми были две дылды-близняшки, носившие не только нормальные собственные имена, но и общее прозвание Паладурки (то есть Полудурки). Им, второгодницам в каждом классе, было уже лет по шестнадцати, формы у них вполне развились, но к ученью они были катастрофически неспособны. Когда учительница Клавдия Николаевна вызывала к доске любую из Паладурок и предлагала разделить двенадцать на четыре или показать на карте, где находится Москва, их лица покрывались разноцветными пятнами, они потели и не могли произнести ни слова. Но и сама Клавдия Николаевна была человеком не слишком обширных знаний, над чем мы с Эмкой между собой потешались. Часто перед началом занятий она проводила с нами краткие политзанятия, читала газетные сообщения о положении на фронте и основных мировых событиях. Поскольку почти везде шла война, сообщения о том, что было в одном месте, часто приходили из другой географической точки. Например: «Стокгольм. Здесь в дипломатических кругах распространяются слухи, что в Румынии готовится государственный переворот».

Я поднимаю руку:

— Клавдия Николаевна, а где находится Стокгольм?

Она секунду мешкает, возвращается глазами к заметке и — вот ответ:

— Стокгольм? В Румынии.

Мы с Эмкой, зная, где находится Стокгольм, переглядываемся и подмигиваем друг другу, очень довольные...

Эмка показал себя знатоком не только школьных предметов. Именно он объяснил мне, откуда берутся дети. Мои собственные сведения на сей счет были к тому времени половинчаты. Я знал, что детей рожают женщины, но даже не подозревал, что в процессе зачатия участвуют и мужчины. Эмка рассказал мне, что муж и жена по ночам раздеваются догола, он ложится на нее, и они, как Эмка сказал, «...утся».

То, что он произнес это слово, меня шокировало. Слово я знал и сам матерился до восьми с половиной лет. Но когда мы приехали перед войной в Запорожье, где я познакомился с Севой и Витей, они мне объясни-ли, что такие слова говорить нельзя, их произносят только хулиганы и темные грубые люди. В Назарове таким темным грубым человеком был старик Проворов, который ездил на полудохлой лошади, нещадно сек ее кнутом и выкрикивал слова, не имевшие, как я думал, никакого реаль-ного смысла. Но, оказывается, смысл у этих слов очень даже имелся, и глагол, которым Эмка обозначил действия, проводимые по ночам мужь-ями и женами, означает...

Эмка даже нарисовал на снегу что-то наглядное.

Я к его рассказу отнесся с большим недоверием. Эмка рассердился:

— Ты что, никогда не видел, как ...утся собаки и коровы?

О, да-а! Это я, конечно же, видел! Но собаки и коровы — животные, которые лежат в лужах, роются в мусоре, могут сжевать висящее на ве-ревке белье и вообще позволяют себе все, что угодно. Чтобы «этим» за-нимались взрослые приличные люди, например дядя Володя и тетя Со-ня, тем более мои родители, — я представить себе ну никак не мог.

— Ты все врешь! — сказал я Эмке.

— А вот и не вру.

— Врешь!

Спор довел нас до драки, и я разбил своему учителю нос.

ДОГАДКИ И СОМНЕНИЯ

Несмотря на разбитый нос, Эмка не оставлял своей просветитель-ской деятельности и подсунул мне книжку из дяди-Володиной библио-теки. Это был французский роман (кажется, не Мопассана) о даме, кото-рая называлась «гулящая женщина» и занималась своим делом по бедно-сти, с разрешения мужа. Муж тем же делом тоже занимался с ней, но перестал ее беспокоить, когда она заболела сифилисом. И все же однаж-ды под наплывом чувств не сдержался и, как написано было в книге, «привлек ее, одетую, к кровати». Эта фраза меня больше всего взволно-вала. Что значит «привлек ее, одетую»? Значит, в ее «одетости» было что-то необычное? Значит, обычно он привлекал ее раздетую?

— Мама, — спросил я вечером, — а что такое «гулящая женщина»?

Мой невинный вопрос маму очень смутил.

— Это нехорошая женщина, — сказала мама неохотно. — А где ты слышал такие слова?

— Прочел здесь, — я показал маме книжку.

— А зачем ты читаешь такие книги? — спросила она. — Тебе такие книги читать нельзя.

Я удивился, что есть книги, которые нельзя читать. И сам себе задал вопрос: а как узнать, что книгу нельзя читать, не прочитав ее? Позже я открыл для себя, что интереснее всего читать именно те книги, которые нельзя читать, и вспоминал об этом своем открытии во времена расцвета самиздата.

Рассказы Эмки, мои личные наблюдения над жизнью и уклонение родителей от объяснений по интересующему меня вопросу стали причиной ошеломительных догадок и мучительных сомнений на долгие годы. Родители меня воспитывали так, что есть органы и функции организма и связанные с ними действия, о которых не то что говорить, но и думать стыдно. А если они сами занимаются тем, о чем говорил Эмка, и при этом не стесняются смотреть в глаза друг другу и своим детям, если то, чем они занимаются, не постыдно, то почему они это скрывают? А если стыдятся, то зачем занимаются? Как миллионы подростков до меня и после, я испытал разочарование в собственных родителях. И о себе самом я думал тоже очень нелестно. Я еще верил, что «про это» ни говорить, ни думать нельзя, но чем дальше, тем больше «про это» думал. А когда стал реально испытывать поначалу ни на кого не направленное влечение — и вовсе его устыдился и думал: какой я скверный мальчик!

ПРИЛЕТЕЛИ ГУЛИ...

Вопреки загробным предсказаниям Тараса Шевченко, чей дух, вертя блюдечко, вызвала бабушка, папина мама, 20 февраля 1944 года война не кончилась. Но 21 февраля случилось тоже событие важное: родилась моя сестра Фаина. Нас стало слишком много, чтобы дальше жить у дяди Володи, и мы переехали в крайнюю избу, где до нас жила в одиночестве и нам ужасно обрадовалась неграмотная старуха баба Евгения. У нее были черные руки с пальцами, настолько искривленными в одну сторону, что они походили на свастику. Баба Евгения охотно ухаживала за моей сестренкой и, укачивая, пела ей всегда одно и то же:

— А-а, люли, прилетели гули...

Дальше она текста не знала и бесконечно повторяла одну эту строчку.

Иногда Фаину укачивал я. Фаина подолгу не засыпала, лишь замолкала, но, как только я переставал качать колыбельку, плакала. Чтобы как-то разнообразить скучный процесс, я стал баловаться: толкал колыбельку от себя и отпускал, а она сама ко мне возвращалась. Однажды я толкнул слишком сильно, и она опрокинулась. Сестренка выкатилась на пол. Я обмер от страха. Мне показалось, что я ее убил. Я кинулся к ней и увидел, что она смотрит на меня удивленно, как бы спрашивая: «Что это было?»...

КАК ВОВА ПОЛОЛ МОРКОВКУ

Мой друг Бенедикт Сарнов долго получал пенсию выше моей, потому что он, 1927 года рождения, во время войны автоматически считался «тружеником тыла», и государство ему платило за невзгоды, которые ему предположительно выпали бы, если бы он работал. Но он во время войны не работал. А меня государство этой добавкой не баловало, потому что я, будучи на пять лет моложе Сарнова, тружеником не считался. Но дело в том, что я с весны 1944 года, после окончания четвертого класса, как раз работал, и не по сокращенной норме, какую впоследствии вводили для городских подростков, а как все колхозники, от зари до зари.

Начал с прополки колхозного огорода. Об этом в семье дяди Володи сохранилось юмористическое предание под названием: «Как Вова полол морковку». Много лет дядя Володя с удовольствием рассказывал, как Вова, работая на прополке, засыпал в борозде. И как было мне не засыпать! Меня, маленького и тщедушного, еще не оправившегося от перенесенного голода, включили в бригаду деревенских баб, среди которых равными им выглядели достигшие половой зрелости наши две Паладурки, здоровые девки с большими грудями и крепкими ляжками, неспособные к умственным занятиям, но привычные к полевым работам. Здесь они чувствовали свое явное превосходство и насмехались надо мной, мстя за насмешки над ними в школе. Мне хотелось за ними угнаться — но куда там! Они и другие бабы становились шеренгой вдоль грядок, наклонялись и сразу брали высокий темп, изредка разгибаясь, чтобы смахнуть пот со лба. Быстро, как автоматы, шевелили они руками и слаженным фронтом ритмично передвигались вперед. А я не мог так быстро работать. Я плохо отличал морковные стебельки от похожего на них сорняка. Пока я каждый стебелек разглядывал, определяя, что есть что (часто все-таки путал и выдергивал морковку), мои напарницы уходили далеко-далеко, и высоко поднятые зады их, как паруса, маячили на горизонте. Я в истерике начинал дергать траву уже без разбора, но тут же капитулировал. Ложился в борозду и немедленно засыпал. Естественно, меня в конце дня, разбуженного и сконфуженного, некоторые жалели, но другие — и Паладурки были первые среди них — на язвительные замечания не скупились.

Честно говоря, уже не помню, кто меня заставлял ходить на прополку и заниматься этим постылым делом. Был ли колхозный труд для меня обязательным? Наверное, был: все мальчишки моего возраста, а некоторые и раньше, лет с шести, работали в колхозе. Но и родители к тому же меня побуждали. Они считали, что я ничем не лучше других. Другие работают — и мне нечего сидеть дома. Когда мои сверстники пойдут в армию, и мне от этого нельзя будет уклоняться.

СПАРТАНСКОЕ ВОСПИТАНИЕ

Моим воспитанием, так же как и учением, мало кто занимался, но все-таки я испытал влияние сначала тети Ани и бабушки, а потом больше отца, чем матери. Воздействие, которое можно было бы назвать воспитанием, в наиболее регулярном виде оказывалось на меня в три коротких периода моего детства: на хуторе, в Управленческом городке и теперь в вологодской деревне. В основе воспитания была идеология честной бедности. Надо много трудиться, но быть честным, то есть бедным. Честные люди небедными не бывают: «От трудов праведных не нажить палат каменных». Мои родители всю жизнь жили только на зарплату, всегда такую маленькую, на которую по общепринятому убеждению жить нельзя. Сберкнижки у нас не водилось, как она выглядит, я потом, когда жил в городе, знал только по рекламным плакатам: «Брось кубышку, заведи сберкнижку!» Денег ни у кого не одалживали, потому что отдать было бы нечем. Честность, бедность, неприхотливость и гордость — вот четыре состояния, почитавшиеся в нашей семье. И они же — основа здоровой жизни.

Отец с удовольствием читал мне стихи Бернса в переводе Маршака: «Кто честной бедности своей стыдится и все прочее, тот самый жалкий из людей, трусливый раб и прочее».

Старания заработать побольше денег, купить хорошую мебель, одежду, а тем более украшения вызывали у моих родителей презрение и насмешку. Отец вообще считал кольца, серьги, бусы, браслеты и всякие побрякушки признаком дикарства.

Когда он сидел в лагере, я часто просил маму красить губы, и она это делала. После того как он вернулся, я на губах ее помады уже никогда не видел.

Я уже говорил, что отец мой, хоть и мало учился, многого достиг самообразованием. Но, сам не получив систематического образования, он о том, чтобы его получил я, не беспокоился. Главной его заботой было, чтобы я закалял волю, терпел всякие неудобства, трудился и не вырос белоручкой.

Он всегда приводил мне примеры из жизни великих, которые не чурались простого труда: Толстой пахал землю, Чехов был доктором, Грин — моряком, Паустовский работал трамвайным кондуктором. Князь Святослав вместо подушки использовал седло, Суворов всегда спал на жестком, Наполеон укрывался шинелью. В дело моего воспитания шли разные легенды. Например, о Муции Сцеволе, который поразил врагов тем, что на их глазах сжег собственную руку и не поморщился. Или вот еще. Спартанский мальчик украл где-то лисенка, спрятал за пазуху и понес домой. По дороге встретил учителя. Учитель остановил его и стал о чем-то спрашивать. Мальчик отвечал. Тем временем лисенок начал вгрызаться ему в живот. Мальчик продолжал разговор с учителем, лисенок выгрызал его внутренности, а он не подавал даже виду, что ему очень больно. Слушая это, я испытывал комплекс неполноценности. Пахать землю мне было интересно, но я не хотел подкладывать под голову седло, руку сжигать вряд ли б отважился, она у меня не лишняя, а если бы лисенок у меня выгрызал кишки, я вряд ли мог бы улыбаться учителю. Конечно, родители и не ожидали от меня готовности к столь великим подвигам, но беспокоились, чтобы я не позволял себе лишнего, довольствовался малым, на всем экономил. Меня ругали за то, что я при ходьбе ногу ставлю неровно, поэтому слишком быстро стаптываю ботинки с внешней стороны. Я старался ставить ноги ровно, но моих стараний хватало на несколько шагов. Дальше я начинал думать о чем-то другом и шел как попало. Меня учили не ерзать на стуле — протираются штаны, и сам стул надо было беречь, не раскачивать. До шестнадцати лет я всегда ходил летом босиком. Потом еще года два носил тапочки, которых надолго не хватало, и от выброса старых до покупки новых опять ходил босиком. Меня учили также не брать чужого, ничего не хватать первым, уступать всем все, что возможно. А еще не обижать младших, не наушничать. Драться иногда можно, но при этом ниже пояса не бьют, двое одного не бьют, лежачего не бьют, меньших не бьют... Кого ж тогда бьют? Меньшего бить нельзя, а большего невозможно. Для меня было потрясением, когда я, уже в Запорожье, увидел в первый раз (но не в последний), как десятеро больших бьют одного маленького и лежачего — и ногами, и ниже пояса, и в зубы, и в глаз, и в нос, и по печени, и по почкам.

ЯЗЫК, ПОНЯТНЫЙ ТЕЛЯТАМ

Тот, кому когда-нибудь приходилось пасти скот, знает, что проще всего управляться с коровами. Среди них попадаются порой неуравновешенные особи, норовящие ткнуть вас в бок рогом или перевернуть во время дойки ведро с молоком, но в основном это существа мирные, смирные, с хорошо развитым стадным инстинктом. Они вдумчиво щиплют траву, медленно передвигаются с места на место, друг от друга далеко не отходят и, насытившись, долго лежат, отдыхают. Пастуху можно и самому полежать в сторонке с книжкой, подремать или помечтать, и лишь время от времени приходится погоняться с хворостиной за отбившейся от стада буренкой.

Пас коров я всегда с книгой. Доводил стадо до нужного места и, подстелив телогрейку, ложился на траву, а если получалось, на копну сена или соломы. Целыми днями лежал, читал книги, лишь изредка поглядывая, все ли в порядке. К вечеру пригонял их обратно. Кстати, возвращение стада в деревню — момент трогательный и даже почти торжественный. Коровы идут сначала не спеша, как им и полагается, но при приближении к деревне ускоряют шаг, переходят даже на бег, торопятся к своим домам, к своим хозяйкам — соскучились.

Но я начинал не с коров, а с телят, к которым приставлен был после мучительного опыта на прополке. Там я быстро засыпал в борозде, здесь же было не до сна. Телята от своих взрослых сородичей сильно отличаются. Это ребята хулиганистые. Ранним утром, когда солнце только взошло и воздух прохладен, они ведут себя более или менее прилично. Но едва солнце поднялось повыше, появились и стали кусаться слепни, телята возбуждаются, задирают хвосты и — сначала в лес, на опушке которого я их пас, а там уже врассыпную. Чтобы найти каждого и согнать всех обратно в стадо, надо бегать весь день без передышки. До сих пор удивляюсь, как удавалось привести их в деревню всех.

Мой двоюродный брат Эмка по малолетству не работал, но имел о телятах определенное мнение.

— А как ты с ними разговариваешь? — спросил он однажды.

— С кем? — не понял я.

— С телятами.

— Ты что, дурак? — удивился я. — Как можно разговаривать с животными? Это у тебя в сказках они разговаривают, а мои телята человеческого языка не понимают.

— Очень хорошо понимают, — возразил Эмка. — Ты, когда за теленком бежишь, кричи ему...

Он продемонстрировал, что именно я должен кричать, и получилось это у него не хуже, чем у возившего навоз старика Проворова.

— Ну, как? — выждав паузу, поинтересовался Эмка.

Я его познания оценил высоко, но когда сам попробовал повторить то, что кричал Эмка, язык мой не желал повиноваться. Эмка удивился. Ему казалось, это очень просто — сказать так (он привел пример) или эдак (другой пример).

— А если не научишься, тебе с телятами не справиться, — предупредил он с такой уверенностью, будто сам когда-нибудь с ними справлялся.

При нем повторить то, что он кричал, я не мог, а без него попробовал. Долго это у меня не получалось, а когда получилось, я увидел, что и тут Эмкин урок оказался полезен: язык, которым я овладел, в сочетании с хворостиной на телят подействовал.

Работая на прополке, я зарабатывал не больше четверти трудодня за смену, а за телят — по три с половиной. Три с половиной взрослой нормы! Столько же я получал потом, работая на машине под названием «ВИМ», что расшифровывалось просто: «Веялка и Молотилка». Там была работа другая, конвейерная. Мне кидали сноп, я перекидывал его дальше. Такая работа лишь кажется скучной, но когда в нее втянешься, испытываешь то, что называется мышечной радостью. Она захватывает. Но и изматывает. Не зря и ее оценивали в три с половиной нормы. Так что осенью, когда колхозникам выдавали зерно, картошку и капусту, мне тоже что-то перепало.

ПО ЗАКОНАМ ВОЕННОГО ВРЕМЕНИ

В Назарове у меня вскоре появился новый друг — Толик Проворов, сын того старика Проворова (может, он не такой уж был и старик), который возил на лошади навоз и больше других матерился. Почему-то в детстве моими друзьями чаще всего становились мои сверстники, носившие имя Толик. Этот Толик вместе со мной окончил четвертый класс, и в конце августа мы отправились записываться в пятый, в школу-семилетку, уже не в полутора, а в семи километрах от нас, в поселке, называвшемся так же, как и речка, Тошня.

Нас принял директор школы — неопрятный человек с всклокоченными волосами и постоянно спадающими штанами.

— Значить, вы обое, так скать, хочете учиться далее? — спросил он, подтягивая штаны. — Ну, что же, это очень хорошее, так скать, намерение, потому что советские дети должны хорошо учиться, особенно в периуд, так скать, напряженной смертельной войны с немецко-фашистской сворой. Твой отец, — он ткнул в меня пальцем, — булгалхтер, и эта профессия нам тоже крайне необходима. А ты лично кем хотишь стать: летчиком или танкистом?

Имея столь ограниченный выбор, я сказал, что стану, пожалуй, летчиком, чем заслужил его одобрение. Толик же пожелал стать зоотехником.

— Тоже хорошо, — похвалил директор. — Летчик или танкист — это хорошо. Но нам же в мирное, так скать, время понадобятся не только летчики и танкисты. Кому-то ж надо будет и в мирное время сеять хлеб, варить сталь и ухаживать за скотом. Так что первого сентября приходите. Будем вас кое-чему, так скать, учить.

Незадолго до того мои родители съездили в Вологду, продали там полученную на трудодни капусту и купили мне замечательные сапоги-бурки с кожаным низом и войлочным верхом и общую тетрадь в коленкоровом переплете, что было тоже немалой ценностью. До этого в четвертом классе мы решали задачи и писали диктанты в блокнотиках, сшитых из этикеток для сгущенного молока, которое делали в находившемся от нас через речку поселке Молочное. Одна сторона у этикеток была синяя, зато другая — белая, вполне пригодная для использования в качестве тетради.

С общей тетрадью, положенной за пазуху (портфеля не было), и в шикарных своих бурках я отправился на первое занятие, надеясь, что и дальше буду учиться. Но два события помешали мне это осуществить. Сначала, еще по дороге в школу, развалились бурки. Оказалось, что они сшиты гнилыми нитками и голенища тоже гнилые. Я не сразу понял, что дело не во мне, а в самих бурках, и испугался, что меня родители будут за них ругать.

Второе событие: мы с Толиком во время перемены между первым и вторым уроками затеяли средневековое сражение на пиках. В качестве пик нами были выдернуты из директорского забора два железных прута со сплющенными и заостренными концами.

О нашем сражении донесли директору, тот выскочил на улицу и попытался схватить нас обоих за уши. Это ему не удалось. Тем не менее он привел нас к себе в кабинет, где объявил врагами народа.

— Вы, — сказал он, тыча поочередно пальцем то в Толика, то в меня, — фулуганы и пособники немецко-фашистских захватчиков. Вся наша страна, так скать, превозмогая и истекая кровью, сражается с непосильным врагом, а вы тем временем портите социалистическое имущество. Вы знаете, что это значит? Это значит пятьдесят восьмая статья —

вредительство. Всё, вы обое исключаетесь со школы, и чтоб я вас здесь более, так скать, не видел...

Я вернулся домой огорченный. Хоть боялся, но рассказал родителям правду. Однако, как я заметил, их мое исключение не очень огорчило, и за бурки они меня ругать тоже не стали.

Через некоторое время от директора школы принесли записку, из которой следовало, что я должен посещать занятия. О причине моего непосещения ни слова не говорилось, и родители решили, что я останусь дома. Пришла вторая записка, в которой я предупреждался, что, если не являюсь в школу, буду исключен. В третьей записке директор угрожал, что, если я не явлюсь, буду судим по законам военного времени. Родители успокоили меня, что угроза пустая, никакими законами не подкрепленная.

Директор прислал еще несколько записок, оставшихся без ответа. Так что в пятом классе я учился всего девяносто минут.

СОВХОЗ ЕРМАКОВО

Осенью мы переехали в совхоз Ермаково, ближе к Вологде (в Назарове родителей опять что-то не устроило). Отец работал все тем же бухгалтером, мама тоже кем-то в совхозной конторе, а мне поначалу была прописана роль няньки при малолетней Фаине. Родители уходили на работу, я оставался с ней. Кормил ее, поил, развлекал и сам, как мог, развлекался. Например, надевал ей на голову бумажную корону, делал из тряпок подобие мантии, давал в руки палку-скипетр, усаживал на подушки, и она — ей не было еще и года — с удовольствием принимала важную позу. Стихи я ей читал не совсем по ее возрасту: шотландские баллады в переводах Жуковского. Чаще всего — мой любимый «Иванов вечер»: «До рассвета поднявшись, коня оседлал знаменитый смальгольмский барон. И без отдыха гнал меж утесов и скал он коня, торопясь в Бротерстон...»

Девочка внимательно слушала, и мне казалось, что она все понимает.

Не знаю, где родители доставали манную крупу, но она у нас была. Мама варила манную кашу, поручая мне в определенное время ее разогреть и покормить сестренку. Я разогревал, кормил, Фаина держала кашу во рту — и выплевывала. А у меня текли слюнки, но я терпел.

Ермаково считалось совхозом НКВД, где основную работу делали заключенные. Ни мои родители, ни я сам, ни наши соседи, взрослые и не взрослые, заключенными не были, но тоже работали в совхозе. Весной сестренку отдали в детский сад, а я нанялся охранять репу и брюкву. Охранял в основном не от людей, а от птиц. Точнее, от грачей. Тех самых, о которых в школьном учебнике был хвалебный стишок: «Всех перелетных птиц черней, ищет по полю червей. Взад-вперед по пашне вскачь. А зовется птица — грач». Оказалось, грачи не такие уж полезные:

не только едят червей, но и вырывают с корнями еще неокрепшие овощи. Мальчишки, занимавшиеся той же работой, что и я, бегали по полю,
кричали, кидали в грачей камни, выбиваясь из сил. Но я, читая книги о
старой жизни, знал, что раньше сторожа стучали в какие-то колотушки.
Это навело меня на мысль, в соответствии с которой я выпилил две дере-
вяшки и, стуча в них, отпугивал грачей издалека. Устрашенные птицы
перелетали на другой огород, а я залезал в шалаш и читал книгу.

Потом меня перевели работать на лошади с большей зарплатой
(на огороде я получал 3 рубля 29 копеек, а здесь 5 рублей 12 копеек в
день). Лошадь я брал на конюшне, пригонял ее на огород и запрягал в
распашник — плуг с двумя ручками и двумя лемехами. Распашник этот
применялся для окучивания картошки и капусты. Работал я со взрослым
напарником. Моя задача была: сидя верхом на лошади, направлять ее,
чтобы двигалась точно по борозде. Напарник шел следом, вспахивая борозду между кустами картошки и капусты.

Первое время я работал в паре с расконвоированным Федей, посе-
женным за убийство. Он и его друзья большой компанией забили какого-то парня до смерти. Федя считал себя невиновным. «Я его не убивал, — говорил Федя. — Я его только колышком».

Колышками назывались жерди, вырванные из забора.

Федя ел сырую картошку и уверял, что она очень вкусная. Я попробовал и спросил, что же в ней вкусного. Федя сказал: «Был бы ты такой
голодный, как я, понял бы».

Я был еще недавно куда голоднее его, но теперь уже не понимал.

МАРА И МАРЬЯ ИВАНОВНА

В Ермакове мы жили в коммунальной квартире на втором этаже
двухэтажного деревянного дома. Соседями оказались бывшие кулаки из
Ленинградской области, настоящие кулаки, а не выдуманные. То есть
богатые крестьяне, раскулаченные и сосланные на север. Соседка Серафима Ивановна рассказывала маме (а я подслушал), что у нее до раску-
лачивания было шестьдесят ночных рубашек. Сейчас столько рубашек у
нее не было, но, по моим представлениям, жили они неплохо. Ели без
ограничений жареную на сале картошку и толстые твердые вкусные кот-
леты, которыми Серафима Ивановна и меня угощала охотно.

Муж Серафимы Ивановны, Александр Иванович, был здоровый мужик и работал на бойне. Профессия ли сделала его жестоким, или жестокость помогла выбрать профессию, не знаю, но он часто и до полусмерти
порол ремнем свою пятнадцатилетнюю дочь Мару. Вообще из их комнаты всегда неслись нечеловеческие крики. То орала во время порки Мара,
то он сам во время приступов язвы катался по полу и орал.

Мара была в отца, высокого роста, и казалась мне очень красивой.
Я был на три года моложе Мары, поэтому общения вначале не было никакого. При встречах в коридоре я с ней вежливо, как со взрослой, здо-

ровался, она отвечала надменным кивком. Но однажды, возвращаясь откуда-то домой, увидел Мару — она, прячась за уборной, курила. Я хотел пройти, сделав вид, что не заметил ее, но она поманила меня пальцем. Я подошел. Она курила, усмехалась и разглядывала меня внимательно и не спеша. Потом спросила:

— Как дела?

Я сказал:

— Ничего.

— Курить хочешь? — И протянула горящую папиросу.

Я вообще-то уже покуривал, но если б и не курил, тоже вряд ли бы отказался. Я прикоснулся к мундштуку папиросы осторожно, стараясь его не слишком слюнявить.

— Так ты же не затягиваешься? — сказала Мара. — Разве так курят? Надо вот так. Набери полный рот дыма и скажи: «И-и-и!»

— И-ии! — повторил я послушно.

— Да не так. Надо говорить, в себя втягивая: «И-и-и! Наши едут!»

Я повторил, как она сказала, и не закашлялся.

— Молодец! — одобрила Мара. — Стих про ботинки знаешь?

— Про какие ботинки?

— Про папины. Хочешь расскажу? Папе сделали ботинки. Не ботинки, а картинки, папа ходит по избе, бьет мамашу... папе сде...лали ботинки...

Надо сказать, что к тому времени я знал уже много стихов Пушкина, Лермонтова, Никитина и Кольцова, но таких стихов не слыхал.

— А песню про Сережу знаешь?

— Нет.

— Ну тогда повторяй: «Я поехал в Тифилис, Сережа. Заработал сифилис». — «Ну и что же?» — «Надо к доктору сходить, Сережа». — «Стыдно, стыдно мне идтить». — «Ну и что же?»

Спевши песню со всеми употребляемыми там словами, она загадала загадку: «Перед употреблением твердое, после употребления мягкое, состоит из трех букв, кончается на «и» краткое?»

— Знаю! Знаю! — закричал я.

— Ничего ты не знаешь. Это чай. Плиточный чай пил когда-нибудь? Вот. Он перед употреблением твердый, как кирпич, а потом мягкий.

После этого Мара стала заманивать меня в разные углы, рассказывать анекдоты и просвещать по сексуальной части, расширив мои познания далеко за пределы, открытые мне двоюродным братом Эмкой.

И вот однажды, когда ни ее, ни моих родителей не было, Мара заманила меня к себе в комнату и, глядя мне в лицо своими большими голубыми глазами, спросила, понизив голос:

— Хочешь покажу?

— Что?

— Марью Ивановну, — сказала она, дыша глубоко и жарко.

Я хотел спросить, какую Марью Ивановну, но не успел. Мара села на покрытый скатертью обеденный стол лицом к окну, чтобы было получше видно, задрала юбку и широко раздвинула ноги. Открывшееся зрелище меня взволновало, хотя ничего особенного я не увидел. Лишь то, что тысячу раз видел в раннем детстве, когда бабушка водила меня в женскую баню. Меня только удивило, что Мара с этой стороны выглядит как совсем взрослая женщина: то, что она показала, было густо покрыто курчавыми русыми волосами. Это я увидел мельком, потому что тут же смутился и опустил глаза.

— Ну что? Что? Интересно? Зачем опустил глаза? Смотри быстро!

Обеими руками она впилась в собственное тело и на моих глазах стала раздирать его, открывая сочную розовую мякоть. Мне показалось, что она разрывает сама себя.

Я никогда в жизни не падал в обморок. Но в этот раз был очень близок к нему. К горлу подкатила тошнота, а голова закружилась так, что, рванувшись к выходу, я с трудом попал в дверь. Убежал в комнату и закрылся на крючок. Мара стучала в дверь и кричала, что пошутила.

После этого я не мог ее видеть. При встрече опускал глаза. От какого бы то ни было общения уклонялся. Поняв это, она стала относиться ко мне очень враждебно и, сталкиваясь в полутемном коридоре, норовила толкнуть меня, ущипнуть и по-всякому обзывалась.

Но я на нее не обижался. Я думал: что с нее взять, если она так ужасно устроена?

ИДИОТИЗМ ДЕРЕВЕНСКОЙ ЖИЗНИ

Война чем дальше от нас отдалялась, тем страннее выглядела. Старший брат моего друга Толика Васька Проворов ушел на фронт и очень скоро вернулся, но уже без руки. Как будто только за тем туда и ходил, чтобы там оставить лишнюю руку. В самом конце войны дядю Володю с председателей колхоза сместили (должность кому-то другому понадобилась) и забрали в армию, несмотря на возраст и плоскостопие. Папа шутил, что теперь уж, с помощью дяди Володи, победа нам обеспечена. Укрепляли уверенность в ней и немецкие военнопленные, которых пригнали в Ермаково и распределили кого на конюшню, кого в ремонтные мастерские, а большинство — на полевые работы. Признаком приближения победы стали для нас и дошедшие до Ермакова американские подарки. Мне достались черная мерлушковая ушанка вполне русского покроя и желтые солдатские ботинки из толстой кожи с пупырчатыми подошвами. Они оказались мне великоваты, но с шерстяными носками с ног не спадали. Замечательно было в них ходить, оставляя на влажной земле красивые следы. Еще больше радости доставляли «рационы» — до сих пор помню эти картонные коробки, плотно набитые тушенкой, сгущенкой, шоколадом, галетами, сигаретами и жвачкой. Мы их открывали, как скатерть-самобранку, дивясь, что такое изобилие изначально предназначалось на пять дней одному солдату. Я вспоминал эти «рационы», когда сам служил солдатом и сравнивал их с нашим питанием.

Каждый день по радио голосом Левитана передавали сообщения ТАСС о взятии нашими войсками европейских городов и столиц и о московских салютах, но это были громкие вести для всей страны, а тихие, персонального назначения, приходили в почтовых треугольниках, и получатели их, женщины молодые и старые, выскакивая во двор, выли на всю округу или рыдали дома в подушку.

В сорок пятом люди гибли не только на войне. В речке Тошне, которую в самом широком месте можно было переплюнуть, жители Назарова тонули в год по нескольку человек. Пьяные, ныряя вниз головой летом, ударялись о коряги. Дети зимой под лед проваливались. Однажды мы с братом Эмкой пошли к речке по воду. Увидели, что лед только-только стал, а на нем человеческие следы. Эмка ударил ведром по льду и проломил лунку. Мы подивились: кто же, отважный или дурной, по такому льду переправился? Набрали воды, пришли домой, не успели отдышаться — видим в окно: народ к речке бежит, кто с баграми, кто с ботами — дубинами величиною с оглоблю с утолщением на конце. Этими ботами летом колотили по воде — ботали — загоняли рыбу в сети. Побежали и мы к реке. А там барахтаются в полынье у противоположного берега два человека, и один из них истошным голосом вопит:

— Спаситё!

Оказалось, это наши соседи Макарычевы, Иван и его четырнадцатилетний сын Гурька, тонут. Вечером Иван, расконвоированный заключенный, отбывавший срок неподалеку, самовольно пришел из лагеря и благополучно пересек реку. Лед был тонок, но его одного выдержал. Обратно он взял в провожатые Гурьку. И вдвоем они провалились. В полынье барахтаются, кричат. Мать Гурькина тоже по льду мечется, кричит: «Гуренька! Гуренька!» Тянет руку к сыну, он тянется к ней, но в него вцепился отец. Гурька кричит: «Папа, пусти!» Папа не пускает, но вопит: «Спаситё!» Мать тоже провалилась, но, подминая под себя ломающийся лед и один валенок утопив, как-то на лед выползла и опять назад тянется. Мужики, привязав длинные веревки к ботам, швыряют их утопающим, часто попадая им в голову. Боты обледенели, у тонущих руки замерзли, силы кончаются. Ивану кричат: «Отпусти сына! Его вытащим, а потом и тебя!» Но он ополоумел, не отцепляется и все кричит: «Спаситё!»

Рядом на берегу лежали лодки. Если бы с самого начала взять одну да пробить дорогу во льду, можно было до тонущих доплыть и взять их на борт. Но мужики все швыряют боты, а Гурькин отец все кричит, но чем дальше, тем реже и безнадежней. И вот — тишина. На этом берегу стоит молчаливый народ. У того берега полынья, и в ней две шапки покачиваются, как поплавки.

— Эх! — вдруг прозвучал веселый и озорной голос однорукого Васьки Проворова. — Пойду и я тонуть к ... матери!

Он столкнул лодку с берега, к нему впрыгнул еще кто-то, за несколько секунд они добрались до полыньи, еще через минуту утопленники лежали рядом на берегу, и мать, припадая к посиневшему телу сына, выла дико, дурно и однотонно. Кто-то предложил попробовать утопленников откачать, но Васька только махнул рукой, хотя шанс, возможно, еще имелся...

Эту картину — как тонули отец с сыном на виду всей бессмысленно суетившейся деревни — я запомнил навсегда, часто видел в ночных кошмарах и вспоминал, когда слышал выражение «идиотизм деревенской жизни».

ДВЕ ПОБЕДЫ

Большая победа над Германией совпала с моей личной, тоже значительной. За несколько дней до того мой сосед и сверстник Тришка показывал мне перочинный нож с лезвиями, большим и малым, с ножничками, открывалкой для консервов и шилом. Он все эти лезвия раскрывал и закрывал, потом оставил раскрытым только маленькое и предложил:

— Хочешь, я тебя ножом ударю?

Я в серьезность его намерения не поверил и в шутку сказал: «Ну, ударь». Тришка тут же размахнулся и ударил меня ножом в левую бровь. Еще бы на полсантиметра ниже — и я бы остался без глаза. Рана оказалась неглубокая, но кровь текла обильно. Зажав рану рукой, я побежал домой, где соврал матери, что сам упал и обо что-то порезался. Шрам остался у меня на всю жизнь. Я был потрясен поступком Тришки, я не понимал, как он мог ударить меня и за что. И воспылал жаждой мести.

Обзаведясь довольно толстой палкой, я без нее из дома не выходил. Дня два ходил безрезультатно, Тришки во дворе не было. На третий день мать послала меня по воду. Я взял ведро и палку, вышел во двор и тут же встретил Тришку. Он шел мне навстречу, теперь уже не с перочинным ножом, а с настоящей финкой с наборной ручкой. Он шел и любовался лезвием, сверкавшим на солнце.

— Ну, что, — увидев меня, сказал он враждебно, — мало попало?

— Мало, — сказал я. И стукнул его палкой по голове — раз, два, три...

Он закрывался руками, я бил по рукам. В конце концов он бросил нож и с криком кинулся от меня бежать. А я бросил ведро и палку и побежал в другую сторону — домой.

Мать, увидев меня, всполошилась:

— Что с тобой, почему ты так запыхался? Почему ты такой бледный? — И, не дождавшись ответа, вдруг прокричала: — Война кончилась! Ты слышишь? Война кончилась!

Она обняла меня и заплакала. А потом сказала:

— Беги в Назарово, скажи тете Соне, что Володю уже не убьют.

И я побежал, как тот первый марафонец, что нес соплеменникам весть о победе. Правда, моя дистанция была покороче — километров пять-шесть. Я влетел в Назарово и, прежде чем завернуть к тете Соне, обежал всю деревню и у всех изб кричал, что проклятая война кончилась. В деревне радио не было, поэтому весть о победе назаровцы узнали не от Левитана, а от меня.

ВОЗВРАЩЕНИЕ В ЗАПОРОЖЬЕ

В ноябре 1945 года мы по приглашению тети Ани вернулись в Запорожье, вернее в его остатки. Остатки состояли из лежавшего посередине и застроенного глиняными украинскими мазанками села Вознесеновка и более или менее сохранившейся старой части города, где главную улицу имени Карла Маркса многие люди с дореволюционных времен звали Соборной. Старая часть немцами при отступлении была взорвана только частично, в основном самые большие дома, да и то не все. А вот шестой поселок, где мы жили до войны, был превращен в сплошные уродливые нагромождения битых кирпичей, подобные разрушения второй раз в жизни я видел только сорок пять лет спустя в Спитаке, армянском городе, пережившем (вернее, не пережившем) землетрясение.

Тетя Аня, дядя Костя, бабушка, Сева и Витя жили в старой части города на улице Розы Люксембург, расположенной параллельно улице Карла Маркса и пересекавшей улицу Чекиста. Все пятеро членов этой семьи помещались в небольшой полуподвальной комнате двухэтажного дома, который сохранился (никому не был нужен) среди руин. С нашим приездом жильцов в комнате стало девять, и все мы, за исключением тети Ани, мамы и бабушки, спали вповалку на ковре, расстеленном по всей комнате. Этот бухарский ковер, тяжелый, толстый и грубый, куплен был мамой еще в Ленинабаде в период нашего очередного (но относительного, ввиду отсутствия отца) благополучия. Ковер был настенный, но в наших скитаниях, когда не хватало кроватей, стелился на пол и был ложем для меня и для приезжавших к нам гостей еще много лет.

В Запорожье у нас объявилась еще одна родственница, тетя Галя, жена погибшего на войне моего дяди по отцу, которого звали так же, как и маминого брата — Володя. Тетя Галя вместе с двумя детьми, Юрой и Женей, занимала соседнюю с нами комнату, а еще с ними жил отец тети Гали, которого все звали дедушка Напмэр. Напмэр — это сокращение от слова «например», которое дедушка употреблял кстати и некстати.

— Я, напмэр, вчора був на базари и купыв, напмэр, галоши…

ФЕНЯ — ИНОСТРАННЫЙ ЯЗЫК

Городской базар был рядом с нами. Там можно было купить чуни, то есть галоши, склеенные из автомобильной резины, мамалыгу, американские сигареты, белые лепешки из мела для побелки стен, водопроводную воду — рубль кружка, самодельные зажигалки из винтовочных патронов, полевые сумки, трофейные немецкие часы-штамповку, ржавые гвозди и прочие полезные и бесполезные вещи. Там же располагались рисовальщики и вырезальщики профилей, гадальщики с морскими свинками, а картежные шулеры завлекали дураков игрой в три листика: из трех, положенных вниз картинкой, тузов надо открыть один правильный, что на самом деле получается только у ассистентов, которые создают иллюзию возможности выигрыша. Среди проигравшихся почему-то часто бывали доверчивые деревенские девки. Они продували все, что завязано у них было в узелках, хранилось за пазухой и в рейтузах, а потом стояли тут же и выли: «Дяденька, виддай гроши!» Но дяденька был жестокий, не для того он сюда пришел, чтобы отдавать выдуренное. Там же сидели, выставив свои обрубки, нищие калеки.

Среди нищих было много недавних фронтовиков, иные даже в недоношенной форме и с орденами. Самые страшные инвалиды (я таких встречал и потом), рассчитывая, может быть, на безнаказанность (кто ж их посмеет тронуть?), были склонны к странному хулиганству. Один безногий в морской форме подъезжал на самодельной тележке к теткам, торговавшим глиной, и начинал мочиться прямо под их лепешки. Тетки не сердились, не ругались, а быстро хватали свои лепешки и перебегали на сухое место.

Все эти продавцы, нищие, гадальщики и рисовальщики привлекали к себе внимание бойкими выкриками, шутками и прибаутками, рифмованными и прозаическими.

Среди продавцов и покупателей шныряли воры, в основном мелкие «шипачи», то есть карманники, или такие, которые, торгуясь, брали товар в руки, а потом вместе с ним кидались бежать. Был еще один распространенный способ быстрого обогащения: орава мальчишек подходит к торговке папиросами или леденцами. Один торгуется, другие ждут. Тот, который торгуется, неожиданно выбивает коробку с папиросами или банку с леденцами из рук и сам убегает. Товар летит на землю, рассыпается, торговка орет, орава торопливо подбирает рассыпанное, кто сколько ухватит, и тоже разбегается. Такую ораву никто не трогает, боятся. Но воришку-одиночку могли поколотить.

Однажды при мне одного схватили, он у тетки, торговавшей кучей барахла, пытался что-то украсть, но был пойман. Торговка держала его, колотя по спине, а тут подошел здоровый мужик и, собираясь расправиться с ним более круто, ухватил его для начала за ухо. «Ой, дядечка, пусти! — кричал мальчишка. — Пусти, я сирота, без мамы, без папы, я голодный. Пусти, я больше не буду». Мне его стало так жалко, что я, начитавшись, может быть, Горького, вмешался, стал кричать на мужика, стыдить его, что тот, здоровый, собирается бить несчастного сироту-слабосилку. Я от своих слов никакого эффекта не ожидал, кроме того, что и меня вместе с ним поколотят, но мужик почему-то смутился и с угрозами, относившимися и к воришке, и ко мне, жертву свою отпустил. Мы с воришкой вышли с базара вдвоем, и я спросил его, за что его хотели побить.

Прежде чем ответить мне, он посмотрел на меня с сомнением и потом осторожно спросил:

— Ты по фене ботаешь?

Вспомнив, как назаровцы «ботали» — загоняли длинными дубинами-ботами рыбу в сети, — я ответил утвердительно.

— Да я, падло, бля, хотел утаранить клифт, а этот рохол, сука, шары, кусочник, выкатил, жалко, бля, с собой писки не было, я его, век свободы не видать, тут же бы писанул.

Это и была «феня» — блатной жаргон. Через три года, пройдя через ремесленное училище, я этим языком овладел свободно, но пассивно. То есть понимал все, но сам употреблял слова редко и выборочно.

Вообще способность к языкам у меня всегда была. Через пятьдесят лет после того, как покинул Украину, я согласился в Киеве дать местному телевидению часовое интервью по-украински. По окончании записи я спросил ведущего:

— Ну, як моя украиньска мова?

— Та ничого, — сказал он. — Приблызно, як у наших депутатив...

ИГРА В ПОЛОВИНКИ

В тесноте, в которой мы жили, взрослые, вероятно, находили много неудовольствия, но я чувствовал себя хорошо. Со мной были оба родителя, бабушка и тетя Аня, ну, а остальные не в счет, дяде Косте и Севе, да и Вите было не до меня. Они все работали.

Все же вечерами иногда обе семьи ужинали вместе на том же ковре, рассевшись вокруг него «по-турецки», слушая при этом порой передаваемые по радио эстрадные концерты. Кстати сказать, слушали по приемнику, тому самому, который *эти мерзавцы,* как выражалась тетя, в начале войны изъяли, выдав справку, что возвратят. И, как ни странно, возвратили.

Хотя старая часть города сохранилась лучше новой, но и здесь от многих домов остались груды битого кирпича, который находил себе в тех условиях нестандартное применение. Соседский мальчик таскал кирпич на веревке, воображая себе, что это игрушечный грузовик, его сестра такой же кирпич заворачивала в тряпки и пела ему колыбельные песни. А я встретил местных ребят, которые предложили мне играть в «половинки». Не зная, что это такое, я пошел с ними в руины. Там они, разделившись на две группы, стали хватать битые кирпичи и, укрываясь за остатками стен, кидать друг в друга — с явным стремлением поразить цель: попасть, если повезет, противнику в ногу, в живот, а то и проломить голову. Мне эта игра не понравилась, больше в подобных забавах я не участвовал.

С примерами бессмысленной жестокости взрослых и детей мне приходилось сталкиваться и раньше, но никогда в таких масштабах, как в Запорожье. Из увиденного именно в Запорожье я впоследствии вывел мнение, что война не кончается тогда, когда замолкают пушки. Утвержденная войной привычка и стремление к насилию еще долго остаются нормой общения, драки и убийства за мелкий интерес или просто для удовольствия становятся постоянным фоном жизни.

В Запорожье дети моего возраста пережили то, что меня миновало: отступление и наступление советских войск, немецкую оккупацию, они испытали ужас бомбежек, видели, как людей убивают в бою и просто расстреливают, многие из них сами потеряли родителей или остались калеками. Нигде и никогда не видел я столько детей моего возраста безруких, безногих, одноглазых и вовсе слепых, покалеченных пулями, осколками бомб, рухнувшими стенами или ставших жертвами собственных игр с найденными минами или снарядами, а также попавшими под трамвай или грузовик. Сердца иных из этих невзрослых людей были настолько переполнены ненавистью ко всему, что они готовы были бить и убивать кого угодно, за что угодно и ни за что.

НА НОВОМ МЕСТЕ

Мы пожили немного в старой части, потом отец нашел с помощью тети-Аниных знакомых работу ответсекретарем газеты «Строитель» треста «Запорожстрой». Как ни странно (может быть, помогла отцовская инвалидность), нам дали на четырнадцатом поселке отдельную квартиру, представлявшую собой четверть финского домика, где кроме нас жил председатель постройкома (профсоюзного комитета), начальник местного лагеря и еще кто-то. Начальник лагеря был тихий и скромный по поведению сосед в звании всего-навсего младшего лейтенанта.

Вода и уборная были, разумеется, вне дома и даже не во дворе: водопровод — за несколько домов от нас, а уборная и вовсе на другой улице. Уборная общественная, то есть деревянное сооружение, разделенное на две половины — мужскую и женскую, с рядами дырок, над которыми люди так рядком и садились, а в часы пик женщины ожидали этой возможности в очередях.

Должность моего отца была не такой, при которой полагается персональный транспорт, но редактор Беркович, может быть, из уважения к фронтовым заслугам отца регулярно присылал за ним редакционную машину с шофером Валентиной Ивановной. Машина эта была грузовая, полуторка. Все мелкие начальники ездили именно на грузовиках. Это был один из нонсенсов советской системы центрального планирования. После войны надо было отстраивать страну, поэтому считалось, что в первую очередь нужны автомобили для перемещения грузов, а не людей, и промышленность выпускала в основном грузовики. Начальство же мелкое (для большого легковушек хватало), не желая ходить на работу пешком, грузовики эти в первую очередь распределяло между собой. Причем чем меньше начальник, тем больше грузовик, не по капризу, а по отсутствию выбора. Так что как раз для грузов транспорта не хватало.

ВИТЬКА ГОНДОН

Наша сторона улицы была застроена финскими домиками, а напротив были бараки, приземистые сооружения с длинными коридорами и комнатами по одной на семью. В такой комнате жил мой новый дружок Витька Гондон, прозванный так за то, что носил бурки с галошами из автомобильной резины.

Тем, кто не знает, объясню, что вообще гондонами называли презервативы, переиначив английское слово condom.

Витька, его мать Марья Ивановна и его младшая сестра Лида приехали из Геническа и отличались от многих своим поведением, нравами и фантазиями. Лида вступала в отношения со взрослыми, поодиночке и группами, никому не отказывая. Занималась она этим в асбестовых трубах большого диаметра, сложенных для каких-то надобностей между бараком и общественной уборной. Время от времени мать посылала Витьку навести порядок, он эту Лиду без труда находил, вытаскивал из-под очередного соблазнителя, тащил домой, она орала и упиралась, и не зря, потому что дома мать стегала ее солдатским ремнем, и тут уж крик стоял на всю улицу, но стоило Лиде вырваться на свободу, как она опять лезла с кем-нибудь в трубы.

Старшие же члены семьи, Марья Ивановна и сам Витька, были большие выдумщики.

— Вот говорят, что ведьм не бывает, — рассуждала Марья Ивановна, удивляясь человеческой глупости, — как же не бывает, когда у нас в селе соседка Катерина Петровна была чистая ведьма. Она по ночам кошкой оборачивалась и нашу корову высасывала. А папаня мой однажды ночью ее подстерег и хвать топором. Хотел голову отрубить, а оттяпал только переднюю лапу, а кошка как замяучит, да как заверещит Катерины Петровны-то голосом: «Ой, мамочки!» — и бежать. А папаня лапу-то кошкину подобрал и на огород закинул. А на другой день папаня встречает соседку, а у ней рука полотенцем перевязана. А папаня спрашивает, что да что, а она говорит: на мельнице была, а у ней руку в машину и утянуло. А папаня говорит: не это ль твоя рука? — и повел ее на огород, а там не лапа кошачина, а именно человеческая рука и лежит, аккурат как раз вот по кисть отрублена. А Катерина Петровна, она тут и скрывать уже и не стала, схватила эту руку и убежала. А что она с ней делала, как приживляла, никто не знает, а только стала она обратно с двумя руками ходить, но к нашей корове больше не лазала.

Марья Ивановна и про других ведьм нам рассказывала, которых много, видать, в их деревне водилось. И про таких, которые в голом виде с чертями плясали на кладбище и на метле через трубу вылетали и обратно таким же манером влетали.

Витькины фантазии не сильно отличались от материнских.

— У нас в Геническе, — рассказывал он мне вечерами, — было очень много русалок. Мы их ловили.

— И что вы с ними делали? — спрашивал я.

— А ничего, — отвечал он зевая. — Пиписьки рассматривали.

— Только рассматривали? — удивлялся я.

— Ну не только. Ну, там пальцем иной раз поковыряешь и отпустишь, потому что у них раздвигать нечего, ног нет, а есть только рыбьи хвосты, чешуя, и вообще противно. — При этом он выпячивал нижнюю губу и морщил нос, как будто и сейчас видел перед собой русалку и отдельные ее противные части.

В отличие от своей сестры Витька был еще невинен, хотя некий сексуальный опыт, похожий на его рассказы о русалках, у него был. Шайка малолеток, в которую входил и Витька, по вечерам промышляла сравнительно безобидным половым разбоем возле женского общежития, которое помещалось в стоявшем на отшибе бараке. Напротив барака метрах в тридцати и в полной темноте стоял огромный чан, в котором когда-то варили битум. Витька и его дружки, человек двадцать или побольше, прятались за этим чаном терпеливо и молча, как фронтовые разведчики, выжидая свою жертву. И как только появлялась одинокая женщина, идущая в общежитие или из него, вся орава внезапно на нее налетала, валила на землю, и начиналось торопливое лапанье, то есть засовывание множества рук в трусы и за пазуху, может, у кого-то из членов шайки были и другие идеи, но участников было слишком много, а времени мало, потому что чаще всего жертва поднимала крик, и кто-нибудь, как ни странно, на него отзывался, иногда даже из соседнего общежития выскакивали мужики. Подростки кидались врассыпную и исчезали в темноте. Однажды Витька рассказывал, как они повалили толстую тетку, стали ее лапать, она же не кричала, а только ойкала:

— Ой, мальчики, да что ж вы делаете, зачем же трусы-то рвать, они у меня последние. Ой, мальчики, я повариха, я вам сахару дам.

На сахар мальчики не польстились и трусы, конечно, порвали в клочья.

Я сам был подростком и уже испытывал некоторые волнения плоти и потому слушал эти рассказы без всякого осуждения. А рассказ про то, как повариха обещала мальчикам сахар, меня насмешил.

Жестокие драки между детьми или взрослыми, которые мне время от времени приходилось видеть, вызывали во мне чувство ужаса, но Витькины похождения я воспринимал как забавные и даже соблазнительные. Однажды Витька взял с собой и меня, и я, хотя и не без колебаний, пошел, и вместе с другими часа, может быть, два таился за чаном с битумом, но в этот раз нам, к счастью, не повезло. Ни одна женщина в тот вечер не появилась без сопровождения, а на сопровождавших Витькины дружки (они были всего лишь мелкая шпана, а не бандиты) даже в большом количестве не нападали.

Витька потом не удовлетворился общим лапаньем и попытался по-настоящему изнасиловать женщину. Он с еще одним помощником напали на нее в темном переулке, Витька шел первым по очереди, и он уже был близок к осуществлению задуманного, но женщина подняла крик. К месту происшествия подбежал прохожий и дал Витьке такого пинка, что он после этого несколько дней хромал.

КОРОВА-РАЗБОЙНИЦА

Все люди вокруг нас жили очень бедно, а мы беднее многих. Газета, где работал отец, была маленькая, и зарплата ответственного секретаря соответствовала масштабу газеты. Мать, не найдя себе места учительницы, работала на Алюминиевом заводе табельщицей, тоже должность не из высокооплачиваемых.

Люди, освоившиеся с советской жизнью, давно поняли, что на зарплату не проживешь, и искали дополнительные источники существования: кто подхалтуривал, кто подворовывал, кто брал взятки, некоторые умельцы что-то производили или чем-то спекулировали, мои родители ни на что подобное способны не были, не считая возделывания маленького огорода при нашем домике, поэтому мне тоже пришлось сразу же заботиться о трудоустройстве. Первое дело, которое я нашел для себя в Запорожье, это пасти частную корову, за что моей платой были двести пятьдесят рублей в месяц и пол-литра молока в день.

Я взялся за это дело без колебаний. Мне в свое время приходилось пасти большое стадо, а уж в том, что смогу управиться с одной коровой, я не сомневался.

Дело, однако, оказалось не таким простым, каким виделось поначалу. Стадо я пас на больших колхозных лугах, а здесь приходилось искать какие-то заросшие травой пустыри, задворки или узкую полосу отчуждения у железной дороги.

Первый же день моего нового пастушества закончился большим конфузом. В свое время, даже пася стадо, я читал при этом книги, а тут, имея всего одну корову, почему же не почитать?

Зачитавшись, я, по обыкновению, забыл обо всем на свете, а когда очнулся, увидел, что коровы со мной рядом нет. Оглядевшись, я увидел ее далеко, возле железнодорожного переезда, и увидел тетку в красном сарафане, которая с коровой находилась в состоянии противоборства. Приблизившись, я сначала услышал дикий мат, а потом увидел причину столь сильных эмоций. Эта тетка была путевой обходчицей и жила в будке возле переезда. Тут же был у нее огород. Так вот корова забрела на этот огород и хорошо пообедала. Теперь тетка за болтавшуюся на шее коровы веревку тащила ее к себе в сарай. Корова упиралась, вырывалась, мотала головой, иногда даже делала угрожающие движения рогами. Но тетка сражалась, как тореадор, и несчастную тварь постепенно одолевала. Я кинулся на помощь скотине и, хватая ее то за веревку, то за рога, стал тащить в другую сторону, при этом хныкал и ныл, надеясь разжалобить тетку, а она, разъяренная (и можно ее было понять), обзывала меня последними словами и толкала ногой в живот. Хотя корова вела себя как мой естественный союзник, обходчица была намного сильнее меня и ловчее, мое поражение было неотвратимо, когда вдруг на поле боя появился случайный прохожий — мужчина в солдатской форме с медалью «За отвагу». Вмешавшись в ход событий, он поинтересовался, в чем дело, и тут же был послан теткой по всем известным ей адресам.

— Отдай пацану корову! — приказал мужчина и, обложенный еще более виртуозным матом, так толкнул мою противницу, что она повалилась навзничь и заверещала как резаная.

Мужчина сунул конец веревки мне в руки и сказал:

— Тикай, хлопчик, покуда цел.

Что я тут же и сделал. Я бежал со всех ног через пустырь к городу, и корова охотно и весело бежала за мной.

СПОСОБ ПЕРЕДВИЖЕНИЯ

Я вернул корову хозяевам и сказал, что пасти ее больше не буду. Но без работы я не остался, опять приступил к обязанностям няньки. Когда Фаина была здорова, я возил ее в детский сад на пятнадцатый поселок за несколько километров от нас. Когда она болела, я за ней ухаживал дома, и с тремя алюминиевыми судками (судки — это кастрюли, которые надеваются одна на другую и скрепляются одной ручкой) ездил в тот же детский сад за ее обедами.

Между прочим, городской транспорт в описываемое время был еще не очень развит. Трамваи ходили не везде, а автобусов и троллейбусов вовсе не было. Совершенно не помню и не могу себе представить, как одолевали большие расстояния женщины, но для лиц мужеска пола самым распространенным видом транспорта были попутные грузовые машины. Они для таких, как я, никогда не останавливались, да я на это и не рассчитывал. Как все другие мальчики и мужчины, я вцеплялся в борт грузовика, на ходу влезал и на ходу соскакивал. Понятно, что такой способ передвижения требует определенной ловкости, тренировки, тактики и стратегии. Для того чтобы вскочить на проходящий мимо грузовик, надо прежде всего занять удобную позицию на перекрестке или на переезде, то есть в таком месте, где шофер вынужден замедлять ход. И соскакивать надо тоже в таком же месте. Грузовики по степени удобства вскакивания на них можно было условно разделить на несколько категорий. Мне лично меньше всего нравились самосвалы, если была надежда на какой-нибудь выбор, я их избегал. Дальше по степени неудобства были при моем маленьком росте трехтонки «ЗИС-5» — у них слишком высокий кузов. Допрыгнуть можно, но потом приходится преодолевать определенные трудности. Горьковская полуторка была мне как раз по росту. Но лучше всего подходили американские грузовики: «студебеккеры», «форды» и «шевроле». У них у всех борта низкие, а еще задние бамперы, сделанные как будто специально в виде ступенек. Но вообще-то цепляться сзади это еще ничего. В часы пик, когда на попутку одновременно кидается много народу, бывает, приходится одолевать ее сбоку. А это уже совсем небезопасно. И особенно если с внешней стороны относительно поворота.

В искусство езды на попутках входит еще психологическое, а иногда даже и физическое единоборство с шофером. Вообще, большинство водителей понимали, что людям деваться некуда, они и сами на работу и с работы передвигались таким же образом. Шоферы специально не останавливались, но посадке и высадке пассажиров не противились, при высадке, если постучишь по крыше кабины, попросишь, шофер и скорость для тебя специально сбавит. Но было много и вредных индивидуумов. Этих приходилось обманывать. Приближается машина к перекрестку, а ты или на стене читаешь газету, или завязываешь на ботинке шнурок (если у тебя есть, конечно, ботинки) и всем своим видом показываешь, что никуда ехать не собираешься. Шофер поверил тебе, газ сбросил, а ты, вдруг покинув столь ценное чтение, срываешься с места и в два прыжка настигаешь машину, как лев антилопу. Шофер жмет на акселератор, но поздно: ты уже в кузове. Ну, часть шоферов сразу успокаиваются, другие борются дальше. Например, ты ухватился за борт, а он начинает кидать машину из стороны в сторону. Ты болтаешься, как маятник, и, находясь в такого рода движении, очень трудно поднять ногу и поставить на шарнир, соединяющий борт с кузовом. А когда зацепился и перекинул ногу в кузов, в этот момент надо быть особенно бдительным, потому что вредный шофер может резко нажать на тормоз, и ты полетишь вперед, как торпеда, рискуя пробить головою кабину. Если это самосвал, то вредный шофер может поднять на ходу кузов, при этом задний борт откидывается, и ты будешь всю дорогу висеть, за что-нибудь уцепившись, а не удержишься, просвистишь по скользкому дну железного кузова и на полном ходу вылетишь на мостовую. И если при этом не попадешь под другую машину, то и так можешь насмерть вполне разбиться.

Как разбился соседский мальчик Адольф, названный так в тридцать третьем году в честь вождя германских трудящихся Адольфа Гитлера.

В первые послевоенные годы мальчики и мужчины гибли на запорожских дорогах под машинами и трамваями в количествах, наверное, не меньших, чем летчики-испытатели.

Со взрослыми мужчинами некоторые шоферы связываться побаивались и ограничивали борьбу с ними киданием машины в стороны. А нас, мальчишек, били, и иногда жестоко. Поэтому если шофер машину остановил, то надо успеть соскочить с нее до тех пор, пока он сам из нее не вылез. А соскочив, бежать, и побыстрее, сам-то он вряд ли догонит, но железная заводная ручка, брошенная умело, может догнать. Бывало, бежишь и слышишь, как она со звоном прыгает за тобой по асфальту.

Я забыл сказать, что прыгать на машину с пустыми руками это и дурак может. А надо уметь делать это с грузом. Да еще с таким, который желательно не разбить и не опрокинуть. Вот те самые обеды для моей сестренки, о которых упомянуто выше, я таким именно образом и возил. И ухитрялся на ходу уцепиться за борт и перемахнуть в кузов, не проливши ни капли супа.

А один раз на железнодорожном переезде я так вот машину догнал, в кузов влез, а там была еще скамеечка. Я сел на нее и собрался ехать со всеми удобствами. А в это время машина остановилась, и шофер полез в кузов. Мне бы надо бежать, но шофером был мой знакомый, он улыбнулся мне, поздоровался, и я подумал, что он лезет по каким-то техническим надобностям. Я тоже поздоровался и стал ему улыбаться, а он, оказавшись в кузове, улыбку спрятал в карман и начал лепить мне пощечины с обеих сторон. Я сидел, плакал, но не двигался с места и даже не пытался закрыть руками лицо, потому что у меня руки были заняты судками, в одном из которых был суп. И, между прочим, не пролил. Ни капли. Даже когда побитый слезал с этой машины и потом, утерши слезы, прыгал на другую.

Так вот я ездил сам с пустыми руками или с полными, но, конечно, не с маленьким ребенком. Для Фаины у меня был транспорт получше. Подобно другим моим сверстникам, я из двух досок и двух шарикоподшипников смастерил самокат и на нем одолевал большие расстояния. Ездить приходилось по тем же автомобильным дорогам. Что, в общем, тоже было рискованно. Но бог меня миловал и мою бедную сестру тоже. У нее впереди еще оставалось сорок три года жизни, и среди них ни одного счастливого.

МАЛЬЧИК, ЕСТЬ КАРТОЧКИ!

У меня в детстве была очень хорошая память. Стихотворение размером с «Песнь о вещем Олеге», если оно мне нравилось, мог запомнить с первого раза. В молодости никогда не держал телефонной книжки, все нужные номера помнил наизусть. Да и сейчас, в 77 лет, длинный телефонный номер со всеми кодами тоже сразу могу запомнить. Но всегда был рассеянным. В детстве даже больше, чем сейчас. В Запорожье родители послали меня выкупить хлеб по карточкам. Магазин был довольно далеко. Дорога шла через парк. Я шел. Настроение было почему-то приподнятое. Я пел какую-то песенку и подбрасывал карточки. Где-то на полпути они у меня упали, а я не обратил на это внимания. Пришел в магазин, стал в очередь и только тут с ужасом обнаружил, что карточек нет. В то время потерять карточки в начале месяца на всю семью значило практически обречь семью на голодную смерть. Я сказал продавщице, что на карточках написана наша фамилия. Она обещала иметь это в виду и предложила мне прийти к концу дня. Но у нее сотни покупателей. Что ж, она будет проверять все карточки, проходящие через ее руки? Я вернулся домой, признался родителям в том, что случилось. Это было такое несчастье, что родители даже не стали меня ругать. К концу дня, ни на что не надеясь, пошел в магазин и еще только переступил порог, как услышал радостный крик продавщицы:

— Мальчик, есть карточки!

Было похоже, что она радовалась не меньше меня.

Оказалось, что карточки нашел какой-то мужчина и пришел их, как говорилось тогда, *отоварить*. Но продавщица увидела запомненную фамилию и отняла карточки.

НА РУБЛЬ — ПЯТЬ

В то лето 1946 года я не только пас корову и ухаживал за сестрой, но еще занимался коммерцией и, как ни странно, не так уж плохо.

Начал с торговли коммерческим хлебом. Он по карточкам стоил девяносто копеек, а коммерческий, в другом магазине, — одиннадцать рублей. Круглые трехкилограммовые караваи продавали по одному в одни руки. Я за этот каравай платил здесь тридцать три рубля, а в городе за него же выручал сотню. Иногда хлеба завозили побольше, и я ухитрялся отстоять две очереди и добыть две буханки, из которых одну продавал, а другую приносил домой.

Первую очередь я занимал часов с шести вечера, потом уходил и регулярно приходил отмечаться. Бывало, даже не уходил. Потому что уйдешь, а потом кто-нибудь подымет хай, ты, мол, здесь не стоял, а начнешь спорить, и по шее накостыляют. Мужчинам отстаивать очереди было полегче, чем женщинам. Мужчины (нынешние американские феминистки назвали бы их сексистами или male chauvinist pigs) разделяли очередь по половому признаку, мужская очередь обычно была в несколько раз короче женской. Женщины, как ни странно, против самого разделения не возражали, но кричали на мальчишек, что они, мол, не мужчины и должны стоять в женской очереди. На что мы резонно возражали, что мы, может быть, еще не совсем мужчины, но еще меньше женщины.

В мужской очереди стоять было интересно. Иной раз такого наслушаешься...

— Мы одну немку всей ротой харили. Так она сперва и сама была не против и даже подмахивала, а потом отключилась, так ее на доску положили, а доску на бревно и вот один доску ногой качает, другой... А ты, пацан, отойди, не для твоих ушей рассказывается.

Торговля хлебом совершенно противоречила всему моему воспитанию. Заработок хороший, но если б это был не хлеб, а что-то другое...

Я перешел на папиросы. Ездил черт-те куда, на правый берег Днепра, покупал там по тридцать-сорок пачек, сколько дадут (и странно, что по стольку давали), а потом сюда, на хитрый рынок, и вот ходишь, кричишь нараспев:

— Есть папиросы «Беломорканал» на руб пять, пачка пять, двадцать копеек штука.

Мальчишки брали по штуке, взрослые на рубль, ну, а кто пачку, так на того публика пялится восхищенно — король.

Официальная цена папирос (по карточкам) была два рубля двадцать копеек, а коммерческая — четыре рубля, так что у меня с каждой пачки был рубль навару.

БЫТЬ ХОРОШИМ СТОЛЯРОМ ИЛИ ПЛОХИМ ПРОФЕССОРОМ

Тем временем лето кончалось, я с нетерпением ждал сентября. Мечтал ходить в школу, как нормальные дети, сидеть за партой, учиться.

В августе родители затеяли со мной примерно такой разговор.

— Вова, — сказал папа, — мы с мамой долго думали, как быть. Конечно, тебе надо учиться. Но мы живем трудно, зарабатываем мало, а у нас еще на руках Фаина.

— Хорошо, — сказал я уныло, — хорошо, я поищу себе какую-нибудь работу.

— Ни в коем случае, — сказала мама. — Ты должен учиться!

— Но как же мне учиться, если вы не можете меня прокормить?

— В том-то и дело, — улыбнулся папа. — Ты будешь учиться. Но не в школе, а в ремесленном училище. Получишь хорошую специальность, которая, может быть, не станет твоим делом на всю жизнь, но всегда пригодится.

— Я бы на твоем месте выбрала столярное дело, — сказала мама. — Столяр — это чистая и интеллигентная работа. У нас в институте был завкафедрой, который в свободное время столярничал. Лучше быть хорошим столяром, чем плохим профессором.

Я с ней согласился, но, как показала жизнь, у меня было больше шансов стать неплохим профессором, чем хорошим столяром.

— Тем более, — сказал отец, — что в ремесленном училище тоже преподают русский язык, физику. Но что очень важно, там ты как-никак будешь получать трехразовое питание и семьсот граммов хлеба.

Предложение, хотя и неожиданное, протеста во мне не вызвало. Мне очень нравилась форма, которую носили ученики ремесленных училищ: темно-синяя шинель с голубыми кантами и буквы «РУ» в петлице. Это было почти как у Гайдара в его «Школе». Там герой Борька Гориков тоже носил шинель, только у него в петлицах было на одну букву больше: «АРУ», то есть Арзамасское реальное училище.

Форма маме тоже нравилась. Ей больше, правда, нравилась форма офицерская, особенно летная или военно-морская, но на такую мне пока что рассчитывать не приходилось.

Весь вечер мы говорили о пользе физического труда. Отец говорил, что делать что-то своими руками вообще очень полезно не только в физическом, но и в нравственном отношении.

— Ты не должен думать, что кто-то будет гнуть на тебя спину, а ты будешь расти белоручкой. Физический труд облагораживает человека. Кроме всего, может случиться так, что ты попадешь в трудные жизненные условия, и ты должен уметь выжить.

Он опять привел мне в пример Толстого, пахавшего землю, и Горького, который в детстве ушел в люди.

Я все это выслушал с пониманием. Правда, землю примерно в толстовском объеме я уже пахал, но до Горького мне было еще далековато.

РУ-8

Осенью я поступил учиться на столяра-краснодеревщика.

Когда я поступил, мне, как я и ожидал, выдали красивую синюю суконную шинель с буквами «РУ-8» (до того я ходил в телогрейке), а еще подшинельник (то есть ту же телогрейку, но без рукавов) для ношения, как дополнительный утеплитель под шинелью. Ремесленное училище находилось далеко, на шестом поселке. Чтобы попасть вовремя, я выходил в полшестого утра, шел минут двадцать к трамваю, затем ждал его, как все, неопределенное время, а потом ехал, если удавалось проникнуть внутрь или уцепиться снаружи. То или другое обычно удавалось. Трамвай был битком набит внутри и снаружи людьми обвешан, как новогодняя елка игрушками. Пассажиры висели на подножках, на окнах, на буферах между вагонами, на заднем буфере, а некоторые ухитрялись даже на переднем. Возвращался я иногда поздно. Надо было идти через небольшой парк. Однажды из-за дерева вышли двое: «Пацан, снимай шинель». И я заплакал. Шинель была чуть ли не единственная моя ценность. Еще была шапка, которую у меня украли. Когда я заплакал, один сказал: «Ладно, оставь его». Второй начал бурчать: «То этого ты жалеешь, то другого...» Но все-таки они меня отпустили. Так я остался в шинели.

Это было особенное время — послевоенная разруха: весь город в руинах и голод. В ремесленном училище нас три раза в день кормили и давали 700 граммов пайку, и все равно я постоянно был голоден. А некоторые в то время голодали по-настоящему. Как я во время войны в Куйбышевской области видел людей тощих и опухших, так видел их и в 46-м году. Это страшное зрелище, особенно опухшие: когда кожа прозрачная, а под ней — какие-то синие чернила.

Самые сытые из нас были — деревенские, к которым городские относились с большим презрением и называли их рохлами и сазанами. Еще у нас учились детдомовцы, всегда голодные. Поэтому воровали друг у друга пайки хлеба. Во время завтрака и обеда обычно присутствовал кто-нибудь из начальства, тогда вели себя неплохо, а вечером уже никого не было. Бывало, официантка несет на подносе тарелки, многие кидаются, хватают по две порции, а кому-то не достается ни одной. Это называлось «на хапок».

Моя мама через знакомую аптекаршу доставала рыбий жир. От него детей обычно воротит, а тогда казалось, что ничего вкуснее не бывает. Мы макали в него хлеб и с удовольствием ели.

Мне хлеба не хватало еще и потому, что я начал курить. Вообще-то я начинал три раза. Первый раз в шесть лет, но быстро бросил. Второй раз — когда работал в совхозе и ездил на лошади. А тут в 14 лет начал — и сорок с лишним лет курил. А где взять деньги? Надо продать пайку хлеба. Обычно утреннюю, 200 граммов. Не съедаешь ее, хотя хочется, несешь на рынок, продаешь и покупаешь стакан самосада.

Два года я проучился на столяра и очень жалел, что выбрал именно эту профессию. Даже как-то освоив столярное дело, я его не полюбил. Я человек хаотичный, а работа столяра требует исключительных аккуратности и педантизма, которые мне совершенно не свойственны.

Считалось, что училище дает семилетнее образование, хотя на самом деле никакого образования оно не давало.

Сначала мы проходили теорию. Преподаватели были малограмотными. Мы писали диктант, и мне поставили тройку, чего я никогда по русскому языку не получал. Я посмотрел, какие ошибки нашел преподаватель. Одну помню до сих пор. Речь шла о каком-то стрелочнике, который переводил стрелки, и я под диктовку написал «тяж заскрипел». А он мне исправил на «заскрыпел». Убедить его, что это слово пишется не через «ы», а через «и», я не смог. Учитель физики Сидор Петрович Кныш о рождении известного закона физики рассказывал так:

— Давным-давно у Древней Грэции жив такий ученый по хвамилии Архимед. И вот пишов вин якось у баню и став мытыся и, моючись, загубыв мыло. Загубыв и не може нияк знайты. Мацав, мацав — не намацав. Мацав, мацав — не намацав. Мацав, мацав — намацав. Пидняв тое мыло до горы и, як тики вытягнув його з воды, воно стало важче. Вин подывывся, опустыв мыло знову у воду, воно стало лёгше, пидняв — важче, опустыв — лёгше. Тоди вин выскочив з воды як скаженный и, як був, у мыли и голяка, побиг по вулыци и став гукаты: «Эврика! Эврика!» А люди його пытают: а шо ты таке кричишь? А вин тики руками маше и: «Эврика! Эврика!» А потим прибиг до хаты и став усе, шо у хати було, пихаты у воду, та из воды, у воду, та из воды, и воду ту важиты. Усю тую хату залыв водой, зато вывив закон, запишить. — И диктует, формулируя чисто по-русски: «Тело, погруженное в жидкость, теряет в своем весе столько, сколько весит вытесненная им жидкость».

Кроме литературы и физики, мы изучали породы дерева, их особенности и для чего они пригодны. После теоретических занятий скоро перешли к практическим. На практике я делал табуретки и колодки для рубанка. Мое высшее достижение — шахматный столик, где доска выкладывалась из квадратиков, дубовых и буковых.

У нас был замечательный мастер. Когда мы ходили на практику на Алюминиевый завод, он в проходной просовывал в окошечко свой паспорт и сам себя громко представлял: «Виктор Федорович Ррррроманюта». Помимо практических уроков проводил с нами политзанятия. Главным политическим событием воспринимал проходивший тогда в Гронингене матч на первенство мира по шахматам, в котором участвовал Ботвинник и экс-чемпион мира Макс Эйве. Когда матч подходил к концу и Ботвинник заканчивал его успешнее других, наш Романюта, считавший, что экс-чемпион — это самый высший титул, сказал: «Я надеюсь, что Ботвинник станет экс-чемпионом мира».

У него были длинные пальцы, которым мог бы позавидовать любой пианист. Если кем-то он был недоволен, то бил длинным пальцем ученика в лоб, приговаривая: «Ах ты, дубинушка, свинцовая голова!» Мне тоже иногда доставалось. Я был далеко не лучшим учеником, но Романюта очень хорошо ко мне относился. Он видел во мне то, чего не видели мои родители. Он считал меня человеком, очень способным к чему-то, но не к столярному делу. Моему отцу он несколько раз говорил: «Заберите его отсюда, ему надо заниматься чем-то другим. У него большие способности, не губите их».

Отец сомневался и продолжал считать, что я в первую очередь должен овладеть искусством выживания в суровых условиях.

Прошло много лет.

В шестидесятые годы вышла какая-то публикация обо мне в «Известиях», и вдруг пришло письмо от Романюты. Оно начиналось так: «Володя Войнович, если это ты, то здравствуй и твоя семья, а если это не Вы, извините».

Он написал, что всегда знал — из меня что-то получится. Мы обменялись письмами. Но довольно скоро он заболел и умер.

В ремесленном училище я был самым маленьким и, наверное, самым слабым в нашей группе. Возможно, еще сказывался голод. На занятиях физкультурой я не мог ни одного раза подтянуться, а когда надо было пробежать два с половиной круга по стадиону, думал, что все равно не пробегу, и не пробегал, отходил в сторону. Меня часто обижали. Я только потом понял, что многие были значительно старше меня — поскольку все жили в оккупации, то, боясь быть угнанными в Германию, убавили себе возраст. Значительно позже, встречая кого-то из бывших соучеников, я с удивлением открывал, что многие из них моего роста или чуть выше.

Вообще я был маленький и недрачливый. Никогда никого не ударил первым. И вторым тоже ударить боялся. Преувеличивая свои возможности, боялся нанести своему врагу непоправимый вред. Если дрался с более сильным, то наклонял голову, закрывал глаза и попадал в воздух. По причине малого роста и физической неразвитости я не мог оказать достаточного сопротивления в нашей группе никому, кроме некоего Панасенко по прозвищу Панаха. С этим Панахой мы много раз дрались, и здесь я иногда брал верх.

Моим главным врагом был Колесник (имени не помню), веселый мерзавец. Он был гораздо крупнее меня и часто втягивал меня в неравную драку. Начинал толкаться или наступал на ногу и всячески задевал меня, пока я не выходил из себя и не кидался на него с кулаками. И тут у него на лице появлялось особенно веселое выражение, и он с большим удовольствием бил меня, а мои ответные удары были слабы и вообще его не достигали, так что он расправлялся со мной безнаказанно. И так было в училище и после, когда мы вместе работали на заводе. Но потом, когда мы снова вместе оказались в армии, мне удалось поставить его на место, однако об этом позже.

ВСТРЕЧА НА ТЕМНОЙ УЛИЦЕ

В это время в Запорожье было много банд и бандитов, я знал кое-кого из них, хотя близкого знакомства, конечно же, не водил. Еще до училища, в тринадцать лет, я короткое время дружил с толстым, ленивым и безобидным еврейским мальчиком Борей. Отец его погиб на фронте, а мама была тоже тихая, безобидная. Но старший брат Бори Фима был отъявленным бандитом, наводившим ужас на все Запорожье. Он был из тех, кого называют сейчас беспредельщиками. Помню, в клубе на танцах возникла драка. Фима и его сторонники били каких-то приезжих. Те решили спастись бегством. Фима кинулся за ними. На его пути оказался инвалид, опершийся задом на палку, — он как бы сидел на ней. Фима на ходу выдернул из-под него палку и побежал дальше, а инвалид упал навзничь.

Рассказывали, что там же в клубе, где драки вообще были обычным явлением, Фима повздорил с каким-то летчиком, Героем Советского Союза. Фима вырвал направленный на него пистолет, направил на летчика, загнал его под стол и, вдоволь поиздевавшись, вернул пистолет, предварительно вытряхнув из него патроны.

Наше ремесленное училище готовило не только разных специалистов, но было школой бандитизма, выпустило из своих стен немало авторитетов уголовного мира. Их звали уменьшительно-ласкательно: Вовчик, Лёнчик, Люсик, Мусик...

Году в семидесятом, приехав погостить к родственникам в Запорожье, я шел по темной улице с сигаретой в руке. Вдруг от стены дома отделились три фигуры. Одна из них загородила мне дорогу, другие застыли чуть поодаль.

— Разрешите прикурить? — сказал подошедший.

С детства я знал, что «Разрешите прикурить» — лишь предлог, и хорошо, если потом просто ограбят, а не пырнут ножом. В армии наш преподаватель топографии капитан Рогожин рассказывал, что, когда во время его службы в Ташкенте к нему обращались в темном переулке с подобной просьбой, он совал подошедшему пистолет под нос и говорил: «На, прикури!».

У меня пистолета не было.

Я чиркнул зажигалкой, поднес огонь к носу мужчины и вдруг узнал его:

— Волик!

Он вздрогнул и растерялся:

— Вы меня знаете?

— Еще бы! Мы же вместе в РУ-8 учились!

— Да? А я вас не помню.

— Конечно, не помните. Я был никто, а вас знали все.

То, что я его помнил, на Волика подействовало благотворно. Он махнул рукой спутникам (они тут же во тьме растворились) и стал мне, по-прежнему «выкая», рассказывать свою печальную историю. Брата Волика зарезали, сестра стала проституткой и умерла от сифилиса, а сам он всю жизнь с короткими перерывами провел в лагерях и к лагерному бытию так привык, что чувствует себя там лучше, чем на свободе. Мы простояли не меньше часа. За это время Волик выкурил несколько сигарет, несколько раз прослезился, а несколько одиноких прохожих остались неограбленными и непобитыми. Расстались мы друзьями.

ТРУД И ЕГО ИМИТАЦИЯ

В 1948 году я окончил ремесленное училище и получил 4-й разряд столяра-краснодеревщика. Другие наши ученики получили пятый разряд, а некоторые и совсем высокий — шестой. Меня направили на Запорожский алюминиевый завод (ЗАЗ), огромный комбинат с секретными цехами и усиленной вооруженной охраной. Недавно я встретил одного бизнесмена, которому предложили этот алюминиевый завод купить по дешевке, но он отказался. Внутри ЗАЗа был деревообделочный завод (ДОЗ). Я считался мобилизованным на четыре года, то есть четыре года должен был отрабатывать хлеб, съеденный в РУ, там, куда пошлют.

На заводе я работал как столяр-белодеревщик, то есть делал из простой древесины (в основном сосны) столы, тумбочки, коробки для дверей и окон, а иной раз даже гробы.

Столярное дело меня мало вдохновляло. У нас была курилка, куда рабочие выходили курить и травить разные истории. Я туда заходил, слушал одного, другого, третьего. Разговоры в курилке мне казались такими интересными, что, выслушав одного говорившего, я оставался слушать другого. Думал, ну вот этого еще дослушаю и пойду работать. Так проходило много времени, и я норму не выполнял. А потом мы с моим другом Вовкой Евенко, таким же работником, как и я, нашли, что малые деньги, которые мы получали, можно зарабатывать более легким способом. Мы перешли в ночную смену и делали тумбочки. Их завод производил в очень больших количествах, как предполагалось — для рабочих общежитий. Но их почему-то никто не брал, и они штабелями складывались в углу огромного цеха. Руководил нашей работой начальник цеха по фамилии — не помню, а по кличке Ибёныть. Это слово, трансформированное из двух составляющих матерное выражение, он употреблял всегда, когда кого-то хвалил или ругал: «Ты, ибёныть, молодец» или «Куда ж ты, ибёныть, смотришь?» А готовую работу принимал у нас мастер отдела технического контроля Каптюх — это уже фамилия. На крышках принятых тумбочек он ставил крупную и жирную печать **ОТК**.

Мы с Вовкой Евенко на ночь уходили в сушилку для подготовляемых к обработке досок. Температура в сушилке была, как в сауне, — иногда доходила до 100 градусов, но мы терпели. Вовка рассказывал мне сказки разных народов или истории, вычитанные из сочинений фантастов, которые я сам обычно не читал. Иногда Вовка приносил свой альбом с рисунками, посвященными той же фантастике или, чаще, приключениям, мореплавателям и пиратам. Мне очень нравились его морские пейзажи, скалы, гроты и парусные корабли. Ни того, ни другого он никогда не видел и рисовал по воображению. Мне казалось, что рисовал замечательно. Я и сейчас уверен, что он обладал незаурядным талантом, который сумел с пользой для себя проявить. К утру мы возвращались в цех, брали из штабеля несколько тумбочек, но в умеренном количестве, понимая, что, если мы начнем устанавливать слишком внушительные рекорды, нам никто не поверит. Печать состругивали рубанком или стирали наждачной бумагой. С утренней сменой являлся Каптюх, осматривал наши изделия, ставил новую печать и выдавал справку, что сдано столько-то тумбочек. Справки эти он писал на клочках желтой бумаги от мешков, в которых возят цемент. Сданные тумбочки ставились в уже упомянутый штабель. К следующему утру мы печать опять стирали и снова сдавали те же самые тумбочки. Я думаю, что большого вреда государству мы не наносили, потому что все эти тумбочки не были никому нужны, никто их не считал, и труд по их изготовлению был более бессмыслен, чем наши подделки.

Так продолжалось несколько месяцев, пока кто-то не заметил, что бесперебойное производство тумбочек никак не влияет на их количество. Каптюх стал хитрить и ставить свои штампы не на крышках, а на фанере снаружи и внутри тумбочки. Это прибавило нам работы в том смысле, что рубанком уничтожать печати было уже невозможно. Теперь надо было проявлять бдительность и тумбочку перед приготовлением к сдаче с помощью наждачной бумаги очень подробно осматривать. В конце концов, мастер ставил штампы уже в каких-то потаенных местах, до которых иной раз было не добраться. Но мы придумали другой способ обмана — стали подделывать каптюховские расписки. И делали это так хорошо, что когда нас, в конце концов, разоблачили, Каптюх не смог отличить свой почерк от подделанного. Поскольку афера наша была сравнительно мелкая и безобидная, начальник цеха сказал что-то укоризненное вроде:

— Ну что же вы, ибёныть, такое делаете?

Тем дело и кончилось.

«СТОЙ, СТРЕЛЯТЬ БУДУ!»

ЗАЗ по всему периметру был окружен высоким забором и защищался от воровства и проникновения на территорию без пропусков ВОХРом, то есть вооруженной охраной. Но в заборе было дырок и проломов больше, чем вохровцев. Через дырки мы ходили на работу (этот путь был короче, чем через проходную) и через них же выносили кто что хотел, в основном детали изделий, изготавливаемых на продажу. Время от времени я подрабатывал тем, что делал и продавал на рынке фанерные ящики для посылок. Нарезал на работе фанеру, выносил ее с завода, а дома сколачивал ящики. Так же в разобранном виде я вынес детали к обеденному буковому столу, который собрал дома. Он стоял у родителей до самой их смерти.

Пространство в несколько гектаров было на заводе занято контейнерами с каким-то оборудованием, вывезенным из Германии. Контейнеры много лет (и, как я предполагаю, до конца советской власти) стояли нераспакованными. Как-то мы с моим приятелем Толиком Лебедем (он работал в соседнем цехе электриком) приехали вместе на работу и пошли, как обычно, не через проходную, а сквозь дырку — как раз, где стояли контейнеры, сильнее (неизвестно зачем) охраняемые, чем остальная территория. Только пролезли, как появилась охранница с винтовкой: «Стой!» Остановились. Она приказывает: «Пошли в проходную». Толик сказал: «Ни за что!» Она: «Стрелять буду!» Толик картинно распахнул рубаху: «Стреляй!» В нас стрелять она не посмела, но решила выстрелом вызвать подмогу. Поставила винтовку прикладом на колено и выстрелила в воздух. Толик крикнул: «Бежим!» Мы бросились в разные стороны. Она выстрелила еще раз, но мы уже затерялись среди контейнеров.

КАК УСТРОЕН ЗВОНОК

Трудясь на заводе, я поступил в вечернюю школу рабочей молодежи (ВШРМ). Но интерес к учению у меня пропал, и больших успехов в шестом и седьмом классе я не выказал. Хотя учился в основном без троек. Среди учителей было несколько покалеченных войной. Преподавательница немецкого была еврейкой, пережившей оккупацию. Она свободно говорила по-немецки и выдавала себя за немку. На нее были доносы, ее вызывали в гестапо, допрашивали, требовали признания, что еврейка, она не признавалась, и немцы, не имея доказательств, в конце концов, от нее отстали. Но с тех пор у нее половина лица была парализована, что ее сильно безобразило и что вызывало веселые насмешки учеников. Учитель географии был глух, но глухоту скрывал и за правильностью ответа следил по движению употребляемой учеником указки. Мы над ним бессовестно издевались. Будучи хулиганистым подростком, я однажды взялся ему отвечать что-то по предмету, но при этом пересказывал вполголоса прочитанную где-то статью о дельфинах. Девушки, сидевшие на первых партах, хихикали и хватались за голову. Но поскольку я вообще знал географию неплохо и тыкал указкой в приблизительно правильные точки, учитель поставил мне «пять».

Однажды я попробовал воспользоваться предполагаемой некомпетентностью учителя и попал впросак. Мы сдавали экзамен по физике. Наш преподаватель заболел, и директор, преподававший литературу, пришел его заменить. Мне попался вопрос об устройстве электрического звонка. Я не помнил, как он устроен, но подумал, что литератор вряд ли разбирается в физике, и начал что-то плести. Директор послушал и сказал: нет, электрический звонок устроен так-то и так-то. И поставил мне тройку. Хотя я уже заслуживал большего. Я многое из физики забыл, но как устроен простой электрический звонок, знаю и сейчас. На пятерку.

В ДВА ТРИДЦАТЬ НОЧИ У «ДНЕПРА»

В середине лета 1950 года мы с моим другом Толиком Божко (еще одним Толиком), проходя мимо какой-то школы, увидели во дворе возле турника группу наших сверстников, которыми руководил человек в коричневой кожаной тужурке и фуражке с «крабом». На турнике висели парашютные стропы с лямками, ребята по очереди влезали в лямки и разворачивались вправо и влево.

— А вы чего хлебальники раззявили? — обратился к нам человек в кожанке, слегка шепелявя. — Прыгать с парашютом хотите?

Мы сказали: «Хотим». Он, приладив планшет к колену, записал наши фамилии и назвался сам:

— Михаил Михайлович Аполлонин, инструктор парашютного спорта. Понятно?

— Понятно, — сказал я.

— Не «понятно», а «так точно». Влезай в лямки!

Я влез.

— Спускаться на парашюте, — сказал Аполлонин, — надо так, чтобы ветер дул в спину. Для этого надо в правую руку взять левую лямку, а в левую — правую. Какая рука сверху, в ту сторону ты и развернешься. Понятно?

— Понятно.

— Не «понятно», а «так точно».

Когда те же упражнения проделал и Толик, инструктор сказал:

— Все! Завтра будем прыгать! Приходите ночью в два часа тридцать минут к ресторану «Днепр»...

Как это прыгать завтра? Разве не нужна еще какая-то теория? Медкомиссия? Может, мы недостаточно здоровы. И почему ночью?.. Все это показалось мне странным. Тем не менее в полтретьего ночи к ресторану «Днепр» мы пришли. Пришли и ребята, с которыми мы познакомились днем. Выяснилось, что они, в отличие от нас, не по своему желанию попали в парашютисты, а были направлены военкоматом. Кроме них, пришли к ресторану еще какие-то юноши, некоторые в брезентовых шлемах с очками. Оказалось, это курсанты: учатся кто на летчика, кто на планериста.

Подъехала машина-полуторка со значком «ДОСААФ» на дверце. В кабине, кроме шофера, сидел майор со звездой Героя Советского Союза на груди. Аполлонин и еще несколько инструкторов сидели в кузове. Туда полезли и мы. Ночь была звездная, а дорога длинная. Один из инструкторов, бывший штурман бомбардировочной авиации, показывал нам звезды и объяснял, как по ним ориентироваться и определять время. Летняя ночь коротка, пока доехали до аэродрома, рассвело. Как нам потом объяснили, полеты начинались так рано, потому что на рассвете погода бывает особенно спокойной.

На аэродроме стояли в ряд несколько самолетов «По-2» и три планера «А-2». Аполлонин выстроил нас на дорожке и отсчитал пятнадцать человек — тех, кто будет прыгать. Я оказался тринадцатым, а Толик в число отобранных не попал. Аполлонин подвел нас к деревянному сооружению, называемому трамплином, с площадками на высоте в метр, полтора и два. Внизу была яма с опилками.

— Так, — сказал Аполлонин, — когда будете прыгать, ноги надо держать полусогнутыми, не слишком напряженными, опускаться на всю ступню и падать на правый бок. Сейчас посмотрим, как вы это будете делать. А ну пошли один за другим! Первый уровень можно пропустить... второй по желанию тоже... Давай сразу с третьего!

Все пошли один за другим, весело прыгая в опилки. После этого Аполлонин повел нас к самолету, на киле которого был нарисован парашютный значок, число 250 и чуть ниже надпись: «Летчик-инструктор 1-й категории». Каждый должен был занять место в кабине, по команде «Вылезай!» вылезти на крыло, по команде «Приготовиться!» приблизиться к краю крыла и по команде «Пошел!» прыгнуть. Когда мы все это выполнили, нас повели на летное поле, где были выложены в ряд 15 больших десантных парашютов «ПД-47» и ждал самолет с работающим мотором.

ПЕРВЫЙ ПРЫЖОК

Первый полет был ознакомительный: взлет—круг—посадка. Я волновался, но смотреть вниз было не страшно. С балкона четырехэтажного дома смотреть страшнее. Мой отец, которому довелось однажды лететь на таком же самолете, говорил мне, что высоту в полете не ощущаешь, потому что нет отвесной линии. Он был прав. Пока я анализировал свои ощущения, самолет приземлился и подрулил к месту, где были разложены парашюты. Не успел я спрыгнуть на землю, как на меня тут же надели два парашюта (основной и запасной), помогли влезть на крыло и с крыла в переднюю кабину того самолета, где сзади сидел Аполлонин. Взлетели, поднялись повыше, чем в первый раз. Самолет летел, мотор ревел, я оглядывался на Аполлонина и улыбался, показывая, что мне не страшно. Аполлонин на это никак не отвечал, казалось, вообще не замечал меня. Но вот он сделал движение левой рукой, и наступила почти полная тишина. Мотор слегка тарахтел на холостых оборотах.

— Вылезай! — крикнул Аполлонин.

Глубоко провалившийся в кабину и сдавленный двумя парашютами, я стал выбираться. Наверное, я это делал очень медленно и неуклюже, потому что Аполлонин начал что-то выкрикивать. За шумом ветра я не сразу разобрал, что он выкрикивает знакомую фразу: «...твою мать!» Я вылез на крыло и, хватаясь руками за края сначала своей, а потом его кабины, передвинулся к кромке крыла. Я ждал, когда он мне скомандует «Приготовиться!» и «Пошел!», а слышал только «...твою мать!». Я подумал, может быть, что-то не в порядке, посмотрел на Аполлонина, глазами спрашивая, в чем дело, а он мне кричал все то же — про мать. Я ничего не понял, но прыгнул.

Не могу сказать, что мне было так уж страшно. И секунды до момента открытия купола не показались вечностью. Я посмотрел на купол: он парил надо мной большой, квадратный, надежный (вот где подошла бы немецкая реклама шоколада: «Квадратиш, практиш, гут»). Ощущение было одно из самых радостных в жизни — и от свободного полета, и от того, что я не побоялся, а ведь когда-то не мог заставить себя прыгнуть с двухметровой высоты в кучу песка. Но спуск проходил, к сожалению, быстрее, чем хотелось. Я, как меня научили, развернулся спиной к ветру, ноги слегка согнул и сложил вместе, тут же коснулся земли и повалился на правый бок, хотя мог и устоять. Пока отстегнул лямки и кое-как сложил парашют, подъехала машина.

Когда приземлился последний парашютист, нас отвезли на летное поле и приказали построиться. Откуда-то выскочил Аполлонин.

— Сейчас все будут мыть самолеты, а ты, ты, ты и ты, — я был последним, в кого он ткнул пальцем, — марш домой пешком!

— В чем дело?

— В том дело, что трусы вы все!

По его словам, те трое и я тоже будто бы вцепились в кабину и не решались прыгать, и ему пришлось нас скидывать, завалив самолет на крыло. Я не знал, было ли это так с теми тремя, но про себя точно знал, что прыгнул сам. Но он был уверен в обратном. Праздничное настроение сменилось отчаянием. Меня потом в жизни много раз оскорбляли облыжными обвинениями, но ни одно не казалось мне таким обидным.

— Нет, — сказал я Аполлонину. — Я не держался за кабину, я прыгнул сам. Я задержался на крыле, потому что вас не понял.

— Ладно, — махал он рукой, — много видел я таких непонятливых.

— Ну, разрешите мне еще раз прыгнуть и вы увидите.

— Не разрешу. У меня прыгают смелые люди, а не такие. Иди домой к маме.

— Михаил Михайлович, я от вас не отстану, пока вы мне не дадите возможность доказать, что могу прыгать не хуже других...

Аполлонин был неумолим.

После этого я его еще долго ловил в аэроклубе, по дороге на аэродром и при возвращении обратно. Он бегал от меня, как алиментщик от покинутой жены. В конце концов я довел его до того, что он решил откупиться. Будучи пойман мной на пороге аэроклуба, он сказал, что у него есть для меня сюрприз. Вынул из планшета и протянул мне красочное свидетельство с нарисованными на нем флагом, самолетом и парашютом, где было написано, что я совершил три парашютных прыжка.

— Ну вот, теперь ты доволен?

— Михаил Михайлович, — сказал я, суя ему эту бумагу обратно, — мне не нужна ваша липовая справка. Мне нужно прыгать. Хотя бы раз, и вы увидите.

— Ну, ты и настырный! — сказал он как будто и с досадой, и с каким-то уже уважением. — Ладно, приходи завтра к ресторану «Днепр»...

В то лето я совершил еще два прыжка, а следующий сезон весь провел на аэродроме: летал на планере и прыгал с парашютом.

ПЕРВАЯ ЛЮБОВЬ

Тогда же я и влюбился. После первого прыжка мне и Толику Божко дали на работе отгул, и мы поехали в ту самую запорожскую дубовую рощу. День был жаркий. Легли в тень под деревом, закурили. Лежа на животе, Толик предался вслух своей постоянной мечте:

— А что, если мы с тобой проваливаемся под землю, а там голая баба?

— Хлопцы, — раздался голос сверху, — закурить не найдется?

Мы подняли головы. Над нами стояла девушка. Не голая. Но симпатичная. Мы засуетились, дали ей сигарету.

— И для подруги, — сказала она.

Тут мы увидели и подругу, светловолосую, которая так же, как мы, лежала под соседним дубом. Взявшая сигареты вернулась к той под дубом и легла рядом. Мы с Толиком взволновались и тут же девушек распределили между собой.

— Моя черненькая, твоя беленькая, — предложил Толик, и я с ним согласился, тем более что беленькая и правда мне приглянулась. Мы встали, приблизились к девушкам, легли рядом: Толик со стороны темноволосой, я с другой стороны. Были произнесены какие-то слова «для затравки», не столь интересные, чтобы их помнить. Потом я протянул руку, затем другую. И вдруг блондинка потянулась ко мне, обхватила мою шею и стала целовать страстно, взасос! Я даже не знал, что так можно. Я думал, что целоваться — это значит скромно чмокать друг друга сжатыми губами. А, оказывается, это выглядит совсем иначе. Я сразу сошел с ума. Да так, что не пришел ночевать домой и утром на работу. И вообще сбежал из дома и с работы и проводил с ней дни и ночи в объятиях и поцелуях.

Ее звали Шура. Шура Щепковская. Во всяком случае, так она мне представилась. А правду она мне сказала или нет, я потом не был уверен. Шура позволяла моим рукам тискать все, что до пояса, и любовь наша оставалась страстной, но, увы, платонической. Хотя я и пытался сделать ее не таковой, но сказанное неуверенным шепотом «обижаться буду» я воспринимал всерьез и отступал. Она была тоже сбежавшей из дома. Мы нашли какой-то шалаш, и в нем прожили примерно неделю. Дубовая роща считалась местом, в котором нормальному человеку ночью лучше не появляться. Там по ночам слышались крики о помощи, трели милицейских свистков, а иногда и выстрелы. Мы там оставались, потому что нам некуда было деваться и некого особенно бояться.

Дни и ночи мы проводили в изнурительной борьбе. Когда победа была близка, она опять шептала, что может обидеться. Я был юн и наивен и не понимал, что в соответствии с Шуриными понятиями о правилах отношений между мужчиной и женщиной женщина должна оказать какое-то сопротивление, а задача мужчины это сопротивление преодолеть. Я был воспитан в лжепуританском духе и свои побуждения воспринимал как грязные, ужасные и для женщины наверняка оскорбительные, я даже не мог себе представить, что на самом деле Шура может желать того же, что и я, потому ее «обижаться буду» меня немедленно останавливало, и так я ее, к сожалению, и не обидел.

В конце концов я изнемог в борьбе и взял себе односуточный отпуск. Я ушел от нее поздно, и примерно в два часа ночи меня застала гроза. Мощенная булыжником дорога шла вверх по местности, где слева был трамвайный парк, а справа большой пустырь. Такой страшной грозы я не видел ни раньше, ни позже и, надеюсь, уже никогда не увижу. От молний загорелось несколько трамваев. Потом гроза переместилась в мою сторону. Ослепительные молнии с оглушающим треском втыкались в булыжник прямо передо мной, и я, поливаемый сильнейшим ливнем, понял, что мне отсюда живым не уйти. Ведь я единственный на пустынной дороге вертикально стоящий предмет, который, как мне казалось, должен притягивать эти разряды. Сначала я при очередном вонзании молнии в булыжник закрывал глаза, затыкал уши, приседал и взвизгивал от ужаса, а потом смирился со своей участью и шел дальше, ожидая, что следующий разряд будет последним впечатлением моей жизни. Однако все обошлось. Гроза кончилась, и к рассвету я добрался до дома, насквозь промокший, но живой. Дома, естественно, многодневный переполох. Родители уже посетили все отделения милиции, больницы и морги. Обрадовавшись, что я нашелся живой, озаботились следующей проблемой. В те времена опоздание на работу больше чем на 20 минут считалось дезертирством и наказывалось полугодом тюрьмы, а прогул в несколько дней грозил четырьмя годами. Отец как-то отстоял меня, но на следующий день мне пришлось идти на работу. В первый же выходной я отправился искать Шуру, но оказалось, что в роще была милицейская облава и ее «замели» вместе с другими. Я пошел искать ее в милицию, там надо мной стали смеяться, спрашивали: не подхватил ли «трипака», но на мой главный вопрос не ответили. Так я ее и не нашел, но впоследствии узнал, что до встречи со мной она была любовницей одного из самых страшных запорожских бандитов Кисина по прозвищу Киса. Он сидел в лагере, а она была в розыске по его делу. Шурина подруга мне сказала, что если бы Киса узнал о моем романе с Шурой, он достал бы меня из лагеря.

ВРЕМЕННОЕ ДОВЕРИЕ

Для поступления в аэроклуб надо было заполнить анкету. Я не помню уже, сколько там было вопросов, сорок или пятьдесят, но некоторые произвели на меня впечатление и помнятся до сих пор. Несмотря на то что я родился в 1932 году, то есть через пятнадцать лет после революции, я должен был ответить на вопрос, служил ли я в Белой армии, где, когда и в каком чине. Состоял ли в каких-либо политических партиях. Ну, само собой, есть ли родственники за границей и, если есть, кто они, что они, как можно подробнее. Почти на все вопросы я отвечал совершенно искренне и правдиво. Нет, в Белой армии не служил, ни в каких политических партиях не состоял, родственников за границей не имею. Впоследствии я, правда, узнал, что один из моих дальних родственников был близким соратником маршала Тито, которого советская печать в то время иначе как кровавой собакой не называла, но тогда о существовании этого родственника я даже не подозревал. Пожалуй, только в одном случае я сознательно соврал. На вопрос, находился ли кто-нибудь из родственников под судом, я ответил «нет», хотя точно знал, что мой отец провел в сталинских лагерях пять лет. Но и тут врал не очень, потому что судимость с отца была снята, то есть формально он считался несудимым. Короче говоря, моя анкета удовлетворила тех, кто ее читал, и Родина доверила мне управление планером, летавшим со скоростью 65 километров в час.

Между прочим, это оказанное мне небольшое доверие потом обернулось большим недоверием.

ПРИРОДНЫЙ ВЫСОТОМЕР

Есть выражение «заболеть небом». Это не просто выражение, а реальный диагноз. Я эту болезнь пережил в полной мере. В острой форме она продолжалась четыре года, а до конца не прошла и сегодня. Хотя летал я всего одно лето на планере. Конечно, я мечтал стать не планеристом, а летчиком, а точнее, летчиком-истребителем, но будущим летчикам надо было иметь среднее образование, а для планера хватало моего, к тому времени семилетнего.

Обучались мы на планере «А-2», конструкции тогда еще мало кому известного Олега Антонова, — примитивном летательном аппарате с верхним расположением крыла, с открытой кабиной и без колес — роль шасси исполняла лыжа. На земле планер лежал, завалившись на одно крыло. Перед стартом кто-нибудь из курсантов поднимал крыло и бежал за самолетом вместе с прицепленным к нему планером, пока тот не обретал способность удерживаться в набегающем воздушном потоке. Сначала от земли отрывался планер (более легкий), потом самолет. На высоте триста метров планерист отцеплялся от самолета и летел сам. Нашими учителями были начальник летной части аэроклуба Герой Советского Союза майор Егорович, бывший в войну истребителем, командир эскадрильи и впоследствии чемпион СССР по планерному спорту Иван Андреевич Лобода и инструктор Иван Петрович Дудник.

Лобода был большой озорник. Обучая нас основам летного дела, он спрашивал какого-нибудь курсанта:

— Чем летчик при посадке определяет расстояние до земли?

Курсант, естественно, отвечал:

— Высотомером.

Лобода сердился:

— Ты своей головой соображаешь? Что, высотомер покажет тебе полметра, тридцать, двадцать, десять сантиметров? Хрен он тебе покажет!.. Чем, — тыкал он пальцем в следующего курсанта, — летчик при посадке определяет расстояние до земли? Не знаешь? Все раскрыли тетради и записали: «Летчик при посадке расстояние до земли определяет жопой». Все поняли? Макарова, чем летчик определяет расстояние до земли?

Галя Макарова, единственная девушка в эскадрилье, отвечает смущенно:

— Попой, товарищ комэск...

— Попой, товарищ курсант, дети определяют расстояние до горшка, а летчик расстояние до земли определяет жопой. Повтори.

Макарова мнется, краснеет:

— Я не могу!

— Не можешь? — крутит головой Лобода. — Что ж ты за летчица будешь, если даже слово «жопа» сказать не можешь!

РУССКИЙ УСТНЫЙ

Галя была красивая девушка с большими глупыми глазами и большой грудью, на которой однокрылой бабочкой сидел комсомольский значок. Одевалась она так, чтобы обратить на себя внимание. Мы еще летать не начали, а она уже достала где-то новый кожаный шлем с дымчатыми летными очками и в нем ездила не только на аэродром, но и по городу. Но летала Галя плохо: никак не могла научиться определять расстояние до земли. Лобода считал, это потому, что не умеет выражаться. Он долго не выпускал Галю в самостоятельный полет, пока она не скажет «... твою мать».

Они сидели в планере: Галя в передней кабине, Лобода сзади, требуя:

— Ну, скажи: «... твою мать».

Галя молчала.

— Ну, тогда посидим...

Подрулил самолет, к нему подцепили трос. Самолет проехал несколько метров, трос натянулся. Летчик оглядывается на планериста, тот должен дать знак, что к взлету готов. Лобода машет рукой, показывая, что не готовы.

— Ты понимаешь, — говорит он Макаровой, — что я тебя все равно не выпущу, пока не скажешь «...твою мать». Ну!

Макарова молчит, сопит, потом решается и произносит фразу шепотом.

— Что? — спрашивает Лобода.

Галя повторяет чуть громче.

— Не слышу!

Она еще раз.

— Макарова, мотор шумит, я не слышу.

Наконец, она со слезами на глазах выкрикивает громко то, что требует инструктор.

— Ну вот, другое дело! — удовлетворился Лобода. — Теперь и выражаться умеешь, и чем определять расстояние до земли знаешь, начальную подготовку прошла. Давай, лети!

Лобода вылез, вместо себя положил в кабину и закрепил мешок с песком — для центровки, махнул буксировщику рукой...

Как многие летчики, прыгать с парашютом Лобода не любил. Но время от времени приходилось делать прыжки с десятисекундной затяжкой. Прыгая в очередной раз, он выдернул кольцо не через десять, а через шесть секунд. Инструктор Аполлонин у него спросил:

— Ты что, не мог до десяти досчитать?

— Я досчитал, — сказал Лобода. — До четырех я считал на крыле, а остальное — когда прыгнул.

Все инструкторы и курсанты справляли малую нужду прямо на поле, но прятались за планером или самолетом от двух женщин — от Гали и медсестры Нади. Но Лобода, прежде чем помочиться, кричал:

— Надя! Надя! — Потом: — Галя! Галя! — и когда наконец ему удавалось привлечь их внимание, приказывал: — Отвернитесь!

После чего приступал к делу, не прячась.

Инструкторы были жуткие матерщинники. Не матерился только тихий и вежливый майор Егорович. Говорили, что во время войны он сбил

27 немецких самолетов, но вторую звезду на погоны не получил по той же причине, по какой я потом не попал в литинститут — из-за окончания фамилии на «ич».

Иван Петрович Дудник на земле был тоже тихим и вежливым, но с первых же секунд в воздухе обрушил на меня водопад такого мата, какого я в жизни вообще не слышал. Я сидел в передней кабине, он — в задней, матерясь через резиновый шланг, который в обиходе не зря назывался «матюгальник». Ругал меня Дудник за то, что я слишком резко двигал ручкой управления и педалями.

— Ты, тра-та-та-та, — кричал в матюгальник инструктор, — твои движения, тра-та-та-та, должны быть плавные, тра-та-та, координированные, еле заметные, тра-та-та, а ты!.. — и дальше сплошное «тра-та-та».

После нескольких полетов я упал духом, думая, что и столяр из меня вышел никудышный, и с парашютом прыгнул не так, а теперь с планером не справляюсь. Я даже стал думать об уходе из аэроклуба, когда случайно узнал, что на разборе полетов Дудник сказал, что я его самый лучший курсант. Не могу передать, как я обрадовался! Наконец-то я нашел дело, которое могу делать не хуже других, а, по мнению Дудника, даже лучше! Ободренный услышанным, я стал летать так уверенно, что Дудник лишился причины делать мне замечания и после минимума полетов разрешил, первому в аэроклубе, самостоятельный вылет.

ПЕРВЫЙ БЛИН КОМОМ

И вот первый самостоятельный полет. Как у нас это называлось, «по коробочке» — то есть маршрут проходит, как по периметру воображаемого спичечного коробка. Набрав необходимые триста метров, я отцепился от самолета и на радостях, что лечу один, как птица, запел песню. А потом расстегнул привязной ремень, пользование которым казалось мне излишним. И тут же последовало предупреждение Судьбы, о вере в которую я уже говорил. Только я отстегнулся, как планер подо мной ухнул вниз. Я оторвался от сиденья и повис в состоянии невесомости, держась за ручку управления и боясь ею пошевелить. Стоило мне потянуть ее на себя, планер задрал бы нос, потерял скорость и мог свалиться в штопор. А если оттолкнуть ручку от себя — наоборот, нос бы наклонился, и я под действием центробежной силы мог красиво вылететь из кабины и лететь до самой земли без парашюта. Не знаю, сколько времени я провел в таком положении (может быть, секунду или меньше), но это время показалось мне довольно долгим. Плюхнувшись снова на сиденье, я вцепился в обечайку (резиновую окантовку) кабины, и так, держась одной рукой, чтобы не вылететь, продолжил полет. Но меня ждало новое приключение. От волнения я протянул с первым и вторым разворотом и вскоре понял, что высоты мало, до аэродрома не дотягиваю. Не думая уже ни о каких правилах, после третьего разворота я сделал сразу четвертый и повел планер не на посадочную полосу, а напрямик, надеясь приземлиться хотя бы на краю аэродрома. Как на грех, на пути оказалась высоковольтная линия. Я сделал «горку» и кое-как перескочил через провода, после чего сел в колхозный огород, не дотянув до летного поля нескольких метров.

Дудник, который в воздухе на малейшую ошибку реагировал многоэтажным матом, на земле сказал только:

— Ну, ты меня удивил!

И велел доложить руководителю полетов Егоровичу, что первый самостоятельный полет я совершил. Мне было стыдно, особенно перед ним, боевым летчиком, но я, вытянувшись, доложил по всей форме:

— Товарищ майор, курсант Войнович первый самостоятельный полет выполнил.

— Это не полет! — махнул рукой Егорович и отвернулся.

Я был очень огорчен, однако меня не только не выгнали из аэроклуба, но продолжали считать лучшим в эскадрилье, поэтому предложили сразу после первого курса обучения пройти и второй — спортивный, во время которого я летал уже вообще уверенно.

Я сажал планер точнее всех курсантов, точнее своего инструктора Дудника и даже точнее Ивана Андреевича Лободы, будущего чемпиона СССР. Приземляться полагалось в условных воротах между двумя растянутыми на земле полотнищами, вроде узких простыней. Точность считалась отличной, если планер касался земли в воротах с погрешностью плюс-минус десять метров. Я просил товарищей перед моей посадкой положить посреди ворот вытяжной парашют, размером с детский зонтик, и садился точно на него. Правда, при этом я нарушал правила — заходил на посадку с большим запасом высоты, чем полагалось, а потом применял уточняющий прием скольжения на крыло слишком близко к земле, ниже разрешенных тридцати метров. Это мне сходило с рук. Но потом у нас были областные соревнования, и я на них с позором провалился.

Перед соревнованиями расстояние от ворот разделили на три сектора: А, Б и В. Сел в секторе А — отлично, в секторе Б — хорошо, в секторе В — посредственно. Победителя должны были выявлять, вымеряя сантиметры. Я был в числе фаворитов, но летел с контролером. Он сидел во второй кабине и следил за точным соблюдением всех правил полета, при нарушении которых вычитались очки. Контролер меня очень нервировал, я коснулся земли далеко за сектором В и занял одиннадцатое место. Двенадцатое, последнее, занял будущий чемпион СССР Иван Андреевич Лобода. Когда его спросили, в каком секторе он приземлился, Лобода весело ответил:

— В секторе «Твердый знак»!..

Несмотря на все огорчения, то лето 51-го я запомнил как одно из самых счастливых в моей жизни. И если бы это счастье длилось и дальше, вряд ли я стал бы писателем.

В ЗОНЕ И НАД ЗОНОЙ

Учился я летному делу, разумеется, без отрыва от производства. Отработав два года на Запорожском алюминиевом заводе столяром, я сам себя понизил в профессии и перевелся на стройку плотником. Перевелся потому, что строительная площадка была поближе к дому и график работы более подходящий для совмещения ее с полетами. В нелетные дни я работал в дневную смену, а в летные — в ночную. В шесть вечера начинал, в два ночи кончал, к двум тридцати бежал к ресторану «Днепр», чтобы ехать на аэродром. Примерно в полдень возвращался с аэродрома, ел, спал и опять шел на работу.

А работал я, между прочим, с заключенными.

Строительная площадка была окружена двумя заборами. Внутренним, из колючей проволоки, и внешним, дощатым, с колючей проволокой наверху. Само собой, были там вышки с «попками» (охранниками) и проходная.

За свою жизнь я встретил бессчетное множество людей, моих сверстников и постарше, которые, будучи свидетелями той же эпохи, потом утверждали, что это была нормальная жизнь и разговоры о массовых арестах, лагерях и прочем сильно преувеличены. Уже в эмиграции встретил я бывшего майора Советской армии, а в Нью-Йорке сапожника, так он только за границей узнал о репрессиях.

— Мы ничего этого не видели, — говорил он мне.

— А где вы при Сталине служили? — спросил я.

— Почти все время на Дальнем Востоке.

— И что же, вокруг себя вы не видели лагерных заборов или проходивших мимо колонн с заключенными?

Он подумал, что-то вспомнил и удивился:

— И правда!..

Сколько их встретилось на моем пути, утверждавших, что никаких ужасов сталинизма они не видели, хотя ужасы эти творились у них перед носом. Немцам, тоже ничего не видевшим (хотя многие жили прямо под стенами концлагерей), американцы глаза после войны открывали буквально: их водили в Дахау и Бухенвальд, им показывали фильмы о зверствах нацистов и не давали продуктовых карточек тем, кто отказывался на это смотреть.

Повстречался мне один такой немец весьма преклонного возраста. Во время войны он работал мастером на военном заводе, точил снаряды, был членом партии, довольно пассивным, но пропагандой сильно пропитанным. После войны был заключен американцами в специальный лагерь, где такие, как он, проходили курс перевоспитания. Пробыв там недолгое время, он оказался в списке кандидатов на освобождение, но, чтобы выйти на волю, должен был ответить на вопрос: «Кто начал Вторую мировую войну?» Он ответил, как представлял себе раньше, что войну начали поляки: они в 1939 году напали на Германию, а захват Польши немцами был ответом на это нападение. Американцы предложили ему посидеть еще и подумать, а через некоторое время опять спросили, кто начал войну. Он опять назвал поляков. Так было несколько раз. Наконец он усвоил правду или слукавил, но дал правильный ответ и был отпущен.

Если бы и наших людей просвещали так же, может, поменьше было бы сегодня желающих вернуть Волгограду его прежнее имя и, может быть, нашлось на несколько миллионов меньше охотников объявить фамилию Сталин именем России.

Я жил не какой-то оторванной от других жизнью и не в каких-то особых местах вроде Колымы, но везде, где приходилось бывать, с малолетства я имел дело с заключенными. И работал примерно так же, как и они. У нас на строительном участке зэки работали каменщиками, штукатурами, малярами, подсобными рабочими, а я плотником. Разница между нами была в том, что после смены я уходил домой, а их увозили на грузовиках в жилую зону.

Есть ложное представление о том, что в больших городах заключенных с многолетними сроками не держали. Очень даже держали. В нашей зоне, в Запорожье, чуть ли не половину заключенных составляли бандеровцы (настоящие или мнимые, не знаю), осужденные по статье 56/17 украинского УК, соответствовавшей российской 58-й статье, и сроки у них были вплоть до максимального — 25 лет.

Такой же срок был у заключенного, который назывался старшим оцепления. Как он со своими обязанностями справлялся, не знаю, может быть, в жилой зоне ходил с ножом, но здесь производил впечатление интеллигентного человека. Высокого роста, худой, с тонкими длинными пальцами, других заключенных он называл на «вы», и я не слышал, чтобы он на кого-нибудь повысил голос, а тем более матерился. Он сравнительно хорошо одевался (лучше меня), носил каракулевую шапку-ушанку, новую чистую телогрейку и курил дорогие папиросы «Казбек» (я курил дешевый «Прибой»). Про него говорили, что он попал в плен, работал там бухгалтером, каким-то образом обкрадывал других военнопленных, за что и был на родине сурово наказан. Я, конечно, был еще наивным и многим советским утверждениям (не всем) все-таки верил. Поверил и в историю с обсчетом военнопленных. И когда он попросил меня принести ему с воли не помню уж что, я ответил резко, что таким людям услуг не оказываю. А другим оказывал. Услуги мои были однообразны: из зоны я выносил письма, а в зону проносил водку. По две чекушки за один раз. Чекушки устраивал за пазухой по бокам, а сверху надевал, но не застегивал брезентовую куртку. Когда шел через проходную и предъявлял пропуск, дежурный меня спрашивал:

— Что-нибудь несешь?

— А как же, — отвечал я, — водку несу, здесь и здесь, — и хлопал себя по бокам.

На всякий случай я говорил то же самое, когда шел пустой.

Дежурный, считая, что это шутка, смеялся, махал рукой:

— Ладно, иди.

Шутки были однообразны, но проходили всегда: меня ни разу не обыскали.

Заключенные были разные. Часто попадались личности колоритные. Вор-рецидивист по фамилии Пшеничный сидел в лагере столько лет, сколько я жил. С упоением рассказывал о своих воровских подвигах, как, например, воровал на вокзалах у растяп чемоданы. Для этого у него был собственный чемодан специальной конструкции — без дна. Пшеничный подходил к зазевавшемуся пассажиру, своим чемоданом накрывал чужой чемодан и уносил. Операция не всегда оканчивалась успешно. Его ловили, сажали, увеличивали срок заключения, на воле долго побыть не удавалось. Но он не унывал. Привык к лагерной жизни, а воли боялся, как зверь, выросший в зоопарке. Все время привычно отлынивал от работы. Мы строили дом, и в одной из будущих комнат стояла самодельная печка, сделанная из железной бочки. Это устройство называлось «ташкент». Пшеничный садился, протягивал к огню руки и говорил: «Эх, люблю лагерь. Всю жизнь у костра».

Время от времени приходил бригадир, выгонял его на работу, но он вскоре снова оказывался у «ташкента». Он держал в памяти огромное количество блатных и лагерных песен, принимал заказы от вольных и переписывал песни по рублю за штуку.

Как многолетний сиделец, Пшеничный знал многих, и его знали многие. Годы спустя я рассказал о нем своему другу Камилу Икрамову. Он сидел за своего отца, «врага народа», прошел через многие лагеря и там тоже встречал Пшеничного.

С одним из заключенных в нашей зоне я подружился особенно. Виктор Евсиков был бригадиром («бугром»), а до заключения — боевым летчиком. Свои восемь лет получил он, по его словам, за хранение пистолета. Мы с ним много говорили о полетах и самолетах. Я знал все советские современные самолеты, почти любой мог определить по звуку мотора, но и машины времен войны и довоенные тоже знал хорошо, по крайней мере, отличал. А если даже видел незнакомый самолет, то по рисунку крыла или киля мог угадать: это «Лавочкин», это «Яковлев», это «Ильюшин». Виктор был такой же фанатик авиации, как я, поэтому мы с ним без конца могли говорить о полетах и самолетах.

Однажды мне (и ему) сильно повезло. Хотя я был планеристом, некоторым фигурам пилотажа нас учили на самолете. Собственно фигур было четыре: крутой вираж, боевой разворот, петля, раньше называвшаяся мертвой, а в пору борьбы с космополитизмом переименованная в петлю Нестерова, и штопор. Строго говоря, штопор не фигура, а неуправляемое падение самолета с вращением вокруг вертикальной и продольной осей. Настоящие фигуры выполняются осознанными действиями летчика, но свалиться в штопор самолет может в результате ошибок пилотирования, что порой случается даже с достаточно опытными пилотами. Штопор штука очень опасная (примерно как занос автомобиля на обледенелой дороге). Чтобы намеренно ввести в штопор самолет, надо грубо нарушить правила управления, а выйти из него можно, только действуя хладнокровно, умело и точно. Умению вводить самолет в штопор и выводить из него учат всех начинающих летчиков, и нас тоже учили, но не на планере, а на самолете «По-2». На самолете же мы осваивали ночные полеты и ходили по маршруту. А маршрут пролегал как раз над тем местом, где я работал. Я узнал заранее и сообщил Виктору, когда именно буду пролетать над зоной. В означенное время пролетел и над зоной покачал крыльями.

Инструктор Дудник, сидевший в задней кабине и, похоже, дремавший, встрепенулся:

— Ты что делаешь?!

— Мы над моим домом летим. Я маме привет послал.

— А, молодец! — одобрил мои действия Дудник.

КОНЕЦ СЕЗОНА

В начале августа летный сезон в аэроклубе закончился, и в моей жизни наступила пустота. Я ощущал себя так, словно расстался с любимым человеком. Правда, расставание было временное: прошедших пилотскую подготовку ожидало летное училище, а нас, планеристов, военная планерная школа — была такая, единственная, где-то на Алтае. До поступления в аэроклуб я и не слышал о военных планерах, а в аэроклубе узнал, что есть большие десантные аппараты, которые могут доставлять к месту назначения до двухсот человек и больше. Используются они для заброса, например, в тыл врага партизанских отрядов. Их преимущество перед самолетами — бесшумность (они могли незаметно пересечь линию фронта) и малая посадочная скорость, способность приземлиться на небольшой площадке.

Конечно, будь у меня выбор, я бы предпочел училище, и желательно истребительное. Но с моими семью классами об училище нечего было и мечтать. Я надеялся в армии доучиться и стать в конце концов летчиком-истребителем. Вскоре прошел медкомиссию. Правда, у меня было небольшое искривление носовой перегородки, о чем я сам сказал отоларингологу. Он это дело тут же исправил: раскаленным электродом расширил дырку в носу (при этом сильно пахло горелым мясом), вслед за чем я был признан годным к летному делу.

МЕЧТЫ О НЕБЕ И ФОРМЕ

Вместе со мной готовился к поступлению в планерную школу мой друг по аэроклубу Васька Онищенко. Он, как и я, надеялся, что школа станет ступенью в настоящую авиацию. Воскресные вечера мы проводили вместе: гуляли по улице Ленина, заигрывали с девушками, но больше заглядывались на офицеров-летчиков. Их только-только одели по-новому — сменили сапоги на ботинки и кители на пиджаки гражданского покроя, но защитного цвета, с голубыми петличками и золотыми погонами. И на фуражках у них были не маленькие кокардочки, как у пехотинцев или артиллеристов, а крупные «крабы», как у моряков. А видя висевшие на парчовых поясах кортики, можно было вообще умереть от зависти! Как только в поле нашего зрения попадал такой красавец, Васька толкал меня локтем в бок и шептал:

— Пройдет года четыре, и мы такими же будем!

Надеясь, что будем такими же, мы, правду сказать, о беззаветном служении Родине не мечтали. У Васьки главной была мечта о красивой форме. Мне эта форма тоже нравилась, но у меня на первом месте было желание просто летать. Форма — на втором месте, Родина — на третьем. Этим мы отличались друг от друга. Может, поэтому я летал лучше.

Васька был смешной парень, хороший друг, немного авантюрист и жулик. Как-то мы увидели афишу фильма о летчиках «Пятый океан». И захотели на него пойти, хотя раньше этот фильм оба видели. Но оказалось, что ни у Васьки, ни у меня нет денег на билеты.

— Ладно, — сказал Васька, — сейчас достанем. Ты пить хочешь?

— Хочу.

— Ну, пойдем, попьем газировки.

Васька направился к тележке с газированной водой, и я с ним.

— Так у нас же денег нет, — сказал я.

— Не бойся, я угощаю. — И газировщице: — Два стакана с сиропом.

Выпили. Васька поставил стакан и смотрит на газировщицу. Она смотрит на него. Ждет, когда он заплатит.

— А сдачу? — спрашивает он.

— Какую сдачу? — не понимает газировщица.

— Как какую? Я же вам только что дал десять рублей.

— Вы? Десять рублей?

Она смотрит на Ваську с сомнением. Открывает металлический ящик с деньгами. Там, конечно, лежат и десятирублевки.

— Да вот же моя десятка! — тычет Васька в одну из купюр.

Газировщица смутилась и с извинениями отсчитала сдачу.

— Ну вот, — отойдя от газировщицы, говорит Васька, — теперь пойдем в кино...

НЕСОСТОЯВШИЙСЯ ВЗЛЕТ

...Однажды во время очередного взлета на планере случилась со мной неприятность. На стадии разгона я, как обычно, тащился за самолетом-буксировщиком и уже оторвался от земли метра на полтора, как вдруг замок, державший буксировочный трос, раскрылся — и самолет взлетел без меня.

Этот случай стал символичным: взлет в моей летной карьере не состоялся. Что, впрочем, увеличило мой шанс стать писателем.

ПЯТЫЙ ОКЕАН И ПЯТЫЙ ПУНКТ

Мой друг Бенедикт Сарнов, еврей по маме и по папе, утверждает, что государственного антисемитизма на себе не испытал. Ни при поступлении в литературный институт, ни при приеме на работу. Может быть, потому, что его фамилия с окончанием на «ов» звучит для нечуткого уха как русская. А я был по паспорту русским, и фамилия у меня, хоть с окончанием на «ич», но славянская, однако антисемитизм не раз являлся причиной того, что стоило мне чуть-чуть воспарить, как вмешивались силы, опускавшие меня на землю.

В группе людей, обучаемых летному делу, всегда попадаются один-два тупицы, начисто лишенных способности определять при посадке расстояние до земли тем природным инструментом, на который указывал Иван Андреевич Лобода. Таким был некто Ходус, который летал плохо, очень плохо, хуже даже Гали Макаровой. В конце концов его из аэроклуба отчислили, но раньше Дудник сказал мне между делом, что, по его мнению, Ходус еврей, чем объясняется его неспособность летать. Услышав это, я промолчал. Я никогда не скрывал, что у меня мама еврейка, и тут, возможно, мне надо было открыть глаза Дуднику, но я смутился — и не открыл.

Шило в мешке таилось недолго. Однажды, придя домой, я застал там Дудника, которого мама поила чаем. Оказалось, он пришел пригласить меня к участию в тех самых областных соревнованиях, на которых я так неудачно выступил. Моя мама говорила с очевидным еврейским акцентом, и Дудник не мог этого не заметить. Не знаю, разочаровало ли Дудника его открытие. Но, приехав на соревнования, я почувствовал, что между нами установилась молчаливая напряженность.

Думаю, Дудник поделился своим открытием с Лободой, который тоже переменил ко мне отношение. Сразу этого я заметить не мог, потому что мое клубное учение закончилось, и мы несколько лет не виделись. Но, служа в армии, я узнал из газет, что Лобода стал чемпионом СССР по планерному спорту, и написал ему письмо с поздравлением. Он не ответил. Прошло десять лет. Я отслужил армию, стал писателем и автором песни, которая нравилась не только космонавтам, но всем летающим людям. Помимо других замыслов, у меня был и тот, который отразился в повести «Два товарища» — о молодом летчике. Я взял в «Новом мире» командировку и отправился в Запорожье в надежде побывать в аэроклубе, поездить вместе с курсантами на аэродром и очень рассчитывая, что мне позволят полетать. Но Лобода, который, несмотря на чемпионство, карьеры не сделал, встретил меня холодно и подняться в воздух не разрешил. Представляясь ему, я ничего не сказал про песню о космонавтах, которую он наверняка знал (может быть, он тогда отнесся бы ко мне иначе), но предъявил ему свое командировочное удостоверение. Уже на пути с аэродрома Лобода спросил меня: «Так ты кем работаешь?» Я сказал, что журналистом, после чего он снова спросил с кривой ухмылкой:

«И как тебе удалось туда пролезть?» Я понял, что, по его представлению, «пролезать» куда-то способны только представители той национальности, к которой он относил и меня, и, наверное, исключал для меня возможность достичь чего-то в жизни непролазным способом.

С НЕБА НА ЗЕМЛЮ

Я считался если не самым лучшим, то одним из трех лучших в нашем аэроклубе. В другом отряде лучшими считались братья-близнецы Черкашины, о нас троих была даже небольшая статья в областной газете. Я не сомневался в том, что в школу планеристов после медкомиссии прохожу первым номером. И вдруг...

Не помню уже, какую должность занимал тот подполковник в городском военкомате, но его самого помню: высокий, худой, со впалыми щеками и бесцветными рыбьими глазами навыкате. Он мне сказал, что в школу планеристов я не поеду, потому что не прошел медицинскую комиссию.

— Как же не прошел, когда вот здесь написано: «Годен к летной работе»?

— А вот здесь написано, что у вас искривление носовой перегородки.

— Но здесь же написано, что искривление устранено.

— Но оно было, значит, оно может опять появиться.

— Да с чего же оно появится? Оно у меня было, потому что я в детстве с машины упал. Я не собираюсь опять падать с машины.

Подполковник начал играть желваками.

— Я не могу вас отправить, потому что, если вы там не пройдете комиссию, вас вернут обратно, и перевозка вас туда-сюда обойдется государству слишком дорого.

Не могу передать, каким несчастным я вернулся домой. А дома застал своего троюродного дядю Вову Стигорезко. Дядя Вова спросил:

— Ты действительно хочешь летать? Для тебя это правда так важно?

Я ответил, что да, очень хочу летать, очень важно.

— Хорошо, — сказал дядя Вова, — завтра пойдем в военкомат вместе.

Назавтра он надел пиджак со всеми своими орденами, а их у него было очень много, и сказал мне:

— Пошли!

Я шел рядом с ним, поглядывал на него сбоку, косился на встречную публику и гордился тем, что у меня такой геройский дядя. Я думал, что перед таким дядей вряд ли кто устоит. На подполковника, однако, дядины ордена не произвели никакого впечатления, его он принял так же злобно, как и меня.

Я не знал, что делать, кому жаловаться и на что. Об истинной причине того, почему я оказался непригодным для школы планеристов, я догадался много лет спустя, когда меня по той же причине не приняли в литинститут.

Так от земли мне слишком оторваться не пришлось, но для наземной солдатской службы я по всем показателям оказался вполне пригоден. Вскоре я получил повестку из военкомата. 13 сентября 1951 года мне предлагалось явиться на сборный пункт остриженным наголо, имея при себе смену белья, кружку, ложку и приписное свидетельство. Мне предстояло пройти школу жизни и набраться опыта, ненужного людям других занятий, но очень небесполезного для будущего литератора.

Моему поколению повезло в том смысле, что большую войну мы пережили в детстве, а до начала малых войн успели состариться. Но солдатскую лямку мне пришлось тянуть четыре года и по полной программе. В 89-м году один из моих малограмотных читателей-недоброжелателей требовал непонятно от кого, чтобы ему разъяснили, как мне удалось увЕльнуть от службы в армии. Мне не удалось никак. Тем более что я и не пытался.

Кто в армии служил, тот в цирке не смеется

ПРИЗЫВ

Тот рыбоглазый подполковник был из городского военкомата, а в нашем районном были два майора, Ермошкин и Ермолаев, похожие друг на друга не только фамилиями, но и лицами. Они знали о моем пристрастии.

— Самое главное попасть в ВВС, — говорил Ермолаев, — а не в пехоту и не в танкисты. В авиацию попадешь, а там и в летчики пробьешься. Напишешь рапорт...

— Если откажут, — подхватил Ермошкин, — напишешь второй, третий...

— Пиши, — закончил Ермолаев, — пока не добьешься своего.

С такими надеждами я и собрался в путь.

Сборным пунктом служил клуб железнодорожников имени неизвестного мне Дробязко. Вернее, не сам клуб, а пустырь перед ним. Люди постарше предупреждали, что, идя в армию, надо надевать на себя что похуже, одежду обратно не отдадут. Сотрудники военкомата такое мнение опровергали, им никто не верил (и справедливо), и сотни собравшихся на пустыре стриженных под ноль мальчишек были похожи на беспризорников из фильма «Путевка в жизнь». Каждый призывник представлял собой ядро группы провожавших его родственников. Меня провожали мама, бабушка Евгения Петровна и семилетняя сестренка

Фаина. Отца почему-то не было, зато был мой друг по ремеслухе Толик Лебедь. Толик был склонен к романтическим жестам, и по его идее мы собирались, но не собрались зарыть где-нибудь бутылку шампанского с тем, чтобы распить ее, когда я вернусь. Самого Толика в армию не брали из-за ноги, укороченной после того, как Толик попал под машину. Несколько лет спустя его, хромого, все-таки призвали — и он отслужил свое в стройбате.

Ожидание оказалось многочасовым. Переглядываться с близкими, натужно улыбаться и отводить взгляд — дело мучительное. В какой-то момент мы с Толиком отлучились в пивную. Взяли макароны по-флотски и по кружке пива. Разговаривали о том о сем, не спеша. Еще и половины не съели, когда подошла нищенка:

— Хлопцы, а це шо? Макароны?

— Макароны.

— А можно я доим?

Мы отдали ей макароны. Она попробовала, поморщилась, уставилась на наши кружки.

— Хлопцы, а це шо? Пыво? — как будто это могло быть что-то другое.

— Пыво.

— А можно я допью?

Мы отдали ей пиво и, злые на попрошайку и самих себя, вышли.

Товарный эшелон уже стоял на путях. Паровоз тяжело пыхтел, а нас все еще не отправляли. Потом построили в длинные шеренги. Вдоль шеренг бегал с мегафоном рыбоглазый, суетился и выкрикивал что-то злобное. Появились упитанные сержанты — «покупатели»: считалось, что они отбирают солдат в свои части. На самом деле никто никого не отбирал, нас пересчитали и загнали в вагоны по известной, уже упоминавшейся мною норме: восемь лошадей или сорок человек. После этого поезд еще долго не трогался, а родственники стояли внизу, улыбались, утирали слезы, махали руками.

Наконец поехали. Куда, старшины помалкивали, но ясно, что в сторону Крыма. Кто-то сострил:

— На курорт, пацаны, едем! Загорать под пальмами будем!

Среди новобранцев было много шпаны. Ехали с открытыми дверями. На одном из переездов кто-то кинул в стрелочника арбуз и сбил с ног. Меткость метателя одобрили дружным хохотом.

КУРС МОЛОДОГО БОЙЦА

Ехали всю ночь. До курортов не доехали, остановились в Джанкое. Вокруг — не море, не пальмы, а степь: ковыль, солончаки. Нас выгрузили из вагонов, разбили на роты, по сто человек в каждой, построили в колонны и повели через весь город. Колонны заключенных и военнопленных я видел много раз, они смотрелись лучше. Военный городок был километрах в двух за городом. На аэродроме — американские «аэрокобры» и наши «яки», выглядевшие на фоне «кобр» бедными родственниками. Но самолеты мы будем видеть в Джанкое только издалека, здесь мы будем изучать не теорию полета, не аэродинамику и не конструкции самолетов, а уставы, биографию товарища Сталина и устройство винтовки Мосина образца 1891/30 года. А еще нас научат строиться в две шеренги или в колонну по четыре, стоять смирно, ходить строевым шагом, ползать по-пластунски, наматывать портянки, заправлять постель, сворачивать шинель в скатку, приветствовать командиров и в общении с ними ограничиваться уставным словарем, состоящим из кратких фраз «так точно», «слушаюсь», «никак нет», «не могу знать» и «виноват, исправлюсь».

Я еще до армии слышал про какие-то аракчеевские казармы. Теперь узнал, что это такое. Толстостенные дома, внутри неразгороженные. Один дом — одна комната, если можно назвать комнатой помещение на двести пятьдесят человек, заставленное рядами трехъярусных коек с узкими проходами между ними.

Утром опять повели через весь город в привокзальную баню, там нашу одежду отобрали и выдали форму, которую мне предстояло носить, не снимая, четыре года и два месяца. Штаны, гимнастерки, пилотки, брезентовые ремни с латунными бляхами, подворотнички, асидол для чистки блях и пуговиц, сапоги, белье, тавот для смазки сапог. Штаны, гимнастерки и пилотки — новые, сапоги — б/у, белье — рвань. Рубахи без пуговиц, кальсоны без завязок, портянки с дырами...

Много лет спустя в Союзе писателей строгие товарищи по перу, разбирая мое персональное дело, допытывались: неужели в Советской армии я видел что-то подобное описанному в «Чонкине»? Один из «критиков», бывший полковник Брагин, по его словам, сорок лет отдавший нашей родной, любимой, замечательной армии, налился кровью и бился в конвульсиях, когда я ответил, что видел кое-что похлеще.

Реальная армейская жизнь, какой я ее видел, была мало похожа на ту, какой ее изображали Брагин и его соратники, служившие хоть и много лет, но в штабах обслугой при больших начальниках. Они вряд ли знали, что такое реальная солдатская жизнь. Одно время я был в приятельских отношениях с известным астрофизиком академиком Иосифом Шкловским. Он, прослуживший какое-то время солдатом в конце тридцатых — начале сороковых годов, находил, что довоенная армия у меня описана очень точно, и интересовался, как это мне удалось. Я ответил, что читал Куприна, описавшего дореволюционную армию. Она мало отличалась от той, в которой я служил. Значит, и в промежутке она должна была быть примерно такой же. Но со всеми особенностями советского времени.

Два месяца до присяги считались не настоящей службой, а «курсом молодого бойца». Пока не пройден курс и не принята присяга, солдату нельзя доверять оружие, нельзя посылать его в караул и на боевое задание. Но с самого начала ему следует усвоить, что он, согласно уставу, «должен стойко переносить все тяготы и лишения воинской службы».

Нас наставляли в основном сержанты и старшины самого невезучего 1927 года рождения, чья служба в авиации растянулась на семь лет. В 44-м их взяли на фронт, а в 47-м объявили, что, поскольку только теперь они достигли настоящего призывного возраста, а кроме них призывать некого, им придется прослужить еще один полный срок.

В 1951-м им было по двадцать четыре года, но они казались нам едва ли не пожилыми. Эти туповатые деревенские мужики на «гражданке» были бы вынуждены заниматься грубым физическим трудом, а здесь стали начальниками. Поэтому, когда кончалась их семилетняя служба, они стремились остаться на сверхсрочной. Главные трудности армейской жизни были у них позади, они много ели, мало двигались и, получив возможность командовать большим количеством людей, охотно удовлетворяли свои властолюбивые амбиции.

В армии власть даже самого маленького начальника над рядовым солдатом почти безгранична. Маленький начальник может сделать для подчиненного упомянутые в уставе тяготы и лишения невыносимыми. По уставу «Приказ начальника — закон для подчиненного. Приказ должен быть выполнен беспрекословно, точно и в срок». Мы спрашивали у замполита: «Какой приказ?» Замполит отвечал: «Любой!» — «А если, — спросил кто-то, — командир прикажет поцеловать его в зад?» — «Значит, сначала вы должны поцеловать его в зад, а потом подать жалобу вышестоящему командиру». — «А можно жаловаться на неправильное наказание?» — «Можно, но только на причину, а не на строгость». Строгость наказания вообще обжалованию не подлежит. Старшина, помкомвзвода, взводный могут вымещать свои амбиции, капризы, комплексы и дурное настроение на подчиненных, посылая их в наряды, заставляя чистить уборную, собирать окурки, топать на месте, вставать, ложиться, ползать, бегать. Полуграмотным младшим командирам доставляет особое удовольствие поиздеваться над более образованными солдатами. Вроде того старшины, который попавшим в его подчинение студентам дал команду «на месте шагом марш» и, ходя вдоль строя, приговаривал:

— Цэ вам нэ математика, цэ вам нэ алгебра, тут трэба мозгами шевелить... Эй, хто там дви ноги пиднимае?..

Старшина Дерябко обучал нас основам военного дела с таким лицом, будто сам удивлялся, какой он умный:

— Солдат должен, как великий ученый всех наук Ломоносов, знать и уметь усе от сих и до тых. Он должен уметь ходить, бегать, прыгать, ползать, преодолевать препятствия, чистить пуговицы, зубы и сапоги, подшивать подворотнички, наматывать портянки, заправлять постели, стрелять, разбирать, собирать и чистить оружие, ориентироваться на местности. Шо нужно, шобы определиться на местности? Главное, надо выбрать два ориентира из неподвижных предметов. Из подвижных нельзя. Один солдат выбрал ориентирами корову и быка, а потом докладает: «Товарищ командир, ориентир номер один залез на ориентир номер два».

Другой старшина, прежде чем распустить роту после вечерней поверки, командовал:

— А теперь покурить, посцать и — отбой. Разойдись!

НАЧАЛЬНИК ВОКЗАЛ

Были у нас командиры и помоложе. Младший сержант Хачиян, наш ровесник, по недоразумению попал в армию на год раньше, кончил сержантскую школу и теперь занимался с нами строевой подготовкой. Мы друг друга называли по именам или фамилиям, а его — никакой фамильярности — только по уставу: «товарищ младший сержант».

Занятия проходили на стрельбище, где вдоль капонира были проложены рельсы, а на них стояла сваренная из труб вагонетка для передвижных мишеней. Перед тем как объявить перерыв (перекур) в занятиях, младший сержант Хачиян подводил роту к вагонетке, командовал: «Рота, стой!» — и с криком: «Я буду начальник вокзал!» бежал к вагонетке, уже на бегу отдавая команду: «Разойдись!»

После чего трубы набивались сухой травой, трава поджигалась, вагонетка дымила, как паровоз, солдаты лезли на нее со всех сторон, и кто успевал, катался вместе с командиром, а не успевшие были тягловой силой. Младший сержант, превратившийся из строгого командира в такого же мальчишку, как все остальные, сиял от счастья, что, пользуясь служебным положением, захватил лучшее место на вагонетке.

С МЕСТА С ПЕСНЕЙ

Ходили мы, как полагается, всегда строем и с песней. Утром в уборную, на физзарядку, в столовую, из столовой, на занятия, с занятий — всегда строем и обязательно с песней.

Старшина командовал:

— С места с песней шагом марш!

Запевала бодро начинал: «Скакал казак через долину, через кавказские края...»

Строй подхватывал и повторял: «Скакал казак через долину, через кавказские края...» Дальше шло: «Скакал он садиком зеленым, кольцо блестело на руке...» — строй опять подхватывал, повторял эту строку целиком, и так исполнялось до конца все это нехитрое сочинение.

Вторая песня была «Выпрягайте, хлопцы, коней...», и на этом наш репертуар кончался.

Других песен мы не знали, а эти нам быстро надоели, и иногда мы петь отказывались. Старшина командует:

— С места с песней...

С места пошли, но никто не поет.

— Запевай! — командует старшина.

Никто не поет. Это бунт. Бунтовщиков надо учить.

— Рота, стой! На месте шагом марш!

Ходит вдоль строя, приговаривает:

— Ой, какие умные нашлися, ой-ой-ёй... Песни петь не хочут, глотки свои жалеют... Подумали своими калганами: для чего нам нужна строевая песня? Она нужна для зажигу! Когда солдат идет в строю да со звонкою песней, у него ноги сами легко шагают. А когда он пойдет без песни, они у него будут волоктиться, как у старческого человека...

И, надеясь, что убедил, повышает голос:

— С места с песней шагом марш!

Опять никто не поет. Опять на месте шагом марш. Топаем, сначала просто, потом особым способом: одной ногой сильно, другой слабо, сильно, слабо. Как будто никто ни с кем не договаривался, но вся рота топает одной ногой сильно, другой слабо. Казалось бы, старшине какая разница. Но его это раздражает, и он приказывает: «Бегом марш!» Рота, как будто только этого и ждала, срывается с места и несется со всех ног.

Старшине не угнаться. Он давно уже не бегал и разжирел.

— Рота, стой! — кричит он издалека и безуспешно.

Рота бежит. Потом остановилась без всякой команды. Старшина добежал до роты, запыхался, но никого не ругает, делает вид, что все в порядке.

— Рота, равняйсь! Смирно! С места с песней шагом марш!

Рота ударяет шаг. Запевала начинает: «Скакал казак через долину...» Остальные подхватывают.

Почему сначала не подчинялись, а теперь запели — непонятно.

МЕЧТЫ И ПРЕДЧУВСТВИЯ

Сам я тоже, несмотря на довольно солидный жизненный опыт, оставался еще существом вполне инфантильным. Нашел в пыли 23-миллиметровый снаряд (у нас их много там под ногами валялось) и кидал его в телеграфный столб, думая, что, когда он разорвется, спрячусь за углом казармы. К счастью, он не разорвался.

Мечта о полетах меня не оставила, но как осуществить ее, я не знал. Одна надежда была на американских агрессоров. На политзанятиях нам говорили, что американские агрессоры вот-вот развяжут мировую войну. Я надеялся, что, как только они ее развяжут, у нас сразу возрастет нужда в военных летчиках и меня примут в училище, несмотря на отсутствие аттестата зрелости, наличие перегородки в носу и окончания на «ич» в моей фамилии. Надежда укреплялась тем, что на самом деле война уже шла. В Северной Корее. Там наши летчики сражались с американцами под видом корейцев и китайских добровольцев.

Замполиты говорили о врагах-американцах с уважением, о друзьях-корейцах и китайцах — пренебрежительно. Рассказывали анекдот. Американский летчик просит захвативших его в плен корейцев показать сбившего его аса. Ему показывают узкоглазого военного в корейской форме. Американец говорит:

— Это не он. Тот по радио мне кричал: «Я тебе... твою мать, не кореец!»

У нас в части и в самом деле обстановка была тревожная, как перед войной. По ночам гудели грузовики. Они двигались со светомаскировочными фарами. Старшина говорил, что они возят боеприпасы. Я думал: раз возят, значит, к чему-то готовятся.

Может быть, из-за нагнетания общей тревоги во мне возникло и окрепло ощущение скорого конца. Я думал, что это последний год моей жизни, и предчувствие настолько переросло в уверенность, что я очень удивился, когда мне, уже во время службы в Польше, исполнилось двадцать лет.

Именно тогда я обнаружил у себя первый седой волос.

ПОКАЗАТЕЛЬНЫЙ СУД

В Джанкое при мне состоялось выездное заседание военного трибунала. Два молодых солдата, только что призванных на службу, от самой службы не уклонились, но взять в руки оружие категорически отказались. Потому что были баптистами.

Их судили не сразу. Пытались переубедить. От слов перешли к угрозам, от угроз к действиям. Их посадили на гауптвахту с обещанием выпустить, как только они откажутся от своей дури. Они не отказались и были преданы суду военного трибунала. Заседание было выездное, открытое и показательное для других солдат, чтобы они посмотрели, что будет с теми, кто откажется взять оружие. Подсудимых допрашивали председательствующий и два заседателя. Они не признали себя виновными, твердо объяснив, что убеждения им не позволяют преступить Божью заповедь «не убий». В конце концов им дали последнее слово, перед которым председательствующий предлагал им еще раз подумать и отказаться от своих ложных, по его мнению, убеждений. Один из них сказал:

— Я не могу взять в руки оружие, потому что Бог запрещает мне убивать. Мне говорят, что, если я не убью врага, он убьет меня. А я говорю: пусть убьет. Мое тело он убьет, но душа живая останется.

Их приговорили к семи годам заключения, но даже после оглашения приговора председательствующий сказал, что, если они немедленно откажутся от своих ложных убеждений, будут освобождены.

Они сказали: «Нет». И их увезли.

На меня и моих товарищей произвели сильное впечатление стойкость, спокойная убежденность подсудимых и сам факт, что такие люди в нашей стране имеются. Удивила и неожиданная для нас гуманность советского суда. Мы-то думали, что подсудимых приговорят без проволочек к расстрелу, а им дали «только» семь лет и перед тем еще долго уговаривали одуматься. Тем не менее тот частный процесс советская власть проиграла. Примеру подсудимых никто не собирался следовать, но уважение они к себе вызвали. А кое-кого (меня, например) заставили и задуматься.

ПОКУПАТЕЛИ И ПРОДАВЦЫ

Мне всю жизнь везло на тринадцатые числа. 13 сентября 1951 года меня призвали в армию, 13 марта 1963-го начался мой роман с Ириной, 13 сентября 1965-го она переехала ко мне, 13 ноября 1970-го мы узаконили наши отношения.

13 ноября 1951 года я присягнул на верность отечеству. Нас поздравляли с тем, что теперь нам можно доверить оружие, а если что, наказать по всей строгости советских законов. Хотя наказать можно было и раньше. Тюрьма грозила новобранцу еще до призыва за уклонение от службы, а уж за отказ принимать присягу он мог пойти под трибунал, как описанные мною в предыдущей главе баптисты. Вообще советская (и российская) воинская присяга есть акт в юридическом и моральном отношении сомнительный. Она является обещанием, данным под угрозой насилия, и потому не может считаться легитимной. Но в любом случае она есть рубеж, после которого солдат несет службу в полном объеме.

Сразу же после присяги появились в нашей части «покупатели». Обычно начальство само решает за солдата, где и в каком качестве тянуть ему лямку, но в данном случае нам был предоставлен выбор. Первые «покупатели» соблазнили несколько человек метеорологической службой, следующими были представители школы собаководов. Я любил собак и заколебался, не принять ли последнее предложение, но тут прошел слух, что есть возможность защищать родину за ее рубежами на очень выгодных условиях. Там солдатам дают яловые сапоги, кожаные ремни, а к дневному рациону добавляют сливочное масло. Здесь у нас денежное довольствие 30 рублей в месяц, а там будет 75 в местной валюте, притом что в Германии за 10 марок можно купить часы-штамповку. Современному читателю, наверное, следует объяснить, что в те давние времена часы любые считались роскошью и для многих предметом трудноосуществимой мечты. Понятно, я был рад, что не подался ни в метеорологию, ни в собаководство.

ДО СВИДАНЬЯ, МАМА, НЕ ГОРЮЙ

О времени отъезда нас предупредили заранее, и ясно было, что, куда нас ни повезут, Запорожье не объехать. Я успел сообщить об этом домой. Эшелон стал в Запорожье далеко от вокзала на запасном пути. Сразу же появились родители моих товарищей с кошелками, авоськами и свертками, а одна женщина даже принесла своему сыну кастрюлю с борщом. Объятия, поцелуи, крики, слезы, смех... А моих родителей нет. Поезд стоял долго — час или больше. Ко всем кто-то пришел, и только ко мне никто. Вот и время стоянки кончилось. Вдоль эшелона пробежал офицер с жестяным рупором, выкрикивая: «По вагонам!» Наиболее послушные попрощались с родными. Кто-то запел, другие подхватили (и, как мне тогда показалось, красиво пели): «До свиданья, мама, не горюй, на прощанье сына поцелуй! До свиданья, мама, не горюй, не грусти, пожелай нам доброго пути!» Я стоял у вагона и плакал, закрывая лицо пилоткой. Залязгали буферами и задергались, словно в судороге, вагоны. Это прицепили паровоз. И вдруг я увидел мать, отца и сестру, бегущих между путями. Оказывается, они давно были здесь, но искали наш эшелон в другом месте. Опять пробежал офицер, выкрикивая в рупор: «По вагонам!» Мы стали торопливо обниматься.

Мама сказала:

— Когда доедешь до места, обязательно напиши, где ты, что ты.

— Он не сможет этого написать, — сказал папа. — Потому что не пропустит военная цензура.

И тут же предложил шифр:

— В первом письме напиши первую фразу так, чтобы первые буквы были буквами названия того места, куда ты попадешь.

— Хорошо, — сказал я и полез в вагон уже на ходу.

Кто-то опять запел, и теперь весь поезд пел, и я вместе со всеми: «До свиданья, мама, не горюй...»

Думал ли я, что лет через десять с небольшим сочинитель этой песни станет моим соседом, приятелем и коллегой. Да и модный драматург Галич, если б ему тогда показать заплаканного новобранца, вряд ли увидел в нем своего товарища по судьбе. И оба мы не могли себе представить, что когда-нибудь, он раньше, а я позже, отправимся за границу под его совсем другие песни. Например, под песню «Когда я вернусь...», которая для него, увы, не оказалась пророческой.

ПРИВЕТ ИЗ ПОЛЬШИ

Последней станцией перед границей был город Ковель. Только здесь мы узнали, что едем не в Германию, а в Польшу. Нас вывели «на оправку» (в уборную), снова загнали в вагоны и больше не выпускали. Я уже где-то писал, что в маленьких городах при железной дороге вроде Джанкоя и Ковеля перрон, прилегавший к вокзалу, был главным и часто единственным местом, где здешняя публика прогуливалась туда-сюда вдоль останавливающихся на короткое время дальних поездов, из которых лился свет и слышалась музыка. Наш состав без света и музыки обычно загоняли на дальние тупики, а тут остановили на первом пути.

Вот мы и высовывались, как заключенные, из маленьких квадратных окошек поглазеть на здешний люд. И вели себя как заключенные.

Я написал родителям короткое письмо, сложил треугольником и бросил в окно. Как оказалось, это был очень надежный способ. Кто-то письмо мое подобрал и отправил по почте, наклеив марку. Это был обычный путь для писем советских подневольных людей. Одни бросали письма на ветер, другие подбирали и опускали в почтовые ящики. Человеческие поступки в стране с нечеловеческими порядками.

К вечеру мы покинули Ковель. Ночью нас где-то высадили, пересчитали и снова загнали в вагоны. Это была граница. Мне хотелось испытать какое-то особое чувство, но у меня его не было. Шел дождь.

На другое утро я снова писал родителям и начал с предложения: «Пока особенно значительных новостей абсолютно нет». Фраза глупая, но если сложить слово из первых букв, получится: «Познан». На самом деле мы приехали не в Познань, а в город Хойна. Но я подумал, что это название родителям вряд ли что скажет, так пусть будет Познань, которую мы ночью проехали. В ответном письме родители намекнули, что поняли меня, заглянули в энциклопедию и «рады за того, кто попадает в большой культурный центр, где не всегда бывают значительные новости». Потом я часто начинал свои письма фразой «Привет из Польши». Польшу цензоры неизменно вымарывали, оставляя «Привет из...», но дальше первой строчки им лень было читать, и все подробности беспрепятственно проходили.

КАЖДЫЙ ПЯТЫЙ — СКРЫТЫЙ ВРАГ

Оказалось, яловые сапоги и кожаные ремни дают только тем, кто служит в Германии и Австрии, а в «братских» странах — та же «кирза» и брезентовые ремни. Денежное довольствие 12 злотых, а зубная паста стоила 14. Никаких часов-штамповок не было, а обыкновенные стоили так дорого, что нечего и мечтать. Тем не менее когда мы проходили строем через город, местные мальчишки бежали вдоль строя и клянчили: «Дядя, дай зигарек». Я думал, что «зигарек» — это сигарета, но оказывается — часы. Много лет спустя я узнал, что просьба «дать зигарек» содержала какой-то обидный смысл.

Те, кто попал в Польшу раньше нас, мечтали вернуться на родину. Там раз в три недели по выходным давали увольнительные и хотя бы один раз за всю службу краткосрочный (десять дней плюс время на дорогу) отпуск, а здесь — ни того, ни другого. В увольнительную нельзя, потому что контакты с местным населением недопустимы. Мы спрашивали: почему же недопустимы, ведь это наш братский народ? Нам отвечали, что народ в целом, конечно, братский, но в его среде встречаются отдельные враждебные элементы. Мы же не в настоящей Польше, а в Силезии, на бывшей немецкой территории, где враждебных элементов до двадцати процентов, то есть каждый пятый — скрытый враг. А в отпуск нельзя ездить, потому что далеко и дорого, государство и так тратит на нас слишком много денег. Впрочем, отпуск возможен в двух особых случаях. Первый — смерть отца, матери, брата, сестры или жены (если есть), а второй случай — если часовой, стоя на посту, «отразил вторжение посторонних лиц», то есть застрелил нарушителя.

ГОРОДОК В ГОРОДКЕ

В Хойне я пробыл очень короткое время. Сдал странный экзамен двум подполковникам, которые назывались мандатной комиссией. Ответил на вопросы, когда родился, кто папа и мама, кем работал до призыва, состою ли в комсомоле, когда произошла Великая Октябрьская революция, какие должности занимает товарищ Сталин и правда ли, что я учился в аэроклубе. Мои ответы членов комиссии удовлетворили, окончание фамилии их не смутило, и я вместе с другими, чьи фамилии кончались на «ов», «ин», «ко», «ян» и «швили», был направлен в школу авиамехаников.

В канун 1952 года я оказался в маленьком городе Шпротава на реке Бобр. Наша школа представляла собой военный городок, окруженный глухим кирпичным забором. При немцах это было танковое училище с казармами из красного кирпича, помещениями для занятий и танковыми ангарами, приспособленными у нас один — под солдатскую столовую, остальные — под учебные мастерские. Нам сказали, что мы начнем учиться через месяц-полтора, когда закончит учебу предыдущий набор, а пока расписали по ротам, причем я оказался в первой роте, состоявшей почти целиком из ленинградцев, а из моих земляков составилась вторая рота. Мне повезло дважды. Во-первых, с ленинградцами было интереснее, чем с запорожцами. Во-вторых, нам предстояло изучать последнее слово тогдашней авиатехники — реактивный истребитель «МиГ-15», а им — ветерана войны, поршневой штурмовик «Ил-10».

НЕ СПЕШИ ВЫПОЛНЯТЬ ПРИКАЗАНИЕ

Немецкая казарма отличалась от «аракчеевской» меньшими размерами жилых помещений — в комнатах, расположенных вдоль длинного коридора, человек по двадцать. Но все-таки хоть немецкая, а казарма. Койки в два яруса, умывальник внизу общий, уборная — отдельное сооружение традиционного образца — бетонный пол с дырками. Поскольку время учиться еще не пришло, нас предоставили самим себе, и мы вскоре превратились в совершенно разложившуюся массу. Никто нами не командовал, никто не следил за нашей дисциплиной, даже за распорядком дня. Поэтому вставали, когда хотели. Кто не хотел, не вставал вовсе. Ленивые просили более энергичных товарищей принести им из столовой хлеб и сахар. Остальное посыльный съедал сам. Некоторые до того обленились, что в уборную выходили только по большой нужде. Малую справляли в окно, отчего снег у казармы к концу нашего безделья стал совершенно желтым.

Иногда начальство пыталось нас использовать в хозяйственных целях. Пришел незнакомый офицер, ткнул пальцем в меня:

— Фамилия?

— Ефрейтор Огурцов, — отвечаю (в каком-то фильме был такой персонаж).

— Фамилия? — палец уткнулся в Генку Денисова.

— Младший сержант Редискин, — вытянулся Генка.

Ни совпадение овощных фамилий, ни отсутствие на наших погонах лычек у офицера не вызывают сомнений.

— Редискин, вы будете старшим. За мной!

Ведет нас за казармы к гаражу, возле которого валяются водопроводные трубы.

— Перенесете эти трубы вон туда, за угол. Там сложите аккуратно. Редискин, задача ясна?

— Так точно!

— Приступайте!

— Слушаюсь! Огурцов, равняйсь! Смирно! Трубу на плечо! С места с песней шагом марш!

Я запеваю: «Замучен тяжелый неволей, ты славною смертью почил...»

Зашли за угол. Трубу бросили, не донеся до указанного места, и сбежали. Потом прятались, опасаясь, что офицер начнет нас искать. Но офицеру эти трубы так же были нужны, как и нам. Ему приказали нас как-то занять, он и придумал нам дело, а сам удалился.

Вечерами играли в очко. Говорят, новичкам в карты везет, но на меня это правило не распространилось. Я с самого начала стал проигрывать и, проиграв шестимесячное жалованье, на том остановился. С тех пор, за исключением отдельных мелких случаев, в азартные игры не играю.

ПРИКАЗЫ И КОМАНДИРЫ

Пожалуй, что меня больше всего удивляло во время службы в армии, это, с одной стороны, регулярное производство совершенно невыполнимых и часто нелепых приказов и, с другой стороны, столь же постоянное уклонение от их исполнения. Устав говорит: «Приказ начальника — закон для подчиненного». Неписаная армейская мудрость учит солдата иному: «Не спеши выполнять приказание, его могут в любой момент отменить». И это не шутка. В армии, через которую я прошел, невыполнение приказов было делом гораздо более обыкновенным, чем в любой цивильной «шарашкиной конторе».

Наконец-то предыдущий набор учебу закончил. Курсанты сдали экзамены, пришили к погонам сержантские лычки и разъехались по частям, освободив учебные классы для нас.

Появились и офицеры, назначенные нам в командиры. Первый, самый колоритный — майор Федор Иванович Догадкин, образование восемь классов, гражданская специальность — ученик слесаря. Второй — командир взвода старший лейтенант Потапов, по имени, употребляемому за глаза как прозвище, Жора, чуваш, простоватый мужичок с золотым зубом, образование начальное. Старшина роты тоже Потапов, однофамилец, прозванный де Голлем за сходство с французским генералом. Каптенармус Трофимович, упитанный сверхсрочник женского телосложения. Младшие командиры были выдвинуты из нашей среды. Старший лейтенант Потапов построил взвод, вгляделся в лица и безошибочно выбрал самых тупых на должности помкомвзводов, командиров отделений и старшин классных отделений. Сколько я видел, как начинаются карьеры младших командиров в армии, — их всегда выбирают из самых тупых, но готовых без сомнений повелевать другими.

РАСПОРЯДОК ДНЯ

Вот наш распорядок дня. В шесть часов подъем, построение, оправка, физзарядка, заправка кроватей, завтрак. После завтрака восемь часов занятий. Потом обед. После обеда полтора часа сна. Потом три часа самоподготовки. Хотя ни о каком «само» речи быть не может. Занятия происходят в классах, обычно с преподавателями, и от дневных отличаются тем, что это как бы не уроки, а консультации. Все передвижения — в уборную, в столовую, на занятия и обратно — только строем и обязательно с песней. После ужина — личное время. Сорок минут, за которые надо успеть подшить подворотничок, почистить пуговицы и сапоги, написать письмо родителям, полистать в «ленкомнате» (если есть интерес) газету. О том, чтобы почитать книгу, нечего и думать. Прочтешь абзацдругой — тебя прервут какой-нибудь командой. До армии я читал запоем. Весь день. Или всю ночь. Несмотря на то, что работал и учился в вечерней школе и в аэроклубе. Но все же бывали выходные дни, отпуска и простудные заболевания, когда можно было погрузиться в текст и забыть все на свете. Армия всех нивелирует: одних поднимает, других опускает до среднего уровня. Тупого развивает. Развитого отупляет.

ПУЛЯ — ДУРА, А ШТЫК — МОЛОДЕЦ

Попади я в батальон аэродромного обслуживания, мог бы отупеть еще больше, но в школе авиамехаников нам преподавали серьезные предметы и на серьезном уровне. Аэродинамику, материаловедение, теорию полета, топографию, конструкции двигателей и самолетов. Преподаватель теории реактивного двигателя капитан Беспятов с отличием окончил Военно-воздушную академию имени Жуковского.

Он говорил приблизительно так:

— Сейчас я вам расскажу об этом явлении... Ну, в общем, так, как нам это преподавали в академии. Боюсь, что не все вы поймете, но ладно, расскажу для тех, кто поймет...

Объясняя процессы, происходящие в реактивном двигателе, Беспятов чмокал губами, задумавшись, стирал написанные на доске формулы рукавом, но мы не смеялись над ним, а слушали, раскрыв рты, как сказки Шахерезады. Да и другие преподаватели увлекались и выходили далеко за рамки того, что считалось доступным нашему пониманию. Некоторые из них очень не прочь были порассуждать о литературе, музыке и живописи. Тот же Беспятов вызывал к доске нашего помкомвзвода сержанта Капитонова, задавал вопросы по теме. Тот, окончивший до армии десятилетку, ничего ответить не мог. Тогда капитан спрашивал, не знает ли сержант, кто написал «Войну и мир» или «Евгения Онегина». Конечно, тот не знал и этого.

— Капитонов, — интересовался капитан,— за сколько мешков картошки вы купили свой аттестат?..

И в то же время у нас были другие учителя — наши строевые командиры, пришедшие из пехоты. Призванные в армию еще до войны, имея образование в пределах начальной школы и краткосрочных командирских курсов, они учили нас премудростям, подходящим, возможно, для солдат времен Суворова, где непреложной истиной считалось высказывание: «Пуля — дура, а штык — молодец». Под их руководством мы зубрили уставы, занимались шагистикой и осваивали все ту же винтовку Мосина образца 1891/30 года и автомат «ППШ» (пистолет-пулемет Шпагина). Правда, нам говорили, что есть какой-то суперсовременный и ужасно секретный автомат, изобретенный сержантом Калашниковым, когда тот будто бы сидел на гауптвахте.

ШПИОНЫ: ЛЮДИ И СОБАКИ

Преподаватель политподготовки старший лейтенант Ярцев был пограмотнее наших ротных и взводных, но и ему приходилось вести свой предмет на уровне, пригодном для людей умственно неполноценных. Помимо биографии Сталина, он объяснял нам, почему мы должны соблюдать воинскую дисциплину, быть бдительными, хранить военную тайну и защищать знамя. Иные истины внушались нам в виде лозунгов, например: «Сам погибай, но товарища выручай», «Не болтай по телефону, болтун находка для шпиона». Все учение преподносилось в виде примитивных примеров якобы из жизни. Во время Сталинградской битвы был будто бы такой случай: стояли солдаты с полковником, и вдруг рядом разорвался снаряд. Солдаты повалили полковника и прикрыли своим телом. «Зачем вы так сделали? — спросил растроганный полковник. — Ведь вы же сами могли погибнуть». — «Это так, — отвечал ему старый мудрый солдат, — но если бы вы погибли, было бы гораздо хуже. Командир для солдат, что матка в улье для пчел: погибнет матка — и всему рою пропасть». Или: ехал офицер в отпуск. Разговорился в вагоне с попутчиками. Рассказал, что служит в таком-то городе начальником гарнизона. Ему невдомек было, что один из его попутчиков — матерый английский шпион, который из слов офицера сделал вывод, что в упомянутом городе есть гарнизон.

Кстати, тогда почти все матерые шпионы были почему-то английские.

Самая интересная байка была про собаку-шпиона. Приблудная, она прибилась к авиационной части, ее все жалели, подкармливали и не сразу заметили, что один глаз у нее вставной, а в нем вмонтирован миниатюрный фотоаппарат. Собака бегала по аэродрому, фотографируя наши самолеты.

Из рассказов старшего лейтенанта Ярцева следовало, что надо быть всегда бдительным и, прежде чем кормить приблудную собаку, следует заглянуть ей в глаза. Да и перед тем как помочь какому-нибудь человеку, тоже следует крепко подумать. Один офицер на вокзале якобы помог польской женщине с вещами подняться в вагон. На другой день западные газеты распространили снимок этой сцены с подписью: «Советские войска отправляют польских женщин в Сибирь».

Всю эту чушь мы должны были не просто выслушивать, а конспектировать. Если курсант это все законспектировал, а потом прочел по бумажке, преподаватель его хвалил:

— Видно, что курсант Бакланов поработал с материалом, усвоил его и делает из него правильные выводы.

И дальше — в точности, как описано у меня в «Чонкине»:

— А скажите, курсант Бакланов, чем отличается наша армия от армий капиталистических стран? Ну? Я вам подсказываю: наша армия народная и служит... кому?

— Народу.

— Правильно, наша армия служит народу. А кому служат армии капиталистических стран? Ну? Они служат кучке... кого?

— Кучке капиталистов? — неуверенно отвечает Бакланов.

— Правильно, товарищ Бакланов, — радостно подхватывает Ярцев. И, обращаясь ко всем: — Вот видите, когда человек работает, когда он думает своей головой, это сразу видно. Садитесь, Бакланов, «пять».

И Бакланов, занимающий по тупости второе место после помкомвзвода Капитонова, садится на место, довольный собой.

Я вести конспект ленился, получал постоянно тройки, и Ярцев указывал на меня как на самого отстающего и бездарного ученика. Но через несколько месяцев у нас был проверочный экзамен по политподготовке, который принимал начальник политотдела армии, полковник. Я отвечал на какие-то его вопросы, он почему-то стал спрашивать меня что-то по истории ВКП(б). Память у меня такая, что всякий мусор в ней всегда застревал, особенно цифры и даты. Я помнил хорошо, когда был какой съезд партии. На одном вопросе сбился, но тут же сам и поправился. «Кто генеральный секретарь коммунистической партии Америки?» — спросил меня полковник. Я сказал: «Джон Фостер Даллес». Полковник не успел удивленно поднять брови, как я спохватился: Джон Фостер Даллес, будущий госсекретарь США, судя по советским газетам, был ужасным реакционером, идеологом «холодной войны». «Уильям Фостер», — поправился я, после чего полковник не только поставил мне пятерку, но и объявил благодарность.

На следующем занятии старший лейтенант Ярцев был очень ко мне благосклонен.

— Сегодня, товарищи, — сказал Ярцев, — хочу особо отметить заметный успех курсанта Войновича. На его примере видно, что если человек работает, старается, то, независимо даже от его способностей, он может добиться прогресса в своем развитии. Мне это особенно приятно вам сообщить, потому что в успехе Войновича я вижу плоды и своих трудов.

ВОЙНОВИЧ НЕ ЕВРЕЙ

Газеты мы все мало читали и за политическими новостями не очень следили, но в 1952 году новости о коварных космополитах, то есть евреях, уж больно лезли в глаза. Безродные космополиты разоблачались везде. То космополитами оказывались литературоведы, то музыканты, то еще кто. О них писались фельетоны, стихи и пьесы. Поэт Сергей Васильев написал поэму «Кому на Руси жить хорошо». Оказалось, космополитам с еврейскими фамилиями. Михалков сочинил басню, в которой те же евреи делают что-то плохое, «а сало русское едят». Василий Ардаматский опубликовал фельетон «Пиня из Жмеринки», за что сам удостоился прозвища Пиня.

Чемпион мира по штанге Григорий Новак набил кому-то морду. Из фельетона «Чемпион во хмелю» ясно было, что чемпион ведет себя так, потому что еврей. Но вот пик кампании — дело врачей. Кремлевские врачи-евреи хотели отравить Сталина и других членов Политбюро. Врачи поменьше травили людей в местных больницах и поликлиниках, ставили ложные диагнозы, выписывали не те лекарства. Все эти сведения доходят до нас в ослабленном виде, но в достаточно зловещей форме. Доведенный до отчаяния кознями евреев, на уроке по политической подготовке встает наш правдолюбец курсант Васильев и, покраснев от напряжения, от сознания того, что хватит молчать, спрашивает:

— Товарищ старший лейтенант, а почему у нас, в Советском Союзе, евреев не расстреливают?

Спрашивает тоном, в котором нет сомнения, что везде евреев расстреливают и только у нас при избытке ненужного гуманизма им позволяют безнаказанно плести свои интриги и открыто вредить вскормившему их народу.

Произошло некоторое замешательство. Класс затаил дыхание. Старший лейтенант помолчал, подумал, потом улыбнулся Васильеву:

— Я понимаю, чем вызвано ваше беспокойство, но вы вопрос ставите не совсем правильно. Конечно, преступления некоторых людей еврейской национальности вызывают наше законное возмущение, наш справедливый гнев, но все-таки мы должны помнить, что мы гуманисты, интернационалисты и знаем, что евреи бывают всякие. Бывают плохие евреи, а бывают хорошие, трудящиеся евреи.

— Вот как, например, Войнович, — радостно подсказал Казимир Ермоленко.

— Вот как, например, Войнович, — охотно поддержал старший лейтенант и церемонно поклонился мне.

Васильев покраснел еще больше, сжал кулаки и сказал решительно:

— Войнович не еврей.

Хотя у него не было никаких причин сомневаться в происхождении одной из моих половин, он знал, что я, при всех моих недостатках, в общем-то, свой парень. И Васильев готов был расстрелять всех евреев, кроме меня.

КРАТКАЯ КАРЬЕРА МАЙОРА БАЗАНОВА

Наши преподаватели были почти все капитаны и почти все алкоголики — думаю, что от безысходности. Образованные и часто очень способные люди, прозябали... хочется сказать, в «глуши», но военные городки, вроде Шпротавы, были глуше всякой глуши — чем-то вроде лагерных зон. Мы, солдаты, пребывали в полном бесправье. Наш срок, четыре года, пусть немалый, но все же с видимым концом. У офицеров права были пошире наших, но тоже мизерные (жили они все на казарменном положении, без семей), а срок службы равен, как после отмены смертной казни, максимальному лагерному — 25 лет. Вот они и спивались, вот и застревали в своих капитанских званиях. Следующие чины — майор, подполковник, полковник — уже старшие офицеры. Чтобы одолеть первую ступень на этом отрезке карьеры, надо иметь подходящие анкетные данные и характеристики. А как пьющему получить хорошую характеристику?

Законченным пьяницей не был, кажется, один преподаватель топографии капитан Рогожин, которого спасали от алкоголизма больные почки. Но и он почему-то все время торчал в капитанах, об остальных и говорить нечего.

Только за время моей учебы в школе (чуть больше года) два капитана не стали майорами по одной и той же причине.

Друг капитана Рогожина Базанов одолел заветный барьер и сменил четыре маленькие звездочки на погонах с одним просветом на одну побольше с двумя просветами. Естественно, долгожданное событие достойно отметил. Что было дальше, рассказал нам на другое утро капитан Рогожин, который сам не был примером, достойным подражания.

Он входил в класс, как всегда, в мятом форменном пиджаке со съехавшим набок ремнем, в фуражке, засаленной и надвинутой на уши. Взмахом руки останавливал ефрейтора Сосика, вскакивавшего с рапортом, и говорил, заметно гундося:

— Здравствуйте. Начинаем урок топографии. Сейчас я вас буду по одному вызывать к доске, и порядок будет такой. Я вызываю вас по фамилии, вы выходите к доске, докладываете: «Товарищ капитан, курсант такой-то к ответу готов». Я спрашиваю, вы отвечаете, я вам ставлю «два» или «пять», и вы садитесь. Знаете, что случилось вчера с моим другом майором Базановым? Не знаете. Майор Базанов отмечал вчера присвоение ему майорского звания. Сначала в кругу друзей, где я тоже присутствовал, потом продолжил отмечать в одиночку, потом решил отметить с официантками из офицерской столовой. Он с бутылкой водки пошел к ним в общежитие, они его не пускали, а он буянил. Они вызвали командира батальона подполковника Ковалева. Подполковник Ковалев прибыл на место происшествия и застал майора Базанова стоящим на лестнице, ведущей на второй этаж к девушкам. Подполковник Ковалев попросил майора Базанова не нарушать порядок. Майор Базанов, стоя на лестнице, послал подполковника Ковалева по матушке. Подполковник Ковалев обиделся и сказал: «Майор Базанов, я вам приказываю немедленно спуститься». Тогда майор Базанов сказал: «А я на твой приказ положил...», и сказал, что именно положил. Подполковник Ковалев сказал: «Майор Базанов, объявляю вам пять суток ареста». Майор Базанов сказал: «А пошел ты на...» — и назвал ему известный адрес. «Майор Базанов, десять суток ареста!» Майор Базанов назвал второй адрес. «Майор Базанов, двадцать суток ареста!» Майор Базанов посылал подполковника Ковалева все дальше и дальше, а тот продолжал прибавлять количество суток, и когда прибыл вызванный караул, официантки насчитали двести двадцать пять суток...

Двести двадцать пять суток майор Базанов, конечно, не сидел, отсидел не больше пяти, но с гауптвахты вышел опять капитаном.

Другой капитан, Волков, был только представлен к очередному званию, но не получил его. Потому что, будучи дежурным по части, напился, ушел к себе в общежитие, где, вообразив, что он собака, сам себя привязал к кровати. На каждого, кто к нему приближался, он угрожающе рычал, а тому же подполковнику Ковалеву вцепился в сапог зубами. После чего, так и не став майором, был отправлен в Советский Союз.

НАШИ ШПИОНЫ

Вскоре по школе пронеслись слухи, что некоторые наши офицеры — причем все они были майорами — оказались американскими шпионами. Сначала один майор был разоблачен как шпион и исчез. Следующей на очереди стала майор медицинской службы женского пола. Эту шпионку я помнил. Высокая пышногрудая еврейка лет сорока, она мне издалека нравилась, и я, бывало, завидев ее, норовил пройти мимо и отдать ей честь, на что она благосклонно и с легкой улыбкой кивала.

Она стала шпионкой, когда борьба с космополитами, то есть евреями, достигла пика. Но я эту борьбу с арестом женщины-майора никак не связал. Я к советской власти относился уже с неприязнью, многим утверждениям официальной пропаганды не верил, но кое-что (особенно то, что прямо меня не касалось) принимал на веру без критики. Говорят, что поймали шпионов, значит, поймали. Почему я должен этому не верить?

Третьим шпионом был командир второй роты майор Сергуткин. Вообще-то у него была другая фамилия, «Сергуткина» он сам себе придумал на свою голову, примерно как Ардаматский Пиню. Растолковывая курсантам суть того или иного положения устава, он делал это на конкретных примерах, и носителем примеров был вымышленный персонаж Сергуткин.

— Вот представьте, я вызываю к себе курсанта Сергуткина. Как Сергуткин должен подойти ко мне? Сергуткин должен подойти ко мне строевым шагом, остановиться в двух шагах от меня, отдать честь и доложить: «Товарищ майор, курсант Сергуткин по вашему приказанию прибыл».

В результате не вымышленного курсанта, а самого майора мы за глаза называли Сергуткиным. Так вот этот Сергуткин вдруг исчез. И прошел слух: Сергуткин тоже оказался шпионом. Когда я услышал об этом, даже особенно не удивился. Потому что Сергуткин был у нас уже не первым шпионом, но больше похож на шпиона, чем все другие. Шпионы, как их изображали наши карикатуристы, всегда ходили в темных очках. И Сергуткин ходил в таких же. Нагло ходил. Нарывался. Как будто этими очками хотел сказать, что он и в самом деле шпион. Но однажды, когда я уже совсем утвердился в мысли, что Сергуткин шпион, я встретил его, живого и невредимого, и в тех же темных очках по дороге в столовую. Я так удивился, что остановился и раскрыл рот, а Сергуткин тоже остановился и спросил:

— Товарищ курсант, вы почему не приветствуете старшего командира?

Я хотел пошутить и сказать, что шпионам честь не отдаю, но побоялся, что майор меня не поймет, и ответил по уставу:

— Виноват, исправлюсь.

Выяснилось, что майор Сергуткин просто был в отпуске, и слух о его шпионстве оказался ложным.

Зато как будто не ложным было сообщение наших командиров, что в польской школе-одиннадцатилетке, стоявшей напротив нашего КПП, больше половины преподавателей во главе с учителем физкультуры тоже шпионы. Причем, что мне было особенно интересно, физкультурника я знал и даже разговаривал с ним. Однажды я как раз дежурил на КПП, когда пришел этот учитель и сказал, что желает встретиться с подполковником Ковалевым, чтобы договориться о проведении товарищеской встречи по волейболу между учениками его школы и нашими курсантами. Пока он ждал Ковалева, мы с ним немного поговорили (я рад был возможности поупражняться в польском языке), но он у меня никакой военной тайны выведать не успел, только спросил: «Хорошая погода, не так ли?» И потом еще спросил, курю ли я. Поскольку факт моего курения тайны не составлял, я сказал: «Да, курю». Он угостил меня польской сигаретой, я сказал «спасибо», но сигарету положил за ухо, потому что курить на посту не имел права. Тем наше общение и завершилось — пришел дежурный по части и повел его к Ковалеву. Но через несколько дней, когда физкультурника и всю его шпионскую сеть загребли, я не без хвастовства рассказывал товарищам, что лично с этим шпионом общался.

НЕОТПРАВЛЕННОЕ ПИСЬМО

Космополитизмом я заинтересовался особенно, когда из письма мамы узнал, что ее уволили с работы в вечерней школе за то, что она еврейка. Формально ее обвинили не в еврействе, конечно, а в получении взятки. Взяткой назвали дамские часики, которые она приняла в подарок от выпускного класса. Я точно знал, что мать и отец — совершенные бессребреники, мама бесконечно возилась со своими учениками, ни в коем случае ни с кого денег не брала, даже когда ей их предлагали. Я как раз ее бескорыстность не одобрял. Ее собственный сын остался недоучкой, у маленькой дочери не было лишней игрушки, а она, тратя все время на учеников, приходила в ужас, когда ей предлагали за это что-нибудь заплатить. Только оставшись без работы, когда уж совсем подперло, она стала заниматься репетиторством за деньги. Брала наиболее способных учеников. Это были дети вполне обеспеченных родителей, готовых платить приличную цену, но мать брала половину и при этом смущалась и краснела, как будто ей платили за что-то нехорошее. В начале 50-х (перед тем, как ее выгнали как еврейку из школы) моя мама вела уроки в пальто. Директор ее однажды спросил: «А почему вы все время в пальто преподаете?» Она ответила: «Потому что у меня под пальто нет платья».

Так вот, когда ее уволили, я задумался и сопоставил ее увольнение с тем, что вычитал в газетах о космополитах с еврейскими фамилиями.

Я понял, что идет кампания травли именно евреев, и моя мать оказалась жертвой этой кампании. В то время я был, если хотите знать, патриотом. В самом точном значении слова. Будучи человеком недисциплинированным, я все-таки считал себя обязанным защищать родину в мирное время, а если придется, и в немирное. Но, узнав об увольнении матери, задумался: почему я должен защищать это государство, если оно ведет нацистскую политику? И тогда однажды ночью я написал свое первое диссидентское письмо, в котором объявлял, что отказываюсь служить в армии государства, где мою мать преследуют за то, что она еврейка.

Нет сомнений, что если бы я это письмо отправил куда бы то ни было, мои теперешние воспоминания оказались бы более драматичными. Если вообще было бы сегодня кому что вспоминать. Но я письмо не отправил. Подумав и представив, что со мной будет, если я это сделаю, я поступил благоразумно: изорвал письмо в клочья и спустил в уборную.

ДЯДЯ ГЕНЕРАЛ

Кстати сказать, я до этого писал много писем начальству, но по другому поводу. Я обращался к разным генералам авиации, известным и неизвестным, с просьбой разрешить мне поступить в летное училище, обещая одновременно доучиться в вечерней школе. Известные генералы — Николай Каманин и Василий Сталин — мне не ответили, а неизвестные иногда отвечали. Один, фамилию которого я не помню, даже два письма личных и человеческих мне прислал. Выражал сочувствие, но утверждал, что без аттестата поступить в училище невозможно.

НАЕЛИСЬ

Анекдот. Генерал спрашивает у пообедавших солдат: «Наелись?» Голос из-за стола: «Не наелись». Генерал: «Как фамилия?» Голос (угрюмо): «Наелси, наелси...»

Одной из важнейших для нашего начальства считалась забота о регулярности и калорийности получаемой солдатом пищи. За все четыре года службы не помню случая, чтобы нас не накормили завтраком, обедом или ужином. Вкусная еда или невкусная — это никого не волновало, потому и особым разнообразием пища не отличалась. Утром картошка с селедкой и чай, днем щи да каша с мясом, вечером опять картошка и чай. К чаю на весь день двадцать граммов сахара. Каша трех видов: кирза (ячневая), шрапнель (перловая) и конский рис (овсяная). Понедельник считался вегетарианским днем, солдаты, для которых произнесение слова «вегетарианский» представляло очевидную трудность, прозвали его итальянским. Как объясняли нам замполиты, отказаться от мяса решили сами солдаты. Озабоченные тем, что их содержание обходится государству слишком дорого, они обратились к партии и правительству с просьбой, поддержанной всем личным составом Советской армии, не давать им мяса хотя бы раз в неделю и тем самым удешевить питание. Начальство охотно пошло навстречу, а армейские диетологи нашли, что обходиться раз в неделю без мяса очень полезно для организма. В трехразовом питании при девятистах граммах хлеба калорий, наверное, было немало, но нам не хватало, и мы на первых порах по очереди бегали в хлеборезку воровать хлеб во время разгрузки...

Если уж зашла речь о воровстве, надо вспомнить и мыло — хозяйственное, дурно пахнувшее, черного цвета. Его мы похищали у каптерщика Трофимовича и в ближайшей деревне, куда ходили самовольно, продавали полякам. На вырученные деньги покупали водку примерно такого же качества, как мыло. Ни на воровстве мыла, ни на хранении водки никто ни разу не попался, хотя старшина периодически устраивал повальные обыски. Мог отнять любую вещь, например дневник. И зачитать чужие записи перед строем, и наказать за мысли.

В казарме, кажется, нет надежного места для тайников, но для водки место всегда находилось. Ее прятали в матрасах, две бутылки помещались в репродукторе на стене, а с одной поступили и вовсе оригинально: пробку выбили, заткнули тряпкой, облили краской и поставили на подоконник. Когда старшина спросил, что это, объяснили: краска для оконных рам.

— Молодцы, молодцы! — похвалил старшина.

Еще воровали у поляков яблоки, на которые тот первый год был особенно урожайным. Собак почему-то в садах не было, а хозяева боялись выходить из дому. Один раз какой-то отчаянный выскочил с фонариком и стал ругаться, но Генка Денисов крикнул ему с дерева: «Стой! Стрелять буду!» — и поляк убежал в дом. Стрелять, конечно, никто бы не стал, да не из чего было. С набитыми добычей пазухами шли обратно через заборы и сквозь посты. Часовой негромко окликал: «Стой! Кто идет?» — «Свои!» Давали ему несколько яблок и шли дальше. Но в конце лета пришло в школу пополнение из Мордовии. Новобранцы устав соблюдали, после предупреждения «Стой, стрелять буду!» стреляли. Походы по яблоки продолжались, но только когда в карауле были свои. В конце концов один младший сержант из второй роты на воровстве яблок попался, и подполковник Ковалев перед строем спорол ему лычки на погонах бритвенным лезвием.

ЛИКЕР «ШАССИ»

Однажды во время ужина Володька Давыдов спросил: «Выпить хочешь?» Я сказал, что, конечно, хочу. Тот под столом налил мне полкружки чего-то. Я заглянул в кружку и увидел густую белесую жидкость со странным запахом.

— Не бойся, — сказал Володька, — пей!

И сам из своей кружки сделал несколько больших глотков.

Я осторожно попробовал. Напиток был тягучий и сладкий.

— Что это? — спросил я.

— Ликер «Шасси», — сказал Володька. — Слыхал про такой?

Конечно, слыхал. Это был самый распространенный напиток в поршневой авиации: гидросмесь (в просторечии «гидрашка»), применявшаяся в амортизаторах шасси. 70 процентов глицерина, 20 спирта и 10 воды. Потом, когда я работал на реактивных «МиГах», там гидросмесь была получше: 60 процентов глицерина и 40 спирта. Говорили, что чрезмерное употребление глицерина угрожает только поносом. В настоящих ликерах тоже содержится глицерин, но, понятно, в более скромном количестве. К концу моей службы баллонщики (те, кто заправляет баллоны сжатым воздухом и имеет дело с трубками-змеевиками) научились путем перегонки отделять спирт от глицерина — и пьянство наше стало делом вполне доступным. Будучи авиамехаником, я был допущен к неограниченным объемам гидросмеси. Давал канистру — тридцать литров — баллонщику, получал он него литр спирта.

ПОДТЯНУТЬСЯ ДО УРОВНЯ

Я говорил уже, что армия подтягивает всех — кого вверх, кого вниз — до среднего уровня. В армию я пришел маленьким и слабым: все еще сказывались последствия постоянного недоедания и генетика (моя мама была очень маленького роста, да и папа был невысок). Мой рост был 156 сантиметров, а вес едва ли переваливал за сорок кило. Моей талии могла бы позавидовать любая балерина. Армейским ремнем я подпоясывался, сложив его вдвое. Но за первый год в армии — вот нашел повод ее похвалить — я подрос на семь сантиметров, а потом еще на два, и к концу службы при построении по ранжиру стоял хоть и на левом фланге, но не последним. А поначалу много страдал, не только нравственно, но и физически: не умел за себя постоять, рука не поднималась. Чтобы поднялась, меня надо было очень сильно разозлить.

Между тем в Шпротаве нас стали приучать к спорту. Каждое утро зарядка, трижды в неделю занятия в гимнастическом зале. Вначале я не мог подтянуться на турнике и одного раза. Таких в нашем классном отделении было трое: я, Валявкин и Копейкин. Валявкин был одного роста со мной, а Копейкин еще ниже. Когда мы пытались подтянуться, смешнее, чем у других, это получалось у Валявкина.

Напрягая мышцы, он делал страшные рожи, но перекладина оставалась недосягаемой.

Я таких рож не делал, но результат тоже был нулевой.

И вдруг я на себя разозлился. Почему я такой слабый? Почему ни на что не способен? Почему не могу дать отпор, когда меня бьют?

По дороге в столовую стоял турник. Теперь я каждый раз, проходя туда и обратно, подбегал к турнику и пытался подтянуться в чем был — в шинели и сапогах. Прогресс проявился гораздо раньше, чем я ожидал. Я подтягивался раз, потом два, потом три, а ко времени окончания школы мог до тридцати раз. Я вертелся на турнике, освоил параллельные брусья, «козла», «коня» и двухпудовую гирю. Достиг бы и большего, но честолюбия мне хватило только на то, чтобы доказать себе, что я не хуже других. Так я и прожил большую часть жизни. Не стремился быть лучше других. Но хотел быть не хуже.

Тогда же я на короткое время увлекся борьбой. В Запорожье каждое лето я бегал в цирк, на второе отделение, где выступали знаменитые борцы. Во всяком случае, мы считали их знаменитыми на весь мир, хотя они выступали только в Запорожье. При выходе на арену их торжественно представляли: заслуженный мастер спорта, чемпион Советского Союза, Европы и мира. Самым знаменитым был уже немолодой Савва Гурский. Про него рассказывали, что в молодости, живя в деревне, он накачал силу, каждое утро поднимая теленка с момента рождения и дальше. Когда теленок стал взрослым быком, Савва продолжал его поднимать.

Борцы, конечно, сильно работали на публику, но мы, ничего не зная про «гамбургский счет», верили, что они борются честно. Мы радовались, когда любимец публики Михаил Стрижак выскальзывал из «двойного нельсона» или выходил из «партера» и смерчем вертелся на голове, а затем вскакивал на ноги и швырял через голову противного пузатого Загоруйко, и тот, весивший 140 килограммов, летел, кувыркаясь в воздухе, и шмякался на ковер.

Выйдя на улицу после представления, мы начинали на траве бороться друг с другом, стараясь применять увиденные приемы. Вот и в армии в свободное время часто боролись. Как-то я мерился силами с сержантом Свинаренко, а мимо проходил рядовой Шаповалов. Он был такой же солдат, но в недавнем прошлом вице-чемпион Украины по классической борьбе. Он заметил меня и пригласил к себе в кружок борьбы. Я пришел в спортзал, мы начали разминаться. Бегали, прыгали, приседали, качали шею. Шаповалов показывал приемы.

Однажды в зале появился мой давний враг Колесник. Тот самый, с которым я когда-то учился в ремесленном училище и с которым вместе был призван в армию. И хотя мы служили в разных ротах — я в первой, он во второй, — Колесник при встречах пытался меня задевать, а я, как мог, уклонялся. В спортзал он вошел случайно, с любопытством смотрел, а потом спросил меня, что мы тут делаем.

— А вот что!

Я подошел к нему и применил только что показанный Шаповаловым прием — бросок через бедро. То есть ухватил Колесника за шею, наклонил к себе и одновременно задом подбил его снизу. Я не приложил почти никаких усилий, но эффект был потрясающий и совершенно неожиданный для меня. Для Колесника — тем более. Ноги его мелькнули над моей головой, и он рухнул передо мной на ковер. Я испугался и напрягся, ожидая, что он сейчас полезет драться, но увидел в его глазах недоумение и страх. Видно, он решил, что если я его так легко кинул, то со мной лучше не связываться. И я понял, что передо мной не несокрушимый враг, а тюфяк, набитый жиром, который побеждал меня только наглостью и преимуществом в росте. После того броска Колесник обходил меня стороной. А я все больше обдумывал, как себя защищать. Когда мне раньше приходилось драться, я наклонял голову, закрывал глаза, махал кулаками в пустоту, то есть делал все, чтобы противник мог легко одержать надо мной победу. Теперь стал присматриваться, как дерутся другие. Смотрел как-то бой боксеров. Увидел: боксер не закрывает глаза, а внимательно смотрит, чтобы от удара вовремя уклониться и самому его нанести в нужный момент и в нужное место. Однажды в московском магазине я стал свидетелем конфликта между двумя крупного сложения людьми, молодыми и наглыми, и довольно тщедушным на вид пожилым человеком. Молодые хотели что-то купить вне очереди, старик их не пустил. Они сказали: пойдем выйдем. Он купил две бутылки водки и согласился: пойдем. Я стоял за стариком и тоже вышел наружу, подозревая, что увижу избиение старого человека молодыми. Но увидел совсем другое. Эти двое лежали на земле и корчились от боли, а старик спокойно покидал место действия. Мне сказали, что, как только они вышли из магазина, молодые тут же приступили к старику, а он, не теряя времени, ударил одного и другого бутылками. В иной ситуации я бы подобные действия осудил, но в данном случае одобрил. Если эти двое, рассчитывая на свое возрастное и физическое превосходство, имели наглость напасть на немощного, как им казалось, старика, то он, в свою очередь, имел право защищаться любым способом. Урок, который старик преподал им, пригодился и мне, когда в подобной же ситуации я вынужден был защищаться от четырех бандитов, готовых меня искалечить, и было ясно, что кулаками отбиться от них мне не удастся.

Короче говоря, накачав немного силенок и приглядевшись, как защищают себя другие, я решил, что никогда и ни в каких обстоятельствах ни для кого безобидной жертвой не буду. И если кто-то угрожал мне физической расправой, я сжимал кулаки и выходил вперед, и этим дело обычно и кончалось. Меня больше никто никогда не бил, а сам я тоже никого не трогал (кроме вышеупомянутого случая) — у меня нет инстинкта чуть что распускать руки.

ДИКИЙ МАЙОР

Прозвище Дикий майор Догадкин получил благодаря мне. Как-то он вызвал меня к себе прорабатывать за очередное нарушение воинской дисциплины. Мои нарушения были однообразны: я не любил строй, предпочитая пробираться в столовую или по утрам в уборную в одиночку. Чаще всего эта операция мне удавалась, но поскольку весь командный состав батальона, начиная со старшины классного отделения ефрейтора Сосика и кончая комбатом подполковником Ковалевым, в основном именно тем и занимались, что вылавливали курсантов, ходивших вне строя, неудивительно, что я постоянно попадался. На мою голову метались громы, молнии и сыпались наряды вне очереди, из которых легчайшим был вымыть пол в «ленинской комнате», а труднейшим — загреметь на сутки на кухню. И все это — за удовольствие пройти двести метров хоть и украдкой, но в одиночку.

Догадкин ощущал себя не просто командиром, но воспитателем.

— Ну скажи, ну почему ты нарушаешь воинскую дисциплину? — пробует он проникнуть мне в душу.

Стою, молчу, не знаю, как объяснить. А Догадкин честно пытается докопаться до истины, до корней.

— Скажи мне, ты художественную литературу читаешь?

— Случается, товарищ майор.

Значит, не конченый еще человек.

— И что же именно ты читаешь?

— Да так, что придется.

— А все-таки? Ты книгу «Александр Матросов» читал?

— Нет, — мотаю головой.

— А «Повесть о Зое и Шуре»?

— Нет.

— И «Чайку» не читал?

— И «Чайку».

«Чайка» — не комедия Антона Павловича Чехова, как можно было подумать, а биография партизанки Лизы Чайкиной. Вот где корень несознательного отношения к службе и дисциплине!

— Что же ты тогда читаешь? — спросил майор с сочувствием.

— Сейчас, например, Диккенса читаю.

Догадкин пожал плечами:

— Ну, что же, иди...

На вечерней поверке майор объяснил слабую дисциплину в роте недостатком внутренней культуры и отсутствием у курсантов интереса к художественной литературе, имеющей воспитательное значение.

— Вот вам, товарищи, наглядный пример. Спросил я у курсанта Войновича, что он читает. Оказывается, про Александра Матросова он не читал. Про Зою Космодемьянскую не читал. Про Лизу Чайкину не читал. И что ж он читает? — Майор выдержал паузу, чтобы курсанты успели представить, до чтения какой пакости докатился один из них. — Он читает, товарищи, какого-то Дикого!

После этого курсанты майора за глаза иначе как «Диким» не называли. Но, как ни странно, его дикость совмещалась с природной добротой и тонкостью чувств.

СТРЕЛЬБА НА ПОРАЖЕНИЕ

— Рррота-а! С места с песней шагом ма-арш! Рраз-два! Карасев, запевай!

Карасев запевает:

> Ка-ак с боями шел в Берлин солдат... Эх!
> Время песне прозвенеть,
> прозвенеть... Эх!
> Много песен можно спеть подряд... Эх!
> Можно спеть, да всех не спеть,
> да всех не спеть...

Рота подтягивает:

> Эх ты, ласточка-касатка сизокрылая,
> Ты родимая сторонка наша милая,
> Эх ты, ласточка-касаточка моя,
> Сизокры-ыла-ая!

Трах! Бах! Об мостовую отбивает подметки идущая на ужин первая рота!

Сбоку, горделиво топорща усы, идет, пританцовывая, старшина де Голль.

«Много песен можно спеть подряд...» Но нам и этой хватит, слишком коротко расстояние от столовой до казармы.

На повороте между дорогой и спортплощадкой, под фонарем в парадной форме, весь в орденах, стоит гвардии майор Догадкин.

— Карасев! — кричит он запевале. — Прекратите петь блатные песни!

— Это не блатная, товарищ майор, она в песеннике напечатана.

— Карасев, я вам говорю — это блатная песня.

— Слушаюсь, товарищ майор!

И Карасев, участник художественной самодеятельности, своим сильным голосом (хоть сейчас в ансамбль Александрова) затягивает новую песню:

> Над тобою шумят, как знамена,
> Годы наших великих побед.
> Солнцем славных боев озаренный,
> Весь твой путь в наших песнях воспет...

Трах! Бах! И все вместе:

> Несокрушимая и легендарная,
> В боях познавшая радость побед!
> Тебе, любимая, родная армия,
> Шлет наша Родина песню-привет!..

Трах! Бах! Тра-та-та-та-та-та-та!..

Что это? Это автоматная очередь. Кто-то стреляет. Зачем и в кого? Мимо несется подполковник Ковалев.

— Старшина, что вы хлебальник раскрыли? Распустите роту немедленно!

Бежит дальше. Когда стрельба, строя быть не должно. Рота — слишком большая мишень.

— Разойдись!

А от склада ОВС (отдел вещевого снабжения) истошный вопль:

— Стой! Застрелю!

Комбату повторять приказание не нужно. Он тут же распластывается на мостовой и кричит лежа:

— Часовой, я подполковник Ковалев!

— Лежать! Застрелю!

— Часовой, я подполковник Ковалев! Что случилось?

— Застрелю!..

За ужином первые слухи: двое неизвестных в гражданской одежде напали на часового. Часовой открыл огонь. Один из нападавших убит наповал, другой ранен и доставлен в санчасть. Легко ранена проходившая мимо официантка из офицерской столовой. Пуля, ударившись о мостовую, рикошетом сорвала кожу на виске. Еще бы миллиметр, и...

Наутро нас собирают в «ленкомнате». Догадкин рассказывает о том, что произошло вчера. Молодой курсант, салага (мы-то второй год служим, старые), стоял на посту. Вдруг с разных сторон появились двое в спортивных костюмах. Курсант крикнул:

— Стой! Кто идет?!

Они не остановились. Курсант еще раз крикнул, но они продолжали идти на него. Курсант дал очередь из автомата, один упал. Другой успел сорвать печать, открыть дверь и скрыться в складе. Часовой вошел туда, увидел нарушителя, направил на него автомат и нажал на спусковой крючок. Автомат не выстрелил. Впоследствии выяснилось, что заело затвор. Часовой выхватил штык-нож и замахнулся на нарушителя. Тот остановился. В это время часовой услышал за спиной топот чьих-то сапог и, решив, что это новое нападение, закричал не своим голосом:

— Стой! Застрелю!

И пока не пришел в себя, не подпускал ни подполковника Ковалева, ни дежурного по части, ни начальника караула, отвечая на все призывы:

— Не подходи! Застрелю!

Одним из нападавших оказался сержант, заведующий складом. Сержант собирался в отпуск, надо было сдавать склад, но там была недостача: сержант часть имущества продал полякам и пропил. Он подговорил своего дружка, они опять же выпили, переоделись в спортивные костюмы и пошли к складу. Один должен был отвлечь часового, другой сорвать печать. Утром, обнаружив сорванную печать, сержант отказался бы подписать акт приемки, и вся вина легла бы на караул. Но вышло иначе. Получив два ранения, сержант ночью умер в санчасти. Дружок его сидел на гауптвахте. Ужас происшедшего заключался еще и в том, что сержант ехал домой не просто так, а хоронить сестру. Ее завалило в шахте. Мать дала телеграмму. И вот теперь у нее нет ни дочери, ни сына.

Рассказом Догадкина мы были потрясены. Ефрейтор Бакланов спросил майора, дадут ли теперь часовому отпуск. Догадкин изменился в лице:

— Отпуск? За что?! За убийство?!

— Но ведь он действовал по уставу, — растерялся Бакланов. — Говорят, в таких случаях полагается отпуск...

Да, так нам говорили. Если убьешь, стоя на посту, кого-то, кто не подчинился твоей команде, получишь десять дней отпуска плюс время на дорогу. У каждого из нас была возможность отличиться таким образом, когда мы стояли в карауле, а самовольщики шныряли туда-сюда. Что ж, мы в них стрелять, что ли, будем? Заметишь крадущуюся фигуру, спросишь негромко: «Кто идет?» — ответят: «Свои». Подпустишь поближе, вглядишься — действительно свой. Ну и иди куда идешь... Но на втором году нашей службы пришло пополнение, о котором я упоминал. Новички ни своих, ни чужих не признавали, и по ночам то там, то здесь раздавались автоматные очереди, правда, до сих пор мимо цели, но когда в караул заступали салаги, на ночные вылазки мало кто решался. И теперь этот злосчастный подвиг был совершен салажонком, но, ставя себя на его место, каждый думал: а как бы я поступил? Нас все время пугали. Бывшая немецкая территория. Двадцать процентов населения нас ненавидит. А тут еще шпионы, которых особый отдел вылавливает чуть ли не ежедневно...

— Товарищ майор, на него же напали, — допытывался Бакланов. — Что ему было делать?

— Что угодно, — сказал Догадкин. — Стрелять в воздух. Кричать. Отбиваться прикладом. Тут же все рядом, сразу бы подбежали.

— Но ведь по уставу... — настаивал ефрейтор.

— Дурак ты, Бакланов! — Догадкин вздохнул и покачал головой. — Какой там устав, когда мать осталась сразу без двух детей.

«ШТЫК ЯВЛЯЕТСЯ И СЛУЖИТ...»

Майор Догадкин вел занятие по изучению личного оружия.

— Курсант Кабакович, что такое штык?

Кабакович бодро отвечает:

— Штык является холодным колющим оружием и служит для поражения противника в рукопашном бою...

«Является и служит...» При изучении технического материала обязательно говорят: «является тем-то» и «служит для того-то»... Крыло является несущей плоскостью самолета и служит для создания подъемной силы. Выемка в плече, как нам объяснял старший лейтенант Потапов, «является небольшим углублением и служит для упора приклада карабина».

— Штык является и служит... Имеет сужающуюся треугольную форму с заостренным концом и три канавки для стока крови...

— Кабакович, — морщится Догадкин, — зачем ты так говоришь?

— Как?

— Ну, про эти канавки... Мы не маленькие, мы все знаем, для чего эти канавки. Но зачем об этом лишний раз говорить?

— А как говорить? — недоумевает Кабакович.

— Скажи просто: имеются три канавки. А для чего, понятно и так.

ЛИЦО НЕПРИКОСНОВЕННОЕ

Часовой является лицом неприкосновенным. Часовой не подчиняется никому, кроме дежурного по части, начальника караула и разводящего. Но и тех признает не всегда. Ситуация, в которой часовой имеет право, даже обязан не подчиняться начальнику караула, оговорена в особом пункте устава. Этот пункт однажды оказался спасительным для нас с Генкой Денисовым.

Мы были в карауле. Генка охранял стоянку самолетов, на которой стояли две развалины: «Ил-2» военного времени и первый реактивный «Як-15». Генка нес караул возле самолетов, а я — у дровяного склада перед стоянкой. Ночь была холодная. Посреди склада стояла полуторка. Генка пришел ко мне, мы с ним залезли в кабину, сидели — травили анекдоты. Генка рассказал мне анекдот про колхоз, я ему про что-то еще. Потом обсуждали нашего повара, про которого говорили, что он педераст. Я до армии не знал, что это такое. Слышал, как кто-то обзывал кого-то «пидором», но был очень удивлен, узнав реальное значение этого слова. После службы я много раз слышал о том, что в армии и других закрытых мужских коллективах процветает гомосексуализм. Так вот, ни про каких гомосексуалистов, кроме упомянутого повара (что требовалось еще доказать), я в армии не слышал, и даже в пристрастии к онанизму никто из моих сослуживцев замечен не был. Хотя мы все жили друг у друга на виду. Обсудив слухи о поваре, мы перешли к другим темам, и Генка стал мне рассказывать об американском джазе, большим знатоком которого он был. Рассказ его становился все более вялым, он все чаще зевал, а на имени Дюка Эллингтона засопел. Через короткое время заснул и я. Не крепко — так, чуть-чуть, но все-таки задремал. Только задремал, как почувствовал, что происходит что-то неладное. Что — не понял, но выбрался из машины, вгляделся и увидел, что вдоль кустов кто-то крадется. Я снял с плеча карабин и прокричал уставное:

— Стой! Кто идет!

— Старший лейтенант Потапов, — последовал ответ.

Я так же по уставу, но очень громко, чтобы разбудить Генку, потребовал:

— Осветите лицо!

У него фонарика не оказалось, он стал чиркать спичками.

— Ну, ты не видишь, что это я?

— Ничего не вижу. Кругом марш!

— Да ты что! — старлей стал сердиться. — Это же я, Потапов, начальник караула.

— Кругом марш! Стрелять буду! — предупредил я и взвел затвор.

На это у него аргументов не нашлось. Он резко повернулся и скрылся во тьме. От моих выкриков Генка, конечно, проснулся и тихо убрался
к себе на пост. Когда наши два часа кончились, опять явился Потапов,
теперь уже с разводящим и сменными караульными. Я ожидал, что Потапов устроит мне разнос, но он спросил вполне добродушно:

— Ты почему не пустил меня на пост?

— Потому что вы по уставу не имеете права приходить на пост один.
С вами должны быть разводящий и хотя бы один караульный...

Такой пункт был внесен в устав, потому что, как нам объясняли, во
время войны были случаи, когда начальник караула оказывался предателем. Он обходил посты, убивал часовых и подавал знак врагам, что теперь они могут внезапно напасть на спящую часть. Я не думал об уставе,
я думал только о том, что не должен ни в коем случае дать Потапову за-
стукать Генку. Про особый пункт устава я вспомнил потом и, как выяснилось, удачно.

Потапов посмотрел на меня с сомнением. Устав он знал не хуже меня, но знал и то, что пункт, на который я ссылался, никем не соблюдался. Начальники караула и дежурные по части много раз пробирались на
посты и заставали врасплох часовых, которые курили, или справляли малую нужду, или спали, а бывало (правда, не у нас, а в соседних частях), и
девок для компании приводили. Потапов много раз появлялся на разных
постах, и никто его не останавливал. А я остановил. С чего бы?

— Ой, что-то тут не то, — сказал Потапов.

— Что не то? — спросил я.

— Если бы знал, я б тебя на «губу» посадил. А по уставу ты молодец.

ВЫСТРЕЛ НА ПОСТУ

В армии меня звали Швейком. Потому что я себя иногда вел, как
Швейк. Например, однажды вечером я стоял на посту в помещении —
охранял секретную комнату. В шесть часов меня должны были сменить.
Проходит 20 минут, 30 минут, меня не меняют. Еще проходит около часу — меня не меняют. А в тот день обещали привезти фильм, который я
очень хотел посмотреть. «Мечты на дорогах» с Анной Маньяни у нас показывали второй раз. Он мне так понравился, что я рассчитывал посмотреть его снова. Стою на посту, нервничаю. Вот с песнями к клубу прошли первая рота, вторая — смены нет. Я выставил карабин в окно и выстрелил вверх. Часовой так вызывает смену или начальника караула, но

только в исключительных случаях. Поднялся большой переполох. Прибежал начальник караула Потапов со сменой. Поставил нового часового, а меня сразу — на гауптвахту или в солдатском просторечии — на губу..

Просидел там ночь. Камера холодная, на мне только штаны и гимнастерка. Нар нет — цементный пол. Я хотел спать, попробовал лечь на пол — не могу. Сидеть не на чем. Все время стоять невозможно. Под утро ко мне пришли и спросили: «Пойдешь на кухню картошку чистить?» Я радостно согласился: «Пойду».

На рассвете прибежал майор Догадкин: «Кто тут из первой роты? Ах, Войнович! Опять Войнович! Опять Войнович! Да я с тобой, Войнович, знаешь, что сделаю!..» Не договорив, махнул рукой, ушел. Не прошло и пяти минут, является начальник караула: «Войнович, майор Догадкин тебя освобождает. Иди в казарму...»

Я пошел в казарму, лег спать. Только заснул, кто-то тормошит. Открыл глаза — старшина де Голль:

— Войнович, вставай, пойдешь на уборку территории.

— Какой территории, — возразил я, — я же всю ночь не спал.

— Войнович, я приказываю: вставай и иди убирать территорию.

— Иди сам убирай. — Я повернулся на другой бок и закрыл глаза.

Старшина вышел и тут же вернулся со словами, что меня вызывает командир роты. Тут сопротивляться бесполезно. Встал, пошел к Догадкину:

— Товарищ майор, курсант Войнович явился по вашему приказанию.

Догадкин начал сурово:

— Войнович, ты почему не исполняешь обязанности старшины?

— Товарищ майор, вы же знаете, что я всю ночь...

— Устал? — перебил он меня, и в голосе полное сочувствие.

— Устал, — согласился я, печальностью тона подчеркнув степень усталости.

— Ну ладно,— говорит майор, растрогавшись, — пойди, поспи пару часиков.

Я ушел и спал, больше уже не будимый старшиной до самого вечера.

Таким был майор Догадкин, простой человек, прошедший всю войну. Мог бы озлобиться, ожесточиться, но остался простым и добрым человеком, чем люди военные не часто отличаются. Но иногда все-таки хотел показать, что он может быть строгим.

Потом я стал говорить, что меня освободили из-под ареста, потому что есть приказ: курсантов не сажать на гауптвахту, чтобы они не отставали в учении. Я слышал, что так говорили, и сам повторил слышанное. Какой-то стукач майору мои слова донес. Однажды, явившись на вечернюю поверку, что он делал редко, майор приказал:

— Курсант Войнович, выйти из строя!

Я вышел.

Он:

— Товарищи курсанты! Курсант Войнович говорит, что я, майор Догадкин, не имею права его, курсанта Войновича, посадить на гауптвахту. Так вот, чтобы он не сомневался, — двое суток строгого ареста.

И меня — опять на гауптвахту. На этот раз я к аресту подготовился. Почитал внимательно устав караульной и гарнизонной службы. Выяснил, что, во-первых, на строгой гауптвахте запрещено работать. А во-вторых, в камере должна быть температура не ниже 16 градусов, а если ниже, то должна выдаваться шинель. И еще обязательно выдается топчан. На гауптвахте читать запрещается, но в порядке исключения разрешается читать политическую литературу... Перед тем как отправиться в камеру, я набрал в библиотеке несколько томов Ленина и Сталина и еще устав. И снял градусник в казарме.

Приходит за мной Потапов. «Собирайся, пойдем на «губу». Я говорю: «Хорошо». И беру шинель. Он: «Куда шинель?» Я говорю: «Вот устав, смотрите... 16 градусов... И на ночь в любом случае выдается шинель...» Он: «Хорошо». Беру книги. Он: «Куда книги?» Я говорю: «Политическая литература. Ленин и Сталин. Вы против?» Короче, он меня ведет, встречает другого командира взвода, и тот спрашивает: «Ты что, его в библиотеку ведешь?»

НЕУСТАВНЫЕ ОТНОШЕНИЯ

Дедовщины у нас не было, потому что не было «дедов». Мы все были ровесники и все одного года призыва. Портянки чужие не стирали и сапоги не чистили. По уставу, как нам объясняли, командиры в некоторых случаях имели право нас бить, но я таких случаев не помню, не считая того, когда Потапов, которому я чем-то не угодил, ударил меня кулаком в бок. И я немедленно ответил ему тем же.

— Ты что? — опешил он.

— А вы что? — спросил я.

— Я пошутил, — сказал он.

— Я тоже, — сказал я.

Тем дело и кончилось.

Еще старшина де Голль пробовал превысить свои полномочия. Однажды он объявил мне за что-то наряд вне очереди и приказал вымыть пол в комнате, которую он делил с каптерщиком Трофимовичем. Я взял ведро и тряпку, вошел в комнату. Вижу, там разгром после вчерашней пьянки. Старшина уже встал, а жирный Трофимович еще лежит. Рядом на табуретке — полбутылки водки и остатки закуски. Пустая бутылка валяется на полу. На полу же — растоптанные окурки. Я посмотрел, ведро с водой перевернул, тряпку бросил и ушел. И никто меня за это наказать не посмел.

Другой эпизод требует объяснения. Не знаю, как сейчас, а в мое время в армии особое внимание уделялось начальством заправке постелей.

Они все должны быть заправлены по единому образцу. Подушки взбиты, простыни широкой полосой окаймляют ту часть постели, где ноги, полотенце, сложенное треугольником, лежит ближе к подушке, и все эти элементы — подушки, полосы, полотенца — если посмотреть сбоку, должны на всех койках составлять ровную линию. А у нас в школе еще придумали, что постель должна быть идеально ровной, с прямыми углами. Для чего всем выдали по два двухметровых шеста, квадратных в сечении. Утром мы эти шесты запихивали справа и слева под одеяло, а на ночь ставили у изголовья. Обычно после команды «подъем» я, как и другие, через сорок секунд уже стоял в строю. Но однажды замешкался, вбежал старшина и сдернул меня за ногу на пол. Я упал и зашиб локоть. Разозлился, схватил шест и погнался за старшиной. И он на виду у всей роты бежал по всему коридору и укрылся в каптерке. И опять мне за это ничего не было...

АРМИЯ — ТА ЖЕ ТЮРЬМА

В конце 50-х мы с моим другом, ныне покойным Камилом Икрамовым, сравнивали лагерную жизнь с армейской и пришли к согласию, что большой разницы нет. Моя служба в армии была лишением свободы на срок, достойный матерого рецидивиста. Четыре года за колючей проволокой, без увольнительных, без свиданий с родными, без надежды на досрочное освобождение. Мало того, что все время внутри территории, огороженной и охраняемой, так еще и сплошные ограничения и запреты. Нельзя ходить одному, а только строем и только с песней. Если один, то должен иметь при себе бумагу за подписью командира, что рядовой такой-то направляется туда-то с такой-то целью. Бляха, пуговицы и сапоги должны быть надраены, подворотничок подшит, а если нет, накажут. Постель надо заправлять так, а не эдак. Нельзя лечь пораньше и встать попозже. Каждого встречного с лычками на погонах или звездами следует прилежно приветствовать. Всегда быть бдительным не в смысле разоблачения возможных шпионов, а как бы не пропустить какого-нибудь самодура, который придерется к тому, что младший по званию не сразу отдал ему честь. Принудительная служба в армии есть форма рабства, и это не частное мнение, а факт. Нам настойчиво вдалбливали убеждение, что дисциплина в Советской армии держится на высокой сознательности. На самом деле в сознательность нашу никто ни на грош не верил, и дисциплина держалась только на страхе — получить наряд вне очереди, загреметь на «губу», попасть в дисциплинарный батальон, где, по рассказам, вообще уже никакой жизни нет. И именно потому, что жизнь так строго и неоправданно регламентирована, человеческое естество против этого регламента протестует. А поскольку в армии цивилизованные формы протеста (голодовки, забастовки, демонстрации) никак невозможны, то возникает почва для таких крайних форм, как дезертирство. Но на такое безнадежное дело решаются только самые отчаянные или сумасшедшие. Нормальный же человек на это не идет, но душа-то все равно протестует, и его так и подмывает преступить все запреты, нарушить все предписания и сделать все, чего делать нельзя. Вот и я не упускал возможности сделать то, чего делать нельзя, и при этом никаких угрызений совести не испытывал.

ЕЩЕ ОДИН АМЕРИКАНСКИЙ ШПИОН

Обычно я просыпался за минуту до подъема. А тут меня разбудила команда: «Рота, подъем!» Я удивился: неужели заспался? Спросил у Генки, который час. Он сказал: полшестого. Подъем за полчаса до положенного времени бывал и раньше, когда объявлялась учебная тревога. Но тогда все вскакивали и, одеваясь на бегу, неслись к пирамиде с оружием. А тут просто: «Рота, подъем!» Я вышел в коридор, спросил у дневального, в чем дело.

— Не знаю. Пришел Дикий, говорит: «Поднимайте роту». Я спросил, надо ли объявлять тревогу. «Нет-нет, — говорит, — не надо. Просто подъем, и все»...

Появился старшина. Я с тем же вопросом к нему. Он пожал плечами. Обошел казарму и сказал:

— Всем оправиться, умыться, и через десять минут построение на плацу.

Когда строились, там уже стояли Ковалев и Догадкин. Старшина подбежал к Ковалеву:

— Товарищ подполковник...

— Ведите роту в столовую, — прервал его Ковалев.

Шли тихо, без песен. Быстро поели. Вернулись в казарму.

— Ждите новой команды, — приказал старшина. — Разойдись!

Разошлись. Все как-то странно, таинственно и загадочно. Зачем будили раньше времени, если никуда не торопимся?

Через полчаса вышли, а на плацу уже весь батальон — вместе с нами восемьсот человек. И длинная вереница машин «ГАЗ-63».

Скомандовали:

— По машинам!

Что случилось, куда и зачем едем, не говорят. Выехали за город и куда-то дальше, дальше. Минут через сорок остановились на краю леса. Построились вдоль дороги. На «Виллисе» подкатил какой-то полковник, нам незнакомый. Встал, но из «Виллиса» на землю не сошел. Наши офицеры выстроились у «Виллиса» шеренгой.

— Товарищи, — обратился к нам полковник, — я начальник особого отдела армии полковник Савельев. Сегодня вам предстоит выполнить особое задание. Один из наших военнослужащих, завербованный американской разведкой, покинул расположение части и скрывается предположительно в этом лесу. Наша задача прочесать лес, найти и задержать шпиона. На нем может быть или военная форма, или спортивный костюм. По нашим данным, огнестрельного оружия у него при себе нет, но может иметься нож. При задержании следует действовать решительно, но осторожно. Всем ясно? Товарищи офицеры, командуйте подразделениями!

Офицеры растянули нас в длинную цепь и повели через лес.

Мы с Генкой Денисовым шли рядом. Генка спросил:

— Если увидишь его, что будешь делать?

— Отвернусь. А ты?

— Я тоже.

Разумеется, мы ни в какого шпиона не поверили и потому в кусты и густые заросли, где шпион мог укрыться, не лезли. Задерживались у кустов с малиной. Поели и ежевики. В общем, для всех задание оказалось большим развлечением. После долгого пребывания в замкнутом пространстве какое счастье пройти по живому лесу! Где-то услышали выстрелы. Пошли туда. Оказалось, вторая рота набрела на капкан с диким кабаном. Старший лейтенант Павленко стрелял в кабана из пистолета. Я сам не видел, но мне сказали, что застрелить зверя не удавалось, пули плющились и отскакивали. Кабана добили из карабина и оставили на месте.

Только к вечеру, пройдя не меньше тридцати километров, мы добрались до части, голодные, но довольные прогулкой. Довольны были и тем, что шпиона не поймали, однако ловля его на этом не кончилась.

ПОДВИГ РАЗВЕДЧИЦЫ

На другой день появилась в нашей части незнакомая дама и была сразу всеми замечена. Не заметить ее было трудно, потому что дам в нашей части было с десяток — официантки и посудомойки из офицерской столовой, да пара медсестер в санчасти: мы всех их знали в лицо. Дама была замечена, несмотря на то, что по территории не ходила, а несколько раз проехала в легковой машине к штабу и обратно. От наших официанток она сильно отличалась не только способом передвижения, но и тем, что была в темной шляпке с вуалью, а рука, лежавшая на дверце с опущенным стеклом, была в темной длинной кружевной перчатке. Сразу распространился слух, что дама из особого отдела, разведчица. Это возбуждало необыкновенное любопытство. Американских разведчиков у нас мы видели уже достаточно, а своих пока встречать не приходилось. Но недолго она у нас пробыла. Туда-сюда проехала и, в отличие от нас, шпиона тут же поймала. Он был арестован и доставлен на нашу гауптвахту. И тут оказалось, что сержант этот никакой не шпион, а просто дезертир, причем дезертиром ставший поневоле. Он был из истребительного полка, стоявшего в соседнем с Шпротавой городке Жегани. В городе у него была девушка-полька, с которой он встречался, конечно, тайно, потому что такие встречи назывались «связью с местным населением» и карались сурово. Недавно полк был переведен в Россию. Летчики улетели на самолетах, а наземный состав был отправлен по железной дороге. Когда грузились в поезд, обнаружили, что нет этого сержанта.

Перед отъездом он, как потом выяснилось, пошел в самоволку, попрощаться с девушкой, у нее напился, заснул и отправку проспал. Проснувшись, пришел в ужас. Куда явиться и перед кем повиниться, не знал, потому что часть-то уехала. Ушел в лес и стал прятаться в сарае лесника. Когда мы его искали в лесу, он нас видел: сидел в сарае, смотрел в щель. Но в сарай никто не заглянул...

С этой историей перекликается факт моей собственной биографии. Как-то я жил в деревне, и мой королевский пудель с очень вредным характером регулярно от меня убегал. Вначале я в поисках его бегал по всем окрестностям. Но через некоторое время понял, что цель у него всегда одна — помойка в соседнем поселке. После этого я давал ему нагуляться, садился в машину и ехал к помойке, находя его там в обществе весьма невзрачной дворняжки...

Конечно, наши «особняки» легенду о том, что пропавший сержант был шпионом, придумали для нас, а сами направили свои мысли по более реалистическому пути. И вскоре нашли виновницу ЧП. Пока сержант прятался, она его навещала, приносила еду, выпивку и любовь. Ее быстро вычислили и так с ней поговорили, что в следующий раз она пришла к любимому с подружкой. Устроили на лужайке пикник, выпили, закусили, подружка внезапно вынула из сумочки пистолет «ТТ», крикнула: «Руки вверх!» — и из оживших вокруг кустов выскочили ее сослуживцы. Стоит ли говорить, что подружкой была та самая дама, что взволновала воображение всего нашего гарнизона.

После того как сержанта арестовали, никто из командиров больше не утверждал, что он американский шпион. И никто из солдат не спрашивал, отчего раньше его называли шпионом. Понятно было, что нам врали, хоть и непонятно зачем. Любая ложь, и у нас в армии, и не в армии, не считалась и не считается чем-то требующим объяснения, а тем более последующего извинения. Лгут все и всем, начальники подчиненным и подчиненные начальникам, и поэтому вся наша система похожа на самолет, на котором показания приборов ничего не значат.

Наверное, такой самолет и может как-то летать, но летать хорошо не может.

ПОДСУДИМАЯ СКАМЕЙКА

Шпионами у нас оказывались только старшие офицеры. Среди солдат шпионов не было, кроме того, которого мы ловили всей школой, да и тот оказался простым дезертиром. А вот насчет стукачей точно сказать не могу, но если они и были, то не представляю даже, какая могла бы быть от них польза тем, кто на их услуги рассчитывал? О политике мы не говорили. Вообще. Анекдотов ни о Ленине, ни о Сталине не рассказывали.

Видимо, и потребности не было. Потому стукачей не опасались, но в какое-то время поняли, что один завелся. После того, как командиром роты у нас стал капитан Курасов, сменивший отправленного в СССР майора Догадкина. Мы сначала решили, что этот человек прибыл с флота, потому что, проведя первую ознакомительную вечернюю поверку, вместо обыкновенного «Разойдись!» сказал тихо и по-домашнему:

— Разойдись по кубрикам.

Потом выяснилось, что так говорили в каком-то пехотном училище, где он служил прежде.

Почему-то нам показалось вначале, что он человек по натуре штатский, но вскоре мы поняли, что ошиблись, и дали ему прозвище Уставник. Уставы, как выяснилось, были его любимым и, вероятно, единственным чтением, он помнил их назубок, знал, под какую ногу надо командовать «Кругом марш!», на каком расстоянии от встречного начальника переходить на строевой шаг, на сколько сантиметров тянуть носок и сколько миллиметров должно быть от левого уха до края пилотки.

Вдалбливая нам эти премудрости, он, кажется, искренне наслаждался их внутренним смыслом.

В один из первых дней знакомства, проведя с нами урок строевой подготовки, он объявил:

— Товарищи курсанты, учтите, вас всех ждет подсудимая скамейка.

Мы сначала даже опешили, потому что, как нам казалось, ничего плохого не делали, не считая мелких нарушений дисциплины вроде поминавшегося мною хождения без строя. Но потом мы и к этой его фразе привыкли.

В отличие от майора Догадкина, капитан Курасов никогда не гневался, не улыбался, не повышал голоса, не рассказывал случаев из жизни. Лицо его всегда было бесстрастно, а рыбьи глаза смотрели прямо и не мигая из-под рыжеватых, словно бы опаленных бровей. Мы вскоре его возненавидели, хотя никому никакого конкретного зла он покуда еще не сделал. Мы часто говорили о нем между собой сперва безнаказанно, а потом стали замечать, что разговоры наши становятся ему известны. Человек, сказавший о нем плохо, вдруг получал ни с того ни с сего или за малейшее нарушение несоразмерное наказание. В дисциплинарном уставе сказано, что военнослужащий может жаловаться на неправомерность, но не на строгость наказания. То есть за нечищеные сапоги, за опоздание в строй, за неподшитый подворотничок вам могут дать наряд вне очереди, а могут размотать и «всю катушку» — до двадцати суток ареста. Такой свободной шкалой и пользовался наш Уставник, впрочем, до всей катушки не доходя.

Так вот, мы заметили, что ему становятся известны наши разговоры о нем. Но каким образом? Ответ мог быть только один: среди нас завелся стукач. Мы стали присматриваться и заметили, что курсант Яшин по прозвищу Яшка в острых разговорах участия не принимает, отмалчивается и вообще постоянно чем-то смущен. Провели простейший эксперимент. Как-то в присутствии Яшина и двух «понятых» — Генки Денисова и Казимира Ермоленко — я сказал о капитане несколько очень нелестных фраз, настолько нелестных, что в тот день он даже не смог дотерпеть до вечерней поверки. Вбежал в казарму сразу же после ужина и влепил мне три наряда якобы за то, что я сидел на кровати.

После поверки я зашел к Курасову и сказал, что выполнять наряды не буду.

— Тогда я накажу вас за попытку невыполнения приказания, — сказал он, ничуть не удивившись моему заявлению.

— За попытку вы меня наказать не можете, — сказал я.

— Почему?

— Потому что я не пытаюсь не выполнить приказание, а просто не выполняю.

Я уже говорил, что в армии по уставу невыполнения приказания быть не может. Командир обязан применить все меры воздействия, вплоть до силы и оружия. То есть при строгом соблюдении устава не выполнивший приказание не может остаться в живых. Это по уставу. Но на практике свое право убийства подчиненного командир применить не может по многим причинам. Во-первых, он должен считаться с тем, что его подчиненные тоже вооружены и свое возмущение могут выразить также при помощи оружия. Во-вторых, этот пункт устава не соответствует Уголовному кодексу, и командир непременно попал бы под трибунал. В-третьих, если бы даже не существовали первая и вторая причины, следующая причина была бы тоже достаточно серьезной. Это причина карьерно-бюрократически-очковтирательского порядка. В армии, так же как и в гражданских организациях, деятельность командира оценивается по совокупности показателей, причем если на производстве главный показатель — производительность труда, в школе — успеваемость, то в армии — состояние воинской дисциплины. О состоянии дисциплины судят, естественно, по количеству наказаний. От состояния дисциплины в подразделении или части зависит карьера командира. Командир, который заботится о своей карьере, даже если он сам по натуре жесток, воздержится от наказаний с занесением в личное дело, потому что тогда эти наказания будут фигурировать в соответствующих сводках и негативно отражаться на нем. Поэтому даже гауптвахта применяется крайне редко. (На гауптвахту щедры бывают городские комендатуры, которые хватают чужих солдат, чья дисциплина на служебных характеристиках комендантов никак не отражается.) А представьте себе, что какой-то командир застрелил солдата. ЧП! Даже если не посадят, рота его автоматически перемещается на последнее место по дисциплине. Часть, в которую входит рота, тоже. Соединение, в которое входит часть, естественно, туда же. Да подобному стрелку даже без официального наказания устроят такую жизнь, что он пожалеет. Его не повысят ни в должности, ни в звании. Каждый начальник постарается от него избавиться и сплавить куда подальше. Его в конце концов загонят к черту на кулички, откуда он уже никогда не выберется. Ну и последняя причина, которую можно было бы поставить на первое место, — конечно, не каждый командир даже без учета неприятных последствий может просто так, за здорово живешь, застрелить человека. Я даже не уверен, что и наш Уставник был способен на это.

— Значит, вы отказываетесь выполнять мое приказание?

— Да, отказываюсь.

— Ну хорошо, — сказал он зловеще, — если вы захотели попасть на подсудимую скамейку, вы туда попадете. Я до вас еще доберусь. Учтите, мне про вас все известно, мне известен каждый шаг.

— И каждое слово, сказанное про вас, — добавил я.

— Да, и это тоже известно, — не смог он удержаться.

— Если вас так волнует, что говорят о вас подчиненные, постарайтесь вести себя хорошо, и тогда никто ничего плохого не скажет, — сказал я.

— Да? — он даже удивился. — Вы меня еще будете учить, как мне себя вести? Вы слишком умный, да. Вы умный, умный...

В его устах слово «умный» звучало как крайне отрицательная характеристика. Но я продолжал наступать.

— И как вам не стыдно, — сказал я, — узнавать, кто что о вас сказал. Как подчиненные могут думать о вас хорошо, если вы за каждым шпионите, если вы наняли какого-то негодяя...

— Вы не смеете так говорить! Это честный советский воин! Он исполняет свой долг! — Капитан понял, что проговорился, но отступать было поздно.

В то время я был почти романтиком и любил красивые фразы.

— Этот честный советский воин, — сказал я, — сегодня продает меня вам, завтра продаст кому-нибудь вас, а послезавтра — Родину.

Я вернулся в казарму после отбоя — все лежали.

— Ребята, — сказал я просто, — сейчас капитан Курасов проговорился, кто нас предает. Это последний человек, и фамилия его стоит последней в нашем списке.

Так сказал я, и даже сейчас неудобно за «красивость». Все молчали. Я посмотрел на Яшина. Тот подтянул одеяло до глаз и настороженно следил, что будет дальше. Наконец Генка Денисов спросил, явно волнуясь:

— Яшка, это правда?

Все замерли. На какое-то мгновение мне стало не по себе. А вдруг не он? Ведь никаких доказательств у меня не было. Я, как говорят, брал его просто «на пушку».

— Правда, — тихо ответил Яшка, и у меня отлегло от сердца.

Опять помолчали.

— Ну, рассказывай, — прервал молчание Генка.

Яшин не стал противиться, и в его положении это был, пожалуй, наилучший выход. Впрочем, я вполне допускаю, что, тяготясь своей ролью, он был рад, что все кончилось.

— Помните, была история — пропали шинели?

Историю мы помнили. Как-то утром после подъема прошел слух, что из каптерки пропали две шинели не нашего взвода. Говорили, что их кто-то украл. Мы несколько удивились — до сих пор подобных случаев не бывало. До сих пор воровали только мыло, которое, несчитанное, лежало в фанерных ящиках. Мыло воровали все, и вечерами между ужином и вечерней поверкой носили в соседнюю деревню продавать полякам или просто менять на вино. Но чтобы шинели... После завтрака де Голль объявил, что шинели никто не крал — они куда-то там завалились, он их сперва не заметил и решил, что украли, а вот теперь обнаружил. В этом сообщении что-то странное было, но мы не обратили внимания. Нашлись шинели, и ладно.

Теперь Яшин рассказал, что шинели украл он. Хотел продать полякам, попался, и капитан Курасов предложил ему выбор — «подсудимая скамейка» или стать доносчиком.

Казик Ермоленко встал и сунул ноги в сапоги.

— Пойдем покурим.

На лестницу вышли он, я, Генка Денисов и Олег Васильев, тот самый, который желал бы расстрелять всех евреев. По неписаным армейским законам Яшке полагалась темная, но своим рассказом он всех разжалобил, кроме правдолюбца Васильева, который требовал немедленного возмездия, не по злобе, а из чувства справедливости. Но темная делается для того, чтобы скрыть зачинщиков, а тут зачинщики будут известны заведомо, если, конечно, Яшка решится выдать. Кроме того, учеба наша подходила к концу, мы боялись, что в случае скандала нас не аттестуют. А кого не аттестуют, тот не станет механиком, не будет получать пятьсот рублей, сливочное масло и папиросы.

— Ладно, — сказал Казик, — давайте оставим это дело до выпуска, а уж тогда мы ему напоследок дадим...

Все согласились с облегчением, один только Васильев брюзжал, что вот всегда так, как доходит до дела, никто не хочет пачкаться, а из-за таких гуманистов и водятся всякие стукачи и подонки.

— Ладно, — мы успокаивали не только его, но и неудовлетворенное чувство собственной справедливости, — вот кончим школу и в последний день разберемся.

Конечно, мы понимали, что сами себя обманываем, что в последний день уже ничего такого не будет, но Васильев все еще надеялся. Когда такой день наступил, он подошел ко мне и строго спросил, как же все-таки быть с Яшкой.

Я спросил его с любопытством:

— И что же, вот ты сейчас подойдешь к нему ночью, накинешь на голову одеяло и ни с того ни с сего начнешь лупить?

— А когда он стучал, о чем думал?

Я еле его успокоил, объяснив, что прошло много времени, Яшка в стукачестве больше замечен не был, в конце концов, он на это дело пошел только из страха.

Этот разговор с Васильевым у нас произошел в последний день перед отъездом из школы, а тогда, после вынесения приговора, вернувшись в комнату, мы увидели испуганные глаза Яшки. Он понимал, о чем мы совещались и что ему угрожает. К нему подошел Генка Денисов:

— Вот что, Яшка, мы тебя пока бить не будем, но ты должен дать слово, что перестанешь стучать.

— Он меня посадит, — в ужасе сказал Яшка.

— Это нас не касается, — твердо сказал Генка, — выкручивайся как хочешь, но нам ты должен дать слово.

— Обещаю, я больше не буду, — сказал Яшка через силу.

На другой день Яшка (так он нам говорил) явился к Курасову и сказал, что доносить больше не будет и предпочитает «подсудимую скамейку». Курасов все понял и ничего не ответил. Яшку он, кажется, не преследовал, и тот на нас не стучал, да и трудно б ему было стучать, потому что мы сами при нем лишнего уже не говорили, и не из осторожности, а как-то язык сам собой не поворачивался.

Зато с капитаном Курасовым расправились, и довольно круто. И тут отличился все тот же Васильев.

Перед отъездом договорились не подавать капитану руки, когда станет прощаться. И вот старшина последний раз выстроил нас на плацу перед казармой. И доложил капитану, что рота перед отъездом построена.

— Вольно! — сказал капитан и кинул руку к виску. — До свиданья, товарищи!

— До свиданья то... — выкрикнул кто-то и скис.

Капитан шагнул к правофланговому, им-то и оказался Васильев.

— До свиданья, товарищ Васильев, — сказал капитан и протянул руку.

— До свиданья, товарищ капитан, — громко сказал Васильев и, глядя комроты в глаза, убрал руки за спину.

— Ну пожмите же руку, — жалобно, по-собачьи, взвизгнул Уставник.

— Не за что, товарищ капитан, — не отводя взгляда, раздельно сказал Васильев.

Капитан повернулся, как по команде «Кругом!», и со всех ног бросился в казарму. И когда мы на машине выезжали за ворота, кто-то сказал мне:

— Посмотри — Уставник.

Я посмотрел вверх и увидел в одном из окон второго этажа нашего бывшего командира. Прикрываясь занавеской, он смотрел на нас, полагая, вероятно, что его при этом не видят. И я, слабый человек, признаюсь: сердце мое сдавило мимолетное чувство жалости.

Мне казалось раньше, кажется и сейчас, что характер человека редко меняется под воздействием внешних обстоятельств. Но вот странное дело, курсанты, служившие под командованием Курасова после нас, говорили, что капитан стал неузнаваем, что при них в школе не было командира лучше Курасова. Значит, какие-то уроки и для таких людей не проходят бесследно.

ЧЕЙНСТОКСОВО ДЫХАНИЕ

За несколько дней до смерти я его видел. В клубе нашего городка. Перед фильмом «Сердца четырех» показывали, как всегда, киножурнал «Новости дня» и там, кроме прочего, — репортаж о вручении в Кремле верительных грамот какими-то послами Председателю Президиума Верховного Совета СССР Швернику. Сам Шверник был в цивильном костюме, но окружен дипломатами в мундирах с блестящими пуговицами, золотыми нашивками и лентами через плечо. Вдруг среди всей этой компании появился невзрачный, маленький, сутулый усатый старичок в сером, с виду сильно поношенном и помятом кителе. Он быстро прошел к стене и прижался к ней спиной, заложив назад руки. Я когда-то слышал, что так всегда делают люди, страдающие манией преследования: прикрываются стеной от возможного нападения... Появление старичка с безнадежно печальными глазами в самодовольной, блиставшей животами и позументами толпе мне показалось противоестественным. Но не успел я сам для себя решить, что же сие видение значит, как вдруг понял:

— Это же Сталин!

Я с четырнадцати лет, когда согласился с бабушкой, что Сталин — бандит, с большой неприязнью смотрел на все его портреты и изваяния, где он выглядел величественно, с орлиным взглядом из-под круто изогнутых бровей. В кино и на фотографиях, стоящий на трибуне Мавзолея в шинели и фуражке, Сталин отличался от своих портретов, но все же не казался мелким. Но сейчас я вдруг испытал чувство жалости к бедному старику.

А через несколько дней — сообщение Центрального Комитета КПСС: Сталин тяжело заболел, у него дыхание Чейна-Стокса...

Моя тетя Аня потом рассказывала, что за день до того пришла в больницу, куда ее должны были положить по поводу заболевания крови, и там, в вестибюле, она увидела большой портрет Сталина:

— Я смотрела на портрет и думала: «Неужели я не доживу до смерти этого изверга?» И решила, что не доживу. Я моложе его на двадцать пять лет, но это ничего не значит, потому что он будет жить вечно.

Мистической вере в бессмертие Сталина были подвержены и те, кто его боготворил, и те, кто ненавидел. Живший в те дни где-то в ссылке математик Юра Гастев, услыхав по радио про дыхание Чейна-Стокса, побежал за разъяснениями к знакомому доктору, тоже из зэков. Доктор улыбнулся: «Будь спокоен, Чейн и Стокс — ребята надежные, еще никого не обманули».

Со мной рядом такого доктора не было, но тот жалкий старичок, которого довелось увидеть в кинохронике накануне, облегчил мне восприятие скорой новости. Старичок выглядел вполне смертным.

ОДИННАДЦАТЫЙ СТАЛИНСКИЙ УДАР

Смерть Сталина совпала по времени с нашими выпускными экзаменами. 1 марта мы сдавали теорию двигателя, 3-го — конструкцию самолета «МиГ-15», а на пятое число был назначен экзамен по политподготовке.

Не помню, мы уже легли, или еще не встали, или вообще это было среди ночи, когда вбежал дневальный с криком:

— Ребята, Сталин умер!

Все вскочили, включили репродуктор, откуда текла траурная мелодия. Стояли между койками, в одних кальсонах, босиком на цементном полу. Потом было новое сообщение. ЦК КПСС, Совет Министров и Президиум Верховного Совета СССР, заботясь о том, чтобы страна ни на секунду не оставалась без крепкого руководства, постановили: назначить Председателем Совета Министров Маленкова, Председателем Верховного Совета Ворошилова, военным министром Булганина, министром внутренних дел Берию, Хрущеву предлагалось сосредоточиться на партийной работе... Ближе всех стоял к репродуктору наш запевала Карасев. Каждый раз, когда диктор называл новую фамилию, Карасев кивал головой и хорошо поставленным басом, как будто это было и его глубоко продуманное решение, возглашал:

— Правильно!

Маленков. Правильно! Ворошилов. Правильно! Хрущев. Правильно!

Днем весь батальон был выстроен на плацу. Сыпал мелкий снег. Мы стояли с непокрытыми головами. Подполковник Ковалев толкал речь, стараясь удержаться от слез. Многие курсанты и офицеры плакали, не сдерживаясь. Я не плакал. Я был рад этой смерти — не жалкого старичка из кинохроники, а того, с орлиным взором, чьим именем вершилось все, что вершилось. Я радовался, но стоял со скорбным видом, опасаясь, что кто-нибудь догадается о моих чувствах. Опасение мое было не на пустом месте. Много позже знакомая учительница рассказала, что в те дни ее таскали на партбюро: кто-то донес, что она, услышав о смерти Сталина, не заплакала.

Экзамен, как ни странно, не отменили, и мне попался, будто нарочно, билет с вопросом по биографии Сталина. Я перечислил его подвиги и заслуги. Батумская демонстрация, газета «Брдзола», оборона Царицына, коллективизация, индустриализация, разгром оппозиции, десять сталинских ударов. Инсульт, подумалось мне, можно было бы считать одиннадцатым ударом.

Но я, конечно, этой шуткой ни с кем не поделился.

ЦИРК ШАПИТО

Первые мелкие признаки развенчания культа личности Сталина проявились гораздо раньше, чем это заметили историки. В армии — немедленно после смерти генералиссимуса, и для нас — не в лучшую сторону. Авиация была его любимым родом войск, и поэтому рядовых в ней, не считая аэродромной обслуги, вообще не было. Летчики и техники были офицерами, все остальные — сержантами. Мы тоже собирались окончить школу с лычками, но остались рядовыми. Так мы оказались первыми жертвами первых, тогда еще обществом не замеченных шагов новых правителей по развенчанию культа личности. Некоторое время после распределения по полкам еще получали 500 рублей в месяц и питание по «шестой норме», в которую включались масло, рис, папиросы «Беломорканал» и еще что-то, чего не было у других. Но через несколько месяцев жалованье нам урезали до 300 рублей, а потом, после моей демобилизации в 1955 году, довольствие механиков было и вовсе доведено до уровня всех рядовых солдат, то есть до 30 рублей.

Но также очень скоро появились признаки и положительных изменений. Уже через две недели нам объявили, что теперь увольнения возможны не только на родине, но и за границей. Правда, групповые, причем группа должна состоять не меньше чем из трех человек. Наше начальство это предписание сразу превратило в абсурд. Решили, что если не меньше трех, то можно больше. Построили нас, выпускников школы, и числом около тысячи голов повели в цирк, и этот культпоход записали как увольнение. Цирк шапито, куда нас привели, не имел ни одного туалета. Не знаю, как удовлетворяли естественные надобности цивильные посетители шапито, но солдаты, выйдя в антракте наружу, обступили шатер со всех сторон, и он почти поплыл. Начальству это не понравилось, и увольнения вновь отменили. Зато самоволок по-прежнему было сколько угодно.

РОЖДЕНИЕ ГЕРОЯ

Однажды я, стоя на плацу, увидел странное зрелище: тяжелый немецкий битюг тянет по мощенной булыжником дороге телегу-платформу на дутых колесах, а на телеге никого. Я удивился и заглянул под колеса. После чего удивился еще больше. Между колесами лежал солдат. Зацепился ногой за вожжу. Лошадь тянет его, он бьется головой о булыжник, однако не проявляет попыток изменить ситуацию... На другой день я увидел ту же телегу, ту же лошадь и того же солдата-возницу, но теперь он не под колесами валялся, а сидел на том месте, которое должно было бы называться облучком. Голова обмотана грязным бинтом. Бинт из-под пилотки выбился, размотался, конец бинта развевается на ветру. Слегка подбоченясь и откинувшись назад, солдат потряхивает вожжами, лошадь неохотно трусит мелкой рысью.

— Ого-го! — покрикивает солдат, и во всем его облике что-то нелепое и трогательное, что сразу привлекает к нему внимание.

— Кто это? — спросил я стоявшего рядом Генку Денисова.

— Ты разве не знаешь? — удивился он. — Это же Чонкин!

Так я впервые услышал эту фамилию. И потом слышал ее часто. Чонкин, рядовой комендантской роты, был из тех, про кого говорят «ходячий анекдот». Про Чонкина рассказывали, что он, малограмотный деревенский парень, не знает уставов, не умеет ходить в ногу, не помнит, какой рукой отдавать честь начальникам, вообще понятия не имеет, где «право», где «лево», всех боится и чувствует себя человеком только на конюшне. Там Чонкин и пребывал, не подозревая, что впоследствии станет виновником рождения литературного героя.

СМЕРТЬ НА ОХОТЕ

Сорок с лишним лет спустя, вскоре после выхода в России моего романа о солдате Иване Чонкине, получил я из Ленинабада письмо. Полковник в отставке Серобаба спрашивал, не служил ли я в начале 50-х в Шпротаве, не знал ли солдата по фамилии Чонгин (через «г») и не его ли взял в качестве прототипа? Тот реальный Чонгин, сообщал мне полковник, был, кажется, якутом. Он действительно слыл посмешищем, зато был очень хорошим охотником. Я ответил полковнику, что знал такого солдата не то чтобы лично, а так, видел издалека. И был уверен, что настоящая его фамилия Чонкин. Мимолетное впечатление действительно послужило поводом для создания характера моего героя, но именно русского, а не якутского — за якутский характер я бы не взялся. А насчет охоты полковник мне кое-что напомнил...

Обычный понедельник, «итальянский» день. А тут вдруг исключение из правила: в обед нам дали по большому куску мяса, правда, довольно жесткого. Мы удивились, стали спрашивать, за что нам такое угощение. Услышали в ответ, что это подарок от наших офицеров-охотников. Они в воскресенье подстрелили оленя и решили угостить нас. Об этой охоте мы уже слышали не только то, что там убили оленя, но и то, что там пропал Чонкин. Его, знавшего толк в охоте, офицеры брали с собой, он умел выслеживать зверя и выгонять под выстрел. После охоты стали собираться домой, Чонкина не обнаружили. Искали до наступления темноты. Предположили, что солдат дезертировал. Утром послали комендантскую роту, прочесали ту часть леса, где охотились, и быстро нашли. Чонкин лежал в кустах, убитый прямым попаданием в лоб. Естественно, всех охотников допросили, и истина была восстановлена быстро. Капитан Беспятов и майор Петров лежали в засаде, ожидая, когда Чонкин выгонит им под мушку оленя. Ждали напряженно. Когда затрещали кусты, Беспятов выстрелил и пошел посмотреть, что там, в кустах. Вернулся на место. Петров спросил:

— Ну, что?

Беспятов ответил:

— Ничего нет.

— А зачем стрелял?

— Показалось, что олень.

Петров потом удивлялся самообладанию Беспятова. Но на первом же допросе Беспятов — а куда ему было деваться? — сознался. Мы, его ученики, ходили навещать капитана на гауптвахте. За убийство по неосторожности ему дали два года без лишения наград и воинского звания.

159-Й ИСТРЕБИТЕЛЬНЫЙ

Недавно искал что-то в Интернете и наткнулся на статью «159-й гвардейский Новороссийский истребительный авиационный Краснознаменный ордена Суворова III степени полк». Я пошарил дальше и нашел массу ссылок на литературу об этом полку — и книги, и статьи, и очерки об отдельных летчиках со дня основания части в 1944-м и до наших дней. Надо же! Я после школы механиков в этом полку служил и не знал, что он такой знаменитый. И, как ни странно, замполиты нам ничего не рассказывали. Теперь называют номер полка, места его дислокации, фамилии командиров, типы самолетов и даже их номера. В мое время все это было военной тайной, полк числился под фальшивым номером в/ч п/п (воинская часть, полевая почта) 40431, а настоящий номер или фамилию командира предлагалось не выдавать врагу (если мы попадем к нему в лапы) даже под пытками. Теперь, поскольку тайны выдают без пыток и более свежие, я выдам давно устаревшие.

Я пришел в полк, когда им командовал полковник Барыбин, а моим прямым начальником был замполит эскадрильи старший лейтенант, которого в насмешку звали «Ас Мамонов». «Ас» — потому, что у него, Мамонова, были инициалы А.С. — Андрей Сергеевич. А внешне на аса он никак не был похож: невысокого роста и довольно пузат, что среди нестарых летчиков бывает нечасто. Когда в полку устраивали для младших офицеров какие-нибудь соревнования — я запомнил почему-то прыжки в длину, — так на него было жалко смотреть... Но летал он, как говорили, действительно хорошо — на «МиГ-15» за номером 874 Куйбышевского авиазавода, машине, которую я готовил к полетам.

Полк наш, когда я в него пришел, стоял на северо-западе Польши у деревни Ключево возле города Старгард недалеко от Щецина, но недели через две его перевели в город Бжег на Одере. В Бжеге была шоколадная фабрика, и весь он пропах шоколадом, что я через сорок лет описал в рассказе, так и названном — «Запах шоколада». Поскольку на дворе стояли совсем другие времена, место действия я в рассказе назвал без опасения, что разглашаю военную тайну.

УТОПЛЕННИКИ

В ту весну в полку утонули два человека. Первым, еще в Ключеве, старший лейтенант, не помню фамилию. Он и командир дивизии полковник Балакин, который старшего лейтенанта «вывозил», то есть принимал у него экзамен по пилотированию, выполняли в «зоне» фигуры высшего пилотажа, и их «спарка» «МиГ-15 — УТИ» (учебно-тренировочный истребитель) свалилась в штопор. В плоский штопор, из которого выйти почти невозможно. Они и не вышли. Катапультировались и спустились на парашютах на середину большого озера. Была еще весна — вода ледяная. Старший лейтенант разделся, разулся, и вскоре ноги свела судорога. Пятидесятилетний полковник не разделся и не разулся и только на берегу потерял сознание, где был найден местными рыбаками.

Согласно каким-то армейским нормам, солдат хоронили на месте, а офицеров отправляли на родину. Перед отправкой старлей лежал в «ленкомнате», меня ночью поставили к гробу часовым.

Я не суеверен, но в полночь вспомнил гоголевского «Вия». Гроб, в котором лежал погибший, был цинковый, с окошком из плексигласа. Я заглянул в окошко. Покойник был не зеленый и не синий, как полагается утопленникам, а нормального свежего цвета, красивый, молодой, с изогнутыми черными бровями, похожий на девушку, на ту самую панночку из «Вия». Пожалуй, я бы не сильно удивился, если бы он открыл глаза и начал летать в гробу. Но этого, к счастью, не случилось.

Вторым утопленником, уже в Бжеге, оказался Валя Чуприн, с которым мы вместе призывались из Запорожья. Он не умел плавать, хотел научиться, но стеснялся своего неумения, потому отходил от других подальше. Так, отойдя подальше, и утонул. Поскольку Валя был рядовым солдатом, он отправки на родину в цинковом гробу с окошком не удостоился, а родителей его на похороны, конечно же, не пустили. Их могли утешить только сообщением, что сын погиб при выполнении боевого задания.

Хоронили Валю на местном кладбище. Над открытой могилой выступил замполит полка, который сказал покойному: «Родина тебя не забудет! Спи спокойно в польской земле!» — после чего отделение солдат комендантской роты отсалютовало тремя залпами из карабинов. На могиле поставили стандартный, сваренный в ПАРМе (полевая авиаремонтная мастерская) жестяной обелиск с жестяной же звездой.

ЗАБЫВЧИВАЯ РОДИНА

Ровно через сорок лет, летом 1993-го, я побывал в Бжеге и решил посетить Валину могилу. Взял в провожатые одного из живущих здесь русских, и мы довольно быстро нашли ту часть кладбища, где захоронены советские солдаты. Несколько рядов могил, совершенно запущенных и заросших сорняком. Одинаковые жестяные обелиски заржавели, некоторые были, по видимости, совсем недавно перевернуты. Копавшийся неподалеку у одной из польских могил молодой ксендз, по-женски подбирая длинный подол своего облачения, подошел ко мне и, указывая на перевернутые памятники, сказал: «Это сделали вандалы, негодяи. Я не хотел бы, чтобы вы думали, будто все поляки такие». В ответ я сказал, что обо всех поляках такого не думаю — подонки есть в каждом народе.

Меня польские вандалы не удивили. В отличие от вандалов — советских начальников, обязанных заботиться об этих могилах. Я, конечно, знал, что эти начальники, и особенно любители патриотической риторики, беспокоясь об отражении образа армии в литературе, всегда с пренебрежением относились и относятся к реальной жизни и смерти нижних чинов, но такого не ожидал.

Валину могилу я не нашел. Потому что редко на каком обелиске значилось человеческое имя. На большинстве — с начала 50-х годов до конца 80-х, до самого того времени, когда советские войска покинули эти места, было написано одно и то же: «Неизвестный солдат». Почему неизвестный? Ведь эти ребята сложили головы не в каких-то великих побоищах, где гибли тысячами и не разберешь, что от кого осталось, а умирали поодиночке, состоя в списках здешних частей, имея при себе нужные документы. Что стоило на каждом обелиске нацарапать фамилию, инициалы, даты рождения и смерти? В надгробных речах замполиты каждому обещали, что родина его не забудет, а она и не собиралась их помнить.

После войны в Советской армии было (подозреваю, что и в нынешней ничего не изменилось) полное пренебрежение ко всем потребностям, желаниям, чувствам и достоинству молодого человека, которого, не спросясь, лишили молодости и обрекли на долгие годы полного бесправия. Его постоянно унижали, попрекали тем, что он слишком дорого государству обходится, а случись так, что он погибнет, по их же вине, — произнесут несколько казенных слов и тут же забудут. И пальцем не пошевелят, чтобы сохранить о нем память.

Во время эмиграции я много раз встречался с американскими и германскими военными и ни разу такого отношения к солдатам не видел. В немецкой армии солдат проходит срочную службу недалеко от дома. На выходные, если не в карауле, переодевается в штатское, садится в свою машину и едет к родителям или к девушке. И своих погибших в обеих мировых войнах немцы не забывают. До сих пор ищут и, не знаю, каким чудом, находят своих солдат и офицеров, сгинувших в России, на Украине и в Белоруссии. Находят — потому что, даже отступая, когда как будто не до того было, старались записывать каждого, кого где потеряли.

Американцы своих погибших, всех, кого возможно, подбирают, привозят домой, покрывают национальным флагом, хоронят со всеми воинскими почестями. А кого не нашли и не опознали, ищут по многу лет. Останки сгинувших на вьетнамской войне и сегодня разыскивают, идентифицируют и хоронят за счет государства. Теперь, со времен позорной афганской авантюры, кажется, что-то изменилось и у нас. «Груз 200», цинковые гробы, Ростовская лаборатория, где опознают людей по тем ошметкам, которые от них остались. Хоть к покойникам стали внимательнее. В последние годы копатели-добровольцы отыскали много неизвестных ранее захоронений советских солдат времен войны, стараются, и иногда успешно, определить их имена. А в польской, немецкой, чешской землях лежат тысячи солдат мирного времени безымянных только потому, что никому до них дела нет.

ПОКА НА ЗЕМЛЕ НАВОДИЛИ ПОРЯДОК...

Авиация всегда была более либеральным родом войск, чем остальные. Пехотинцы, танкисты, артиллеристы и прочие авиаторам завидовали, злились на них и говорили, что в авиации нет порядка. Сами авиаторы соглашались: правильно, порядка нет, потому что, когда его на земле наводили, авиация в воздух поднялась. На самом деле в авиации порядок есть и довольно строгий, до мелочей, от которых зависит жизнь человека. Но тот порядок, чтобы пуговицы блестели и чтоб ногу на сорок сантиметров тянуть, здесь и правда соблюдают не очень. В авиации все-таки всегда было меньше самодуров, чем в других войсках, и совсем особые, иногда вполне трогательные отношения складывались между летчиком и механиком, обслуживающим самолет. Осознанно или нет, летчик всегда помнил, что от механика в первую очередь зависит его безопасность, потому испытывал чувство благодарности, когда видел, что механик старается. А механик, если любил летчика, не забывал, что тот занимается очень опасным делом, и был ему кем-то вроде пушкинского Савельича при Петруше Гриневе. Разница в званиях близким отношениям не мешала, наоборот, укрепляла их. Поэтому не очень-то соблюдались уставные субординационные формальности.

Еще при мне механиков в военной авиации заменили техники-офицеры, механик с первой роли перешел на вторую, а к обслуживанию современного самолета привлекаются чем дальше, тем больше разных специалистов: по приборам, электронике, радио, вооружению, кислородному оборудованию, и та интимность, которая существовала между летчиком и механиком, когда их было двое, пропала. Не знаю, как сейчас в военной авиации, а в гражданской пилоты летают чуть ли не каждый раз с другим экипажем и обслуживаются разными техническими бригадами, которых порой видят впервые.

ПЛАНШЕТИСТ

Сержанта Николая Никандрова, который работал на командном пункте полка, комиссовали по семейным обстоятельствам. Он был женат и имел ребенка, что само по себе препятствием для службы не считалось, но что-то еще случилось у него с матерью. Так или иначе, его отпускали на волю, но велели, прежде чем уволиться, найти себе замену. Он нашел меня.

— Пусть попробует, — согласился командир полка полковник Барыбин, в мою сторону даже не посмотрев. — Справится — будет работать.

Я попробовал, справился и стал планшетистом.

Работа моя заключалась в том, что во время полетов я должен был сидеть рядом с РП (руководителем полетов), имея перед собой планшет — большую карту, расстеленную на столе, накрытую плексигласом и расчерченную на квадраты. Мои инструменты: линейка, специальный жирный карандаш и телефон. По телефону с локатора мне постоянно сообщают сведения о том, что происходит в воздухе. Где какой самолет (или группа самолетов), куда движется, на какой высоте и с какой скоростью. Я ставлю в нужном квадрате крестик и вписываю цифры. Пока пишу, самолет, естественно, уже передвинулся в другой квадрат. Ставлю другой крестик, третий и так далее, крестики соединяю линиями. РП заглядывает в карту, дает летчикам указания относительно изменения курса, скорости и высоты. Бывает, летчик заблудился и просит по радио дать ему «прибой», то есть подсказать курс, который приведет его к аэродрому. РП дает «прибой», и линия на карте ломается в соответствии с его указаниями. Мне это очень интересно. Еще интереснее следить, как отрабатывается перехват. Особенно когда объявляются ЛТУ — летно-тактические учения.

ЛТУ происходят так. Личный состав полка поднимается по тревоге, разбирает оружие и доставляется на аэродром. Механики с автоматами и противогазами, которые им сильно мешают работать, расчехляют самолеты, снимают заглушки с воздухозаборников и сопел, летчики садятся в кабины, включают радио и ждут, когда произойдет «атомный взрыв» — на краю аэродрома подрывают двухсотлитровую бочку с бензином. Красивое зрелище: сначала столб пламени, а потом грибовидное облако. В это время я сижу на КП и жду сообщения с локатора. Оно приходит скоро: «В квадрате таком-то появилась группа чужих самолетов», и дальше, естественно, курс, скорость и высота. Ставлю крестики, соединяю линиями. РП поднимает в воздух звено перехватчиков. Самолеты «противника» пытаются избежать перехвата, их линия превращается в зигзагообразную, наша тоже, но благодаря четким командам РП линии неуклонно сближаются — и вот, наконец, радостный выкрик по радио: «Ага, попались, голубчики!..»

Кстати сказать, я слышал от американцев, которые прослушивали эфир «потенциального противника», что они специально изучали русский мат, чтобы понимать переговоры советских летчиков. Я думаю, что мат они учили в любом случае не напрасно, однако в мое время (думаю, что и сейчас тоже) материться в эфире было категорически запрещено. Даже за «голубчиков» пилоту было тут же сделано замечание. В 1983 году истребитель, сбивший корейский «Боинг», в сердцах выкрикнул: «Елки-палки!» — и это выражение обошло все западные газеты, на время став таким же знаменитым, как «водка», «спутник» и «самовар»...

Если бы корейский лайнер оказался в зоне ответственности нашего полка, у него был бы шанс миновать его невредимым. У нас бывало, и не раз, что появляется в пространстве неопознанный самолет. На запросы по радио не отвечает. Нарушитель? Я докладываю Барыбину. Комполка смотрит на карту, грызет ноготь, соображает. Если это чужой самолет с нехорошими целями, надо поднимать дежурное звено, потом перед кем-то оправдываться, зачем это было сделано. Тем временем самолет скоро нашу зону покинет, дальше воздушное пространство контролирует другая часть, пусть ее командир и думает, что делать.

— Сотри его! — говорит мне Барыбин.

Я беру тряпку — вот и нет никакого нарушителя.

ВЗЛЕТ, РАСЧЕТ, ПОСАДКА

Работая планшетистом, формально я оставался механиком и потому получал сначала 500 рублей, а потом 300 (когда всем механикам снизили жалованье), что тоже при жизни на всем готовом было совсем неплохо. Кроме того, я приобрел неожиданную власть над летным составом. Дело в том, что, помимо заполнения планшета, в мою обязанность входило ведение журнала, где летчикам ставились оценки по трем элементам полета: взлет, расчет, посадка. Взлетали все более или менее одинаково, а вот садились по-разному. Хотя РП им всегда помогал. Снижается самолет над посадочной полосой, Барыбин летчику подсказывает:

— Подтягивай, подтягивай... Плавно убирай газ... Выравнивай, выравнивай... Молодец, двойка!

Я эту двойку записывал в журнал. Но обычно полковник обращал внимание только на плохую посадку. Во всех других случаях он забывал говорить мне отметку. Я оценивал эти элементы по своему разумению, но Барыбин на разборе полетов летчиков журил или хвалил, заглядывая в журнал. Поэтому летчики, встречая меня или специально подкарауливая, интересовались:

— Слушай, что там у меня за расчет и посадку?

Я отвечал, как помнил:

— Ну, что... Расчет четыре, посадка три.

— За что же три? — протестовал летчик. — Неужели я так плохо сел?

— А чего хорошего? «Козла» такого залепил. Удивляюсь, как ты переднюю ногу не сломал.

«Ногой» летчики называют стойку шасси.

— Да, — вынужден согласиться летчик, — «козел» действительно был. Слушай, переправь на четверку, пожалуйста, ну что тебе стоит?

Я и переправлял. И летчики оказывали мне взаимные услуги: встречая в городе в самоволке, делали вид, что я невидимка.

ПЕРВЫЙ ПОРТРЕТ

Летом 1953 года я задумался, как мне быть и что делать, когда закончу службу. Столяром работать я не хочу. Механиком в гражданской авиации мог бы, но там и своих хватает. Образование у меня всего семь классов. Когда-то мама меня утешала, говоря, что учиться, жениться и повеситься никогда не поздно.

О втором и третьем я пока не задумывался, а насчет первого засомневался.

Чтобы зря время не терять, хотел записаться в вечернюю школу, но мне сказали, что я пришел сюда не учиться, а родину защищать. Я стал считать. Демобилизуюсь в двадцать три года. Поступлю опять куда-нибудь столяром или плотником. Пройду в вечерней школе восьмой, девятый, десятый классы — через три года получу аттестат. Потом шесть лет в авиационном (о другом не думал) институте и, в лучшем случае, на четвертом десятке стану начинающим инженером.

Прямо скажем, будущее не слишком заманчивое. Я задумывался: нет ли какой-нибудь интеллектуальной профессии, которая не требует высшего образования? И пришел к выводу, что, пожалуй, в искусстве можно обойтись без него. К тому времени относится моя первая попытка овладеть мастерством живописца. Я посадил перед собой Генку Денисова и карандашом довольно быстро набросал его портрет. Получилось похоже. Узнаваемо. Но поскольку я никогда не был влюблен в себя самого, а тогда и вовсе относился к оценке своих способностей сурово, то портрет был мной самим забракован. Несмотря на сходство с оригиналом, видно было, что работа детская, робкая, изображение плоское, без теней, и глаза — один больше другого. Я решил, что художник из меня не получится, и портрет разорвал.

Потом поступил в драмкружок, даже играл в пьесе «Снежок» негритенка. Мне было двадцать лет, но выглядел я на шестнадцать: был маленького роста и очень худой. Когда сыграл, понял, что актера из меня не получится. Но о том, чем бы мне интеллектуальным заняться, думать не перестал. Кроме того, чтобы сэкономить время, я лелеял надежду поскорее подняться с социального дна. Мне надоело быть помыкаемым всеми, начиная со старшины или бригадира.

ПЕРВЫЕ СТИХИ

С Леней Ризиным мы были знакомы еще с Джанкоя. Вместе попали в Хойну, потом в Шпротаву, но в школе были в разных ротах — я в первой, он во второй. А здесь оказались в одной эскадрилье и подружились. Леня писал стихи, и, как мне казалось, очень неплохо. Он мне их читал, и я однажды подумал: а что, если и мне попробовать? И попробовал. Тайком. Никому не сказал, даже Лене.

Должен признаться, что, прочтя много книг, стихов я практически не читал вообще, не считая того, что проходил в школе или по наущению отца: нескольких баллад Жуковского, стихотворений Некрасова, Никитина и Кольцова. Но это все в детстве, лет до двенадцати. А потом к написанному в рифму интереса не испытывал, полагая, что стихи, раз люди ими не говорят, реальную жизнь отражать не могут.

Но пример Ризина меня соблазнил. Я задумался: если у товарища получается, то не попробовать ли и мне сочинить что-то подобное? Но о чем? Подумав, я не нашел ничего интересного в собственной жизни, теперешней и доармейской. Пошел в «ленкомнату», полистал газеты, почитал армейских стихотворцев и решил сотворить что-то подобное.

Поднатужился и написал вот что:

«Наш старшина — солдат бывалый —
грудь вся в орденах.
Историй знает он немало
о боевых делах.
Расскажет как-нибудь в походе
военный эпизод —
и станет сразу легче вроде,
усталость вся пройдет.
Наш старшина — пример живой
отваги, доблести, геройства,
он опыт вкладывает свой,
чтоб нам привить такие свойства».

Много лет спустя я приписал эти «стихи» отрицательному персонажу моей повести «Два товарища». В своем авторстве признаюсь впервые через десятки лет. Мне часто приходилось читать рукописи начинающих поэтов. Талантливые попадаются редко, но порой видны какие-то проблески, когда автору можно сказать, что, если будет упорно трудиться, из него что-нибудь да получится. Если бы сегодня начинающий поэт показал мне что-то подобное моему первому опусу, я бы ему сказал: «Оставь, мальчик, эти попытки и примирись с мыслью, что в литературе тебе делать нечего». Мне этого никто не сказал, да мне на том этапе чужое мнение не очень-то было и нужно. Будучи полным профаном, я все-таки не только в этом случае, но и потом понимал, что пишу очень плохо. Когда стал писать просто плохо, прогресс заметил, но не обольстился. А потом в конце концов написал что-то, о чем сам себе сказал: «А это уже неплохо!» Но первый стишок я оценил как безнадежно бездарный и тетрадь с ним спрятал.

Хорошо, что не выкинул. Потому что положительную роль в моей жизни те стихи сыграли. Примерно через год (я служил тогда в Чугуевском летном училище) один мой сослуживец залез ко мне в тумбочку, обнаружил тетрадь и объявил всей казарме:

— Ребята, а у нас, оказывается, поэт свой есть.

Бегая по казарме, он читал мой опус вслух. Я, сгорая от стыда, бегал за ним, пытался вырвать тетрадь. Вдоволь наиздевавшись и вернув тетрадь, он сказал: «Слушай, почему ты эти стихи в газету не пошлешь?»

Я говорю: «Кому они нужны, это же очень плохо». — «Ты что? Хорошие стихи». Я ему не поверил, но подумал, что правда ничего не теряю. Послал текст в газету «Знамя победы» Киевского военного округа. Вскоре уехал в отпуск (единственный раз за четыре года службы меня отпустили на десять дней), а по возвращении меня ждал почтовый денежный перевод. 9 рублей 80 копеек тогдашними деньгами. На бланке было написано: «за опубликованные произведения». Поскольку у меня было только одно «произведение», его-то я и стал искать — нужную подшивку нашел, но ее солдаты уже разобрали на курево и другие надобности. Так ничего и не обнаружил. А потом в уборной случайно попался на глаза клок газетной бумаги, где я прочел: «О воспитательной роли старшин-сверхсрочников пишут...»

И поскольку моя фамилия начинается на одну из первых букв алфавита, я стоял в этом списке первый. Признаюсь, случившееся меня поощрило морально и экономически. Я эти стихи писал минут 15 и заработал почти десятку. Неплохой приварок к солдатскому жалованью.

Я стал писать стихи дальше и посылать туда же. Но вместо публикаций и переводов получал однообразные ответы: похвально, что раскрываете патриотическую тему, но, к сожалению, не всегда соблюдаете размер и не владеете рифмой. Учитесь, читайте книгу Исаковского «О поэтическом мастерстве» и статью Маяковского «Как делать стихи».

Я продолжал бомбить газету своими текстами, но больше не удостоился ни одной публикации.

Мне кажется, к тому, что пишу, я всегда относился трезво. Когда что-то получалось, понимал, что получается, когда не получалось, сам себя не обманывал. Читая отрицательные отзывы, я не обижался, понимая, что ничего другого не заслужил, и случайная публикация головы мне не вскружила. Но я предложил сам себе план, оказавшийся, как ни странно, реалистическим. Мало представляя себе, что значит быть поэтом, я тем не менее решил дерзать дальше. Я не сомневался в том, что овладеть этой профессией очень непросто. Наверное, этому надо упорно и долго учиться. Поскольку других возможностей обучения у меня не было, я решил избрать единственный в моем положении путь практического овладения делом. То есть просто читать стихи и писать. Раньше, повторяю, я стихов не читал. Теперь стал ходить в армейскую библиотеку, брал там все, что попадалось — от Пушкина, Лермонтова и Некрасова до Сергея Смирнова, на которого несколько лет спустя прочел эпиграмму: «Поэт горбат, стихи его горбаты. Кто виноват? Евреи виноваты». Открыл для себя Есенина, Блока, Багрицкого. Потом Твардовского и Симонова, которого раньше знал только по стихотворению «Жди меня». Читал и писал сам. Сравнивал написанное с прочитанным, видел, что несравнимо, но не огорчался. Никакие темы сами по себе не возникали. Каждый раз думал: о чем бы еще написать? Оставался год службы в армии. Я решил, что весь этот год каждый день буду тренироваться, набивать руку, писать не меньше чем по одному стихотворению. Если за год не увижу никакого прогресса, оставлю это занятие навсегда. Писал и понимал, что пишу очень плохо. Но не отчаивался. Одно стихотворение в день было минимумом. Максимальным стало число одиннадцать. Писал, читал, вздыхал, выбрасывал. В армии солдаты ко всякому сочинительству, даже к убогому, относятся с почтением. Меня стали звать Маяковским. Иногда интересовались: «Маяковский, ты можешь написать на любую тему?» И на мое «могу» предлагали написать что-то конкретное. Кто-то предложил описать росший в горшке цветок. Я написал: «На столе стоит горшок, а в горшке растет цветок. Запахом душистым пленяет он ветвистый...» — и дальше несколько строк на этом же уровне. Когда много лет спустя я ознакомил с этим шедевром свою жену, она долго смеялась и сказала, помня о выведенном мною мерине Осоавиахиме, что теперь она верит, что в результате упорного труда лошадь может стать человеком. Но моим армейским товарищам понравилось. Им казалось, что горшок — цветок без большого таланта не срифмуешь. Я же не обольщался. Писал, читал, вздыхал, выбрасывал. Но месяца через три-четыре вышло слабое подражание Симонову о проведенном отпуске: «И десять дней прошли. Такой короткий срок./ В последний раз в глаза друг другу глядя, /ты на диван, а я на вещмешок/ в молчанье по обычаю присядем. /Мне через час с немногим уезжать./ Нам прогудят прощанье паровозы,/ и ты, чтобы меня не огорчать,/ удержишь набегающие слезы./ Уеду я, и там, в кругу друзей,/ в свободный час, нечастый для солдата,/ я буду долго ждать твоих вестей,/ как на свиданье ждал тебя когда-то». Стишок тоже не ахти и не имел ничего общего с реальностью. Ни к кому в отпуске на свидания я не ходил, ни с кем на вещмешок не садился (это было бы физически неудобно), и паровозы прогудели мне прощанье только с родителями. Но от «ветвистого цветка» я сделал большой и принципиальный шаг вперед. Воодушевленный своим успехом, побежал к солдату, который был до армии учителем литературы. Он мой текст оценил высоко. «Я тоже писал стихи, — сказал он, — но такие хорошие у меня не получались».

Естественно, стихотворение было послано в газету «Знамя победы», но никакого ответа не удостоилось. И ясно почему. При всех своих слабостях оно сильно отличалось от всего написанного автором перед тем. В газете, конечно, не поверили, что это автор цветка душистого, но и уличить в плагиате меня не могли. Потому решили промолчать.

Но не оцененный газетой успех меня вдохновил, и я стал писать дальше-дальше-дальше-дальше, все так же, каждый день во что бы то ни стало. Завел блокнот. Писал днем и ночью, под одеялом, в уборной, в строю, на крыле самолета. Писал о чем попало и совсем ни о чем. И что-то, какие-то строки и даже строфы начали появляться, стали возникать почти осознанные темы, настроение и даже намек на мысль. Ахматова написала: «Когда б вы знали, из какого сора растут стихи, не ведая стыда...» При чем тут стыд, не знаю, а что из сора — это точно. А еще точнее — просто из ничего. У меня, например. Логично предположить, что у стихотворца сначала рождается мысль, которая затем облекается в форму. У меня было не так. Стихи начинались с настроения, с мелодии, не имевшей словесного выражения, или со случайно возникшей строчки и спонтанно пришедшей рифмы, тема выявлялась в процессе стихосложения, мысль складывалась в последнюю очередь. В конце концов, только описав некое явление, я начинал понимать, что я о нем думаю. И что есть мое мировоззрение, я со временем приблизительно понял из того, что писал в стихах и в прозе интуитивно.

Я говорил в армии своему товарищу по фамилии Назаренко (в шутку, естественно): «Вот когда-нибудь стану знаменитым поэтом, и ты будешь гордиться, что со мной вместе служил...» Сам в это не верил. А несколько лет назад в Самаре ко мне подошел человек и показал фотографию. «Вы, — спросил, — узнаете кого-нибудь?» Смотрел-смотрел... Себя узнаю! А это Самушкин, это Ковалевский, а это Назаренко... «Нет, — сказал он. — Назаренко здесь нет. Назаренко снимал. Назаренко — это я». Так что мое пророчество сбылось.

СТРАХ

Признаться, поначалу я думал, что на описание всей армейской службы мне хватит двух-трех глав за глаза. А как взялся, так зацепило, и одно тянет за собой другое, словно опять влез в то время и не могу выбраться, как бывает в кошмарном сне.

Нет, не хочется мне, чтобы этот сон обратился явью, не согласился бы на возвращение молодости, если бы условием было опять ношение солдатских погон. Возможно, будь я генералом из генерального штаба с генеральской зарплатой, генеральскими квартирой, дачей, шоферами, адъютантами и ординарцами, может быть, шаркая подошвами по штабному паркету, смотрел бы я на службу в армии другими глазами, но и в том не уверен...

Говорят, армейская служба прививает разные полезные навыки, и это правда. Много чему полезному и бесполезному я в армии научился. Но и страх, постоянно военным человеком владеющий, в меня впитался надолго. При том, что был я солдатом строптивым и за все четыре года ни разу не выполнил ни одного приказания, которое считал слишком несправедливым или оскорбительным. И в школе механиков, и после нее, бывало, прямо говорил: «Этот приказ выполнять не буду». И каждый раз мне это сходило с рук, потому что, если бы младший командир настаивал на своем, ему бы пришлось привлечь к себе внимание старших начальников, а он этого боялся больше меня. Когда я слышу о делах сегодняшних, о том, что армейский капитан кого-то расстрелял и не мог поступить иначе, потому что приказ есть приказ, я это оправдание не ставлю ни в грош. Со времен Нюрнбергского процесса цивилизованным миром признано, что исполнение преступного приказа само по себе есть преступление. И если у нас присяжные могут оправдать расстрел невинных людей только потому, что расстрелявший действовал согласно приказу, наверное, мы еще не доросли до того, чтобы считаться цивилизованными.

Несмотря на то что я был строптивым солдатом и, как казалось моим товарищам, никого не боялся, на самом деле боялся и даже очень. Страх жил внутри меня и после службы. Долго еще казалось мне невероятным, что вот иду я по улице и никто не имеет права остановить меня для выяснения, куда иду, и зачем, и где мое разрешение на это хождение. Лет через семь после службы, в Москве, уже в звании члена Союза писателей СССР, то есть по советской иерархии сам вроде как генерал, шел я куда-то с будущим американским профессором Александром Яновым и вдруг увидел спешившего навстречу полковника.

— Наш командир полка! — прошептал я, толкнув Янова в бок, и попытался за него спрятаться.

Янов с удивлением посмотрел не на полковника, а на меня:

— Чего ты съежился?

— Испугался, — смущенно признался я.

БОЕВОЕ ДЕЖУРСТВО

В школе механиков нам время от времени устраивали медицинское обследование, главным элементом которого была сдача мочи на анализ. В серьезность и целесообразность анализа мы не верили. Смеха ради брали ведро, наполняли всей ротой, взбалтывали и разливали по бутылочкам. Врачи ни разу не удивились, почему это у всех одни и те же показатели...

По воскресеньям нас выгоняли на уборку территории — собирать окурки. Мы шли плотной шеренгой, после чего ни одного «бычка» на земле не оставалось. Приемы всяких бытовых процедур в армии совершенно не совпадают с гражданскими, хотя армейскому начальству странно, что военный порядок на «гражданке» не перенимается. Гимнастерки и штаны мы стирали намыленными одежными щетками, а в поршневой авиации полоскали в бензине. Полы посыпали влажными опилками, потом опилки сметали — и было чисто.

Мне повезло служить в армии мирного времени, где иногда казалось, что вся наша служба — идиотская игра, которая вряд ли когда-нибудь превратится во что-то более серьезное. Такое серьезное приблизилось только один раз. 17 июня 1953-го в Берлине произошло восстание рабочих. Оно было быстро подавлено советскими танками, но, очевидно, наше командование готовилось к более неприятному сценарию. В те дни не только в Восточной Германии, но и у нас в Польше все войска были приведены в состояние повышенной боевой готовности. Боевые дежурства несли не звенья, как обычно, а целые полки с подвешенными под крыльями бомбами. От нас до Берлина было десять минут лету. На одном ночном дежурстве я почему-то был не на КП, а приставлен к самолету с молодым, недавно пришедшим к нам в полк летчиком. Сидели в дежурке, играли в домино. Объявили тревогу, на этот раз не учебную. Летчики побежали к самолетам, механики тоже. Мой летчик сел в кабину, я поднялся на стремянку, чтобы из катапультного сиденья выдернуть предохранительную чеку. Прозвучала команда запустить двигатели. Мой летчик засуетился, и я увидел, как у него руки ходят ходуном и он не может попасть пальцем в нужные кнопки. Я сам запустил двигатель и захлопнул над головой летчика фонарь кабины. Отбежал от самолета и смотрел со страхом, что будет дальше. Если он не уймет дрожь, то уже на взлете может разбиться. Но тут объявили отбой. Мой летчик выключил двигатель, вылез из кабины... и я никогда не видел лица счастливее.

ИГРА В ВОЙНУ

Время от времени мы играли в атомную войну, которую солдаты называли Хиросимой (может быть, теперь ее называют Чернобылем). Главным элементом этой игры-войны был атомный взрыв, имитацию которого я уже описал. Посреди летного поля закапывалась железная бочка (200 литров) с бензином. С помощью бикфордова шнура бочку подрывали, она давала потрясающей красоты столб пламени, после которого возникало грибовидное облако. Два дежурных истребителя взмывали в небо, а возле остальных самолетов слонялись без дела техники и механики в противогазах. Однажды во время игры меня и моего приятеля назначили дозиметристами. Выдали нам по деревянной коробке с пустыми пробирками, при помощи которых по приказу начальника штаба полка мы должны были неизвестным нам способом определить степень воображаемого радиоактивного заражения местности.

— Слушаюсь! — прокричали мы и пошли.

Сходили в казарму, сыграли в шашки, постирали портянки, стащили в офицерской столовой банку сгущенного молока и, вернувшись к месту боевых действий, доложили, что местность проверена.

— Какова степень зараженности? — озабоченно спросил начштаба.

— Незначительная! — решительно доложил мой напарник.

— Молодцы! — похвалил нас начальник. — За отличное несение службы объявляю вам благодарность.

— Служим Советскому Союзу! — прокричали мы, ухмыляясь совершенно нахально.

АРЕСТ БЕРИИ

Во время службы я газет, как правило, не читал и политикой не интересовался, но какое-то смутное представление о том, что происходит, имел. Особенно после кампании против безродных космополитов, то есть евреев. Однажды после ночных полетов долго спал. Вышел полусонный еще в коридор, где у тумбочки с кинжалом на ремне стоял Леня Ризин, дневальный. Как я понял, он ждал меня очень нетерпеливо, чтобы огорошить сообщением:

— Слыхал, Берию арестовали?

— Да ладно тебе! — отозвался я.

— Точно говорю, арестовали. Оказался английским шпионом.

Насчет шпиона я, насколько мне помнится, усомнился. Но в то, что Берия достоин ареста, поверил и сказал Лене:

— Ты знаешь, он мне всегда не нравился.

Леня предложил:

— Так, может, ты скажешь заранее, кто тебе еще не нравится.

Я пообещал:

— Обязательно скажу, но потом, когда о нем сообщат по радио.

ПОЛКОВНИК БАРЫБИН

Мы работали вместе. Я приходил, говорил: «Здравия желаю». Не помню, отвечал ли он мне, но я не был уверен, что он знает меня в лицо и помнит мою фамилию. Сколько работали бок о бок, ни разу не поинтересовался, кто я такой, откуда родом, кто родители, чем живу. Между собой офицеры разговаривали так, как будто меня вовсе не было. И я себя вел соответственно: в общий разговор не вступал, на то, что слышал, не реагировал.

Они травили разные байки. Самая интересная — про капитана из соседнего полка. Пошел в город, нашел каких-то польских девиц, привел к себе, угостил их выпивкой и сам напился. То ли он девушкам чемто не угодил, то ли просто так решили они пошутить, но, когда он спал, надели они ему на мошонку висячий замок и с ключом сбежали. Он проснулся, видит замок. Попробовал снять — не может, все распухло. Что делать? Признаться кому-то в части боится. Как-то оделся, пошел опять в город. Нашел слесарную мастерскую, располагавшуюся в полуподвале, попросил слесаря помочь. Кто-то из сослуживцев шел мимо, случайно заглянул в окошко, увидел, стоит несчастный капитан на цыпочках, мошонка в тисках, слесарь орудует ножовкой. Сослуживец кинулся в часть, сообщил дежурному по полку, что поляки офицера Советской армии кастрируют, тот поднял в ружье комендантскую роту. Прибежали на место происшествия, и только тут все разъяснилось.

НАШЕ ДЕЛО НЕ РОЖАТЬ

Где-то прочел о том, что в армии в порядке борьбы со СПИДом офицеры будут обучать новобранцев обращению с презервативами. Прогресс! Нас из действий подобного рода обучали разве что натягиванию на голову противогаза. Вообще секс как неизбежная сторона жизни большого скопления молодых организмов армейскими уставами никак не предусматривался, поэтому он приобретал наиболее скотскую форму, какую только можно себе представить. Пока я служил в Польше, какие-либо контакты солдат с противоположным полом были практически невозможны, и большинство с этим стойко мирилось. Но некоторые от насильственного воздержания зверели.

Посудомойка Маша из офицерской столовой в Шпротаве была хрома, беззуба и неопрятна. Ее, за неимением ничего лучшего, человек восемь солдат из комендантской роты затащили в кусты, выстроились в очередь. Стали торопить первого овладевшего ею, чтобы совесть имел и помнил, что не один. Но Маша, тоже сексуально не удовлетворенная, успокоила:

— Мальчики, не спешите, всем хватит.

В Ворошиловграде, куда я попал после Польши, солдаты, отпущенные в увольнение или самовольщики, посещали ближайшее женское общежитие — там жили девушки, завербованные на строительство в Западной Украине. Не знаю, как сейчас, а в описываемое время рабочих из Западной Украины вербовали, или, как в народе говорилось более точно, пригоняли на Донбасс, в индустриальные города Левобережья и на крымские земли, опустевшие после выселения татар. Везде были они дешевой рабочей силой, вроде как в постсоветской России гастарбайтеры молдаване или таджики. Девушки в Ворошиловграде работали на строительстве подсобницами, вели убогий образ жизни. Их общежитие отличалось от солдатской казармы только попытками это жилье украсить нехитрым рукоделием и вырезками из журнала «Огонек». Заработков им еле-еле хватало на пропитание, поэтому они проводили почти все время в своих комнатах, в лежачем состоянии, и случайно перепадающий секс был единственным их развлечением. Солдаты вели себя по принципу: «Наше дело не рожать — сунул, вынул и бежать». Приходили, знакомились, угощали водкой, разбирали лежавших девиц. Привлекательность большого значения не имела. Если девица была слишком уж некрасива, шутили: «Ничего, лицо портянкой прикроем». Обычно не встречая сопротивления, забирались под одеяло и, лежа на боку, вступали в желанные контакты без предварительных условий. При этом поддерживали общий разговор с другими парами. Ничего похожего на романтику в этих соитиях не было.

ДЕВУШКА С РЕМНЕМ

Шурик Громов ходил к одной девушке, которая встречала его лежа и не вставала для провожания. И он никогда не приглашал ее ни встать, ни пройтись, ни сходить в кино. Однажды он пришел и увидел, что ее нет. Он спросил у ее подруг, где она. Ему сказали: «В роддоме». Шурик спросил, что она там делает? «Рожает». Сколько раз он с ней встречался под одеялом, всегда она ложилась к нему спиной, он при этом по наивности даже не заметил, что она была беременна, и не просто беременна, а на сносях. Узнав новость, Шурик нисколько не огорчился и тут же получил свое от той, которая сообщила ему это известие.

Этот же Шурик шел как-то пьяный из самоволки в часть по пустынной степной дороге, встретил незнакомую девушку. Ни слова не говоря, схватил ее в охапку, оттащил в сторону от дороги, уложил на траву, сопротивления не было. Потом оба встали, отряхнулись, она сказала «спасибо» — и разошлись в разные стороны. Солдаты в большинстве своем предпочитали именно такие скотские радости, настоящих отношений избегая и надеясь, что нечто более серьезное, может быть, и любовь, придет к ним потом, после демобилизации. Девушки — не такие забитые, как описанные мной, а не потерявшие еще надежды на замужество — к солдатам относились с большим недоверием. Каким кавалером может быть солдат? Дадут увольнение — придет, не дадут — даже сообщить, что не дали, не сможет. Нищий. Денег у него нет ни на конфеты, ни на кино, ни на танцы. Встречаться с ним можно только где-нибудь в подъезде, под деревом или в кустах. И городские девушки солдатами, как правило, пренебрегали, а деревенские первые шаги, бывало, делали, но насчет дальнейшего ставили условие: «Вот распишемся, тады хучь ложкой хлебай». В таких случаях солдат часто шел на обман, обещая, что согласен на все, но в обратном порядке. Обман и коварство в отношениях с женщинами в армии почитались за доблесть.

Во всех местах, в которых я служил, мне с восторгом рассказывали одну и ту же легенду. Солдат спал с девушкой, обещал жениться. Пришло время демобилизации. С другими демобилизованными он поехал на вокзал, как будто провожать товарищей. Она, естественно, ему не доверяя, поехала вместе с ним. На станции стоит, держит его за ремень, чтобы он не убежал. А он как будто и не собирается. Но вот поезд тронулся, набирает скорость. Солдат неожиданно расстегивает ремень, вскакивает в уходящий поезд — и был таков. Девушка остается на перроне одна, с ремнем в руках.

ЗАПАХ ШОКОЛАДА

В Бжег на Одере, где мне пришлось служить летом 1953 года, я снова приехал ровно через сорок лет из чешского города Миловице, где снимался фильм о Чонкине. Пока наши войска не ушли из Чехословакии, в Миловице жили сто тысяч военных, членов их семей и кормившихся при армии вольнонаемных. Когда они оставили эти места, Миловице превратился в город-призрак. Безлюдные улицы, опустевшие танковые ангары, армейский клуб, вывеска на строении «...ольствен... агазин» и сотни одинаковых «хрущобок», безжизненных, как после атомной войны, с окнами нижних этажей, заклеенными — зачем? — газетами «Красная звезда», «Правда», «Известия». Побродив по опустелым улицам, я вспомнил армейскую службу, сел за руль и через четыре часа въехал в Бжег.

Добравшись до центра, вылез из машины. Стоял, вертел головой, но ничего не мог вспомнить, пока не подуло от шоколадной фабрики. И тогда город стал проступать, как фотокарточка в проявителе, и проявленное один к одному совместилось с реальностью. Тут же нашлись и были узнаны дома, которые раньше служили казармами, а теперь заселены обывателями (obyvaciel — по-польски гражданин), и наша солдатская столовая, и булыжная мостовая в столовую. Дорога шла мимо озера, где, убегая в самоволку, в негустых зарослях ивняка встречался я с девушкой по имени Элька Гемба. Мы виделись только днем, потому что вечером мое отсутствие в казарме было бы замечено.

Наше знакомство произошло благодаря папиросам «Неман», которые я получал по пачке в день. Она подошла, попросила закурить, потом подошла еще. Так просто, как когда-то с Шурой Щепковской, начался и так продолжился наш роман. Мне было двадцать, ей двадцать пять. Я не уверен, что она знала, как меня зовут. Она звала меня просто «мальчик». Элька меня учила польскому языку, всяким словам, приличным и неприличным, учила целоваться, но когда я слишком распускал руки, она их прикладывала к своей груди, целовала пальцы и тихо шептала: «Мальчик, я ти кохам (я тебя люблю), я ти дам. Але не тераз (но не сейчас). Але дам».

Мы купались и опять прятались в кустах, а потом расходились поврозь, потому что общение с ней грозило мне наказанием «за связь с местным населением», и у нее тоже могли быть неприятности, и немалые, потому что польская женщина, связавшаяся с русским солдатом, есть курва, достойная всяческого презрения. В день последнего свидания я расхрабрился, проявил большую настойчивость, и она уже почти совсем поддалась, но в последнее мгновение опомнилась, оттолкнула меня от себя и твердо сказала: «Не, так не бенде (не будет)». Я обиделся и отодвинулся. Она поцеловала меня и сказала на ухо, словно кто-то мог подслушать: «Я ти кохам, мальчик, я ти кохам». Я продолжал сопеть обиженно и услышал те же слова в новой редакции: «Я ти дам. Але не тераз. Але не тутай (не здесь)».

— Когда? Где? — спросил я сердито.

— Ютро (завтра), — сказала она просто. — Ютро вечорем. Пшидешь до мне, Школьна, чтернаштя (четырнадцать). — И стала объяснять, что хочет, чтобы все было красиво, с вином и свечами...

Романтический стандарт: вино и свечи.

— Я на тебе женюсь, — вдруг пообещал я, хотя никто меня за язык не тянул. Я не врал, чувствуя, что вправду хочу прийти к ней, и навсегда.

— Глупый, глупый, — сказала Элька. По-польски «л» почти не слышится, и слово звучит как «гупый». — Гупый, то ти не вольно (тебе нельзя).

— Можно, — сказал я с вызовом не слышащим меня высшим силам. — Можно. Мы пойдем в ваш загс, запишемся и никого не спросим.

— То ти не вольно, — повторила она. — Ти ниц (ничего) не вольно, але я ти дам. Ютро вечорем, Школьна, чтернаштя. Запамёнтал (запомнил)? Школьна, чтернаштя...

«МАЛЬЧИК, ВТЕКАЙ!»

В тот день под влиянием не осознанных нами ощущений мы расслабились и пошли по городу вместе. Никогда этого не делали раньше. А тут... Она взяла меня под руку, и мы шли, как будто так и полагалось. Я совсем забыл, что идти по улице под руку с польской девушкой — это преступление, близкое к чему-то вроде измены родине.

Я не сразу заметил группу военных на другой стороне улицы. Это были офицеры чужой, танковой, части, всегда с авиаторами враждовавшей, и с ними один солдат.

Он приблизился ленивой рысцой и, никак ко мне не обращаясь, сказал:

— Старший лейтенант Куроедов приказал тебе подойти.

В другое время я, конечно, подошел бы. Но тут со мной была любимая девушка, и я, слегка только повернув голову к гонцу, сказал:

— Если старшему лейтенанту нужно, скажи, пусть сам подойдет.

Гонец порысил назад, к офицерам, доложил, и я увидел, что от их группы отделился и направляется к нам старший лейтенант.

— Мальчик, втекай (беги)! — прошептала Элька и вырвала руку у меня из-под мышки.

— Зачем же? — спросил я беспечно.

Офицер прибавил шагу.

— Мальчик! — зашептала она громко. — Мальчик, я ти прошу, втекай и запаментай: Школьна, чтернаштя...

Наконец я понял, что она права, и побежал, хотя было стыдно перед ней. Оторваться от лейтенанта Куроедова было нетрудно. Трудней было уйти от реальности.

В рассказе «Запах шоколада» об армейской любви у меня другой финал, вымышленный. Кто захочет — прочтет. А реальный финал был такой. Куроедов явился в нашу часть, поднял скандал, требовал, чтобы всех построили, искал солдата с парашютным значком. Но меня среди построенных не нашел, потому что значок я открутил, а без значка он меня опознать не смог. И хотя мои командиры знали, что со значком ходил именно я, они меня представителю враждебного рода войск не выдали...

На этом наш с Элькой роман закончился. Она почему-то стала меня избегать. Когда я однажды у дома № 14 по Школьной улице ее подстерег, она пролепетала, что нам пока лучше не встречаться, когда-нибудь она объяснит почему. Но до объяснения дело не дошло, а я только много лет спустя догадался, что у нее тоже были какие-то неприятности, связанные со мной.

ОТ ПОЦЕЛУЕВ ДОЧЕРИ НЕ РОЖДАЮТСЯ

Но я не досказал историю своей поездки в Бжег, сорок лет спустя.

Когда мы искали могилу Вали Чуприна, я спросил своего провожатого, не знает ли он случайно женщину по имени Элька Гемба. Выяснилось, что знает и готов меня проводить к ней, предупредив:

— Но она старушка. Ей лет шестьдесят пять.

Я согласился, что так примерно и должно быть.

Подъехали к какому-то дому. Провожатый постучался в дверь на первом этаже, дверь отворилась. Пожилая женщина стояла на пороге и смотрела то на меня, то на провожатого, вытирая мокрые руки о фартук.

— Ну вот, — сказал провожатый, раскинув руки, одну — в сторону хозяйки, другую — в мою сторону, как бы собираясь нас соединить. — Ну вот...

Я спросил женщину, не зовут ли ее Элька. Она закивала головой:

— Так, так, естем Элька.

— А фамилия Гемба?

Она сказала, что не Гемба, а Гембка. Я подумал, что разница небольшая, я мог бы и перепутать. Вглядываясь в нее, я, почти уверенный, что это не она, все же спросил, не было ли у пани когда-нибудь русского друга. Она, вглядываясь в меня, сказала: «Нет, нет, русского не было». Хотя, как мне показалось, ей сейчас было бы приятно, если бы какой-нибудь пожилой иностранец разыскивал ее из лирических побуждений. «Но может быть, ты не помнишь?» — спросил ее провожатый. «Нет, — сказала она с явным сожалением о несостоявшемся прошлом. — Если бы такое было, я бы запомнила...»

Я все же поинтересовался, не жила ли пани когда-нибудь на улице Школьной в доме 14. Пани покачала головой. И вдруг спохватилась: «Я знаю, о ком вы говорите! Она жила на Школьной, но потом переехала на Костюшко, у нее дочери лет сорок. Правильно, Элька Гемба... Але она юж не жие (но ее уже нет в живых)».

Я не очень удивился. Сорок лет — срок нешуточный.

Я сказал: «Извините, пани». Пани сказала: «Ну, что вы, что вы».

Провожатый вышел со мной на улицу и предложил поехать к Элькиной дочери. Я не захотел. Он спросил:

— Почему ты не хочешь ее увидеть? Может быть, она твоя дочь?

— Нет, — сказал я. — Она не может быть моей дочерью.

— Почему?

— Потому что от поцелуев дочери не рождаются.

Я ехал назад в Чехию и думал, что если бы сорок лет назад нас с Элькой судьба не разъединила, то...

На этой мысли я запнулся, а додумав ее, сказал сам себе, что, скорее всего, ничего бы хорошего не было. Потому что одного физического влечения для любви на всю жизнь все-таки недостаточно, а что нас еще могло долго объединять, я не знаю.

УЧИТЬСЯ НА ВЕРТОЛЕТЧИКА

Представился случай убедиться, что Барыбин знает меня и помнит мою фамилию.

Мы с Ризиным отправились в самоволку, и вдруг на какой-то улице вылетел из-за угла открытый «Виллис», а в нем справа от шофера — комполка. «Виллис» несся на большой скорости и сначала нас проскочил, потом задним ходом вернулся к нам.

— Войнович! — закричал полковник. — Это вы куда идете? В самоволку? Водку жрать?

— Да что вы, товарищ полковник! — сказал я. — Какая водка? У нас и денег на водку нет.

— Свинья грязи найдет. Садитесь в машину!

Мы сели на заднее сиденье и немедленно были доставлены в часть. Барыбин нас высадил и опять уехал. Мы думали, что за самоволку нас накажут, но этого не случилось. На другое утро снова были полеты, я снова сидел рядом с Барыбиным, он о вчерашнем не вспоминал, я — тем более. Через несколько дней меня вызвали к нему в штаб. Я удивился и подумал, что, наверное, он решил меня как-то все-таки наказать. Я пришел, начал докладывать:

— Товарищ полковник, рядовой Войнович по вашему приказанию...

— Садись! — перебил меня он. — Ты, оказывается, летчик?

— В каком смысле? — спросил я настороженно.

— В прямом. Ты в аэроклубе учился? Я тоже начинал с аэроклуба. Летать хочешь? Ну, что ж, оформляй документы, поедешь в Россию учиться на вертолетчика...

ВЫСЫЛКА И ПЕРЕСЫЛКА

«Голову уткнув в мою шинель авиационного солдата, девушка из города Кинель «золотцем» звала меня когда-то...» Это первая строфа моего стихотворения, написанного в 1958 году. Поэт Владимир Корнилов подозревал, что Кинель у меня всего лишь для рифмы. Я спросил: «Если я тебе скажу, что я служил в городе Кинель, ты поверишь, что не только для рифмы?» Ему пришлось поверить.

В этот город Куйбышевской области я попал из Польши. Ехал в вертолетное училище, а оказался на пересылке. Понятие «пересылка» у меня было связано с представлением о пересыльной тюрьме. Наша пересылка тюрьмой не была, но внешне от нее не сильно отличалась. Сходство с тюрьмой усиливалось и тем, что свозили сюда людей, чем-то проштрафившихся за границей. Хулиганов, насильников и злостных самовольщиков. Но мы, высланные из Польши, Германии, Австрии и Венгрии, представляли собой преступников не реальных, а потенциальных и особого рода. Все до армии занимались в аэроклубах. Вскоре понятной стала причина. Оказывается, незадолго до нашей высылки служивший в ГДР авиамеханик, тоже научившись до армии кое-чему в аэроклубе, украл самолет «По-2» и перелетел через речку из советской зоны оккупации в американскую и попросил политического убежища. После этого ЧП начальство приняло решение: всех техников, механиков и прочих лиц наземного персонала, имевших хотя бы небольшое летное образование, отправить подальше от границ с западными странами.

Существенное отличие нашей пересылки от тюрьмы — то, что здесь в заборе дырки, сквозь которые можно уйти в самоволку. Целыми днями сидеть в казарме — тоска, а чем нас занять — начальство не знает и потому не очень нас сторожит. На КПП стоит часовой. За проход сквозь охраняемую им будку он отвечает, а пролезающий через забор в двух метрах от будки его не интересует. Практически все ходили каждый день в самоволку, в основном в местный клуб. В этом клубе на танцах я познакомился с молодой женщиной, которая мне сказала, что ее муж тоже служил в авиации в Польше, потом комиссовался и по дороге домой в Рузаевке попал под поезд. Я спросил у нее фамилию мужа. Как выяснилось, это был Коля Никандров, которого в 159-м полку я сменил на должности планшетиста. Тогда, наверное, первый раз я поверил, что мир действительно тесен. Молодая вдова собиралась второй раз замуж, а меня познакомила со своей подругой, как звали которую — не помню, а она звала меня «золотцем», что я и отразил потом в стихах. Мы с ней встречались возле клуба, затем я провожал ее до дома, где мы очень по-детски целовались, не более того. Возвращаясь в часть, я проявлял крайнюю бдительность, а заслышав стук солдатских сапог, прятался. Здесь стоял строительный батальон, солдаты которого враждовали с составом нашей пересылки.

МАМАЕВО ПОБОИЩЕ В ГОДОВЩИНУ ОКТЯБРЯ

Когда кто-то пытается объяснить взаимную нелюбовь соседних народов, я вспоминаю о вражде родов войск армии одного государства. Потребность в ненависти свойственна природе людей, и повод для вражды они ищут в отличиях себя от тех, с кем враждуют. Если нет различий в цвете кожи или волос, то иной колер погон тоже сойдет. Сухопутные испокон веков ненавидели моряков, в Бжеге на нас недобрым глазом смотрели танкисты, а уж в Кинели местный стройбат (кавказцы и азиаты), отличаясь и кожей, и погонами, нападал на контингент пересылки регулярно.

Я прожил в Кинели недели две и стал свидетелем побоища, происшедшего в канун 36-й годовщины, как теперь принято говорить, Октябрьского переворота.

Все началось из-за ремня. Солдаты, служившие за границей, кроме нас, «поляков», носили кожаные ремни. У нас, как и в стройбате, ремни были брезентовые. Несколько стройбатовцев встретили у входа в клуб солдата, приехавшего из ГДР, и потребовали у него отдать ремень. Тот снял ремень и пряжкой ударил одного из грабителей. Его, естественно, свалили и стали бить ногами. Говорили, он оказался очень ловким, дернул за ногу одного из избивавших, тот упал, и товарищи, не разобравшись, в чем дело, стали бить своего. Криков его не слышали, потому что сами громко кричали. А наш ловкач как-то выполз наружу и убежал.

У нас в это время был предпраздничный вечер: замполит в «ленкомнате» читал доклад о Великой Октябрьской социалистической революции и ее исторических завоеваниях.

Вдруг в «ленкомнату» вбежал кто-то из солдат:

— Ребята, наших бьют!

Все вскочили и кинулись к выходу.

— Стойте! Куда вы? — бестолково кричал замполит и пытался закрыть дверь своим телом. Его оттолкнули, вся орава ринулась через проходную за территорию пересылки и топочущим стадом побежала по городу. Ворвались в клуб. Там был антракт после первой части праздничного концерта. Народ толпился в фойе в очереди к буфету. Тут же был и директор клуба.

— Товарищи, в чем дело? — забеспокоился он.

Бежавший впереди всех перворазрядник по боксу с ходу его нокаутировал. Тело директора совершило кульбит и сбило стол, с которого продавались напитки и закуски. Послышались крики, хруст ломаемой мебели, звон бьющейся посуды. Не найдя ни одного стройбатовца, наши своротили челюсти кому-то из штатских и, покинув клуб, рассыпались по городу в поисках обидчиков. Но беготня эта была только на пользу стройбатовцам: они здесь служили давно и город знали, а мы нет. Наши раскололись на группы, и одни вернулись в казарму, а другие все еще бегали по городу. Тем временем стройбатовцы прибежали к себе в часть, и дежурный офицер, узнав, что случилось, объявил тревогу и приказал раздать солдатам оружие. Стройбатовцы, теперь уже с карабинами, стали бегать по городу, часть наших вернулись в казарму, забаррикадировались и приготовились к осаде. Под утро к проходной подползло странное существо — кусок кровавого мяса, в котором был с трудом узнан кто-то из наших солдат. Потом я слышал, что в ту ночь до полусмерти были избиты несколько стройбатовцев и человек около двадцати наших. Сколько точно, понять было невозможно. Мы здесь были люди временные, даже перезнакомиться не успели.

Сражение в ночь на 7 ноября 1953-го было воспринято командованием Приволжского военного округа как большое ЧП. В Кинель приехала комиссия из нескольких генералов. Стройбатовское начальство получило взыскания — кому выговор, кому задержка очередного звания, а офицер, раздавший оружие, был отдан под суд. Пересыльный пункт разогнали, и мы поехали в разные стороны. Я — сначала в штаб Киевского военного округа, а там получил направление в Ворошиловградское штурмовое училище.

«ДЫ-ДЫ-ДЫ»

Из Польши в Кинель, а затем в Киев я странствовал с однокашником по шпротавской школе Вовкой Давыдовым, большим выдумщиком. Еще в самом начале нашей учебы в клубе он, окруженный восхищенными слушателями, рассказывал, как летал на планере и в критическую минуту покинул его с парашютом самым что ни на есть экстремальным способом: не прыгнул, а высунул из кабины задницу, дернул за кольцо — и надувшийся парашют вытащил его из кабины. Таким способом летчики горящих истребителей и бомбардировщиков, бывало, спасали свою жизнь, хоть и рисковали, что им отобьет килем ноги или то, что мужчины особенно берегут. Это случалось крайне редко: во время войны или летных испытаний, когда самолету грозит катастрофа и уже не хватает высоты, чтобы прыгнуть более или менее нормально. Но чтобы такое случилось с начинающим планеристом — я себе представить не мог, тем более что планеристы-курсанты летали без парашютов. Я приблизился к рассказчику и сказал ему, что он все врет. Тот сперва возмутился моим вмешательством, но, поняв, что я говорю со знанием дела, смешался и слушателей своих покинул. Когда мы оказались в одном классном отделении, а потом и в одном полку, Вовка при мне рассказывать небылицы остерегался. Но фантазерское начало рвалось у него наружу. Однажды в Кинели он, сильно напившись, стал в пивной делиться с сидевшим рядом случайным собутыльником воспоминаниями о наших якобы подвигах в июне 1953-го. При этом меня призывал в свидетели:

— Помнишь, Володя, как мы с тобой шли на бреющем прямо над их головами и крошили этих гадов из всех трех пушек: ды-ды-ды-ды...

Мне было неприятно слушать про «этих гадов». Но я не хотел разоблачать товарища и, сгорая от стыда, кивал головой и отворачивался.

НЕ ВЫДАЛ ВОЕННУЮ ТАЙНУ

В Кинеле я заподозрил, а в Ворошиловграде убедился в том, что меня нагло обманули. Хоть и попал в летное штурмовое училище, но ни на вертолетчика, ни на штурмовика мне учиться не светит. Меня определили механиком в ПАРМ (Полевая авиаремонтная мастерская). Чинили мы то, на чем курсанты летали: штурмовики «Ил-10», реликтовые образцы поршневой авиации. Начальник ПАРМа, майор, держался с нами, как начальник цеха с рабочими, соблюдение минимума каких-то военных правил его тяготило. Здесь я проработал всю зиму, которая оказалась необычно суровой. Я дважды обморозился. Ухо и щеку отморозил, когда нам при минус 33 устроили лыжный кросс, и потом руку — когда контрил (закреплял проволокой) какую-то труднодоступную гайку в самолете и долго держал ладонь прижатой к холодному металлу.

Работали мы на свежем, слишком свежем воздухе, греться ходили в передвижной, на полозьях, домик, где печку топили снегом, пропитанным бензином. Вообще бензином пользовались широко. Не только мыли им руки, но даже гимнастерки стирали в бензине. Окраина города, где находилось училище, называлась Острой могилой. Недалеко была пивная, куда я часто заглядывал, благо мне все еще платили мои 300 рублей. Там я однажды уподобился Вовке Давыдову, но не из бахвальства, а по другой причине. Сидел за столиком один, потом ко мне подсели два простецкого вида мужичка, один из которых сразу принялся расспрашивать, кто я такой, откуда, кем служу и летаю ли. Я уже подвыпил, но не настолько, чтобы себя не контролировать, и сказал, что летаю. Он спросил, на каких самолетах, не на реактивных ли. Я сказал, что на реактивных (которых в Ворошиловграде не было).

— А какая у ваших самолетов скорость? — допытывался тот.

— Большая, — сказал я, прикидывая, не дать ли ему кружкой по голове. — Скорость у них такая, что вжик — и нету.

— А реактивные снаряды на них есть?

— А как же! Конечно, есть.

— А какого калибра?

— Крупного, — сообщил я, убедившись, что передо мной шпионы, соображая, что одного, допустим, кружкой ударю, а второго могу не успеть.

Я вышел из пивной, якобы по малой нужде. Прямо у крыльца увидел милиционера, которому сказал, что внутри сидят люди, интересующиеся скоростями боевых самолетов и калибрами реактивных снарядов. Милиционер зашел вместе со мной в пивную, разглядел сквозь табачный дым моих собеседников и сказал: «Да это наши...»

До сих пор я не представляю, из какого ведомства были те двое. Военные контрразведчики или «штатские» чекисты? А милиционер, назвавший их «нашими», был тоже из них? Или в милиции была своя чекистская служба?..

Это произошло в субботу. А в понедельник, проводя с нами очередное политзанятие, начальник ПАРМа сказал что-то о дисциплине, как ее надо соблюдать, как нельзя нарушать. «А вот некоторые, — сказал он, — ходят в самоволку, пьянствуют и рассказывают, как они летают на реактивных самолетах». При этом он на меня не смотрел и потом ничего плохого мне не сделал. Я решил, что мне самоволку простили за то, что я проявил бдительность и военной тайны не выдал.

ПОМЫТЬ ГАЛОШИ

Весной 1954-го меня перевели в истребительное училище в город Чугуев Харьковской области, известный благодаря частушке: «По реке плывет топор из города Чугуева...» Там я прослужил еще больше полутора лет, оттуда и демобилизовался. Обслуживал «спарку» «УТИ—МиГ-15», от обычного истребителя отличавшуюся только двойной кабиной. Командиром у меня был летчик-инструктор старший лейтенант Усик. Летчики охотно брали своих механиков в воздух, и Усик меня тоже часто катал.

В первый раз, когда я надевал шлемофон, он сказал:

— Возьми с собой пилотку.

— Зачем? — спросил я.

— Чтоб было куда блевать.

— А я не собираюсь блевать.

— Не собираешься, но будешь.

— Не буду.

— Ну, смотри... Потом машину сам будешь мыть...

Полетели. Усик вертел самолет так и сяк, делал петли, бочки, полубочки с полупетлей (раньше называвшиеся «иммельман») и время от времени спрашивал, как я себя чувствую.

Я отвечал, что нормально. Усик спросил, что за село под нами. Я сказал: «Граково». — «Посмотри внимательней». Он перевернул самолет вниз кабиной и сделал обратную полупетлю. Я убедился, что не Граково, а Шевченково. Усик был разочарован, что никак не удается меня укачать, и, возвращаясь на аэродром, делал развороты с отрицательным креном (вниз головой) и крутым снижением. На земле он потряс меня за плечи и заметил: «Башка у тебя крепкая». Я сказал, что меня даже на планере не укачивало. Усик согласился, что на планере, который в воздухе швыряет, как щепку в океане, укачаться можно скорее...

Не только Усик летал на моем самолете, но и старшие командиры, проверявшие искусство пилотирования младших. Командир звена капитан Труфанов проверял Усика, командир эскадрильи майор Собур проверял Труфанова, а майора Собура проверял командир полка Бойко, бывший тоже в чине майора. Командир полка для рядового солдата слишком большая шишка, чтобы иметь с ним какие бы то ни было отношения, но я майора Бойко не любил. Когда он тихим голосом говорил со своими подчиненными, включая начальника штаба подполковника Плясуна, бывшего старше его не только по званию, но и по возрасту, то брезгливо морщил нос и выпячивал нижнюю губу.

Моя нелюбовь к Бойко усилилась после небольшого инцидента. Штаб полка находился в том же помещении, что и наша казарма. Поднявшись на второй этаж, попадаешь в коридор, в конце которого — казарма, а, не доходя до нее, по левую руку, две или три комнаты занимал штаб. Однажды я чего-то ждал в коридоре, когда там появился Бойко. Я отдал ему честь. Он остановился.

— Товарищ солдат, зайдите ко мне.

Я зашел. Он, снимая шинель, сказал:

— Товарищ солдат, у меня к вам просьба. Вы не могли бы помыть мне галоши? — Бойко надевал галоши на сапоги.

Я растерялся, хотя знал, что с подобной просьбой он обратился не ко мне первому. Но в армии просьба начальника к подчиненному — это приказ, а приказ должен быть выполнен беспрекословно, точно и в срок. В свое время на политзанятиях я спрашивал преподавателей, как понимать эту формулировку устава. Мне отвечали: «Так и понимать. Приказано — выполняй, не рассуждая». Я интересовался: а что, если начальник прикажет почистить ему сапоги? Мне отвечали, что, если прикажет, надо чистить, но вообще такого быть не может. Советский офицер советского солдата унизить никогда не посмеет. Конечно, если бы меня попросил кто-то чином пониже, я бы отбрил его, но это же командир полка!

Все же я собрался с духом и сказал:

— Нет, товарищ майор, галоши мыть я вам не буду.

Я думал, он спросит почему, и тогда я отвечу, что это не входит в мои служебные обязанности. На что он в полном соответствии с уставом мог бы возразить, что мои служебные обязанности определяю не я, а он. Однако майор Бойко не выразил ни удивления, ни недовольства. Он сказал:

— Хорошо. Идите.

И я пошел.

КОМАНДИР ХОЧЕТ КВАСУ

Второй конфликт случился, когда мы стояли в летних лагерях у деревни Граково. В какой-то из нелетных дней я был дневальным. Сменился, прилег отдохнуть. Звонок. Начальник штаба подполковник Плясун требует свободного дневального к себе. Я оделся, пошел. Подполковник протягивает эмалированный кувшин.

— Сбегайте в офицерскую столовую, командир полка хочет квасу.

— Если хочет квасу, пусть сам и бегает.

Подполковник опешил:

— Ч-что-что вы сказали?

— Товарищ подполковник, я солдат, а не лакей. Разрешите идти?

— Идите, — растерянно ответил Плясун.

После этого Плясун обращался ко мне, когда приходилось, вполне почтительно. А вот инженер эскадрильи Кудлай меня возненавидел. Сам он всегда откровенно холуйствовал перед всяким начальством, и я отпускал по этому поводу язвительные замечания.

Командир полка на моем самолете летал несколько раз. Естественно, перед полетом надевал парашют. Обычно парашют лежит на земле у самолета. Механик или техник помогает летчику его надеть и застегнуть лямки. Совершенно естественная услуга. Другим летчикам и даже курсантам я охотно помогал — всем, за исключением командира полка. Потому что он и здесь вел себя как барин. Подойдет, встанет спиной к парашюту, широко расставив ноги и разведя руки, и даже не смотрит на того, кто подбежит и начнет его снаряжать. В таких случаях я прятался за фюзеляжем и крутил винты смотровых люков, делая вид, что занят работой и не вижу начальства. Но мой техник лейтенант Геркалюк замечал и кидался майору на помощь.

Как-то Бойко пришел, а Геркалюка нет. Майор встал спиной к парашюту, а никто не подходит. Он стоит, ждет, я прячусь, капитан Кудлай возится у соседнего самолета.

Я кричу:

— Товарищ капитан, чем вы там занимаетесь? Командир полка ждет, что кто-нибудь подаст ему парашют, а вы там возитесь черт знает с чем!

Капитан поднимает голову и видит — какой ужас! — что командир полка ноги расставил, руки развел и стоит неподвижно и одиноко. Кудлай бросает все и сломя голову несется на помощь. Посылает ненавидящий взгляд мне и льстивую улыбку командиру. Подбегает к нему, приседает на корточки, падает на колени, проползает между ног, щелкает замками, а потом, когда командир поднимается по стремянке в кабину, мягко ему помогает, упершись руками в ягодицы.

А я при этом не очень громко, но и не слишком тихо комментирую:

— Хорошо, товарищ капитан, у вас получается. Если бы вы себе еще и языком как-нибудь помогли...

Вот так я себя вел в армии и задним числом удивляюсь, что все это сходило мне с рук. Больше того, некоторые офицеры, зная мою строптивость и язвительность, относились с уважением, а иные боялись попасть мне на язык.

НОРМАТИВНАЯ И НЕНОРМАТИВНАЯ ЛЕКСИКА

Ненормативной лексикой я в своих текстах обычно не пользуюсь, при необходимости заменяю ее точками. Но в данном случае точками не обойтись. Надеюсь, современный читатель, приученный к восприятию ненорматива новой литературой, мне простит. В Чугуевском училище в конце недели командир звена капитан Труфанов солдат и сержантов, собравшихся в увольнение, инструктировал приблизительно так:

— Товарищи механики, эту неделю ничего плохого про вас сказать не могу, все работали хорошо, качественно, безаварийно, выполняли приказы командиров, дисциплину не нарушали. Молодцы, благодарю за службу! Теперь многие из вас пойдут в увольнение. Но если, еби вашу мать, какой-нибудь пиздюк теперь думает, что, хорошо поработав, он может напиться в жопу, насрать на свои погоны, положить хуй на воинскую дисциплину, на родную часть и на честь ее знамени, если он думает, что он ебал всех командиров с их приказами и предписаниями, а капитана Труфанова ебал трижды, такому разъебаю я не завидую. Все ясно? Ну что ж, товарищи, желаю вам приятно провести свободное время.

Между прочим, капитан гордился тем, что был отличником в школе и летное училище окончил с отличием. И вообще был хорошим летчиком, талантливым и образованным человеком.

Но самым образованным и оригинальным был в Чугуеве начальник училища Герой Советского Союза полковник Романенко. Он, наверное, хотел понравиться нижним чинам и поэтому с солдатами был исключительно вежлив и даже учтив. Когда встречный солдат отдавал ему честь, он в ответ совсем не по уставу наклонял голову и тихо говорил: «Здравствуйте». С офицерами, напротив, был строг. Однажды собрал их всех, заставил писать диктант и потом сам читал и поставил большинству двойки. Распекал в присутствии подчиненных.

Нашему комэску майору Собуру, совершив с ним полет на спарке, сказал: «Сила есть — ума не надо». Очень любил собирать общее собрание всего училища и, произнося без бумажки длинные речи, сдабривал их прочитанными наизусть длинными цитатами из стихов Твардовского и прозы Михаила Алексеева.

БОСТОНОВЫЙ КОСТЮМ

Ненависть к инженеру эскадрильи Кудлаю была у меня ответная. Он меня сразу невзлюбил, не знаю, за что, подозреваю, что опять за окончание «ич». И его нелюбовь имела вполне материальное содержание. Дело в том, что, покидая Польшу, я был выведен, как в армии говорится, за штат, то есть, оставаясь по профессии механиком, я в Чугуеве и работал механиком, но сверх имевшихся в нашей эскадрильи вакансий. Полгода я получал соответствующую зарплату — 300 рублей в месяц, но по истечении данного срока стал получать обыкновенное солдатское жалованье 30 рублей. Мне говорили, что справедливость будет восстановлена, как только освободится штатное место. Но как только такое место появлялось, его отдавали кому-то другому, в том числе и тем, кто появился здесь позже меня. И все потому, что я не понравился нашему инженеру. Положение мое мне казалось унизительным. Мои товарищи, с кем я исполняю одинаковую работу, получают деньги, на которые можно купить себе хромовые сапоги, а девушке букет цветов, пригласить ее в кино, прийти к ней с бутылкой вина. А я если куплю одну бутылку в месяц, то уже не останется ни на что. За первый год моей службы в Чугуеве вакантные должности механика открывались несколько раз. И каждый раз стараниями Кудлая доставались не мне. Я возмущался, бунтовал, отказывался выходить на работу. Но армия есть армия, полное неповиновение грозило мне дисциплинарным батальоном, и я смирялся. В конце концов, за полгода до демобилизации в штат меня все-таки ввели, и я смог себе позволить не только траты на мелкие удовольствия, но даже ухитрился накопить денег на бостоновый костюм.

ПЕРЕГОРЕВШАЯ ЛЮБОВЬ

Истек четырехлетний срок моей службы. Кудлай выстроил на аэродроме увольнявшихся в запас и всем, кроме меня, выдал по почетной грамоте. А мне объявил устную благодарность. На что я сказал «спасибо».

Он меня поправил:

— Вы должны отвечать не «спасибо», а «Служу Советскому Союзу!».

Я ответил:

— Советскому Союзу я уже отслужил, а вам ничего не должен.

Увольняли нас в несколько очередей. Командиры имели право ценных специалистов на какое-то время задержать. Я думал, что Кудлай постарается избавиться от меня в первую очередь, но именно меня, как исключительно ценного, он оставил еще на два месяца. Для меня это был удар. Сразу после демобилизации я собирался поступить в вечернюю школу, задержка на два месяца могла эти планы разрушить.

И я сказал Кудлаю, что работать больше не буду.

— Это что, забастовка? — спросил он.

Я сказал:

— Да, забастовка.

Не помню, что ответил Кудлай, но на работу я в самом деле ходить перестал. Иногда дежурил по летной столовой. Там работа простая: привезти со склада на телеге продукты, передать их поварам, вкусно поесть и с официантками пофлиртовать. В свободное время (у меня его много стало) ходил в самоволки, пьянствовал, встречался с девушками, возвращался в полк под утро. Один раз меня поймали, и утром на общем построении комполка Бойко объявил мне пять суток строгого ареста, за что я опять сказал «спасибо». Наказание было неисполнимым: при летних лагерях, где мы еще оставались, гауптвахты не было. Кудлай говорил, что зато гауптвахта есть в Чугуеве и меня в нее обязательно загонят, когда мы после октябрьских праздников туда вернемся. Я же ему пообещал, что если до праздников меня не отпустят, я вообще дезертирую.

— И окажетесь в тюрьме, — сказал Кудлай.

В тюрьме я сидеть не желал, но и начальству создавать в части лишнее ЧП не хотелось. Наутро меня вызвал к себе подполковник Плясун и вручил обходной лист, который следовало подписать в библиотеке, у старшины и у каптерщика в доказательство того, что за мной не осталось никаких материальных долгов.

А я и не должен был никому ничего.

Перед самым отъездом ко мне в казарму зашел Усик, недавно ставший капитаном. Он предложил мне прогуляться и, когда мы вышли, сказал:

— Знаешь, если ты все еще хочешь стать летчиком, я постараюсь тебе помочь. У меня в штабе округа есть знакомый генерал, который занимается военными училищами. Я возьму отпуск, мы поедем в Киев, и я его уговорю, чтоб тебя взяли в училище с условием, что ты одновременно окончишь среднюю школу. Что ты об этом думаешь?

Я растерялся.

Столько лет я мечтал стать летчиком! И вот судьба предложила мне шанс, правда, не очень реалистический. Я сказал Усику, что подумаю. Ночь не спал, взвешивал все «за» и «против». «За» было одно — желание летать. «Против» оказалось гораздо больше. Четыре года я уже отслужил. Если меня возьмут в училище, придется еще три года тянуть ту же лямку, причем, как взятому из милости, быть более дисциплинированным, чем позволяет моя натура. Иначе меня как возьмут, так и выгонят. И вообще летать-то я хочу, но хочу ли служить в армии? В этом я был не уверен...

Утром следующего дня Усик подошел ко мне с вопросом: «Ну что?» Я его поблагодарил за заботу, но предложения не принял. И поехал в Керчь, куда к тому времени перебрались мои вечно странствовавшие родители.

Часть вторая

Я буду поэтом

ГОП, ЧУК-БАРАНЧУК

Повод для очередного переезда мои родители находили постоянно как выход из очередных жизненных затруднений. Ленинабад покинули, потому что там отцу грозил повторный арест. В Куйбышев приехали за мной. В Вологду отправились в надежде на более сытную жизнь. В Запорожье, лежавшее после войны в руинах, перебрались, потому что на Украине было теплее.

В начале 50-х первым поводом для переезда стало мамино увольнение из школы. Через какое-то время отец, работавший в многотиражке «За алюминий», сам хлопнул дверью из-за уволенной, как ему казалось, несправедливо сотрудницы. В Запорожье новой работы не нашел, а может, и не очень искал. Поехал пытать счастья в другие места, попал почему-то в Керчь. Там устроился литсотрудником отдела писем газеты «Керченский рабочий», после чего перевез на новое место маму и мою девятилетнюю сестренку Фаину. Потом в Керчь были перевезены из Вологды и поселились у моих родителей бабушка Эня Вольфовна и мой младший двоюродный брат (третий сын дяди Володи) Коля. Семья доросла до пяти человек. В ноябре 55-го приехал я — шестой, а еще были у нас собака и кошка. Родители снимали три комнаты в отдельном домике далеко от центра и от работы матери и отца, зато у моря.

Мама с папой спали в маленькой дальней комнате, мы с Колей в проходной, на разложенном на полу персидском ковре, бабушка и Фаина — в передней, и там же у входа, на старом ватном одеяле, прижавшись друг к другу, спали кошка с собакой. Бабушке, в конце концов дожившей до 90 лет, тогда было еще 78, но она уже впадала в маразм. Она, насколько мне известно, нигде никогда не училась, но была грамотна и на каком-то уровне владела четырьмя языками — русским, украинским, польским и идишем — и всегда что-то читала. Главным ее чтением были растрепанная еврейская книга, может быть, Тора (я не спрашивал), и прошлогодние номера газеты «Известия», которые она перечитывала как свежие.

Когда-то бабушка была хорошей кулинаркой, теперь мама ее до плиты не допускала, боясь, как бы она не устроила пожар. Иногда бабушка пыталась убирать квартиру, но основных забот было у нее две. Первая — подтягивать гири настенных часов, и вторая — выносить мусор к машине, которая заезжала в наш двор около шести утра. Шофер извещал жильцов о своем прибытии звоном колокольчика. Гири бабушка, залезая на сундук и рискуя при этом жизнью, подтягивала по нескольку раз в сутки.

Беспокоясь о мусоре, часто вставала ночью, опять подтягивала гири, заглядывала ко мне в комнату и спрашивала:

— Вова, ты еще не спишь?

— Сплю, — отвечал я сердито.

— Я только хотела тебя спросить, сколько времени?

Я сердился еще больше:

— Бабушка, ты ведь только что смотрела на часы. Сейчас полвторого ночи.

— А я думала, шесть часов. Я жду мусорника и боюсь его пропустить.

Часа через два она снова подтягивала гири и заглядывала ко мне спросить, сколько времени, потому что она ждет мусорника.

Днем, в свободное от гирь, мусора и чтения время, бабушка сидела на своем сундуке с таким видом, будто о чем-то думала, и вдруг спрашивала меня:

— Вова, а у тебя есть жена и дети?

Я говорил: «Нет».

Тогда она хлопала в ладоши и восклицала: «Так-сяк, сказал бедняк!» — или употребляла другую присказку, наверное, из собственного детства: «Гоп, чук-баранчук, зеленая гичка, люблять мэнэ панычи, що я невелычка...»

ДЕСЯТЫЙ КЛАСС

Вскоре по приезде в Керчь я собрался поступать в вечернюю школу. Хотел записаться в восьмой класс, но мама дала мне самый дельный совет из всех, которые я от нее когда-нибудь слышал:

— Зачем тебе восьмой? Иди сразу в десятый.

Я засомневался: как в десятый? Я ведь окончил только семь, причем пять лет назад, и уже все забыл. Смогу ли я учиться сразу в десятом?

— Сможешь, — сказала мама. — Ты же способный!

И о том, что способный, я тоже от нее услышал впервые.

Я дерзнул и пошел в ту школу, где преподавала она. Впрочем, в Керчи другой вечерней школы не было. Мама работала классным руководителем 10 «А», поэтому я записался в 10 «Б». Директору сказал, что справку об окончании 9-го класса потерял. Он поверил, но сомневался, догоню ли я десятиклассников. Ведь если я окончил девять классов, то это случилось не меньше, чем пять лет тому назад, да и сюда пришел с опозданием: к концу подходит уже вторая четверть. Я обещал постараться. К моему удивлению, не так уж я сильно и отстал. С литературой и историей проблем не было. С физикой тоже быстро разобрался, о том, что отталкивание — основа движения, я узнал еще в школе механиков. Химию я, никогда не уча, знал, как выяснилось, лучше всех в классе. Правил грамматики я как раньше не знал, так и не узнал потом, но писал грамотно. Хотя в письменных работах употреблял слово «учаВствовать» и даже заспорил о правописании с учительницей, но она объяснила, что глагол этот происходит от существительного «часть», и я сдался. С немецким языком дело было очень плохо, потом меня мучили им в институте, и практически зря: приехав жить в Германию, я обнаружил, что английский, который учил всего один месяц, я знаю намного лучше немецкого.

Само собой, поступив в школу, стал искать работу. Ни столярничать, ни плотничать я не хотел, а в авиамеханиках нужды не было. Помог Сидоренко, мой соученик, о котором расскажу отдельно.

«А КАК ЕЕ ИСКРИВИШЬ?»

Петру Ивановичу СидОренко (он сам ставил ударение на втором слоге) было сорок шесть лет, вдвое больше, чем мне, и он казался мне стариком. В школу он всегда приходил в строгом сером костюме — длинный пиджак, широкие брюки, туго затянутый галстук. Сидел на задней парте. Мне он напоминал сестер-«паладурок» — тупиц, с которыми я учился в четвертом классе. Когда его вызывали к доске, он краснел, потел и не мог произнести ни слова. Молчал, по выражению одной нашей учительницы, как партизан на допросе.

Учительница спрашивает: «Может быть, вы не выучили?» Молчит. А если уж раскрывал рот, то приводил учителей в оторопь. Однажды не смог показать на карте, где проходит граница между Европой и Азией. На вопрос, кто написал «Как закалялась сталь», ответил: «Максим Горький».

Преподаватели просто не знали, что с ним делать. Учительница химии обещала, что ни за что его из школы не выпустит. Другие относились к нему более либерально: все-таки человек он был солидный. Преподаватели тихо говорили: «Садитесь, Сидоренко» и, смущаясь, ставили двойку. Или вообще ничего не ставили: «Хорошо, я вам сегодня оценку ставить не буду, но уж к следующему разу, пожалуйста, подготовьтесь».

Будь Сидоренко простой ученик, до десятого класса никогда бы не добрался, но он был не простой ученик, а номенклатурный: заведовал отделом в райкоме КПСС, и среднее образование было ему нужно для продвижения по службе. Петр Иванович учился не в том сельском районе, которым правил, а в городском, где была школа, потому что, как он говорил, учиться по месту работы ему партийная этика не позволяла.

Несмотря на партийную этику, мы с ним сошлись, потому что я ему пытался помогать по химии и физике. Потратив сколько-то бесполезных часов, иногда мы даже выпивали вместе, и тогда Сидоренко был со мной вполне откровенен. Он с возмущением отзывался о химичке: «А что это она позволяет себе так со мной говорить? Она, наверное, не представляет себе, кто я такой. Да я в нашем районе могу любого директора школы вызвать к себе в кабинет, поставить по стойке «смирно», и он будет стоять хоть два часа».

Как-то я спросил его, не трудно ли ему работать на столь важной должности. Ответ его я запомнил на всю жизнь: «Да нет, не трудно... В нашей работе главное — не искривить линию партии. А как ее искривишь?»

ИСТОРИЯ И СВИНЬИ

Сидоренко учился одинаково плохо по всем предметам, включая историю. Но наша историчка (она была моложе не только его, но и меня) ушла в декрет, и ее стала подменять другая, которая работала заведующей отделом народного образования в том же районе, где начальствовал Сидоренко.

Это была очень полная и глупая дама. Предмет она сама знала не шибко и вместо всяких исторических фактов «толкала» нам политинформацию по вопросам текущей политики КПСС. Говорила, что международные империалисты задумали то-то и то-то, но это чревато для них самих. Империалисты угрожают нам атомным оружием, но это чревато для них самих. Империалисты хотят разрушить лагерь социализма, но это чревато для них самих.

На своей основной работе она полностью от Сидоренко зависела, поэтому на уроках была к нему бесстыдно благосклонна. Она вызывала его к доске и спрашивала:

— Скажите, товарищ Сидоренко, когда произошел пятнадцатый съезд партии?

Молчание.

— В одна тысяча девятьсот двадцать седьмом году, правильно?

— Правильно, — соглашался с ней Сидоренко. — В одна тысяча девятьсот двадцать седьмом году.

— Ну что ж, — заключала учительница, — вы подготовились отлично, ставлю вам «пять».

С ее приходом в нашу школу он воспрянул духом и даже слегка зазнался.

— Уж что-что, а историю я знаю, — говорил он мне.

Вечером она вызывала его к доске, а днем он вызывал ее к себе в кабинет и интересовался состоянием системы образования в районе. Обзор системы образования заканчивался маленькими просьбами со стороны учительницы, которые ученик охотно рассматривал. Когда мы в очередной раз выпивали, Сидоренко мне рассказал, как она, очень смущаясь, попросила выписать ей колхозного поросеночка. Он позвонил в какой-то колхоз, и в тот же день ей были доставлены на дом две огромные свиньи по рублю пятьдесят штука на тогдашние дешевые деньги. В конце концов Сидоренко школу окончил и получил аттестат, в котором у него была пятерка по истории и выведенные с большой натяжкой тройки по всем остальным предметам, включая химию. После этого перед ним открылся путь для дальнейшего, уже специального партийного образования и продвижения по служебной лестнице. Вооруженный новыми знаниями, он смело мог руководить свиноводством, искусством или химией. Через несколько лет после окончания школы я узнал, что Сидоренко пошел на повышение в обком, где руководил промышленностью. Химической и всякой другой, какая была в тех местах.

БЕЗ ПОБЛАЖЕК

Когда в нашей вечерней школе подошел срок сдачи выпускных экзаменов, я никаких предметов не боялся, кроме алгебры. В седьмом классе я знал ее плохо, а в десятом вовсе запустил. Нам раздали для подготовки экзаменационные билеты. Двадцать пять билетов — в каждом два или три вопроса. Из отпуска, полученного мною на работе, на алгебру, по моим расчетам, приходилось пять дней. Я подумал, что, если разделить количество билетов на дни, получится всего-то по пять билетов в день. Неужели их нельзя выучить наизусть? И начал учить всю алгебру с шестого по десятый класс. Но потом решил подстраховаться и первый и последний раз в жизни написал шпаргалки. А когда написал, понял, что они мне теперь не нужны, потому что, пока писал, все запомнил. И на экзамен шел спокойно. Думал, что на вопросы отвечу и даже, если задачу не решу, тройку все-таки мне поставят.

Нас в классе рассадили так: в первом ряду на трех партах — те, кто уже взял билеты, дальше ожидавшие своей очереди отличники, сзади остальные. Я вытянул билет, убедился, что с вопросами проблем не будет, а задачу решить даже не пытался, передал билет отличникам. Те сосредоточились, но тоже не решили. «Ладно, — подумал я, — придется удовлетвориться тройкой». Но сидевшие передо мной отвечали долго, я посмотрел на задачу внимательно и увидел, что она решается очень просто. Подошла моя очередь. Быстро ответив на вопросы, я перешел к задаче.

Экзамен принимал учитель физики. Мама была ассистентом. Я еще до результата не дошел, а мать — она же у меня принципиальная — говорит:

— Неправильно.

Я опешил:

— Как неправильно?!

Экзаменатор:

— Правильно, правильно...

Вижу, он говорит «правильно» не потому, что так думает, а готов ради матери сделать мне снисхождение.

Я разозлился на обоих и сказал:

— Я утверждаю, что решаю правильно. Вот посмотрите. Мне никаких поблажек не надо. Эта задача решается так...

Дома мать себя оправдывала тем, что хода моей мысли сразу не поняла и видела, что задачу можно решить короче. Но согласилась со мной, что свою пятерку я заработал честно.

ИНСТРУКТОР ИСПОЛКОМА

Разумеется, учебу в вечерней школе я совмещал с работой. А работу еще в начале года мне нашел Сидоренко. По его протекции я стал инструктором Приморского райисполкома. Непосвященным людям казалось, что инструктор райисполкома — это должность серьезная, а на самом деле она была маленькая и низкооплачиваемая. Мой тогдашний оклад — 450 рублей — был нижайший из низких. Председатели сельсоветов, которых я инспектировал и инструктировал, получали по 600 рублей. На эти деньги жить тоже было нельзя, но власти, определявшие эту зарплату, очевидно, предусматривали, что малооплачиваемые хозяева деревенской жизни свое доберут взятками. Вот они и оправдывали ожидания — добирали.

Если бы я написал да еще и напечатал такую фразу в советское время (что маловероятно), она вызвала бы немедленный и неизбежный массовый гнев советских трудящихся. Советские газеты «Сельская жизнь», а то и сама «Правда» разразились бы гневными отповедями, подписанными так называемыми тружениками села, включая этих же самых председателей сельсоветов. Во всех этих откликах трудящиеся меня бы клеймили как лгуна и клеветника, утверждая, что нет, не таковы наши советские работники, что в подавляющем числе они исключительно честные люди, преданные партии, правительству и делу коммунизма, а если и встречаются кое-где крайне редко отдельные нечестные личности, то наше советское общество немедленно от них избавляется. Еще много навешали бы на меня всяких собак, включая обвинение, что пишу я свои клеветы не иначе как по заданию западных спецслужб и международных сионистских организаций. Но будем считать, что все это в далеком (не очень) прошлом.

Моим непосредственным начальником был ответственный секретарь райисполкома Шутов, один из старейших советских работников. Советских — не в том смысле, как советский инженер или советский летчик, а как работник Совета депутатов трудящихся, то есть органа, который формально являлся советской властью. Шутов был личностью колоритной. Он получал неплохую зарплату, не сравнить с моей, и брал взятки у всех, кто ему их давал. Но пропивал и зарплату, и взятки и ходил всегда в кирзовых сапогах и в солдатском х/б без погон. В гимнастерке, подпоясанной тонким ремешком. Денег у него не хватало даже на дешевые папиросы, поэтому он курил «козью ножку», то есть махорку, завернутую особым образом в клочок газеты. Воевать Шутову не пришлось, но где-то он потерял три пальца правой руки, а оставшимися двумя пользовался очень ловко.

Мое рабочее место было в общей приемной, где сидели еще три женщины: две заведующие — одна общим отделом, другая — отделом кадров — и секретарь-машинистка. Справа от меня был кабинет председателя, слева — Шутова. Шутов приходил на работу раньше всех, а председатель позже всех. Придя, оба запирались в своих кабинетах. Председатель, если ему что-нибудь было нужно, вызывал к себе звонком заведующую отделом, а Шутов изредка выскакивал сам и клал мне на стол очередную бумагу со своей резолюцией. Фамилию мою он запомнить не мог, поэтому называл меня каждый раз по-разному: «Тов. Войткевич! Проверьте данные и доложите!», «Тов. Войнич! Разберитесь!», «Тов. Вайниловович! Почему до сих пор нет протоколов из Горностаевки?».

Служебные обязанности мои заключались в том, чтобы ездить по району инспектировать четырнадцать сельских и один поселковый совет и напоминать председателям о необходимости провести очередную сессию или заседание исполкома, вовремя составить и прислать протоколы. Передвигался я в автобусах, на местном поезде, на попутках, но в первый раз с Шутовым, когда он вводил меня в курс дела, мы объехали все на председательском «газике».

Выглядело это так. Приезжаем в первый сельсовет. Там председатель по фамилии Сколота, малограмотный хитрый мужик. Он медленно выходит из-за стола, давая понять, что хотя начальству рад, но чувство достоинства все же имеет.

— К сессии готов? — спрашивает Шутов, сунув ему свои два пальца. — Доклад написал?

— А чего его писать? — возражает Сколота. — Так, скажу несколько слов, и все.

— Не несколько слов, а доклад на сорок минут.

— Да о чем говорить сорок минут? И пяти минут хватит.

Шутов настаивает: сорок минут. Сколота возражает: несколько слов. И совершенно очевидно, что спор у них не настоящий, а так — рутинная игра. Сколота председателем работает давно и знает, что доклад о чем бы то ни было — о подготовке к весеннему севу, об утеплении на зиму коровников или об укреплении социалистической законности — займет не меньше сорока минут. Потому что в него будет включен краткий обзор международного положения с критикой агрессивной политики американских империалистов и противопоставлением ей мудрой и миролюбивой политики КПСС. Потом будет сказано об успехах всей страны по выполнению решения очередного съезда КПСС и пятилетнего плана с постепенным переходом к местным проблемам.

Покочевряжившись, Сколота соглашается на сорок минут, после чего мы, все трое, направляемся к местному магазину. Заходим. Продавще никто ничего не объясняет, но она свое дело понимает сама. Немедленно выгоняет всех покупателей, объявив, что магазин закрывается на переучет. Затем откидывает доску прилавка и пропускает нас во внутреннее помещение. Там открывает бутылку водки, дает каждому по граненому стакану и соленому огурцу. Выпили, закусили, сели в машину, поехали в следующий сельсовет, где повторяется все один к одному. Шутов говорит председателю: «Сорок минут», председатель спорит, потом соглашается, потом магазин, водка и — дальше. На знакомство с кругом моих обязанностей ушло три дня: в день по пять сельсоветов и по пять бутылок водки.

Поступая на эту работу, я думал, что буду принципиальным и неподкупным, но после такого ознакомления с делом как я мог, приезжая уже в одиночку, отказываться от выпивки с председателем? Так вот ездил и пил. Впрочем, делу это не вредило, потому что дел никаких у сельсоветов не было. Всей жизнью на селе руководили райкомы партии, председатели колхозов и бригадиры. А деятельность сельсоветов сводилась в основном к проведению этих самых реально никого ни к чему не обязывающих сессий и выдаче деревенским людям разных справок, за которые они безропотно расплачивались мелкими взятками.

Кроме поездок по району, в мои обязанности входила проверка протоколов сессий и заседаний исполкомов. Протоколы составлялись полуграмотными секретарями сельсоветов и подписывались такими же председателями. Один из таких протоколов, посвященный укреплению социалистической законности, кончался так: «На территории сельсовета имеется много детей дошкольного возраста, которые в школу не ходят, а занимаются различными видами пьянки и хулиганства. Просим прокуратуру, райисполком и милицию унять зарвавшихся хулиганов».

КУЛЬТ ЛИЧНОСТИ И ЦИК ЛИЧНОСТИ

Весной 1956-го двенадцатилетняя сестренка Фаина спросила меня: «Вова, что такое культ личности, цик личности?» Ну, на первую половину вопроса я как-то ответил, а насчет второй — не сразу догадался, что Фаина слышала по радио, кроме сообщений о XX съезде КПСС и культе личности Сталина, еще и о том, что «руководители предприятий должны настойчиво добиваться цикличности производства».

Я в молодости практически никакого интереса к политике не проявлял, то есть не следил за ее подробностями, но общее направление улавливал и подтекст газетных материалов чувствовал. Появившуюся в «Правде» года за два до XX съезда статью о культе личности заметил. Еще не о культе личности Сталина, а вообще о культе личности как явлении, якобы чуждом КПСС и советскому обществу. Цитировались разные коммунистические авторитеты, и, судя по статье, наиболее решительным противником культа личности был сам товарищ Сталин. Приводился пример. В двадцать каком-то году вышла книга «Детские годы И.В. Сталина», содержавшая неумеренные похвалы герою книги. Товарищ Сталин книгу прочел, и она ему не понравилась. Это эсеры, писал Сталин, утверждают, что историю делают отдельные личности, а мы, большевики, говорим, что историю делает народ. «Книжка, — заканчивал свой отзыв Иосиф Виссарионович, — льет воду на мельницу эсеров. Советую сжечь книжку».

Было ясно, что авторитетом Сталина наносится пробный удар по Сталину. Не знаю, была ли сожжена та книжка. Но доклад Хрущева на XX съезде долгое время считался «секретным», он распространялся по партийным организациям. Я хоть и был беспартийным, но работал в райисполкоме и оказался среди допущенных к тайному чтению. В нашей керченской номенклатуре доклад вызвал большое смятение. Некоторые партийные работники, включая моего друга Сидоренко, забеспокоились, предполагая, что грядет большая партийная чистка, и торопливо полезли на стремянки снимать сталинские портреты. Но тут же последовали успокоительные разъяснения (от таких же боявшихся повыше): чистки не будет, и с портретами горячку пороть не надо. Сталин, хоть и совершил грубые политические ошибки, остается выдающимся деятелем нашей партии и международного коммунистического движения.

Половинчатость политики Хрущева, который, раскритиковав Сталина, попытался оставить в неприкосновенности созданную им систему, оказалась характерной для всех наших вождей-реформаторов. Горбачев пытался реформировать систему, но отказаться от нее полностью был не готов, да и не мог бы, окружение не позволяло. Оно перепугалось и того, что было сделано. Ельцин пошел намного дальше, но так называемый суд над КПСС допустил только фарсовый, на люстрацию не решился и труп Ленина из Мавзолея не вынес. И вот мы строим (или уже построили?) капитализм, а труп, к моменту написания мною этих строк, как сказал бы дедушка Крылов, и ныне там... Меры были всегда половинчаты, потому что полное и последовательное разоблачение Сталина могло бы состояться, если бы Хрущев и другие соратники Сталина признали и свое участие в сталинских преступлениях. При возбуждении в более поздние времена процесса люстрации и реальном осуждении преступлений КПСС Ельцин и другие тогдашние руководители России должны были признать свое участие, если не в самих преступлениях, то хотя бы в том, что состояли в преступных организациях КПСС и КГБ, на что пойти они оказались неспособны.

XX съезд был самой первой и самой непоследовательной попыткой либерализации советского общества. Партия под руководством Хрущева разоблачала преступления Сталина, тут же пугалась собственных разоблачений и осаживала как раз тех, кто ее в этих действиях поддерживал. А испуганный сам собою Хрущев, защищаясь от собственных же сторонников, окружал себя явными сталинистами. Попытки писателей и журналистов показать, чем был сталинизм в действии, пресекались. Авторов одергивали окриками, что партия сказала о сталинских преступлениях все, что нужно, и хватит, хватит. Власть пыталась утвердить общество в мысли, что сама по себе советская система была хороша и только Сталин был не совсем хороший. Но это все трудно вязалось даже с теми неполными и все же леденящими душу фактами, которые сама же партия предала огласке.

Эта странная ситуация заметно отразилась в первую очередь на таком чувствительном к переменам инструменте, как литература. Писатели почувствовали бóльшую свободу и бóльшую потребность высказать наболевшее, но шаг вправо, шаг влево все еще считался побегом. Роман Дудинцева «Не хлебом единым», критический и в духе того, о чем было сказано на XX съезде, немедленно подвергся зубодробительной критике, какую нынешний читатель вряд ли может себе представить. Это когда по команде высшего и партийного начальства все советские газеты обрушиваются на писателя с обвинениями в очернительстве, и ни один критик и ни сам автор не могут ничего против этих обвинений возразить. При Сталине человек, подвергшийся такой критике, мог ожидать чего угодно вплоть до ареста, при Хрущеве причины для подобного страха еще оставались. Но времена все-таки были уже другие. Дудинцева не посадили, но какое-то время он стал фигурой опальной, ни один издатель не решался его печатать. Официальная критика и дальше была настроена против всего в искусстве, что не соответствовало ее представлению об образцах социалистического реализма. Чуть-чуть правды то там, то там, и тут же разражается скандал. И тем не менее в литературе появляются вещи все более острые. Впрочем, дело не только в литературе. На местах, даже в глухой провинции, тоже происходили мелкие покушения на систему с целью хотя бы побудить ее к исполнению собственных законов.

ПОКА НЕ ВРЕМЯ

Председателем одного из сельсоветов Приморского райисполкома был некто Мизин, недавно уволенный из КГБ (тоже, вероятно, жертва новых веяний). Он был лучше образован, чем его коллеги, разговорчив и настораживал меня своим слишком откровенным и слишком критическим отношением к советской власти. Я его подозревал в том, что он провокатор. Он, может быть, и был провокатором, но в более широком смысле. И собеседника провоцировал на откровенность, но и власть кое к чему подталкивал.

Однажды, когда я приехал его проверять, он мне сказал, что у него есть депутаты сельсовета, которые своих обязанностей не исполняют, и он считает, что их надо отозвать. Такая возможность предусмотрена Конституцией СССР. Для того чтобы отозвать по правилам, определенным конституцией, надо собрать так называемый сельский сход — 100 человек — и принять решение большинством голосов. Такие отзывы практиковались и раньше, и во время моего пребывания на должности инструктора, но только по указанию свыше (исходившему обычно от райкома или обкома КПСС). А тут председатель предлагал призвать к жизни инициативу снизу, как бы по решению самих колхозников.

— Как ты думаешь, можно это сделать? — спросил он меня.

Мне было понятно, что дело грозит обернуться скандалом. Но жизненные планы мои были таковы, что потерять эту свою работу я не боялся. Поэтому я инициативу Мизина одобрил, то есть сознательно принял участие в провокации из любопытства, что будет дальше. Через несколько дней получил от него два протокола. Жители села, где председательствовал Мизин, собравшись на свои сходы, отозвали двух депутатов и на место их выбрали новых.

Получив протоколы, я их прочел и положил на стол председателя райисполкома еще до его прихода на работу. Он явился, как всегда, значительно позже всех. Небрежно поздоровавшись с сидевшими в приемной, проследовал в свой кабинет. Прошло не больше десяти минут. Вдруг выскочил из своего и вбежал в председательский кабинет Шутов. Пробыл у председателя минут двадцать, вернулся обратно к себе, бросив на меня укоризненный взгляд. Потом, проходя мимо, так же странно посмотрел на меня председатель. Словами мне ничего не было сказано, очевидно, потому, что начальство приняло во внимание мою неопытность и предположительное непонимание того, в чем я участвовал. Дальше было так. Председатель райисполкома счел отзыв депутатов событием чрезвычайным и немедленно сообщил о нем секретарю райкома и председателю Крымского облисполкома. Секретарь райкома позвонил секретарю обкома, председатель облисполкома связался с Председателем Президиума Верховного Совета СССР Климентом Ефремовичем Ворошиловым. Ворошилов вник в суть дела и «спустил» вниз свое благожелательное мнение: по сути дела отзыв не оправдавших доверия депутатов самими избирателями — процедура правильная, демократичная, и мы будем внедрять ее в жизнь, но пока не время. «Пока не время» — это был рефрен песни, исполнявшейся и исполняемой властью во времена потеплений, возвращения к ленинским нормам законности, перестроек и дальнейших реформ. Пока не время, пока не время, и мы, отказавшись от построения коммунизма, все еще поклоняемся старым идолам, поем советский гимн, держим Ленина в Мавзолее, провозглашаем Сталина лицом России и губернаторов, как нам говорят, будем избирать. Обязательно. Но пока не время.

А тогда тем более было не время. Решения сходов отменили, изгнанных избирателями депутатов возвратили на место, сеанс демократии оказался коротким.

ЕДИНОГЛАСИЕ

Весной мне сказали, что председателя Октябрьского сельсовета Сколоту надо заменить другим товарищем и хорошо бы, чтобы Сколота сам выразил желание покинуть свой хлебный пост. Я поехал в Октябрьское. Сколота принял меня как полагается. Выставил бутылку водки. Жена приготовила яичницу на сале. Я попытался быть дипломатом и завел разговор о тяжелой доле и хлопотной жизни председателя сельсовета, на что Сколота всегда жаловался. Сейчас он энергично меня поддержал, сказал, что эта работа ему уже вот как, провел по горлу, — надоела. Хлопот много, а зарплата такая, что курам на пшено не хватает. Я выразил сочувствие. И между делом заметил, что вообще-то, если уж так надоело, за чем дело стало, пиши заявление.

— А что, очень нужно? — спросил Сколота.

— Да нет, — возразил я, — не нужно, но если ты хочешь...

— А вот вам всем, — преобразился Сколота и скрутил мне фигу. — Ты кого вздумал обхитрить? Я уже на этой работе двадцать лет, все хитрости изучил и сам обхитрю кого хочешь. Никуда я не уйду, а если вам надо — вот попробуйте меня снять.

Он, видимо, рассчитывал, что формула «сейчас не время» распространяется и на него. Но ошибся. Для свободного волеизъявления народа время еще не пришло, а для начальственных произвольных решений оно никуда и не уходило.

Я особо не огорчился. Вернулся в район, доложил Шутову, что Сколоту уговорить не удалось.

— Ладно, — махнул беспалой рукой Шутов, — сам поговорю.

Как он говорил, не знаю (скорее всего, угрожал тюрьмой, а статью Уголовного кодекса для любого предсельсовета подобрать было нетрудно), но из поездки в Октябрьское Шутов вернулся с нужным заявлением от Сколоты.

На место Сколоты было решено поставить уволенного в запас подполковника КГБ. Тогда многие сельсоветы возглавили выходцы из органов, наверное, это для них была почетная ссылка, как посольские должности для более высоких чиновников. Выбирать неизвестного местному люду человека председателем можно было только в два этапа. Первый — несложный — сделать его депутатом. Второй еще проще: на очередной сессии рядовые депутаты по указке начальства «избирают» его председателем. Опять послали меня. Я должен был найти группу сельских жителей, составлявшую какой-нибудь коллектив, чтобы они сделали вид, будто выдвинули подполковника в депутаты. Я приехал в какой-то колхоз, подошел к правлению. Там перед началом на полуразваленном штабеле бревен сидели и курили колхозники, ожидавшие председателя и бригадира. Увидев незнакомого им человека, они стали меня бесцеремонно разглядывать и обсуждать, как будто я был неодушевленным предметом. Кто-то поинтересовался, кто такой. Другой ответил: «А кто его знает». Третий правильно предположил, что какой-нибудь проверяющий из района, чем меня немного удивил, потому что я, все еще ходивший в армейской одежде (в диагоналевых галифе, сапогах и бушлате), как мне казалось, был не очень похож на районного номенклатурщика. Появился председатель. Я поднялся за ним в контору, представился, сказал, что мне нужно собрать инициативную группу по выдвижению такого-то в депутаты сельского совета.

— А там мои мужики на бревнах курят. Пусть они и будут инициативная группа.

Я вышел наружу, подошел к мужикам. Представился и им:

— Товарищи, я инструктор Приморского райисполкома. Вот у вас был председатель сельсовета товарищ Сколота. Он сложил с себя полномочия председателя и депутата. Теперь надо выбрать нового депутата. Это предлагается сделать вам. Райком и райисполком рекомендуют вам выдвинуть кандидатом в депутаты такого-то.

Мужики заворчали. А чего это мы должны? Почему мы? А кто он такой? Мы его не знаем!

— Вы его не знаете, но он человек заслуженный, — сказал я не очень уверенно. — Подполковник. Имеет правительственные награды.

Они продолжали ворчать. Я готов был сдаться. Сказал:

— Не хотите? Тогда давайте проголосуем. Кто против?

Мужики опять заворчали.

— Да кто против? — сказал самый ворчливый. — Никто не против.

— Тогда голосуем, кто «за».

Мужики с большой неохотой, но все до единого подняли руки.

Я предложил им всем расписаться под заранее составленным протоколом и с победой вернулся в Керчь.

ПОД ПСЕВДОНИМОМ И БЕЗ

Выйдя на «гражданку», я своих стихотворческих усилий, естественно, не оставил. 31 декабря 1955 года отец принес домой новогодний номер «Керченского рабочего» и показал мне в нем стихотворение, подписанное фамилией «Граков».

— Как тебе стихи?

— По-моему, так себе, — сказал я.

— Хорошие, — возразил отец.

Я с ним радостно согласился, потому что стихи были мои. Граковым, по названию деревни, где наш полк стоял в летних лагерях, я подписался, чтобы фамилия не смутила сотрудников газеты и, прежде всего, моего отца. Стихотворение на самом деле было так себе, но на фоне того, что приходило в редакцию самотеком, все-таки выделялось.

Второе стихотворение — «Матери» — под моим именем было напечатано 8 марта 1956 года, когда я работал уже в райисполкоме. Я пришел на работу, и наша пожилая секретарь-машинистка протянула мне очередной номер «Керченского рабочего»:

— Володя, посмотрите, какие чудесные стихи!

Я был обрадован, смущен и предложил ей обратить внимание на фамилию автора. Она обратила, заохала, и слух обо мне прошел по всему райисполкому. Само собой, публикация и в школе не осталась незамеченной. Моя учительница литературы Татьяна Валерьяновна Фомина, сразу в меня поверившая, была в восторге.

Если говорить всерьез, и эти стихи были слабенькие: «Мы растем, мужаем, ты стареешь, а года бегут, бегут... Сколько, мама, вспомнить ты сумеешь из былого радостных минут». В стихах было описано, как мама, не моя, а вымышленная, комсомолка 20-х годов, совершала стандартные советские подвиги: «Как потом с недевичьей сноровкой по полям скакала ты верхом, как тебя на лесозаготовки посылал Воронежский губком...»

Как бы то ни было, стихи эти в пределах Керчи имели очевидный успех. Татьяна Валерьяновна вырезала их и вклеила в школьную стенгазету, девушки переписывали их в альбомы. Редакция получила с десяток восторженных отзывов, включая письмо одного из местных членов Союза писателей. Мрачный молодой человек, учитель немецкого языка, пожелал провести со мной беседу. «У вас большое дарование, — сказал он, — и вы должны очень серьезно к нему отнестись». Он мою смущенную улыбку принял за скептическую и сердито повторил: «Вы должны это понять и отнестись к своему таланту серьезно». Я запомнил эти слова не только потому, что это было первое четко сформулированное одобрение моих упражнений, но потому, что учитель этот вскоре после нашего разговора (но не вследствие) повесился. Я тот стишок давным-давно позабыл, но Татьяна Валерьяновна Фомина помнила его до конца своих дней и читала мне наизусть, когда мы встретились с ней в Керчи лет сорок спустя.

Окончив школу, я задумался, в какой институт поступать. В райисполкоме мне дали письмо, где говорилось, что Харьковский юридический институт объявляет набор студентов из числа партийных и советских работников, отслуживших в армии. Институт обещал будущим юристам хорошее общежитие и гораздо большую, чем в обычных вузах, стипендию. Я уже стал собирать документы, но после «Матери» передумал их отправлять в Харьков. Из всего написанного выбрал пятнадцать стихотворений и послал их на творческий конкурс в Москву, в Литературный институт имени Горького.

«ПЕРЕД НАМИ ВСЕ ДОРОГИ»

Мама моя всегда была большая кулинарка и рукодельница. Замечательно плела кружева и вышивала. Мне к окончанию школы сшила и щедро украсила разноцветной вышивкой шелковую украинскую рубашку — такие в народе называли антисемитками.

Татьяна Валерьяновна предложила мне сочинить к выпускному вечеру что-нибудь вроде выпускного вальса. Я сочинил очень советский, очень убогий текст, баянист Коля Макогоненко подобрал к нему такую же музыку, и школьный хор исполнил эту бурду с припевом:

> Подведет всему итоги
> Этот вечер выпускной.
> Перед нами все дороги
> По стране и над страной...

К сожалению, некоторые из исполнителей запомнили эту белиберду надолго. Мой друг Марик Плагов, эмигрировавший в Америку, когда мы с ним встретились лет через сорок, напевал мне это, а я махал руками и закрывал глаза от стыда.

Школа у нас была для взрослых, поэтому на выпускном вечере мы и пили по-взрослому. Сначала в школе, потом в скверике перед ней. Я так наклюкался, что в конце концов лег на лавочку и заснул. Но перед этим снял мамину рубашку, чтобы не запачкать, и накрылся ею. Как мне потом рассказали, подошел милицейский сержант с намерением тащить меня в отделение. Но Сидоренко предъявил свое удостоверение и сказал милиционеру, что, если тот вздумает меня потревожить, он, Сидоренко, разгонит всю их милицию, а самого сержанта уволит в запас со срезанием лычек. Сержант испугался и хотел уйти, но Сидоренко сказал: «Нет! Будешь здесь стоять и следить, чтоб у него никто не украл рубашку». Сержант ответил: «Слушаюсь!» Но Сидоренко подумал и смилостивился: «Ладно, иди. Мы сами посторожим».

БЕЗ РАЗДРАЖЕНЬЯ СЛУШАТЬ ОПЕРУ

> Я все могу.
> Ну, может быть, не все,
> Но все-таки я многое могу.
> Могу пастись, как лошадь, на лугу,
> Когда дела неважные с овсом,
> Могу решать задачи на бегу,
> Могу иголку отыскать в стогу.
> Я в самом деле многое могу.
> Могу собрать и стол, и пулемет,
> Могу без раздраженья слушать оперу,
> Могу ввести я в штопор самолет,
> А иногда и вывести из штопора.
> Могу я жить в арктическом снегу,
> Могу на африканском берегу,
> Но не могу все то, что я могу,
> Сменить на то, чего я не могу.

Мой друг Камил Икрамов говорил, что утверждение «могу без раздраженья слушать оперу» — чистый парадокс. Если человек ставит себе в заслугу то, что может слушать оперу без раздражения, значит, он ее без раздражения слушать не может. До какого-то времени опера (которую я видел, впрочем, только в киноверсиях) не то чтобы меня раздражала — я ее не признавал, как любое условное искусство, где люди изъясняются не тем языком, которым пользуются в жизни.

Следующим по степени моего непризнания был балет, и, пожалуй, на третьем месте стояли стихи. Но, начав писать, я, в отличие от анекдотического чукчи (который не читатель, а писатель), стал стихи читать прилежно, хоть и хаотично, потому что, как я потом про себя понял, хаос — моя стихия. Прыгал от Пушкина к Симонову, поднимался к Тредиаковскому и Державину, перескочил через Фета и Тютчева к футуристам, имажинистам, символистам и акмеистам, удивился Блоку, открыл для себя Маяковского, восхитился Есениным, увидел, что в советской поэзии, кроме Симонова и Твардовского, есть и другие достойные внимания имена. До этого из поэтов старшего поколения я знал понаслышке о Цветаевой и Ахматовой, понятия не имел об Асееве, Смелякове, Светлове, Уткине.

МАСТЕР-КЛАСС

В тот период я читал все стихи (или то, что называлось стихами), где бы они мне ни попадались. Однажды шел по керченскому пляжу, увидел на земле клочок газеты со стихами, подобрал, прочел и поразился.

> Шел фильм, и билетерши плакали
> По восемь раз над ним одним.
> И парни девушек не лапали,
> Поскольку стыдно было им.
> Глазами горькими и грозными
> Они смотрели на экран
> И дети стать хотели взрослыми,
> Чтобы пустили на сеанс.

Я считал, что поэзия — всегда возвышенный слог, а тут парни, которые в данном случае девушек не лапали, а в остальное время, конечно, лапали... Неужели такие слова в поэзии можно употреблять? Второе стихотворение было про женщин, которых война сделала вдовами. Они приходят в сельский клуб и там:

> Танцуют эти вдовы по двое.

Что, глупо, скажете? Не глупо.

Автором был неизвестный мне Борис Слуцкий. Я почему-то подумал, что это какой-то молодой человек, и очень ему позавидовал. Думал: вот о чем и вот как надо писать. Просто. Обыденными словами. Я тоже распускал руки с девушками, знал этих танцевавших по двое вдов и мылся в банях, «где шайки с профилем кабаньим», но не думал, что описание этой жизни может быть кому-нибудь интересно. А тут увидел: да, интересно.

Вряд ли Слуцкий оказал на меня реальное влияние, но стихи, прочтенные на пляже, стали для меня чем-то вроде заочного мастер-класса.

НЕ ПАДАЮ ДУХОМ

Я послал в Литинститут на творческий конкурс 15 стихотворений и стал ждать ответа. Нервничал. Надеялся, что «да» или «нет» мне скажут скоро. Если откажут сразу, то пошлю документы в Харьков. Но все сроки прошли, уже и в юридический соваться поздно. Отбил в Москву телеграмму с оплаченным ответом и с вопросом: «Да или нет?» Ответ пришел быстро: «ВЫ НЕ ПРОШЛИ ТВОРЧЕСКИЙ КОНКУРС ТЧК ПРИЕМЕ ОТКАЗАНО ТЧК ДОКУМЕНТЫ ВЫСЫЛАЕМ ТЧК СЕКРЕТАРЬ ФЕЙГИНА ТЧК». Я тут же послал им телеграмму: «НЕ ОЧЕНЬ ОБРАДОВАН ВАШИМ ОТВЕТОМ ТЧК НЕ ПАДАЮ ДУХОМ ЗПТ Я БУДУ ПОЭТОМ ТЧК» — и объявил родителям, что, несмотря на отказ, еду в Москву, и тчк.

Родители меня особо не отговаривали: они и сами подобные поступки совершали не раз. Но Марк Смородин, мой тогдашний друг, моряк и студент-заочник Литинститута, попробовал меня охладить. После стихотворения «Матери» он меня очень хвалил и даже советовал не оставлять усилий. Но не одобрил безумного решения.

— Кирюха! — сверкал он железным зубом. — Куда ты лезешь? На что рассчитываешь? Ты знаешь, что в Москве иногородних не прописывают и не берут на работу? Никаких шансов зацепиться там просто нет. А то, что ты думаешь пробиться в литературу, так это вообще дело безнадежное. Тысячи, десятки тысяч надеются стать писателями, а успеха достигают единицы.

— В таком случае мне придется оказаться среди единиц, — отвечал я. — Через пять лет я буду известным поэтом.

— Ну, кореш, ты даешь! — восхитился Смородин и предложил пари на ящик шампанского, что этого не будет.

Прежде чем выставить встречный ящик, я предложил обсудить, что значит известность. При всех сомнениях, я оценивал свои шансы реалистически. Я вовсе не думал, что через пять лет каждая собака будет декламировать мои стихи наизусть, а меня будут узнавать на улице и выпрашивать автографы.

Я предложил более скромный критерий. Через пять лет мы явимся в три института в Москве или в провинции, по выбору Смородина, и спросим студентов, знают ли они какой-нибудь мой текст или мою фамилию. Если в каждом из трех институтов найдется хотя бы по одному студенту, который знает, автор считается достаточно известным...

Четыре года спустя я написал песню «14 минут до старта», которую знали 100 процентов студентов плюс все их родители и преподаватели.

Но... Слуцкий сказал: «Война была четыре года, долгая была война». Предстоящие четыре года, как и предыдущие, были долгими и нелегкими, может, и потруднее армейских.

ВЗЯТИЕ МОСКВЫ

3 августа 1956 года на перрон Курского вокзала Москвы сошел молодой человек небольшого роста, коротко стриженный, в стоптанных желтых ботинках, в синих бостоновых брюках, сзади до дыр еще не протертых, но уже пузырящихся на коленях, и в коричневой вельветовой куртке-бобочке на молнии с зеленой наплечной частью, которая называлась кокеткой.

Во внутреннем кармане бобочки лежали шестьсот рублей, а в руках приезжий держал чемодан желтой кожи необычной квадратной конфигурации, купленный во время прохождения воинской службы в польском городе Бжег. В чемодане были не очень аккуратно уложены общая тетрадь в линейку, бритва, зубная щетка, пара штопаных носков, пара застиранных рубашек, защитного цвета армейский бушлат и что-то еще из самого нужного на первое время.

Было около шести утра, город просыпался, по привокзальной площади шли одна за другой поливальные машины, давая по две струи: одну скользящую по асфальту и все с него смывающую, другую — восходящую и опадающую петушиным хвостом. Как только на хвост наступали лучи солнца, он тут же расцветал всеми цветами радуги, а попадая в тень, немедленно блек. Машины шли косяком или, по военно-морской терминологии, уступом: первая — посередине проезжей части, вторая — отстав на корпус и чуть правее, третья — еще на корпус позади и еще правее, и последняя — касаясь бровки тротуара и не щадя редких прохожих, которые в панике отпрыгивали, прижимались к стенам домов, подтягивали штаны и подбирали юбки.

Пока молодой человек сдавал чемодан в камеру хранения (предварительно вынув общую тетрадь), открылось метро. Приезжий неуверенно ступил на эскалатор, но тут же освоился и, подражая аборигенам, побежал вниз по ступенькам, перепрыгивая через одну. Поскольку было еще рано и ни на что другое употребить этот час было нельзя, приезжий решил посетить Красную площадь, посмотреть на Кремль, на Мавзолей Ленина—Сталина и на собор Василия Блаженного...

Думаю, читатель не перенапрягся в догадках, кем был описанный молодой человек. Я прибыл в Москву с целью покорить ее или... (пожалуй, не слишком преувеличиваю) или умереть. Задача была многоступенчатая, и все ступени казались непреодолимыми. Приехать, устроиться, прописаться, остаться, состояться, добиться признания. Меня многие отговаривали. Хрущев недавно выступил с грозной речью, что

Москва не резиновая, прописку ужесточим, лимитчиков больше не будет. Это говорилось таким тоном, как будто несчастные лимитчики были сродни немецким или французским захватчикам.

Всю свою предыдущую жизнь я, веря в судьбу, покорялся ей, полагая, что она сама знает, куда меня вести. Я ей покорялся и позже, да и сейчас покоряюсь. Но на некоторых этапах я вносил в ее предначертания кое-какие поправки. Решив отправиться в Москву без шансов там зацепиться, я боролся не только с обстоятельствами, включая речь Хрущева, но и с самим собой, поэтому максимально усложнил задачу. Некоторые мои приятели предлагали адреса знакомых или родственников, у кого можно было переночевать или перехватить десятку. Я сказал: нет, нет, никаких родственников, никаких знакомых. Приеду один и в одиночку пробьюсь.

У МАВЗОЛЕЯ

Каждый, кому приходилось вот так, как мне, оказаться в Москве, кто ходил по ней и неуверенно озирался, неизменно сталкивался с мошенниками, тут же выделявшими его из толпы и готовыми обобрать до нитки. Не успел я спуститься в метро, как ко мне приблизился некий доброжелатель, который вызвался проводить до Красной площади. Как только мы там оказались, он потребовал за услугу двадцать пять рублей, а на мой вопрос «за что?» стал угрожать. Но когда я его «оттянул по фене», он понял, что запросил лишнего.

Красную площадь тоже только что вымыли поливалки, и по влажным еще камням, оскальзываясь, гуляли жирные голуби. Их советская власть объявила символами мира, запретила давить машинами, даже знаки повсюду висели: «Осторожно, голуби». Говорили, что в порядке борьбы за мир шоферу, задавившему голубя, срок будут давать больший, чем за человека. Вот голуби и разгуливали, словно осознавая, насколько они ценнее этих существ, что заискивают перед ними и со сладкими приманиваниями — гуля-гуля-гуля — рассыпают по булыжнику раскрошенный хлеб.

Рассказывая о прошедшем, я порой упускаю из виду, что большинству из нынешних читателей уже могут быть неизвестны и непонятны реалии того времени. Сегодняшний читатель, может быть, и не представляет, как советские люди почти поголовно поклонялись Ленину, живому и мертвому, как часто, всерьез и бессмысленно, называли Ленина вечно живым. (Из пионерской песенки: «Ленин с нами, Ленин жив. Выше ленинское знамя, пионерский коллектив».) Ежедневная очередь к Мавзолею, как правило, растягивалась на несколько километров. А когда в 1953 году к Ленину положили еще и Сталина, количество желающих увидеть в гробу обоих вождей стало намного больше.

Но теперь ввиду слишком раннего времени Мавзолей был еще закрыт, и у него толпилась лишь кучка зевак. В ожидании предстоящей смены караула они подробно разглядывали часовых и обсуждали их так же бесцеремонно, как колхозники меня в моем присутствии, когда я явился агитировать их за кандидата в депутаты.

В толпе выделялась сельского вида группа: трое или четверо мужчин с обветренными лицами и с ними девушка в темном хлопчатобумажном мужском пиджаке и в синем берете, заломленном на левое ухо.

Мужик в парусиновых туфлях на босу ногу, закуривая папиросу «Прибой», выражал недовольство:

— А говорят, они не моргают.

— Как же не моргать? — возражала девушка. — Чай, такие ж люди, как мы.

— Но все ж таки у Кремля, — сказал тот же мужик, но не слишком уверенно. — У Кремля таких, как мы, не поставят.

— Господи, у Кремля, у Кремля. Что же, как у Кремля, так не человек, что ль?

Я, между прочим, тоже много слышал о том, будто часовые не моргают. Но теперь увидел, что моргают не хуже других. Моргают и из-под козырьков поглядывают на толпу. Стыдливо, как деревенские девушки, но при этом ухитряясь сохранять истуканистость.

— Зато не шевелются, — сказал другой мужик.

— Еще бы им шевелиться, — согласился первый. — Все ж таки у Кремля.

— А что, как ему муха сядет на нос, чего он будет делать? — спросила девушка.

— А он ее застрелит, — сказал я для себя самого неожиданно.

Вся группа сразу повернулась ко мне, кто-то хихикнул, а девушка, не оценив шутки, спросила:

— Как застрелит?! А ежели в нос попадет?..

ПОД БАШМАКАМИ АЛЕКСАНДРА СЕРГЕЕВИЧА

Дождавшись боя курантов и смены караула, я спросил у кого-то, как пройти к Тверскому бульвару. Мне объяснили, на этот раз бесплатно: пойдешь прямо по улице Горького, дойдешь до памятника Пушкину, через дорогу будет Тверской бульвар. Так я в Мавзолее не побывал. Ни тогда и ни разу за двадцать пять лет, которые прожил в Москве до эмиграции. А вот после нее был затащен туда моим другом, югославом Мишей Михайловым, которому очень хотелось поглазеть на вечно живого покойника. И надо сказать, покойник произвел на меня впечатление: рыжий, с недобрым выражением лица и сжатыми кулаками.

В Мавзолей я не попал, но дошел до памятника Пушкину. Время для института все еще было чересчур раннее. Я решил подкрепиться и у стоявшей перед памятником старухи в белом халате с жирным животом купил на два рубля пятьдесят копеек по одному из всех продаваемых ею четырех сортов жареных пирожков: за рубль — с мясом и по полтиннику — с рисом, с капустой и с повидлом.

Тут же сел на лавочку и, не стесняясь присутствием великого коллеги, заглянул внутрь тетради с целью очередной ревизии сочиненного.

Новое прочтение вырвало вздох из стесненной груди.

Что есть в наличии? «Новогоднее», «Матери», «Отцу», «Тете Ане», «Дяде Косте», «Брату Севе», «Брату Вите», «Сестре Фаине», «Бабушке». И вот это, без названия:

Остывает земля.
Тени темные стелются медленно.
И внизу корабли
опускают за борт якоря.
И вверху самолет
тянет по небу нитку последнюю,
и, как угли в костре,
догорает и гаснет заря.

Девушка Света готова была автору за эти стихи отдаться, но автор догадался об этом лишь несколько лет спустя. Так или иначе, стихотворение Свете понравилось, особенно вторая строфа:

Далеко-далеко
тарахтит катеришко измызганный.
Загорелся маяк,
и выходит, качаясь, луна...
Тихо падают вниз
звезды первые белыми брызгами,
и на мокрый песок
их выносит слепая волна...

— Гениально! — вздыхала Света и, заглядывая стихотворцу в лицо, вопрошала, не тяжело ли ему жить с таким непомерным талантом. На что вопрошаемый интересничал и отвечал, что, конечно же, тяжело, но от своей планиды разве же убежишь.

Сейчас, перечтя содержимое тетрадки, я пришел в большое уныние. То, что называл я стихами, сейчас мне не нравилось, и так стыдно было кому-то это показывать, что быстро наросло и созрело желание отказаться от своего намерения и бежать назад, в Керчь.

Но...

Я же не просто из дома вышел в сторону Литинститута, по дороге передумал и повернул обратно, а приперся черт-те откуда, сжег за собой мосты, никакого пути назад не оставив.

Решил немного дело поправить. Один, самый слабый стишок вырвал, другой, сочиненный тут же, вписал.

— Вы, молодой человек, если я не ошибаюсь, стихи пишете? — услышал я голос, булькающий, как из колодца.

Я, скрывая досаду, покосился на голос. Пожилой, лет сорока пяти (никак не менее), упитанный гражданин, в очках с тонкой оправой смотрел на меня, приветливо улыбаясь.

— Для печати пишете или просто так, для души?

— Для души, — буркнул я.

— Взглянуть не позволите?

— А зачем?

— Затем, что я мог бы быть вам, очевидно, полезен.

Чем неожиданный благодетель мог бы быть мне полезен, я спросить постеснялся, но предположил, что — а вдруг — это редактор, критик или, может быть, даже какой-нибудь знаменитый поэт. Сейчас почитает стихи, прослезится, пожмет руку и на первом томе своего полного собрания сочинений выведет: «Победителю-ученику от побежденного учителя» или что-нибудь вроде этого.

Хотя, конечно... Конечно, вряд ли... Но все-таки...

Я загнул тетрадь так, чтобы легкодоступным осталось лишь только что испеченное, и протянул ее в любопытные руки.

Память не сохранила это сочинение в полном объеме, только последнее четверостишие вспоминается, да и то благодаря тому случайному ценителю, встреченному под башмаками Александра Сергеевича.

Ценитель читал стихотворение, беззвучно шевеля толстыми губами, а запомненное четверостишие прочел вслух, булькая, гнусавя и испытывая трудности в произнесении всех шипящих:

— «Мечты, мечты... И я мечтаю робко при свете затухаюшчего дня, что, может быть, нехоженая тропка ешчо осталась где-то для меня». —

Он вздохнул, поднял очки на лоб, посмотрел на меня печально и сказал:

— Нет, это не то.

Потом подумал и решил свое суждение детализировать:

— То, что вы пишете, молодой человек, есть настояшчая и сушчая чепуха.

Я и сам думал примерно так же, но столь прямое суждение меня покоробило.

— Почему ж это чепуха? — спросил я сердито.

— Потому что чепуха! Потому что все содержание этого вашего, с позволения сказать, стихотворения стоит три копейки, а если сказать точнее, то две с половиной. Кроме того, я вам должен сказать откровенно (тут голос его посуровел): это стихи не наши.

— Не ваши? — переспросил я удивленно.

— Не наши, — повторил тот очень серьезно. — Судите сами. Почему вы пишете о затухаюшчем дне, когда можно сказать, что солнце нашего дня находится на пути к зениту? Вы понимаете, что я имею в виду? И почему ваш лирический герой, проявляя не свойственную нашему человеку склонность к индивидуализму, ишчет для себя какие-то, понимаете ли, отдельные, побочные тропки? Почему он не хочет идти по широкой магистральной дороге вместе со всем нашим народом? Почему? Вы откуда приехали? Из Крыма? Вот и возвращайтесь к себе в Крым. Можете там выращивать виноград или картошку или заниматься чем-то ешчо, но писать стихи... Нет, нет, молодой человек, поверьте мне, это совсем не для вас. Впрочем, давайте разберем, что вы написали ешчо.

Он вознамерился читать дальше, но я схватился за тетрадь:

— Отдайте!

— Ну почему же? Я же хочу вам помочь разобраться.

— Не надо! — Неблагодарный, я вырвал тетрадь, встал и поспешно удалился.

ХУДОЙ КОНЕЦ

Приемные экзамены уже начались, и абитуриенты толпились под пыльными тополями в садике за институтом. Они все были уже признанные таланты: их признала авторитетная комиссия, пропустившая их через творческий конкурс. Теперь дело оставалось за малым: доказать, что они кое-что помнят из пройденного в школе курса наук для простых смертных. Причем в данном случае действует закон обратной пропорции: чем больше талант, тем меньше он должен помнить.

В садике была обычная экзаменационная толкотня. Кто-то со страхом входил туда, где шли экзамены, кто-то с облегчением или в отчаянии выскакивал. Спрашивали, какие кому достались билеты.

Самоуверенный молодой и прыщавый блондин читал двум ровесникам свои шуточные стихи фривольного содержания. Я приблизился и послушал: «Она, конечно, не девица. Но мне ведь с ней не под венец. А коли так, она сгодится... — Блондин выдержал многоточие, оглядел своих слушателей и победоносно завершил: — Сгодится на худой конец».

Сам блондин шутке своей засмеялся. Улыбнулись те двое. И я, никем не уполномоченный провинциал, тоже за компанию радостно подхихикнул. Чем обратил на себя внимание блондина. Тот повернулся и, оглядев меня с головы до ног, спросил:

— Ты кто такой?

— В каком смысле?

— В прямом. Поэт? Прозаик? Критик?

Назвать себя поэтом я не осмелился и сказал скромно:

— Пишу стихи.

— Ну, почитай! — приказал блондин.

Смущенный оказываемым вниманием, я засуетился, развернул тетрадку. Конечно, я помнил свои стихи и так, но боялся сбиться. Нашел то, которое нравилось Свете:

> Остывает земля.
> Тени темные стелются медленно.
> И внизу корабли
> опускают за борт якоря...

Я читал, уткнувши глаза в тетрадку, а когда от нее отлепился, никого перед собой не увидел. Впрочем, блондина тут же отыскал в нескольких шагах от себя. Тот, прижав к дереву нового слушателя и хихикая, читал ему про худой конец.

ЧТО-ТО ЕСТЬ

Потолкавшись среди них, я поднялся наверх, в приемную ректора (тогда им был знаменитый писатель Федор Гладков). Там сидела со строгим видом та самая секретарь Фейгина, что прислала мне телеграмму с отказом в приеме. Когда я представился, она сразу стала приветливой:

— Так это ваша телеграмма! Остроумная. Ректор сказал, что вас надо было за одну эту телеграмму принять.

— В чем же дело? — спросил я.

Поколебавшись, секретарь тут же взяла себя в руки и сказала, что, пожалуй, все-таки поздно, экзамены идут уже третий день... А впрочем...

Втыкая наманикюренный пальчик в дырки телефонного диска, она соединилась с абонентом, который, очевидно, находился поблизости.

— Михаил Борисович, — сказала она, — помните, один абитуриент прислал нам телеграмму, что он все равно будет поэтом? Так вот он здесь. Я понимаю, что поздно, но, может быть, вы хотя бы посмотрите его стихи. — Она положила трубку и показала приезжему на стул у стены. — Посидите. Сейчас подойдет Михаил Борисович. Он у нас самый активный пестователь молодых дарований.

Я не знал, кто такой Михаил Борисович, но заволновался и, севши на стул, стал быстро перебирать свои пятнадцать стихотворений, выбирая, с какого лучше начать. Стихотворение про вечер и корабли уже не казалось мне таким прекрасным, как раньше. Что еще можно показать? «Матери»? Да, конечно, это стихотворение имело успех, но где и какой? Что еще? «Отцу»? «Тете Ане»? «Дяде Косте»? Нет, это все чепуха, но про нехоженую тропку все-таки ничего.

— Здравствуйте, лапочка! — послышался вдруг голос, булькающий, как из колодца. — У вас сегодня потрясающая прическа. Ну, где ваш телеграфный поэт?

Я поднял голову, посмотрел на вошедшего и вскочил на ноги.

— Так это вы! — удивился, но не очень Михаил Борисович. — Ну, куда же вы, куда? Подождите! Я же вас не съем. Эти ваши стихи про тропку мне не понравились, но, может быть, другие понравятся.

— Нет, нет, нет, — сказал я. — Спасибо.

И с тем вылетел в коридор, а затем во двор и на бульвар. Пошел назад к Пушкину. Подумал, остановился. Глупо получается. Приехал — значит, надо проявлять настойчивость.

Вернулся в институт, согласный все-таки выслушать Михаила Борисовича. Оказалось, он ушел. Но секретарша все еще благоволила ко мне, и по ее звонку опять откуда-то сверху спустился Сергей Иванович Вашенцев, пожилой литератор, — как потом я узнал, друг Твардовского. Он бегло проглядел мои стихи, сказал, что в них «что-то есть», но абитуриенты сдают уже второй экзамен.

Подозреваю, что будь я тогда понастойчивей, нажми на них как следует, они могли уступить и разрешить сдавать экзамены с опозданием. Но я проявил нерешительность, и Вашенцев предложил мне подать документы через год.

— А пока, — сказал он, — советую вам посетить литературную консультацию при Союзе писателей СССР.

ЛИТЕРАТУРНАЯ КОНСУЛЬТАЦИЯ

Наивный провинциал, я вообразил себе, что литературная консультация — это учреждение, где консультируют писателей, подсказывая им сюжеты и указывая на возможные ошибки. Придя на улицу Воровского, в дом 52, я столкнулся в дверях с каким-то усатым человеком. «Константин Симонов, — подумал я. — Уже проконсультировался». Оказалось, что это был Володя Львов, поэт, с которым я познакомился через короткое время и который вскоре утонул при странных обстоятельствах в бассейне «Москва», построенном на месте взорванного большевиками храма Христа Спасителя. Тогда бассейн «Москва» был очень популярным местом купания столичных жителей, вряд ли способных представить себе, что храм Христа Спасителя будет когда-нибудь восстановлен.

Но вернусь к сюжету. В литературной консультации, которая была частью комиссии по работе с молодыми писателями, меня встретил критик Владимир Боборыкин. Он полистал тетрадку и тоже нашел, что в моих виршах «что-то есть».

— Но я, — добавил Боборыкин, — в стихах мало чего понимаю. Приходите завтра. Здесь будет Елена Михайловна Кривицкая, она как раз в стихах очень разбирается.

Легко сказать «приходите завтра». А как я до этого завтра доживу? Где переночую?

— Вообще-то вам лучше всего записаться в какое-нибудь литобъединение, — продолжал Боборыкин. — Есть, например, такое объединение «Магистраль» при ДК железнодорожников. Им руководит поэт Левин, сейчас я вам дам его телефон...

Когда я позвонил из автомата по указанному номеру, там отозвался очень вежливый человек, который сказал:

— Вы, вероятно, ошиблись. Меня зовут Константин Ильич Левин, а вам нужен, я думаю, Григорий Михайлович Левин. Запишите его телефон...

Григорий Михайлович оказался тоже вежливым, но говорил отрывисто:

— Вас рекомендовали? Кто? Боборыкин? Как его зовут? Может быть, Петр Дмитриевич? Ах, вы не знаете? Ха-ха-ха!..

Я не мог понять, что его так насмешило. Понял, когда узнал, что был такой Боборыкин, популярный до революции писатель.

— Ну, хорошо, — наконец посерьезнел Левин. — Приходите в четверг в ЦДКЖ. Центральный дом культуры железнодорожников. Знаете, где это? Возле Казанского вокзала. До встречи!..

Рабочий день закончился. Куда податься? Я поехал на ВДНХ, обошел все тамошние гостиницы: «Урожай», «Алтай», «Восток», «Заря»... Ни в одной ни одного места нет.

Купил на улице еще три жареных пирожка, пообедал. Поехал в парк Горького. Нашел себе в напарники какого-то шалопая, стали вместе крутить на аттракционе «мертвые петли». Крутили до одиннадцати часов вечера, когда было объявлено, что аттракцион закрывается и парк тоже. Попытка задержаться до утра в парке не удалась: милиционеры быстро меня изловили и вывели за ворота.

И я опять один в неприветливом многолюдном мегаполисе.

БОМЖ

Когда много лет спустя я слушал рассказы о невероятных трудностях первых месяцев эмигрантской жизни в Вене, Риме или Нью-Йорке, я только усмехался и спрашивал своих собеседников, не пробовали ли они когда-нибудь эмигрировать в Москву.

Для эмигрантов из провинции в столице не было сохнутов, хиасов, благотворительных фондов и ночлежек, зато была милиция, бдительно охранявшая вокзалы, парки, скверы и дворы от бродяг поневоле вроде меня. Стоило мне прикорнуть на заплеванном вокзальном полу или на садовой скамейке, как тут же меня тормошили, поднимали, подталкивали в спину со словами: «Эй, вставай! Вали отсюда! Не положено!» — а если я пытался «качать права», тащили в отделение, где предлагали покинуть столицу в 24 часа, поднося к носу кулак и обещая сделать инвалидом без видимых следов побоев.

Все стенды и заборы были оклеены объявлениями: требуются, требуются, требуются... Плотники, слесари, электрики, каменщики, маляры... Любая из этих профессий мне подошла бы, но в очередном отделе кадров встречали вопросом о прописке. После чего разводили руками.

Я шел опять в милицию, но не к дежурному, а в паспортный стол. Там не грубили, не показывали кулак, но интересовались наличием справки с места работы. И опять пожимание плеч и разведение рук: очень жаль, но...

Без прописки нет работы. Без работы нет прописки.

Питался я все теми же жареными пирожками, что и в первый день.

Всю Москву обойдя, передвинулся в ближнее Подмосковье, но и там та же песня: без работы не прописываем, без прописки не принимаем на работу. А еще и жить негде.

Не помню, сколько дней мотался я, грязный, сонный, полуголодный, пока в какой-то из гостиниц на ВДНХ не сказали: «Есть одно место! Десять рублей в сутки!»

Десять рублей я пока мог себе позволить. Притащил с вокзала чемодан. Вымылся в душе. Постирал рубашку, майку и трусы. Спал на кровати, на чистой простыне — тоже счастье, которое в полной мере можно ощутить, когда испытаешь его отсутствие.

Все бы хорошо, но капитал мой стал стремительно таять. А тут еще перед очередным выходом в город опять постирал рубашку, попросил у дежурной утюг. Рубашку погладил, утюг вернул. Вечером возвращаюсь из города, меня перехватывает администраторша:

— С вас штраф шестьдесят рублей!

— За что?

— Вы оставили горячий утюг на стекле, и оно раскололось.

— Не может этого быть. Я отдал утюг дежурной. Позовите дежурную.

— Ее нет, она сменилась.

У них, как я потом понял, этот трюк с утюгом был хорошо разработан. Только я начал спорить, появился милиционер.

Подождите, говорю, дайте разобраться, но меня опять волокут в участок, а там — все по прежней схеме: «Вали отсюда! Не положено!»

Хорошо еще, оставили непобитым и остаток денег не отняли.

МУЖСКОЕ ПОЛКО-МЕСТО

Заплатил шестьдесят рублей, осталось сто десять. Из гостиницы съехал, о возвращении домой не могло быть и речи. Стал думать, не перебраться ли в какую-нибудь из ближайших к Москве областей, но продолжал читать объявления. На одном задержал внимание: «Путевой машинной станции ПМС-12 требуются путевые рабочие. Одинокие обеспечиваются общежитием». Я уже тысячи подобных объявлений прочитал и знал, что во всех случаях под одинокими, которые обеспечивались, имелись в виду в Москве москвичи, в области жители Подмосковья. Почему я решил, что в этом случае будет как-то не так, не знаю. Должно быть, наитие. Поехал по указанному адресу: платформа Панки. Там на ржавых, заросших травой запасных путях поезд: с десяток товарных вагонов-«телятников» и два пассажирских. И свершилось чудо, объяснимое тем, что ПМС эта самая была приписана к поселку Рыбное Рязанской области, а здесь находилась якобы в командировке. В ее задачу входил ремонт путей от Казанского вокзала до станции Раменское.

— В армии служил? — спросил начальник отдела кадров.

— Служил.

— Сколько лет?

— Четыре.

— Во флоте, что ли?

— В авиации. Во флоте служил бы пять.

— В тюрьме не сидел?

— Пока нет.

— Это хорошо, но у меня есть место только в женском общежитии, а в мужском, увы... — он развел руками и поджал губы, изобразив сожаление.

Я понял, что для него главное не прописка, а отсутствие места в общежитии, но это препятствие мне казалось преодолимым. Я остался сидеть. Он погрузился в какие-то бумаги. Через некоторое время спросил:

— Ты еще здесь? А чего ждешь?

Я сказал, что мне очень нужна работа. Он ответил, что хорошо меня понимает, но что делать, если нет места в общежитии. Мне почему-то подумалось, что он врет и место в общежитии, если подумать, найдется.

Я сказал:

— Не уйду никуда, пока не найдете место.

И приготовился сопротивляться насилию. Но кадровик оказался миролюбивым.

— До конца рабочего дня еще далеко, — сказал он, — можешь сидеть, если не скучно.

И вернулся к своим бумагам. Через некоторое время мне мое сидение стало казаться глупым и бессмысленным. Я уже готов был уйти, когда он поднял голову и быстро проговорил:

— Давай паспорт, военный билет и трудовую книжку.

Ушам своим не веря, я положил на стол то, другое и третье.

Кадровик полистал документы, подумал еще, макнул ручку в чернильницу и написал в трудовой книжке: «Принят на работу в качестве путевого рабочего». На клочке бумаги сотворил записку: «Коменданту общежития тов. Зубковой. Предоставить одно мужское полко-место».

Общежитием назывались те самые «телятники». Товарный вагон делился на две половины с тамбуром посередине. Справа и слева узкие клетушки, превращенные в купе с четырьмя полками, плитой, отапливаемой дровами, и полочкой у окна вместо стола. Одно такое купе занимали, естественно, четыре человека, каждый со всем своим имуществом, обычно помещавшимся в одном чемодане. Наши ИТР жили тоже в купе, но в пассажирских вагонах, там же находилась и контора ПМС.

ПРИХОДИ БОЛТАТЬСЯ

На приступках перед вагончиком коменданта Зубковой сидела плотная девка лет двадцати пяти, цыганистая, с черными конопушками на круглом лице. У ног — коричневый фанерный чемоданчик, замкнутый на висячий замок.

— Комендантши нет, — сказала она. — Говорят, скоро придет.

— Хорошо, — кивнул я и достал папиросы «Прибой».

— А чего стоишь? — сказала девка. — Садись, посиди. В ногах правды нет. Ты после армии, что ль? Я и вижу. А я из колхоза убёгла. Ну, надоело, ей-бо, надоело. Цельное лето с утра до ночи не разгибамши, карячиси, карячиси, трудодней тебе этих запишут тыщу, а как расчет, так фига под нос подведут, ты, говорят, на полевом стане питалась, шти с мясом лопала, кашу пшенную трескала, вот еще и должная колхозу осталась, скажи спасибо, что не взыскуем. А зимой там же скучища. Клуб нетопленый, парней нет, все разбеглись. Девки с девками потопчутся под патефон, да и по домам, да на печь. Меня Клавкой зовут. А тебя?

— А меня Вовкой, — в тон ей сказал я, хотя в других случаях называл себя обычно Володей.

Тут явилась комендантша. Клавка подхватила чемодан, пошла к ней первая.

Вскоре вышла довольная, с бумажкой в руке.

— Вот направление. Шестой вагон, купе второе. Когда устроишься, приходи болтаться.

ПМС-12

Под Москвой наша ПМС была формально в командировке. Поэтому московской прописки здесь от поступавших на работу не требовали, а поступивших прописывали по месту постоянной дислокации станции — в поселке Рыбное Рязанской области. И в моем паспорте появилось это Рыбное, где ни тогда, ни позже я ни разу не побывал.

Тринадцать из прожитых мною к тому времени двадцати четырех лет я занимался физическим трудом и много чего перепробовал, но такой тяжелой работы у меня еще не было.

Мы заменяли старые пути на новые. Главную работу делала машина — путеукладчик. Он одну за другой укладывал на подготовленную насыпь плети — шпалы с уже прикрепленными к ним рельсами. Потом начинался ручной труд. Шпалы, если читатель замечал, обычно лежат на гравии. Гравий сначала «грохочут», то есть просеивают — сейчас, наверное, машинами, а тогда вручную. Обыкновенными деревенскими вилами подцепляют как можно больше камней и подбрасывают. Мелкие камешки просыпаются между зубьями, те, что покрупнее, остаются на вилах. Ими засыпают проем между шпалами, а потом подбивают под шпалы простыми шпалоподбойками, то есть тупыми ломами — скучный, тяжелый, непродуктивный, кошмарный труд. Были у нас и электрические шпалоподбойки, но ими работать еще тяжелее, поэтому их доверяли только женщинам. Электрошпалоподбойка — это двухпудовый агрегат с железным языком. Работает как отбойный молоток — вибрирует, язык зарывается в гравий, гравий плотно утрамбовывается под шпалой. Я тогда гирю в 32 килограмма по нескольку раз одной рукой выжимал, но когда любопытства ради десять минут с этой штукой поработал, перетаскивая от шпалы к шпале, потом пальцы одной руки разгибал с помощью другой — сами не разгибались. Впрочем, они и так плохо разгибались. После работы мы плелись, обессиленные, к своим вагончикам. А надо было еще истопить печь, а для печи наколоть дров. Дровами служили старые шпалы, а топоров не было. Может быть, начальство сознательно нас ими не снабжало, потому что среди рабочих было много вышедших из тюрьмы уголовников. И шпалы мы расщепляли теми же ломиками, которыми долбили гравий.

Платили нам за работу, по мнению начальства, неплохо. К основному заработку (зависевшему от выполнения плана) добавляли 35 процентов «колесных» (мы же считались командировочными), и все равно даже на убогую еду не хватало. Чем завтракали и ужинали, не помню. На обед обычно брали с собой хлеб, а на местных небольших рынках в Люберцах или Малаховке покупали варенец (что-то вроде ряженки). По ночам ходили воровать картошку с совхозного огорода.

ЖЕНАТЫМ — ПОЛВАГОНА

Работа на путях была тяжелая, зарплата маленькая, текучесть кадров большая. Чтобы удержать рабочих, начальство ПМС поощряло их браки и обещало молодоженам отдельное жилье: пол товарного вагона на семью. Для кого-то эти полвагона были пределом мечтаний. Девушка Лиза, вместе с которой меня поставили грохотать гравий, время от времени интересовалась, не собираюсь ли я жениться. Я каждый раз говорил, что нет, еще рано, но Лиза возражала, что не рано. И мечтательно прибавляла: «А женатым полвагона дают!»

ВСЕ МОГЛО БЫТЬ ИНАЧЕ...

Между прочим, останься я дома, жизнь могла пойти совсем по-другому.

В бытность мою инструктором исполкома серьезно заболел заврайторготделом, и мне предложили его временно и частично заменить. Обязанности мои на те несколько дней сводились к тому, чтобы проконтролировать поступившую на склад большую партию парфюмерии — чуть ли не вагон одеколонов и духов всех тогдашних сортов: «Шипр», «Огни Москвы», «Белая сирень», «Камелия» и прочие, включая «тройной одеколон», популярный среди советских алкоголиков.

Было очень много боя: стекло все-таки. Мне поручили проследить, чтобы завскладом количество боя не преувеличил, и с самим боем оригинальным способом распорядиться. Многие флаконы были не разбиты, а чуть треснуты. Возникло подозрение, что завскладом припрятал такие же пустые флаконы. Он духи из треснутых флаконов перельет в целые, продаст из-под полы и деньги положит себе в карман. Чтобы этого ни в коем случае не допустить, надо было все треснутые флаконы расколотить вдребезги, что и было под моим руководством проделано. Две работницы склада сначала лучшими духами щедро поливали себя и заодно меня (вечером в автобусе пассажиры от меня шарахались, видимо, принимая за любителя «тройного»), затем железными прутами расшибали вдребезги флаконы, запах распространялся на два квартала.

Завскладом, пожилой еврей, печально взирая на этот акт вандализма и не пытаясь меня остановить, говорил:

— Вы очень способный молодой человек, но не тем занимаетесь. Оставьте свой райисполком, поступайте на работу ко мне, я вас кое-чему научу.

Наверное, хотел научить меня делать деньги из битого стекла, но я не внял его советам.

«МАГИСТРАЛЬ»

Устроившись на работу и обзаведясь «полко-местом», я, конечно, не забыл о данном мне совете посетить литобъединение «Магистраль», но не очень туда спешил, считая, что литобъединение — что-то вроде кружка самодеятельности, а у меня был замах на кое-что поважнее. Но все-таки в один из четвергов после работы погладил свои уже обтрепанные бостоновые брюки, почистил ботинки и отправился в Москву. Нашел Дом культуры железнодорожников.

В просторном помещении перед закрытой дверью уже собрался некий народ, похожий на учеников вечерней школы. Самого разного возраста. Среди кудрявых горластых юношей, подававших, как я вскоре понял, кое-какие надежды, бродили устаревшие во всех смыслах неудачники с тяжелыми портфелями, набитыми слежалыми рукописями. Рукописи копились годами и держались всегда при себе в надежде, что удастся не то чтобы напечатать, нет, но хотя бы всучить кому-нибудь для прочтения. Хозяева портфелей испытывали противоречивые чувства, вызываемые тем, что по возрасту им бы быть наставниками этой вот кудрявоголовой проказливой молодежи, но по достижениям в избранном деле они безнадежно от молодых отставали и бесполезно перед ними заискивали. Впрочем, кроме кудрявоголовых гениев и туповатых глухих стариков, попадались экземпляры промежуточного вида, рода и пола. Немолодое существо с женской фигурой и отнюдь не женственными усами читало басни, написанные от лица каких-то животных, и от имени слона говорило басом, от имени лягушки квакало, а за кобру гнусавило и шипело.

Нервического вида молодой человек вещал, окруженный поклонниками:

— Поэт должен приносить людям радость. Я видел домохозяек, которые плакали над моими стихами.

— Саша, почитайте что-нибудь, — сказала одна из поклонниц, желавшая, должно быть, тоже поплакать.

Саша долго упрашивать себя не заставил и тут же начал читать поэму. Я всего, что читалось перед входом в зал, не помню. Восстанавливаю по памяти, кое-что позволяя себе досочинить.

> Авдотья Игнатьевна Фокина
> Живет в коммунальной квартире
> И занимает комнату
> Квадратных метра четыре.
> И все-то ее имущество:
> Кровать, табурет, буфет.
> И вся ее живность — кошка,
> Которой в обед сто лет.

Из поэмы должно было выходить, что Авдотья Игнатьевна, будучи внешне непримечательной старушкой, имела героическую биографию, на фронте была санитаркой и многих раненых вынесла с поля боя. За одного вынесенного вышла замуж, а он после войны спился. Поэма на этом не кончалась, но я хотел послушать кого-то еще. Покинул поклонников Саши и тут же попал в группу, где гений в вязаной кофте со штопаными локтями читал тексты, называя их стихозами. Один стихоз был такой:

> Где-то шло кое-что,
> Не имеющее названия,
> Ни имени, ни отчества,
> Ни военного звания.
> Куда шло — неизвестно.
> Зачем — неведомо,
> Но все-таки шло.
> А был ли в том смысл?
> Не было.
> А в чем он есть?

— Ни в чем, — сказал рыжий толстяк в тяжелых очках.

— В том-то и дело, — согласился гений. После чего, сам себя высоко оценив, сказал, что его стихозы являют собой последнее слово в литературе. И по просьбе слушателей прочел следующий стихоз, на этот раз в рифму:

> Зуб болит.
> Мне это неприятно.
> Часть меня болит, и я воплю.
> Ваши зубы пусть хоть все болят, но
> Мой болит, и, значит, я болю.
> Попрошу дантиста, чтоб помог мне.
> Пусть он зуб мне этот удалит,
> Пусть его отправит на помойку,
> Без меня пусть там он сам болит.

— Гениально! — сказал рыжий. — Это напоминает мне раннего Маяковского.

— Чушь! — возразил другой, тоже очкарик. — Чистый Хлебников...

Тут вмешался в дело пожилой неудачник, из тех, кого называют чайниками:

— А я все-таки не понимаю, для чего это? О чем это стихотворение говорит, чему оно нас учит?

— А чего ж тут не понимать, — отозвался другой чайник с потертым портфелем. — По-моему, все ясно. Стихотворение говорит нам о том, что больной зуб надо немедленно удалять и выкидывать. Как всякие чуждые нам элементы: тунеядцев, воров, стиляг. Правильно я говорю? — спросил он у автора.

— Нет, — устало сказал автор. — Неправильно. В моих стихозах нет никакого второго смысла. А первого, впрочем, тоже. Они принципиально бессмысленны.

ГРИГОРИЙ МИХАЙЛОВИЧ ЛЕВИН

Тут среди собравшихся прошел шум: в холле появился пожилой, как мне казалось (ему было тридцать девять лет), человек в потертом сером пальто, с всклокоченной седоватой прической, в очках с толстыми стеклами. Это был Григорий Михайлович Левин, руководитель «Магистрали». Дверь, у которой мы толпились, он открыл своим ключом и, войдя внутрь, артистическим движением метнул портфель на стол. Портфель плюхнулся, поехал, но у самого края остановился. Люди подступили к Левину, который, раскручивая кашне, рассеянно отвечал на вопросы. Протолкался к нему и я, напомнив, что звонил по телефону и вот пришел записаться.

— Записаться?! — удивился Левин, будто я просил его о чем-то немыслимом. — А с какой целью? Что вы собираетесь у нас делать?

— Я пишу стихи, — сказал я, оробев.

— Пишете стихи? — иронически переспросил Левин. — Неужели пишете стихи? Как это оригинально! Он пишет стихи, — сообщил он окружавшим его «магистральцам», и те тут же весьма саркастически по отношению ко мне и угодливо по отношению к Левину захихикали. Получалось, что то, что они пишут стихи, это не смешно, а что — я — смешно. — Ну, ладно, — продолжил Левин, протирая очки. — То, что вы пишете стихи, это хорошо. Но у нас все пишут стихи, у нас настолько все пишут стихи, что я даже не знаю людей, которые стихов не пишут. Но для тех, которые пишут стихи, у нас мест больше нет. Есть места для прозаиков, драматургов, даже для критиков, а для пишущих стихи нет. Конечно, если бы вы имели какое-нибудь отношение к железной дороге...

Я сказал, что имею отношение к железной дороге.

— Какое? — по-прежнему насмешливо спросил Григорий Михайлович. — Ездите на поезде? Встречаете на вокзале родственников? Провожаете?

— Нет. Я работаю путевым рабочим на станции Панки.

— Путевым рабочим? — Григорий Михайлович переспросил с недоверием, переходящим в почтение. Да и золотая молодежь растерянно притихла. — Вы без шуток путевой рабочий? На железной дороге? Так вы бы с этого и начали! Тогда вы нам очень нужны для статистики. Меня начальство постоянно корит, что у нас в Центральном доме железнодорожников мало железнодорожников. Оставайтесь. Но сегодня я с вами поговорить не смогу, а завтра приходите в «Литературную газету». Я там временно заменяю Огнева.

Кто такой Огнев, я не знал, однако Левин сообщил о временной замене собой этого человека с гордостью, которая побудила меня предположить, что Огнев — это очень большой человек, может быть, даже больше самого Левина.

— Приходите, — повторил Левин, — приносите стихи. Почитаем, подумаем, поговорим... Друзья мои, — обратился он уже ко всем. — Прежде чем начнем сегодня работать, сообщаю вам о наших успехах.

«ХОЧЕШЬ В КОММУНИЗМЕ ЖИТЬ? ЖИВИ!»

И Левин стал перечислять успехи.

У одного в многотиражной газете завода «Серп и молот» напечатаны четыре стихотворения, у другого — два в газете «Труд», третий в прошлую среду читал отрывки из своей поэмы по радио, а стихи сразу шести членов объединения отобраны для сборника «День поэзии». Левин называл фамилии, некоторые из них были мне известны: Эльмира Котляр, Игорь Шаферан, Нина Бялосинская, Дина Терещенко — их стихи с предисловиями известных поэтов я читал недавно в «Литературной газете» под рубрикой «Доброго пути».

Перечислив достижения, Левин объявил, что сегодня будет читать стихи Нина Бялосинская. О Нине я знал из той же «Литературной газеты», что она фронтовичка, хорошо знает жизнь, и это видно по ее стихам. Вероятно, в «Магистрали» она пользовалась большим уважением. Когда она вышла к столу, зал почтительно притих.

Стихи ее были откликом на недавнее постановление партии и правительства «О создании на производстве бригад коммунистического труда».

Поэтесса заговорила негромко, сдерживая очевидное волнение.

— Вчера я была на станции Москва-Сортировочная... В бригаде, где рабочие взяли на себя обязательство жить и трудиться по-коммунистически... Не в отдаленном будущем, а прямо сегодня, сейчас!.. Самые обыкновенные на вид люди, а поставили перед собой такую задачу!.. Я поняла, что не могу не откликнуться на то, что увидела. Стихи сложились сами собой. Придя домой, я их записала...

Сначала я подумал, что Бялосинская шутит. Я сам работал в бригадах, принимавших на себя пустые, сочинявшиеся парткомами, обязательства. Парторг давал их рабочим подписывать, а что потом с ними делал — отсылал в райком или выкидывал на помойку, — неизвестно... Я подумал: если поэтесса — фронтовичка, значит, о реальной жизни какое-то представление имеет. Если она всерьез верит в эти обязательства, значит, они отличаются от тех, которые мне приходилось принимать.

Нина читала вполголоса, с домашней интонацией:

— Знаете вы адрес коммунизма? Он совсем недалеко отсюда. До него доехать на трамвае можно...

Из стихов выходило, что до этого коммунизма (то есть до станции Москва-Сортировочная) можно доехать за несколько минут. Сел, доехал, а там люди, которые уже сегодня живут, трудятся и любят, как при коммунизме.

Я задумался. Ну, если эти люди живут, как при коммунизме, значит, живут хорошо, не в телячьих вагонах, а, по крайней мере, в пассажирских. Как они «любят по-коммунистически»? Чтобы вообразить это, я был, видимо, еще слишком целомудрен. А вот как это — «работать по-коммунистически»? Я, конечно, классиков марксизма-ленинизма практически не читал, знания мои об этом предмете были очень приблизительны, но, мысля логически, я себе представлял, что уж при коммунизме-то люди будут работать поменьше. Немного по способности человек потрудился, а там руки отряхнул, душ принял и наслаждается по потребности общением с книгой, музыкой, семьей, друзьями, природой. Или по Маяковскому: «Землю попашет, попишет стихи». Особо, естественно, не напрягаясь. А по стихам выходит, что работать при коммунизме надо еще больше, чем раньше. Хотя куда больше? Я, молодой, здоровый человек, сюда еле ноги приволок, а если буду работать еще больше, то и вовсе не доползу.

Стихи заканчивались простым вопросом и таким же простым ответом: «Эй, товарищ! / Хочешь быть счастливым? / Хочешь жить сегодня в коммунизме? / Если хочешь быть счастливым — будь им! / Хочешь в коммунизме жить — / живи!»

КУДА ЖЕ Я ПОПАЛ!

Началось обсуждение. Разумеется, я его дословно не запомнил, но приблизительно оно выглядело так. Левин спросил, кто желает выступить. Вызвался Виктор Гиленко, взволнованный молодой человек в очках. Я подумал: ну сейчас он ее раскритикует.

— Прошу простить, — начал он, — если моя речь будет не очень гладкой. Мы только что услышали стихи, после которых хочется не говорить, а молчать и думать. То, что мы услышали, это больше, чем стихи. Это... даже не знаю, как выразиться... То есть я, разумеется, читал о создании подобных бригад, но мне такое событие, при всем политическом значении, не казалось достойным поэтического отклика. Нужен был взгляд человека, который не только сам умеет в малом увидеть великое, но и наши глаза повернуть в ту же сторону. Как бы на этот факт откликнулись наши присяжные стихоплеты? Сочинили бы казенные вирши с дежурными рифмами, вроде «призма-коммунизма», «дали-стали» и так далее... А тут до предела открытый, доверительный, я бы даже сказал, исповедальный разговор с читателем. Разговор тет-а-тет. Без всякой патетики. Интонация самая бытовая, но в нее вплетается ритм идущего по рельсам трамвая. Это, я позволю себе выразиться красиво, ритм жизни и ритм правды. По-моему, Нина, — обратился он к поэтессе, — это твоя большая поэтическая удача, и я тебя от всей души поздравляю.

Другой оратор, Виктор Забелышенский, был покрупнее объемом. И слова его звучали весомей.

— Трамвай, о котором эти стихи, — сообщил он, — тот самый трамвай, на котором я каждый день езжу на работу. Он страшно гремит. Он обшарпанный. Пассажиров, как сельдей в бочке. Я всегда наступаю кому-то на ноги, и мне наступают. И я вижу перед собой только озабоченные, иногда даже злые лица. Для того чтобы я посмотрел на этих людей другими глазами, мне понадобилось слово, сказанное поэтессой.

— Не поэтессой, а поэтом, — поправили его.

— Прошу прощения, — согласился он. — Я сам ненавижу это жеманное слово «поэтесса». Так вот, поэт увидела то, чего мы сами не замечаем... Я не припомню ничего похожего в современной поэзии. Здесь слышится что-то балладное, может быть, идущее от Жуковского... А, может быть, тут даже стоит поискать музыкальные аналогии, нечто скрябинское, напоминающее начальные аккорды «Поэмы экстаза»...

Вскочил еще кто-то и сравнил стихи Нины с живописью Пластова и Дейнеки. В дискуссию вступили и остальные «магистральцы». Я увидел, что все они без труда отличают ямб от хорея и анапест от амфибрахия. Анализируя стихи своего товарища, читают на память другие стихи, прыгая от Пушкина к Баратынскому, от Багрицкого к Антокольскому и Луговскому, а то и до Катулла с Овидием добираются. И при этом употребляют слова, которых я за всю жизнь ни разу не слышал: «детерминированный», «инфернальный», «имманентный»...

Я вышел из ЦДКЖ потрясенный, думая: куда ж я попал! В армии и вообще везде, где бывал до этого вечера, я числился среди самых эрудированных и умных, а теперь понял, что я по сравнению с членами «Магистрали» просто невежда. И если эти образованные люди, знающие все на свете, довольствуются членством в литературном кружке и радуются публикации маленького стихотворения в многотиражке завода «Серп и молот», то на что же я замахнулся?!

Возвращаясь в тот вечер на электричке в свой вагончик у платформы Панки, я подумал, что совершил чудовищную ошибку. Меня обуяло паническое желание бежать из Москвы. Я не спал всю ночь, но к утру подумал: что у меня нет иного выхода, как биться головой в стенку дальше. Я сжег мосты и позорного возвращения домой просто не переживу.

К этой главке хотел бы сделать примечание. Многое из того, что я видел и слышал в жизни, встреченных мною людей, их тогдашнее мировоззрение я описываю иронически, потому что, например, к коммунистическим взглядам Бялосинской и других людей того времени сегодня никак нельзя отнестись серьезно. Это смешно. Обойти эту тему было бы неправильно. При этом я должен сказать, что Нина Бялосинская и Виктор Гиленко и Виктор Забелышенский, все уже покойные, и многие другие, разделявшие Нинины взгляды, были порядочными и достойными людьми. Их вера в коммунизм была трагическим и трагикомическим заблуждением, достойным, как сказал бы Хемингуэй, жалости и иронии.

«ЖЕРТВЫ ВЕКА...»

Москва заворожила меня интеллектуальным бурлением. Доклад Хрущева на XX съезде КПСС открыл многим глаза на многое, и главным потрясением было для большинства то, что, говоря словами Галича, «оказался наш отец не отцом, а сукою». Но я до сих пор не перестаю удивляться тому, насколько у десятков миллионов глаза до съезда были закрыты. Ведь, если говорить всерьез, все поголовно были жертвами советского режима, включая тех, кто по выбору власти исполнял роли палачей. Не зря Пастернак написал: «Наверно, вы не дрогнете, сметая человека. / Что ж, мученики догмата, вы тоже — жертвы века...» Сколько видел я людей, которые впали в шоковое состояние: «Как? Неужели?! Этого не может быть, этого не было!..» Но даже и те, кто признал, что ЭТО все-таки было, повторяли растерянно: «Мы ничего не знали». Лишь дожив до глубокой старости (кому дожить удалось), эти люди, опять-таки с подсказки высшего начальства, «прозрели» и кое-что как будто поняли.

Таким видом куриной слепоты страдали не только советские люди. В Западной Германии в 49-м году, через четыре года после полного разгрома страны, 70 процентов жителей на вопрос, кто был самым великим политическим деятелем XX века, ответили: «Гитлер». Страна лежала в руинах, состоялся Нюрнбергский процесс, немцам показали лагеря смерти, продемонстрировали фильмы с горами трупов и абажурами из человеческой кожи, и все равно: «Кто самый великий? Гитлер!» Правда, через несколько лет от 70 процентов осталось не больше шести. У нас же процесс осознания народом своей истории затянулся на десятилетия. И когда кончится — неизвестно...

В провинции, откуда я перебрался в Москву, жизнь была тихая, затхлая. Двадцатый съезд там мало кого взволновал, кроме партийных чиновников. Те из них, кто в преступлениях власти участвовал с особым усердием, забеспокоились, предположив, что для них наступают трудные времена. К сожалению, они и их духовные наследники в девяностых годах зря беспокоились.

ПО МНЕНИЮ АКАДЕМИКА ОПАРИНА

Москва по контрасту с провинцией показалась мне центром свершившейся революции.

Люди, считавшиеся московской интеллигенцией, отличались от провинциальных интеллигентов бо́льшим свободомыслием, которое, впрочем, у многих не шло дальше осуждения сталинизма, да и то к этому их подтолкнули решения ХХ съезда КПСС. Образованные люди делились на левых и правых, но не как теперь. Левые любили Ленина, а правые Сталина. Ленин все еще считался хорошим и добреньким, а Сталин злым и плохим. Левые все еще надеялись на наступление хорошего коммунизма, правые больше верили в сильную руку. Со временем правое-левое поменялись местами, теперь сталинисты новых поколений (как ни странно, они все еще есть и, кажется, еще много лет будут) считаются левыми, а их оппоненты правыми. Впрочем, правые отличаются от тогдашних левых тем, что Ленина они уже разлюбили или никогда не любили, а эти идола своего не сдают. Мертвый Ленин когда-то считался вечно живым, но мертвый Сталин оказался живее. Я Сталина не любил с детства, а что касается Ленина, то до поры до времени верил образованным людям на слово, что он хороший.

Тогда у молодых поэтов в моду опять вошел Маяковский как трибун и сатирик. Следом за ним постепенно входили или возвращались в моду Хлебников, Северянин, Введенский, Хармс, Крученых.

В «Магистрали» я впервые услышал имя Лев Халиф. Говорили, что этот необыкновенный, очень талантливый поэт приехал из Ташкента. Живет на рубль шестьдесят в день, пишет потрясающие стихи. Одно из его стихотворений ходило по рукам, а потом было растащено на автографы:

> «Из чего твой панцирь, черепаха?» —
> я спросил и получил ответ:
> «Он из пережитого мной страха,
> и брони надежней в мире нет».

Халиф был парень задиристый, когда он появился в Москве, кто-то предрек, что обязательно станет героем фельетона «Халиф на час». Фельетон такой в самом деле потом появился, но сначала была публикация в «Литературной газете» с предисловием Назыма Хикмета, из которой я запомнил:

> Руки в пустоте карманной стынут,
> И ты немного зол на то.
> Скоро урны сделаем золотыми,
> Плевать на золото.

Молодые поэты выступали в каких-то клубах, кинотеатрах, с открытых эстрадных площадок в парках.

Как-то я попал в клуб какого-то завода. Там выступал молодой, как мне сказали, гений — Игорь Холин:

> Обозвала его заразой,
> и он, как зверь, за эту фразу
> подбил ей сразу оба глаза.
> Она простила, но не сразу.

Или:

> Пригласил ее в гости.
> Сказал: «Потанцуем под патефон!»
> Сам — дверь на замок.
> Она — к двери, там замок.
> Хотела кричать,
> обвиняла его в подлости.
> Было слышно мычанье и стон.
> Потом завели патефон.

В «Магистрали» был свой гений примерно той же школы — Сева Некрасов.

Одно из его стихотворений я читал в переводе на чешский язык и все понял. Потому что оно выглядело, как мне помнится, так:

> Ох-ох! Эх-эх! Ух-ух! И-их!

Некоторые старшие поэты писали тоже загадочно. Как сочинитель частушек Виктор Боков: «Сидит снегирь, / На груди — заря. / Домой, в Сибирь / Хочу — нельзя».

А вот стишок Михаила Кудинова:

> Пришел гость, проглотил гвоздь.
> По мнению академика Опарина,
> Незваный гость хуже татарина.

Когда автор прочел этот стишок по телевидению, разразился большой скандал. Секретарь Татарского обкома партии написал жалобу в ЦК КПСС, у пропустивших в эфир эту, как тогда выражались, идеологическую диверсию были большие неприятности.

ГЕНЕРАЛ МИЛОРАДОВИЧ НЕ УВИДИТ КАХОВСКОГО

Я был открыт всему и всё, что читал и слышал, воспринимал благожелательно, но сам стремился к тому, чтобы у меня было по Твардовскому: «Вот стихи, а все понятно, все на русском языке». Чтоб была ясность мысли и чувства. Такие стихи писали сам Твардовский, Симонов и полюбившийся мне Михаил Светлов. Он написал в эпоху агрессивной барабанной поэзии: «Товарищ певец наступлений и пушек, Ваятель красных человеческих статуй, Простите меня, я жалею старушек, Но это единственный мой недостаток». В Москве я узнал, что есть поэты (кого-то из них я встретил даже живьем), которые пишут стихи, никак не вписывающиеся в рамки социалистического реализма. Иногда такие, которые можно называть антисоветскими, и при этом авторы остались живы и на свободе. В сорок первом году, вскоре после начала войны с Германией, Николай Глазков написал: «Господи, спаси страну Советов, огради ее от высших рас, потому что все твои заветы Гитлер нарушает чаще нас». Впервые услышал о Науме Коржавине, тогда еще Манделе (знавшие Манделя лично и не знавшие называли его фамильярно, но с почтением — Эмка Мандель) и о его стихах, по существу выражавших сожаление о неспособности его поколения к восстанию против власти: «Можно строчки нанизывать / Посложнее, попроще, / Но никто нас не вызовет / На Сенатскую площадь. / И какие б тирады вы / Ни старались выплескивать, / Генерал Милорадович / Не увидит Каховского».

ПИСАТЕЛЬ ЛЕВИН ПРИЕХАЛ

Точно в назначенное время у входа в «Литературную газету» я был остановлен вахтером, который выспросил, кто я, куда иду. Я объяснил, что иду к Левину, который временно заменяет Огнева.

— Ах, Огнева! — Вахтер заглянул в какой-то список, в котором он искал, конечно, не Огнева, а меня. Огнева он знал и без списка. А меня нашел и — пропустил.

В лифте я поднимался вместе с полной женщиной, державшей на растопыренных руках ворох бумаг, сверху прижимая их подбородком. Она доехала до четвертого этажа, локтем или животом как-то открыла лифт, вышла, затем железную дверь толкнула назад ногой. Я сомкнул внутренние деревянные дверцы, нажал на кнопку шестого этажа. По дороге быстро вытащил из-за пазухи общую тетрадь. На шестом этаже растворил деревянные дверцы, а перед железной дверью задумался, не зная, как поступить. Ручки нет, есть загогулина, приспособленная, вероятно, для открытия двери, ну а вдруг это не то? Вдруг я на это нажму, и лифт вместе со мной рухнет? Почему же я не посмотрел, как поступила та женщина?

Мимо зацокала каблуками еще одна.

— Извините, — обратился я к ней через сетку, — я не москвич, первый раз в жизни еду в лифте. Я не знаю, как выйти.

Она посмотрела на меня с большим любопытством. Возможно, впервые видела столь дикого человека. Улыбнулась и показала, что делать.

Дверь с табличкой «В.Ф.Огнев» я нашел без труда. Постучался. Дверь распахнулась, и в проеме с телефонной трубкой в руках появился Григорий Михайлович. Он был в рубашке со сдвинутым набок галстуком (пиджак на спинке стула), чем-то воодушевленный, озабоченный и лохматый.

— Ах, это вы! Заходите. Садитесь, я договорю по телефону.

Я скромно опустился на стул, приставленный к стене, и подтянул штанины, чтобы не вытягивались на коленях. Положил на колени тетрадь. Огляделся. Кабинет небольшой. Известному человеку, каким был, очевидно, Огнев, могли бы выделить что-нибудь посолидней. Стены белые с желтизной, слева от окна — черно-белый портрет Маяковского. Стол покрыт грудой бумаг, наваленных на него в виде стога. На вершине стога лежит уже знакомый мне портфель — один из двух замков оторван, ручка подвязана шпагатом.

Левин говорил стоя, прислонившись к стене.

— Так вот, я вам сказал, — кричал он, одной рукой держа трубку, а глазами и сложным движением лицевых мускулов делая мне непонятные знаки, — вы слишком злоупотребляете глагольными рифмами. Ими пользоваться можно, но очень умеренно. А вы пишете «волновал-рисовал-пахал-обскакал». Кстати, к «обскакал» есть прекраснейшая рифма «аксакал». Дарю вам бесплатно, и на этом привет, у меня посетитель.

Положил трубку, обратил свой взор на меня.

— Все, я освободился, читайте.

— Что читать? — опешил я.

— Читайте то, что вы пишете, — строго сказал Левин. — Если стихи, то читайте стихи.

— Прямо сразу? — заколебался я.

— Почему же не сразу?

Я засуетился, стал торопливо листать тетрадь.

— Вы что же, наизусть не помните? — удивился Левин.

Я и вовсе сник.

— Почему же? Помню, но боюсь сбиться. — Листаю дальше: «Матери», «Отцу», «Тете Ане», «Сестре Фаине». Боже, все это детский сад! А вот это все-таки ничего. — «Море»! — объявил я громко.

— Что? — вздрогнул Левин.

— «Море», — повторил я и стал читать:

> Остывает земля.
> Тени темные стелются медленно.
> И внизу корабли...

Зазвонил телефон.

— Извините! — Левин схватил трубку. — Алло! Слушаю! Рад вас приветствовать. — Прикрыв трубку ладонью, шепотом мне: — Читайте, читайте.

> ...И внизу корабли
> опускают за борт якоря...

Левин в трубку:

— Ну, конечно, я вам говорю, это чистый Багрицкий. Помните, как у него: «Ах, вам не хотится ль под ручку пройтиться? Мой милый, конечно, хотится, хотится...» — Отводя трубку от губ, машет свободной рукой, делает мне рожи и шепчет:

— Ну что же вы не читаете? Читайте, не обращайте внимания.

Я в смущении и сомнении продолжаю:

...И вверху самолет
тянет по небу нитку последнюю,
и, как угли в костре...

— И сразу же, — продолжает Левин в трубку, — возникает обстановка вокзала, и запах гари, и клубы пара, и вы ощущаете тяжелые усилия отходящего поезда, а может быть, между нами говоря, совсем не для печати... Там около вас дам нет?.. Тяжелые усилия поезда и вакханалия совокупления. Вы чувствуете? «А по-езд от по-хоти сто-нет и злится: хотится, хотится, хотится, хотится...» Кстати, эти стихи положены на музыку. Никогда не слышали? Извините, у меня слух не очень, но я попробую вам напеть... — Мне шепотом: — Я вам говорю, не обращайте на меня внимания, читайте дальше.

Я читаю:

...Догорает и тлеет заря.
Далеко-далеко
тарахтит катеришко измызганный...

Левин поет:

— «А поезд от похоти стонет и злится...» Нет, композитора я не помню. Может быть, это братья Покрасс, а может быть, и Богословский. Я не знаю. Хорошо, ладно, привет, у меня посетитель. — Положил трубку, повернулся ко мне: — Неплохо. «Тихо падают вниз звезды первые белыми брызгами...» Есть ненавязчивая аллитерация, и рифма «измызганный — брызгами» не затаскана. Слишком литературно и кого-то напоминает, но для начала неплохо. Как это там? «Остывает земля, тени темные стелются...» Как? Медленно? Очень даже ничего.

Я был потрясен. Не столько оценкой, сколько необычайными способностями Григория Михайловича. Даже не представлял, что такое возможно. Читать, петь, слушать, запоминать и все это делать одновременно. Кто так умел? Юлий Цезарь? Наполеон? Кто-то из них. Оробел еще больше. Опять пришла мысль, что если литературой занимаются люди с такими талантами, то куда же я-то суюсь? Правда, стишки мои мэтру вроде понравились. Но это он, может быть, просто так, из вежливости. Тем более что я железнодорожник. Думая о своем, пропустил какой-то его вопрос.

— Что? — переспросил я.

— Я вас спрашиваю, кого вы знаете из современных поэтов? — повторил Левин.

Из современных я уже знал кое-кого, но уверенно мог назвать только двух:

— Твардовский, Симонов.

— А как относитесь к Луговскому? Что думаете о Луконине, Недогонове?

Как из корзины, посыпались имена: Заболоцкий, Кирсанов, Казин, Кульчицкий, Наровчатов, Самойлов...

Боже! Я потел, ерзал и ежился. Да откуда же мне знать все эти имена, если я не представляю себе даже, кто такой Огнев? Из десятка высыпанных имен некоторые я все-таки слышал, но стихов никаких не знал и Левиным тут же был, конечно, раскушен.

— Если хотите стать поэтом, вы должны всех названных мною авторов знать наизусть. Не говоря уже о Пастернаке, Цветаевой и Ахматовой. Литературная работа требует колоссальных знаний. А ваш Твардовский, — сказал он с упреком, словно Твардовский был моим плохо воспитанным сыном, — вчера пьяный валялся в канаве.

Это сообщение я воспринял как лестное. «Ваш Твардовский». Я даже почувствовал себя ответственным за поведение Твардовского, защищая которого пробормотал: мол, с кем не бывает.

— Ну, хорошо. — Левин взглянул на часы и схватился за портфель. Вместе с ним он стащил со стола часть бумаг, которые с шелестом расстелились по полу. Я кинулся их подбирать, но был остановлен небрежным жестом:

— Бросьте, некогда. Вы что сегодня делаете? Хотите поехать на мое выступление?

Я не поверил своим ушам. Как? Неужели? Такой человек, заменяющий самого Огнева, предлагает составить ему компанию.

— Вообще-то, я свободен, — сказал я, скрывая волнение.

— В таком случае поехали.

Левин нырнул в пиджак, зажал под мышкой портфель и ринулся к дверям. Запихнувши тетрадь за пазуху, я побежал за ним. С каждой секундой темп ускорялся. Конец коридора одолели и запрыгали по лестнице вниз.

Я был уверен, что внизу нас ожидает машина с шофером. Только интересно, какая? «ЗИМ» или «Победа»? У подъезда машин было несколько, но ни один «ЗИМ» и ни одна «Победа» дверец своих не распахнули. Но и не должны были, потому что первым делом мы посетили парикмахерскую, где Левина побрили и подушили одеколоном «Шипр». Но и после этого на наш пробег мимо «побед» и «зимов» ни одна машина не отреагировала.

— Ловим такси! — скомандовал Левин, и мы оба, дергая руками, стали кидаться под колеса бегущих автомобилей.

Наконец поймали «левака», шофера чьей-то персональной «Победы» шоколадного цвета.

Я юркнул на заднее сиденье, Левин устроился впереди, прижав портфель к животу.

— В Парк культуры! — уверенно бросил он.

Водитель, почуяв настоящего седока, торопливо рванул с места и, обходя других, вывел машину к осевой линии.

Доехали до парка Горького, остановились перед воротами.

— Голубчик, — повернулся Левин ко мне, — если вам нетрудно, подойдите там к кому-нибудь, скажите, пусть откроют ворота. Скажите, писатель Левин приехал.

Я уже не сомневался, что Левин имеет отношение к литературе. Может быть, даже самое прямое, но я не представлял себе, что он писатель. Слово «писатель», как мне тогда казалось, обозначает какое-то высшее человеческое звание, даже выше всяких генералов, маршалов, президентов, царей и генеральных секретарей.

Со всех ног кинулся я оправдывать оказанное мне доверие. В поисках учреждения, управляющего воротами, налетел сначала на очередь в кассу, потом передвинулся к окошку администратора. Там тоже была очередь, и немалая, но допустить, чтобы писатель Левин ждал слишком долго, я, понятно, не мог.

Растолкав очередь и кем-то оттаскиваемый за ворот, я ухитрился сунуть голову в окошко и закричал громко, чтобы слышали и администратор, и те, кто меня оттаскивал:

— Откройте ворота! Писатель Левин приехал!

Оттаскивавшие, оробев, устыдились, ослабли в своем напоре, но администраторшу высокое звание нисколько не оглушило.

— Что еще за писатель? — закричала она. — Вот делать нечего, буду тут каждому ворота открывать. Он что, пешком не может дойти?

— Он не может, — настаивал я, — он писатель.

— Ну и что, что писатель? Не инвалид же.

К машине я возвращался, понурясь.

— Не открывают, — доложил смущенно.

— Как не открывают? — сверкнул очами Григорий Михайлович. — Вы сказали, что я писатель? Хорошо, подождите меня, я сейчас.

Выскочив из машины, он убежал.

— А что, — повернулся шофер ко мне, — он очень мастистый писатель?

Он так и сказал «мастистый», и я, не зная этого слова, сразу сообразил, что оно происходит от слова «масть». То есть высокой масти.

— Да, — подтвердил я. — Очень даже мастистый.

— А что он написал?

Спросил бы чего полегче!

— Надо знать! — ответил я уклончиво.

— Вообще-то надо, — смутился шофер. — Только времени на книжки не остается.

Левин вернулся и, заняв свое место, кинул устало:

— Поехали!

Ворота были распахнуты настежь.

Проехали метров приблизительно семьдесят.

— Стоп! — распорядился Левин и царственным жестом протянул водителю две десятки, деньги по тем временам и в моих глазах немалые.

Мы вышли из машины как раз там, где стоял щит с афишей, сообщавшей, что сегодня на открытой эстраде состоится тематический вечер «НЕ ПРОХОДИТЕ МИМО!».

Было объявлено, что выступают член редколлегии журнала «Крокодил» Борис Егоров и поэт Роберт Рождественский. Вечер ведет писатель Григорий Левин.

О Егорове я кое-что слышал и раньше. Какие-то стихи Рождественского, написанные под Маяковского лесенкой, даже читал. Но их фамилии обозначены маленькими скромными буквами, а вот имя и фамилия ведущего, как и следовало ожидать, буквами раза в два крупнее.

Подкатилась дамочка с большими серьгами в ушах:

— Ах, Григорий Михайлович, слава богу, приехали, я боялась, что опоздаете. Люди уже в сборе, через пять минут начинаем.

За кулисами вновь прибывших ожидали невзрачный Егоров и очень колоритный Рождественский в сиреневой вязаной кофте с большими пуговицами. Он был очень крупного роста, и все детали его внешности были соразмерными росту. Большие черные глаза, крупный нос, выдающиеся скулы и губы. Такие пухлые губы, словно их целовали пчелы. И крупная родинка над верхней губой.

Левин поздоровался с ними за руку и представил меня, назвавши имя и прибавив к нему: поэт.

Сердце мое сладостно замерло. Я, конечно, предполагал, я надеялся, я мечтал, что когда-нибудь моя профессия будет обозначаться словом «поэт», но никак не ожидал, что это случится так быстро и просто.

Рождественский и Егоров оба слегка приподнялись для рукопожатия, как равные с равным.

— Вы тоже выступаете? — спросил Егоров.

— Я? Выступаю? — переспросил я и посмотрел на Левина, ожидая, что тот сейчас засмеется и скажет: ну что вы, это же только начинающий автор, он еще пишет очень и очень слабо, о каких-то таких выступлениях еще нечего говорить. Но Левин сказал только:

— Нет, он сегодня не выступает, он просто пришел со мной.

Из чего я заключил, что сегодня я не выступаю, но завтра это вполне может случиться.

— Голубчик, у меня к вам просьба, — обратился ко мне Левин, — не сочтите за труд, пока я буду выступать, подержите мой портфель. Только поддерживайте снизу, а то ручка, видите, дышит на ладан.

Я сидел в первом ряду и, поглядывая на сидевшую рядом курносую блондинку, прижимал к животу потертый портфель с оторванным замком и подвязанной ручкой. Я поглядывал на блондинку, а блондинка не смотрела ни на меня, ни на портфель, не представляя, кому он мог бы принадлежать. Что было, конечно, обидно. Потому что если бы она знала, если бы знала... А почему бы ей, собственно говоря, не спросить: уж не принадлежит ли этот портфель кому-нибудь из выступающих? Я бы тогда обыкновенным будничным голосом сказал, что да, портфель принадлежит лично Григорию Михайловичу Левину, он обычно просит во время выступлений кого-нибудь из своих подержать. Этим я мог бы показать, что выступления Левина вообще без меня не обходятся и что портфель свой Григорий Михайлович обычно доверяет только мне. Но блондинка смотрела на сцену, и как переключить ее внимание на себя, я не знал.

НЕ ПРОХОДИТЕ МИМО

Речь на вечере шла о человеческом достоинстве и гражданском мужестве. Публика призывалась не проходить мимо отдельных, редких, но все еще, к сожалению, бытующих в нашем обществе таких нетипичных пережитков прошлого и негативных явлений, как пьянство, хулиганство, нетоварищеское отношение к женщине. Хулиганство — это болезнь, с которой должна бороться не только милиция, но все общество. Борис Егоров прочел на эту тему фельетон. Он подавался как очень смешной, но никому таким не показался, хотя Егоров добросовестно жестикулировал и голосом управлял так, чтобы подчеркнуть наиболее достойные смеха или по крайней мере улыбки места. Роберт Рождественский ознакомил публику с длинным стихотворением о наступающем над какой-то мелкой речушкой Иня рассвете. Не успел он это прочесть, как вскочил гражданин в красном свитере и с очень буйно вьющимися седыми волосами.

— У меня есть вопрос к товарищу Рождественскому, — сказал он голосом, похожим на ленинский в исполнении Бориса Щукина. Да и манеры у него были из того же кино. — А скажите, пожалуйста, — он выкинул вперед руку, словно с броневика, — если вы говорите о речке, над которой наступает рассвет, то это не значит ли, что еще совсем недавно над этой речкой царила ночь?

Рождественский почему-то заволновался, стал заикаться и шепелявить одновременно.

— Ну, естественно, над этой речкой, как и везде, имеет место смена времени суток. Там тоже бывают утро, день, вечер, ночь, рассвет...

— Это все понятно, понятно, — деловито перебил слушатель. — А ваше стихотворение носит прямой или аллегорический характер? А если аллегорический, то не хотите ли вы сказать, что ночь царила не только над речкой, не только над этим маленьким, безобидным и узким речным потоком, но и над гораздо более обширными географическими пространствами?

В публике прошел ропот. Все сразу поняли, что вопрос не столько литературного, сколько юридического характера и имеет отношение к еще не отмененной к тому времени статье 58 Уголовного кодекса — антисоветская пропаганда и агитация. Рождественский потел и заикался. Он начал объяснять, что стихи — это вид искусства, которое нельзя понимать буквально. Слушатель резонно возразил, что он как раз не буквально и понимает. Тут Рождественскому на помощь пришел Егоров.

— А вам не кажется, — спросил он дотошного слушателя, — что ваши догадки — плод вашего собственного и странного воображения? Вы не могли бы мне сказать, кто вы?

— Я — советский человек, — сказал гордо кудрявый.

— Что значит — советский? Мы тут все не турецкие. Как ваша фамилия и чем вы занимаетесь в рабочее время?

— Это неважно. Я просто слушатель.

— В каком смысле просто? — настаивал на своем Егоров. — У каждого просто слушателя есть имя, фамилия, профессия, место работы, дирекция, местком, партком...

Пока он говорил, вопрошатель стал передвигаться к выходу, махнул рукой и скрылся за дверью.

В дело вмешался Григорий Михайлович.

— Вот оно, лицо анонима, — произнес Левин, указывая на дверь. — Вот он, мещанин, который мутит воду, призывает всех к ответственности, а сам чуть что уходит в тень. Именно о таких людях я и собирался сегодня говорить... Недавно в редакцию «Литературной газеты», где я временно замещаю Огнева...

Тут я быстро глянул на соседку и попытался понять, не удивляет ли ее фамилия Огнев, не нахмурила ли она брови в недоумении, мол, кто такой Огнев, но она ничего не нахмурила и продолжала смотреть на сцену, как будто Огнев был для нее такой же известной личностью, как Толстой или Чехов.

Между тем Левин продолжал свою речь: о том, что в редакцию, где он замещает Огнева, пришло письмо без подписи и, разумеется, без обратного адреса. «Ваша газета, — писал аноним, — постоянно выступает за то, чтобы люди, сталкиваясь с проявлениями хулиганства, не проходили мимо, вмешивались и давали отпор, а не дожидались милиции. А что значит дать отпор? Вот хулиган толкнул девушку, вы хотите, чтобы я кинулся ей на помощь? А мне тот же хулиган воткнет нож в сердце. А я тоже человек. У меня есть семья, дети, и сам я тоже хочу жить...»

Сначала Левин читал, сидя за столом. Но потом распалился, вскочил, подбежал к краю сцены и, размахивая цитируемым письмом, стал выкрикивать что-то гневное. Об этих самых анонимах, лишенных гражданских чувств и ответственности за свою страну. О мелких людишках, которые забились в своих углах и заботятся только о личном удобстве и своем мещанском благополучии.

— Писатель Бруно Ясенский однажды правильно написал: «Не бойтесь врагов, они вас могут только убить. Не бойтесь друзей, они вас могут только предать. Бойтесь равнодушных. С их молчаливого согласия, — Левин поднял голос до самой высокой ноты и завертел письмом так, словно ввинчивал его в небо и сам с ним пытался ввинтиться, — совершаются предательства и убийства». — Левин выдержал паузу и продолжил голосом тихим, усталым и разочарованным: — Эти замечательные слова, как ни к кому другому, относятся к этому вот, — поднял письмо и указал им в сторону двери, — анониму.

Заключительным пассажем он как бы идентифицировал мерзкого анонима и вычислил в нем того кудрявого в красном свитере, который столь трусливо бежал, не открыв своего имени. Именно к нему относились слова Бруно Ясенского.

«И ко мне тоже, — честно подумал я. — Ко мне эти слова тоже и даже прямо относятся».

Вспомнилось Запорожье, шестой поселок, парк, танцплощадка и бессмысленно жестокие драки, случавшиеся возле нее. Когда местный бандит Грек со своей шпаной без всякой реальной причины нападали на кого-то одного и всей компанией или, по фене, «кодлой» били жертву чем попало: сначала руками, потом ногами и каждый бьющий старался попасть в зубы, в глаз, в печень, чтобы если не убить, то изуродовать, превратить в калеку. При этом все до единого свидетели проходили мимо, втянув головы в шеи, и каждый в отдельности понимал, что если он сунется на помощь лежачему, то и сам ляжет рядом, а всякие слова, что если бы мы все, как один, остаются словами. Это они все как один, а мы, проходящие мимо, проходим в одиночку, пока нас самих в одиночку не бьют.

АДАМ ХРИСТОФОРОВИЧ ТИШКИН

Вечер завершился. Егоров и Рождественский немедленно скрылись, а Григорий Михайлович Левин сошел к народу, который его окружил. Ему были тут же рассказаны страшные истории. Старуха вечером, не очень даже поздно, выносила мусор и прямо возле мусорного контейнера была изнасилована группой подростков. Она кричала, соседи слышали, но никто-никто, вы представляете, совершенно никто не пришел на помощь. «А возле нашего дома, — сказала полная дама, — четыре телефонные будки, и в каждой трубки сорваны, а на полу большие кучи наложены, вот вам и вся культура». — «Таких людей надо расстреливать», — заметил на это стоявший рядом с дамой седой ветеран, но непонятно, кого он имел в виду — даму или тех, кто накладывал кучи. Другой персонаж, помоложе, пытался у Левина выяснить, а что делать на улице курящему культурному человеку при совершенном, можно сказать, отсутствии урн. «Скажите, — горячился он, — вот я иду по улице, покурил, надо выкинуть окурок, а урны нет ни одной. Что мне делать с этим окурком: положить в карман? Проглотить? Что, скажите?»

— Товарищ Левин! Товарищ Левин! — приземистый человек с крутым лбом, пытаясь повернуть внимание писателя на себя, дергал его за рукав. Наконец не выдержал и закричал истерически: — Товарищ Левин, я уже одиннадцатый раз к вам обращаюсь.

— Да, я вас слушаю, — оставив нерешенной проблему невыброшенных окурков, Левин повернулся к приземистому. Тот немедленно выдвинул вперед ладонь для рукопожатия.

— Тишкин, — с достоинством представился он. — Адам Христофорович. Моя супруга... — не оглядываясь, он протянул руку назад и вытащил из толпы круглую старушку в шляпе с опущенными полями... — Тишкина Антонида Петровна.

Старушка дважды кивнула, как бы подтверждая, что она действительно Тишкина Антонида Петровна.

— Очень приятно, — сказал Левин.

— Товарищ Левин, вот вы говорите — культура поведения, внимательность, вежливость и все такое. А я расскажу вам случай. Вы знаете поэта Сергея Васильева?

— Да, я с ним знаком, — сообщил Левин гордо.

— Так я вам скажу. Мы с супругой его очень любили. У него есть замечательные стихи. Особенно поэма о России. Мы прочли его биографию, узнали, что он сирота и все такое. Мы решили пригласить его к нам, накормить, напоить чаем. Я написал ему письмо, он не ответил. Я узнал его телефон и звонил ему несколько раз. Он все: некогда да некогда и все такое. А потом видит, я проявляю настойчивость, и говорит: «Хорошо, завтра я поеду на машине на рынок, могу вас по дороге подобрать, и в машине поговорим». Сами понимаете, я отказался. Я еще много раз его приглашал, и вот он согласился. Пришел вечером, а у нас квартирка, знаете, маленькая, коридор темный, он идет, оглядывается, вздрагивает, боится, видать, что ограбят. А потом увидел нас с супругой, успокоился, посмотрел на часы и говорит: «Ну вот что, папаша, я человек занятой, времени у меня в обрез, давай выкладывай, что наболело, и я пойду». Ну, какой уж тут разговор! А ведь мы хотели как лучше. Супруга испекла кекс, я приготовил сто двадцать четыре вопроса, а разговора не получилось.

БЕЗ КОММУНИЗМА НАМ НЕ ЖИТЬ

...Было уже поздно, холодно и ветрено, когда два литератора, зрелый и начинающий, шли от парка имени Горького к метро через Крымский мост. Левин нес под мышкой портфель, я держал свою тетрадь за пазухой. Шли молча. Вдруг Левин повернулся ко мне:

— Хотите, я вам почитаю свои стихи?

— А вы и стихи пишете? — удивился я. — Я думал, что пишущих стихи называют поэтами, а писатели пишут что-то другое.

— Ну да, — сказал Левин. — Я все пишу. Слушайте. — Он переложил портфель из правой подмышки в левую, правой рукой потрогал очки и стал читать, постепенно переходя от лирики к пафосу:

Без коммунизма нам не жить.
Что реки молока и меда!

> Но нам вовеки не забыть
> Огней семнадцатого года.
> Мы можем мерзнуть до костей,
> Травой кормиться, дымом греться,
> Забыв и кровлю и постель,
> Как делали красноармейцы...

И в таком духе дальше.

Дочитав до конца, он заинтересовался моим мнением. Я растерялся. Сказать, что стихи не понравились, я побоялся. Но все же промямлил, что я, может быть, чего-то не понимаю, но мне представляется, что коммунизм — это жизнь, полная изобилия и удовольствий, а не «травой кормиться, дымом греться».

— Простите, Володя, — спросил Григорий Михайлович, — у вас какое образование?

— Десять классов вечерней школы.

— Стало быть, вы марксизм подробно не изучали?

— Нет, не изучал.

— Вот поэтому у вас такие примитивные представления. Тот коммунизм, о котором вы говорите, — вульгарный коммунизм. Еще Маяковский писал о мещанах, толкующих марксистское понятие «бытие» как еда и питье.

Я спорить не стал, хотя был тогда и даже сейчас уверен, что под бытием Маркс вульгарно подразумевал в первую очередь еду и питье, то есть материальный достаток для всех, а не меню из травы и дыма.

НЕ СОЧТИТЕ, ЧТО ЭТО В БРЕДУ

Несмотря на мою критику, Левин со мной расставаться не спешил, и я, тайком поглядывая на часы, боясь, что опоздаю на последнюю электричку, прослушал стихи, которые вскоре стали довольно известными:

> На привокзальной площади
> Ландыши продают.
> Какой необычный странный смысл
> Ландышам придают.
> Ландыши продают.
> Почему не просто дают?
> Почему не дарят, как любимая взгляд?..
> Ландыши продают...

Это были совсем другие стихи. Я испытал чувство восторга, которое, к удовлетворению Левина, тут же и высказал. Но потом, в электричке (все-таки на последнюю успел), остыл, задумался и понял, что в них тоже что-то не то. Стихи напрашивались на пародию. «Почему пряники продают?» Или «Почему ботинки не дарят, как любимая взгляд?».

Честно говоря, я и до сих пор не совсем признаю право поэта не считаться с житейской логикой. Если выражаться не стихами, а прозой, ландыши — какой-никакой товар. За ними надо поехать в лес, там их собрать, сложить в букетики и потом что? Раздаривать налево и направо? Пушкин говорил, что поэзия должна быть глуповата, но все-таки ей не обязательно быть совершенно глупой.

Чем больше я читал стихи советских поэтов, тем больше находил в них примеров отвлеченной романтики, бессмысленного пафоса и немыслимых образов. Даже у любимого мной Булата Окуджавы: «Моцарт на старенькой скрипке играет», а его просят: «Не оставляйте стараний, маэстро, не убирайте ладони со лба». Не представляю, как можно, играя на скрипке, убирать или не убирать ладони со лба. Сколько мне ни говорят, что эти слова не надо понимать буквально, я их не буквально понимать не могу. Умные люди мне объясняют, что образ условный, хотя бы потому, что Моцарт не скрипач, а композитор, и ладонь у лба тоже не надо понимать слишком прямо, а у меня непрямо не получается.

Я помню общее восхищение стихами Ярослава Смелякова:

> Если я заболею,
> к врачам обращаться не стану.
> Обращусь я к друзьям
> (не сочтите, что это в бреду)...

Такое поведение, как и бесплатную раздачу ландышей, я бы счел глупостью, а не бредом. А дальше — уж точно бред: «Постелите мне степь, занавесьте мне окна туманом, в изголовье поставьте упавшую с неба звезду». Я бы предпочел упавшей звезде образ керосиновой лампы с разбитым стеклом.

Нет, думал я тогда, такое мышление мне никогда не будет доступно. Значит, может быть, я этого тоже не понимаю, как и марксизма, потому что недостаточно образован. И настолько не образован, что никогда этого не пойму.

Впрочем, через некоторое время я ограничил свои сомнения замеченным фактом, что в моем развитии все-таки наблюдается прогресс, а в поэзии есть образцы, которые мне понятны, и они, пожалуй, получше непонятных. Да и в моих собственных стихах тоже кое-что появилось.

Кроме того, я довольно скоро пришел к выводу, что у большинства литераторов, смущающих меня своей образованностью, нет знания того предмета, который называется жизнью. И мои, по определению Горького, университеты тоже чего-то стоят.

ЛИМИТЧИК

Главным событием, связанным с XX съездом, стало освобождение из лагерей миллионов заключенных. Но были и другие признаки либерализации системы. Колхозникам выдали паспорта, пустые трудодни заменили зарплатой, тоже часто пустой. Я знал пожилую женщину, которая, работая в колхозе от зари до зари, зарабатывала тридцать копеек в день. Но рабочие получили право по своему желанию уволиться с работы, предупредив об этом работодателя за две недели. Я этим правом воспользовался, когда узнал, что власти в Москве вынуждены временно прописывать иногородних. Именно с 56-го года Москва стала безудержно расширяться, а кто будет ее строить? Не москвичи же!..

Кадровик сказал, что меня не отпустит и трудовую книжку не отдаст. Я сказал: «А вот же новый закон». Кадровик сказал: «Плевать я на этот закон хотел». На самом деле он употребил более крепкое слово.

Я пошел к начальнику станции. Тому на закон тоже было наплевать в более грубой форме, потому что, если этого не делать, сбегут все. То есть, сказал он, по закону я, конечно, могу через две недели не выйти на работу, но куда я пойду, если он не отдаст мне трудовую книжку? Начальство, сидящее в Рязанской области, скорее поймет его, чем меня. Тогда я стал читать ему свои стихи. К моему удивлению, он выслушал их внимательно и сказал: «Не знаю, получится ли из вас поэт, а из меня начальник не получается». После чего подписал заявление. Я тут же ринулся в Москву, явился в отдел кадров Бауманского ремстройтреста — и был принят на работу плотником пятого разряда. С предоставлением общежития по адресу: Доброслободский переулок, дом 22, комната 8. Общежитие меня интересовало прежде всего. Туда я сразу и побежал. Нашел спрятавшийся во дворе четырехэтажный дом, который был, по выражению Цветаевой, как госпиталь или казарма.

НЕ ПОЭТ, А ДИЛЕТАНТ

По просторной каменной лестнице я поднялся на второй этаж и нашел искомую комнату. Приоткрыл дверь и отпрянул. Летевшая навстречу бутылка просвистела мимо левого уха, пересекла коридор, врезалась в стену и звонкими брызгами осыпалась на пол.

Я удивился и увидел перед собой смущенное, но не очень, лицо господина лет пятидесяти, в матросской тельняшке и холщовых штанах, одутловатого, лысого, с густыми кустистыми бровями.

— Извините, — сказал господин, — это я не в вас.

— Я так и подумал, — сказал я, уже заметив отскочившего в сторону другого человека, примерно того же возраста, что и первый, но гораздо щуплее и с мелкими чертами лица.

Появление на месте действия нового персонажа повлияло на воюющих благотворно: щуплый беспрепятственно выскользнул в коридор, а лысый ушел в угол и сел на кровать, перед которой на табуретке, аккуратно покрытой газетным листом, стояли початая четвертинка, граненый стакан и лежали нож, хлеб, плавленый сырок и нарезанный ровными пластинками лук.

Я огляделся. Комната мне понравилась. Просторная, тридцать два (так сказал комендант) квадратных метра, два больших окна с широкими белыми подоконниками, восемь новых металлических кроватей с никелированными спинками, с чистыми простынями и новыми одеялами. Между кроватями — новые тумбочки по одной на двоих, посреди комнаты кухонный стол и три табуретки, четвертую лысый в тельняшке использовал вместо стола. Комната своими удобствами заметно превосходила телячий вагон на станции Панки и была лучше всех обжитых мной в прошлом казарм, не считая немецкой в городе Бжег на Одере.

В направлении, выписанном комендантом общежития, была указана кровать вторая слева, как раз рядом с лысым в тельняшке. Я кинул чемодан на кровать, раскрыл его, чтобы самое необходимое спрятать в тумбочку.

Лысый тем временем налил себе немного водки, посмотрел стакан на свет, прищурился, долил еще немного, положил на ломтик хлеба кусочек сыра, на него — пластинку лука, поднес ко рту стакан, подышал в него, как будто хотел согреть содержимое, и сказал:

— Ну, будь здоров, Володька!

Я удивился, что лысый уже меня знает, но сказал:

— Спасибо.

— За что? — Не донеся стакана до рта, сосед смотрел на меня недоуменно.

— Что за меня пьете, — сказал я.

— А я не за вас. Я за себя. — И, подышавши еще в стакан, сказал нервно и торопливо: — Ну-ну-ну, поехали!

После чего отмеренную порцию выпил, крякнул, выдохнул воздух и не спеша принялся за свой бутерброд.

Я выложил на одеяло заветную тетрадь, бритвенные принадлежности, зубной порошок, щетку, мыло, запихнул чемодан под кровать и открыл тумбочку, но она оказалась полностью забита. Банки со сгущенным молоком, с бычками в томате, какие-то кульки и пакеты.

— Это все ваше? — спросил я. — Вы не могли бы мне освободить хотя бы одну полку?

Лысый посмотрел недоуменно.

— Вы разве не видите, что я занят приемом пищи?

Я смутился.

— Я вас не тороплю.

— Если не торопите, тогда другое дело.

Он налил себе еще водки, опять посмотрел на свет, подумал, добавил, поставил стакан на место и посмотрел на меня внимательно.

— Кем вы к нам оформились? — Учтивостью обращения лысый давал понять, что он человек интеллигентный.

Дабы показать и себя шитым не лыком, я ответил, что оформился плотником, но ненадолго, пока не устроюсь более прочно, а вообще в Москву я приехал не для того, чтобы плотничать.

— А для чего же?

— Я пишу стихи.

— Поэт? — спросил сосед, выпыхивая на старинный манер букву «п», словно пар из паровозной трубы.

Меня за время пребывания в Москве уже несколько раз назвали поэтом, и я решил, что имею право обозначать себя этим титулом.

— Да, поэт.

— Ну-ну. — Сосед поднял стакан и, опять сам себе пожелав здоровья, сказал: — Пей, Володька, пей! У тебя, видишь, теперь какое общество! Оо-о! Ну-ну-ну, поехали! У-ух!

Поухал, подышал, покрякал, спросил:

— Вот эти стихи: «Я ломаю скалистые скалы в час отлива на илистом дне...» Вы не подскажете, откуда они?

Возникла для меня сложная ситуация.

— Что-то знакомое, — сказал я, теряясь и пытаясь выкрутиться, как на экзамене через наводящий вопрос. — Гейне?

— Нет, молодой человек, — сказал печально Володька, — не Гейне. — И, готовя себе новый бутерброд, бормотал: — Нет. Увы. Отнюдь. Не Гейне. Нет. — Посмотрел на новичка с сочувствием. — Это не Гейне, молодой человек, а Александр Александрович Блок, который про нас с вами сказал: «Да, скифы мы, да, азиаты мы, с раскосыми и жадными очами». А вы, молодой человек, еще не поэт, а дилетант.

АПТЕКАРСКИЙ ПЕРЕУЛОК

Если среди читателей моих воспоминаний есть кто-нибудь, кто живет в доме 13 по Аптекарскому переулку в Москве, знайте — он построен при моем скромном участии.

Прохладным сентябрьским утром, в своем старом солдатском бушлате и сапогах, я явился к месту будущей работы. Увидел деревянный забор и ворота с фанерной табличкой: «Строительство жилого дома ведет прораб т. Сидоров». За воротами, у только что, видимо, вырытого котлована, — прорабская, сооружение вроде сарая. В ней сквозь клубы дыма я разглядел расположившегося за столом упитанного человека в лохматой кепке с лицом, опухшим от постоянного пьянства, и рабочих, сидевших на корточках вдоль стен и куривших. Человек в кепке был прорабом.

Я протянул ему направление из отдела кадров.

— Хорошо, — сказал прораб, едва взглянув на бумагу, — пойдешь в котлован таскать кирпичи.

— Какие кирпичи?! — оскорбился я. — Я плотник пятого разряда.

— Да, вижу, — согласился прораб. — Высокий специалист. Но у меня все высокие. Каменщики, монтажники, сварщики, маляры — и все работают в котловане.

Ровно в восемь бригадир Плешаков дал кому-то из рабочих молоток и сказал:

— Пойди вдарь.

Тот вышел, ударил молотком в висевший на столбе кусок рельса. Это был сигнал к началу работы. Никто не сдвинулся с места, продолжая курить. Но через несколько минут, докурив, стали все-таки подниматься. Медленно, с большой неохотой. Плешаков разбил всех попарно, каждому дал брезентовые рукавицы и каждой паре вручил носилки. Мне достался высокий напарник, и я подумал, что мне с ним будет трудно работать: когда люди разного роста, главная тяжесть достается тому, кто пониже. Груда кирпичей, наполовину битых, лежала у прорабской. Мой напарник положил на носилки четыре кирпича и сказал:

— Ну, пойдем!

Я сказал:

— Почему так мало? Давай еще положим.

Он на меня посмотрел удивленно:

— А тебе что, больше всех нужно?

Я обратил внимание на пару, уже шедшую к котловану. У них тоже лежали на носилках четыре кирпича. Я спорить не стал. Снесли мы четыре кирпича по деревянным сходням в котлован, сбросили их в кучу, напарник перевернул носилки вверх дном, превратив их в скамейку.

— Садись, — сказал, — покурим.

Покурили. Поднялись наверх, спустились с четырьмя кирпичами, опять покурили. И так весь день.

Я был потрясен. После работы на железной дороге — дом отдыха. А если учесть еще и жилищные условия, то и вовсе курорт.

ИСПОВЕДЬ НЕУДАЧНИКА

Молодых и талантливых членов литобъединения «Магистраль», стоило им объявить о своем желании почитать на занятиях стихи или прозу, Левин тут же вносил в календарь, и практически каждый мог рассчитывать время от времени на свой полный творческий вечер с последующим обсуждением. Пожилых графоманов Левин выпускал редко, неохотно и никогда в одиночку. Среди пожилых выделялся некто по фамилии Любцов. Он всегда рвался выступать, но каждый раз это кончалось насмешками и совершенно разгромной критикой молодежи. Любцов жил, как и я, в районе Разгуляя. Как-то снежным вечером после занятий он увязался за мной. Для начала предрек мне большое будущее:

— Я знаю, поверь. До войны я учился в Литинституте и предвидел многие карьеры. Когда увидел Костю Симонова, сразу сказал, что он будет большим поэтом. Когда познакомился с Ритой Алигер — то же самое...

Предсказав и мне большое будущее, он стал жаловаться на собственную жизнь. В отличие от однокашников, Любцов карьеры не сделал. Он был настолько поглощен писанием стихов, что где бы ни работал, отовсюду его выгоняли. Жена, которую он когда-то соблазнил умением писать в рифму, в конце концов ушла от него вместе с дочерью и теперь знать его не хочет. Потому что он думает только о своих стихах, денег не зарабатывает. Он сам понимает, что все это так, но не может с собой справиться.

Вернувшись домой, я написал стихи:

Был вечер, падал мокрый снег,
и воротник намок.
Сутулил плечи человек
и папиросы жег.
Он мне рассказывал о том,
что в жизни не везет.
Мог что угодно взять трудом,
а это не возьмет.
Давно он сам себе сказал:
«Зачем себе ты врешь?
Пора понять, что Бог не дал
Таланта ни на грош.
Пора, пора напрасный труд
Забыть, как страшный сон...»
Но, просыпаясь поутру,
Спешит к тетради он.
И снова мертвые слова —
Ни сердцу, ни уму.
Такая выпала судьба
За что? И почему?
«Ну, мне сюда».
В руке рука.
Сказал вполусерьез:
«Давай пожму ее, пока
Не задираешь нос».
И, чиркнув спичкой, человек
За поворотом сник.
Я шел один, и мокрый снег
Летел за воротник.

Он рассказал мне свою историю, очевидно, по внезапно возникшему настроению. Потом при каждой встрече я первый с ним здоровался, он отвечал мне хмуро и неохотно. Когда через некоторое время состоялся очередной мой вечер, я в числе других стихов прочел и эти. Любцов попросил слова и, выскочив к столу, стал ругать стихи, но чем они плохи, не объяснил. А я его понял. Он раскрыл мне душу, а потом пожалел. И еще больше пожалел, когда услышал мои стихи. Хотя обидеть его я никак не хотел.

ВЛАДИМИР ИЛЬИЧ Л-Н

Не знаю, как насчет других искусств, а в литературе молодому дарованию очень важно, делая первые шаги, встретить поклонников, бескорыстных поощрителей, которым можно читать написанное днем и ночью, при встрече и по телефону и рассчитывать на их искреннее и щедрое, может быть, даже и чересчур восхищение. У меня в начале моего писательства таких поклонников было два.

О втором, Камиле Икрамове, расскажу позже, а с первым я познакомился в «Магистрали». Как-то читал там что-то из своих первых стихов, после чего было обычное обсуждение. Когда оно кончилось, ко мне подошел человек в красном пальто с ярко-зеленой атласной подкладкой и с желтым шарфом и протянул руку:

— Меня зовут Владимир Лейбсон.

— Вы тоже член «Магистрали»?

— Нет, просто любитель. Давай перейдем на «ты». Возьми мой телефон, звони, заходи.

У меня когда-то была исключительная память на телефоны. Я их никогда не записывал, но всегда запоминал. Впрочем, не все надолго. Некоторые телефоны как входили в голову, так и выходили. А телефон Лейбсона застрял в памяти, и сейчас я его помню: К-9-44-11. Кстати, он практически никогда не менялся. Просто буква «К» была заменена на соответствующую цифру, а потом ко всему номеру спереди приставили двойку, а потом, кажется, двойку заменили шестеркой.

Так и оставалось до самой смерти Владимира Ильича. Сочетание его имени и отчества было причиной многих нехитрых шуток и розыгрышей. Я ему, бывало, звонил и начинал с грузинским акцентом что-нибудь вроде: «Владимир Ильич, с вами говорит начинающий поэт Сосо Джугашвили, хотелось бы посоветоваться по поводу...»

Повод был обычно один: написав очередной опус, я хотел его немедленно прочесть и услышать, что это здорово, потрясающе или даже гениально. Просто гениально, и все. И получал предвкушаемое.

Лейбсон жил с родителями в старом доме на Патриарших прудах, как раз почти на том самом углу, где трамвай отрезал голову булгаковскому Берлиозу. Отец Володи был старый большевик, с какими-то заслугами перед советской властью, за что сын его не уважал, а власть поощрила разнообразно, в том числе и отдельной трехкомнатной квартирой, что тогда было крайней редкостью. Подавляющее большинство моих московских знакомых жили в коммуналках, одна комната на семью любого размера. Сейчас это трудно бывает представить, но в то время казалось нормальным, что в комнате человек, скажем, на шесть каким-то волшебным способом размещались диваны, кровати (часто кресла-кровати), раскладушки, солидная библиотека, концертный рояль посредине да еще кадушка с каким-нибудь кактусом или фикусом. А тут три комнаты на троих. Причем средняя — самая большая, гостиная — всегда пуста.

Родители, которых я редко видел, сидели в своей комнате, а Володя — в своей со стенами ярко-красного цвета.

— Как ты думаешь, по какому принципу подобрана моя библиотека? — спросил он меня при первом моем посещении.

Я стал рассматривать книги, пытаясь по авторам понять принцип. Русская классика? Советская? Западная?

— По цвету, — сказал Лейбсон. — Я покупаю книги только трех цветов: красного, желтого и зеленого. Остальные цвета не признаю.

— А если какая-то очень нужная книга будет синяя?

— Значит, для меня она будет ненужной.

И в подтверждение своих слов подарил мне полное собрание сочинений Пушкина старинного издания — безжалостно с ним расстался только потому, что переплет был серого цвета. Подарил с надписью, свидетельствовавшей о его тогдашнем ко мне отношении: «Другу Володьке, единственному из друзей-поэтов, кто видит жизнь нормально. Как Пушкин». Приводя эти слова, я хочу сказать только, что в то время на меня — человека, делавшего в литературе первые шаги и не слишком уверенного в себе, — поощрения действовали гораздо благотворнее, чем суровые оценки. Недостатки свои я сам всегда видел и никогда себя не обманывал.

Но вернемся к Лейбсону. Его цветовые пристрастия были для него настолько важны, что, не найдя ничего подходящего в магазине, он, в отличие от всех моих знакомых, всю одежду, включая нательное белье, шил на заказ. Цветовая прихотливость и видимое безразличие к противоположному полу были причиной всяческих предположений относительно его сексуальной ориентации, но интереса такого рода к мужчинам он тоже не проявлял. Впрочем, выпивши, он мне однажды признался, что постельные отношения с одной женщиной у него когда-то были, но они его травмировали и шокировали своей очевидной бессмысленностью (если не для производства детей).

— Очень глупое занятие, — сказал он и этим исповедь свою завершил.

Высоко ценя мои первые достижения в поэзии, он все-таки в некоторых моих способностях сомневался. Я, как большинство начинающих стихотворцев, относился с легким презрением и даже высокомерием к поэтам-песенникам, считая, что их работа с настоящей поэзией имеет мало общего.

— Ты так говоришь, — сказал Лейбсон, — потому что так принято говорить. А на самом деле написать песню, такую, чтобы ее вообще пели люди, не так-то просто. Любой поэт, который ругает песенников, был бы счастлив написать хотя бы одну песню, чтобы ее запели. Но не каждый это умеет. И ты вряд ли сможешь.

— Смогу, — сказал я.

Но доказать, что смогу, никакой возможности не было. Для доказательства надо было не только написать текст, но найти еще подходящего композитора. Композиторов знакомых у меня не было, и наш спор несколько лет оставался нерешенным.

СЕМИНАР КОВАЛЕНКОВА

Тогда поэты часто выступали перед рабочими. Случилось такое и у нас в общежитии. Приехали однажды поэты Александр Коваленков, Федор Фоломин и кто-то еще — фамилию не помню. Читали стихи. Наша воспитательница (именно так называлась ее должность) Тамара Андреевна сказала: «А у нас тоже есть поэт».

Я прочел стихи «В сельском клубе», которые гостям понравились. Фоломин, подслеповатый старичок (таким он мне тогда казался), предложил мне посещать его домашний кружок, а Коваленков пригласил на семинар, который он вел в Литинституте. У Фоломина где-то в центре была небольшая комната в коммуналке. Туда по вечерам приходили начинающие поэты, жена Фоломина поила нас чаем, мы читали стихи, хозяева их разбирали, но это было малоинтересно, и я туда ходить перестал. А семинар Коваленкова посещал регулярно, отчасти потому, что там появлялась неземная красавица Белла Ахмадулина, на которую я смотрел издалека, даже не представляя себе, что смогу к ней приблизиться и что мы станем друзьями.

СЮЗАННА

Большинство девушек на стройке, не имея никакой квалификации, работали подсобницами или (что то же самое) разнорабочими. Одно время мне дана была в помощницы некая Сюзанна, приехавшая не то из Ярославля, не то из Костромы. Официально она зарабатывала меньше меня, но жила на съемной квартире, а на работу приезжала на такси. Потому что на стройке числилась ради прописки, а основные деньги зарабатывала проституцией. Со мной была более чем откровенна. Рассказывала о родителях. Отец работал инженером на обувной фабрике, но любил театр. Сам играл в самодеятельных спектаклях, считал себя талантливым актером, но на профессиональную сцену пробиться не мог. Она тоже мечтала о сцене, с тем приехала в Москву, но на экзамене в Щукинском училище провалилась. Ни работой, ни зарплатой на стройке не удовлетворилась. Никакой альтернативы, кроме проституции, не нашла. От работы по возможности увиливала, но, боясь потерять прописку, не увольнялась. Я ее спрашивал, не противно ли ей заниматься сексом с кем попало. Она без кокетства отвечала:

— Нет, не противно. Раствор в котловане зимой за шестьсот тугриков в месяц мешать лопатой противней. А это, если в тепле, на мягком... Я привыкла. Лежишь себе и лежишь, о своем думаешь. Удовольствия, правда, тоже особого нет. Но иной раз даже что-то и возникает.

С некоторыми. У меня есть один венгр. Более или менее постоянный. Часто приезжает в командировку, всегда меня в гостиницу приглашает. Очень галантный, при встрече целует ручку. Всегда у него шампанское, шоколад. Сам чистенький, бритый, духами пахнет, а не потом и перегаром. С ним бывает приятно. А другие... Тут пришел один, вернее, на тележке приехал, безногий. Мне, говорит, скидка как инвалиду должна быть. Я сказала: скидка тебе, папаша, будет на проезд в общественном транспорте. А здесь частное предпринимательство. Безногие платят вдвойне. Он: как? что? А я говорю: а то. Ты ж без ног, мне, может, с тобой неприятно, ты мое эстетическое чувство оскорбляешь. Ну, он реалист оказался, в бутылку не лезет, но жадный и дотошный, прежде чем приступить, весь прейскурант выспросил: сколько стоит пистон, сколько минет.

Однажды пришла озабоченная.

— Слушай, у тебя ж там какие-то знакомые есть. Ты не можешь достать мне «Литературную Москву», второй том? Там, говорят, потрясающий рассказ Яшина «Рычаги».

— Тебя, — удивился я, — интересуют чьи-то рассказы?

Она уставилась на меня изумленно.

— Да ты что? Да я отчасти вообще из-за книжек и проституцией занялась. Библиотеку собираю. У меня наша классика есть и западная. Флобер, Дюма, Свифт, Ромен Роллан. Советских не люблю, но некоторых признаю тоже. Катаев, Олеша, Паустовский. Паустовского обожаю. Природу описывает потрясно. А еще этот Федин...

Как-то заговорили о шахматах, оказывается, у нее еще в школе был первый разряд. Я не поверил. Она спросила:

— А ты можешь играть, не глядя на доску?

Я сказал, что на одной доске могу.

Она предложила сыграть. Я начал е2-е4. Она ответила е7-е5. Я, правда, умел играть на одной доске, не глядя на нее, но в данном случае через несколько ходов запутался и сдался.

ТОЛИК ЧУЛКОВ

Субботними вечерами обитатели нашего общежития одевались во что получше и спускались вниз в Красный уголок (он же — Ленинская комната), где начинались танцы под радиолу. Обстановка была обычная. Парни, чаще всего подвыпившие, приглашали девушек или стояли просто так, разглядывая танцующих. Девушки бросали на понравившихся им парней тайные взгляды, надеясь с кем-нибудь из них соединить свою жизнь, для чего они и приехали сюда из своих деревень. Две воспитательницы, Тамара Андреевна и Надежда Николаевна, застывши у входа, бдительно следили за порядком, зная, что танцы — это всегда такое место, где разгоряченные водкой, движением и кружением парни могли затеять драку, а то даже и пырянье ножами.

В общем, все шло обычным порядком, но вдруг по залу и особенно среди девушек проносился легкий шелест, и, если прислушаться, в этом шелесте можно было расслышать передаваемое по цепочке имя: Толик. И девушки, даже танцующие, теряли интерес к своим кавалерам и поворачивали головы к дверям, в которых только что появился он, говоря нынешними словами, секс-символ нашего общежития Толик Чулков.

Это был молодой человек двадцати пяти лет в форме флотского офицера, без погон. Роста немного выше среднего, широкоплечий, с темными слегка вьющимися волосами, с темными аккуратно подстриженными и, наверное, с точки зрения девушек, привлекательными усиками. Когда он оглядывал переодевшихся в крепдешин наших крановщиц, электросварщиц и подсобниц, у них у всех, я думаю, сердце замирало в тайной надежде, что пригласит хотя бы на танец. Не говоря обо всем прочем. Не замирало только у тех, кто на такое чудо и не надеялся.

В морской форме Толик ходил не для форсу, а потому что действительно еще несколько месяцев тому назад был лейтенантом флота и другой выходной одежды пока не имел. А из флота он был уволен, как все в общежитии знали, за разврат. В чем проявился этот разврат, никто не знал, но сама эта легенда лелеяла слух и делала личность Толика загадочной и еще более для девушек привлекательной — так, я думаю, девицы предыдущих эпох когда-то относились к гусарам, наказанным, а тем более разжалованным за участие в дуэли.

Я с Толиком познакомился в очереди перед отделом кадров, куда мы оба явились для устройства на работу. В тесной прихожей перед кабинетом сидели тогда несколько человек, включая Толика и Сюзанну. Толик спросил меня, кем я собираюсь устроиться. Я ответил: «Плотником. А ты?» — «А я не знаю, кем лучше, — сказал он, — каменщиком или маляром». — «Что значит — не знаешь, кем лучше? — не понял я. — А ты кто по профессии?» — «А никто, — пожал он плечами. — Был морской офицер, а теперь никто. Но мне говорили, что тут все без профессии, записываются кем придется, а потом по ходу дела учатся». Толик ошибался. У некоторых из поступавших профессия была, а у меня даже и с избытком — я был столяром-краснодеревщиком, то есть, по Чехову, плотник против меня был, как Каштанка супротив человека. Тем не менее я объявил себя именно плотником, а Толик записался маляром и, как впоследствии выяснилось, вполне для этого дела оказался пригоден.

Нас в комнате общежития было восемь человек, из них пятеро — провалившиеся при поступлении в институты. Я не прошел творческий конкурс, другие срезались на приемных экзаменах и решили зацепиться в Москве до следующей попытки. Трое из нас метили в престижные вузы (я — в Литературный институт, Володька Кузнецов — в МГИМО, Алик Гришин — в ГИТИС). Сашка Шмаков считал своим призванием медицину, а Толик готов был учиться чему попроще и выбрал себе целью строительный институт, который, между прочим, располагался от нашего общежития через улицу.

Когда я сошелся с Толиком поближе, он оказался скромным бесхитростным парнем, неприхотливым, уживчивым со всеми и услужливым. Несмотря на колоссальный успех у наших девушек, он ими, кажется, совсем не интересовался. На танцы приходил, танцевал то с одной, то с другой, но не заигрывал и никаких намеков не делал, отчего казался еще более загадочным. Может быть, потому проявлял он такое равнодушие к девушкам, что собирался учиться, стать инженером и не хотел обременять свою жизнь тем, что могло помешать исполнению планов.

Он был обыкновенный молодой человек из простой рабочей семьи, со средним во всех смыслах образованием, ни особых способностей, ни ярких черт характера я за ним не замечал. Сам он разговорчивостью не отличался, но с большим интересом слушал других. Если было смешно, смеялся. В свободное время, надеясь на поступление в институт, занимался понемногу математикой и что-то читал. Особого интереса к литературе не проявлял, но пару раз ходил со мной в литобъединение «Магистраль», слушал стихи молодых поэтов.

Вообще мало что мог я о нем сказать. Славный, добрый, скромный, застенчивый человек, и загадки в нем не было вроде бы никакой. А вот чем-то он кого-то привлекал, и, может быть, не только морской формой.

ТОЛИК, ОН ХОЧЕТ ТЕБЯ УБИТЬ

Летом у нас у всех был отпуск, я навестил своих родителей в Керчи, Толик — своих в Пятигорске. Вернулись. Через некоторое время он по секрету рассказал мне странную историю. Уезжая в Пятигорск, он, как обстоятельный человек, приехал на вокзал задолго до отправления поезда и сидел в зале ожидания на собственном чемодане, когда подошел к нему прилично одетый мужчина, представился Михаилом Борисовичем и стал расспрашивать Толика, кто он, откуда, где живет, чем занимается, куда направляется. До отхода поезда времени все еще оставалось достаточно, а тайн у Толика не было никаких. И он новому своему знакомому рассказал всю свою жизнь, включая и службу, и теперешнюю работу, и так далее. Тот ответил взаимной откровенностью и рассказал о себе. Что работает в Министерстве культуры, ведает театрами, живет на Арбате, один со старенькой мамой. Была у него жена, известная киноактриса, но жизнь у них как-то не сложилась, оказалось, что слишком разные интересы, пришлось разойтись. Но остались друзьями. Теперь он чувствует себя очень одиноким и будет рад, если Толик когда-нибудь его навестит. Да и Толику, может быть, будет небесполезно посетить его, выпить хорошего вина, послушать интересные пластинки. Он продиктовал Толику свой адрес, номер телефона и предложил сообщить телеграммой, когда будет возвращаться. Пообещал, что встретит его на вокзале. Толик этим знакомством был несколько заинтригован. Ему было непонятно, чем он мог привлечь внимание столь важного и занимающего высокий пост человека. В серьезность предложения Михаила Борисовича встретить его на вокзале Толик не поверил, телеграмму не послал, приехал сам. Но не успел приехать, как пришла открытка: Михаил Борисович приглашал к себе на ужин. «Как ты думаешь, — спросил меня Толик, — что бы это значило?» Я ничего про это не думал. Через несколько дней пришла вторая открытка: Михаил Борисович повторял приглашение очень настойчиво и в таких выражениях, которых я теперь уже не помню, но что-то там было о первом взгляде, о возможном соединении одиноких душ. Письмо было такое страстное, что я заподозрил самое худшее.

— Толик, — сказал я, — он хочет тебя убить.

Толик и сам склонялся к той же мысли, но не понимал (и мне было непонятно), зачем его жизнь понадобилась этому незнакомому человеку. Мы даже обсудили, не обратиться ли ему в милицию, но после следующего послания решили разобраться сами, и я вызвался быть при Толике сопровождающим.

Помню, был морозный и ветреный вечер. Мы долго блуждали по каким-то околоарбатским переулкам, наконец нашли этот бревенчатый двухэтажный дом с высоким крыльцом, со старинным звонком, при котором была ручка-барашек с надписью, прочитанной при свете спички: «Прошу покрутить». Мы покрутили, и едва слабый звонок продребезжал внутри, как послышались торопливые шаги по лестнице, дверь распахнулась, на пороге стоял мужчина лет сорока пяти в темном костюме с бабочкой.

— Вы не один? — спросил он разочарованно.

— Да вот с товарищем, — смущенно сказал Толик. — Я ему рассказал про вас. Он тоже хочет с вами познакомиться.

Я не заметил большой радости на лице нашего хозяина.

Но, человек вежливый, он провел нас внутрь и сначала на первом этаже представил нас своей маме, полной женщине в темном платье с пуховым платком на плечах, сидевшей в углу у телевизора КВН с экраном размером чуть больше пачки сигарет. Вид этой мирной старухи меня слегка успокоил, мне трудно было представить, чтобы сын в ее присутствии умерщвлял завлеченных им в свои сети людей. Хотя потом, много лет спустя, посмотрев фильм Хичкока «Психо» о сумасшедшем молодом хозяине гостиницы, убивавшем своих постояльцев как бы по повелению своей мертвой матери, я почему-то вспоминал этот дом на Арбате и его хозяев.

Старушка спросила, как на дворе погода. Мы ответили, что погода неважная, после чего были приглашены Михаилом Борисовичем наверх, где посреди большой комнаты стоял покрытый скатертью стол с приборами на две персоны и со свечой в серебряном подсвечнике посредине.

— Извините, — сказал мне хозяин, — я на вас не рассчитывал.

И выждал паузу, может быть, ожидая, что я пойму, что я здесь лишний, и удалюсь. Но я не понял, и третий прибор был вынут из серванта и неохотно поставлен на стол. В комнате было еще два стула: на одном — стопка книг, а другой — пустой.

— Извините, — сказал хозяин, — этот стул сломан, если позволите, у меня есть еще вот это...

Из темного угла он принес и поставил мне крашеную табуретку. Я потом, но не сразу, а спустя годы, подумал, что табуретка вместо стула — это была попытка меня унизить, несостоявшаяся, потому что испытать унижение — это значит его осознать. Но я не осознал.

Стали говорить о том о сем. Я расспрашивал нашего хозяина о его работе, он отвечал неохотно. Толик, чтобы повысить интерес его ко мне, сказал ему, что я поэт, посещаю литературное объединение и иногда даже печатаюсь. После этого представления я хотел, чтобы Михаил Борисович попросил меня прочесть стихи, он не попросил, а сам навязаться я постеснялся. Он говорил со мной вежливо, но со скрываемым раздражением. Раздражение я все-таки заметил и потом думал, что оно вызвано тем, что я мешаю ему спокойно убить Толика. Я вернулся к своим подозрениям, несмотря на то что у него была мать. У него была мать, но она была глухая, а кроме того, я все-таки не исключал мысли, что и мать может быть пособницей в таком деле. Тем не менее благодаря моему присутствию убийство не состоялось, и мы около полуночи ушли с билетами в ВТО на концерт юмориста Виктора Ардова.

Мы были люди наивные, сейчас, наверное, любой четырнадцатилетний мальчик догадался бы об истинных целях Михаила Борисовича, но я только через несколько лет, вспомнив эту историю, понял, какими мы были дураками.

РАЗВРАТ НА КОРАБЛЕ

Нина Голева, как большинство деревенских девушек, работала разнорабочей. Она была высокая, некрасивая, с лошадиным лицом, шумная. Любила выпить, а выпивши, бузила. Бегала по этажам, что-то громко кричала, громко хохотала и вообще вела себя экстравагантно, но именно поэтому мужчин не привлекала. Однажды влипла в историю тем, что решила подзаработать. Как-то Сюзанна подговорила Нину заняться проституцией, а конкретно — стать где-нибудь недалеко от входа в гостиницу «Метрополь» и, сложив на груди руки, два пальца правой руки выставить как сигнал для возможного покупателя.

— Ну что, пойдем? — спросил молодой человек, взяв ее за эти два пальца.

— Пойдем, — согласилась Нина, наверное, с волнением, поскольку продать себя пыталась впервые. Молодой человек привел ее туда, где числился секретным сотрудником, то есть в милицию.

Разразился скандал. Мелкий, но для бесправной лимитчицы достаточный. Над Ниной возникла угроза лишения московской прописки и отправки ее назад в деревню, откуда она, может быть, с неимоверным трудом когда-то вырвалась. Но за нее заступились Тамара Андреевна и Надежда Николаевна. И она осталась в общежитии с предупреждением, что еще раз — и удержаться в Москве ей уже не удастся.

Наши ребята ходили на четвертый этаж, где жили девушки. Там обнимались, целовались и занимались любовью, стоя, или сидя, или в каких-нибудь еще неприметных позах. Как-то на четвертом этаже рядом с Ниной Голевой был замечен и Толик. Он стал появляться там каждый вечер, и в конце концов я его спросил, не завел ли он с Ниной роман.

— Нет, — сказал он, — у меня с ней ничего нет, но я решил ее повоспитывать. Я ее ругаю, я ей сказал: как тебе не стыдно, ты молодая женщина, а пьешь водку, материшься, бегаешь за мужиками и даже готова была сама себя продать за деньги. Тебе еще только двадцать три года, а что с тобой будет лет через десять?

— А что она? — спросил я.

— Она меня слушает, — сказал он, довольный собой. — И обещала, что больше пить не будет. У нее в тумбочке было полбутылки водки, она отдала мне, и я вылил ее в туалет.

Нина постепенно исправлялась, но процесс воспитания не закончился: Толик каждый вечер пропадал на четвертом этаже. В конце концов, отношения его с Ниной продвинулись далеко, и однажды он спросил меня, немного смущаясь:

— Знаешь что, ты не можешь мне сказать, а где у женщины п...?

Наш разговор услышал Сашка Шмаков, который засмеялся и сказал:

— Под мышкой.

Меня вопрос насмешил еще больше, я долго смеялся, а потом спросил:

— Толик, за что тебя уволили из флота?

— За разврат, — повторил он не без гордости уже известную мне формулировку.

— А в чем этот разврат проявился?

— Понимаешь, я на корабле был интендантом, и в моем распоряжении был весь корабельный спирт. У меня офицеры просили спирт, и я им давал. Двадцать третьего февраля я дал им шесть литров, все перепились, устроили драку, а замполит оторвал ухо штурману. И во всем оказался виноват я, хотя сам я не пил.

НЕСОСТОЯВШАЯСЯ КАРЬЕРА

Теперь выяснилось, что Толик был не только не развратник, а вообще девственник. Тем временем его роман развивался и однажды принял драматический оборот. К Нине пришел ее бывший любовник и на глазах Толика стал ее домогаться. Она ответила отказом, он вынул из кармана самый настоящий пистолет «ТТ», такое оружие в те времена даже у отъявленных бандитов водилось нечасто. Когда он навел пистолет на Нину, Толик кинулся на него, выбил пистолет из рук, а самого его скрутил, положил лицом к полу и сидел на нем, пока не появился вызванный наряд милиции. После чего авторитет Толика в нашем общежитии возрос еще выше, тем более что большинство все еще считало Толика уволенным из флота за разврат.

Через некоторое время с помощью Нины Толик познал ее анатомию и, как честный человек, вскоре на ней женился. Никакой свадьбы не было. Нина хотела отметить событие вдвоем, купила и выставила на стол четвертинку.

— В нашей семье никаких выпивок больше не будет, — сказал Толик и вылил водку за окно. После такой свадьбы он достал из-под кровати свой чемодан со всем своим тогдашним имуществом и перенес на четвертый этаж к Нине. Где они и зажили тихой семейной жизнью, отгородившись от других обитательниц комнаты занавесками из простыней. С тех пор я его встречал редко. Но, встречая, спрашивал, как течет семейная жизнь и можно ли ожидать продолжения рода.

Оказывается, нельзя. Поскольку в результате сексуальной жизни в организме Нины никаких изменений не происходило, молодые супруги обратились к гинекологине, которая им обоим объяснила, что у Нины отмечено что-то вроде загиба матки, при котором сперматозоиды не могут достичь яйцеклетки. Врач посоветовала проделать Нине небольшую операцию по открытию матки, но молодые решили, что сделают это попозже. Пока понаслаждаются друг другом, а потом сделают операцию и заведут потомство. Я Толика встречал еще несколько раз в течение нескольких лет, чем дальше, тем более печальным он выглядел. Кажется, жизнь его не удалась. Нина оказалась дамой скандальной, ругала его, что он мало зарабатывает денег, и не допустила поступления его в институт. Она не пила, но он запил. И крепко. Она, как многие другие, в день получки бегала в кассу и требовала, чтобы деньги отдавали ей, и ей отдавали. Но он был маляр, имел возможность иногда подхалтуривать и на это покупал водку. И пил. А она его била. В институт он так и не поступил. Но, соблазненный моим примером и, должно быть, от отчаяния, когда-то решил стать поэтом. А я к тому времени уже кое-что написал, напечатал и даже был членом Союза писателей. И вот Толик пришел однажды ко мне со своими стихами. Очень плохими. И я ему сказал, что стихи ему писать не стоит.

— Я тоже так думаю, — сказал он и ушел.

ДАВШИ СЛОВО...

В феврале 1957-го я женился на Валентине Болтушкиной со станции Мстера Владимирской области. Наверное, это был самый легкомысленный поступок в моей жизни. Я с Валей познакомился на том же четвертом этаже общежития и, добиваясь ее расположения, пообещал жениться. Утром, встретив меня внизу, она сказала, что не придает моему обещанию никакого значения и освобождает меня от него. Но я вдруг понял, что сам себя освободить не могу: раз обещал — значит, обязан. Верность слову воспитала во мне моя мать. Она часто цитировала какого-то латиноамериканского революционера, кажется Боливара, неизменно повторявшего: «Тенго уно палабре» — «Давши слово, держу». При полной хаотичности характера в этом я был неукоснительно педантичен, как герой рассказа Лескова «Железная воля» Гуго Пекторалис. Правило «не давши слово — крепись, а давши слово — держись» я обычно соблюдал наихудшим образом. То есть, не давши слово, не крепился, а потом держался. Женившись, и без того сложную жизненную задачу усложнил до крайности. Как у других молодоженов, нашей совместной жилплощадью была кровать за занавесками из простыней, а все имущество помещалось в двух чемоданах. Потом, когда у нас родилась дочь Марина, нам дали полкомнаты в том же общежитии. Вся комната была площадью 16 метров. С одной стороны — дверь, с другой — окно. У окна жил каменщик Аркадий Колесников с женой, двумя детьми и тещей, а возле двери жили я, жена, ребенок и еще время от времени тоже теща. Как мы там помещались и как жили в таких условиях, сейчас даже не могу себе представить. Но как-то жили. Днем я работал, вечером писал стихи, а потом и прозу. И писал много. Между двумя половинами комнаты было что-то вроде тамбура, квадратного, полтора метра на полтора, освещенного голой лампочкой в сорок свечей. Там висела рабочая одежда и валялась разная обувь. Здесь же стоял детский стульчик, в котором моя сидельная часть в те годы еще легко помещалась. Не находя иного спокойного места, садился я на стульчик, ставил перед собою вместо стола валенок жены, клал на валенок амбарную книгу в твердом переплете — и уплывал от реальности так далеко, что не замечал хождения соседей и хлопанья дверей со стороны то правого, то левого уха. По ночам, впрочем, писал в более комфортабельной обстановке — на просторной кухне.

ОПЯТЬ ФАМИЛИЕЙ НЕ ВЫШЕЛ

По четвергам я ходил в «Магистраль», по вторникам посещал семинары Коваленкова и готовился к поступлению в Литинститут. За последние полгода я написал несколько стихотворений, позволявших надеяться, что на этот раз творческий конкурс одолею. Наступил срок подачи документов. Я подал и через некоторое время от кого-то узнал, что конкурс прошел, и даже, как мне сказали, без труда. Но, зайдя вскоре по старой памяти в литконсультацию Союза писателей, услышал от Владимира Боборыкина ошеломившую меня новость: кто-то обеспокоился, как бы в институт не проникло слишком много евреев, и были выбраны, по словам Боборыкина, «десять подозрительных фамилий». Моя на «ич», разумеется, попала в десятку. Документы и рукописи передали Коваленкову, и он на всех написал отрицательные отзывы. Это меня уж совсем потрясло. Коваленков, который пригласил меня на свой семинар как подающего надежды!..

У меня был его домашний телефон, и я ему в тот же день позвонил.

— Александр Александрович, — сказал я, — это Войнович.

— Да-да, очень приятно, — отозвался он.

— Надеюсь, вам сейчас будет не очень приятно. Я вам звоню, чтобы сказать, что вы подлец.

Он не стал спрашивать, в чем дело, или возмущаться: «Как вы смеете!»

Он закричал жалким голосом:

— У вас неверная информация!..

Я повесил трубку и уже сам себе сказал: «Все равно буду поэтом».

ЕСЛИ ВРЕМЯ ИДЕТ ВПЕРЕД

Осенью 1956 года Москва еще практически оставалась в границах 1913-го. Хоть и пелось о ней: «Вот она какая, большая-пребольшая», на самом деле Москва была всего лишь большая деревня и почти вся деревянная. И в Аптекарском переулке все дома были деревянные, одно- или двухэтажные с дровяным отоплением и водоразборными колонками снаружи. Нам предстояло построить здесь первый кирпичный дом.

Поначалу строительство шло как-то странно. Вернее, совсем не шло. Всю осень и половину зимы наша бригада возилась в котловане. То разгружали грузовики с кирпичом, то переносили его с места на место. Разгружая, развлекались тем, что старались перебить кирпичей как можно больше. Бросая кирпич с грузовика, целились так, чтобы он упал плашмя на ребро другого кирпича и раскололся. Соревновались друг с другом, кто больше переколотит, и достигли заметных успехов. Всем заправлял бригадир Плешаков, а прораб Сидоров появлялся на работе лишь время от времени, всегда пьяный и мрачный. Фундамент заложили частично, до нужной отметки не довели, бросили, но стали завозить кирпичи, двери и оконные рамы со стеклами. Все это лежало под открытым небом, мокло, гнило и корежилось. Через несколько дней в рамах ни одного стекла не осталось: часть стекол разворовали, часть перебили, тоже соревнуясь, кто с какого расстояния попадет в стекло куском кирпича. Теперь такого безобразия на стройках не увидишь. Теперь за каждый кирпич и за каждое стекло кто-нибудь отвечает — наглядная разница между частной собственностью и «социалистической».

Вдруг работа на участке прекратилась, и нас перекинули на разборку соседних деревянных домов, из которых жильцы уже выехали. Бревна и доски продавали жителям таких же, пока не сносимых домов на дрова. За машину дров брали 150 рублей тогдашними деньгами. Водка стоила 27 рублей бутылка, то есть с одного самосвала пять бутылок. Раньше работали все-таки трезвые, а тут пьянство пошло с утра до вечера. Загрузили машину, продали, пропили, стали грузить другую. Я тоже выпить был не дурак, но день попил, а потом стало скучно. Кроме того, время, потраченное не на писание стихов, я тогда считал потраченным зря. Поэтому все дни всеобщего пьянства, кроме первого, провел в общежитии. Утром приходил в бригаду, отмечался и уходил обратно. Никто меня за это не корил: я не пил — другим доставалось больше.

Ломка деревянный домов вдохновила меня на печально-оптимистическое стихотворение:

> Тихий век до конца прожив,
> Без колонн, без скульптурных групп
> Старый дом мой стоит, опустив,
> Рукава водосточных труб.
> Беспощадно, как жизнь сама,
> Как могучая злая рать,
> Наступают большие дома
> Чтобы дом мой с землей сровнять.
> Знавший грохот былых атак,
> Он стоит, обреченный, ждет.
> Видно знает, что надо так,
> Если время идет вперед.

ШАНТАЖ

Наконец, все дома разломали, пропили, вернулись на участок — и опять до самой зимы ничего не делали. Но в конце каждого месяца закрывались наряды, согласно которым производственный план на нашем участке выполнялся на сто и больше процентов. Только с наступлением морозов началось реальное строительство, и к лету 1957 года дом № 13 все-таки был построен.

Работали мы или нет, прораб Сидоров, закрывая наряды, что-то приписывал, и у каждого выходило рублей по 600 тогдашних старых денег, что потом стало 60. После того как он закрывал наряды, бригадир Плешаков обходил рабочих и собирал по десятке — прорабу. Это была такая взятка. Я отказался ее давать. Тогда прораб начислил мне 300 рублей. Женщина, называвшаяся инспектором по кадрам, вызвала меня к себе и объявила, что я уволен и выписан из Москвы. Как было записано в показанной мне бумаге: «в связи с выездом в город Баку», где я никогда не был.

Я пришел в ужас. Меня, по существу, нагло выбрасывали из Москвы, и надежды на то, что я где-нибудь добьюсь правды, у меня не было ни малейшей. Обращаться в милицию, в суд или еще куда-то было совершенно бессмысленно. Что делать? И я решился на нечто неординарное. Явился второй раз к кадровичке. Вошел в кабинет, закрыл дверь изнутри и обратился к хозяйке кабинета с нешуточной речью:

— Я знаю, что ты взяточница, знаю, как ты брала взятки с девушек, которых прописывала, как они рыдали. Если ты меня сейчас же не восстановишь, ты будешь сидеть в тюрьме. Тебе известно, что я пишу в газетах, так и про тебя будет в газете.

Это, конечно, был шантаж. Но мне за него не стыдно. Он, как ни странно, подействовал безотказно. Кадровичка сразу перешла со мной на «вы» и предложила мировую, пообещав, что «мы все как-нибудь устроим». И меня действительно восстановили. Если бы меня выгнали, моя ситуация сильно ухудшилась бы: пришлось бы уехать из Москвы, и все усилия, предпринятые до этого, оказались бы напрасными.

ФЕСТИВАЛЬ МОЛОДЕЖИ

Летом 1957 года в Москве состоялось впечатляющее событие — VI Всемирный фестиваль молодежи и студентов. Небывалый наплыв зарубежного люда — горячая пора для фарцовщиков и охотничий сезон для чекистов. Улицы и площади увешаны плакатами с изображением взявшихся за руки сторонников мира: белых, желтых, черных. Но самым популярным рисунком стал голубь мира Пикассо. Живой голубь при этом превратился в священную птицу, ради которой, как я уже упоминал, внесены изменения в правила дорожного движения: знаки «Осторожно, голуби!» висели по всей Москве, на что какой-то поэт отозвался стихотворной надеждой, что когда-нибудь появится знак «Осторожно, люди!».

В те дни я подружился с поэтессой Э.К. Мы посещали какие-то встречи, выступления и концерты с участием иностранцев. Я для парадных выходов наряжался в вышитую мамой на украинский манер и уже описанную мной шелковую рубашку. В ней ходить по Москве было не очень удобно, но ничего приличнее у меня не было. Мне, как и многим другим людям моего поколения, и особенно провинциалам, иностранцы казались существами не менее загадочными, чем инопланетяне. На танцах в ЦДКЖ я первый раз в жизни увидел живого негра. Он был высокий, в черном костюме и сам иссиня-черный, наверное эфиоп. Было жарко, он вспотел, достал белоснежный платок, провел по лицу. Мне казалось, что платок почернеет. Этого не случилось, и я сам над собой посмеялся.

МОИ «ОКНА РОСТА»

Тем же летом 1957 года, не помню как, попал я в комитет комсомола Бауманского района. Там хорошо одетые, с аккуратными прическами, вежливые и безликие молодые люди предложили мне вместе с другими начинающими поэтами и художниками делать сатирическую газету под названием «Колючка», «Вилы в бок» или еще что-то в этом роде. Газета тиражом в один экземпляр, зато очень большого размера (примерно два метра на полтора), вывешивалась у выхода из Бауманского метро и, к моему удивлению и удовольствию, пользовалась заметным успехом. Небольшая толпа всегда задерживалась около нее: люди читали, улыбались, иногда даже смеялись в голос. Как все советские издания подобного рода, наша газета «жгла огнем сатиры» мелкие недостатки и мелких людей, «мешающих нашему движению вперед». Возомнив себя Маяковским с его «Окнами РОСТА», я охотно взялся за дело. Мне давали данные о том или ином объекте будущей сатиры, сообщали, что он сделал нехорошего, а я сочинял соответствующие стишки. Например, какая-то женщина по фамилии Вырасткова украла что-то на своем производстве, о чем я и сообщил народу в поэтической форме:

> Воровала Вырасткова,
> Но у вора путь рискован.
> Суд избавит Вырасткову
> От занятья воровского.

МОПИ

На этот стишок обратил внимание (и пятьдесят лет помнит) один из участников нашей бригады — Игорь Дуэль. Он был студентом Московского областного педагогического института (МОПИ) имени Крупской, кем и мне советовал стать. С чем я согласился, решив, что уж если не попал в заведение, где учат на писателей, то поступлю хотя бы туда, где учат на учителей, — лишь бы в перспективе было высшее образование, о котором моя мама мечтала больше, чем я. В свое время она, как и отец, беспечно относилась к тому, что я не учился, но теперь забеспокоилась.

Я и без Дуэля уже нацеливался на МОПИ, потому что он был в пяти минутах ходьбы от дому, а исторический факультет я предпочел филологическому, потому что срок обучения на нем был четыре года, а не пять.

Люди, имевшие трудовой стаж или службу в армии, шли вне конкурса, а у меня за плечами и то, и другое. Тем не менее вступительные экзамены хотя бы на тройки сдать было надо. Мои знания разных предметов по той причине, что из десяти классов средней школы я в пяти не учился, выглядели очень нестандартными. Что-то я знал выше требуемого уровня и даже намного, но о чем-то, известном каждому пятикласснику, не имел ни малейшего представления. Первый экзамен по древнерусской истории я сдал на пятерку с ощущением, что ориентировался в предмете лучше экзаменатора. Вторую пятерку получил за сочинение. На немецком сильно плавал и уже думал, что не пройду. Но преподавательница сказала, что, к сожалению, больше тройки поставить мне никак не может, чем очень меня утешила: при наличии двух пятерок тройки по остальным предметам меня устраивали.

Принимавший экзамен по русскому устному молодой человек, может быть, из аспирантов, быстро обнаружил, что с грамматикой я практически не знаком. Заметив, что я не очень знаю разницу между причастием и деепричастием, он вздохнул и развел руками:

— Вам впору двойку ставить.

Я возразил:

— Но это будет несправедливо.

Он спросил:

— Почему?

— Потому что я плохо знаю правила, но пишу грамотно.

Он покачал головой:

— Нет, вы не можете писать грамотно.

Я попытался его уверить, что могу. Он не верил. Я сказал:

— Но я сочинение написал на пятерку.

Он насмешливо сощурил глаза:

— Так-таки на пятерку?

Я предложил проверить. Он не поленился, пошел, проверил. Вернулся в сомнениях.

— Да, у вас стоит пятерка, но это значит, что вы у кого-то списали.

Я продолжал спорить:

— Вы же знаете, что неграмотный человек даже списать правильно не сможет. А кроме того, переправьте пятерку на двойку, если найдете у кого-нибудь такое же сочинение.

Он все еще колебался. Тогда я предложил проверить меня на конкретных примерах.

— Хорошо, — уступил он. — Как вы напишете «тоже» — вместе или отдельно?

Я сказал:

— По-разному.

— То есть?

— Ну, например, «Коля тоже с мамою» — вместе, «Оля то же самое» — отдельно. Надеюсь, вы поверите, что это я ни у кого не списал.

Он поверил и согласился, что раз я пишу грамотно, то хотя бы тройки заслуживаю. А мой тогдашний друг филолог Владимир Лейбсон позднее вписал мой пример с «тоже» и «то же» в методическое пособие по изучению русского языка.

МАЛЕНЬКАЯ ТРАГЕДИЯ

Самым кошмарным и почти трагичным оказался для меня, как ни странно, экзамен по литературе. Его принимали две женщины: пожилая, подслеповатая, в очках с маленькими стеклами, и блондинка лет тридцати, с большой грудью и высокой прической. Мне достался билет о Пушкине. Я довольно бойко изложил его биографию и тем надеялся ограничиться. Но молодая вдруг прицепилась ко мне: «Знаете ли вы, что такое «Маленькие трагедии» Пушкина?» Этим вопросом я был загнан в тупик. То есть «Маленькие трагедии» я как раз знал, как более или менее все остальное у Пушкина. Но «не проходил» в школе, не заглядывал в предисловия и понятия не имел, что у Пушкина к какому жанру относится.

Блондинка от меня не отставала:

— Какие вы знаете маленькие трагедии? Назовите! Хотя бы одну!

Я растерялся, разволновался, у меня вылетело из головы все, что до того в ней помещалось. Стал лихорадочно соображать, что же может быть «маленькими трагедиями». На ум пришли почему-то «Повести Белкина», однако ни одного титула я, перечитавший их не меньше десятка раз, вспомнить не мог, а только вертелось в голове: одно название состоит из двух слов и пишется через черточку. Это воспоминание соединилось с примером из грамматики (все-таки что-то из нее я знал), когда в каких случаях употребляется дефис: «Маша-резвушка сидела у окна с книгой».

— «Маша-резвушка», — пролепетал я, сам сознавая чудовищность своего ответа.

— Маша-резвушка? — переспросила пожилая. — Вы думаете, что у Пушкина есть такая «маленькая трагедия»?

— Какой ужас! — схватилась за голову блондинка.

Здесь уже пахло не двойкой, а позорным колом. Но, видно, пожилая почувствовала, что тут что-то не то.

— Скажите, — спросила она очень мягко, — а вы что-нибудь слышали о произведении Пушкина «Скупой рыцарь»?

— Слышал, — сказал я, — и даже могу прочесть отрывок.

— Ха-ха, — в голос рассмеялась блондинка.

— Ну, прочтите, — сказала пожилая.

— Пожалуйста.

Я разом пришел в себя:

> Как молодой повеса ждет свиданья
> С какой-нибудь развратницей лукавой
> Иль дурой им обманутой, так я
> Весь день минуты ждал, когда сойду
> В подвал мой тайный...

— Темный, — сказала блондинка.

— Тайный, — возразил я.

— Ну, хорошо, — сказала пожилая. — А «Моцарта и Сальери» вы тоже читали?

— Конечно, — сказал я и процитировал:

> Все говорят: нет правды на земле.
> Но правды нет — и выше. Для меня
> Так это ясно, как простая гамма...

Блондинка растерянно молчала. Пожилая протирала очки.

— Ничего не понимаю... Значит, вы читали «Маленькие трагедии». Откуда же вы выкопали «Машу-резвушку»?

— Я имел в виду «Барышню-крестьянку», — сказал я, восстановив в памяти и другие названия.

— Но это же не «Маленькие трагедии».

— Это «Повести Белкина».

— Вот именно.

Все еще недоумевая, она поставила мне четверку — и я стал студентом.

НОСТАЛЬГИЯ ПО МОСКВЕ

Став студентом, я обнаружил, что институтские правила отличаются заметной нестрогостью и позволяют почти сколько угодно прогуливать занятия. Я и прогуливал, потому что днем был занят другим, и в частности ношением своих стихов в редакции газет и журналов. А по вечерам продолжал встречаться с Э.К. Женщины, с которыми я так или иначе общался до нее, были разнорабочими, малярами, штукатурами, крановщицами, в армии — поварихами, посудомойками и телефонистками, а тут — поэтесса, чьи стихи мне очень нравились.

Сначала я не придавал нашим встречам особенного значения, но через некоторое время понял, что регулярность наших свиданий вызывает у тридцатитрехлетней незамужней женщины некий молчаливый вопрос. И сам я чем дальше, тем больше чувствовал себя героем пушкинской «Метели». Он, ежедневно общаясь с Марьей Гавриловной, в конце концов заметил, что ситуация дошла до точки, после которой пора объясниться. В один из вечеров я, как обычно, проводил Э.К. до дома. Не желая расставаться, мы сели на лавочку перед подъездом. И тут я ей открылся, что женат. Легко догадаться, что это признание было ей неприятно. Тем не менее она пригласила меня к себе выпить чаю вместе с ней и с ее мамой. Только мы приступили к чаепитию, как в квартиру ворвалась выследившая нас моя жена Валентина. Естественно, произошел скандал, после чего мне пришлось удалиться вместе с женой. Дома я сказал Вале, что жить с ней больше не могу. Она приняла это со смирением, но попросила меня уехать из Москвы на время, пока она от меня не отвыкнет. Вторая ее просьба была, чтобы я уехал не сразу, а хотя бы через неделю. Я согласился.

Эту неделю мы с ней не разлучались, вечером ходили в кино, на какой-то концерт и один раз даже в ресторан. Через неделю она проводила меня на Курский вокзал, ждала отправления, а когда вагон тронулся, сколько могла, шла рядом, смотрела на меня и улыбалась. Я был всегда бессилен перед ее слезами, но перенести эту улыбку было еще труднее. Я стоял в тамбуре у открытой двери и смотрел на нее. Сердце выпрыгивало из груди, а самому мне хотелось выпрыгнуть из вагона. Я не выпрыгнул и уехал, но через два месяца вернулся.

Вот говорят: ностальгия, ностальгия. Тоска по малой родине в мире, где все чужое — язык и нравы — и сам ты никто, естественна. Но сколько я знаю людей, переехавших из провинции в Москву, вкусивших всех прелестей и недостатков столичной жизни? Большинство из них время от времени посещают малую родину, но, побыв там неделю-другую, начинают томиться и рваться назад в Москву. Это ностальгия наоборот. Человеку, пожившему в мегаполисе, трудно вернуться в провинцию. Так было и со мной. После года, прожитого в Москве, я уже нигде больше не мог найти себе места. Жизнь в Керчи показалась мне невыносимой, а мои милые тамошние друзья до невозможности скучными. Одна и та же компания, один и тот же способ времяпрепровождения. Летом — прогулки по Приморскому парку, зимой — туда и назад по улице Ленина. Вечеринки с одними и теми же шутками, с пением под гитару одних и тех же студенческих песен, про кузнечика, сидящего «коленками назад», и про электричество:

> Нам электричество злую тьму разбудит,
> Нам электричество пахать и сеять будет,
> Нам электричество заменит всякий труд —
> Нажал на кнопку — чик-чирик —
> все будет тут как тут...

Сколько раз пели эту песню, столько раз и смеялись.

Через два месяца я не выдержал и вернулся — в Москву и к Валентине.

ИСКУПЛЕНИЕ ВИНЫ

После встречи нового, 1958 года пошел в МОПИ забирать документы. Секретарь директора, полистав какие-то бумаги, развела руками:

— Мы документы отдать вам не можем.

— Почему?

— Потому что вы не исключены.

Вот это да! Меня столько времени не было, а они и не заметили! Я понял, что, если бы никого о своем отсутствии не оповестил, они бы не заметили этого и дальше. На другой день я пришел на занятия и получил стипендию за три месяца.

Но после этого меня вызвал к себе декан Трофимов, одноногий инвалид войны, странный бледный язвительный человек, и сказал, что по указанию ректора Сазонова готовит приказ о моем отчислении. Я не находил для себя никаких оправданий и ни о чем не просил. Но он сам сказал:

— Вот если бы за вас кто-нибудь похлопотал, можно было бы подумать.

Но кто мог за меня хлопотать? На всякий случай, ни на что не надеясь, я рассказал обо всем Левину, в литобъединение которого продолжал ходить. Григорий Михайлович неожиданно принял во мне самое горячее участие. Куда-то звонил или ходил, не помню, но через несколько дней я явился в институт с письмом на впечатляющем официальном бланке Союза писателей СССР. В письме за подписью тогда известного драматурга, секретаря Союза писателей Анатолия Чепурина (теперь я не нашел этого имени даже в Интернете) сказано было, что податель сего является перспективным, талантливым поэтом, и Союз писателей просит предоставить ему возможность продолжить обучение. Перед таким обращением в то время устоять никто не мог.

Я обещал искупить свою вину тем, что буду редактировать факультетскую стенгазету «Историк». И с удовольствием стал редактировать.

Уже тогда я заметил, что количество людей пишущих значительно превышает возможности печатных изданий и все ниши снизу доверху плотно заполнены. Самые талантливые, везучие или пробивные издают романы, повести, монографии, печатаются в престижных художественных или научных журналах, другие туда пролезают с трудом, а третьи согласны печатать свои работы где угодно, хоть в стенгазете. Выяснилось, что ведение даже такой скромной газеты дает редактору заметную власть над желающими стать ее авторами, независимо от их степеней и званий. Профессора и доценты, не говоря уж об аспирантах, напоминали мне тех летчиков, что во время моей службы при командире полка просили исправить поставленную за полеты тройку на четверку. В институте ученые мужи и дамы ходили за мной, первокурсником, по пятам, канючили, упрашивая напечатать статью, заметку, отрывок из диссертации, а когда я соглашался, умоляли не слишком резать. Последнего я им обещать не мог, потому что площадь стенгазеты слишком мала и многословия не позволяет.

Была у нас в МОПИ газета поважнее «Историка» — многотиражка «Народный учитель». Она охотно печатала мои стихи, что сделало меня довольно заметной личностью в мопийских пределах.

СТИХИ ПОМОГАЛИ

Преподаватели у нас в МОПИ были, между прочим, отборные. Многие, по идеологическим причинам изгнанные из МГУ и других престижных вузов, находили себе пристанище в нашем заведении, ничем не гнушавшимся. Оно считалось чем-то вроде отстойника. К этим преподавателям прибавились и возвращавшиеся в те годы из ссылок и лагерей. В конце концов уровень преподавания в МОПИ необычайно возрос. Об этом я, к сожалению, знал только с чужих слов, поскольку сам занятия почти не посещал. Я писал стихи, ходил по редакциям, пытался что-то подработать к стипендии, поскольку обременил себя обязанностью содержать семью. На стипендию, 220 рублей тогдашними деньгами, прожить было невозможно, этих денег, как говорили некоторые наши студентки, им даже на чулки не хватало. А мне не хватало времени на занятия, и мои сокурсники видели меня в институте крайне редко. А когда видели, удивлялись: «Володя, а ты чего пришел, сегодня стипендию не выдают».

Иной раз, появляясь в институте, я прятался от занятий в кабинете преподавательницы, временно заменявшей декана. Она была не историком, а филологом, писала диссертацию о поэте-искровце Николае Пальмине, меня угощала чаем с карамельками, а я предлагал ей в шутку:

— Поставьте мне все зачеты, а я напишу за вас диссертацию.

И не в шутку написал бы.

Преподаватель предмета, который назывался, кажется, «Государство и право», встречая меня в коридоре, уговаривал посетить хотя бы одну его лекцию:

— Увидите, вам будет очень интересно.

Я улыбался, обещал прийти при случае и не приходил. Потому что случай не выпадал.

Профессор, преподаватель истории СССР, несколько раз спрашивал студентов:

— А кто это Войнович, он или она? Передайте ей, что, если она не будет ходить на мои лекции и семинары, я ей зачет не поставлю и экзамен не приму.

Однажды он пришел радостный и объявил:

— Теперь я точно знаю, что Войнович — это он. Я слушал по радио его стихи. Очень хорошие. Передайте ему, что за эти стихи я ему все прощу.

Наконец ему повезло лично со мной познакомиться — я пришел на экзамен. Вообще историю в целом я знал неплохо, но мне попался билет с вопросом о Смутном времени, о котором у меня и представление было адекватно смутное.

Это тут же и обнаружилось. К моему удивлению, мое непосещение занятий профессор расценил как смягчающее вину обстоятельство:

— Ну, что ж, предмет вы знаете слабо, но поскольку вы вообще на занятия не ходили, то хорошо, что хоть что-то знаете.

Мне показалось, что ему было неловко ставить мне четверку, а не пятерку.

НОВЫЙ ПОКЛОННИК

Несколько раз в коридорах нашего института я встречал этого странного человека. Пожилой, высокий, в темно-синем суконном пальто с серым каракулевым воротником и в такой же серой папахе, в роговых очках с очень толстыми стеклами. Имея азиатскую внешность, он был не похож ни на студентов, ни на преподавателей, по виду, скорее всего, какой-нибудь партийный босс. Может быть, даже секретарь ЦК какой-нибудь среднеазиатской республики. Я его каждый раз замечал (его нельзя было не заметить) и даже пытался, но не мог представить себе, что такой человек делает в нашем третьестепенном институте. И вдруг однажды не только я его, но и он заметил меня.

Остановил в коридоре, ткнул в меня пальцем:

— Вы Войнович?

Я согласился, что я — это я, ожидая, что мне сейчас от какой-нибудь инстанции будет за что-нибудь нагоняй.

Он, широко размахнувшись, протянул мне руку:

— Поздравляю!

Я удивился:

— С чем?

— В «Народном учителе» ваши стихи?

— Мои.

— Замечательные стихи! Особенно про Матросова. — И он стал читать на память: «Плевать на бессмертье. Бессмертия нету. Все смертны: герои, вожди и поэты. Того, кто погиб, не заменят портреты, ни книги любых тиражей, ни газеты. Бессмертье... Имей мы такое устройство, любое геройство тогда не геройство. Я молча стою, я курю папиросу, и смотрит с портрета в глаза мне Матросов. Морщинки еще не изрезали кожу. Такой же, как я, или даже моложе. И если возможно судить по портрету, то в нем ничего и геройского нету...» Может быть, двойное «нету» звучит коряво. Правильнее сказать «нет». Может быть, как-нибудь так: «И если, допустим, вглядеться в портрет, так в нем ничего и геройского нет». Впрочем, это не так уж важно, у вас разговорная интонация. А главное, мне нравится, что в вашем герое нет самоуверенности, которая свойственна нашим поэтам. То есть в конце ваш герой говорит: «Но, если придется, мы сможем...» И тут же останавливается. Он не может честно утверждать, чего не проверил по жизни. И поэтому он сам себя обрывает встречным вопросом: «Смогу ли, не веря в бессмертье, рвануться под пули?..»

— Вы преподаватель? — спросил я робко.

— Я? — он засмеялся. — Вам кажется, я похож на преподавателя?

Я смешался. Наверное, он все-таки какой-нибудь очень большой начальник. Может быть, из Министерства просвещения, а то... тут я и сам перепугался своего предположения... а то даже и сам министр.

— Я, — сказал он, улыбаясь, — такой же студент, как и вы.

— Вы? Студент? — удивился я. — Такой...

Я хотел сказать: «такой старый» и запнулся. Он мне помог.

— Ну да, — сказал он, улыбаясь. — Я выгляжу солидно, хотя мне... А вы где живете?

Я сказал, что рядом, в пяти минутах ходьбы.

— Идемте, я вас провожу.

— Так вот, — сказал он, когда мы вышли наружу. — Меня зовут Камил, фамилия моя Икрамов, вы ее, конечно, никогда не слышали.

— Вообще-то слышал, — сказал я. — В Узбекистане был когда-то первый секретарь компартии. Его расстреляли вместе с Бухариным. Однофамилец?

— Отец, — сказал мой попутчик.

Оказалось, ему всего 30 лет, а выглядит он старше, потому что слишком рано пришлось повзрослеть. Ему было десять лет, когда отца расстреляли, а мать оказалась в лагере. Потом была расстреляна и она. Самого его арестовали в четырнадцать лет, и еще столько же он провел за колючей проволокой.

— Вы не можете себе представить, какой я был худой, когда вышел из лагеря. А теперь получил компенсацию и пенсию до окончания института. Вот немного отъелся, размордел...

Через некоторое время Камил мне сказал, что тоже кое-что пишет, но высказал о себе мнение, которое показалось мне странным:

— Как писатель я говно, но фразу строить умею. Вот у меня есть очерк, который я начал словами: «В полдень в Джалпактюбе тополя почти не дают тени».

Он произнес с такой артикуляцией, что мне правда показалось: это здорово!

— Содержание у меня там, конечно, примитивное, об узбечке, которая долго держится за мусульманские ритуалы, но постепенно прозревает. Но ведь важно не только, что написано, а как, и тут уж я в своей стихии. Что-что, а вкус у меня есть. Вот ты послушай, — перешел он вдруг на «ты». — «Между тем жизнь в округе заметно менялась, и это было видно даже сквозь паранджу...»

НЕЛЬЗЯ ОРИЕНТИРОВАТЬСЯ НА ДЕТСКИЕ ВКУСЫ

Он мне рассказывал это, провожая меня после занятий до моего обиталища, иногда чуть дальше — до Разгуляя. Во время одной прогулки я вспомнил, что надо позвонить в журнал «Пионер», где лежало мое длинное стихотворение о мальчике, мечтавшем попасть на Марс. Какое-то время спустя, когда была напечатана моя первая повесть, я практически все свои стихи выбросил. Выбросил безжалостно, а теперь некоторые рад бы восстановить, но увы. Это помню только частично:

> Вдоль по улицам столичным
> Мимо зданий и витрин
> В настроении отличном
> торопился гражданин.
> Мчат по улице машины
> Зим, Победа, ГАЗ и МАЗ.
> Что же нужно гражданину?
> Очень нужно гражданину
> Срочно выехать на Марс.
> ...Он на станцию приходит,
> Он к одной из касс подходит:

«Я хотел спросить у вас,
Как попасть...» — «Куда?» — «На Марс». —
«Марс... так-так... Ответим мигом...
Марс...» — пошарили по книгам...
Выражают удивленье,
Отвечают с сожаленьем:
«Нет подобных городов
В расписании движенья
Пассажирских поездов.
Обратитесь в пароходство».
В пароходстве с превосходством
Говорят: «Корабль — не поезд.
Ходят наши корабли
На экватор, и на полюс,
И во все края Земли.
Марс, возможно, на болоте,
То есть там, где никогда
Парохода не найдете.
Может, надо в самолете
Добираться вам туда».
Гражданин собою горд,
Он идет в аэропорт.
Поле. Нет на нем пшеницы,
Только травы и бетон,
По бетону ходят птицы
До семидесяти тонн.
А в сторонке от бетона
Дом, высокое крыльцо.
Там диспетчер с микрофоном —
Очень важное лицо.
Он слова в эфир роняет:
«Тридцать первому на взлет!
Вам посадку разрешаю,
Вам посадку запрещаю,
Сорок третий, подержите,
В стратосфере самолет...»

Конца я не помню и потому помещаю это текст здесь, а не в собрании стихов.

В «Пионере» завотделом литературы Бенедикту Сарнову стихи понравились, он обещал их напечатать, но, когда очередной номер журнала вышел и я его купил, моей публикации там не оказалось.

Итак, мы шли из института, я решил позвонить в «Пионер» и спросить, что случилось. Остановились у телефона-автомата, Камил дал мне монетку. Я набрал номер. В этот момент какой-то человек подошел к будке и стал ждать своей очереди. Сарнов снял трубку. Я сказал ему: «Добрый день».

— Добрый, — ответил он. Уже тогда манера отвечать на приветствие одним прилагательным входила в моду. — Вы хотите узнать, почему мы не напечатали ваши стихи?

— Ну да, — сказал я. — Может, вы их перенесли в следующий номер?

— К сожалению, нет.

— Почему?

— Я сейчас соединю вас с главным редактором Натальей Владимировной Ильиной, и она вам все скажет. Минутку. Передаю трубку...

После этого было долгое молчание и какие-то шорохи. Человек, стоявший у будки, постучал в стекло монетой. В трубке зачирикал тоненький голос:

— Здравствуйте, очень рада вас слышать. Вы написали интересные стихи, мы их все в редакции читали, а потом я даже читала их своим внукам.

— И что говорят ваши внуки?

— А знаете, им понравилось. Даже очень.

— Значит, вы будете стихи печатать?

— Нет, нет, — охладила она меня, — печатать, конечно, не будем.

— Почему же «конечно»? Если вашим внукам понравилось...

Человек, стоявший у будки, постучал в стекло еще раз. Камил приблизился к нему, что-то сказал. Тот посмотрел на Камила удивленно, махнул рукой и быстро пошел прочь, оглядываясь и пожимая плечами. Это отвлекло меня от разговора, и я не разобрал последней фразы главной редакторши.

— Что? Что?! — переспросил я.

— Я говорю, — повторила она сердито, — что моим внукам понравилось, но мы же не можем ориентироваться на детские вкусы. Всего доброго.

Когда я пересказал Камилу свой разговор с Ильиной, он громко захохотал.

— Извини, — сказал он. — Я понимаю, что ты очень расстроен, но это в самом деле смешно, когда говорят, что детский журнал не может ориентироваться на детские вкусы.

Мне смешно не было. У меня не только публикация не состоялась, но и лопнула надежда на гонорар, который, как я рассчитывал, соответственно количеству строчек должен был быть довольно приличным.

— А зачем ты прогнал этого человека? — спросил я.

— Я его не прогонял, — сказал Камил. — Я ему сказал: «Вы напрасно торопите этого юношу. Он скоро станет очень знаменитым поэтом, и вы сможете гордиться, что были свидетелем важного телефонного разговора». Я ему так сказал, а он почему-то испугался и убежал. Может быть, решил, что мы с тобой сумасшедшие.

Тут мы оба стали весело смеяться — и с этого началась наша дружба.

И ЛЕНИН ТОЖЕ...

В институтской многотиражке «Народный учитель» я печатал много чепухи, в том числе несколько стихотворений о Ленине. Я уже говорил, что к Ленину, в отличие от Сталина, в то время относился, можно сказать, никак, и это меня смущало. Я сам себя очень не одобрял, когда думал, почему я не вижу в жизни того хорошего, что видят другие? Почему мне не нравятся и Сталин, и Хрущев, и советская власть? Мне очень хотелось полюбить хотя бы Ленина, и я пытался. Пытался поверить людям умным, образованным и вовсе как будто не ортодоксам, которые были единодушны в том, что Ленин очень хороший, а по Маяковскому (которому я тоже верил) — так даже «самый человечный изо всех прошедших по земле людей». Сколько раз я слышал, что если бы Ленин был жив, то все было бы не так, все было бы хорошо. Уже и коммунизм давно был бы построен. Относясь с уважением к уму и образованию, я еще не понимал, что это далеко не одно и то же. Я потом открывал для себя с большим удивлением, что многим людям образование вообще не прибавляет ума. Наоборот, они, засорив свои головы разными догмами, от образования глупеют больше необразованных. И способности, даже выдающиеся, к усвоению разных наук тоже не делают человека умным. Ум — это здравомыслие, которое может быть у малограмотного крестьянина и у ученого человека, но среди тех и других встречается одинаково редко...

Много слыша про необычайную доброту, человечность и гениальность вождя, я искренне хотел его полюбить. Потому и писал о нем стихи, но они получались неискренние — чувства никакого не возникало. Я пробовал читать Ленина, но чтение это давалось мне с очень большим трудом. Он все время и в решительных до грубости выражениях полемизировал с какими-то неизвестными мне людьми и употреблял иностранные слова, которых я не знал. Все-таки как-то вникнув в его тексты, я вообще в хорошести его усомнился, продолжая, впрочем, сомневаться в себе. Читая записки, что надо кому-то «дать дров», а кого-то «поставить к стенке», я думал, что про дрова — это, может быть, всерьез, а к стенке поставить или «расстрелять как можно больше» — это в каком-то фигуральном смысле. Когда-то я понял, что нет, очень даже не в фигуральном. К тому времени наши с Камилом прогулки сильно удлинились. Мы не могли наговориться за пятиминутную прогулку от института до моего общежития. Я стал провожать его через всю тогдашнюю Москву до Большой Ордынки, где жил он. Но нам на разговоры и этого расстояния не хватало. Мы шли обратно до Разгуляя, и только здесь он брал такси, чтобы ехать опять на Ордынку. Кстати, брать регулярно такси ему позволяла полученная за погибших родителей компенсация. Мне моих финансов не то что на такси, но и на автобус не всегда хватало.

Во время прогулок Камил мне рассказывал о лагере, я ему о солдатчине. Причем в его и моих рассказах было очень много смешного. Много, естественно, говорили о тридцать седьмом годе, тюрьмах, лагерях, расстрелах, о погибших его родителях и выжившем моем отце. О Сталине и сталинизме. Мы уже многое для себя выяснили, когда я спросил:

— Хорошо, со Сталиным мы разобрались. Ну, а Ленин...

Камил улыбнулся и сказал:

— Ну, конечно.

В более подробном объяснении нужды не было.

СТИХИ ПРОЗАИКА

Уже в то время, в 58-м, я хотел писать не только стихи, но и прозу, а она не получалась. Я бросал свои попытки и снова возвращался к ним. Опять не получалось. Не все поэты со мной согласятся, а может быть, все не согласятся, но я уверен, что проза — более сложный род литературы. Кажется, в истории почти не было поэтов, которые не стремились писать прозу, некоторые даже совсем на нее переходили, но получалось это только у самых лучших. Прозаиков же, как правило, к поэзии не тянет, а те из них, кто пописывает стишки, занимаются этим без особых амбиций как безвредным и бесполезным хобби.

Сочинение стихов можно сравнить с путешествием по реке в виду берегов, бакенов и прочих ориентиров. Рифма, ритм, размер ведут автора по определенному руслу, подсказывают мысль, образ, игру слов и поворот сюжета. А проза — открытый океан, где можно повернуть туда или сюда, не видно никаких преимуществ одного направления перед другим, и нужное выбирается интуитивно. Проза требует от автора значительных и постоянных усилий, большей усидчивости, лучшей памяти. Писать прозу трудно даже физически...

Со стихами я регулярно ходил по разным редакциям, и иногда мне удавалось напечататься в газетах. В «Московском строителе», «Вечерней Москве», «Московской правде», а однажды и в просто «Правде». Этот печатный орган мало уважался тем литературным кругом, к которому я хотел принадлежать, но публикация в нем была положительным знаком для бдительных чиновников, если бы они усомнились в моей благонамеренности. Раз печатался в главном партийном органе, значит, свой, советский человек.

В главную партийную газету мои стихи отнесла поэтесса Дина Терещенко, и они были напечатаны под рубрикой «Стихи рабочих поэтов» за подписью «В. Войнович, плотник». Но в серьезных литературных журналах мне отказывали, приводя разные доводы. Один отказ особенно огорчил, удивил, но и обнадежил. В «Литературной газете» отделом поэзии временно заведовал известный детский поэт Валентин Берестов. Он принял меня дружелюбно, но мои стихи, тут же прочтя, отверг, сказав, что это стихи прозаика.

Я спросил:

— Что значит «стихи прозаика»? Значит, плохие?

Он сказал:

— Нет, очень неплохие, я бы даже сказал хорошие, но это стихи прозаика.

Я попробовал возразить:

— Но я не пишу никакую прозу.

— Значит, будете писать, — уверенно сказал Берестов.

Года через три я встретил Валю (мы уже были приятелями, обращаясь на «вы», но без отчеств) в Тарусе. Я затащил его к себе в комнату, которую там снимал, и прочел ему вслух рассказ «Расстояние в полкилометра», который считал своей большой удачей. Берестов рассказу обрадовался, как мне показалось, даже больше, чем я сам.

— Вот видите! — восклицал он. — Вот видите! Старик Берестов коечто еще соображает!

Старику было тогда тридцать с небольшим хвостиком.

ЖЕНА ПОЛКОВНИКА

Мы познакомились, когда мне не было двадцати пяти, а ей перевалило за сорок. Люди такого возраста казались мне почти пожилыми. И не только мне. В одном стихотворении из авиационного фольклора есть иронические строчки: «Василий Сербин из Ростова, он мог найти наверняка подругу дней своих суровых от тридцати до сорока». То есть этому Василию даже тридцатилетние казались недостаточно молодыми. А сорокалетние — нечего говорить. Но на Нину это представление не распространялось. Она была красива, кокетлива и излучала те флюиды, которые безошибочно чувствуются мужчинами. Она пользовалась у «магистральцев» мужского пола — моих ровесников и помоложе — заметным успехом, охотно их приближала к себе, а потом легко меняла одного на другого. Через какое-то время обратила внимание на меня и взялась помогать мне с публикациями моих стихов в московских газетах. Приглашала меня к себе, читала свои стихи, интересовалась мнением. Я не только выражал мнение, но, бывало, переписывал отдельные строчки и строфы. Никаких намерений перейти к другим отношениям я не проявлял, и она ни на что мне не намекала. У нее был муж — полковник, высокий человек с крупными и грубыми чертами лица. Бывало, мы обедали вместе. Обычно мы с Ниной сидели по одну сторону стола, а полковник напротив. Говорили о том, о сем. Однажды речь почему-то зашла о супружеской измене, и Нина вдруг спросила мужа, что бы он сделал, если бы узнал, что она ему изменяет.

— Вот что! — сказал он и показал ей кулак величиной с двухпудовую гирю.

— Деспот, — сказала Нина и засмеялась. Эту тему исчерпали, стали говорить о чем-то другом. Вдруг я почувствовал, что Нина коснулась моего колена под скатертью. Я опустил глаза и увидел, что она держит в руке клок бумаги, на котором написано: «Ты меня хочешь?» Я покраснел и молча кивнул. Полковник ничего не заметил. После обеда я засобирался домой. Нина проводила меня до двери, в прихожей громко сказала: «Приходи завтра в это же время». И понизила голос до шепота: «Он сегодня уезжает в командировку». Я опять молча кивнул. Но завтра не пришел и вообще больше не приходил к ней ни разу. И перестал ходить в «Магистраль». Лет, может быть, десять спустя мы с моей женой Ирой обедали в Доме литераторов. Вдруг появилась Нина Терещенко со своей подругой. Сели за наш столик. Не смущаясь присутствием Иры, то есть даже поощренная им, Нина сказала подруге: «Познакомься, это Володя. Я была у него первой женщиной». Наверное, она хотела испортить настроение Ире, которую видела впервые. Но при этом, потеряв счет соблазненным ею молодым поэтам, возможно, искренне думала, что у нас было то, чего не было. Еще раз я ее встретил, уже работая над этими записками. И был потрясен ее видом. Ей исполнилось 93 года, но она все еще была красива и кокетлива.

В ЗАВОДСКОМ ДУШЕ

Мои первые попытки написать что-то в прозе были настолько убогими, что я написанное тут же рвал и выкидывал. Но один текст не порвал и не выкинул. Это был рассказ в полторы машинописные страницы, впоследствии мною утерянный. Назывался непритязательно: «В заводском душе». Сюжет был простой и автобиографический: зимним днем два рабочих подростка, Витька и Колька, пошли в душ. Услышали шум воды на женской половине, нашли дырку в дощатой перегородке. Сначала один прильнул глазом, потом другой, затем стали смотреть поочередно, борясь за место у дырки. Там, куда они смотрели, стояла под душем молодая женщина. Подростки никогда еще не видели обнаженного женского тела, тем более тела такой красоты. Женщина не спеша покрывала себя мыльной пеной, смывала ее, и тогда вода струилась по всем выпуклостям и впадинам ее тела. Витька и Колька, отпихивая друг друга, восхищенно на нее смотрели. Когда она стала одеваться, сами быстро оделись и выскочили наружу, чтобы взглянуть, кто эта неземная красавица. И увидели электросварщицу Машу, конопатую, коротконогую и некрасивую, с которой они грубо всегда заигрывали и говорили ей разные скабрезности. Она была в брезентовой куртке, в брезентовых штанах, в байковой юбке поверх штанов и в подшитых коротких валенках. Витька шепотом выругался, но им обоим вдруг стало стыдно. И после этого они смотрели на Машу не так, как раньше, и грубых выражений при ней больше не допускали.

Камил Икрамов, которому я прочел этот рассказ, пришел в полный восторг и со свойственной ему щедростью на оценки объявил:

— Володька, ты гений!

После чего стал бегать по своим литературным знакомым с сообщением о том, что на его глазах родился большой, замечательный, великий... можете подставить любой самый лестный эпитет, его не смущал ни один. Я никогда не был слишком самоуверенным и в такой поддержке очень нуждался. Не только я. У Слуцкого есть стихи о том, что поэту нужны одобрения, как земле нужны удобрения. Знакомые Камила, зная о его способности увлекаться, принимали его восторги иронически:

— Что он, этот твой, как его, может быть, даже лучше Шолохова?

— Кого? — презрительно переспрашивал Камил. — Да кто он такой, этот ваш Шолохов? Да Шолохов мизинца его не стоит!

Камила спрашивали:

— Может, он лучше Хемингуэя?

Тогда в самой большой моде был Хемингуэй.

— Да ваш Хемингуэй по сравнению с ним — тьфу! — говорил Камил.

— А Фолкнер?

— А Фолкнер тем более!..

Камил разочарованно сетовал:

— Мне эти глупые люди надоели. Они живут в мире стереотипов и никогда не заметят свежего дарования, пока им не внушат, что оно действительно дарование. Мы должны показать твой рассказ какому-нибудь большому писателю, который это оценит.

Но где взять большого писателя? Самым большим писателем из числа моих знакомых был Григорий Михайлович Левин. Я ему рассказ показал. Он ничего особенного в нем не нашел. И вдруг на стене нашего института появилась афиша, сообщавшая, что такого-то числа состоится демонстрация фильма «Жестокость» по повести Павла Нилина. После сеанса выступят сам Нилин и режиссер фильма Владимир Скуйбин.

— Вот, — сказал Икрамов, — на ловца и зверь бежит. Большой зверь. Приходи в кино, потом мы подойдем к Нилину. Я, между прочим, с ним встречался. Он меня вряд ли помнит, но это неважно. Я покажу Нилину твой рассказ. Я уверен, что ему понравится. Он человек со вкусом.

— А Нилин большой писатель? — спросил я.

— Да ты что? Ты не читал «Жестокость»? Он замечательный писатель! Из ныне живущих, я думаю, самый крупный!

Я засомневался: как мы к нему подойдем?

— Подойдем, подойдем, — сказал Камил. — Как-нибудь приблизимся...

ЭКЗЕРСИС

Прежде чем пойти смотреть фильм, я прочел «Жестокость» — повесть о чекистах, в начале 20-х воюющих с лесными партизанами. Главный герой Венька Малышев — хороший чекист, он хочет не уничтожать бандитов, а открыть им глаза на советскую власть, народную, мужицкую, гуманную и справедливую. Начальник Веньки — плохой чекист, он считает, что враг есть враг, и в борьбе с ним допустимы любые приемы, включая самые подлые. Борьбу со своим начальником Венька проигрывает и кончает жизнь самоубийством. Повесть по тем временам считалась острой и была очень популярна. Институтский зал, где показывали фильм, был забит до отказа.

После фильма Нилину задали много вопросов, он долго на них отвечал, а мы с Икрамовым терпеливо ждали конца. Но вот на последний вопрос Нилин ответил, попрощался, двинулся к выходу, тут Икрамов его и перехватил:

— Павел Филиппович, я Камил Икрамов. Мы с вами недавно знакомились. А это мой товарищ Владимир Войнович. Он написал потрясающий рассказ, и я вас очень прошу прочесть его.

Нилин, в то время один из самых модных писателей, к которому с такими просьбами люди обращались нередко, слегка поморщился, но осторожно спросил, длинный ли рассказ. Камил сказал:

— Да всего полторы страницы.

— Ну, полторы страницы я прочту прямо сейчас. Только отойдите в сторонку, не стойте над душой.

Мы отошли, он прочел и махнул нам рукой. Мы подошли.

— Ну что ж, — сказал Нилин, — это написано неплохо, но ничего не стоит. Это литературное упражнение, экзерсис. Я такие тексты пишу каждый день, но никому не показываю.

Камил, только что говоривший с Нилиным почтительно, переменил тон:

— И это все, что вы хотите сказать молодому автору?

— Ну, а что еще? — Нилин развел руками.

Камил и вовсе посуровел.

— Павел Филиппович, я вам должен сказать, что вы упустили для себя честь открытия большого писателя.

Нилин растерялся и стал бормотать не очень внятно, что может ошибиться, но он так думает. Трудно судить по очень маленькому рассказу, но все-таки это именно упражнение, именно экзерсис...

Я, конечно, расстроился. Но в душе с оценкой Нилина согласился. Ну да, ну экзерсис, упражнение. Камил был разочарован больше меня. Мы оделись, вышли на улицу. Камил остановился и остановил меня:

— Слушай, Володька, ты не огорчайся. Подумаешь, кто такой Нилин? Говно! Просто говно — и все!

— Подожди, — сказал я, — ты же сам говорил, что Нилин — крупный писатель.

— Кто крупный писатель?! — возмутился Камил так искренне, как будто опровергал кого-то, а не самого себя. — Я говорил, что Нилин крупный писатель? Да он просто говно. Ты на него эпиграмму не знаешь? Слушай: «В мозгу у Павла Нилина всего одна извилина — и эта пересажена из жопы Пети Сажина». Разве на умного человека такие эпиграммы пишут?

Эпиграмма была злая и несправедливая. Нилин, в отличие от ныне забытого Сажина, был талантливым писателем и человеком очень неглупым. Впоследствии мы с ним на короткое время подружились. Когда я жил в переделкинском доме творчества, он, бывало, заходил за мной, и мы вместе гуляли. Нилин говорил, что работает каждый день, рукописями забиты целые шкафы. Но большинство своих текстов он считает именно упражнениями, которые печатать не обязательно. Вот он их и не печатает.

Потом мы долго не виделись. В 1974 году Нилин был приглашен на заседание бюро объединения прозы, готовившего мое исключение из Союза писателей. Он сказался больным и на заседание не явился. Через несколько дней я встретил его около поликлиники Литфонда. Тогда уже многие знакомые при встрече делали вид, что меня не замечают. Нилин заметил и сам ко мне подошел.

— Я знаю, что вам сейчас трудно, вам нужны деньги. Я готов одолжить. Вы их, конечно, никогда не отдадите, но рублей триста могу дать без отдачи. Дать и забыть...

Его предположение насчет моего отношения к денежным долгам было ошибочным. Одалживать я не любил, делал это несколько раз в жизни в самых крайних случаях, но, беря, всегда торопился вернуть при первой возможности. Другое дело, что в моей жизни началась полоса, когда я в своей платежеспособности не мог быть уверен. Но это было в 1974 году. А за шестнадцать лет до того...

ЗАМЫСЕЛ

Я стоял на углу площади Разгуляй возле овощного магазина, где продавали капусту «провансаль». Я стоял, пил газированную воду без сиропа, пять копеек стакан, хотя мог бы позволить себе и с сиропом «крюшон» за сорок копеек. Мог бы, но не позволил, потому что, к сэкономленным тридцати пяти копейкам добавив гривенник, мог еще съесть пирожок с повидлом, и потому пил без сиропа. Вода эта накачивалась углекислым газом и превращалась в горьковатый пузырящийся колкий напиток. Газ поступал из стоячего баллона с резиновыми шлангами и проходил через сатуратор, нелепое сооружение на двух велосипедных колесах, ассоциативно вызывавшее ностальгию по временам бипланов, паровозов и немого кино.

Я пил газированную воду и краем уха вслушивался в разговор между газировщицей и другой какой-то тетей, сочувственно внимавшей, цокавшей языком и восклицавшей время от времени «Да что ты!». Газировщица лет под сорок, упитанная, широкая в плечах и боках, сидела на маленькой табуретке, и зад сползал со всех сторон с табуретки, словно тесто за край квашни.

Газировщица говорила, а руки ее, пухлые, мокрые, красные, с короткими пальцами, ловко управлялись со всеми возложенными на них обязанностями: принимали мелочь, отсчитывали сдачу, обмывали стаканы на колесике-фонтане, дававшем восходящие струи, отмеряли темно-красный сироп из стеклянных цилиндриков с метками и затем открывали кран, откуда ударяла в стакан и шипела тугая струя.

Был жаркий день в середине лета, я стоял на углу площади Разгуляй, пил газированную воду и пассивно внимал разговору, вяло текущему мимо ушей.

— Ничего с ним поделать не могу, не слушается меня, паразит, и все. А что я могу ему сделать, если он здоровый, как слон. Четырнадцать лет, а уже ботинки, поверишь ли, сорок третий размер и малы. И все радости: школу пропускает, курит, пьет, дома то ночует, то нет. Уже два привода имеет. На той неделе участковый приходил, вы, говорит, Анна, если не примете мер, сына упустите. Упустите, говорит, сына упустите. В колонию попадет, а там уже все. Там его и воровать научат, и грабить, и убивать, да еще, за отсутствием женской ласки, в пидарасы заделают. О господи, сколько я ночей проплакала, сколько слез пролила, сколько глотку криком драла, а все без толку. Был бы отец, дал бы ему ремня, а от моего крика что пользы...

— А где отец? — спросила слушательница.

— На фронте погиб, — вздохнула газировщица, скидывая мелочь в тарелку. — Полковник был. Как в первый день войны ушел, так и с концами.

Я пил воду, краем равнодушного уха улавливал разговор, особо в него не вникая. Но, имея автоматическую привычку манипулировать простыми числами, отнял от пятидесяти восьми четырнадцать, отнял еще девять месяцев и получилось, что ну никак не мог юный злостный курильщик, хулиган и будущий педераст родиться от полковника, пропавшего в начале войны.

Ставя на место стакан, я посмотрел на газировщицу и подумал, что все она врет. Не было у нее никакого полковника и вообще никакого такого человека, которого можно называть мужем, а был кто-нибудь торопливый из нижних чинов, который вступает со случайными дамами в связь по тому же солдатскому принципу: «наше дело не рожать»...

Имея за плечами какой-никакой жизненный опыт, встречал я в процессе его приобретения разных людей, в том числе и таких вот горемык женского пола. Они никогда не достигали своей изначальной мечты о заботливом муже и благополучной семейной жизни, им перепали всего лишь случайные и торопливые радости соития где-нибудь в сенях, в подъезде, на сеновалах, в кустах, в кукурузе, а то и просто посреди поля на колючей стерне, иногда и с последствиями в виде болезни или беременности. В колхозах, строительных общежитиях, при армейских кухнях видел я стареющих и неутешенных как бы вдов, они, не испытав реального счастья, придумывали себе легенды и жили выдуманным прошлым, как будто всамделишным. Все-все плели они одну и ту же историю безумной любви и радостного замужества, которое кончилось с началом войны: его забрали, и он погиб, причем обязательно в чине полковника. Ниже нельзя, неинтересно, а выше фантазия не поднималась, да и кто же поверит?

Эти сказки рассказывали они, зазывая к себе голодных до женского тела солдат, которые если и приносили с собой бутылку водки, то и спасибо — месячное солдатское жалованье все на эту одну бутылку и уходило. Так что иные, прижимистые, и вовсе на посещение соглашались при известном условии: поставишь пол-литра — приду.

В описываемый день я пил газировку на площади Разгуляй, ожидая автобуса номер 3, на котором намеревался достичь журнала «Юность» (Воровского, 52) и узнать, как там насчет стихов, оставленных две недели тому назад. Но, посмотрев на газировщицу и услышав ее рассказ, вдруг передумал и поспешил домой, вниз по Доброслободскому переулку, лелея в себе неожиданно родившийся замысел рассказа, которому сразу пришло название «Вдова полковника». Наконец-то первый и, кажется, достойный внимания прозаический замысел. До того все попытки написать прозу не удавались. Мой жизненный опыт на замыслы никак не влиял, первый рассказ был о происшествии, неинтересно придуманном и случившемся в девятнадцатом веке почему-то в Гонолулу.

Не завершив гонолульский сюжет, я выкинул написанное на помойку, но мысли о прозе не оставлял. И вдруг эта газировщица и воображенный ею полковник...

Я нес свой неожиданный замысел вниз по Доброслободскому переулку, чувствуя, что сейчас непременно случится то, к чему я стремился, то есть будет написан рассказ, в самом деле рассказ, а не проба пера и не ученический лепет. Я шел торопливо, испытывая большое волнение, и, возможно, был похож на Архимеда, который, как нам рассказывал в ремесленном училище Сидор Петрович Кныш, с криком «Эврика!» бежал голый по улице.

ЛЕХА ЛИХОВ

Помимо Аркадия Колесникова, проживавшего с семьей за шифоньером, был у меня сосед, занимавший с женой и малолетней дочерью отдельную комнату, вход в которую был тоже через этот же тамбур. Мне казалось это невообразимой роскошью — иметь на семью всего лишь из трех человек целую отдельную комнату в двенадцать квадратных метров! Соседа звали Леха Лихов, был он законченный придурок, стрезва вел себя тихо-мирно, но, поглотивши некий объем алкоголя, выходил в тамбур с раскрытым перочинным ножом и без какой бы то ни было провокации подносил этот нож к моему лицу и, усмехаясь, спрашивал: «Ты вот это вот видел?» Я вот это вот видел, но не знал, как реагировать. Меня, к месту сказать, два раза в жизни, в двенадцать и четырнадцать лет, ровесники ножами пыряли и оба раза к пырянию приступали после вопроса. Первый спросил: «Хочешь, я тебе глаз выбью?», а другой: «Хочешь я тебя ножом ударю?» Оба раза я думал, что шутка, и ответил: «Хочу». И остались у меня два шрама и опыт, в результате которого я знал, что на подобные вопросы лучше не отвечать ничего. Подходя с ножом, Леха обычно на ногах уже еле-еле держался, я мог бы без риска сбить его с ног и скрутить. Но опасался, что другой раз начнет он действовать без вопроса. Поэтому с самого начала (хоть и бывало порою не по себе) я избрал своей тактикой полное нереагирование и настолько не реагировать привык, что писание на валенке под ножом стало уже как бы нормальным рабочим условием.

Я и сейчас реагировать бы не стал, но нужен был слушатель и нужен был просто немедленно.

— Слушай, Леха, — сказал я, — убери нож, я тебе свой рассказ прочту.

Леха от предложения так опешил, что даже стал часто и нервно икать, а потом ушел к себе в комнату, вернулся с двумя полстаканами водки, прилепился спиною к углу и приготовился слушать...

А я стал читать. О женщине, которую звали Нюра. У которой в начале войны пропал возлюбленный. Пропал и не писал ей писем. Тогда она стала писать сама себе от его имени. Вела эту переписку сама с собой и завершила с концом войны извещением о гибели вымышленного мужа. Дочитывая рассказ, я услышал какие-то странные звуки, поднял голову и увидел, что Леха Лихов плачет и хлюпает носом.

— Ты чего? — спросил я.

— Бабу жалко, — ответил Леха, утираясь кулаком. — Надо же, сама себе письма писала и сама же верила! А у нас, между прочим, тоже в деревне была одна, такая же чеканутая. Тоже письма себе писала, а потом портрет такой себе заказала. Двойной. Она вместе с мужем. Ну, то есть не с мужем, а с этим. Ну как будто бы с мужем. И на стенку повесила...

«Вот! — подумал я. — Вот как должен кончаться этот рассказ!»

Так и закончил.

ЭКЗЕРСИС И ШЕДЕВР

— Гениально! — сказал Камил Икрамов

— Потрясающе, — оценил Лейбсон. И третий мой друг того времени поэт Женя Храмов тоже высоко оценил мое достижение.

Камил не просто оценил, а побежал с этим в журнал «Юность». Там какая-то дама похвалила, но объявила, что вещь несамостоятельная, у Горького был рассказ с таким же сюжетом. Назывался «Болесь». Так звали девушку, которая тоже сама себе писала письма. Я расстроился.

Опять меня подводит моя необразованность. Я Горького, конечно, читал. Но не всего. Читал бы всего, не написал бы этот рассказ. А если б не написал, может, и Чонкин бы не родился.

Камил рассказ Горького нашел, прочел, вывел заключение:

— Ерунда! У Горького экзерсис. А у тебя — шедевр!

КАЗАХСТАНСКИЙ МИЛЛИАРД!

В конце второго семестра нам, студентам МОПИ, объявили, что летние каникулы будут у нас трудовые. Нас отправят на целину бороться за казахстанский миллиард. Имелся в виду миллиард пудов зерна, который Казахстан якобы обещал засыпать в «закрома родины». Казахстан якобы обещал, а засыпать зерно в закрома должны были не якобы, а настоящие студенты со всего Советского Союза. Поездка формально считалась добровольной. По словам песни на слова Эдика Иодковского: «Партия сказала, комсомол ответил: «Есть!» Если верить тогдашним газетам, вся советская молодежь, а студенты в первую очередь, с комсомольскими путевками просто рвались на целину из романтических побуждений и страстного желания помочь Родине. На самом деле большинство никуда не рвалось, а вынуждено было ехать; уклонявшимся грозили разные наказания вплоть до исключения из института с немедленным забритием в солдаты (последнее меня, впрочем, не касалось). Настроившиеся на то, чтобы увильнуть от борьбы за миллиард, раздобывали медицинские справки или ссылались на особые жизненные обстоятельства. У меня реальным обстоятельством была беременная жена, и я рассчитывал во время каникул остаться в Москве и каким-нибудь образом заработать денег.

На нашем курсе, кроме меня, отслуживших свой срок в армии было человека два-три, и среди них некто по фамилии Объедков. Однажды, сидя вместе с Объедковым в читальном зале, я сказал ему, что ехать на целину мне никак не хочется, и объяснил это вышеизложенным реальным обстоятельством. Кроме того, я обругал советскую пропаганду и умеренно всю советскую власть. Советская власть, сказал я Объедкову, создала бездарную колхозную систему, неспособную прокормить собственную страну. И теперь вот, развивал я свою мысль, они пытаются исправить положение прибавлением к рабскому труду колхозников рабского бесплатного труда студентов. Но эффект, уверял я Объедкова, будет все равно мизерный, потому что еще Маркс говорил, что рабский труд не может быть эффективным.

Объедков внимательно слушал, сочувственно кивал головой, а на ближайшем комсомольском собрании попросил слова, вышел, ознакомил собравшихся с моими незрелыми мыслями в собственном изложении и сказал, что таким, как я, не место в комсомоле и институте. Зал замер, но тут же выступила какая-то неизвестная мне студентка. Она, не обсуждая моих незрелых мыслей, высказала свое незрелое мнение, что таким стукачам, как Объедков, не место среди нормальных не только студентов, но и просто людей, таким негодяям надо плевать в рожу и не подавать руки. Ее поддержала другая студентка. Поднялся невероятный гвалт. Студенты один за другим говорили, что Объедков — подлец, но тут же по предложению сидевшего в президиуме секретаря парткома подавляющим большинством голосов избрали подлеца секретарем факультетского комитета комсомола. Меня при этом оставили в покое, может быть, потому, что я все-таки согласился ехать на целину.

Согласился, кроме всего, в расчете на то, что там наберу материала для чего-нибудь вроде рассказа, повести или романа.

В ПОИСКАХ СЮЖЕТОВ И ГЕРОЕВ

Тогда, летом 58-го, я чувствовал, что должен написать рассказ или повесть, чтоб это было, с одной стороны, хорошо, а с другой стороны, «проходимо», насчет чего у меня возникали уже некоторые опасения. Мои взгляды тогда не очень сформировались. Они ни в коем случае не были антисоветскими, но и советскими их назвать можно было только с натяжкой. А ведь советская власть требовала безусловной любви к себе всех людей и писателей больше, чем кого-либо. Для советского писателя любовь была даже чем-то вроде профессиональной обязанности. Всякое литературное сочинение должно было соответствовать основным требованиям метода социалистического реализма. Можно было сколько угодно держать фигу в кармане, но все равно главных рецептов метода избегать не стоило. В центре должен быть «правильный», положительный герой, русский, желательно рабочий, комсомолец или коммунист, который хорошо воюет или работает, борется с бюрократизмом, казенщиной, равнодушием и другими «отдельными недостатками» и «пережитками прошлого в сознании людей» и в конце концов побеждает. Чтобы такое сочинение достигло не только печатного станка, но и внимания читателя, желательно было стандартного советского героя наделить какими-то индивидуальными человеческими чертами, делавшими его не совсем «правильным». Тут честолюбивому литератору, особенно начинающему, нужно было балансировать между тем, что можно сказать, и тем, что хочется. А как достичь такого баланса?

Я внимательно следил за тем, что пишут молодые, уже напечатавшиеся и обратившие на себя внимание писатели. Самым заметным из молодых был тогда Анатолий Кузнецов, будущий невозвращенец. Его повесть «Продолжение легенды» огромными тиражами вышла сначала в журнале «Юность», потом в «Роман-газете». Критики считали ее образцом «исповедальной прозы». Я читал и думал: вот как надо писать! Просто, достоверно и — «проходимо». Одно из главных требований соцреализма, чтобы в центре был положительный герой, с энтузиазмом строящий социализм, было соблюдено. И в то же время достоверность и доверительная интонация. Но о чем и как я могу написать? Не ощущая свою прошлую жизнь источником каких-то сюжетов, я решил поехать все-таки в Казахстан и набраться там новых впечатлений.

ЧЕРНАЯ ПРОПАГАНДА

На каком-то этапе мы узнали, что из студентов нашего института будет составлен отряд, который разобьют на бригады и распределят по разным колхозам. Начальницей отряда была назначена женщина лет пятидесяти, кандидат сельскохозяйственных наук, взятая почему-то из Тимирязевской академии, — своих, что ли, таких не хватало? А скорее всего, числилась она не только в Тимирязевке, но и на Лубянке. Она ходила во всем черном и сама была вся черная. Ее черные волосы пахли сапогами, потому что она, как мне сказали, подкрашивала их дегтем. Лицо было сплошь покрыто черными конопушками и потому казалось немытым. Ее имени и фамилии я уже не помню, но студенты сразу прозвали ее «Черная пропаганда», и это прозвище к ней крепко прилипло.

Задолго до поездки кто-то что-то ей сказал про меня. Она заинтересовалась, стала меня искать и нашла в одной из пустых аудиторий, где я как раз, ползая по полу, раскладывал и клеил материалы своей газеты «Историк».

Она начала с комплиментов, которые в ее устах звучали фальшиво. При этом смотрела на меня маленькими мышиными черными глазками и умильно улыбалась. Губы улыбались, а глаза оставались недобрыми.

— Мне о вас рассказывали много хорошего. И о том, как вы учитесь и как делаете газету. Это очень хорошо, что вы делаете газету. Это очень нужное дело. Газета, как говорил Ленин, это не только коллективный пропагандист, но и коллективный организатор. Вы с этим согласны?

Я кивнул головой, потому что не соглашаться с Лениным было не принято.

— Возможно, мы и на целине тоже позаботимся о стенной печати. Надеюсь, вас можно будет привлечь?

Я сказал:

— Можно.

— Я слышала, вы и стихи пишете и даже печатались в «Правде». Хорошо бы вы описали в стихах, понимаете, героический труд наших студентов.

— Если он будет героическим, — уточнил я.

— Вы сомневаетесь, что он будет героическим? — Глазки ее еще больше сузились.

Сомневаться в этом, пожалуй, не стоило (так же, как не соглашаться с Лениным), и я сказал:

— Что вы! Что вы! Конечно, не сомневаюсь.

Она остановила на мне свой взгляд, долго о чем-то думала и, думая, шевелила губами.

— Мне кажется, что, когда вы говорите, что не сомневаетесь, вы не всерьез говорите, а иронически.

— Что вы! Что вы! — возразил я энергично. — Как я могу иронизировать над святыми для всех нас понятиями?!

Она опять надолго задумалась. Видимо, придя к выводу, что ответа на свой вопрос, иронизирую я или нет, не получит, перешла собственно к цели своего визита.

— Так вот, хорошо... Хорошо бы, — сказала она, — написать о героическом труде наших студентов что-нибудь, понимаете, задорное, оптимистическое, такое, чтоб, понимаете, звало наших ребят на подвиг.

Тут я ее огорчил.

— О нет, — сказал я, — так писать, как вы говорите, я не умею. Я пишу стихи грустные.

— Грустные? — удивилась она. И сделала участливое лицо. — А почему грустные?

— Какие получаются.

— Я не понимаю, что значит, какие получаются. Если вы умеете писать стихи, то вы должны писать, какие нужно. Что значит грустные стихи? Отчего грустные? Разве наша жизнь дает основания для грусти? Вы посмотрите, какими темпами развивается наша страна, какое строительство идет по всей ее территории! Как выполняются пятилетние планы! Вы читали последнее выступление Никиты Сергеевича Хрущева?..

Она мне еще долго внушала мысль, что я должен писать стихи веселые, полные исторического оптимизма и уверенности в завтрашнем дне. В конце концов я с ней согласился, но огорошил ее еще одной новостью.

— И кроме того, — сказал я и посмотрел ей в глаза, — я стихи пишу только за деньги.

На самом деле это было вранье. Хотя я, бывало, получал в некоторых газетах мелкий гонорар, но это были исключения, а не правило. Тем не менее в каких-то ситуациях, когда мне не нравился заказчик, я объявлял, что стихи пишу только за деньги.

— Что?! — Она была потрясена услышанным. — Что вы сказали?!

— Поэтам за стихи обычно платят гонорар, — уточнил я, после чего она долго молчала, а потом сказала удивленно и с осуждением:

— А вы, оказывается, мер-кан-тильный.

— А вы, — спросил я, — разве бесплатно работаете?

На что она мне с презрением ответила:

— Я работаю, а не стишки сочиняю.

И вышла.

Видно, ее разочарование было так сильно, что она больше ко мне ни с какими предложениями не обращалась, и я отправился на целину в качестве рядового студента.

«ВЫШЛИ В ЖИЗНЬ РОМАНТИКИ...»

Большинству студентов, ехавших на целину, телячьи вагоны были в новинку, а я в них наездился и в войну, и во время солдатчины. В нашем эшелоне только один вагон, головной, тот, что за паровозом, был пассажирский. В нем расположились начальники отрядов нескольких столичных институтов: авиационного, металлургического, автодорожного, литературного и нашего МОПИ.

Пассажирский вагон был ничем не украшен, а на наших телячьих, не отмытых от грязи и копоти, были натянуты кумачовые полотна с лозунгами вроде «Комсомольцы — беспокойные сердца» и «Даешь казахстанский миллиард!». Вагон моего исторического факультета был украшен цитатой из Маяковского: «Если тебе комсомолец имя, имя крепи делами своими!»

Мы ехали крепить его, как нам сказали, на два месяца (на самом деле получилось три с лишним), но провожавшие студентов родители вели себя так, будто провожали своих еще не повзрослевших детей на фронт. Дети старались держаться мужественно, как и полагалось будущим фронтовикам. По радио специально для отъезжающих передавали концерт. Какой-то актер читал подходящие к случаю стихи Роберта Рождественского:

> Вышли в жизнь романтики,
> Ум у книг занявшие,
> Кроме математики
> Трудностей не знавшие...

Среди таких романтиков я был редким исключением.

В пути я время от времени перебегал из своего вагона к филологам — они мне были интереснее. Среди них оказались два начинающих литератора, один из которых, Олег Чухонцев, станет известным поэтом, а другой, Георгий Полонский, кинодраматургом, автором сценария фильма «Доживем до понедельника». Познакомился я и с другими будущими филологами.

НИНА И ИРИНА

Станция Рузаевка до того была мне известна только тем, что именно здесь погиб под колесами поезда мой сослуживец Никандров. Но здесь и со мной случилось знаменательное событие совершенно другого рода. На этой станции у нас была долгая остановка с обедом, после которого мы с Чухонцевым, прогуливаясь по шпалам соседнего пути, встретили двух девушек, рыжую и блондинку, в байковых лыжных костюмах. Олег нас представил друг другу. О рыжей Нине (имя изменено) я был очень наслышан. Гордость института, круглая отличница, ленинская стипендиатка, автор научных работ, открывавших ей, бывшей уже на пятом курсе, прямую дорогу в аспирантуру. Второй была второкурсница Ирина

Брауде, чье имя я слышал впервые. Но обе мою фамилию знали — читали стихи в «Народном учителе». Я сказал, что у меня есть кое-что получше, и прочел стихотворение «В сельском клубе».

Девушки выслушали меня снисходительно. Нина странно усмехнулась и промолчала, а Ирина оценила одним словом: «Ничего».

Эта встреча стала началом двух сюжетов в моей жизни. Нина привлекла меня своей незаурядной ученостью, и мы с ней очень скоро вступили в странную связь, которую условно можно было назвать романом. А с Ириной завязались отношения платонические. Я был ею очарован и восхищен, но ни на что не рассчитывал и не мог себе представить, что она в конце концов станет моей женой, первым читателем всего мною написанного, и высшей оценкой моих текстов на всю жизнь будет ее одобрительное «ничего».

Мы с Ириной прожили сорок лет. Она умерла у меня на руках 4 января 2004 года и похоронена на Северном кладбище (Nordfriedhoff) города Мюнхена.

ГОГОЛЕВСКИЕ ФАМИЛИИ

Конечным пунктом нашего путешествия оказалась Поповка, очень напомнившая мне хутор Северо-Восточный на Ставрополье. Здесь это было одно из трех сел, входивших в колхоз имени Тельмана. Колхоз этот был не целинный, а образованный давным-давно. В одном селе жили немцы, изгнанные из Поволжья в 1941 году (и потому имени Тельмана), в другом — чеченцы, сосланные в эти места тремя годами позже, а жителями Поповки были давние, еще с конца XIX века, украинские переселенцы с гоголевскими фамилиями. Там были: завскладом Тюлькин, завклубом Бородавка, бригадир Желтоножко, бригадир Сорока, парторг Пятница, председатель Жилин и тому подобное... В первой моей повести «Мы здесь живем» я не удержался, дал вымышленным персонажам реальные фамилии и боялся, как бы не произошло из этого неприятностей. Книжка моя до Поповки, наверное, не дошла, никакой реакции на нее от тамошних обитателей не последовало.

К нашему приезду ничего в Поповке приготовлено не было. Наши вещи свалили у колхозного клуба, а нам выдали по черному мешку и повели за деревню к скирде соломы. Набив мешки соломой, мы превратили их в матрасы. В главном клубном зале разложили матрасы вдоль стен и расположились вперемешку: мальчики-девочки.

Колхозники относились к нам с откровенным презрением. Насмехались над неловкостью, с которой городские ребята орудовали лопатами, вилами и граблями. Меня выделяли, потому что я эти инструменты давно и вполне освоил, а со всеми остальными себя вели, как с ничего не умеющими нахлебниками. Ребята и в самом деле мало чего умели, но все-таки нахлебниками были скорее сами колхозники. Студенты, живя в намного худших условиях, работали для колхоза тяжело, неэффективно, зато практически бесплатно.

Мелкое начальство при этом бдительно следило за нравственностью студентов. Оно было уверено, что в клубе каждую ночь происходят оргии, и считало своим правом и обязанностью такого безобразия не допускать. Время от времени бригадир, парторг или завклубом в сопровождении наших начальниц-преподавательниц врывались в клуб с инспекцией, неожиданно включали свет и быстро скользили глазами по рядам спящих в надежде кого-нибудь застать врасплох.

На самом деле студенты и студентки почти все были невинны и застенчивы. Хоть и спали практически вплотную друг к другу, но спали в буквальном смысле. Хотя без вздохов и робких касаний, а у кого-то, может быть, и без ночных поллюций дело не обходилось.

ОСТАТОЧНАЯ ДЕФОРМАЦИЯ

Первым делом, к которому нас по приезде приспособили, была заготовка силоса. Комбайны косили и сваливали в грузовики недозревшую кукурузу (стебли и листья). Груз доставлялся затем к месту на окраине Поповки, называвшемуся силосной ямой. На самом деле это была не яма, а куча, которая постепенно росла. На кучу въезжала очередная машина, и два студента, работая вилами, ее разгружали. Затем на кучу взбирался гусеничный трактор и, двигаясь вперед-назад, ее утрамбовывал. После чего разгружалась следующая машина. Разгружать силос оказалось куда тяжелее, чем это можно было представить. Кукурузные стебли, изорванные и измочаленные комбайном, перепутавшись, сцеплялись между собой так крепко, что выдирать их приходилось клочьями с большим усилием.

Работая на силосе, я подружился с шофером-чеченцем Тушой и вскоре стал охотно его заменять. Он лежал на полевом стане в тени вагончика-бытовки, а я ездил к комбайну, затем к силосной куче и вместе с напарником мучился, ковыряя вилами силос. Но не зря говорят: лень — мать изобретательства. Как-то, разгружая машину, я обратил внимание на валявшийся в кузове буксировочный трос. Я подумал, что если кукурузные стебли так сильно переплетены между собой, то стоит эту массу потянуть снизу, она вся сползет. В очередной раз, прежде чем подъехать к комбайну, я расстелил трос широкой петлей на дне кузова, а концы вывел за борт. Загрузился, поехал к силосной куче, поднялся на нее, подозвал тракториста. Тот зацепил концы троса, дернул — и стянул сразу весь груз.

Кончилось мучительное ковыряние вилами. Теперь мое дело было носиться к комбайну и обратно, а разгрузка занимала секунды. Производительность труда резко увеличилась. Студенты отдыхали, Туша тоже. Пока он лежал, количество оплачиваемых ему ходок быстро росло.

И комбайны теперь не простаивали. Так мы работали день-другой, вдруг, откуда ни возьмись, высокое начальство: секретарь райкома со свитой, председатель Жилин, парторг Пятница, бригадир Желтоножко, все в соломенных шляпах, и наша Черная пропаганда, в шляпе черного цвета. Приехали посмотреть, как трудятся студенты. Увидев, как разгружается очередная машина, секретарь спросил с любопытством:

— А шо це таке?

Председатель сказал:

— Вот, студент придумал, — и показал с гордостью на меня.

Я тоже несколько возгордился и приосанился, ожидая, что мне скажут что-то приятное.

— Гм-м! Гмм! Гм! — произнес, обдумывая увиденное, секретарь. И снова обратился к председателю: — И шо ж вы, значит, усе принимаете, шо вам тут студенты придумают?

Председатель не оробел и стал защищать новый метод, объясняя его очевидной экономической выгодой.

— Та яка там выгода, — замахал руками секретарь, — ниякой тут выгоды немае. Ты подывысь, шо робытся. Трактор ото ж усю кучу разом стягуе, и рессоры разгинаются резко. Ты знаешь, шо такое остаточная деформация? Это кода шо-нибудь сгинается-разгинается, а потом перестает разгинаться. А шо до рессор, то они вовсе сломаются. Так шо это все, шо студент придумал, отставить!

Так было погублено мое изобретение, и мы вернулись к мучительному ковырянию силоса вилами...

ЗАБОТА О МОРАЛИ

Советская власть отличалась большой заботой о морали, которую как угодно мог толковать кто угодно и портить жизнь всем имевшим о предмете иные представления. Согласно советской морали нельзя было носить джинсы, пить кока-колу, любить джаз, танцевать твист или брейк. Власть высшая и на местах вводила ограничения на длину волос и ширину брюк. Длинноволосых, бывало, приводили в милицию и насильно стригли. Узкие брюки распарывали прямо на улице. Во флоте, наоборот, — распарывали широкие брюки. Известного детского писателя Геннадия Снегирева тащили в кутузку потому, что в своей красной рубахе он казался милиционерам одетым вызывающе.

Местные моралисты вводили дополнительные нормы и карательные меры. На юге летом женщинам запрещали ходить в сарафанах. Мужчинам в шортах. В шестьдесят каком-то году я видел на керченском пляже объявление: «Находиться на пляже в плавках строго запрещено!» Имелось в виду, что в плавках купаться можно, но загорать разрешается только в длинных «семейных» трусах.

Еще по дороге на целину на свердловском вокзале Иру и Нину местные дружинники схватили за то, что они были, по мнению дружинников, неприлично одеты — в лыжных костюмах, но без юбок поверх шаровар. В милиции их стыдили, угрожали разными наказаниями, составили протокол. Пока девушки сидели в КПЗ, эшелон ушел. Потом наш медленный поезд они догоняли на скором. Но еще скорей догнала его «телега», требовавшая осудить девушек за аморальное поведение. И их осудили. На очередной остановке уже известная читателю Черная пропаганда вывела весь вагон наружу и объявила нарушительницам морали выговор с предупреждением, что если они не исправятся, то будут лишены комсомольских путевок и отправлены до срока в Москву. Они бы с удовольствием и вернулись, но быть лишенными путевок и возвращенными значило к тому же быть неизбежно исключенными из института.

В Поповке, селе, где мы «бились за казахстанский миллиард», у меня в самом начале случилось большое столкновение с маленьким самодуром. Дождливым днем, когда о работе не могло быть и речи, мы играли в «подкидного дурака», как вдруг вошел завклубом Бородавка. Увидел карты, пришел в ужас: какой разврат!

Не сомневаясь в своем праве применять к студентам воспитательные меры по своему усмотрению, схватил карты и пошел к выходу. Я его догнал и потребовал вернуть чужое. Он отказался. Я содрал с него кепку и сказал, что не отдам ее, пока он не вернет карты. Поднялся скандал. Дело было изображено так, что завклубом предотвратил развратные действия студентов, а я совершил хулиганский поступок. Пришла тихая, не уверенная в себе наша преподавательница Анна Федоровна. Просила отдать кепку. Я сказал, что отдам только в обмен на карты. Она пыталась оправдать Бородавку, говоря, что азартные игры в СССР запрещены. Я спросил, относится ли «подкидной» к азартным играм. Она ответила, что «подкидной» не относится, но в карты можно играть и на деньги. Я сказал, что на деньги можно играть даже в крестики-нолики. Преподавательница была со мной согласна, но советовала быть благоразумным. Благоразумным я тогда не оказался (и позже был не всегда), и дело дошло до командовавшей нами из райцентра Атбасара Черной пропаганды, имя которой студенты сократили до аббревиатуры ЧП. ЧП распорядилась, чтобы я явился к ней, имея при себе комсомольскую путевку.

ОПЯТЬ ЧП

На попутной машине я добрался до Атбасара и пришел к ЧП в Дом колхозника. Поднялся на второй этаж, постучался в номер. Она приоткрыла дверь полуодетая. Хоть она и пыталась прикрыть щель собою, на столе посреди комнаты я заметил следы ночной попойки. Это меня обрадовало. Об атбасарских похождениях ЧП я кое-что слышал и раньше, а теперь понял, что на ее обвинения надо отвечать, как позднее сформулировал известный политический деятель, асимметрично.

— Подождите меня в коридоре, я сейчас выйду, — сказала ЧП.

Я отошел в конец коридора и сел за столик дежурной, которой на месте не было. Через несколько минут вышла в коридор и ЧП. В обычном своем черном одеянии, но с белой шелковой косынкой, повязанной вокруг шеи. Я уступил ей место за столиком.

Она начала резко:

— Дайте-ка мне вашу путевку!

Я дал.

— Я ее изымаю, а вас отстраняю от работы. Отправляйтесь в Москву.

— На чем? — спросил я.

— На чем хотите.

— Но у меня нет ни билета, ни денег.

— А меня это не интересует.

— Как не интересует? Как я доеду до Москвы?

— А мне все равно. Идите пешком.

— Но чем я провинился?

— А вы не знаете?

— Не знаю.

— Тем, что ведете себя безобразно. Безнравственно. Аморально.

Она собиралась продолжить свою тираду, но я ее перебил:

— Вы платочек на шее поправьте, а то засос слишком виден.

— Что?! — оторопела она.

— Засос, — повторил я. — Синяк от поцелуя. Лилового цвета. И перегаром от вас несет, как из бочки. Надо мускатный орех жевать. Помогает.

Она растерялась и не знала, как на мои слова реагировать. Стала бормотать что-то вроде:

— Какой орех? Что вы говорите?

— Говорю, что вам насчет морали надо помалкивать, — сказал я и повысил голос: — Сама тут переспала со всем райкомом и райисполкомом, оргии устраивает...

Какой-то человек в шляпе, выйдя из своего номера, приближался к нам.

— Тише! — прошептала она не то приказным, не то умоляющим тоном.

— А что — тише? Мне скрывать нечего.

Человек покосился на нас обоих и стал спускаться по лестнице.

ЧП, не глядя на меня, бормотала что-то невнятное. А я, продолжая наступление, пообещал ей то, чем угрожал когда-то кадровичке на стройке: что приеду в Москву, напишу заявление ректору. И в «Правду» напишу фельетон.

— Вы же знаете, — сказал я, — что я в «Правде» печатаюсь.

Последние слова были, конечно, блефом, но при слове «Правда» она полностью капитулировала и заулыбалась фальшиво.

— Ну, что вы? Ну, при чем тут «Правда»? Ну, ладно, ну, недоразумение, но мы можем сами, между собой... Вот возьмите, — она протянула путевку. — И давайте не будем ссориться.

Я согласился не ссориться при условии, что Бородавка отдаст карты и не будет по ночам проверять, не залез ли кто-нибудь к кому-нибудь под одеяло.

Она все условия приняла, в результате чего Бородавка на другой день принес карты и получил в обмен свою кепку.

ПРЕВЫШЕНИЕ СКОРОСТИ И ПОЛНОМОЧИЙ

Кстати, вспомнился еще один случай, когда мне удалось асимметрично наказать самодура. Это было лет через двадцать после конфликта с ЧП. Мы с женой и маленькой дочкой возвращались с юга в Москву. Я уже считался диссидентом и состоял в конфликте не с одним человеком, а со всем государством, что делало мое положение, мягко сказать, уязвимым. Некоторые из друзей предостерегали меня от езды на машине, потому что «они», то есть КГБ, легко могли устроить аварию и таким образом наконец избавиться от меня. На что я отвечал, что избавиться (например, в результате падения кирпича с крыши) можно и без машины, а с машиной как раз будет выглядеть слишком подозрительно. Так что ездить я продолжал, хотя меня заботили мои водительские права. Они были устаревшего образца, сильно потрепаны и с двумя дырками в существовавшем тогда талоне предупреждений. В этом талоне в случае нарушения водителем правил движения милиционеры прокалывали дырки и писали число, когда это сделано. С двумя проколами еще можно было ездить, а при третьем права изымались. Все гаишники, видя мои права и дважды пробитый талон, норовили их изъять, говоря, что они уже никуда не годятся, но я знал, что, если их у меня отнимут, других уже не дадут. Одну дырку я попытался аннулировать, исправив написанную под ней дату, но слишком неаккуратно, и боялся, что это будет замечено очередным милиционером.

Итак, я ехал с юга с почти липовыми правами и к тому же с неожиданно разрушившимся в дороге подшипником левого заднего колеса. Между Харьковом и Белгородом была, как всегда, многокилометровая пробка. Дорожные знаки разрешали ехать со скоростью до 70 километров в час, но у нас получалось не больше двадцати. Встречные машины мигали фарами, предупреждая, что впереди милицейская засада. Я на эти сигналы долго не реагировал, а потом кому-то мигнул: мол, спасибо, понял. И тут же увидел милиционера, который, двигаясь на «Москвиче» во встречном потоке, показал мне кулак. Я на это не ответил. Через минуту увидел тот же «Москвич» уже за собой. Милиционер меня остановил и потребовал права. Я попросил его предъявить документы. Он предъявил и, взяв мой талон, достал компостер.

— Подождите, — попытался я его остановить, — это за что же вы хотите мне сделать дырку?

— За превышение скорости, — сказал он, нагло ухмыляясь.

Я возмутился и перешел на «ты».

— Послушай, ты видишь сам, что здесь все машины еле-еле ползут, и я тоже полз еле-еле. Значит, ты меня хочешь наказать не за скорость, а за то, что я мигнул фарами, но в этом нет нарушения. Учти, я этого так не оставлю, я тебя тоже накажу.

— Вот и попробуйте, — сказал он и с удовольствием продырявил мой несчастный талон.

Теперь изъятие прав при встрече со следующим милиционером было мне обеспечено.

Желание ответить на обиду во мне бывает недолгим. Но тогда, по пути в Москву, я не давал себе остыть, думая: как же мне его наказать? Написать жалобу, что я не превышал скорость? Мне никто не поверит. И я подумал: он меня наказал по ложному обвинению, пусть и сам получит примерно то же.

Я написал в ГАИ Харьковской области кляузу, где представил себя как старого журналиста и автомобилиста, который много колесил по стране, много писал о работниках нашей советской милиции (ни одной строчки), честных, внимательных, вежливых организаторах дорожного движения. Но такого, как лейтенант Горобец, встретил впервые. И описал облик: грубый, неопрятный, форменный пиджак в жирных пятнах, пуговица оторвана, пистолет на животе, изо рта разит перегаром...

Я никогда не позволял себе возводить напраслину даже на самых неприятных мне людей, но здесь я пришиб несчастного Горобца (горобец — по-украински воробей) его же оружием. Я знал, что на военное или милицейское начальство такие характеристики действуют сильнее, чем если бы я сказал, что милиционер вымогал взятку. Через какое-то время из Харьковской автоинспекции пришел официальный ответ, в котором было сказано, что письмо мое разобрано. Лейтенанту Горобцу объявлен выговор, с личным составом ГАИ Харьковской области проводится воспитательная работа.

На другой день меня вызвали повесткой в Московскую городскую ГАИ, где по письму из Харькова дырку аннулировали, о чем на моем талоне была сделана соответствующая запись.

А круглая печать скрыла все мои исправления и подчистки.

КОМБАЙНЫ И КОПНИТЕЛИ

Возвращаюсь в 1958 год, в колхоз имени Тельмана. Пока мы ковыряли вилами силос, созрела пшеница. Ее по новому методу, недозревшую, скосили и оставили на земле дозревать в валках — так назывались полосы скошенной пшеницы. Потом, после того, как, уже скошенная, она дозреет на земле, комбайны должны были пройти по полю второй раз — подбирать валки и молотить. Такой метод уборки придумали наши ученые, целая армия которых разрабатывала разные «ноу-хау» в попытке заставить колхозную систему давать нормальные урожаи. Забегая вперед, скажу, что, конечно, подобрать пшеницу вовремя не успели, дождались сначала дождей, потом снега, из-под снега скошенное поднимали и молотили, и в районной газете было написано, что передовая наука допускает и такой способ уборки.

Нас перевезли в поле и поселили в большой дырявой палатке. Палатка была, если спать на кроватях, на двадцать человек, а поскольку мы спали вповалку на брошенных прямо на землю матрацах, помещалось нас вместе с колхозниками не меньше полусотни.

Командовал нами Гурий Макарович Гальченко, человек лет пятидесяти с обветренным, морщинистым и пропыленным лицом.

Утром он выстроил студентов перед стоявшей в ряд техникой, объявил, что мы теперь будем копнильщиками, и провел инструктаж, описанный мной в повести «Мы здесь живем»:

— Ну, шо тут вас инструктировать? Це трактор, це комбайн, це копнитель. Прошлый год у нас тоже были студенты, так некоторые путали. Ну, трактор и комбайн вам знать не надо, вы будете работать на копнителе. Правильно вин называется чи соломополовокопнитель, чи половосоломокопнитель, но мы его будем звать просто копнитель. Шо вам треба для работы? Дви руки — шоб держать вилы, дви ноги — шоб нажимать на педали. Прыгать на ходу с копнителя не положено, но придется. Значить, прыгать так, шоб не попасты пид колесо. Вопросов нема? Пишлы расписываться за технику безопасности.

Просто копнитель — большой железный ящик на высоких железных колесах, последний в сцепке из трех агрегатов. Трактор тащит комбайн, комбайн тащит копнитель. Комбайн подбирает с земли скошенную пшеницу, молотит, солома сыплется в копнитель. Когда копнитель наполнится до краев, днище его и задняя стенка под тяжестью соломы должны автоматически открываться, а солома большой копной вываливаться на землю. Но копнители наши были советского производства, поэтому днище и стенка не открывались, копна не вываливалась, солома переполняла копнитель, забивала подававший ее транспортер, а потом и внутренности комбайна, в комбайне что-то ломалось, комбайнер матерился, тракторист жал на тормоз. Чтобы избежать этого, копнильщик прыгал внутрь ящика, увеличивая давление на днище, которое в результате чаще всего все-таки открывалось. Если открывалось, копнильщик вместе с копной вываливался на землю, торопливо выбирался наружу и, отряхиваясь от соломы, бежал догонять копнитель, чтобы успеть разровнять в нем солому, прыгнуть внутрь, опять вывалиться, догнать, разровнять, прыгнуть... И такие прыжки совершались целый рабочий день с недолгим перерывом на обед.

МЫША

В поварихи определили Иру Брауде и Клару Фишкину. Их работа была тяжелее, чем у всех остальных. Остальные, если шел дождь, пережидали его в палатке, а поварихи трудились в любую погоду. Самодельная печка была под открытым небом, и они у нее возились, в крайнем случае, накрывшись мешками из-под зерна. Клара часто отказывалась от работы, бунтовала и закатывала истерику. Тогда Ира, избалованная московская девочка, быстро огрубевшими руками делала все за двоих — и всегда с улыбкой. Только один раз я видел, как, зайдя за палатку, она плакала. Механизаторы оказались людьми в еде привередливыми.

Однажды Ира сварила суп, который бригадиру показался слишком жидким.

— Шо це таке? — бригадир смотрел на ложку с большим отвращением.

— Суп-пейзан, — гордо сказала Ира.

— А-а! — истерически закричал Гурий Макарович. — Пей сам, ишь сам, чисть сам!

И зашвырнул ложку в угол, еще раз убедившись, что эти городские ни на что путное не способны.

Когда дожди участились, колхозники разъехались по домам, а мы остались мокнуть и мерзнуть в дырявой палатке, в самых подходящих условиях для совершения бессмысленного подвига, к которому призывали нас партия, правительство и комсомол. Свершители подвига не унывали. Большую часть времени лежали на матрацах, закутавшись по глаза, пели дурацкие песни. Тогда блатные песни еще не вошли в моду, и так называемая авторская песня до появления перед широкой публикой Окуджавы, Высоцкого, Кима и Галича тоже пока умами масс не овладела. Пели, что было. Про санитарку — звать Тамарка. Про кузнечика коленками назад. Про Толстого, который «ходил он по полю босой». Устав от песен, вели литературные споры. Например, кто лучше — Алексей Толстой или Шолохов. Должен ли быть один художественный метод (например, соцреализм) обязательным для всех. Однажды заспорили о проблеме положительного героя: может ли быть им сомневающийся в себе человек? Сравнивали Клима Самгина с Павкой Корчагиным. При этом все лежали, кроме тракториста по имени Павло. Он почему-то один из всех местных остался со студентами и теперь стоял посреди палатки, смотрел себе под ноги и как будто прислушивался к разговору. Кивал головой, усмехался и, казалось, тоже имел мнение о положительном герое. И вдруг в самый разгар спора громко заметил:

— Да-а!

Спорщики оторопели, ожидая, что сейчас Павло проявит по данному вопросу неожиданную эрудицию.

— Да-а, — повторил он, тыча в пол пальцем, — мыша.

— Что?! — дружно воскликнули спорщики.

— Мыша, — еще раз сказал Павло и опять направил свой палец к ногам.

Оказалось, он имел в виду дохлую полевую мышь, лежавшую у него под ногами.

Когда механизаторов не было, я брал один из оставленных ими самосвалов (они все заводились без ключа) и катал по мокрому полю наших девушек. Чаще всего Иру. Но у меня были серьезные соперники — двое студентов из Ижевска. Они приезжали на блестящих ижевских мотоциклах, сажали одну из наших девушек на заднее сиденье, другую на топливный бак и увозили в Атбасар на танцы. Наши ребята ревновали и сочиняли полухулиганские песенки на мотивы той же «Тамарки» или другие. Про считавшуюся у нас старостой Таню Макарову по прозвищу Гаврила:

Пока мы ездили на силос
(елки-палки)
Или лежали под копной,
Гаврила с ижевцем сносилась
(ёксиль-моксиль)
Посредством почты полевой.

Про Иру:

У Иры, ах, у Ирочки
Вот случай был какой.
Служила наша Ирочка
В столовой поповской.
Работница питания
Освоила вполне
Систему зажигания
И смазку в шестерне...

АГИТАТОР И СВИДЕТЕЛЬ

Люди того возраста, в котором еще пребывали наши студенты, бывают смешными и трогательными. Я был на шесть-семь лет старше любого из них и потому сам себе казался старым, умудренным жизнью и утратившим свойственную ранней молодости склонность к романтизму. Но меня трогало проявление в студентах тех черт, от которых я, как мне казалось, давно избавился. Одна из наших девушек, Лиза Чернышева, была чрезвычайно застенчива, что меня весьма умиляло. Время от времени я ей говорил: «Лизочка, покрасней!» — и она тут же заливалась краской. Чухонцев стеснялся присутствия у него естественных желаний и в уборную всегда пробирался крадучись, как партизан. Гоша Полонский был маменькин сыночек, все у него валилось из рук, над ним подтрунивали студенты, а местные и вовсе насмехались и говорили про него «тот, который с комбайна упал», хотя он не падал. Гоша сочинял романтические стихи, из которых я помню только одну строку: «Мы не только вздыхали и охали, мы еще МГУ отгрохали». Описал он и наш труд и стихи читал комбайнерам. Там было что-то про руки в солидоле, после чего он получил новое прозвище: Голова в солидоле.

Я вместе с другими подтрунивал над всеми, включая Иру, в которую чем дальше, тем больше влюблялся. Она меня покоряла своей красотой, внешней и внутренней, умом, тактом, вкусом, чувством юмора, короче — всем...

Родители Иры оба были преподавателями литературы. Их первенец умер шести лет от роду, так что Ира была единственным ребенком. Они над ней тряслись, но за учением ее не следили, да в том и нужды не было. Без присмотра и понуканий она училась хорошо и окончила школу с золотой медалью. Государственный антисемитизм еще был очевиден, дети из еврейских семей могли легко в этом убедиться при попытке поступить в любое элитное учебное заведение. Например, в МГУ, куда сунулась Ира. Как золотая медалистка, она не должна была сдавать экзамены, но ее завалили по «пятому пункту» на собеседовании. Спросили что-то о какой-то симфонии Чайковского, и ей пришлось поступить в наш вуз, где таких вопросов не задавали.

Моя влюбленность в Иру была абсолютно платонической, к тому, чтобы за ней ухаживать, как я считал, было слишком много препятствий. Первое, разумеется, то, что я был женат. Второе — возраст. 15 октября мы отметили ее двадцатилетие, а мне за несколько дней до того исполнилось двадцать шесть. Нашу разницу в возрасте я воспринимал как пропасть, через которую не перепрыгнуть. И потому ни на какие отношения, кроме дружеских, не рассчитывал. А как друзья мы общались много и тесно. Я читал ей только что написанные стихи и радовался, слыша в ответ ее обычное «ничего».

Еще в первые дни знакомства она спросила меня, знаю ли я Камила Икрамова и что думаю о нем.

— Хороший человек, — сказал я.

— Правда? — она пожала плечами. — Сомневаюсь.

И стала его ругать: поверхностный, хвастун, таланта никакого, а что-то зачем-то пишет.

Я сказал:

— Камил добрый.

Ира возразила:

— Он хочет казаться добрым.

— Желание казаться добрым доброе само по себе.

— Он работает на публику, — сказала она, и тут я с ней не согласиться не мог. Камил в самом деле, когда о чем-то рассуждал, что ему казалось умным или выставляло его в выгодном свете, говорил всегда громко, стремясь привлечь внимание наибольшего числа людей. Мне иногда становилось неловко за него и за себя. Однажды, после напечатания моего стишка в «Правде», мы ехали в битком набитом автобусе. Камил вдруг повернулся ко мне и громко спросил: «Скажи, Володя, а когда в «Правде» выдают гонорар?»

Конечно, вопрос был задан вовсе не с целью узнать дни выплаты гонорара в главной партийной газете, а чтобы обратить на себя внимание пассажиров. Я готов был провалиться сквозь землю.

— Но это, — сказал я Ире, — маленькая безобидная слабость.

— Ничего не маленькая и не безобидная. Это глупое, безвкусное и даже пошлое хвастовство. Ты говоришь, он умный. Если бы был умный, то понял бы, что, хвастаясь так, выглядит просто смешным...

За время пребывания на целине Ира несколько раз заводила разговор о Камиле. Каждый раз находила в нем что-то негативное, в чем я каждый раз пытался ее разубедить. И достиг большего, чем ожидал.

Когда, вернувшись с целины, я встретился с Камилом, одним из первых его вопросов был:

— Что ты думаешь об Ирине Брауде?

Я рассказал, что о ней думал. Он был моей восторженной характеристикой очень впечатлен — и вскоре сделал ей предложение. То, что он был старше ее на одиннадцать лет, его не смутило. Ее, как выяснилось, тоже.

А мне, как другу обоих, агитатору и в некотором роде свату, досталась роль быть у них в загсе свидетелем.

ПРАВОСЛАВНАЯ КОМСОМОЛКА

Будучи влюблен в Иру, я завел роман с девушкой, которая оказалась доступнее. Это была Нина. Она была маленькая, рыжая и некрасивая, но шибко ученая, чем, собственно, меня и привлекла. Потом я открыл, что не только ученая, но и с большими странностями.

Когда наши отношения дошли до того, что мне позволено было заглянуть к ней за пазуху, я обнаружил там маленький крестик и, правду сказать, растерялся: ведь она была не только отличницей и кандидатом в научные светила, но и активной комсомолкой, членом институтского бюро. Я тоже состоял в комсомоле, но самым пассивным членом, то есть взносы платил нерегулярно, от посещения собраний уклонялся. Когда уклониться было нельзя, сидел в последнем ряду и играл с кем-нибудь в «морской бой». Но при этом никакого другого символа веры у меня все-таки не было. Нина, в отличие от меня, выступала на собраниях с пламенными речами.

И вдруг — этот нательный крестик. Я спросил:

— Ты что, верующая?

— Да, — сказала она с вызовом. — А что?

— Ничего. Просто удивлен.

— Чему? Ты никогда не встречал верующих людей?

— Верующих встречал. У меня обе бабушки верующие, но они не ходят на комсомольские собрания, а ходят одна — в церковь, другая — в синагогу.

— А я выступаю на собраниях, — сказала она с вызовом. — И в партию вступлю. Потому что иначе научной карьеры не сделать. Для карьеры я выступаю на собраниях и хвалю советскую власть. Хотя на самом деле я ее ненавижу. Именно за то, что всякого человека, который хочет чего-то достичь, она заставляет себя хвалить. Может, ты на меня донесешь?

Я сказал, что если бы она думала, что я могу донести, то вряд ли была бы со мной столь откровенна. Но все-таки я не очень понимаю, как одно совмещается с другим.

— Ты считаешь, я должна быть чем-то обязана комсомольскому билету?

— Мне кажется, чему-то одному все же должна быть обязана: или билету, или кресту...

Я не считаю точным рассуждение знаменитого антиутописта о двойном сознании. По-моему, в советских людях разные взаимоисключающие сознания существовали перемешанными, как одно. А у Нины сознание было точно по Оруэллу разделено на две половины. В этом она была своеобразным первопроходцем. Лет пятнадцать спустя партийные совместители, которые, вступая в КПСС, клялись бороться с религией и тут же принимали крещение, обязывавшее их нести и проповедовать слово божье, стали попадаться на каждом шагу, а потом и вовсе толпами ринулись в церковь, но тогда, в конце 50-х, Нина была еще редким экземпляром.

Незадолго до того я спросил, зачем она поехала на целину, — ведь как студентка последнего курса была вовсе не обязана. Причина оказалась простой. Нина с первого класса не знала никаких развлечений и увлечений, кроме учебы, ни разу ни в кого не влюбилась, и это стало ее смущать. Раз она не испытывает ни к кому никакого влечения, значит, в ней чего-то не хватает. В двадцать два года ее стало тяготить сознание, что она все еще девушка. Не имея под рукой никого, кто мог бы ей помочь лишиться этого недостатка и узнать, как это делается, она отправилась на целину и из числа возможных претендентов выбрала меня в качестве наиболее (предположительно) опытного. Я охотно ей поспособствовал, но выяснилось, что ни при этом, ни после этого она никаких особенных чувств не испытала.

У нас сложились очень странные отношения. У нее был тот вид ума, который называется аналитическим, а чувств, казалось, не было никаких. Все, что видела в жизни, она воспринимала только головой и пыталась анализировать. Явления природы, книги, движения души, поведение разных людей и собственные ощущения. Мне все время казалось, что она смотрит на меня, как на подопытного таракана, пытается подвергнуть логическому анализу все, что я говорю или делаю, и при этом во всем видит какой-то потаенный смысл. Такой способ мышления свойствен писателю, но в сочетании с чувством, интуицией, романтическими всплесками, а у нее была сплошная математика. Мы с ней общались на целине и некоторое время после возвращения в Москву. Она классифицировала все свои ощущения и охотно делилась со мною выводами. Из ее анализа выходило, что она меня, конечно, не любит и сомневается, что любовное чувство существует на самом деле, а не есть выдумка экзальтированных людей. Вникая в мои тексты, она находила, что они поверхностны и не смешны. По-настоящему ценила Олега Чухонцева, которого считала очень изысканным и, не в пример мне, с большим и тонким чувством юмора. Я не совсем понимал, что в таком случае ее влечет ко мне.

Через некоторое время Нина открылась мне как антисемитка. Я услышал от нее, что евреи — люди часто способные, но не талантливые. Евреями, по ее понятию, были носители любого процента еврейской крови, и, если у меня мама еврейка, значит, я еврей. Был бы папа, все равно был бы евреем. Был бы дедушка или бабушка, все равно был бы евреем. До прадедушек мы не дошли. Я и на это не обижался, хотя возражал, что, если так уж обязательно причислять меня к какой-то одной национальности, я все-таки больше русский, чем еврей или серб.

Несмотря на все ее насмешки, наша связь продолжалась еще несколько месяцев. В Москве мы ходили в театры и на художественные выставки, первый раз именно с ней я увидел картины абстракционистов, которых она была большой поклонницей.

...И ТОВАРИЩ САВАТЕЕВ

На целине я о своих семейных обстоятельствах мало думал. А вернулся — и они предстали передо мной в образе жены Валентины с большим животом и распухшими губами. Мои, достойные Чонкина, надежды на то, что за время моего отсутствия ситуация как-нибудь сама по себе рассосется, не оправдались, и жизнь обещала превратиться в полный кошмар.

На том жилищном пространстве, что занимали мы с Валентиной, нам и вдвоем повернуться было негде, а через полтора месяца нас станет трое и потом четверо, когда для ухода за ребенком прибудет из Мстеры теща Марья Ивановна. Жаловаться не на кого. Я сам, как будто нечистый меня подстрекал, громоздил себе препятствия одно за другим и все сделал, чтобы они оказались непреодолимыми. Но и в этих условиях продолжал свой сизифов труд. Засел за прозу в надежде переложить на бумагу привезенный из Казахстана готовый сюжет.

Казалось, столько живых впечатлений — только сесть и записать все как было. Сборы. Эшелон. Приключения в дороге. Прибытие на место. Житье в клубе, затем в дырявой палатке, когда шли бесконечные дожди, а потом выпал снег. Работа на копнителе. Прыжки в солому. Литературные споры. Студенческие песни. Юношеские романы. Одного из наших студентов звали Слава Саватеев. Это был тихий, скромный, невзрачный, туповатый и упитанный увалень деревенской наружности. Он бы и не стоил упоминания, если бы не карьера, типично советская, которую он сделал позднее. Осенью, когда было уже довольно холодно, нас — меня, Чухонцева и Славу — послали на речку Ишим за водой для бани. Дали нам двух волов, запряженных в телегу, на которой стояла большая бочка литров на двести-триста, а то и на все пятьсот. Поскольку из всех студентов обращаться с волами умел только я, мне пришлось ими и управлять. До реки доехали благополучно. Нашли пологий берег, спустились. Я остановил волов, когда они зашли по колени в воду. Мы стали черпаком набирать воду в бочку, когда волы, чего-то испугавшись, пошли дальше и, достигши соответственной глубины, поплыли вперед к другому берегу. Речка в этом месте была неширокая, метров десять, не больше, но глубокая, и противоположный берег — крутой. Тяжелая телега сразу пошла вниз и наполовину затонула. А еще практически пустая бочка с нее сорвалась, бодро поплыла вниз по течению, а мы все трое, как были, в одежде, попадали в воду. Волы доплыли до противоположного берега, уткнулись в него и, не в силах выбраться, тупо перебирали ногами, и ясно было, что, если их не развернуть, они просто утонут. Мы с Чухонцевым поплыли за волами и долго с ними боролись, пока не удалось как-то развернуть их и вывести на пологий берег, с которого и началось наше приключение. Потом как-то поймали бочку, опять водрузили ее на телегу, опять загнали волов в реку. И снова все повторилось: волы поплыли к другому берегу, мы за ними, опять ловили бочку и ставили на телегу и, пока мы с Чухонцевым все это делали, промокший до нитки Слава бегал по берегу, трясясь от холода и без конца повторял: «Ой, теперь у меня будет воспаление легких!»

Прошло лет пятнадцать. Я был уже диссидентом, когда в «Литературной газете» прочел отчет о каком-то важном заседании в Союзе писателей СССР. Отчет заканчивался сообщением, что на заседании присутствовали... перечислялись союзписательские секретари... и товарищ Саватеев. Без товарища Саватеева уже не только заседания не проходили, но и вообще советская литература не могла существовать.

ОГОНЬ С НЕБА

Вернувшись в Москву, сразу же засел за повесть. Пытался воспроизвести на бумаге то, что видел на целине. Напрасные усилия. Любая сцена, изображенная на бумаге, становится скучной, неинтересной, фразы неуклюжие, бездарные. И что же я сделал? Я решил, что повторю свой стихотворный опыт: буду писать каждый день так много, как смогу. Пусть плохо, пусть бездарно, но буду писать, писать, писать, пока... пока что? Пока не сверкнет, не проблеснет какая-то (а какая?) искра. Я так и сделал. Писал каждый день, чуть ли не закрыв глаза, писал любыми фразами (даже очень корявыми), сам приходил в ужас от того, что писал, но продолжал дальше свой, по видимости, бессмысленный труд, и вдруг...

Самуил Маршак говорил молодым писателям, что в литературе главное — талант, труд и терпение. Надо раскладывать свой костер, а огонь упадет с неба. Вот я и раскладывал свой костер, а огонь все не падал. Иногда я приходил в уныние, думал, а за свое ли дело взялся, и, пожалуй, пришел бы к выводу, что не за свое, если бы не Икрамов и Лейбсон, которые продолжали восхищаться всем, что я писал. Был у меня еще один почитатель, мой двоюродный брат Витя Шкляревский, он, едва ли не единственный из родственников, верил в меня безоговорочно, сравнивал меня с Мартином Иденом, и это сравнение не было натянутым. Как Мартин Иден, я писал много, но не печатался. Бедствовал. Нищенской стипендии мне и одному бы не хватило, а чем она была в семейном бюджете, можно себе представить. Редкие газетные публикации и мелкие гонорары положения не улучшали. Что делать? Вернуться в плотники? Я пробовал. Пару раз нанимался кому-то строить перегородки, подгонять разбухшие двери и окна, врезать замок... Знакомый прораб согласился взять меня на работу. В зимний вьюжный день я пришел на строительную площадку, помахал топором, отморозил ухо, и такая тоска напала, что на второй день я свою трудовую книжку забрал. Случайно заработанные деньги я все отдавал жене, а сам чем питался, не помню. Сейчас мне часто попадаются рекламные предложения дорогой, но эффективной диеты, а я точно знаю, что самая эффективная ничего не стоит. Это диета — когда нет денег на кусок хлеба. На одежду не хватало тем более. Одни брюки, одна рубашка и одна пара ботинок. Брюки, все еще те, бостоновые — от костюма, купленного в армии, чуть не до дыр протертые, пузырились на коленях и подметали пол бахромой, рубашка была застиранная, ботинки стоптанные. Сколько меня ни учили в детстве ставить ногу прямо, чтобы не стаптывать обувь, я этому так и не научился.

Мой тогдашний приятель Игорь Шаферан, женившись на дочери известного эстрадного автора, пригласил меня как-то к себе и показал блокнот тестя, где тот записывал ежемесячно свои заработки. Самый маленький был 25 тысяч, самый большой — 63 тысячи рублей. На эти деньги можно было покупать каждый месяц по нескольку автомобилей, а у меня самой большой ценностью были часы Чистопольского завода, которые я закладывал в ломбард, рублей, кажется, за пятьдесят, выкупал и снова закладывал.

НА СРЕТЕНКЕ

Чтобы облегчить заедавший меня быт, я, несмотря на нищету, за двести рублей в месяц снял комнату на Сретенке. В четырехкомнатной квартире, хозяйками которой были Ольга Леопольдовна Паш-Давыдова и ее дочь Людмила Алексеевна просто Давыдова, обе в прошлом артистки Большого театра (мать пела в хоре, дочь танцевала в кордебалете), а теперь пенсионерки (матери было за восемьдесят, дочери — под шестьдесят), сохраняли старые привычки и раньше трех часов ночи никогда не ложились. Я тоже привык к их распорядку, а если случайно засыпал раньше, приходила Ольга Леопольдовна, долго стучала в дверь и, достучавшись, говорила:

— Володя, вы не спите? Я пришла пожелать вам спокойной ночи.

Покойный муж Ольги Леопольдовны, тоже певец, стал когда-то одним из первых в СССР народных артистов, поэтому они были редкими счастливчиками, обладавшими большой квартирой в центре Москвы. В одной комнате жили они сами и королевский пудель, в другой — дочь Людмилы Алексеевны с мужем, новорожденным ребенком и овчаркой Нелькой. Третья большая и проходная комната пустовала, если не считать черной собачонки (тибетский терьер или «японка»), которая там сидела постоянно в углу и сторожила вещи своей хозяйки, сестры Людмилы Алексеевны. Сестра делала у себя бесконечный ремонт, поэтому часть вещей вместе с собачонкой перевезла сюда. За этой комнатой была моя каморка в четыре квадратных метра. В ней помещались только железная кровать и стул, который можно было поставить лишь боком между кроватью и подоконником. Подоконник был низкий, широкий, вдававшийся в стену и служил мне письменным столом. На нем стояла моя пишущая машинка и лежало грудой полное собрание моих ненапечатанных сочинений. Машинку немецкого, до Второй мировой войны производства с перепаянными русскими буквами я купил за двести рублей в керченском комиссионном магазине. Поскольку букв в немецком языке меньше, весь русский алфавит в нее не уместился, в ней не было твердого, вопросительного и восклицательного знаков. Что, как считал мой друг Лейбсон, положительно влияло на мой стиль, делало его мягким, спокойным и уравновешенным, без лишних вопросов и неуместных восклицаний.

Моя соседка-собачка была очень странного нрава — настоящий самурайский характер. Сколько бы раз я ни проходил ее комнату, она начинала рычать, лаять и угрожающе клацать зубами, не подпуская меня к охраняемым вещам. Но как только я скрывался в своем убежище, она через несколько минут являлась туда же, вспрыгивала ко мне на колени, лизалась и виляла хвостом, чем растапливала мое нежестокое сердце. Она лизалась, я ее гладил, но все наши нежности сразу кончались, когда мы оба оказывались на ее территории. Она опять встречала меня недружелюбно, чем напоминала мне мою человеческую подружку Нину, которая регулярно меня посещала.

ПРОЩАНИЕ БЕЗ СОЖАЛЕНИЯ

Я тогда дружил с поэтом Евгением Храмовым. Женя работал на той же Сретенке юрисконсультом и подрабатывал в «Юности», где писал оплачиваемые по десять рублей за штуку внутренние рецензии на присылаемые в журнал стихи начинающих поэтов. Он давал часть рецензируемых стихов мне, я отвечал авторам от его имени. Он честно делился со мной гонораром, часть которого я мог тратить на квартирную плату. В своих ответах начинающим я писал примерно то же, что рецензенты писали мне: «Уважаемый имярек, в ваших стихах видно желание описывать то-то и то-то (природу, любовные переживания, быт и труд советских колхозников или рабочих и т.п.), но, к сожалению, вы еще недостаточно освоили технику стихосложения, не справляетесь с размером и не владеете рифмой. Учитесь, читайте книгу М. Исаковского «О поэтическом мастерстве» и статью В. Маяковского «Как делать стихи». С приветом, Е. Храмов».

Заставая меня за этим занятием, Нина ехидно усмехалась и подтрунивала.

Как-то я ей сказал:

— Ну, ничего, лет через десять...

— Через десять лет, — охотно подхватила она, — я приду к тебе в эту же каморку. Ты будешь уже старый, седой, с выпавшими зубами, горбиться за этой же машинкой и писать: «С приветом, Е. Храмов».

Я заподозрил, что Нина была бы рада, если бы так все и сложилось. К счастью, ее предсказание не сбылось.

В конце концов мне мой странный роман так надоел, что я стал Нину избегать. Ей это не понравилось, хотя до того она утверждала, что не испытывает ко мне никаких чувств. Когда я появлялся в институте, она ловила меня в коридоре и назначала свидания. Я на них не приходил. Перехватив меня в очередной раз на выходе из института, она потребовала объяснений. Я объяснил, что при той неприязни, которую она постоянно демонстрирует, в наших отношениях нет никакого смысла.

— Тем не менее завтра в семь вечера мы с тобой встретимся на Пушкинской площади, — сказала она, не комментируя моего объяснения.

— Не встретимся, — ответил я.

Нина с заискивающей улыбкой поздоровалась с проходившим мимо профессором, тут же переменила выражение и злобно прошипела мне в ухо:

— Если не придешь, тебе будет хуже. Я тебе такое устрою, что ты пожалеешь.

Я не пришел, она ничего не устроила, и на этом мы разошлись. Вскоре я оставил институт и с тех пор никогда не встречал ее и ничего о ней не слышал. Не знаю, как сложились ее судьба и карьера и, вообще, сложились ли. Работая над этими заметками, я попробовал найти ее через Интернет, ввел в поисковую систему ее настоящие данные — система никого не нашла, что мне кажется удивительным.

Не могу себе представить, что она, способная, честолюбивая, беспринципная и с детских лет настроенная на карьеру, не добилась хотя бы заметности в интернетовской паутине.

УПРАЖНЕНИЯ НА ТЕМУ

В «Юности» отделом поэзии заведовал доброжелательный Николай Старшинов. Я дал ему десяток стихотворений, он посмотрел и нашел, что это все неплохо, но напечатать нельзя. Если бы у меня было имя, стихи прошли бы, а без имени их не пробить. Коля спросил, нет ли у меня чего-нибудь о комсомоле. Я сказал: «Нет». — «Ну так напиши. Напишешь стихи о комсомоле, мы их опубликуем, а в следующий раз напечатаем эти». Я пошел домой, написал о комсомоле. Старшинов эти стихи напечатал, а остальные так и остались на много лет неопубликованными.

В 1989 году, когда я первый раз приехал из эмиграции, в редакции «Юности» эти стишки нашли и опять напечатали, чтобы показать, какой я был хороший, советский.

Пребывая в стадии ученичества, я любую предложенную тему воспринимал как учебное задание, с которым надо справиться. Однажды в Доме литераторов проводилась встреча молодых поэтов с десантниками. Нам представили двух солдат, у одного из которых во время прыжка плохо раскрылся парашют, но другой успел ухватить его за стропы, и они благополучно приземлились под одним куполом. Разумеется, случай этот подавался как необычайный подвиг, который могли совершить только советские воины. Американские вояки (воинами они не бывали) ни на что подобное, конечно же, не способны. Ведущий вечера поэт Лев Озеров предложил конкурс на лучшее стихотворение об этом случае. Времени — полчаса. Первое место разделили Булат Окуджава и я. Булат написал: «Пускай нам так же служат строфы, как этим людям служат стропы». Свой стишок я не запомнил, но он был в восемь раз длиннее. Я послал его в какую-то газету и заработал свои двести рублей.

БУЛАТ ОКУДЖАВА

Кстати, о Булате. Мне всегда казалось, что у меня есть физиономические способности. По крайней мере, трех выдающихся людей я высоко оценил авансом, просто увидев их лица. Это Булат Окуджава, Александр Володин и Андрей Сахаров. Булат появился в «Магистрали» примерно тогда же, когда и я, осенью 1956 года. Он приехал в Москву из Калуги, где работал школьным учителем. Был принят «магистральцами» с почтением: фронтовик и уже в некотором роде признанный поэт. Большинство членов объединения гордились своими редкими публикациями отдельных стихотворений в газетах или сборниках начинающих поэтов, а у него был целый собственный сборник. Увидев Булата, я сразу подумал, что он должен быть очень талантливым человеком, и когда объявили его первый творческий вечер, прибежал на него с предвкушением услышать что-то необычайное. Но был разочарован. Стихи его мне показались пустыми и неинтересными. Я был огорчен, что ошибся. Через некоторое время нас пригласил к себе в коммунальную квартиру Григорий Михайлович Левин. Там, как всегда, по очереди читали стихи. Булат опять прочел что-то, что оставило меня равнодушным, а потом, увидев в углу пианино, сел за него и спел песенку: «Однажды тирли-тирли-тирли-тирли напал на дугу-дугу-дугу-дугу. И долго тирли-тирли и долго дугу-дугу калечили немножечко друг другу». Тогда же были исполнены «На нашей улице портовой» и «А мы швейцару: «Отворите двери!», «По смоленской дороге» — и я обрадовался, что мое первое впечатление меня все-таки не подвело. Булат впоследствии говорил, что песню «Тирли-тирли» не помнит, и когда его спрашивали журналисты о том, с чего он начинал, он отсылал их ко мне, утверждая, что я могу им рассказать о его начале больше, чем он. Это было, конечно, не так, и я до сих пор не верю, что он эту песенку в памяти не сохранил.

ОДНА Б., ДВЕ Б., ТРИ Б.

Декабрь 1958 года ознаменовался для меня двумя важными событиями. 7 декабря родилась моя дочь Марина, а несколько дней спустя состоялось Всесоюзное совещание молодых писателей, на котором по рекомендации Левина оказался и я. Участники совещания были разбиты на семинары, руководимые маститыми литераторами. Игорь Шаферан попал, на зависть мне, в семинар Твардовского, а мне в руководители достался известный поэт-песенник Лев Иванович Ошанин. Наша группа состояла в основном из таких, как я, неизвестных поэтов, но двое о себе уже заявили. Первый, Эдмунд Иодковский, был автором знаменитой тогда «целинной» песни «Едем мы, друзья, в дальние края», а второй, Дмитрий Сахаров, заметного места в литературе пока не занял, зато был кандидатом и вскоре стал доктором биологических наук, что ввергало меня, недоучку, перед ним в благоговейный трепет. Фамилию свою Митя счел для поэта слишком сладкой и сменил ее на псевдоним Сухарев. Этих двух стихотворцев Ошанин оценил положительно, а мои стихи разнес в пух и прах как искажающие нашу советскую действительность. Особенно разругал стихотворение «В сельском клубе разгорались танцы», написав на полях: «Ну, одна б., две б., три б., но не все же». Я никаких б. вообще не имел в виду, но спорить с Ошаниным не стал. Желая понравиться участникам семинара, Лев Иванович рассказывал нам скабрезные анекдоты, но и о своей роли наставника советской молодежи не забывал. Помню удивившее меня его высказывание: «Мировоззрение у нас у всех одно, но способы изображения разные». Я и тут не спорил, но задумался: как же так? Если даже предположить, что мы все марксисты и социалистические реалисты, то все равно взгляды одного из нас на мир не могут не отличаться от взглядов другого. Мировоззрение самого Ошанина было искренне советское и даже большевистское. Когда Иодковский прочел на семинаре стихотворение, в котором были строки: «Не хочу синицу в руках, а хочу журавля в небе», — Ошанин стихи похвалил, но заметил: «Не наша идеология. Наша идеология: журавля в руки!» — и сделал обеими руками такой жест, как будто он этого журавля уже схватил и свернул ему шею.

Будучи очень известным поэтом-песенником, Ошанин слыл твердолобым ортодоксом, за что его не любили молодые поэты. Андрей Вознесенский в стихотворении о вечерах в Политехническом музее написал: «Как нам ошанины мешали встретиться». Менее известному Льву Халифу тоже мешала «разнообразная ошань». Мое мнение об Ошанине было не столь однозначно. Спустя несколько лет я с ним познакомился заново, когда мы сидели за одним столом в Малеевском доме творчества. Мне показалось, что, несмотря на свои большевистские взгляды, он человек незлой, выпивоха, любитель молодых женщин — то, что называется жизнелюб.

Ошанин был настолько востребованным, что вряд ли мог вообразить, что ему, как большинству наших пенсионеров, придется влачить в 90-х жалкое существование. Печатать его перестанут, как и петь на его стихи песни, а последнюю книгу на деньги, собранные дочерью-эмигранткой, издадут в Америке, куда он и сам уедет доживать свои последние дни. Теперь, в 2008 году, когда я пишу свои заметки, Ошанина опять вспоминают и поют.

У ТВАРДОВСКОГО

Наше совещание подходило к концу, когда разошлось известие: стихи Шаферана понравились Твардовскому, он даже кое-что отобрал для публикации. Игорь ходил гордый, словно его наградили орденом. Я бы тоже ходил гордый, если бы Твардовский похвалил меня. А поскольку мне казалось, что и в моих стихах, как у него, «все понятно, все на русском языке», я через некоторое время решил, что и мне надо пробиться к Твардовскому. Как это случается с застенчивыми людьми, я иногда себя преодолевал и бывал дерзок, а то и нахален.

И вот в порыве нахальства явился я в «Новый мир» и сказал секретарше Софье Хананговне, что хотел бы встретиться с Александром Трифоновичем. «А он вас приглашал?» — спросила она. «Приглашал», — соврал я. Она зашла в кабинет и тут же вышла. «Александр Трифонович вас ждет». Я вошел и, увидев перед собой живого кумира, сразу же оробел. Он сидел за столом, грузный и хмурый. «Я в самом деле вас приглашал?» — «Не приглашали», — сознался я. «А почему же вы говорите, что я вас приглашал?» — «Потому что мне очень хотелось показать вам мои стихи, но я боялся, что меня к вам не пустят».

Я думал, ему понравится моя шутка, но он улыбнулся так кисло, что видно было — шутка не понравилась (как же я его стал понимать позже, когда меня одолевали такие же молодые — да и старые тоже — нахалы). Тем не менее он разрешил мне оставить стихи и пообещал, что прочтет. Некоторое время спустя (у меня уже был телефон) мне позвонил из «Нового мира» какой-то сотрудник, сказал, что выполняет поручение Твардовского. Александр Трифонович стихи прочел, считает, что в них что-то есть, но все-таки они еще незрелые и печатать их рано. На стихах, возвращенных мне, были пометки Твардовского. Совершенно справедливые.

Я не обиделся, но огорчился. Однако при этом мне льстило, что он сам, лично читал мои строки, вникал в них и даже делал пометки, по которым было ясно, что все-таки стихи показались ему небездарными.

ОГОНЬ УПАЛ!

Я сочинял стихи, бегал по редакциям, участвовал в совещании молодых писателей и каждый вечер продолжал писать повесть о целине. По-прежнему ничего не получалось.

Однажды поздно вечером, совершенно выбившись из сил и убедившись, что текст у меня выходит безнадежно бездарный, без малейшего проблеска, я улегся под бок к жене, стал проваливаться в тяжелое забытье, и вдруг мне странным образом привиделась картина деревенского утра. Странность была в том, что я как будто видел одновременно и саму картину, и текст, которым она должна быть описана.

Сила, открывшая мне это видение, сдула меня с кровати, я схватил свою амбарную книгу, побежал на кухню, где, слава богу, никого не было, сел за стол и стал быстро записывать слова, которые мне как будто кем-то подсказывались: «Было раннее утро, и трава, облитая обильной росой, казалась черной и жирной. Слабый ветер шелестел в камышах и шевелил над Ишимом тяжелые клубы тумана. Ваня-дурачок гнал через мост колхозное стадо и пел песню. Губы у Ивана толстые, раздвигаются с трудом, поэтому песенка получалась приблизительно так: «Не флыфны в фаду даве форохи, вфе вдефь вамерло до утра...»

До утра я исписал два десятка страниц и понял: теперь все получится. Огонь с неба упал!

И в конце концов написалась повесть, в которую не вошло практически ничего из того, что я привез из конкретной поездки. Получился рассказ не о приезжих студентах, а о коренных жителях казахстанской деревни, потомках давних украинских переселенцев, и основой для нее стали впечатления не осенней нашей страды, а всей моей предыдущей жизни или, по крайней мере, деревенской ее части. Только один персонаж, наверное, самый неудачный — единственный, имевший реального прототипа — Гошу Полонского, — студент Вадим Корзин, остался в повести неуклюжим рудиментарным отростком первоначального замысла.

Просуществовав много лет в литературе и будучи, как мне кажется, уже опытным профессионалом, я работаю нерационально и непрофес сионально. Я согласен с утверждением, что в работе литератора, особенно прозаика, главное — это каждодневный труд, усидчивость и упорство. Но не согласен, что все дело во вдохновении или что его вообще не бывает. Бывает! Нечасто. Но именно когда каждый день сидишь за столом и упорствуешь, даже если совершенно не пишется, то в конце концов и оно случается. Тогда ты впадаешь в состояние транса, пишешь, не думая, слова подсказываются кем-то со стороны или свыше и сами, не контролируемые разумом, одно за другим ложатся на бумагу. Есть писатели, и даже очень хорошие (таким был, говорят, Томас Манн), которые строго соблюдают дисциплину, работают каждый день определенное количество часов (с девяти до двенадцати или до двух), исписывают определенное количество строк или страниц, строго следуют заранее выбранному сюжету и идут по нему, как поезд по рельсам, точно и неукоснительно от пункта А к пункту Б. Я же пишу хаотично. Стараюсь работать каждый день, но не всегда получается. Зато, когда получается, могу писать с раннего утра до поздней ночи, начинаю за здравие, кончаю за упокой или наоборот. Имея начальный сюжет, сперва стараюсь от него не отклоняться, но вдруг находит это самое вдохновение, подсказывает мне другие слова, другую стилистику, уводит в сторону от первоначально намеченной канвы, и я вдруг понимаю, что этот путь в сторону и есть самый правильный. Тогда я делаю очень нерациональную вещь: все, что написал (иногда до сотни страниц), безжалостно выбрасываю и иду туда, куда ведет меня неведомый поводырь.

КГБ — ПЕРВОЕ ЗНАКОМСТВО

В коридоре института ко мне подошел Камил Икрамов: «Выйдем, мне надо тебе кое-что сказать». О «стенах с ушами» я слышал давно, и все равно для меня было новостью, что есть темы, на которые можно говорить только снаружи.

Мы вышли во двор.

— Я вчера видел Лешку Трофимова, — так фамильярно Камил называл моего декана, поскольку встречался с ним в каких-то компаниях за пределами института. — Лешка сказал, что за тобой следят.

— Кто?! — удивился я.

— Дурак, что ли?! — в свою очередь удивился Камил. — Они. Они приходили, расспрашивали Лешку о тебе.

На меня эта новость подействовала двояко. С одной стороны, я забеспокоился, с другой — несколько возгордился. Раз *они* за мной следят, значит, я что-то собой представляю. Дня два я помнил об этом, оглядывался, надеясь заметить слежку и уйти от нее. В последний момент впрыгивал в трамвай и неожиданно выскакивал из него. Идя пешком, внезапно нырял в какую-нибудь подворотню и появлялся на другой улице, пройдя проходными дворами. Слежки ни разу не заметил, успокоился и забыл. Но вскоре *они* сами напомнили о себе. Когда я жил там, на Сретенке.

Ранним утром в январе 59-го я был разбужен громким истеричным стуком в дверь. Выглянув, увидел полуодетую Людмилу Алексеевну.

— Володя, — сказала она встревоженно, — какой-то человек ломится с черного хода. Говорит, что он ваш товарищ.

Я снял эту комнату совсем недавно, никто не знал моего адреса, никакого товарища, кроме моей подруги Нины, кто мог бы прийти ко мне ни с того ни с сего, у меня не было.

Вместе с Людмилой Алексеевной я пошел к черному ходу. Три хозяйские собаки, вырвавшись в коридор, отчаянно лаяли.

— Кто там? — спросил я.

— Владимир Николаевич, — послышался из-за двери смущенный голос, — откройте, пожалуйста, я к вам на минутку.

Я заподозрил неладное. По имени-отчеству меня тогда еще не называли. Значит, надо открывать. Но вместо того чтобы пригласить незваного гостя пройти через парадный подъезд, мы с хозяйкой стали разгребать тамбур черного хода, а там было много чего. Цинковое корыто, старый сундук, какие-то ведра, стоптанная обувь. Раскидав все это и открыв наконец дверь, увидели перед собой сравнительно молодого человека в очках, который сразу стал просить убрать собак.

— А кто вы такой и что вам нужно?

— Я сейчас вам все объясню.

Собак убрали, Людмила Алексеевна удалилась, мы остались в гостиной один на один.

— Что вам нужно? — повторил я.

— Сейчас, сейчас я все объясню, — торопливо закивал он головой с большими залысинами. И шепотом поинтересовался: — Нас никто не слышит?

— Нас никто не слышит.

— А собачки не могут сюда опять ворваться?

— Нет, не могут. Они еще сами дверь открывать не научились.

— А, ну да, — снова закивал он головой, — дверь открывается наружу... А нас никто не слышит?

— Я не знаю, — громко ответил я, — слышит нас кто или не слышит, но я с вами шепотом разговаривать не собираюсь. Что вам нужно?

— Сейчас, сейчас... Сейчас я все объясню... Так вы думаете, что нас никто не слышит?..

Я до этого ни разу не сталкивался с агентами наших карательных органов, но теперь даже не сомневался в профессии моего гостя.

— Нет, нас никто не слышит.

— Очень хорошо, хорошо... Я вам верю, что нас никто не слышит...
Я к вам пришел по поручению студенческого литературного общества.

— Что еще за общество?

— Просто студенческое общество. При... при... при Московском университете. Мы собираемся, читаем стихи, обсуждаем... Нас никто не слышит?

— И что же вы хотите от меня?

— А ничего, ничего. Ничего особенного. Просто хотели бы, чтобы вы у нас выступили. Мы читали ваши стихи в «Вечерней Москве», слушали ваше выступление в Измайловском парке. И вот мы хотели бы — нас никто не слышит? — вас пригласить.

— Когда?

— Прямо сейчас, сейчас.

— Прямо сейчас? — переспросил я. — В полдевятого утра? Ваши студенты, они, что же, по утрам не учатся?

— Ну, что вы, Владимир Николаевич, конечно, учатся. Но у нас есть наши общественники, которые хотели бы поговорить с вами предварительно... Нас никто не слышит?.. Может, мы пройдем? Это совсем рядом.

— А зачем я туда пойду?

Желая от него отвязаться, я неожиданно для себя сказал, что выступаю только за деньги, что было, конечно, чистым враньем, но употребляемым мною не впервые.

— Как за деньги?! — опешил он. — Мы же студенческое общество, у нас нет никаких денег.

— Если нет, значит, нет, а я бесплатно не выступаю.

— Владимир Николаевич, как же так... Нас никто не слышит?.. Ну, как же так, за деньги?

Начался длинный бессмысленный торг, во время которого он никак не мог понять, почему я, студент и начинающий поэт, проявляю такую алчность. Мое пристрастие к деньгам, видимо, сбило его с толку, он даже перестал интересоваться, слышит ли нас кто-нибудь, и долго, но невразумительно настаивал на бесплатности моего выступления, хотя мог бы и согласиться, он ведь ничего не терял. Наконец мне этот разговор надоел, я встал, грубо предложил ему выйти и пошел к двери, чтобы ее открыть.

— Подождите, подождите, — зашелестел он. — Владимир Николаевич, надеюсь, что нас никто не слышит. Я не совсем правильно представился. Сейчас я представлюсь иначе.

Он тут же преобразился. На его лице появилось выражение надменности и самодовольства. Он сунул руку в боковой карман.

— Не трудитесь, — сказал я ему. — Я и так вижу, кто вы такой.

На его лице смешались выражения боли и разочарования. Ему, видимо, казалось, что он очень артистично вел свою роль.

— Как вы догадались? — спросил он упавшим голосом.

— Я иногда читаю детективные книжки, и в них все сыщики похожи на вас.

Мои слова его покоробили. Он обиделся. Впоследствии, когда я получил возможность познакомиться с его коллегами, я заметил, что кагэбэшники в большинстве своем — люди ущербные и потому очень обидчивы. В этой обидчивости проявляются остатки того человеческого, что было в них заложено от рождения. Какими бы общими или личными теориями они ни руководствовались, чем бы ни оправдывали свою деятельность, они чувствовали, что она презренна. Впрочем, есть и не обидчивые, они — самые опасные.

— Ну что ж, ну что ж, — протянул он разочарованно. — Догадались так догадались... Тогда пойдем, — предложил он, не то прося, не то приказывая.

— Пойдем, — согласился я.

Хотя я продолжал разговаривать с ним весьма непочтительно и насмешливо, но в этот момент ужасно испугался. Пожалуй, никогда я так не пугался — ни до, ни после. Я верил в свою звезду, но вместе с тем жил в ощущении, что со мной должно произойти что-то роковое, что помешает мне осуществиться. То ли обнаружится быстрая и неизлечимая болезнь, то ли я попаду под машину, то ли что-то еще.

Я был настоящим советским человеком. Советскость моя проявлялась в том, что, как, впрочем, подавляющее большинство людей, которых я встречал в своей жизни, я ненавидел словесную пропагандистскую трескотню, избегал политзанятий, собраний, демонстраций, выборов и субботников, однако на рожон не лез. Я был тот пассивный член общества, от которого власть не ждет никогда для себя ни особенной пользы, ни большого вреда. Где бы я ни работал или ни служил, начальство знало, что никакой активности от меня ожидать нечего, и меня никогда не приглашали вступить в партию и не пытались завербовать в стукачи. Молодые люди, которые всерьез интересовались теорией коммунизма, погружались в труды Маркса, Ленина и Сталина, были для режима гораздо опаснее, и власть это в конце концов осознала. Человек, воспринимающий теорию всерьез, рано или поздно начинает ее сравнивать с практикой, вслед за чем отвергает или то, или другое, а затем и то, и другое. Человек же, не обольщенный теорией, к существующей практике относится как к привычному и неизбежному злу, к которому, однако, можно приспособиться. Моя советскость проявлялась еще и в том, что мое правосознание было равно нулю. Хотя с незваным гостем я говорил в ироническом, неприятном ему тоне, в главном я с ним вступил в негласное соглашение. Я испугался и вполне допускал, что меня сейчас уведут навсегда — «и никто не узнает, где могилка моя». Представления о том, что, не совершив никакого преступления, я имею право отказаться идти с ним, у меня тогда не было. Даже не взглянув на документы незваного гостя, я не оспаривал его права вести меня туда, куда он прикажет.

Когда мы вышли в коридор, там стояла хозяйка, уже одетая.

— Володя, — спросила она, стараясь не глядеть на гостя, как будто его вообще не было, — вы надолго уходите?

Повернувшись к нему, я спросил громко, не оставляя хозяйке сомнений в том, кто он:

— Я надолго ухожу?

— Нет, нет, что вы! — гость опять заговорил в наигранном смущении. — Владимир Николаевич очень, очень скоро вернется.

Я думал, что на улице меня ждет «черный ворон», куда меня впихнут, заламывая руки. Никакого «ворона» не было, мой провожатый предложил мне прогуляться пешком. Это меня удивило, но я пошел. Дорогой он разговаривал со мной уже не заискивающе, а снисходительно. Он спросил меня, почему я пишу такие грустные стихи, и я, понимая, что меня можно расстрелять уже за то, что я пишу грустно, стал возражать, что стихи мои содержат элементы внутреннего оптимизма. По его лицу я видел, что мои утверждения не кажутся ему убедительными. Он поглядывал на меня, как на заблудшего молодого человека, которого жаль, но придется все-таки расстрелять.

Мы шли очень долго какими-то кривыми переулками, и я насмешливо (во всяком случае, мне продолжало казаться, что я был насмешлив) спросил провожатого, не заблудились ли мы.

— Да, да, возможно, — сказал он с видимым беспокойством. — Да, возможно, мы заблудились... А впрочем, нет. Кажется, не заблудились.

И он указал на вывеску:

КОМИТЕТ ГОСУДАРСТВЕННОЙ БЕЗОПАСНОСТИ ПРИ СОВЕТЕ МИНИСТРОВ СССР

«ВЫ НАМ ПОМОЖЕТЕ, МЫ ВАМ ПОМОЖЕМ»

— Вот видите, — сказал мой провожатый, гордясь тем, как хорошо он знает переулки старой Москвы. — Все-таки не заблудились.

В просторном кабинете за большим, но скромным столом сидел человек небольшого роста в сером костюме. Он подал мне руку, назвал себя по имени-отчеству, предложил стул и сразу спросил:

— Владимир Николаевич, как вы думаете о себе, вы советский человек?

У меня отлегло от сердца. Если они еще не решили, советский я или нет, значит, может, и расстреляют не сразу. Я горячо заверил его, что я, конечно, советский.

— Правильно, — с облегчением согласился он, — я в этом не сомневался. Вы советский человек, и вы нам должны помочь. Вы нам поможете, мы вам поможем, а вы поможете нам, и мы вам поможем, — он потер руки и, предвкушая удовольствие, уставился на меня. — Рассказывайте.

— Что рассказывать?

— Расскажите, что знаете.

— Я ничего не знаю.

— Ну, Владимир Николаевич, — заулыбался хозяин кабинета и переглянулся с тем, который меня привел, сидевшим в углу. — Ну что-то же вы знаете!

— Что-то, может быть, знаю, — согласился я, — но не знаю, что именно вас интересует.

— Владимир Николаевич, — всплеснул он руками в некотором вроде бы даже отчаянии. — Ну, вы же советский человек?

— Конечно, советский, но не понимаю, чего вы от меня хотите.

— Хорошо, — сказал он. — Расскажите, где вы бываете, с кем общаетесь.

Я сказал, что ни с кем не общаюсь и нигде не бываю.

— Как же, как же, как же, — встрепенулся тот, который меня привел. — Вы же были на художественной выставке и там смотрели абстрактные картины.

Ах, вот оно что! Хотя выставка была совершенно официальная, но как советский человек я должен был понимать, что на абстрактные картины лучше все-таки не смотреть. А если и смотреть, то без удовольствия. Я без удовольствия и смотрел. То есть они мне не понравились. О чем я и сообщил своим собеседникам.

— Да, такие картины советскому человеку не могут понравиться, — глубокомысленно заметил старший. — А что вы думаете о Пастернаке?

Несмотря на то что последние месяцы бушевал скандал вокруг присуждения Пастернаку Нобелевской премии за роман «Доктор Живаго» и все газеты писали об этом с негодованием, я сказал, что о Пастернаке ничего не думаю. Что было чистой правдой: читать Пастернака и думать о нем (не слишком много) я стал гораздо позже, а в то время из всех живущих советских поэтов я по-прежнему выделял Симонова и Твардовского, о чем опять-таки собеседникам охотно поведал. Это совпадало с их представлениями о здоровом вкусе нормального советского человека, но они все же были чем-то недовольны. Старший вроде бы случайно обронил, а потом стал все чаще повторять фразу: «Ну, смотрите, а то пеняйте на себя».

В какой-то момент он вдруг прервал разговор и выскочил из кабинета. То ли в уборную, то ли посоветоваться с начальством. Как только он исчез, младший подошел к его столу, взял деревянную линейку, вернулся на свое место и, держа линейку наподобие пистолета, стал целиться в меня, загадочно ухмыляясь, но без слов.

Вернулся старший — и опять началось: «Вы нам поможете, мы вам поможем, а если вы нам не поможете, пеняйте на себя». И опять ничего конкретного.

— Ну, хорошо, — переменил он тему разговора, — а с кем вы дружите?

— Я ни с кем не дружу.

— А Чухонцев и Полонский?

— С Чухонцевым и Полонским, — сказал я, — мы вместе учимся, вместе ездили на целину, пишем стихи, ну и общаемся.

— А о чем разговариваете?

— О стихах.

— А еще о чем?

— Больше ни о чем.

— Как это больше ни о чем? — Старший все чаще повышал на меня голос. — И даже о девушках не разговариваете?!

— Нет, не разговариваем. — Я стал все больше злиться и чем больше злился, тем меньше боялся.

— Ну, хорошо, — сказал старший, — оставим девушек. Но ведь о политике вы разговариваете?

— Не разговариваем.

— Как это вы не разговариваете? — оторопел старший. — Вас что же, политика не интересует?

— Не интересует, — отрезал я.

— Как же это?! Вы советский человек, а политика вас не интересует?!

— А вот так, — я заводился все больше. — Я советский человек, а политика меня не интересует.

Старший задумался. Переглянулся с младшим. Потом сказал:

— Ну, хорошо, девушки вас не интересуют, политика не интересует. А какие у вас отношения с иностранцами?

Тут я совсем вышел из себя:

— Да какие иностранцы?! Что вы глупости мелете?!

— Как же, как же, как же, — закудахтал из угла молодой. — А израильский дипломат?!

Ах, вот они о чем!

СИОНИСТСКАЯ ПРОПАГАНДА

Как-то, проходя с Чухонцевым по Кузнецкому Мосту, мы зашли в книжный магазин, и Олег обнаружил, что там продают сборник стихов Аврама Гонтаря.

— Кто это? — спросил я.

— Ты не знаешь? Очень хороший еврейский поэт. Надо купить.

Мы стали в очередь в кассу и выбили чеки. Но когда подошли с чеками к прилавку, оказалось, что сборник уже распродан: шустрый кучерявый гражданин перед нами взял последние четыре экземпляра.

Услышав наш разговор с продавщицей, кучерявый немедленно обернулся и сказал, что, если мы интересуемся Гонтарем, он нам с удовольствием подарит по экземпляру. Мы отказывались, он пристал, впятером (с ним были двое маленьких и тоже кучерявых мальчишек) мы вышли на улицу. Книжки мы у него взяли, но он тут же приступил к Чухонцеву с вопросом, зачем СССР проводит антисемитскую политику. Чухонцев замялся, я ринулся ему на помощь, сказав, что никакой такой политики СССР не проводит. Кучерявый возразил, что как секретарь израильского посольства он знает, что говорит (к слову, Гонтарь был одним из проходивших по делу Еврейского антифашистского комитета, после войны объявленного «гнездом мирового сионизма»).

Полностью меня игнорируя, кучерявый продолжал наседать на Чухонцева, стыдил за то, что он не знает еврейского языка и еврейской культуры. Я на это заметил, что Чухонцев не еврей, а для чистокровно русского человека он знает еврейскую культуру достаточно. Кучерявый, принимая меня, может быть, за комиссара, приставленного к Чухонцеву, поворачивался ко мне спиной, продолжал распекать Олега за то, что тот не признается в своем еврействе. Маленькие сыновья дипломата тащили его за руки, он в конце концов сдался, сел в свою машину и уехал. На том наше знакомство и закончилось. Обо всем этом я сообщил старшему кагэбэшнику, ехидно прибавив:

— А зачем вы спрашиваете? Вы же подслушивали и сами все знаете.

— Почему это вы думаете, что мы подслушивали? — донеслось из угла.

— Откуда же вы знаете про наш разговор с этим израильтянином, если не подслушивали?

— Ну, ладно, — сказал старший раздраженно. — Откуда знаем, оттуда знаем. А вот почему вы сами тогда к нам не пришли?

— А почему я должен к вам приходить?

— Как это почему? — в который раз удивился он. — Вы же советский человек?

— Да, — сказал я гордо, — советский. Но я не думал, что если кого встретил, то немедленно должен к вам бежать.

— Как же вы не думали?! Вы же видите, что это провокационная сионистская пропаганда!.. Ну да, вы же политикой не интересуетесь. Вы интересуетесь только стихами...

«ЗАВТРА ЗАДРОЖАТ НА ФОНАРЯХ»

Он опять помолчал и задал вопрос, от моего ответа на который, как потом я понял, зависел результат нашего разговора:

— А какие у вас в «Роднике» стихи читают?

— Где? — не понял я.

— Ну, как там ваше литобъединение в институте — «Родник» называется? — спросил старший и посмотрел на младшего.

— «Родник», «Родник», — подтвердил тот.

И тут мне совсем полегчало: кое-чего они все же не знают.

— А вы можете себе представить, — спросил я злорадно, — что я в том «Роднике» ни разу в жизни не был?

Старший строго посмотрел на младшего, тот съежился виновато.

— И вы не знаете, кто староста «Родника»? — спросил старший.

— Понятия не имею, — ответил я совершенно чистосердечно.

Старший совсем растерялся и спросил без надежды на успех:

— Ну, хорошо, тогда скажите, о чем говорят ваши профессора на лекциях?

— А вот на этот вопрос, — улыбнулся я и до сих пор вспоминаю свой ответ с удовольствием (не всегда бывал таким находчивым), — мне трудно ответить даже на экзамене.

— Почему? — поднял брови старший.

— Потому что, если уж вы следили за мной, должны были заметить, что в институте я бываю очень редко. И если бы вы проверили список у старосты нашей группы, вы бы увидели, что против моей фамилии у него написано: н/б, н/б, н/б, то есть: не был, не был, не был.

На этом наш разговор закончился. Старший еще сказал мне, что, с одной стороны, он верит, что я настоящий советский человек, а с другой стороны, если я что-нибудь им не сказал или сказал не так, то придется пенять на себя. Поэтому сейчас я должен пойти еще подумать и прийти к ним в следующий вторник.

— И заодно, — сказал он, — принесите нам ваши стихи. Мы почитаем, и мы вам поможем. Вы нам поможете, а мы вам поможем. А если вы нам не поможете, то пеняйте на себя.

После чего мне было предложено дать подписку о неразглашении. Что я как советский человек сделал безропотно. Однако, выйдя из КГБ, я как советский человек тут же побежал к Икрамову и все рассказал ему, а потом Чухонцеву. И от них узнал, что, не бывая в институте, пропустил сенсацию. Староста литобъединения «Родник» Алик Воронин арестован за антисоветские стихи. Я Алика знал, но не знал, что он староста «Родника». Однажды Алик прочитал мне стихи, из которых я запомнил две строчки:

Те, кто нынче нами возвеличен,
Завтра задрожат на фонарях.

Правосознание Алика оказалось выше моего. Его арестовали, продержали несколько дней на Лубянке и выпустили. А из института исключили за неуспеваемость. Я бы в таком случае радовался, что унес ноги живым, а он подал в суд и потребовал восстановления, утверждая, что пропустил занятия потому, что был незаконно арестован. К моему большому удивлению, суд счел арест уважительной причиной, и Алика в институте восстановили, но с условием, что он должен год поработать на заводе, «повариться в рабочей среде». У тогдашних советских чиновников была иллюзия, что если человек поработает на каком-нибудь производстве, узнает жизнь простых советских трудящихся, он на том идейно окрепнет и полюбит советскую власть. На самом же деле такие воспитательные меры приводили как раз к противоположному результату. Если уж человеку не нравилась советская власть, то знакомство с реальной действительностью избавлению от этой нелюбви никак не способствовало.

МОСКОВСКИЙ ВОДОПРОВОДЧИК

Я все еще возился со своей первой повестью и возлагал большие надежды на недалекое будущее, но есть хотелось уже в настоящем. «В рассуждении чего бы покушать» (выражение Маяковского) нашел штатную работу в газете «Московский водопроводчик» треста «Мосводоканал». Вскоре этот трест объединят с трестом «Москанализация» и, недолго думая, переименуют газету в «Трудовую вахту». Оклад мне положили низший для советского служащего — 880 рублей. На эти деньги, как тогда говорили, «жить было нельзя». На то, что я зарабатывал до того, жить было нельзя тем более. Но я как-то жил. Совмещать же работу в газете с учебой было совсем невозможно. Я попросил академический отпуск и, получив отказ ректора Сазонова, сам себя отпустил. Просто перестал ходить в институт даже за стипендией.

Ответственным редактором «Водопроводчика» был некий Альберт Людвигович Кочуровский, пивший как сапожник, а, впрочем, можно и без «как». В буквальном смысле: редакторской зарплаты на водку ему не хватало, но у него был второй источник дохода — он шил модельную обувь, и говорили, что неплохую. С утра запирался у себя в кабинете, выпивал первый стакан и принимался за шило и дратву. А газету вел и тянул весь воз ответственный секретарь Всеволод Абрамович Лифшиц. Ко мне Лифшиц благоволил: охотно читал мои стихи и всегда готов был утверждать их идейную непогрешимость. Например, строчки «Но не могу все то, что я могу, сменить на то, чего я не могу», толковал так:

— Это очень хорошие, правильные советские стихи. Вы художественно утверждаете, что не можете сменить свои коммунистические идеалы на какие-то чуждые вам воззрения. Правильно?

Я имел на этот счет другое мнение, но не спорил.

Всеволод Абрамович считал себя старым газетным волком и стилистом. Он мои тексты особо не трогал, но если попадалось, например, слово «солдаты», исправлял его на «воины», «нефть» на «черное золото», «хлопок» на «белое золото», а водопроводные трубы, писать о которых мне, разумеется, тоже приходилось, называл «водными артериями».

Я в газете сначала писал заметки на любые темы, а потом нашел себя в фельетонах о протекающих кранах, прорвавшихся трубах, бракованных фильтрах, бюрократизме, бумажной волоките и тех, кто за всем этим стоит. Подписывался обычно псевдонимом В. Нович, но иногда брал фамилии своих друзей и чаще всего обозначал себя О. Чухонцевым. Герои фельетонов обижались и писали опровержения, доказывая, что товарищ О.Чухонцев не заметил, не учел, исказил, преувеличил. Эти отзывы приходили ко мне, а я переправлял их Олегу с предупреждением на официальном редакционном бланке, что если товарищ О.Чухонцев и дальше будет не замечать, не учитывать, искажать и преувеличивать, редакции придется от его услуг отказаться. Олег не сердился.

На работу меня приняли с полугодовым испытательным сроком, но к концу этого срока я был уволен. Подоплеку увольнения мне объяснил Лифшиц. Оказывается, управляющий трестом просил Кочуровского устроить на работу племянника, а свободного места в газете не оказалось, поэтому редактор-сапожник освободил место от меня. Лифшиц моим увольнением был возмущен и грозился сам подать заявление. Кочуровский плакал, просил его этого не делать, потому что другого такого Лифшица, который бы его покрывал, писал за него и вообще вел всю газету, мог и не найти. Лифшицу тоже деваться особенно было некуда, и он в газете остался, но Кочуровскому долго колол глаза, а услышав по радио песню «14 минут до старта», сказал:

— Видишь, пьяная рожа, кого ты выгнал!

В РАЗНЫХ ЖАНРАХ

Я был уволен из «Трудовой вахты» как не выдержавший испытательного срока. Казалось бы, такую причину оспаривать трудно, но, как мне сказали сведущие люди, оспаривать было можно и даже нужно. Мне не трудно было бы доказать, что за полгода в газете моя работа не вызывала никаких нареканий со стороны начальства. Больше того, эта серая газета благодаря моим фельетонам стала пользоваться гораздо большей популярностью, чем раньше.

Мне, однако, затевать тяжбу было лень, проще было хлопнуть дверью, что я и сделал. И опять остался на вольных хлебах. Стал заниматься всякой халтурой исключительно ради пропитания. В радиокомитете познакомился с одним из редакторов, который предложил мне написать очерк о некоем Владимире Свидерко, рабочем трансформаторного завода, ударнике, как тогда говорили, коммунистического труда. На очерки о трудовом героизме советских представителей рабочего класса в советской журналистике всегда был большой спрос. Я пытался этот жанр освоить — и в целом безуспешно, но начало было обещающим. Я поехал на завод, познакомился с героем будущего очерка. Он оказался скромным застенчивым человеком, говорил и, по-моему, искренне, что не хочет никаких очерков, но мне надо же было на что-то жить, я настаивал, он, по характеру мягкий человек, уступал. Я побывал у него дома, познакомился с женой и дочерью, был допущен к рассмотрению альбома с семейными фотографиями и среди прочих увидел какой-то технический агрегат, который оказался трансформатором из тех, что собирал Свидерко. Мой очерк был вполне убогим, но начальство вдруг ухватилось за строчку, где было написано, что снимок трансформатора хранится у героя в семейном альбоме. Деталь была признана почти гениальной, очерк объявили лучшим материалом месяца, и хотя он написан был для мос-

ковского городского радио, он был в качестве лучшего передан и по всесоюзному. Редактор мной был очень доволен и дал мне второе задание —
написать о какой-то новоиспеченной героине социалистического труда.
Я пошел на завод, где работала героиня, посетил секретаря партийной
организации, спросил, чем отличается эта героиня от других работниц.
Надеялся, что он мне скажет что-нибудь о ее настоящих или мнимых
подвигах, но тот был не в духе, или ему хотелось продемонстрировать
свое презрение к профессии советского журналиста, пишущего заведо-
мую туфту, хотя и сам он, эту туфту создававший, достоин был такого же
неуважения.

— А то вы не знаете, как дают такие звания, — сказал он язвительно. — Нам сверху предлагают назвать две кандидатуры. Мы выбираем из
тех, кто уже раньше был награжден орденами, пишем представление, вот
и все. А вообще она ничем не отличается от других, и вы сами это хорошо знаете.

Мои знания парторг явно преувеличивал. Я сам без пиетета относился к наградам за труд, знал, что их получают люди, угодные начальству,
но как это происходит конкретно, не знал. Героиня оказалась не такой
скромной личностью, как Свидерко. Очень поощряла мое стремление
написать о ней очерк, но оказалась настолько серой, что и очерк у меня
получился соответствующий, после чего я покинул радио и прибился к
«Нойес лебен», газете для советских немцев. Писал для них какие-то
очерки о детских садах, вел рубрику «Знаете ли вы, что..?». Писал я, разумеется, по-русски, меня переводили две сотрудницы газеты, Татьяна
Бангерская и Вероника Хорват, с которыми я дружил. В штате этой газеты, насколько я понял, состояло несколько по каким-то причинам ото-
званных из-за границы наших шпионов, другие, по моим предположе-
ниям, проходили предшпионскую практику, а еще были люди совсем с
неординарным жизненным опытом. Например, один, по имени Леша,
раньше служил надзирателем в тюрьме для пленных немецких генералов, среди которых был и знаменитый генерал-фельдмаршал Паулюс. Не
отрешившись от связанных с его прежней службой привычек, он подвер-
гал сотрудников редакции тюремному заключению. Почти все сотрудники, отперев утром свои кабинеты, оставляли ключи в замочных скважи-
нах. Днем, проходя по коридору Леша машинально эти ключи поворачи-
вал, после чего запертым, добиваясь свободы, приходилось изо всех сил
колотить в двери.

В некоторых западных университетах на журналистских факультетах
студентов готовят так, чтобы они могли по окончании работать на любом
уровне журналистики: в серьезных газетах и желтой прессе. Я в университете не учился, желтой прессы у нас не было, но я старался овладеть
всеми существовавшими жанрами и приемами журналистики, учился
писать стихи на заданную тему, но надеялся, что когда в самом деле нау-
чусь писать и выражать себя, то от всего этого отойду, все или почти все,
написанное в этот период, выброшу, что впоследствии и сделал.

ПЕРВЫЙ САМОЗАХВАТ

Примерно в то же время я совершил первый самозахват жилой площади.

Нам с Валентиной должны были дать отдельную комнату в общежитии. Управдом, бывший военный, обещал, что первая же комната будет моя. Но потом ему, очевидно, кто-то заплатил, и когда на нашем этаже освободилась первая комната, я узнал, что мне она не достанется. Тогда я захватил эту комнату, и мы в нее переехали из нашей половинки. Поднялся скандал, мне стали угрожать, требовать, чтобы я выехал. Я сказал, что ни за что не выеду.

Потом, в мое отсутствие, прислали рабочих, они вытащили всю мебель в коридор, а маленькая дочка выползла сама. И мы остались в коридоре. Теперь от меня стали требовать, чтобы я вернулся в свою половину. А я сказал бывшему соседу Аркадию, чтобы он меня не пускал, и сам говорил, что туда не вернусь. Мы жили в коридоре, что очень беспокоило начальство. Я попросил у Камила Икрамова фотоаппарат и сначала сам фотографировал наше барахло в коридоре, а потом с тем же аппаратом пришел он. Поскольку он был человеком восточной внешности и весь в каракуле, я сказал соседям, что это японский корреспондент. Соседи передали начальству, оно переполошилось.

В то же время я написал жалобное письмо Хрущеву от имени Валентины. Смысл примерно такой: «Никита Сергеевич, я простая рабочая, и вот что со мной делают. Вы ведь тоже были рабочим». И сам я куда-то письмо отправил и написал, что люди, которые меня выселяют, позорят советскую власть. Зная непробиваемую советскую систему, я ни на какой эффект не рассчитывал — и напрасно. Вдруг меня вызвали в райком КПСС и упрекнули: «При чем тут советская власть, если какой-то плохой управдом что-то не то делает?» Я вернулся домой, и тут же появился плохой управдом, ставший тут же хорошим, с предложением дать нам отдельную комнату. Первой предложенной была комната на четвертом этаже без лифта и без уборной — надо было ходить в общественный туалет у Елоховской церкви. Я боялся, что если откажусь, то вовсе ничего не дадут, но все-таки бегать за два квартала в уборную я при всей своей неизбалованности не был готов.

В конце концов, нам дали комнату в доме на Ново-Переведеновской улице с коридорной системой. Двадцать пять комнат и двадцать пять семей в одном коридоре, длинном, заставленном не умещавшимся в комнатах барахлом.

Говорили, что раньше здесь было общежитие бывшего института Востока или восточных языков и что одним из живших здесь студентов был Мао Цзэдун.

Получение отдельной комнаты стало для меня одним из самых счастливых событий в то время. Я думаю, что никакой олигарх не испытал такой радости от построенного им дворца, как я от этой комнаты в 16 квадратных метров.

СОСЕДИ И КЛОПЫ

В нашей квартире на всех жильцов были одна кухня (четыре плиты) и одна уборная (три «толчка»). Ванной, конечно, не было, но был умывальник на кухне с несколькими кранами и длинным цинковым корытом под ними. На стене у входа на кухню висел телефон, из-за которого между соседями велись бесконечные споры по поводу платы за него, кстати сказать, не очень большой. Поскольку никакого закона по этому поводу не было, жильцы пытались установить собственные правила. Одни предлагали платить посемейно. Но семьи были побольше и поменьше, и возникал спор, как же так, вас четверо, а я одна, почему же я должна платить столько, сколько вы четверо? Хорошо, говорили другие, тогда будем брать плату по количеству членов семьи. Ну уж нет, возражали третьи, у нас грудной ребенок, он по телефону не говорит. Тогда будем брать плату, начиная с детей школьного возраста. Однако в процессе спора выяснилось, что возраст у детей бывает один, а рост разный, и не все дети школьного возраста могут дотянуться до телефона. Значит, будем мерить и брать только с тех, кто дотягивается. Было внесено предложение ввести плату за каждый звонок входящий и исходящий. После каждого звонка — честно расписываться на стенке, кто, когда и сколько. Этот вариант тоже не прошел, потому что встал вопрос, как считать звонки, они бывают короткие и длинные. Споры эти велись бесконечно, иногда вяло, а иногда страстно, но до драк все же не доходило.

Я по-прежнему продолжал писать очень много, упорно и фанатично. Но часто писал лежа. Наша соседка, бывшая вагоновожатая, а в описываемое время пенсионерка Полина Степановна, всегда все подмечала, а потом сообщала на кухне:

— Этот-то все лежит. Больной, что ли?

И она же иронизировала по поводу жалоб моей жены:

— Клопы, говорит, замучили. И откуда у их клопы? Это у меня клопы, у меня ж мебель.

Лежал я все-таки не всегда. Иногда вставал и перепечатывал написанное на своей дряхлой машинке. Перепечатав, разносил свои сочинения по редакциям, из которых потом на красивых бланках приходили вежливые ответы, что тему я затронул интересную и значительную, но исполнение, к сожалению, не достигло уровня замысла. И опять следовали советы трудиться, учиться у мастеров, читать статью Маяковского «Как делать стихи» и книгу Исаковского «О поэтическом мастерстве».

ПЕРСПЕКТИВА БЫТЬ БИТЫМ

Летом 1959 года я закончил повесть с таким ощущением, будто она сама собой написалась. От первоначального замысла практически ничего не осталось, но жалости по этому поводу я не испытывал.

Я назвал повесть «Мы здесь живем» и отнес ее в «Юность». Заведующей прозой Мэри Лазаревне Озеровой повесть понравилась.

— Будем двигать дальше, — сказала она. — Дадим читать членам редколлегии, недели две-три на это уйдет. Так что терпите и звоните.

Три недели я вытерпел с трудом.

— Еще читают, — ответила Мэри Лазаревна по телефону. И попросила еще две недели сроку. Я звонил. Через две недели, еще через две и еще через две... три... четыре. Разговор был всегда один и тот же, короткий:

— Мэри Лазаревна, здравствуйте.

Ответ, не дожидаясь вопроса:

— Еще читают.

Кто именно читает, кто уже прочел, какое высказал мнение, я у нее не спрашивал, она бы сослалась на редакционную тайну.

Тем временем Камил познакомил меня с пожилым литератором Арнольдом Борисовичем Одинцовым. Он приехал в Москву из Душанбе и временно работал в журнале «Дружба народов». Я ему показал повесть и спросил, как он думает, удастся ли мне ее напечатать.

— Повесть хорошая, вы ее, конечно, напечатаете, — сказал Одинцов. — Но потом вас за нее будут сильно бить.

Я удивился. Повесть хорошая, но будут сильно бить. Почему?

— Потому что все, что вы пишете, слишком похоже на реальную жизнь.

Это мне польстило, а то, что будут бить, не пугало. Я, конечно, помнил, как поносили в газетах в 46-м году Зощенко и Ахматову (нам в ремесленном училище объясняли, какие они плохие). Десять лет спустя так же клеймили Дудинцева за «Не хлебом единым», а потом Пастернака за «Доктора Живаго», но их судьба не казалась мне ужасной. Больше того: поношение их я воспринимал как особое признание заслуг, поэтому и предупреждение Одинцова принял как лестное. А он, меня предупредив, предложил тем не менее попробовать напечатать повесть в «Дружбе народов». Я охотно согласился, несмотря на то, что, как мне говорили, было неэтично отдавать рукопись сразу в два журнала. Такая этика позволяла редакции сколько угодно тянуть со своим решением и в конце концов отказывать автору, а его лишала всяких прав на альтернативу. Так вот я этой лжеэтикой пренебрег и, не забрав рукопись из «Юности», отдал другой экземпляр в «Дружбу народов». И опять же стал ждать.

КОСТЯ СЕМЕНОВ

Приблизительно в то же время я познакомился со странным толстяком Костей Семеновым, человеком незаурядной судьбы. Война застала его на Черноморском флоте, где он служил матросом. При отступлении Костя попал в плен и оказался в Дахау. Немцы много раз допрашивали его с пристрастием, не еврей ли. Мать его была еврейка, но он не признавался, все подозрения отрицал. Свидетелей против него не оказалось, а сами немцы ничего доказать не смогли. Какого-то человека, побывавшего в лапах и гестапо, и НКВД, спросили, чем отличались одни от других. Он сказал, что и те и другие были звери, но немцы пытали своих жертв, чтобы узнать правду, а наши добивались ложных показаний.

Кстати, у Пушкина в «Капитанской дочке» есть очень мудрое замечание о пытках. «Пытка, — писал он, — в старину так была укоренена в обычаях судопроизводства, что благодетельный указ, уничтоживший оную, долго оставался безо всякого действия. Думали, что собственное признание преступника необходимо было для его полного обличения, — мысль не только неосновательная, но даже и совершенно противная здравому юридическому смыслу: ибо, если отрицание подсудимого не приемлется в доказательство его невинности, то признание его и того менее должно быть доказательством его виновности».

Фашисты Пушкина не читали и от Кости признания не добились, но запугали на всю жизнь.

В лагере он приобрел привычки, которые остались с ним навсегда. Например, после обеда сметал со стола крошки в ладонь и съедал, и вообще все экономил, включая табак. Он вставлял в сигарету спичку и с ее помощью докуривал сигарету до последнего миллиметра.

Он был, что называется, литературный халтурщик. Не имея, как казалось, никаких принципов, он готов был писать для кого угодно, что угодно и как угодно в меру своих скромных способностей. Отношения с женщинами у него были странные, как, впрочем, странными были сами женщины. Некая Лора, капитан милиции, плакала в ресторане и говорила: «Ребята, вы даже не знаете, какая я плохая». Костя гладил ее по плечу, утешая: «Знаем, знаем». Он был законченный циник, ни в какие благородные чувства и идеалы не верил. Если при нем кто-то говорил, что, скажем, пишет не ради денег, а из более высоких побуждений, он не возражал, но скептически хмыкал. Не верил в любовь и сам никого, похоже, не любил, кроме матери, а вот к ней его любовь была просто безумной. Он вообще был из тех, кто из преданности матери до последних ее дней ни на ком не женится, когда она не может сама себя обслуживать, кормит ее из ложечки и купает и только после ее смерти начинает устраивать свою семейную жизнь. Таким преданным сыном был и Виктор Платонович Некрасов. И Костя тоже. Когда мать умерла, он все-таки женился на дочке посла в Германии, который устроил Костю на приличную должность в только что образованное агентство АПН.

Я пишу так подробно о Косте Семенове потому, что через некоторое время он весьма необычным образом отличится: после развода с собственной половиной сойдется с Натальей Решетовской и вместе с ней или за нее напишет книгу ее воспоминаний о бывшем муже Александре Солженицыне «В споре со временем».

МОЛОДОЙ, ТАЛАНТЛИВЫЙ, БЕЗ ПРЕТЕНЗИЙ

А пока вот что. Мы с Костей ехали, не помню куда, и в одном из переходов метро встретился нам Ян Полищук, известный писатель-юморист. Он был членом редколлегии сатирического журнала «Крокодил» и заместителем главного редактора редакции сатиры и юмора Всесоюзного радио, выпускавшей в эфир популярные передачи «Веселый спутник» и «С добрым утром!».

— Слушайте, ребята, — сказал Полищук, — мне срочно нужен младший редактор. Нет ли у вас хорошего молодого талантливого человека без больших претензий, согласного на маленькую зарплату?

— А вот, — немедленно отреагировал Костя, показывая на меня, — вот хороший молодой талантливый без претензий, согласный на любую зарплату.

— Да? — не поверил своему счастью Полищук и посмотрел на меня с недоверием. — Ты пошел бы работать младшим редактором?

Боясь упустить возможность, но в то же время надеясь не уронить себя в глазах Полищука, я сказал лениво, что, в общем, мог бы попробовать.

— Хорошо, — сказал Полищук, — но зарплата, к сожалению, только тысяча рублей. Потом, может быть, прибавим. А пока, извини, только тысяча...

Тысяча рублей, и он еще извиняется! Каждый месяц тысяча рублей! Он даже не представлял, какой баснословной казалась мне тогда эта сумма. (Это было накануне денежной реформы, после которой тысяча превратилась в сто.)

Мы договорились на другой день в десять утра встретиться на шестом этаже только что построенного здания радиокомитета у метро «Новокузнецкая».

НЕСМОТРЯ НА «ИЧ»

Я пришел ровно в десять, но несколько минут ушло на получение пропуска.

— Ты что опаздываешь, — накинулся на меня Полищук, нетерпеливо вышагивавший по коридору шестого этажа. — Я тебе сказал в десять, значит, в десять. Ладно, пошли.

Я не успел пробормотать что-то в свое оправдание, как он распахнул обитую черной кожей дверь, на которой было написано: «Н.Т. Сизов».

Мы оказались сначала в большой приемной, а потом еще через две черные двери попали в кабинет, в каких я до того никогда в жизни не бывал.

Самый большой кабинет, в котором мне приходилось бывать, был кабинет председателя Приморского райисполкома в Крыму, но разве можно сравнить то помещение с тем, которое я увидел сейчас?

Паркет, старинная мебель, хрустальная люстра, за широченным столом сидит какой-то, видимо, очень важный начальник и пишет что-то, наверное, тоже безумно важное.

— Здравствуйте, Николай Трофимович! — радостно приветствовал начальника Полищук. — Вот, пришли.

Я оробел и невольно скосил глаза на свою одежду. Пиджак у меня был, в общем, еще ничего, но брюки, брюки... Даже сейчас страшно вспомнить. Внизу — бахрома, колени пузырятся. Ботинки стоптаны. Подобно герою одного из рассказов О' Генри, я быстро пересек широченное пространство кабинета и стал перед начальником, загородив свою нижнюю часть столом, готовый перегнуться через крышку и пожать руку, если она мне будет протянута. Впрочем, я бы не удивился, если бы сидевший за столом просто кивнул мне головой, как это делали другие начальники, например тот же председатель райисполкома.

Но этот повел себя совсем неожиданно. Что-то там дописав, он отложил ручку и, цветя дружелюбнейшей улыбкой, поднялся и стал медленно огибать стол, чтобы приблизиться ко мне. Демонстрируя свою демократичность, он при этом выглядел очень внушительно и даже показался мне немного похожим на Сталина, хотя был без усов и без трубки.

— Ну, здравствуйте, — сказал он, сердечно пожимая мне руку. — Мне о вас уже говорили. Значит, вы согласны у нас работать?

— Ну да, — сказал я, — мне это было бы интересно.

— Но вы знаете, что зарплата у нас небольшая?

— Да, я слышал, но меня зарплата не интересует, — сказал я, давая понять, что явился сюда исключительно ради высших идейных соображений.

Кажется, я попал немного впросак. Услышав мои слова, он слегка нахмурился и посмотрел на меня внимательно.

— Ну почему же не интересует? — сказал он. — Мы материалисты, и нам незачем лицемерить.

Я смутился. Мы, конечно, материалисты, но когда я, служа в армии или работая на стройке, выражал (очень редко) недовольство оплатой труда, меня попрекали отсутствием коммунистической сознательности и говорили, что мы, советские люди, Родине служим не за деньги.

Я попытался переориентироваться и сказал, что зарплата меня, конечно, интересует, но и творческая сторона дела мне тоже не безразлична, тем более что я сам склонен к сатире и юмору, и тут я выложил на стол три своих весьма убогих стишка, у которых были, однако, те достоинства, что два из них были опубликованы в «Юности», а третий — в «самой» «Правде».

Тот факт, что я печатался в главной партийной газете, убедил Сизова в том, что он имеет дело с «нашим» человеком, он опять заулыбался и вопросов анкетного характера почти не задавал. Только спросил, кто мои родители. Я сказал: мать — учительница, отец — журналист, работает в городской газете в Керчи.

— Коммунист? — спросил Сизов.

Я замялся и вдруг соврал: да.

Сизов заметил мои колебания и опять демократично улыбнулся.

— Ну, это вовсе не обязательно вашему отцу быть членом партии.

— Владимир Николаевич имеет в виду, — пришел мне на помощь мой Полищук, — что если его отец работает в газете, то, конечно же, он коммунист.

— Да, да, да, — торопливо подтвердил я, хотя, конечно, это была неправда.

На этом прием был окончен.

Мое дальнейшее оформление на работу прошло почти гладко, если не считать того, что начальник отдела кадров пытался выяснить у моих будущих сослуживцев происхождение моей фамилии, которая имела подозрительное окончание на «ич». Ему объяснили, что на «ич» оканчиваются не только еврейские фамилии, но и нееврейские, например Пуришкевич. «А кто этот Пуришкевич?» — заинтересовался кадровик. «Известный дореволюционный антисемит», — объяснили ему. Кадровик успокоился, и на следующий день я приступил к своей новой работе.

Хотя евреев принимали на радио неохотно, тем не менее (правильно замечали бдительные товарищи) они там были. В нашей редакции сатиры и юмора из десяти примерно человек не меньше чем половину составляли евреи и, как принято было тогда выражаться, полукровки вроде меня.

Один из полукровок, сейчас известный писатель и режиссер Марк Розовский, при поступлении на работу тоже принимался высоким начальством. На вопрос о национальности родителей Розовский ответил, что его мама — гречанка.

— А папа? — спросило начальство.

— А папа инженер.

Так что позднейшее сообщение Жириновского о том, что у него мама русская, а папа юрист, некоторым образом является плагиатом.

К факту моего трудоустройства соседка Полина Степановна отнеслась с большим скептицизмом и юмором.

— Нет, — говорила она, как мне передавали, на кухне, — этот долго работать не будет. Зачем ему работать? Лежать-то лучше.

ЧЕРНАЯ АФРИКА ПРОБУЖДАЕТСЯ

Поскольку тот коллектив, куда я попал, назывался редакцией сатиры и юмора, все редакторы, все приходящие авторы и все просто заходившие мимоходом работники соседних редакций считали, что здесь надо шутить, шутить и шутить. И все без конца шутили, показывая, что они остроумны, и громко смеялись, показывая, что не только шутить, но и понимать чужие шутки умеют. Шутки были непритязательные, свою одну я запомнил. Она состояла в том, что я звонил нашим редакторшам Наташе Сухаревич, Наташе Ростовцевой или Ветке (Виолетте) Акимовой по телефону и разыгрывал их. Соль розыгрыша была в том, что я звонил из-за соседнего стола, как неизвестный автор, готовый удивить их своей рукописью. Поскольку в редакции был всегда шум-гам, мне удавалось долго морочить девушкам голову, а когда меня в конце концов разоблачали, все были довольны. Смех в редакции стоял с утра до вечера.

Наши передачи составлялись из сочинений авторов, писавших скетчи, фельетоны, юморески и репризы для эстрады, цирка и журнала «Крокодил». Материалов было много, но трудность выбора между ними для меня заключалась в том, что мои коллеги одни материалы выбрасывали в корзинку, а над другими хохотали как сумасшедшие. Мне же все эти тексты казались одинаково несмешными, и я никак не мог понять, в чем разница между тем, что здесь считается плохим и что хорошим.

Готовя первую передачу «Веселый спутник», я попытался сориентироваться на господствовавший в редакции вкус и выбрал из кучи материалов то, что, как я думал, понравится начальству.

— Какой кошмар! — сказал, прочтя подготовленный мною текст, главный редактор Валентин Козлов. — У тебя чувство юмора есть?

— Не знаю, — сказал я.

— Выбрось это и никому не показывай.

В другом жанре успех мой тоже оказался сомнительным. Наташа Ростовцева готовила передачу из стихов африканских поэтов и предложила мне написать вступление. Я прочел стихи и приуныл. Это была просто какая-то абракадабра, во всей подборке я не нашел ни одной живой строчки. Тем не менее я отнесся к заданию ответственно, трудился два дня и в конце концов выдавил из себя полстраницы текста, который по бездарности мог вполне соперничать с представляемыми стихами. «Черная Африка, спящая Африка пробуждается от вечного сна» — так начиналось мое творение.

Испытательный срок подходил к концу, и я с тревогой ожидал момента, когда мне объявят, что в моих услугах редакция сатиры и юмора больше не нуждается. Судьба, однако, на этот раз оказалась ко мне благосклонной.

Как-то к концу рабочего дня я заметил, что Наташа Сухаревич обзванивает известных поэтов-песенников и просит их написать песню на «космическую тему». Тогда, в сентябре 1960-го, люди в космос еще не летали, но уже летали собаки, и ясно было, что и человек вот-вот полетит. «Космическая тема» была в большой моде, не случайно главная наша передача называлась «Веселый спутник». Вот и Наташе срочно понадобилась песня о космосе. На вопрос поэтов, к которым она обращалась, когда нужен текст, Наташа отвечала: «Через две недели».

«ПОМЧАТ НАС ВПЕРЕД ОТ ЗВЕЗДЫ ДО ЗВЕЗДЫ...»

Поэты-песенники всегда были люди богатые, ущербные и обидчивые. Они знали, что настоящие стихотворцы, такие как Пастернак, Ахматова или Заболоцкий, к ним относятся без всякого уважения, считая их тексты не имеющими ничего общего с высокой поэзией. Такое мнение обижало песенников, и они возражали, что все те, кто их презирает, сами были бы рады написать что-то подобное, но не умеют и просто завидуют им, их славе и гонорарам. Любой сочинитель песенных текстов мог спросить: «А кто такой Пастернак, кто Ахматова, кто Заболоцкий? Какими тиражами издаются их стихи? Кто их читает? И что они за свои стихи получают? А мои стихи знает весь советский народ». И гонорары, которые получал песенник, тоже укрепляли его во мнении о безусловной важности того, что он делает. А если уж говорить начистоту, многие серьезные поэты были не прочь написать популярную песню, но высокомерно скрывали, что им этого хочется. Не скрывал Твардовский. Он очень любил своего старшего друга Михаила Исаковского, сочинившего много замечательных песен, и сам не раз пробовал написать что-нибудь песенное, но у него не получалось, а вот у Долматовского или Матусовского получалось...

Услышав слова, что им на сочинение песни дается всего две недели, песенники были возмущены легкомысленным отношением заказчицы к их непростому жанру. Вы, говорили песенники Наташе, даете такой короткий срок, не понимая, что настоящая песня должна быть выношена и выстрадана, а для этого нужно время. После того как Наташу обругал уже упоминавшийся мною Лев Ошанин, она совсем упала духом и продолжала листать телефонную книгу Союза писателей почти без всякой надежды.

Тут я решился сказать Наташе, что если у нее под рукой никаких других поэтов нет, я могу попробовать ей помочь.

— Ты? — она посмотрела на меня с недоверием. — А ты что, пишешь стихи?

Я признался: да, пописываю.

— Но ведь песни ты никогда не писал?

— Не писал, — согласился я, — но могу попробовать.

Она долго молчала, думала.

— Ну, хорошо. А сколько времени тебе нужно?

— Завтра принесу, — сказал я.

Ей терять было нечего, она сказала:

— Что ж, дерзай.

Утром следующего дня я принес обещанный текст и, пока Наташа читала, следил за ее реакцией со страхом. А реакции никакой не было. Она читала текст, словно проходную газетную заметку, без всякого выражения на лице. «Не понравилось», — решил я. С тем же непроницаемым выражением она придвинула к себе телефон и набрала номер:

— Оскар Борисович, это Наташа Сухаревич. У меня для вас есть потрясающий текст. Пишите: «Заправлены в планшеты космические карты, и штурман уточняет в последний раз маршрут. Давайте-ка, ребята, закурим перед стартом, у нас еще в запасе четырнадцать минут». Записали? Диктую припев: «Я верю, друзья, караваны ракет помчат нас вперед от звезды до звезды...» Что? Рифма? У вас, Оскар Борисович, испорченное воображение. Наши слушатели люди чистые, им такое и в голову не придет. «...На пыльных тропинках далеких планет останутся наши следы». Оскар Борисович, следы, а не то, что вы думаете...

Оскар Фельцман был очень известный композитор. Его песни, которые тогда называли шлягерами, а теперь бы назвали хитами, распевались на улицах, в поездах и ресторанах. Неужели сам Фельцман превратит и мои слова в шлягер? Я настолько привык к неудачам, что еще одну принял бы со смирением...

К концу дня Фельцман позвонил: музыка готова, кто будет петь? Я подсказал Наташе:

— Предложите Бернесу.

Бернеса не нашли, зато нашли Владимира Трошина, актера МХАТа. В театре ему давали второстепенные роли, но как эстрадный певец он был весьма популярен. Песню записали на пленку, пустили в эфир — и она сразу стала знаменитой.

Для меня это событие стало важным еще и потому, что решился мой старый спор с Володей Лейбсоном. Я доказал ему и себе, что достаточно владею стихом, чтобы работать в разных видах стихотворного жанра. Если нужно, могу писать и песни. За полгода работы на радио я написал штук сорок песен. Некоторые из них стали широко известными («Рулатэ», «Футбольный мяч», «Комсомольцы двадцатого года»), но карьера песенника меня не привлекала, и я от ее продолжения отказался. Многие считали такое мое решение глубоко ошибочным. Ценности своих текстов я никогда не преувеличивал, но мне и сейчас время от времени приходится слышать сочиненные мною слова о невесте, ушедшей к другому, кому неизвестно еще повезло или нет. И, признаюсь, слышать это приятно.

Благодаря писанию песен мое положение на радио сразу и надежно упрочилось. Я стал писать тексты по одному, а то и по два в неделю и кроме зарплаты получал во много раз превышавшие ее гонорары.

Я потом имел повод шутить, что денежная реформа 1961 года, когда стоимость рубля возросла в десять раз, меня никак не коснулась. Я как зарабатывал пятьсот-шестьсот рублей до реформы, так продолжал зарабатывать и после нее.

ЭТО УСПЕХ!

На радио я устроился в сентябре. Тогда же, так и не получив никакого ответа ни из «Юности», ни из «Дружбы народов», я в очередной раз отпечатал на пишущей машинке свою повесть «Мы здесь живем» и отправился в «Новый мир». В метро только что ввели турникеты с жетонами (после денежной реформы на смену жетонам пришли пятаки). Бросаешь в щелку жетон, турникет тебя пропускает. Не бросил, попробовал пройти — турникет прямо перед тобой защелкнется с ужасным угрожающим лязгом. Я жетон купил, но в последнюю секунду почему-то подумал: «Вот если турникет пропустит меня без жетона, значит, все у меня получится».

И он меня пропустил!

Я человек не суеверный, но в знаки судьбы, что мне время от времени посылались, не поверить было трудно. В редакции «Нового мира» служила тогда консьержка — пожилая дама из «бывших». Мне говорили, что, прежде чем впустить начинающего автора, она долго расспрашивала, куда, к кому и с какой целью он идет, после чего предлагала не ходить ни в какой отдел, а направляться прямо к секретарю редакции Наталье Львовне, сдать ей рукопись и ждать отзыва недели через три-четыре.

— А какой будет отзыв? — спрашивал доверчивый автор.

— Отрицательный! — радостно уверяла его консьержка. — У нас всегда и всем пишут отрицательные отзывы.

Старушку эту я странным образом обошел и толкнул дверь в отдел прозы, где сидела хмурая, как мне показалось, женщина — Анна Самойловна Берзер.

— Что вам угодно? — спросила она.

— Вот написал повесть.

— Хорошо. Отдайте секретарю, пусть зарегистрирует.

— Нет, я этого делать не буду.

— Почему? — Анна Самойловна удивленно подняла брови.

— Потому что заранее могу предсказать, что будет дальше. Секретарь мою рукопись зарегистрирует и передаст кому-нибудь из рецензентов. А я ваших рецензентов очень хорошо знаю. Они получают деньги в зависимости от прочитанного объема по тридцать рублей за печатный лист. Им некогда вдаваться в достоинства текста, им важно просмотреть текст по диагонали, написать отрицательный отзыв и бежать в кассу.

Анна Самойловна меня слушала, кивала головой, а один раз даже почти улыбнулась.

— Чего же вы от меня хотите?

— Я хочу, чтобы вы сами прочли мою рукопись.

— Это исключено, — сказала она решительно. — Я очень занятой человек и не могу читать все, что приходит нам в редакцию.

— Понимаю, — не стал спорить я. — Но у меня к вам просьба. Прочтите первые десять страниц и, если не захотите читать одиннадцатую, верните мне рукопись без объяснений.

Видимо, мое предложение показалось ей все-таки необычным.

— Ну, хорошо, — сказала она как будто бы даже с угрозой. — Десять страниц я прочту.

На том и порешили. Рукопись осталась у Анны Самойловны, я ушел. Это было в понедельник. А в пятницу я пришел довольно поздно домой, и жена протянула мне телеграмму: «ПРОШУ СРОЧНО ЗАЙТИ РЕДАКЦИЮ НОВОГО МИРА ТЧК БЕРЗЕР».

Я позвонил Камилу Икрамову и прочел ему.

— Володька! — прокричал он мне в трубку. — Это успех!

И иначе толковать телеграмму было нельзя. Ясно, что, если бы повесть не понравилась, никто не стал бы мне посылать телеграммы.

ГИБЕЛЬ, ПРИТЯНУТАЯ ЗА УШИ

Телеграмму я прочел, когда рабочий день уже кончился, впереди был бесконечный уикенд. Читатель может себе представить, как долго тянулось время от пятницы до понедельника, до того нераннего часа, когда работники журнала приступают к своим обязанностям. В понедельник, явившись в тот же отдел прозы, я застал там, кроме Анны Самойловны (для меня она вскоре стала просто Асей), много людей и очень удивился, когда узнал, что все они собрались из-за меня. Сотрудники других отделов и члены редколлегии уже прочли мою повесть и теперь жали мне руку, улыбались, наперебой говорили комплименты, интересовались, откуда я взялся, что делают родители, где учился, кем работал и что пишу еще. Некоторые просто заглядывали в комнату, чтобы поглазеть на новое дарование. Тут же был мне представлен Игорь Александрович Сац — мой персональный редактор. Этот человек, совершенно седой и не имевший ни единого зуба, показался мне глубоким стариком. Ему было 58 лет. Стали обсуждать сроки — в какой номер поставить повесть. В двенадцатый? Нет, пожалуй, не успеем... Придется ставить в первый. Если бы я сказал, что ждать не желаю, они согласились бы на двенадцатый, но мне самому хотелось быть напечатанным в первом номере: конечно, трудно ждать лишний месяц, зато это будет первый номер первого года нового десятилетия.

Решив вопрос с номером, вторую половину разговора сотрудники редакции осторожно предварили союзом «но». «Но... как бы это вам сказать... есть некоторые сомнения насчет конца повести... Ваш герой погибает... но это... поймите нас правильно... совершенно не нужно».

Как это не нужно?! Гибель героя была тем, ради чего строился весь сюжет, — и вдруг это не нужно?! Я растерялся: как себя вести? Упереться, сказать, что ни в какую, — и отказаться от того, к чему так долго стремился? Вернуться к роли неудачника в потертых штанах и сбитых ботинках, прогоняемого из всех редакций? Я сказал: «Нет, без гибели героя обойтись нельзя». — «Почему же нельзя? Разве вы сами не чувствуете, что эта гибель, извините, притянута за уши? Герой погибает совершенно бессмысленно». — «Да, бессмысленно, но в этом и смысл, что бессмысленно...»

Я долго хранил страницы, не вошедшие в печатную версию повести, а потом все-таки потерял и потому пересказываю коротко своими словами. Выжившая из ума старуха Макогониха решила поддержать гаснущее в лампадке пламя и, не найдя масла, плеснула из канистры бензин. Дом вспыхнул. Сбежался народ, подъехали пожарные с бочкой на телеге, качают воду из колодца, вода, не доходя до брандспойта, вытекает в прореху рваного шланга. Вдруг дочь старухи вспомнила, что оставила в доме свою трехлетнюю дочку. Она рвется в огонь, ее не пускают, в огонь бросается герой повести Гошка Яровой. Не успел он скрыться внутри, выясняется, что девочка здесь, мать, обезумев от ужаса, забыла, что сама ее вынесла из огня. И в это время рухнула крыша, над домом столбом поднялись искры и, «уйдя в небо, смешались со звездами».

Заключительной фразой про звезды я дорожил больше всего, а мне теперь говорили: «Это не нужно, эта гибель притянута за уши...» и даже: «Это типичная комсомольская гибель». Я не переставал удивляться. Как это типичная комсомольская?! Разве комсомольская — плохо?! Я-то боялся, что повесть не пропустят именно потому, что она вовсе не комсомольская. Комсомольской она была бы, если бы Гошка спас девочку и потом получил за это орден (можно было, чтобы спас, но погиб и орденом награжден посмертно), но он погиб бессмысленно, никого не спасши и ордена, даже посмертно, не заработав. Тогда мне привели еще один довод: на шестой номер запланирована публикация повести другого начинающего прозаика, Георгия Владимова. Там герой тоже шофер и, как ни странно, тоже гибнет. «Куда же нам подряд две шоферские гибели?» Я не знал, что возразить, хотя в этой новости самолюбию моему был приготовлен еще один пряник: повесть, полученная «Новым миром» задолго до моей, запланирована только в июньский номер, а моя, как сенсационное открытие, идет вне очереди, в первом...

Я сказал, что подумаю, и мы с Сацем вышли в коридор покурить. Закурили: он сигареты «Памир», я — «Ароматные», в самом деле очень пахучие, очевидно, пропитанные одеколоном, и вдруг в коридоре появилась величественная фигура — Твардовский.

— Александр Трифонович, вот познакомьтесь. Владимир Во́йнович.

Сац уже знал, что мою фамилию следует произносить с ударением на первом слоге.

Твардовский остановился.

— Очень хорошо.

Из этого мне стало ясно, что и он повесть прочел и ему она понравилась. Но руки мне Твардовский не подал и дальнейший разговор повел словно через переводчика:

— А вы уже сказали ему, что смерть в конце повести не нужна?

— Да-да, конечно.

— И он согласился?

— Согласился, согласился, — поспешно закивал Сац.

— Ну, хорошо, тогда работайте.

Твардовский пошел дальше, в свой кабинет, а я стоял растерянный, ругая себя за то, что так просто, без боя сдался.

Забыл рассказать, что, еще работая над повестью, я вновь побывал в Поповке, встречался там с разными людьми, в том числе с бывшим председателем колхоза, ставшим секретарем райкома Жилиным. Я дал ему почитать еще фактически черновой вариант повести. Ему повесть понравилась. Он даже сказал мне, что, читая, плакал. Но ему захотелось тут же ее улучшить и приспособить к текущим нуждам.

Он сказал мне примерно так: «Ты знаешь, повесть хорошая. Но зачем эта сумасшедшая старуха, которая устроила пожар? Она никому не нужна. Вот к нам в колхозы приходят калориферы с дефектами. И из-за них на полевых станах бывают пожары». Искренне желая мне помочь, он предложил переделать конец повести так, чтобы пожар случился из-за дефектного калорифера. Дал адрес калориферного завода и назвал фамилию директора, чтобы я обязательно ее упомянул. И очень огорчился, когда я отверг его предложение.

ЖИРНАЯ ТРАВА

Кроме изменения концовки было предложено еще несколько небольших поправок. И мы с Сацем за счет редакции были отправлены в Дом творчества Голицыно. Мы там жили в соседних комнатах, работали и, естественно, выпивали. Там же в это время жила Рита Яковлевна Райт, замечательная переводчица с английского и немецкого, живая интересная рассказчица, дружившая в молодости с Маяковским. Она только что перевела «Над пропастью во ржи» Сэлинджера, ждала выхода журнала (кажется, это был журнал «Иностранная литература») с повестью и очень волновалась. Возможно, предчувствовала, что этот перевод станет главным делом ее жизни. Когда мне понадобилось на один день съездить в Москву, а журнал уже вышел, Рита просила меня купить несколько экземпляров. Я привез, получил экземпляр в подарок и стал одним из первых читателей этой повести, ставшей литературной сенсацией и родившей целую волну подражателей.

Работа наша состояла в том, что Игорь Александрович делал мне замечания, я упирался, он настаивал, я сдавался. Противостоять сильному напору я умел, когда он шел от враждебной мне стороны. А Сац был стороной союзнической. Вместе с ним мы изменили конец повести и вернулись к началу, которое в первом варианте выглядело, напоминаю, так: «Было раннее утро, и трава, облитая обильной росой, казалась черной и жирной. Слабый ветерок шелестел в камышах и шевелил над Ишимом тяжелые клубы тумана. Ваня-дурачок гнал через мост колхозное стадо и пел песню. Губы у Ивана толстые, раздвигаются с трудом, поэтому песенка получалась приблизительно так: «Не флыфны в фаду даве форохи, вфе вдефь вамерло до утра...»

— Почему трава казалась жирной? — спрашивал меня Сац. — Вы же пишете лирическую картину. Вам не кажется, что жирная трава выглядит противно. Трава казалась черной.

— Тогда потеряется ритм, — возражал я. — Если оборвать на черной, то строчка лишится музыки, которая в ней есть сейчас.

— Но лучше оборвать музыку, — спорил Сац, — чем оставить образ, вызывающий отвращение.

Сац был на 29 лет старше меня, имел большой редакторский опыт, и я не был уверен, что он не прав. Я ему уступил жирную траву, исправил слово «ветерок» на ветер. Чем-то ему не понравилось, что ветер шелестел в камышах, я и тут пошел навстречу. Дальше у меня Ваня-дурачок поет «Подмосковные вечера», не умея произносить шипящие звуки. Сац сказал, что и это пение выглядит неприятно, и уговорил меня написать: «Губы у Ивана толстые, раздвигаются с трудом, поэтому в песенке нельзя было понять ни одного слова». Так это осталось на долгие времена, но в одном из последних изданий этой повести я все-таки вернулся к первоначальному варианту, который мне кажется лучше. Он певучий и, по-моему, располагает к восприятию раскинутой перед глазами природы.

С одной стороны моим соседом был Сац, с другой — дикого вида смуглый человек в длинном пальто. К нему постоянно заходил какой-то его приятель, они, судя по всему, много пили, громко говорили, так что слышно было у меня в номере. Смуглый сообщал собеседнику, что он написал рóман, тот интересовался, о чем рóман, тоже делал ударение на первом слоге, сообщал, что и он написал рóман. Я очень удивлялся, как эти безграмотные люди попали в дом творчества писателей, потом познакомился с обоими и подружился. Это были Юрий Домбровский и Юрий Давыдов.

В Голицыне, в отличие от других домов творчества, благодаря заботам директора Серафимы Ивановны была почти семейная обстановка. Писатели завтракали, обедали и ужинали в небольшой уютной столовой, располагавшей к благодушию и дружелюбию.

Кроме других там был публицист Константин Буковский, отец будущего знаменитого диссидента. Его резкие и язвительные статьи и фельетоны я читал время от времени в «Литературной газете». Я с ним почтительно здоровался, он хмуро мне отвечал. Но однажды пришел на ужин пьяный, во время ужина добавил еще и без всякой провокации с моей стороны и вообще без видимой причины накинулся на меня с проклятиями.

— Вы, молодые, — кричал он, — все подонки! Вас всех надо давить, душить, топить!

Мне в жизни повезло на недоброжелателей. Но с такой откровенной и яростной ненавистью я встречался нечасто. Я тогда еще не печатался, и меня как писателя он знать не мог. Чем я заслужил столь бурные чувства, не представляю. Другой раз такого же ненавистника я встретил год спустя в Тарусе, где снимал комнату у местной старухи и писал рассказ «Расстояние в полкилометра». Вторым постояльцем старухи был инженер лет пятидесяти, скромный вежливый человек. Он долго меня расспрашивал о том, что я пишу, что вообще пишут современные писатели. Спрашивал о Шолохове. Правда ли, что Шолохов живет в Москве, а не в станице Вешенской, и что я думаю о слухах, что у него в банке открытый счет (то есть он мог брать с него деньги сколько угодно и когда угодно). Ночью я был разбужен сначала непонятным шумом, потом увидел вломившегося ко мне в комнату совершенно пьяного и безумного соседа с топором в руках. Он мне кричал что-то вроде:

— Вы, советские коммунистические писаки! Сволочи, сволочи, вместе с вашим Шолоховым сволочи!

Он еле стоял на ногах. Я легко вырвал у него топор, скрутил его самого, а затем связал (веревку дала хозяйка) и оттащил в его комнату. Утром, уже развязанный хозяйкой, он пришел ко мне жалкий, просил прощения, говорил, как он высоко ценит советскую власть, советскую литературу, лично Шолохова, а меня даже больше. К несчастью, у него есть слабость к спиртному. Она появилась после того, как от него ушла жена. И что-то еще лепетал в свое оправдание. По-моему, главной причиной его беспокойства было не неудобство передо мной, а страх, что я донесу на него в КГБ. Потом несколько дней он здоровался со мной заискивающе. Но очередной раз напившись, опять схватился за топор и полез ко мне с теми же проклятиями. Я опять с ним как-то справился, но утром пошел искать себе другое жилье.

ЗОЛОТОЙ ДОЖДЬ

Пока я бедствовал, моя теща Марья Ивановна Болтушкина, деревенская малограмотная женщина, никак не могла понять, что хорошего нахожу я в таком бессмысленном занятии, как писание каких-то слов на бумаге. Она считала, что работать плотником или хотя бы, как ее муж, сторожем у железнодорожного шлагбаума не только выгоднее материально, но и полезнее для здоровья.

— Их, паря! — недоумевала она. — Зачем же тебе головку-то ломать? Она ж у тебя одна.

Причудливым было и ее представление о том, с кем я якшаюсь. Зная, что я время от времени выступаю по радио, она, очевидно, думала, что те, о ком говорит радио, и я в их числе, — одна компания. Поэтому, услышав однажды по радио сообщение о приезде в нашу страну с визитом премьер-министра Великобритании сэра Гарольда Макмиллана, она спросила:

— Это твой Камиллан? — имея в виду Камила Икрамова.

В том счастливом для меня сентябре 1960-го был день, когда я получил одновременно месячную зарплату, гонорар за песню и аванс в «Новом мире» — 10 тысяч рублей. Таких денег я в жизни своей не только не держал в руках, но и не видел. По дороге домой купил бутылку шампанского, колбасу, сыр, банку красной икры, банку черной. Зайдя в комнату, где полуторагодовалая Марина спала в колыбели у окна, я разложил на столе снедь, распечатал пачки с деньгами, сложил в кучку и прикрыл газетой. Пригласил жену и тещу к столу. Они, увидев на столе разложенное изобилие, выразили недовольство, что я трачу на такую ерунду последние деньги. Я возразил:

— А это не последние!

Сорвав газету с денег, я подбросил их к потолку — и червонцы щедрым красным дождем посыпались на пол, на стол и в колыбельку.

Обе женщины потеряли дар речи, потом теща воскликнула:

— И-их, паря!

И вдвоем они поползли по полу, собирая купюры.

ХОРОШО ЗАРАБАТЫВАЮЩИЙ И НЕПЬЮЩИЙ

Стремительный рост моего материального благополучия на нашей кухне незамеченным не остался.

— Интересно, — говорила Полина Степановна, обращаясь к своей постоянной аудитории, — как люди исхитряются на одну зарплату столько всего покупать. Ну пусть он даже сто пятьдесят получает. Так все равно ж столько не купишь. А он себе пальто купил, жене пальто купил, вчерась телевизор пронес, как сундук.

Когда же я купил и для начала поставил в коридоре смазанный тавотом мотоцикл, Полина Степановна замолчала и пренебрегать мною уже не решалась. Наоборот, при каждом моем появлении заискивающе улыбалась и торопилась поздороваться первой. И другие соседи тоже, воспринимая меня теперь как большого начальника, вели себя не без подобострастия. Особенно, если моему отражению удавалось мелькнуть в телевизоре. Когда я (обычно поздно и в некотором подпитии) возвращался домой и шел по нашему длинному коридору, двери на моем пути поочередно приоткрывались, из них высовывались головы и шелестело почтительное «здравствуйте». А я, не замедляя движения, кивал налево и направо и отвечал:

—... ссте, ...ссте, ...ссте.

Некоторые соседки завидовали моей жене:

— Какой у тебя муж хороший! И деньги зарабатывает, и никогда не пьет.

А я пил, но никогда не качался.

НА ПЫЛЬНЫХ ТРОПИНКАХ

Песня о пыльных тропинках сразу стала больше, чем популярной. Ее по нескольку раз в день передавали по радио, пели в ресторанах и в пьяных компаниях, когда мне позвонила незнакомая сотрудница музыкальной редакции.

— Владимир Николаевич, у вас есть замечательная песня. Мы хотим записать ее на пластинку.

— Очень хорошо, — сказал я. — Давно пора.

— Но у нас к тексту есть одна претензия. Там у вас написано: «На пыльных тропинках далеких планет». Почему эти тропинки пыльные?

— Видите ли, — взялся я объяснять. — На этих планетах дворников нет, а пыль космическая оседает.

— Ну да... Может быть, оно и так, но вы как-то этим снижаете романтический образ. Давайте лучше напишем «на новых тропинках».

— Нет, — возразил я. — Это никак не годится. «На новых» можно написать, если имеется в виду, что там еще были старые. — И перевел разговор в плоскость идеологии: — Представляете, получится, что там были старые, но не наши.

Она немного испугалась.

— Хорошо, тогда напишите «на первых тропинках».

— Не напишу я «на первых тропинках».

— Почему?

— Потому, — вспылил я, — что на пыльных тропинках — это хорошо, а на первых — это плохо...

Я отказался менять текст, музыкальная редакция отказалась издавать пластинку. Но 12 апреля 1961 года мою песню пел в космосе Юрий Гагарин, а летом 1962 года ее же дуэтом спели в космосе космонавты Николаев и Попович. Вот когда произошел бум! Хрущев устроил космонавтам грандиозную встречу и произнес примерно следующее:

— Вот как они! — сказал он, указывая на героев дня. —...Вернее, я не буду подражать им, видимо, я не смогу. Но я только скажу слова песни, которые, безусловно, соответствуют современному, так сказать, времени: «Я верю, друзья, караваны ракет, помчат нас вперед от звезды до звезды. На пыльных тропинках далеких планет останут... — запнулся он. И тут же поправился: — Останутся наши следы».

Вокруг песни и ее авторов начался ажиотаж. «Правда» напечатала текст в двух номерах подряд. Сначала красным шрифтом в вечернем экстренном выпуске, затем черными буквами в будничном утреннем номере.

И сразу мне позвонила дама из музыкальной редакции:

— Владимир Николаевич, мы немедленно выпускаем вашу пластинку!

— Что значит немедленно? — сказал я. — А вы спросили разрешения у автора?

— А вы можете не разрешить?

— Нет, почему же. Я разрешаю, но у меня есть поправка.

— Какая поправка? — спросила дама настороженно.

— Небольшая, — сказал я. — Там есть строчки насчет пыльных тропинок, так я бы хотел их как-нибудь переделать.

— Вы смеетесь! — закричала она. — Вы знаете, кто цитировал эти строки?

— Я знаю, кто цитировал. Но я также знаю, кто написал. Так вот, мне кажется...

Конечно, я над ней издевался. Но, поиздевавшись, разрешение дал.

СПОЕМТЕ ПЕРЕД СТАРТОМ

Пластинка была выпущена, но покушения на текст на этом не кончились. После встречи на Красной площади и в Кремле Николаеву и Поповичу было устроено чествование и на телевидении. Героев приветствовала толпа, состоявшая из так называемых передовиков производства, артистов, военных, поэтов, композиторов и секретаря Чувашского (Николаев — чуваш) обкома КПСС. Космонавты совсем ошалели от свалившихся на них почестей. Но вели себя по-разному. Николаев как будто даже стеснялся, а Попович в упоении славой выпячивал грудь, принимал импозантные позы и строил глазки актрисе Алле Ларионовой. А когда Владимир Трошин спел теперь уже специально для них песню о пыльных тропинках, Попович решил показать, что и в этом деле тоже кое-что понимает.

— Вот у вас там поется «закурим перед стартом», — сказал он, — а мы, космонавты, не курим.

(Между прочим, много лет спустя я узнал, что некоторые космонавты на земле все-таки курят, и перед стартом им разрешают выкурить по последней сигарете.)

— Это мы исправим! — закричал кто-то.

И исправили.

Хотя я доказывал исправителям, что писал вовсе не о Поповиче, который до пыльных тропинок не долетел, а о космонавтах отдаленного будущего, для кого полеты в космос станут делом обычным, будничным. Покурил, растоптал окурок, полетел. Тут уж меня никто не послушал, потому что космонавты тогда заживо причислялись к лику святых. Их критиковать было нельзя, а они могли себе позволить многое, в том числе, естественно, сколько угодно вмешиваться в литературу и давать указания авторам, что, впрочем, позволялось делать всем, кому не лень — партийным функционерам, кагэбэшникам, сварщикам, банщикам, токарям, пекарям и дояркам. Песню исправили и вместо «Давайте-ка, ребята, закурим» пели «споемте перед стартом».

Часть третья

Взлет и падение

СВЕЖИЙ ГОЛОС

Январский номер «Нового мира» 1961 года вышел в марте. Тогда уже начались долгие задержки номеров из-за проблем, возникавших в цензуре. Выход журнала застал меня в Ленинграде, где я, будучи в командировке, записывал для какой-то радиопрограммы отрывки из спектаклей Театра комедии. К тому времени я подружился с Александром Володиным, автором «Пяти вечеров», «Фабричной девчонки», «Старшей сестры», лучших спектаклей в репертуарах Ленинградского БДТ и московского «Современника». Саша пришел ко мне в гостиницу «Европейская». Туда же явился приглашенный мной мой армейский сослуживец Володя Давыдов, тот самый, который в пивной города Кинель врал развесившим уши собутыльникам, как мы «давили этих гадов». Явившись ко мне, Володя был потрясен тем, что я принимаю его в роскошном номере одной из двух лучших ленинградских гостиниц, что рядом со мной сидит Александр Володин. Мой приятель смотрел в театре пьесы Володина, а самого его видел по телевизору — и вот он, живой классик, общается накоротке с Володькой Войновичем! Давыдов был большой фантазер, но того, что видел, выдумать не мог бы. Он долго тряс головой, бессмысленно повторяя: «Володька Войнович стал писателем. Не могу поверить!..»

А Володька и сам не мог поверить.

Неожиданностью для меня было обилие телефонных звонков, писем и рецензий в газетах, восторженная телеграмма от Ивана Александровича Пырьева. Пырьев писал, что повесть ему очень понравилась и он предлагает мне немедленно заключить договор на сценарий. Позвонил театральный режиссер Леонид Варпаховский, предложил написать пьесу: «Поверьте мне, вы прирожденный драматург».

На все эти предложения я охотно откликался. Посетил Варпаховского в его квартире в высотном доме у Красных Ворот. Милый, интеллигентный и по внешним признакам благополучный человек. Трудно было представить, что этот человек еще недавно валил лес и хлебал лагерную баланду. Когда я пришел на «Мосфильм», там меня с уже подготовленным договором ждали сам Пырьев, еще незнакомый мне режиссер Константин Воинов и главный редактор второго творческого объединения Юрий Шевкуненко. Сказали, что фильм будет снимать Воинов. Несмотря на восторги, договор заключили по низшей ставке — четыре тысячи рублей.

Я еще не написал ни одной строчки сценария, а уже создали съемочную группу и на нескольких дверях повесили название: «Мы здесь живем». Я стал время от времени появляться в одной из этих комнат. Молодые актрисы заходили, спрашивали, годятся ли они, по моему мнению, на роль главной героини Саньки или ее подруги Лизки, при этом одаривали меня обещающими улыбками.

Скажу сразу, что дело ничем не кончилось. Я написал сценарий, сдал, мне предложили сделать какие-то поправки. Пока я их делал, Воинов, как я понял впоследствии, к замыслу охладел, увлекся другим материалом. Когда я пришел с очередными поправками, вывески «Мы здесь живем» с дверей уже были сняты. Никто мой сценарий не критиковал, никто мне ни в чем не отказывал, но я заметил, что Воинов и Шевкуненко избегают встреч со мной. Я махнул рукой, и дело заглохло. А Шевкуненко вскоре заболел и умер. Мне сказали, что, умирая, он просил Пырьева похлопотать, чтобы его похоронили на Новодевичьем кладбище. Пырьев обещал, что добьется этого, и добился.

Первым печатным откликом на мою повесть стала статья Владимира Тендрякова «Свежий голос есть!» в «Литературной газете». Затем последовали рецензии В. Кардина, Феликса Светова, Станислава Рассадина и других либеральных критиков того времени. Я вошел в обойму молодых писателей, то есть в обязательный список, приводимый почти во всех статьях о состоянии современной литературы.

В то время в литературе существовали два враждовавших между собой направления. Либеральное и консервативное, то есть яростно сталинистское.

Либеральное поддерживал орган Союза писателей СССР «Литературная газета», в просторечье «Литературка». А противостоял «Литературке» недавно созданный орган Союза писателей РСФСР, название которого — «Литература и жизнь» — писатели сократили до аббревиатуры «Лижи». «Литературка» оценивала меня почти всегда положительно, «Лижи» относилась ко мне иначе. Эта газета отозвалась на мою повесть большой, на целую страницу, статьей критика Михаила Гуса «Правда эпохи и мнимая объективность», в которой меня сразило утверждение, что (цитирую дословно) «Войнович придерживается чуждой нам поэтики изображения жизни «как она есть». Гус глубокомысленно рассуждал о том, что в нашей жизни существуют две правды: правда маленькая, правда факта, и правда большая, правда эпохи. Если держаться правды факта, то можно достоверно описать разные бытовые подробности, но при этом будет упущено из виду главное — что все это происходит в обществе, строящем коммунизм.

Этот Гус впоследствии бдительно следил за каждым моим шагом.

Когда через два года в том же «Новом мире» были напечатаны два моих рассказа, один из которых подвергся резкой критике, Гус, в целом с ней соглашаясь, написал, что критики обошли молчанием второй рассказ, который идеологически гораздо вреднее. В чем я с ним был совершенно согласен.

Я, к сожалению, не хранил ни рецензий на себя, ни статей, ни заметок. Но вот одна, которую для меня нашли недавно.

«Литературная газета», 7 марта 1961 года

ХУДОЖНИК — ИСКУССТВО — НАРОД
С пленума правления Московского отделения
Союза писателей РСФСР

Спор завязался, в частности, вокруг первой повести молодого прозаика В. Войновича «Мы здесь живем». С резкими возражениями М. Гусу, увидевшему в повести искажение нашей действительности, выступили Т. Трифонова и Е. Мальцев. Отметив некоторые недостатки повести, Т. Трифонова сказала: «Не увидеть чрезвычайно светлой ее тональности — значит предвзято относиться к ней». Е. Мальцев критиковал сам тон выступления М. Гуса, окрашенный недоброжелательным отношением к молодому писателю».

В заметке почему-то не упоминался Георгий Радов, который, кажется, на том же пленуме, а до того — на партийном собрании в Союзе писателей, тоже на меня нападал — и гораздо агрессивнее Гуса.

БЮСТ МАРАТА

О моей первой повести «Мы здесь живем» было написано столько, сколько ни о какой моей книге, включая «Чонкина», ни в советской, ни в российской печати никогда не писали. Можно сравнить разве что с потоком отзывов о «Чонкине» в 1977 году в американской прессе. А тогда, в 1961-м, о «Мы здесь живем» писали не только наши газеты, но и некоторые из «братских» социалистических стран. Одна хвалебная статья, о которой я случайно узнал, вышла в болгарской газете «Работническо дело». Начинающий писатель, я к единственному пока иностранному отзыву отнесся с повышенным вниманием. Хотя я и помнил, что, как говорилось тогда, «курица не птица, Болгария не заграница», хотя и подозревал, что «Работническо дело» вряд ли относилось к числу авторитетных заграничных изданий, а все-таки испытал особо тщеславное чувство оттого, что вот не только в родных пределах, а и за ними меня кто-то уже читает. Вскоре я с легким разочарованием узнал, что автор болгарской газеты был совсем уж не заграничный, а наш, советский.

Приходя в «Новый мир», я часто сталкивался там внутри или у входа с молодым человеком, который мне чем-то был симпатичен, хотя я не знал о нем ничего и даже не был знаком. Через некоторое время я стал с ним здороваться, он каждый раз смотрел на меня удивленно, потом удостаивал снисходительного и даже, как мне казалось, высокомерного кивка.

Вскоре я познакомился с ним на квартире одной нашей общей знакомой. Это был критик Феликс Светов, статьи которого часто печатались в «Новом мире». Свое высокомерие он объяснил плохим зрением. Будучи сильно близоруким, он не носил очки и в здоровавшегося с ним человека пристально вглядывался, пытаясь понять или угадать, кто это. Вот это вглядывание я и принял за высокомерный взгляд. Он был со своей женой, зеленоглазой красавицей Зоей Крахмальниковой, работавшей в «Литературной газете». Оба недавно развелись с предыдущими половинами, теперь были влюбленными друг в друга молодоженами. Оказалось, что Светов и был автором той болгарской статьи. А потом выяснилось, что мы почти соседи: они жили на Бакунинской улице, я — на Новопереведеновской, в десяти минутах ходьбы. И мы на много лет стали близкими друзьями. Такими, что чуть ли не каждый день встречались, общались и не надоедали друг другу.

Настоящая фамилия Феликса была Фридлянд. В детстве мать звала его не Феликсом, а Светом или Светиком, потому что ей нравился соседский мальчик — сын пролетарского поэта Демьяна Бедного Свет Придворов. Новое имя к Феликсу прилипло, его все стали звать Светом или даже Светиком, из этого имени он потом сделал псевдоним Светов и в конце концов Световым стал по паспорту. А Свет Придворов, как мне рассказывали, вырос в мелкого афериста вроде ильфо-петровских персонажей: стучался в двери советских писателей, представлялся:

— Я Свет Придворов, сын Демьяна Бедного, не можете ли вы одолжить мне немного денег?

В отличие от Остапа Бендера или Шуры Балаганова, он был в самом деле сыном того, кого называл.

Отцом нашего Светика был бывший большевик, до того бундовец, а после того — известный историк профессор Цви Фридлянд, специалист по французской революции, автор книг о Дантоне, Марате и Робеспьере. В тридцатых годах он преподавал историю в Московском университете на Моховой улице и однажды сказал кому-то, зашедшему к нему в кабинет: «Смотри, у меня окно выходит прямо на Кремль. Если пушку сюда поставить, можно убить Сталина». На него донесли, он был арестован и обвинен в разных преступлениях против советской власти, в том числе в покушении на Сталина. Его расстреляли, жену Надежду Львовну загнали на семнадцать лет в лагеря. А Феликс вместе со старшей сестрой Идой провел детство в ссылке на Сахалине. Несмотря на эти испытания, он остался романтиком комсомольского типа, и первая его книга называлась «Ушла ли романтика?». В статьях, ее составлявших, автор доказывал, что романтика, конечно же, не ушла. В этом сборнике была статья и обо мне как одном из романтиков. Для этого имелись основания. Я в полном смысле романтиком уже не был, но старался им быть. Хотя к разным проявлениям романтизма, в том числе и к своим собственным, относился чем дальше, тем с большей иронией, которую Светов иногда принимал за цинизм.

Зоя Крахмальникова прежде была замужем за поэтом Марком Максимовым, отцом нынешнего телеведущего Андрея Максимова. А от ее первого мужа у нее был сын Сережа Милованов, который потом стал довольно талантливым артистом, но спился и умер молодым.

Жили они скромно, но в отличие от меня в отдельной двухкомнатной квартире. По причине неравенства бытовых условий я навещал их чаще, чем они меня. Мы часто выпивали, даже можно сказать, пьянствовали и безвредно хулиганили, сочиняя, например, двусмысленные частушки и скабрезности.

Свет мне больше всего нравился тем, что ему нравилось то, что я пишу. Когда я давал ему что-то свеженаписанное, он доходчиво и профессионально объяснял мне, чем именно хорошо то, что я написал. Таким же умением объяснять достоинства моих текстов обладал и Камил, но последнее время между нами наступило некоторое взаимное охлаждение, о чем речь впереди.

Разумеется, сближали нас со Светом общность литературных вкусов и взглядов на жизнь, советскую власть, политику и историю нашей страны. Мы оба ненавидели сталинизм и мало уважали послесталинскую власть, но Свет все еще почитал Ленина, его соратников и революционеров всех времен и народов, а понятия «коммунизм» и «революция» все еще его волновали. Подобно многим, он считал коммунизм светлой идеей, скомпрометированной советскими вождями. Его тогдашнему мировоззрению в какой-то мере соответствовали черно-белый портрет Маяковского над письменным столом и на самом столе — в отдельных рамках — фотографии Пастернака и Хемингуэя. В углу на подставке для цветов стоял большой гипсовый бюст Марата, доставшийся Светику от отца. Свет к тому времени был женат всего лишь второй раз, но злые языки преувеличивали, говорили, что он постоянно меняет жен и, уходя от одной жены к другой, оставляет ей все, кроме смены белья и головы Марата, которую уносит под мышкой. Не уважая управлявших страной «плохих» коммунистов, он всегда готов был обольститься «хорошими» коммунистами, настоящими революционерами, и, когда широкую известность получили имена Фиделя Кастро и Че Гевары, Свет на какое-то время стал их горячим поклонником, и их портреты украсили его письменный стол, потеснив Пастернака и Хемингуэя. Он и сам в каких-то мечтах представлял себя революционером.

— А что, — сказал он мне как-то, — ты хотел бы выйти на Красную площадь и развернуть транспарант с одним словом «Долой!»?

Я не хотел, и он это мое нежелание не одобрял.

В свое время каждый революционер, а тем более коммунист (особенно прежнего, большевистского, разлива) должен был быть не просто атеистом, а воинствующим безбожником. После революции было даже объединение, которое называлось Союз воинствующих безбожников. Будучи человеком, как говорили, прогрессивных взглядов, Свет, конечно, тоже относился к воинствующим.

— Вот ты думаешь, бог есть? — спрашивал он меня.

— Я ничего не думаю, — говорил я, поскольку не верил ни в бога, ни в его отсутствие. — Я просто не знаю.

— А я сейчас могу плюнуть в небо, и мне ничего не будет.

— Ну, плюй, — соглашался я, — сам на себя попадешь.

Но, в общем, он был хороший парень. Незлобивый, компанейский, нежадный, денег не копил и не имел, и — что всегда в нашем кругу уважалось — был неприхотлив относительно еды и жизненных удобств. Сначала была хоть и отдельная, но довольно убогая квартирка. Жили в ней, не жаловались. Появилась возможность, обменяли ее на лучшую, у Курского вокзала. Матери, как вдове репрессированного большевика и самой репрессированной, в компенсацию за семнадцать лет лагерей дали скромную дачку в поселке, довольствовались ею, отапливали дровами. Короче говоря, страданий по поводу материальных стеснений не было.

Зою Свет любил и первые года два был ей верен, но потом, как большинство из нас, не считал брак препятствием для коротких посторонних связей. Женщин покорял личным обаянием и вопросом, который неизменно вел к обольщению: «Откуда вы такая?» Чуть ли не каждый день он, застенчиво усмехаясь, рапортовал мне об очередной победе. Я иногда удивлялся:

— Свет, неужели тебе никто не отказывает?

— Почему же, — возражал он скромно. — Некоторые отказывают, но я прошу у всех подряд, и кто-нибудь соглашается.

Как и полагается романтику, он был при этом немножко ханжой. Одно время ходили слухи, что у Зои роман с Давидом (Дэзиком) Самойловым. Дело прошлое, — никого из персонажей нет в живых, — можно сказать, что слухи были, наверное, небеспочвенные. Как-то мы выпивали вдвоем, и Свет меня спросил:

— Володь, как ты думаешь, Зойка мне изменяет?

Я ответил вопросом на вопрос:

— А почему тебя это волнует?

Он удивился:

— Как почему? Это ж моя жена.

— Но ты же ей изменяешь?

— Я-а? — Он был глубоко оскорблен и, как я понял, в ту минуту сам искренне верил в свою неподдающуюся сомнению супружескую верность.

Когда мы познакомились, я ездил на мотоцикле и иногда предлагал прокатиться Свету. Он охотно соглашался. Зоя не разрешала, боялась, что он разобьется. Он сердился:

— Зойка, как тебе не стыдно! Ты за меня боишься, а за Володю нет? Это Зою смущало.

Молодость — время, когда душа открыта дружескому отношению со многими. Свет стал мне самым близким другом. Кроме него, Икрамова и Лейбсона в числе моих друзей или людей, с кем я довольно часто общался за рюмкой и без нее, были Олег Чухонцев, Владимир Тендряков, Борис Балтер, Инна Борисова, Бенедикт Сарнов, Юрий Домбровский, приезжавший из Ростова Виталий Семин, Юрий Казаков, Георгий Семенов, Георгий Владимов, Валерий Осипов, Давид Самойлов, Юрий Левитанский. Перечисляю через запятую, хотя какие-то воспоминания связаны с каждым и каждый стоит отдельной главы. Все перечисленные и те, кого, может быть, упустил из виду, были мне дороги, но Свет долгое время был ближе всех.

БРУНО СААРЕ

Я перечислил только людей известных, но ими мой круг не ограничивался.

Напечатав повесть, перейдя на другой уровень бытия и ощущая себя уже частью другого социального слоя, я задумался о том, что прежде, может быть, вообще неправильно смотрел на жизнь. Я видел ее только снизу и потому не замечал в ней того, что замечают другие. При этом не верил речам советских вождей, не верил в энтузиазм коммунистических бригад, в добровольцев, осваивающих целину или стройки коммунизма, в так называемый кодекс строителя коммунизма.

Короче говоря, я решил взглянуть на жизнь другими глазами и с другой позиции. И именно поэтому, когда «Литературная газета» в лице одного из ее редакторов предложила еще раз поехать на целину и написать очерк, я охотно согласился.

Когда я студентом был первый раз на целине, главный город той области назывался Акмолинском. До моего второго приезда он был переименован в Целиноград, а в недавнее время стал Астаной, столицей всего Казахстана.

Я приехал в Целиноград, снял в единственной в то время местной гостинице койку в комнате на двоих (отдельного номера не нашлось).

С поиском героя нашего времени мне повезло в первый же вечер. Явился мой сосед по номеру, очень приятного вида молодой человек, говоривший с легким прибалтийским акцентом. Вид у него был расстроенный, и не зря, — в местном универмаге у него украли последние тридцать рублей, теперь не осталось денег расплатиться за гостиницу и доехать до районного центра Макинки. Я сказал, что деньги на билет ему дам. Он: «Что вы! Вы же меня не знаете!» Я сказал: «Риск не велик, и деньги небольшие. Если вас не затруднит, я дам адрес, пришлете мне переводом». — «Ну, разумеется, разумеется, пришлю и даже телеграфом, как только доеду до места, но мне правда очень неудобно». Мы познакомились, разговорились, и новый знакомец охотно рассказал все о себе. Бруно Сааре, эстонец. В Таллине учился в каком-то техникуме, хотел учиться дальше, но увлекся мотоциклетным спортом. Заслуженный мастер спорта и чемпион Европы. Как-то приехал на целину, посмотрел на то, что здесь происходит, и вот бросил Таллин, бросил спорт и вернулся сюда, потому что только здесь вершатся настоящие дела и именно здесь есть место подвигу. Теперь работает в совхозе электриком, но мечтает собрать ребят и создать команду спортсменов-мотоциклистов. Такую, чтобы впоследствии покорила Европу. Ему уже обещали прислать для команды несколько мотоциклов, и он ожидает их со дня на день. Я спросил его, не скучает ли он по Таллину. Конечно, скучает, еще как скучает. Но здесь, на целине, какие люди, какая природа, какие рассветы и закаты!

Я был потрясен его рассказом о себе и восхищен им самим. Подумал: вот он, настоящий советский человек, которого я раньше не видел. За ночь у меня созрело решение, и утром я объявил Бруно, что еду с ним и буду писать о нем героический очерк. Бруно такая перспектива как будто понравилась, но все-таки он был смущен моим интересом к нему, простому, скромному человеку.

Поехали к нему.

Теперь Бруно, уже не сомневаясь, что отдаст мне деньги, одалживал их у меня во все больших количествах и на одолженные суммы угощал меня же, а потом встреченную нами в Макинке бригаду механизаторов из его же совхоза. Они так же, как и мы, ночевали в Макинке в помещении, которое в других местах называлось обычно гостиницей или Домом колхозника, а здесь она, очевидно, называлась постоялым двором, но местные люди обозначали ее одним словом — «постоял». Здесь Бруно щедро угостил всех, включая шофера. Гуляли, пили, потом в грузовике «ЗИЛ-150» поехали в совхоз. Мне, как важному московскому гостю, было уступлено место в кабине. Шофер, еще не протрезвевший от вчерашнего, давил на газ, машина неслась по самому краю грейдерной дороги, и я был рад, когда мы в конце концов доехали до места живые. Как столичный журналист, я должен был представиться начальству. Пошел к директору совхоза, женщине. Сказал ей, что вот приехал писать очерк о Бруно Сааре. Она очень удивилась, спросила, а что необычного я в нем нахожу. Я сказал: ну как же, спортсмен, чемпион. Оказалось, что она его в таком качестве не знает, я открыл ей глаза.

В совхозе Бруно продолжал гулять, угощать других — и опять за мой счет, потому что зарплату должны были выдавать через две недели. Во время моего пребывания в совхозе ему выдали казенный мотоцикл. Он предложил прокатиться на нем мне. Я сел и все остальные дни охотно ездил на этом мотоцикле, а он от этого отказывался, и, в конце концов, я заподозрил, что ездить на мотоцикле он вообще не умеет. Затем понял я и то, что отдавать мне деньги он не собирается, а мои деньги тем временем кончились. Настолько кончились, что не на что было купить обратный билет. Вечером накануне дня, когда я собрался уезжать, я ему сказал, что он должен отдать мне деньги немедленно. Он сказал, что отдаст, и пригласил меня прогуляться вдоль обрывистого берега над Ишимом. Я был молод, любопытен, готов к приключениям и потому приглашение принял. Вечер был темный, без луны. Мы ходили вдоль обрыва, и Бруно рассказывал мне историю какой-то своей несчастной любви. При этом он очень волновался, и я видел, что он волнуется, потому что хочет столкнуть меня с обрыва, но не решается.

Я так и думал, что он на это вряд ли решится, но на всякий случай был начеку. Надеялся, что, если он попытается, я с ним справлюсь. Любопытство мое было выше страха, что дело может кончиться плохо. Мы походили взад-вперед, он меня не столкнул, а на обратном пути отдал мне часть денег. Малую часть, но достаточную для покупки билета. Сказав, что остальное отдаст мне завтра у совхозной конторы перед моим отъездом. Я решил больше ничего не требовать, удовлетвориться тем, что получил, и отправиться восвояси. Утром пошел к директору просить, чтобы меня отвезли на станцию в Макинку. Мы с ней немного поговорили о Бруно. Она сказала, что он ей кажется аферистом. Он не только у меня, и у всех, у кого мог, наодалживал много денег, но и в совхозной кассе взял крупную ссуду на то, чтобы здесь обжиться. Мы разговаривали, я ждал Бруно, он не появлялся. Кто-то мне сказал, что он еще очень рано утром уехал в Макинку по каким-то делам, но обещал скоро приехать. Мне ждать его было уже некогда, и я сам отправился в ту же Макинку, чтобы там сесть на поезд Караганда—Москва. Я приехал часа за два до отправления, делать было нечего, гулял по перрону. Подошел какой-то местный состав. Вдруг я с большим удивлением увидел соскочившего еще на ходу Бруно. Я увидел его, он — меня и, нисколько не удивившись и не смутившись, сразу кинулся ко мне, вынимая из кармана деньги.

Я устыдился прежних своих сомнений и предложил ему заглянуть в станционный буфет. В это время как раз на перроне остановился поезд противоположного нужному мне направления: Москва—Караганда.

Бруно сказал:

— Нет, никак не могу, еду в Караганду получать мотоциклы для нашей команды. Помнишь, я тебе о них говорил?

Тогда ступеньки у вагонов были еще открытые, а двери не автоматические. Поезд тронулся, Бруно уже на ходу вскочил на подножку и сделал мне ручкой.

Я ничего не понял.

Я вернулся в Москву. Позвонил директрисе совхоза. От нее узнал, что Бруно пропал. Я заинтересовался его судьбой. Попросил в «Литературке» новую командировку и через три дня отправился в Таллин. В Таллине пошел по адресу, данному мне когда-то Бруно. Я бы не удивился, если бы адрес оказался ложным, но он оказался правильным. Я нашел нужные улицу, дом и квартиру, позвонил в дверь. На площадку вышла не очень пожилая миловидная женщина. Я спросил:

— Вы мама Бруно? Я пришел вам передать от него привет.

— Вы были у него в больнице? — спросила она.

Я от этого вопроса опешил, потому что для меня это был не вопрос, а ответ, из которого я понял, что Бруно здесь, в Таллине. А я-то думал, что он где-нибудь в Караганде. После секундного замешательства я сказал, что как раз ищу его по делу и хотел узнать, в какой именно он больнице. Она мне назвала номер и адрес. В больнице мне сказали, что у него желтуха и он находится, естественно, в инфекционном отделении. Я был молод, легкомыслен, в то, что ко мне прилипнет какая бы то ни было инфекция, не верил, и стал настаивать. Все-таки я был корреспондентом влиятельной столичной газеты, и главврач уступил с предупреждением, что отвечать за последствия буду я сам. При этом взял с меня слово, что я буду осторожен и в палате больного задержусь ненадолго. Бруно лежал действительно желтый и, вероятно, слабый, но все же вскочил с кровати и кинулся обниматься, я отстранился, но руку пожал, нарушив данное главврачу обещание. Моего появления он, конечно, никак не ожидал, но тут же сплел мне сочиненную мгновенно историю о полученном им вызове на международные соревнования по мотогонкам. Я ни одному слову его не поверил, о чем ему прямо сказал. И сказал, что бессмысленные аферы его очень скоро доведут до тюрьмы. Он расплакался и стал говорить, что он все понимает, но склонность к фантазиям у него с самого детства, он ничего не может с собой поделать, сам себя считает пустым, никчемным человеком, но теперь он все понял.

— Спасибо тебе, спасибо! — восклицал он и хватал меня за руки, не смущаясь своей инфекционностью. — Спасибо. Я рад, что я тебя встретил в жизни. Ты перевернул мое сознание. Я тебе обещаю, что с прошлым покончено навсегда. Я исправлюсь. Вот выздоровею и начну новую жизнь, я тебе обещаю.

Я уверен, что он говорил искренне и сам верил в свое кардинальное исправление.

Покидая больницу, я спросил лечащего врача-женщину, не пытался ли Бруно одолжить у нее денег.

Она сказала: да, пытался, у нее на тот момент не было, но с получки немного она сможет ему дать.

Я сказал:

— Не давайте ему ни копейки.

Опять посетил мать. Сказал ей, что сын ее аферист и если он не исправится, то неизбежно кончит свою жизнь в тюрьме. Теперь она расплакалась, сказала, что полностью со мной согласна, и стала мне рассказывать, какой Бруно был умный и талантливый мальчик. И рисовал, и спортом увлекался, но с детства был склонен к безудержному фантазированию. Сначала врал бескорыстно, потом стал одалживать деньги. Причем он умеет так попросить, что люди иногда готовы ему отдать чуть ли не последнее.

Я говорил о Бруно с участковым милиционером. Тот Бруно хорошо знал и был очень высокого мнения о его талантах, интеллектуальных способностях и умении убеждать людей. Редактор одного из эстонских журналов, когда я ему рассказал о Бруно, вздохнул и сказал, что ему стыдно, что и среди эстонцев встречаются такие люди. На что я ему сказал, что такие и не такие встречаются среди всех.

Я вернулся в Москву, посетил «Литгазету», рассказал редактору о Бруно. Он оживился:

— Замечательная история. Я уже представляю себе, какой прекрасный очерк вы напишете. Напишите. Я вам посоветовал бы написать о человеке, который сам себя погубил. Наделенный разными талантами, он мог стать поэтом, живописцем, мастером спорта, а стал просто мелким аферистом.

Я взялся за очерк, но, не написав и страницы, остановился. Задумался: если напишу и напечатаю, Бруно разыщут все его кредиторы и посадят. Потому что местные власти очень расторопно реагировали на публикации в центральной печати. Я не захотел ломать Бруно жизнь и не написал ничего. За что меня в редакции очень ругали.

АЛЛА ПАСТУХОВА

Редактор в литературе играет примерно ту же роль, что тренер в спорте. Может быть, он сам не умеет писать (иногда, впрочем, умеет), но если у него хороший вкус, его помощь неоценима.

Любимицей всех авторов «Нового мира» была Анна Самойловна, Ася, Асенька Берзер. Ее ценили, уважали и обожали Виктор Некрасов, Юрий Домбровский, Юрий Трифонов, Виталий Семин. Она счастливо сочетала в себе способность воспринимать новую вещь и как простодушный читатель, и как опытный редактор. Обладала прекрасным чувством юмора и замечала малейшую фальшь. Работая над рукописью, Ася делала на полях едва заметные деликатные пометки карандашом, чтобы в случае чего можно было стереть. Но, поскольку замечания ее были убедительны, авторы с ней чаще всего соглашались.

Ася Берзер и Инна Борисова не дали мне возможности в них разочароваться. С Игорем Сацем у меня бывали серьезные разногласия, хотя к «консенсусу» мы в конце концов приходили.

«Новомирских» редакторов мне потом было с кем сравнить. В Советском Союзе редактор обычно исполнял и цензорские функции и, как правило, считал себя начальником над писателями. Больше других запомнилась мне Алла Пастухова, тогдашняя жена Юрия Трифонова. Она была редактором «Политиздата», где выпускались не только материалы партийных съездов, но и художественная литература. В конце 60-х в

ЦК КПСС, видимо, решили отвлечь внимание некоторых фрондировавших писателей от современных тем и создали для них историко-революционную серию «Пламенные революционеры». Попал в эту серию и я — написал по заказу издательства или, точнее, по идее, рожденной в ЦК КПСС, книгу о Вере Фигнер. Мне выделили редактором Аллу. Она сразу сказала мне, что я один из ее любимых писателей и что мы с ней, в общем, свои люди и единомышленники. Я ее таковой и считал, пока не закончил работу над повестью «Деревянное яблоко свободы» и с готовой рукописью явился к ней.

— Хорошо, — сказала Алла, кладя рукопись в ящик стола. — Сегодня среда. Завтра и в пятницу я еще буду занята с другим автором, в понедельник начнем читать.

— А в субботу вы начать не можете?

— Вы что?! — спросила она удивленно. — Хотите, чтобы я в выходные работала?

Признаться, я самонадеянно думал, что чтение моих книг не только работа, но отчасти и удовольствие. Я был избалован отношением к себе в «Новом мире». Там и Сац, и Ася Берзер начинали читать немедленно. Но Алла меня поставила на место, и я поспешил ее успокоить, что портить ей выходные дни не собираюсь.

НЕТ БОЛЕЕ ГЕМОРРОЯ

В понедельник я пришел. Алла при мне достала из ящика рукопись, раскрыла, надела очки, взяла в руку самописку и стала читать. Повесть начиналась письмом старого помещика из города Тетюши своему сыну, жившему в Казани. После некоторых наставлений следовала просьба: «А также купи мне книгу Зейберлинга «Нет более геморроя». Говорят, книга сия позволит навсегда избавиться от болезни геморроя...» Не говоря ни слова, Алла жирной чертой вычеркнула «геморрой». Я сперва растерялся, а потом, когда она занесла ручку над вторым «геморроем», закричал:

— Стоп! Что вы делаете?

— Как что? — удивилась она. — Редактирую.

— Разве так редактируют?

— А как?

— Прежде чем вычеркивать что-нибудь, вы должны объяснить, почему хотите это делать, и спросить, согласен я с вами или нет.

Она удивилась еще больше:

— А вы со мной не согласны?

— Конечно же, не согласен. Что вас здесь смущает?

— Ну, вот это слово.

— Какое?

— Вот это.

Она тычет пером в ужасное слово, краснеет, но произнести его не решается.

— Вас смущает слово «геморрой»? Поверьте, это вполне литературное слово. Это просто название болезни. Почитайте Гоголя, у него есть герои с геморроидальным цветом лица.

Алла, кажется, была готова уступить, но...

— Но вы же понимаете, что начальство это все равно не пропустит.

— Когда не пропустит начальство, я буду говорить с ним. А вы это оставьте.

Она оставила — и начальство потом пропустило. После моей маленькой победы Алла перестала все, что ей не нравилось, вычеркивать, но подчеркивала и писала замечания на полях. Дошла до места, где герой ехал в санках. Подчеркнула «санки», на полях написала: «На санках катаются дети с горок, взрослые ездят на санях». Я ей сказал, что на санях крестьяне возят дрова, и напомнил строки из «Евгения Онегина»: «Уж темно; в санки он садится: "Пади! Пади!" — раздался крик...» Алла и тут не сразу согласилась и потребовала доказать, что «санки» не опечатка.

Я полез в «Шинель» Гоголя, нашел описание первой прогулки Акакия Акакиевича в новой шинели. По мере его продвижения к центру Петербурга «улицы становились живее, населенней и сильнее освещены. Пешеходы стали мелькать чаще, начали попадаться и дамы, красиво одетые, на мужчинах попадались бобровые воротники, реже встречались ваньки с деревянными решетчатыми своими санками, утыканными позолоченными гвоздочками, — напротив, все попадались лихачи в малиновых бархатных шапках, с лакированными санками, с медвежьими одеялами...»

— Ну да, — сказала она, — неужели непонятно? Ваньки — это дети.

— И лихачи в малиновых бархатных шапках тоже дети? И лакированные санки с медвежьими одеялами — детские?

Она уже видела, что говорит глупость, но еще долго стояла на своем. В конце концов с большой неохотой сдалась.

Иногда она доводила меня до бешенства.

— Алла, — говорил я тогда ей, — вы поставлены надо мною государством и по государственной субординации являетесь для меня вроде как начальником. Но по справедливости, как вам кажется, вы имеете право вот так беспардонно корежить мой текст?

— А вы считаете, не имею?

— Да, не имеете. Я взрослый человек, я известный писатель, я сам отвечаю перед читателем.

Она ударялась в слезы.

Иногда она брала на работе разрешение не приходить в редакцию, и тогда мы работали у нее дома. И тоже спорили, я до бешенства, она — до слез. Трифонов, конечно, был на моей стороне, но в спор наш не вмешивался, боялся. И убегал в ванную.

Но я заскочил на десять лет вперед. Возвращаюсь в 1961 год.

РАСКАЯНИЕ ГУСА

В 1973 году, получив новую квартиру в «писательском» доме на улице Черняховского (эпопея вселения в нее описана мною в «Иванькиаде»), я вскоре обнаружил, что моим соседом сверху является не кто иной, как Михаил Семенович Гус. Выяснил я это после того, как он, забыв закрыть кран в ванной, залил меня. Когда я поднялся наверх, Гус стоял с тряпкой в луже. Увидев меня, он побледнел, думая, очевидно, что сейчас я ему отомщу за «правду эпохи» и «чуждую нам поэтику». Этого не случилось, с заливом квартиры мы как-то разобрались, после чего Гус при встречах со мной стал здороваться и получал в ответ сдержанные кивки. Однажды, уже перед самым моим отъездом за границу, Гус остановил меня у подъезда и сообщил, что ему исполнилось восемьдесят лет.

— Поздравляю, — сказал я.

— Да уж с чем там поздравлять, — вздохнул он.

— Хотя бы с тем, что вы до этого возраста дожили.

— Да, — согласился Гус. — Дожил. И много чего сделал. Много плохого сделал. Вот и вас молодого травил.

— Ну, это, — решил я его утешить, — уже неважно.

— Нет, важно, — сказал он и вдруг заплакал. И, махнув рукой, отошел...

Меня травили многие люди. Многие возводили на меня напраслину, клеветали, обвиняли в том, в чем я не был виноват. Некоторые потом говорили, что за давностью лет ничего не помнят. Но искренне извинился только Михаил Семенович Гус — и, конечно, я ему все простил. Если бы я был Высшей Инстанцией, я бы искренние угрызения совести считал достаточным основанием для прощения всех грехов.

Другой мой недоброжелатель, Георгий Радов (настоящая фамилия Вельш), был, как говорили, шотландского происхождения. Большого роста, рябой, с буйными, ниспадавшими на лоб кудрями, вечно пьяный и неуемно злой, он на меня нападал и на собраниях, и в газетах, да и просто при случайных встречах. Иногда это выглядело комически. Как-то в ресторане ЦДЛ он присел за мой столик и долго молча сверлил меня глазами. Потом не выдержал, заговорил:

— Ну, ты, ты! Ты думаешь, что ты писатель?

— Я думаю, что тебе лучше пойти и проспаться.

Радов еще больше разозлился:

— А почему ты говоришь мне «ты»?

Естественно, я ответил:

— А почему ты говоришь мне «ты»?

Он не нашелся, что на это ответить, вскочил и пошел приставать к кому-то еще.

Возможность утолить ненависть ко мне или иллюзия этой возможности возникла у него в 1974 году, когда было решено исключить меня из Союза писателей. Но об этом — в свое время.

Для каждого молодого писателя второе сочинение бывает экзаменом, который он держит сам перед собой. Испытывая при этом нешуточный страх и пытаясь предугадать, будет ли новая вещь не хуже той, через которую пришло признание. Не окажется ли его первый успех случайным.

Морозным декабрьским днем 1961 года я шел по улице Горького от Белорусского вокзала к Пушкинской площади, помахивая недавно купленным темным портфелем. По дороге встретил Бориса Балтера, моего в то время близкого друга, автора нашумевшей повести «До свидания, мальчики».

— Куда идешь? — поинтересовался Борис.

— В «Новый мир».

— Несешь что-нибудь новое?

— Да вот написал рассказ, — сказал я, встряхнув портфелем.

— Как называется?

— «Расстояние в полкилометра».

— Хороший? — был следующий вопрос.

Хороший ли? Что я мог сказать? Когда я его написал, он мне казался вполне хорошим. Когда выходил из дому, думал, что он неплохой. Но чем ближе я был к «Новому миру», тем больше сомневался.

— Не знаю, — признался я честно.

— А если не знаешь, — удивился Борис, — зачем несешь?

Что на это ответить? Если бы я ждал, когда придет уверенность в том, что я написал что-то безусловно хорошее, я бы никогда не дошел до редакции. Неуверенность в качестве написанного у меня и сейчас, в преклонном возрасте, случается перед передачей рукописи редактору, а уж тогда я вообще готов был в последнюю секунду повернуть обратно. Тем не менее превозмог себя, дошел до редакции, вручил свое сочинение Асе Берзер и стал ждать.

Я думал, Ася немедленно прочтет мой рассказ и позвонит или пришлет телеграмму, как это было с «Мы здесь живем». Но прошли день, два, три, неделя... ни телеграмм, ни звонков, ни намеков. Значит, не понравилось. Я ждал гораздо дольше, чем после сдачи первой повести. Вдруг звонок. Анна Самойловна: «Володя, вас просит к себе Твардовский».

Я порой очень жалею, что никогда не вел дневников, даже в дни очень важных для меня событий. Поэтому — вот по памяти. Был снежный вечер. Я вошел в кабинет, тот самый, в который когда-то вломился по наглости. Горела только настольная лампа. Твардовский, седоватый и грузный, вышел из-за стола. Взял мою ладонь в свою большую и мягкую, усадил и стал говорить мне такие комплименты, на которые я не рассчитывал. Он меня цитировал, смеялся, пересказывал почти дословно спор двух персонажей по поводу количества колонн у Большого театра. Сказал, как ему приятно, что я знаю жизнь, особенно деревенскую, сказал, что рассказ у меня самостоятельный, хотя школа видна, «школа бунинская» (я был не согласен, но не возразил). «Ну что ж, неплохая школа. И хотя вы учитесь у Бунина (я у него не учился), но без эпигонства. А то есть у нас, знаете ли, модные бунинисты...» (Под модными бунинистами он имел в виду Юрия Казакова, которого считал тогда не больше, чем эпигоном Бунина, но потом изменил свое отношение и в какой-то статье о Бунине уже уважительно упомянул Казакова, назвав его не эпигоном, а последователем Бунина.)

— Да, — вдруг спохватился Александр Трифонович, — а как вас величать?

— Меня зовут Володя.

— Володя? — переспросил он удивленно, будто никогда не слышал подобного имени. — А что, у вас разве отчества нет?

Я растерялся. Отчество? У меня? Да кто ж меня и когда звал по отчеству? Еще недавно кричали просто: рядовой такой-то, ко мне, вольно, смирно, шагом марш! На стройке со мной тоже особенно не церемонились. На радио к моему имени тоже отчество не прилагали. К тому же я вот слышал и поначалу удивлялся: литераторы сплошь и рядом, независимо от возраста, зовут друг друга Миша Светлов, Костя Симонов, Сережа Наровчатов, Боря Слуцкий, а Маяковский и вовсе называл Асеева Колькой. Я попробовал объяснить Твардовскому, что я еще молодой и прибавления отчества к имени покуда не заслужил. И увидел, что это объяснение ему совсем не понравилось.

— А кой вам годик? — спросил он уже довольно язвительно.

— Двадцать девять.

Он помрачнел. Я потом много раз замечал, что он тяжело переживал свой возраст, хотя ему был всего лишь пятьдесят один год. Себя он зачислил уже в старики, а к писателям, считавшим себя молодыми, относился неодобрительно, считая, что молодыми они себя называют, надеясь на возрастную скидку, которой не должно быть. Литература — занятие взрослых и зрелых людей. Если уж ты взялся за него, то на снисхождение по возрасту рассчитывать нечего. Его покоробило мое представление о том, что я еще молод, но разбавлять мед дегтем он все же не стал. Только заметил со вздохом:

— Ну что ж, молодость — это недостаток, который быстро проходит.

После этого опять ко мне расположился и сказал, что как редактор он все рукописи читает обычно с карандашом, и тут карандаш взял, но потом про него забыл. Наговорил еще много хорошего. Перейдя к практической части, он сказал, что «Расстояние в полкилометра» обязательно напечатает, но это будет непросто, потому что рассказ не из тех, которые проходят легко. Для того чтобы напечатать, к нему надо добавить другой рассказ. Пусть не такой хороший. Пусть вообще он будет похуже и даже чем хуже, тем лучше. «Тогда мы вашим плохим рассказом прикроем этот хороший».

Некоторое время я ходил у него в фаворитах, чем очень гордился.

«НОВОМИРСКИЕ» ПОСИДЕЛКИ

Наши встречи застольные начались с того, что я, сидя вечером у Феликса Светова, позвонил зачем-то Сацу. Сац сказал: «Володя, если хотите видеть Александра Трифоновича, приезжайте сейчас же ко мне». Я кинулся к выходу. Светов обиделся: «Что же ты меняешь друга на начальника?» Я возразил: «Он мне не начальник, а великий поэт. Представь себе, что тебя приглашает Пушкин. Неужели откажешься?»

Встречи с А.Т. (так Твардовского с почтением многие называли) стали почти регулярными. Это случалось чаще всего у Саца. Жена Саца Раиса Исаевна обычно ставила на стол закуску и исчезала, а мы оставались втроем, и разговоры наши на первых порах были взаимодружелюбными, отчего я приходил в состояние счастья, как от свидания с любимой женщиной.

Мне льстило, что между нами, как мне казалось, так много общего: и литературные вкусы, и бытовые привычки, и то, что мы оба курили одни и те же сигареты — «Ароматные». Я Твардовского располагал к себе очевидным знанием жизни, тем, что жил в деревне, был столяром, служил в армии, ездил на мотоцикле, а кроме того, читал почти все, что было им опубликовано, не только стихи, но и статьи, выступления и рассказы.

Иногда в более расширенном составе встречались у Инны Шкунаевой, подруги Саца, специалистке по французской литературе. Она была родственницей архитектора Жолтовского, от которого в ее распоряжение перешла небольшая, одно- или двухкомнатная (точно не помню) квартира в районе Смоленской площади. Там сходилась почти вся редколлегия «Нового мира»: Твардовский, Лакшин, Сац, Кондратович, Дементьев, Марьямов. Все являлись с водкой (как мне помнится, приносили сразу по две бутылки). Садились за стол. Шкунаева готовила закуску. Первая стадия: пили, закусывали, балагурили. Твардовский, разумеется, был центром и душой компании. Рассказывал что-нибудь о своих столкновениях с начальством и цензорами или вспоминал деревенское детство. На второй стадии переходили к песням. Твардовский хорошо знал и пел белорусские песни. Лакшин (который эти же песни, наверное, специально выучил) очень старательно и, подражая Твардовскому, подпевал. Кое-какие из этих песен я тоже знал, но в украинском варианте, чем умилял Твардовского.

Иногда к концу застолья Твардовский начинал плакать, переживая наступившую, как ему казалось, старость (а было ему, напоминаю, немного за пятьдесят). Утирал слезы ладонями, повторяя: «Я старик, я старик». Остальные вежливо выдерживали паузу, хотя некоторые из них (Сац, Дементьев, Марьямов) были постарше.

«ЧТОБЫ ВАС БЫЛО ЖАЛКО!»

Несмотря на влюбленность в Твардовского, кое-что меня в нем удивляло. В частных разговорах он всегда ругал власть за бюрократизм, колхозы, бесполезное освоение целинных земель, управление культурой и в то же время проявлял к этой власти почтение даже тогда, когда этого не требовалось. Для него существовали две власти: просто власть, которую можно и должно ругать, и Советская, с большой буквы, которой следует неустанно присягать на верность. Например, исполнилось 60 лет Игорю Александровичу Сацу. Отмечаем в кабинете главного. Твардовский произносит первый тост — и предлагает выпить не за Саца, а «за нашу Советскую власть», которая к появлению на свет Саца была непричастна: он родился за пятнадцать лет до нее. Я был удивлен. Зачем Твардовский это говорит? Неужели он в самом деле эту власть так любит? Как можно любить власть, которая раскулачила, сослала в Сибирь его отца и старшего брата? Я не осуждал Твардовского, просто пытался понять, но мне это не удавалось. Раздвоенность сознания помогала ему до поры до времени существовать в относительном мире с советской системой, но разрушала его. Свои сомнения он, подобно Шолохову или Фадееву, глушил водкой, и чем дальше, тем чаще выпивки в кругу друзей заканчивались уходом в одинокий запой.

Я очень завидовал Твардовскому, что он пишет правду, но при этом такую правду (или не совсем правду, а то, во что сам верит), которую принимает власть. И поэтому уважаем властью, читателями и сам себя уважает. У меня такой гармонии не было. У меня не было ни малейшего намерения входить с властью в конфликт, но желание изображать жизнь, как она есть, было выше стремления к благополучию. Твардовский по складу своего характера и дарования был человеком государственным и мог писать искренне то, на что у меня не поднялась бы рука, вроде «из одного металла льют медаль за бой, медаль за труд» или про возвращающегося из лагеря после многих лет старого друга:

> Он всюду шел со мной по свету,
> Всему причастен на земле.
> По одному со мной билету,
> Как равный гость, бывал в Кремле.

Многое из того, что писал Твардовский, мне было не враждебно, но чуждо. Однако за «Тёркина», за «Дом у дороги», за многие стихи я мог простить ему все.

Мне была близка нелюбовь Твардовского к проявлениям всякого пижонства или того, что ему и мне казалось пижонством. Ему не нравились стремления мужчин украшать себя крикливой одеждой, дорогими часами, перстнями, усами и бородами. Он ехидно расспрашивал Виктора Некрасова, как он заботится о своих усах: «Смотришь в зеркало, корчишь рожи, подстригаешь, подбриваешь, подравниваешь?» — «Да! — с вызовом отвечал Некрасов. — Смотрю в зеркало, корчу рожи, подстригаю, подбриваю, подравниваю!» Позже Твардовский неодобрительно относился к солженицынской бороде (обожая при этом ее носителя). Однажды мы закуривали, у него не оказалось спичек. Я небрежно чиркнул газовой зажигалкой. «Зажигалка?» — спросил он насмешливо, и я устыдился, как будто был уличен в чем-то дурном. Он все еще ко мне хорошо относился и однажды стоя произнес тост: «Вот умирает писатель, и я думаю о нем: не жалко. Я хочу выпить за вас, чтобы, когда вы умрете, вас было жалко!» Я был польщен. И рассказал об этом тосте Камилу Икрамову. Камил ревновал меня к Твардовскому и злился. Ведь это он, Камил, открыл меня еще по самым первым моим стихам (которые, кстати сказать, Твардовский не оценил), но ему я верил недостаточно, его оценками не хвастался, а от слов Твардовского надуваюсь, как индюк. Рассказ о произнесенном тосте разозлил его особенно. «И тебе не стыдно это слушать? — сказал он мне. — Ты разве не понял, кого не жалко Твардовскому? Василия Семеновича Гроссмана!»

Я к Гроссману уже тогда, еще не читавши главных его поздних вещей («Жизнь и судьба», «Все течет»), относился с почтением. Но мне тем более было лестно, что Твардовский предполагает во мне возможность стать выше Гроссмана.

ПОЗДНЕЕ РАСКАЯНИЕ ЛАКШИНА

Наши отношения стали портиться в начале 1962 года, когда я написал повесть «Кем я мог бы стать» с эпиграфом из австралийского поэта Генри Лоусона (перевод Никиты Разговорова): «Когда печаль и горе, и боль в груди моей, и день вчерашний черен, а завтрашний черней, находится немало любителей сказать: «Ах, жизнь его пропала, а кем он мог бы стать?» Богат и горд осанкой тот я, кем я не стал. Давно имеет в банке солидный капитал. Ему почет и слава и слава и почет, но мне та слава, право, никак не подойдет. Мой друг, мой друг надежный, тебе ль того не знать: всю жизнь я лез из кожи, чтобы не стать, о, Боже, тем, кем я мог бы стать». Эти стихи для эпиграфа длинноватые, но, будь их автором я, были бы моим автопортретом.

Я читал эту повесть вслух Игорю Сацу и Инне Шкунаевой. Им обоим повесть понравилась. И Камилу Икрамову, и Феликсу Светову. И Асе Берзер, которой я сдал рукопись. Ася отдала рукопись дальше, и дальше была заминка. Долго из редакции не было ни слуху ни духу, и вдруг мне показывают внутреннюю рецензию, написанную «самим». Отзыв кислый. Повесть слабая и несамостоятельная, написанная «под Бёлля», даже конкретно под «Бильярд в половине десятого». Я стал искать этот роман. Нашел, прочел, удивился. Да, вроде какое-то созвучие интонаций имеется, но кому докажешь, что я Бёлля прочел уже после написания повести?

Твардовскому повесть не понравилась, значит, не понравилась и большинству членов редколлегии. Про «Расстояние в полкилометра» уже все как будто забыли. И не помнят хитроумной надежды Твардовского, что чем вторая вещь будет слабее, тем легче будет напечатать ее вместе с первым рассказом.

Ася Берзер и Сац защищали меня, как могли. Об усилиях Игоря Александровича свидетельствует датированная концом ноября 1962 года дневниковая запись тогдашнего члена редколлегии Владимира Лакшина: «Я сам люблю его (Саца. — *В.В.*) всей душой и с тревогой замечаю маленькие пятнышки в наших отношениях, с тех пор как я пришел в «Новый мир». Может быть, тут отчасти и ревность к Александру Трифоновичу. Некрасов предупреждал меня когда-то, что Сац ревнив, как мавр. И не может себе представить, что его друзья встречаются где-то без него. А тут еще споры о новой повести Володи Войновича, которого он выпестовал. Повесть о прорабе не слишком удачная, со слабым концом. Но Игорь Александрович, его редактор, признать этого не хочет, язвит критиков Войновича и требует печатать повесть без переделок, как она есть. Володю, конечно, замучили всякими советами и замечаниями, но что делать, если повесть не удалась».

Двадцать восемь лет спустя Лакшин эту запись снабдил примечанием: «Мне досадно теперь на мою снисходительную оценку этой хорошей повести В. Войновича. Но тогда все мы мерили невольно уровнем «Ивана Денисовича», рядом с которым все казалось блеклым».

ИГОРЬ САЦ

Сац прожил интереснейшую жизнь. В «Новом мире» его не любили и даже поговаривали то, чего я повторять не буду. Но вот то, что я знаю. В молодости он был подающим большие надежды пианистом, потом каким-то образом (может быть, был ранен) повредил руку. Играть больше не мог. Был адъютантом у Щорса. Сколько ему могло быть лет? Пятнадцать-шестнадцать? Потом числился литературным секретарем Луначарского. Во время войны служил в польской армии Людовой, при генерале Берлинге. Зная несколько языков, был разведчиком, подслушивал телефонные разговоры немцев. У него были густые, кустистые черные брови и совершенно белые, немного с желтизной, волосы. В общественном транспорте молодые люди проявляли готовность уступить ему место, но он этим не пользовался. В метро всегда стоял, выпятив грудь, всем своим видом показывая, что предлагать ему сесть бесполезно.

О своих военных подвигах никогда не рассказывал, но однажды, сильно подвыпив, вытащил ящик из письменного стола и вывалил на стол груду орденов, и когда я спросил: «Это все ваши?» — он застенчиво захихикал.

В своих воспоминаниях «Бодался теленок с дубом» Солженицын назвал Саца «мутно-пьяным». Сац и правда пил немало (и я вместе с ним).

Он был один из немногих моих знакомых, кто решался ездить со мной, трезвым и пьяным, на мотоцикле, что приводило в ужас Твардовского. Сац был вдвое старше меня, но пил наравне, пил столько, сколько я, достигнув его возраста, выпить не мог. Году в 62-м он получил отдельную квартиру на проспекте Вернадского, мы с ним поехали туда. Мебель новой квартиры состояла из одной табуретки. Сац застелил табуретку газетой, нарезал хлеб, лук и колбасу, и мы с ним вдвоем, сидя на полу, выпили на равных четыре бутылки водки. После чего поехали на мотоцикле. Сац сидел сзади, держа перед собою портфель, и вид у него был величественный. На каком-то перекрестке нас остановил милиционер и попросил меня показать документы. Я полез в карман.

— Володя, — строго спросил Сац, — вы что-нибудь нарушили?

Он со своим портфелем выглядел так, как если бы ехал на персональной «Чайке». Милиционер заволновался и решил меня защитить от начальственного гнева.

— Нет-нет, — поспешно сказал милиционер, — он ничего не нарушил. Я только проверю документы.

Протягивая ему свои права, я, естественно, старался дышать не в его сторону.

Милиционер запаха не учуял (или сделал вид, что не учуял). Вернул мне права, откозырял, и мы поехали дальше. Кстати замечу, милиционеры тогда не все брали взятки и были более милостивы. Я однажды ехал ночью на «Запорожце» и на Кутузовском проспекте был остановлен гаишником. Я ехал из ресторана, и милиционер это сразу унюхал. «Выпил?» — спросил он. Я признался: «Выпил». «Сколько?» — «Грамм двести». — «А куда едешь?» — «В Фили». — «А доедешь?» — «Раз досюда доехал, то, наверное, и дальше доеду», — сказал я. «Ну, езжай, — разрешил он, возвращая права, — только осторожно».

ХОЧУ БЫТЬ ЧЕСТНЫМ

Кроме Саца и Аси Берзер нашлись у меня еще два сторонника среди членов редколлегии. Первый — Евгений Николаевич Герасимов, которого, несмотря на преклонные годы, все звали Женей. В качестве поклонника он обнаружился так. Подавленный полным неприятием моей повести в «Новом мире», пришел я в ЦДЛ, встретил там изрядно подвыпившего Женю (а он всегда был подвыпивши, то просто, то изрядно, и сам мне говорил, что имеет дневную норму две бутылки водки), и он неожиданно стал мне объясняться в любви, говорить, как высоко ценит мое дарование. «Как же высоко, — спросил я, — когда вы не хотите печатать мою повесть!» — «Я не хочу?! — искренне возмутился он. — Это они, — Женя понизил голос до шепота, словно говорил о политической власти, — они не хотят. А я хочу. Я тебя вообще считаю надеждой нашей литературы», — добавил он и почему-то заплакал.

На другой день он позвонил мне рано утром и сказал, что желает немедленно видеть меня в редакции. Утром он был трезвый и говорил на «вы». «Я хочу бороться за вашу повесть, но давайте назовем ее рассказом, чтобы было два рассказа, и переименуем. Как? Давайте назовем просто: «Хочу быть честным». Тогда они будут считать это рассказом о частном случае. Какой-то чудак хочет быть честным, но на основы нашего строя не посягает и, больше того, хочет, чтобы советская власть была даже лучше, чем она есть».

Я спорить не стал. Для меня обозначение жанра большого значения не имело, а название... Оно мне не показалось достаточно «проходным», и даже наоборот, но... Я согласился изменить название и с сожалением убрал эпиграф, потому что теперь он не подходил.

Тем не менее повесть не печатают. Твардовский по-прежнему относится к ней плохо, другие члены редколлегии — Закс, Лакшин, Кондратович — тоже, но и не отказывают. Появился Дементьев, большой, грузный, в старомодных очках, похожий на разночинца.

Про него говорили, что во времена космополитизма в Ленинграде он отличался особым рвением, но я его таким не знал и с трудом мог таким представить. В солженицынском «Теленке» Александр Григорьевич изображен злобным большевистским комиссаром, приставленным к Твардовскому. Не знаю, может, он поначалу и был приставлен, но если даже и так, то впоследствии играл другую роль. Он был, кажется, единственным членом редколлегии, имевшим собственное мнение, но отстаивал его не всегда прямо, а применяя разнообразные дипломатические уловки. Твардовский его уважал за самостоятельность и ученость. И закрывал глаза на то, что в периоды его отсутствия (по причине, например, запоя) Дементьев брал управление на себя и решал спорные вопросы по-своему — печатал, бывало, вещи, не пропущенные главным редактором, а того потом убеждал, что автор много работал над рукописью и кардинально ее улучшил.

Мне Дементьев явно симпатизировал и, по крайней мере, дважды печатал меня, преодолев сопротивление Твардовского. При этом делал много тактических ходов, терпеливо выжидал подходящий момент и меня уговаривал набраться терпения. «Подождите, подождите», — говорил он, и я ждал. С «Хочу быть честным» и «Расстоянием в полкилометра» я ждал целый год. Время от времени рассказы ставили в план, но тут присылал рукопись кто-нибудь из маститых (Эренбург — мемуары, Панова — пьесу), и меня опять выкидывали из очереди. Я нервничал. Меня уже убедили, что «Хочу быть честным» — вещь слабая, я готов был от нее отказаться, но мне очень важно было выйти к читателю с «Расстоянием в полкилометра».

Я сдал редакции этот рассказ в декабре 1961 года. А в ноябре следующего года вышел «Один день Ивана Денисовича» Солженицына, что стало ни с чем не сравнимой сенсацией. Солженицына читали, обсуждали, спорили. Очень многие утверждали, что с его появлением все в литературе изменилось и уже никто не сможет писать так, как раньше. Именно поэтому я опасался, что мой рассказ воспримут как написанный после и, может быть, даже под влиянием Солженицына, и никто не поверит, что во время написания рассказа я имени «Солженицын» и слыхом еще не слыхал.

ДУЭТ В КОСМОСЕ

Упоминавшийся мною выше полет космонавтов Николаева и Поповича с исполнением ими дуэтом «14 минут до старта» состоялся в августе 1962-го. Что тут началось! Издательства, журналы и газеты наперебой предлагали мне издать сборник, подборку или отдельные стихотворения. Нас с Оскаром Фельцманом выдвинули на Ленинскую премию, и наше сочинение конкурировало с песней «Бухенвальдский набат».

Меня стали безудержно хвалить в печати и за мою прозу. Петрусь Бровка, белорусский государственный поэт, посвятил в «Литературке» большой панегирик повести «Мы здесь живем». Мария Прилежаева, приближенная к начальству сочинительница детских рассказов о Ленине, долго меня вызванивала и приглашала к себе. В конце концов я посетил ее в ее квартире в высотном доме на Котельнической набережной. Она угощала меня чаем с овсяным печеньем и возмущалась, что я до сих пор еще не член Союза писателей. Вместе с ней за меня ратовал известный в то время прозаик Николай Атаров. Меня тут же стали продвигать неведомые мне силы, и в сентябре я получил заветную книжечку члена Союза писателей с подписью Константина Федина.

Твардовского мой успех не оставил равнодушным. «Как? Это правда ваша песня? Вы ее написали?» Я отмахивался, стесняясь и текста, и вообще того, что писал песни. Говорил, что писал их просто так, по служебной необходимости. Твардовский возмущался моим несерьезным отношением к серьезному делу. Он был уверен, что сам ничего «просто так» не писал. Он сердился, но тут же предложил напечатать в ближайшем номере подборку моих стихов. Я сказал: «Ни за что!» Он спросил: «Почему?» — «Я вам однажды давал свои стихи». — «Вы — мне? А это вы были? Да, помню... Ну, с тех пор прошли годы. Может быть, вы выросли. Может быть, я ошибся». Критики его постоянно ругали за то, что он печатает плохие стихи. «Ну, так что? Дадите? Нет? Но почему?» — «Потому, что вы напечатаете стихи и будете считать, что свой долг передо мной выполнили. А я хочу, чтобы читатели знали мою прозу».

Не помню, что он мне ответил, но два рассказа увидели свет в февральском номере журнала 1963 года, вышедшем в марте.

СТРЕЛЬБА В СПИНУ СОВЕТСКОЙ АРМИИ

Но перед этим я получил щелчок с неожиданной стороны. После дуэтного исполнения моей песни в космосе и одобрения песни Хрущевым редакции газет и журналов наперебой обращались ко мне с просьбой дать им мои стихи. Я сам к стихам своим в то время остыл, большую часть выбросил, остальные печатать не хотел, но газете «Московский комсомолец» сделал исключение в виде двух старых стихотворений.

Раньше, когда мне это было очень нужно, их не печатали. Теперь, когда мне это было нужно не очень, их взяли охотно.

И разразился скандал. Стихи попали на глаза министру обороны СССР Маршалу Советского Союза Малиновскому, который, по слухам, сам пописывал немножко стишки. То ли в душе его взыграла ревность поэта к поэту, то ли еще чего, но он взбеленился, поехал в Главное политическое управление Советской армии и Военно-морского флота и заседавшим там маршалам, генералам и адмиралам, как мне говорили, прочел мои стихи вслух. После чего высказался весьма зловеще:

— Эти стихи, — сказал он, — стреляют в спину Советской армии.

Надо же! Такова была советская система. Министру обороны сверхдержавы нечего было делать, как читать стихи и реагировать на них.

Министр не успел сказать — в «Красной звезде» появилась реплика. Газета возмущалась, как могла другая газета напечатать такую пошлость. И в качестве примера привела последнюю строфу (самую лучшую), которая как раз, видимо, больше всего и стреляла в спину Советской армии:

> Над селом притихшим ночь стояла...
> Ничего не зная про устав,
> Целовали девушки устало
> У плетней женатый комсостав.

Через два года мне удалось этим же стихотворением еще несколько раз пострелять в чувствительную спину Советской армии, но об этом — в своем месте.

ОСОБОЕ ТЕЧЕНИЕ В ПРОЗЕ

Затравленный новомирской редколлегией, я сам уверовал, что «Хочу быть честным» рассказ неудачный. Огорчался, что он был в журнале поставлен первым. Читатели, думал я, увидят, что чепуха, журнал откинут и не заметят «Расстояния в полкилометра». Мне было так стыдно, что я боялся показаться на людях. Но позвонил Феликс Светов и похвалил. Еще кто-то одобрительно отозвался. Была не была, я решил выбраться в ЦДЛ. Первым человеком, кого встретил по дороге в ресторан, был Борис Абрамович Слуцкий. «Только что прочел ваши рассказы, — сказал он. — Первый очень хороший. Правдивый, умный, добрый, с юмором. И второй рассказ... — он подумал. — И второй тоже хороший».

Рассказы имели несомненный и однозначный успех. Меня хвалили при встречах, по телефону и в письмах. Со мной захотели познакомиться Гроссман, Эренбург, Симонов, Маршак, Каверин, Ромм, Райзман, а Иван Пырьев опять прислал восторженную телеграмму.

Большинство из этих людей говорили о «Хочу быть честным» и только некоторые упоминали при этом «Расстояние в полкилометра». Я получил через «Новый мир» массу читательских писем — все до единого хвалебные.

А Лакшин еще до выхода второй книжки журнала в том же дневнике записал: «8.II.63. Думал о том, что за последние полгода-год сформировалось и выявилось особое течение в прозе: А. Яшин, В. Некрасов, В. Войнович, Е. Дорош — сочинения в чем-то друг другу близкие — и, конечно, Солженицын, стоящий впереди всех, но близкий этому роду литературы».

СМЕЛЯКОВСКИЙ ВЕРТОЛЕТ

В конце 50-х — начале 60-х партией, как говорилось, «был взят курс на омоложение литературы». Журналы охотились за новыми талантами, вскоре ими стали пополняться ряды Союза писателей.

28 сентября 1962 года в составе группы «молодых и подающих надежды» был принят в этот Союз и я. За два дня до того мне исполнилось 30 лет. На фоне тогдашнего состава писательской организации я действительно был очень молод, но некоторые новобранцы были еще моложе. Анатолий Гладилин, будучи на три года моложе меня, еще раньше стал членом СП, Белла Ахмадулина, получившая членский билет в один день со мной, — на пять лет моложе. Принимали нас без лишних формальностей и даже с некоторой помпой. Заседание приемной комиссии вел ее председатель Ярослав Смеляков. Присутствовал первый секретарь Московского отделения СП Степан Щипачев. Смеляков объявил, что, поскольку речь идет о писателях не только молодых, но и ярких, комиссия отходит от обычных формальностей и проводит не тайное, как всегда, а открытое голосование. И мы все прошли «единогласно».

Дня через два после этого со мной случился маленький странный казус. Я шел в ЦДЛ и в дверях столкнулся со Смеляковым. Естественно, я остановился, чтобы пропустить его, намного старшего по возрасту, знаменитого, уважаемого, жертву сталинских репрессий. И он остановился и сделал приглашающий жест:

— Проходите!

Я сказал:

— Ну что вы, Ярослав Васильевич! Вы проходите!

— Проходите, проходите! — настаивал он сердито. — Вы же знаменитый поэт, а я говно.

Пожав плечами, я вошел.

Через какое-то время, оказавшись со Смеляковым в ЦДЛ за одним столиком, я его спросил, что значило его нападение на меня. Перейдя на прозу, я вообще не считал себя поэтом, никакой фанаберией не отличался, а к нему относился с большим уважением. На мой вопрос он не смог мне ничего ответить, благодушно махнул рукой, мол, ладно, забудем.

Заодно вспомнилась еще одна выходка Смелякова. Поэт Виктор Урин решил стать путешественником и проехал на своем автомобиле от Владивостока до Москвы. После чего решил расширить свои возможности и написал в Союз писателей заявление, чтобы ему помогли купить для его путешествий вертолет. В то время частный летательный аппарат не мог иметь ни один человек в Советском Союзе. Смеляков, бывший в то время председателем бюро объединения поэтов, на заявлении Урина написал резолюцию: «Вставь себе пропеллер в жопу и летай».

ДАВЛЕНИЕ ЛУЧШЕ НОРМАЛЬНОГО

Для меня началась новая полоса. Сегодня звание члена одного из нескольких Союзов писателей немногого стоит, но тогда его можно было, пожалуй, приравнять к генеральскому. Писатели, академики, кинорежиссеры были из наиболее уважаемых членов советского общества, небожителями, достойными восхищения и зависти. Членский билет СП давал многие привилегии, и главной из них было право не ходить на службу, а самому распоряжаться своим временем. Если обладатель билета не стеснялся им пользоваться, он легко мог получить дефицитный товар в магазине или номер в гостинице, где для простых людей никогда не хватало мест. Члену СП было легче улучшить свои квартирные условия и при этом требовать прибавления к общепринятой норме — девять квадратных метров на человека — дополнительные двадцать в виде отдельной комнаты как рабочего кабинета. (Хотя чаще всего это было по анекдоту: «Съесть-то он съест, да кто ж ему даст?») Писатели имели свой клуб с хорошим рестораном (ЦДЛ), свои дома творчества в дачных местностях, а также у Черного и Балтийского морей, куда можно было поехать за умеренную плату, а если попросить, и бесплатно. Причем хоть с женой, хоть с любовницей (в отличие от других советских гостиниц или санаториев, здесь штамп в паспорте не проверяли). В поликлинике Литфонда врачи заботились о своих пациентах чуть ли не как о членах Политбюро. Каждый год проводилась обязательная диспансеризация с обходом всех врачей. Для пожилых литераторов прикрепленность к такой поликлинике была, конечно, важной привилегией, а мне, молодому, забота, которая там проявлялась, казалась странной и чрезмерной. Еще недавно, в армии, я очень не любил обращаться к врачам, потому что любую жалобу они воспринимали с сомнением и глядели на тебя подозрительно — уж не симулянт ли. А здесь — не успели принять в СП, как предложили обойти всех врачей, которые внимательно выслушивали, выстукивали и просвечивали. У меня возникало желание уклониться от очередного осмотра, но стоило подать заявление на путевку в Дом творчества, и тут уж избежать диспансеризации было нельзя: Литфонд, выдающий путевки, требовал справки из своей же поликлиники. Так что всем писателям раз в год приходилось проходить осмотр.

Во время первой диспансеризации доктор Райский проверил у меня давление и был полностью удовлетворен.

— У вас давление, — сказал он, — очень хорошее, лучше нормального.

Я спросил, что значит лучше.

— Это значит, — объяснил доктор, — что оно у вас немного понижено. Это просто замечательно. Значит, в пожилом возрасте давление будет не слишком повышенным. Вы умеренный гипотоник. Я, между прочим, тоже. Значит, мы с вами будем долго жить.

Через неделю я должен был опять явиться к нему.

— Мне к доктору Райскому, — сказал я в регистратуре.

— Доктор Райский, — ответили мне, — позавчера умер.

СРАВНЕНИЕ НЕ В ПОЛЬЗУ

Вступив в Союз писателей, я был очень горд, потому что писательское звание ценил и уважал больше всего на свете. Писатель, по моему мнению, есть волшебник, который создает нечто, никому другому недоступное. Почти всем профессиям можно научиться и при известных способностях достичь в них определенных высот, и почти во всех профессиях даже высшие специалисты не столь уникальны, как в писательстве. Во всех странах есть десятки замечательных врачей, скажем, кардиохирургов или онкологов. Есть много выдающихся врачей, физиков, химиков, кого угодно, писателей же выдающихся, живущих в одно и то же время, хватит пальцев одной руки, чтобы сосчитать.

Когда же я познакомился с конкретной писательской средой, я удивился. Там я встретил нескольких человек, стоявших в моем представлении высоко по интеллекту, таланту, душевным и нравственным качествам, какие не попадались мне в предыдущей жизни. Но в целом писательская среда поразила меня, когда я увидел, сколько в ней глупости, ханжества, лицемерия, пошлости, непомерных амбиций, бахвальства, холуйства, интриг, злобы и зависти. Как эти люди, стоит только начальству указать на одного из них и дать команду «фас», тут же кидаются со злобным рычанием рвать своего коллегу на части, независимо от того, виноват он в чем-то или нет. По первой команде тут же сфабрикуют любое дело, предадут, обвинят коллегу в любом преступлении, сами себя легко возбудят до звериной свирепости и, если разрешить, сами жертву свою расстреляют.

Та среда, в которой мне приходилось существовать до того — крестьяне, солдаты, рабочие, учителя и прочие мелкие служащие, — хотя там разные люди попадались, а в целом была умнее, честнее и нравственней.

ОБЫКНОВЕННЫЙ ЭКЗИСТЕНЦИАЛИСТ

Недалеко от аэропорта «Шереметьево» есть одноименный поселок. Там когда-то были скромные одноэтажные дачи, принадлежавшие «Литературной газете» и выделявшиеся ее сотрудникам во временное пользование. На одной из этих дач в начале шестидесятых годов жили Световы. Их соседями были Булат Окуджава и его первая жена Галя, поэт Владимир Корнилов с женой — тоже Галей, Бенедикт Сарнов с женой Славой (полное имя), Инна Борисова, тогда известный, уважаемый критик, темноволосая, с большими серыми глазами. В нее, красивую, талантливую и умную, влюблялись многие тогдашние молодые и не очень молодые писатели: Борис Балтер, назвавший Инкой героиню своей повести «До свидания, мальчики», Владимир Максимов. Влюбившись, ухаживал за ней и я. В порядке ухаживания возил ее вместе с кошкой на мотоцикле в Москву и обратно.

Я был еще практически неизвестен широкой публике, но узким кругом обитателей Шереметьевки был достаточно высоко оценен, считался талантливым, но необразованным и неинтеллектуальным. Про меня говорили, что я пишу животом, то есть практически природным талантом без участия головы, и я носителям такого мнения немного подыгрывал. Галя Корнилова, кандидат наук, специалист по французской литературе, считалась, наоборот, очень образованной и интеллектуальной. Как-то на лыжной прогулке она стала мне рассказывать, что пишет работу об одном французском писателе румынского происхождения...

— Об Ионеско? — спросил я.

Она удивилась:

— Ты знаешь, кто такой Эжен Ионеско?

— Конечно. «Носороги», «Лысая певица», «Куда его вынести».

И я стал ей пересказывать содержание названных вещей.

Галя была потрясена моей эрудицией и переменила свое мнение обо мне как о малообразованном человеке. Дело в том, что к тому времени Ионеско в Советском Союзе был запрещенным и непечатаемым писателем, и это имя знали очень немногие, в числе которых оказался и я. Я, естественно, скрыл от нее, что источником моих знаний о французском классике была большая передача Би-би-си, которую я слышал за несколько дней до нашего разговора. Передача произвела на меня впечатление, хотя Ионеско должен был быть мне чужд. Я стремился к реалистическому изображению абсурда жизни «как она есть», а направление, избранное Ионеско, было совсем другим. Но он мне понравился в пересказе и потом еще больше после прочтения. В отличие, например, от Беккета, чью знаменитую пьесу «В ожидании Годо» я несколько раз мучил, до конца не прочел и в театре смотрел без интереса. После разговора об Ионеско Галя настолько изменила свое мнение обо мне и моей эрудиции, что уже не удивилась, когда через некоторое время я после встречи с Жаном-Полем Сартром на ее вопрос, что он собой представляет, пожал плечами:

— Обыкновенный экзистенциалист.

ЗНАКОМСТВА И РАЗГОВОРЫ

Муж Гали Володя Корнилов был автором стихотворения, которое я прочел еще до личного знакомства с ним в «Дне поэзии» 1956 года и запомнил:

> Взвод устал в походе,
> Взвод от пота взмок.
> А святой колодец
> Заперт на замок.
> Сжав ремень винтовки,
> Я, кляня судьбу,
> Смятые рублевки
> Протянул попу.
> — Ты святую воду
> Продаешь, так вот,
> Дай напиться взводу,
> Пить желает взвод.
> Отпер поп колодец,
> Денег он не взял.
> — Пейте, полководец, —
> Вежливо сказал.
> И платочком вытер
> Капельки со лба.
> Может, я обидел
> Этого попа?

Потом я прочел поэму «Шофер» в вышедшем под редакцией Константина Паустовского знаменитом тогда и скандальном сборнике «Тарусские страницы». В Шереметьеве с Корниловым познакомились лично, проявили взаимный интерес — я к его стихам, а он к моей прозе. Кроме того, оба увлекались шахматами. Все это расположило нас друг к другу и привело к дружбе. Но тогда я больше дружил с Булатом, который получил здесь дачу, потому что заведовал в «Литературке» отделом поэзии. Здесь у нас случались долгие и откровенные разговоры.

Однажды, в ноябре 1962 года, сидя у камина, мы говорили о состоянии литературы, об условиях, в которых литератор может честно заниматься своим делом. Булат сказал, что той свободы, которая в настоящее время существует, ему достаточно для всего, что он пишет и что хотел бы написать. Я сказал, что этой свободы и мне достаточно. Конечно, цензура многого не разрешала. Нельзя было выдавать военные и государственные тайны (советская цензура, кстати, официально называлась Государственным комитетом по охране государственных тайн в печати).

Нельзя было критиковать КПСС, марксизм, ленинизм, советских вождей, но наши с Булатом интересы лежали далеко от политики и позволяли обходить злободневные темы, не кривя душой. Через очень короткое время я убедился, что мой оптимизм был преждевременным. Стало ясно, что хлипкая хрущевская оттепель подходит к концу, наступают новые холода, может быть, всерьез и надолго. Скоро все темы станут достаточно острыми, а мой главный замысел, «Чонкин», который уже зрел во мне, окажется совершенно непроходимым.

Тем, кто умел видеть, было ясно, что в своем стремлении сделать систему более гибкой и жизнеспособной Хрущев добился многого, но не дошел до главного: основ режима не тронул, той черты, после которой перемены становятся необратимыми, не перешагнул. Приближался к ней время от времени, но тут же и отступал, словно отдергивал руку, прикоснувшись к горячему. Но его соратникам-сталинистам казалось, что он зашел слишком далеко, и они все настойчивее и даже наглее требовали от него остановиться. Время от времени они указывали на то, что развивающееся в умах творческой интеллигенции свободомыслие грозит советскому строю потрясением основ, и подозревали в антигосударственных умыслах прежде всего, конечно же, литераторов. Вспоминали, что венгерская революция 1956 года началась с литературного кружка имени Шандора Петефи. Объявили ужасным проявлением ревизионизма попытку польских писателей отказаться от методов социалистического реализма в пользу реализма «без пшиметника» (без прилагательного).

Я думаю, что читателю постсоветских времен, если он вникнет, покажутся дикими тогдашние наставления советских идеологов. Он просто не может представить себе, какое серьезное значение придавали руководители партии, правительства и КГБ способам художественного изображения действительности. Для всех людей искусства, особенно для писателей, существовал единый метод — социалистического реализма, отход от которого приравнивался к попыткам подрыва советского строя. Ни больше ни меньше. И что интересно, литератор, отказывавшийся считать этот метод единственно правильным, действительно становился врагом советского строя и представлял для него реальную угрозу. Таким уж чувствительным был этот строй. Как говорил один из моих знакомых: объяви бегающего по лесу зайца антисоветским животным — и он сразу же станет советской власти мешать.

Суть советского художественного метода была когда-то кем-то сформулирована так: «Социалистический реализм — это правдивое, исторически конкретное изображение жизни в ее революционном развитии». Формулировка кажется достаточно четкой, но что она означала на практике? Потом разные советские идеологи давали ей разные толкования. Один из создателей Союза писателей — Иван Гронский сказал (цитирую приблизительно): «Социалистический реализм — это Шекспир, Бетховен и Рембрандт, поставленные на службу пролетариату». Несколько позже Сталин сказал каким-то писателям: пишите правду — это, мол, и будет социалистический реализм. Еще позже Шолохов в интервью иностранным корреспондентам на вопрос, что такое социалистический реализм, желая им понравиться, ответил: «А черт его знает!» Последняя шутливая формулировка, сочиненная писателями, была: «Социалистический реализм — это воспевание вышестоящего начальства в доступной ему форме».

На самом деле соцреализм был не методом, а рецептом, согласно которому практически все литературные произведения более или менее крупной формы должны были иметь в центре положительного героя, ставившего общественное и государственное всегда выше личного. Поэтому герои книг сплошь и рядом жертвовали своим благополучием, здоровьем, а то и жизнью ради выполнения производственных планов, спасения от пожаров или стихийных бедствий государственного имущества, а те книги, персонажи которых этого не делали, объявлялись в лучшем случае пропагандой мещанства и мелкотемья. Но к началу 60-х появилось уже много романов, повестей, рассказов и стихов, явно игнорировавших требования соцреализма. Даже, например, песня Окуджавы «Ах, война, что ты сделала, подлая» уже считалась крамольной — хотя бы потому, что, в соответствии с советским (сталинским) определением войн, они бывают справедливые и несправедливые, а подлыми не бывают.

Партийные ортодоксы пугались сами, пугали Хрущева и в конце концов напугали.

КИЕВ И МАНЕЖ. 1962

В декабре 1962 года я был в Киеве, куда приехал с делегацией московских писателей. Я ехал в двухместном купе с очень посредственным, но очень рекламируемым и очень самовлюбленным поэтом Егором Исаевым, который всю ночь не давал мне спать: пьяный читал стихи, утверждая, что он первый и единственный в мире понял философию войны.

В нашей группе была Наташа Тарасенкова, прозаик, очень милая женщина. Сначала нас повели к руководителям Союза писателей. Среди них был живой украинский классик Павло Тычина, стихи которого я учил в запорожской вечерней школе на уроках украинского языка. Мне было так же странно видеть его живьем, как было бы странно встретить Тараса Шевченко. Он говорил по-русски и приятно меня удивил, сказав, что читал мою повесть и получил удовольствие. Потом были встречи с молодыми украинскими «письменниками». Некоторые из них говорили только на «ридной мове» и даже делали вид, что по-русски не все понимают. Очень известная украинская поэтесса Лина Костенко стала по-украински отвечать на какие-то вопросы Наташи. Недолго послушав, Наташа взмолилась:

— Линочка, извини ради бога, но ведь мы с тобой вместе учились в Литинституте. Ты же знаешь, что я ничего не понимаю по-украински, а я знаю, что ты очень хорошо говоришь по-русски. Я не шовинистка, я ничего не имею против украинской культуры, но, пожалуйста, говори со мной по-русски.

Лина внимательно выслушала и стала длинно отвечать по-украински. Наташа, естественно, ничего не поняла и, не поняв, расплакалась.

Я, в отличие от Наташи, не только понимал украинский, но и сносно говорил на нем, поэтому у меня проблем в общении с киевскими коллегами не было. Тем более что они, так же, как и мы, советскую власть не любили.

Как раз во время нашего пребывания в Киеве в Москве разразилась гроза, вошедшая в историю, — посещение Никитой Сергеевичем Хрущевым, которого в газетах уже иначе как «дорогим Никитой Сергеевичем» не называли, художественной выставки в Манеже. Той самой, где безумный вождь плевался, топал ногами, грозил кулаком, обзывал художников «пидарасами» и стращал их разными карами. Вот тогда-то и похолодало. За истерикой в Манеже последовали, как это официально называлось, две встречи руководителей партии и правительства с художественной интеллигенцией. Сначала в Кремле — там Хрущев набросился на молодых писателей, и особенно досталось Вознесенскому и Аксенову. Вторая встреча в том же духе была на Ленинских (Воробьевых) горах. Второе совещание вел секретарь ЦК КПСС по идеологическим вопросам Леонид Ильичев. Я, по малой известности, на тех встречах не был и удостоился только приглашения на сборище рангом пониже, на котором председательствовал тогдашний секретарь Московского горкома КПСС Николай Егорычев. Но и там все выглядело достаточно зловеще. Одни писатели нападали, другие жалко оправдывались, третьи пытались отмолчаться. Некий Кузьма Горбунов набросился на Степана Щипачева за то, что тот, будучи руководителем Московского отделения Союза писателей, вел ревизионистскую линию (очень страшное тогда обвинение) и допустил принятие в члены Союза многих молодых ревизионистов (в числе которых, напомню, был и я). Щипачев вышел на сцену и дрожащим голосом произнес: «Я знаю, ты хочешь моей крови, Кузьма!»

Горбунов со своего места радостно ржал. Было видно, что он действительно хочет крови. Может быть, даже не в фигуральном смысле.

ЛИТЕРАТОР С КВАЧОМ

Я по советскому прошлому тоски никогда не испытывал. Воспоминания о том, какие ничтожные люди руководили искусством, светлых чувств у меня не вызывают. Не будучи приглашен на главные встречи с партийными вождями, я тем не менее не остался ими не замеченным. Среди прочих отошедших от принципов социалистического реализма произведений Леонид Ильичев назвал опубликованный в «Новом мире» мой рассказ «Хочу быть честным». Секретаря ЦК возмутило то, что автор, по его утверждению, проводит идеологически вредную мысль, будто в нашем советском обществе трудно быть честным. Это высказывание, естественно, стало сигналом для травли, которую власть повела от имени простых «советских тружеников».

Это был проверенный способ — поносить неугодного писателя, художника или ученого от имени рабочих и колхозников, которые считались нашими кормильцами и нашей совестью. Все советское искусство должно было служить им, и они, как заказчики, обладали моральным правом предъявлять свои претензии, судить нас, одобрять или низвергать. Когда начиналась охота на того или иного писателя, в газетах сразу появлялись письма пролетариев, которые «по-простому, по-рабочему», в форме, иногда близкой к матерной, объясняли писателю его заблуждения. Эти филиппики труженики писали не сами, а подмахивали в своих парткомах не глядя на то, что за них сочиняли казенные журналисты. Впрочем, появлялись и оригинальные сочинения. Высказывание «Я Пастернака не читал, но скажу...» стало потом ходячим. Некоторые изъяснялись стихами, например такими: «А Пастернак — это просто так, пустота и мрак». Труженики при этом могли быть совсем малограмотными, вроде героини социалистического труда колхозницы Надежды Заглады, любившей выступать в печати по самым разным поводам. Старейший артист МХАТа Михаил Яншин во время какой-то проработки сказал: «У нас все разбираются в искусстве — от Хрущева до Заглады, а огурцы на рынке стоят три рубля килограмм». (Тогда три рубля были большие деньги.)

Вот и на меня после речи Ильичева напали псевдотруженики. Статья в «Известиях» за подписью какого-то инженера из Горького называлась «Точка и кочка зрения». Автор предъявлял мне уже знакомые обвинения в мелкотемье и в чем-то еще. Какой-то маляр, как и Заглада, Герой Социалистического Труда, назвал свою статью в «Строительной газете» «Литератор с квачом». Я спрашивал знающих людей, что такое «квач», оказалось — кисть для обмазывания чего-нибудь дегтем. Автор защищал строителей, мною, по его мнению, обмазанных дегтем, попрекал меня тем, что, описывая героический труд строителей и условия их жизни, сам живу, конечно, в хороших условиях (а я все еще жил в коммуналке на двадцать пять семей). Еще один «передовик производства» в «Труде» озаглавил свое сочинение «Это фальшь!».

Впрочем, на читателей такие отклики производили впечатление обратное тому, на которое рассчитывали заказчики. Как рассказывал мне мой двоюродный брат Юра, слесарь с завода «Запорожсталь», статья «Это фальшь!» попала на глаза кому-то из членов его бригады во время обеденного перерыва и была зачитана вслух. После чего бригадир выразил общее мнение: «А, им не нравится! Значит, твой брат пишет правду!»

Были еще какие-то статьи в газетах — и все отрицательные. В это же время десятки читательских писем, приходивших в «Новый мир», были все до одного хвалебные.

Статью в «Известиях» заметили и мои соседи по коммуналке. «Ага, — предрекала удовлетворенно Полина Степановна; — теперь Хрущев погонит его из писателей». Дела мои и правда немедленно ухудшились. Готовившийся к печати мой первый сборник застрял в издательстве. Некая Вера Смирнова написала на рукопись отрицательную рецензию, упрекая меня, кроме всего, за плохой стиль. В качестве примера дурного стиля привела фразу: «Гантели были покрыты пылью и были больше, чем были на самом деле». Фраза и вправду корявая. Только автор ее не я, а сама Смирнова. У меня про гантели было написано так: «Они покрыты толстым слоем пыли и кажутся бóльшими, чем есть на самом деле». Но оспаривать мнение критика, исполнявшего идеологический заказ, было бесполезно. Он мог цитировать автора сколько угодно недобросовестно, требовались не доказательства, а общий вывод, угодный власти.

Ругань в печати мне была неприятна своими практическими последствиями, но по молодой легкомысленности я и их принимал без тревоги и даже как лестные. Достаточной компенсацией за недовольство начальства стало для меня единодушное одобрение читателей. Оно положительно повлияло на отношение ко мне редколлегии «Нового мира» и Твардовского, очень ценившего успех у читателей.

С одной стороны, меня стали травить за рассказ, с другой — было противоположное движение. Поздравивший меня с замечательным, по его мнению, рассказом Иван Пырьев предложил мне возобновить знакомство. В кабинете Пырьева сидели он сам и опять Константин Воинов, который брался экранизировать мою первую повесть, но дела до ума не довел. Пырьев говорил мне комплименты, и среди них был и тот, что я чуть ли не единственный писатель наших дней, кому удалось создать настоящий русский характер. Воинов просил меня написать сценарий для фильма, который хотел снимать. Я сказал, что сценарий уже написал, но передать его «Мосфильму» не могу, потому что заключил договор с «Ленфильмом». Воинов умолял забрать сценарий. На том же настаивал и Пырьев. Я сказал:

— Иван Александрович, я для вашего объединения уже писал сценарий, но он принят не был, и мне никто не объяснил почему. Как я могу быть уверен, что вы меня снова не бросите?

— Не брошу, — пообещал Пырьев.

— Кроме того, — сказал я, — рассказ обругал Ильичев, а за ним и многие газеты.

— Х... с ними, — сказал Пырьев. — Собака лает, ветер носит.

— Но я боюсь, что вы потом от меня откажетесь.

— Я тебе обещаю, что буду биться за эту вещь до конца, — заверил Пырьев и распорядился выписать мне и Воинову командировку в Ленинград.

БОЛЬШАЯ РЫБА

В Ленинграде мы поселились в уже освоенной мною гостинице «Европейская». Когда по приглашению «Ленфильма» я приезжал туда раньше, то иногда останавливался в «Астории», но чаще в «Европейской». Вдвоем с Воиновым мы ходили на «Ленфильм», долго уламывали худрука третьего объединения Владимира Венгерова и редактора Якова Рохлина. Уломали и отметили. Я уже знал, что Воинов запойный, но не знал, как это выглядит на практике. Я в ресторане обычно заказывал скромные порции водки — сто пятьдесят—двести граммов, Воинов заказал сразу две бутылки. Про себя не помню, а он после выпитого был трезв. Здесь же, в ресторане, он купил две бутылки коньяка на вынос. Вернулись в гостиницу, я лег спать. Проснувшись среди ночи, увидел, что Воинов сидит на краю кровати в рубашке с галстуком, но без штанов, отхлебывает из стакана коньяк, смотрит вдаль, заплетающимся языком пытается цитировать Твардовского, но при этом сильно перевирает, перемежая цитаты собственным текстом. Выглядело это примерно так:

— Нет, ребята, все-таки я хороший режиссер... До чего же мы, ребята, пушек дым в кромешной мгле... Хороший я режиссер, большая рыба... До чего же мы, ребята... Да... Хороший я режиссер, ребята, хороший!.. Пушек дым в кромешной мгле...

Константин Наумович, вскоре ставший для меня просто Костей, был, как и я, «полукровкой». Мать у него была русская, Иванова, а отец — Кац. Псевдоним Воинов появился во времена борьбы с космополитизмом. Псевдоним не помог, Воинова уволили из Театра имени Ермоловой, и он еле-еле нашел себе работу в Ногинске. Там и начал пить.

...В моих воспоминаниях об известных людях я показываю их такими, какими их видел. Без прикрас. Не хочу уподобляться ритуальным косметологам, украшающим гримом покойников. Если мы вспоминаем эпоху такой, какой она была, а не такой, какой ее хотелось бы видеть, то и люди эпохи должны остаться в нашей памяти со всеми своими достоинствами и недостатками. Что касается конкретно алкоголизма многих замечательных лиц того времени, то об этом стоит не только говорить, но и задуматься: почему так много людей искусства страдали одной и той же болезнью?

Воинов был очень хороший режиссер (среди прочих его киноработ «Женитьба Бальзаминова» и «Шапка» по моей повести), добрый, честный, трогательный и страстный человек, верный товарищ, но, что поделаешь, алкоголик. В отличие от меня. Мой редактор Игорь Сац говаривал: «Мы с вами пьяницы, но не алкоголики». В тот приезд в Ленинград я убедился в существенной разнице между одним и другим статусом. Воинов пил круглые сутки. Сидел на кровати, отхлебывал из бутылки, говорил, что он большая рыба, цитировал одну и ту же строку Твардовского, отхлебывал, дремал, просыпался, отхлебывал, опять вспоминал про большую рыбу. Наблюдать человека в таком состоянии несколько минут забавно, но пребывать при нем круглые сутки утомительно.

Слух о его запое дошел до Москвы, мне стали звонить жена Константина Наумовича актриса Ермоловского театра Ольга Николаева и многолетняя любовница, практически вторая жена, кинозвезда Лидия Смирнова. Ольга Владимировна не знала, что делать, и только охала. Лидия Николаевна была решительнее и потребовала от меня действий, которые я по ее наущению произвел. Я заказал в ресторане гостиницы много разных закусок, полный обед и десять бутылок «Боржоми». Полбутылки коньяку оставил Воинову для плавного движения в сторону трезвости, а с полной бутылкой ушел ночевать к Александру Володину, с которым тогда тесно дружил. Дверь в номер я запер. Время от времени звонил Воинову. Тот плачущим голосом просил его выпустить и обещал, что запой прервет. Смирнова говорила: «Не верьте, не бойтесь и не сдавайтесь». Я проявлял не свойственную мне твердость. Хотя боялся, что Воинов в попытке побега вылезет в окно и сорвется. Он этого делать не стал, но уговорил официанта, и тот принес ему еще две бутылки коньяка, отперев дверь запасным ключом. Я пришел, сделал выговор метрдотелю и опять запер дверь. Больше Воинова не выпускали и додержали до того, что он, в конце концов, остановился. Тогда опять-таки под телефонным руководством Смирновой был вызван питерский врач-психиатр. Он привел с собой своего товарища — тюремного врача в форме. Тот начал свое лечение угрозой, что он Воинова за пьянство посадит в тюрьму, и назвал несуществующую статью Уголовного кодекса. Воинов, как многие алкоголики, был пуглив, в угрозу быть посаженным поверил и обещал исправиться.

«НЕ ПРОЙДЕТ И ГОДА...»

Вернувшись в Москву, я сценарий доделал быстро. Пырьевым он был немедленно одобрен и послан в Госкомитет по кино. Но там уже было указание: не пропускать. На обсуждение сценария мы пришли втроем: Пырьев, Воинов и я. Тяжеловесом в нашей тройке был, конечно, Пырьев. Он явился с фотоаппаратом, называл ведшую обсуждение даму в возрасте девушкой и все время снимал ее в упор со вспышкой, от чего она вздрагивала, но возражать не смела. Пырьев сдержал слово и защищал сценарий решительно и резко, но безуспешно. «Девушка» вздрагивала, говорила чуть ли не плача, но от позиции своей не отступила. Позже на разных стадиях были запрещены еще пять сценариев, написанных мною, пока я официально считался советским писателем. Тем не менее разные студии регулярно заключали со мной договоры, и гонорары от кино долгие годы были моим основным заработком. Берясь за очередной сценарий, я говорил, что у меня есть две программы. Программа-минимум — получить двадцать пять процентов гонорара за сценарий и программа-максимум — пятьдесят.

Несколько лет спустя, когда я уже был полностью запрещен, Борис Балтер предложил мне с ним на пару написать сценарий двухсерийного фильма для студии Довженко. Мы взяли за основу сюжет «Хочу быть честным», но сильно его переиначили. Сразу условились, что пишем исключительно для денег и на уровне, приемлемом для студии Довженко. Писали примерно так. Я написал сцену, показываю Балтеру, тот говорит: «Это для них слишком хорошо, надо ухудшить». Ухудшали мою сцену, потом то же делали с текстом Балтера. Сценарий был принят на ура, фильм шел в кинотеатрах, по телевидению повторялся без конца в течение многих лет. Раньше я стеснялся его называть, а теперь за давностью лет посмею. Он назывался «Не пройдет и года...».

ВИКА

1963 год ознаменовался для меня тремя важными событиями. Публикацией в «Новом мире» двух рассказов, выходом первой книги, маленькой и искалеченной цензурой, и началом романа с женщиной, в которую я до того пять лет был влюблен, как мне казалось, безнадежно и с которой после того прожил сорок лет до самой ее кончины...

И еще отнесу к важным событиям знакомство с человеком, с которым наши судьбы впоследствии тесно переплелись, — с Виктором Некрасовым, в то время знаменитым автором повести «В окопах Сталинграда», самой, как тогда считалось, правдивой книги о войне. Строго говоря, первое знакомство с Виктором Платоновичем, Викой, произошло раньше, но было мимолетным. Как-то мы с Сацем вошли в редакцию и встретили в коридоре моложавого человека с тонкими усиками, похожего на французского актера Тати. Сац представил меня ему, он покивал головой, и мы разошлись. Когда я вступал в писательский Союз, одним из трех моих рекомендателей был Некрасов, который, как выяснилось впоследствии, повесть мою не читал и читать не собирался, рекомендацию за него написал Сац, а он ее только подмахнул. В этой бумаге после перечисления моих совсем еще скромных литературных заслуг было сказано, что мое пребывание в Союзе писателей будет полезно самому Союзу, так как у меня есть большой опыт практической работы. Какой именно работы, было непонятно, я потом Саца язвительно спрашивал, как, по его мнению, мой опыт может понадобиться Союзу писателей? Может быть, меня попросят подремонтировать мебель или сменить водопроводные краны? Впрочем, текст рекомендации не имел никакого значения, важна была подпись под ней: Некрасов. Тогда он, лауреат Сталинской премии, был все еще в фаворе.

Второе и настоящее мое знакомство с Некрасовым состоялось уже после публикации «Хочу быть честным» и «Расстояния в полкилометра» в Малеевском доме творчества, куда мы приехали втроем: Камил Икрамов со своей женой Ирой и я. Наша тесная и долгая дружба втроем привела к тому, что между Ирой и мной возникла любовная связь и в конце концов увенчалась браком. В столовой за ужином мы встретили компанию: Некрасова с мамой Зинаидой Николаевной и лучших друзей Виктора Платоновича — киносценариста Семена (Симу) Лунгина, его жену Лилю и их сына-подростка Павлика, теперь знаменитого режиссера. Они тихо и скромно ужинали в углу.

О Некрасове в те дни много писали в газетах и говорили в литературных кругах. Сначала на одном из упоминавшихся мною идеологических сборищ его обругал Хрущев за поддержку фильма Марлена Хуциева «Мне двадцать лет». Потом начальству не понравились напечатанные в «Новом мире» его путевые заметки «По обе стороны океана», где он без обязательной по советским правилам критики описал Италию и Америку. Результатом начальственного недовольства стал напечатанный, если не ошибаюсь, в «Известиях» и написанный хрущевским зятем Аджубеем фельетон «Турист с тросточкой», где говорилось, что записки Некрасова смахивают на плакат, рекламирующий западную жизнь.

Некрасов и раньше был одним из самых любимых и уважаемых, прежде всего за честность, писателей, теперь же внимание к нему стало еще большим. Литераторы, сидевшие в столовой Дома творчества в Малеевке, бросали на него почтительные взгляды, но не все решались приблизиться. Камил Икрамов приблизился. В отличие от меня он был человеком нестеснительным и любившим при случае знакомиться со знаменитостями. Иногда при этом он использовал мое имя, но терял присущее ему чувство юмора. Вскоре после того как Владимир Тендряков положительно отозвался в печати о моей повести «Мы здесь живем», Икрамов, встретив его в ресторане Дома литераторов, подошел, представился моим другом, сказал ему, каким горячим поклонником его он является. Они подружились. Щедрый на комплименты Икрамов превозносил Тендрякова, считал его талант родственным толстовскому, и чем выше ценил Тендрякова, тем больше гордился близостью к нему. К месту и не к месту пробрасывал: «Мой друг Тендряков». А после того как они вместе написали пьесу, стал говорить: «Мой друг и соавтор Тендряков». Я, считая, что очень обязан Тендрякову, поддержавшему меня в начале пути, попросил Камила представить ему и меня. Он вдруг напыжился:

— Владимир Федорович очень занятой человек, и я не уверен, что он сможет тебя принять.

Было время, когда Камил не признавал никого из современных писателей, кроме меня, еще не печатавшегося, теперь же, сблизившись с Тендряковым и как бы извиняясь, объяснял мне свое отношение к нам обоим: «Ты знаешь, Тендряк писатель нисколько не хуже тебя. Но он — толстовской школы, а ты чеховской».

Теперь в Малеевке Икрамов не упустил случая познакомиться с Некрасовым. Подбежал к столу, за которым сидел мэтр, представился:

— Камил Икрамов, друг Володи Войновича, которому вы недавно дали рекомендацию.

Некрасов поинтересовался: а где сам друг? Тут подошел и я.

Виктор Платонович, по первой встрече меня не запомнивший, вскочил, жал руку, обнимал, поздравлял в пределах нормативной лексики, поскольку был еще трезв и при маме, при которой всегда вел себя как благовоспитанный джентльмен. Спросил, где я поселился, и обещал после ужина меня навестить. Не знаю, где он так быстро напился, но после ужина ввалился ко мне уже сильно «принявши» и совсем другим человеком. Причем пришел не один, а с двумя приятелями.

ЧЕСТНОСТЬ И КИЛОМЕТРАЖ

Одним из них был Герой Советского Союза Марк Лазаревич Галлай, летчик-испытатель, учитель первых космонавтов, автор автобиографических рассказов, за которые был принят в Союз писателей. Вторым оказался неказистый, как мне помнится, человек невысокого роста и тоже хлебнувший лишнего, про которого мне было сказано, что он первый заместитель Туполева и сам выдающийся авиаконструктор Леонид Львович Кербер. Некрасов снова стал меня поздравлять, но теперь уже в выражениях, где самым приличным было слово «уср... ся» (прошу у читателя прощения, но из песни слово не выкинешь).

— Володька! — восклицал он. — Я прочел твои рассказы и просто уср...ся!

— Я тоже прочел, — вставил свое слово Кербер.

— И тоже уср... ся, — добавил за него Некрасов.

— Мне, — сказал Кербер, — очень понравился ваш рассказ «Честность» и второй... не помню, как называется.

— «Расстояние в полкилометра», — подсказал я.

— Если первый рассказ, — сострил Икрамов, — называть «Честность», то второй можно переименовать в «Километраж»...

В застолье Кербер и Галлай вспоминали разные случаи из жизни, например, как перегоняли из Казани в Москву первый экземпляр бомбардировщика «Ту-4», содранного у американцев с легендарной летающей крепости «Б-29». Самолет, в котором летели они, сказал Кербер, можно было бы назвать летающей сауной. Воздух в кабине из-за неполадок с регулировкой отопления нагрелся до таких высоких температур, что всему экипажу пришлось лететь раздетыми до трусов. Через некоторое время Кербер начал приставать к Ире и, не встретив понимания, стал шептать мне, что он женщин видит насквозь и уж эта, конечно, может все и со всеми. Несмотря на его заслуги в области самолетостроения и на то, что он сколько-то лет провел в заключении, мне хотелось дать ему по голове. Вскоре, однако, все, кроме Некрасова, ушли. Мы продолжили наше занятие. Вика продолжал меня хвалить, речь его была чем дальше, тем менее связной и содержала главное утверждение (с употреблением неконвертируемого глагола), что я с советской властью расправился самым решительным образом:

— Володька, ты советскую власть уе.. л, и я тоже ее е...л!

Мы пили почти до утра. Некрасов без конца повторял, что он, и я, и мы вместе делали с советской властью и что впредь будем с ней делать.

Так состоялось мое знакомство с этим необыкновенным человеком, переросшее в многолетнюю дружбу. Если судить о Некрасове только по первой встрече, что можно было бы о нем сказать, кроме того, что это ужасный пьяница и матерщинник? Конечно, он был и тем, и другим. Любил выпить, иногда чересчур, а моей дочери, знавшей его в раннем детстве, запомнился как дядя, который выпил мамины духи. Выпивши, со вкусом выражался длинно и вычурно, особенно когда старался шокировать обожавших его пожилых дам. При всем при том он был действительно одним из лучших советских писателей и очень добрым, честным и скромным человеком. До того, как посвятить себя литературе, он начинал свою карьеру как актер, архитектор и художник. Одно время все газетные киоски в Москве были его конструкции. Чистый и благородный в прямом смысле этого слова — по происхождению и поведению, он был способен на большее, чем то, чего на самом деле достиг. Когда-то, будучи уже сильно в возрасте, он опубликовал рассказы, написанные в молодости, и по ним видно, что талант его оказался раскрытым далеко не полностью.

Помешали многие обстоятельства, включая войну, а потом травлю, которой он подвергся перед эмиграцией, и саму эмиграцию. А еще не дало ему полнее раскрыться то, что относился он к своему дару легкомысленно, работу охотно прекращал для общения с друзьями, которых у него было много. В дружбе, надо признать, был не всегда разборчив, отчего и набивались ему в друзья собутыльники, которых влекли к нему тщеславие и корысть. Они быстро покинули его, когда дружить с ним стало небезопасно, а один из них, Виктор Конецкий, повидавшись с ним в Париже, написал об этой встрече довольно гнусный отчет.

ДАЖЕ ВОВА СТАЛ ПИСАТЕЛЕМ!

После того как меня обругали Ильичев и газеты, я попал в опалу, но она была еще очень мягкой, бархатной по сравнению с тем, что ожидало меня впереди. Ну закрыли киносценарий, ну не допустили к постановке пьесу. В издательстве «Советский писатель» у меня готовился сборник, в состав которого входили повесть «Мы здесь живем» и несколько рассказов. Хлопоты мои по спасению сборника были разнообразными, но результатом их стала пустая трата времени и нервов. Директором издательства был тогда Николай Васильевич Лесючевский, тупой, ничего не смысливший в литературе бюрократ и доносчик. В 30-е годы он был тайным экспертом НКВД, то есть оценивал литературные достоинства текстов арестованных писателей, среди которых были такие известные, как Николай Заболоцкий, Павел Васильев, Борис Корнилов. Говорили, что его рецензия на стихи Бориса Корнилова заканчивалась соображением, заимствованным из обвинительной речи Вышинского, что таких писателей «надо расстреливать, как бешеных собак». Впрочем, эту фразу приписывали и критику Владимиру Ермилову.

Лесючевский, когда я с трудом добился у него приема, мне сказал, что рассказы мои идейно порочны, партией осуждены и потому опубликованы быть не могут. В конце концов у меня вышла маленькая книжка, состоявшая из одной повести — «Мы здесь живем». Она оказалась гораздо тоньше, чем я ожидал, и стоила 14 копеек. Книжку я охотно раздаривал всем, кому не лень, разослал близким родственникам. Родители были за меня очень рады, сестра отца тетя Аня сказала, что в моих способностях она никогда не сомневалась, а другая тетя — Галя, которая в меня долго не верила, попеняла сыну Юре, работавшему слесарем:

— Ты видишь, даже Вова стал писателем, а куда ты смотришь?!

НЕРАВНОБЕДРЕННЫЙ ТРЕУГОЛЬНИК

История наших отношений — Камила Икрамова, Ирины и меня — достойна не торопливого рассказа в мемуарах, а полноценного романа с напряженным сюжетом. Замысел такого романа я, кстати, долго держал в уме и даже написал несколько страниц, но дальше так и не продвинулся.

Когда я узнал, что Ира и Камил собираются жениться, это известие оказалось для меня не очень ожиданным. До того я знал, что Ира относится к Камилу критически, и даже иронически. Я потратил много сил, чтобы убедить ее, что он гораздо лучше, чем она думает, и в этой пропаганде достиг гораздо большего, чем ожидал. Собственным успехом я был шокирован. При нашей разнице в шесть лет я себя считал для нее слишком старым, но Камил был на пять лет старше меня. Позже я встречал вполне благополучные пары с разницей в возрасте двадцать, тридцать, а то и сорок лет. Тогда же одиннадцатилетний разрыв казался мне чрезмерным, и я Ире об этом сказал. И даже в качестве компромиссного варианта предложил ей себя. Довольно неуклюже объяснился в любви. Она мне ответила, что меня тоже любит, но, естественно, только как друга, а не только как друга любит Камила.

В 1960 году они поженились, и я был их свидетелем в ЗАГСе. Я смирился с решением Иры, и мы продолжили нашу дружбу втроем. Этому способствовала географическая близость: я жил на Новопеределовской улице, а Камил переехал с Большой Ордынки в Гавриков переулок (у метро «Красносельская»), и туда к нему переехала молодая жена. От меня до них было пять минут ходьбы через железнодорожный мост. Дружили так — теснее не бывает. Как только выдавалось свободное время, я бежал к ним. Читал им обоим все новое, что написал. Выслушивал восторги Икрамова и Ирино «ничего». Просиживал у них по многу часов с раннего вечера до поздней ночи, а то и до раннего утра. Я дружил с ними обоими и с каждым поврозь. Мы с Икрамовым вместе бывали так часто, что это некоторых людей наводило на определенные мысли. Однажды мои родители приехали в Москву, и я их познакомил с Камилом. Он стал моей маме воодушевленно рассказывать, какой я замечательный писатель. А мама в этом все еще сомневалась. Потом сказала жене Григория Левина Инне Миронер:

— Я не знаю, за что этот Камил так его хвалит. Мне кажется, это не совсем нормально.

На что Инна отреагировала:

— Да, вам тоже кажется?

Мама передала мне этот разговор и спросила в ужасе: «Ты понимаешь, что она подумала?»

Вдвоем с Ирой я тоже появлялся нередко, и это в других людях вызывало подозрения примерно того же рода.

Моя влюбленность в Иру не была тайной ни для нее, ни для Камила. Я смотрел на нее такими глазами, какими смотрят только влюбленные. Я писал любовные стихи, которые формально ей не посвящал и не называл ее, но и она, и он знали, что это о ней. Если наши отношения изложить в романной форме, то получилась бы любовно-психологическая драма с элементами трагедии. Мы с Камилом, правда, были большими друзьями, и как бы наши отношения ни повернулись, я всегда помнил (или почти всегда), что общение с ним для меня значило очень много. Надеюсь, и для него общение со мной было небесполезным. Но дружба двух мужчин или двух женщин между собой (я не имею в виду отношения сексуальные) чем теснее, тем подвергается большему испытанию. Часто бескорыстная расположенность одной половины к другой через какое-то время омрачается почти неизбежно возникающим духом соперничества, завистью к успеху и, конечно, ревностью. Камил знал, что я влюблен в Иру, и понимал, кому посвящал я свои любовные опусы, это его никак не настораживало, а только тешило его честолюбие. Мое самолюбие при этом он не очень щадил и хвастался, иногда в смешной форме: «Ах, Володька, как она меня любит!» Или: «Вы были бы лучшей парой, я знаю, но что делать, Володька, она любит меня!» И еще так: «Мне перед ней неудобно, но у меня к ней такого же чувства нет!»

Вообще он был человек добрый и в целом относился к Ирине хорошо, но время от времени ни с того ни с сего хамил ей при мне, и это тоже был вид хвастовства. Этим он как бы говорил: она меня так любит, что будет покорно терпеть от меня любые обидные слова. Бывало, мы обсуждали с ним в ее присутствии какую-то литературную тему, и она присоединялась к разговору. Был случай, когда в подобной ситуации Камил резко ее оборвал:

— А ты помолчи! Наш разговор идет на слишком для тебя высоком уровне.

Высказался грубо и несправедливо. Ира была умным человеком с тонким вкусом и вполне соответствовала любому уровню.

Я не знаю, сознательно он так поступал или нет, но фактически он испытывал Ирину верность и мою стойкость, оставляя ее надолго со мной. Когда они были вместе, я почти все вечера проводил с ними. Когда он уезжал в командировку (а уезжал он все чаще), я каждый вечер бывал у нее или вместе с ней где-то еще. Мы, нисколько не скрываясь ни от кого, включая Камила, вдвоем ходили по гостям и в рестораны, ездили за город, на пляж, и в таком времяпрепровождении уже был намек на то, что между нами возможно что-то еще.

Я специально никак ее не обольщал, но замечал, что и она проникается ко мне чувством, которого раньше не было. Она интересовалась моими отношениями с другими женщинами и, как я заметил, проявляет к мои рассказам неравнодушное любопытство и даже как будто ревнует.

ВОЗЖЕЛАТЬ ЖЕНУ БЛИЖНЕГО

Есть распространенная точка зрения, согласно которой спать с чужой женой можно (а в некоторых случаях чуть ли не похвально), но с женой друга ни в коем случае нельзя. Блюстители такой морали ссылаются при этом на библейскую заповедь: не возжелай жены ближнего своего. На самом деле это мораль сомнительная. Если уж судить себя строго по Библии, то ближний — любой человек, а жена ближнего — любая замужняя женщина. Ведь если допустить, что с женой друга спать нельзя, а с другими можно, значит, и воровство может быть допустимо с теми же ограничениями?

Я вовсе не считал свое поведение моральным, но оправдывал себя тем, что с женой друга у меня не интрижка, а большая любовь, за которую я готов ответить (и ответил потом) всей своей жизнью. Кроме того, и дружба наша с Икрамовым к тому времени дала сильную трещину.

Я дождался того, что меня стали печатать и хвалить печатно и устно. Некоторые лестные для меня высказывания я, естественно, доносил до Камила. Надеясь, что и он порадуется за меня. Но он не радовался, а ревновал. Особенно к Твардовскому. Наши отношения стало осложнять и то обстоятельство, что он, еще недавно считавший себя вообще не писателем, вдруг от этой своей самооценки отказался и взялся писать свою первую книгу «Караваны уходят, пути остаются». Тут же перестал быть самокритичным и потерял интерес ко мне. Написав очередной текст, я с ним, если он казался мне удачным, бежал к Камилу, разворачивал перед ним свои листки, надеялся, как прежде, услышать ласкающие слух слова, но он, не проявляя к принесенному ни малейшего интереса, останавливал меня и начинал с выражением читать свое. И ждал от меня примерно таких же похвал, которыми награждал меня. Я не мог его так хвалить, потому что я вообще не такой восторженный человек, но можно сказать прямо, что и поводов для восторга, в общем-то, не было. Книга про караваны оказалась неталантливой, неинтересной, похожей на множество ей подобных об установлении советской власти в Средней Азии. Поэтому я если и поощрял его, то вполне сдержанно. Иногда делал замечания, которые ему не нравились. Мы расходились оба недовольные друг другом. Я начал замечать, что слишком часто его раздражаю. Он стал придираться ко мне иногда на пустом месте. И тексты мои уже не хвалил, а ругал. Раскритиковал в пух и прах мою песню «Рулатэ». Мелодию этой старой студенческой песни привез из Финляндии Оскар Фельцман. С русской непрофессиональной подтекстовкой, из которой я запомнил только две строчки: «Жизнь коротка, как рубашка ребенка, больше не скажешь о ней ничего». Я написал совершенно новый текст, и он мне казался удачным (кажется и сейчас). У Камила о нем было другое мнение.

— Что за глупость ты пишешь? — выговаривал он мне очень сердито. — Что значит «в жизни всему уделяется место»? Чему уделяется?

— Читай внимательно текст, — отвечал я. — Там сказано: «Всему уделяется».

— Разве ты не чувствуешь, что так сказать нельзя?

— Не чувствую.

— А эта строчка: «Если к другому уходит невеста, еще неизвестно, кому повезло». Что это значит?

— Это значит, что ты намеренно перевираешь текст. Если написать «еще неизвестно», то из-за лишнего слога нарушится размер, а у меня написано «то неизвестно»...

В данном случае его неудовольствие, как я думаю, имело не только вкусовую причину.

Ему, возможно, пришло на ум, что под ушедшей к другому невестой я имею в виду Иру, а другой, к которому она ушла, это он.

Возможно, инстинктивно он стал искать мне замену. И нашел Тендрякова.

Тендряков тогда сам был еще сравнительно молодой, но уже очень известный писатель. Слава пришла к нему сразу после рассказа «Ухабы». Подружившись с Тендряковым, Камил старался как можно чаще бывать у него. Я по Камилу не скучал, но страдал оттого, что не видел Иру, искал встречи с ней без него, и она стремилась к тому же. Вот тогда-то мы и переступили черту, не представляя себе, какие сложные переживания ждут нас впереди.

Камил часто уезжал в командировку в Ташкент, и чем дальше, тем более долгими были эти командировки. Там он встречался с первым секретарем компартии Узбекистана. Сначала это был Мухитдинов, а потом Шараф Рашидов, писавший к тому же большие романы, над которыми

Камил вдали от автора иронизировал. Рашидов благоволил к нему и дважды помог Камилу улучшить его жилищные условия.

Когда Камил уезжал, приходил я с цветами, шоколадом или с бутылкой. Иногда мы с Ирой куда-то ходили. Другой раз сидели просто так.

Однажды вечером мы сидели, выпивали, закусывали. И создалась подходящая атмосфера для объяснения, которое уже нельзя было никак обминуть.

— Ты помнишь, я сделал тебе предложение? — спросил я ее. — Ты никогда не жалела, что не приняла его?

Она смутилась и покраснела.

— Можно я тебе не буду отвечать на твой вопрос?

— Я хотел бы, чтобы ты на него ответила.

— Разве ты не понял, что я уже ответила? — опять покраснела она.

А когда я с помощью рук попытался развить тему, она сопротивлялась слабо, но попросила, чтобы это случилось не здесь и не сейчас. А когда? — спросил я. И сам ответил: завтра.

На следующий день мы встретились на перроне электрички казанского направления. Был зябкий день 13 марта. Вид у нее был растерянный и несчастный. Она сказала:

— Давай остановимся. Давай не поедем.

Я понимал, что мы совершаем что-то ужасное, но...

На больших самолетах режим взлета состоит из нескольких этапов. Во время разгона один из летчиков следит за указателем скорости и объявляет вслух величины: «восемьдесят километров, сто, сто двадцать, сто пятьдесят, сто восемьдесят... рубеж!» До того как произнесено последнее слово, можно еще, если что-то случилось, попробовать прекратить взлет. Сбросить газ, нажать на все тормоза. После того как произнесено слово «рубеж», надо продолжать взлет в любом случае. Или взлететь, или разбиться.

Я сказал:

— Мы с тобой уже не сможем остановиться.

На Западе, а теперь, может быть, и в России для кратких любовных встреч есть, например, мотели. В Советском Союзе эту проблему помогали решать друзья, которым подходили строки из стихотворения Слуцкого «У меня была комната с отдельным входом. Я был холост и жил один».

На станции Удельная в хлипкой деревянной хибаре без телефона жил мой коллега по работе на радио старый журналист Илья Абрамович Любанский. Он, точно по Слуцкому, был холост и жил один. Выйдя на пенсию, носился с гениальной, по его мнению, идеей. Где-то он вычитал, что если скрестить пшеницу с люпином, то съедобный гибрид даст невероятные урожаи и навсегда решит продовольственную проблему, которую советская власть за все годы своего существования никак не могла решить. Слово «люпинизация» он произносил с восторженным блеском в глазах, как, наверное, когда-то воспевал электрификацию. Он был рад моему с Ирой неожиданному приходу и поначалу воспринял его как желание еще раз выслушать его мнение о люпинизации всей страны. Он закатил нам длинную лекцию и долго не замечал моего нетерпеливого ерзания и усердных подмигиваний. Часа через полтора все-таки мне удалось его выпроводить...

ГОРБАТЫЙ «ЗАПОРОЖЕЦ»

Подробностей не буду описывать. Кроме всего потому, что это неописуемо.

Я потерял голову и перестал собой управлять.

Я снял комнату в квартире на 5-й Парковой улице, в Измайлове (тогда это считалось дальней окраиной), в кооперативном доме, который построили себе работники КГБ. Как я понимал, жильцы дома были не внутренние агенты, а шпионили за границей. Что было видно по стоявшим во дворе редким тогда еще иномаркам и нашим «Волгам» в «экспортном» исполнении, купленным на сертификаты. Нынешнему читателю надо объяснить, что сертификатами назывались бумажки, выдаваемые обладателям иностранной валюты вместо имевшихся у них на счетах реальных денег. Сертификаты были двух видов: с синей полосой (то есть второго сорта) — вместо валюты «социалистических» стран, и бесполосные (первосортные) — вместо долларов, фунтов стерлингов, франков, марок, песет, крон и прочих денег стран капитализма.

В двухкомнатной квартире другую комнату, для той же цели, арендовал вернувшийся из Индии весьма глупый мидовец. Перед тем как приходила его женщина (тоже чья-то жена) или Ира, мы с ним вели идеологические споры. Он пытался убедить меня в достоинствах советской системы, которых я не видел.

Чтобы ездить на свидания, я купил себе за две тысячи рублей подержанный «Запорожец» — тот первый, «горбатый», с мотором в 23 лошадиные силы.

Как, возможно, помнит читатель, я умел ездить на машине и до того. Будучи в шоферском деле самоучкой, как и во всем остальном. В армии, на стройке, в колхозе я просил шоферов, и они доверяли мне руль. Но там я ездил обычно по пустынным степным дорогам или по аэродромному полю, где на пути не попадалось так много сторонних предметов.

Прав на вождение автомобиля у меня не было, и по первому разу я ехать по Москве побоялся. Для перегона машины с места покупки до дома нанял какого-то водителя. Поставил «Запорожец» перед окном (я жил на первом этаже) и смотрел на него, смотрел, а потом подумал: не ждать же мне, когда получу права. И что особенного в московском движении, ведь я на мотоцикле его вполне освоил? Позвонил Ире и Камилу: «Хотите в ЦДЛ поехать?» Камил, к моему удивлению, сразу же согласился:

«Хотим». Я за ними заехал. Первые несколько кварталов я ехал с особой осторожностью, потом расслабился.

И мы стали эту машину нещадно эксплуатировать. Иногда втроем, иногда вдвоем с Ирой. Я ездил со скоростью, которую «Запорожец» не должен был развивать, но мне попался удачный вариант. По всем техническим характеристикам он мог развивать не больше 80 километров в час, а мой почему-то носился со скоростью 110, прыгая на наших дорогах. Впоследствии на машинах другого класса и на дорогах другого качества я доводил скорость до 200 километров в час, но такого ощущения быстрой езды не испытывал. Камил порой боялся ездить со мной, а Ира не боялась.

Я долго обходился без прав. И долго не попадался. Первому милиционеру, который меня в конце концов остановил, я соврал, что права забыл дома, а вообще я профессиональный шофер. Показал только что вышедшую отдельной книжкой повесть «Мы здесь живем», ткнул пальцем в строчку, где было написано «Я ехал на своем самосвале». Милиционер, разумеется, не мог подумать, что автор врет, вранье кто ж напечатает? За свою доверчивость милиционер эту книжку ценой в 14 копеек получил в подарок и автора отпустил. Книжка выручала меня несколько раз, пока я не сдал на права. Считая, что с правами могу ездить как хочу, я в первый же день после их получения не заметил на Киевском шоссе знака ограничения скорости, разогнался и был остановлен милиционером, который решил тут же изъять у меня новенькие корочки. Когда книжка на него не подействовала, я неуверенно объявил ему, что являюсь автором песни космонавтов. Тут он преобразился, засиял, заулыбался, сказал, что он эту песню поет в самодеятельности. После чего и книжку принял с благодарностью, и меня отпустил.

СТРАДАНИЯ ДУШИ И ПЛОТИ

Покупка машины, как ни странно, способствовала примирению Икрамова со мной, ему было очень удобно иметь под рукой безотказного шофера.

Тем временем я познакомился с Тендряковым. Я встретил его в «Новом мире» и подружился с ним и его молодой женой Наташей Асмоловой без посредничества Икрамова. Мы стали общаться впятером. Тендряковы жили безвыездно на даче в Красной Пахре, добираться туда без машины было сложно. Камил не упускал случая воспользоваться мною как водителем, а я охотно соглашался, поскольку это помогало мне почти не расставаться с Ирой. А в городе мы тем более виделись — лишь с небольшими паузами: днем на моей тайной квартире, а вечером — у них дома. Я своей влюбленности в Иру не скрывал, и, наверное, все, кто был тому свидетелем, это видели, включая самого Камила. Но он почему-то на это никак не реагировал.

Тогда, когда мы ехали к Любанскому, я мечтал, чтобы это случилось между нами хотя бы один раз. Один раз, и все. Один этот раз останется у меня в памяти и достаточно. Но потом был второй, третий, трехсотый раз, и все было мало, мало, мало.

Я приезжал на 5-ю Парковую на «Запорожце». Она на такси. Ее редкие и небольшие опоздания вызывали мое беспокойство, иногда даже паническое. А вдруг Камил все узнал и запер ее в квартире. А вдруг она опомнилась, разлюбила меня и вообще не приедет. Она все-таки каждый раз опять появлялась. Но мне этих встреч было мало, и вечера я проводил у них двоих, где мы предавались невинному разврату — игре «в дурака». Все-таки Икрамов мне был тоже нужен. Во мне боролись противоречивые чувства: я любил его как друга, ненавидел как соперника, испытывал угрызения совести и злился на то, что он не проявляет ни малейшей подозрительности. Мне казалось, что он все видит и замечает, но его такое положение дел почему-то устраивает. Прав ли я был в своих предположениях, не знаю, но так мне казалось.

ТВАРДОВСКИЙ УБРАЛ В КОМНАТЕ И ОСТАВИЛ ЗАПИСКУ

Начало лета 1963 года. Валентина с детьми уехала в деревню, я жил один и порядка в комнате, конечно, не поддерживал. Уходил из дома рано, возвращался поздно. Однажды пришел, перед тем крепко выпив, пришел, смотрю: комната чисто убрана, на столе две бутылки пива и записка от Твардовского. Будучи в помутненном сознании, я воспринял эту ситуацию так: приходил Твардовский с пивом, не дождавшись, убрал в комнате, оставил записку. Проснувшись, вспомнил вчерашнее и подумал: допился. Открыл глаза и теперь уже по-настоящему удивился. В комнате было чисто, пиво стояло на столе, и записка лежала там же. Чудо объяснилось просто: ко мне приходила моя сестра, купила пиво, убрала в комнате и — не удержалась — распечатала пришедшее по почте письмо. Письмо было от читателя Твардовскому — восторженное по поводу «Хочу быть честным». Твардовский переслал его мне с очень благожелательной припиской. Я в ответ написал А.Т. что-то самоуничижительное: вот, мол, получил, не мог поверить своим глазам, что он лично мне пишет, и что-то еще в этом духе. Письмо мое его, видимо, покоробило, и при первой встрече он поинтересовался, а в чем дело, почему письмо старшего литератора младшему кажется мне чем-то особенным. Я был смущен: и в самом деле мог бы быть сдержанней. Письмо то я, как и многое другое, потерял, но мой ответ у жены А.Т. не затерялся. Марье Илларионовне мой текст очень понравился, через несколько лет после смерти А.Т. она написала мне, что тронута моей преданностью Александру Трифоновичу и предлагает написать о нем воспоминания. Для воспоминаний я тогда еще не созрел, а степень моей преданности она преувеличила. Я к тому времени уже дошел до мысли, что писатель, который серьезно относится к себе и своему делу, не может и не должен быть предан другому писателю. По молодости он может сбегать за бутылкой водки, но служить должен только себе и своему делу.

Побуждая меня к написанию воспоминаний, Марья Илларионовна, наверное, предполагала, что образ Твардовского получится у меня однозначно положительным, но в моей памяти он был не совсем таким. Безусловно, со знаком плюс. Крупный поэт, очень незаурядная личность, удачливая и трагическая, истинный книгочей, с хорошим музыкальным слухом, с замечательно образным языком (не только в стихах, а просто в жизни), часто — очаровательный собеседник, но все-таки ко времени получения этого письма от Марьи Илларионовны мое отношение к Твардовскому было совсем не то, что раньше. Восторг молодости прошел, а трезвый взгляд многого не принимал. Я не понимал, почему литературное творчество должно считаться служением государству. Не понимал почтения А.Т. к знакам внимания, оказываемым литературе и литераторам высшей властью, его собственного уважения к чинам, орденам, правительственным почестям и привилегиям. Я ко всему этому относился с равнодушием, даже с презрением, и мне трудно было понять, как это все может занимать столь крупного поэта. Личные обиды тоже играли свою роль, хотя они были не совсем личными.

«А МНЕ ГОВОРИЛИ — АВТОМОБИЛЬ!»

Свою главную книгу я задумал в 58-м году, а писать начал в 63-м. Очень скоро понял, что этот замысел заведет меня далеко. В надежде легализовать его, я уже на начальной стадии заключил с «Новым миром» договор на роман «Жизнь солдата Ивана Чонкина». В заявке немного схитрил, сообщив, что собираюсь написать роман о простом солдате, прошедшем всю войну и дошедшем до Берлина. Схитрил, но не соврал. Сюжет был задуман именно таким, каким он вышел, а то, что образ солдата получится у меня не вполне совпадающий с хрестоматийно-советским, так этого я никому не обязан был сообщать. Если бы я с самого начала сказал, что моим героем будет нелепый, маленький, кривоногий и лопоухий солдат, не видать бы мне договора, но он был со мной заключен, и я получил аванс, весьма, впрочем, скромный. В то же время главное денежное поступление было у меня от «Мосфильма», где купили сценарий «Хочу быть честным». Там я получил денег примерно в десять раз больше, чем в «Новом мире», после чего купил себе тот самый «Запорожец». Подъехал на нем к «Новому миру», поставил его под окном отдела прозы и показал Асе Берзер. Когда показывал, в комнату неслышно вошел заместитель Твардовского Алексей (Лешка) Кондратович. Он обычно в отдел прозы входил тихо и, потолкавшись среди других, так же тихо уходил, и непонятно было, зачем приходил. Посмотрев в окно на мою машину, Лешка спросил, сколько она стоит, поздравил меня с покупкой и ушел. На другой день, опять заехав в редакцию, я узнал, что Лешка по поводу моей покупки поднял большой шум, выраженный тем соображением, что «мы Войновичу помогаем, а он покупает автомобили».

Я был сильно обескуражен. Во-первых, я думал, что они мне не помогают, а платят заслуженный мною гонорар. Во-вторых, я купил всего-навсего «Запорожец» (один, и то не новый). В-третьих, не на их деньги. А если бы даже и на их, то какое их дело, на что я эти деньги потратил. Я порывался вернуть им договор вместе с авансом, но Ася меня отговорила. Между тем Кондратович продолжал меня осуждать, и его дурацкая точка зрения была вскоре разделена другими членами редколлегии, включая Твардовского, ездившего на «Волге» со сменными шоферами. Кстати, на «Волгах» собственных ездили и многие авторы, тот же Тендряков, Юрий Бондарев и другие, но они считались иного ранга, их попрекать никто не смел.

Как-то, уезжая на юг, я оставил «Запорожец» в Красной Пахре на даче у Тендрякова. Однажды Твардовский, живший по соседству, зашел к Володе опохмелиться «после вчерашнего», и, когда случайно возникла речь обо мне, стал меня ругать, повторяя обвинения Кондратовича, что вот, мол, они мне помогают, а я покупаю автомобили. Через некоторое время провожаемый хозяином А.Т. заметил в углу участка транспортное средство, которого он, кажется, до того еще близко не видывал.

«Что это?» — спросил он. «Машина Войновича», — сказал Тендряков. Твардовский приблизился к машине, обошел ее, заглянул внутрь, засмеялся радостно, пнул колесо ногой и сказал: «А мне говорили — автомобиль!»

ПЕРВЫЙ ЭТАЖ

Один из читателей нашел, что в каких-то моих описаниях «Нового мира», Твардовского и сотрудников этого журнала много общего с тем, что писал Солженицын в своем «Теленке». В схожести этой нет ничего удивительного — мы были связаны с «Новым миром» в одни и те же годы, общались с одними и теми же людьми, но виденное воспринимали, конечно, по-разному. Поэтому я надеюсь, найдется читатель, который и моими заметками не пренебрежет.

У добросовестного исследователя не может быть сомнений в том, что «Новый мир» 60-х годов прошлого века (не могу привыкнуть к тому, что столетие, в котором я жил, надо называть прошлым) сыграл неоценимую роль в формировании в нашей стране общественного мнения и гражданского самосознания, подарил читателям, по крайней мере, несколько литературных шедевров и вообще способствовал поднятию уровня тогдашней литературы.

Сотрудники «Нового мира» понимали свою работу как важную миссию, сравнивали свой журнал с некрасовским «Современником», оценивая его заслуги и оправдывая вынужденные компромиссы. Но личности, включая тех, которые претендуют на заметную историческую роль, может быть, даже больше других, при близком рассмотрении выглядят не гигантами, но обыкновенными людьми со своими слабостями и смешными чертами.

В тогдашнем «Новом мире» было много смешного. Например, распределение по чинам и этажам: в кабинетах первого этажа располагались сотрудники от рядовых до заведующих отделами, а на втором — важное начальство, члены редколлегии. Сотрудники первого этажа были, понятно, более доступны авторам, которые числились как бы тоже рядовыми. Не помню, как насчет поэтов, а прозаики и критики — Виктор Некрасов, Юрий Домбровский, Юрий Трифонов, Георгий Владимов, Лев Левицкий, Феликс Светов, приезжавший из Ростова Виталий Семин, никогда не печатавшийся в журнале, но надеявшийся на это Фридрих Горенштейн — постоянно толклись в отделе прозы, где сидели сначала Анна Самойловна Берзер и Михаил Рощин, а после того как Миша стал известным драматургом, его место у двери заняла Инна Борисова. Здесь все собирались, курили, шутили, обменивались новостями, а к концу дня у кого-нибудь рождалась одна и та же идея: сбегать на улицу Горького, в магазин под редакцией газеты «Труд», за водкой. Выпивали, закусывали бутербродами и наслаждались общением.

Второй этаж вел себя высокомерно, его обитатели вниз спускались редко и недоумевали, почему это авторы толкутся внизу, а подниматься наверх не стремятся. Не понимая, что сами же и установили такую дистанцию. И за очевидной надменностью скрывали зависть к первому этажу, особенно к Асе Берзер, обожаемой всеми авторами.

ВТОРОЙ ЭТАЖ

Самым завистливым был, по-моему, Алексей Кондратович, который нашептывал Твардовскому, что Ася возомнила, будто без нее «Новый мир» не может быть тем, что он есть. Твардовский ревниво относился к Анне Самойловне и вскипал, если кто-то хвалил ее в застольной беседе. «А вы, если она вам так нравится, сломайте ей целку», — грубо сказал он одному из авторов, имея в виду, что Анна Самойловна была старая дева.

Из членов редколлегии самым близким мне был Игорь Сац, а после него добродушный пьяница Женя Герасимов, похожий больше на совхозного бухгалтера, чем на писателя. Вообще, он был прозаиком и очеркистом, а еще «писчиком» — так называли себя люди, писавшие книги за прославленных героев войны и труда (писчиком был когда-то и Александр Бек). Вскоре после войны Герасимов написал под именем партизанского генерала Ковпака широко в свое время известную книгу «От Путивля до Карпат». Формальный автор, вставивший в рукопись единственное слово-резолюцию: «Четал», делил с Женей пополам получаемые от многих переизданий гонорары и кремлевский паек, а потом, будучи Председателем Президиума Верховного Совета Украины, наградил его медалью «Партизан Украины». При этом от издания к изданию требовал увеличивать объем книги и показывал на пальцах желаемую толщину. Герасимов долго подчинялся, но когда Ковпак предложил ему превзойти габариты кирпича, заупрямился, и на этом его отношения с партизанским генералом прекратились. Он очень смешно обо всем этом рассказывал.

Еще один член редколлегии, очеркист Ефим Дорош, писавший о деревне, был крайним пессимистом и мрачно предрекал скорое наступление «светлого будущего».

— Мне-то что, — говорил он печально, — я до этого не доживу, а вас жалко, вы доживете...

Часто редакцию посещал Евгений Александрович Гнедин, человек более чем необычной судьбы. Сын известного политического авантюриста Парвуса, он в Советском Союзе сделал поначалу неплохую дипломатическую карьеру, но она была оборвана арестом. Он провел в лагерях семнадцать лет (несколько лет вместе с Икрамовым), но остался мягким интеллигентным человеком. Он смотрел в будущее с большими надеждами и обещал мне, что я еще увижу небо в алмазах.

— Скорее в овчинку, — поправил его оказавшийся рядом Дорош.

— В овчинку, но в алмазах, — согласился на компромисс Гнедин.

ВЛАДИМИР ЛАКШИН

Владимир Лакшин в детстве болел полиомиелитом, что привело к сильной хромоте, но благотворно сказалось на его знаниях. Не имея возможности участвовать в дворовых детских играх со сверстниками, он прочел много книг и был одним из самых образованных членов редколлегии. Именно Лакшин больше других тешил себя сравнением «Нового мира» с некрасовским «Современником» и свою собственную роль в журнале оценивал по высокой шкале. В Твардовского был влюблен, подражал его манерам, голосу, речи — как устной, так и письменной (часто употребляя, например, слово «своеобычно»). Умудрялся, несмотря на хромоту, подражать походке шефа.

Я познакомился с Лакшиным, когда он еще работал в «Литературной газете». Тогда мы были на «ты» и называли друг друга Володями. Но, став членом редколлегии ведущего журнала, он пожелал возвести между нами барьер: при встречах церемонно кланялся и говорил с покровительственной интонацией: «Здравствуйте, Володя», ожидая, очевидно, что я в ответ скажу: «Здравствуйте, Владимир Яковлевич». А я отвечал просто: «Привет, Володя», и это его, как мне казалось, коробило. Однажды я не выдержал и сказал, что редко первым перехожу на «ты», но если это уже случилось, обратно к «вы» не возвращаюсь, независимо от успехов и положения того, к кому это относится. Лакшин смутился, покраснел: «Извини, Володя, ты прав».

Я его извинил, но в следующий раз Лакшин опять сказал мне с поклоном: «Здравствуйте, Володя».

БОРИС ЗАКС

Борис Германович Закс, член редколлегии и ответственный секретарь «Нового мира», слыл человеком чересчур осторожным, выискивал в поступавших в редакцию рукописях крамолу явную или скрытую, все хотел исправить, все остановить и всего опасался. По выражению Ильи Эренбурга, он был «зайцем, который с перепугу может убить волка». Но лет через пятнадцать, придя однажды к Андрею Дмитриевичу Сахарову, я, к своему удивлению, встретил там в смешанной компании старушек и диссидентов Закса, который пил чай с пряниками и рассуждал об отсутствии в нашей стране гражданских свобод и об обязанности каждого порядочного человека за эти свободы бороться.

Оказывается, осторожный Борис Германович превратился в отважного диссидента, на что его толкнула любовь. Не помню, кто и где рассказал мне его историю, романтическую и полную драматизма.

Передаю эту историю с чужих слов, как запомнил, за точность всех фактов ручаться не буду. В конце Великой Отечественной войны Борис Германович жил в Хабаровске и редактировал газету Дальневосточного военного округа «Суворовский натиск» (к ней через двадцать лет и я короткое время имел отношение). Тогда газеты почти ежедневно печатали очередные приказы Верховного главнокомандующего товарища Сталина. Приказы обычно посвящены были взятию нашими войсками того или иного большого города, в ознаменование чего предписывалось в Москве, Ленинграде и других городах-героях произвести артиллерийский салют из многих орудий. Приказы эти печатались на первых страницах крупными буквами и подавались как наиболее важные сообщения. Иногда в этих текстах случались опечатки, которые в другой стране сошли бы за мелкий курьез, но у нас, бывало, приводили к трагедии. Например, когда точно такая же опечатка случилась в газете «Запорожская правда», редактор, заметив ее, застрелился. Борис Германович стреляться не стал. Взяв утром свежую газету и увидев, что в слове «главнокомандующего» пропущена буква «л», он просто упаковал чемодан и, никому ничего не сказав, не получив расчета, уехал в Москву. Как ни странно, там ему удалось затеряться и остаться в живых и на свободе.

А стрелялся он, как мне рассказывали, несколько позже. Когда его жена, красавица Сара Юльевна, ушла от него к крупному советскому деятелю (не знаю, в какой области) Твердохлебову. Это случилось уже совсем на исходе войны. Борис Германович пережить измены не мог и в

День Победы, 9 мая 1945 года, стрелялся. Причем не где-нибудь, а прямо на Красной площади. Но странным образом промахнулся, отделался ранением и не понес наказания за самострел. Через некоторое время его физическая рана зажила (и душевная как будто тоже). Он женился на другой женщине и прожил с ней около тридцати лет. Но в начале 70-х годов Твердохлебов умер, и, как только Сара Юльевна поманила Закса, он тут же бросил вторую жену и нажитых с нею детей и ушел к Саре Юльевне. А у Сары Юльевны был сын Андрей Твердохлебов, очень достойный молодой человек, талантливый физик. В конце 60-х Андрей стал диссидентом, видным и очень активным. Подвергался преследованиям и был посажен. Борис Германович вместе с Сарой Юльевной боролся за освобождение пасынка, за освобождение других политзаключенных, вообще за гражданские свободы и за то, чтобы Советский Союз уважал и соблюдал Декларацию прав человека.

После освобождения Андрей продолжил свою борьбу, но вскоре был принужден к эмиграции. Уехал в Америку. Туда же отправились его мать и отчим. В эмиграции, как до меня доходило, Андрей от диссидентства отошел и диссидентов чурался.

А о Борисе Германовиче я и вовсе ничего больше не слышал.

НЕДОСТАТКИ, МЕШАЮЩИЕ ИДТИ ВПЕРЕД

С Сартром я встречался году в 63-м. Мне позвонили из «Нового мира» и сказали, что он приехал в Москву и хочет пообщаться с молодыми писателями. У «Нового мира» молодых писателей в активе было два — я и Владимов.

Прежде чем встретиться с Сартром, я захотел познакомиться с тем, что он пишет. Обратился к подруге Саца Инне Шкунаевой, писавшей учебники по французской литературе. Она дала мне кое-какие книги. Я почитал самого Сартра и кое-что из Симоны де Бовуар. Понял, что такое экзистенциализм, и эта философия пришлась мне по душе. Но пьесы Сартра оказались из рук вон плохими и, к моему удивлению, слишком советскими или соцреалистическими. Одна из них называлась «Лизи Маккей», а другая «Некрасов». Никакого отношения к нашим Некрасовым — Николаю и Виктору — она не имела.

Мы с Владимовым приехали в редакцию, и Сартр явился туда вместе с Симоной и переводчицей Леной Зониной. Результатом сотрудничества Сартра с Леной стала их дочка Маша, живущая ныне в Париже.

Сама встреча была неинтересная. Он нас спросил: «О чем вы пишете? Можете ли вы критиковать власть?» Мы выражались осторожно, но не врали. Сказали, что власть мы не ругаем, но критикуем недостатки, которые мешают нам, советскому обществу, двигаться вперед. Как ни странно, наши ответы гостю понравились. Он сказал: «Вы выгодно отличаетесь от киевских писателей, с которыми я встречался. Они говорили пропагандистскими штампами, а вы, я вижу, люди свободные».

Через некоторое время после этой встречи мне привезли из Парижа журнал, который Сартр редактировал, Les Tempes Modernes, и там был напечатан мой рассказ «Хочу быть честным».

БУЛАТ И ГАЛИНА

Из тогдашних суждений обо мне я посчитал наиболее точным высказанное Галей Окуджавой.

— Ты, — сказала она, — похож на жука, которого время от времени засыпает песком. Засыпало, он поднял лапки кверху, готовый смириться с судьбой и умереть. Так лежит, а потом видит, что сразу не умер, и понимает, что можно выжить, если бороться. Начинает работать лапками, разгребает песок и снова оказывается на поверхности.

Меня поразила точность ее оценки моего характера. Я, в самом деле, когда меня настигает большая неприятность, скисаю, падаю духом и готов покориться обстоятельствам, но через некоторое время опомнюсь, воспряну духом и проявляю много энергии, чтобы эти обстоятельства преодолеть.

Мои с Галей отношения были поверхностно-дружескими, и только, но она увидела во мне то, чего мои, казалось бы, более близкие друзья не видели.

Насколько я знаю, Булат Окуджава и Галя Смольянинова познакомились, когда оба работали учителями в Калуге. Вместе приехали в Москву и казались очень хорошей парой. Но с Булатом произошло то, что случилось с большинством писателей, достигших известности. Сначала они живут, преодолевая с помощью своих самоотверженных жен серьезные материальные трудности, невзгоды, недоедание и непризнание. А потом приходят известность и деньги, к ним начинают липнуть другие женщины — молодые, красивые, начитанные, не уставшие от тяжелой жизни, от кухни и стирки, знающие толк в белье и косметике, умеющие изящно польстить, поддакнуть, изобразить тонкость понимания и искушенные в интригах. Старые жены неизбежно проигрывают конкуренцию и выбраковываются, как отслужившие свое походные лошади. Такова была судьба жен Окуджавы, Балтера, Солженицына, Коржавина, Самойлова, Левитанского и многих других, включая мою Валентину. Браки на всю жизнь в писательской среде, как, например, союз Бенедикта и Славы Сарновых, бывают крайне редко и воспринимаются окружением как парадокс.

Распаду союза Булата и Гали я, к сожалению, частично способствовал. Имея собственное средство передвижения, я чаще других ездил в Москву. Как-то, когда я садился на мотоцикл, Булат подошел ко мне, сунул в руки конверт и попросил опустить его в Москве в почтовый ящик. Перед тем как выполнить поручение, я взглянул на адрес и запомнил незнакомую мне до того фамилию Арцимович. Роль почтальона я исполнил несколько раз, и дело закончилось тем, к чему шло. Булат женился на племяннице известного физика Ольге Арцимович, а Галя вскоре в сорок два года умерла от сердечного приступа. Сын Булата и Гали Игорь смолоду пошел «по кривой дорожке», был алкоголиком, стал наркоманом, сидел в тюрьме, болел диабетом и остался без ноги. Он умер в начале девяностых годов, еще при жизни отца, примерно в том же возрасте, что и мать.

В ОДЕССЕ НЕ ТОЛЬКО ШУТЯТ

Мы с Ирой, запутавшись в наших отношениях, решили их прекратить. Инициатором был я. Я сказал, что больше не могу обманывать друга и приходить к нему в дом с обманом. Ира не возражала. Я ей не звонил дня два. Но потом не выдержал и позвонил. Предложил еще раз встретиться, последний раз. Встретились на 5-й Парковой. После нескольких «последних» разов я решил поставить между нами неодолимый барьер — уехал к родителям в Керчь. Хотел остыть, но не мог. Все время думал о ней. Сам себя пытался уверить, что все прошло. Почти убедил себя в этом, и вдруг — вызов на переговорный пункт.

Телефона у родителей, разумеется, не было. Тогда в провинции большинство людей вообще не представляли себе, что можно иметь в квартире свой собственный телефон. В другие города звонили с переговорных пунктов на почте, вызывая друг друга телеграммами. Трудно забыть долгое стояние в длинных потных очередях, нервные разговоры оттого, что плохо слышно, связь прерывается, а очередь торопит. Ира вызвала меня на переговорный пункт с новостью, что купила два билета на дизель-электроход «Абхазия», идущий из Одессы в Сочи. На другой день, изумив ничего не понимавших родителей, я улетел в Одессу. Ира должна была приехать на следующий день на поезде. Я поехал на вокзал и там сдал свой чемодан в камеру хранения. Я думал, что одесский юмор — это миф, придуманный одесскими писателями. Но в камере хранения прочел объявление: «При сдаче вещей в камеру хранения часть вещей обратно не выдается». Я стал думать, что бы это реально значило, и не сразу догадался. Оказывается, нельзя взять чемодан, вынуть из него часть вещей и сдать обратно по той же квитанции. Можно взять его целиком, расплатиться и потом сдавать заново.

Сдав вещи, я поехал в город и снял номер в гостинице «Моряк» недалеко от порта. Вечером взял такси, поехал ужинать. И узнал, что в Одессе не только шутят, но и убивают. В ресторане, пока я там сидел, началась драка, потом послышались выстрелы, потом свистела милиция, потом гудела «Скорая помощь», а у входа в ресторан лежал застреленный в грудь один из его посетителей. После этого я пошел в гостиницу пешком через парк и увидел картину, знакомую мне с юношеских лет. Шайка хулиганов топтала ногами сбитого наземь человека, он кричал на весь парк, никто, конечно, на помощь не поспешил. К тому времени, когда я приблизился к месту драки, избивавшие уже разбежались, а избитый лежал в пыли и бился в предсмертных, очевидно, конвульсиях. Откуда-то издалека слышна была медленно приближающаяся трель милицейского свистка. У выхода из парка я увидел группу людей, окруживших что-то лежавшее на земле. Это был тоже труп. Я вышел из парка и, встретив какого-то прохожего, спросил, как пройти к гостинице. Он сказал:

— Пойдете прямо, потом направо, пройдете под мостом — и там уже будет рядом.

Я пошел, как было сказано.

— Стойте! — прохожий догнал меня. — Под мостом не ходите. Там опасно. Лучше сейчас идите направо и там перейдете поверху.

На другое утро я вернулся на вокзал встречать Иру. Сюрприз: она приехала не одна, а с подругой Линой, которую взяла с собой для прикрытия.

В ТРЮМ НАЛИВАЕТ, ИЗ ТРУБЫ ВЫЛИВАЕТ

На пути в Сочи нас застал сильный шторм. И качка. Сильная, но не страшнее, чем швыряние в воздухе планера.

Корабль шел навстречу волнам, и нос его то высоко задирался, как у самолета взлетающего, то опускался, как у входящего в пике, а ощущение было, как на больших качелях.

— Сколько баллов? — спросил я у матроса, одного из двух, крутивших ручку какого-то механизма.

— Около четырех, — сказал он.

— Та шо ты людэй дуришь! — возмутился другой. И объяснил мне, что четыре балла — это когда появляются барашки. — А зараз шесть-семь, не менее. Як у нас кажуть: штывает — в трюм наливает, из трубы выливает.

Палуба была безлюдна. По другим поверхностям корабля, цепляясь за поручни, передвигались редкие бледные пассажиры, напоминая осенних мух.

Где-то мы нашли и Лину, перебиравшуюся чуть ли не ползком. Она была зеленого цвета.

— Укачало? — спросил я.

Она хотела ответить, раскрыла рот и тут же схватилась одной рукой за горло, другой за живот.

Я отвернулся.

Все трапы и коридоры были облеваны. В ресторане не было никого, кроме двух игравших в карты официантов. Они ужасно нам удивились и даже обрадовались. И охотно принесли что-то холодное, сказав, что горячее во время шторма не подается.

ПРОПАЛ КАМИЛ

По пути в Сочи мы заходили в Ялту и Новороссийск, но не видели ни того, ни другого. Потом было полторы недели счастья в Мацесте и обратный путь — в Феодосию на дизель-электроходе «Аджария». В Феодосии было еще два дня — совершенно отравленных. Мы ходили на переговорный пункт, Ира звонила Икрамову, телефон не отвечал. Ни днем, ни ночью.

Я говорю:

— Может быть, он куда-то уехал?

— Нет, он мне сказал, что все время будет в Москве.

Ира пришла в состояние непреходящего испуга, вскакивала ночью и ходила по комнате, не находя себе места. Потом я узнал, что в подобное состояние она готова впасть по каждому поводу, и, когда это случалось, я, даже хорошо изучив ее, всегда сначала думал, что причин для серьезного беспокойства никаких нет, и объяснял ситуацию реалистическими причинами, но, в конце концов, она заражала паническим страхом и меня. Но тогда я еще не знал достаточно ее способности впадать в панику и поэтому счел правдоподобным найденное ею объяснение исчезновению мужа. Ему стало все известно, и, потрясенный изменой любимой жены и ближайшего друга, он покончил с собой. Признаться, я тоже поверил в это, и ужасные угрызения совести убили во мне все другие чувства. Мы побежали на вокзал — менять билеты. К кассам стояла ужасная очередь, и билетов на ближайшие дни, конечно не было. Я, потрясая своим писательским удостоверением, проник к начальнику вокзала. В результате Ира с Линой отправились в Москву, а я назад — к родителям. С мыслями, что если с Камилом действительно что-то случилось, то и нам вместе не жить.

Через день Ира вызвала меня на переговорный пункт и сообщила, что Икрамов жив-здоров, ни травиться, ни вешаться не собирался, а в ожидании жены провел несколько дней на даче у Тендряковых. Камень с души свалился, а решение прекратить отношения окрепло и продержалось ровно два дня. Через два дня я взял билет на отходивший поезд и отправился в Москву, проклиная себя за безвольность и желая видеть ее немедленно.

КАМИЛ НИЧЕГО НЕ ЗАМЕЧАЕТ

Когда начался наш роман, она работала в школе в младших классах. У нее было несколько часов с утра, а Икрамов работал весь день. Но, насколько мне было известно, он, зная, когда она кончает работу, регулярно звонил ей домой не по делу, а просто так:

— Как дела, рыженький? Что делаешь? Как было в школе? — и вообще проявлял внимание.

Это обращение «рыженький» меня раздражало своей слащавостью и фальшивостью.

Я не знал, замечал ли он, что жена теперь после работы не сразу оказывается дома, интересовался ли, где она задерживается и как она на вопросы его отвечает. Несколько месяцев мы встречались с ней каждый день на моей нелегальной квартире, моя страсть к ней ничуть не ослабевала, и я представить себе не мог, что когда-нибудь ослабеет.

Была ли гармония в наших отношениях? Была. Я же любил ее не только плотски, но и как красивую и интеллигентную женщину, одухотворенную личность. Моя страсть не была бы столь необузданной, да и совсем никакой не была бы, если бы я не думал, что она любит меня, мою прозу, мои стихи, мои шутки, мои радости и страдания и вообще понимает меня с полуслова.

Я не знаю, верил ли Икрамов жене безгранично, по-моему, все-таки нет, но вел он себя беспечно, уезжал надолго в командировки, и тогда наши встречи становились более разнообразны.

Я Икрамова по-прежнему любил, и его же ненавидел. То жалел, то презирал, то готов был упасть на колени. Очередной раз сообщал Ире, что все, наши отношения кончились, не звонил, пытался выкинуть ее из головы, но, как только узнавал, что Икрамов выехал в командировку, тут же появлялся у нее и сам себя проклинал.

БЕЗУМСТВА

Я в жизни совершал много безумных поступков. И, как ни странно, всегда выходил сухим из воды. У меня есть теория, о которой я уже писал выше, что человек должен вести себя в соответствии со своим характером. Бывало, когда я вопреки характеру начинал осторожничать, я обязательно проигрывал.

Мои безумные поступки диктовались совершенно разными причинами.

Однажды, в декабре 1963 года, когда у меня был на взлете роман с Ирой, я решил приехать на день рождения к Тендрякову, поскольку знал, что Ира с Камилом у него. Сам я находился в это время в Малеевке, в ста километрах от Москвы.

Была зима, метель и гололед. Поздно вечером я отправился из Малеевки в Красную Пахру. Несся по обледенелой дороге с максимальной скоростью, какую мог выжать из «Запорожца». И вдруг у самой цели неожиданное препятствие: мост через речку, по которому я всегда ездил, разобран. Что делать? На берегу лежат какие-то доски — толстые, широкие, но обледенелые. Из темноты возник неизвестно для чего поставленный здесь сторож. «Как тут ездят?» — спросил я. «А я не знаю», — отвечает он равнодушно. «Ну, давай, помоги мне», — говорю. Ему, видимо, стало интересно, свалюсь я или нет. Мы положили две доски на какие-то перекрытия. Я сел в «Запорожец», а дверцы у него еще открывались, как у старых машин, вперед. Я открыл дверцу, и, заглядывая под колеса, медленно-медленно переехал речку по доскам. Смертельный трюк. Даже сейчас, переезжая через эту речку по мосту, я иногда смотрю вниз, и мне становится страшно.

Я пришел к Тендрякову.

— А ты как приехал? — удивился он.

— Как? Обыкновенно, через мост.

— Так он же разобран.

— Ну, для кого разобран, а для кого не разобран...

Тендряков и гостивший у него его брат не поверили мне и говорят: «Пойдем смотреть». Я согласился. На недавно выпавшем снегу следы должны были быть видны.

Мы дошли до моста, я показал им следы машины, сказал, что, если они хотят, могут сверить с рисунком протектора. Брат Тендрякова встал на одно колено и снял шапку.

Еще один экстравагантный поступок я совершил лет через десять после этого. Как-то зимним вечером мне позвонила жившая со мной в одном доме Белла Ахмадулина: «Володя, не хочешь зайти ко мне в гости? У меня интересный человек». Я зашел. У нее сидел прыщавый молодой человек, внук Леонида Андреева, но американский гражданин. Как мне сказали, он — гость американского посла. Посидели какое-то время. Хорошо выпили, закусили. Около двух ночи вышли из дома: Белла, ее тогдашний муж Эльдар Кулиев, этот американец и я — провожать его до такси. Идем по двору. Проходя мимо моего «Запорожца», Белла спросила:

— Володя, это же твоя машина?

— Не знаю, заведется ли она, — усомнился я.

К моему неудовольствию (мне ехать не очень хотелось), «Запорожец» завелся. Мы сели все и поехали. Доезжаем до резиденции американского посла в районе Арбата. Милиционер в будке, наверное, спит, а ворота открыты. Юный Андреев говорит: «Здесь остановите, спасибо». Я говорю: «Ну, зачем же здесь» — и въехал в ворота.

Тогда это было чудовищное преступление — переход границы. Да и сейчас за это по головке бы не погладили. Мы въехали, зажегся наружный свет, вышел какой-то служитель, очень удивился, поздоровался по-русски. Я высадил молодого человека. А в это время милиционер проснулся, выскочил, встал в створе ворот — дальше он не имел права идти: территория иностранного государства. Встал и свистит в свисток. Я немного испугался и даже с испугу выключил фары. Но потом опять включил и, поскольку там было трудно развернуться, задним ходом поехал к воротам.

На ходу думаю, что бы мне сказать. Кого я мог привезти в два часа ночи? А тогда в Советский Союз приезжала Анджела Дэвис. Судя по советской прессе, легендарная личность. В Америке ее подозревали в каком-то политическом убийстве, а наши писали, что ее преследуют как негритянку и коммунистку (она была членом ЦК Компартии США). Ее приезд приветствовали все советские центральные газеты, и, насколько мне помнится, все репортажи начинались с шаблонной фразы: «К нам приехала член Центрального Комитета Коммунистической партии Соединенных Штатов Америки Анджела Дэвис». Подъезжая задним ходом к воротам, я вспомнил эту фразу. Около милиционера остановился, опустил стекло. Услышал суровый вопрос:

— Кто вам разрешил сюда въезжать?

Ответил вопросом:

— А вы знаете, кого я привез?

— Меня не интересует, кого вы привезли. Я спрашиваю вас, кто вам разрешил сюда въезжать?

— А я вас спрашиваю, вы знаете, кого я привез?

— А я вас спрашиваю, кто вам разрешил сюда въезжать?

Я ледяным голосом говорю:

— Повторяю, я сюда привез члена Центрального Комитета Коммунистической партии Америки! Запишите номер — и до свидания!

Включил скорость и сорвался с места.

Утром проснулся, думал, интересно, куда меня вызовут — в КГБ или в ГАИ. Но меня не вызвали ни туда, ни сюда. Скорее всего, милиционер никуда не сообщил. Потому что не знаю, что было бы мне, но ему бы попало точно. Я все-таки был членом Союза писателей и уже довольно известным. Мне, вероятнее всего, ничего бы не было. Но если бы я оставался плотником, могли бы и посадить. Впрочем, будь я плотником, я на такое бы не решился.

Я ЖЕ ВАМ ГОВОРИЛ...

В 1963 году меня неожиданно пригласили на студию Горького к генеральному директору Бритикову. Удивленный, зачем и кому я там понадобился, я явился. Оказывается, приглашенных много. Кроме меня и Жоры Владимова, Пырьев, Ромм, Райзман, Марлен Хуциев, Отар Иоселиани. Пырьев схватил меня под руку и повел знакомить с Роммом и Райзманом, внеся в эту процедуру какой-то, как мне увиделось, подтекст. Они вроде считались принадлежащими к разным лагерям. Пырьев показывал, что я в одном лагере с ним.

Выяснилось, что мы приглашены обсудить фильм Хуциева «Застава Ильича», что меня удивило. Только что картину непонятно за что разругал в пух и прах Хрущев. Обычно после такой «критики» никаких обсуждений уже не бывало. Но на дворе все же не сталинские времена, оказывается, вождь у нас отходчив и приговор его не окончательный.

Выступил работник ЦК КПСС Георгий Куницын. К моему удивлению, говорил о фильме мягко. Что в целом он очень хороший. Я сидел, удивлялся: как может партийный работник говорить, что фильм хороший, когда главный партийный вождь сказал, что он нехороший. Куницын настаивал: фильм хороший, но в нем надо кое-что поправить. Вот как раз для поправки и пригласили нас с Владимовым.

Бритиков предложил немедленно заключить договор и сказал:

— Мы вам заплатим по тысяче рублей. — Сделал паузу. — Старыми конечно, деньгами.

— Старыми? — переспросил Хуциев. — Новыми.

— Ну, новыми, — согласился Бритиков (новыми — это в десять раз больше).

Мы с Владимовым не возражали. Не помню, подписали ли договор, но помню, что ничего не сделали. Я видел фильм, читал сценарий, я не понимал, что в нем не устроило Хрущева и что надо сделать такое, чтобы его устроило. На что рассчитывал Хуциев, я тоже не понял. Марлен каждый день приезжал ко мне, брал в руки гитару, которую я купил, наверное, в надежде когда-то научиться на ней играть. Но не помню, чтобы пытался научиться. Хуциев долго подбирал что-то на одной струне. Мы говорили о чем угодно, только не о фильме. Однажды заговорили о Ленине, которого Марлен еще считал гением. У меня была другая точка зрения, которую Хуциев выслушал с большим удивлением. За несколько недель моего и Владимова общения с Хуциевым мы много тем обсудили, но никаких попыток внести хоть что-то в фильм, насколько мне помнится, не сделали. Тем не менее фильм через некоторое время вышел на экраны, может быть, никак не исправленный, только назывался теперь иначе: «Мне двадцать лет».

Там же, на студии Горького, после обсуждения «Заставы Ильича» ко мне подошел режиссер Юлий Яковлевич Райзман, сказал, что у него есть ко мне очень серьезный разговор. Спросил, не могу ли я прийти ради этого к нему на «Мосфильм», где они вдвоем с Роммом руководили одним из творческих объединений. Райзман был очень известный, авторитетный и уважаемый режиссер кино, как говорили, «прогрессивного» направления, и снимал фильмы, которые считались очень смелыми. Разумеется, я немедленно к нему пришел.

Юлий Яковлевич нажал кнопку, велел секретарше принести чаю с сушками, начал разговор с того, что он уже пожилой человек, много лет работает в кино и несколько оторвался от жизни. А я, еще сравнительно молодой, судя по всему, от жизни не оторвался, так не соглашусь ли помочь ему осуществить его новый замысел. За пять лет до того он снял фильм «Коммунист» с Евгением Урбанским в главной роли, теперь думает о новой картине под условным названием «Сын коммуниста». Сын должен быть достойным продолжателем дела отца — крупным руководителем производства, настоящим коммунистом и безусловно честным человеком. «Бывают же в жизни такие люди?» — спросил меня Райзман. Мне не хотелось его разочаровывать, я испытывал неловкость и некоторую робость, но все же сказал, что быть условно честным такой человек еще может, но безусловно, пожалуй, нет. «Судите сами, — сказал я. —

После всего, что случилось в нашей стране, после разорения крестьян, террора тридцатых годов, уничтожения высших командиров Красной Армии и много чего еще честным членом коммунистической партии может оставаться человек разве что очень наивный, то есть глупый. А как же может глупый человек быть крупным и толковым руководителем? Если он не совсем глуп, то не может быть согласен со всеми решениями партии. Если не согласен, но голосует «за», значит, нечестен. Если честен и хотя бы одно решение не одобрит, его исключат из партии, понизят в должности, и он перестанет быть и коммунистом, и крупным руководителем. Не говоря уже о том, что всякий руководитель в советской системе не может не лгать, не заниматься приписками, не брать на себя невыполнимых обязательств и не рапортовать о досрочном их выполнении. Значит, или крупный руководитель и коммунист умный, но не честный, или честный, но не руководитель и не коммунист».

Я говорил, маэстро морщился и мрачнел, ему, как я подумал, было жаль расставаться со своим замыслом.

Но он с ним и не расстался. Прошло несколько лет, и в подмосковном доме творчества кинематографистов «Болшево» я опять встретил Райзмана. Мы с ним довольно тесно и, несмотря на разницу в возрасте, дружески общались, играли в бильярд, которого он был большим любителем и мастером, и вдруг из Москвы привезли только что сделанный его фильм по тому самому замыслу, но с названием не «Сын коммуниста», а «Твой современник». Фильм был один из первых широкоформатных. Исполнитель главной роли Николай Плотников играл очень хорошо, но в обстоятельствах искусственных, имевших мало общего с реальной советской жизнью. После сеанса были бурные аплодисменты, коллеги Марк Донской, Сергей Юткевич и другие наперебой хвалили постановщика, поздравляли с большой творческой удачей. Я тихо вышел из кинозала и направился к себе в комнату, но Райзман догнал меня в коридоре. Он запомнил наш тот разговор, и сейчас для полного торжества ему не хватало моей безоговорочной капитуляции.

— Ну как вам мой фильм? — спросил он торжествующе.

Я никак не желал его огорчить, но я был молодой и хотел быть честным.

— Юлий Яковлевич, — сказал я ему, — я же вам говорил.

Прошло еще много лет, и, уже будучи эмигрантом, в Сан-Франциско я увидел объявление о фестивале советских фильмов. Я пошел туда и среди прочих попал на новый фильм Райзмана «Частная жизнь» о коммунисте третьего поколения (очевидно, по внутреннему замыслу герой фильма был внуком героя «Коммуниста»). И этот фильм, как и «Твой современник», был хорошо снят, Михаил Ульянов очень хорошо исполнял главную роль, и вообще в нем все было похоже на правду, но не было ею. Когда началось обсуждение публикой (вполне благожелательное), меня подмывало послать Райзману записку без подписи: «Юлий Яковлевич, я же вам говорил». Но я не сделал этого, пожалел старого человека.

ТАГАНКА

1964 год. В Московский театр драмы и комедии пришел новый режиссер Юрий Любимов со своей труппой — выпускниками Щукинского училища, или «Щуки», и с готовым спектаклем «Добрый человек из Сезуана». От старой труппы в театре остались только Лев Штейнрайх, Готлиб Ронинсон, которого все, несмотря на почтенный возраст, называли просто Гошей, и Алексей Эйбоженко.

До этого театр был захудалый, популярностью не пользовался. Любимов начал с нового репертуара и с изменения названия. Теперь театр стал называться «Театр на Таганке». Любимову это название понравилось, и он долго его пробивал. Начальство держало оборону. Оно привыкло, что в названиях театров, кроме двух главных, Большого и Малого, обязательно указывается их ведомственная принадлежность, или жанровая предопределенность, или то и другое. Государственный музыкальный, областной драматический, городской драматический, Театр Советской армии. И театр, доставшийся Любимову, прежде назывался скромно: Театр драмы и комедии. А тут просто: Театр на Таганке. Уже в этом начальство усмотрело намек на фрондерство. Однако, несмотря на сопротивление, Любимов своего добился и стал строить театр с репертуара. Стал зазывать к себе новых авторов, и я оказался одним из первых. Написал для них пьесу по своей же вещи «Хочу быть честным». Читал вслух труппе, которая приняла пьесу очень хорошо. Актеры смеялись, аплодировали, потом высказывались. Особенно горячо выступил за пьесу Алексей Эйбоженко, который у Любимова почему-то не задержался и вскоре ушел в Театр Маяковского. До Любимова в этом же театре работал рядовым режиссером и Петр Фоменко. Он поставил там пьесу Лазаря Карелина «Микрорайон», где Эйбоженко играл главную роль. В спектакле звучала песня тогда еще мало кому известного актера Театра имени Пушкина Владимира Высоцкого. Мою пьесу Любимов сам ставить не стал, а поручил постановку тому же Фоменко. Начались репетиции, которые продолжались долго, но спектакль никак не складывался. Актеры играли плохо, кроме одного, пожилого, по фамилии Соловьев. Говорили, что он в молодости подавал большие надежды, но потом совершенно спился, был отовсюду изгнан. Любимов нашел его, кажется, в ВТО, где он, как говорили, занимался наклеиванием на конверты марок. Любимов привел его в театр, взяв обещание, что он «завяжет». Соловьев и правда какое-то время не пил, но потом не удержался и опять потерял работу. Но пока держался, репетировал замечательно.

ОТДЕЛЬНАЯ ТРЕХКОМНАТНАЯ

Тот же 1964 год был для меня вообще богат на события и начался с того, что я получил не ожидавшийся мной подарок — отдельную трехкомнатную квартиру. Причем мне за нее почти даже не пришлось никак хлопотать. Это сделал за меня Николай Трофимович Сизов, мой бывший начальник на радио. К тому времени он был уже не «радистом», а начальником московской милиции и генералом. Кто-то ему, очевидно, сказал, что я живу в ужасных квартирных условиях (я после своих казарм, вагончиков и семейного общежития свою комнату в коммуналке ужасной не считал). Он куда-то стал звонить или писать, что автор гимна космонавтов должен жить лучше. Я уже не помню, в какой что было последовательности. Но помню, мне позвонила некая Соловьева, заведующая отделом культуры Московского горкома партии, и предложила написать заявление в Союз писателей, а они, то есть горком КПСС, меня поддержат. (Притом, что я был беспартийным.) Я, естественно, написал. Дело завертелось, пошло по инстанциям. В СП вопрос решили положительно, но в райисполкоме председатель считал, что трехкомнатной квартиры мне будет многовато, хватит и двух комнат. На довод, что писатель нуждается в отдельном помещении для литературной работы, председатель возразил (и был прав), что писать книги можно и на кухне. Тогда представлявший на заседании Союз писателей секретарь московского отделения этой организации генерал госбезопасности Виктор Николаевич Ильин, как он мне сам рассказывал, встал и запел песню про пыльные тропинки. И все члены райисполкома сразу сдались, поняли, что сочинитель таких песен имеет право писать не на кухне. Так неожиданно для себя я стал обладателем отдельной трехкомнатной квартиры с полезной площадью 47 квадратных метров на четвертом этаже пятиэтажной хрущевки без лифта, без балкона. Одну комнату сделал своим кабинетом. Обзавелся письменным столом и креслом. Окна кабинета выходили на Шереметьевскую улицу — такую шумную, что при открытой форточке невозможно было разговаривать. Поэтому форточку всегда я держал закрытой. Но все равно я был счастлив. Таких роскошных условий я до того не знал. Счастье, однако, было с самого начала рассчитано ненадолго. Я уже понимал, что жить с Валентиной не буду, но был доволен, что, уходя, оставлю ее и детей не в коммуналке.

СНОВА АРМИЯ

Тогда же, весной 1964-го, мне позвонили из комиссии по военно-художественной литературе Союза писателей, попросили прийти. Пришел. Принял меня член комиссии Матвей Крючкин, кучерявый пожилой человек, бывший полковник. Сказал, что в СП родилась идея, поддержанная Министерством обороны, начальником Главного политического управления генералом армии Епишевым и даже лично самим министром маршалом Малиновским: военнообязанным писателям предлагается пройти двухмесячную военную переподготовку с целью их переквалификации и повышения в звании, но самое главное — с надеждой, что литераторы, ближе ознакомившись с реальной армейской жизнью, напишут о ней достойные ее произведения.

Следует заметить, что в СССР все организации, управлявшие литературой, наблюдавшие за ней или желавшие, чтобы она каким-то образом работала на пользу советской власти, всячески соблазняли писателей поездками, так называемыми творческими командировками к месту событий: в колхозы, совхозы, на «великие стройки коммунизма» и в армейские части. Предполагалось, что глубокое изучение конкретной жизни советских людей позволит писателям правдиво изображать нашу действительность. На самом деле эта идея была в тех условиях очень глупая, противоестественная и даже порочная. Потому что изображение жизни чем ближе к правде, тем меньше соответствовало советским идеологическим требованиям, а для того чтобы, не слишком кривя душой, достичь соответствия, лучше было вообще этой жизни не знать.

Условия прохождения службы предлагались самые льготные. Начиная с выбора места и времени: любой военный округ в любое время года. Я предусмотрительно спросил: должен ли я буду носить форму и жить в казарме?

— Это не обязательно, — заверил Крючкин. — Если хотите вникнуть в подробности солдатской службы по-настоящему, то в форме и казарменной койке вам никто не откажет. Но поскольку вы всего этого уже вкусили, как я понимаю, достаточно, можете ходить в своей обычной одежде и жить в гостинице.

Предложение показалось мне совпадавшим с некоторыми моими желаниями. Во-первых, работая над «Чонкиным», я надеялся освежить свои армейские впечатления (если бы начальство знало, как отразятся они на моих текстах!), а главное — намеревался использовать двухмесячную отлучку из Москвы для прекращения своих запутанных отношений с Ирой. Я понимал уже, что, находясь поблизости, не смогу противостоять соблазну, но, может быть, вдали от нее сумею остудить свои чувства. Поэтому я выбрал Дальневосточный округ, а время — поближе к осени — август.

Несколько дней спустя в Малеевке встретил Марка Поповского, писавшего очерки о советских ученых. Он собирался в Приволжский военный округ, но, узнав о моих планах, переменил свои и попросился тоже на Дальний Восток.

ЗА СВОЙ СЧЕТ

Незадолго до того «Аэрофлот» получил от конструкторов новый отечественный пассажирский лайнер «Ту-114». На нем Хрущев летал без промежуточной посадки в Америку, чем, по уверениям советских газет, потряс западных специалистов, не веривших, что СССР может произвести такую машину. Теперь на «Ту-114» совершались беспосадочные пассажирские перелеты Москва—Хабаровск и обратно.

Поездка началась с дискриминации. Оказалось, что мне воздушное путешествие не по чину. Поповский, младший лейтенант запаса, имел право на самолет, а мне, рядовому, полагалось только общее (даже не плацкартное) место в поезде, идущем в Хабаровск не меньше недели. Но я уравнял себя с Поповским за деньги — добавил к тридцати казенным рублям семьдесят своих и купил авиабилет.

В «Ту-114» кроме кресел, расположенных в обычном порядке, было еще и отдельное купе со столиком, за которым мы с Поповским и оказались. Купе очень неудобное: вытянешь ноги, упрешься в пассажира напротив. А напротив меня сидел генерал юго-восточно-азиатского типа, с двумя сопровождающими — капитаном и штатским. Восемь с половиной часов мы таращились друг на друга молча и только перед самой посадкой разговорились. Генерал глянул в окно, повернулся к штатскому и спросил его о чем-то. Штатский тоже посмотрел в окно, потом повернулся ко мне:

— Какая это лека?

Я удивился, что он не знает, какая река, и поинтересовался:

— А вы кто? Вьетнамцы?

Он сказал:

— Китай.

Я удивился еще больше — не тому, что они вообще китайцы, а тому, что, будучи китайцами, не знают реки Амур. О чем я ему и сказал. Штатский перевел мои слова генералу и предложил мне китайскую сигарету. А потом на мой вопрос, чем они занимаются, охотно объяснил, что генерал — это военный атташе в Москве, капитан — его адъютант.

— А я, — штатский ткнул себя в грудь, — «Жэньминь жибао».

Тут наш самолет коснулся бетонки, и никаких дальнейших китайских секретов мне выведать не удалось. Между прочим, это было время острейшей вражды между СССР и Китаем. При выходе на трап меня ослепило яркое полуденное солнце и оглушила музыка духового оркестра, грянувшего встречный марш или что-то вроде этого. Я оглянулся и увидел генерала, который осторожно спускался за мной, помахивая ручкой оркестру. Это был китайский военный оркестр, все музыканты — в офицерских мундирах. Генерал спустился, музыка прекратилась. Генерал выслушал торжественный рапорт советского военного коменданта, обошел музыкантов, каждому подал руку, произнес им несколько, судя по тону, зажигательных слов, сел вместе с комендантом, адъютантом и корреспондентом «Жэньминь жибао» в поданную им машину, а оркестранты перегруппировались и колонной по четыре пошли в сторону аэровокзала.

Пока я смотрел, как они маршируют, ко мне подошел советский подполковник в сдвинутой на ухо мятой фуражке и, сунув потную руку, представился:

— Подполковник Шапа.

Шапа сказал, что он член местного Союза писателей, заведует литературным отделом окружной газеты с неординарным названием «Суворовский натиск».

Уже на аэродроме оказалось, что с нами прилетел еще один московский писатель — некий Николай Родичев.

Мы сели в присланную за нами «Победу», поехали.

По дороге Шапа рассказал, что в городе назревает большое событие: футбольная встреча между командами Дальневосточного военного округа и китайских Шеньянских войск. Встрече придается большое политическое значение. Обе стороны считали, что проигрыш на футбольном поле будет воспринят как военное поражение. Если китайцы выиграют, они будут говорить: «Мы победили русских». Поэтому и прилетел сюда китайский атташе.

— Говорят, — сказал Шапа, — Мао Цзэдун пообещал, что в случае проигрыша он этого атташе лично кастрирует. Китайцы под видом Шеньянских войск выставляют национальную сборную.

— А наши? — спросил я.

— За наших тоже не беспокойся. Малиновский звонил командующему округом и обещал поддержку. Сейчас вместе с вами в этом же самолете прилетели пять игроков ЦСКА.

От Шапы же мы узнали, что, прибыв формально в распоряжение Политуправления округа, работать будем в газете — учиться на военных журналистов.

Шапа оказался местным патриотом. По дороге он рассказал нам, что Хабаровск — это вовсе не такая уж дыра, как мы, наверное, предполагаем, а крупный промышленный и культурный центр. Здесь есть шесть вузов и три театра.

— А вы небось думали, что здесь по улицам ходят медведи.

Он сказал это очень вовремя. Мы стояли у светофора, и прямо перед радиатором нашей машины два мужика переводили через дорогу сдерживаемого цепями медведя.

ПОЛКОВНИК ГРУШЕЦКИЙ

В редакции нас принял главный редактор газеты полковник Грушецкий, полный человек лет пятидесяти, про которого мы еще по дороге узнали от Шапы, что он родственник какого-то украинского члена Политбюро и мастер спорта по шашкам. Шашки — его любимое и пропагандируемое им увлечение. Он в газете завел раздел шашек, редактирует его самолично и мало интересуется другими материалами.

Особенной чертой Грушецкого, которую я сразу отметил, было то, что он говорил тихо и всегда улыбался. Я знал двух человек, которые улыбались всегда, во всех обстоятельствах (второй — Юрий Николаевич Верченко, о нем речь впереди). Я их обоих держал в памяти, когда в «Чонкине» описывал капитана Милягу.

Боясь показаться нескромным, все же скажу, что из нас троих я заинтересовал полковника больше других, потому что был более известен. Отчасти благодаря рассказам «Хочу быть честным» и «Расстояние в полкилометра», опубликованным годом раньше и разруганным центральными газетами. Но главным моим достижением в глазах Грушецкого и других работников «Суворовского натиска» были, конечно, мои песни, и в первую очередь — «14 минут до старта».

«Быть знаменитым некрасиво», — утверждал Пастернак. Я согласен, некрасиво и иногда неудобно, но бывает полезно. Известному человеку соприкасающиеся с ним люди иногда делают разного рода поблажки. Но бывает наоборот.

В глазах Грушецкого я был чем-то вроде столичной знаменитости, и именно поэтому ему очень хотелось показать мне, что я для него никто.

Приветливо улыбаясь, полковник отечески похвалил меня за хорошую песню, сказал, что я, несомненно, и на военной службе проявлю себя также достойным образом.

— Товарищи офицеры, — он указал на Поповского и Родичева, — будут жить в офицерском общежитии, а вы среди наших рядовых воинов, в самой, так сказать, гуще. Сейчас я распоряжусь, вам выдадут обмундирование...

— Обмундирование? — переспросил я. — Вы смеетесь, товарищ полковник?

— Я смеюсь? Нет, товарищ Войнович, по-моему, я ничего смешного не говорю. — При этом он все-таки улыбался и старался изъясняться изысканно. — Мне кажется, это естественно, вы прибыли к нам для прохождения воинской службы и, согласно уставу, обязаны носить установленное обмундирование соответственно вашему воинскому званию. — Улыбка его растянулась до ушей.

Говоря о моем звании, он всякий раз и улыбкой, и интонацией подчеркивал, какое это малое, можно даже сказать, совершенно ничтожное звание, особенно по сравнению с тем, которое было обозначено на его погонах. И в самом деле. В армии дистанция между рядовым и полковником просто невообразима. За четыре года службы я видел много полковников, но разговаривал только с командиром полка Барыбиным, потому что состоял при нем планшетистом. В армии рядовому спорить даже с младшим командиром нельзя, а уж с полковником — тем более. Но в данном случае по воинскому званию я был рядовым, а по неформальному представлению советского человека занимал иную ступень в общей иерархии. И потому мог себе позволить то, что позволял. Для начала я попробовал возразить полковнику, что прибыл не для обычной переподготовки, а в соответствии с целью, разработанной в более высоких инстанциях.

— Я солдатскую форму носил четыре с лишним года, и хватит, — попытался я объяснить. — А теперь я не просто солдат, а признанный литератор, собираюсь заняться сбором материалов для будущей книги о современной армии, и мне обещаны условия, наиболее соответствующие этой цели. Согласно этим обещаниям я сам решаю, где мне жить и в чем ходить.

Полковник выслушал меня с не сходившей с его толстых губ улыбкой и, так же улыбаясь, объяснил:

— Товарищ Войнович, я не знаю, где, кто и что вам обещал, но вам следует понять, что вы находитесь в армии и обязаны соблюдать правила прохождения воинской службы и воинские уставы. А эти правила и уставы предполагают, что военнослужащие рядового состава живут в казармах, носят военную форму с соответствующими их званию знаками различия и подчиняются принятому для рядовых распорядку.

Я попробовал еще раз сослаться на данные мне в Москве обещания, но полковник был неумолим, хотя по-прежнему улыбчив.

Я понял, что обыкновенным образом мне его не переспорить и пора прибегнуть к другим аргументам.

— Товарищ полковник, — сказал я, — я вижу, вам очень хочется поставить меня на место и сделать так, чтобы служба медом не казалась, но я вынужден вас предупредить, что, как только вы наденете на меня солдатскую форму и засунете в казарму, я немедленно дезертирую.

При этих моих словах Родичев странно задергался, Поповский усмехнулся, Шапа стал в стойку «смирно» и вытянул руки по швам. Он смотрел в угол мимо полковника и всем своим видом давал понять, что он моих слов не слышал. Я с любопытством смотрел на Грушецкого, я думал, что он закричит, взорвется, стукнет кулаком по столу, будет топать ногами, вызовет из комендатуры конвой, но он продолжал улыбаться.

— Товарищ Войнович, я не понимаю, как это вы... как это дезер... как это вы дезертируете?

— Очень просто. Сяду в самолет «Ту-114» и через восемь с половиной часов буду в кабинете товарища Епишева.

Генерал армии Епишев был тогда начальником ГлавПУРа (Главного Политического управления Советской армии). Попасть к нему в кабинет у меня не было никакой реальной возможности. А впрочем... Генерал, как мне говорили, бывал частым гостем в Театре на Таганке, и Любимов по моей просьбе мог замолвить за меня словечко. Стал бы начальник ГлавПУРа за меня заступаться или нет, неизвестно, но проверить это полковник Грушецкий мог только ценой риска для своей карьеры, а он был явно не из тех, кто способен к подобному риску.

— Ну что ж, товарищи, — сказал он, поднимаясь, улыбаясь уже всем присутствующим и таким тоном, словно все вопросы решены полюбовно, — вы, вероятно, с дороги устали, пора пообедать и отдохнуть. Если возникнут проблемы с устройством, вот обращайтесь к товарищу Шапе, а завтра к девяти утра прошу всех в редакцию.

Несколько дней после этого я полковника не встречал. Мы с Поповским с помощью писательских билетов, которые на провинциальных администраторов в советские времена действовали магически, поселились в лучшей гостинице Хабаровска, а Родичев получил койку в офицерском общежитии. Поповский из солидарности со мной тоже отказался от формы, и Родичев последовал примеру Поповского. Будучи старшим лейтенантом, он, может быть, был не против военной одежды, но, глядя на нас, ограничился офицерской рубашкой с петлями для погон.

В ближайшем выпуске газеты появился материал, посвященный приезду в округ московских писателей, были помещены наши фотографии и перечислены наши литературные достижения. Руководили нами подполковник Шапа и майор Дракохруст, который сам был поэтом и тоже членом Союза писателей.

ПРОКИТАЙСКИЙ БОЛЕЛЬЩИК

Первый матч с китайцами состоялся в ближайшее воскресенье. Улицы опустели. Кто не мог попасть на стадион, сидели у телевизоров. Мы билеты получили по блату.

Я почему-то думал, что наши быстро и легко переиграют китайцев, но не тут-то было — игра шла на равных.

Весь стадион болел, разумеется, за своих. Но сидевший недалеко от меня пьяный небритый мужик был исключением. Как только китайцы переходили в атаку, он оживлялся, размахивал мятой кепкой и кричал:

— Давай, Китай, дави их! Вперед, китаеза! Мяо-мяо, вперед!

Пока игра шла, как казалось, с преимуществом наших, соседи относились к его выкрикам благодушно. Потом старались его не замечать. Но чем призрачней становились шансы своих на победу, тем больше раздражения вызывал пьяный. Ближайшие к нему зрители стали его урезонивать: «Ну, ты, ладно, хватит, мешаешь смотреть».

— Не мешаю, а болею, — возражал он. — Давай, Китай, дави Россию, дави ее!

Публика раздражалась все больше. Когда в наши ворота влетел первый мяч, прокитайский болельщик вскочил на ноги и, размахивая кепкой, заорал:

— Молодцы, косые! Банзай!

Ему на голову плюнули, он не заметил. Кто-то его пихнул локтем. Он не унимался. Один из болельщиков выхватил у него кепку и зашвырнул куда-то вперед. Он не возмутился, полез за кепкой, продолжая выкрикивать что-то прокитайское. Потом пытался протолкаться назад, его не пустили и стали бить на месте. Его били, в него чем-то кидали, он продолжал кричать.

Первый матч закончился со счетом 1:1.

Ко второй встрече обе команды пополнились новыми футболистами. В этот раз гости все-таки проиграли. Со счетом 1:2. Во время игры я

несколько раз видел нашего попутчика, китайского генерала. Он нервничал, кричал что-то своим футболистам и выскакивал на поле. Один
раз из-за него судья даже остановил встречу и сделал китайцам предупреждение.

ИГРА В ШАШКИ

Не помню, чем занимались Поповский и Родичев в газете и занимались ли вообще чем-нибудь, мне же было предложено разобрать «само-
тек» — то есть сочинения, присылаемые солдатами, и выбрать что-нибудь подходящее для публикации. Я прочел несколько десятков рукописей, отобрал из них пару лучших, но все же достаточно беспомощных
рассказов, переписал заново и предложил редакции. Полковник Грушецкий их отверг. Я выбрал еще что-то и еще раз предложил. Грушецкий
не принял и эти. Я понял, что он в любом случае не одобрит мой выбор,
махнул рукой, вообще отказался от всякой работы, и мы с Поповским
ступили на путь частного предпринимательства. Гостиница стоила дорого, платить надо было из своего кармана, а из дому я денег не взял, чтобы
не нанести ущерба семейному бюджету.

Мы нашли какого-то покровителя в местном политуправлении и
разъезжали по частям с чтением лекций, за которые нам платили в среднем по семь рублей. Точнее, одна лекция стоила десять рублей, но каждая третья считалась «шефской» и не оплачивалась. То, что мы говорили,
лекциями можно было назвать лишь условно. Поповский рассказывал
солдатам о докторе Хавкине, изобретателе вакцины от холеры, и о каком-то ученом индусе, «большом друге Советского Союза». А я читал
свои старые стихи. Кроме того, мы писали что-то для местного радио,
где я сказал, что работаю над книгой о молодых ребятах призывного возраста, котрые впоследствии будут служить на Дальнем Востоке. И писал
какой-то текст, выдаваемый мною за главы из будущей книги. Как ни
странно, из этого потом и в самом деле выросла повесть «Два товарища».

В редакции мы бывали очень редко, только чтоб показаться. Мне передавали, что Грушецкий очень мной недоволен и грозит посадить меня
на гауптвахту. Я видел, что угрозы пустые, и не придавал им никакого
значения.

Во время одного из посещений редакции мне сказали, что Грушецкий требует меня к себе. Я пошел, постучался, открыл дверь, спросил:

— Можно, товарищ полковник?

— Входите, товарищ Войнович, — разрешил он со своей неизменной
улыбкой. — Строго говоря, вы обращаетесь не по уставу. В уставе слова
«можно» нет. По уставу надо спрашивать: «Разрешите войти?»

Я ему сказал, что устав учил давно и подзабыл, это было чистое лу-
кавство, устав — это такая книга, которая помнится долго.

— Вы что же, товарищ Войнович, в редакцию вообще не являетесь?

— Нет, почему же, я иногда бываю.

— Но для газеты вы ничего не делаете? Почему? Вам поручили подготовить литературную страницу, мы надеялись, что вы, как профессиональный писатель, поможете нашим военнослужащим, нашим начинающим авторам. А вы отказываетесь.

Я возразил:

— Я не отказываюсь, товарищ полковник. Я молодым авторам всегда помогаю охотно. Но то, что я выбираю, вы отвергаете, а то, что выбираете вы, мне, извините, не нравится. Получается чепуха. Я читаю горы каких-то бездарных рукописей, потом что-то из них переписываю, предлагаю вам, вы отвергаете. — Тут я решил схулиганить. — И вообще, — добавил, — знаете, заставлять профессионального писателя переписывать рукописи малограмотных авторов, это... как бы вам сказать... это все равно что шахматиста заставить играть в шашки.

Мне очень хотелось его рассердить, но я очередной раз убедился, что это не так-то просто. Грушецкий не выразил ни обиды, ни возмущения моими словами, а все с той же непонятной мне улыбкой сказал:

— Хорошо, товарищ Войнович, идите.

Существует старый и справедливый, по-моему, принцип, по которому начальники делятся на плохих и хороших. Плохой начальник запрещает все, что может запретить, хороший разрешает все, что может разрешить. Полковник Грушецкий относился к первой категории. Несмотря на наши трения, мне время от времени приходилось обращаться к нему с разными просьбами, каждый раз он непременно (и всегда с улыбкой) отказывал, после чего я шел к нашему покровителю, подполковнику из Политуправления, и он разрешал. Причем сам он даже разрешить ничего не мог, но со всякой нашей просьбой бегал к какому-то начальству, а потом радостно сообщал: можно. Фамилию этого подполковника я, конечно, забыл, память неблагодарна, она мерзких людей хранит в себе дольше.

СОЖЖЕННЫЕ ПИСЬМА

В Хабаровске я писал Ире письма и отправлял в Москву на главный почтамт до востребования. Я писал ей разные нежности, иногда напоминая при этом, что эта эпистолярная фаза является заключительной частью нашего несчастного романа.

По прожитии в Хабаровске недель трех нам с Поповским взбрело на ум, раз уж мы попали на Дальний Восток, так неужели можно обойтись без Сахалина? Пошли к Грушецкому. Тот, разумеется, отказал, потому что, он объяснил, мы сюда приехали не путешествовать, а служить Родине. И кроме того...

— Для вас, товарищ Войнович, эта возможность абсолютно исключена, потому что пользоваться услугами «Аэрофлота» могут только офицеры, солдатам полагается ездить в общих железнодорожных вагонах, а Сахалин, как известно, — остров, и поезда туда пока не ходят.

— Но там, мне кажется, все-таки солдаты есть, как-то они туда попадают.

— Солдаты на остров прибывают на пароходах.

— Прекрасно, я поплыву на пароходе.

Оказывается, это тоже невозможно, потому что путешествие по морю займет слишком много времени, а я сюда прибыл не для морских прогулок, но для того, чтобы защищать Родину. Нельзя и за свой счет, потому что государство обеспечивает военнослужащих всем необходимым.

Короче говоря, мы пошли к нашему благодетелю из ПУРа, и оказалось все можно. Выяснилось даже, что солдаты на Сахалин поодиночке добираются только воздушным путем. Поезда туда в самом деле не ходят, а пароход стоит дороже самолета.

Нам выписали проездные документы. В моем было написано: «рядовой-писатель» — через черточку.

Мы отправились на Сахалин, где жили на турбазе «Горный воздух» в отличном двухместном номере. Иногда выступали перед публикой. В свободное время, которого у нас хватало, учились ловить форель в бурных горных речках... Там на какой-то сопке я развел небольшой костер и одно за другим предавал огню Ирины письма и плакал. Потом написал ей о происшедшем и сообщил, что переписку кончаю. Но по приезде в Хабаровск получил от нее очередное послание, из которого понял, что она пропустила мое сообщение мимо ушей и со своей стороны переписку прекращенной не считает. И я на своем решении не настаивал.

В Хабаровске мы пробыли несколько дней и таким же манером, через нашего благодетеля из ПУРа, отправились во Владивосток, где у нас тоже случилось несколько довольно смешных приключений.

Согласно нашим бумагам мы были откомандированы «в распоряжение политуправления Тихоокеанского флота». И формально эти десять дней должны были оба работать в газете «Тихоокеанская звезда». К чести редактора этой газеты надо сказать, что он встретил нас приветливо, но был очень рад, когда понял, что мы вовсе не рвемся улучшать его газету. Он с удовольствием помог нам устроиться в военной гостинице, подписывал какие-то бумаги, когда мы его об этом просили, и совершенно не настаивал на нашем участии в работе редакции. Но в тамошнем политуправлении нам попался заместитель начальника, который, как и Грушецкий, почему-то очень хотел нами руководить, требовал, чтобы мы к нему являлись в какие-то часы, что-то докладывали и получали дальнейшие распоряжения. Первый раз мы все это снисходительно выслушали и спросили, нельзя ли нам попасть на подводную лодку, очень хотелось провести несколько дней под водой. Я представлял себе подводную лодку чем-то вроде «Наутилуса» с иллюминаторами, сквозь которые можно наблюдать за жизнью акул и осьминогов. Наш каперанг не во всем копировал Грушецкого, он не отказал, он сказал, что на лодку попасть проще простого, если есть допуск. Что такое допуск, ни я, ни Поповский точно не знали и пошли в редакцию. Редактор написал и заверил печатью бумагу, что газета очень интересуется жизнью подводников и просит допустить предъявителей сего на одну из подводных лодок для сбора материалов. С этой бумагой мы вернулись к каперангу, тот послал нас в отряд подлодок, мы — туда, там нашу бумагу вежливо повертели и сказали: «Очень хорошо, пожалуйста, а у вас есть допуск?» — «А разве это не допуск?» Оказывается, нет, не допуск, а всего лишь бумага из редакции. Мы опять шли к нашему каперангу, он нас посылал к кому-то еще, там составляли очередную бумагу, мы с ней являлись в отряд подлодок, там к нашей бумаге относились с должным уважением и опять спрашивали допуск. Так повторилось несколько раз, мы с идиотской настойчивостью проходили очередной круг, он каждый раз замыкался все тем же вопросом: «А где допуск?» В конце концов мы выяснили, что допуск — это специальное разрешение на посещение секретного объекта, которое может быть выдано только Министерством обороны, чего нам никто сразу не сказал. К тому же мы узнали, что военная субмарина вовсе не похожа на «Наутилус» — никаких иллюминаторов в ней нет, и, находясь внутри, мы ничего, кроме самих ее внутренностей, каких-нибудь проводов, труб и кранов, не увидим. Это сведение сильно охладило наш пыл. Но каперанг все же решил сделать нам одолжение: очередной раз призвав нас к себе, он сказал, что у них на Тихоокеанском флоте есть одна лодка очень старого образца, совершенно несекретная и мы можем на ней без всякого доступа отправиться под воду. Тут же он написал капитану лодки приказ принять нас на борт. С драгоценной бумагой мы вышли из политуправления. Я посмотрел на Поповского и спросил: «Слушай, а нужна ли нам эта лодка?» Он со мной согласился, что совсем не нужна. Я порвал бумагу и выбросил в ближайшую урну.

Отказавшись от погружения, мы взяли напрокат автомобиль «Москвич-410» с ведущим «передком» и совершенно лысыми шинами. К автомобилю нам выдали полный багажник запасных камер, мы разъезжали по окрестностям. После наезда на самую мелкую колючку колесо спускало, и я менял камеры иногда по три-четыре раза на дню.

СТИХИ, ОТМЕЧЕННЫЕ МАРШАЛОМ

Жили мы в упомянутой выше военной гостинице, в номере на четыре человека, без всяких удобств и с клопами. Начальник гостиницы к нам, как людям сугубо штатским (сам он был офицером в отставке), относился без всякого уважения. Когда мы спросили, нет ли здесь номера на двоих, он сказал: «Нет». Как-то утром, проходя по коридору, мы увидели, что в гостинице есть номер (его как раз убирали) на двоих. Это тоже было не бог весть что, но все-таки две железные кровати, письменный стол с настольной лампой и портьеры из жуткого темно-зеленого бархата. Пошли к начальнику гостиницы.

— Товарищ начальник, — сказал я ему, — у вас все-таки есть номер на двоих, причем он стоит пустой.

— Что вы, что вы! — замахал он руками. — Это номер для генералов.

— А мы генералы и есть.

Он посмотрел на меня и сказал укоризненно:

— Не надо так шутить.

— Ну, допустим, мы не совсем генералы, но этот номер нам подходит.

— Я не могу вас в нем поселить.

— А кто может?

— Начальник КЭЧ полковник Спиридонов.

— А какой у него телефон?

— Я не могу вам его дать.

— Почему?

— Не положено.

— Военная тайна?

— Так точно.

— И где находится, сказать не можете.

— Никак нет, не могу.

— Ну, хорошо, — сказал я громко Поповскому, — эту тайну мы как-нибудь откроем.

Мы без труда нашли этого полковника, начальника квартирно-экономической части, и он разрешил нам вселиться в генеральский номер.

Начальник гостиницы был так потрясен нашим всесилием, что сам перетащил наши пожитки. После этого, встречая меня в коридоре, на мое «здравствуйте» он вытягивал руки по швам и кричал:

— Здравия желаю, товарищ майор запаса!

Не знаю, почему он произвел меня только в майоры. По логике должен был произвести в генералы.

Разъезжая по частям, я выступал перед солдатами. Обычно их бывало много — от двухсот до тысячи человек. Принимали меня, как всякого заезжего лектора, торжественно: на сцену выставлялся красный стол и трибуна. Сначала к трибуне выходил замполит (обычно в звании подполковника) и говорил, что к нам приехал такой-то, известный тем-то, затем мы менялись местами — замполит садился за стол, а я выходил к трибуне. Скучным лекциям о развитии советской литературы я предпочитал чтение собственных стихов, предваряя его кратким вступлением о том, что я прозаик, но читать прозу слишком долго и утомительно. А когда-то я писал стихи. Стихам моим повезло гораздо больше, чем прозе.

— Некоторые из них известны всем, в том числе и вам, — говорил я солдатам.

Они настораживались, смотрели на меня недоверчиво, но когда я называл свои песни, соглашались, что я не вру.

— Одно мое стихотворение, — подготавливал я слушателей к восприятию дальнейшего, — с трибуны Мавзолея цитировал Никита Сергеевич Хрущев, другое отметил в своем выступлении ваш самый главный начальник, ваш министр, маршал Малиновский.

И это была чистая правда. Хрущев с трибуны Мавзолея читал, а маршал Малиновский отметил. Как именно отметил, я, естественно, не уточнял.

Это стихотворение про танцы в сельском клубе я читал в каждой части. Солдаты ревели от восторга. Чтобы не показаться слишком нескромным, оговорюсь, что причина восторга заключалась не только в качестве, но и в теме стихотворения, действительно близкой любому солдату. Читая, я обычно вполглаза следил за реакцией замполита. Реакция во всех случаях была одна и та же. Содержание стихотворения замполиту явно казалось странным. На лице его отражалось сначала предвкушение большого политически выверенного удовольствия, дальше — недоумение и беспомощность. Ему даже не с кем было переглянуться — не искать же сочувствие у солдат. Я заканчивал чтение, солдаты хлопали, замполит тоже, а что ж ему делать, если сам маршал отметил? После выступления замполиты подписывали мне бумагу с кратким отзывом вроде: «Лекция прошла хорошо, была содержательной и имела большое воспитательное значение. Командование части благодарит товарища Войновича за интересное и яркое выступление». Несколько раз мне даже вручили почетные грамоты, и мне это казалось достойным печальной иронии, потому что за четыре года реальной и несладкой службы я ни разу не удостоился и такой бумажки.

Выступая, я поглядывал обычно на очередного замполита, видел его смущение и удивлялся: неужели никто из них не обратил внимания на реплику в «Красной звезде»? Ведь это было не так давно. С приведением последней строфы, о девушках, целующих устало. Или они вообще не читают свою газету? Нашелся только один, который читал, и, на мое счастье, он был последним.

Он тоже встретил начало моего выступления одобрительной мимикой, потом сменил ее на удивленную. Вместе с солдатами начал хлопать, но, вспомнив что-то, остановился, подождал, пока утихнут аплодисменты, и с растерянной укоризной сказал мне:

— А я эти стихи читал.

— Возможно, — подтвердил я охотно. — Советская печать их тоже отметила.

Замполит, как и все предыдущие, записал мне в путевке благодарность «за интересное и содержательное выступление», но этим не ограничился.

МНЕ НАПЛЕВАТЬ НА БРОНЗЫ МНОГОПУДЬЕ

Во Владивостоке нам с Поповским очень понравилось. Красивый город, живописные окрестности, бухта Золотой рог. Мы общались с местной интеллигенцией и ученым миром. Ездили на прокатном «Москвиче», купались в Амурском заливе, ловили морских звезд и ежей. Я начал писать повесть о двух товарищах. Командировка у нас была на десять дней, а мы там пробыли вдвое дольше, вместо десяти дней — двадцать.

Наконец вернулись в Хабаровск. Не успели ввалиться в гостиницу, прибежал из редакции посыльный:

— Полковник Грушецкий приказал вам немедленно явиться в редакцию.

— Передай полковнику Грушецкому, — сказал я важно, — что мы устали. А завтра... ну, часов так, примерно в одиннадцать... Как, к одиннадцати мы успеем отдохнуть с дороги? — спросил я Поповского.

Поповский выразил надежду, что успеем.

— Значит, — сказал я посыльному, — в одиннадцать или чуть позже мы будем.

На другой день явились к Грушецкому приблизительно как обещали. На лице полковника — ослепительная улыбка, и обращена она лично ко мне.

— Товарищ Войнович, я должен вам заметить, что вам была выписана командировка на десять суток, а вы вернулись через двадцать. По определенному воинскими уставами положению самовольная отлучка свыше двух часов считается дезертирством, и как ваш начальник я обязан применить к вам принятые в армии меры воздействия.

Я продолжаю валять дурака:

— Премного благодарен, товарищ полковник. Я прибыл сюда собирать материалы о службе наших советских воинов, об их боевых буднях, но, к сожалению, я еще здесь не видел, как наши воины проводят время на гауптвахте.

Полковник Грушецкий улыбается. Подполковник Шапа начинает странно дергаться. Полковник решил смягчить тон:

— Товарищ Войнович, у нас сегодня в пять часов будет занятие по гражданской обороне. Надеюсь, это вам интересно?

— Совершенно не интересно, товарищ полковник.

— Но вам все же придется на него прийти.

— Не думаю, товарищ полковник. У меня как раз на пять часов назначена очень важная встреча.

Вдруг подает голос подполковник Шапа:

— Товарищ полковник, разрешите мне поговорить с рядовым Войновичем?

— Разрешаю, — поощрительно улыбается полковник.

В коридоре Шапа зажал меня в угол.

— Слушай, ты что делаешь? Как ты с ним разговариваешь? Ты представляешь себе, что такое полковник? Это почти генерал. Он папаху носит. А ты рядовой. Ты должен стоять перед ним по стойке «смирно». Ты должен отвечать: «Слушаюсь!», «Так точно!», «Никак нет!».

Он меня рассердил.

— Ну вот что, Шапа, — сказал я ему. — Я служил в армии достаточно долго и очень хорошо знаю, как полагается разговаривать подчиненному с начальником. Я этого не делаю не потому, что не понимаю, а потому, что не хочу. Ты подполковник, хочешь быть полковником и носить папаху. Вот ты и говори: «Слушаюсь!», «Так точно!», «Никак нет!», а мне нормальный человеческий язык дороже всех ваших папах и лампасов.

Вернувшись к Грушецкому, я сделал ему дельное предложение:

— Товарищ полковник, мне осталось тут у вас болтаться несколько дней. Кажется, я вам надоел. Так, может, вы меня лучше отпустите, и я сразу уеду?

Полковник выслушал меня с улыбкой и с улыбкой ответил «нет».

— Нет, товарищ Войнович, вам придется с нами побыть до конца. Кроме всего, вам надо зайти в политуправление. Там пришел отзыв на ваши выступления. Отрицательный отзыв, — уточнил он таким тоном, словно доносил до меня радостную весть.

Я спросил, от кого отзыв. Оказалось, от того замполита, который проявил знакомство с моими стихами.

— Вот проходимец, — заметил я.

— Почему же, товарищ Войнович, он проходимец? Если ему не понравилось ваше выступление...

— В том-то и дело, что понравилось. Вот смотрите, — я выложил на стол пачку отзывов и среди них последний, от того самого замполита. — Здесь он пишет: «Лекция прошла успешно и способствовала воспитанию в наших воинах чувства патриотизма и верности воинскому долгу». Двурушник этот ваш замполит. Таких людей, мне кажется, надо гнать из армии за беспринципность.

— Ну, допустим, — согласился полковник, — этот офицер не сразу понял вас. Но отзыв есть отзыв, и на него надо реагировать.

— Да какая там может быть реакция! Мне на такие отзывы, товарищ полковник, просто-напросто наплевать.

Не знаю, почему это мое высказывание показалось ему ужаснее других, но он вдруг побледнел, и улыбка впервые за время нашего знакомства сползла с лица.

— Товарищ Войнович, — забормотал он, необычайно волнуясь. — Товарищ Войнович, что это вы говорите? Что значит наплевать? Ведь наплевать это... это... я не знаю... это даже не писательский лексикон.

— Ну почему же, — возразил я, — почему же не писательский? Очень даже, товарищ полковник, писательский. Помните у Маяковского? — И я с выражением продекламировал: — «Мне наплевать на бронзы многопудье, мне наплевать на мраморную слизь...»

Через несколько дней мой срок все-таки кончился, я пришел в редакцию подписать какие-то бумаги, и тут мне сказали, что Грушецкий просит меня зайти к нему. Ожидая очередного нападения, я зашел. Полковник встретил меня с улыбкой и стоя. Я удивился и спросил, что ему от меня нужно.

— Ничего. Только хотел с вами проститься.

Я пожал протянутую руку и направился к выходу.

— Товарищ Войнович! — окликнул он. Я остановился. — Товарищ Войнович, есть еще одно дело.

Я насторожился. Что еще он придумал?

— Товарищ Войнович, — сказал он смущенно, — коллектив нашей редакции хочет с вами сфотографироваться. Вы не будете возражать?

Честно говоря, я был тронут и потрясен. Фотографировались на крыльце — весь коллектив редакции и мы с полковником Грушецким посередине. К сожалению, эту фотографию мне никто не прислал.

Под самый конец Грушецкий лично вручил мне запечатанный сургучной печатью конверт.

— Это вам следует передать военкому по месту вашего жительства, — сказал он.

Я подумал, что, наверное, там написано про меня что-нибудь нехорошее. Зайдя за ближайший угол, сломал печать и вскрыл конверт. На лежавшей внутри бумаге было написано, что рядовой такой-то успешно прошел военную переподготовку при газете «Суворовский натиск», во время переподготовки строго соблюдал воинскую дисциплину, неукоснительно выполнял требования уставов и приказы командования. Политически выдержан, морально устойчив. Заслуживает присвоения воинского звания младший лейтенант.

Отзыв был очень лестный. Пожалуй, никогда еще в моей жизни мои армейские начальники не отзывались обо мне так хорошо. Мне даже захотелось отвезти это в Москву и отдать по назначению. Но я не мог этого сделать, потому что возник бы вопрос, как я посмел сломать печать. Поэтому этот замечательный отзыв я адресату не доставил и для себя не сохранил — и остался навсегда рядовым.

Этим можно было бы завершить описание моей кратковременной службы на Дальнем Востоке, но рассказанная история, кажется, требует отдельного эпилога.

ГЕНЕРАЛ ПЕТРОВ И ПИСАТЕЛЬ ШАПА

Я думаю, что каждый человек должен вести себя в своем образе. То есть в соответствии с собственным характером. Нельзя подражать чужим книгам, тогда все, что вы напишете, будет вторично. Нельзя подражать чужому характеру и манере поведения, это вообще бывает опасно. Я вел себя часто дерзко и на первый взгляд неразумно, не рассчитывая последствий, но обычно инстинкт мне подсказывал ту черту, у которой следует остановиться. Я иногда совершал поступки, которые другим казались чуть ли не самоубийственными, мне говорили: «Что ты делаешь? Одумайся! Остановись!» И если я слушался — а это тоже бывало, — останавливался и пытался вести себя благоразумно, последствия обычно были гораздо более неприятными, чем когда я призывы к благоразумию игнорировал. Мое поведение иногда совращало других, но они совершали ошибку, если вели себя не в том образе, который им написала природа.

Лет через шестнадцать после описанной поездки на Дальний Восток, совсем незадолго до моего отбытия в чужеземство, я встретил в Москве бывшего сотрудника «Суворовского натиска» и от него услышал рассказ о конце военной карьеры подполковника Шапы.

Оказывается, мой дурной пример стал для него заразительным. После моего отъезда Шапа решил, что и он в конце концов тоже писатель и может вести себя соответственно. Он стал дерзить Грушецкому, и не только ему, говоря при этом, что он писатель, талант, а не какой-нибудь солдафон.

Однажды, выходя в пьяном виде из ресторана, он столкнулся в дверях с другим военным. Оба оказались не столь благовоспитанны, как Чичиков с Маниловым, не расшаркивались друг перед другом — только, мол, после вас, — а наоборот, стали выяснять, кто главнее.

— Ты кто такой? — кричал Шапа.

— А ты кто? — спросил другой военный.

— Я писатель Шапа, а ты?

— А я командующий округом генерал армии Петров.

По словам рассказчика этой печальной истории, несколько дней спустя подполковник Шапа был разжалован в рядовые, а рядовой Шапа уволен в запас.

ВРЕМЕННЫЙ САВЕЛЬИЧ

Два месяца мы с Марком Поповским жили бок о бок в одной комнате, кровать к кровати. Вместе выступали перед солдатами, и я уже на зубок знал его лекцию об успехах советских фармакологов, об открытии возбудителя холеры доктором Хавкиным, который жил в Индии. Часто мы бывали гостями местных радиостанций, а на Сахалине и во Владивостоке выступали и по телевидению. Телевидение еще многими людьми воспринималось как чудо. На Сахалине мы с Поповским выступили, а утром вышли из гостиницы, и первая встреченная нами девушка вскрикнула:

— Ой! А я вас вчера по телевизору видела!

В Хабаровске нас тоже пригласили на телевидение. Наверное, там еще не было записывающих устройств. Поэтому нам предложили, что сегодня мы проведем репетицию, а завтра уже выступим по-настоящему.

Я удивился и сказал, что мы не артисты и ни в каких репетициях не нуждаемся. Можем говорить спонтанно.

— Что вы! Что вы! — сказала редакторша. — Как можно спонтанно? Это же телевидение!

Я спросил, почему во Владивостоке и на Сахалине можно было выступать без репетиций, а в Хабаровске нельзя. Мне ответили, что в Хабаровске такие правила. Я сказал твердо: никаких репетиций не будет. Поповский меня поддержал. Прибежал главный редактор. Сначала уговаривал мирно. Потом стал сердиться и намекать, что здесь выступали люди поважнее, и те обязательно репетировали. Например, герой Гражданской войны Матвеев. (Один из дядей поэтессы Новеллы Матвеевой. Другой ее дядя, поэт Иван Елагин, был эмигрантом. Много лет спустя я встретил его в Америке.) Ссылка на более важных людей меня разозлила, и я повторил, что нет, никаких репетиций. Тот, совсем уже потеряв чувство реальности, стал угрожать, говоря, что о нашем поведении сообщит куда надо, чем и вовсе лишил нас возможности компромисса. А жителей Хабаровска лицезреть нас.

К Поповскому я долго относился вполне дружелюбно. Он хорошо знал мир советских ученых, особенно биологов и фармакологов. Во Владивостоке он меня познакомил с крупным ленинградским токсикологом профессором Николаем Васильевичем Лазаревым и его учеником фармакологом профессором Израилем Ицковичем Брехманом. Брехман всю жизнь посвятил изучению тонизирующих и «адаптогенных» свойств женьшеня и элеутерококка, создал на базе их много лекарственных препаратов. Некоторые из этих препаратов, например, помогают космонавтам адаптироваться к условиям невесомости. Вообще он занимался улучшением «здоровья здоровых людей» и стал основоположником специальной науки — валеологии (от латинского valeo — быть здоровым). В дни нашего общения с ним он очень пропагандировал лечебные и тонизирующие свойства элеутерококка и нас поил водкой, настоянной на этом растении, утверждая, что от нее не болит голова. Я охотно проводил на себе испытания этой водки, но болела ли потом голова, не помню.

С Поповским мне было поначалу интересно, потом я его терпел, потом он стал меня раздражать тем, что мало пил, говорил глупости, громко смеялся и слишком любил порядок.

Вечерами, когда мы возвращались в гостиницу из ресторана или из гостей, я швырял свои брюки и рубашку на стул в скомканном виде. Он и то и другое подбирал, аккуратно складывал, вешал в шкаф и был прозван мною Савельичем. Он был большой и искушенный «ходок», почти везде находил себе подругу на ночь, и от каждой требовал большего, чем предполагали мимолетные встречи. На сахалинской турбазе, где мы провели полторы недели, рядом с нами жили пионеры. Последнюю ночь нашего пребывания там Марк переспал с одной из пионервожатых, а потом был оскорблен, что она не хочет провожать его на аэродром. И устроил ей скандал, как если бы она была его многолетней женой. Но и сам к своим краткосрочным любовницам проявлял больше внимания, чем они могли ожидать. На пляже на Амурском заливе познакомился с молодой женщиной. Лежа рядом на песке, стал за ней ухаживать, пригласил на ужин. Она сказала:

— Когда я встану, вы о своем предложении пожалеете.

Она оказалась хромой.

Тем не менее он предложения не отменил, в ресторан сводил, а потом, чтобы ее не обидеть, переспал с ней. Но на этом свои заботы о ней не закончил. На другое утро через Брехмана нашел какого-то хирурга, тоже профессора, повел к нему хромоножку. Профессор ее осмотрел и пообещал сделать ей операцию и избавить от хромоты. Наверное, в Поповском было много хорошего, но за два месяца он сильно мне надоел. Может быть, потому, что я страдал по Ире, надеялся, что разрыв с ней уже состоялся, и не был в том уверен. Возможно, поэтому я был раздражительнее и грубее, чем обычно. Когда после восьмичасового перелета мы приземлились наконец во Внуковском аэропорту и стали прощаться, Поповский сказал:

— Ну теперь, я надеюсь, мы продолжим наши отношения и будем часто встречаться.

На что я ему ответил:

— Обязательно. Но не сразу. Давай пока отдохнем друг от друга.

Мне кажется, я всегда был вежливым человеком, но в молодости иногда (редко) не сдерживался и говорил некоторым людям обидные резкости.

ДВОРЦОВЫЙ ПЕРЕВОРОТ

Мы вернулись в Москву 14 октября. Меня в аэропорту встретил Жора Владимов. Мы с ним ехали на его «Запорожце», и он мне по дороге сказал, что Никита Хрущев снят со всех своих должностей. Я спросил, откуда он знает. Он сказал:

— Слухи. Второй день имя Хрущева ни разу не упоминали по радио.

А 15 октября был день рождения Иры. Ей исполнилось 26 лет. Не успев приехать, я кинулся искать подарок. Ничего подходящего не нашел. Купил в ГУМе маникюрный набор — большую обтянутую красным бархатом коробку с комплектом инструментов для профессионалов. Ира потом мне эту коробку всю жизнь вспоминала.

Гостями Икрамовых были чета Тендряковых и я. Слухи о свержении Хрущева уже подтвердились — все газеты, телевидение и радио сообщили, что очередной пленум ЦК КПСС освободил Н.С. Хрущева от должности первого секретаря «в связи с преклонным возрастом и по состоянию здоровья». Еще несколько дней назад газеты сообщали, что «наш дорогой товарищ Никита Сергеевич Хрущев» находится в прекрасной форме. Кстати сказать, по тогдашним неписаным правилам, в печати главного партийного босса нельзя было называть просто Хрущев, или Никита Хрущев, или товарищ Хрущев, а обязательно полностью и почтительно: наш дорогой товарищ Никита Сергеевич Хрущев. Следующего по чину Косыгина уже можно было и нужно называть короче: тов. А.Н. Косыгин. Пока Никита Сергеевич был нашим дорогим, его здоровье, судя по газетам, было отменным, а тут он вдруг состарился, заболел и стал просто тов. Н.С. Хрущевым. Событие это не могло оставить нас равнодушными. Мы рассуждали, что означает этот кремлевский переворот. Как он отразится на стране, на литературе и что в ближайшем будущем принесет нам? Возможен ли возврат к сталинизму? Сходились во мнении, что, пожалуй, возможен. Перебирали имена членов Президиума (тогда это так называлось) ЦК КПСС. Микоян и Косыгин еще казались более или менее приличными, но Брежнев (который тоже скоро станет «нашим дорогим товарищем»), Суслов, Подгорный и прочие — от них ничего хорошего ждать не приходилось.

За годы правления Хрущева все, что он делал, было не реформами, а полумерами. В литературе это чувствовалось больше, чем где бы то ни было. Несмотря на объявленный XX съездом КПСС «курс на преодоление последствий культа личности», писатели-сталинисты открыто выражали недовольство этим курсом и печатались без проблем. «Левая» пресса (то есть тогдашние либералы) их порой покусывала, но никто из них не удостоился травли, которой подверглись Борис Пастернак и Владимир Дудинцев, никого из них так не ругали, как Александра Яшина за его «Рычаги» или Даниила Гранина за рассказ «Собственное мнение». А во время посещения Манежа и последовавших за ним кремлевских разборок Хрущев проявил себя и вовсе как невежда и самодур. Выдающихся художников и писателей грубо оскорблял и грозил им всякими карами.

Все это мешало нам жалеть Никиту Сергеевича, но было ясно, что новые правители будут похуже. Хотя поначалу их намерения декларировались лишь многозначительными намеками. Альберт Беляев, заведовавший тогда в ЦК литературой, а в 80-х ставший чуть ли не прорабом перестройки, назвал время правления Хрущева позорным десятилетием. Предсовмина СССР Алексей Косыгин (которого многие воспринимали почти как либерала) пообещал, что теперь с гнилой политикой Хрущева будет покончено.

ВЛАДИМИР ВЫСОЦКИЙ И ЛЮСЯ АБРАМОВА

Но пока все шло своим чередом.

Вернувшись в Москву, я продолжал ходить на Таганку на репетиции «Хочу быть честным», посещал уже поставленные спектакли и в какой-то степени участвовал во внутренней жизни театра. Таганка становилась все более популярной не только у зрителей, но и у актеров, стремившихся попасть к Любимову. Любимов устраивал пробы. Однажды на пробу пригласил меня. Одним из нескольких пробовавшихся был Высоцкий. Он читал рассказ Чехова «Беспокойный гость» и отрывок из какой-то пьесы, где ему подыгрывала молодая актриса.

Я о Высоцком уже кое-что знал. Как-то был у Владимова, когда у него был кинорежиссер Василий Ордынский, ставивший фильм по владимовской «Большой руде».

Ордынский пришел с магнитофоном, включил его. Тогда я впервые услышал песни Высоцкого. Еще одну песню Высоцкого слышал в упомянутом мной спектакле «Микрорайон». Пробуясь у Любимова, Высоцкий читал хорошо, и, возможно, был бы принят только за одно это. Но когда он читал, я спросил Юрия Петровича, тот ли это Высоцкий, который пишет песни? Любимов спросил, что за песни. Я сказал то, что знал. «Если это он, — посоветовал я, — берите его не глядя». Не буду утверждать, что мой совет что-то значил, но так или иначе Владимир Высоцкий стал актером Таганки.

Между тем спектакль «Хочу быть честным» никак не складывался. Хотя репетиции продолжались и дело дошло до прогона. То есть до последнего спектакля, еще без публики, перед премьерой. Я был очень разочарован. Спектакль получился серый и скучный. Я выступил перед артистами, обругал их.

— Когда я, не артист, читал вам пьесу, вы смеялись, аплодировали. Почему же когда вы, артисты, играете, мне не смешно и неинтересно?

Тогда Любимов считал и я поверил, что спектакль завалил Фоменко. Потом мне кто-то объяснял, что недоброжелатели Фоменко намеренно ставили ему палки в колеса и сделали все, чтобы сорвать постановку. Не могу судить, так это было или не так. Я думаю, что дело было и в том, что тогда еще молодые любимовские актеры вместе представляли собой слаженный ансамбль, но до того, чтобы играть отдельные характерные роли, они еще не дозрели. Так или иначе, спектакль не состоялся, Фоменко, ныне всеми признанный и знаменитый, был отстранен от работы. Я спросил Любимова, что делать,

— А берите, сами ставьте, — предложил он мне неожиданно.

И я взялся, воображая самонадеянно и ошибочно, что у меня и вправду может получиться. Прежде всего я поменял актеров и на главные роли взял Высоцкого и Зину Славину. Стал репетировать только с ними двумя. Поначалу шло неплохо, но Зина стеснялась обниматься с Высоцким (по роли это было необходимо). Володя текст ухватывал сразу и вносил кое-что свое. У меня был эпизод, где героиня (Клава) спрашивает: «Ты на чем приехал? На автобусе?» Герой (Самохин) отвечает с иронией: «На автобусе, на омнибусе...» Высоцкий прибавил: «На антабусе». Мне было жаль, что я сам этого не придумал.

Вскоре график стал нарушаться. Я приходил на репетицию вовремя. Приходила Зина. Потом раздавался телефонный звонок от Высоцкого: «Володя, извини, я приболел». Это «прибаливание» несколько раз повторилось, и в конце концов я режиссером так и не стал. Кроме всего, понял, что это серьезная профессия, которой надо владеть.

Как-то ко мне на репетицию пришел Икрамов. Потом мы на моем «Запорожце» ехали втроем: я за рулем, Икрамов рядом, Высоцкий с гитарой на заднем сиденье пел песни.

Однажды на репетиции он передал мне привет от жены. Я удивился — откуда она меня знает. Он сказал: «Знает. И ты ее знаешь. Она была женой Дуэля».

Люсю Абрамову, мне кажется, я видел всего два раза в жизни. Причем первый раз не запомнил. А второй раз был летом 1958 года перед моей поездкой на целину. Мы, магистральцы, выступали перед случайной публикой в парке «Сокольники». Я читал стихи и вдруг увидел в одном из первых рядов неописуемую красавицу, которая смотрела на меня очень доброжелательно. Я никогда не знакомился с девушками на улице. Красота незнакомок на меня никак не действовала. У меня возникали какие-то чувства только к женщинам, с которыми я уже находился в тесном общении (например, с теми, с кем вместе работал или учился). Первый и последний раз в жизни красота незнакомки так меня поразила, что я скатился со сцены, подбежал к ней и сказал, что хочу познакомиться.

Она мило улыбнулась и сказала:

— А мы, Володя, уже знакомы. Я Люся, жена Игоря Дуэля.

Но, повторяю, я первый раз ее не заметил и не запомнил. Зато второго раза не забыл. И потом огорчился за нее, когда Высоцкий сменил ее на Марину Влади.

ЗАЧЕМ ОБ ЭТОМ ПИСАТЬ?

Мне трудно описывать собственную жизнь по разным причинам. Но есть одна очень важная. Только опубликовал какой-то кусок о человеке, которого знал, вдруг появляются родственники. Масса родственников хотят воссоздать монумент, как на Новодевичьем кладбище. Там есть разные памятники, но один особенно поражает: маршал войск связи с телефонной трубкой на своей могиле. Как будто он кому-то что-то докладывает. Многие родственники хотят именно такое. Да и не только родственники, а просто читатели.

На одном из выступлений меня спросили: «Вы были знакомы с Высоцким?» Говорю: «Был». — «Ну, расскажите».

И я рассказываю о своем общении с ним, о своем спектакле, в котором он должен был играть, о том, как он регулярно «прибаливал». «А зачем вы это рассказываете? — спрашивают меня. — Кому это нужно?» — «Раз вы знаете, — говорю, — что именно нужно рассказывать, то сами и рассказывайте».

Есть странное, но довольно распространенное представление о праве писателя на изображение действительности или, в мемуаристике, на воспоминания об отдельных личностях, которое выражается словами:

«Зачем об этом писать?» Зачем писать о мрачных сторонах нашей истории? Зачем писать о слабостях известных людей? Затем, чтобы показать жизнь такой, какой она была на самом деле. И затем, чтобы изобразить людей такими, какими они были, со всеми своими достоинствами и недостатками. Намеренное приписывание людям дурных поступков, слов, мыслей или черт характера есть клевета, но и намеренное приукрашивание их образа есть ложь.

АРЕСТ СИНЯВСКОГО И ДАНИЭЛЯ

Возвращаюсь к хронологии. Хрущев свергнут. Новое руководство решило покончить с «гнилой политикой» и тут же стало проводить свое намерение в жизнь. В 1965 году были арестованы Андрей Синявский и Юлий Даниэль. Оказывается, они (о ужас!) нелегально (а как это можно было сделать легально?) передавали свои рукописи за границу и печатались там (до чего докатились!) под псевдонимами Абрам Терц и Николай Аржак. Делали это они много раз и много лет. Их долго искали и наконец нашли. Нашли, когда возникла необходимость в такой находке. Рассказывали странную вещь, что наша разведка за выдачу авторов будто бы передала ЦРУ (баш на баш) чертежи сверхсекретной подводной лодки. Как выразился один мой знакомый, власть ничего не пожалела, чтоб самой себе набить морду. Арест двух писателей и его последствия стали для Советского Союза таким ударом, который, если сравнивать с боксом, можно назвать нокдауном. Если бы злейшие враги СССР думали, как навредить этому государству, ничего лучшего они придумать бы не сумели. Поэтому если бы был настоящий суд с вынесением приговора за действия, реально принесшие этому строю реальный вред, то самому суровому наказанию следовало бы подвергнуть всю верхушку КПСС: Брежнева, Косыгина, Андропова и всех, кто рьяно поддерживал проводимый ими курс. Главарей КГБ, судей, прокуроров и прочих, чьими руками осуществлялись карательные действия власти.

Арест двух писателей, конечно, касался не только их, это было нападение на всю более или менее свободомыслящую часть общества, на всех, кто надеялся, что тоталитарный режим мягчеет. Я понимал, что власти намерены вернуться к руководству страной сталинскими методами, и предполагал, что отсидеться в стороне мне не удастся. В свое время, размышляя о преступлениях власти, о которых я имел неполное, но достаточное представление, в основном о тридцатых годах, я думал, что такое могло быть только при молчании большинства. Я даже в какой-то степени осуждал поколение моего отца за то, что оно не оказало сопротивления. И думал: если что-то подобное повторится, я не буду иметь права на то, чтобы промолчать. И вот стало похоже, что история повторяется и пока не как фарс. Однако кроме ареста двух писателей еще ничего страшного не случилось, и у меня были причины беспокоиться о делах не только общественных, но и личных.

ПУСТЬ ЭТО НАЗЫВАЕТСЯ АДЮЛЬТЕР

Разумеется, моей решимости порвать отношения с Ирой хватило не надолго. Точнее, ни на сколько. На дне рождения я шепнул ей на ухо, что буду ждать завтра в той же квартире (которую я по-прежнему снимал) на 5-й Парковой. Я собирался с ней серьезно объясниться и подтвердить наше прежнее обоюдное решение, что мы расходимся. Но, встретившись, мы опять впали друг другу в объятия, и все началось сначала. Камил по-прежнему легко оставлял нас вдвоем, хотя было очевидно, что этого делать не стоит.

В конце концов, я сделал ей предложение приблизительно в такой форме:

— По совести мы должны разойтись, но я не знаю, как. Я тебя люблю и сам разорвать наши отношения не в силах. Если и ты не можешь, давай поженимся или, во всяком случае, перестанем врать, откроемся Камилу и Вале, а там будь что будет.

Она на это не решалась. Она ни на что не решалась. Это был ее недостаток, мешавший потом и в нашей семейной жизни, — она никогда не могла принять никаких решений. Или принимала кардинальное решение и тут же от него отказывалась. И здесь тоже она вроде бы со мной соглашается, но ему ничего не говорит. И я решил этот узел разрубить сам.

Я позвонил ему на работу. Он работал тогда в журнале «Наука и религия», который боролся не только с религией, но и с примитивным вульгарным безбожничеством. У Камила, как всегда, была то ли летучка, то ли планерка, я до сих пор не разобрался, чем одно отличается от другого. Он вышел на Чистопрудный бульвар зачем-то с портфелем. Он был в сандалиях на босу ногу, в рубашке с короткими рукавами и в брюках в мелкую клетку.

— Ты что? — спросил он меня. — У тебя что-то серьезное?

— Да нет, — засуетился я. — Не то чтобы очень, но вообще-то да. А ты куда-то торопишься?

— Нет, — сказал он, — нет, не тороплюсь. Так в чем дело?

— Ни в чем, — сказал я, — просто хотел с тобой поговорить.

В это время молодой человек с детской коляской остановился как раз напротив нас и стал поправлять колесо, которое как-то перекосилось.

— Ну, так что же? — повторил свой вопрос Икрамов.

— Да нет, — сказал я, глядя на этого заботливого папашу и понимая, что если я начну говорить то, что собрался, то этот человек, хоть и совсем чужой, неизбежно задержится, чтобы послушать. — Закурить не хочешь? И протянул ему пачку.

— Давай. — Он достал сигарету, но не прикурил, стал мять ее в пальцах, и она у него раскрошилась.

В это время молодой человек починил коляску и двинулся с ней вперед.

Камил проводил его взглядом и посмотрел на меня.

— Ну? — сказал он требовательно.

— Ну... — повторил я и замялся.

— Ну! — повторил он опять.

— «Ну, ну», что ты занукал! — закричал я почти в истерике. — Я хотел тебе сказать, что мы с Ирой, ну... в общем, сам понимаешь.

Он сунул сигарету разорванным концом в рот и тут же стал отплевываться.

Потом попросил:

— Дай другую.

Я дал другую и поднес зажигалку. Рука у меня дрожала, а у него как будто бы нет.

— Ты хочешь сказать, что у вас роман?

Мне почему-то не понравился такой образ наших отношений.

— Мы любим друг друга, — сказал я, хотя говорить так не имел достаточно оснований. Потому что я-то ее любил, и она, мне кажется, меня тоже любила, но она никогда, ни разу, не сказала мне, что она меня любит.

Камил глубоко затянулся, стал пускать дымные кольца и смотреть, как они рассасываются. Казалось, что в этот момент ничто, кроме этих колец, его не интересовало. Затянувшись очередной раз, посмотрел на меня внимательно.

— И что же? И у вас все было?

— Да, — сказал я и постарался выдержать взгляд, но не выдержал.

Он опять выпустил несколько колец.

— И что ты хочешь, чтоб я тебе сказал?

— Ничего, — сказал я.

— Ничего? Ну я тебе ничего и не скажу. Пока, — сказал он и двинулся в сторону Никитских ворот, помахивая портфелем легко и как будто бы даже весело. Так он шел, а я смотрел ему вслед. И вдруг он зашвырнул портфель в кусты и пошел от него прочь. Но, сделав несколько шагов, опомнился, вернулся, взял портфель и пошел дальше медленно и портфелем уже не размахивал.

Я позвонил Ире, предупредил о происшедшем. Кажется, это ее никак не взволновало. Она сказала:

— Хорошо.

Ночью я не спал, думая, что там происходит. В голову приходили разные варианты. Первый вариант: они объяснились, она (другой возможности нет) во всем призналась, он выгнал ее из дому. Второй вариант: сам ушел. О варианте № 3 думать не хотелось. Но думалось. Я не мог себе представить Камила в роли Отелло, но ревность самого мирного человека может превратить в опасного зверя.

Утром я еле дождался половины десятого. Я знал, что он уходит обычно около девяти, но тут мог бы и задержаться. Я набрал номер.

— Алё! — отозвалась Ира как ни в чем не бывало.

— Тебе удобно говорить? — спросил я.

— Удобно, я одна.

— А Камил?

— Ушел на работу.

— Просто встал и ушел на работу?

— Да, просто встал и ушел.

Я молчал удивленный.

— Скажи мне, а вы вчера о чем-нибудь говорили?

— Говорили.

— И что?

— Ничего. Он хочет с тобой поговорить.

— О чем?

— Наверное, об этом. Ты будешь на Парковой?

— Если ты приедешь, буду.

Я боялся, что она не приедет. Она приехала, но ничего рассказывать не захотела. Я не настаивал. Потом я отвез ее домой. Обычно я ее не довозил два-три квартала. В этот раз она сказала:

— Можешь довезти прямо до дома.

То есть бояться уже нечего.

Только я пришел домой, позвонил Камил.

— Привет, я звоню из автомата у кинотеатра «Новатор». Ты можешь выйти?

«Новатор» — это на Спартаковской площади, рядом со мной. Камил был в тех же сандалиях и в тех же брюках, но без портфеля. Вид спокойный. Он протянул мне руку и даже улыбнулся.

— У тебя есть минутка? Пойдем, пройдемся.

Мы пошли протоптанной дорожкой — в сторону моста через железную дорогу, по которой ходили тысячу раз туда-сюда. Сначала шли молча. Он разговора не начинал, а мне говорить было не о чем. Потом он попросил у меня сигарету. Наконец спросил:

— О ваших отношениях кто-нибудь знает?

— Никто, — сказал я. — Никто, кроме нас троих.

— Ну вот что, — сказал он спокойно. — Я оказался большим лопухом. Конечно, я должен был догадаться, должен был увидеть, но я ничего не видел. Я понимаю, что ты ее любишь. Но я тоже без нее жить не могу. Понимаешь, — добавил он, как бы извиняясь, — вот не могу и все. Поэтому раз так случилось, пусть так и будет.

— В каком смысле? — спросил я.

— В том смысле, что я буду закрывать глаза на ваши отношения, и пусть это называется красивым слово «адюльтер».

ИЛИ — ИЛИ

«Адюльтер» — слово красивое, но нашу ситуацию отражало не полностью. Оно означает всего лишь супружескую измену, а у нас было нечто более сложное.

Ну, хорошо, пусть это называется адюльтер или как угодно. Мне не жалко — пусть она живет с ним и со мной. Я не ревнив. Ревнивым имеет право быть муж, а я любовник, и готов им остаться, лишь бы дальше не врать и не отводить глаза в сторону. Меня мало трогает, что она спит с ним. Как я себе представляю, это не является существенной стороной их отношений. С этим я готов мириться.

Ревность — это странное чувство, которое регулируется конкретными условиями жизни, обычаями и традициями данного места и общества. Раньше многие мужчины, может быть, даже большинство, не допускали для женщины возможности добрачного сексуального опыта с кем-нибудь другим и необходимым условием брака считали невинность невесты. Для иных, кто обнаруживал, что был у жены не первым, это становилось трагедией, поводом для скандалов и рукоприкладства. Теперь до брака женщины и мужчины обычно вступают в пробные отношения сколько угодно раз, и требование добрачной нетронутости выглядит просто смешным. В современном браке большинство мужчин и женщин допускают супружескую измену по умолчанию. Многие супруги (жены чаще мужей) смотрят на похождения второй половины сквозь пальцы. Зоя Крахмальникова, когда ей кто-то намекал о том, что Свет ходит «налево», говорила: «Ничего, не смылится». Я и мужчин знал столь же терпимых к шалостям своих жен. А если что, дело кончается просто разводом. Конечно, еще встречаются Отелло, готовые задушить своих Дездемон, но их становится все меньше.

Ревность — чувство ущербное. Если ему поддаваться, то надо или держать жену взаперти и выпускать только в парандже, или сходить с ума, когда она выходит на люди с открытым лицом, не говоря уже об оголенных плечах и коленках у носительниц сарафанов и мини-юбок. Ведь если она не урод, то на работе, на улице, в метро найдется немало самцов, обладающих ею мысленно. Если она живой человек, не безнадежно фригидна, то и она непременно увидит кого-то, на кого направится ее фривольная мысль, а то и желание, пусть мимолетное и легко подавляемое. И воображение, а иногда и сон подскажут самой целомудренной такие картины, о каких она никогда не расскажет мужу, а это значит, что мысленно уже изменила и уже соврала. В Библии сказано, точно не помню, но по смыслу, кажется, так: кто пожелал жену ближнего, тот согрешил уже в сердце своем. А есть ли на свете хоть один человек, который хотя бы один раз не пожелал жену ближнего?

Что такое измена? Разные люди это понимают по-разному. Жан-Поль Сартр и Симона де Бовуар были близкими друг другу людьми, прожили вместе всю жизнь, позволяя себе и партнеру утолять похотливые желания на стороне. Для меня получить краткое удовольствие на стороне вовсе не равнозначно измене. Измена — когда человека бросают в беде. Моя знакомая изменяла мужу направо и налево, потому что была, как говорится, слаба на передок, а он ее потребностей не удовлетворял.

Но при этом она его любила до умопомрачения. Когда он заболевал, сидела у его постели ночами и украдкой плакала, хотя не было для этого серьезной причины. Она его в самом деле очень любила, как сына, а к остальному относилась с полным равнодушием, и они были замечательной парой.

Я знаю человека, который, по его словам, никогда не изменял жене, то есть спал только с ней и ни с кем другим. Но когда она заболела раком, он не входил к ней в комнату, кипятил после нее посуду, перестал мыться в ванне, которой пользовалась она. Еще один верный супруг пришел в больницу к жене, попавшей туда с тем же диагнозом, и объявил, что он с ней жить больше не будет. Есть и такой вид верности.

Что касается меня, то я вообще от природы не очень ревнив. Я никогда не следил за своими женщинами, не высказывал подозрений, не устраивал сцен. Может быть, поэтому мне никто из них, насколько я знаю, не изменял.

Предложение Камила мне показалось разумным. Жизнь втроем была бы лучшим выходом из положения. Тем более что его я тоже люблю. Я люблю их обоих, они оба любят друг друга, и они оба любят меня. Любовь втроем. Были же прецеденты. Брики и Маяковский...

Есть представление, что норма сожительства мужчины и женщины есть создание пары однажды и на всю жизнь. Но эта норма давно стала редким исключением. Из всех моих знакомых я знаю только одну пару, которые сошлись в ранней молодости и прожили всю жизнь в одном браке без связей на стороне. У людей, сошедшихся для совместной жизни, рано или поздно (чаще рано) возникают противоречия от несовпадения взглядов на жизнь, темпераментов, сексуальной неудовлетворенности, поисков новых приключений, новых влюбленностей и вновь возникающих обязательств. За физической изменой следуют ложь, страдания, подглядывания, подслушивания, любовь сменяется недоверием, подозрительностью и враждой. Люди приходят к мысли, которую любила выражать Зоя Крахмальникова, о том, что институт барака устарел и не отвечает реальным побуждениям человека. Но любой выход из этого не выход. В первые годы советской власти в народе было подозрение, что коммунисты хотят обобществить не только имущество и частный скот, но и жен. Советские пропагандисты над этим смеялись, и напрасно. Один из двух главных коммунистов планеты — Фридрих Энгельс говорил, что при коммунизме жены, да, будут общими, но в этом не будет ничего нового, кроме отказа от привычного лицемерия. В буржуазном обществе, говорил он (цитирую приблизительно), жены и мужья давно уже общие, все живут со всеми, но лицемерно скрывают это. А в коммунистическом обществе можно будет потакать своим инстинктам без лжи.

Коммунизм, слава богу, не наступил, но есть люди, которые пытаются создать новые формы союза двух разнополых существ, предпочитая лжи и лицемерию брачных уз сексуальную свободу каждого при условии полной взаимной откровенности друг перед другом. Такую форму союза осуществляли на практике Лев Ландау, Жан Поль Сартр, Жорж Сименон, в России писатель Анатолий Кузнецов и многие другие. Такие условия сосуществования для некоторых жен и любовниц этих людей кончались психическими расстройствами, а то даже и самоубийствами. Говорят, такие отношения — это разврат и патология. Но жизнь в браке с изменами и постоянной ложью разве можно считать нормой? Я задаю вопрос. Ответа на него у меня нет и никогда не было...

На следующий день Камил опять вызвал меня на улицу.

В этот раз он был бледен, и глаза его блестели, как говорят, лихорадочно.

— То, что я тебе вчера сказал, чепуха. Это отменяется. Никакого адюльтера не будет. Или — или. Она мне сказала, что она тебя не любит. Что это было увлечение, но оно прошло. Я тебя прошу, оставь нас в покое.

Для того чтобы оставить ее в покое, я должен оставить в покое себя.

Назавтра мы опять встретились с ней. Я спросил:

— Ты ему сказала, что ты меня не любишь?

— Нет, я ему этого не говорила. Я ему сказала, что я не знаю.

— Но все-таки ты хочешь, чтоб я тебя оставил?

— Нет, не хочу.

— Тогда оставь его.

— Я не могу.

— Но ведь он ставит вопрос: или — или.

— Это в истерике. Сегодня он ставит вопрос так, завтра поставит иначе.

Она легла одетая на кровать, закинув руки за голову. Я лег рядом, обнял ее, и так мы лежали долго и молча. Я почувствовал на плече теплую каплю и увидел, что она плачет. Без вздрагиваний и всхлипов. Просто лежит, и слезы текут из глаз. Через некоторое время она встала, умылась, и я опять довез ее, как она хотела, до самого дома. Таиться не было смысла.

В третий раз он объявил мне, что все-таки согласен на любовь втроем. В четвертый — что собирается выгнать ее из дому, но при этом дать ей испытательный срок.

В пятый раз не он, а я сказал: или — или. И предложил: мы уходим вместе — она от Камила, я от Вали.

БУДЬ У МЕНЯ ПИСТОЛЕТ...

Юра Домбровский, с которым я дружил, дал мне ключи от своей комнаты в огромной коммунальной квартире коридорного типа (сам он в ней не жил). Я с чемоданом въехал в эту комнату. На стенах висели картины со страшными ликами людей, с ощерившимися пастями, с когтями, иллюстрации к дантовскому «Аду» или к гоголевскому «Вию». Я не придаю значения мистике, но тут мне стало не по себе. Я вышел в коридор. Он среди бела дня был полутемен, сыр и мрачен. Под ногами зловеще скрипели половицы. На стене висел черный телефон с диском и дырками для пальца. Я накрутил нужный номер и сказал:

— Я уже здесь. Жду тебя. Ты уходишь или нет?

Ответ был:

— Нет, я не могу.

Я опять: или — или.

— Или ты через час будешь здесь, или наши отношения кончены.

Через час я схватил чемодан, выскочил на улицу, поймал такси. Дома обнимал Валю, просил прощения, клялся искренне, что с Ирой все кончено. Я правда верил, что так и будет. Квартиру на Парковой я сдал, убеждая себя в том, что она мне больше не понадобится. Каждый день я говорил сам себе, что мои с Ирой отношения кончены, кончены, кончены. Она не пришла, она меня предала, я этого не потерплю, у меня все прошло, я ее не люблю.

Но стоило ей позвонить...

Она позвонила и сказала, что Камил уехал в Узбекистан, а она решила пожить за городом и сняла комнату в Перхушкове. Сказано так, как будто это сообщение — просто информационное и меня никак не касается. Но прошло ровно столько времени, сколько мне было нужно, чтобы добраться до этого Перхушкова, и я был уже там.

Я много лет собирался, но так и не собрался написать роман о любви, основанный на нашей реальной истории. Если бы писал, то попробовал бы взглянуть на ситуацию глазами Иры, Камила и Вали.

Я представлял себе ситуацию так.

С Валей проще всего. Она, как всякая деревенская женщина, в свое время стремилась к замужеству, а мужа старается удержать всеми доступными ей средствами, которых было немного.

Иру я любил без памяти, к Вале испытывал такую жалость, что, если бы не столь сильный соблазн, не решился бы ее покинуть, отношение к Камилу у меня было разное, но никогда не было гордости победителя. Когда мне казалось, что я побеждаю, я испытывал чувство вины, и оно оставалось во мне до самой его смерти. А после смерти было сожаление, что, когда мы встретились в больнице уже перед самым его концом, я не сказал ему, как дорог он мне был всегда.

Терзаемые противоречивыми чувствами, мы с Ирой сходились и расходились. В конце концов, она вызвала меня в ресторан «Баку» и объявила о своем твердом решении: она остается с Камилом. Тогда первый и единственный раз у меня появилось желание ударить ее, но я этого не сделал, а стукнул кулаком по столу и, не дотронувшись до еды, расплатился с официантом.

Я, за исключением отдельных попыток, практически никогда не вел никаких записей и не помню уже, что было за чем. Помню только, что через какое-то время она захотела со мной встретиться, чтобы сообщить, что она меня все-таки любит и когда-то уйдет от Камила, но не сейчас, потому что он может сделать что-то ужасное, например, наложить на себя руки. Я сказал, что ничего ждать не буду, с сегодняшнего дня или со вчерашнего буду считать себя свободным от всех обязательств, которых я, впрочем, не принимал. Я бесился от злости и от ревности. Это признание не противоречит прежним моим уверениям, что я не ревнив. Пока она была мне доступна, мне было почти все равно, что у них там с Камилом, но теперь, когда мне доступ был закрыт, я иногда чувствовал себя способным на что угодно. Будь у меня в то время пистолет, я думаю, жизнь нас всех троих была бы в нешуточной опасности.

Первое, что я поспешил сделать, — это переспал с ее ближайшими подругами, и мне не пришлось их слишком добиваться. Потом я завел роман с одной симпатичной художницей, портрет которой повесил у себя в «Запорожце» под зеркалом заднего вида. Я специально не сообщал Ире о своих достижениях, но знал, что нужные сведения до нее кто-нибудь донесет. Нет, я не дразнил ее специально. Мне казалось, что она меня разлюбила и ей все равно, с кем и в каких отношениях я нахожусь. Это меня травмировало больше всего. Я очень хотел разлюбить ее. Хотел влюбиться в кого-то другого. Хотел влюбиться в художницу. Водил ее в рестораны. Она мне нравилась, у нее было много достоинств, но чем теснее было наше общение, тем чувствительней и неутолимей были мои страдания.

У ЖОРЫ ВЛАДИМОВА

От Вали я все-таки ушел и поселился у Жоры Владимова на Малой Филевской улице. Мы, писатели нашего поколения, делились приблизительно на две группы. Авторы «Юности» — Аксенов, Гладилин, Анатолий Кузнецов были прозападные, то есть учились или находились под влиянием современных западных писателей: Хемингуэя, Ремарка, Сэлинджера, Дос Пасоса. А мы с Владимовым, новомирские, больше шли от русской классики. Вражды между нами не было, но неафишируемая конкуренция имела место. Когда кто-то начинал распределять места в литературе (что мне лично было чуждо), то в «юношеской» группе, считалось, скажем, что первый или главный русский писатель сегодня Аксенов, за ним вторым номером шел, может быть, Гладилин, где-то в этом списке были еще писатели, которых сейчас уже никто и не помнит. Когда появился Солженицын, обе группы, естественно, вставляли в свой список его. Наш список составлял Жора. Он говорил мне: «Есть три писателя — ты, я и Солженицын». Иногда вставлял сюда же Некрасова. Я никогда деления на первый-второй всерьез не принимал, я думаю, что если писатель — писатель, то он в любом случае занимает свое особое место, и на этом месте никто не может быть лучше или вместо него. Жена Владимова Лариса Исарова список мужа сократила и говорила, что современная литература — это он и я.

Когда я переехал к Жоре, он временно обитал один. Лариса в это время плыла на каком-то корабле по Северному морскому пути. Мы с Жорой вместе жили, чинили во дворе наши «Запорожцы», соревновались в выжимании двухпудовой гири и позволяли себе все, что могут позволить себе свободные молодые мужчины. Жора тогда ухаживал за замужней женщиной по имени Юля, а я за своей художницей. Много времени проводили в ресторане ЦДЛ.

Сейчас, когда пишутся эти строки, я тоже бываю изредка в Доме литераторов и иногда пытаюсь мысленно восстановить обстановку того времени с тогдашними завсегдатаями. Поэты Борис Слуцкий, Давид Самойлов, Юра Левитанский, Володя Соколов. Прозаики Юра Домбровский, Юра Казаков, Гриша Поженян, Жора Семенов, Валера Осипов, тогдашний муж Татьяны Самойловой. Никого из них уже нет. Давно ушли писатели предыдущего поколения, а тогда тоже завсегдатаи ЦДЛ: Михаил Светлов, Павел Антокольский, Ярослав Смеляков. Или литераторы враждебного лагеря — Сергей Васильев, Сергей Смирнов, Леонид Соболев. Соболев грузной фигурой и походкой напоминал Твардовского. Однажды в ЦДЛ какой-то пьяный приблизился к нему, положил руку на плечо и похвалил неизвестно за что: «Ты, Твардовский, молодец!» Тот возразил: «Я не Твардовский. Я Соболев!» « Ну и х... с тобой!» — отреагировал пьяный.

Враждебные группы обычно друг с другом в ресторане не сталкивались, другое дело — на каких-нибудь собраниях, где правые всегда громили левых, и никогда не было наоборот. Рассказывали, что когда-то, еще при Сталине, здесь уничтожали космополитов, и кто-то из казенных критиков обвинял критика Юзовского в том, что он скрытый антисоветчик, а такое обвинение могло для Юзовского кончиться лагерем. В это время на галерке сидели два старых еврея, и один другого спросил на идише, что говорит критик. На что другой (кажется, это был отец Светлова) ответил шепотом: «Ер полимизирт мит херр Юзовский». Эту фразу потом завсегдатаи ЦДЛ вспоминали много раз, как очень смешную, потому что, когда неугодных писателей здесь обвиняли в политических преступлениях, это было никак не похоже на полемику в обычном понимании этого слова.

Здесь часто появлялся Евтушенко. Он уже тогда был очень знаменит, признавался многими поэтом номер один, но ему этого было мало, он не мог пережить, когда кто-то относился к нему не столь восторженно. Одним из невосторженных был Владимир Максимов. Как-то Максимов сидел с Левитанским. Подошел Евтушенко с вопросом: «Володя, почему вы меня не любите?» Максимов ответил грубо и попросил Евтушенко отойти от стола. Евтушенко сказал: «Вы, Володя, напрасно со мной так говорите, я ведь владею приемами карате». На что Максимов ответил:

«Я не знаю, Евгений Александрович, каким приемам вас обучали в КГБ. Я плохо воспитан, приемов не знаю, но могу е...нуть бутылкой по голове».

Вообще, никаких драк в ЦДЛ я не помню (они случались, хотя сам я не видел), но иногда близко к ним подходило. Однажды Жора Семенов, добродушный рослый увалень, вдруг за что-то на меня рассердившись, предложил: «Пойдем, подеремся!» Я согласился: «Пойдем!» Он тут же передумал: «Не пойду. Я знаю, маленькие дерутся больно». Другой раз в ЦДЛ было жаркое собрание, выступил какой-то «правый» с упреками, что мы, Иваны, не помнящие родства, клевещем на Сталина, а он был великий вождь. Писатель распинался в любви к Сталину, другие стали свистеть, топать ногами, гнать выступавшего с трибуны. Я, стоя в проходе между рядами, тоже что-то выкрикивал. Вдруг кто-то дернул меня за рукав. Некто с рваной губой, злобно ощерившись, прошипел: «А ты помолчи, а то получишь по шее!»

Это был писатель не нашего лагеря Иван Падерин, сочинявший что-то за каких-то маршалов и потом уличенный в том, что имевшийся у него орден Красного Знамени был не получен им за геройство, а снят с убитого. Мне пришлось ответить ему в том же духе. Через некоторое время я вышел в фойе, встретил там Виктора Николаевича Ильина. Когда мы здоровались за руку, подбежал Падерин с жалобой: «Виктор Николаевич, этот человек говорит, что набьет мне морду!» Ильин, не желая разбираться в конфликте, попытался выдернуть руку, но я ее удержал и сказал Падерину: «И набью, если будешь лезть!» Падерин перешел на «вы»: «Да вы знаете, что у меня второй разряд по боксу». — «Тогда, — сказал я, — тем более набью». Падерин тихо отошел.

СЛАВА КПСС И НАТАША КУЗНЕЦОВА

Я прожил у Жоры недели две, когда с Северного морского пути пришла телеграмма такого, как мне помнится, содержания:

ЖОРА ЗПТ Я ПОЛЮБИЛА ДРУГОГО ЧЕЛОВЕКА ТЧК
ЖМУ КРЕПКО РУКУ ТЧК ЛАРИСА

Жора был потрясен предательством, хотя поступок Ларисы под понятие «предательство» не очень подходил. Насколько мне было известно, они давно не спали друг с другом, оба удовлетворяли свои потребности на стороне, и их брак давно превратился в вынужденное при тогдашних жилищных проблемах соседство. Тем не менее Жора пришел в ярость, потом почти впал в депрессию, затем решил найти Ларисе замену. И предложил Юле немедленно переехать к нему. Она, возможно, была бы не против, но ее отношения с мужем были еще достаточно крепкими. Она сказала Жоре, что может быть, когда-нибудь, но не сейчас. Он сказал: сейчас или никогда. Она встала и ушла. Он напился и уже очень пьяный выбежал на улицу. Я выпил меньше и собой вполне управлял. Я вышел на улицу вслед за Жорой и с ужасом увидел его отъезжающим на своем «Запорожце». Я кинулся к своей машине и понесся за ним. Увидел, что он на полной скорости пересекает Садовое кольцо при красном свете. Пересек, повернул налево и понесся в сторону Нового Арбата (тогда это был проспект Калинина), переходящего в Кутузовский проспект. Я на красный свет не поехал, но при зеленом тоже нажал на газ. Несся по Кутузовскому проспекту, не глядя на спидометр, предчувствуя неминуемую беду.

Тогда место справа от Триумфальной арки, где от Кутузовского проспекта вправо уходит дорога на Фили, было окраиной Москвы. Между проспектом и этой дорогой стояла железобетонная стена шириной метра три и высотой, может быть, около двух метров. Назначение стены было непонятно, она стояла разве что ради бывшей над ней надписи «Слава КПСС!». Справа от нее была конечная остановка троллейбуса и маленький домик — диспетчерская. Подъезжая к стене, я увидел влепившийся прямо в середину ее и смятый в гармошку «Запорожец». Владимова в нем уже не было, но я без труда нашел его в домике диспетчерской. Он сидел посреди комнаты на стуле с лицом, залитым кровью, и мычал что-то нечленораздельное. Вокруг него суетились диспетчер и еще два-три человека. Через короткое время приехала милиция, потом «Скорая помощь». Его повезли в больницу, я поехал следом. Ждал, когда его осмотрят и положат. Часа в два ночи ко мне вышел врач и сказал, что у него помимо разбитой челюсти перелом основания черепа и он вряд ли выживет.

Утром я ездил туда же с Некрасовым. Другой врач подтвердил диагноз и прогноз. Я поехал посмотреть, на месте ли «Запорожец». И увидел, что разбитая вдребезги машина окружена толпой мужчин, вооруженных кусачками, плоскогубцами, гаечными ключами и отвертками. Они откусывают и откручивают от машины кто что может. Я начал ругаться, толкаться, мародеры не сопротивлялись, но забегали с другой стороны и продолжали откусывать и откручивать. Наконец мне удалось их как-то разогнать.

Я нашел грузовик с грузчиками, остатки «Запорожца» привез, свалил во дворе владимовского дома и накрыл брезентом.

Конечно, о владимовской аварии в те дни говорили много. Шутили, что своим поступком он доказал, что слава КПСС несокрушима. Говорили всерьез, что он как истинный писатель предвидел свою смерть. Герой его повести «Большая руда» разбился на самосвале и умер от перелома основания черепа. Говорили, что перелом основания черепа — это всегда смертельно.

Владимов, однако, выжил. Вскоре после того как он выписался из больницы, вернулась Лариса с новым мужем и вместе с ним въехала в квартиру на Малой Филевской. Я переселился на время к Световым, получившим квартиру у Курского вокзала, но живщим пока на старой квартире. Муж Ларисы был судовой врач, который, как когда-то деревенский фельдшер, готов был лечить любые болезни. Именно он на дому взялся восстанавливать Жорину разбитую челюсть. Потом они нашли себе другое жилье, а Жора опять занялся подбором себе новой жены. Кто-то, кажется, Гладилин, познакомил его в ЦДЛ с Наташей Кузнецовой, дочерью известного в своих кругах циркового критика. Она была нервная, заикалась и почти каждую фразу заканчивала бессмысленным набором слов-паразитов: «И вот-таки это вот и это самое вот». Причиной ее нервности и такого странного дефекта речи было то, что, будучи еще школьницей, она пришла однажды домой и увидела своего повесившегося отца. Познакомившись с Наташей, Жора в тот же вечер сделал ей предложение и опять в ультимативной форме. Ей на раздумье даны были сутки. Так долго ждать ему не пришлось. Она утром перевезла к нему свой холодильник, и с этого началась их семейная жизнь.

Наташа была большая и небезвредная фантазерка. Не знаю, была ли склонность к фантазированию у нее врожденной или развилась после упомянутого выше потрясения, но фантазии касались ее отношений с мужчинами. Она говорила, что была замужем за клоуном (очень рано умершим) Енгибаровым. Что, когда они женились в Ленинграде, их свадьба стала там большим событием. На тройке белых лошадей, украшенных лентами, они проехали через весь город. Свидетелями у них были Володя Венгеров (известный кинорежиссер) и его жена Галя, спортсменка-наездница, ближайшая подруга Наташи. Один очень известный актер Сергей (фамилию опущу) безнадежно влюблен в нее чуть ли не с детства и до сих пор ее добивается. Достоверность ее утверждений иногда подтверждалась наглядно. Однажды мы договорились с Жорой встретиться у него. Я пришел, а он где-то задерживался. Я ждал, разговаривал с Наташей. Вдруг раздался звонок. Наташа сняла трубку, и начался длинный разговор.

— Здравствуй, Сережа. Да, нет. Нет, Сереженька, встретиться мы не можем. Да, потому что я таки вышла замуж и таки да и таки это самое вот. Да, Сережа, я его люблю. Ты его знаешь, я не хочу называть, но он таки очень известный писатель. Да, это очень серьезно, ты знаешь, Сережа, что на несерьезные отношения я бы никогда не согласилась. Ну да и это так и это самое вот...

Я передаю этот разговор в сильном сокращении, но суть его была в том, что звонивший очень настаивал на их встрече, а она отказывала то раздраженно, то мягко, уговаривая его не тешить себя напрасными иллюзиями.

В этих фантазиях она себя изображала иногда и с не самой выгодной стороны. Одним из ее мужей был, по ее словам, Валерий Осипов. Они жили душа в душу, она его очень любила. Он часто ездил в командировки. Однажды надолго уехал в Сибирь на съемки фильма по его сценарию

«Неотправленное письмо». Главную роль в фильме играла Татьяна Самойлова. Когда Валера должен был вернуться, Наташа приехала на аэродром встречать его. Увидела, как он спускается по трапу с Татьяной, все сразу поняла (что у них роман) и тихо ушла, никому ничего не сказав.

Я всем ее рассказам до поры до времени верил. Но как-то в ЦДЛ встретил Валерку (так его называли друзья), сказал ему, что знаю его бывшую жену Наташу. Он удивился: какую Наташу? Оказалось, что он вообще не знает, кто она такая. Потом выяснилось, что ни Галя Венгерова, ни актер Сережа тоже с ней незнакомы. Вспоминая страстный разговор по телефону с Сережей и другие подобные, я думал и не мог понять (и сейчас не понимаю), как она организовала эти представления. Ассистировал ей кто-нибудь или на другом конце никого не было? Но ведь телефонный звонок раздался при мне. И она начала разговор со слов «Здравствуй, Сережа». Я уже вообще никаким ее словам не верил. Не верил, например, про женитьбу с Енгибаровым. Но Володя Корнилов рассказал, что, когда он пришел однажды днем в кинотеатр «Россия», где шел документальный фильм о Енгибарове, он увидел ее в совершенно пустом зале. Она смотрела на экран и плакала.

Браки не всегда совершаются на небесах. Но некоторые совершаются именно там. Лариса Исарова и Наташа Кузнецова не были похожи друг на друга, и все-таки было в них что-то общее. Лариса, пока была женой Владимова, много раз повторяла его любимую мысль о количестве существующих писателей и мне говорила, что их только два или три, включая нас обоих в этот шорт-лист. Но, разойдясь с Жорой и, может быть, на что-то обидевшись дополнительно, она написала и напечатала в каком-то журнале статью, в которой оценивала нас обоих так низко, что мы, конечно, уже ни в какой список, даже самый расширенный, попасть не могли.

Я сказал, что Наташины фантазии были небезобидны. О ком бы речь ни зашла, оказывалось, что она хорошо знала этого человека и может рассказать о нем много плохого. Всех, кто звонил Владимовым или заходил к ним в гости, она подробно расспрашивала о тех, кого знал пришедший, потом услышанное обрабатывала и в отредактированном ею виде с добавлением художественного вымысла распространяла среди знакомых. Она стала рассказывать Жоре что-то сначала про Иру — о том, какая она ужасная интриганка (кем Ира никогда не была), и убедила в этом Жору, который, как ни странно, ей верил безоговорочно. Она собой плохо владела, потому что вскоре начала распространять какие-то гадости и обо мне в то время, когда, как мне казалось, еще очень хорошо ко мне относилась. Я ее однажды спросил, зачем она старается поссорить меня с Владимовым. Она расплакалась, уверяя, что очень меня любит (как друга) и никогда не посмеет сказать обо мне ни одного плохого слова.

Своего обещания она не сдержала. Но, кроме того, поставила меня однажды в очень неудобное положение. Это было в пору моего разрыва с

Ирой. Пытаясь ее кем-нибудь заменить, я начал ухаживать за одной актрисой. Наши отношения были на платонической стадии, когда мне понадобилось на две недели уехать к родителям. Поехал, вернулся, позвонил актрисе. Услышал, что она меня знать не хочет. Почему? Наташа ей сказала, что я никуда из Москвы не уезжал, а просто прятался. Моим заверениям, что это ложь, актриса не поверила, наш роман разрушился, не успев начаться, о чем я, правда, никогда не жалел. Но мои отношения с Жорой Владимовым стали совершенно невозможны, и я их прекратил. Таким образом с Владимовым разошлись многие из тех, с кем он раньше общался и даже дружил. Оставшиеся Наташу опасались. Толя Гладилин приходил к Владимовым, но на вопрос Наташи, как поживает такой-то, «уходил в несознанку»: никого не знаю, ничего не видел, ничего не слышал.

ГРОМ СРЕДИ ЯСНОГО НЕБА

Осенью 1965 года я был практически бездомен и, чтобы не слишком обременять друзей, взял путевку в Переделкино, где начал работать над «Двумя товарищами». Пользуясь уединенностью и отсутствием телефона, работал с очень необычной для меня скоростью — писал по 15 страниц в день. Рассчитывал, что напишу черновой вариант дней за двадцать. И вдруг, когда я был в середине работы, меня вызвали в центральный корпус к телефону.

— Я свободна, — сказала Ира.

Гром среди ясного неба! Я уже не ждал, не хотел и не думал. Я заколебался. Как быть?

Просто брать ее без всяких условий? Нет, я не должен торопиться. Я должен подумать. У нее есть черты характера, которые настораживают. Она считает, что данное обещание ничего не значит. А для меня значит все. Я должен подумать, должен поставить условия. Я не имею права бросаться очертя голову. Говоря себе все это, я уже бежал к своему «Запорожцу», уже вставлял ключ в замок зажигания, уже до предела давил на педаль газа и несся навстречу своей судьбе.

Осенью 1965 года мы сняли однокомнатную квартиру на Мосфильмовской улице и стали жить вместе.

ДВА ТОВАРИЩА

«Два товарища» я все-таки написал. Примерно так, как задумал. В это время, работая над «Чонкиным», я понимал, что, пока я занят им, мне надо будет на что-то жить, а потом вообще неизвестно, что и как сложится, поэтому надо написать что-то такое, что можно без проблем напечатать и что способно пошатнуть представление начальства о моей неблагонадежности.

В повести я описал правдиво, но, стараясь избегать политических и социальных подтекстов, себя примерно таким, каким я был в восемнадцать лет, без поправки на себя более взрослого и критически воспринимавшего советскую жизнь. Сознательно не вплел в повесть никакого активного сюжета. Просто два шалопая призывного возраста работают на заводе, ухаживают за девушками, оба готовятся в армию. И ничего не происходит. Считая, что повесть «Новому миру» не очень подходит, отнес ее сначала в «Юность», там повторилась старая история. Рукопись взяли и держали неделю, две, три, не помню сколько, пока я не разозлился и не отнес ее все-таки в «Новый мир». В «Новом мире» прочли. Твардовский созвал редколлегию. Ася, Сац, Герасимов и Дементьев меня защищали, Твардовский, Лакшин, Кондратович и Закс были против. Твардовский говорил резко и язвительно, что повесть пустая и даже лакировочная, рассчитана на то, чтобы на пустом месте смешить, можно еще сказать (с сарказмом), «веселая повесть». Придрался к сцене, где герой оказался в милиции, считая, что я ее описал недостаточно реалистично. И очень сурово спросил: «А вы знаете, что в милиции бьют?» Я сказал: «Это я знаю, наверное, лучше вас, Александр Трифонович. Если хотите, опишу, как это бывает». — «Нет, — сказал он, — этого не надо». И дальше: «Поскольку единого мнения нет, поставим на голосование. Кто за? Кто против? Голоса разделились поровну. Поскольку я главный редактор, мой голос засчитывается за два — повесть не принимаем».

«Два товарища» я писал в двух вариантах: повесть и сценарий. Сценарий — для денег, которых за кино дают гораздо больше, чем за журнальные публикации. В сценарном варианте вещь называлась «Призывной возраст». У меня был договор с незадолго до того созданной Экспериментальной студией. Художественный руководитель — Григорий Чухрай, директор студии Владимир Александрович Познер, отец ныне известного телевизионного ведущего. В студии тоже отнеслись к сценарию критически. Чухрай считал, что в нем не хватает остроты. Я признался, что хотел написать такую вещь, чтобы легко прошла. «Так вы что, для начальства пишете ваши книги?» — сурово спросил Чухрай.

Ему это было трудно понять, потому что он все делал всерьез, беря острые по тем временам проблемы. Но разница между мной и им состояла в том, что он по своему мировоззрению был советский человек, проблемы ставил острые, но допускаемые и понимаемые партийным начальством, а я был чужой, и это было видно. Все сюжеты, которые приходили мне в голову, были абсолютно непроходимы, и «Два товарища» являлись исключением.

Разумеется, отношением к повести на студии и особенно в «Новом мире» я был расстроен, но не обиделся. Я сам считал свою повесть для «Нового мира» слишком неострой и бесконфликтной и не думал настаивать на ее публикации. Но позвонил Александр Григорьевич Дементьев, пригласил к себе, сказал, что повесть ему понравилась, но ее надо сделать поострее.

Вняв его совету, я написал сцену избиения героя хулиганами и его лучшим другом Толиком, которого хулиганы заставили это делать.

В этом варианте Дементьеву удалось «протолкнуть» «Двух товарищей» в «Новом мире», преодолев Кондратовича и убедив Твардовского, что автор над текстом поработал. Повесть так же, как мои предыдущие вещи, имела большой, однозначный, даже не совсем ожидавшийся мною успех. В данном случае даже двойной успех, потому что понравилась начальству и не разочаровала читателей. Переделанный сценарий тоже был принят, за него боролись несколько режиссеров, но кинофильмом он не стал по причинам, о которых речь будет ниже.

РАЗГОВОР ЧЕРЕЗ ПЕРЕВОДЧИКА

По «Двум товарищам» я написал еще и пьесу. Сначала для Театра Советской армии, где она была почти немедленно принята. Театр ее принял и направил в отдел культуры Главного политического управления (ГлавПУРа) генерал-майору Востокову. Востоков пригласил меня и завлита Владимира Блока для обсуждения. Пьесу в целом одобрил, но нашел, что герой недостаточно идеен. Нужно, чтобы он шел в Советскую армию, сознавая, что идет выполнять свой патриотический долг. Генерал говорил, сыпал замечания, не слишком невыполнимые. Вдруг позвонили по телефону. Генерал выслушал то, что ему сказали, встал.

— Извините, вызывает начальство. Но... — набрал номер, сказал кому-то: — Иван Петрович, зайди.

Тут же вошел полковник. Востоков представил его как своего заместителя и сказал, что он продолжит обсуждение. И полковник продолжил. Прямо с того места, на котором остановился генерал. Через запятую. Как будто слышал все, что говорил Востоков. Скорее всего, и правда слышал.

Собственно, все обсуждение свелось к тому, что Востоков, а потом полковник говорили, и мы с Блоком кивали головами. Это не значит, что я готов был все принять. Это была общепринятая тактика, соответствовавшая армейскому неписаному правилу: получив приказание, отвечай «слушаюсь», а дальше можешь не выполнять. Обсуждение закончилось, спустились вниз. В коридоре первого этажа встретили высокого генерал-полковника. Это был замначальника ГлавПура Михаил Харитонович Калашник. Полковник с ним поздоровался. Они обменялись рукопожатиями.

— Как дела? — спросил Калашник.

— Вот, товарищ генерал-полковник, писатель Войнович.

Генерал сверху вниз посмотрел на меня, как-то странно хихикнул. Что-то пробормотал вроде «приятно». Руки не подал, но спросил полковника, чем мы занимались. Тот сказал, что обсуждали пьесу.

— Хорошо. А над чем он сейчас работает?

— А над чем вы сейчас работаете? — спросил полковник.

Я удивился такому способу ведения разговора, но ответил полковнику, что работаю над романом о Великой Отечественной войне.

— Работает над романом о Великой Отечественной войне, — доложил полковник, как бы исполняя роль переводчика.

— Очень хорошо, — похвалил меня генерал, — но скажите ему, что сейчас интереснее был бы роман о современной армии.

— Очень хорошо, — перевел мне полковник, — но товарищ генерал-полковник говорит, что сейчас интереснее был бы роман о современной армии.

Во время перевода генерал согласно кивал, после чего пожал полковнику руку, меня удостоил кивка и удалился. Такой способ общения мне уже был знаком. Первый раз его продемонстрировал мне Твардовский. А мне такой опыт пригодился при создании образа в «Москве 2042» генерала Смерчева.

Вскоре после обсуждения у Востокова мне позвонил завлит Владимир Борисович Блок с напоминанием, что пьесу надо как-то идейно укрепить. Как ее укреплять, я не знал и предложил, чтобы он это сделал сам. Он воспользовался моим разрешением и вписал укрепляющую фразу. У меня герой пьесы хочет быть летчиком, потому что хочет просто летать. В добавленной Блоком фразе он говорит маме, что не может оставаться на земле в то время, «когда прогрессивные летчики воюют во Вьетнаме». Я возражать не стал, предполагая, что после окончательного принятия пьесы я прогрессивных летчиков немедленно выкину. Так и получилось. Пьеса прошла, «прогрессивные летчики» вылетели из текста.

Я огорчился, узнав, что ставить спектакль будет не главный режиссер театра Андрей Попов, а некий Михаил Буткевич, пришедший каким-то образом из мало кому известного Института культуры. Да и при личном общении он произвел на меня впечатление слишком скромного, легко соглашающегося на все человека. К нему приходили известные актеры проситься на роли, он никому не отказывал, улыбался, кивал головой.

Первое впечатление оказалось очень ошибочным. Буткевич точно знал, чего он хотел, на роли выбрал только тех актеров, которые наилучшим образом подходили, мягко и улыбчиво настаивал на неуклонном исполнении его указаний, и спектакль получился замечательный. Двух товарищей играли солдаты срочной службы Алексей Инжеватов и Виктор Пармухин, девушку Таню — Наташа Вилькина, бабушку — Любовь Ивановна Добржанская, это была одна из лучших ролей этой замечательной актрисы.

Мне до самого конца не верилось, что спектакль выйдет. На прогон, то есть последний спектакль перед премьерой, явилась комиссия во главе с очень суровым на вид вице-адмиралом. Сразу после спектакля они поднялись на сцену. Ко мне подбежал бригадир рабочих сцены и прошептал: «Не уступайте им ничего». Но они, к моему удивлению, ничего особенного и не требовали. Кроме одной фразы. Героиня говорила, что Гагарин один раз в космос слетал и теперь получает много денег. Мне самому фраза не нравилась, и я ее снял без колебаний.

Премьера спектакля 2 марта 1968 года для участников стала особым событием. Спектакль его участникам оказался так дорог, что они еще несколько лет подряд каждого 2 марта годовщину премьеры отмечали как праздник.

У Леши Инжеватова праздник был двойной — в этот день родилась его дочь Маша.

ОТКРЫТЫЙ ПРОЦЕСС ПРИ ЗАКРЫТЫХ ДВЕРЯХ

...Еще в феврале 1966 года судили Синявского и Даниэля. С Даниэлем я за несколько дней до его ареста шапочно познакомился, а Синявского знал по еще свежей в памяти новомирской полемической статье.

Накануне суда жены арестованных Марья (тогда она называлась Майя) Розанова и Лариса Богораз распространили среди писателей книги Синявского и Даниэля, что было по тем временам смелым поступком. Ведь книги признаны антисоветскими, то есть распространение их есть уголовное деяние, и одно только оно должно было быть делом наказуемым. Ко мне тоже книги попали, я прочел, удивился. Они художественно были не очень высокого уровня и по остроте не превосходили того, что публиковалось в нормальной подцензурной печати. Некоторые опубликованные вещи были поострее. Суд считался гласным и открытым, но ни гласности, ни открытости не наблюдалось. В зал пускали только по билетам, которые выдавались не каждому, в основном агентам КГБ. Люди спрашивали: если процесс открытый, то почему пускают не всех? На что им отвечали: мест в зале не хватает. А вы что, — задавался и такой вопрос, — хотите, чтобы их судили на стадионе? Как в Китае?

Я, конечно, тоже билета не удостоился. Суд был откровенно неправый, сопровождавшийся печатными поношениями подсудимых и публичными выступлениями правоверных «коллег». Особенно мерзко прозвучало выступление на съезде партии Шолохова, пожалевшего о временах, когда таких, как Синявский и Даниэль, просто расстреливали. Веяло 37-м годом. Было страшно за себя и за страну. Но все-таки время для таких процессов было уже не совсем подходящее. В тридцатых годах внутри страны был большой страх. А за ее пределами — незнание того, что происходит внутри. Многие люди и внутри, и снаружи не верили, что такой террор и такая ложь вообще возможны. Были еще сплочены слепо верившие в пролетарское государство западные коммунисты. Но за три десятилетия многое стало известно. Огромную роль в донесении до людей независимой информации стало играть радио, вещавшее на коротких волнах и делавшее недостаточно эффективной советскую цензуру. Слушая ежедневно западное радио, я понял, что расправа над двумя до того мало кому известными литераторами — это безумная затея, про которую Талейран бы сказал, что это больше, чем преступление, это ошибка. Я понимал, что взывать к закону, справедливости или чувству гуманности наших властей — дело бессмысленное, но ведь не круглые же они дураки. Если предположить, что они действительно озабочены крепостью советского строя и надежностью его устоев, его репутацией в мире, то неужели не понимают, что делают? Тогда мне казалось, что, столкнувшись с бурной мировой реакцией на процесс, партийное начальство пребывает в смятении. Все западные радиостанции, во-первых, выступали в защиту Синявского и Даниэля, во-вторых, в эфире читали повести и рассказы арестованных авторов, на которые раньше никто бы не обратил внимания. Я не исключал того, что руководство КПСС поняло, что попало впросак, желает выйти из положения, не теряя лица, и решил подсказать им возможный выход.

Во время и после суда советские газеты соревновались друг с другом, утверждая, что суд был справедливый. Больше других изощрялся корреспондент «Известий» Юрий Феофанов, написавший из зала суда несколько репортажей, один из которых назывался «Здесь царит закон». Автор был из тех журналистов, которые умели лгать особенно ловко, то есть так, что их материалы неопытному читателю могли показаться правдивыми, а аргументы резонными. В 90-е годы Феофанов перестроился или подстроился под время и стал публиковать статьи в самом деле толковые, потому что юридически был грамотен, да и писать умел.

СЛАВА БОГУ, У НАС ЕСТЬ КГБ

Поскольку литературная общественность волновалась как будто больше других, к писателям в ЦДЛ явился ведший процесс председатель Верховного суда РСФСР Лев Смирнов, человек примечательной биографии. На Нюрнбергском процессе он был заместителем главного обвинителя от СССР Романа Руденко. В 1962-м вел процесс рабочих, участвовавших в расстрелянной войсками демонстрации в Новочеркасске. Сто с лишним человек отправил в лагеря, а несколько признанных зачинщиками по его приговору были казнены. Их реабилитировали только тридцать лет спустя.

Явившись на встречу со Смирновым, я в фойе ЦДЛ увидел Юрия Левитанского, который, будучи всегда крайним пессимистом, сказал, что Смирнов человек очень образованный и, конечно, найдет в свою пользу достаточно убедительных аргументов. Я в это не поверил. Я был тогда и сейчас убежден, что превратить ложь в правду никаким красноречием невозможно.

Встреча проходила при забитом до отказа зале. Председательствовал Сергей Михалков. Смирнов, желая расположить писателей к себе, демонстрировал свою образованность, знание английского языка (упоминая вскользь, что по утрам читает «Морнинг Стар») и не боялся произнести слово «феномен» с ударением на втором слоге. Синявского и Даниэля, по его словам, судили не за то, что они печатались за границей, а за то, что совершили преступления. А в чем состояли преступления, если не в печатании за границей, несмотря на образованность и опытность в демагогии, объяснить не смог.

Я послал Смирнову записку без подписи с вопросом, не может ли писательская организация взять Синявского и Даниэля на поруки. Записку прочел Михалков. Всплеснул руками:

— Какие поруки? — И прибавил: — Слава богу, у нас есть КГБ, охраняющее нас от таких писателей.

Автор гимнов всех времен и режимов в своих интервью постоянно подчеркивал, что совесть его по ночам не мучает. Естественно. То, чего нет, болеть не могло... Объясняя свою готовность служить (я бы сказал услужать) любому режиму, автор «Дяди Степы» говорил, что Волга при любой власти впадает в Каспийское море. Река Рейн тоже всегда впадала в Северное море, однако деятели искусства, активно сотрудничавшие с гитлеровским режимом, были осуждены обществом и подвергались остракизму, некоторые пожизненно.

После встречи с судьей все покинули зал подавленные. Ко мне подошла Вика Швейцер, работавшая в аппарате Союза писателей:

— Там кто-то послал записку насчет того, чтобы взять ребят на поруки. Тебе не кажется, что это разумное предложение?

Я сказал, что кажется, но в своем авторстве не признался.

Через несколько дней стало ходить по рукам коллективное письмо с использованием моей идеи. У письма были критики, которые, оправдывая свое нежелание подписаться, говорили, что предлагать взять Синявского и Даниэля на поруки — значит признать их преступниками. Формально с этим можно было согласиться, но тактически я и сейчас, десятилетия спустя, считаю, что вопрос был поставлен правильно, и если бы вожди прислушались к голосу не совести, но разума, то крах советской системы произошел бы попозже.. У них была возможность сделать хорошую мину при плохой игре. Сказать: мы считаем этих людей преступниками, но если вы готовы их перевоспитать, попробуйте. Однако они, отправив писателей в лагеря, вызвали бурю возмущения в стране и в мире, породили диссидентское движение и еще долго, последовательно и усердно рубили сук, на котором сидели.

У меня был сосед Илья Давидович Константиновский. Он советских вождей называл глистократией и разрабатывал (в основном в болтовне) теорию глистократии. Он считал, что члены глистократии, то есть просто глисты, забираются в мозг, пожирают его, и им нет никакого дела до того, что они когда-нибудь разрушат питающий их организм и сами погибнут. Глисты живут сиюминутными интересами.

Я не мог не отреагировать на процесс Синявского и Даниэля. Если бы я оставался никому не известным рабочим, то, скорее всего, промолчал бы, понимая, что мой голос будет услышан разве что местным отделением КГБ. Но, став писателем, автором программного для меня рассказа «Хочу быть честным», я не оставил себе возможности отмолчаться. У меня был какой-то круг читателей, которые, может быть, хотели бы знать, как я отношусь к тому, что происходит. У меня не было ни малейшей склонности к какой бы то ни было политической активности, но я был согласен с утверждением одного из героев Павла Нилина: мы отвечаем за все, что было при нас.

Наши первые петиции были очень вежливыми и выдержанными по тону обращениями лояльных граждан к своему уважаемому правительству. Они были властью высокомерно проигнорированы.

БАБИЙ ЯР

В сентябре 1966 года из Киева позвонил Вика Некрасов:

— Володька, приезжай, я к годовщине расстрела евреев в Бабьем Яру задумал кое-какую акцию.

Обычно мы, литераторы, помнили о том, что наши телефоны прослушиваются, и старались говорить обиняками, а Некрасов все говорил прямым текстом. Я собрался ехать. Ко мне присоединились Феликс Светов, Виктор Фогельсон, редактор издательства «Советский писатель», и Владимир Корнилов. Мы купили билеты и отправились на поезде в Киев.

Мы не сомневались, что за нами следят, и не исключали возможности быть снятыми с поезда.

В Киеве нас встретил высокий, стройный человек в габардиновом плаще. Представился: «Я от Некрасова. Виктор Платонович вас встретить не смог и поручил это мне». Мы пошли за ним, всю дорогу допуская, что это, возможно, кагэбэшник, который ведет нас прямо в киевское управление КГБ. Но, как ни странно, он привел нас к Некрасову. У этого человека была кличка Гаврила, а звали его Гелий Снегирев. Он работал режиссером документального кино на Киевской студии.

В квартире Некрасова был прямо-таки революционный штаб. Пока мы пили кофе со свежими булочками, приходили какие-то люди, получали от хозяина указания, уходили. Сразу скажу, что Некрасов в организаторы чего-нибудь никогда не годился и тут выступал в несвойственной для него роли. Итак, мы завтракали. Очень вкусно. Мы, московские люди, привыкли, что все заботятся о весе, держат диету и едят что-нибудь черствое и полезное, но Некрасов такой образ жизни всегда презирал, никогда ни от чего не воздерживался: ни от еды, ни от курения, ни от питья.

Мы пообщались и договорились встретиться на митинге.

Бабий Яр был полузапретной темой. Если упоминался в каких-то газетах, то говорилось невнятно, что там были расстреляны советские люди разных национальностей. Хотя все знали, что там гитлеровцы массово расстреливали именно евреев.

Советская власть ненавидела описания фашистских зверств, потому что они намекали на саму советскую власть. Все, кто видел фильм Михаила Ромма «Обыкновенный фашизм», понимали, что этот фильм не только о Третьем рейхе, но и о советской власти тоже. Когда его смотрело Политбюро, главный идеолог КПСС Михаил Суслов спросил Ромма: «Михаил Ильич, за что вы нас так ненавидите?»

При советской власти нигде нельзя было ни написать о предстоящем митинге, ни поместить объявление, и слухи имели огромное значение. Вообще, слух сам по себе был испытанным средством массовой информации и действовал более надежно, чем теперешняя реклама. Например, когда в 1967 году в журнале «Москва» вышел роман «Мастер и Маргарита» Булгакова, я подумал, ну кто читает журнал «Москва», утром выйду и легко куплю его в киоске. Я вышел — оказалось, уже все разобрали, пошел в другой киоск — тоже нет. Журнал мгновенно раскупили по всей Москве. Хотя не было никаких объявлений о выходе в нем романа Булгакова и сам Булгаков был в то время, как казалось, малоизвестным автором.

Когда мы пришли в Бабий Яр, там уже собрались тысячи людей. Стали ждать Некрасова, поскольку знали, что главный устроитель — он. Ждали-ждали, его нет. Вышел вперед пожилой еврей.

— Чего мы ждем? — сказал он. — Это народный митинг, давайте начнем и для начала помянем погибших.

Это был, наверное, редкий, а может быть, первый за многие годы советской власти действительно стихийный, не санкционированный властью митинг.

Сначала выступил кто-то из евреев, потом украинец.

— Уважаемые евреи, я сюда попал случайно, — сказал он, — и хочу выразить свою солидарность. Я знаю, что многие украинцы участвовали в уничтожении евреев. Мне стыдно за это.

Уже выступили несколько человек, когда наконец появился Некрасов. Толпа зашумела. Некрасов прошел мимо нас. Рядом со мной стояли две пожилые еврейские женщины.

— От него пахнет, — шепотом сказала одна.

— Я ему это прощаю, — шепотом ответила другая.

Некрасов произнес речь. Он сказал, что 25 лет назад здесь были расстреляны десятки тысяч людей. «Это были евреи», — подчеркнул он.

Потом очень резко выступил украинский диссидент Иван Дзюба. После митинга Дзюбу стали таскать в КГБ, а Некрасова (он на войне вступил в партию) — на партбюро.

На митинге люди говорили и приняли резолюцию (опять-таки без санкции властей), что надо поставить памятник погибшим евреям. Власти, естественно, были всем этим очень недовольны, но с тем, что произошло, не смогли не посчитаться. Через две недели в Бабьем Яру появился камень с надписью, что здесь будет стоять памятник погибшим, а много позже возник и сам памятник. Теперь, говорят, там даже несколько памятников. И это заслуга Некрасова. Его поступок был рискованным, по тем временам даже вызывающим. Он не остался не замеченным и прощенным властью.

ВОСТОРЖЕННЫЙ ПОКЛОННИК

Постановка «Хочу быть честным» не удалась Театру на Таганке. Но не сгинула. В 1967 году свой сценический вариант повести в театре МГУ поставил тогда еще мало кому известный молодой режиссер Марк Захаров. У Захарова это прошло, может быть, потому, что театр считался самодеятельным и к нему особенно не придирались. Мой вариант был по провинции распространен единственным в стране и государственным Всесоюзным управлением по охране авторских прав (ВУОАП). В Москве еще при Хрущеве пьесу взялся «пробивать» и делал это настойчиво и энергично главный режиссер Театра имени Станиславского Борис Львов-Анохин. Дело это оказалось долгим и сложным, на пути его случались разные препятствия и казусы. Чтобы рассказать об одном из них, вернусь в 1961 год. Вскоре после опубликования в «Новом мире» «Мы здесь живем» мне позвонил незнакомый человек по фамилии, если не ошибаюсь, Левинский.

— Мы с женой, — сказал он, — прочли вашу повесть и получили огромное удовольствие. Вы пишете так свежо, правдиво, с добрым и мягким юмором. Мы читали друг другу вслух, смеялись и наслаждались. Вот и звоню вам просто, чтобы выразить наше восхищение.

Наговорил еще много чего хорошего и исчез. Через два года, после выхода «Хочу быть честным» и «Расстояния в полкилометра», опять позвонил:

— Мы с женой прочли ваши рассказы и снова восхищены. Здорово, правдиво, смело...

И дальше получасовой панегирик с повторением слов «честность», «свежесть», «чувство юмора».

— К сожалению, — добавил он, — легко предвидеть, что у вас будут большие неприятности. Недоброжелатели, завистники, чиновники от литературы обвинят вас в мелкотемье, очернительстве и еще в чем-нибудь подобном, но вы не принимайте это близко к сердцу, помните завет Пушкина: «Хвалу и клевету приемли равнодушно и не оспоривай глупца». Мы с женой уверены, что у вас хватит характера противостоять всем нападкам...

И вот у меня написана пьеса. Театр Станиславского желает ее поставить, хотя после «критики» Ильичева это дело кажется маловозможным. Но Львов-Анохин, человек настойчивый, на что-то еще надеется. Первой труднопреодолимой инстанцией было Управление культуры Моссовета. Начальник управления Борис Евгеньевич Родионов управлял не только театрами, но и шахматами (имея первый разряд по шахматам, он был вице-президентом ФИДЕ). Сам по себе человек, может быть, неплохой, он по должности обязан был «держать и не пущать», что и делал. Не проявлял излишней ретивости, но помнил, что полное отсутствие ее может стоить ему карьеры. Когда моя пьеса добралась до обсуждения в управлении, я подозревал (и не зря), что шансов быть допущенной к постановке у нее практически нет. Так все и вышло. В кабинете Родионова собрались мы с Львовым-Анохиным и работники управления, среди которых я обнаружил и моего энергичного поклонника Левинского. Началось обсуждение, участники которого ругали и рассказ, и пьесу, выдвигая привычные обвинения: мелкотемье, приземленность, очернительство. Львов-Анохин и я возражали, те твердили свое. Левинский, держа на коленях пачку листов бумаги, делал какие-то пометки. В общем разговоре не участвовал, ни на кого не смотрел и моих взглядов избегал. Но вот все отговорились, Родионов обратился к Левинскому:

— А вы что скажете?

Левинский встрепенулся, как ото сна.

— Кто? Я? Что я могу сказать? Могу сказать, что с творчеством автора я знаком давно...

Тут я воспрянул немного духом, помня высокое мнение Левинского обо всем, что я к тому времени сочинил.

— Я, — продолжил мой поклонник, — читал его первую повесть «Мы здесь живем», и она, как мне показалось, была, можно сказать, небесталанна. Но уже там были мной отмечены те недостатки или, точнее сказать, пороки, которыми так изобилует обсуждаемое нами произведение. Мы должны прямо и принципиально сказать автору, что ни рассказ, ни пьеса ему не удались...

Левинский говорил это все, по-прежнему не глядя ни на кого. После первых же фраз вспотел, очки у него сползали с носа, руки и ноги тряслись, а левое колено подпрыгивало. Он прижал его двумя руками. Тогда стало подпрыгивать правое. Он прижал оба колена, но упали на пол бумаги. Ползая по полу и подбирая бумаги, он уронил очки. При этом продолжал свою речь, из которой выходило, что пишу я плохо и людей описываю нехороших. Наш советский театр обязан внушать зрителю чувство оптимизма, показывать ему настоящих героев нашего времени, людей, преданных коммунистическим идеалам, людей, которым стоит подражать, а не таких безвольных и бескрылых, каких нам представил автор...

Подобрав бумаги, Левинский сел на место, но еще долго продолжал свою речь, дрожа всем телом и отдельными членами.

— Обратите внимание. Главный герой — унылый мизантроп, которому в этой жизни ничто не нравится: ни профессия, ни работа, ни женщина, с которой он состоит как будто в любовных отношениях. Начальник его — бюрократ и тупица, прорабы — алкоголики, рабочие — халтурщики. Спрашивается: какую жизнь описывает автор? Нашу советскую, или все это происходит где-то в Америке?..

Если бы я не помнил все, что слышал от Левинского по телефону, я бы не мог себе представить, что это говорится неискренне.

Обсуждение закончилось решительным запрещением пьесы. После высказывания Ильичева оно ничем другим кончиться не могло. Я первым покинул помещение и пошел по коридору в сторону выхода. И вдруг услышал позади себя дробный топот.

— Владимир Николаевич! — Левинский меня догнал, схватил за руку и, глотая слова, быстро-быстро зашептал: — Вы меня извините. Вы поймите, у меня такая должность. Я иначе не мог. Я человек подневольный. У меня жена, дочь. Вы меня понимаете...

— Я вас понимаю, — ответил я, — но хочу посоветовать: если не можете быть подлецом, не пытайтесь им быть. Вы слишком волнуетесь, а это опасно для вас же. У вас может случиться инфаркт или инсульт, и вы умрете в расцвете лет. Никакая ваша должность не стоит того, чтобы из-за нее подвергать здоровье такому испытанию.

Больше я его никогда не видел, и он мне больше не звонил. Но, насколько мне известно, он прожил после этого еще лет по крайней мере двадцать пять.

ЛИТВИНОВ И ГИНЗБУРГ

Процесс Синявского и Даниэля вызвал много проявлений недовольства в основном в среде научной и творческой интеллигенции. Наиболее распространенная форма их была в виде адресованных высшему начальству петиций во вполне верноподданническом духе. Но были протесты и более острые, в которых участвовала радикально настроенная молодежь. 5 декабря 1966 года в День советской Конституции группа молодых людей, в их числе Владимир Буковский, вышла на Пушкинскую площадь с плакатами, содержавшими, казалось бы, весьма скромные требования: «Уважайте Конституцию». Однако власть не сочла их скромными. Участников разогнали, некоторых потащили в милицию, но вскоре выпустили. На этот раз. В другой раз за это же участников сажали или лечили в институте Сербского. Александр Гинзбург протестовал иначе: создал «Белую книгу», в которой собрал все материалы по делу Синявского и Даниэля. Книгу передал на Запад, и она вскоре была там опубликована.

Я познакомился с Гинзбургом через Павла Литвинова, внука сталинского наркома иностранных дел. С родителями Павла Мишей и Флорой, а потом уже и с ним самим я познакомился у Симы и Лили Лунгиных, родителей ныне знаменитого кинорежиссера. Миша Литвинов, ученый, горнолыжник и альпинист, был человеком довольно известным. Но не так, как отец и впоследствии сын. Когда Павел прославился как диссидент, Миша говорил, что раньше он всегда был сыном Литвинова, а теперь стал отцом Литвинова.

Осенью 1967 года еще не знаменитый Павел позвонил мне и сказал, что хочет зайти с одним интересным человеком, и пришел с Гинзбургом. Они принесли мне «Белую книгу». В сборник входили стенограмма процесса, отклики на него в печати. Протесты внутри страны и за границей. Гинзбург держался скромно, но говорил о падении советского режима и о будущем устройстве страны как о чем-то неизбежном и решенном. Я запомнил, что мы в разговоре даже вдавались в такие подробности, как права республик в составе нового государства. До того, что республики вообще отпадут от государства, мы пока не договорились, но сошлись на том, что это будет конфедерация, в которой республики станут практически независимыми и имеющими все права, существующие в СССР только на бумаге, вплоть до самоопределения и отделения.

ПЕТР ИОНОВИЧ ЯКИР

Еще раньше, не помню где, я познакомился с Петром Якиром, судьба которого один к одному была похожа на судьбу Камила. Отец, известный советский командарм, был расстрелян, сын провел в лагерях много лет. После освобождения Петр окончил историко-архивный институт. С возникновения диссидентского движения был в нем на первых ролях. Мне он с самого начала часто звонил и бывал у меня дома. Поначалу он меня удивлял тем, что по телефону говорил прямо, не прибегая к привычному в нашей среде эзопову языку. Звонил и говорил: «Вчера вечером арестовали Алика Гинзбурга. В квартире был четыре часа обыск. Забрали все печатные материалы, конфисковали машинку...» И дальше — полный отчет со всеми подробностями, которые в нашем кругу были бы изложены намеками. Например, так: «Знаешь, этот Алик, который друг Павлика, который сын альпиниста. Так вот, он поехал. Дома был большой беспорядок. Все бумаги и машинка исчезли...» Шифровали мы наши сообщения примитивно, и разгадать их было нетрудно. Но говорить прямо язык, привыкший к иносказаниям, не умел. А Якир, как и Виктор Некрасов, говорил прямо. Меня удивляло, что он ничего не боится, я считал это признаком свободного человека, и мне тоже хотелось быть таким же.

Как-то мы с Якиром где-то и зачем-то встретились и поехали на такси. Он предложил мне обратить внимание на шедшую сзади «Волгу». «Видишь серую машину? Это за мной ездят». Я ему не сразу поверил — еще не привык к слежке. Потом мы вышли и сели в другое такси — опять за нами та же машина.

Я довез Якира до нужного ему места и поехал дальше. Шофер спросил, кто был человек, которого мы высадили. Я тогда считал, что должен везде, всем и во всех случаях говорить правду. Объяснил: Петр Якир, сын расстрелянного командарма, и сам сидел много лет. Теперь борется за справедливость, за права человека, против произвола и т.д.

Шофер внимательно выслушал, покачал головой: «Теперь меня, наверное, куда-нибудь вызовут и будут спрашивать, кого ты возил». Я ответил: «Если спросят, скажите, что везли Якира и меня». И назвал себя. «Как?» — переспросил он. И записал мою фамилию.

ОБЩИЙ ЯЗЫК

Как ни странно, в 1967 году мне удалось съездить в Чехословакию по частному приглашению. Это была моя единственная поездка за границу, не считая службы в Польше. Пригласила меня моя переводчица Ольга Машкова. Я подал заявление, и мне, к моему удивлению, разрешили. Правда, перед тем было собеседование с одним из секретарей СП Иваном Винниченко. Тот попенял мне за подпись под письмом в защиту Синявского и Даниэля, назвал их подонками, я благоразумно промолчал (опять компромисс) и получил разрешение на двадцатидневную поездку.

Поездка накануне пражской весны неинтересной быть не могла. Я уже взял билет, когда мне позвонил из Киева Вика Некрасов и сказал, чтобы в Праге я обязательно посетил поэта Антонина Броусека.

— Антончик, — кричал он мне по междугородному телефону, — замечательный парень! Такой же антисоветчик, как мы с тобой.

Поскольку я был уверен, что наши телефоны прослушиваются, а уж междугородные — тем более, я почти не сомневался, что после Викиного звонка меня снимут с поезда. Но не сняли. Меня провожал Свет, который шутя, но не совсем, интересовался, как я собираюсь пережить ностальгию и отсутствие русских березок. Я ему из Варшавы прислал телеграмму, что березки и здесь водятся в изобилии.

Я был очень и приятно удивлен, что по одной визе можно посетить две страны вместо одной. Поезд на Прагу шел через Варшаву, и в Варшаве, как оказалось, можно, по обыкновенным железнодорожным правилам, прервать поездку, сделать остановку до трех дней. Что я охотно сделал.

В Варшаве остановился у своего редактора, чемпиона города по борьбе дзюдо Леха Енчмыка. К нему пришел в гости другой переводчик, которого я давно знал, по встречам в Москве, Игнаци, или, как мы его звали, Игорь Шенфельд, человек, как принято было говорить, сложной судьбы. Будучи евреем, он в 1939 году при захвате Польши немцами бежал в Советский Союз, был арестован, отсидел семнадцать лет, в лагере полюбил медсестру — кубанскую казачку Лену, женился на ней. В пятьдесят шестом году вернулся в Польшу.

У Енчмыка мы сидели втроем, говорили по-польски. Когда Игорь ушел, я спросил Леха:

— Почему, когда Игорь говорит, я все понимаю, а когда ты — не все?

— Потому, — ответил Енчмык, — что польский язык у Игоря примерно такой же, как у тебя. Вот вы и говорите на одном языке. А мой язык немного сложнее.

Наверное, он был прав. Я много лет близко общался с Игорем сначала в Москве, а потом в Мюнхене, куда он эмигрировал в 1968 году. Он знал несколько языков: польский, русский, идиш, немецкий, французский, но, как ни странно, ни на одном не говорил хорошо. О его польском я сам судить квалифицированно не мог, но меня удивляло, что он, отбыв семнадцатилетний срок в лагерях и имея русскую жену, так и не научился хорошо говорить по-русски.

ХАЛАТ ДЛЯ ЖЕНЫ

В Праге я прежде всего позвонил вышеупомянутому Антончику. Договорились, что я приеду к нему и оттуда поедем смотреть достопримечательности Праги и окрестностей. Я приехал, позвонил в дверь. Дверь с треском распахнулась, чуть не сбив меня с ног. И из нее вырвалась разъяренная молодая женщина. На мое «здравствуйте» не ответила. Не глядя, мимо меня кинулась вниз по лестнице. За ней выбежал сам Антончик, очень смущенный. Я не понял, в чем дело. Мы взяли такси, поехали в замок Карлштайн. Потом гуляли по городу, пили пиво в знаменитой «швейковской» пивной «У Калиха», вечером вернулись, и Броусек с опаской ввел меня в свою квартиру, где меня ожидала успокоившаяся, но настороженная жена Бригита и ее мать, бывшая коммунистка, рассказывавшая, как при Бенеше она сидела в тюрьме и получала обеды по своему выбору из ресторана. Женщины почему-то ожидали встретить советского партийного ортодокса, но, послушав меня, поняли, что я к советскому режиму отношусь еще хуже, чем они. И мы сразу подружились.

В Праге я встретился с целой группой писателей. Мы сидели в квартире у одного из них, пили пиво и всю ночь пели песни о Сталине, которые они все знали не хуже меня. Пели, разумеется, не из любви к Сталину, а как бы в насмешку над ним и своим прошлым. Пражская весна еще не наступила, но приближение ее уже чувствовалось. В Польше, а потом в Чехословакии, я получил гонорары за свои книги, небольшие, но достаточные на подарки детям, Ире, моим и Ириным родителям.

На обратном пути я опять остановился в Варшаве и в частной лавочке купил Ире домашний стеганый халат. Еврей, хозяин лавочки, спросил меня, кому я покупаю подарок — жене или любовнице. Я сказал: жене.

— Жене это дорого, — заметил продавец.

«ЧОНКИН» НА «МОСФИЛЬМЕ»

Между тем жизнь пока продолжалась. Посадив одних литераторов, власти позволили некоторым другим то, что не было разрешено раньше. Еще до «Двух товарищей» вдруг пошла во многих театрах (а не только в МГУ) пьеса «Хочу быть честным». Львову-Анохину разрешили поставить ее в театре Станиславского. Поставил не он сам, а киевский режиссер Виталий Резникович. Этот спектакль был первой работой в столице выдающегося театрального художника Давида Боровского. Экспериментальная киностудия Григория Чухрая собиралась ставить «Два товарища», а на «Мосфильме», в объединении Райзмана и Ромма, лежал мой сценарий о Чонкине.

Я еще в 1965 году по договору с «Мосфильмом» написал этот сценарий и предложил без шансов поставить фильм, но с надеждой легализовать писавшийся роман. История моих отношений с «Мосфильмом» в связи с этой работой выглядела довольно комично. Написав сценарий, я его сдал в объединение и стал ждать, что будет. По типовому договору сданный сценарий должен был быть рассмотрен киностудией в течение 20 дней. После чего автору должны были быть изложены письменно претензии к сценарию и предложения по доработке. Или сообщение, что сценарий по таким-то причинам не принят. Если в течение указанного срока автор вообще не получает ответа, то сценарий считается принятым и студия обязана выплатить автору стопроцентный гонорар. Я сдал сценарий и ждал. Позвонил через месяц. Главный редактор Нина Глаголева довольно холодно сообщила, что сценарий на студии еще читают. То же повторила через два месяца и через три. Потом она стала вообще меня избегать. Мои обращения на студию по телефону и письменные оставались без ответа. Через полгода я разозлился и написал заявление. Сослался на соответствующий пункт договора о сроках, в соответствии с которым сценарий считается принятым, и потребовал выплатить мне сто процентов гонорара. После этого Глаголева немедленно позвонила мне и предложила прийти на студию.

— Куда прийти? В кассу? — спросил я ехидно.

— Нет, ко мне.

— А зачем к вам? Давайте я сначала в кассу, а потом к вам.

Перед тем несколько месяцев я не мог до нее дозвониться. Теперь она стала очень доступной. Она предлагала прийти поговорить, продлить срок действия сценария, обсудить замечания и получить десять процентов на доработку. Я настаивал — сто процентов, каждый раз объясняя, что путь к ее кабинету лежит через кассу. Она меня продолжала приглашать, поздравляла с днем рождения и советскими праздниками. Однажды я к ней все-таки пришел, и она мне стала объяснять:

— Вы же понимаете, что с вашим сценарием ни один режиссер не осмелится работать.

— Откройте дверь, — возразил я, — там сидит один смелый.

Глаголева открыла дверь. В приемной сидел Константин Воинов.

— Вы действительно согласны снимать фильм по этому сценарию? — спросила Глаголева.

— С большой радостью, — заверил Воинов.

Не помню, что она ответила, но речь пошла опять о том, что они дадут мне замечания и выплатят десять процентов. Я не соглашался, понимая, что на самом деле они просто хотят от меня откупиться малыми деньгами, замечания сделают для проформы, а потом сценарий все-таки закроют. Я настаивал на своем и даже обратился в управление по авторским правам, где мне доходчиво объяснили, что мои усилия напрасны, в споре человека с государством суд всегда станет на сторону государства. Я согласился и отказался от своих усилий.

«ЧОНКИН» И ТВАРДОВСКИЙ

Так было со сценарием о Чонкине, который я писал параллельно с романом. А на роман у меня был договор с «Новым миром». Осенью 1967 года, закончив первую часть, я дал прочесть написанное Асе Берзер, а потом Игорю Сацу. Тот хотел было показать рукопись Твардовскому, потом забоялся и собрался нести ее Кондратовичу. Я его остановил, понимая, что худшего адреса нет. Сказал, что сам отнесу Твардовскому. А.Т. встретил меня хмуро, но просьбе не удивился и не счел ее слишком наглой. Наоборот, сказал, что показать рукопись старшему товарищу можно без всякой субординации.

Через несколько дней его секретарша Софья Ханановна позвонила и сказала, что А.Т. готов меня принять.

В «Новый мир» меня провожал Виктор Некрасов. Он перед тем выпил и был возбужден:

— Володька, не бойся, все будет хорошо! Конечно, твой Чонкин Теркину не родня, он даже анти-Теркин, и у Трифоныча может возникнуть ревнивое чувство. Но он мозги еще не пропил. Он художник, он широкий, ему «Чонкин» понравится!..

— Мой юный друх, — не глядя мне в глаза, начал Твардовский и дальше мог бы не продолжать. Вот когда я пожалел, что разрешил ему не называть себя по имени-отчеству. По имени он так ни разу меня и не назвал (он вообще никак не обращался ко мне), а тут — саркастическое «мой юный друх». Он стоял, опершись на крышку стола, глаза отводил, но говорил раздельно и жестко:

— Я прочел ваше это... то, что вы мне дали. Ну, что можно сказать? Это написано плохо, неумно и неостроумно...

И пошел крошить. Что за жизнь изображена в повести? Солдат неумен, баба у него дура, председатель — алкоголик и...

— И, кроме того, что это за фамилия — Чонкин? Сколько уж было таких фамилий в литературе! Бровкин, Травкин, — он улыбнулся, — Теркин. Нет, мы это печатать не будем.

Я уже не робел перед ним и возразил:

— Вы это печатать не будете, но в оценке «Чонкина» ошибаетесь.

Он, похоже, засомневался.

— Ну, не знаю... Может быть. А вот давайте пойдем к Александру Григорьевичу. Он мужик башковитый, пусть нас рассудит.

Вместе пошли к его заместителю Дементьеву. Тот с кем-то говорил по телефону. Твардовский встал напротив и время от времени нетерпеливо стучал ладонью по спинке стула. Дементьеву неудобно было прерывать разговор. Он ерзал на стуле, потом встал и, продолжая говорить в трубку, вертелся, всем своим видом показывая, что вот сейчас, сейчас... Наконец окончил разговор.

— Вот что, Григорьич, — обратился к нему Твардовский, — у нас с автором несогласие. Почитай и скажи, что ты об этом думаешь...

На улице меня ждал Некрасов:

— Что? Что он сказал?

Я молча махнул рукой.

— Не принял? Ах, сука! Негодяй! Гад! У самого давно не стоит, так завидует всем, кто еще что-то может. Но все-таки он человек совестливый. Вот наговорил тебе гадостей, а сам после этого пойдет и запьет. Пойдем выпьем!..

«ЧОНКИН» И ЧЕШСКИЕ УЧИТЕЛЯ

Несмотря на обиду, я не мог себе представить, что Твардовский отверг рукопись по каким-то нечестным соображениям. В конце концов, написанное мною не должно всем обязательно нравиться. А насчет фамилии — мне уже говорили, что Чонкин идет от Теркина, хотя это было не так. Если бы кто-то взялся прочесть все мною опубликованное, то заметил бы, что Чонкин — развитие образа, появлявшегося в моих предыдущих вещах. Тюлькин в «Мы здесь живем» и Очкин в «Расстоянии в полкилометра», а вовсе не Теркин были предтечами Чонкина. Тем не менее я пытался изменить фамилию героя. Долго подбирал варианты, пробовал даже назвать его Алтынником (эту фамилию потом получил герой повести «Путем взаимной переписки»). Нет, не подходила Чонкину эта фамилия. И никакая другая не подходила. Живого человека проще переименовать, чем литературного героя. Так Иван Чонкин и остался Чонкиным. И теперь, по прошествии времени, мало кому приходит в голову сравнивать его с Теркиным.

Дементьев был щедрее Твардовского.

— Я прочел вашу рукопись внимательно. Вижу, вы затеяли что-то очень значительное. Но мое прошлое не позволяет мне принять это. Вы знаете, у меня был такой случай. Однажды, в двадцатых годах, будучи еще совсем молодым человеком, я плыл на пароходе по Волге с делегацией чешских учителей. Узнав, что я литератор, они спросили, знаю ли я чешскую литературу. Я сказал, что знаю, и стал называть разные имена. «А кто ваш любимый чешский писатель?» Я сказал: «Гашек». И на этом наша дружба кончилась. «Гашек?! — закричали они в один голос. — Как может нравиться Гашек?! Он очень плохой писатель, он оклеветал наш народ!..» Вот, — заключил грустно Дементьев, — я сам себе кажусь сейчас тем чешским учителем. Чувствую, что вы замахнулись на что-то большое, но не могу этого принять.

ЖИЗНЬ БЕЗ КАТАСТРОФ

Как уже, очевидно, усвоил читатель, при возникновении разных сложностей жизни мои родители другим выходам из положения предпочитали перемену места жительства. Собирали пожитки и уезжали в самые неожиданные города. В Керчи у них были три комнаты в четырехкомнатной квартире, недалеко от моря. Хорошая квартира, но с очень вредной скандальной соседкой. Я навещал их, они мечтали разменяться. Я дал объявление, что три комнаты меняются на двухкомнатную квартиру. Сам уехал в Москву. В это время к ним по объявлению пришел человек. Объяснил, что он из Башкирии, из города Октябрьский, у него больной сын, которому нужен морской воздух. И мой папа сказал: «Это наша судьба». Он поехал на разведку, оттуда дал маме телеграмму, которую подписал «твой октябренок». Я был решительно против, но остановить родителей было уже невозможно. Они собрали вещи и переехали в Октябрьский, безликий чужой город с климатом слишком суровым для пожилых людей, привыкших к жизни в теплых широтах. А тот человек потом отдал своего больного сына в детдом и обменял нашу квартиру еще раз на отдельную.

Климат в Башкирии был очень суровый. Я приехал к родителям под новый, 68-й год. В минус 45 градусов выходил из дома, чтобы почувствовать, что это такое. Чувствовал носом, который сразу становился деревянным.

Хотя родители мои были очень беспокойные и неугомонные люди, мир, в котором они жили, казался мне незыблемым и неизменным. Это впечатление держалось прежде всего на том, что еще все были живы: и мама, и папа, и сестра Фаина, и бабушка (и другая бабушка, которая в Запорожье, и там же тетя Аня, и Витя и все остальные, эти две наши семьи долгие годы существовали в неизменном составе, не неся никаких потерь). Ощущение незыблемости мира в нашем семействе усиливалось еще и тем, что по всегдашней бедности родители мои перетаскивали свой скарб с места на место, и там, куда переезжали, немедленно воссоздавалась обстановка прошлого жилья, ставился тот же стол (моей работы), тот же сундук (дореволюционный), те же две никелированные кровати, на стены вешались те же два ковра (и на пол стелился третий), на окнах трепетали те же кружевные занавески. Так было в Ленинабаде, в Запорожье, в Керчи. Правда, родители вышли на пенсию и сидели дома, но и эта перемена их функций мало была заметна. Отец топтался на кухне и там, стоя, что-то одновременно сочинял и готовил себе вегетарианское варево. Он почти всегда готовил и ел стоя, чем, возможно, и многолетним курением сначала махорки, а потом дешевых папирос заработал облитерирующий эндартериит. Он еще был на пути к крайностям своего аскетизма, но уже не ел не только мяса и рыбы, но уклонялся от употребления всего, имевшего животное происхождение, — яиц, молока, масла, отказывался носить кожаные ботинки или перчатки, и даже шерстяной свитер, хотя ради шерсти овец не убивают, а только стригут. Мама и здесь нашла себе несколько учеников, которых (конечно, как всегда бесплатно) кого подтягивала для сдачи экзаменов за среднюю школу, кого готовила (и опять с большим процентом проходимости) к поступлению в высшие учебные заведения, включая Московский университет. А в свободное время забиралась с шоколадкой в постель. И читала что-нибудь из жизни замечательных людей. Или решала на потолке сложные уравнения.

Именно в этот свой приезд я дал родителям первые главы «Чонкина», и они его оценили положительно, но мама моя была возмущена и плевалась, дойдя до натуралистических подробностей того, как Чонкин мочился с крыльца, а о сексуальной активности Чонкина ничего не сказала, сделала вид, что не поняла.

Бабушка была так же неизменна, как занавески на окнах. Несколько часов в день проводила за чтением старой еврейской книги и газеты «Известия» за прошлый год. Она и здесь беспокоилась, как бы не остановились стенные часы, все так же лазила на сундук, подтянуть их, и боялась пропустить машину с мусором. И по ночам у нас были все те же диалоги: «Вова, ты не знаешь который час?» — «Половина третьего, бабушка». — «А, а я думала, уже семь и пора выносить мусор». — «Вова, ты не знаешь, который час?» — «Без четверти четыре». — «А я думала, уже семь и пора выносить мусор». И все норовила развлечь меня своими прибаутками: «Гоп-чук-баранчук, зеленая гычка. Люблять мэнэ паничи, шо я нэвэлычка». Короче говоря, жизнь протекала медленно, без катастроф.

Прошлый год кончился для меня хорошо, и этот начинался неплохо. Вышедшая в «Новом мире» повесть «Два товарища» была мною же инсценирована и теперь ставилась десятками театров страны. Этой повестью я добился приблизительно того, на что и рассчитывал. Обойдя некоторые острые углы, я сделал вещь живую, правдивую и достаточно «проходимую», что обещало мне приличные заработки и спокойную жизнь на ближайшее время, которое я собирался посвятить «Чонкину». По «Двум товарищам» был написан, принят и подготовлен к режиссерской разработке сценарий. Его готовы были ставить разные режиссеры.

Первым выразил желание режиссер Генрих Габай. Пришел ко мне со странной речью:

— Я хочу снять что-нибудь антисоветское. Ваша повесть антисоветская?

Я сказал, что не знаю, это зависит от восприятия.

Он ушел в сомнениях. После него возникли Валерий Усков и Владимир Краснопольский, а за ними в то время еще известный Лев Мирский.

Примерно в это же время начинающий режиссер Виктор Трегубович пытался поставить на «Ленфильме» кино по «Мы здесь живем». Это же желал поставить и еще один ленинградский режиссер, фамилию не помню. Он надеялся, что я замолвлю за него словечко и постановку дадут ему. Очень хотел расположить меня к себе и, ходя за мной, время от времени вполголоса напевал как бы случайно навеянную чем-то песню: «Присядем, друзья, перед дальней дорогой, пусть легким окажется путь. Давай, космонавт, потихонечку трогай и песню в пути не забудь». Ошибочно считая, что это моя песня, он надеялся через нее мне понравиться.

В то же время я взялся писать сценарий для Ларисы Шепитько. Она пришла однажды и сказала: вот есть притча, по ней надо сделать кино. У людей неизвестного древнего племени, допустим, в тринадцатом веке, был обычай выбирать из своей среды богиню, жену Духа святого, который на небесах. Богиня имела над людьми племени бесконтрольную власть, повелевала ими, карала, миловала и обладала правом на все, кроме любви. Закон племени гласил, что если богиня изменит Духу и полюбит земного человека, то быть ей заживо погребенной. Можно сделать, сказала Лариса, потрясающий фильм о такой богине, не устоявшей перед любовью и погибшей ради нее.

Сюжет этот Ларисе предложил Георгий Садовников и даже написал что-то, но то, что он написал, ее не устроило. Я очень не хотел за это браться. У меня была основная обязанность — «Чонкин». Но Лариса была настойчива, она на меня напирала, и в конце концов я, проклиная себя самого за бесхарактерность, уступил. Впрочем, погрузившись в работу, я ей увлекся и описал некий замкнутый мирок, где ханжество, лицемерие и идолопоклонство враждебны всем живым человеческим проявлениям и где любовь карается страшной смертью.

Когда сценарий (под названием «Любовь») был написан, Шепитько сказала, что мы должны подписать его вдвоем, поскольку он как-никак сочинен по ее идее. Я сказал «нет», сценарий писал я один, а то, что по ее идее (точнее, не ее, а Садовникова), это мне дела не облегчало, а усложняло. По чужой идее мне всегда было писать гораздо труднее, чем по своей собственной. Кроме того, я предполагал, что в кино текст мой не пройдет, а потом я не смогу им распоряжаться по своему усмотрению.

В кино (во всяком случае, в советском) режиссеры всегда диктовали или пытались диктовать сценаристам свои условия. Каждый режиссер (или почти каждый) всегда (или часто) пытался (и это естественно) подогнать сценарий под себя, после чего ощущал себя законным соавтором. А сценарист, выполняя двойную работу, должен был еще делиться и авторством, и гонораром. Это в большинстве случаев совершенно несправедливо, потому что сценарист, в свою очередь, высказывает свое мнение о том, как надо снимать то или это, но никому (и правильно) не приходит в голову сделать его сорежиссером.

Сценарий, как я предполагал, и в самом деле не прошел, начальство заподозрило, что я в нем протаскиваю какие-то вредные, скорее всего, антисоветские идеи. (Пырьев кого-то спросил: «Что, Войнович опять хочет укусить советскую власть?») Лариса, может быть, разочарованная моим отказом принять ее в соавторы, дальнейшую борьбу прекратила, и вскоре от той же Глаголевой я получил письмо, где было сказано: «В ближайшие два-три года сценарий не сможет быть нами производственно использован. В связи с создавшимися условиями мы не считаем себя вправе просить Вас продолжить работу над сценарием. Аванс, полагающийся Вам по договору и отработанный Вами, остается в Вашу пользу».

Этот сценарий я потом превратил в повесть «Владычица», а Икрамов, с которым мы после всех страстей остались друзьями, предложил опубликовать ее в его журнале «Наука и религия». Где повесть и вышла в 1969 году, когда во всех других местах меня уже не печатали.

Живя в родительском доме, я регулярно слушал «Свободу», которая здесь не глушилась, но московские события казались происходившими где-то в другой стране, если не на другой планете.

ЗА ДРУГОГО НЕ ДЕЛАЮТСЯ

На меня отрыв от столичной жизни подействовал расслабляюще. Вернувшись в Москву, я вдруг понял, что мне очень не хочется вновь окунаться в здешнюю суету, не хочется следить за событиями, беспокоиться по поводу очевидного закручивания гаек и гневаться на власти за те или иные их действия. Хотелось запереться, отрешиться от всего, писать то, что хочется, и не вникать ни во что другое.

Но на следующий день после моего возвращения мне позвонил Феликс Светов и сказал, что надо встретиться по важному делу. Дела он не назвал, но я понял, что речь идет о подписи под письмом в защиту четверки, ожидавшей суда. Подписывать письмо мне не хотелось. Не потому, что я чего-нибудь опасался, а потому как раз, что никакие предыдущие письма последствий не имели. Власти кого-то сажали, по этому поводу сочинялись открытые письма, письма передавались «голосами», власти никак не реагировали, сажали следующих и игнорировали очередные протесты. Подписание писем стало казаться мне какой-то глупой, безопасной и бессмысленной игрой. Я сказал Светову, что подписывать письмо, пожалуй, не буду.

— Ну, смотри, старичок, — сказал Свет осуждающе. — Дело, конечно, хозяйское, к таким делам никто никого приневоливать не станет.

Я, признаться, был в те времена чувствителен (и даже слишком) к чужому мнению, к тому, что кто-то посчитает меня трусом и не совсем гражданином.

— Хорошо, — сказал я, — тогда ты сделай за меня то, что нужно, а я потом не откажусь.

Я почувствовал, как он там напыжился.

— Извини, старичок, но есть такие вещи, которые за другого не делаются.

Опять проклиная себя самого, я поехал куда-то (кажется, в журнал

«Вопросы литературы») и там подписал письмо, которое мне дал Валентин Непомнящий.

Потом подписал еще одну петицию, совершенно мне чуждую по выражениям, начинавшуюся словами: «Мы, всем сердцем преданные идеалам социализма...»

НАШ ГЕНЕРАЛ

Но к моменту начала процесса я уже заметно активизировался. Три дня подряд ходил на Каланчевку и вместе с другими толокся в заплеванном вестибюле городского суда и возле него. Судили Гинзбурга, Галанскова, Добровольского и Лашкову.

В первый день суда мы отправились туда вместе с Ирой. Взяли такси, сказали адрес, шофер обернулся ко мне: «Вы думаете, вас пустят на суд?» Я обрадовался, что вот и шофер неравнодушен к событиям и знает, где что происходит. «А вы думаете, не пустят?» — спросил я и хотел подробнее выяснить его отношение к происходящему, но мое любопытство его насторожило, и он переменил разговор.

Пожалуй, именно на этом суде я впервые в жизни почувствовал, что присутствую при историческом событии. В зал желающих не пускали, я попробовал пройти по писательскому удостоверению, кагэбэшники (они изображали дружинников с повязками) у дверей внимательно его рассмотрели и вежливо отказали, сказав, что мест нет. Стоял сильный мороз, и все, не попавшие в зал, толпились в прихожей. Было много знакомых лиц. Много корреспондентов с камерами, телекамерами и блокнотами. Деревянная лестница на второй этаж, где шло судебное заседание, была вверху перекрыта дружинниками, и некоторые из настаивавших на своем праве пройти в зал суда так и остались на лестнице.

Какой-то человек сурового вида с бритой головой и большой суковатой палкой стоял на лестнице, сверлил глазами дружинников и, как мне по его виду казалось, готов был этой палкой дать кому-нибудь по голове.

— Кто это? — спросил я Якира.

— А ты разве не знаешь? — удивился он. — Генерал Григоренко.

— Генерал КГБ? — спросил я.

— Да ты что! Наш генерал.

Григоренко я видел тогда первый раз в жизни, но познакомился с ним только несколько лет спустя, когда он сам без приглашения явился ко мне. В своих воспоминаниях он написал, что мы подружились. Наши отношения все-таки вряд ли можно было назвать дружбой, но я к нему относился с таким уважением, которое распространялось только на нескольких человек. В моих глазах, из людей, вошедших в конфликт с государством, наибольшего уважения заслуживали те, кто ступил на этот путь по велению совести и для кого правда была абсолютной ценностью. Я в каких-то своих писаниях уже цитировал, и неоднократно, Радищева, который сказал, что он оглянулся окрест и душа его людскими страданиями уязвлена стала. Вот таких с уязвленной душой я почитал гораздо выше всех остальных, которые рисковали теми же лишениями, но из тщеславия, из политических амбиций, ради карьеры или переселения в другую страну. Оговорюсь, я никого из перечисленных категорий не осуждал, относился с пониманием к еврею, который стремился в Израиль или Америку, к жениху, желавшему соединиться со своей невестой, к физику или литератору, ожидавшему более успешной карьеры в иных пределах, но уязвленных душой ставил выше других. Одним из таких людей был Григоренко, человек честный, чистый, страстный, горячий и в горячности своей бывавший несправедливым.

Сейчас у нас диссидентов многих предали забвению. Часто люди, даже не самые молодые, думают, что диссидентами были и с советским режимом открыто боролись только два человека: Сахаров и Солженицын. Не пытаясь никоим образом умалить заслуги этих личностей, я просто хочу напомнить, что были и другие. И даже, осмелюсь сказать, не менее достойные. Одним из них бы Петр Григорьевич Григоренко.

В начале войны Григоренко выступил на партсобрании, критиковал Сталина, ему объявили выговор по партийной линии. А в конце войны на фронте под Прагой опять разбиралось его дело, хотели снять выговор, но вспомнили, что выговор за критику Сталина. Председательствовал на разборе персонального дела полковник Брежнев. И Брежнев сказал о выговоре: «За товарища Сталина пусть поносит, пусть поносит».

А году в 63-м Григоренко стал писать антисоветские воззвания в виде листовок и сам разбрасывал их на выходе из какого-то завода. Его тут же лишили не так давно присвоенного генеральского звания, арестовали, держали в тюрьме, потом посадили в психушку. Через какое-то время из психушки выпустили, обещали вернуть звание, но поскольку он продолжал свою деятельность, не вернули. И в конце концов надолго упекли опять в психбольницу, где лечили от раздвоенности сознания.

Жена генерала Зинаида Михайловна была удивительно преданным ему человеком. У нее был сын от первого брака, даун. Это тоже был их крест. Ей когда-то сказали, что он умрет еще в детстве, но он прожил больше 40 лет, оставаясь ребенком. При этом у него была замечательная память, он всех знал и называл по имени. Меня называл «дядя Володя», хотя я был ненамного старше его. А Зинаида Михайловна никогда не могла запомнить, кого как зовут. Мою жену Иру всегда называла Галей.

До преклонных лет Григоренко оставался романтиком и правдолюбцем. Был при этом трогательным, очаровательным, иногда вынашивавшим разные нелепости человеком. Например, однажды он решил издавать самиздатский журнал под названием «Контрсталинист». Поделился своей идеей со своим младшим единомышленником Анатолием Якобсоном и предложил ему вступить в редколлегию. Толя отказался. «Почему?» — спросил генерал. «Понимаете, Петр Григорьевич, — сказал Якобсон, — я очень чувствителен к словам. И мне не хочется, чтобы меня называли засранцем. Но мне будет так же неприятно, если меня назовут контрзасранец».

Григоренко предложили выехать из страны, я отвез его семью в аэропорт. Он за границей тяжело болел, был парализован и вскоре умер.

ПАВЕЛ ЛИТВИНОВ И АНДРЕЙ АМАЛЬРИК

Во время процесса Гинзбурга — Галанскова в вестибюле суда я встретил Павла Литвинова, который подвел ко мне небольшого роста тонкогубого человека в очках с толстыми линзами.

— Володя, это мой друг, очень верный человек, я за него ручаюсь.

Я посмотрел на представленного с недоверием. Дело в том, что я с ним уже встречался.

После спектакля в театре МГУ «Хочу быть честным» я там выступил перед публикой. Это было одно из первых моих публичных выступлений, которое оказалось не очень удачным. Я сказал, что совсем недавно про этот мой рассказ говорили, что он — антисоветский, а сейчас он, наверное, уже не такой, раз его здесь ставят. Когда спустился со сцены, ко мне подошел именно этот очкарик и с кривой, как мне показалось, улыбкой спросил:

— Вы правда считаете, что ваш рассказ не антисоветский?

Я решил, естественно, что он провокатор.

— А вы считаете, что да?

— Мне кажется, да, антисоветский. — Я приготовился выслушать ссылку на статью Уголовного кодекса, но он меня удивил неожиданным вопросом: — А можно я у вас возьму интервью?

Я спросил, кто он. Он представился:

— Меня зовут Андрей Амальрик, я — корреспондент АПН.

АПН я вообще считал филиалом КГБ, так что же я мог подумать о человеке, который там работает? От интервью я отказался, но желавшего его получить запомнил. И вот он передо мной.

После этого мы с Амальриком подружились. Он мне рассказал, что внештатным корреспондентом АПН он стал после того, как отсидел первый срок за антисоветскую деятельность. В АПН его направили его кагэбэшные кураторы, в расчете на его исправление, чего с ним не случилось. Потом до его очередного ареста и после освобождения из лагеря я с ним и его женой художницей Гюзель много и тесно общался.

Мне было странно видеть, как история творится прямо на моих глазах и обыкновенные люди, вчера еще совершенно неизвестные и незаметные, вдруг становятся историческими фигурами. В вестибюле городского суда сразу же после приговора Гинзбургу, Галанскову, Лашковой и Добровольскому Паша Литвинов, о котором говорили, что он обыкновенный московский избалованный увалень, при мне зачитал иностранным корреспондентам воззвание к советским людям. Воззвание было записано на пленку и передано затем западными радиостанциями. Поэтому я его слушал живьем и по радио. «Граждане Советского Союза, — громко и уверенно произносил Павел, — вы сами выбрали этот суд и этих судей...»

В этом он был не совсем прав. Советские люди, конечно, участвовали в процедуре, называвшейся выборами, но сказать, что они реально кого-то выбирали, было неправильно.

ПРИГОВОР

Стоя у здания суда, я обратил внимание на лейтенанта КГБ из наружного оцепления. Он стоял в новенькой, с иголочки форме и сам как с иголочки — молоденький и молодцеватый, с белыми, может быть, отмерзшими ушами, которые он не решался ни прикрыть ушами шапки, ни обогреть руками, и только иногда дотрагивался до них двумя пальцами. Я смотрел на него и думал, что он, наверное, чистый душой молодой человек, вряд ли представляет себе, какому грязному делу он служит.

В вечер окончания процесса толпа в ожидании приговора увеличилась, так что шедший к трем вокзалам трамвай вынужден был остановиться. Двери открылись, и кто-то из трамвая громко спросил:

— Сколько дали?

А потом стоявший рядом со мной человек в дорогой шубе и потому принятый мной за иностранного корреспондента вдруг, проталкиваясь сквозь толпу, на хорошем русском языке стал командовать каким-то людям: «Поехали, поехали, поехали!» — вырвавшись из толпы, вскочил в «Мерседес» с дипломатическим номером (я опять подумал, что иностранец) и отчалил. Наверное, он был все-таки не корреспондент и не дипломат.

Появились адвокаты, тут же осыпанные цветами, и группа молодых людей на руках пронесла Арину Жолковскую, будущую Гинзбург, со сломанной ногой. Я к тому времени был уже порядочным скептиком, а некоторым казался и циником (поскольку старательно давил в себе романтика), к красивым словам и жестам относился с очень большим подозрением, но тут был готов заплакать от умиления. Все эти люди, которые пришли сюда, чтобы поддержать подсудимых, казались мне такими чистыми, отважными, благородными. Они мне напоминали первых революционных романтиков, выходивших на демонстрации за сто лет до того и плативших за свой порыв годами каторги. Я устыдился того, что пытался уклониться от подписи под письмом в защиту четверки, и, уж, конечно, в ту минуту никак не мог бы себе представить (а мой внутренний скептик мне не подсказал), что среди этих собравшихся здесь людей есть много всяких, в том числе и довольно сомнительных личностей.

ПРАЖСКАЯ ВЕСНА И МОСКОВСКИЕ ЗАМОРОЗКИ

В январе 1968 года в Чехословакии началось что-то вроде революции — то, что было названо Пражской весной. Многолетний руководитель чехословацкой компартии Антонин Новотный был смещен. К руководству пришли реформаторы во главе с Александром Дубчеком. Появилось выражение «социализм с человеческим лицом». События развивались быстро. Старые аппаратчики заменялись реформаторами. Была отменена цензура и объявлен новый экономический курс с включением рыночных механизмов. Чехословацкие политики произносили соблазнительные речи о свободе и демократии, писатели, журналисты и прочие писали все, что хотели. Разумеется, все свободомыслящие люди в СССР с волнением наблюдали, что происходит в Чехословакии, и надеялись, что тамошние события повлияют как-то и на наш политический климат. И они влияли, но влияние это было противоположным ожидаемому. Советская партийная верхушка, не готовая ни к каким переменам и очень боявшаяся, как бы брожение умов в одной из соцстран не перекинулось и на Советский Союз, сначала насторожилась, потом в адрес чехов стали раздаваться все чаще предупреждения и угрозы. А чтобы у нас, не дай бог, не случилось чего-нибудь подобного, власть решила нанести удар по собственным инакомыслящим. По принципу (как она всегда делала) бей своих, чтоб чужие боялись.

Кажется, в июне того же 1968 года последовало постановление Пленума ЦК КПСС по идеологическим вопросам. Я его никогда не видел и в подробности посвящен не был. Помню только в газетах туманную фразу, что на пленуме обсуждались «произведения литературы и искусства и другие произведения». Разнесся слух (очень быстро подтвердившийся), что скоро всех «подписантов» будут наказывать.

У раздевалки ЦДЛ Наталья Иосифовна Ильина, натягивая на себя тяжелое пальто с капюшоном, спросила меня насмешливо: «Ну что, будете каяться?» — «Ни за что в жизни», — сказал я. «Ну-ну», — усмехнулась она умудренно.

Вскоре наказания посыпались, как горох. По редакциям были разосланы черные списки. Публикации всех «подписантов» немедленно останавливались: книги в издательствах, повести, рассказы, статьи в журналах и газетах, как останавливались и сценарии в кино, спектакли в театрах. В Союзе писателей заработал проработочный конвейер. Секретари СП вызывали провинившихся «на ковер», корили, обвиняли в политической близорукости и незрелости, угрожали, выпытывали: «Кто дал вам подписать это письмо?» — и требовали отказаться от своей подписи, дезавуировать (я, кажется, тогда первый раз услышал это слово) свою подпись.

Иерархия наказаний писателей зависела от известности, от поведения теперешнего и в прошлом и от материального достатка, на который распространялось правило обратной пропорции — то есть чем выше достаток, тем больше возмущение начальства: как это так, мы платим ему столько денег, а он так плохо себя ведет. Особенно буйствовала Алла Петровна Шапошникова, секретарь Московского горкома КПСС.

И вот в Союзе писателей мне объявлен строгий выговор, в издательстве «Советский писатель» остановлен сборник повестей и рассказов, на «Мосфильме» прекращена работа над сценариями «Два товарища» и «Владычица». Одновременно идет закрытие моих спектаклей по всей стране.

Началось с того же Театра Советской армии. Оказывается, закрыть спектакль даже при советской власти не всегда просто. В каждом спектакле участвуют десятки людей, им всем надо объяснить, что к чему, и желательно объяснить причинами, отличными от настоящих.

В ЦТСА на закрытом партийном собрании сказали, что спектакль «Два товарища» сам по себе очень хороший и правильный (а как же, он же был одобрен ГлавПУРом!), но автор (это я!) пытался перевезти через границу бриллианты, находится под следствием, и поэтому спектакль придется закрыть. (К тому времени советскую границу туда и сюда я пересекал дважды в жизни: один раз солдатом, другой раз — когда ездил в Чехословакию, а бриллианта от граненой пластмассы не отличил бы.) В Новосибирске газета «Вечерний Новосибирск» напечатала огромную, на два «подвала», заказную и насквозь лживую статью Анатолия Иванова «На что тратите таланты?» о спектакле в театре «Красный Факел». В статье этот патриот — в то время очень советский, а в девяностые годы с фашистским уклоном, — корил директора, главного режиссера, режиссера-постановщика Арсения Сагальчика за то, что они взялись ставить спектакль по повести, как он утверждал, антисоциалистической и порнографической. Обкомовское начальство спектакль немедленно запретило. Но как ни странно, жители города, где было много интеллигенции, проявили по поводу закрытия спектакля недовольство, и оно оказалось настолько очевидным, что начальство решило смягчить ситуацию. Театру разрешено было сыграть еще пять спектаклей. На последнее представление явились и члены обкома во главе с первым секретарем. После спектакля были нескончаемые аплодисменты, актеры много раз выходили на сцену, а потом остались на ней и застыли в скорбных позах, понурив головы и заложив руки за спину. Аплодисменты продолжались пять, десять минут. Наконец на сцену выскочил директор и, бегая за спинами актеров, стал шептать, чтобы те немедленно прекратили «это безобразие» и ушли за кулисы. Исполнитель главной роли, не меняя позы, за спиной свернул директору фигу.

На своей статье Анатолий Иванов сделал карьеру. Я видел этот памфлет, с подчеркнутыми красным карандашом главными положениями, на столах разных московских идеологических начальников. Статья воспринималась ими как глас народа (ими же организованный) из глубинки. После этой публикации Иванов сразу «пошел наверх», его перевели в

Москву и сделали главным редактором «Молодой гвардии», кем он и оставался до самой своей смерти.

Смоленский театр был вообще разогнан. Главного режиссера, директора, каких-то актеров уволили. Местному критику (не помню фамилию) за положительное мнение о спектакле была устроена такая жизнь, что он вынужден был переселиться в Калугу.

МИЛЛИОНЕР НА ЧАС

Пока спектакли шли, гонорары мои росли в арифметической прогрессии. Один месяц — 600 рублей (тогда очень приличные деньги), другой — 800, третий — 1000.

Эти деньги можно было бы автоматически переводить на сберкнижку, но я только что, собрав с миру по нитке, купил для нас с Ирой однокомнатную кооперативную квартиру в писательском доме на улице Черняховского. Теперь торопился расплатиться с долгами и поэтому являлся в собиравшее гонорары ВУОАП (Всесоюзное управление по охране авторских прав), как только приходили деньги. Когда месячный гонорар достиг 1200 рублей, бухгалтерша, выписывая мне денежный ордер, пришла в нервное возбуждение и закричала своим сотрудницам:

— Посмотрите на живого миллионера!

Как оказалось, мои заработки не оставили равнодушным и партийное начальство.

Алла Петровна Шапошникова, секретарь МГК КПСС, возмущалась:

— А вы знаете, что он говорит про нас *они*? А почему мы должны его терпеть? Мы платим ему такие деньги, а он подписывает антисоветские письма!

Именно потому, что я оказался таким неблагодарным советской власти и лично Шапошниковой, меня решено было наказать строже, чем других. Мне вынесли строгий выговор. И наложили запрет не только на все, что у меня готовилось к печати или к постановке, но и шло на сценах.

СКОЛЬЖЕНИЕ ВНИЗ

В Театре Маяковского «Два товарища» ставил Андрей Гончаров. Он в отличие от Буткевича текст пьесы неприкасаемым не считал, постоянно что-то импровизировал и от меня требовал многочисленных переделок и доделок. Спектаклем, который он подготовил, сам он был очень доволен, но мне больше по душе было то, что сделал Буткевич. Но со своей премьерой Гончаров сильно задержался и собрался выпускать спектакль, когда надо мной уже не только сгустились тучи, но вовсю сверкали зловещие молнии. Какими-то тайными партийными директивами все было запрещено, спектакли, уже поставленные, снимались с репертуаров, а он все еще готовился к премьере.

Одновременно меня вызывали в разные инстанции и настаивали на том, чтобы я снял свою подпись под крамольным письмом. Меня уговаривали, мне грозили. Я взял себе за правило везде говорить только правду и ничего кроме правды. Вот и говорил. Резал правду-матку во всех кабинетах, часто в довольно резкой форме и сам этим очень гордился. Но это было совершенно бессмысленное метание бисера перед чиновниками, которые сами никакого мнения не имели, убеждать их в чем-то или переубеждать было бесполезно. Убежденные, что делать надо то, что предписано, и высказывать не свое, а директивное мнение, они считали будто сопротивляться и рассуждать вслух от себя могут только дураки или сумасшедшие. То, что я говорил, слышали те, кому я говорил, а они потом докладывали по инстанциям, что я не осознаю своих ошибок, держусь своих вредных антисоветских позиций, и мое положение становилось все безнадежнее. Солженицын в те годы написал свое знаменитое воззвание «Жить не по лжи». Я был с ним согласен и сам старался жить не по лжи, но потом стал думать, что, может быть, надо было действовать наоборот. Всем лгать, как от них требовало начальство, тогда советская власть, может, раньше бы лопнула. Мы, старавшиеся не лгать, независимо от наших намерений, делали все, чтобы ее спасти.

ХАМЕЛЕОНЫ

Хамелеонство, описанное Чеховым, было в нашей советской жизни распространенным явлением. Мой поклонник и мой беспощадный критик Левинский, о котором я писал выше, меня удивил, но потом я проявления этого человеческого свойства наблюдал уже без всякого удивления среди членов Союза писателей и мелких окололитературных работников. Они были точными копиями околоточного надзирателя Очумелова, которого, в зависимости от обстоятельств, бросало то в жар, то в холод.

Когда я, став членом Союза, приходил в ЦДЛ, сидевшие на входе тетеньки радостно меня приветствовали, широко улыбались и чуть ли не кланялись, как дорогому гостю. Но как только у меня начались неприятности, они немедленно перестали меня узнавать.

Меня наказывали, я пытался отстаивать свою позицию и протестовать против наказаний. Разные начальники время от времени вызывали меня к себе. Теперь мне трудно себе представить, что меня вызовет к себе какой-нибудь секретарь Союза писателей или кто-то еще, если он не милиционер, не прокурор и не судья, а тогда вызывали все. Сначала несколько секретарей Союза, потом объявился еще один вызывающий — Илья Вергасов, крымский татарин, секретарь парткома Союза писателей, хороший, как говорили, мужик. Правда, его соплеменники считали Вергасова плохим мужиком, потому что он написал книгу, где свой народ как-то обидел.

Вергасов принял меня как своего. Сразу перешел на «ты».

— Я слышал, у тебя запретили пьесы? В пятидесяти театрах шли — и везде запретили?

— Не только пьесы. Книгу запретили, два сценария.

— Что творят! — вздохнул Вергасов. — Пахнет тридцать седьмым годом.

В это время дверь беззвучно открылась, и в комнату бесшумно вошел курносый человек неприметной наружности. Вошел и тихо присел в сторонке с выражением пассажира в ожидании поезда.

— Но я не понимаю, — сказал Вергасов, как бы продолжая начатый разговор. — Как же так?! Как получилось, Войнович, что вы, советский писатель, приняли участие в провокационной и дурно пахнущей акции, имеющей, скажу вам прямо, как коммунист, антисоветский характер?! Вы, Войнович, должны о своем поведении крепко подумать. Должны понять, в какой тупик вы зашли и по какую сторону баррикад оказались. Пора осознать, что, если вас хвалит буржуазная пропаганда, она это делает не зря. В мире идет жестокая идеологическая борьба между двумя мирами, и вам следует помнить вопрос, поставленный Горьким: с кем вы, мастера культуры. А вот с кем вы, Войнович?

Тут еще некий субъект сунул голову в дверь и поманил вошедшего. Тот встал и растворился.

— Да, — продолжил Вергасов, встряхнувшись, — нехорошо получается... Не понимаю, как это можно связывать... Ну, подписал ты какое-то письмо, заступился за кого-то... Ну пусть даже ты не прав... Но при чем тут пьеса? Я считаю, что каждую литературную вещь — пьесу, роман или повесть — надо судить по ее собственным достоинствам.

В это время курносый (как я потом узнал, это был некий Ануров, инструктор горкома КПСС) опять просочился в комнату.

— Но если вам, — ловко сменил тональность Вергасов, — товарищи говорят, что вы не правы, почему вы этого не слышите? Почему вы упорствуете в своих заблуждениях? Если уж совершили ошибку, так имейте мужество это признать. Но если вы настаиваете на своем, то это уже не ошибка, а сознательный антисоветский поступок...

РОСЛЯКОВ

Следующей инстанцией был Вася Росляков, секретарь московского отделения СП, хитрый и подловатый мужичок деревенского вида. Он встретил меня в большом кабинете первого секретаря с панельными стенами из, как мне помнится, черного дерева. Над его столом висел портрет Горького, запечатленного в виде стремящегося навстречу ветрам буревестника. Изображая некоторое смущение, Вася пытался вести себя доверительно. «Ты знаешь, я здесь человек случайный, я вообще это место скоро покину, мне, поверь, не хочется заниматься всеми этими делами, которые сейчас происходят, но мне поручили с тобой поговорить по поводу твоей этой вот подписи. Ты мне хочешь что-нибудь по этому поводу сказать?»

Я свой ответ обдумывал недолго. Он был не совсем литературный, но я его приведу — из песни слова не выбросишь.

— По этому поводу, — ответил я Рослякову,— могу сказать, что если Алла Петровна Шапошникова надеется быть поцелованной в ж..., от меня она этого не дождется.

Услышав такое, Росляков одновременно съежился, присел и оглянулся на Горького, за которым, наверное, было что-нибудь звуковоспринимающее.

— Это все, что ты хотел сказать? — спросил он, улыбаясь испуганно.

— Это все, — сказал я и вышел.

Потом я думал, что мое объяснение Рослякову до Шапошниковой каким-то образом дошло, потому что, будучи вообще злобной особой, меня она преследовала с исключительным остервенением.

БОЛЬШОЙ ПИСАТЕЛЬ
И КРУПНЫЙ ГОСУДАРСТВЕННЫЙ ДЕЯТЕЛЬ

Сначала я посещал начальников из любопытства. Я еще был небитый, кожа толстая, нервы крепкие, любопытство большое, а беспечности — через край. Моей любимой тогда была и сейчас осталась поговорка «Бог не выдаст, свинья не съест». Мне было интересно смотреть на посещаемых мною начальников и видеть, что один просто дурак, другой дураком притворяется, третий хамелеонит, четвертый нервничает и норовит как-нибудь видом своим показать, что он на самом деле не такой, но должность обязывает, пятый, наоборот, изображает из себя непримиримого борца за торжество коммунистических идеалов.

Одним из посещенных тогда должностных лиц был уже упоминавшийся мной Николай Трофимович Сизов, тот самый, который принимал меня на работу на радио, потом не хотел отпускать, а после, став начальником московской милиции (такие вот извивы в карьере!), выхлопатывал мне квартиру. Теперь Сизов был (еще один извив) заместителем председателя Моссовета, как ни странно, по милиции и культуре (вскоре станет генеральным директором «Мосфильма») и в этой должности следил, кроме всего, за театрами. А еще он писал книги о партийных работниках и незадолго до того был принят в Союз писателей. Причем один из секретарей СП Лазарь Карелин, рекомендовавший Сизова членам бюро объединения прозы, кем и я короткое время был, сказал с большим пафосом:

— Товарищи, к нам пришел большой писатель и крупный государственный деятель...

Теперь крупный государственный деятель пригласил меня в свой моссоветовский кабинет. Дело было вечером. Сизов отпустил секретаршу и отключил телефоны. Угощал меня сигаретами «Кент», бывшими тогда еще в очень большую диковинку. Сказал, что слушал радио, крутил ручку и случайно наткнулся на «Голос Америки». Хотел уже дальше перекрутить, но услышал знакомую фамилию и просто ахнул. Ушам своим не поверил. Володька Войнович, автор таких замечательных песен... Эти радиостанции полощут советскую власть и с чьей же помощью? С помощью Володьки Войновича!

— Ну там, конечно, упоминались и другие имена, но они меня не интересуют. Меня интересует только Володька Войнович. Как же ты попал в такую компанию? Кто тебя туда затащил? Неужели на тебя Твардовский оказывает такое влияние?

Это предположение было очень странное, потому что я с Твардовским частным образом давно уже не общался, а даже когда общался, он производил на меня впечатление сильное, но по отрицательному отношению к власти я был с самого начала далеко впереди. Он еще провозглашал тосты за советскую власть и переживал мучительную борьбу с самим собой, уходя в тяжелейшие запои, а на мое пристрастие к алкоголю советская власть повлиять уже не могла. Она давно была мне чуждой, враждебной, поэтому болезненного разочарования в ней я не испытывал.

На всякий случай я сказал, что Твардовский на мои взгляды никак не влиял, и, подкупленный доверительностью заданного тона, стал говорить Сизову довольно откровенно о своем отношении к советской системе, особенно в ее сталинском варианте, к которому теперь наметилось откровенное возвращение. Я говорил, что выступаю против несправедливых судов из гуманистических соображений, но и если смотреть на них только с точки зрения пользы или вреда государству, то надо признать, что пренебрежение властью собственных и общечеловеческих законов обязательно приведет к сопротивлению одних, подавленности других, наихудшим образом отразится на экономике, на внешней политике, на престиже страны и т. д. По сути, я говорил вещи, с которыми бы согласился каждый здравомыслящий человек.

Мы просидели часа четыре, выкурив за это время не меньше двух пачек «Кента». Мне показалось, что мои слова на Сизова как-то подействовали, он вздыхал, кивал головой, а потом проводил меня до лестницы и просил передать Твардовскому, что он, Сизов, его очень большой поклонник.

Я ушел с ощущением, что мы хорошо поговорили и что Сизов где-то там, на доступных ему верхах, как-нибудь попытается меня отстоять. И был очень удивлен, когда до меня дошло: этим самым верхам Сизов доложил, что я самый злостный и законченный антисоветчик из всех, каких он когда-либо видел, и рассчитывать на мое исправление практически бесполезно.

ПОЦЕЛОВАТЬ ЗЛОДЕЮ РУЧКУ

Закрытие моих спектаклей было неприятно не только мне, но сотням людей, которые их создавали. И больше других — молодым дебютантам, получившим главные роли, заметные, выигрышные. Сыграв их, можно было твердо рассчитывать на дальнейшее развитие карьеры.

Тем молодым исполнителям, которым удалось сыграть хотя бы несколько спектаклей, еще повезло. Но было много таких, которые прошли через все репетиции, а на сцену все же не вышли.

Никогда в жизни я еще не был в таком положении. На меня давили со всех сторон. Начальство требовало капитуляции, обещало уморить меня голодом и стереть в порошок. Главреж театра Маяковского Андрей Александрович Гончаров, сам член КПСС с двадцати пяти лет, отводил меня в какой-нибудь угол и шептал:

— Ну против кого вы прете? Неужели вы не понимаете, что их восемнадцать миллионов. Вы представляете, что такое восемнадцать миллионов? Это армия в период всеобщей мобилизации.

Или:

— Ну я вас прошу, ну уступите им. Помните, как Савельич уговаривал Петрушу Гринева: «Барин, поцелуй злодею ручку».

Актеры, особенно молодые, смотрели на меня с молчаливым упреком, как на беспутного отца, по капризу лишавшего их принадлежавшего им наследства. Я приходил домой, а там уже сидели в истерике родители Иры: «Что вы делаете? Неужели вы не понимаете, чем это все для вас может кончиться?» А еще за спиной стояли зримые и незримые болельщики, которые, сами не сделав ни одного неосторожного шага, были недовольны моей умеренностью и советовали послать *их*, то есть советскую власть, подальше, швырнуть им в морду вонючий билет члена Союза писателей, сказать им, что я ненавижу вашу советскую власть или что-нибудь в этом духе, и с треском сесть в тюрьму.

Гончаров был режиссер яркий, но в общем не мой. Мне не нравилось его вольное обращение с текстом. Так поступают многие режиссеры, теперь даже и с классикой, но это редко приводит к чему хорошему. Драматург, когда сочиняет пьесу, держит в уме много разных соображений, из которых потом складывается вся композиция, а режиссер, не уважив эти соображения, композицию почти всегда нарушает и разрушает.

Свои художественные принципы Гончаров излагал мне примерно так:

— Вот я недавно видел фильм «В небе только девушки». Девушки спускаются с неба на парашютах, и эта картина, и они сами выглядят божественно. Это торжество женственности, стихии, солнца, голубого и белого цвета, это самый красочный праздник, который только можно представить. И если вы мне хотите сказать, что вот эта нисходящая с неба богиня совокупляется в каптерке с механиком, я не хочу этого знать.

Я ему говорил, что искусство должно строиться на контрасте между парадной стороной жизни и изнанкой, и мне, да, интересно, что эта богиня, спустившись с неба, сходится в каптерке с механиком, живет в коммунальной квартире с матерью-алкоголичкой, братом-дебилом и соседями-скандалистами.

Гончаров со мной никак не соглашался и практически демонстрировал свою концепцию, показывая именно одну сторону, но не всегда парадную. Западную жизнь он изображал только черными красками, а с советской было сложнее. Из советских пьес он часто выбирал что-нибудь довольно мрачное, но потом много трудился и «высветлял» иногда до неузнаваемости.

Гончаров чем дальше, тем больше нервничал. Актерам грубил. Кричал репетировавшему Толика молодому Назарову: «Шевелитесь, шевелитесь. Ваши движения должны быть легкие, свободные. Вы ведь талантливый человек. Я имею в виду, конечно, вашу роль, а не вас».

Работа над спектаклем подходила к концу, можно было бы объявить и премьеру, но уже было ясно, что вряд ли она состоится. Спасти спектакль (этот, но не другие) могла только моя полная и позорная капитуляция — такая, которой мне потом пришлось бы всю жизнь стыдиться. Я видел по поведению начальства, что меньшей платы с меня не возьмут, да и за нее оставят мне возможность лишь убогого и презренного существования.

Моя уступка *им* состояла в том, что я ходил на все вызовы, говорил со всеми изъявлявшими желание меня выслушать столоначальниками, утверждал, что, защищая Гинзбурга и Галанскова, никаких антисоветских целей не преследовал, подорвать мощь советского государства не собирался, нажить на этом популярность не рассчитывал. Вдавался с ними в объяснения о гражданской роли писателя, о том, что писатель имеет право и обязанность защищать гонимых, и если даже они не правы, он должен их защищать. В этих разговорах немного (меньше, чем стоило) хитрил, лицемерил, повторял, что политические процессы наносят престижу Советского Союза непоправимый урон и что меня, как раз как советского гражданина, это и беспокоит.

Когда я описываю свои тогдашние встречи с советскими лит- и партначальниками и вспоминаю весь тот вздор, которого я наслушался, мне самому кажется невообразимым, что так действительно говорили серьезные взрослые люди с серьезными выражениями на лицах. А говорили они, если суммировать, не слишком утрируя, приблизительно так:

— Вы написали очень хорошую пьесу. Очень хорошую, нужную, патриотическую. Нам такая пьеса очень нужна. Но вы нас ставите в безвыходное положение. Своей подписью в защиту антисоветчиков вы становитесь по ту сторону баррикад. Вы становитесь на сторону американцев, ЦРУ, на сторону самых злобных врагов советской власти. Вы должны понять, что в мире идет непримиримая идеологическая война между капитализмом и коммунизмом. Эта война обязательно и скоро перерастет в настоящую, посыплются бомбы, запылают города, дети наши погибнут, матери наши заплачут, и страна превратится в руины, и на земле наступит ядерная зима, и остановить это можно только снятием подписи под письмом в защиту Гинзбурга и Галанскова. Снимите подпись, дезавуируйте, наберитесь мужества, найдите возможность, в любой форме, в форме заявления в Союз писателей, письма в газету, выступления на собрании. Выберите форму, найдите в себе мужество отмежеваться от антисоветчиков, снимите подпись...

С некоторыми из этих проработчиков были у меня общие знакомые, этим общим знакомым потом объяснялось: мы с ним говорили, мы хотели ему помочь, но он не дает нам такой возможности, он упорствует в своих заблуждениях, он ведет себя вызывающе...

Уже везде пьесу мою из репертуаров повычеркивали, а Гончаров все еще на что-то надеялся, и репетировал, и довел спектакль до конца, и призвал начальство оценить сделанную работу.

НЕТ — И ВОПРОС РЕШЕН

Мне домой в мое отсутствие позвонил Родионов и оставил свои телефоны, служебный и домашний. Родионов был опытный, трезвый и неглупый номенклатурщик, хорошее от плохого отличал, но знал всегда, куда ветер дует, с вольнодумством в театре боролся, хотя излишнего рвения не проявлял.

У меня с ним, как и вообще с людьми подобного рода, никаких личных отношений не было и не могло быть хотя бы потому, что для таких людей их служба выше всего и в отношениях с людьми они всегда бдительны, лишнего слова не скажут, откровенных разговоров и сами не ведут, и слушать не хотят. Эти люди казались мне картонными фигурами, не имевшими личной жизни, и я даже был удивлен, когда, позвонив по указанному номеру, услышал на фоне чего-то фортепианного голос обыкновенной девочки, которая закричала:

— Папа, тебя!

Показалось странным, что у этого человека есть какая-то частная жизнь, есть жена и есть дочка, которую он, наверное, носил на руках, играл с ней в какие-нибудь детские игры и рассказывал сказки про волков и медведей, а не постановления ЦК КПСС.

И его голос из дома звучал совсем не так, как из служебного кабинета.

— Нам с вами надо встретиться, — сказал он. — И у нас есть только одна возможность. Завтра я приду в Театр Маяковского принимать спектакль, но принятие его будет зависеть не от меня, а от вас. Только от вас, и вы это должны ясно понимать. Приходите завтра и скажите мне то, что вы должны сказать. Одно ваше слово, и я приму спектакль безоговорочно. Без всяких поправок и замечаний. Но только если услышу от вас то, что вы должны мне сказать. И не надо делать вид, что вы не понимаете, о чем я говорю.

Перед прогоном меня поймал в вестибюле театра администратор Бахрах и чуть ли не силком потащил куда-то к раздевалке.

— Слушайте, — сказал он с сияющими глазами. — Я всю ночь за вас думал и понял, как спасти спектакль. Очень просто. Покайтесь, и все.

Главный признак советской театральной жизни — это прогоны: спектакль, проигрываемый актерами для нескольких принимающих, иногда даже просто для одного. Репетиции пьесы, вызывающей сомнения начальства, всегда проходили при закрытых дверях, как заседания генерального штаба.

В данном случае спектакль игрался для нас двоих. Мы сидели одни во всем большом зале, ряду примерно в четвертом. Я уже видел много репетиций, и вообще к спектаклю этому душа у меня не лежала, но в данном случае он мне понравился. Больше того, во время спектакля я вдруг развеселился и, не умея собой управлять, иногда смеялся, замечая, как мрачный Родионов поглядывает на меня удивленно. Я сам понимал, что мое веселье не к месту, но когда второй по главности персонаж Толик вывел на сцену велосипед с моторчиком, и начал его заводить, и делал это так, что я совсем не мог себя удержать, я стал хохотать до слез и до боли в затылке. После спектакля Родионов сказал:

— Ну вот что! Спектакль хороший. Очень хороший. Самый лучший из всех, какие сейчас идут в Москве. Но если вы теперь же не снимете вашу подпись под известным вам письмом, я этот спектакль разрешить не смогу.

Я попробовал возразить:

— Но какая связь между подписью и спектаклем? Какое отношение имеет одно к другому?

Обычно мне на это отвечали про идеологическую войну, происки иностранных разведок, заветы Горького...

Родионов устало поморщился.

— Слушайте, не надо заводить со мной этого разговора. Не будем упражняться в демагогии. Вы должны понять, что это серьезно, спектакль выйдет при одном-единственном условии: если вы снимете вашу подпись. Снимаете вы ее или нет?

— Нет, — ответил я.

— Значит, вопрос решен, — сказал он и, не простившись, вышел.

УГОЩЕНИЕ СИГАРЕТАМИ

Судя по некоторым признакам, до Шапошниковой мои слова, сказанные Рослякову, дошли. Время от времени она через разных людей, через актрису Лидию Смирнову, через Гончарова и других, доводила до меня свои угрозы: «Передайте ему, мы будем выводить его из Союза писателей», «Передайте ему, мы с ним церемониться не будем», «Передайте ему, мы не дадим ему заработать на кусок хлеба и уморим его голодом».

Я Гончарову однажды сказал:

— Почему эта женщина всегда говорит со мной через вас или через кого-то еще? Почему бы ей не сказать это все прямо мне? А я ей что-нибудь отвечу. Вы ей скажите, пусть она меня примет.

Я был тогда настроен очень агрессивно. И моя встреча с Шапошниковой вряд ли имела бы для меня положительные последствия. Но на положительные последствия я и не рассчитывал. Я тогда был готов и даже жаждал встретиться с ней и наговорить ей чего-нибудь такого, что она бы надолго запомнила. Теперь, в ином возрасте, мне это намерение кажется бессмысленно глупым. Излагать свои принципиальные взгляды я и сейчас считаю себя обязанным, но вряд ли это стоило делать в закрытых кабинетах дуракам и негодяям, которых у вас нет шанса убедить в чем бы то ни было и которые рады всякому поводу ухудшить вам жизнь, а если представится такая возможность, то и вовсе уничтожить. Гончаров, пытаясь спасти спектакль, думал, что и я стремлюсь к тому же, и надеялся на мое благоразумие, которого во мне, увы, совершенно не было.

Не вполне понимая, с кем имеет дело, Гончаров постарался и однажды позвонил и сказал, что Алла Петровна в настоящий момент очень занята и принять меня не может, но это с удовольствием сделает заведующий отделом культуры МГК КПСС товарищ Юрий Николаевич Верченко.

В назначенный день и час я пришел, заглянул в приемную и увидел: посреди комнаты стоит знакомый уже мне инструктор горкома Ануров, а перед ним в кресле сидит директор Театра юного зрителя Михаил Мерингоф, хотя по иерархии должно быть наоборот. То есть директор должен стоять, а Ануров сидеть. Но иерархия есть иерархия, и хотя директор сидит, а Ануров стоит, совершенно очевидно, что старший по положению здесь все же Ануров.

Пожилой лысый человек изгалялся перед молодым Ануровым и, кажется, достиг успеха. Ануров стоял посредине, весело и беззаботно смеялся и в этот момент увидел меня. И вот мизансцена. Ануров видит меня, перестает смеяться, даже совершает над собой некоторое насилие, стирает улыбку и резко поворачивается ко мне спиной. И так стоит. Директор тихонько поднялся со своего места и выкатился, прошмыгнув мимо меня. Ануров стоит, я смотрю ему в спину. Я смотрю в спину, он стоит. Я вижу, что он не выдерживает. Затем начинает поворачиваться, как стрелка часов, движущаяся рывками. Чуть повернулся, остановился. Еще повернулся, еще остановился. Так в процессе нескольких дерганий в конце концов стал ко мне лицом.

— Здравствуйте, — сказал я.

— Здравствуйте! — вдруг закричал он приветливо, словно только в эту секунду меня увидел. — Вы к Юрию Николаевичу? Он вас ждет. Пойдемте. — У двери Верченко остановились. — Минуточку. — Вскочил в кабинет, выскочил, распахнул передо мной дверь: — Прошу.

Я перешагнул порог, а навстречу уже плывет растянутая до ушей улыбка, и руки раскинуты для предполагаемого объятия.

— Сколько лет! Сколько зим!

Я спросил удивленно:

— Разве мы когда-нибудь виделись?

На пухлом лице — обида и разочарование. Но улыбка при этом не исчезает.

— Как? Вы меня не помните?

Мне кажется, я его где-то видел. Но я настроен агрессивно и намеренно демонстрирую свое высокомерие.

— Я вас? Совершенно не помню.

Давая понять, что нет в нем ничего такого, что могло бы запомниться.

Он немножко погрустнел, но все же улыбается. Он и потом, почти до самого конца нашей встречи, улыбался.

На Верченко — хороший костюм, наверняка пошитый в кремлевском ателье или купленный на Западе, и маленький-маленький, элегантный значок с изображением Ленина.

Верченко показывает на стул:

— Садитесь. Курите? — протягивает через стол пачку сигарет «Новость», цена — 18 копеек.

У меня в кармане «Ява», которая стоит на двенадцать копеек дороже. Поскольку я как-никак пришел жаловаться на жизнь, мне неудобно курить сигареты более дорогие, чем у того, кто меня принимает. Я беру «Новость», прикуриваю от его зажигалки «Ронсон». Он затягивается, морщится, гасит сигарету в пепельнице, приоткрывает ящик стола и двумя пальцами вытаскивает оттуда сигарету, еще ни разу мною в жизни не виданную, «Филипп Морис» с двойным фильтром — бумажным и угольным...

Незадолго до того принимавший меня Сизов сам курил «Кент» и меня угощал им же. А этот мне — «Новость», а себе, двумя пальцами, что-то другое. Когда я служил в армии, у нас самое большое презрение вызывали люди, прятавшие какие-то лакомства (например, присланные родителями) и поглощавшие их под подушкой.

Во время приема я готов был уже перестроиться и даже отдать определенную дань благоразумию. Но трюк с переменой сигарет вывел меня из себя, и я заговорил агрессивно. Делая вид, что не понимаю, откуда что идет, стал обвинять Верченко и Шапошникову в самодурстве. Что они, преследуя писателей, наносят огромный и преступный ущерб нашей культуре и что вообще им надо заниматься не культурой и литературой, а чем-нибудь попроще, может быть, в сфере животноводства. Я говорил вполне враждебно и даже оскорбительно, а он не сердился. Он продолжал улыбаться и еще раза два попытался угостить меня сигаретами, но я сказал: «Спасибо, у меня есть свои» — и курил «Яву». Он оба раза повторил тот же трюк. Закурил-загасил «Новость» и двумя пальцами вытащил «Филипп Морис». Я злился все больше и решил немного поблефовать. Сказал, что я этого дела так не оставлю, буду жаловаться и даже знаю кому. Иногда в подобных случаях некоторые мои собеседники пугались, думая, вероятно, а вдруг за такими моими словами действительно что-то стоит.

Я сказал Верченко:

— Вот вы увидите, что вы здесь скоро работать не будете.

И ушел, не заметив протянутой мне руки.

Придя домой, я рассказал о сигаретах собравшимся у меня в этот вечер гостям. Среди них был один писатель, который вскоре опубликовал рассказ о некоем гестаповце, который, допрашивая арестованного, угощает его одними сигаретами, а сам курит другие.

Этот писатель потом сказал мне, что деталь с подменой сигарет взял из моего устного рассказа. «Ты не возражаешь?» — спросил он. Я не возражал, поскольку не считал свое наблюдение неприкосновенным, и чего уж возражать, если мой сюжет рассказан устно в узком кругу, а его напечатан и очень большим тиражом.

Тем временем мои спектакли уже тотально были запрещены, и, придя однажды в управление по авторским правам (на этот раз с большим тортом), я попросил бухгалтершу посмотреть, что там мне набежало заранее, испытывая неловкость за возможно большую сумму.

— Сейчас посмотрим! — запела бухгалтерша, готовая опять потрястись очередной многозначной цифрой. Раскрыла ведомости, поехала сверху вниз пальцем, еще раз повторила то же движение и повернула ко мне растерянное лицо:

— А сегодня у вас нет денежек, — сказала так, как будто была в том виновата.

Часть четвертая

Уйти в разряд небритых лиц...

КРУШЕНИЕ НАДЕЖД

Лето 1968 года мы с Ирой проводили на арендованной даче в поселке Отдых по Казанской железной дороге. Там, не прекращая работы над «Чонкиным», я написал сначала как вставную новеллу в «Чонкина», а потом оставил как самостоятельную вещь сатирический рассказ «В кругу друзей» — о попойке Сталина и его соратников в ночь на 22 июня. После чего принялся за повесть «Путем взаимной переписки». По вечерам включал свою «Спидолу», слушал западные «враждебные голоса», которые уже несколько лет не глушили. В это время «Пражская весна» была уже в самом разгаре, что внушило большие надежды людям вроде меня и вызывало страх у других. Впрочем, мы тоже боялись. Боялись, что советское руководство применит против пражских реформаторов силу. К тому все и шло. Руководители КПСС все чаще вмешивались в дела Чехословакии, предупреждали, угрожали, вызывали чехов на переговоры в Москву, сами ездили в Прагу, проводили встречи на нейтральной территории. Устраивали угрожающие военные маневры. Нависла опасность нашего вторжения в Чехословакию.

Естественно, я и люди примерно таких же взглядов очень надеялись на успех Пражской революции, потому что она неизбежно привела бы к подобным реформам и в СССР, но глядя на портреты членов Политбюро ЦК КПСС и судя по их речам и действиям, ясно было, что ни на какие реформы они не способны и готовы только к закручиванию гаек. Значит, они сделают все, чтобы задавить эту революцию и подавить наши призрачные надежды на лучшее. Единственная надежда была, что струсят и не посмеют.

Лето было теплое. По утрам, когда я выходил на участок, меня приветствовала всегда копавшаяся в огороде пожилая соседка. Муж ее дочери был советским дипломатом высокого ранга, служил в Чехословакии, она так же, как и я, очень интересовалась тем, что там происходит. Но в отличие от меня была в ужасе от тамошнего разгула свободы и демократии.

Каждое утро она меня встречала примерно такими словами:

— Владимир Николаевич, как вам нравится, что там происходит? Вы слышали, что говорит Дубчек? Мне звонила моя дочь, она говорит, что положение очень серьезно. Ужас! Ужас!

Я, придуриваясь, ужасался вместе с ней.

Двадцатого августа я дописывал свою повесть и, торопясь довести ее до конца, работал до полуночи. Примерно в полночь поставил точку и включил радио. Вместо членораздельных звуков из приемника раздался давно не слышанный вой глушилок. Ни одного слова я не расслышал, но именно по вою глушилок понял, что вторжение советских войск свершилось. Только к утру сквозь этот нечеловеческий вой удалось что-то расслышать. Советские танки вошли в Прагу. Идет бой в районе Винограды. В этом районе, я помнил, жила моя переводчица Ольга Машкова. Я представил себе, что в том бою приняли участие два ее сына-подростка. Утром вышел на крыльцо. Соседка, видимо, с нетерпением меня ожидала, чтобы поделиться. Пролезла сквозь дырку в заборе, бежит ко мне через грядки:

— Владимир Николаевич! Вы слышали? Я так рада! Так рада!

— Пошла вон, старая дура! — не сдержался я.

Она опешила, остановилась, ничего не понимая. Ведь я еще вчера был, как ей казалось, ее полным единомышленником.

— Вот какие у нас настроения! — наконец вымолвила она, отступая.

22 августа мы с Ирой уехали в Тарусу и сняли там комнату с верандой. В компании со Светами (так мы называли пару Феликса Светова и Зою Крахмальникову) и других людей, так же, как мы, воспринимавших тогдашние события, слушали по ночам, когда чуть-чуть ослабевали глушилки, новости из Праги. Пражане оказывали нашим войскам пассивное сопротивление. Поснимали с домов таблички с названиями улиц, и советские танки блуждали по городу, как слепые. Люди вывешивали призывы: «Русские, возвращайтесь домой!» Некоторые тексты были с юмором: «Советский цирк опять в Праге! Не кормить! Не дразнить!» Ян Палах сжег себя на Вацлавской площади. Какой-то советский офицер отказался выполнять преступный приказ и застрелился. Западные компартии выражали недоумение. Знаменитый французский шансонье Ив Монтан, еще недавно считавшийся «другом Советского Союза», выступил против советского вторжения. С протестом против вторжения вышли на Красную площадь восемь молодых людей, советских граждан. Двух из них — Павла Литвинова и Наталью Горбаневскую — я знал лично. На самом деле их было девять, Наталья вышла с коляской, в которой сидел ее грудной сын. Мы слушали радио, гадали, что будет, предполагая любой исход. Думали, что чехи могут оказать вооруженное сопротивление и конфликт перерастет в большую войну. Все завершилось проще. Чехи и словаки оказались реалистами. Чехословацкая армия из казарм не вышла, а в руководстве страны нашлись коллаборационисты, сменившие реформаторов. Значительная часть чехословацких интеллигентов перебралась на Запад. А мы с Ирой вернулись на подмосковную дачу. В дурном настроении. Ясно было, что, покончив с чехословацкой смутой, советские властители примутся за нас.

СОЦИАЛИСТ АЛЕКСАНДР КЕМПФЕ

Через несколько дней вдруг появился Чухонцев с западным немцем. Александр Кемпфе, славист, переводчик, редактор. Живет в Мюнхене. Предполагая, что раз западный человек, значит, думает примерно так же, я ему говорю:

— Какой ужас!

— А что такое?

— Как что такое? Наши танки вошли в Чехословакию.

— А что же в этом ужасного? — он пожимает плечами. — Если бы не ваши танки, туда вошли бы американские.

Меня его высказывание удивило, потому что было слишком похоже на советскую пропаганду. Дальше больше. Оказывается, он социалист и нашу советскую систему уважает больше, чем свою западногерманскую, хотя бы потому что...

— У вас можно бесплатно хворать, — сказал он.

Сказал именно хворать, а не болеть, глагол несколько устаревший, но видно, что он его употребляет осознанно. Я ему стал объяснять, что бесплатно у нас хворать можно, а лечиться не очень. Если болезнь серьезная, требует госпитализации и привлечения хороших специалистов, то это доступно только номенклатуре и другим привилегированным группам населения или за взятки — и немалые. Он выслушал меня, не возражая, но и не принимая моих слов всерьез.

Я его стал расспрашивать, как он живет. Выяснилось, что он социалист, а может быть, даже и коммунист, но не советского типа, а какого-то другого, живет со своими единомышленниками в коммуне, то есть в большой квартире, где у них общее хозяйство и общие жены. Я спросил, есть ли у них дети. Он ответил, что пока нет, но скоро будут, и они будут общие.

Сказал, что хочет напечатать в издательстве «Ханзер» мою повесть «Два товарища», потому что по ней видно, что я настоящий социалист. Я очень удивился и стал уверять его в обратном. Но он мне твердил, что я социалист, хотя, может быть, сам этого не понимаю.

Я продолжал его разуверять, а когда он уехал, подумал, что веду себя слишком глупо. Какая разница, что он думает о моих взглядах. Лишь бы книгу напечатал, а теперь, наверное, он этого не сделает. Я очень сам себя корил за глупость, но, к моему удивлению, он во мне не разочаровался и, приехав на следующий год в Москву, привез желтую книжку с его предисловием, в котором он высоко оценил мое социалистическое мировоззрение. Я не могу сказать, что он очень не прав. Я бы собственное мировоззрение не стал пристегивать к каким бы то ни было «измам», но... К тому, что называлось в Советском Союзе социализмом, я относился и отношусь с отвращением. Я понимаю, что в условиях реальной свободы нет и не может быть никакой иной формы организации общества, кроме капитализма, но и капитализм нормальный не может существовать, если в нем нет движения за социальное равенство и нет достаточно развитой системы социальных гарантий.

ТВАРДОВСКИЙ ОГОРЧЕН

Мою повесть «Путем взаимной переписки» многие мои друзья посчитали моей лучшей вещью, да я и сам оценил ее примерно так же. Но в «Новый мир» отнес ее только осенью. Повесть прочли Ася Берзер, Игорь Сац и Женя Герасимов и очень одобрили. Я уже был запрещенным автором, но они сделали вид, что не знали этого, и заслали повесть в набор. В то время журнал подвергался все усиливавшемуся давлению. Повесть, одобренная на первом этаже редакции, поднялась на второй этаж и там застряла. Долго лежала на столах у членов редколлегии и только в феврале 1969 года дошла до Твардовского, который сломал ногу и лежал в больнице. Туда ему и была доставлена верстка повести. Привез ее Кондратович и, вероятно, со своими комментариями. Несмотря на все происходившее в стране, в политике и в литературе, Твардовский не отказался от своего убеждения, что талантливая рукопись не может быть «непроходимой». И когда не мог что-нибудь напечатать, злился на автора и придирался к написанному. Но и придираться можно по-разному. А тут, прочтя, написал на полях верстки (цитирую по дневнику Кондратовича, который со злорадным удовольствием эти слова воспроизвел): «Очень огорчен непостижимой невзыскательностью (мягко выражаясь) товарищей, сдавших в набор эту несусветную халтуру, появление которой на страницах «Н.м» было бы позором для журнала. Стыдно, товарищи!»

Узнав об этой резолюции от Аси Берзер, я потерял интерес к каким бы то ни было суждениям Твардовского обо мне, хотя понимал, что читал он повесть в дурном настроении, со сломанной ногой, с обидой на Солженицына, с тревогой за будущее журнала. Но все-таки его мнение было больше, чем несправедливым — оно было нечестным. Повесть и мне, и многим казалась лучше всего мною написанного и напечатанного в «Новом мире», лучше того, что Твардовский когда-то энергично хвалил. Суждение А.Т. было нечестным еще и потому, что я был гонимым (гораздо более, чем журнал), а он, вместо того чтобы признать этот факт, придумал наиболее оскорбительную причину для отказа. Настолько оскорбительную, что я даже не оскорбился — воспринял резолюцию как недостойное уважения самодурство.

КОНЕЦ «НОВОГО МИРА»

Несмотря на то что «Новый мир» для меня теперь стал так же закрыт, как и все другие издания, угрозу, нависшую над ним, я чувствовал остро. Вместе с другими «новомирскими» авторами ходил в журнал, как на работу. Некрасов, Тендряков, Трифонов, Домбровский, Светов, я, Виталий Семин, время от времени наезжавший в Москву, — мы фактически дежурили каждый день на первом этаже, ловя новости.

Во всякой драме бывает место смешному. Твардовский в какой-то момент написал письмо Брежневу. Через некоторое время Брежнев ему позвонил, говорил с ним ласково, вспоминал «Теркина», коего, конечно же, был поклонником, обещал принять А.Т. и обсудить ситуацию. Твардовский срочно вышел из запоя и сидел в редакции с утра до вечера, в темном костюме с галстуком, готовый явиться по вызову в Кремль. Ожидание было длительным, тяжелым и напряженным. Как-то пьяный Некрасов поднялся на второй этаж, прошел мимо Софьи Ханановны, говорившей с кем-то по телефону, открыл дверь в кабинет А.Т. и крикнул: «Брежнев звонит!» Твардовский выскочил в приемную, выхватил трубку из рук секретарши.

Некрасов захохотал. Твардовский покрыл его матом.

Кто-то сказал, что у Жоры Владимова есть возможность передать обращение «самому» от какого-нибудь солидного лица в защиту журнала. Разумеется, не из рук в руки. Дело в том, что у его жены Наташи Кузнецовой были (по ее словам) хорошие связи с цирковым миром. А любовником дочери Брежнева тогда был артист цирка цыган Борис Буряцэ, через несколько лет из-за купли-продажи бриллиантов арестованный и кончивший дни в тюрьме.

Солидное лицо нашлось — Константин Симонов. Он написал письмо. Осталось передать его лично адресату. Владимову позвонили, прося приехать за письмом. «Это не нужно, — ломая сценарий, ответил Жора, — пусть Симонов сам сдаст его в окошко в шестом подъезде ЦК, в отдел писем». То есть предложил обычный путь, доступный всем и не гарантировавший доставку письма адресату.

Твардовского сняли. «Новомирские» авторы написали письмо, уж не помню кому, с обещанием бойкотировать новую редакцию. Письмо приносили на подпись и мне. Я отказался его подписать — мне бойкотировать было нечего. Я и в том «Новом мире» был уже автором нежелательным, и при новом составе редакции мне в журнале печататься не грозило.

ВРЕМЯ ГИБКИХ

Вскоре подошло шестидесятилетие А.Т. Опальному юбиляру вместо «Гертруды» (Героя Социалистического Труда) дали всего лишь орден Ленина, что оказалось причиной серьезных переживаний и обиды. Если вспомнить то время, то стоит отметить, что на советскую власть обижались все. Одни — за годы, проведенные в лагерях, другие — за то, что не пускали за границу, третьи — за то, что дали не тот орден или вообще никакого. Маршал Жуков был оскорблен, когда, потратившись на новый парадный мундир, не был приглашен на кремлевский банкет в двадцатую годовщину Победы. Вот обидели и Твардовского. Я слышал, что колебания, чем наградить его, в Кремле были. Ходил слух, что один из писательских начальников — Константин Воронков (сколько же их, теперь забытых, а в то время облеченных властью ничтожеств руководили нашей литературой!) — сказал Твардовскому: «Вели бы вы себя осмотрительней, дали бы Героя». На что Твардовский будто бы ответил: «Никогда не знал, что Героя дают за трусость».

Что касается этого звания, дававшегося за трудовые «подвиги», мог бы и знать. Трусость не трусость, но угодность начальству была необходимым условием получения этой «высокой» награды.

Свой юбилей Твардовский отмечал на даче в Красной Пахре, в кругу коллег по «Новому миру». Я, забыв свои обиды, послал ему телеграмму. Помню, мучился, сочиняя, ничего не придумал, кроме пожеланий здоровья и творческих успехов. Подписался «бывший автор бывшего «Нового мира». Мне рассказывали, что телеграмма была зачитана вслух с полным уважением к «бывшему автору».

Некоторое время спустя, заехав к Тендрякову, жившему там же, в Пахре, я застал у него А.Т. Он выглядел нездоровым, хромал, опираясь на палку. Поздоровался со мной с неожиданной теплотой. Я спросил, как его дела. Он ответил:

— А что мои дела? Я теперь пенсионер. Но притом все-таки государственный поэт, и мне никто ничего плохого не сделает. А вот вас ждут серьезные испытания. Настают времена, когда надо уметь прогибаться. А вы этого, кажется, не умеете.

Тут же стал довольно зло ругать Солженицына за то, что тот действует, считаясь только со своими интересами, и еще за то, что отрастил бороду. Рассказывал, что недавно его «вызвал» к себе работник ЦК Павленок (еще одно забытое ничтожество не приглашало, а «вызывало» к себе), спрашивал, как здоровье и настроение. Твардовский ответил, что здоровье по возрасту, а настроение... «Вы, кажется, белорус? — спросил он Павленка. — Так вот, как говорят в Белоруссии, «пережили лето гарачее, переживем и говно собачее».

Но как раз этого пережить ему не пришлось. Вскоре у него был обнаружен рак, на фоне рака случился инсульт, его лечили, но он был безнадежен.

Мы с Некрасовым приехали к Тендрякову, от него пошли втроем к А.Т. Нас встретила его жена Мария Илларионовна, которая просила ни о чем серьезном не говорить и долго не задерживаться.

Твардовский был непривычно худ, желт и коротко стрижен. Узнать его было почти невозможно. О своем диагнозе он, кажется, не знал. У нас тогда онкологическим больным всегда врали до конца, что они больны чем-то совсем другим, излечимым. И больные (загадка человеческой психики) охотно принимали эту ложь.

Речь А.Т. после инсульта была затруднена. Мы трое о чем-то говорили ему бодрыми голосами. Он слушал, ничего не отвечая, загадочно улыбался, но я не знаю, понимал ли он при этом что-нибудь. Все время курил свои «Ароматные», кашлял и сплевывал мокроту в баночку из-под майонеза. Только под конец, в ответ на какой-то вопрос, а может быть, и невпопад, сказал раздраженно и по слогам: «Не и-ме-ю по-ня-ти-я».

Когда его хоронили, меня не было в Москве.

О СЛОВЕСНОМ ПОРТРЕТЕ

Я описываю встреченных мною людей, живых и ушедших, такими, какими я их знал и запомнил, не очерняя и не украшая. Никто не может быть вполне объективным, и я не могу, но стараюсь. Я ни с кем не свожу счеты. Ни с живыми, ни тем более с мертвыми. Если б старался сводить, то с живыми было бы интереснее, а с мертвыми какой толк? Я никого не стремлюсь обидеть и сам не обижаюсь. Если пишу, что такой-то человек сделал то-то, то только потому, что это было именно так. Это касается всех, кого я описываю, включая Твардовского. Я его считал и считаю замечательным поэтом, редактором и просто читателем, крупной личностью и говорю о нем достаточно много хорошего. Но будь я биографом Твардовского, я не имел бы права пройти мимо его поступков и слов, которые его не украшали. О его участии в решениях (выскажусь мягко), по крайней мере оскорбительных для Зощенко или Пастернака, о его несправедливых оценках Мандельштама, Ахматовой, Гроссмана. Добросовестный биограф не мог бы пройти мимо воспоминаний о нем родного брата — Ивана Трифоновича Твардовского. Я могу ошибиться в некоторых фактах, датах или оценках, но никогда не исказю их намеренно. Писать о человеке только хорошее, умалчивая о плохом, — это такая же ложь, как если писать только плохое, не говоря о хорошем.

Есть известная притча о восточном одноглазом владыке, который объявил конкурс среди художников на лучший свой портрет. Один художник нарисовал его, как есть, с одним глазом, и ему отрубили голову. Другой потерял голову за лакировку — он написал портрет с двумя глазами. Третий изобразил владыку в профиль — не показал уродства и не приукрасил, за что получил мешок золота. Живописец может так поступить, почти не погрешив против правды. У создателя портрета словесного такой возможности нет.

ДРУЖБА И ГЕОГРАФИЯ

Права была Зоя Крахмальникова: географический фактор влияет на качество дружбы. Когда мы с Ирой переехали на улицу Черняховского, а Корнилов со своей новой женой Ларисой на соседнюю улицу Красноармейскую, наше общение стало частым, а дружба тесной. Почти ежедневно Корниловы, Сарновы, мы с Ирой, а еще и Костя Богатырев с женой Леной Суриц ходили в гости друг к другу, отмечали все дни рождения,

Новый год, да и просто встречались по общему желанию выпить и погоВорить, поругать советскую власть. Сарнова, Корнилова и меня еще сближала страсть к шахматам, на которые мы тоже тратили много времени. Когда лень было ходить друг к другу даже и на близкое расстояние, играли по телефону.

С самого начала нашей дружбы я подозревал, что когда-нибудь она перейдет во что-то противоположное. Так было у Корнилова со всеми, с кем он дружил до меня. Со всеми предыдущими он разошелся по мелким причинам, а с кем-то и вовсе без них. Лева Левицкий одолжил у него когда-то пишущую машинку «Колибри» и каким-то образом потерял крышку от нее. Стал врагом. Когда-то Корнилов любил Наума Коржавина (Манделя). Написал стихи с такими строчками: «А ты ведь первою любовью Москвы послевоенной был». Любовь тоже перешла во враждебное отношение. Корнилов не упускал случая сказать о нем что-нибудь негативное. Мандель все время был у него на языке. Если речь заходила о поэзии и надо было привести пример плохой поэзии, он первым вспоминал Манделя. Сочинил стих, обращенный к Сарновым:
Дорогой Бенедикт и любимая Слава,
Каждый вам подтвердит, что Мандель пишет слабо.

Давид Самойлов утверждал, что дело не в настоящем отношении Корнилова к Манделю, а в том, что его мысль следует за рифмой. То есть если бы жену Бена звали не Слава, а Сильва, то стих заканчивался бы противоположным утверждением: «Каждый вам подтвердит, что Мандель пишет сильно». Замечание остроумное, но неверное, потому что если Корнилов кого-нибудь не любил, то рифма его в сторону положительного мнения увести не могла. В нем было много детского, но злого детского. Про одного своего бывшего друга он говорил, что тот занимается онанизмом. И выработал шутку, которая казалась ему смешной. Про этого человека он говорил, что тот знает женщин как свои пять пальцев. Шутку эту повторял всякий раз, как только заходила речь о том человеке, причем повторял с любым собеседником. Даже с иностранным журналистом, который этой шутки, конечно, не понимал. Любые слова или поступки человека, к которому Корнилов относился недоброжелательно, вызывали в нем повод для сарказма.

Драматург Леонид Зорин назвал свою пьесу «Гости». Корнилову это казалось смешно, потому что «гостями» в народе называют менструацию.

— Ха-ха! — говорил он. — «Гости»! Назвал бы уже «Месячные».

Вопросы тоже были детские.

Юрия Орлова, диссидента, председателя Московской Хельсинкской группы, он спрашивал:

— А как вы думаете, Брежнев знает о том, что вы есть?

— Вы имеете в виду меня или группу? — спросил Орлов.

— Нет, вас лично. Он знает, что есть такой человек — Юрий Орлов?

Когда убили, но еще не успели похоронить, нашего друга Костю Богатырева, Корнилов сказал, что его жене Лене надо немедленно с кем-нибудь переспать и утешиться. Жену Ларису боялся. Если ей казалось, что он обратил внимание на какую-нибудь женщину, он торопливо опровергал:

— Лара, Лара, у нее ноги короткие.

Длина ног, кстати, была для него главным признаком женской красоты или уродства.

Так мы жили-дружили. Когда началась пора диссидентства, вместе писали или подписывали петиции в защиту разных людей. Ни конфликтов, ни соперничества между нами не было — мы занимались разными делами. Он был поэт, я прозаик. Потом и он стал писать прозу. Написал повести «Без рук, без ног», «Девочки и дамочки»

Он к моим стихам относился снисходительно, а я так же к его прозе. Но он ждал большего и начал со мной соревноваться. Он вообще всегда соревновался. Со всеми и во всем. Со мной больше, чем с другими. Одно время я по утрам бегал. Когда начинал, пробежал метров тридцать и запыхался. Но в результате ежедневных тренировок через какое-то время одолевал большие расстояния. Километров до десяти. А мог бы и больше. Как-то мы говорили о моих утренних пробежках, и Корнилов заспорил, что он сможет бежать со мной на равных. Я сказал ему, что не сможет, потому что не тренирован. Он сказал: «Сдохну, а не отстану». Утром встретил меня около Тимирязевского парка в тренировочном костюме. Мы побежали, и он, естественно, после двадцати-тридцати метров сдался. Но стал соревноваться со мной в другом. Когда начал писать прозу, стал соревноваться в количестве и скорости написания. Если я говорил кому-нибудь в его присутствии, что я написал повесть, он тут же встревал в разговор: «А я написал три повести». Я говорил (про «Чонкина»): я написал роман, триста страниц. А он говорил (про «Демобилизацию»): а я написал тысячу страниц. И мне говорил, что я работаю мало, а он много и потому так много написал. Я ему советовал не только писать, но и переписывать. Чего он никогда не делал. Он начал соревноваться, и это стало отражаться на наших отношениях, но пока они еще оставались терпимыми.

Сначала он говорил, что ему печататься вовсе не обязательно. Ему важно написать. А напечатают это или нет и вообще будут ли читать, ему почти все равно. Ему надо то, что он пишет — он так выражался — выблевать. Я к собственному писанию относился иначе. Для меня всегда было важно, чтобы меня читали.

ВЕСЕЛАЯ СЕМЕЙКА

Синявский сидел уже в тюрьме, когда я в переходе метро увидел, что продают книжку Андрея Синявского «Веселая семейка» с медвежатами на обложке. Автором был, конечно, не тот знаменитый Андрей Синявский, а некий работник алма-атинского зоопарка. Я хотел купить сразу несколько экземпляров, но был только один. С ним я пришел в ЦДЛ. Одним из сидевших там писателей был Александр Борщаговский. Я подошел к нему и со словами: «Вот, автор просил вам передать» — протянул ему брошюру. Борщаговский взял ее, повертел и сказал: «Ну, да, это известный человек. Он работает в зоопарке».

Я забрал у него книжку и пошел всучивать ее другим. Давал, смотрел, какая будет реакция, отбирал, шел к следующему. Разные люди по-разному реагировали. Кто-то, взяв в руки книжку, вернул мне ее со словами: «Мне это не надо». Юрий Левитанский многозначительно кивнул, сказал «понятно», книжку взял и аккуратно прикрыл салфеткой. Тут кто-то указал мне на женщину, сказав, что это жена Синявского. Я вернулся к Левитанскому: «Автор передумал и просил забрать у тебя книгу». Левитанский вернул подарок охотно и с видимым облегчением. Не спросил, где и когда автор успел передумать и как ухитрился свое желание так быстро передать в ЦДЛ. Я вручил книжку Майе-Марье — так мы познакомились.

СНЯТАЯ ПОДПИСЬ

Первая опала длилась приблизительно с июня 1968 до февраля следующего года. После того, как бухгалтерша в ВУОАПе сообщила мне, что у меня «нет денежек», их больше нигде и не было. Все запрещено, заморожено, никто меня не печатает, не платит гонораров. Раньше в трудную минуту я мог взять в «Новом мире» рукопись из «самотека», отрецензировать, получить свои пять рублей за прочитанный печатный лист (24 страницы), теперь меня не допускают даже к этой скромной кормушке. Запасов никаких не было. Примерно за год до того я получал гонорар на «Ленфильме». Обычно авторам гонорары платят отдельно от других, а тут мне предложили стать в общую кассу с рабочими студии. Выстояв очередь, они получали свои зарплаты — кто сорок рублей, кто шестьдесят. Подошел мой черед. Кассирша начала отсчитывать мне мои полторы тысячи. Она, может быть, намеренно считала медленно и долго, вслух повторяя: шестьсот, семьсот, восемьсот. Очередь оторопело замерла. Я, чувствуя на себе взгляды всех стоявших за мной, готов был провалиться от стыда, ежился и втягивал голову в плечи. Торопливо запихал деньги в карман, и тут кто-то из рабочих громко прокомментировал происшедшее:

— И по-ря-док!

Знал бы этот комментатор, что ждет меня в скором времени. Что в течение нескольких месяцев, а потом и лет я и тех жалких денег, которые он получал, не смогу заработать. Я почти никогда не брал денег в долг, а если брал по мелочи, то места себе не находил, пока не отдавал. Теперь пришлось просить без перспективы скорой отдачи.

Однажды пришел ко мне известный математик Исаак Моисеевич Яглом, принес небольшую сумму со словами, что группа ученых решила негласно платить мне ежемесячную стипендию. Я раза два взял, но чувствовал себя очень неловко. Корнилов, переводивший для какого-то издательства с подстрочников стихи для среднеазиатских поэтов, дал несколько переводов мне. Я сделал их на вполне приемлемом уровне. Но ему надо было подчеркнуть свое превосходство в поэзии и увеличить цену своего благодетельства. Он сказал, что переводы у меня не очень получились, но ничего, он поправит. Чем исключил для меня возможность полагаться дальше на его альтруизм.

Денег нет, а есть надо, платить за квартиру надо, и от алиментов я уклоняться не собирался.

После развода я платил Вале 150 рублей в месяц. Тогда это были неплохие деньги. Зарплата инженера была на 30 рублей меньше. Как раз тогда, когда я лишился всех заработков, Валя решила, что я плачу слишком мало. Подала в суд, и суд присудил ей 125 рублей. Тем не менее я продолжал платить ей прежние 150, залезая в безнадежные долги, которые жгли мне руки.

По воскресеньям у меня был родительский день. От метро «Аэропорт» до Шереметьевской улицы я раньше ездил на своей машине, потом на такси и разбаловался. Теперь приходилось возвращаться к старому образу жизни, то есть ехать на метро, потом на автобусе, часто переполненном, берущемся штурмом, и от этого я страдал. Но за месяцы безденежья вновь вошел в прежнюю колею и, когда опять появились деньги, на такси уже ездить сам не хотел. Таксисты народ разговорчивый, желают с клиентом общаться, что клиенту порой делать не хочется. А в автобусе, хоть там и давка, едешь сам по себе, предаваясь своим мыслям.

Мы тогда с маленьким моим сыном Пашей, которого я должен был отвезти домой, стояли на автобусной остановке. Паша сказал:

— Давай возьмем такси.

Я сказал, что такси стоит слишком дорого.

Он задумался и спросил:

— А почему автобус большой стоит дешево, а такси маленькое — дорого?

Кажется, в конце 1970 года я послал Ильину письмо, которое звучало приблизительно так: «В свое время я подписал несколько писем в защиту лиц, осужденных советским судом, как мне казалось, неправильно. После подписания письма в защиту Гинзбурга, Галанскова, Добровольского и Лашковой я подвергся строгой критике со стороны секретарей Союза писателей и других руководящих товарищей, настойчиво уговаривавших меня снять подпись под указанным письмом. Поскольку я не осознал пагубности своих поступков, против меня были приняты определенные меры карательного характера. Все мои книги, пьесы, сценарии и другие произведения запрещены, а моя семья лишена куска хлеба. Ну что ж, такой довод доказательства моей неправоты кажется мне убедительным. Поэтому я снимаю свою подпись под указанным письмом. Но опасаясь, что теперь меня накажут за это письмо, я снимаю подпись свою и под ним». После чего я дважды расписался и дважды — крест-на-крест — перечеркнул обе подписи.

ВОЕННАЯ ХИТРОСТЬ

Как я и ожидал, никакой реакции не последовало. Но через некоторое время ко мне зашел Анатолий Рыбаков и предложил план выхода из опалы.

— Сходи к Аркашке Васильеву, поговори. Он чувствует, что обосрался, ему надо как-то выходить из положения, он воспользуется твоим приходом и что-то сделает.

— А что я ему скажу? Он же потребует, чтобы я каялся.

— Ни в коем случае! Он понимает, что от тебя этого требовать бесполезно. Ты скажи, что ты писатель и обязан взывать о милосердии. Сошлись на Пушкина, который «и милость к падшим призывал».

Я колебался. Аркадий Васильев и Зоя Кедрина были «общественными» обвинителями на процессе Синявского и Даниэля. Мерзко выступали на самом процессе и что-то столь же гадкое написали в газетах. Теперь Васильев, сменив Вергасова, стал секретарем партбюро МО СП. Уговаривая меня, Рыбаков предполагал, что после своего участия в процессе Васильеву захочется себя как-то обелить в глазах писателей и этим надо воспользоваться. Но как? Как я пойду к этому человеку, которому и руки подавать нельзя?

— Да ты что! — сказал мне Камил. — Конечно, пойди. Ты пойми, он всего-навсего функционер, который и презрения твоего не достоин. Хуже того, он твой враг, и чтобы победить его, нужна военная хитрость. О том, что ты пожмешь или не пожмешь его руку, будете знать только ты и он. Но если с тебя снимут опалу, десятки тысяч людей прочтут твои книги, увидят твои пьесы. И ты ведь ничего принципиального им не уступил.

В общем, я был с Камилом согласен. Конечно, я принципиально своей позиции не уступил и не уступлю. Но уж очень не хотелось мне идти к Васильеву. Однако я все же пошел.

Перед тем, как постучаться, огляделся. Боялся, что кто-то увидит меня входящим в этот кабинет. В коридоре никого не было. Васильев принял меня, не скрывая своей радости. Радость была не от лицезрения меня как такового, тем более что лично он меня и не знал. Радость была, что пришел к нему на поклон человек враждебного лагеря, пришел с просьбой, исполнив которую, можно улучшить свою репутацию.

Принял меня хорошо. Никаких условий не ставил. Сказал, что у него тоже была подобная ситуация в самом начале пятидесятых годов, когда против него затеяли дело, которое могло кончиться тюрьмой. Но он предпринял энергичные меры, и через сутки в тюрьму попали те, кто строил козни против него. Показал мне рукопись своего романа о генерале Власове «В час дня, Ваше превосходительство!». Сказал, что не знает, напечатают или нет. Я сказал: «Вас напечатают» — и тут же понял, что в моих устах это выглядит двусмысленно. Но он ничего плохого в моей фразе не услышал (а я на самом деле ничего плохого в виду не имел). Не забыв о своей воспитательной миссии, моим поведением особенно меня не попрекал, но заметил, что международная обстановка очень сложна, американские империалисты наглеют, холодная война грозит перейти в горячую. «И я не уверен, — сказал он, — что моей дочке Груне в будущем году не придется идти на фронт». Как выяснилось впоследствии, опасения Аркадия Николаевича оказались напрасными, Груня на фронт не пошла, а занялась литературой и сейчас под именем Дарьи Донцовой является одной из самых читаемых российских писательниц. Когда мы говорили, дверь приоткрылась и в комнату заглянул Марк Галлай. Поскольку мы были в приятельских отношениях, я очень смутился, почувствовав себя ужасным конформистом. Испугался, что Галлай осудит меня за общение с обвинителем Синявского, за беспринципность. Еще и другим расскажет, какой я плохой. Но оказалось, что в моем сидении в кабинете Васильева Марк Лазаревич ничего зазорного не увидел. Он легко вошел в кабинет, быстро пожал руки мне и Васильеву и, пробормотав, что он ищет кого-то третьего, вышел. Галлай мне потом рассказывал, как он в каких-то обстоятельствах защищал меня от кого-то. А я помнил этот его легкий вход в кабинет Васильева и думал: вот он, мужественный человек, летчик, Герой Советского Союза, образованный, интеллигентный, никто не скажет, что непорядочный (он и правда ничего плохого не делал), но ведет себя вполне гибко. И ко всякому начальству вполне лоялен. Может быть, так и надо: оберегая главное, быть гибким и осмотрительным. Но скажу сразу: моего благоразумия хватило ненадолго.

СКЛОННЫЙ К УЛЕТУЧИВАНИЮ

Приблизительно в феврале 1969-го, может быть, даже и благодаря некоторым усилиям Васильева, с меня сняли опалу. Частично. Сценарии остались лежать на полках, до книг и вовсе дело не дошло, но в каких-то театрах возобновились спектакли «Два товарища» и «Хочу быть честным». Вновь пошел, и опять с аншлагами, спектакль в ЦТСА. Гончаров воспользовался ситуацией и выпустил наконец свою премьеру. Вокруг спектакля — ажиотаж. Аншлаг. Проявляло интерес начальство. Одним из зрителей был «железный Шурик». Так в народе называли члена Политбюро, бывшего председателя КГБ, метившего в генсеки (на том и погоревшего) Александра Шелепина.

Мое материальное положение стало поправляться. Но музыка опять играла недолго.

В начале своей карьеры я очень мало интересовался политикой, не пылал гражданскими страстями и вообще не стремился «высовываться», но те из породы начальства, с кем мне приходилось соприкасаться, сразу же понимали, что я чужой.

Чужим я был не по идейным или классовым соображениям, а органически.

В возрасте шестнадцати лет в моей жизни произошел забавный и знаменательный случай. Я, только что окончив ремесленное училище, работал на заводе. Приближался какой-то советский праздник, и дирекция с парткомом и завкомом готовились вывести своих трудящихся на демонстрацию. И решали, кто, где, в каком порядке будет идти и (поименно) кто что понесет: знамя, транспарант, лозунг, портрет кого-нибудь из вождей.

Наметили что-то всучить и мне, но парторг вмешался: нет, этому ничего давать нельзя, он то, что ему дадут, по дороге выкинет.

Помню, когда кто-то передал мне слова парторга, я был очень удивлен и обижен. Ну почему он обо мне так думает, разве я дал хоть малейший повод? И конечно, тогда, если бы мне доверили какой-нибудь портрет или знамя, я бы его один раз до места донес. Но в принципе парторг разглядел во мне то, чего я сам в себе еще не видел. Всякая ритуальность меня всегда отталкивала, а позже я понял, что вообще нет таких символов и таких портретов, которые я хотел бы носить над своей головой. Повторяю, мне не нравилась всякая ритуальность, и советская могла бы быть одной из всех, если бы ее, как единственно благодатную, не навязывали изо дня в день до рвотного рефлекса. Даже в самых безобидных формах она была мне отвратительна. В 1969 году, накануне очередного пушкинского юбилея, мне сначала прислали бумагу, а потом позвонил все тот же незабвенный Виктор Николаевич Ильин с приглашением участвовать в возложении венка к памятнику Пушкину. Я отказался.

— Ну почему? — удивился Ильин. — Ведь это же дело, с вашей точки зрения, чистое. Ведь это цветы не Маяковскому и не Горькому.

— В том-то и разница, — сказал я. — К этим-то я еще пошел бы. А к Пушкину в такой компании, да мне перед ним самим будет стыдно.

Будучи человеком (в свое время) аполитичным и лишенным гражданских страстей, я был зачислен во враги советского режима, как иногда мне самому казалось, по недоразумению, но потом понял, что никакого недоразумения нет. Я не делал политических заявлений, но от вида всей советской атрибутики — знамен, досок почета, вождей на трибуне Мавзолея, свинарок на первых страницах газет, хоккеистов, фигуристов — меня тошнило и часто подмывало, говоря словами Германа Плисецкого, «уйти в разряд небритых лиц от лозунгов, передовиц и голубых перворазрядниц...».

К тому же я был весьма невоздержан на язык и относился к тем, кто ради красного словца не только, по пословице, не пожалеет родного отца, но и себя тоже не побережет.

Есть люди, с которыми бороться почти бессмысленно. Человека, недовольного классово, можно перевести в другой класс, и он станет доволен, человека, несогласного идейно, можно подвигнуть на перемену идеи, но человека, органически несовместимого, можно только убить.

Надежда Яковлевна Мандельштам однажды сказала о своем муже (цитирую приблизительно): «Неправильно говорят, что Мандельштам не хотел врать. Он хотел. Но не умел». Мандельштам с советской властью был органически несовместим, хотя и пытался иногда совместиться.

Я тоже иногда пытался, но никогда не мог.

Солженицын где-то писал, что, повернись его судьба иначе, и он сам мог бы оказаться среди «голубых петличек», то есть гэбистов. Ему, конечно, виднее, но я про себя могу сказать, что со мной подобного ни при какой погоде произойти не могло, и вовсе не потому, что противоречило бы моим убеждениям (убеждения всегда можно к чему-нибудь подогнать), а потому, что к такого рода службе я не приспособлен был от рождения. Один из ранних моих рассказов назывался «Кем я мог бы стать», ему же подошло бы название: «Кем я не мог бы стать». Я давно понял, что никогда не мог бы быть начальником, потому что стесняюсь кого-нибудь к чему-нибудь принуждать, никогда не мог бы быть хорошим подчиненным, потому что мой организм противится принуждению. Я никогда не был противником жизненного благополучия (мечта о котором, неосуществленная, у меня всегда сводилась к собственному загородному дому и огороду), но когда доходило до конкретной и, казалось бы, небольшой платы за это — поднять руку, поставить подпись, возложить венок, сказать комплимент начальнику, дружить с нужным человеком, — от таких возможностей я всегда уходил, избегал, убегал.

«Er ist flüchtig» (не могу перевести иначе как «склонный к улетучиванию»), — сказал обо мне один проницательный немец.

К политической или общественной деятельности я никогда не стремился. В интервью немецкой газете «Ди Цайт», данном мною незадолго до вызова в КГБ, я назвал себя диссидентом поневоле, но не столько в том смысле, что меня туда затолкали, сколько в том, что я с существующим режимом был просто несовместим и диссидентство мое было неизбежным.

Впрочем, некоторые «диссидентские» поступки я совершил по причинам более низкого свойства, а именно по убеждениям.

Когда посадили Синявского и Даниэля и начался возврат к тоталитаризму сталинского образца, я решил, что общество, если оно у нас действительно есть, должно оказать таким планам властей сопротивление, должно восстать, а поскольку я так думаю, то я должен за убеждение свое отвечать и быть среди восставших.

Что я в некотором смысле и сделал.

Но восстания не случилось.

Процесс Синявского и Даниэля вызвал внутри страны хотя и острый протест, но среди очень ограниченного круга людей. Из двух-трех тысяч человек (на всю огромную страну), склонных к протесту, десяток посадили, сотню оставили на развод, а остальных, так или иначе, купили и успокоили: сидите, кушайте, думайте что хотите, но помалкивайте. Сталинские времена кончились, без разбору сажать не будем, но лезущих на рожон можем и пришибить. Говорят, что вождь итальянских фашистов Бенито Муссолини, спрошенный во время обеда сыном-подростком, что такое фашизм, ответил коротко: «Жри и молчи». Таким был и советский строй при Брежневе. Он был лучше сталинского, при котором молчание тоже бывало наказуемо. Впрочем, и при Брежневе были угрозы наказать отмалчивавшихся. После вторжения советских войск в Чехословакию поэт Виктор Урин, осудивший в стихах чешских реформаторов, обещал: мы еще припомним, кто за что молчал. Сам он через некоторое время объявил себя чуть ли не диссидентом и эмигрировал в Америку.

Пока я был членом Союза писателей, я чувствовал себя ответственным за все, что происходит в самом этом союзе, и за то, что им одобряется. Я встречал много людей, которые, живя по принципу «жру и молчу», оправдывали себя высокими соображениями вроде: «Я художник. Бог дал мне мой талант, чтобы писать книги (картины или оперы), а все остальное — политика. Я занят своим делом. Оно нужно не только мне, оно нужно стране, народу, миру, человечеству, я занят этим делом. А что, вокруг меня разве что-нибудь происходит? Да? Правда? Что вы говорите? Не знаю, не знаю. Мне некогда вдаваться в подробности, у меня дело, от которого отвлечься я никак не могу».

В таких рассуждениях есть своя правда. Художественное сочинительство и гражданские страсти не так-то просто между собой уживаются. Как только писатель любого масштаба, хоть даже и Лев Толстой, погружается в пучину общественной борьбы, это тут же отрицательно сказывается на качестве им сочиняемого. Но и с холодным равнодушием к судьбе своих современников настоящий художник несовместим.

Когда пошла полоса арестов и шемякиных судов над инакомыслящими, я никаких оправданий своему стоянию в стороне придумать не мог и поэтому (очень неохотно) примкнул к протестовавшим.

Чехов когда-то сказал, что Короленко слишком хороший человек для того, чтобы быть хорошим писателем. Он писал бы намного лучше, если б хоть раз изменил жене. Это циничное, но тонкое замечание. Трудно себе представить крупного писателя, не обуреваемого большими страстями, не эгоцентричного, не наделенного трезвым взглядом на жизнь, часто близким к цинизму, и вообще трудным характером, но при этом у меня нет сомнений и в правоте Пушкина, сказавшего, что гений и злодейство несовместны. Я слышал часто возражения с примерами, что имярек талантлив, хотя и подлец. Но, толкуя Пушкина, надо иметь в виду, что он имел в виду истинного гения (например, Моцарта) и истинное злодейство (например, убийство).

Часть пятая
Живой, но сильно обкусанный

СНОВА ЗДОРÓВО

Восьмого марта 1969 года я был у Олега Чухонцева, отмечавшего свой сорок первый день рождения. Булат Окуджава позвонил Олегу поздравить и, узнав, что я тоже там, попросил меня к телефону.

— Только что слышал по радио, — сказал он, — что в эмигрантском журнале «Грани» напечатан твой роман о каком-то солдате. У тебя есть роман о солдате?

Я сказал, что есть, и взволновался. Я понял, что произошло событие, которое доставит мне немало приятностей. До того первые главы романа в рукописи я давал читать, кому не лень, иногда даже где-то забывал вместе с портфелем. Однажды забыл у своего знакомого партнера по игре в шахматы, математика и диссидента Юлиуса Телесина. Он был сыном еврейского писателя и еврейской детской поэтессы Рахиль Баумволь — они оба писали на идише. Телесин-младший, прочтя мою рукопись, пришел в восторг и сам ее перепечатал, впрочем, спросив у меня разрешение. Я, по свойственной мне беспечности, разрешил, не просчитывая, что может случиться дальше. И вот случилось! Рукопись бесконтрольно гуляла по рукам, в конце концов попала за границу и напечатана в журнале, считавшемся самым антисоветским. Моего согласия никто не спрашивал и никто не был обязан — Советский Союз еще не присоединился к Женевской конвенции. Публикация предварялась лестным для автора предисловием.

Я понял, что назревают новые неприятности, похуже прежних.

Однако прошла неделя, две, три — никто меня не трогает, никто никуда не зовет. Я стал надеяться: а вдруг пронесет. Но это — как с серьезной болезнью. Врачи нашли ее, поставили диагноз, а больной чувствует себя совершенно здоровым, никаких признаков не видит и начинает надеяться, что болезнь и дальше никак себя не проявит. Однако она свою работу не прекращает и через некоторое время выскакивает в виде какого-нибудь прыща, сухости во рту или внезапной печеночной колики.

С момента сообщения Булата прошло месяца два. В мае мы с Ирой сняли дачу где-то в районе Звенигорода. Как-то по дороге на дачу заехали в Жуковку, зашли в придорожный, шикарный, по тогдашним представлениям, ресторан. День был будний, час неурочный, в ресторане — никого, кроме одиноко сидевшего в дальнем углу Олега Ефремова, только что назначенного главным режиссером МХАТа.

Увидев меня, он тут же со своей тарелкой пересел к нашему столику.

— Слушай, я был недавно в горкоме у Аллы Петровны Шапошниковой, она про тебя очень зло говорила. Сказала, что ты продолжаешь заниматься антисоветской деятельностью, тебя простили за недавние твои ошибки, но ты на этом не успокоился и теперь напечатал в эмигрантском журнале какой-то рассказ или повесть. Она мне сказала: «Если его увидите, передайте ему, что мы его будем выводить из Союза писателей». Я хотел тебе специально позвонить, но вот встретились.

Тут же он сказал, что мне надо срочно предпринять какие-то шаги, например, напечатать (в нашей, конечно, печати) что-нибудь такое, чтобы успокоить начальство или поставить что-то в театре.

— Кстати, нет ли у тебя чего-нибудь для меня?

Я сказал, что для него у меня есть как раз повесть, написанная мною в прошлом году. Он заинтересовался, поехал за мной туда, где я снимал дачу, и получил рукопись «Путем взаимной переписки».

После этого исчез, и надолго.

Прошло еще какое-то время, и вот новость: Сергей Михалков где-то на собрании сообщил публике, что у нас, в Союзе писателей, есть, оказывается, собственный корреспондент антисоветского эмигрантского журнала. Вскоре дошли слухи о повторном закрытии спектаклей «Два товарища» и «Хочу быть честным». На этот раз мне никто никаких условий не ставил. В Театре Маяковского спектакль прикрыли без объяснений, и Гончаров уже не противился, понимая, что бесполезно. В Театре Советской армии обошлись без объявления меня контрабандистом. Очередное представление театр почему-то давал не в собственном помещении, а в «Ленкоме», куда вдруг пришли Подгорный и Косыгин. Молодой читатель может спросить, а кто это такие, и, возможно, даже удивится, узнав, что когда-то портреты этих персонажей были развешаны по всей территории Советского Союза и все советские люди знали изображенных в лицо, потому что это были второй и третий человек в государстве — Председатель Президиума Верховного Совета СССР и председатель Совета министров. Они пришли с женами, детьми и внуками. Разумеется, среди артистов переполох: с чем явились дорогие гости, как отнесутся к спектаклю, какие будут мнения, указания и какие последствия? Люди театра почти всегда, когда шла речь о какой-нибудь опальной постановке, лелеяли надежду на силу искусства, верили, что, если спектакль хороший, если в нем много смеха, слез и аплодисментов, им можно покорить и суровые сердца партийного начальства. И сейчас, пока шел спектакль, артисты из-за кулис следили за правительственной ложей и сообщали друг другу в волнении: смотрят, смеются, хлопают.

Заметили даже, что Председатель Президиума достал платочек и промокнул слезу. Спектакль окончился, и театральное руководство кинулось к высоким зрителям подать пальто и заодно поинтересоваться, заранее растянув улыбки для принятия комплиментов, как, мол, понравилось, и нет ли попутных замечаний. Говорят, Алексей Николаевич Косыгин при этом окаменел, а Николай Викторович Подгорный, поправляя перед зеркалом шапку — каракулевый пирожок, — скосил ее налево-направо, нахлобучил симметрично на уши, посмотрел на начальника театра и сказал фразу, запомненную всеми надолго:

— У театри Совецкой армии не люблять Совецку армию.

Это был приговор, и он был приведен в исполнение немедленно.

ЕСЛИ ВРАГ НЕ СДАЕТСЯ...

Может быть, на другой день после этого события мне позвонил Виктор Николаевич Ильин и попросил зайти к нему.

— А по какому делу? — спросил я.

— Вы знаете, по какому, — было отвечено сухо.

— Я не знаю, — слукавил я. — Скажите.

— Это не телефонный разговор, — сказал генерал.

Я пришел.

— Вы знаете, — Ильин указал мне на стул, — зачем я вас пригласил?

— Не знаю.

— Я полагаю, вы знаете, что ваше произведение опубликовано в зарубежном антисоветском журнале?

— Нет, не знаю. А какое произведение?

— У вас есть произведение про какого-то солдата?

— Есть. И даже не про одного.

— Но вы знаете, о каком именно идет речь.

— Не знаю. — Я продолжал валять дурака.

— А мне кажется, вы знаете, но не хотите сказать. Его фамилия как-то на букву «Ч». Что-то вроде Чомкина.

Тут я решил немного раскрыться и сказал, что у меня есть некое сочинение о солдате Чонкине, но это не повесть, а маленькое начало большого романа.

Тем не менее он стал настаивать на том, что написанная мною вещь именно повесть. Я, признаться, не сразу понял, что на определении жанра Ильин, а потом многие другие, кто меня впоследствии прорабатывал, настаивали не зря. Потому что начало романа — это начало, которое теоретически может продолжиться непредсказуемо, а законченная повесть — это законченное преступление.

— Вы опубликовали антисоветскую повесть, — тупо повторял Ильин.

Я так же тупо возражал:

— Я не публиковал антисоветскую повесть. Я не пишу антисоветские повести.

Так мы препирались долго и бесполезно. Он требовал, чтобы я признался, что написал антисоветскую повесть, и немедленно отреагировал на публикацию. Я возражал, что смогу отреагировать на публикацию только после того, как мне дадут журнал, чтобы я мог убедиться, что напечатана действительно моя вещь, а не чужая под моим именем, и напечатана в том виде, в каком написана, а не в искаженном.

— Ну почему же вы думаете, что они ее исказили?

— Потому что раз они — антисоветский журнал, значит, способны на любые провокации, — лукавил я. — Или вы думаете, что они не способны?

Думать так он, конечно, не мог и в конце концов признал мое требование резонным.

Согласился, что я имею право посмотреть журнал, и обещал достать мне его и показать. Обещал очень неохотно, потому что и сам, несмотря на свое генеральское звание, к такого рода изданиям не был допущен.

Я со своей стороны выразил не очень искренне недоумение, обиду, протест, возмущение, что меня обвиняют в том, что еще не доказано. Не доказано, что мое сочинение антисоветское, не доказано, что именно оно опубликовано в журнале «Грани», а если даже оно, то как я могу быть уверен, что его не исказили, не сократили, не добавили что-нибудь от себя? И почему же, спросил я Ильина, никто еще не доказал, что это текст мой и напечатан с моего разрешения, а меня уже обзывают публично собственным корреспондентом журнала «Грани», антисоветчиком и на меня уже обрушивают карательные меры? Такое обращение со мной, сказал я Ильину, вряд ли может подействовать на меня положительно.

Старое это прошлое, давным-давно быльем поросло, и многих подробностей я уже, конечно, не помню, но помню только, что все лето 1969-го, и осень, и зиму, и следующее лето меня куда-то вызывали и не то чтобы допрашивали, но льстили, соблазняли посулами и пугали последствиями, что если я не покаюсь, не «разоружусь перед партией», к которой я не имел отношения, не признаюсь публично, что написал повесть очернительскую, клеветническую, антисоветскую и даже хуже того (я-то думал, что ничего хуже не бывает) — антинародную, то последствия для меня будут хуже, чем плохими. А вот если разоружусь и признаюсь, то все будет прекрасно. Формулировку, что антинародная повесть — это хуже, чем антисоветская, я услышал сначала от самого Ильина, потом ее стали повторять все допрашивавшие, потом я понял, что она выношена где-то в недрах ЦК КПСС—КГБ для возбуждения возможного гнева народа. Потому что словом «антисоветский» (они это уже сами знали) и автора не обидишь, и народ не разгневаешь, а вот антинародное — это то, за что народ может вполне и побить.

Собственно говоря, происходившее в шестьдесят девятом и семидесятом годах мало отличалось от того, что было со мной в шестьдесят восьмом. Бесконечное количество проработчиков, которые заставляют признать, что я своими писаниями или действиями нанес урон (огромный) советской стране, что свое клеветническое произведение (чаще его называли «так называемое «произведение» и слово «произведение» брали в кавычки, чем все свое утверждение лишали смысла). Утверждалось, что так называемое «произведение» я писал по заданию ЦРУ или Пентагона — с целью подорвать мощь Советской армии и основы советского строя. Мне предлагалось это признать немедленно и по-хорошему, а если я этого не признаю, значит, нахожусь по ту сторону баррикад, то есть с нашими врагами, а к таким у нас отношение простое, с такими мы поступаем по Горькому: если враг не сдается, его уничтожают.

Ну и, разумеется, начальство давит с одной стороны, а близкие люди — с другой.

Лидия Николаевна Смирнова хлопотала за меня перед Шапошниковой, а потом прибегала ко мне:

— Володичка, ну пожалуйста, ну придумайте какие-нибудь слова. Ну признайте, что вы это написали не подумав, не представляя, что из этого может получиться, а теперь поняли и сожалеете.

Ей вторил ее многолетний любовник, снимавший ее во всех своих фильмах, Константин Наумович Воинов.

Дети, когда я к ним приходил, просили у меня игрушки, на которые у меня не было денег.

Прошло много времени, пока Ильину для проведения со мной дальнейшей работы выдали «Чонкина», под расписку или под честное слово, не знаю, но не журнал, а ксерокопию, которую он мне и предъявил как вещественное доказательство. Я эту копию повертел, полистал. Попросил дать мне домой: прочту, верну. Ильин нахмурился: «Нет, домой не дам. Читайте у меня в кабинете». — «Знаете, — отвечаю, — у вас в кабинете я читать не могу. Тут обстановка на меня давит, буквы пляшут перед глазами, телефон все время звонит, люди туда-сюда ходят, не могу, извините...»

— Идите в приемную. Там стоит диван, на нем можно сидеть, можно лежать, никто вам не помешает.

ВРАГ ПРЕДАТЕЛЕМ БЫТЬ НЕ МОЖЕТ

Еще в бытность мою плотником я как-то во время очередного перекура подслушал разговор, в котором сам не участвовал. Один из рабочих, прочтя какую-то газетную статью, предсказывавшую, что американские империалисты стремятся развязать третью мировую войну, сказал, что если такая война случится, он лично воевать не пойдет, потому что ему воевать не за что. Меня тогда его мнение и откровенность удивили. Я еще был настроен как примерный патриот и думал, что если война, то надо быть, конечно, на стороне своего государства, хотя уже тогда относился к советскому режиму без, мягко сказать, уважения. Но слова эти мне запомнились, я о них нет-нет да вспоминал, как-то в разговоре с Володей Тендряковым вспомнил и сказал ему, что, пожалуй, я с тем рабочим могу согласиться. Если начнется война с Америкой, я советскую власть защищать не буду. Тендряков, к моему удивлению, спорить не стал, но предположил, что с китайцами я воевать все-таки стал бы. Я подумал недолго и сказал, что и с китайцами не так все просто. Если у власти останутся коммунисты, то мне все равно, какой они национальности: русские, украинцы, грузины или китайцы. Я этот наш разговор потом вспоминал, когда меня до отъезда за границу и по возвращении проклинали по-всякому и, кроме того, называли предателем. Я предателем не был. И не только потому, что уехать меня вынудили, но и потому, что советский режим объявил и сделал меня врагом, и я его ответно считал вражеской силой, а выступление против врага предательством не является по определению.

МИЛЛИОН ПО ТРАМВАЙНОМУ БИЛЕТУ

Тут в ход событий вторглось новое обстоятельство: в июле мои неугомонные родители затеяли переезд — на этот раз из Октябрьского (Башкирия) в Клинцы Брянской области, совсем рядом с родиной моего отца Новозыбковом. Приезжают. Встречаю их на Казанском вокзале и вижу: мать желтая и худая до неузнаваемости. Она и раньше никогда не весила (при маленьком, правда, росте) больше пятидесяти килограммов, а тут и вовсе, в чем только душа держится. И при этом большой живот, как на девятом месяце беременности. В чем дело, не знает. Знает только, что чувствует себя очень плохо. Аппетита нет, в животе тяжесть, ходила в Октябрьском в поликлинику, ей сказали: «У вас весенний авитаминоз. Кушайте селедочку».

Первая врач в поликлинике Литфонда нащупала огромную опухоль и предположила:

— Чудеса, конечно, бывают, но, по-моему, рак, и очень запущенный.

Сделали рентген, увидели опухоль величиной со средний арбуз. Надо класть маму в больницу, а ее не берут — иногородняя. Пока живем впятером (еще и сестра Фаина приехала из Молдавии) в нашей однокомнатной квартире на верхнем этаже. Дни стоят жаркие, а у нас под крышей и вовсе пекло. Мама то сидит, то лежит на диванчике, а мы вокруг нее — кто на стульях, кто на полу. Ночью — мама на кровати, Ира на диване, Фаина на раскладушке, а мы с отцом на полу.

У Сарновых оказалась знакомая врач — Лия. Работает в больнице МПС. Это одна из лучших московских клиник. Лия все устроила, но нужен пустяк — официальное письмо из Союза писателей.

Легко сказать — пустяк. А кто ж мне его даст в сегодняшней ситуации? Но все же иду к Ильину. Говорю, что мне нужна бумага. Может ли он дать мне ее, ничего не требуя взамен. Он сделал оскорбленное лицо. «Ну, как вы можете так говорить!» Задергал носом. Лицо тренированное, но мысль на нем все-таки отражается: как бы использовать данную ситуацию и припереть просителя к стенке. Протер очки. Открыл ящик стола, опять задвинул:

— Черт! Все бланки израсходовал. До понедельника дело потерпит?

— До понедельника потерпит. До вторника вряд ли.

Насчет истраченных бланков, конечно, вранье. Прежде чем дать бумагу, хочет подумать о следственных возможностях или выяснить, не будет ли у него от этого каких-нибудь неприятностей. Я возвращаюсь домой. Жара не спадает. Железная крыша днем раскаляется, и у нас — душегубка.

Сидим, обливаясь потом, у всех на лицах выражение горя.

В субботу звонит Петя Якир и говорит дурацким голосом, подражая, должно быть, Сталину:

— Слюшай, к тебе тут придет адын дэвочка, очен хороший дэвочка с адын очен интересный бумажка.

Через некоторое время является диссидентка Таня Баева, одна из демонстранток против советского вторжения в Чехословакию, властью почему-то прощенная. Пришла с письмом в защиту кого-то. Я таких писем подписал не один десяток, но если сейчас это сделаю, то, вероятно, уже сегодня вечером это будет передано по западному радио. Ильин, узнав об этом, в понедельник бумагу не подпишет, и мать в больницу не попадет. Своей подписью я никого не спасу, но заплачу за нее жизнью матери. Ни больше ни меньше. Мне не хочется говорить при всех, но деваться некуда, и я при родителях, при сестре, при жене объясняю пришедшей, что сейчас не могу подписывать никаких писем, говорю: мать, опухоль, больница, Ильин... «Хороший дэвочка» не признает никаких смягчающих обстоятельств. Она смотрит на меня испепеляющим взглядом и, пятясь назад, спрашивает:

— И не стыдно? — И повторяет: — Не стыдно? Не стыдно? Не стыдно?

И я чувствую, что мне стыдно. И кажется, что моему уклонению от подписания письма нет достаточных оснований для оправдания. И болезнь матери не оправдание. Потом я устыдился другого. Что не сбросил ходатайшу с лестницы.

Бумагу Ильин написал. С ней я ходил к какому-то железнодорожному начальнику и получил нужную резолюцию. Мать положили в больницу, брали новые анализы, переливали кровь, диагноз подтвердили, но сказали, что такую операцию лучше делать в Боткинской больнице. Опять неимоверные усилия, и вот — Боткинская. Какой-то (уже не помню фамилию) знаменитый профессор делает операцию. Ассистировавшая ему хирург Нина Гурьян выскакивает в коридор:

— Поздравляю, вы выиграли миллион по трамвайному билету. Опухоль доброкачественная.

ПЕРСОНАЛЬНОЕ ДЕЛО

Уже на следующее утро звонит Ильин:

— Ну, как дела? Сделали маме операцию?

— Да, спасибо, сделали.

— И какой диагноз?

Я подозреваю, что он уже знает, какой диагноз, но отвечаю, что опухоль вырезали, она оказалась не раковая.

— Слава богу! Слава богу! — восклицает он театрально. — Тогда, пожалуй, вернемся к нашим делам. Вы не могли бы ко мне забежать на минутку?

— А зачем?

Я всегда спрашиваю зачем, хотя заранее знаю — ответ будет все тот же:

— Разговор не телефонный.

Ну хорошо, ладно. Мы не договаривались, что я за письмо буду расплачиваться, но все-таки он его составил, подписал, не могу же я ему после всего грубить.

— Когда вы хотите, чтобы я пришел?

— Ну, скажем, завтра.

— Нет, послезавтра.

Сам не знаю для чего, но я взял манеру всякий раз назначать не ту дату, которую называл он, и этим хоть чуть-чуть отстаивать видимость своей независимости.

Всякий раз он легко соглашался, и сейчас тоже:

— Ну хорошо, приходите послезавтра.

Послезавтра я пришел в назначенное время, часа в два или три дня. Вхожу в кабинет. Ильин сидит за своим столом, напротив у стены расположился Лазарь Карелин, секретарь Московского отделения СП, прозаик, драматург и кое-кто еще. Говорили, что он у Юрия Нагибина был кем-то вроде секретаря и в качестве дополнительной услуги занимался поставкой хозяину проституток. А в описываемое время был любовником Шапошниковой. Рядом с Карелиным — неизвестный мне человек по фамилии, как я потом узнал, Болдырев.

— Садитесь, где вам удобно, — сказал Карелин. — Как, жарко сегодня?

— Да, — говорю, — не холодно.

Сижу, жду, когда они уйдут, но они не торопятся. Больше того, вошел еще некий Виктор Тельпугов с бритой наголо головкой пятьдесят четвертого размера. Еще появился человек, которого я первый раз видел, Михаил Брагин, как мне сказали, полковник. (Между прочим, в тогдашнем Союзе писателей полковников и генералов сконцентрировано было не меньше, чем в Генеральном штабе. Сами о себе они часто говорили: «я генерал» или «я полковник», но никогда не уточняли «в отставке» и не называли своего рода войск. Я тогда думал и сейчас думаю, что чинов своих они достигали в основном в КГБ.)

Сидят просто так, говорят кто о чем.

— А вот я слышал по Би-би-си, — сказал Болдырев, — какой-то человек организовал альпинистскую школу для детей. Мне бы дали, я бы тоже с удовольствием такую школу организовал.

Я удивился, что это он в таком официальном кабинете так спокойно говорит про Би-би-си. Ведь Би-би-си — это вражеская радиостанция. Правда, другие, мне кажется, тоже удивились, потому что никак на его сообщение не отреагировали, и кто-то опять сказал, что очень жарко.

Вдруг Ильин, кончив возиться со своими бумагами, поднял голову и, не глядя на меня и никак не объявляя названия происходящего действия, сказал:

— Товарищи, мы собрались, чтобы обсудить повесть Владимира Войновича, — он заглянул в бумажку, — «Жизнь и необычайные приключения солдата Ивана Чонкина». Эту повесть...

— Не повесть, а часть романа! — закричал я с места.

— Эту повесть Войнович предлагал советским изданиям, — продолжал Ильин, пропустив мимо ушей мою реплику, — которыми она была отвергнута...

— Не была она никем отвергнута! — крикнул я.

— ...и некоторое время спустя появилась в издающемся во Франкфурте-на-Майне антисоветском журнале «Грани». Нам, товарищи, предстоит обсудить идейно-художественное содержание повести Войновича и высказать свою оценку. Кто хочет высказаться?

Совершенно не ожидавший такого развития событий, я тем не менее сказал, что именно я и хочу высказаться. Ильин согласился, но с большой неохотой.

— Виктор Николаевич, — сказал я, — я пришел сюда, чтобы поговорить с вами. А вас здесь так много. Кто вы?

— Вы разве нас не знаете? — обиделся Карелин.

— По отдельности некоторых знаю, а кто вы все вместе? Бюро? Комитет? Совет?

— Владимир Николаевич, это комиссия, — объяснил Ильин. — Комиссия, созданная секретариатом для расследования того, как и при каких обстоятельствах ваша повесть...

— Да не повесть...

— ...попала в белогвардейский антисоветский журнал «Грани» и была там опубликована.

Я обрадовался. Вот сейчас я их выведу на чистую воду.

— Ну и как? — спросил я не без ехидства. — Что комиссия выяснила? Каким образом моя рукопись попала в «Грани»?

Они отвечать не торопились.

— А я, между прочим, заявлял вам, Виктор Николаевич, что я эту рукопись сдавал в секретариат для подготовлявшегося альманаха, а она именно из секретариата пропала. Так что для выяснения того, как рукопись попала за границу, вам нет нужды сразу ехать во Франкфурт, а надо поискать виновников здесь.

Мне казалось, что я их здорово прижал к стене и они не найдутся даже, что и сказать. Сколько раз я слышал о других, которые в подобных случаях ловко находили аргументы, и о том, как их противники терялись, и отвечали невпопад, и иногда, или почти всегда, или, точнее, всегда пороли глупости. И все это очень наивно. На самом деле, готовясь к подобным заседаниям, они и не рассчитывают на ловкость во всех случаях. Им важно гнуть свою линию, им, в общем-то, все равно, будут они выглядеть умными или полными дураками, при случае они ответят впопад, при случае будут радоваться, если жертва окажется ненаходчивой, но если все будет наоборот, то и это не имеет значения, они же пришли не истину выяснять, они пришли с дубиной, и они ее употребят.

Вскочил Тельпугов с такой речью (он будет повторять эти же обвинения и на других заседаниях по поводу моего исключения):

— Что такое? Почему этот человек задает нам вопросы? Здесь не он должен задавать вопросы, здесь мы задаем вопросы. Мне неважно, как эта повесть попала за границу, неважно, кем она была напечатана, важно то, что она вообще была написана. Если бы я даже знал, — сказал Тельпугов, — что эта повесть нигде не напечатана, а просто лежит в столе у автора или даже только задумана, я и тогда считал бы, что автором должны заниматься не мы, а те, кто профессионально борется с врагами нашего строя. И я сам буду ходатайствовать перед компетентными органами, чтобы автор понес заслуженное наказание.

Тельпугова сменил Брагин.

Выступал очень взволнованно. Сказал, что таких ужасных, так оскорбляющих его любимую армию произведений ему читать еще не приходилось, и стал задавать мне много вопросов. Я решил вести себя благоразумно. На все вопросы отвечать. Ни в коем случае не выходить из себя.

Кто я такой, член ли КПСС? Нет. Почему нет? Не удостоился. Какое образование? Полтора курса пединститута.

— Ага, историк! — кивнул удовлетворенно Брагин.

Тут опять подтекст, как в случае с определением жанра. Если не доучился, то один спрос. Недоучка может чего-то не понимать. Если историк с законченным образованием — значит, сознательный враг и заслуживает полного тюремного срока.

Пошли дальше.

— А скажите, вы в армии служили?

— Служил.

— Сколько времени?

— Четыре года.

— И неужели вы видели в армии что-нибудь подобное тому, что вы описываете?

Я не сдержался и сказал:

— Видел кое-что и похлеще.

Эти мои слова так оскорбили святые чувства полковника, что он вскочил, покраснел, стал сучить ногами и кричать:

— Это ложь!

Я взял себя в руки, повернулся к Ильину:

— Виктор Николаевич, посоветуйте этому человеку почаще посещать доктора и как можно реже участвовать в столь нервных мероприятиях. И скажите, что, если он будет называть меня лгуном, я отсюда уйду.

— Не надо горячиться. Но вы должны понять, что товарищ Брагин отдал армии всю свою жизнь и ему обидно слышать от вас такие слова.

— Как бы ему ни было обидно, пусть выбирает выражения.

— Но ведь вы же говорите ложь! — не унимался Брагин.

— Я последний раз вас предупреждаю, — сказал я, — и предупреждаю всех, кто здесь есть. Если я еще раз услышу слово «ложь», я немедленно отсюда уйду.

— Но зачем же вы говорите, что видели в армии то, что вы описываете?

— Да, видел.

— Ложь! — задергался в новых конвульсиях Брагин. — Наглая ложь!

Я встал и пошел к выходу.

— Товарищ Войнович, вернитесь! — закричали вместе Ильин и Карелин.

Я вышел, мягко прикрыл дверь, но подумал, что это неправильно. Вернулся, открыл ее снова и изо всех сил двинул ногой. Но она, видимо, так была устроена, что мягко-мягко прикрылась.

В совершенно секретном коммюнике, выпущенном по поводу вышеописанной встречи, было сказано, что участники внеочередного заседания секретариата с активом (а не комиссии. — *В.В.*), обеспокоенные судьбой своего товарища, собрались и дружески указывали ему на недостойность его поведения, которое фактически привело его в лагерь наших врагов, но товарищ вел себя вызывающе и высокомерно, отрицая идейно порочную сущность своего так называемого «произведения», создал конфликтную ситуацию и, воспользовавшись ею, ушел. И дальше следовала заключительная фраза: «Секретариат Правления Московской писательской организации считает, что т. Войнович поставил себя своими действиями и своим «творчеством» (и тут, конечно, кавычки. — *В.В.*) вне рядов Союза писателей, и только отсутствие кворума не дает возможности решить этот вопрос в настоящее время».

Я не знал, что у них не было кворума, и не думал, что он им очень был нужен. И даже рад был тому, что не придется больше являться на их вызовы и переливать из пустого в порожнее. Поэтому на другой день позвонил Карелину и попросил, чтобы мне, если я уже исключен из СП, дали какую-нибудь справку или выписку. Оказалось, что я все еще советский писатель, и поэтому Карелин хочет со мной поговорить тет-а-тет. И все пошло по второму кругу. Разговор с Карелиным, еще с кем-то, опять с Ильиным, потом с первым секретарем московского отделения СП поэтом Сергеем Наровчатовым и вновь с Ильиным.

Ильин был человек очень незаурядный, но все-таки ум у него был полицейский. Полицейский — не значит глупый, а лишь то, что человек видит всему простые объяснения и находит простые решения. Я думаю, что Ильин по натуре и не злой был, но делал все, что нужно, считая себя солдатом партии. Мне кажется, что эту роль он себе подсознательно придумал для оправдания всех своих поступков. Включая участие в «мокрых» делах. Например, он, как я узнал потом, очень гордился тем, что стоял за убийством перешедшего на сторону немцев известного артиста Блюменталь-Тамарина. Изменника убил его племянник, посланный Ильиным за линию фронта. Все старания Ильина угодить советской власти были оценены свойственным этой власти способом: он был арестован, судим и десять лет провел в тюрьме. Вышел оттуда, как ему казалось, несломленным большевиком. Верность режиму сохранил, изобретя формулу: «На партию не обижаются». Эту фразу он повторял и мне, а я удивлялся: «Почему бы на нее хоть раз не обидеться?» По-моему, Ильин даже неплохо ко мне относился, но раз партия приказала, готов был вгрызться в печенку. А все-таки иногда и его посещали сомнения, и Виктор Николаевич, зажав меня в углу своего кабинета и прикрываясь ладонью от возможных микрофонов, спрашивал шепотом:

— Ну, скажите, как говорится, не для протокола, а мне лично, неужели вы думаете, что ваш «Чонкин» когда-нибудь будет опубликован?

— Виктор Николаевич, — отвечал я ему громко, — я не только думаю, я знаю точно, что когда-нибудь «Чонкин» будет опубликован.

— Ну, вы и самонадеянный, — качал он головой.

— Нет, Виктор Николаевич, я вовсе не самонадеянный. Это вы и ваши единомышленники самонадеянны, потому что думаете, что вы управляете временем. А вы в нем только существуете. Если вы вспомните историю, вы увидите, что ни одна запрещенная книга не пропала. Все они доживали по крайней мере до отмены запретов и только после этого вступали в соревнование с другими книгами...

Я стараюсь не забегать вперед, но здесь забегу и скажу, что Виктор Николаевич Ильин, к моему удовольствию, дожил до времени, когда ему наглядно пришлось убедиться в моей правоте.

Мне рассказывали, что декабре 1988 года, уже старенький и трясущийся, пришел он по каким-то своим делам в журнал «Юность» и, скромно сидя в коридорчике, заметил, что сотрудники редакции бегают мимо него с некими бумагами и при этом как-то особенно возбуждены.

— Что это вы носите? — поинтересовался Ильин.

— Верстку «Чонкина», — сказали ему.

Говорят, он обхватил голову руками и потряс ею так, как если бы ему сообщили о конце Света. Впрочем, к сожалению, для Виктора Николаевича конец Света скоро и наступил. Как написано в одной из моих книг, в последние годы своей жизни Виктор Николаевич принялся за мемуары. Как я слышал, они были слишком откровенны, что и явилось возможной причиной отказа тормозов у грузовика, задавившего Ильина во дворе его дома. Ни с кем из преследовавших меня людей мне встречаться не хотелось, но для Ильина я сделал бы исключение. Жаль, что не пришлось.

ЗНАКОМСТВО С НУЖНИКОМ

Дома неожиданный звонок. Тамара Громова, бывшая жена Эдика Иодковского. Работает в «Комсомольской правде».

— Володя, я тебе звоню вот по какому поводу. У меня есть один старый знакомый. Мы когда-то вместе в университете учились. Теперь он работает в ЦК. Представь себе, приличный человек. Он хочет с тобой встретиться и просил тебя позвонить по телефону...

Продиктовала номер.

Я позвонил.

— Да, здравствуйте. Да, очень хотелось бы встретиться. Ну, давайте завтра часов в двенадцать. Где-нибудь... Ну, вот вы знаете церковь Всех святых на Кулишках на площади Ногина?

— Нет, не знаю.

— Ну там, если выйдете из метро, направо...

— А как я вас узнаю?

— Вам не надо меня узнавать. Я сам вас узнаю.

Так начались мои встречи с инструктором отдела культуры ЦК Юрием Борисовичем Кузьменко. Первый раз от церкви мы пошли в гостиницу «Россия», сели там где-то в холле.

— Я слышал о ваших неприятностях и думал, как бы вам помочь. Мне очень не хотелось бы, чтобы вас исключили. У меня есть и личная заинтересованность. Вот я написал статью о «Хочу быть честным» и надеюсь когда-нибудь ее напечатать.

Он мне показал эту статью и ждал, покуда я ее прочел.

Я думал, что у нас будет только одна встреча. Но он, кажется, был настроен встречаться регулярно. И даже семьями. Что несколько раз и случилось.

Кузьменко изображал из себя такого либерального интеллигента, который в ЦК попал как бы случайно. Мне он говорил, что в ЦК работает для того, чтобы делать хорошие дела. А если нет, так у него есть докторская диссертация, пойдет по научной части. Жил он на Соколе в квартире довольно скромной. Была у него жена и двое детей. Оказалось, что он рыболов, турист и фотограф. Он показывал слайды о своих путешествиях где-то по Алтаю. Был он, кажется, и во Франции. В разговоре подчеркивал свое дворянское происхождение. Я заметил, что он говорит часто слово «еврей». Такой-то — еврей. Такой-то — тоже еврей. Как будто нейтрально. Но если о ком-то хочет сказать информацию с негативным оттенком, добавляет — еврей. У скрипача Ойстраха (еврея) ограбили квартиру. Вскрыли пол и выгребли оттуда огромные залежи бриллиантов. Министр внутренних дел Щелоков (не еврей) сказал, что бриллианты мы найдем, это дело нашей чести. Бриллианты нашли и вернули хозяину. Я не знаю, что Кузьменко думал обо мне, читал ли мое личное дело (вряд ли не читал), но если говорил о каком-то нехорошем человеке и тот нехороший оказывался евреем, не упускал случая это отметить.

Наши отношения не сложились. Хотя некоторое время я пытался держаться с ним по-приятельски, но при этом чувствовал постоянно некоторую фальшь и натянутость. С нужными людьми (их еще называют «нужниками») я тогда дружить не умел и сейчас не научился. Вот и с Кузьменко не слишком сошелся. Тем более что и он тоже дружил со мной не по душевному побуждению. Как-то Владимир Тендряков взялся о чем-то похлопотать за меня перед тогдашним цековским начальником над писателями Альбертом Беляевым. Тот Тендрякова выслушал, а потом сказал, что все эти проблемы Войнович может решить с Кузьменко, который именно для того к нему и послан.

Держался Кузьменко со мной весьма дружелюбно. Хотя его, по-моему, коробило, что я говорил о ЦК «ваша контора». Я ему говорил: у вас в конторе небось ждут моего покаяния, но они этого не дождутся. Он, не возражая, хихикал. Говорил, что он со мной не согласен, но на меня не давит. Только огорчается тем, что, если меня исключат из Союза писателей, Шапошникова будет очень довольна. Он слышал, что она уже довольна, потому что я сам помогаю ей с собою расправиться. Ну что же делать? Мой сосед очеркист и сказочник Александр Шаров, или, как все звали его, несмотря на солидный возраст, Шера говорил: «Напишите объяснение, что ваш Чонкин всего-навсего сказка. Русская сказка про Иванушку-дурачка. Ну что, в самом деле, они к вам привязались».

Я внял совету, написал объяснение. Не помню уже, отсылал его или нет, но не прошло. Предложил Ильину, чтобы «Литературная газета» взяла у меня интервью: над чем, мол, писатель Войнович сейчас работает. Я отвечу, над чем писатель работает, и заодно обругаю «Грани» за публикацию. Этот вариант Ильин отверг.

— Это вы, — говорит, — стараетесь отвертеться.

— Стараюсь, конечно, Виктор Николаевич, а что же мне делать в моем положении? Виляю и стараюсь отвертеться.

— Нет, вот вы напишите протест. А потом уже все будет — интервью, публикации, постановки и так далее.

— А вы правда так думаете, что все будет?

— Я вам даю слово, что я лично буду за вас ходатайствовать. Но только уж вы напишите прямо принципиально...

— Что я написал антисоветскую повесть?

— Слушайте, ну зачем вы дурака валяете? Вы же сами знаете, что написали именно антисоветскую повесть. И даже хуже. Как я вам уже говорил — антинародную.

ДВЕ ПУБЛИКАЦИИ

А жить уже совсем не на что.

Про других я слышал, они в такой ситуации продавали что-нибудь ценное. Дачу, шубу, фамильную драгоценность. А у меня ничего драгоценного.

Я уже всем, кому мог, задолжал.

Вся западная пресса занята Солженицыным. В крайнем случае отвлекается на Вознесенского. Вознесенского не пустили в Америку, там, в Америке, — скандал.

Гроссман сказал: «Меня задушили в подворотне».

Со мной делают то же самое.

И никто этого не видит, никто не знает, и я сам помогаю им душить меня тихо, чтобы никто не услышал.

Мне говорят: ну, напиши что-нибудь самое нейтральное, самое безобидное. Ну просто, что ты недоволен самовольной публикацией и протестуешь. Ты же недоволен. Они тебя подвели. В такой ситуации написать протест не стыдно. Солженицын написал протест издательству «Мондадори». Братья Медведевы, Рой и Жорес, тоже написали кому-то. Но что бы и как бы я ни написал, это будет выглядеть как унизительное покаяние. Зато они от меня отвяжутся на некоторое время, и я смогу продолжить свою работу. Назло Шапошниковой останусь в СП. Ире и друзьям, которые меня уговаривают так поступить, я возражаю, что это будет бессмысленное унижение. Мое положение после этого не изменится. Знаю, что не изменится, но сдаюсь. Пишу приблизительно так: «Мне стало известно, что журнал «Грани» напечатал небольшую часть моего незаконченного романа, на что я никому не давал разрешения. Я протестую». Ильин пошевелил губами, взял авторучку и перед словом «журнал» вписал эпитеты: «антисоветский, так называемый» и еще что-то о грязной политической провокации. Я говорю, что это не пойдет. Он тут же согласился: вычеркиваем. Вычеркнули. Я подписал. Ильин доволен:

— Хотите яблочка?

— Нет, спасибо.

Через неделю «Литературка» мой протест опубликовала. В версии Ильина. Со всеми его словами: «так называемый» и «грязная провокация». Так что автором по крайней мере половины слов является он. Но протестовать против этого бесполезно и негде. Разве что в тех же «Гранях».

Как я и думал, тут же нашлись строгие люди, которые немедленно и сурово меня осудили.

У матери Юлиуса Телесина Рахиль Баумволь случайно хранилась рукопись, которую Юлиус оставил, уезжая в Израиль.

Старушка позвонила, высказала свое возмущение моим позорным поступком и говорит:

— Я не знаю, как вам передать вашу рукопись, я оставлю ее для вас в ЦДЛ.

Речь шла о второй книге «Чонкина», существование которой я скрывал и о которой было известно очень немногим. Вторая книга «Претендент на престол» была намного острее первой и, попади в то время она в КГБ или в секретариат СП (что одно и то же), мне и вовсе было бы худо. Я не хотел говорить о рукописи по прослушиваемому телефону, но принципиальная собеседница в своем праведном гневе с этим считаться никак не желала и, если нас кто-то слушал, продавала меня с головой. Я просил ее передать мне рукопись из рук в руки, но она настаивала на том, что отнесет рукопись в Дом литераторов и оставит у дежурной.

Я разозлился.

— А зачем, — спросил я, — действовать таким косвенным образом? Если вы хотите, чтобы рукопись моя попала в КГБ, так прямо туда и несите.

После этих слов она смилостивилась и согласилась встретиться в ЦДЛ.

Мой «протест» был напечатан дважды. Сначала в издании «Литературной газеты» для провинции, а неделю или две спустя в московском выпуске.

Через некоторое время Ильин разослал всем членам Союза письма: «Просим сообщить, какие за последний год у вас были публикации, какие издания и какие гонорары». Я в ответ написал, что за год у меня были две публикации: мое письмо в «Литературной газете» от такого-то числа и то же письмо в «Литературной газете» от другого числа, никакого гонорара я не получил.

АЛЛА ПЕТРОВНА ОБИЖЕНА

После публикации «протеста» я пошел к Ильину, обещавшему мне, что теперь все наладится. Оказывается, его нет, он в командировке, в Париже. Я — к первому секретарю московского отделения СП Наровчатову. У Наровчатова, прислонившись спиной к стене, стоит Лазарь Карелин. Говорю им обоим: так и так, на меня долго давили, задавили, я протест подписал, а положение мое не изменилось. Рукописи в издательствах не двигаются, спектакли не идут, в кино — та же история. Наровчатов смотрит на Карелина, Карелин делает печальное лицо, вздыхает, сообщает Наровчатову: «Я говорил о Войновиче с Аллой Петровной Шапошниковой, Алла Петровна лично обижена на него. Ей кажется, что протест Войновича не искренний, как бы выдавленный из него. Алла Петровна говорит, что таких протестов нам не надо. Что хорошо бы, чтобы товарищ Войнович нашел какую-то удобную для него форму и какое-то место — собрание или газету — мы можем ему в этом помочь — и решительно, не виляя, осудил свое поведение и свою повесть. Она ведь все-таки много вреда принесла нашей стране, очень много, много вреда».

Не могу сказать, что я был возмущен или шокирован. Я не сомневался, что так оно все и будет, я уже до этого написал в «Чонкине» сцену, где свиньи на свадьбе требуют от Чонкина, чтобы он хрюкал с искренним наслаждением и восторгом, теперь действительность в очередной раз совпала со своим отражением.

Но все же «протест» дал мне некоторую передышку. Видимо, те, которые мной занимались, решили, что я уже сломлен и теперь можно обо мне пока позабыть. Они поставили меня на колени и приручили. Они ошибались. Они преподали мне урок, и я его усвоил, но не так, как они хотели. Я понял, что имею дело с врагами, с которыми у меня никакого мира никогда не будет. Будут меня травить, я им этого не прощу. Будут меня покупать — не купят. Внешне я могу вести себя более или менее мирно, но до поры до времени. Пока помолчу. Молчанием добьюсь отмены опалы. Напечатаю книгу. Или две книги. А потом посмотрим.

Я затаился. Покупать они меня не спешили, но и не трогали. Но до «протеста» у меня было сочувствие того круга людей, который у нас называется обществом. А теперь этому обществу на меня наплевать. Сломался, покаялся, значит, все у меня хорошо. А на самом деле хуже, чем было, гораздо хуже. Вот уже что-то взято взаймы, что-то продано. Иногда удавалось что-нибудь писать под чужими фамилиями. В те времена прозаик Санин вдруг временно переквалифицировался и написал несколько текстов песен. Эти тексты написал за него я. С тем же Саниным я писал его сценарий. Другой сценарий писал с Икрамовым. Оба сценария фильмами не стали.

Третий сценарий, уже упоминавшийся мною, был написан в соавторстве с Борисом Балтером и под его фамилией, дошел до экрана и принес нам немало денег.

Власти меня, в общем, оставили в покое, но Шапошникова не унималась и доводила до моего слуха такие слова: «Передайте ему: мы знаем, что он пишет под чужими фамилиями, но мы и до этого доберемся».

О Шапошниковой рассказывали истории, похожие на анекдоты. Где-то шла дискуссия о том, существовать или нет Театру на Таганке. Выступали Любимов и еще кто-то, доказывали ей, приводя цитаты. Шапошникова спрашивает: «Кто это сказал?» Ей отвечают: «Ленин». В другой раз тоже: «Кто это сказал?» Ей отвечают: «Аверченко». Она резко опровергает: «Товарищ Верченко такого сказать не мог!»

Однажды готовился большой концерт — кремлевская елка. Поскольку концерт в Кремле, принимает его партийная комиссия. Председатель — Шапошникова. Показывают балетный номер. Она смотрит, хмурится, приказывает номер снять. Переполох. Устроители робко спрашивают (тоже ведь трудно решиться): почему? Снять, и точка. Все в отчаянии. Артист особенно. Если уж сняли с кремлевского спектакля, значит, за этим что-то стоит. Может, американцам продался. Может, подался в диссиденты. Слух разойдется, достигнет ушей начальства, что он в Кремле не прошел, его и еще куда-нибудь не допустят, из списков на звание вычеркнут, заграничную визу закроют или не откроют.

— Алла Петровна, ну пожалуйста, ну скажите, в чем дело?

— Ни в чем.

Насели на нее, обступили со всех сторон, умолили, и она, покраснев и потупив глазки, сообщает причину: «У него там слишком много». Побежали к артисту, переодели его в черное трико, сделали, что смогли, бегут к Шапошниковой:

— Алла Петровна, уложили!

Алла Петровна вгляделась: ну вроде и правда уложили, ладно уж, пусть танцует.

Такие, как Шапошникова, появлялись во всех сферах. Рассказывали, что дочь Косыгина, Людмила Гвишиани, став директором Библиотеки иностранной литературы, сказала, что работа библиотеки должна быть прежде всего идеологически выдержанной. Она сократила подписку на хорошую литературу, отказалась от подписки на лучшие газеты и журналы, стала поощрять всяких американских и английских коммунистов, делала все, что в ее силах, чтобы разорить библиотеку.

ПО МЕТОДУ ДОКТОРА ЛОЗАНОВА

В 70-м году, когда у меня еще и мыслей не было об отъезде, мне предложили пройти организованный при ВТО (Всесоюзное театральное общество) специальный курс английского языка. Это будет курс суггестологии (то есть обучение через внушение) по методу болгарского ученого доктора Лозанова. Я охотно согласился. Было отобрано 15 человек. Нам сказали, что язык мы будем учить ровно месяц, все дни, кроме воскресенья, по 4 часа. Никаких домашних заданий, слушайте и запоминайте. Я не поверил в это. В первый же день, когда поехал на курсы, купил коммунистическую газету «Морнинг стар». Открыл и стал читать какую-то заметку, из которой ничего не понял. А при приеме на курсы нужно было пройти тест: из 200 английских слов выбрать те, что знаешь, и написать перевод. Я узнал только одно слово — «рефриджерейтор», но написал перевод «рефрижератор». Потом спросили: знаете ли вы какие-нибудь слова по-английски? Я произнес голосом диктора: «This is Russian service of the BBC, program which is following will be in Russian». Экзаменаторы засмеялись и приняли меня.

Каждый день по дороге на курсы я заглядывал в ту же заметку в «Морнинг стар» (другую газету я не покупал) и постепенно стал различать слова. У нас была замечательная учительница — Марина Зиновьевна Туницкая. Она ни слова не говорила с нами по-русски. Сразу дала нам всем английские имена. Я был Питер Ривс, «инженир фром Лидс». Володя Корнилов был Тони Ромэн landowner from Dover (землевладелец из Дувра). Мы пели детские песенки, например, как причесываться, чистить зубы или мыть руки: «This is the way we wash our hands... This is the way we comb our hair», танцевали, хлопали в ладоши. В группе было два профессора медицины, два профессора математики, кинорежиссер Миша Богин, уехавший позднее в Америку, актер Федор Чесноков и три члена Союза писателей — поэт Владимир Корнилов, фантаст Еремей Парнов и я.

За месяц я выучил 2 тысячи слов. Для начала неплохо, и уже можно объясняться. Но с кем? В то время у меня ни одного знакомого иностранца не было. И я мечтал, чтобы меня кто-нибудь на улице спросил, как куда-то пройти.

Через несколько лет представился первый случай употребить свои знания на практике. Возле метро «Новокузнецкая» ко мне подошла группа людей, и какая-то женщина ткнула меня пальцем в живот: «Ду ю спик инглиш?» Я обрадовался: «Ес! Оф кос!» Она меня спросила, как доехать до станции «Октябрьская». Я знал, как объяснить по-английски, но забыл, как туда доехать. Я спустился с ними в метро, и оказалось, что станция «Октябрьская» была следующая, и я без слов показал пальцем на табло.

НЕОФИТ СВЕТОВ

С самого начала шестидесятых годов моими очень близкими друзьями были Феликс Светов и Зоя Крахмальникова. В период наиболее тесных отношений я не представлял, что мы можем когда-то поссориться. Сначала мы отдалились друг от друга буквально. Они получили квартиру у Курского вокзала. Я переехал на Мосфильмовскую улицу, а потом на Черняховского у метро «Аэропорт». С Беном Сарновым, Володей Корниловым и их женами Славой и Ларисой я и раньше дружил, а теперь, когда они стали моими соседями, наше общение стало более тесным. Световы ревновали. Зоя обиженно сказала, что Вова, то есть я, дружит по географическому признаку. Эта причина, возможно, имела место, но дело было не только в ней. Как показывает мой жизненный опыт, всякая дружба, как и любовь, проходит испытание временем, да не всякая его выдерживает. Люди встречаются, находят какие-то точки соприкосновения, общность взглядов, интересов и вкусов, увлекаются друг другом, начинают тесно общаться. Но проходит какое-то время, и друзья начинают друг другу просто надоедать, как, бывает, надоедают друг другу муж и жена. К тому же обстоятельства жизни оказывают на друзей разное воздействие, взгляды начинают меняться, не во всем совпадать, возникают трения, споры, трещина в отношениях.

Такая трещина возникла в наших отношениях, когда Светы познакомились и подружились с неким Женей Шифферсом. Это был человек лет тридцати, с темной коротко стриженной бородой, невысокого роста и армянского (по его словам) происхождения. О нем говорили, что он талантливый режиссер, ставил какие-то очень смелые и оригинальные спектакли в разных театрах, включая «Современник» и любимовскую «Таганку», но сам я не видел этих спектаклей и не встречал видевших. Кроме того, Шифферс считал себя писателем, философом, религиозным мыслителем и пророком. Его философия (сути ее не помню) казалась мне заумной, а пророчества примитивными.

Главным из его пророчеств было, естественно, предсказание наступающего конца Света, когда все грешники погибнут, а праведники спасутся. Шифферс своих новых друзей убеждал (и это ему легко удавалось), что путь к спасению идет через веру. Кроме того, он брался всех лечить, предпочитая мужчинам женщин, а женщинам девочек. Свет и Зоя рассказывали мне, как Шифферс умеет лечить накладыванием рук, и делает это совершенно бесплатно. Я, разумеется, к этим сообщениям относился не без иронии и спрашивал, на какие места Шифферс предпочитает накладывать руки. Светы сердились, и дело доходило до вполне враждебной перепалки.

Для меня это было очень неожиданно. Я более или менее представлял себе, как попадают под влияние главарей каких-нибудь религиозных сект простые темные люди, но как такое случилось с ними, молодыми, современными, образованными и не лишенными юмора интеллигентами? Теперь никакого юмора они не воспринимали, говорили, что Шифферс человек чуть ли не святой жизни, убежденный аскет. Я, знавший настоящего аскета — своего отца, видел, что Шифферс на аскета ни в коем случае не похож: любит хорошо выпить и закусить, носит на пальце золотой перстень, курит сигареты «Мальборо», тогда в Советском Союзе мало кому доступные. Света и Зою мои возражения иногда просто бесили, но они не теряли надежды приобщить и меня. Они сами еще в чем-то сомневались и, не надеясь на собственные силы, были уверены, что если меня свести с Шифферсом, то он неизбежно меня вразумит. Я в это не верил и к встрече не стремился, но однажды летом в Тарусе мы пересеклись.

Шифферс заговорил со мною смиренно. Спросил, почему я о нем плохо говорю. Я сказал, что говорю о нем не плохо, но соглашаться с его рассуждениями не считаю нужным.

Я сказал это не очень уверенно, потому что подумал, а вдруг он и правда откроет мне какую-то истину, о которой я ничего не знал и которая перевернет мое мировоззрение.

Мы сидели на берегу Оки как раз напротив знаменитой деревни Поленово.

— Со мной не надо соглашаться, — возразил Шифферс. — Ты можешь просто обратиться ко мне как к врачу, и я тебя вылечу.

Мне было тридцать шесть лет, я считал себя совершенно здоровым и ни в каком лечении не нуждался, но если бы заболел, поискал бы врача настоящего.

Перешли к теме светопреставления, близость которого никак лежащим перед нами мирным ландшафтом не предвещалась и мне не казалась неотвратимой.

— И напрасно, — спокойно возразил Шифферс. — Не буду тебя посвящать в подробности, ты все равно не поймешь, но звезды так расположены, как не выстраивались уже две тысячи лет. О надвигающейся катастрофе говорит и сочетание магических цифр, где главное место занимает семерка. Это расчеты очень сложные, ты сразу в них вникнуть не сможешь, но там надо семь умножить на семь, к нему прибавить еще семь и еще дважды по семь и получится 70, 1970 год, тоже, заметь, год с семеркой, и он же — столетие дьявола, который лежит в Мавзолее. Я не исключаю, что в апреле 1970 года на Красной площади появится некий старец и двинется к Мавзолею. Никто не посмеет к нему подойти, задержать или спросить документы. А он приблизится к гробнице, протянет в ее сторону руку и скажет тому, который в гробу лежит: «Встань, сатана, и изыди!» Тот встанет, выйдет на площадь, и все увидят, какое это жалкое и убогое существо. И тогда старец скажет: «Сгинь, сатана, навеки!» Этот якобы человек превратится немедленно в прах, который распадется, осыплется на тротуар. Тут же налетит ураганный ветер, вспыхнут молнии, грянет гром и начнется светопреставление.

Я этот бред выслушал, возражать не стал, но и доверия никакого не высказал.

— Имей в виду, — предупредил Шифферс, — спасутся только те, кто к тому сроку уверует.

— А как это произойдет? — спросил я. — Плохие умрут, хорошие останутся в живых?

— Да, — подтвердил он, — грешники умрут, а люди праведной жизни останутся.

— А оставшиеся — что, никогда не умрут?

— Нет, умрут, но каждый в свой срок.

— Все-таки умрут, но только попозже. Мне кажется, что это для религиозного сознания какая-то несуразица. Если праведники после смерти попадают в рай, то остаться на время в живых — это полдела. Может быть, праведники спасутся в том смысле, что физически погибнут вместе со всеми, но в отличие от грешников сразу попадут в рай?

— Да что ты! — Он стал все-таки сердиться. — Что ты говоришь о том, чего не понимаешь. В Писании сказано, что уверовавшие спасутся, а как, это Бог рассудит. Ты должен, во всяком случае, понять, что в нашей жизни есть какой-то Богом вложенный смысл. В жизни всего сущего есть смысл. Сам подумай, даже деревья существуют не без смысла. Они поглощают углекислый газ и выделяют кислород, чтобы нам было чем дышать.

— Вот, — ухватился я за это рассуждение. — А человек, наоборот, вдыхает кислород и выдыхает углекислый газ, чтобы деревьям было что поглощать.

Рассуждения Шифферса оказались настолько очевидно абсурдными и смехотворными, что никакого даже внутреннего спора не заслуживали. После этого я еще с большей иронией стал относиться к восторженным отзывам Светов, что вызывало с их стороны все растущее раздражение.

Я уже писал, что Свет был натурой романтической. Мечтал о том, что когда-нибудь совершит какой-нибудь подвиг. Вроде того, что выйдет на Красную площадь и развернет плакат с каким-нибудь смелым лозунгом. На площадь он не вышел, но подписал несколько писем и именно после этого счел себя героем. Особенно после письма в защиту Гинзбурга—Галанскова. После которого ему, как и другим, предлагали снять подпись, а он пренебрег угрозами, отказался и получил выговор в Союзе писателей. Который для него никаких последствий не имел, потому что его единственным источником существования в то время были внутренние рецензии, и на этот источник в его случае никто не покушался. Тем не менее он счел свой поступок геройским. Вскоре после этого он написал свою первую прозу и принес рукопись мне. Это были воспоминания, названные им «Опыт биографии». Сочинение это, довольно скучное, он начал с соображения, что теперь, после совершенного им поступка, он взошел на некую вершину и имеет право рассказать о себе. В молодости я бывал злым на язык и ради красного словца не пожалел бы родного отца. О сочинении я сказал автору так:

— Все хорошо, но тебе надо в скобках написать подзаголовок: «Записки глупого человека».

Как ни странно, он на это не обиделся и спросил почему. Я сказал: тот поступок, который ты совершил, слишком мелок, чтобы быть оправданием твоей жизни. Но жизнь в специальном оправдании не нуждается. Она сама себе оправдание и достаточный повод для мемуаров. Было бы правильно, если бы ты написал, что прожил сорок лет, много видел и имеешь что рассказать. Мои замечания по существу были ему неприятны, но он стерпел.

К тому времени он и Зоя познакомились с отцом Дмитрием Дудко, и тот продолжил работу по приобщению их к вере. Отец Дмитрий, человек небольшого роста, с маленькими пытливыми глазками и мелкими зубками, был тогда довольно известным попом-расстригой и диссидентом. Я его в облачении никогда не видел, но когда первый раз встретил, сразу подумал, что это священник. До расстрижения у отца Дмитрия был приход в Сокольниках, где он произносил откровенно антисоветские проповеди, чем вызывал недовольство властей, и светских и церковных, и уважение и даже восторг прихожан. Восторг выражала потянувшаяся к нему с разных сторон интеллигенция, включая Световых, Максимова и многих других известных и неизвестных. В основном его паствой были люди, потерявшие веру в коммунизм и искавшие себе другую идеологическую опору. Подпавших под его влияние он активно уговаривал креститься, и те уговорам чаще всего и на удивление легко поддавались. Крестил он вновь обращенных сначала в церкви, а после расстрижения — у себя на дому.

И вот произошло то, чего можно было ожидать. Свет явился ко мне и сообщил, что уверовал и крестился. Сообщил с вызовом и напрягся, готовый дать отпор возможной насмешке. Насмешкой казались ему любые проявления моего любопытства, поэтому на все вопросы, которые я не мог не задать, он отвечал сердито и начал с моего атеистического, по его представлению, мировоззрения:

— Ты думаешь, что твой Ленин...

Я сказал:

— Ленин не мой, а твой. И вообще имей в виду, что, когда тебе родители пели «Интернационал», мне моя бабушка читала Евангелие.

После этого у нас было несколько встреч и разговоров. Я ему сказал, что у меня есть вполне религиозные знакомые. Их, особенно тех, кто был крещен в детстве и жил в ладу с верой всю жизнь, я вполне уважаю, но когда человек совершает некий кульбит и из безбожника становится вдруг очень религиозным, я, естественно, не могу к этому сразу привыкнуть, мне нужно время разобраться. Кроме того, я утверждал, что это у Света не религия, а идеология, вошедшая в моду. Свет все еще жаждал какого-то подвига и говорил мне, что само по себе крещение и есть акт мужества. Что партия ненавидит религиозных людей и никогда не примирится с церковью, а церковь не примирится с ней. Я уже тогда видел, что идет совершенно обратный процесс. Разные люди, партийные и беспартийные, а все-таки партийные чаще, уже валом валят в церковь, крестятся сами и крестят своих детей, кресты особенно не прячут, а даже, напротив, вытаскивают из-за пазухи. Партия на этот процесс смотрит сквозь пальцы, потому что сами партийные функционеры все чаще идут по той же дорожке. Одни открыто, другие открываются перед смертью. Режиссер Иван Александрович Пырьев, смолоду бывший членом партии, завещал отпевать себя в церкви.

Обратившись и не дождавшись бурного одобрения своего поступка от друзей, Свет решил расплеваться с ними и написал нечто вроде открытого письма некоему обобщенному лицу, которого назвал «мой корреспондент». Я ему тогда указал на ошибку:

— Корреспондентом ты можешь назвать того, кто пишет тебе. А тот, кому сам пишешь, называется адресатом.

Этот «корреспондент», как видно было из текста, погряз в неверии и грехе, служит безбожному государству, не гнушается членством в Союзе, совершившем много преступлений, включая убийство Мандельштама, травлю Зощенко, Ахматовой и Пастернака. Этот прямой намек больше, чем другим, был адресован мне в то время, когда мое членство в Союзе писателей висело уже на волоске, а покинул я эту организацию на шесть лет раньше Света.

Он говорил, что, обратясь к Богу, стал совсем другим человеком, и действительно стал. Но не в том смысле, какой сам имел в виду. Был простой необидчивый парень, без лишних амбиций, а стал невыносимо занудным, нетерпимым и агрессивным. Разумеется, это отразилось на выборе им его кумиров. Как-то я зашел к нему уже в Южинский переулок и увидел, что обстановка изменилась. Теперь не было на стене и столе Маяковского, Пастернака, Хемингуэя, их заменили иконы и портреты Александра Солженицына, Павла Флоренского, Иоанна Кронштадтского и некоторых неизвестных мне лиц. Марат был убран с видного места и пылился где-то за шкафом.

Иногда он приходил ко мне с явной целью меня обратить, и немедленно. Начинал очень дружелюбно, но при малейшем моем несогласии вспыхивал, хлопал дверью и уходил обиженный.

Уговоры его были простые: надо уверовать, креститься и — после смерти попадешь в рай. Крещеные, по его тогдашнему мнению, все туда попадут.

— Независимо от того, как жил? — спрашивал я его.

— Независимо, — отвечал он почти уверенно. — Надо только быть крещеным и перед смертью сказать «Господи прости». И он простит, потому что он всемилостив.

Когда я с ним не соглашался, он угрожал мне тем, что я попаду в ад. Я говорил:

— Свет, а почему же ты говоришь со мной с такой злобой? Тебе Господь открылся, ты уверовал, просветлел душой, а мне не открылся, я не просветлел, погряз в неверии, попаду в ад. Так пожалей меня, что ж ты злишься?

Мы уже редко виделись, и я его однажды спросил:

— Извини, Свет, а по бабам ты больше не ходишь?

Он отреагировал немедленно и с вызовом:

— А я не святой.

Я сказал, что не осуждаю его за то, что не святой, но имею частное мнение, что если уж человек уверовал, то должен хотя бы стремиться к святости. Человек слаб, может не устоять перед соблазном, сорваться, но, сорвавшись, должен как-то себя корить за это, а не оправдывать тем, что не святой, и надеяться на то, что перед смертью скажешь «Господи, прости» и он простит.

Тут мне, пожалуй, пора посвятить читателя в свое собственное отношение к предмету. Сам я если был атеистом, то только в детстве. Разумеется, я, как всякий мыслящий человек, задумывался о тайне нашего существования и при нынешнем своем понимании мира верю только в его непостижимость. То есть не верю не в Бога, а в религию. Не верю ни в какое человеческое представление о Боге, а тем более в его человекоподобность. Не верю в его милосердие, потому что жизнь по своей сути очень жестока: все пожирают всех, а земные страдания живых существ и особенно людей, часто безгрешных, бывают слишком несправедливы и невыносимы. Не по деяниям. Есть ужасные преступники, которые благополучно проживают свой век и умирают в своих постелях во сне. Но, конечно, представить себе, что весь мир, такой разнообразный и разноцветный, сложился сам по себе, невозможно. Я не сомневаюсь в том, что живой мир к нынешнему его виду и состоянию пришел в результате эволюции, но тогда эволюция — это есть кем-то заложенная программа. Кстати, отрицание отцами церкви неоспоримых научных представлений о сотворении мира, происхождении человека и эволюции выглядит неумно. Зачем упорно держаться за догмы и не допустить, что Бог создал мир с заложенной в него программой саморазвития? Моя вера в непознаваемость мира состоит еще в убеждении, что все тайны мира, как бы человечество ни преуспело в их постижении, никогда не будут раскрыты. Люди, пытающиеся обратить меня в свою веру и убедить в существовании Бога или потусторонней жизни, ссылаются на некие знамения, видения, показания людей, переживших клиническую смерть, и этим вызывают во мне сомнение в истинности их веры. Если бы верили в Бога истинно, то не могли бы и помыслить, что он, скрывая от них тайну своего существования, не мог бы ее сохранить.

Жена Феликса Зоя Крахмальникова, признанная всеми красавица, еще недавно была сексуальной, соблазнительной, соблазнявшей и соблазнявшейся, хулиганкой и матерщинницей, а уверовав, повязалась платочком и стала говорить, что как женщина «вышла в тираж». Все-таки старые представления о райском блаженстве в ней сохранялись прежние, и, пытаясь обратить меня, она как-то сказала:

— Вова, зря ты не крестишься. Если крестишься, попадешь в рай, а рай — это вечный оргазм.

Однажды Бенедикт Сарнов, Фазиль Искандер, Владимир Корнилов и я по дороге из пивной зашли к Световым. Дома была только Зоя. Приняла нас вполне дружелюбно. На столе, даже, может быть, напоказ, лежала религиозная литература, включая «Вестник патриархии». К патриархии тогда, как и сейчас, я относился без большого почтения, взял «Вестник» в руки и сказал: «Интересно, тут есть что-нибудь про израильскую военщину?» Зоя ответила: «Могу с тобой на что угодно поспорить, тут этого нет и не может быть». — «Ну, сейчас посмотрим». На первой же странице, которую я открыл наугад, было написано: «израильская военщина...» Мои спутники засмеялись. Зоя смутилась, разозлилась, стала ругаться, и мы, обруганные, ушли. Потом она говорила, что мы приходили и глумились над верой. Стоит ли уточнять, что я глумился не над верой, а над «Вестником патриархии», что не одно и то же.

Зоя и Свет не только «уверовали», но через короткое время стали писать на религиозные темы, Зою вообще стали именовать религиозной писательницей. В качестве таковой она начала издавать религиозный самиздатский журнал «Надежда», за что в конце концов была арестована и сослана в Сибирь. Куда вскоре был отправлен и Феликс. За опубликованный за границей роман «Отверзи ми двери». Но путь в ссылку лежал у него через тюрьму, об этом опыте он тоже написал книгу, так и названную «Тюрьма». Тюрьму, как Свет мне позже рассказывал, он пережил легко. Сокамерники относились к пожилому человеку с почтением, а бытовые неудобства несильно его травмировали. Он ведь правда был в быту неприхотлив.

В заключение скажу, что ни обращение к религии, ни тюрьма, ни ссылка его на самом деле не изменили.

Незадолго до смерти он написал один рассказ — а писать он умел только то, что видел, — как он шел по улице и заметил в одном из дворов веселье. Зашел туда, а там незнакомые ему люди выпивали и что-то праздновали. Увидев его, поднесли стакан водки. Он все еще выглядел гораздо моложе своего возраста и все еще был привлекательным. Одной из гулявших там девушек он понравился, и они пошли к ней домой. По дороге купили еще выпивки и закуски и начали у нее на кухне выпивать. Дальше она села к нему на колени и спросила:

— Тебе сколько лет?

Он выглядел моложаво, но врать не умел:

— Семьдесят, — сказал он, но тут же поправился: — Скоро будет.

Она на него посмотрела, вскочила и крикнула, сразу перейдя на «вы»:

— Убирайтесь немедленно!

Он убрался, и этот случай описал не без самоиронии. Но девушку осудил и назвал блядью.

Когда Свет умер, меня не было в Москве, и я болел, когда хоронили Зою. Хотя наши пути сильно разошлись и последние годы мы просто не виделись, я испытал большую печаль, когда их не стало. Все-таки, что бы ни случилось потом, а до того были годы искренней дружбы, взаимной приязни и радости от встреч друг с другом.

ПТИЦА-ТРОЙКА

Из семидесятого года я убежал в двухтысячные. Возвращаюсь. Итак, я написал протест журналу «Грани» по поводу публикации без моего разрешения первых глав «Чонкина». Не такой, какой хотелось партийному и союзписательскому начальству, но все-таки написал. В моем положении, как я и предвидел, ничего не изменилось. Если представить, что я написал то, что они хотели, а именно, что сочинил антисоветскую повесть, действовал на руку нашим врагам, в чем глубоко раскаиваюсь, их отношение ко мне было бы еще хуже. Они всегда презирали тех, от кого добивались, чего хотели. В декабре 1970 года было заседание Секретариата МО СП. Выступали разные люди. Известные в то время ретрограды вроде Николая Грибачева и Ивана Винниченко призывали меня все-таки признать, что я написал антисоветскую повесть. Я опять-таки возражал: часть романа, и высказывал предположение, что если бы они знали, что будет дальше, то, возможно, изменили бы свое мнение. И они, конечно бы, изменили, потому что продолжение было гораздо острее начала. Они же обещали мне и моим книгам скорое забвение, теперь их самих не помнит никто. В числе выступавших двое были люди, как говорят, прогрессивных взглядов — Анатолий Рыбаков и Виктор Розов. С Рыбаковым мы, несмотря на двадцатилетнюю разницу в возрасте, можно сказать, приятельствовали, и я мог бы ожидать от него какой-то поддержки, но и сам понимал, что не для того он сюда пришел.

— Я, — сказал он, когда настала его очередь, — знаю Володю давно. Знаю как честного, думающего человека. Но что с ним сейчас случилось? Понимаешь, Володя, писатель может и должен критиковать все, он может подвергать сатире любые наши недостатки, любого бюрократа, но есть один герой, которого критиковать никогда нельзя, — это народ. Критиковать народ не позволяли себе даже такие гиганты, как Салтыков-Щедрин и Гоголь. Гоголь, который беспощадно высмеял многие недостатки прежней Руси, написал затем «Птица-тройка».

Я и потом не раз и не только от него слышал утверждения, что на народ никто не писал сатиру, хотя это чушь. И Салтыков-Щедрин, и Гоголь относились к народу без всякого почтения. У Щедрина глуповцы (народ) щуку замуж выдают, колокола секут и головами тяпаются, у Гоголя народ — это придурки Петрушка да Селифан, а «Птица-тройка» — то ли гимн России, то ли насмешка над ней.

Розов и вовсе стал бубнить что-то несуразное. Сравнил меня с Альфредом Мюссе, который, будучи тонким стилистом, позволял себе явные грубости.

Заседание, к неудовольствию Винниченко, требовавшего меня исключить из СП, кончилось вынесением мне строгого выговора с последним предупреждением.

С Рыбаковым у меня было объяснение на поминках Александра Альфредовича Бека. Вот был человек, о котором стоило бы написать отдельно. Очень своеобразная личность. Трогательный, простодушный и хитроватый. Про него его дочь Таня написала, что «был он ёрник и затворник и невесть чего поборник». Его повесть «Новое назначение» так же, как и мой «Чонкин», была не принята «Новым миром», ходила по рукам, попала на Запад и вышла отдельной книгой в издательстве «Посев». Его тоже ожидала бы проработка в Союзе писателей, но выход книги совпал с более крупной неприятностью: он умирал от рака. Умер в 1972 году 69 лет от роду. На его поминках я оказался за столом недалеко от Рыбакова. Рыбаков решил о чем-то меня спросить, я ему сказал, что говорить с ним не желаю. В таких случаях не спрашивают, почему, но он спросил. Я сказал, что тут, по-моему, и объяснять нечего. Впрочем, сказал я, если ты чувствуешь, что ты был не прав, я тебя прощу. Рыбаков возразил, что виноватым себя не чувствует. Его, фронтовика, моя книга оскорбила, и он не мог сдержаться.

— Ну, если для выражения своего чувства ты не нашел лучшего места, чем секретариат Союза писателей, то извини, — сказал я ему, и наши отношения были порваны навсегда. После чего он еще тридцать лет до конца своей жизни устно и печатно доказывал, что он не подлец. Например, в конце восьмидесятых годов, сообщая интервьюеру «Литгазеты», как менялись его взгляды, сослался на мой пример. Процитировал строки из моего «протеста», делая вид, будто не знает, как и с кем в соавторстве создавался этот опус.

ЗАПОЗДАЛАЯ БЛАГОДАРНОСТЬ

После упомянутого секретариата я решил затаиться. Никуда не обращался ни с просьбами, ни с жалобами. Очень скромные деньги на текущую жизнь продолжал зарабатывать под чужими фамилиями. Взялся, наконец, за книгу о Вере Фигнер, договор на которую с «Политиздатом» был заключен за два года до того. Думал, что с положением официально признанного писателя так или иначе порвать придется, но пока подожду. Вот напишу книгу, попробую напечатать. Если не получится, тогда уже выйду из СП с треском. А пока сижу тихо. Писем никаких не подписываю, но с диссидентами продолжаю общаться.

В годы опалы, случалось, некоторые люди пытались где-то меня напечатать или поставить что-то на сцене. На Свердловской студии кто-то пытался заключить со мной договор на экранизацию «Двух товарищей». Не получилось. На Ленинградском телевидении просили инсценировку «Мы здесь живем». Я сопротивлялся, говорил, что не пойдет. Они заверяли: пройдет. Я, не веря ни на секунду в успех, сделал инсценировку. Послал. Долго не было ответа. Потом все-таки незнакомая мне редактор решилась. Ее письмо, как ни странно, сохранилось.

«Многоуважаемый Владимир Николаевич!

Дальше уже просто неприлично откладывать письмо к Вам, а писать очень неприятно. Дело в том, что все попытки пробить телеспектакль по Вашей повести окончились полным провалом. Он даже стоял в плане на октябрь (то есть был утвержден нашим ленинградским начальством), но тут пришел разгромный приказ из Москвы и... все надежды рухнули.

Я чувствую себя очень виноватой перед Вами, Владимир Николаевич, за все эти неприятности. Единственное, что бы мне хотелось, уверить Вас в моем глубоком к Вам уважении и пожелать Вам, несмотря ни на что, творческих удач, здоровья, успеха.

С уважением редактор Г. Нечаева
30.10.1971»

Спасибо Вам, Г. Нечаева, Вы единственная решились на такое сообщение. Другие в подобных случаях отмалчивались.

ЕСЛИ ВЫ ДУМАЕТЕ, ТО И Я ДУМАЮ

К 72-му году я дозрел до того, чтобы перейти Рубикон. Стал говорить всем, кому не лень, что если меня и дальше будут душить, то, пожалуй, устрою большой скандал. Что толку в моем членстве в Союзе писателей, если меня по-прежнему морят голодом? Я готов из этого Союза выйти хоть завтра. Я говорил это громко, в расчете на то, что те, кому надо, услышат. И они услышали.

Вдруг мне позвонил Верченко. Еще недавно он заведовал отделом культуры в горкоме КПСС, а теперь — секретарь Союза писателей СССР по оргвопросам. Та же должность, что у Ильина, только ступенью выше. Вызывает к себе. Прихожу. Он улыбается, на этот раз настороженно, ожидая от меня хамской реакции. Но теперь я пришел не затем, чтоб хамить.

— Как у вас дела? — спрашивает.

— Хреново, — отвечаю.

— Да? А почему, как вы выражаетесь, хреново?

— Как почему? Вы же знаете, что меня нигде не печатают.

Он делает вид, как будто для него это новость.

— Я слышал, что вы написали книгу о Вере Фигнер.

— Да, — говорю, — написал. Но не знаю, напечатают ли.

— Но там, наверное, ничего такого, что бы не напечатали, нет.

— По-моему, нет.

— Ну, если нет, думаю, что напечатают.

— Ну, если вы думаете, что напечатают, — говорю я, — то и я думаю, что напечатают.

— Правильно думаете, — сказал он и многозначительно улыбнулся.

ОТМЕНЕННЫЙ ПРИГОВОР

В 1970 году родители переехали в Клинцы. Там у них была тоже двухкомнатная квартира, но уже маленькая. Октябрьский — город нефтяников, еще как-то снабжался, а в Клинцах я зашел однажды в местный магазин, там продавались свиные хвосты и копыта. Потом уже для радио «Свобода» я написал фельетон, в котором спрашивал: а кому же достались остальные свиные части?

Здесь все было ниже уровнем, кроме медицины, которая и там, и там была одинаковой. В Октябрьском мамину огромную опухоль в животе приняли за весенний авитаминоз, а в Клинцах два года спустя папину опухоль на шее сочли за лимфаденит. Местный врач прописал прогревание, что было категорически противопоказано. Опухоль росла, боли усиливались, трудно стало глотать, а отца все прогревали и прогревали. Наконец он по настоянию матери и сестры приехал в Москву. Первый же врач, который его осмотрел, сказал: «Рак». Потом другие врачи смотрели, делали рентген, брали биопсию. И установили окончательный диагноз: рак корня языка.

Надо было устраивать папу в больницу. Пользуясь всеми возможными знакомствами, я нашел, как говорится, ход на Каширку, так в просторечии называют известный московский онкологический центр. Другое его название Блохинвальд — по имени создателя, академика Блохина. Это целый больничный город с огромными корпусами, выглядит (тут уж ничего не поделаешь) пугающе и производит впечатление фабрики смерти. Приехали мы туда, пошли к какой-то даме-профессору с запиской от другого профессора. Дама послала нас к мужчине-профессору. Тот предложил записаться и сдать анализы. Записались, сдали анализы, взяли у отца опять биопсию, вызывают меня в какой-то кабинет. Там очередь. Люди заходят по одному или по два, выходят в слезах, иногда с воплями. Ко мне подошел какой-то человек со значком заслуженного мастера спорта. Стал жаловаться. Он приехал из Ташкента, где его отказались лечить, у него вся надежда была на эту Каширку, но и здесь не берут. Ни в какую. «Когда я был им нужен, — сказал он, — тогда меня от насморка лечили лучшие профессора. А теперь я не нужен. А что вы думаете, — спросил он меня, — если я упаду на улице, должна же меня «Скорая помощь» доставить в больницу?» Я не знал, что ему сказать, понимая, что «Скорая» отвезет его куда угодно, только не сюда. А там, куда отвезут, приведут в чувство и выпустят на волю.

Подошла моя очередь. Я оставил отца в коридоре и вошел в кабинет. Врач говорил со мной торопливо. «У вашего отца, — сказал он, — рак в запущенном состоянии. Четвертая стадия, то есть последняя. Он неизлечим. Ему жить осталось месяца три-четыре от силы. Вы должны приготовиться, эти месяцы будут очень тяжелыми и мучительными. Мы его взять не можем. Безнадежных мы не берем. Лечить их бесполезно, а статистику они портят».

«Но что же делать? — спросил я. — Надо же его все-таки как-то лечить». Врач мне сказал, что я могу попытаться устроить отца в больницу в городе, где он живет, но и там его вряд ли возьмут. Затем он выписал бумагу, в которой было написано: «Нуждается в симптоматическом лечении по месту жительства».

Это было, наверное, самое жаркое лето в двадцатом столетии. До глубокой осени — ни капли дождя. Вокруг Москвы горели торфяники, и весь город заволакивало дымом. Дымная мгла стала составной частью ежедневных сводок погоды. Мы с отцом ездили во врачам, возвращались в нашу однокомнатную мансарду, задыхались от жары и дыма.

У Бориса Слуцкого был приятель в институте Герцена, профессор Грицман. Слуцкий позвонил Грицману, поехали к нему. Передали от Слуцкого привет, от меня книжку. Грицман сказал: «Хорошо, привозите завтра вашего папу в больницу с тапочками и халатом». На другое утро приехали с тапочками и халатом. А завотделением женщина-профессор сказала: «Я его не возьму». Я говорю: «Как? Вот Грицман...» — «А мне Грицман не указ, я своим отделением сама заведую. Ваш отец болен безнадежно, никаких шансов нет, нам койки нужны для тех, кого мы можем вылечить».

Мы с Ирой обошли несколько московских больниц, употребили все связи, подняли на ноги всех друзей и знакомых. Наконец через Володю Санина нашли хирурга Бориса Шубина, который работал в загородной онкологической больнице, в селе Степановское. К счастью, он оказался моим читателем. Он осмотрел отца, я спросил: «Ну, что? Он вам кажется безнадежным?» Шубин ответил: «Я такие вещи вообще никогда не говорю, мы посмотрим». И устроил отца в радиологическое отделение. Больного стали облучать, но не кварцевыми лучами, а радиоактивными. Мы надеялись на чудо, но не на такое быстрое. Опухоль стала исчезать на глазах и через две недели исчезла совсем. С диагнозом «практически здоров» отец был выписан из больницы под наблюдение врачей.

Через три года был рецидив. Боря Шубин, с которым мы тесно подружились, находился в отпуске. Пошли по старому кругу, начиная с той же Каширки, и опять отца никуда не брали. Даже несмотря на наши сообщения о первом результате лечения.

Профессор Рудерман сказал мне безжалостно: «Вашему отцу осталось жить два-три месяца. Он безнадежен, и мы его не возьмем». И уже слышанный мной аргумент: «Нам койки нужны для тех, кому мы можем помочь». — «Профессор, — сказал я ему, — вы однажды уже ошиблись». — «А теперь я не ошибаюсь!» — отрезал профессор и больше говорить со мной не хотел.

Наконец Шубин вернулся из отпуска, мы опять обратились к нему, отец прошел второй курс облучения.

Надо сказать, что, как все советские люди, мы от отца скрывали диагноз, а он ходил, слушал, долго-долго молчал, потом говорит: «Ну, я все понял, у меня болезнь из трех букв, да?» Я говорю: «Да. Но ты должен бороться, потому что в этой болезни очень важна сила воли». Он сказал: «Ну, это у меня есть». Это правда, сила воли у него была просто чудовищная. И он выздоровел. Он прожил еще 15 лет и умер не от рака.

ПОЛОСА ВЕЗЕНИЯ

Разговор с Верченко стал знаком снятия с меня опалы, и в том жарком 1972 году у меня вышли сразу две книги: о Вере Фигнер и книга повестей, правда, ее сильно обкорнали, выкинув «Хочу быть честным»,

«Расстояние в полкилометра» и «Путем взаимной переписки». Повесть о Фигнер у меня называлась «Деревянное яблоко свободы», но начальство усмотрело неконтролируемый подтекст, и книга вышла под названием «Степень доверия».

Неконтролируемый подтекст — понятие, выработанное в то время идеологами ЦК КПСС. До этого был подтекст контролируемый, который угадать было нетрудно. Если, скажем, автор писал о гитлеровских лагерях, то, скорее всего, он при этом имел в виду лагеря сталинские. Если актер произносил со сцены слова «не все в порядке в королевстве Датском», значит, имел в виду Советский Союз. Неконтролируемый подтекст был такой подтекст, о котором порой сам автор не подозревал. В то время родился даже анекдот. На вопрос, что такое неконтролируемый подтекст, следовало объяснение: «Это если вы, допустим, смотрите фильм, не имеющий никакого отношения к политике. Видите темные горы, заснеженные вершины, синее небо и думаете: «А все-таки Брежнев сволочь».

Слово «свобода» в любом случае настораживало цензоров. Так что название книге дали другое, но зато тираж был обычный для «Политиздата» — 200 тысяч экземпляров. Я получил приличную сумму денег, радостно расплатился с долгами. В некоторых театрах были восстановлены мои пьесы. Отец излечился от рака, а Ира забеременела, и в кооперативе подошла очередь на двухкомнатную квартиру. В общем, сплошные радости и радужные надежды. Но тут судьба воздвигла новое препятствие в облике Сергея Сергеевича Иванько, члена Союза писателей и полковника КГБ, которому понравилась та самая квартира, что была предназначена мне. Тогда мне предложили уступить ее по-хорошему и намекнули, что по-плохому мне будет плохо. Раньше я назывался антисоветчиком, потому что не то писал и не так себя вел. Теперь меня стали называть врагом советской власти и грозить самыми страшными карами, если я не уступлю квартиру этому кагэбэшнику. Это вывело меня из себя, я взбунтовался и понял, что теперь у меня компромисса с властью не будет. История моей борьбы изложена в моем документальном сочинении «Иванькиада», которую читатель может прочесть как отдельную часть моих общих воспоминаний. Некоторые критики, включая моего бывшего друга Светова, упрекали меня потом в ловком умении отстаивать свои материальные интересы. Но кто честно читал или прочтет «Иванькиаду», тот поймет, что я отстаивал нечто большее.

ПАМЯТЛИВАЯ СТАРУШКА

Еще до выхода моих двух книг у меня появился новый «Запорожец», подаренный нам Ириными родителями. Появление его было с удивлением отмечено моим цековским опекуном Юрием Кузьменко. «Я думал, ты правда бедствуешь, а у тебя нашлись деньги на машину». Предполагаю, что этот факт где-то в ЦК или МК обсуждался. То есть, собравшись снять с меня опалу, они считали, что я достаточно обнищал, а тут получалось, что недостаточно.

Но мое благополучие было условным. Машина была мне подарена, а на бензин денег не было. Хотя он стоил 20 копеек литр. Но с выходом книг ситуация изменилась. И мы даже позволили себе небольшое путешествие. Я давно мечтал побывать в Вологде. Вот мы с Ирой сели в «Запорожец» и поехали. Я ей показывал места, где когда-то жил. В первую очередь деревню Назарово. Мы въехали туда в середине дня. В деревне никого не видно, кроме одной высокой старухи лет восьмидесяти. Она, опираясь на палку, стояла посреди дороги и с любопытством смотрела на въехавшую машину. Я остановился, поздоровался.

— Вы кого-то ищете? — спросила она.

Я сказал:

— Нет, просто так заехали.

— Не просто, — возразила она. — Вы здесь жили мальчиком. Вон в той избе. А я Проворова. Помните, у меня муж был? Говны возил.

Стала рассказывать мне с подробностями про моего дядю Володю, как в конце войны против него плели интриги и отправили его, белобилетника, на фронт, чтобы отдать другому его место — председателя колхоза. Я понял, что памятливость ее объясняется просто. Жизнь длинная, событий мало. Все легко укладывается в голове и хранится. Но тем, что она во мне, сорокалетнем с проседью человеке, узнала одиннадцатилетнего мальчика, я был все-таки поражен.

БРАНДТ ЕЩЕ УЗНАЕТ МАКСИМОВА

В декабре 1971 года из СП исключили Александра Галича. Говорили, что инициатором гонений на Сашу был член Политбюро ЦК КПСС Дмитрий Полянский. Незадолго до того на дочери Полянского женился молодой режиссер Иван Дыховичный. Как-то у молодых была вечеринка, на которую явился и папаша. Молодые решили его развлечь и прокрутили ему на магнитофоне песни Галича. Папаша возмутился содержанием песен, решил разобраться с автором, и в Союзе писателей возникло персональное дело, которое кончилось исключением Галича. Летом 73-го, в разгар моей битвы с Иванько, был исключен Владимир Максимов.

С Максимовым я познакомился в начале шестидесятых.

Как-то пришел в «Литературную газету», там сидели Инна Борисова, темноволосая с большими серыми глазами, и рыжеватая Ира Янская. Занимались выискиванием среди знакомых стукачей, может быть, даже не очень понимая, что это значит. Ира рассказывала, что вчера встретила Толика.

— Какого Толика? — перебила Борисова.

Рассказчица назвала известного поэта.

— Он стукач? — спросила Инна.

— Откуда я знаю? Я знаю, что он дружит с Журавлевым.

— Значит, стукач.

— Почему ты так думаешь?

— Потому что сам Журавлев стукач.

— А мне Коричев говорил...

— И Коричев стукач.

В другом несветлом углу комнаты за большой пишущей машинкой горбился молодой человек с красным мрачным лицом. Одним пальцем он выстукивал на машинке какой-то текст, и по ярости, с какой он это проделывал, было видно, как он ненавидит то, что описывает. Вдруг он с грохотом отодвинул стул и забегал по комнате, размахивая правой рукою и говоря неизвестно кому:

— Позвольте, господа, вы утверждаете, что я очерняю действительность. А вы давно не были в провинции? А вы не пили спотыкач в пристанционном ларьке? А вы не видели, как работают женщины на лесоповале? Я всего этого насмотрелся и не вижу никакой разницы между вашими Бабаевским и Казакевичем.

Инна спросила:

— Вы знакомы?

— Нет, — сказал я.

Молодой человек сунул мне руку и, кося глазом в сторону, буркнул сквозь зубы:

— Мсимов.

— Как? — переспросил я.

— Володя Максимов, — сказала Инна. — Ты же читал «Тарусские страницы».

— Да, конечно.

Рука у него была покалечена, пальцы собраны в щепоть, как складывают их таджики, когда едят плов.

До личной встречи я о нем кое-что слышал. В наших биографиях было много общего. Мы оба отличались от большинства литературных сверстников тем, что мало учились в школе и много у жизни. У нас даже темы были сходные и названия. Моя первая повесть называлась «Мы здесь живем», а его — «Мы обживаем землю». Но из него, как ни странно для его малого образования, все время пёрла литературщина. Начиная с эпиграфа к упомянутой повести: «Знаю ли я людей? М. Горький». Что он хотел сказать этим эпиграфом? Что хорошо знает людей? Бывает уверенность в себе, а бывает самонадеянность. Кто может честно сказать про себя, что знает людей? По части знания людей ему-то как раз следовало быть поскромнее. Все его книги казались списанными не с жизни, а с других книг. Он всегда подражал кому-то, причем писателям самого разного происхождения и уровня, предполагая при этом, что другие делают то же самое, но не признаются.

Его первая громкая публикация была в упомянутых уже «Тарусских страницах», сборнике, вышедшем в Калуге под редакцией Константина Паустовского. Сборник по человеческим меркам был вполне безобидный, но по советским оказался скандальным. Советская власть тем отличалась, что всякий незаурядный талант встречала скандалом, а тут сразу появились Окуджава, Казаков, Балтер, Коржавин, Корнилов, Слуцкий, Самойлов.

И Максимов.

Его прочли и заметили. Но отнеслись по-разному. Камил Икрамов возмущался максимовской малокультурностью, малограмотностью, тем, что у одного из героев Максимова было «два единственных пальца».

— Как это два единственных? — негодовал Камил. — Единственный может быть только один. Один-единственный, а два единственных — это нонсенс, нелепица.

Инна Борисова, открывшая Максимова как самородка, возражала, что «два единственных» употреблены не по неграмотности, а сознательно, для усиления впечатления. Два единственных, последних, других больше нет.

Известность к Максимову пришла, но второго ряда. Максимов переживал это с трудом.

Он, пожалуй, сам сознавал ограниченность своих литературных возможностей, но жаждал большой славы, завидовал тем, кто ее достиг, и их же за это ненавидел.

Наиболее ненавистными были для него в литературе в то время Евтушенко, Ахмадулина и Аксенов. В театре Ефремов. О кино не знаю, но думаю, что можно посмотреть список наиболее известных тогда актеров и режиссеров и сделать соответствующие предположения.

Его тщеславие постоянно уязвлялось тем, что он как бы стоял в ряду с другими, но других замечали больше. Его соседей по «Тарусским страницам» потом охотно печатали в двух самых престижных журналах — в «Юности» и в «Новом мире», — а его новую повесть там и там подержали, пообсуждали, даже и похвалили, но после колебаний отвергли. В Советском Союзе было много других журналов, не столь смелых, заметных и популярных, можно было найти себе приют в них. Но Максимов сделал шаг, на который никто из его тогдашних сверстников определенной ориентации (политической, а не сексуальной) не посмел бы решиться: он отнес свою повесть в самый реакционный журнал «Октябрь» самому реакционному главному редактору Всеволоду Кочетову.

Если история литературной и идейной борьбы шестидесятых годов двадцатого века будет когда-нибудь разбираться и изучаться так же подробно (в чем я сомневаюсь), как похожие периоды века предыдущего, то имя Кочетова займет в этих разборах достойное место. Коммунист, сталинист, фанатик. Бездарный и злобный, он при каждом случае противопоставлял свою преданность советскому строю в чистом сталинском виде «ревизионистской» позиции своих оппонентов: Александра Твардовского, «Нового мира» и его авторов. И проявлял мало скрываемую нелояльность к самому Хрущеву за разоблачения Сталина. Зато был почитаем во враждебном тогда Советскому Союзу Китае.

Идейные разногласия Кочетова и Максимова, как оказалось, не так уж сильно их разделяли, а злоба против своих более успешных собратьев надежно объединяла. Кочетов не только принял Максимова с распростертыми объятиями, но даже ввел в редколлегию. У Максимова появилась возможность реально сделать хорошую карьеру советского литературного функционера. Он был русский, пролетарского происхождения, а недостаток образования был в таком случае даже на пользу.

Но Максимов в отличие от Кочетова был умен. Принадлежал к другому поколению и лучше ориентировался в обстановке. Он заметил, что официальная советская карьера для писателя губительна, приносит материальное благополучие, но при этом грозит позором до конца дней. Есть другая карьера, искусством делания которой виртуозно владел ненавистный ему Евтушенко. Последний знал, что чем больше официального признания, тем меньше уважения читателей внутри страны и за границей, а что стоит мнение заграничной аудитории, он понял рано. Но для того чтобы заботиться о славе за границей, надо там бывать. А бывание там зависит от здешней власти. Значит, ей надо сколько-нибудь угождать. Но перестараешься здесь — потеряешь там. И вот он лавировал, лавировал на высшем уровне эквилибристики. И здесь подтверждал свою лояльность, и там укреплял свою репутацию бесстрашного бунтаря. Максимов угнаться за Евтушенко не мог, был менее талантлив и более прямолинеен. В 1963 году, во время кампании по проработке художников и писателей, он отозвался восторгами на мудрое руководство партии, поносил неугодных КПСС писателей, например Аксенова, тоже им в то время ненавидимого за успех.

В конце семидесятых годов я рассказал Юлию Даниэлю идею пьесы, в которой на том свете каждый достиг всего, о чем мечтал на земле. Одна из картин пьесы: лежит посреди сцены Евтушенко в дорогой нейлоновой женской шубе, а Максимов пинает его ногами, приговаривая: «Вот тебе, сука! Вот тебе, сука!»

— Нет, не так, — сказал Юлик. — Если уж полное исполнение мечты, то Максимов на том свете сам — Евтушенко и ходит в дорогой нейлоновой женской шубе.

Мне жаль было расставаться со своей идеей, в конце концов, мы сошлись на комбинированном варианте, в котором Евтушенко-Максимов в дорогой шубе пинает ногами просто Евтушенко и говорит: «Ах ты, сука! Ах ты, сука!»

Преданность его Кочетову, партии и правительству оказалась недолгой. Не получив ожидавшегося им официального признания, он стал искать славы в другом месте.

Первый его диссидентский поступок был совершен им в 1967 году.

В то время еще мало кому известный, он сагитировал группу писателей, включая меня, посетить тогдашнего секретаря Союза писателей СССР Константина Воронкова и выразить свое недовольство (на официальном языке «выразить озабоченность») исключением из СП Солженицына. Я не помню всех, бывших на приеме у Воронкова, но помню Тендрякова, Бакланова, Можаева, Максимова. Говорил больше других и как главный Бакланов. Что за границей он был свидетелем выступлений в защиту Солженицына левых просоветских студентов. Что прогрессивные писатели Запада тоже выражают непонимание. Поход наш, разумеется, кончился ничем или тем, наверное, что все ходоки были занесены в какой-то список не совсем благонадежных литераторов. Но для Максимова это был первый шаг к новой карьере.

Круг его тогдашних друзей был не совсем обычен. С одной стороны, Окуджава и Левитанский. С другой — Кочетов, Ильин и даже член Политбюро ЦК КПСС Кирилл Мазуров. Первой его женой была Ирена (Рена) Лесневская, ставшая потом крупной российской капиталисткой, владелицей телеканала РЕН ТВ. Максимов рассказывал, как он вел ожесточенные идейные споры с тещей, членом КПСС. С Реной он разошелся и женился на Тане Полторацкой, дочери известного ретрограда, главного редактора газеты «Литература и жизнь».

С конца шестидесятых годов он стал искать знакомства с иностранцами и диссидентами. Членам Союза писателей разрешалось нанимать на работу литературных секретарей. Максимов оформил своим секретарем Владимира Буковского, когда ему грозило обвинение в тунеядстве. Когда в 1971 году исключили из Союза Галича, Максимов немедленно захотел сблизиться с ним. Правда, удалось ему это не с первого раза.

Помню, как он позвонил мне с вопросом:

— Слушай, ты жену Галича знаешь? Она вообще в порядке или как?

— А в чем дело?

— Ни в чем. Я услышал, что его исключили, хотел выразить солидарность, а она, не знаю, пьяная или голодная, стала на меня орать: «Кто вам дал наш телефон, как вы смеете нас беспокоить?!» Ну, господа, в чем дело? Если вы так подозрительны и не нуждаетесь в чувстве локтя, ради бога. К вам в друзья никто не набивается.

Тем не менее в друзья Галичу он очень скоро набился. И стал в этой дружбе немедленно главным. Галич, женственная натура, уступил ему первенство и охотно позволял собою руководить. Это было время, когда они выступали вместе с открытыми письмами, которые становились все более резкими. Максимов давно понял смысл известной крыловской басни, конкретно понял то, что если регулярно нападать на очень известных в мире людей, то на тебя рано или поздно обратят внимание и твое имя в конце концов станет рядом с ними.

Как-то я зашел к Галичу. По комнате из угла в угол ходил Максимов, с мрачным, красным лицом. Он ходил из угла в угол, помахивая калеченой рукой, и как бы про себя бормотал:

— Этот Брандт, эта сука! Он думает, какой-то Максимов, какая-то козявка. Я тебе покажу, кто козявка! Ты еще узнаешь, кто такой Максимов.

Мне было непонятно, почему Брандт должен думать о Максимове что бы то ни было. Но через некоторое время канцлер ФРГ Вилли Брандт уже не мог сказать, что он не знает, кто такой Максимов.

На одних известных людей он нападал, к другим стремился приблизиться. В том и другом случае его фамилия появлялась рядом с кем-то очень известным и сама постепенно становилась узнаваемой.

Заявив о себе как диссидент, Максимов стал очень прилежно работать над тем, чтобы иностранные журналисты и дипломаты его узнали и запомнили. Время от времени он мне говорил, что идет показаться иностранцам, чтобы не забывали. Привлекал иностранцев к каждому своему действию. К появлению новой рукописи, к новому открытому письму, к собственной женитьбе. Когда он венчался с Таней Полторацкой, в церкви присутствовали Андрей Сахаров, Александр Галич и не меньше десятка западных журналистов. Само событие подавалось как гражданский подвиг. Летом 1973 года он был исключен из СП за публикацию во Франкфурте в издательстве «Посев» «Карантина».

После исключения из Союза он стал моим частым гостем, и я посещал его. У него, как ни придешь, всегда — иностранные корреспонденты, отец Дмитрий Дудко и композитор Коля Каретников.

Максимов был откровенный ловец душ. Бесхитростно склонял тех, кто ему поддавался, на свою сторону. Крестившись, агитации, как Свет, не вел, вдохновлял личным примером. Звонил и поздравлял меня по телефону с религиозными праздниками, а на Пасху приветствовал словами: «Христос воскресе» (на что я отвечал: «Здравствуй, Володя»). Настойчиво уговаривал меня напечатать полного «Чонкина» за границей: «Вот, между прочим, я говорил с иностранцами, они уверены, что твой роман о Чонкине пользовался бы очень большим успехом». А я отвечал: «Когда я захочу что-то сделать, сделаю это сам, ты меня не подталкивай». Он говорил: «Я не подталкиваю. Ради бога. Я тебе просто сообщаю, что говорил с иностранцами...» Иностранцы у него были в то время высшим обобщенным авторитетом. Он написал повесть «Карантин», дал почитать. Мне она не понравилась. Художественно она ничего не стоила, и ее не улучшало стремление автора вывести в карикатурном виде людей, к кому он испытывал особую неприязнь. Я ему сказал свое мнение. «Не знаю, — отреагировал он, слегка обидевшись, — а вот иностранцам нравится».

В это время наше общение стало совсем тесным и регулярным. Но на трезвую голову. Он был запойный алкоголик, а с алкоголиком нормально выпивающему человеку пить трудно. Однажды все-таки выпили. Ездили на машине к одной общей знакомой, она нам и налила. Выпили, посидели, добавили. Я меньше, он больше. Я еще не понял, что это у него начало запоя. Когда я его вез домой, он, лежа на заднем сиденье, уже с трудом ворочал языком, но стал бормотать что-то нечленораздельное, из чего потом прояснилась мысль:

— Я знаю, вы меня не признаете. Вы думаете, Максимов, подумаешь, Максимов, кто он такой. Мы — таланты. А кто Максимов? Максимов — говно. Вы всегда так думали. А я всегда это знал.

Я ехал осторожно, стараясь не превышать скорость, помня, что встреча с милицией может кончиться для меня дутьем «в Раппопорта» и дальнейшими последствиями. А на заднем сиденье развивается новая тема:

— А что это, интересно, ты со мной так тесно сошелся? Ты же меня не любишь, нет? Ты ведь думаешь, Максимов — не писатель, а я писатель. Я не против, пожалуйста, может быть, ты писатель, а Максимов не писатель. Но Максимов вам еще всем покажет, кто писатель, а кто не писатель. А ты, писатель, почему со мной ездишь? Тебе, писателю, поручили, да? Тебе поручили со мной ездить?

Такого мне еще никто никогда не говорил. Я не подумал, что Максимов в самом деле считает меня стукачом, он был не дурак и понимал, что я для этой роли никак не подхожу. Он просто пробовал, можно ли со мной так разговаривать. Я пока промолчал.

Подъехали к его дому. Я решил его проводить. Он шел, спотыкаясь, и на площадке между вторым и третьим этажами упал и лежал с закрытыми глазами, ожидая, очевидно, что я его подниму. Открыв глаза, он увидел, что я стою, сложив руки на груди, и выступать в роли подъемного средства не собираюсь. Он встал и пошел дальше, помогая себе руками. Так добрались до пятого этажа. Войдя в квартиру, он кинул пальто на диван. Полез в карман пиджака, похлопал себя по бедрам и уставился на меня.

— С тобой что-нибудь случилось? — спросил я без особого, впрочем, беспокойства.

— Украли! — мрачно сказал Максимов, не сводя с меня тяжелого подозрительного взгляда.

— Что украли?

— Кто украл, тот знает, что украл, — сказал он с нажимом. — Бумажник украли. Паспорт, деньги, сертификаты, все.

Я спустился вниз, открыл заднюю дверцу машины и там, на полу, нашарил бумажник. Вернулся на пятый этаж. Максимов стоял посреди комнаты в трусах и в рубахе с галстуком. Я положил бумажник на стол. Максимов ожидал, что я скажу. Я сказал:

— Проверь свой бумажник и запомни. Это не я с тобой езжу, а ты со мной ездишь. Я тебе делаю одолжение. А ты позволяешь еще говорить мне всякие гнусности. Запомни, со мной этот номер не пройдет. Если тебе в самом деле моя расположенность кажется подозрительной, не звони мне больше, ты мне ни для чего не нужен.

Он стоял и качался, но в пределах безопасной амплитуды.

— И не качайся, не делай вид, что ты в отключке. Ты все видишь, все понимаешь, все помнишь, запомнишь и это.

Я ушел, тихо прикрывши дверь.

Я ожидал, что он уйдет в долгий запой, но на следующее утро он позвонил в своей обычной, «обкомовской» манере:

— Привет. Максимов. Как дела?

— Никак.

— Мне кажется, у нас вчера был какой-то разговор. Я не очень помню.

— Да нет, — сказал я определенно, — ты помнишь очень хорошо.

— Ну, ты понимаешь, я же был... Это же понятно. В таком состоянии...

— Ты со мной ни в каком состоянии так говорить не будешь, — сказал я и положил трубку.

После описанного разговора Максимов окончательно погрузился в запой, а потом проявил некоторые усилия, чтобы восстановить отношения. И никогда подобных намеков больше себе не позволял, кроме одного случая, но это было много позже — в 1989 году.

АНДРЕЙ САХАРОВ И ЕЛЕНА БОННЭР

Все время, начиная с лета 1971 года до осени 73-го, я ни в каких общественных делах не участвовал, писем не подписывал, даже когда очень хотелось, вел себя тихо. Несмотря на нажим Максимова и призывы других диссидентов. Я с большим уважением относился к правозащитникам и не оставался равнодушным к их призывам, но у меня еще было дело, на которое Максимову, или Баевой, или кому еще было совершенно наплевать. Этим делом были мои литературные замыслы и амбиции, которые судьба давала мне шанс осуществить и чем я не имел права жертвовать. Есть чувство гражданского долга, есть семья и есть призвание. И о долге нельзя забывать, и с семьей нельзя не считаться, но и призванием пренебречь неразумно. Елена Боннэр потом меня косвенно упрекала, что я не был достаточно диссидентом. Да, я не был достаточно диссидентом, то есть только диссидентом, но я был им больше, чем достаточно, потому что, громко говоря, борьбе за правду я отдал немало времени, сил и здоровья. Я уже говорил, что мне было важно один раз показать, где я стою, на какой стороне, как отношусь к государству и его жертвам.

Весной 1973 года состоялось мое личное знакомство с Андреем Дмитриевичем Сахаровым. Мир услышал о нем за пять лет до того — после выхода его сочинения «Размышления о мире, прогрессе и мирном сосуществовании». А я это имя узнал еще раньше, в начале 60-х. Я сидел в редакции «Науки и религии», в кабинете Камила и в ожидании его, куда-то вышедшего, листал лежавший на столе справочник Академии наук

СССР. Все действительные академики, а может быть, и члены-корреспонденты были помещены в этой книге, указывались их фамилии, имена-отчества, должности, адреса и телефоны — домашние и служебные. Помню, я удивился, узнав, что у академика Шолохова есть два адреса — в станице Вешенской и московский, который не значился, например, в справочнике Союза писателей. Исключительно ради любопытства стал я выискивать разные известные мне имена и вдруг увидел, что, оказывается, адреса и телефоны не всех академиков здесь обозначены. Например, против фамилии «Микулин» не было ни одного адреса и ни одного телефона, там стояли только загадочные три буквы «ОТН». И все. Поскольку я знал, что Микулин — известный конструктор авиационных двигателей, я подумал, что, наверное, он так сильно засекречен, потому что имеет дело с ракетами, и, значит, самые секретные академики — это те, у которых нет адресов и телефонов. Для проверки нашел Королева (все знали, что он самый секретный), против этой фамилии стояли те же три загадочные буквы. Ага, сказал я себе самому, сейчас мы вычислим самых секретных. Стал листать справочник дальше и дошел до неизвестного мне имени: САХАРОВ АНДРЕЙ ДМИТРИЕВИЧ — ОЯФ. ОЯФ выглядела еще более загадочной аббревиатурой, чем ОТН, может быть, поэтому и сам Сахаров показался более загадочным, чем другие. (Потом я выяснил, что ОТН расшифровывается как «отделение технических наук», а ОЯФ — «отделение ядерной физики».)

Еще через какое-то время я спросил знакомого физика Владимира Захарова, кто такой Сахаров. Володя объяснил мне, что Сахаров изобрел водородную бомбу, что он гений и, как все гении, слегка чудаковат, например, сам ходит в магазин за молоком. То есть не совсем сам, его постоянно сопровождают несколько «секретарей» (так на специальном жаргоне называют телохранителей), которые держат в карманах руки, а в руках пистолеты со снятыми предохранителями. Этим «секретарям» спокойнее было бы бегать за молоком самим, но гению, создавшему водородную бомбу, почему бы и не почудить? В рамках, допускаемых специальной инструкцией.

В 1968 году Сахаров стал знаменит и легендарен, и некоторые из моих знакомых знали его лично, мне же встречаться с ним не приходилось, а идти знакомиться специально, чтобы «выразить восхищение» или «пожать руку», я не умею (и не люблю, когда кто-нибудь с подобной целью приходит ко мне).

Личное знакомство произошло в Театре на Таганке, где давали премьеру чего-то. Как всегда на премьерах этого театра, было очень много важных людей, включая упомянутого выше члена Политбюро Дмитрия Полянского. Сейчас этого человека мало кто помнит, а тогда из-за него перекрыли чуть ли не весь квартал, и мне пришлось оставить мой «Запорожец» где-то на дальних подступах. Одним из довольно важных стал к тому времени и Владимир Максимов, хотя движение ради него не перекрывали. Я наткнулся на него в антракте в фойе, где он стоял с каким-то высоким и сутуловатым человеком и предложил мне познакомиться. Мы пожали друг другу руки, я пробурчал свою фамилию, высокий свою, я, ее не расслышав, сказал пару слов о спектакле и отошел. Спектакль был утренний, потом у меня были еще какие-то дела, а вечером — гости, и, только ложась спать, я вспомнил театр, людей, которых там встретил, Полянского, Максимова и его собеседника. Что-то в нем было странное, чем-то он отличался ото всех остальных, что-то было в нем такое... Да это же Сахаров! — вдруг понял я.

А как же я догадался? Я знал, конечно, что Максимов знаком с Сахаровым, но мало ли с кем он знаком. А ведь Сахаров ничего мне такого особенного не сообщил, не высказал никаких гениальных мыслей, только пробурчал фамилию, которую я не расслышал. Почему же я теперь понял, что это он?

Объясняю: потому что на нем был отпечаток очень незаурядной личности. Мне приходилось встречать в жизни нескольких выдающихся людей. И я берусь утверждать, что у многих действительно значительных личностей есть в лице что-то такое, что выделяет их из общей среды. Так с первого взгляда, как я уже писал, я воспринял в свое время Александра Володина и Булата Окуджаву.

На другой день после спектакля я позвонил Максимову, чтобы проверить свою догадку.

— Что же ты, — сказал он с упреком, — сразу повернулся и пошел. Андрей Дмитриевич был очень удивлен.

Мне стало ужасно неловко. Положение Андрея Дмитриевича уже было такое, что многие опасались с ним общаться, а мне быть в их числе не хотелось.

Короче говоря, я воспользовался первым предлогом, позвонил, был приглашен и явился. Встретили меня очень приветливо. Сахаров, поздоровавшись, вышел в другую комнату, а Елена Георгиевна Боннэр, или, как называли ее более или менее близкие люди, Люся, усадила меня перед собой и стала расспрашивать обо мне, моих друзьях и пристрастиях, нащупывая общие интересы и совпадения во взглядах. И все было замечательно, пока не прозвучал вопрос, как я отношусь к Владимиру Максимову, правда ли он замечательный писатель. Я еще не знал, что на задаваемые в определенном тоне вопросы надо отвечать быстро, не задумываясь, утвердительно. Я думал, что собеседницу, не профессионалку в литературе, интересует личное мнение профессионала, и на вопрос, правда ли замечательный, ответил, как думал, что неплохой.

И тут в глазах собеседницы полыхнуло гневное пламя, и мне было сказано то, что я должен был запомнить сразу и навсегда:

— Володя Максимов прекрасный писатель!

Это была первая кошка, которая между нами пробежала. Тем не менее после этой встречи состоялись еще многие другие. С Сахаровыми я регулярно общался до самой высылки их в Горький, а с Люсей доводилось встречаться и позже. И почти каждый раз я ей каким-то своим высказыванием или поступком не угождал. Что меня, правду сказать, иногда обескураживало.

В обширных мемуарах Сахарова я нигде никак не упоминаюсь, хотя был свидетелем и даже в какой-то мере участником некоторых важных событий в его жизни. Первым было нападение 22 октября того же 1973 года на него мнимых арабских террористов из палестинской организации «Черный сентябрь». На самом деле ни у кого не было сомнений, что этих террористов изображали агенты КГБ. Два человека явились к Сахаровым средь бела дня, перерезали телефонный провод и, угрожая Сахарову смертью, предложили ему изменить его мнение по палестинскому вопросу. После чего, напомнив ему, что у него есть дети и внук, удалились. Едва услышав о нападении по «Голосу Америки», я немедленно приехал к Сахарову и на своих недавно купленных «Жигулях» отвез Андрея Дмитриевича, Люсю и Сергея Ковалева в отделение милиции, где Сахаров оставил соответствующее заявление. В 1975 году я вместе с Львом Копелевым доставил Сахарову сообщение о присуждении ему Нобелевской премии. Сахаров был в это время у Юрия Тувина в новой квартире без телефона, и новость узнал от нас. Премию за него получала в Осло Люся и о подробностях сообщала ему, оставшемуся в Москве. Поскольку его собственный телефон в то время был отключен, а мой еще работал, Сахаров вечерами сидел у меня и ждал звонков от жены. (Приезжал он, между прочим, на метро, которым, как трижды Герой Соцтруда, пользовался бесплатно.)

Когда в травле Сахарова приняли активное участие его коллеги — 72 члена Академии наук СССР подписали письмо, полное гнусных обвинений и клеветы, — я написал им резкий ответ и напечатал его в западных газетах.

В восьмидесятом году я не мог не откликнуться на высылку Сахарова в Горький, и именно этот отклик был воспринят как последняя капля в терпении советской власти, но об этом позже.

НАДЕЖДЫ И РЕАЛЬНОСТЬ

Лето 1973 года я провел в борьбе с Иванько, пытавшимся отнять у меня квартиру (вся история описана в отдельной книге «Иванькиада»), после чего мы с Ирой сняли дачу в освоенной нами раньше деревне Веледниково в районе Петрова-Дальнего.

Ира была изящно беременна. Изящно в том смысле, что живот ее представлял собой небольшую выпуклость, но при этом не было на лице обезображивающих его толстых губ и сопутствующих беременности пигментных пятен. До беременности у нас бывали какие-то сложности и конфликты, но во время — восстановилась полная идиллия. Она была тиха, покладиста, ласкова, а я смотрел на нее, и она, беременная, вызывала во мне такое горячее чувство, какое я испытывал, когда мы были любовниками. Я вообще-то бываю сдержан в выражении своих чувств, даже общаясь с самим собой, а тут смотрел и думал: как я ее люблю! И с этим чувством совпадало желание: очень хотелось надеяться на спокойную и благополучную жизнь. И для этого были как будто бы предпосылки.

Только что удалось отбиться от Иванько и отстоять квартиру. Вышедшие книги, восстановленные спектакли, предложения киностудий обещали мне устойчивый материальный достаток. Но я понимал, что надежды мои иллюзорны, что мира с государством у меня не будет. Войны не избежать, но к ней надо подготовиться. Первые диссидентские поступки показали мне, что действовал я слишком нерасчетливо и глупо. Если уж поднимать восстание, то надо надлежащим образом вооружиться и лучше себя защищать. Для диссидента тех времен главной защитой и главным фактором, увеличивающим его роль в движении, была его известность. Роль того же Сахарова не была бы столь значительной, если бы за его спиной не было не только крупных научных достижений, но и государственного признания заслуг, академического звания и трех звезд Героя Социалистического Труда. У меня шансов достичь таких высот не было, но и мои собственные задачи были скромнее. И все-таки я укрепил свое положение тем, что напечатал две книги, передал на Запад первую книгу «Чонкина» (о чем еще расскажу) и почти закончил вторую книгу, получил квартиру, которая, я надеялся, останется моей семье, если со мной что-то случится. Я готовился объявить, что не собираюсь считаться с ужесточенными властью советскими правилами поведения и издание «Чонкина», которое последует, будет осуществлено с полного моего одобрения. Тем самым я готов был бросить вызов власти и подвергнуться риску повторить судьбу Синявского и Даниэля, но в то же время при этом надеялся, что эта публикация сделает меня более известным и в какой-то степени менее уязвимым.

СО ШТАТОМ ОХРАННИКОВ И ОВЧАРОК

Тем временем власть совершала все больше движений, которые возмущали общество и меня лично. В сентябре было объявлено о присоединении Советского Союза к Женевской конвенции по авторскому праву и создании общественной организации — Всесоюзного агентства по авторским правам (ВААП вместо ВУОАПа). Агентство, по замыслу его составителей, должно было осуществлять полный контроль над зарубежными публикациями книг советских авторов. До присоединения к конвенции права советских авторов за границей не были никак защищены, любое западное издательство могло взять любую книгу или рукопись советского автора, напечатать, а платить или не платить гонорар — это зависело от доброй воли издателя. Но эта же правовая незащищенность советского автора была его защитой, когда он говорил (как в моем случае), что рукопись опубликована без его согласия. Теперь ни одно западное издательство не могло игнорировать права автора, не могло печатать его без его разрешения, но он, в свою очередь, лишался возможности утверждать, что публикация произошла без его ведома.

ВААП обещало защищать права авторов, но на самом деле это была не защита, а полный контроль и присвоение прав авторов этим агентством. ВААП готово было печатать на Западе только авторов, угодных власти, и на грабительских условиях. В интервью, данном «Литературной газете» председателем новой организации Борисом Панкиным, было прямо сказано, что в Советском Союзе существует монополия на внешнюю торговлю и писатель, продавший рукопись за границу самостоятельно, будет считаться нарушителем этой торговли, контрабандистом и уголовным преступником.

Эти угрозы относились и ко мне лично. Я уже кое-что передал на Запад и собирался передавать дальше, никого не спрашивая. Я письмом Панкина воспользовался как сигналом к собственному восстанию. В то время диссиденты бомбардировали советские правительственные и партийные органы обычно гневными письмами. А я для себя избрал другой жанр — иронию, который продемонстрировал в письме Панкину от 5 октября 1973 года (Приложение № 1).

В тот же день, 5 октября, родилась моя младшая дочь Ольга.

ЧЕМ Я ПЛАТИЛ ЗА СВОИ «ЖИГУЛИ»

Отправив Иру в роддом, я не только написал и передал западным корреспондентам письмо против ВААП, но и продолжил свои усилия по укреплению своих новых позиций. Первым делом я хотел передать на Запад первую книгу «Чонкина». Знакомых иностранцев, через которых я мог это сделать, у меня не было, но они появились у Эммы Манделя (Наума Коржавина). Я ему сказал о своей проблеме, он предложил мне вечером приехать к нему, у него будет человек, который мне поможет. Я приехал. На кухне было много народу. Люди, привыкшие к просторному жилью, не могут даже представить, как много людей может поместиться на кухне за маленьким раскладным столом, уставленным простой выпивкой и закуской. За столом был обычный для таких посиделок страшный галдеж, который поначалу мне показался совершенно сумбурным, потом я разобрал, что спор идет исторический, чем была хороша или плоха царская власть и стоило ли ее сокрушать. Главной спорщицей была молодая женщина, Адель Найденович, которая, как я понял, была уже диссидентка со стажем, в шестидесятых годах «оттянула» свой срок в лагере, но от убеждений своих не отказалась. И сейчас она занималась чем-то таким, что вполне могло привести к новому сроку. Только что, побывав на допросе у следователя, рассказывала, как резко она ему отвечала и как он был разочарован, что ничего от нее добиться не смог. Все слушали ее с большим почтением. Большинство из собравшихся в лагерях еще не сидели и испытывали к ней уважение, с каким когда-то люди, оставшиеся в тылу, относились к заслуженным фронтовикам. От рассказа о допросе в Лефортово разговор легко перекинулся в историю, и та же дамочка, не стесняясь приблизительности своих знаний в данном вопросе, стала утверждать, что царская власть была вполне гуманной. Николай Павлович (так почтительно она называла Николая Первого) был хорошим и добрым царем, покровительствовал Пушкину, и шеф жандармов Бенкендорф тоже был к Пушкину милостив. Отвлекшись на время от спора, Эмма познакомил меня с совсем еще молодым (ему было двадцать три года) переводчиком из итальянского посольства Марио Корти. Мы с Марио удалились в спальню, где он без разговоров взял у меня рукопись. Вернулись в кухню, где разговор перешел уже к периоду следующего царствования, к убийству Александра Второго. В связи с этим событием были упомянуты народовольцы и Софья Перовская.

На это упоминание Найденович отреагировала яростно:

— Ах, эти народовольцы! Ах, эта Перовская! Если бы я жила тогда, я бы задушила ее своими руками.

Тут я не удержался и сказал:

— Вы на себя наговариваете. Перовскую вы бы душить не стали.

Найденович возбудилась еще больше.

— Я? Ее? Эту сволочь? Которая царя-батюшку бомбой... Клянусь, задушила бы, не колеблясь.

— Да что вы! — сказал я. — Зачем же так горячиться? Вы себя плохо знаете. В то время вы не только не стали бы душить Перовскую, а наоборот, вместе с ней кидали бы в батюшку-царя бомбы.

Она ожидала любого возражения, но не такого.

— Я? В царя-батюшку? Бомбы? Да вы знаете, что я убежденная монархистка?

— Я вижу, что вы убежденная монархистка. Потому что сейчас модно быть убежденной монархисткой. А тогда модно было кидать в царя-батюшку бомбы. А уж вы с вашим характером непременно оказались бы среди бомбистов.

Через какое-то время я засобирался домой. Эмма спросил меня, не смогу ли я взять с собой Марио и Адель, довезти его до итальянского посольства, а ее до ближайшего метро. Было темно, холодно и снежно. По пустырям еще не вполне застроенного Юго-Запада гуляла поземка и заносила снегом и без того плохо видимую обледеневшую дорогу. Адель села рядом со мной, Марио устроился на заднем сиденье. Сначала ехали молча, потом Адель неожиданно спросила:

— И сколько вы заплатили за вашу машину?

Я понял суть вопроса, но сделал вид, что не понял, и сказал, что эта машина стоит пять с половиной тысяч рублей.

— Я не это имею в виду, — сказала Адель. — Я имею в виду, сколько вы заплатили своей совестью.

Я затормозил, но не резко. На скользкой дороге резко тормозить не следует.

Повернулся к пассажирке.

— Если я заплатил своей совестью, то вам с вашими непримиримыми убеждениями должно быть совестно ехать в моей машине. Вы можете выйти.

Была пурга. Слева и справа пустыри, а что за ними, не видно.

Найденович присмирела.

— А как вы думаете, — спросила неуверенно, — здесь далеко метро?

— Не знаю, — сказал я. — Спросите кого-нибудь. Если его найдете.

Она молчала, возможно, думала, как ей поступить. В машине тепло и уютно, а снаружи жуть что творится.

Она помолчала, и я помолчал.

А потом сказал:

— Ну ладно, поедем дальше.

Года через три я ее встретил на какой-то диссидентской тусовке. Она сама подошла ко мне со словами:

— Я большая ваша поклонница и очень люблю этого вашего Тёмкина.

И КВАРТИРУ ПОЛУЧИЛ НЕ ЗАДАРОМ

Повадился ходить ко мне житель города Боброва Воронежской области Иван Павлович Копысов. Писал какие-то безграмотные, но местами интересные тексты, в которых ругал, естественно, советскую власть. Принес однажды местную газету с фельетоном против какой-то женщины, написавшей куда-то жалобу, что ей не дают заслуженной пенсии. Газета укоряла женщину, что она на жизнь смотрит сквозь темные очки и не видит всего хорошего, что происходит в нашей советской жизни. А происходит в ней много хорошего. Только в городе Боброве построен мост через реку Битюг и на следующую пятилетку намечено проложить канализацию.

Копысов, как и другие ходоки, появлялся обычно рано, часов в семь, прямо с поезда, садился на диван, рассказывал мне о плохих бобровских чиновниках, просил передать рукопись за границу, но, бывало, оглядывал комнату и щурил лукаво глаз:

— А у вас, Владимир Николаевич, квартирка-то неплохая. Наверное, такие не каждому дают и не задаром.

Я отвечал ему иногда добродушно. Другой раз не очень.

Однажды он пришел ко мне с интересным предложением. Чтобы я сжег себя на Красной площади. Я спросил: а почему бы ему самому не совершить этот акт?

Он сказал:

— Ну, что вы! Это будет никому не интересно. А вы, человек известный, привлечете к себе большое внимание.

Через какое-то время, убедившись в моем малодушии, он пришел с бумагой, в которой сообщал, что решил сам, облившись бензином, сжечься перед Мавзолеем и просит организовать приход к месту события иностранных журналистов, прежде всего корреспондентов западных телевизионных компаний.

Я попробовал его отговорить, но он был непреклонен. Тогда, надеясь, что он остынет, я сказал, что подумаю.

Дня через два он позвонил и спросил, готов ли я помочь ему в известном мне деле. Я ответил, что считаю его идею глупой и не советую ему совершать задуманное. Через час он явился ко мне без звонка и с порога заявил приблизительно следующее:

— Вы специально говорили по телефону так, чтобы в КГБ догадались о моем плане. Раз так, я свое решение отменяю и иду с расколкой в КГБ. Я скажу, что сжечься подбивали меня вы и Сахаров.

Тут я схватил его за шиворот и буквально спустил с лестницы. Но наши отношения на этом не кончились.

Прошло еще какое-то время. Как-то днем я сидел, работал и услышал, что кто-то крадется вверх по лестнице. Потом я услышал шорох, увидел просовываемый под дверь конверт, и опять шаги вниз. Я выскочил за дверь, догнал Копысова, втащил его к себе в квартиру, стал спрашивать, зачем он крался и почему не может прийти ко мне обыкновенным способом. Хотел распечатать письмо, но он закричал:

— Прошу вас, не открывайте!

— Ага, — говорю я, — значит, написали какую-то гадость.

— Да, гадость, — признался он, — гадость. Но я не прав. Я больше не буду. Отдайте письмо.

Я отдал. Через много лет мое письмо другому человеку тоже было возвращено мне нераспечатанным, но там причина была иная.

А Копысов ко мне пришел еще раз, за день до моего отъезда на Запад. Опять совал мне какой-то безграмотный текст с тем, чтобы я перевез его на Запад. Я ему отказал, но потом, уже живя в Мюнхене, как-то слышал, что по радио «Свобода» читали что-то сочиненное Копысовым.

В КУПЕ И ВКУПЕ

На другой день после передачи моего письма на Запад ко мне явился Максимов с известием, что получил разрешение выехать в Париж. Я был неприятно поражен. Он мне ни о каких приготовлениях к отъезду перед этим не говорил.

А теперь, как выяснилось из его слов, намерение уехать вынашивалось им долго.

Он ходил по моей комнате, помахивая рукой, и в своей манере говорил как бы не мне, а противоположной стене.

— А что такое? — говорил он. — Я давно им сказал: «Господа, если я вам не нравлюсь, то в чем дело? Я готов хоть сейчас немедленно покинуть вашу сраную страну».

Стали говорить о его и моих делах. Как мне помнится, я его просил, чтобы он, когда окажется в Париже, поинтересовался в «ИМКА-Пресс», как дела с моей книгой, которую они обещали издать к Франкфуртской ярмарке.

— Да, конечно, — пообещал Максимов, — обязательно поговорю. А насчет этой ярмарки, — он вскочил на ноги и опять, обращаясь к той же стене, забегал по комнате. — Мне говорили, Франкфуртская ярмарка — это десятки павильонов и десятки тысяч наименований. Я им говорю: «Господа, — продолжал он, слегка косясь на меня, — вы поймите, господа, десятки тысяч названий? Так неужели вы думаете, что вашу книжонку в этом море кто-нибудь может заметить? Что вы, господа! Надо же быть реалистами!»

Перестал бегать, сел на стул напротив меня. Тут же сделал вид, что это не обо мне, а о каких-то абстрактных и наивных господах. Вернулся к моим делам.

— Меня иностранцы спрашивали о тебе, о твоих книгах.

— И что ты сказал?

— Ну, я сказал все, что знаю, что ты написал повесть о целине и какую-то песню о космонавтах.

То есть «Чонкин», которому иностранцы якобы предрекали большой успех, уже как будто не существовал.

Я тогда еще был толстокожий, не сердился, но удивлялся такому ходу ума, как одной из красок жизни. Я спросил:

— Как? Разве ты не сказал иностранцам, что я написал «В купе»?

Теперь удивился он:

— А что это?

— Ты не знаешь? — продолжал я изображать удивление. — Одно из главных моих сочинений. Рассказ. Был в «Новом мире» напечатан.

У меня в самом деле был такой рассказ размером в две-три страницы. Рассказ мне не нравился, был для меня не характерен, я его после новомирской публикации никогда больше печатать не собирался. Не знаю, прочел ли Максимов рассказ, но название его не забыл. Когда полтора года спустя я прислал ему в «Континент» отчет о моем отравлении в гостинице «Метрополь», Максимов его напечатал, а в сноске с данными об авторе указал в числе главных моих произведений рассказ «Вкупе» (в одно слово).

ДОНОРСКОЕ МОЛОКО

Между прочим, в день написания письма Панкину, как я сообщал выше, случилось более важное событие: родилась моя младшая дочь Оля.

Ира позвонила из роддома уезжавшему в Америку Науму Коржавину, чтобы попрощаться. «Солнышко, — сказал он ей, — рожай спокойно и не слушай радио». Ира удивилась: какое радио в родильном доме?

Конечно, Эмма имел в виду зарубежное радио. Оно тоже не оставило мое письмо без внимания. За него ухватились все радиостанции, вещавшие на Советский Союз, а «Немецкая волна» передавала его несколько дней подряд. В эти дни я регулярно ездил к роддому. В нашем роддоме уже тогда было новшество: детей показывали отцам по телевизору. Качество изображения было ужасным. На маленьком и мутном экране я увидел тонкошеее черно-белое существо, которое хлопало глазами и было похоже на аквариумную рыбку. У существа еще не было имени, и несколько дней, пока мы перебирали варианты, мы называли его просто «девочка». «Ну как тебе девочка? — спросила Ира в записке. — И как вообще дела?»

Я отвечал, что девочка красавица, вся в маму, а дела лучше не бывают. Я ничего не сказал ей тогда о письме, о шуме, произведенном его появлением, и о том, что из Союза писателей мне звонили и интересовались, когда бы я мог прийти для беседы с товарищем Юрием Стрехниным. Этот человек, с фамилией, напоминающей об аптеке, когда я к нему явился, даже не знал, как со мной разговаривать, и путем наводящих вопросов пытался понять, не повредился ли я в уме.

Ира вернулась из больницы. У нее было мало молока, и я ходил к одной женщине, донору, у которой молока было достаточно на двоих. Пришел как-то вечером, и она мне сказала, что ее отец хочет со мной познакомиться. А отец в соседней комнате умирал от рака. Я зашел к нему, и так совпало, что именно в этот момент по «Немецкой волне» повторяли мое письмо. Приемник стоял на стуле у постели больного. Он, желтый, как лимон, слушал его и хохотал в голос. Через два дня он умер.

Дочь этого человека жила на четной стороне Ленинградского проспекта — той стороне, где машины идут в сторону от центра. Когда я шел за молоком третий или четвертый раз, я заметил слежку. Неприметная черная «Волга» ехала против движения задним ходом. Чтобы двигаться за мной носом вперед, ей пришлось бы переехать на другую сторону проспекта.

САША ГОРЛОВ И ПОЛКОВНИК КГБ

С тем же донорским молоком вспомнилась еще одна история. Ранним вечером я посетил Лидию Корнеевну и Елену Цезаревну (Люшу) Чуковских, живших в начале улицы Горького. У них познакомился с Александром Горловым, диссидентом поневоле, который по просьбе Солженицына ездил за автомобильной деталью на его дачу, попал там в засаду не ожидавших его появления кагэбэшников. Они схватили его, потащили в лес, и неизвестно, что бы там с ним сделали, но он стал кричать, местные люди сбежались, отбили его. Он о случившемся сообщил

Солженицыну, тот собрал западных журналистов и устроил мировой скандал. Кагэбэшники стали мстить Горлову, положение его, ведущего сотрудника института Гидропроект, стало сложным, он подал заявление на эмиграцию. Побыв недолго у Чуковских, я стал прощаться, потому что должен был ехать за молоком. Горлов взялся меня подвезти на своих «Жигулях». На Ленинградском проспекте, в районе метро «Динамо», Саша сделал какой-то, может быть, неудачный маневр, вдруг белая «Волга» обогнала его и перегородила дорогу. Из «Волги» вышел вальяжный, упитанный человек, в модной тогда замшевой куртке, достал из кармана удостоверение и протянул Горлову со словами:

— Я полковник КГБ, а вы меня подрезали!

Я, сидя на заднем сиденье, открыл свое окошко и попытался вырвать удостоверение со словами:

— А ну, полковник, дай-ка его сюда!

Полковник успел отдернуть руку, побежал к своей машине и быстро скрылся с места происшествия.

АПЕЛЬСИНЫ ИЗ МОСКВЫ

Мой отец был человек литературный. Он много стихов знал наизусть и сам писал стихи. Кроме того, переводил с сербского. Его отец, мой дед, владел этим языком, хотя родился в России, — его родители говорили по-сербски. А отец мой уже сам выучил язык и много лет переводил сербский эпос.

В советские годы был издан двухтомник «Сербский эпос», и там напечатали несколько его переводов, несмотря на то, что он поругался с редакторами. Он был, в отличие от меня, человеком бескомпромиссным. Если мне редактор говорил, что по каким-то причинам надо что-то убрать или изменить, я мог уступить — или согласившись с доводами, или понимая: без этого все равно не пропустят. Были, разумеется, и требования, с которыми я не соглашался ни при каких обстоятельствах. Но отец не уступал ни запятой. И хотя для него эта публикация сербского эпоса была важна, как ни для кого, потому что впервые у него взяли так много переводов, он не уступил ничего, разозлил редактора, и в конце концов в сборнике осталось, кажется, всего 7 переводов, за которые он все равно, по его понятиям, получил довольно много денег. Из Москвы он всем привез подарки. Мне достались самозаводящиеся часы Чистопольского завода.

Он переводил и с украинского. Какие-то свои стихи и переводы все время печатал в газетах, где он работал.

Его собственная книга вышла в Югославии на русском языке через много лет после его кончины. Союз писателей Югославии сделал ему посмертный подарок. Это уже после того, как я стал более-менее известным, они обратили внимание и на моего отца. А еще у него, уже благодаря молодому предпринимателю Николаю Сыромятникову, вышла книга, которую он писал много лет, — «Потомок Еноха». Енох — это седьмой по счету потомок Адама, который, по утопической версии моего отца, попал на другую планету, где его потомки расплодились и устроили новую жизнь по законам равенства, справедливости и бережного отношения к животным.

Дело в том, что отец, как я уже писал, был жестким вегетарианцем, но вегетарианства он придерживался не ради здоровья. Он считал, что человек — властитель мира и не имеет права убивать братьев своих меньших, что, наоборот, он должен их всячески оберегать, как заботливый старший брат. Все жестокости человеческие, считал мой отец, начинаются с уничтожения животных. Коля Сыромятников, тоже вегетарианец и примерно того же образа мыслей, охотно эту книгу издал.

Последние перед пенсией годы отец работал в газете «Керченский рабочий», в отделе писем. Постоянно разбирал какие-то жалобы и не просто пересылал письма в разные инстанции, а сам с этими письмами туда ходил. Хлопотал то за одного, то за другого, заставлял чиновников вникать в проблемы. А те очень злились и даже грозили, что его посадят. И все-таки многим людям он помог. Он был идеалист. Советскую пропаганду он презирал. Ему казалось, все можно устроить иначе. Но начать надо с отказа от мясной пищи...

Однажды на улице он увидел, как пожилой человек в морской форме и весь в орденах просит милостыню. Он к нему подошел, спросил, что случилось. Тот ему стал жаловаться на советскую власть, выяснилось, что он не получает пенсию. Отец этого человека взял, ходил с ним по каким-то инстанциям, где-то с кем-то спорил, на кого-то кричал. И на него кричали. В итоге бывшему матросу пенсию дали. Прошло какое-то время, и отец опять увидел этого человека — он сидел на том же самом месте, в той же форме и просил милостыню.

Такая же история у него была с цыганами. Отец решил, что, если назначить им государственное пособие, они не будут побираться. Он снова чего-то добился, а они продолжали побираться.

Со мной в моем детстве он обращался довольно сурово, считая, что я должен закаляться, переживать любые невзгоды и обходиться малым. А мою младшую сестру любил безумно и как мог баловал. И, может, именно поэтому он не остался равнодушен к одной истории.

В Керчи кто-то затащил в подвал, изнасиловал и убил девочку-старшеклассницу. Убийц не могли найти. И мой отец писал письма в разные инстанции, что расследование было неправильно проведено. Кроме того, он, проходя мимо каких-то подвалов, вдруг останавливался и подолгу стоял, вслушиваясь: ему казалось, что там кто-то просит о помощи. Он возвращался, вслушивался еще и только потом шел дальше.

Он всегда боялся пропустить какую-нибудь мелочь, которая может принести вред незнакомым ему людям. Шел по улице стариковской, шаркающей походкой и, если видел, что на дороге лежит апельсиновая корка или стекло, обязательно их куда-нибудь отталкивал ногой, чтобы никто случайно не поскользнулся или не поранился.

Был патологически брезглив, руками старался не дотрагиваться ни до ботинок, ни до перил, ни до дверных ручек. Целыми днями стоял у крана и мыл руки. Поскольку был аскетом и избегал трат на личные нужды, руки мыл черным хозяйственным мылом. Дверь в ванную не закрывал, чтобы не включать свет. Брился безопасной бритвой, но без ручки, — только два гребешка, между которыми зажимается лезвие. Ему подарили электрическую бритву, он тут же всучил ее мне. Потом ему подарили безопасную бритву, он и эту мне навязал, а сам продолжал бриться обломком.

От постоянного мытья кожа на руках у него была истонченной и синей. Когда он в 67 лет серьезно заболел и я привез его в Москву, Борис Шубин, врач, устраивавший его в больницу, сказал: «У вас экспериментальная экзема. Прекратите мыть руки».

Ему это многие говорили, он пропускал мимо ушей.

Когда случалось побывать в Москве, покупал маме и Фаине апельсины и прятал их в чемодан, чтобы соседи по вагону не видели.

— Потому что, — объяснял он мне, — среди пассажиров есть бедные люди, которым эта роскошь недоступна.

И мне невозможно было его уверить, что вряд ли среди пассажиров есть кто-то, кто беднее его.

ИСКЛЮЧЕНИЕ ИЗ ЧЛЕНОВ

В декабре 1973 года для разбора моего «персонального дела», третьего по счету, было объявлено, но не состоялось заседание Бюро объединения прозаиков. Члены Бюро сказывались больными, удирали из Москвы или просто не подходили к телефону. Наконец кого-то удалось все же собрать. Это было уже в январе 1974 года, между исключением Чуковской из Союза писателей и изгнанием Солженицына из Советского Союза. Большая комната, где проходило это событие, была набита битком людьми, из которых три четверти были мне незнакомы ни по лицам, ни по именам.

Председательствовал Георгий Радов, почему-то ненавидевший меня с моего первого появления в литературе. Члены Бюро Павел Нилин и Юрий Трифонов, сказавшись больными, не явились. На фоне собравшихся ничтожные Георгий Березко и Владимир Амлинский блистали как звезды первой величины.

Надо сказать, что я пришел на это заседание с весьма агрессивными намерениями. Я собирался сказать «им», имея в виду грозных представителей грозной власти, что я о них думаю. А передо мной сидели жалкие, запуганные люди. Где-то в заднем ряду ежился от страха, что я его замечу, Герой Советского Союза Иван Парфентьев, который передо мной еще недавно заискивал. Он так же, как и мой бывший приятель Федор Колунцев (по паспорту Тодик Бархударян), за все заседание не промолвил ни слова. Некий Андрей Старков всего лишь несколько дней назад подбегал ко мне в метро, оглядываясь по сторонам, тряс руку и быстро шептал: «Я восхищен вашим мужеством». Григорий Бровман, жалкий критик, сам в свое время битый-перебитый. Только что его сын попал под машину, еще похоронить не успели, а он прибежал. Что их всех сюда привело? Ну, одни желали отличиться перед начальством. А другие — даже не отличиться, а избежать гнева или косого взгляда. Чтобы начальство не подумало, что они не свои. Только Радов не скрывал своего удовольствия от предстоящей расправы и вызвался возглавить ее добровольно.

Заседание должен был вести некий Борис Зубавин, председатель объединения прозаиков, но он заболел, и Радов охотно его заменил (как я подозревал, сам напросился). (Радов вскоре умер, а года три спустя его сын сказал мне: «Мой отец был честный человек, но мне жаль, что он перед смертью совершил такой нехороший поступок».) Радов сообщил собравшимся, что враждебные радиостанции передают такое-то письмо. Автор сидит здесь. «Что вы думаете по этому поводу?» — «Этот вопрос неинтересный, — сказал я, — давайте дальше». — «Когда вас спрашивают, вы должны отвечать», — тоном педагога сказал Радов. «Я вам вообще ничего не должен, — сказал я. — Если бы я пришел вступать в Союз писателей, тогда был бы должен. А я пришел с вами прощаться». Это их как-то сбило с толку, потому что они приготовились припирать меня к стенке, а я вроде сам себя к ней припер. Радов прочел какую-то выписку из устава Союза писателей, что членами этого Союза могут быть только единомышленники. Потом Радов несколько раз, очевидно, ожидая каких-то моих возражений, сказал, что здесь собрались члены бюро с активом в количестве, достаточном для кворума. Я сказал, что меня процедурные вопросы не интересуют, мне все равно, будут меня душить с полным соблюдением формальных правил или с неполным. Тогда они стали выкрикивать кто во что горазд, иногда отклоняясь от темы. Полную стенограмму читатель может прочесть в конце книги (Приложение № 2), но стенографистка, видимо, записала не все. Например, я хорошо помню, как Березко топал ногами и кричал: «Войнович, вы не должны писать этого вашего ужасного Чонкина! Это очень плохая книга».

Лидия Фоменко, цитирую по стенограмме, говорила: «Вообще, как сказал один умный человек сегодня, пусть бы миллионеры заботились об авторском праве. Я, например, никогда не думаю об авторском праве». Это вообще была очень глупая и безвкусная женщина. Незадолго до описываемого заседания она сказала Володе Корнилову, что поставила памятник на могиле дочери: «Шик. Закачаешься».

Бровман попрекал меня: «Вы презираете нас — мы разные литераторы. Вы пишете, что Маркова не будут печатать и издавать. Если Маркова не будут печатать НТС и «Грани», это правильно. У нас большая литература. Вы недооцениваете наши таланты. И вдруг вы выскакиваете, как Моська...»

Я помню, что он сказал «как Моська, которая лает из-под полы». Потом я ему сказал, что его я переоцениваю.

Радов решил вступиться за Бровмана:

Радов: Почему же вы его оскорбляете?

Я: А вы думаете, что здесь можно оскорблять только одну сторону?

Радов *(поспешно)*: А вас никто не оскорбляет.

Я: Ну да. Он меня называет Моськой, и это не оскорбление?

Бровман: Он на меня сердится потому, что я его когда-то критиковал.

Я: У вас мания величия. Неужели вы думаете, что я вашу писанину хоть когда-то читал?

Критик Станислав Лесневский незадолго до заседания приходил ко мне домой и уговаривал ради моего собственного спасения и ради общего спокойствия подать покаянное письмо на высочайшее имя, то есть Брежневу. Потом (прошу у читателя прощения) перешел к лексике другого рода и, став на колени, произнес заклинание: «Я тебя прошу: насри себе на голову!» На что я ему заметил, что его просьба кажется мне физически невыполнимой.

Здесь, на заседании бюро Лесневский, сказал, что в своем письме я оскорбил Верченко, а Верченко — это такой же прекрасный человек, как Ильин, а Ильин — это человек высокой рыцарской чести.

Амлинский, как я и предполагал, начал лирически: «Я знаю творчество Войновича. Я относился к его творчеству и таланту с уважением...», а закончил тем, чем и должен был закончить: «Может быть, он найдет в себе силы и мужество свою ложную позицию пересмотреть».

Трое из присутствовавших начинали свои речи почти слово в слово: «Мне по роду моей службы приходится постоянно читать антисоветскую литературу...» Но даже в этой литературе им редко приходилось читать такие злобные выпады, как те, что содержатся в моем письме.

Это дало мне повод съязвить: «Я думал, что я пришел на собрание своих коллег, а здесь собрались какие-то странные люди, которые постоянно читают антисоветскую литературу и до сих пор ходят на свободе».

Цирк этот закончился голосованием (единогласным, конечно): рекомендовать секретариату московской писательской организации исключить меня из членов Союза писателей.

МЕДИЦИНСКИЕ БАНКИ И МЕШОК МЕДЯКОВ

Секретариат был назначен на 20 февраля. Но за несколько дней до него я заболел воспалением легких. Не притворялся, а реально заболел. 20-го утром мне позвонил Ильин. «Я хотел бы, чтобы вы пришли до секретариата, нужно поговорить. Мы помним, что вы хороший писатель, мы не хотим с вами расставаться, никто не желает вашей крови, приходите, пожалуйста, я вас очень прошу».

Это были новые ноты, раньше он разговаривал со мной не так. Я сказал: «До заседания нам встретиться не удастся, потому что я к вам не приду. У меня две причины. Первая — неуважительная — я болен...»

— Очень хорошо, — радостно прервал Ильин, — в таком случае я отменю заседание.

— Не нужно отменять, — сказал я. — Я, когда выздоровею, тоже не приду. У меня есть еще одна причина, уважительная: нам не о чем говорить.

Ильин продолжал меня уговаривать. Я должен прийти. Со мной поговорят, исключать не будут. В крайнем случае объявят еще один выговор.

Я спросил, какой же выговор, когда у меня уже два строгих, причем второй с последним предупреждением.

— Пусть вас это не волнует, это процедурный вопрос, мы с ним как-нибудь справимся.

— Меня ваши процедуры больше не интересуют, — сказал я. — Выговоров ваших я больше не признаю. Я сам объявляю вам выговор.

— Вот очень хорошо, — сказал Ильин. — Приходите. Вы нас покритикуете, мы вас покритикуем.

Я еще раз сказал, что не приду, а свою критику сегодня же пришлю в письменном виде.

К началу заседания моя жена отвезла в секретариат письмо, начинавшееся словами: «Я не приду на ваше заседание, которое будет проходить при закрытых дверях, втайне от общественности, то есть нелегально, а я ни в какой нелегальной деятельности принимать участие не желаю...»

Полный текст — опять в конце книги (Приложение № 3).

В тот день жизнь моя круто переменилась. Я физически почувствовал, что теперь я свободен. Меня можно убить, раздавить, но теперь я им ни в чем не уступлю, ни на какой компромисс не соглашусь, буду делать только то, что считаю нужным. Я еще не знал тогда известного наставления «Делай, что должно, и не думай о последствиях», но примерно такое правило для себя и установил.

В два часа ночи меня разбудил звонок московского корреспондента агентства Рейтер. Ему только что звонили из Лондона и просили проверить сообщение, правда ли, что я арестован. Я сказал, что, может быть, я арестован, но мне об этом пока еще ничего не известно. Повернулся на другой бок и спокойно заснул.

На другой день позвонил Булат Окуджава и спросил:

— Правда, что тебя из Союза исключили?

— Да.

— А что ты делаешь?

— Ничего, болею. Воспаление легких.

— Жди меня, я скоро приеду.

Через некоторое время он приехал с картонной коробкой от ботинок. Открыл, вынул из нее медицинские банки. Велел перевернуться на живот. Поставил мне банки, собрал их и уехал.

Выздоровел я быстро. А теперь позволю себе медицинское соображение. После того как в «Литературной газете» был напечатан дополненный Ильиным мой протест, я долго чувствовал себя униженным и пребывал в состоянии, похожем на депрессию. В этом состоянии мой иммунитет был очень ослаблен, я легко простужался и был жертвой всех эпидемий гриппа. Но за все годы своего противостояния с государством я ни разу не простудился, ни разу не слег от гриппозного вируса, и только в самом конце мной овладел неизвестный недуг, о котором речь впереди.

21 февраля я получил телеграмму из Парижа о принятии меня в члены французского ПЕН-клуба. Президент клуба Пьер Эммануэль закончил телеграмму словами: «Французский ПЕН-клуб целует вас». Членство в ПЕН-клубе, а потом в Баварской академии и американском обществе Марка Твена было мне во времена моего диссидентства существенной защитой. Власти понимали, что без большого скандала расправиться со мной уже нельзя.

Кстати, общество Марка Твена присудило мне премию — тысячу долларов по одному центу. Мешок денег, который я так и не получил...

НАС НЕ ТРОНЕШЬ, МЫ НЕ ТРОНЕМ

Об исключении очередного члена из Союза писателей всегда сообщала «Литературная газета». Лидия Чуковская была последней, о ком сообщили, а я первый, о ком нет. Они поняли, что известность человека защищает и поддерживает, и решили не привлекать ко мне лишнего внимания, чтобы не было большого шума на Западе. Но я этим тоже был доволен: не хотят — ну и не надо. Как говорил один мой приятель: «Нас не тронешь, мы не тронем». Я хотел не шума, а покоя. Но оставить меня надолго в покое им их натура не позволяла. Раз я их враг, значит, надо же как-то портить мне жизнь. Вот и старались. И заставляли меня на их действия откликаться. Что я и делал обычно в ироничной форме. Они мне пакостили, а я собирал дома иностранных корреспондентов и читал очередное заявление. Поскольку мои тексты почти всегда были написаны с юмором, иностранные журналисты охотно их у меня брали, печатали в своих газетах и передавали в эфир.

СОЮЗ ЧЛЕНОВ СОЮЗА ПИСАТЕЛЕЙ

Союз писателей шутники называли Союзом членов Союза писателей, имея в виду, что большинство составлявших его единиц писателями в том высоком понимании этого звания, которое в России сохранялось с прежних времен, назвать было нельзя.

Из сообщества писателей Союз давно превратился в карательный орган, в придаток КГБ еще более мерзкий, чем сам КГБ. Союз обеспечивал своих рядовых и послушных членов мелкими привилегиями, но стоило кому-то оказаться неугодным партийной власти, как сам этот Союз затевал против неугодного дело и обрушивал на него все доступные организации кары, а недоступные (то есть аресты и расстрелы) ретиво и яростно одобрял и поддерживал. Я говорил, и это было действительно так, что если бы Союзу писателей разрешили приговаривать своих членов к смертной казни, то расстрелы регулярно бы производились при активном участии одних, одобрении других и молчании третьих. Оно и неудивительно. Союз чем дальше, тем больше пополнялся и разбавлялся людьми, имевшими сомнительное отношение к литературе: чиновниками, полковниками и генералами КГБ, МВД и общеармейскими, включая, например, маршала авиации Александра Покрышкина. Знаменитый герой Второй мировой войны вряд ли достаточно умело владел пером, чтобы всерьез считаться писателем. Но он был самым заметным из писателей такого рода и, возможно, не худшим, а кроме него, еще сотни генералов, полковников, а впрочем, и равных им штатских людей, не имевших и признаков литературного таланта, составляли основную массу в Союзе писателей, занимали в нем руководящие посты и угождали власти сочинением романов, воспевавших советскую власть и получивших общее название секретарской литературы. Таких «писателей» в Союзе с самого начала было достаточно, а в брежневское время они в литературу пошли толпой. Сам Брежнев получил за свою написанную не им трилогию Ленинскую премию по литературе, а бесстыдство некоторых мнимых авторитетов дошло до того, что они сравнивали автора с Львом Толстым, да он на меньшее и не согласился бы. Серая масса из бездарных и злобных завистников, составлявшая большинство в Союзе писателей, свое право на писательское звание могла оправдать только готовностью исполнять любые приказы и желания власти, и власть, когда было нужно, спускала эту свору с поводков. Бездарные уничтожали талантливых и проявляли такое усердие, что самой власти порой приходилось их сдерживать.

Когда меня приняли в Союз писателей, я был счастлив и горд, что государство признало меня писателем. О прошлом этой организации я знал немного. О том, что знал, мало думал. Когда думал, надеялся, что травля одних писателей другими — это все в прошлом. Когда увидел, что в этой конторе ничего не изменилось, все те же нравы, та же готовность уничтожать неугодных, мне стало противно, стыдно и даже невыносимо дальше состоять в этом союзе. Покинув его, я испытал огромное облегчение и никогда не пожалел о своих поступках, приведших к этому.

ПРАВДОЛЮБЦЫ И ЧАЙНИКИ

В провинции было много людей, которые искали правды, но не находили ее в советских учреждениях. Писательское звание люди ценили высоко, и многие ошибочно думали, что писатель есть лицо, государству не совсем подчиненное. Они думали, что раз о нем говорят по иностранному радио, а он на свободе, значит, наверное, обладает какой-то силой.

Воспринимая его как последнюю инстанцию, шли искать у него защиты и не верили, что он сам бесправен.

Уже на следующее утро после того, как «враждебные голоса» объявили о моем исключении, часов в семь, раздался звонок в дверь. Ира открыла — на пороге стоял приезжий с железными зубами.

— Я хочу поговорить с вашим мужем, — сказал он.

— Он сейчас болен.

— Я как раз на эту тему пришел поговорить.

— Вы что, врач? — удивилась Ира.

— Нет, я больше, чем врач.

Ира впустила его. Он вошел ко мне в комнату и сказал:

— Я иммортолог, занимаюсь проблемами вечной жизни.

— Геронтолог? — переспросил я.

— Нет, иммортолог, — повторил он. — Я открыл закон, по которому каждого человека, даже вас, можно разрезать на куски, а потом восстановить.

— Вы можете сделать и то и другое? — решил уточнить я.

Из его ответа я понял, что он может исполнить только первую часть, а остальное сделают, если нужно, рядовые специалисты.

В то время я совершенно был не готов к посетителям такого рода. Я сначала слушал, серьезно относясь к его словам. К тому, что рано или поздно все люди, включая Пушкина и Гомера, будут неизбежно воскрешены или, по его словам, восстановлены. Но потом он начал рассказывать, что его преследуют кагэбэшники, потому что очень его боятся.

— Почему же они вас боятся? — стал я с ним спорить. — Они же тоже хотят жить вечно.

— Нет, — возразил он, — они понимают, что, если люди смогут жить вечно, им будет ничего не страшно, и ими нельзя станет управлять.

— Хорошо, допустим, они вас боятся. Но если все люди бессмертны и будут восстановлены, то вам-то чего бояться?

— Понимаете, — объяснял он, забыв о рядовых специалистах-иммортологах, — я единственный человек в мире, который знает секрет восстановления, поэтому именно меня они и травят.

По его словам, КГБ начал свою работу над ним с попыток лишить его возможного потомства. Показал мне носимую им в трусах свинцовую пластину, которой он защищается от попыток лишить его детородной функции.

Потом ко мне приходили уже человек пятьдесят, которых облучали то из вставленных в стены технических устройств, то через отравленные обои, то с помощью цветов, излучающих радиацию. А этот был первым, и я думал, может, действительно его облучают? Этот человек приходил ко мне много раз.

Однажды он пришел, когда я был дома один с маленькой дочкой. Мы начали о чем-то спорить, и я вдруг увидел, как он накаляется, краснеет и становится неуправляемым. Я понял, что он вошел в очень опасную фазу. Вышел с дочкой на руках на кухню, взял на всякий случай перочинный нож, вернулся, начал его успокаивать, говоря, что он прав, что Пушкина ему действительно скоро удастся вернуть и я в это охотно верю. Он успокоился, и я его кое-как выпроводил.

Сумасшедшие ехали из разных концов страны. Один был из Керчи. Он сам когда-то служил в КГБ, а потом заболел и теперь считал, что КГБ его травит, и тоже, разумеется, невидимыми лучами. Я выходил из дома, он шел за мной, стараясь прижаться ко мне.

Иногда Ира предлагала моим посетителям написать на бумаге все, что они хотели мне рассказать. Человек шел на кухню, озирался, пытаясь понять, не выглядывают ли с потолка объективы камер, закрывал рукой листок и начинал писать: «Я родился в таком-то году». И приступал к изложению своей биографии, примерно как я сейчас, со всеми подробностями.

Многие приносили рукописи, требуя передать их на Запад и напечатать. Один такой предложил мне сесть в поезд на Белорусском вокзале, проехать 400 километров, на 401-м поезд идет в гору, замедляет ход, там спрыгнуть, пройти вдоль высоковольтной линии, около третьего столба повернуть налево, отмерить еще тридцать шагов, там стоит дуб, под ним зарыта рукопись. Нужно ее выкопать, напечатать на Западе, гонорар не присвоить и неизбежную затем Нобелевскую премию тоже передать автору в полной сохранности.

Он ушел, но через несколько месяцев появился вновь. Уже на костылях — как я понял, — для конспирации. Опасаясь прослушивания, написал на бумажке: «Вы там были?» Я показал знаками — нет, не был. Он написал: «Странно, а рукописи нет». И стал сверлить меня глазами, как Максимов, обнаруживший пропажу бумажника. Этот заподозрил, что я выкопал его рукопись, напечатал ее на Западе и, несмотря на предупреждение, все-таки присвоил себе гонорар и Нобелевскую премию.

Мой домашний адрес этим людям давали в справочном бюро. Я даже думаю, что, может быть, им давали его нарочно. Возможно, КГБ, старавшийся любыми способами сделать мою жизнь несладкой, поощрял этот поток ходоков.

Лидия Корнеевна Чуковская таких людей не пускала на порог, резко им заявляя, что она не бюро жалоб, а очень занятой человек. Я поначалу так поступать не мог. Мне казалось, что человека, ищущего правду, проделавшего длинный и недешевый путь, я обязан хотя бы выслушать.

НИЧЕГО ДЕЛАТЬ НЕ НАДО

Регулярно навещал меня приезжавший из провинции начинающий лысеть начинающий писатель. Он жаловался, что его не печатают, и давал мне на отзыв свои романы и рассказы, которые писал в большом количестве. Он был уверен, что его сочинения не печатают из-за слишком критического содержания. Они и в самом деле содержали в себе критику советской системы, но у них был и еще один существенный недостаток — они были безнадежно бездарны. Приходя ко мне, этот человек иногда просил, а то и просто требовал, чтобы я отправил его рукописи за границу и там их напечатал. Я отказывался. Тогда он решил пойти в КГБ и предъявить им ультиматум: или они отдадут приказ немедленно опубликовать его произведения, или он тут же покинет Советский Союз.

Свой разговор в КГБ он пересказывал так.

Как только он вошел в здание КГБ, к нему подошел какой-то человек и сказал:

— Ах, здравствуйте, наконец-то вы к нам пришли!

— Разве вы меня знаете? — спросил писатель.

— Ну, кто ж вас не знает, — развел руками кагэбэшник. — Садитесь. С чем пришли? Хотите сказать, что вам не нравится советская власть?

— Да, не нравится, — сказал писатель.

— А чем именно она вам не нравится?

Писатель сообщил собеседнику, что, по его мнению, в Советском Союзе нет никаких свобод, в том числе и свободы творчества. Права человека подавляются, уровень жизни неуклонно падает. Высказал и другие критические соображения — всего примерно лет на семь заключения.

Выслушав его очень вежливо, кагэбэшник спросил:

— А зачем вы мне это рассказываете?

— Я хочу, чтобы вы это знали.

— А мы это знаем. Это все знают.

— Но если все это знают, надо же что-то делать!

— Вот в этом вы ошибаетесь, ничего делать не надо.

Удивленный таким разговором, писатель замолчал и продолжал сидеть.

— Вы мне все сказали? — вежливо спросил кагэбэшник.

— Все.

— Так чего же вы сидите?

— Я жду, когда вы меня арестуете.

— А, понятно, — сказал кагэбэшник. — К сожалению, сегодня арестовать вас никак невозможно, у нас очень много дел. Но если это желание у вас не пройдет, приходите в другой раз, и мы сделаем для вас все, что сможем.

И выпроводил писателя на улицу.

Писатель этот навещал меня еще раза два, а затем исчез. Я думаю, что в конце концов он своего добился и его начали лечить от инакомыслия.

РИТА РАЙТ

Пастернака исключили когда-то из Союза писателей, но оставили в членах Литературного фонда, что было отражено в извещении о его смерти. Александр Галич был исключен из СП и из Литфонда, но долго еще оставался записанным в литфондовскую поликлинику. Поэтому иногда в шутку представлялся: «Александр Галич, член поликлиники Литфонда». Я тоже короткое время оставался членом этой же поликлиники, врачи которой заботились о моем здоровье по-прежнему и даже требовали моего регулярного прихода на диспансеризацию. И вот я очередной раз пришел. Сижу перед кабинетом врача.

Идет мимо писатель Леонид Лиходеев. Увидев меня, замедляет шаг. Может быть, я плохой инженер человеческих душ, но мне кажется, что его обуревают сомнения: подойти поздороваться или, вдруг вспомнив, что где-то что-то забыл, кинуться со всех ног обратно. Но пока он раздумывает, ноги его механически делают шаг за шагом, и вот он уже совсем близко. Теперь делать вид, что он меня не заметил, глупо. Теперь на лице иные сомнения. Как поздороваться? В прежние времена он бы остановился и спросил, как дела, хотя дела мои в прежние времена были ему совершенно неинтересны. Теперь мои дела ему интересны, но навстречу идет критик Феликс Кузнецов, а сзади на стульчике сидит драматург Исидор Шток. Проходя мимо, Лиходеев кивает мне головой и даже делает рукой незаметный «но пасаран», как бы мужественно выражая мне свою солидарность. Однако этот испанский жест он делает так, чтобы критик Кузнецов и драматург Шток не сомневались, что это всего лишь проявление обычной вежливости, которая может существовать между людьми разных взглядов. И ничего больше.

Идет мимо в другую сторону Рита Яковлевна Райт-Ковалева.

— Здрасьте! — говорю я ей.

— Здрасьте! — отвечает она мне как малознакомому, но, пройдя несколько лишних шагов, останавливается и возвращается: — Ах, Володичка, милый, здрасьте, здрасьте, я так плохо вижу, я вас не узнала. — И с надеждой, что говорить со мной не опасно: — А вас из Литфонда все-таки не исключили?

— Исключили. Но в поликлинике оставили. Вот даже заставляют пройти диспансеризацию, хотя я не хочу.

Она почти в ужасе.

— Неужели вы и против диспансеризации выступаете? Почему? Здесь же нет никакой политики. Здесь просто врачи. Они вас проверят, сделают кардиограмму, возьмут анализы. Я понимаю, когда вы боретесь за какие-то права, но против диспансеризации!

Как ни странно, некоторые литераторы, жившие рядом, не могли понять причины моего конфликта с государством и видели ее или в стремлении к саморекламе, или в мелочных придирках к государству, в требованиях соблюдения им каких-то несущественных формальностей. Одним из таких людей был мой сосед по площадке, проведший много лет в лагерях, Михаил Давидович Вольпин. В начале нашего знакомства бывший со мной весьма приветливым, он вдруг изменил свое отношение, стал холодно здороваться. Я решил, что он, как и многие, просто опасается общения со мной. Но в один прекрасный день он постучался ко мне в дверь, вошел и с порога заговорил:

— Извините, я думал о вас плохо. Я объяснял себе вашу ситуацию другими причинами. Но мне дали «Чонкина», я прочел, я в восторге, и теперь я понимаю, почему у вас такие неприятности.

Он прочел, он понял.

А Рита Яковлевна не читала, не поняла.

— Бог с вами, — говорю я ей, — я так далеко не зашел, чтобы бороться против диспансеризации. Мне просто лень ходить по кабинетам. Тем более что мне кажется, что я здоров.

— Ну да, Володичка, вы еще молодой. А мне семьдесят шесть лет, я хочу легкой смерти. Меня сейчас пригласили в Америку. Я бы хотела туда полететь, а потом на обратном пути... — Жестом она изображает падение самолета.

— Не надейтесь, это не так легко, — говорю я. — Самолет летит высоко и падает долго.

— Володичка, не отговаривайте меня, я все выяснила. Там сразу теряешь сознание и потом уже ничего не чувствуешь. Вы знаете, я о вас часто думаю, но никогда не звоню не потому, что я вас забыла, а потому, что меня сейчас надо беречь. Да, да, Володичка, меня надо беречь, потому что у меня выходит очень большой перевод с английского.

Идет мимо известный юморист Зиновий Паперный. Здоровается с моей собеседницей, замечает меня и тоже здоровается.

— Здравствуйте, — говорит переводчица, — очень рада вас видеть. Мы с Володей разговариваем просто о жизни. Никакой политики, совершенно никакой. Мы с ним вместе начинали.

— Зато порознь кончаете, — двусмысленно пошутил юморист и пошел дальше.

Своим поспешным уходом он как бы напоминает Рите Яковлевне, что сидеть со мной не совсем безопасно, но предлога просто так подняться и уйти нет, а уйти без предлога все-таки неудобно.

— Вы знаете, Володичка, мне семьдесят шесть лет, но я еще не в маразме. Я все помню. Помню, как мы жили в Голицыне, как сидели на терраске, как вы привезли мне первые экземпляры журнала с Сэлинджером. Почему вы мне никогда не позвоните? Мой телефон очень легко запомнить (говорит номер). Но меня надо беречь. Вы же знаете, я их боюсь. Я все пережила: голод, разруху. Я в политике ничего не понимаю, я никогда не читала ни Маркса, ни Ленина, ни Сталина.

— Я тоже.

— Вы по вашему возрасту должны были читать. Ой, Володичка, если б вы знали, как я их боюсь! Однажды мне пришлось посидеть там у них в коридорчике, и мимо меня водили одного человека под револьвером. Это так страшно!

— Это, безусловно, страшно, — соглашаюсь я, — но не страшнее, чем в падающем самолете.

— Нет, нет, Володя, вы мне не говорите. В самолете, я же вам сказала, сразу теряешь сознание, а потом все просто.

— Здесь тот же эффект. На вас наводят револьвер, вы теряете сознание, а потом все просто.

— Ах, Володя, вы все шутите. Неужели у вас еще есть силы шутить?

— Нет, я без шуток. Как только на вас наставляют револьвер, вы...

— А ну вас, Володя. Вы мне обязательно позвоните. На днях ко мне приедет один сумасшедший американец, он хочет вас переводить. Но не забывайте, что меня нужно беречь.

— Тогда лучше я вам не буду звонить.

— Да, пожалуй, лучше не звоните. — Переходит на шепот: — Вы приходите просто так, без звонка. Хотя да... у нас ведь лифтерши.

— Насчет лифтерши не беспокойтесь, я приду в маске.

Встревожилась.

— В какой маске? — Поняла, что шутка. — Володя, не смейтесь надо мной, я старая. Вы знаете, Курт Воннегут, которого я сейчас перевожу, пишет мне, что ему постоянно приходится выступать в защиту каких-то русских, которых преследуют. А я ему написала: «Только, ради бога, никого не защищайте, а то будет еще хуже».

— Кому это будет хуже?

— Всем, всем.

— Да, но есть люди, которым уже сейчас так плохо, что хуже, пожалуй, не будет.

— Володя, всем будет хуже, поверьте мне. Вы не забывайте, у них армия, флот, у них эти... как они называются... ядерные боеголовки.

— Да что нам с вами их боеголовки? Для нас достаточно одного револьвера или одного падающего самолета...

Я не договорил, меня позвали к врачу. Когда я вышел, Риты Яковлевны у дверей уже не было.

После этого я прожил в Москве еще несколько лет, но ее больше ни разу не встретил. Из поликлиники меня все-таки исключили, а зайти к Рите Яковлевне или хотя бы позвонить я не решался. Не хотел ее волновать своим приходом. Не поздравил ее с восьмидесятилетием. И когда уезжал, не зашел проститься.

Она после нашей встречи прожила еще десять лет, побывала в Америке. Встречалась с Воннегутом. Самолет, на котором она летела, не разбился. Пришлось ей умереть «обыкновенной» смертью — в своей постели.

В ДАЛЬНЕЙШЕМ ИМЕНУЕМЫЙ

Помимо сумасшедших и графоманов, появились какие-то люди, приходившие познакомиться, похвалить за что-нибудь из прочитанного или с каким-то целями, не всегда мне понятными. Среди прочих меня регулярно посещал и что-то у меня выпытывал молодой человек по имени Глеб Павловский. Видя, какую карьеру сделал этот господин, его нынешнюю близость к верховной власти, его старания угодить и способы угождения, я задним числом подозреваю, что приходил он не просто так. Все тогдашние посетители донимали меня столь сильно, что мне в конце концов пришлось в качестве щита создать следующий документ:

ПРАВИЛА ДЛЯ ПОСЕТИТЕЛЕЙ

1. Если вы не считаете себя близким другом хозяина этого дома и пришли познакомиться, «выразить восхищение» или «пожать руку», то есть просто так, помните, что для любой из этих процедур пятнадцати минут достаточно за глаза. Чтобы и впредь вызывать ваше восхищение, составитель данных Правил (в дальнейшем именуемый Составитель) часть времени должен проводить в одиночестве.

2. Жалобы на советскую власть не принимаются. Составитель готов выразить вам горячее сочувствие, но устранить причину ваших волнений не может.

3. Просьбы о публикации рукописей или пересылке их за границу не рассматриваются, поскольку Составитель собственного печатного станка не имеет, а с министром связи находится в весьма неприязненных отношениях.

4. Если вы пришли раньше 18 часов и не уходите после 24, а хозяева говорят: «посидите еще», ни в коем случае не делайте этого, наживете себе врагов.

5. Приносить с собой и распивать спиртные напитки не рекомендуется.

6. Составитель крайне не любит, когда малознакомые люди называют его Вовкой, хлопают по плечу, делают «козу» и говорят при этом: «Старик, ты Гоголь!» (Или Зощенко, Булгаков, Ильф, Петров, Арканов, Горин.)

Настоящие правила не распространяются на:

а) близких друзей;

б) лиц, предварительно приглашенных;

в) представителей карательных органов, имеющих при себе надлежащим образом оформленный ордер.

Эти правила я вывесил в рамочке и под стеклом в коридоре. Некоторые из тех, на кого эти правила намекали, приходили, читали, смеялись и сидели иные до трех часов ночи.

ВЫХОД «ЧОНКИНА»

В это время на Западе меня знали еще очень мало. За пределами соцстран у меня, кроме «Чонкина» в «Гранях», было всего две публикации. «Хочу быть честным» в сартровском «Ле та Модерн» (Les Tempes Modernes) и та же вещь в вышедшем за несколько лет до того в Америке коллективном сборнике «Четыре советских шедевра». Но это были все публикации проходные, которые случайный читатель прочел и забыл.

Еще в 1973 году я послал первую книгу «Чонкина» в издательство «ИМКА-Пресс». Потом понял, что совершил большую ошибку. Это издательство было занято только Солженицыным, а он в 74-м оказался на Западе и постоянно печатал собственные тексты («Бодался теленок с дубом», «Ленин в Цюрихе»). Мне говорили: Солженицын препятствует выходу «Чонкина». Не буду утверждать, что так и было, но допускаю, что могло быть. В любом случае ясно, что ни судьба книги, ни моя собственная судьба там никого не интересуют. А может, интересуют. Ведь, если меня посадят, на тираж и продажу книги это повлияет самым положительным образом, а требовать гонорар будет некому. Я сообщался с главным редактором, фактически хозяином «ИМКА-Пресс» Никитой Струве тайно, потом открыто по телефону, он мне обещал, что «Чонкин» выйдет к Рождеству, потом к Пасхе, потом к Троице, потом к Франкфуртской книжной ярмарке, где к публикации будет привлечено максимальное внимание. (В свое время советские редакторы врали точно так же, но праздники называли другие: День Красной Армии, День рождения Ленина. 1 Мая, 7 Ноября.) Франкфуртская ярмарка закрылась. Струве говорил: неважно, «ваш «Чонкин» сам по себе ярмарка». Очень приятно, но время идет. Больше двух лет прошло. Уже вышло шведское издание, затем немецкое, должны были вскоре последовать голландское, испанское, французское, итальянское и много других, и только тут, наконец, свершилось.

И прозвучало. Сначала в четырех больших передачах Би-би-си. Затем текст стали читать по «Радио «Свобода». Я чувствую, что пришел успех. Он важен не только сам по себе, но и тем, что теперь меня просто так не съедят. И тут поступило приглашение в КГБ. Если вам, любезный читатель, интересны подробности того, как в мае 1975 года я был отравлен двумя кагэбэшниками, предлагаю обратиться к моему документальному рассказу об этом событии, многократно опубликованному под названием «Дело № 34840». Тем более если данное сочинение раньше вам не попадалось.

ГЛЯДЯ НА ТЕБЯ, НЕ ПОДУМАЕШЬ

Родители Иры того, что я писал и делал, не одобряли. Ее отец, Данил (с одним «и») Михайлович Брауде, учитель русского языка, большевик старого закала, в 20-е годы член общества воинствующих безбожников. Участвовал в войне, преподавал в академии Фрунзе. В период борьбы с космополитизмом исключен из партии, уволен из академии, выселен из отдельной квартиры при академии и вселен в коммунальную в районе Таганки. После смерти Сталина Данил Михайлович долго добивался реабилитации, добился, на партию, как и генерал Ильин, не обиделся, остался таким же твердокаменным большевиком, каким был прежде. Мою антисоветскую, по его мнению, деятельность осуждал, и мое влияние на ход мировых событий сильно преувеличивал. После начала в 1968 году событий в Праге он предполагал, что это я их подготовил во время своей поездки в Чехословакию.

— Вы правда считаете, что это моих рук дело? — спросил я его.

— А что, — многозначительно усмехнулся Данил Михайлович, — рука Москвы.

Какое-то время спустя, когда наши войска вошли в Афганистан, он говорил:

— Это из-за вас. Вы напечатали «Чонкина», чтобы на Западе подумали, что наша армия слабая. И американцы вам поверили.

— Так они не зря поверили, что армия слабая, — отвечал я. — Вы видите, она ничего не может сделать в Афганистане.

Такие дурацкие разговоры мы вели регулярно. Чаще всего я держался иронического тона, но, бывало, не выдерживал и срывался.

Его жена и моя теща, Анна Михайловна, была тихая запуганная женщина. Она преподавала литературу, но не понимала, для чего литература вообще существует. Не понимала, что книгу можно написать без расчета на материальный успех, а по движению души. Приходила в ужас и недоумение, видя, что написание книги ведет к неприятностям. «Я не понимаю, — говорила искренне, — зачем же вы это пишете, если знаете, что это не напечатают». На все реагировала стандартно: «Ну и что хорошего?» Я написал «Чонкина». «Ну и что хорошего?» Читаю в компании главы из книги, люди смеются. «Ну и что хорошего?» «Чонкина» напечатали за границей, кто-то привез книгу, я ей показываю. Она опять: «Ну и что хорошего?» Перевели на многие языки, она — опять ничего хорошего.

В таком состоянии я жил.

Диссиденты в большинстве своем интересовались только книгами, разоблачающими советскую власть и другие коммунистические режимы: книгами Солженицына, Джиласа, Авторханова, а циркулировавшими в самиздате открытыми письмами зачитывались, как стихами. Я тоже в диссидентских кругах был известен как автор острых и язвительных писем и некоторых поступков. Многие диссиденты мои письма читали, при встречах горячо поздравляли, со смехом цитировали. Художественную литературу формально уважали, на деле же проявляли к ней полнейшее равнодушие. Кроме той, которая воспринималась ими как направленная прямо против советской власти и коммунистической идеи. Таких было немного. Из иностранной литературы — Оруэлл. У нас — Солженицын, Зиновьев, Максимов.

В этот круг чтения вошел и «Чонкин», а за ним «Иванькиада», которая, к месту сказать, в Америке и Англии прошла с большим успехом. Английский тогда еще живой классик Грэм Грин провозгласил ее лучшей книгой года. Некоторые диссиденты раньше ничего моего, кроме открытых писем, не читали и, прочтя «Чонкина», были удивлены, что я и на такое способен. Один из них, Юра Тувин, сказал: «Глядя на тебя, никогда не подумаешь».

Именно после распространения «Чонкина», когда диссиденты хвалили меня за него и за какое-нибудь открытое письмо, как за дерзкий вызов властям, мне принимать такие похвалы стало скучно, я почувствовал, что и в этих кругах я чужой.

Я с интересом читал текущую диссидентскую публицистику, часто очень важную, например, «Хронику текущих событий», но самому заниматься этим мне не хотелось. Да и не умел я этого делать. Когда меня попросили для «Хроники» написать какую-то серьезную статью, я постарался, но проявил полную беспомощность.

СУДЯТ ПО ОДЕЖКЕ

Пока я оставался советским запрещенным писателем, невозможность заработать деньги на жизнь меня очень угнетала, но теперь, когда меня объявили практически вне закона и риск быть посаженным в тюрьму или психушку стал вполне осязаемым, мое материальное положение как раз просто радикально улучшилось. Поскольку я открыто передавал свои рукописи за границу, то поначалу и открыто получал заграничные переводы. Через советский Внешторгбанк, который за свои услуги, как мне помнится, взимал 30 процентов. Это были уже упоминавшиеся мной сертификаты, самые лучшие — бесполосные, из капиталистических стран.

Однажды я пришел во Внешторгбанк, там маленькая очередь. Передо мной — пожилой человек, получивший огромное наследство. Его бухгалтерша спрашивает для проформы (так полагается):

— Как возьмете, в рублях или сертификатами?

— В рублях.

Бухгалтерша оторопела, рубль только официально считался уважаемой валютой, а на самом деле советские люди презирали, называли его деревянным или просто капустой.

— Ну, может, вы подумаете? — спрашивает бухгалтерша и смотрит на него такими глазами, что даже это могло бы старика в чем-то убедить.

— В рублях! Я хочу настоящие деньги!

Тут я вмешался, зашептал ему на ухо:

— Это и есть настоящие деньги. А рубли не настоящие.

Старик злобно на меня глянул и получил все свое наследство в рублях. По официальному курсу доллар стоил шестьдесят копеек, а рыночная его цена была пять рублей.

Через некоторое время государство, борясь с диссидентами, запретило им получать заграничные деньги официально. Мне это было на руку. Теперь я получал деньги без посредничества советского банка и без потери 30 процентов.

Максимов, уже живший на Западе, сообщил мне в письме, что есть такой американец, адвокат Леонард Шротер, который берется защищать мои авторские права. Я согласился, написал адвокату от руки доверенность и переслал ее (понятно, не по почте). Адвокат стал устраивать мои публикации и получать за меня деньги. Он хранил эти деньги на своем счету. В Москве ко мне приходили люди, уезжавшие на Запад или в Израиль, которым нужны были доллары. Они мне давали рубли и, оказавшись за границей, получали от Шротера соответствующую сумму (по реальному курсу) в долларах.

Относительный материальный достаток в глазах стороннего наблюдателя создавал впечатление общего благополучия. Мой в прошлом приятель поэт Игорь Шаферан, потрогав мою замшевую куртку, купленную в Чехословакии, сказал со смешком:

— А я слышал, тебя преследуют.

Одна из английских подруг Евтушенко и, очевидно, им настроенная, встретив меня в какой-то компании, сказала, что читала в британской прессе, будто советские власти плохо со мной обращаются, но, судя по моей дубленке, это, конечно, неправда.

СПЕЦПАЕК

В Москве, где дефицит многих продуктов ощущался все острее, у меня был еще и специальный паек. Его мне каким-то образом устроила Ирина Ильинична Эренбург. Она знала человека, развозившего эти пайки особенно привилегированным лицам, назвала ему меня, и он за дополнительную плату возил и мне колбасу, лимонные дольки и сгущенное молоко.

Однажды он явился к Ирине Ильиничне бледный, трясущийся от страха, с упреками: «Что же вы меня так подвели? Не объяснили, кому я возил продукты?»

Оказывается, его вызвали в КГБ, сказали, что он снабжает продуктами страшного врага народа, и так его напугали, что он у меня больше ни разу не появился.

ПОЕЗДКА НА ЮГ

Незадолго до моего исключения из СП ко мне по рекомендации уже уехавшего за границу Наума Коржавина пришли познакомиться два физика из Дубны: Гера Копылов и Валя Петрухин. Пришли, познакомились, предлагали общаться, ушли и пропали. Через некоторое время Гера умер. А Валя, все еще мне мало знакомый, появился у меня летом 1975 года, вскоре после моего отравления в «Метрополе».

Мы снимали дачу на станции Отдых у историка и публициста Антона Антонова-Овсеенко. Его отец Владимир Антонов-Овсеенко был тем самым человеком, который 25 октября 1917 года по легенде выгнал из Зимнего дворца Временное правительство, произнеся историческую фразу: «Караул устал». А потом, уже в 20-е годы, пришел к Троцкому с предложением убрать Сталина. «Лев Давидович, дивизия готова», — сказал он. Лев Давидович ответил, что это не наш метод, и расплатился за свою принципиальность ударом ледоруба по голове. Антонова-Овсеенко арестовали и расстреляли еще раньше, в 37-м году. Антон, его сын, 13 лет провел в тюрьмах и лагерях. Когда мы познакомились, он был уже членом общества слепых. У него в одном глазу было минус 36, а другой вообще повернут зрачком внутрь. Трудно представить, как это было возможно, но он ездил на велосипеде и играл с женой в пинг-понг.

Мы однажды отправились с ним на велосипедах в Жуковский. Он ехал впереди меня. Надо было пересечь очень оживленную трасу. Я притормозил. Антон и не подумал. Выставил свою трость вперед и ринулся поперек движения. Так он делал всегда и оставался жив.

Там, на даче Антонова-Овсеенко, меня посещали разные люди, в том числе диссиденты. Среди них — только что вышедший из тюрьмы Андрей Амальрик, человек яркий, талантливый, независимо и бесстрашно мыслящий. Одновременно с ним появился Валя Петрухин, совершенно не похожий на всех моих знакомых из той среды, в которой я существовал. Он отличался от других внешним безалаберным видом, простецким лицом и непривычной, тоже простецкой лексикой, не свойственной ученому человеку. Я их познакомил, и Амальрик тут же спросил: «А вы из какого отдела КГБ?» Валя не обиделся, отшутился. Потом в разных местах разные люди, видя его со мной, подозревали Валю в том, что он ко мне приставлен.

Валя предложил мне поехать с ним на машине на юг. Я заколебался. Я его еще совсем мало знал, и хотя манией преследования никогда не страдал, но после только что имевшего место отравления мог от случайных знакомых ожидать чего угодно. Но предложение было соблазнительно, потому что именно после отравления я все еще чувствовал себя довольно плохо и нуждался в отдыхе и перемене обстановки.

— Хорошо, — согласился я, — только поедем быстро. Я медленно ездить не люблю.

— Ладно, поедем быстро.

Условие быстрой езды я поставил, потому что ездил быстрее всех моих литературных или киношных знакомых. Слишком осторожная, как мне казалось, езда многих из них меня раздражала. Но, когда мы поехали с Валей, я о своем условии пожалел. Такого лихача я в жизни своей не видел. Он выжимал из «Жигулей» все, что возможно, причем прибавлял скорость на поворотах, утверждая, что, по законам физики, чем больше скорость, тем устойчивее машина. Однажды мы выскочили из-за закрытого поворота, и навстречу шел огромный грузовик — мы чудом избежали гибели. Он уверял, что я ему в тот момент тихо сказал: «Валя, осторожно», но мне помнилось, что я только успел вскрикнуть.

Сколько ни уговаривал я его так не нестись, он все равно мчался.

Перед поездкой мы приняли несколько мер, чтобы уйти от слежки. Для начала мы с Ирой вернулись с дачи в Москву. Мы должны были ехать на Валиных «Жигулях», а мои он перегнал в Протвино к своему брату (если не ошибаюсь, его звали Сергей) и спрятал в гараже. Потом Валя взял вещи, которые я приготовил для поездки, и увез к себе в Дубну. Я тогда по утрам занимался спортивным бегом и пробегал иногда большие расстояния (до десяти километров). Мы договорились, что утром я, как обычно, выйду на пробежку, а Валя часов в девять подъедет к другой стороне Тимирязевского парка, куда я прибегу. Таким образом мы отсечем слежку.

Утром я вышел в спортивном костюме, немножко размялся, побегал вокруг дома. Потом побежал трусцой к парку. В парке убедился, что никого нет, и рванул уже изо всех сил. Я думал, что сразу сяду в Валину машину и мы уедем. Я еще не знал, что он человек безалаберный и может вовремя не приехать, а, зная его получше, можно было наверняка утверждать, что опоздает, и сильно.

Конечно, его на месте не оказалось.

Я вернулся в парк, сделал несколько кругов по аллеям, выбежал на улицу, вернулся в парк и так несколько раз, одолев дистанцию, близкую к марафонской. В конце концов он все-таки появился, я вскочил в машину, мы посмотрели — слежки нет, и удрали из Москвы.

Валя был человек-фонтан. Однажды в дороге он меня спросил:

— Как ты думаешь, я физик хороший или плохой?

— Хороший, — ответил я искренне.

— Почему ты так думаешь?

— Вижу по тебе. Ты человек нестандартного поведения, значит, и в науке предпочитаешь необычные подходы.

Например, такая мелочь: мы идем в магазин, а в советских магазинах открыта бывала только одна половинка двери, и люди ввинчивались в нее, потому что навстречу тоже шел поток. А Валя сразу направлялся к другой двери, и, оказывалось, что она открыта. И я ему сказал:

— Ты всегда ищешь и часто находишь выход там, где другие знают, что его нет.

Потом уже, когда мы с ним ближе познакомились, он предлагал мне дать характеристики каким-то физикам, и я давал, совершенно не представляя их научных достижений, а оценивая их человеческие качества по первому взгляду, и, как оказывалось, в большинстве случаев был прав.

Мы доехали до моря, и где-то в Лазаревском разбили палатку на берегу. В палатку заползали змеи-медянки, укус которых смертелен, но нас почему-то это совершенно не волновало. Там Валю в язык ужалила оса. Я предложил сразу ехать в больницу, потому что слышал, язык опухает, человек задыхается и умирает. Но Валя был беспечным, сказал, что ничего не будет, и правда, ничего не было.

Кагэбэшники нас действительно потеряли. Мы жили дикарями почти в буквальном смысле. Спали в палатке, по нужде ходили куда-то за угол. Целыми днями я лежал на солнце, наслаждался безмятежным своим состоянием и чувствовал, как все еще сидящая во мне отрава испаряется из меня.

Неподалеку от нас расположились такие же «дикари», как мы. Я с одним разговорился, и оказалось, что он среди прочего работал могильщиком.

— Это что, такая профессия? — удивился я.

— Нет, вообще-то я актер, работал в Театре на Таганке.

Я, имея в недавнем прошлом близкое отношение к Таганке, стал задавать наводящие вопросы, и выяснилось, что он действительно там работал.

— А почему вы оттуда ушли?

— Меня Любимов выгнал за пьянку. А как только выгнал, так я сразу пить и бросил. Работал таксистом, потом мне это надоело, стал могильщиком. А сейчас делаю украшения из камней, торгую ими и неплохо зарабатываю.

— Ну, а если вас сейчас этого лишить, — спросил я, — в актеры опять пошли бы?

— Ни за что! В таксисты тоже. Лучше уж быть могильщиком.

Звали этого человека Леша Семаков, у него были даже для его большого роста необычно крупные ладони, оказалось, что это признак какой-то костной болезни. Он писал бардовские песни и был, по его словам, автором известной серии скабрезных стишков из серии «Я проснулся утром рано...».

Семаков стал спрашивать меня, кто я. И тоже не поверил: «Как? Это вы написали «Хочу быть честным»? Не может быть!» И я ему тоже стал рассказывать о Театре на Таганке, и тогда он поверил. Поверив, заподозрил, что Валя приставлен ко мне, и даже спрашивал его прямо: «А сколько вам платят?»

Я на юге размяк, все заботы куда-то отошли. Однажды я проснулся утром и говорю Вале:

— А у меня, между прочим, сегодня день рождения.

— А у меня, между прочим, тоже, — говорит он.

— Врешь. Покажи паспорт.

Он показал — и правда, 26 сентября 1933 года.

Так не хотелось возвращаться в Москву, но куда мне было деваться?

В ПРОТВИНО СО ШЛЕЙФОМ

Вернувшись с юга, я увидел, что вокруг моего дома крутится чуть ли не целая рота кагэбэшников. Они меня потеряли и, судя по их суетливому поведению, были этим очень обеспокоены и готовы были к каким-то неожиданностям с моей стороны.

На другой день мне надо было забирать машину из Протвина, и мы договорились с Валей, что я поеду к его брату на электричке, а он на своих «Жигулях». На вокзале кагэбэшников было так много, что, если бы я и хотел, не мог бы их не заметить. Я сел в электричку, они, притворяясь простыми пассажирами, тоже, и в таком количестве, что в вагоне стало тесно.

Валя, конечно, как всегда, опоздал, и в Протвине я оказался один. Нашел дом Валиного брата, позвонил в квартиру — никто не отвечает. Вышел на улицу, кагэбэшники не выпускают меня из поля зрения. Я бессмысленно хожу по городу, возвращаюсь опять — никого нет: ни Вали, ни его брата Сергея. Мне понадобилось сходить по нужде, кагэбэшники пошли за мной в лес и были моими зрителями.

Наконец приехал Сергей с женой.

— Вы ничего странного около дома не заметили? — спросил я их.

— Нет.

— Тут за мной приехали, если заметите, не удивляйтесь.

Я объяснил им ситуацию. Я настолько к этому привык, что ситуация мне казалась естественной. Приехал Валя. Брат отозвал его на кухню, спросил про меня:

— Он немного того, да? — покрутил у виска пальцем.

— А что?

— Говорит, что за ним кто-то следит.

— А ты, когда мы поедем, выйди и посмотри.

Поздно вечером мы выгнали мою машину из гаража и двинулись в Москву — я первый, Валя за мной. Только выехали из города, сразу две их машины вклинились между нами, чтобы отсечь Валю. Я уже однажды применял один прием против них и тут тоже решил его использовать. Когда едешь быстро, они едут так же быстро — у них моторы форсированные, а за рулем, наверное, мастера спорта. Но я, наоборот, поехал со скоростью километров 20 в час, как на похоронах. Когда машина едет быстро, то можно не понять, кто за ней следит. А тут это стало очевидно. Они ехали, ехали, потом, вероятно, связались с Москвой по радио, им разрешили или приказали нас оставить, и они со злостью «дали по газам» и унеслись вперед. А мы доехали уже без них.

УСТРОИЛ ПОЛИТИЧЕСКИЙ МИТИНГ

26 апреля 1976 года случилось нападение на моего друга переводчика с немецкого языка Костю Богатырева. В лифте или на лестничной площадке неизвестные преступники проломили ему голову бутылкой. После двух месяцев нахождения в реанимации он умер. Пока лежал без сознания, к врачам приходил кагэбэшник, интересовался состоянием больного и, чтобы никто не сомневался, чьих рук это дело, сказал лечащему врачу: «Ну если останется дурачком, пусть живет». На похороны Богаты-

рева в Переделкине кагэбэшники прибыли большой компанией, демонстрировали свое присутствие, вели себя разнузданно и явно показывали, что довольны случившимся.

Я там сказал свою первую гражданскую речь, которую очень осудил наш карманный бунтарь Евтушенко. Сказал, что Костя был тихий и скромный человек, а я устроил на его могиле политический митинг. Даже много лет спустя задним числом я думаю, что правильно поступил. Я был единственный на кладбище, кто сказал, что на самом деле произошло. Подробнее о Богатыреве, убийстве, похоронах и соображениях по поводу читайте в моей книге «Дело № 34840».

ЗА ТО, ЧТО ХОЧУ, И НАОБОРОТ

Однажды я был в гостях у Бенедикта Сарнова. К нему пришла еврейская диссидентка, имевшая отношение к подпольному журналу «Евреи в СССР». Часто издатели этого журнала обращались к разным людям с просьбой что-то написать для них (под псевдонимом или собственным именем) либо отрецензировать. С такой просьбой диссидентка, видимо, и явилась к Сарнову. В разговоре она сказала, что ее могут посадить. А я, к слову, заметил, что и меня могут. Она искренне удивилась:

— А вас-то за что?

— А вас за что? — вернул я ей вопрос.

— Меня за то, что я хочу уехать, — гордо ответила она.

— А меня за то, что я не хочу.

ЛАМПОЧКИ ПО 23 ВАТТА И ОТКЛЮЧЕНИЕ ТЕЛЕФОНА

Зашел ко мне физик Марк Азбель, бывший тогда активистом еврейского движения за эмиграцию.

— Знаешь, мне должны коротко позвонить из Израиля. Можно воспользоваться твоим телефоном?

Я разрешил. На другой день явились он и еще четыре еврейских диссидента (не помню, кто именно, кажется, среди них был Виктор Браиловский), им звонят из Израиля, и они часа два или три говорят по моему телефону, передавая данные обо всех, кто собирается уехать. Причем сообщения зашифрованы самым примитивным образом: «Он купил 4 лампочки по 23 ватта». Несуществующие 23 ватта. И хоть я этих шифров не знал, все, что они говорили, легко понял: 4 лампочки означали 4-й месяц, а 23 — конкретная дата. То есть кто-то получил разрешение на выезд 23 апреля.

Время от времени разговор прерывался, потом возобновлялся, и так несколько раз. Моего озабоченного взгляда активисты при этом избегали. Так и ушли, блудливо опустив глаза. Они понимали, что делают, а я уже догадывался, что после этого разговора телефон мне точно отключат.

Недели через две я поговорил с жившим в Бостоне Наумом Коржавиным, и телефон отключили. Я догадывался, что отключили, скорее всего, не за разговор с Коржавиным. Но сделал вид, что истинной причины не понял.

По поводу отключения я написал открытое письмо министру связи Талызину (Приложение № 6). Оно было опубликовано в разных западных изданиях, включая «Вашингтон пост», и произвело на американцев, как мне говорили, сильное впечатление. Что меня очень удивило. Я спрашивал знакомых корреспондентов: а почему американцы так взволновались из-за этого письма? Разве они не знают, что в Советском Союзе происходит много вещей более страшных? Например, убили Богатырева, и западная пресса почти никак на это не отреагировала. Мне объяснили, что убийства бывают во всех странах, и ими никого не удивишь. А вот что у человека власти могут просто так отключить телефон, этого рядовой американец представить не может.

БАВАРСКИЙ ДИПЛОМ

В том же 1976 году я получил из Германии телеграмму, которую не мог прочесть. Пошел к знакомому переводчику с немецкого Юрию Эльперину. В телеграмме было написано, что я избран в Баварскую академию изящных искусств, и меня спрашивают, принимаю ли я это звание. Я, понятно, ответил, что принимаю. А потом Семен Израилевич Липкин (он был порядочным фантазером) сказал мне, что звание Баварского академика очень почетное, и люди, которые им обладают, неприкосновенны. Что оказалось чушью. Тем не менее я был польщен и воспринял полученное звание как еще одну степень защиты. Потом мне прислали приглашение приехать в Германию. Как я понимаю, советские власти чинить препятствий не стали бы. Но я отказался. Диплом и медаль академии вручал мне в немецком посольстве тогдашний посол Ханс-Георг Вик.

Когда мы с ним познакомились, он удивил меня тем, что у него на пальце было два обручальных кольца. Я не знал, что это значит. Потом мне объяснили, что когда умирает жена, муж надевает ее кольцо на тот же палец, где у него свое. То же делает жена умершего.

Неиспользованное приглашение академии у меня валялось вплоть до отъезда и в конце концов пригодилось.

ЛЯГАТЕЛЬ СВЯЩЕННЫХ КОРОВ

В 1977 году «Чонкин» вышел в нью-йоркском издательстве Farrar, Straus & Giroux. Это был бум. Сотни американских газет, центральных и провинциальных, захлебывались от похвал. Известный критик Теодор Золотарев (Theodor Zolotaroff) сравнил «Чонкина» с «Мертвыми душами» и американской классикой — «Уловка 22». Другие издания тоже не скупились на комплименты. Книга была издана тиражом сначала 20 000 экземпляров, и тут же издательство Bantam Books выпустило двести тысяч в мягком переплете. Как мне говорили, кроме Солженицына, Набокова и Булгакова, таких тиражей ни у одного русского писателя не было. После статьи Золотарева ко мне прибежал крайне удивленный корреспондент «Нью-Йорк таймс» Кристофер Рен. Мы с ним до этого были хорошо знакомы, но я для него был одним из диссидентов, не представлявших особого интереса. Кристофер присутствовал на моей пресс-конференции, когда я сообщил, что меня отравили, но моему сообщению не очень поверил. Теперь прочел отзывы на книгу, потом саму книгу и поверил во все. Взял у меня большое интервью. Оно вышло под названием «The kicker of sacred cows». Если прямо перевести на русский, то придется употребить несколько необычное слово «лягатель» или «пинатель». Первое мне нравится больше. «Лягатель священных коров».

Теперь мы с Кристофером подружились, он стал часто бывать у меня. Приносил Оле вещи, из которых выросли его дети.

ПОКЛОННИКИ И КОНТРАБАНДИСТЫ

После выхода «Чонкина» по-русски у меня появились поклонники, иногда самые неожиданные. Однажды раздался очень странный звонок:

— Здравствуйте, с вами говорит Никита Богословский. Хочу вам сказать, что я был в Париже и прочел там «Чонкина». Я в восторге. Ничего смешнее я не читал со времен Ильфа и Петрова.

Я насторожился. Во-первых, в нашей среде не было принято так открыто говорить по телефону. Во-вторых, я был лишь мельком знаком с Богословским. Однажды, когда еще работал на радио, брал у него дома интервью, но он этого, конечно, не помнил. Я слышал о нем разное. Поскольку ему позволяли часто ездить за границу, некоторые люди подозревали, что не зря ему это позволяют. Кроме того, я слышал о нем как о самом большом мастере розыгрыша. И розыгрыши его часто были довольно жестокими. Поэтому я подумал, может, здесь тоже или провокация, или розыгрыш, и сдержанно ответил на его похвалы. Мне показалось, что он хотел, чтобы мы общались, но я от этого отстранился. Лишь спустя некоторое время я встретил его в гостях у Бориса Мессерера и Беллы Ахмадулиной, и он кинулся ко мне обниматься. А я все еще был насторожен. Но, кажется, ему правда понравился «Чонкин». Он был очень талантливый композитор и, судя по воспоминаниям, интересный человек. Может быть, напрасно я уклонился от общения с ним.

Теперь уже не сам-, а тамиздатская книга стала доходить до меня в большом количестве экземпляров, которые я охотно раздаривал. Книги попадали в Советский Союз разными путями. Их привозили дипломаты и журналисты. Что-то приходило даже по дипломатической почте. Решались на перевозку многие музыканты. Одной из регулярных перевозчиц была подпольная диссидентка Наталья Столярова, отсидевшая много лет за то, что была эсеркой. Потом она служила секретарем у Ильи Эренбурга, а когда мы познакомились, была уже просто пенсионеркой. Кажется, она родилась во Франции, и когда уже была старой, ей разрешали ездить в Париж. Может быть, потому, что в молодости ей не удалось удовлетворить свои сексуальные желания, она в старости к сексу проявляла большой интерес и с упоением рассказывала о мужском стриптизе, которого в Париже была усердным зрителем. То, что она могла привозить запрещенные книжки, у некоторых вызывало подозрение, которого я не разделял. Книга стала и товаром, имевшим реальную ценность. Раньше самиздатский вариант предприимчивые люди давали напрокат, беря за прочтение по рублю с головы. Теперь уже в настоящем книжном виде она появилась на рынках портовых городов. Моряки привозили ее контрабандой и продавали из-под полы.

БАКУРИАНСКИЕ ГРЕКИ

Ранней весной того же года Валя Петрухин предложил:

— У нас, физиков, будет семинар в Бакуриани, поехали с нами.

Я согласился. Несмотря на все слежки и угрозы, я продолжал жить довольно беспечно.

Перед поездкой зашел к Юрию Орлову, тоже физику, члену-корреспонденту Армянской академии наук, жившему в Москве (сейчас он живет в Америке). Он вырос в деревне, был на фронте, доучивался после войны и стал выдающимся физиком. В 1956 году, после XX съезда и разоблачения Сталина, выступил с заявлением, что этих разоблачений недостаточно. Его исключили из партии, начались неприятности на работе. Академик Алиханян предложил ему место в Ереване, там Юра стал членом-корреспондентом Армянской академии наук. Потом вернулся в Москву и принял участие в правозащитном движении. Один из честнейших людей, он был председателем Московской Хельсинкской группы, членов которой преследовали за то, что они составляли и передавали на Запад бюллетени о нарушениях прав человека в Советском Союзе. Юре было 53 года, но выглядел он не больше, чем на сорок. Небольшого роста, коренастый, с пышной вьющейся огненно-рыжей шевелюрой. Его молодая жена Ира Валитова, предвидя его скорый арест, заранее горевала, что его побреют наголо.

— Поехали вместе в Бакуриани, — предложил я ему.

— Нет, — отказался он. — Я не поеду — меня скоро посадят.

— Тем более поехали. Отдохнешь перед тюрьмой.

— Не могу, у меня еще есть кое-какие дела.

А каждодневные его дела были — собирать и регулярно готовить отчет о нарушениях прав человека в СССР.

Он остался, а мы с Валей Петрухиным отправились в Бакуриани вместе с другими физиками, которые не знали, кто я такой. Семинар для физиков был оплаченным поводом для исполнения их главного желания — кататься на горных лыжах. На горных лыжах я никогда не катался и до недавнего времени не знал даже, как они выглядят. Хотя на обыкновенных равнинных лыжах ходил хорошо и порой спускался с довольно крутых и неровных горок. Однажды на Воробьевых горах я поднимался по крутому и кочковатому склону вслед за двумя девушками. Те спокойно поднялись на самый верх, постояли, говоря о каких-то своих делах, и вдруг они одна за другой ухнули вниз, подпрыгивая и вертясь на кочках. Я подумал, что если они могут, то и я с этой горой как-нибудь справлюсь. Ухнул вслед на ними и, как ни странно, завершил свой спуск довольно благополучно. И только после этого обратил внимание, что у этих девушек лыжи были не совсем похожие на мои.

Ира, конечно, была против поездки. Провожая меня, предостерегала: «Ты там себе сломаешь ногу». Я обещал, что буду осторожен и не сломаю.

Приехали на поезде в Боржоми, пошли перекусить в местную стоячую хинкальную. Гулявший там высокий кавказский красавец тут же вступил с приехавшими в общение, всех пригласил за свой столик, стал потчевать вином и произносить тосты в честь дорогих гостей. Оказывается, он грек, учитель русской литературы в местной школе, но гуляет не как учитель, а как богатый восточный человек.

Выпили, закусили, съели хинкали и отправились в Бакуриани. Тут же и учитель там появился. С ним еще три друга, тоже местные греки. Дальше они появлялись везде, где были мы, заводили разные разговоры. Например, затеяли с Валей спор об идейной ущербности сочинений Солженицына (выяснилось, что греки, живя между скал, творчество Солженицына, которого тогда уже не печатали в Советском Союзе, штудировали, и очень внимательно). Стало ясно, что слово «греки» пора взять в кавычки.

ДРАКА В ГОРАХ

Нам с Валей дали отдельный коттедж с верандой на первом этаже, а остальные физики поселились в четырехэтажной гостинице. Я взял напрокат длинные и тяжелые польские лыжи с ужасно тяжелыми ботинками и сам по себе начал учиться кататься, первые два дня проявляя большую тупость. Лыжи меня не слушались, шли только прямо. Но на третий день мне объяснили, как надо ездить «плугом», я попробовал — стало что-то получаться.

В местном магазинчике мы покупали красное сухое вино в зеленых толстых бутылках, как из-под шампанского, и пили его вечерами. За время нашего пребывания скопилось много пустых бутылок — ими была заполнена вся веранда.

За день до намеченного отъезда Валя, бывший по натуре авантюристом, решил организовать литературный вечер. Он пошел к физикам и объяснил, что здесь находится такой-то, он хочет вам что-то почитать. В то время лекторы ЦК КПСС распространяли обо мне слухи, что я давно уже уехал, поэтому физики не поверили Вале, сказали, не может быть, он живет за границей. Но все-таки пришли к нам в коттедж, где с большим удивлением убедились, что Валя не врет.

Я стал читать им главы из продолжения «Чонкина», поскольку первую книгу многие из них уже читали, а одна ученая дама даже призналась, что, читая «Чонкина», она со смеху упи́салась. В середине чтения явились вчетвером те самые «греки» и тоже сели. Сначала сидели молча, потом, когда я закончил читать и начался какой-то разговор, они стали вставлять свои реплики и задираться. Кто-то из физиков стал читать Гомера на древнегреческом. Это гостям почему-то не понравилось, они стали еще задиристей. Валя сказал им: «Раз уж вы к нам пришли, или сидите молча, или — до свидания». Они встали и, бормоча негреческие ругательства, направились к выходу. Валя решил проводить их.

Прошло довольно много времени, Валя не возвращается. Я вышел на крыльцо, смотрю, откуда-то из темноты бежит Валя с залитым кровью лицом, а за ним гонятся все четверо «греков» во главе с учителем. Я схватил на веранде пустую бутылку и прыгнул с крыльца навстречу бегущим. Раздался хруст, я почувствовал резкую боль и понял, что сломал ногу в ступне. Эти четверо приближались. Я знал, что, если на тебя нападают несколько человек, сначала надо вывести из строя самого сильного. Я выбрал учителя и ударил его тяжелой бутылкой по голове. Я никогда в жизни не умел, не любил и не хотел драться, а тем более с применением подручных средств. Бывало, на кого-то более сильного замахивался камнем или куском кирпича, но ударить не мог. Рука не повиновалась. Но эта драка произошла уже после моего отравления в «Метрополе», после убийства Кости Богатырева, после еще многих событий, которые меня очень ожесточили. Я знал, что передо мной не доморощенные хулиганы, а настоящие бандиты, которые не остановятся перед тем, чтобы искалечить меня и Петрухина. А могут, как в случае с Костей, и перестараться. И что наше возможное непротивление (на него они, очевидно, очень рассчитывали) было бы для них подарком, которого они не заслужили. Когда я замахнулся, в голове мелькнуло: неужели рука и на этот раз дрогнет? И я был просто счастлив, что она не дрогнула. Учитель как-то ахнул, потом медленно закружился, как подпиленное дерево, и рухнул на колени. Остальные трое остановились.

— Кто следующий? — спросил я, стоя практически на одной ноге.

Тут вышли физики. Нападавшие, видимо, вспомнили, что дело у них казенное, а головы все же свои, с проклятиями удалились в темноту — ведя под руки раненого учителя. Уходя, предупредили, что вернутся.

БУДУЩИЙ ПРЕЗИДЕНТ ГРУЗИИ

Опасаясь, что угроза не пустая, физики решили не оставлять нас с Валей одних в коттедже и взяли к себе в гостиницу. Среди них было много горнолыжников и альпинистов, умевших оказывать первую помощь, они замотали мне ногу эластичным бинтом и даже где-то нашли костыли.

Ночью никто к нам не явился, и на другой день мы уехали в Тбилиси. По дороге в автобусе один из физиков стал выговаривать мне, что нехорошо бить человека бутылкой по голове.

Я ответил, что человека нехорошо, а бандита очень даже стоит. Я не стал его пугать своим предположением, откуда взялись эти бандиты.

— Зачем же действовать так грубо, — продолжал упрекать физик. — Мы же все были рядом, вы могли нас позвать.

Я ему ответил, что в жизни много видел людей, которые, когда их зовут на помощь, глохнут и слепнут.

— А мне, — сказал я, — было некогда ждать, чтобы убедиться, что вы не такие.

Мы приехали в Тбилиси в первой половине дня, а поезд на Москву уходил вечером. Меня оставили в доме у грузинского физика, жившего в полуподвальном помещении с окнами на уровне двора.

Я попросил у него разрешения позвонить одному человеку.

— Пожалуйста, — легко согласился он.

— Вы, возможно, все-таки не захотите, — объяснил я ему. — Этот человек — Звиад Гамсахурдиа.

С будущим президентом Грузии Звиадом Гамсахурдиа мы состояли в самопровозглашенной правозащитной организации Amnesty International. Это была единственная организация, в которую я согласился вступить. По статусу Amnesty International мы могли защищать только граждан других стран, преследуемых властями. Я писал письма королям и шейхам, нарушавшим права человека. Помню свое письмо эмиру Бахрейна с требованием освободить из тюрьмы какого-то местного поэта. Мне сказали, что к нему надо обращаться «Ваше Высочество». Я повысил его в чине и написал: «Ваше Величество, меня очень беспокоит судьба Вашего подданного такого-то...» Впрочем, мне вскоре эта моя деятельность надоела. Я решил: это глупо — сам сидишь в клетке и пишешь письмо, чтобы кого-то освободили. Но это был вызов советской власти. Мы сами создали организацию. Центральная Amnesty International нас признала, и советской власти уже было сложнее расправляться с нами. Мы уже были не просто диссиденты, а участники международного движения, филиал известной организации. Сначала председателем был физик Валентин Турчин, а после Валиного отъезда его сменил Георгий Владимов.

Гамсахурдиа входил в нашу организацию вместе со своим другом Мерабом Коставой, тихим и скромным, как я запомнил его, человеком. По профессии Гамсахурдиа был литературоведом и критиком. Его отец, Константинэ Гамсахурдиа, — культовая для Грузии фигура, знаменитый поэт и прозаик. Отец был чудаком, ездил по Тбилиси на лошади, и был народом весьма почитаем.

Гамсахурдиа был человеком нервным. И, по-моему, больным. Поменял жену и объяснил мне, что сделал это потому, что она оказалась подосланной ему КГБ. Когда меня отравили, он прибежал ко мне и сказал, что с ним тоже такое случалось.

— Они мне подбросили во двор отравленную курицу.

— Зачем?

— Наверное, думали, что я ее съем.

В Москве его много раз хватали на улице, обыскивали его квартиру, изымали разные книги, в том числе «Чонкина», о чем он каждый раз делал заявление иностранным корреспондентам.

Хозяин квартиры разрешил мне позвонить Звиаду, и я воспользовался разрешением, хотя испытывал некоторую неловкость. Я набрал номер Звиада, тот сказал, что сейчас приедет. Я выглядываю в окно, влетает «газик» — за рулем Звиад, а за ним сидит капитан милиции.

— Что за милиционер с вами? — настороженно спросил я, когда Звиад вошел.

— Не обращайте внимания, Владимир Николаевич, — он звал меня по имени-отчеству, — это мой телохранитель.

Милиционер в телохранителях у диссидента. Может быть, это национальная особенность местного диссидентства. В Москве я бы не мог себе представить какого-нибудь диссидента с милиционером за спиной, если тот не конвоир.

Мы поговорили со Звиадом о каких-то диссидентских делах и ухудшемся положении диссидентов. Ходили слухи, что Андропов пообещал Политбюро в кратчайшие сроки искоренить крамолу, и похоже было, что КГБ всерьез взялся за выполнение этого обещания. В феврале посадили в третий раз Алика Гинзбурга. Вскоре после него и Орлова. Недолго оставалось ждать ареста самому Звиаду и его другу Мерабу Коставе. В разговоре время прошло быстро, мне пора было ехать на вокзал.

— Не беспокойтесь, — сказал Звиад, — я вас отвезу.

ТЫ БУДЕШЬ СМЕЯТЬСЯ

Мы приехали на вокзал незадолго до отхода поезда. Я на костылях дохожу до вагона, и оказывается, мы подъехали к нужному поезду, к нужному вагону, но с противоположной от посадки стороны. Теперь надо бежать через подземный переход, а времени уже нет, и я без ноги. Звиад выскакивает из машины, куда-то несется вдоль поезда, а мы остаемся с милиционером. Объявляют, что до отхода поезда — 5 минут. Следующее объявление — 2 минуты. Я уже смотрю безнадежно на свой вагон, вдруг милиционер вытаскивает из кармана ключ с металлической блямбой и начинает стучать им в дверь.

На стук выскочил проводник.

— Открывай, милиция! — рявкнул капитан.

Проводник испуганно открыл дверь, милиционер меня подсадил,

поезд тронулся. Я иду на свое место, но тут выясняется, что Вали в купе нет, а билеты у него.

Я объясняю проводнику, что билет у товарища.

— А где товарищ?

— Не знаю.

Вдруг поезд с грохотом останавливается, и через минуту появляется Валя. Оказывается, он бегал по перрону в поисках меня и, когда поезд тронулся, бросился за ним, но уже не догонял. Грузин, стоявший на площадке последнего вагона, заметив Валю, дернул стоп-кран.

Валя вошел в купе, поезд двинулся дальше, и тут в коридоре я увидел всех четырех «греков». Они прошли мимо купе, где мы сидели, скосили глаза в нашу сторону, но не задержались. Наверное, просто показали свое присутствие.

Поскольку мой домашний телефон был отключен, я не мог предупредить Иру о приезде. Звоню в дверь, она открывает. Я стою на костылях и говорю:

— Ты будешь смеяться, но я правда ногу сломал.

ЮРА И ИРА ОРЛОВЫ

Юру Орлова судили почему-то в нарсуде Перовского района. Собралась довольно большая толпа из диссидентов, иностранных корреспондентов и кагэбэшников. Последние вели себя нагло — толкались, задирались, готовы были устроить драку. Один нагрубил Елене Боннэр, и она дала ему пощечину. Другой толкнул Дэвида Саттера, американца, который работал в Москве корреспондентом английской газеты «Файнейшнл таймс». Саттер развернулся и так ударил кагэбэшника, что тот свалился с ног. Ему говорят: «Ты что делаешь, с ума сошел?» А он ответил: «Я был в Чикаго криминальным репортером и учился себя защищать».

Мы стояли, ждали, когда объявят приговор и будут выводить заключенного — многие хотели крикнуть что-нибудь в его поддержку. Но Орлова вывели через задний двор, никто даже не успел среагировать на выскочивший тюремный автомобиль.

Суд окончился. Орлов получил свои семь лет. Зрители разошлись и разъехались. Корреспондент «Вашингтон таймс» Кевин Клоус пригласил меня и Саттера в свою машину. Когда немного проехали, увидели, что за нами идут две кагэбэшные машины. Кевин прибавил скорость, они тоже. Кевин дал газ, и мы со страшной скоростью понеслись по Москве, не реагируя ни на какие цвета светофора. Кагэбэшные машины — за нами. Никто нас не останавливал. Наверное, милиционеры, которые нас видели, понимали, что происходит что-то, что не в их компетенции.

Кевин продемонстрировал отличное знание московских переулков. Мы влетели в один из них, на дороге оказался человек. Кевин выскочил на тротуар. Человек бросился бежать. На углу Самотечной и Цветного бульвара был дом, в котором жили иностранные корреспонденты. Двор перекрывался шлагбаумом. В тот момент он был открыт. Кевин влетел во двор, а кагэбэшники прямо перед шлагбаумом резко затормозили и остановились. Это выглядело так, как будто черти останавливаются при третьем крике петуха.

Потом в этом доме прошла пресс-конференция. Когда мы вышли, уже никто нас не преследовал. Я уходил из этого дома вдвоем с Ирой Орловой-Валитовой, маленькой, хрупкой и отчаянной женщиной. Жены диссидентов почти все были очень самоотверженными женщинами, ничем не хуже декабристок девятнадцатого века. Они делили трудную, а иногда и страшную судьбу со своими мужьями: Ирина Валитова, Татьяна Турчина, Зинаида Григоренко, Елена Боннэр, Лариса Богораз.

Ира была абсолютно бесстрашная: она ходила ночью по темным переулкам, дорогу ей перегораживали какие-то типы, которые, делая вид, что они просто бандиты, ей угрожали, она им отвечала довольно остро, и они понимали, что сделать с ней ничего нельзя. Потом она регулярно ездила к Юре в лагерь. Но судьба это была тяжелая, их брак не выдержал испытания временем. Ира влюбилась в другого физика, Сашу Барабанова, однако продолжала ездить к Юре и поддерживать его, поскольку понимала, что, если она ему признается, это будет для него большим ударом. Когда он вышел из лагеря, это уже было при Горбачеве, его выслали в Америку. Ира туда прилетела — какое-то время она поддерживала с ним отношения.

Я встречал их сначала в Америке, где его приглашал на встречу Рейган, а потом они приехали в Германию. Из Германии он отправился в Англию на встречу с Маргарет Тэтчер. Ира, совершенно не тщеславная, с ним не поехала. Хотя многие жены на ее месте возможности пообщаться с премьер-министром Великобритании не упустили бы.

В конце концов Орловы разошлись. Ира вышла замуж за Барабанова, а Юра женился на американке, живет в Итаке и преподает физику в Корнельском университете.

РУКОПИСЬ ВАСИЛИЯ ГРОССМАНА

Следующая история требует отдельного рассказа. Возможно, многие читатели ее знают. Расскажу для тех, кто не знает. В 1960 году с писателем Василием Гроссманом случилась беда — был арестован один из важнейших его трудов — роман «Жизнь и судьба». Именно арестован, а не конфискован. Он сдал рукопись в журнал «Знамя». Текст оказался настолько острым, что главный редактор «Знамени» Вадим Кожевников решил передать его в КГБ. После чего сотрудники этой организации явились одновременно в «Знамя», в «Новый мир» и к самому писателю и изъяли не только все экземпляры романа, но и черновики, и копировальную бумагу, и даже ленты от пишущих машинок, на которых этот роман печатался. Гроссман тяжело переживал это обстоятельство, обращался к высшим советским властям с просьбой вернуть рукопись, но безрезультатно. Тогдашний член Политбюро ЦК КПСС Михаил Суслов принял автора и сказал ему, что его антисоветский роман будет опубликован не раньше, чем лет через 200—300. Казалось, что роман пропал навсегда. Именно в связи с этим Гроссман и сказал свою фразу: «Меня задушили в подворотне». На фоне перенесенного потрясения он заболел раком и в 1964 году умер. А роман, как все считали, сгинул навсегда. Но мне почему-то в это не верилось.

Дальнейшую часть истории приключений романа Гроссмана я излагаю в письме Елене Боннэр (Приложение № 4).

100-ЛЕТИЕ ДЗЕРЖИНСКОГО

Повторяю, я дневников практически никогда не вел, поэтому даты указываю приблизительно, иногда, может быть, и неточно. Кажется, и в письме Елене Боннэр неверно указал дату второй передачи рукописи Гроссмана на Запад. Я уточнил ее по энциклопедии, дальше будет понятно, как.

Так вот, утром 11 сентября 1977 года, находясь в положении выслеживаемого государственного преступника, вышел я из дому с какой-то целью, которую, судя по своему же беспокойному поведению, считал очень важной. Допускаю, что именно в этот день я должен был заехать на Фрунзенскую набережную к Антону Антонову-Овсеенко, у которого в это время, ожидая разрешения на эмиграцию, гостил его ленинградский друг Владимир Сандлер. По официальной профессии Сандлер был литератор, по увлечению — радио- и фототехник, а по скрываемой деятельности — самиздатчик. Для размножения самиздата он создал замечательную полуавтоматическую фотоустановку и переснимал разные тексты на пленку. Качество было исключительно хорошее. Сандлеру я и доверил переснять рукопись Василия Гроссмана, полученную мною второй раз от Семена Израилевича Липкина. Через несколько дней Сандлер передал, что работа готова. Я собрался за ней поехать. Вышел из дому и сразу увидел, что слежка по сравнению со вчерашней сильно уплотнилась. Я сел в машину, проехался вокруг нашего квартала, зеленые «Жигули» и серая «Волга» прокатились со мной.

Я вернулся домой и спросил у жены, нет ли хозяйственных поручений. Она сказала: есть. Я взял ящик с пустыми бутылками, поехал к метро «Сокол». В магазине «Минеральные воды» стал в очередь за «Боржомом». Часть сопровождавших меня лиц стала за мной, отчего очередь заметно удлинилась. Привез домой воду, спросил: что еще делать? Жена сказала: починить пылесос. Взял пылесос, посмотрел по справочнику, нет ли ремонтной мастерской неподалеку от нужного мне места. Нашел одну, на Кутузовском проспекте. Поехал туда. «Волга» и «Жигули» болтаются то сзади, то сбоку, меняются местами, но не отстают. Чем дольше я ехал, тем больше раздражался. Как от них оторваться? На самом деле это почти невозможно, потому что у них радиосвязь и сколько угодно машин и людей на подхвате, а я один, открыт и беспомощен, как таракан в стеклянной коробке. Но у меня есть преимущество — я могу собою рискнуть, а они не готовы. Приближаясь к Триумфальной арке по одной из средних полос широченного проспекта, я увидел, что там впереди движение перекрыто — светофор. Но вот красный свет сменился на зеленый, лавина автомобилей хлынула мне навстречу, я крутанул руль влево и под прямым углом ринулся пересекать встречную полосу. Визжали тормоза, ревели клаксоны, я, въезжая в противолежащий переулок, глянул в зеркало и злорадно отметил, что серая «Волга» и зеленые «Жигули», уже не скрывая своего родства, нетерпеливо мигают подфарниками у осевой линии. Но жизнями своими ради торжества коммунизма их экипажи рисковать не решились.

Улица, в которую я влетел, была пуста и просторна. Я нажал на газ, но откуда ж мне было знать, что впереди, параллельно Кутузовскому проспекту, идет Киевская железная дорога и все улицы, ведущие к ней, — тупики?

Не успел я набрать скорость, как улица стала сужаться, потекла под гору, покрылась крышей и втянула меня в подземное сооружение с оторопевшим автоматчиком у ворот. Видимо, это было что-то военное или как раз кагэбэшное. Понимая, что мой въезд сюда может повлечь непредвиденные последствия, я тут же (места хватило) с поросячьим визгом всех шин развернулся, выскочил наружу, свернул налево на Студенческую улицу и здесь остановился передохнуть и посмотреть, что будет дальше. Слишком долго томиться в ожидании не пришлось: из переулка выкатилась черная «Волга» с частным номером, с двумя антеннами и зевающим от скуки водителем. Проезжая мимо, он так старательно от меня отворачивался, что никаких сомнений в цели его появления не было. Понимая, что деваться некуда, я завел мотор и поехал. Мои спутники ждали меня на проспекте у выезда из переулка и опять покатили со мной, то отходя в сторону, то отставая, то выскакивая немного вперед.

Я решил транспортировку Гроссмана отложить и поехал домой через центр.

У гостиницы «Метрополь» был небольшой затор. Здесь сопровождавшие распределились так: «Волга» стала чуть впереди справа, а «Жигули» чуть позади слева. Там и там сидели по четыре человека — и все, как мне помнится, в шляпах. Чем и отличались от пассаждиров других машин. Никто из них будто на меня не смотрел. Я погудел тем, которые в «Волге». Они не шелохнулись. Я стал гудеть еще, еще и еще. Уже все водители и пассажиры других машин смотрели на меня с удивлением, наконец, повернули шляпы и эти. Я показал водителю, чтобы он понапрасну не прятался и становился мне в хвост. Потом долго взывал к водителю «Жигулей» и показал ему то же самое. К моему удивлению, они на мое предложение охотно согласились и после поворота на проспект Маркса перестроились. Но для начала стали не в хвост, а параллельно — справа и слева. Мы поднялись к площади Дзержинского, и тут состоялось зрелище, пригодное для голливудского блокбастера. Прямо перед моим радиатором появился регулировщик, замахал палкой и засвистел в свисток. Я думал, что эти движения посвящаются лично мне, но тут же мне пришлось припомнить слова моего друга Феликса Светова, который, чтобы я не зазнался, говорил мне время от времени: «Ты преувеличиваешь свое значение, старичок».

Милиционер перекрыл движение и при этом бегал, дергался, суетился. Чего он ожидал, было неясно. Я покосился на своих спутников, они все — четверо справа и четверо слева — смотрели только вперед. И вдруг от метро выплыла на площадь странная процессия: высшие чины милиции — генералы, полковники — и штатские серой раскраски. Прижимая к животам венки с лентами, эти в основном толстые люди с отечными лицами двигались к памятнику, приседая и поднимая кверху благоговейные лица, словно в расчете на то, что Феликс Эдмундович с высоты своего постамента отметит их любовное к себе отношение. Я не знал, что это значит, и, лишь вернувшись домой и включив телевизор, выяснил, что страна отмечала столетие со дня рождения первого чекиста. Как только все делегации пересекли площадь, милиционер взмахнул палкой, свистнул, я поехал дальше, мои сопровождающие за мной, но теперь они уже не скрывались, а, наоборот, всячески показывали, что они здесь, со мной. «Жигули» вышли вперед и стали прямо передо мной, «Волга», наоборот, пристроилась в хвост, и они стали проверять крепость моих нервов. Передняя машина резко тормозила, задняя угрожающе наезжала. Они меня пугали, но без большого успеха, потому что делали это не первый раз, и я постепенно привык.

А что касается рукописи, то все-таки я ее забрал (а может быть, это сделала моя жена) и, несмотря на плотную слежку, передал на Запад, где она и была в конце концов опубликована. Так что следившие за мной зря ели свой хлеб и расходовали казенный бензин.

«БРИГАНТИНА» ПОДНИМАЕТ ПАРУСА

Году, может быть, в 1973-м я получил письмо от учеников средней школы № 7 города Артемовска Ворошиловградской области. Школьники писали, что ими основан литературный клуб «Бригантина», для которого меня просят прислать мои книги. Я послал им две только что вышедшие книги. И тут же получил ответ, в котором юные авторы сердечно меня благодарили и сообщали, что избрали меня почетным членом их клуба, в котором уже состоят такие крупные писатели, как Анатолий Софронов, Николай Грибачев, Евгений Пермяк, а почетным председателем у них Сергей Сартаков. Я был несколько удивлен, что попал в такую компанию, хотел сообщить школьникам, что, прежде чем выбирать, надо спросить согласие, но тут у меня возникли всякие неприятности, и мне стало не до «Бригантины». Я им попросту не ответил, но их это не охладило. Регулярно на праздники — к Новому году, к 23 февраля, к 1 и 9 мая, к 7 ноября — стал я получать то открытки, то письма с горделивыми сообщениями о текущих успехах и достижениях клуба. Из этих сообщений я узнал, что музей клуба насчитывает 480 книг, подписанных авторами из 87 городов, 1550 писем экипажу «Бригантины» от разных писателей. Почти всегда эти сообщения заканчивались пылкими заверениями в любви и преданности к адресату: «Приезжайте к нам, и вы увидите, как бригантинцы любят вас и ваши книги». Письма неизменно заканчивались пожеланиями «хорошего здоровья и творческих успехов».

Наступили времена, когда моя почта резко сократилась. Кто-то стал опасаться мне писать, чьи-то письма просто не доходили. Но письма бригантинцев продолжали регулярно поступать к каждому празднику. Время шло, мои корреспонденты оканчивали школу и покидали «Бригантину», но приступали к делу новые «экипажи», и в мой адрес шли новые приветствия, пожелания и признания в любви. И вдруг письмо:

«Гр-ну Войновичу В. Н.

Из передачи зарубежного радио и из сборника Союза писателей мы узнали, что Вы исключены из Союза писателей за антисоветскую деятельность. Мы также возмущены Вашим «творчеством» и считаем Вас недостойным быть членом литературного клуба «Бригантина». О чем ставим Вас в известность».

Письмо подписали директор (неразборчиво), члены клуба «Бригантина» (12 детских подписей).

В то время я получал и оставлял без ответа очень много знаков нерасположения ко мне разных лиц и организаций. Но это письмо было подписано детьми. А детям — я решил — надо непременно ответить (см. Приложение № 7).

ГАВРИЛА

Звонок в дверь. Открываю. На пороге высокий худощавый человек.

— Узнаешь меня?

— Как же не узнать? Гелий.

Ну да, это он. Гелий Снегирев, который встречал нас в шестьдесят шестом году в Киеве, когда мы приехали на митинг по случаю годовщины расстрела евреев в Бабьем Яру.

— Ну, — после всяких предварительных «ну как жизнь» спрашивает Гелий, — как там Некрасов? — Это вопрос о Вике, который живет в Париже.

Отвечаю:

— Вроде у него все в порядке.

— Есть ли какие-то контакты?

— Кое-какие есть. А что?

— Да вот хотел бы отправить рукопись. Для печати — нет, только на хранение. Печататься — пока не буду. Подожду. Я дом покупаю под Одессой. Если что, дай мне знать. Но только не пиши от себя. И не упоминай мое имя.

— А как же тебя называть?

— Называй меня... не помнишь, как Некрасов меня называл?

— Нет, не помню.

— В нашем кругу у меня кличка Гаврила. Вот напиши — Марии Александровне Коваленко для Гаврилы. Там все поймут.

После этого он стал появляться более или менее регулярно. Почти каждый раз с сообщением:

— Я уже две недели ничего не ел.

— Хочешь поесть?

— Ни в коем случае. Это у меня такая диета. Но я должен выпивать в день десять стаканов воды и часто отдыхать. Дай мне воды, а потом я у тебя здесь на диванчике полежу. Я тебе не помешаю. Ты работай, не обращай на меня внимания.

Не обращать на него внимания я не мог, работа в таком случае, естественно, прекращалась.

И вот разговоры.

— Как ты думаешь, если я напечатаю эту вещь за бугром, меня посадят?

— Обязательно посадят.

— Но тебя же вот до сих пор не посадили.

— Меня не посадили, но я всегда рассчитываю на то, что посадят. И не меньше. Я никогда не думаю, что мне ничего не будет. Если ты идешь на это, ты должен считаться с тем, что с тобой могут сделать все, что угодно, — посадить или даже убить.

— Ну, убить — это уж слишком, а посадить, конечно, могут. Но тебя же вот не сажают.

— Ты пойми, я все-таки в Москве. Здесь иностранные корреспонденты. Я на виду. Я более известен, чем ты, это их тоже до определенной степени сдерживает. И все-таки я на рожон не лезу.

— Нет, я думаю, что если будет за бугром шум, то не посадят. Но если что, ты скажешь обо мне что-нибудь хорошее иностранным корреспондентам?

— Я скажу, но я думаю, что тебе не надо на это идти.

— Почему?

— Потому что ты слабый. Ты этого испытания не выдержишь.

— Почему ты так думаешь? Я не слабый, я сильный. У меня вот уже две недели во рту не было ни маковой росинки, и еще две недели я есть не буду. Если меня посадят, я сразу объявлю голодовку.

— Ты думаешь, кагэбэшники не знают о том, что ты умеешь голодать? Знают. Но они придумают для тебя что-нибудь такое, чего ты не выдержишь.

— Нет, но я думаю, все-таки они меня не посадят. Все-таки я племянник Вадима Собко, украинского классика.

— Да что им Вадим Собко, они и его, если надо, посадят.

Так было несколько раз. Несколько раз он приходил ко мне и все спрашивал совета — да или нет. Я советовал: нет. Он спрашивал: посадят или не посадят? Я отвечал: посадят.

Он уходил в сомнениях. А я в сомнениях оставался. И думал, зачем я его уговариваю, это же видно, что он никогда ни на какой поступок не решится. И вдруг слышу по иностранному радио: известный украинский правозащитник и писатель Гелий Снегирев отказался от советского гражданства. Он послал свой паспорт Брежневу и написал... Что именно, я не помню, но что-то очень и очень резкое, понося адресата последними словами.

Через несколько дней опять появляется у меня довольный собой.

— Ну, ты слышал?

— Слышал.

— И что ты думаешь?

— Думаю, что тебя посадят.

— Ну, нет. Этого не будет. Я теперь слишком известен. Про меня за бугром каждый день по нескольку раз говорят. «Голос», «Свобода», Би-би-си, «Немецкая волна». Я думаю, они меня просто вышлют.

— Я тебя уверяю, они этого не сделают.

— Ну почему, они же Солженицына выслали.

— Они для Солженицына сделали исключение. Для тебя такого исключения не будет.

— Вот посмотришь, скоро я окажусь в Канаде.

С тем он и ушел.

Через несколько дней по радио передали, что Снегирев арестован. Потом вот что я помню. Его арестовали, он немедленно объявил голодовку. Но они знали, что это он выдержит, стали искать к нему разные другие подходы.

Он заболел, его перевели в тюремный госпиталь. Там у него началась непроходимость кишечника, вызывавшая ужасные боли. Ему обещали оказать помощь только после того, как он чистосердечно раскается в своих преступлениях. Через некоторое время в газете, не помню какой, появилось письмо Снегирева. Естественно, бывшие его друзья стали его проклинать. В эмигрантской печати, где и раньше высказывались сомнения, а не стукач ли этот Снегирев, появились злорадные отклики. Где-то было написано: всем, поддерживавшим Снегирева, выражаем свое глубокое соболезнование. Тем временем Снегирев из тюремной больницы был переведен в обыкновенную, где отклики нашей возмущенной общественности стали ему более доступны. Доведенный до отчаяния, он объявил, что покаяние его было вырвано у него КГБ своеобразными пытками. После чего был переведен опять в тюремную больницу, где ему не дали уже пережить следующую непроходимость, и он умер в ужасных физических и нравственных мучениях.

Между прочим, надо отметить вот что. Наше прогрессивное общественное мнение бывало ужасно подлым. Робкие люди, которые сами никогда ни на какой поступок решиться не могли, очень радовались, видя, как кого-то раскололи, и не находили никогда никаких смягчающих вину обстоятельств, даже таких, как пытки физические или нравственные. Они судили и рядили, как бы исходя из соображения, что уж они-то на месте оступившегося вели бы себя иначе. Суждение не только подлое, но и ложное, потому что многократно и даже научно доказано, что людей, способных выдержать любые пытки, вообще не бывает. Один человек может выдержать больше, другой меньше, но у опытных мучителей есть такой набор пыток, которого при полном его применении не может выдержать никто.

К рассказу о Гавриле добавлю свой комментарий. Любое жизненное испытание легче переносится, если к нему подготовиться морально. Когда я готовил свое отдельное восстание против советского государства, я мало думал о возможности благополучного исхода и совсем не предполагал возможности такой перемены в судьбе, как эмиграция. Напротив, я всерьез рассмотрел все наихудшие варианты: арест, срок, ссылка, лагерь и даже убийство. Спросил сам себя, готов ли я к такому развитию событий. И сам себе ответил: готов. Некоторых неугодных власти людей — Бродского, Литвинова, позже Светова — ссылали. Они жили там в условиях, которые ужасали западных журналистов и правозащитников, но вряд ли показались бы ужасными мне. Я без всяких ссылок жил временами в худших условиях. Лагерь? И такое существование я себе представлял конкретно. К преждевременной смерти я бы отнесся как фаталист. А вот если какие-нибудь особые методы? Например, так называемая пресс-хата, то есть камера с уголовниками, готовыми физически ломать посаженного к ним политического. Или обыкновенные пытки.

Тут я в достаточной стойкости своей не был уверен, но написал неформальное завещание с просьбой любые мои признания, противоречащие моим свободным высказываниям, считать полученными под пытками. Впрочем, через какое-то время я подумал, что пытки против меня были бы бессмысленны. Потому что я не состоял ни в какой тайной организации, у меня не было никаких соучастников и мне некого было бы выдавать, кроме, может быть, отдельных иностранных корреспондентов или дипломатов, время от времени передававших на Запад очередной текст или привозивших с Запада книжки. Но этим людям в худшем случае грозила бы высылка из СССР. Так что и подвести кого-то я бы очень не мог.

Меня потом часто спрашивали, а не страшно ли было в тех условиях вести такой образ жизни. Отвечал и отвечаю. Это была война. На войне бывает страшно. Поначалу очень страшно. А потом, как я себе представляю, привыкаешь к опасности, как к будничным условиям жизни.

ОБЪЯСНЕНИЕ ТУНЕЯДЦА

4 февраля 78-го года. (Редкий случай, когда у меня оказалась записанной дата.)

Опять начинаю с привычной фразы: звонок в дверь. Я открыл — на пороге наш участковый — пожилой, седоватый, скромного вида, характера и звания капитан Иван Сергеевич Стрельников. Здороваясь, снял шапку. Говорит вежливо, даже робко:

— Владимир Николаевич, можно войти?

— А в чем дело, Иван Сергеевич?

— Я извиняюсь... ну это, ну...

Я пригласил его к себе в кабинет. Предложил сесть на диван.

— Да нет, да что вы, да я постою.

Я проявил настойчивость, он сел, ерзает, мнет на колене шапку, косноязычит:

— А я к вам, извиняюсь, Владимир Николаевич, вот что... меня, извиняюсь, начальник послал... я к вам со всем уважением, но начальник, извиняюсь, интересуется: вы где-нибудь работаете?

В подоплеке вопроса мне сомневаться не приходится. КГБ пробовал со мной разделаться так и эдак, то отравили, то телефон отключили, теперь мозги напрягают, как бы состряпать дело о тунеядстве. Пора занимать оборону. А в обороне у меня главное оружие — ирония.

— Да, работаю, — сказал я.

— Да? — Иван Сергеевич выразил удивление. — А где же, извиняюсь, вы работаете?

— А вот здесь работаю, Иван Сергеевич, в этой комнате и за этим столом.

Он притворяется дураком, деревенским валенком, наивным таким человеком.

— И кем же вы, извиняюсь, работаете?

— А писателем, Иван Сергеевич, работаю, писателем.

— Ага, — кивает он головой, — ага. Но вас, Владимир Николаевич, я слышал, исключили, извиняюсь, из Союза писателей.

— Да-да да, — говорю, — Иван Сергеевич. Толстого исключили из церкви, меня из Союза писателей, но из Союза меня исключили, а из писателей меня исключить невозможно. Понимаете?

— Не понимаю.

— Ну как бы мне вам объяснить. Вот если, допустим, вас уволить из милиции, вы перестанете быть милиционером. А писатель, исключенный из Союза писателей, если был писателем, то и остается писателем.

Меня исключили, а я дальше пишу книги. Их печатают на разных языках, значит, меня во всем мире признают писателем. И вообще эти книги, как вы думаете, можно написать хоть одну, не работая?

— Владимир Николаевич, — он приложил руку к сердцу, — вы меня поймите, я простой человек...

— Да, Иван Сергеевич, не надо, извините, придуриваться. Простой вы или не простой, а понимаете, наверное, что книгу, не работая, не напишешь.

— Это я понимаю. — Это он понимает, но еще один вопрос приходит в его простую голову. — А вот, Владимир Николаевич, мне лично интересно, деньги вам за вашу работу платят?

— А как же, Иван Сергеевич, лично вам могу сказать, что, конечно же, платят. А на что бы я жил, если бы не платили?

— Платят? — обрадовался он за меня. — А как вы их получаете, если не секрет?

— Ах, Иван Сергеевич, это тоже вы по простоте меня спрашиваете? Ну, конечно, это вообще не секрет. Но для вас секрет. И для тех людей, которые вас послали...

— Да что вы, Владимир Николаевич! Я ведь тех людей, которых вы имеете в виду, даже не знаю. Они ко мне не обращаются. Они звонят начальнику, а начальник мне говорит: «А ты сходи!» Вот я и иду.

— Ну если вы слушаете тех, кто вам говорит, куда вам надо идти, послушайте меня и идите обратно.

Послушался, ушел, но на следующий день опять явился и мнет на пороге шапку.

Спрашиваю:

— Что вам еще надо?

— Владимир Николаевич, ну вот то, о чем мы вчера говорили.

Я сменил иронический тон на патетику.

— Иван Сергеевич, а вам не стыдно ко мне ходить? Вам не стыдно обвинять в паразитизме писателя, книги которого изданы тиражом в сотни тысяч экземпляров и переведены на три десятка с лишним языков? Если эти книги для вас ничего не значат, так, может быть, вы примете во внимание, что я написал песни, которые пели вы, ваши дети и почти все поголовно население Советского Союза! Если, по-вашему, и этот мой труд ничего не стоит, так, может, вас убедит в том, что я не паразит, хотя бы тот факт, что я с одиннадцати лет работал в колхозе, на заводе, на стройке, четыре года служил солдатом в Советской армии. Или вам и этого недостаточно?

Он, конечно, смущен.

— Владимир Николаевич, я лично к вам с большим уважением. Но что я могу сделать, меня же послали. Ну, напишите какое-нибудь объяснение.

— Хорошо, — соглашаюсь я. — Напишу.

Придвинул к себе машинку и настучал следующее:

«Начальнику 12-го отделения милиции
от Войновича В.Н.

ОБЪЯСНЕНИЕ

В ответ на запрос участкового уполномоченного объясняю, что мои книги издаются на многих языках во многих странах мира, и, как всякий известный писатель, я зарабатываю достаточно, чтобы содержать себя и свою семью. Данное объяснение считаю исчерпывающим...»

Подписал эту бумагу с указанием уже полученных титулов: член-корреспондент Баварской академии изящных искусств, член Международного ПЕН-клуба, почетный член Американского общества Марка Твена.

Мне показалось, что Иван Сергеевич удивился. Он, наверное, не ожидал, что у меня есть какие-то официальные звания, мало совместимые с образом тунеядца. Он ушел и примерно год меня не беспокоил. При случайных встречах почтительно здоровался. Но я слышал, что лифтершам он внушал мысль, что я очень опасный и коварный враг, за мной надо следить в оба и о своих наблюдениях регулярно докладывать ему.

БАЛАКАЕМ ПО-ХРАНЦУЗСКИ

Членство в ПЕН-клубе, а потом в Баварской академии и американском обществе Марка Твена было для меня не только моральной поддержкой, но и конкретно защищало от больших и мелких неприятностей. Когда меня хотели обвинить в тунеядстве, я подписывал свои объяснения присвоенными мне титулами, и даже наши тупые власти к тому времени уже понимали, что будут выглядеть слишком смешными. Они обожглись на Бродском, который, по их представлениям, был никто и не имел никаких справок. Я попросил своих друзей за границей напечатать мне визитную карточку. В СССР это было невозможно, потому что никакое печатное слово не могло появиться без цензуры, и вообще визитную карточку можно было напечатать только по особому разрешению. Свои карточки я раздавал направо и налево, а одну вложил в автомобильные права, что производило впечатление на останавливавших меня милиционеров. Однажды на Украине милиционер остановил меня и хотел к чему-то придраться, но, прочтя написанное на карточке, подумал и почтительно спросил: «Так вы и по-хранцузски балакать умиете?» — «А як же, — сказал я, — кес ке се».

МОЯ НАИВНАЯ МАМА

Моей маме нравились романтические литературные герои, возвышенные слова. И она довольно долго говорила, как она любит советскую власть. Она не была партийной, но любила советскую власть за то, что та когда-то хорошо относилась к евреям. Мама помнила, как во время гражданской войны приходили в местечко люди — она называла их деникинцами (я не знаю, были ли это правда деникинцы), грабили, насиловали и убивали. Они даже плясали на животе беременной женщины, говоря: «Сейчас ты у нас родишь». И только красные спасали евреев от погромов.

Она не была в обиде на большевиков за то, что они реквизировали мельницы дедушки. И даже в конце 40-х годов, когда начался государственный антисемитизм и моя русская тетя Аня объясняла ей, что евреев не принимают в престижные институты, мама возражала: «Этого не может быть». И тетя говорила: «Роза, какая же ты наивная».

Но став сама жертвой антисемитской кампании, мама прозрела. Постепенно стала безобидной еврейской националисткой. Национализм ее проявлялся главным образом в подсчетах, сколько евреев было среди великих людей. Персонаж Циля в «Чонкине» отчасти списан с мамы. К концу жизни она влюбилась в Израиль. Меня при этом считала гоем. Порой спрашивала:

— Вова, почему бы тебе не поехать в Израиль? — И тут же спохватывалась: — Ах, да, я забыла...

О себе она говорила, что уже стара для переезда:

— Если бы я была молодой, я поехала бы. Делала бы что угодно для этой страны.

Мама слушала по радио только «Голос Израиля». Иногда она приезжала в Москву и сразу требовала от меня, чтобы я нашел «Голос Израиля». Я старался переключить ее на другие волны и говорил:

— Ты бы слушала все-таки «Голос Америки», Би-би-си, «Свободу», «Немецкую волну», там часто про меня говорят. То, что я не могу тебе написать в письмах, они сообщают. И ты бы что-то знала обо мне.

Это действительно был вполне хороший источник информации, поскольку обо мне говорили чуть ли не каждый день. Мои соседи, услышав какое-нибудь сообщение из Лондона, порой прибегали и спрашивали: «Что случилось?» А мои родители надеялись только на мои письма, в которых я ничего не мог рассказать, боясь, что они не дойдут.

Я ПРОПАЛ

Наверное, читателю трудно уследить за перемещениями моих родителей, но к описываемому времени они уже покинули Клинцы и новый, 1978 год встретили в Орджоникидзе. Это не Владикавказ, а небольшой горняцкий город в Днепропетровской области. Там они жили уже в совсем убогих условиях. И винили в этом меня. Как я понял потом, они еще в Керчи надеялись, что я пойду в горком, скажу, что я известный писатель, дайте моим родителям квартиру, а я этого не умел.

В Орджоникидзе произошло то, о чем я написал в сохранившемся письме министру внутренних дел.

«Министру внутренних дел СССР
Н.А. Щёлокову
от писателя Войновича В.Н.

ЗАЯВЛЕНИЕ

14 февраля с.г. к моим родителям в городе Орджоникидзе Днепропетровской области явился милиционер и потребовал, чтобы мой отец немедленно шел вместе с ним в милицию. Пока отец собирался, милиционер обшарил глазами всю квартиру, заглянул в комнату, где после сердечного приступа лежала моя мать, и спросил: «Это кто там лежит? Ваш сын?»

Затем отец, старик с больными ногами, был доставлен пешком в местное отделение милиции, где начальник отделения и какой-то приезжий в штатском объявили ему, что 3 февраля я пропал без вести и меня, по всей вероятности, нет в живых.

Через две недели после этого известия мать моя умерла.

Теперь я узнал, что сведения о моей смерти работники милиции одновременно распространили и среди других моих родственников, живущих в разных городах Советского Союза.

Между тем никаких оснований для беспокойства за мою жизнь у работников милиции не было и быть не могло, хотя бы потому, что 4 и 5 февраля ко мне приходил участковый уполномоченный и интересовался, на какие средства я живу. О том, что я нахожусь в Москве в своей собственной квартире, было хорошо известно начальнику 12-го отделения милиции и тем шпикам, которые круглосуточно толкутся в подворотне моего дома.

Я хотел бы знать, для чего была устроена эта гнуснейшая всесоюзная провокация и кто был тот недочеловек, который ее придумал. Я требую привлечь этого бандита к ответственности, а если он параноик, то подвергнуть его принудительному лечению как социально опасного.

Если я не получу от вас вразумительного ответа в установленный законом срок, я буду считать, что ответственность за эту провокацию вы взяли на себя.

17 марта 1978 г. (подпись)»

Об этой дурацкой провокации мне сообщил по телефону отец. Я решил во всем разобраться на месте и отправился в дорогу на машине. Меня взялся сопровождать Сарнов. Узнав о нашем предстоящем отъезде, тогдашний друг Бена Станислав Рассадин спросил его, а почему я не еду один. Сарнов объяснил, что один я опасаюсь возможных провокаций.

— Ну это уже паранойя, — сказал Стасик, который своей чрезмерной осмотрительностью в поведении вполне заслужил сравнения с щедринским премудрым пескарем.

Сарнов с женой Славой и без нее и потом не раз сопровождал меня в дальних поездках, за что моя ему пожизненная благодарность.

Мы приехали в Орджоникидзе. Посетили родителей. Мама уже болела и не вставала с постели. Отец, страдавший от эндартериита, еле ходил.

Мы с Беном пошли в милицию. Когда дежурный узнал, кто я, он обрадовался мне как родному:

— Это вы? А я приводил вашего папу в милицию,— сказал он так, как будто совершил особо благородный поступок.

Мы посетили начальника. Я пытался получить от него какой-то ответ. Кто сообщил о моем исчезновении? На каком основании? Но он оказался умелым демагогом и прочел нам целую лекцию о том, как министр Щелоков, под чьим портретом мы сидели, борется за повышение престижа милиции. Как строго требует от милиционеров, чтобы они были вежливы с людьми, внимательны к их нуждам, но при этом активно боролись с преступностью. Ничего вразумительного он нам не сказал.

После Орджоникидзе мы заехали еще в город Светловодск, взяли с собой моего двоюродного брата Витю и уже втроем вернулись в Москву. А через несколько дней после возвращения пришло известие, что умерла мама. И я опять отправился в Орджоникидзе уже на поезде в сопровождении Гали Балтер, вдовы Бори Балтера, самоотверженной женщины, кидавшейся на помощь по первому зову.

ДОКИНУТЬ КИРПИЧ ДО ШЕСТОГО ЭТАЖА

Валя Петрухин пригласил меня на защиту своей диссертации. Он открыто со мной общался, чем шокировал своих коллег, а некоторых наводил на уже не новую мысль, что он ко мне приставлен.

— У тебя диссертацию не примут из-за меня, — говорил я ему.

— Примут, — возражал он. — Я сделал такое открытие, что их разгонят, если они не примут.

Открытий, и, как я слышал, серьезных, у него было несколько. В числе прочего он открыл антитритий. Не знаю, насколько это важно, но, познакомившись с Валиными коллегами, я увидел, что они относятся к нему с большим уважением.

Я поехал на защиту его диссертации в Дубну. Защита прошла хорошо, а потом был банкет, на котором Валя познакомил меня с более известным, чем он, физиком-атомщиком Сергеем Поликановым.

Через некоторое время Поликанов вдруг приехал ко мне домой в Москву.

— Я хочу сделать заявление для иностранных корреспондентов о положении в советской науке и моей собственной ситуации, — говорит он.

— Вы с ума сошли? Вы знаете, что вам за это будет?

— Знаю. Тем не менее я хочу дать пресс-конференцию.

КГБ запретил ему поехать на год в Женеву в центр ядерной физики, с которым сотрудничал их институт, после его отказа оставить заложниками жену и дочь в Дубне.

Я попытался его отговорить. Я всех отговаривал, кто просил меня помочь сделать первый шаг в диссидентство. Поликанов был не первый. Я знал, что этот путь рискованный, а человек может недооценить серьезности поступка. Я отговаривал Поликанова, он настаивал на своем. В конце концов я согласился и помог ему организовать пресс-конференцию. Тогда мне это не стоило больших усилий. Я позвонил корреспонденту «Вашингтон пост» Питеру Осносу, сказал, что есть важное сообщение, и моя двухкомнатная квартира заполнилась западными корреспондентами. Некоторые, не поместившись в комнате, заглядывали внутрь из коридора.

— Господа, — начал я торжественно, — позвольте вам представить Сергея Поликанова. Он физик, — продолжил я с паузами после каждого титула, — профессор, член-корреспондент Академии наук СССР, лауреат Ленинской премии, — по рядам прошел шум. По количеству регалий Поликанов среди диссидентов выходил на второе место после Сахарова. — Он хочет, — сказал я, — сделать заявление.

И он сделал заявление, после которого у него, как и следовало ожидать, начались большие проблемы. Но у него они начались потом, а у меня на другое утро — ко мне пришел председатель нашего жилищного кооператива Вайншток.

— Что вы предпочитаете, чтобы вам дверь вышибли или окно кирпичом разбили? — поставил он меня перед выбором.

— Я живу на шестом этаже, кто может сюда докинуть кирпич?

— Те, кто хотят это сделать, — сказал он, — докинут до любого этажа. Я не могу вам указывать, как вам себя вести, но у меня к вам просьба: старайтесь такие пресс-конференции проводить вне дома.

Вскоре Поликанов вступил в организованную уже сидевшим в тюрьме Юрием Орловым Московскую Хельсинкскую группу, был уволен из ОИЯИ (Дубненский объединенный институт ядерных исследований), лишен званий и наград. Через сравнительно короткое время он добился, чего хотел — эмигрировал на Запад, где продолжал работу по специальности в знаменитом ЦЕРНе (швейцарском центре ядерных исследований).

НЕ ОТДАДИМ ПЕТРУХИНА ДИССИДЕНТАМ

Еще в первые дни нашего знакомства Валя Петрухин меня удивил тем, что оказался слишком нездоровым для его возраста человеком. У него были частые головные боли от слишком высокого давления. По ночам он издавал такой храп, какого я при всем моем опыте житья и спанья в бараках, казармах и общежитиях, никогда до того не слышал. Он мне с самого начала говорил, что у него бывают депрессии, но я ему тогда не совсем поверил. Подумал, что, может быть, он депрессией считает дурное настроение. Я не верил в его депрессивность, потому что никогда не видел более жизнерадостного, легкого, бесшабашного и щедрого во всех отношениях человека. И на самом деле он долго был таким веселым, легким и бесшабашным. Он всегда совершал поступки, казавшиеся даже мне сумасбродными, и меня подбивал на такие же. Он считал, что в жизни нет непреодолимых препятствий и неосуществимых желаний, надо только «копать шансы» и непременно до чего-нибудь докопаешься. Он очень любил кого-то чем-то угощать, делать щедрые и неожиданные подарки. Фрукты, цветы, духи женщинам. Мне подарил тогда еще бывшее редкостью крутящееся кабинетное кресло. Однажды раздобыл где-то и подарил женам всех друзей тампоны. Женщины немного смутились, но подарок оценили и приняли — эти приспособления в Советском Союзе были еще большим дефицитом. Если возникала необходимость положить кого-то в больницу, достать редкое лекарство, устроить чью-нибудь дочку в институт, перепечатать самиздатовское сочинение, Валя говорил: «Ноу проблем» — и казалось, что проблем у него действительно не было. Он постоянно носился с идеями самого разного толка: заработать миллион, устроить подпольную типографию, перелететь на дельтаплане из Грузии в Турцию, с помощью правильно поставленного научного эксперимента выяснить возможность загробной жизни. Не все идеи он брался осуществить практически, но, берясь, всегда побеждал.

Но потом начались депрессии. Когда это случилось первый раз, я был удивлен происшедшей в нем перемене. Мрачное и страдальческое выражение лица, потухший взгляд. Это был совсем другой человек.

Один знавший его физик и сейчас утверждает, что Валя был ко мне приставлен, но, подружившись со мной, полюбил меня и отказался выполнять порученное ему задание.

Я этого полностью не исключаю. Валя был человек наивный, не очень понимавший, где он живет, увлекавшийся не только людьми, но и идеями, и концепциями. В 65-м году он вступил в партию, посчитав, что после свержения Хрущева советский строй будет демократизироваться. В отличие от меня он бывал за границей и, по-моему, даже хотел быть кем-нибудь вроде Рихарда Зорге. У него было очень необычное для нашего поколения представление о нравственности. Он никогда не пользовался ненормативной лексикой и считал, что супружеская неверность должна так же караться, как измена родине, таких изменников надо расстреливать. Может быть, под влиянием моим и моих друзей от этих строгих правил он отошел. Нет, я его ни к чему не склонял, не развращал. Но результатом нашего общения стало крушение тех устоев, на которых держалась его мораль. Усомнившись в коммунистических идеалах, осознав, что страной правят своекорыстные, нечестные и недалекие люди, он распространил свои сомнения на все и с некоторых пор стал позволять себе то, что раньше считал немыслимым. Например, стал не гнушаться связей на стороне. В конце концов оставил прежнюю жену. Женился на новой — красивой, умной и ученой женщине Ольге Принцевой. Стал употреблять разные выражения, правда, только в анекдотах, причем, если надо было, нужное по ходу дела слово произносил, однако очень при этом смущался.

Дружба со мной сначала проходила для него безнаказанно, но в 79-м году начались неприятности. Однажды он пришел с сообщением:

— Меня вызывали в партком и сказали, чтобы я с тобой больше не дружил. Как я должен был реагировать?

— Валя, я тебе не могу советовать, как в данном случае поступить.

— Но если я их послушаю, ты же меня уважать не будешь.

— Конечно, не буду, но я не представляю, чтобы ты их послушал.

Мне было странно услышать от него вопрос, какие обычно не задают. Я не понял, что это было начало депрессии, когда он помрачнел, «спал с лица», стал тихим, неразговорчивым, неуверенным и пугливым. Началось что-то похожее на начальную стадию мании преследования. Он стал бояться, что его будут преследовать за дружбу со мной и самым большим преступлением объявят дарение мне кресла. Ужасно смущаясь, через кого-то попросил, чтобы я ему кресло вернул.

Первый приступ депрессии кончился, но сильные депрессанты привели к проблемам с сердцем. Его положили в больницу в Дубне, сделали кардиограмму. Кардиограмму посмотрел друг Бориса Биргера кардиолог профессор Гельштейн и поставил мрачный диагноз: два тяжелых инфаркта подряд. Профессор сказал, что Дубна — не лучшее место для такого больного, его надо перевезти в кардиологический центр. Ольга Принцева работала как раз в этом центре. Она договорилась с директором центра Евгением Чазовым, что Валю положат. Ольга поехала в Дубну, но в выдаче больного ей отказали. До меня дошел слух, что директор ОИЯИ академик Боголюбов сказал кому-то:

— Мы Петрухина диссидентам не отдадим и в Москву не отпустим.

Я поехал в Дубну разбираться. Никогда не представлял себе, что я такой страшный. Перед моим приездом там оцепили чуть ли не весь город. В больнице — большой переполох, все двери позакрывали. Нашел одну открытую, вхожу, меня встречает главврач еще с какими-то врачами. Вижу, они одновременно и боятся меня, и заискивают. Точь-в-точь такое случилось со мной десять лет спустя после возвращения из эмиграции.

— Я хочу повидать Петрухина, — говорю я.

После недолгого переглядывания с неохотой разрешают:

— Можно, но только на одну минуту.

Я вхожу к нему в палату, он лежит на высокой кровати, мы не успели начать разговор, вбегает врач:

— Все, свидание окончено.

Валя затрясся от негодования, чего ему в его положении делать никак нельзя.

— Если вы сейчас же не выйдете, я слезу с кровати и уйду отсюда в пижаме.

Врач испугался, вышел, не сказав ни слова.

Вернувшись в Москву, я написал резкое письмо Боголюбову: «Если Петрухин погибнет, его убийцей я буду считать вас». Мне помнится, что я не успел его отправить, но, может быть, говорил о нем Поликанову. Так или иначе, Валю перевезли в кардиологический центр, обследовали, и оказалось, что ни одного инфаркта у него не было, но был сильный приступ.

ЦЫГАНСКИЕ ПОХОРОНЫ

Тот же 1978 год. Поселок Каугури под Ригой. Мы — Ира, Оля, я и мой шестнадцатилетний сын Паша — снимали две комнаты в доме, где хозяин был добродушный пьяница, а жена — стерва. Она нас ненавидела и чувства своего не скрывала, впрочем, это меня мало трогало. Мы жили недалеко от моря, но все-таки между нами и берегом был просторный пустырь, а за ним — еще дома, уже совсем около моря. В домах жили цыгане. Я их жизнью особо не интересовался, но от кого-то слышал, что живут они хотя и в домах, но как бы табором. У них есть барон, которому они все подчиняются. Иногда они срываются с места и уходят кочевать и где-то там, куда уходят, занимаются традиционным цыганским промыслом — гадают и воруют, но здесь сами не гадают и не воруют и другим не дают. Здесь местные люди двери не закрывают. Мы тоже не закрывали. Общения у нас с цыганами не было никакого, но пятилетняя Оля подружилась с цыганским мальчиком и ходила к нему общаться. Ира немного волновалась по этому поводу, но ей и тут сказали, что волноваться нечего. Жили цыгане тихо, никому не докучали. Но как-то утром я вышел из нашего домика и увидел странную картину. Белая лошадь, погоняемая цыганским подростком, носилась кругами по пустырю, таща за собой телегу с чем-то белым, похожим на гроб.

Подросток весело крутил кнутом, видимо, развлекался. Подивившись этому представлению, я ушел на пляж, а когда вернулся, увидел, что на пустыре кипит работа. Цыгане навезли доски и сначала сколотили настил, потом натянули поверх настила палатку, большую, на несколько сот человек, и протянули туда электричество. Вечером в палатке собрался народ, и духовой оркестр (как я узнал потом, заказанный и привезенный из Риги) грянул советские песни и марши. «Катюша», «Смуглянка-молдаванка», «Синенький скромный платочек». Мне стало любопытно, что бы это значило, я взял с собой Пашу, мы подошли к палатке и заглянули внутрь. Ярко светили под потолком свисавшие одна за другой голые лампочки. Два ряда длинных столов ломились от выпивки и закуски. Цыгане в хороших костюмах и галстуках и цыганки в ярких шелках —

одни сидели за столами, а другие между столами кружились в вальсе, потом пустились в пляс. Наше появление в дверях было замечено. Я видел, что кто-то кому-то что-то сказал и показал на меня кивком головы. Тут же появилась старая цыганка в цветастом платье, держа в одной руке стакан водки, в другой — соленый огурец.

— Дорогой, выпьешь с нами? — обратилась она ко мне.

Протянула мне водку и огурец.

— Извини, что не приглашаю в палатку, места нет.

— Ладно, — пришлось мне согласиться. — А что вы празднуете? За что я должен выпить?

— Выпей за упокой, — сказала она. — У нас девочка умерла. Тринадцать лет. Мы ее провожаем.

Я выпил, закусил огурцом, сказал «спасибо», и мы с сыном удалились.

КАК Я НЕ СТАЛ ДВОРНИКОМ

В 1979 году (числа не помню) опять появился участковый Стрельников. Опять ломал ваньку, мял шапку, жаловался на свою подневольность и спросил, не могу ли я написать новое объяснение?

— А разве, — спросил я, — то устарело?

— Нет, не устарело, но дело в том, что у нас сменился начальник...

— А советская власть у вас еще не сменилась?

— Ой, Владимир Николаевич, да что это вы такое говорите! — испугался он и глянул в угол потолка, не знаю, что он там ожидал увидеть.

— А то, — отвечаю, — что если власть не сменилась, то старый начальник должен был передать новому все дела, в том числе мое объяснение.

Мы долго толкли воду в ступе, потом меня осенила идея, и я сказал:

— Хорошо, Иван Сергеевич, значит, вас не устраивает, что я писатель и член международных писательских организаций, что какие-то книги написал, это вы за работу не считаете, мои дипломы для вас ничего не значат...

— Да не для меня, — запротестовал он. — Я же вам говорю, я человек маленький...

— Ну да, вы маленький, а большим людям что от меня нужно? Чтоб я взял в руки метлу и лопату. Хорошо. Возьму. Мне не привыкать. Я такими инструментами с детства орудовал. Если я пойду в дворники, это вас устроит?

Он встрепенулся и внимательно посмотрел на меня.

— Это вы серьезно?

— Серьезно. Если пойду в дворники, как вы к этому отнесетесь?

Он оживился.

— А я ничего. Я думаю, и хорошо будет.

— Ну ладно, — говорю, — я согласен. Пойдите в наше домоуправление, устройте меня дворником.

Он возражает:

— Ну зачем же мне ходить? Вы сами пойдите к управдому...

— Нет, нет, Иван Сергеевич, это же вас беспокоит то, что я, по-вашему, нигде не работаю. Вот и трудоустройте меня.

На этом наш разговор и закончился. Иван Сергеевич Стрельников покинул мою квартиру довольный. Он думал, что свою миссию выполнил. Он, простой человек, не понимал, что пославшим его я не нужен был в роли дворника. Я им нужен был только как тунеядец. Кроме того, те же люди, наверное, в искренность моего намерения не поверили и правильно сделали. На самом деле я придумал очень хороший план. Я решил, что в случае устройства меня дворником куплю брезентовый фартук, нацеплю на него какую-нибудь бляху (в наше время у дворников никаких блях уже не было), обзвоню иностранных корреспондентов, выйду во двор в фартуке, с бляхой и с большой метлой. Корреспонденты меня сфотографируют, после чего я брошу метлу и объявлю забастовку впредь до повышения зарплаты всем дворникам Советского Союза. Но в дворники меня не взяли, участковый дорогу ко мне забыл, и провокация моя, к сожалению, не удалась.

ПОСТРОИТЬ ДОМ И ПОСАДИТЬ ПОМИДОРЫ

Моя сестра Фаина окончила Историко-архивный институт, но в Москве не задержалась, и я ей не помог, не зная, как это сделать. Она уехала в Кишинев, работала там в архиве. Потом перебралась в Запорожье, где вышла замуж. Ее муж оказался психически больным и скандальным человеком. В конце концов они разошлись, сын Миша остался с ней. И, когда она переехала к родителям в Орджоникидзе, бывший муж появлялся там с топором и говорил, что всех порубит. Положение стало опасным. Незадолго до моего отъезда, когда мамы уже не было, я понял, что папу и Фаину надо спасать. У меня были деньги — гонорары за заграничные издания. И я решил, что лучшее место для отца и сестры все-таки Керчь, где они жили до того. Они переехали в Керчь тайно от Фаининого мужа.

Я приехал вслед за ними и стал искать дом, чтобы купить для них. Отец как будто не замечал моих усилий. Я даже обиделся на него, когда он однажды мне сказал с намеком: «У нас только одна родная душа...» — и назвал женщину, у которой они жили первое время.

Я купил им дом за 20 тысяч рублей — по тогдашним меркам, цена немаленькая, но после публикации на Западе «Чонкина» я мог себе это позволить. Бывший владелец дома работал шофером такси, и жена его занималась тем же. У них имелась своя машина, поэтому дом был с гаражом. А еще при доме были большой огород, сарай с курами, красавцем петухом и собакой по кличке Боцман. Бывшим хозяевам некуда было всю эту живность забрать, потому что они переезжали в квартиру.

Я вызвал из Светловодска брата Витю, который меня очень любил. Витя был мастер на все руки: сам сделал холодильник, моторную лодку, в которой мотор вращался вокруг коленчатого вала, а не наоборот, как обычно. У него дома висели шторы, которые реагировали на хлопки: хлопнешь — они открываются, хлопнешь — закрываются. Однажды они с женой поссорились, и шторы заволновались — стали открываться и закрываться. Они посмотрели на них, рассмеялись и помирились.

Витя сделал папе и Фаине паровое отопление и душ. Я вскопал огород, посадил огурцы, помидоры, картошку. Фаина уже мало работала, мальчик часто болел, да и сама она, психически не совсем здоровая, в конце концов бросила работу. Отец получал мизерную пенсию, про которую он говорил: «Мне 60 рублей — вот так хватает!» Когда ему добавили 15 рублей за инвалидность, он рвался вернуть добавку государству — мама (тогда еще живая) и Фаина еле его удержали.

Новые домовладельцы огород полностью запустили, он быстро зарос сорной травой. Куры тоже вроде бы оказались не при деле — отец яйца не ел, а Фаина за курятником не хотела ухаживать. Отец с курами делал то, что я назвал куриным гуманизмом: хлеб сначала размачивал, после чего давал курам. Зерно отваривал и мял ложкой. Я пытался ему объяснить, что курам полагается твердое зерно, их желудки приспособлены к этому, но он не слушал и продолжал размягчать пищу, чтобы они, не дай бог, не попортили себе клювы. Кончилось тем, что куры были отданы бесплатно соседям.

Чтобы совесть отца и Фаину не мучила, я им сказал, что тоже буду пользоваться домом, это наш общий дом. А они восприняли это иначе. Как-то я приехал, и отец сказал сестре с насмешкой и так, чтобы я тоже слышал: «Барин приехал». Я же ответил: «Барин приехал и сейчас будет копать вам огород и разбрасывать удобрения».

После в Москве я написал Фаине письмо и спросил: как дом? Я имел в виду, тепло ли в нем, поскольку боялся, что самодельная система отопления будет не очень хорошо работать. А она в ответ рассердилась: «Тебя интересует только дом — твой дом! Не беспокойся, Миша подрастет, я тебе твой дом отдам. Ты не спрашиваешь, как мы живем, а мне не на что купить Мише помидоры». Хоть я и понимал, что она нездорова, но ужасно обиделся. Я ей написал, что дом куплен на ее имя, ей и навсегда, а помидоры на ее огороде я специально выращивал, чтобы она просто брала их с грядки, а не покупала. Я пересылал им деньги с оказией, но рассчитывал, что и огород как-то поможет им жить.

БОЛЬШОЙ ТЕАТР И ПОКЛОННИКИ

Среди моих посетителей случались особые люди, которые бывали за границей, там читали «Чонкина» и, вернувшись в Москву, желали увидеть автора. Однажды (может быть, это было еще в 1976 году) пришли знакомиться солист балета Большого театра Семен Кауфман с женой (имени не помню), танцевавшей в кордебалете. Большой театр был за границей, они прочли там «Чонкина» и хотели выразить мне свой восторг. Конечно, я тогда, как и всякий человек в моем положении, был не очень доверчив. Я не знал, с какой целью они пришли. Тем более, это было уже после моего отравления. Я их вежливо принял, поблагодарил, они оставили свои телефоны и сказали: «Если захотите прийти в Большой театр, пожалуйста, звоните, для вас — любые места».

Через некоторое время прибежала жена Кауфмана (телефон у нас по-прежнему был отключен).

— Что же вы не звоните, мы так волнуемся.

Это было неестественно. Чужие для нас люди, и вдруг такое волнение. Я еще больше заподозрил их. Должен сказать, что я подозревал всех незнакомых людей, которые ко мне приходили. Я мог быть не прав, но доверять всем входившим тогда в мою квартиру было бы просто глупо. Поэтому ничего утверждать не буду, но расскажу все, как было.

Они еще приходили не раз, приглашали, и в конце концов я сказал жене: «Давай сходим в Большой театр, развеемся».

Пошли на балет «Спартак», в котором танцевал Кауфман. Заняли места в четвертом ряду. И вдруг сидевший рядом со мной человек всплеснул руками:

— Боже мой! Неужели я вижу Владимира Николаевича? Я ваш большой поклонник.

Когда тебя узнают, это сейчас бывает порой приятно, а тогда вызывало сомнения. По телевидению я не выступал, мои портреты в газетах не печатали, откуда он мог знать меня в лицо? Представился: Марк Борисович Рысс, работает на студии Горького директором картины. Не одной какой-то картины, а разных, просто так называется должность. Я, естественно, и его заподозрил. Тем более он некоторое время назад, когда был директором картины на «Ленфильме», был арестован и сидел за взятки.

— Я готов для вас сделать что угодно, — говорит Рысс. — Приглашаю в Сочи. Любая гостиница, которая вам понравится, в вашем распоряжении. Хотите, будем на теплоходе кататься, ловить рыбу.

Я заподозрил, что планируется провокация, но с какой целью?

Спустя некоторое время ко мне пришел Саша Володин, с которым я давно дружил. В те годы, правда, мы виделись довольно редко — у нас стали разные жизни: у меня пошла тяжелая полоса, у него, наоборот, очень хорошая. Данелия снял фильм «Осенний марафон», а Никита Михалков — «Пять вечеров» по его пьесе...

И вот мы сидим у меня, выпиваем и разговариваем.

— Сейчас стало хорошо работать в литературе — все проходит, — говорит он.

А у меня совершенно другое представление. Но тут были правы мы оба. С одной стороны, нескольких писателей исключали из Союза и не печатали, зато другим стали позволять в литературе, которых власть прямо не трогала, гораздо больше, чем раньше. У Володина, у которого раньше все проходило с трудом, вдруг все пошло как по маслу.

Я вспомнил о Рыссе. Оказалось, Саша его хорошо знает.

— Конечно, — сказал он, — это их человек.

Он рассказал, что Рысс сидел в «Крестах» с писателем-диссидентом Владимиром Марамзиным. И вскоре Марамзин стал каяться. Говорили, что под влиянием Рысса, который был у него «наседкой». Марамзина освободили и отпустили за границу. Писатель он был хотя и не самостоятельный — писал под Платонова, — но талантливый. Мне нравились отдельные его фразы. Например, в каком-то его рассказе человек ехал в трамвае, «высунув пожилую голову в город».

— Как ты думаешь, зачем Рысс зовет меня в Сочи? — спросил я Володина.

— Очевидно, они хотят тебя как-то использовать. Как — ты все равно не узнаешь. А ты попробуй, наоборот, использовать их. Ты устал, тебе надо отдохнуть — так поезжай.

И я довольно легкомысленно согласился. Мы отправились в Сочи втроем: Ира, Оля и я. Рысс поехал с нами, взяв еще свою жену Галю, бывшую стюардессу на международных линиях (что тоже, кстати, вызывало подозрения — на международных линиях в советское время, по моему представлению, не всякий мог работать). Нам устроили номер люкс в гостинице «Приморской». Действительно, предложили теплоход, на котором мы целый день плавали, ловили с него на пустые крючки кефаль, купались. Нас водили в сауну гостиницы «Жемчужина».

Рысс довольно откровенно рассказывал о своем прошлом.

— А кто взятки не берет? — говорил он. — Взятки не берут только те, кому их не дают.

Он стал знакомить меня с какими-то людьми. На чьей-то квартире мы сидели со спортивным комментатором Георгием Саркисянцем и заместителем мэра Сочи, которого звали Женя. Он был со своей женой и с шофером-холуем, втащившим за ним ящик пива, ящик водки и два блока сигарет «Мальборо», тогда еще мало кому доступных. Была обыкновенная пьянка, но вся ситуация казалась крайне странной. В то время прокуратура уже подбиралась к секретарю Краснодарского крайкома КПСС Медунову, мэр Сочи уже сидел, а Женя, готовясь к таким же неприятностям, как говорил мне Рысс, вывез из дома и где-то прятал драгоценности и валюту.

Эта история ничем не кончилась, я благополучно вернулся домой, но она стоит в ряду странных событий, которые все время происходили вокруг меня.

МНЕ КАЖЕТСЯ, ТВОЙ МУЖ НЕ СЛЕПОЙ

До того или после (точно не помню) мы ездили в Сочи вчетвером: я, Ира, Оля и Валя Петрухин. Там встретили Антонова-Овсеенко с женой Тамарой Лепехиной. Они жили в «Жемчужине». Эта гостиница была мало кому доступна, но Антон, тряся своими документами жертвы сталинских репрессий и члена Общества слепых, номер получил без труда. Больше того, он явился в «Приморскую» и, предъявив те же бумаги, получил комнату и здесь, но не для себя, а для нас. Я и поселился в «Приморской», как слепец, сопровождаемый женой и дочерью. А вместе с нами в номер въехал и спал на балконе на надувном матрасе Валя Петрухин. На балконе же мы разжигали маленький автомобильный примус и варили Оле манную кашу. Вскоре одна из дежурных заметила и Валю, и примус. С примусом советовала обращаться так, чтобы никто больше не заметил, а с Валей стала заигрывать. Валя сначала делал вид, что тоже ей как-то заинтересован, она стала приставать к нему активнее. Вале это надоело, о чем он ей в вежливой форме и сообщил. Тогда дежурная посоветовала ему убраться из гостиницы, и он переехал к Антону в «Жемчужину». После этого дежурная пригляделась и ко мне и, остановив в коридоре Иру, сказала:

— А мне кажется, твой муж не слепой.

Возможно, она о своих подозрениях собралась кому-нибудь сообщить. Я думаю, что мне никто ничего бы не сделал, но у Антона могли бы быть неприятности. Мы не стали мешкать и покинули гостиницу, тем более что собрались несколько дней провести в Гаграх.

ВРАГИ НЕ ПРОСТЫЕ

Когда я оказался на Западе и рассказывал журналистам о последних годах своего существования в СССР, о давлении КГБ (естественно) и о постоянной слежке, Максимов в одной из своих колонок редактора язвительно заметил, что если некоторых (назвать меня по имени он не решился) послушать, можно подумать, что за ними гонялась чуть ли не вся автобаза КГБ. Я не стал возражать, хотя мог бы. Я не знаю, из какого количества машин состояла автобаза КГБ, но по крайней мере два автомобиля (обычно «Волга» и «Жигули») дежурили у моего дома и ездили за мной постоянно. Экипаж каждой машины состоял из четырех человек. Предположим, что они работали в две смены. И тогда получается, что не меньше 16 человек ежесуточно занимались только слежкой за одним человеком. А еще ведь были люди, которые дежурили на радиосвязи, направляли следивших, обрабатывали их донесения и вообще занимались тем, что у них было названо «оперативной разработкой». Стоил ли я тех усилий и денег, которые на меня тратились? Разумеется, нет. Я всегда думал и говорил, что борьба с диссидентами приносила советскому строю больше вреда, чем их существование. Парадокс в том, что, если государство объявляет кого-то своим врагом, он действительно становится врагом этого государства. Я изначально не любил советскую власть, но моя нелюбовь никак ей не вредила. Но, объявленный врагом, я в самом деле стал им. Не испытывая от этого ни малейшего удовольствия. Я знал диссидентов, которым, начитавшимся в детстве книг про революционеров и шпионов, нравилось такое внимание КГБ, оно возвышало их в их собственных глазах, но я никогда не хотел быть ни революционером, ни шпионом, мне не хотелось быть объектом слежки, овладевать искусством выявлять ее, прятаться от нее и уходить. Тем не менее я научился узнавать шпиков, выделять их из толпы, овладел некоторыми приемами обнаружения их. Я настолько привык к слежке, что часто вообще забывал о ней. Но иногда она меня по тем или иным причинам тревожила или раздражала, и тогда я легко ее обнаруживал. Конечно, мы были здесь не равны. Я был один, а их много. Я сам по себе, а они вооружены всякой техникой, помогающей им в их усилиях не упустить меня из виду. Всяким приемам слежки они обучались и натаскивались в своих школах, а мне приходилось все постигать самому. Но кое-какие приемы я вынужденно освоил. Например, обнаруживал шпика, отраженного витриной магазина. Или зеркальной после дождя гранитной стеной. Вылавливал слежку, применяя уже упоминавшийся мной способ вождения машины. Когда не пытался удрать, а, наоборот, замедлял скорость до неестественно малой, и следившие были вынуждены тоже сбавить скорость и тем обнаружить себя или покинуть меня с риском потерять из виду. Иногда я намеренно заводил их в известные мне тупики, там резко разворачивался и встречал их лицом к лицу.

Следившие за мной пытались это делать скрытно. Бывало, я их замечал, но делал вид, что не вижу. А если показывал, что заметил, они от скрытной слежки переходили к демонстративной и даже применяли угрожающие маневры. Я описал выше, как одна машина выезжала вперед и резко тормозила, а другая наезжала сзади. Потом они попробовали пугать меня иначе. Один раз я остановился, вышел из машины, их «Волга» тут же прошелестела мимо, коснувшись моего пальто. Я понял, что меня пугают, и знал, что сделаю им большое одолжение, если буду пугаться. Следующий раз, заметив приближающуюся их машину, я не отстранился от нее, а, наоборот, шагнул на середину дороги. Им пришлось жать на все тормоза и крутить руль в сторону. Иногда я выходил из себя и, пропустив их машину вперед, сам начинал ее преследовать. Другой раз загнал в известный мне тупик, круто развернулся и помчался навстречу, показывая, что готов их таранить. Еще был случай. Зима. Должны прийти гости. Они поставили машину прямо перед подъездом, чтобы своим видом терроризировать приходящих. Закрыв все окна, сидят внутри вчетвером при работающем двигателе, греются. Я постучал им в окно. Они, как водится, долго не слышали. Наконец водитель опустил стекло. Я ему сказал:

— Я вот сейчас поднимусь к себе и вернусь с молотком. Если вы за это время не уберетесь, перебью вам все стекла.

Поднялся наверх, глянул с балкона, машины уже не было.

За все годы слежки они ни разу не попытались вступить со мной в контакт. С другими диссидентами поступали иначе. Еврейскому диссиденту Воронелю пообещали сломать ногу, если он будет от них бегать. «Нам, — сказал ему кагэбэшник, — в крайнем случае объявят выговор, а ты останешься без ноги». Амальрика обещали в метро сбросить под поезд.

Пугали приходивших ко мне. Детский врач Нина Дементьева шла к моей дочке Оле. Два типа в надвинутых на лбы кепках остановили ее и сказали:

— Вы туда не ходите.

— Куда туда? — спросила она.

— Туда, куда вы идете.

Дементьева не испугалась.

— Я врач, — сказала она. — Хожу и буду ходить туда, где я нужна.

Так же остановили тогдашнюю жену Антонова-Овсеенко Тамару Лепехину. Она тоже ответила им резко и без последствий. Еще один случай оказался не таким безобидным.

Итальянская славистка Серена Витали шла к жившему подо мной Виктору Шкловскому. Ее тоже остановили с предупреждением, чтоб не ходила туда, куда идет. Она не поняла, о чем речь, и пошла дальше. После посещения Шкловского в троллейбусе ее ударили чем-то тяжелым по голове и пообещали:

— Еще раз придешь к Войновичу, совсем убьем.

Вот в таких условиях я жил. Свидетелями были мои друзья и соседи. Когда Искандер поинтересовался у Сарнова подробностями моей жизни и Бен ему рассказал, Фазиль задумчиво произнес:

— Я бы так не смог.

Наверное, это было в 1979 году, когда меня уже совсем допекли кагэбэшники. Несколько дней я записывал номера ездивших за мной автомобилей, после чего написал письмо Андропову (разумеется, открытое и переданное иностранным корреспондентам) с перечислением всех номеров. Утром следующего дня я вышел к машине и увидел, что все четыре шины спущены. Я позвал из соседнего гаража механика, он снял резину, пошел чинить. Когда я с ним расплачивался, он сказал:

— Владимир Николаевич, а враги-то у вас непростые!

— А какие же? — спросил я.

— Ну, не простые, — повторил он. — Шины-то у вас не проколоты, а прострелены.

Иногда кагэбэшники вели себя странно. Как-то я вышел вечером, сел в автобус. Вдруг — проверка билетов. А я вижу, что это не контролеры. Они проверили билеты у нескольких человек передо мной, потом мой билет, и все, больше не проверяют. Сели за мной и дышат мне в затылок. Через некоторое время встали и вышли. Я думаю, это были скрытые угрозы — когда два кагэбэшника сидят сзади, не знаешь, что они сделают. Они как будто хотели мне показать: мы здесь, мы будем портить тебе жизнь.

НОВЫЙ ГОД И ВОЛКИ-ТОЛКИ

Почему-то плохо помню, как встречал тот или иной Новый год в молодости. Чаще происходило это в шумных компаниях, и все эти ночи, похожие одна на другую, прошли и в памяти не задержались. Кроме одной.

Последние Новые года мы встречали на даче семейства Балтеров в деревне Вертошино, в ста километрах от Москвы (рядом с Домом творчества писателей Малеевка). Построившего этот дом Бори Балтера уже несколько лет как не было в живых, но нас регулярно приглашали и, похоже, в самом деле нам были рады Борина вдова Галя и ее дочь Ира Радченко. Новый, восьмидесятый год собрались встречать там же. 31 декабря моя шестилетняя дочка Оля, едва проснувшись, спросила, когда придет Дед Мороз. Я сказал: «Скоро». Она спросила: «А когда скоро?» Я сказал: «Очень скоро». Она спросила: «А когда очень скоро?» Я сказал: «Вечером». Она спросила: «А когда будет вечер?» Я сказал: «Когда пройдет день». Она спросила: «А когда пройдет день?» Я сказал: «К вечеру как раз и пройдет». Она подумала и спросила: «А как пройдет день? Разве у него есть ноги?»

Последние дни декабря запомнились как необычно холодные. В Москве температура воздуха доходила до 43 градусов, а где-то и до 46. Рассказывали, что в некоторых районах полопались трубы, вышло из строя отопление, и люди рубили в парках деревья и разводили костры прямо в квартирах. Большинство машин, стоявших на улице, не завелись, и наши «Жигули» не стали исключением. Но Валя Петрухин поймал на улице грузовик и завел машину с буксира. Хотя тоже не сразу. Тормозные колодки примерзли к дискам, и грузовик долго таскал машину по обледеневшей дороге, пока наконец колеса не ожили. Тогда и завелся двигатель.

После обеда добрались до Вертошина. Там уже была хозяйка Галя Балтер, ее дочь Ира Радченко, Ирин ухажер, а впоследствии муж, двоюродный брат Бориса Балтера Виктор Есипов. Потом приехала наша подруга, внучка знаменитого Щорса и дочь академика Халатникова Лена Щорс со своей дочкой и ровесницей Оли Ксюшей. После них еще пришли гости из Дома творчества, некоторые с детьми.

Поскольку был канун Нового года, естественно, стал вопрос о елке. О том, чтобы ее купить, не было и речи. Не потому, что жалко было на нее тратить деньги, а потому, что хорошую елку купить было попросту невозможно. В Советском Союзе, как известно, все было дефицитом. Трудно было купить или, как тогда говорили, достать детские игрушки, женские колготки, мужские перчатки, стиральный порошок, туалетную бумагу и вообще все остальное. Но если отсутствие каких-то товаров еще можно было как-то объяснить неурожаем или тем, что они у нас не производятся, то отсутствию нормальных елок в столь лесистой стране, как Советский Союз, можно было только удивляться. На специальных площадках продавались убогие хилые деревца, на которых хвои оставалось так мало, что они казались побритыми. Именно поэтому мы елку покупать нигде не стали, а решили идти в лес и добыть настоящую. Тем более что мы жили в таком государстве, где лес, как и другие природные ресурсы, принадлежал народу, и мы, как часть народа, еще не имея ваучеров, считали себя вправе взять часть принадлежавшего всем богатства.

Как только стемнело, мы с Витей нарядились в дубленки и валенки. Витя при этом подпоясался веревкой, а за веревку заткнул топор, и мы двинулись в путь, крадучись, словно ночные разбойники.

Тут незнающему читателю стоит сказать, а знающему напомнить, что в стокилометровой зоне вокруг Москвы тогда располагалось (про сейчас говорить не будем) одно из трех самых важных колец обороны столицы. То есть там, в лесах, скрывались ракетные установки, всякие вспомогательные сооружения и службы и, разумеется, обслуживающий персонал. И в нашем лесу тоже что-то такое присутствовало.

А у меня были тогда еще редкие для советских людей приемопередатчики типа Walky-Talky, в нашем произношении «волки-толки». Мне их привез в подарок мой американский издатель, не понимая, что подвергает меня риску больших неприятностей. Частному лицу тогда нельзя было иметь собственные средства радиосвязи. Владение ими влекло за собой подозрение в шпионаже. У нас людей и без всяких «волков-толков» постоянно задерживали и тащили в кутузку за то, что один ходил в темных очках, другой фотографировал какой-то мост, третий смотрел в бинокль из окна вагона. Известного детского писателя Юрия Сотника, который, сочиняя свои рассказы, гулял по улицам и пользовался диктофоном, бдительные граждане регулярно хватали и доставляли в милицию. Но в глуши, за сто километров от Москвы, я милиции не опасался и один аппарат «волков-толков» взял с собой в лес, а другой оставил нашим женщинам с обещанием подробного репортажа по ходу дела.

Было звездно и морозно. Снег, как ему в таких случаях полагается, скрипел под ногами.

Мы с Витей вышли за околицу, и я сообщил оставшимся: «Покинули базу, движемся точно по курсу, видимость приемлемая». Следующий сеанс связи состоялся на подходе к лесу: «Приблизились к месту проведения операции». Третья радиограмма была: «Проникли на территорию беспрепятственно, продвигаемся вглубь». Через некоторое время мы добрались до знакомого ельника, на ощупь выбрали более-менее красивую елку, и я доложил «базе»: «Обнаружили подходящий объект». Витя ударил под корень топором. В эфир полетело: «Приступаем к демонтажу объекта». Потом: «Объект демонтирован. Приступаем к транспортировке».

Когда мы рассмотрели елочку дома, она оказалась даже лучше, чем мы думали: густая, стройная, пропорционально сложенная. Мы установили ее в крестовину, навешали на нее игрушек, обмотали разноцветными лампочками, елка засветилась и засверкала, дети были счастливы, мы тоже. Когда уже собирались сесть за стол провожать старый год, Витя решил принести дров для камина. Он вернулся озабоченный и поманил меня пальцем. Я вышел следом за ним во двор и увидел, что по единственной улице нашей деревни медленно движется военный микроавтобус, а на крыше у него крутится что-то наподобие хулахупа.

— Ты понимаешь, — спросил Витя, — что это значит?

— И дураку ясно, — сказал я. — Пеленгатор.

— А понимаешь, зачем он ездит?

— Понимаю. Ищет наши «волки-толки».

— А почему ты говоришь шепотом? — спросил он.

— А ты почему? — спросил я.

И мы оба засмеялись, сообразив, что перешли на шепот инстинктивно, боясь быть запеленгованными, хотя даже наших скромных познаний в технике было достаточно для понимания, что пеленгуется не просто человеческий голос, а радиосигналы, которые в данный момент от нас никак не исходят, наши «волки-толки» лежат на подоконнике мирно, как два котенка, и не мяукают.

— Что случилось? — спросила меня Ира. — Чем вы озабочены?

— Тем, что время идет и хочется выпить и закусить.

С этими словами я взял с подоконника «волки-толки», снес их в подвал и засунул в старые резиновые сапоги. Потом сбегал на соседнюю дачу, где жил переводчик-германист Сеня Смирнов с женой Аллой. Сеня обещал нам быть Дедом Морозом, и Алла как раз пришивала пуговицу к его атласному одеянию. Я сказал Сене, что через полчаса он может уже приходить, но есть просьба — бороду не наклеивать, а прийти в своей, которая у него была достаточно пышная и седая.

— Хорошо, — кивнул Сеня. И спросил: — А к вам военные не заходили?

— Какие военные?

— К нам какие-то приходили, — сказал Сеня. — Спрашивали про какой-то объект.

На обратном пути я увидел, что машина-пеленгатор возвращается. Она быстро проехала мимо и скрылась за околицей. Я облегченно вздохнул и вошел в дом. Все сидели за столом, и рюмки были наполнены. Ну, выпили, закусили, налили по второй, и в это время раздался стук в дверь.

— Дед Мороз! Дед Мороз! — закричали дети.

Я, ругая мысленно Сеню за то, что слишком рано пришел, распахнул дверь и отпрянул. Передо мной стояли два рослых военных в белых полушубках, старший — с майорской звездочкой на погонах, младший — с тремя лычками сержанта. Майор спросил, можно ли войти, но, получив разрешение, дальше порога не двинулся.

— С наступающим вас! — сказал майор неуверенно, обводя взглядом и собравшихся за столом, и всю комнату.

— Вас также, — ответил я.

— Значит, уже приготовились к встрече? — спросил он.

— Пока провожаем, — уточнил Витя. — Может, выпьете с нами?

— Нет, нет, — сказал майор, явно борясь с искушением. — Мы на службе. Между прочим, елка у вас красивая.

— Мы ее привезли из Москвы, — сказала Ира.

— А мне разницы нет, — пробормотал майор. — Я не лесник, и мне все равно, привезли вы ее из Москвы, из Парижа или в лесу срубили. Меня интересует не елка, а кое-что посерьезнее. Это вся ваша компания? Больше никого нет?

— Больше никого, — сказал я. — А вы кого-то ищете?

Не ответив на мой вопрос, майор толкнул сержанта, оба повернулись к дверям, и майор уже взялся за ручку, но задержался и спросил:

— А скажите, вы тут не видели в деревне подозрительных людей с какими-нибудь необычными приспособлениями?

— Или с объектом? — добавил сержант.

— С какой-нибудь крупной вещью, — пояснил майор, — которую можно назвать объектом.

— А как должен выглядеть этот объект? — проявил интерес Витя. — Какой он?

— Ну, какой-то такой, — сказал майор, изобразил руками нечто абстрактное, округлой конфигурации.

— А на что похож? — допытывался Витя. — На бомбу? На пушку? На корову? Или, может быть, — он рискованно пошутил, — на эту вот елку?

— Что за глупости? — вспылил майор. — Неужели вы думаете, что в новогоднюю ночь мне больше нечего делать, как заниматься поисками коров или елок?

Кажется, он сильно рассердился. И когда Витя еще раз предложил выпить, отказался решительно. Но все-таки, уходя, сообщил нам, что служба радиоперехвата засекла переговоры шпионов или, может быть, даже диверсантов, которые в пределах данной местности демонтировали какой-то объект. Так что если вдруг мы заметим в деревне подозрительных людей, или какой-нибудь автомобиль, или трактор, или что-то такое, — тут опять была изображена руками абстракция, — то большая просьба...

И майор написал на клочке бумаги телефон дежурного по части. После чего военные удалились, а нам с Витей обоим, но мне особенно, крепко досталось от обеих Ир.

Вскоре явился с подарками и Дед Мороз, которого недоверчивая Ксюша дернула за бороду так, что дед взвизгнул: «Ты что, сумасшедшая?» Дети запрыгали и захлопали в ладоши, радуясь, что Дед Мороз с настоящей бородой, а не с приклеенной. Раздав подарки, Дед Мороз ушел, а вскоре явились соседи Сеня и Алла и тоже сели за стол. Сеня время от времени поглаживал бороду, а Ксюша поглядывала на него пытливо, но за бороду не дергала, боясь снова попасть впросак.

Стрелки часов приблизились на циферблате к высшей точке, и мы включили телевизор, чтобы выслушать поздравления Генерального секретаря ЦК КПСС, председателя Президиума Верховного Совета СССР товарища Леонида Ильича Брежнева советскому народу, который, как было сказано, уверенно смотрит в будущее. Затем по телевизору был «Новогодний огонек», а у нас — хоровод вокруг елки и розыгрыш домашней беспроигрышной лотереи. После отправки детей в постель мне пришло в голову позвонить ракетчикам и поздравить их с Новым годом. Но телефона у нас не было, а использовать для этой цели «волки-толки» мы побоялись и решили без всякого радио выйти на прямую связь с потусторонними силами. Мы провели сеанс спиритизма, во время которого вызванный из мест своего пребывания поэтессой Тамарой Жирмунской дух Марины Цветаевой нагадал мне дальнюю дорогу, а на вопрос, куда именно, ответил по-немецки словами Генриха Гейне: «Der dumme Fuss will mich gern nach Deutschland tragen». Что приблизительно значило: «Глупая нога хочет привести меня в Германию».

Это вызвало в нашей компании большое веселое оживление — и напрасно. Ибо несуразное прорицание сбылось, и следующий, 1981 год мы встречали в отеле «Сплендид» на улице Максимилианштрассе германского города Мюнхена.

ПОЗВОЛЬТЕ ЧЕРЕЗ ВАШУ ГАЗЕТУ

Встречая этот Новый год, мы еще не понимали, что Советский Союз вступил в войну, которая будет длиться очень долго и кончится фактическим поражением сверхдержавы, поражением, которое нанесут ему плохо вооруженные силы малой страны, практически находящиеся на низкой ступени цивилизации.

В декабре 1979 года советские войска вошли в Афганистан и стали называться «Ограниченный контингент советских войск, временно расположенный в Афганистане». Официально сообщалось, что контингент помогает афганским дехканам убирать хлопок. Но слухи, которые появились раньше сообщений иностранных радиостанций, говорили, что идет кровопролитная война и самолеты ежедневно доставляют в Советский Союз «груз 200» — цинковые гробы с убитыми солдатами. Какого-то инженера привезли с отрезанной головой. Сахаров сделал резкое заявление. В конце января его лишили всех наград и выслали в Горький. Я написал в газету «Известия» письмо, пародирующее стиль писем советских людей, награждаемых орденами. Было принято писать: «Позвольте через вашу газету выразить мою глубокую благодарность всем коллективам и отдельным товарищам, поздравившим меня с высокой правительственной наградой...» Я написал: «Позвольте через вашу газету выразить мое глубокое отвращение ко всем трудовым коллективам, творческим организациям, а также отдельным товарищам, включая художников слова, мастеров сцены, Героев Социалистического Труда, депутатов и лауреатов, которые приняли или еще примут участие в травле лучшего человека нашей страны — Андрея Дмитриевича Сахарова».

ПОЭМА АХМАДУЛИНОЙ

Вскоре после высылки Сахарова ко мне во дворе подошла Белла Ахмадулина с вопросом: «Что делать?» Что она лично может сделать в этом случае? Я никогда не был и не хотел быть агитатором и не стал ее ни к чему призывать. Она спросила: может быть, ей поехать в Горький, навестить Сахарова? Я выразил сомнение, что она до Сахарова доберется. Ну а что? Через некоторое время она принесла мне свое письмо в защиту Сахарова, написанное в ахмадулинской изящной манере, может быть, для того случая излишне изящной. Просила передать иностранным корреспондентам с целью публикации в западной прессе. Я ее предупредил, как предупреждал когда-то Поликанова, что это будет слишком серьезным шагом, ведущим к большим неприятностям, и я этому способствовать не хочу. Она настаивала. Я отказывался. Потом куда-то ушел. Вернулся поздно вечером и увидел ее. Она стояла перед подъездом, вся в снегу, замерзшая и жалкая.

— Володя, я тебя прошу, ты должен это сделать.

Поняв, что ее желание непреклонно, я взял письмо и отдал его корреспонденту «Нью-Йорк таймс» Крейгу Витни (не люблю правила, по которому «W» должно транскрибироваться как «У»). Письмо было напечатано в «Нью-Йорк таймс» и передано «Голосом Америки». Его изысканная форма ввела публикаторов в заблуждение, они, многократно передавая текст, называли его поэмой.

ОДИН ДЕПУТАТ ИЗ ОДНОГО КАНДИДАТА

24 февраля 1980 года был день выборов в Верховный Совет СССР. Проходил он, как всегда, при переизбытке красного цвета на лозунгах, транспарантах и плакатах с героическими биографиями будущих депутатов, которые никто не читал, и их портретами, которые никто не знал, если они не были из тех, кто по праздникам стоит на трибуне Мавзолея и приветствует ликующие колонны помахиваниями вялой руки. Этих как раз, пока они там стояли, знали все, но как только их переставали показывать, так они исчезали из памяти людской навсегда.

Выборы были обыкновенные, советские — один депутат из одного кандидата. Все шло по плану. За несколько дней до выборов Леонид Ильич Брежнев и ближайшие его соратники поместили в центральных газетах свою благодарность коллективам трудящихся, повсеместно выдвинувших их в депутаты, и свои извинения, что в соответствии с Конституцией СССР, слишком демократичной, каждый из них может баллотироваться исключительно в одном, увы, единственном избирательном округе. Над Леонидом Ильичом в то время уже все смеялись. Над его страстью к наградам, неумению говорить без бумажки, неумению произносить иностранные слова даже с бумажкой. Все это было причиной многих анекдотов, которые чем дальше, тем становились злее. При этом общее мнение о Брежневе было, что он, несмотря ни на что, в общем-то хороший мужик. То есть человеческое существо мужского пола, которое не выказывает излишнего рвения в деле удавления себе подобных. Оно может и должно проявлять обыкновенные и понятные человеческие побуждения — деньги, женщины, вино, домино, карты, охота, рыбная ловля, баня, — может воровать, брать взятки, но и к слабостям других людей готово по возможности снисходить. Если, впрочем, снисхождение самому снисходящему никакими неприятностями не угрожает.

Избирателям нашего округа предстояло единодушно отдать свои голоса за другого хорошего мужика — члена Политбюро ЦК КПСС и Председателя Совета Министров СССР Алексея Николаевича Косыгина, чьим кислым изображением с большой бородавкой на правой щеке был украшен каждый подъезд каждого дома в нашем микрорайоне.

Приходила агитаторша, полная тетя с тонким блокнотиком. Обычно присылали студентов или студенток, а эта по возрасту могла бы быть и профессором.

У нее был обтянутый плотным свитером очень выпуклый бюст, и на левой его половине прилепился значок с изображением Владимира Ильича Ленина.

— Вы придете, конечно, на выборы? — спросила тетя почти утвердительно и уже занесла карандаш, чтобы поставить галочку.

— Конечно, — сказал я. — Конечно же, не приду.

Она сначала подумала, что шутка, неуместная сама по себе, потому что такими вещами не шутят, а потом засуетилась: что? как? почему? Водопровод не работает, или крыша течет, или чего? Некоторые своекорыстные люди использовали выборы для того, чтобы предъявить властям свои мелкие претензии по бытовой линии. Но у меня водопровод работал исправно, крыша не протекала, а что живущий надо мной критик Михаил Семенович Гус время от времени забывал закрутить воду в ванной и заливал мой кабинет, так я его давно простил — и за прошлую критику, и авансом — за будущие протечки.

— Так почему же вы отказываетесь принять участие в выборах? — допытывалась агитаторша.

— Я отказываюсь, поскольку не имею ни малейшего сомнения, что Алексей Николаевич Косыгин безусловно и с большим перевесом на этих выборах сам себя победит. Вот если бы ему грозило, что его не изберут...

— Мне ваша позиция кажется странной, — сказала она. — Мне придется сообщить о ней по месту вашей работы.

Она была, видимо, недостаточно информирована и не знала, что угрозу свою ей выполнить не удастся, ибо у объекта ее агитации никакого места работы лет уже шесть не было.

ПЯТИХВОСТ И ДРУГИЕ

День этот был холодный, вьюжный, богатый ходоками из дальних мест.

В половине восьмого утра явился подпольный гражданин с Украины со своими каракулями на листках, вырванных из тетради в клеточку. Он приходил ко мне далеко не первый раз, но имя свое держал в тайне, а каракули подписывал ПАТИКОСТ, что, как я впоследствии вычислил, означало Павленко Тимофей Константинович. Когда я ему это сказал, он не на шутку перепугался и заподозрил, что сведения мною добыты из каких-то опасных источников. Не понимая того, что, описывая политические дискуссии со своими неизвестными мне собеседниками, сам время от времени упоминает и имя свое, и отчество, и фамилию.

Испугавшись, он перестал, слава богу, ко мне ходить, но это потом, а в тот день Патикост (переиначенный моей женой в Пятихвоста), еще не испуганный, доставил пачку листовок, написанных от руки на той же бумаге в клеточку. В листовках — призыв к народу свергнуть «власть совецких фашисто-коммунистов и их незаконных прихвостней» (в описываемое время такие слова к числу общеупотребительных не относились и могли стоить автору головы). К пачке приложено обращение к американскому президенту Джимми Картеру с просьбой указанные листовки при помощи спутников разбросать равномерно по всей территории СССР, а если фашисто-коммунисты попытаются помешать этой акции, нанести им «сокрушенный ракетно-ядерный удар».

— Но вы представляете, — говорю я ему, — что, если американский президент последует вашему совету, мы все погибнем?

— Лучше смерть, чем такая жизнь, — отвечает Пятихвост и беспечно машет рукой.

— Ну, знаете ли, — говорю я, — большинство людей предпочитают такую жизнь никакой, поэтому передать ваше письмо я не берусь.

Разочарованный моим малодушием, он уходит.

За ним следует еще один персонаж, как всегда, с одной и той же выпаливаемой с порога скороговоркой:

— Передайте Сахарову и Гершуни, что я на этот матримониальный вариант не согласен. Они хотят женить меня на иностранке, а я не могу, я женат, и я своей женой доволен.

При этом он всегда становится спиной к стене (верный признак мании преследования). Скромная материальная поддержка (25 рублей) действует на него благотворно, и он уходит, несколько успокоенный.

Он ушел, а я сел к столу и вложил в машинку лист бумаги, чтобы переписать сцену возвращения Чонкина в пятьдесят шестом году из лагеря, куда он по моему тогдашнему замыслу попал сразу после войны.

Не успел я это изобразить, звонок в дверь — пришли родители жены Анна Михайловна и Данил Михайлович. Ира куда-то ушла, Анна Михайловна сидела у Оли, а Данил Михайлович рвался ко мне провести со мной очередную политбеседу о том, что я напрасно доверяю американским империалистам, которые меня хвалят исключительно из политических соображений. За то, что я своим «Чонкиным» подрываю уважение к Советской армии и тем самым подрываю ее боевую мощь. Мне надо не к американцам прислушиваться, а присмотреться к действительности и понять, что недостатки в нашей жизни есть, есть (кто же это отрицает?), но партия их видит, исправляет и ведет нас, в общем, в правильном направлении.

На этот раз я от дискуссии уклонился, тем более что возникший с мороза Володя Санин принес какие-то сплетни из жизни советских писателей, и одна из сплетен была такая. Не имеющий обеих рук (инвалид войны) поэт Иосиф Дик привел к себе на ночь девушку. Насладившись ею сполна, он в два часа ночи позвонил в дверь своему соседу поэту Алексею Маркову и предложил свою спящую гостью ему. Марков объяснил своей сонной жене ночное приглашение прихотью соседа читать ночью только что написанные стихи. Дик впустил Маркова в спальню, сам лег на диванчик на кухне и уже засыпал, когда вдруг раздался душераздирающий крик: «Откуда у тебя ррруки?!»

Ужас какая история!

После ухода Санина был семейный обед с женой, дочерью, тещей и тестем, сдобренный продолжением дискуссии о моей политической близорукости.

Потом тесть и теща удалились, Ира с Олей отправились к кому-то из Олиных подружек на день рожденья, но я один не остался, ко мне пришел Валя Петрухин. Он только что выбрался из депрессии, был более или менее в форме и даже поинтересовался моей текущей работой. Я ответил, что опять после долгого периода обращаюсь к старому замыслу, и пересказал своими словами сочиняемую главу о возвращении Чонкина в деревню Красное ясным днем в начале лета 1956 года.

— А почему пятьдесят шестой год? — спросил Валя.

— А потому, что, когда я писал это в начале шестидесятых, события пятьдесят шестого года были главными в нашей истории. И мне казалось, что именно в пятьдесят шестом и должна была завершиться эпопея солдата, прошедшего войну и лагеря.

— А ты не думал, что Чонкин мог бы делать сейчас?

— Нет, не думал.

— А почему бы тебе не сделать его диссидентом?

— Смеешься, что ли? Диссидент — это обязательно в какой-то степени бунтарь и почти во всех случаях человек, думающий о себе нескромно. А Чонкин — человек тихий, мирный, исполнительный. Он если и воюет, то только ради исполнения долга, но не из личных амбиций. К тому же, если продолжать историю Чонкина и ввергать его в новые приключения, сюжет получится слишком громоздким...

Так я сказал Петрухину, но после его ухода задумался и стал фантазировать, еще не всерьез, о возможном развитии сюжета с приближением к нашим дням и чуть не прозевал передачу «Немецкой волны», которую почему-то — единственную из зарубежных — власти не глушили.

Начало известий я пропустил, а в конце их немцы сообщали, что после ссылки академика Сахарова в Горький советские власти усилили преследования инакомыслящих. В Вильнюсе агентами КГБ была обнаружена и разгромлена подпольная типография, на советско-финской границе задержан военнослужащий, пытавшийся уйти на Запад.

За последними известиями последовал обзор печати, в рамках которого недавние русские эмигранты рассказывали о своих впечатлениях от западной жизни. Вместо ожидаемых, очевидно, восторгов по поводу материального изобилия спрашиваемые кинулись критиковать недостатки западного общества, подразумевая под ним всех жителей Западной Европы, Соединенных Штатов Америки, Японии, Австралии, Новой Зеландии и Южно-Африканской Республики. Солженицын выражался сурово, говоря, что Запад разнежился, проявляет слабость духа и преступную уступчивость коммунистам, которые коварны, ненасытны и, заглотив половину мира, раззявили пасть для заглота второй. А Запад в это время живет не по средствам, беспечно веселится в дискотеках и погрязает в разврате, чему свидетельство наркомания, проституция и самое ужасное — порнофильмы в общедоступных кинотеатрах.

Другой диссидент, Буковский, с Солженицыным частично согласился, но к критике порнофильмов отнесся легкомысленно, мимоходом заметив, что смотреть их взрослому человеку скучно, а вот лет до четырнадцати почему бы и нет — познавательно и отвлекает от более вредных занятий вроде игры в футбол. Со вступлением в дискуссию третьего участника, немецкого профессора Вольфганга Казака, совпал звонок в дверь.

ТЕРПЕНИЕ ВЛАСТИ КОНЧИЛОСЬ

Но прежде чем открыть дверь, я должен объяснить читателям ситуацию. Когда-то Ира сказала: «Имей в виду, если что, я за границу не поеду». Я ответил: «Ну, не поедем». И мы 7 лет жили под постоянным давлением. А теперь, после высылки Сахарова, Ира вдруг сказала:

— Ну, все, теперь мы, если даже и захотим, никуда уехать не сможем.

— А ты можешь захотеть?

— Теперь, пожалуй, да.

— Я думаю, что шанс еще есть, — сказал я.

И я стал дома громко говорить, что готов уехать. И тут же последовал отклик...

Открыв дверь, я увидел на лестничной площадке двух незнакомых мужчин: один повыше и постарше, в сером пальто и в шапке из барсука, другой пониже, помоложе, в пальто темном, бесформенном, вытертом, и в шапке из зверя дешевого, облезшего, должно быть, еще при жизни.

— Владимир Николаевич? — удостоверился старший. — Мы агитаторы, интересуемся, почему вы не идете голосовать?

— Я не иду голосовать, потому что не хочу.

— А почему не хотите?

— Просто не хочу.

— Но это не ответ. У вас есть какие-то серьезные причины?

— Слушайте, — стал я сердиться, — какая вам разница, какие у меня причины, серьезные или несерьезные? Вас послали ко мне, пойдите и скажите, что он не идет, и все. А мне вам объяснять все сначала скучно и неинтересно. Ведь вы даже не знаете, кто я такой.

Оказалось, я не к месту поскромничал.

— Владимир Николаевич, — сказал старший. — Мы знаем, кто вы такой. И хотели бы поговорить с вами не только о выборах.

— А о чем же еще? — удивился я.

— Вообще обо всей вашей жизни. Поверьте, нам есть что вам сказать. Можно войти?

Заинтригованный их странной настойчивостью, я подумал и сказал:

— Одного пущу. А двоих ни в коем случае.

Для такого предупреждения у меня было достаточно оснований.

Младший вопросительно посмотрел на старшего. Старший помедлил и сказал младшему:

— Останься и подожди.

— Здесь или на улице? — спросил младший с развязной игривостью.

— Подожди на улице, — был ответ, и младший тут же двинулся к лифту.

Хотя нежданный гость остался один, я, пропуская его вперед, был бдителен. Держа дистанцию, обошел его, выключил приемник и спросил, чем могу служить.

Вошедший выдержал секундную паузу, снял шапку и заговорил четко и гладко, словно читал по бумаге:

— Владимир Николаевич, я из райкома КПСС, моя фамилия Богданов. Я уполномочен вам передать, что терпение советской власти и народа полностью исчерпано.

Это были слова, недостойные никакого ответа. Но я счел необходимым хотя бы по ритуалу ответить, что насчет советской власти не знаю, а народу я ничего плохого не сделал.

— Вы можете говорить что хотите, — продолжил Богданов, — но мне также поручено вам передать, что, если вы не измените ситуацию, в которой находитесь, ваша жизнь здесь станет невыносимой.

— Что это значит? — спросил я. — Как я могу изменить ситуацию?

— Я сказал вам все, что мне поручили.

— В таком случае передайте тем, кто вам поручил, что мое терпение тоже кончилось, моя жизнь уже сейчас невыносима и, если речь идет о том, чтобы я покинул СССР, я готов это сделать.

— Хорошо, — сказал он, — я так и передам. До свиданья...

Таким образом, мне, может быть, в тот день единственному человеку во всем Советском Союзе, было предложено реально выбрать одну возможность из двух.

ВТОРОЙ УЛЬТИМАТУМ

...Ультиматум, предъявленный мне в феврале 1980-го, был не первым, но, как ни странно, и не последним. Следующий был передан через Володю Санина.

С Володей я познакомился еще в 1960 году, когда мы вместе работали в редакции сатиры и юмора Всесоюзного радио. Именно тогда и началась наша дружба, правду сказать, весьма неравная, то есть он уделял мне гораздо больше внимания, чем я ему. Он ко мне ходил очень часто и вел себя как младший со старшим, хотя по возрасту старшим был именно он. Он воевал (малолеткой ушел на фронт добровольно), потом вместе с описываемыми им полярниками участвовал в рискованных экспедициях, но в обыкновенной жизни был человеком осторожным, а перед начальством робел. Тем не менее когда я попал в опалу, он меня, к моему удивлению, не покинул, навещал регулярно и в любой момент проявлял готовность помочь. Этой готовностью я время от времени пользовался. Сочинял под его именем что-то для радио и кино, иногда просто брал у него деньги в долг, а уезжая из Москвы, чемодан с рукописями хранил именно у него.

В середине марта 1980 года Санин пришел очень взволнованный.

— Володя, — сказал он, не раздеваясь, — я по серьезному делу. Вчера мне позвонил Юрка Идашкин. Ты знаешь, из «Октября» он давно ушел и работает помощником у Стукалина, председателя Госкомиздата. Вообще мы с ним в последнее время не общаемся, но тут он звонит и говорит, что хорошо бы встретиться. Договорились встретиться у «Речного вокзала». Ну, встретились, прошлись по улице, и вдруг Идашкин мне говорит: «Ты ведь, кажется, дружишь с Володей Войновичем?» Я говорю: «Да, а что?» И тогда он говорит, что на днях был в кабинете у Стукалина. Он зашел туда по делу, а там в это время был еще один какой-то большой человек, и они говорили о тебе.

— И что же, интересно, они говорили?

— Они говорили, что с Войновичем надо кончать. Так и сказали: пора кончать. Когда Юрка зашел, они прекратили разговор, но вот это он слышал и просил тебе передать.

— А больше он ничего не слышал?

— Нет, больше он ничего не слышал, но я его спросил: а что значит кончать? Юрка посмотрел на меня и спросил: «А ты разве не понимаешь? Кончать — это значит убить. Способов есть много. Например, Володя ездит на автомобиле, а на дороге мало ли что может случиться».

Между прочим, упомянутый Борис Стукалин был в описываемое время председателем, как это длинно называлось, Государственного комитета по делам издательств, полиграфии и книжной торговли, сокращенно это учреждение называлось Госкомиздат, а понятнее — министерство печати. И вот в кабинете министра не госбезопасности и не внутренних дел, а всего лишь печати состоялся якобы этот разговор о возможном убийстве писателя. В версию случайно подслушанного разговора я, конечно же, не поверил. Я понял, что мне делается повторное предложение, и немного удивился, потому что, как мне казалось, я ясно ответил на первое, сделанное «агитатором» Богдановым.

То, что повторное предложение сопровождалось очередной угрозой, меня никак не задело, я уже давно пришел к убеждению, что имею дело с людьми, по крайней мере, неумными, которые не понимают, что человек, доведенный до определенного состояния, перестает реагировать на угрозы, и тогда употреблять их бессмысленно. Знал я еще и то, что этим людям никогда, ни на каком этапе нельзя показывать, что ты их боишься. Покажешь — они будут шантажировать, торговаться и пытаться сорвать с тебя больше, чем рассчитывали вначале. Чтобы продемонстрировать косвенным образом, но наглядно, что угрозы не имеют и не будут иметь никакого практического значения, я оторвал клок бумаги, именно оторвал, именно клок, рваный клок, с надеждой показать, что я не потрудился даже этот клок отрезать или оторвать как-нибудь поаккуратнее. Эту бумажку я украсил корявым текстом, который восстанавливаю по памяти, но, надеюсь, достаточно точно: «Я согласен покинуть СССР после того, как будут выслушаны мои весьма скромные условия. Всякие попытки повлиять на мои намерения каким бы то ни было нецивилизованным способом вызовут реакцию, противоположную ожидаемой». Это был весь текст. Ни указания адресата, ни адреса отправителя, ни подписи, ни числа.

— Вот, — протянул я бумагу Санину, — передай это Идашкину.

Санин с сомнением посмотрел на эту писульку, но аккуратно сложил ее (чем попытался придать ей более или менее правильную геометрическую форму, а потом — мне это не известно, но я так думаю — она при продвижении по инстанции могла быть поправлена и ножницами) и положил в боковой карман.

При следующем появлении (может быть, на другой день) Санин сказал, что бумажку передал и Идашкин очень доволен. Идашкин сказал, что бумажка отправлена по назначению и он не сомневается, что реакция «на Володино заявление» будет положительной.

Я был доволен, что кагэбэшники косвенно унизились и мою писульку возвели в ранг «заявления».

Был удовлетворен и Идашкин.

«Понимаешь, — сказал он Санину (а Санин — мне), — к нему очень боялись обращаться. После той истории с «Метрополем» к нему никто не решался подступиться, потому что он реагирует непредсказуемо».

— Правильно, — сказал я самодовольно. — Действовал и буду действовать непредсказуемо.

Когда речь зашла о моем отравлении в «Метрополе», Идашкин не утверждал, что я сошел с ума или что мне померещилось. Наоборот, он косвенно подтвердил факт отравления, сказав Санину (а потом при встрече повторил и мне), что отравители были за эту акцию наказаны.

Я спросил его: «А зачем они это сделали?» — «Ну, мало ли, — отмахнулся он, — мало ли, что выдумает какой-нибудь старший лейтенант».

Все эти дни Санин неустанно совершал челночные рейсы: от меня к Идашкину и обратно. (Не знаю, правда, далеко ли было ходить и не ожидал ли Идашкин очередного донесения где-нибудь за углом.)

Очень скоро пришел ответ (опять через Санина), что меня готовы выслушать. Я спросил: кто, когда и где? Санин ушел с этим вопросом и на другой день вернулся с ответом, что выслушать пожелания поручено Идашкину, время его устроит любое, а насчет места он не знает. У него — наверное, я не соглашусь, а у меня — ему неудобно.

— Я предложил для этого мою квартиру, — сказал Санин. — И Юрка согласился. Так что если ты не против...

Я был не против.

МАРТОВСКИЕ КОЛОКОЛА

То мартовское воскресенье помню как сейчас...

У метро «Речной вокзал» торговали первой мимозой. У автобусной остановки стояла группа неуклюже одетых (в валенках, в брезентовых зипунах поверх телогреек) мужиков, любителей подледного лова, может быть, последнего в том году. На реке лед еще был крепок, а здесь безмятежно сияло солнце, и из-под слежалого, темного, сбитого к бровке снега медленно, робко, словно готовые втянуться обратно, выползали ручьи. Это была Пасха, или Вербное воскресенье, или что-то подобное, потому что ясно, четко, празднично и с разных сторон (откуда их столько взялось?) звонили колокола.

Я шел и думал, что вот весна, и тает снег, и звонят колокола, и все могло бы быть хорошо, но почему же этой стране так не везет, почему так получилось, что ею управляют грубые, невежественные, бездарные и ничтожные старики, которые только ради своего властолюбия и корыстолюбия, до сих пор ни тем, ни другим не наевшись (и никаких других объективных причин нет), держат многомиллионный народ в состоянии страха, нищеты и покорности. Неужели эти люди, которые идут навстречу с авоськами, с лыжами, с детьми и их салазками, не видят, как убого они живут? Неужели эта жизнь кажется им сколько-нибудь нормальной? Почему они не бунтуют, не протестуют и сносят безропотно унижения, которым подвергает их государство?

Когда я поднялся к Санину, Идашкин был уже там.

— Как думаешь, ты за собой хвоста не привел? — спросил он, сделав озабоченное лицо.

— Не знаю, — сказал я. — Не думал и не смотрел. А тебя это как-то волнует?

Вопрос задан был иронически. Идашкин смутился или сделал вид, что смутился.

— Нет, нет, конечно. Мне, в общем-то, все равно.

Для разминки поговорили о том о сем, о том, как он после сердечного приступа бросил курить сразу и навсегда, а я пока не бросил.

Перешли к сути дела, начав с общеполитической обстановки.

— Ты понимаешь, — сказал Идашкин, — ситуация в мире, в стране изменилась, это касается всех, но тебя больше, чем многих. Ты существовал, позволяя себе, что хотел, и мог рассчитывать на защиту мирового общественного мнения. Теперь нам на это мнение наплевать. Мы, — продолжал он, злоупотребляя местоимениями множественного числа, — влезли в Афганистан и, кажется, не скоро оттуда вылезем. Это уже катастрофически отражается на всех наших других делах. И это делает нас нечувствительными ко многому, что раньше мы ощущали болезненно. Поэтому, если тебя сегодня арестуют, и дадут большой срок, и будут какие-то протесты, они ни на кого не подействуют. Мы все равно проигрываем по всем статьям. А с каким счетом — 4:0 или 6:0, — это уже неважно. Но, допустим, тебя не посадят. А просто сошлют куда-то в Якутию. Тебе там будет ой как несладко. Это здесь ты можешь воевать даже с самим Андроповым и писать ему открытые письма. А там ты будешь иметь дело с участковым милиционером, который даже и не знает, что есть иностранные корреспонденты и что от их писанины у него может быть какая-нибудь неприятность.

С тем, что говорил Идашкин, я был полностью согласен. Больше того, он единственный из всех, с кем я говорил в те дни, оценивал ситуацию точно так же, как я. Он был прав во всем, кроме одного: ему не надо было меня убеждать, я явился не за этим.

От теперешней ситуации перешли к оценке перспектив. И тут согласились почти во всем.

— Ты пойми, — убеждал Идашкин, — сейчас ситуация острая. Уехать — для тебя наиболее разумный выход. Ты уедешь, побудешь там, посмотришь тамошнюю жизнь, посмотришь, как ты в нее вписываешься, а здесь за это время... Слушай, давай говорить реалистически. Это, конечно, совсем между нами, но люди, которые управляют сегодня страной, находятся в таком возрасте, что лет через пять-шесть... — Тут он немного спохватился, что позволяет себе больше, чем надо, и быстро проскользил взглядом по стенам и потолку. Но это было совсем бесполезно, потому что хотя на потолке у Санина не было ничего, кроме люстры, но зато на стенах висели оленьи рога, черепашьи панцири, засушенные морские звезды, за всеми этими реликвиями можно было припрятать микрофоны любого калибра... Испуг его был инстинктивный и краткий, он тут же опомнился и (все же понизив голос) продолжил: — ...Лет через пять-шесть никого из них, ни одного человека не останется.

И это было как раз то, о чем я тоже думал, о чем говорил жене и друзьям. Я говорил, что весь этот ряд кувшинных рыл на трибуне Мавзолея время очень скоро (я тоже думал о пятилетии) сотрет, заменит их другими, может быть, более человекоподобными обличьями. Многие мои собеседники, потеряв всякое представление о реалиях, возражали всерьез, что здесь никогда ничего не изменится, что геронтологи работают над членами Политбюро ежедневно и с успехом, и сами эти старики достигли высот в искусстве замены стариков еще более глубокими стариками, и так будет еще сто или тысячу лет, но я, исходя из более реалистических прикидок, точно понимал, что эта гора должна будет скоро, сразу и катастрофически рухнуть.

Все было ясно, но Идашкину, очевидно, нравилась его миссия или соблазняла возможность той откровенности, которой он не смел себе позволить в собственном кругу общения.

— Я тебе советую, — продолжал он, — поезжай, посмотри. Может быть, пожив там, ты увидишь, что здесь тоже все не так плохо, как тебе кажется. Я понимаю, ты опасаешься, что тебя лишат гражданства, но мне кажется, что это не обязательно. Если ты там не будешь очень активно выступать против советской власти, это никому не будет нужно. Зачем лишать гражданства еще одного писателя? Это неразумно. Кроме того, я тебе скажу так: поверь мне, у нас есть еще немало людей, которые относятся к тебе просто очень хорошо.

Эту часть его речи я выслушал из вежливости. Существование отдельных терпимо ко мне относящихся кагэбэшников я еще мог бы себе представить, но в то, что меня не лишат гражданства, не верил. Хотя допускал, что это случится не сразу, и на том строил некоторые непрочные планы.

Прежде чем перейти к выдвижению заготовленных мною условий, я спросил Идашкина, как он думает, нельзя ли достичь примерно такого компромисса: я совсем уйду из общественной жизни и даже скроюсь из виду. Уеду куда-нибудь в провинцию. Не буду делать никаких заявлений. Буду писать, скажем, «Чонкина», не распространяя. Мне от государства ничего не нужно. Деньги у меня есть, всем ясно, что они есть, и даже ясно откуда. Так вот — пусть меня просто оставят в покое.

Правду сказать, я сам не был уверен, что хочу того, о чем говорю. Хотя, если бы власти на это пошли, я бы подумал о том же более обстоятельно. Но я и сам понимал, что раз уж там где-то решено меня выпроводить, то, значит, машина раскручена и останавливать ее или поворачивать в другую сторону вряд ли кто захочет. Что Идашкин тут же и подтвердил.

— Я, конечно, могу спросить, — сказал он. — Мне это ничего не стоит. Но я думаю, что твой вариант принят не будет. Он нереалистичен. Это как если бы, допустим, Израиль сказал: давайте остановимся на том, что есть. То, что нами захвачено, — наше, а остальное пусть останется как есть.

Тут я немного рассердился и сказал Идашкину, что его сравнение меня с государством, хотя бы и маленьким, может мне польстить, но аналогия некорректная. Мое отличие от Израиля и преимущество состоит в том, что захваченного мною я вернуть не могу, даже если бы захотел.

После чего я выдвинул свои требования, которые и вправду были вполне скромны.

— Я уеду только при условии, что мне не будут чиниться никакие препятствия. Куда-то ходить и обивать пороги, добиваясь отъезда, я не буду, и это должно быть ясно.

— Не о чем спорить, — быстро сказал Идашкин. — Где надо, все оговорено, тебе осталось только обратиться в ОВИР, там тебя уже ждут, и все документы будут оформлены немедленно.

— Второе, — сказал я, — состав семьи...

— Ты можешь взять с собой всех родственников, каких только хочешь.

— Третье: библиотека, архивы...

— Об этом нечего говорить. Это твое имущество, оно должно быть с тобой.

— Четвертое поважнее. Моя кооперативная квартира должна быть до отъезда передана родителям моей жены, и там до отъезда же должен быть включен телефон.

Идашкин опять сделал озабоченное лицо.

— Ну, на этот последний вопрос я сам тебе ответить не могу. Но я спрошу. И думаю, что это будет решено положительно. Это не каприз, а нормальное резонное требование.

На этом мы разошлись.

Дома я рассказал все Ире. И вдруг она — это с ней бывало и раньше — объявляет, что она не уедет по крайней мере до Нового года.

— Почему-у!

— Я не могу бросить родителей. Они этого не переживут.

— А что ты думала, когда говорила, что согласна уехать?

— Я думала, что смогу, а теперь понимаю, что не смогу их бросить.

— Не бросай. Пусть едут с нами.

— Ты же знаешь, что они не поедут.

— Но ты понимаешь, что ставишь меня в дурацкое положение. Ты мне сказала, я согласился, я оговорил условия, а теперь... Ты понимаешь, что с КГБ в такие игры играть нельзя?

На другой день — опять Санин.

— Идашкин просит тебя еще на минутку забежать ко мне.

Забежал. Идашкин сияет.

— Все твои просьбы, или требования, или как ты хочешь, удовлетворены. Тебе идут полностью навстречу, но и к тебе тоже есть просьба...

— ...уехать до Олимпийских игр?

Идашкин выразил восхищение моей догадливостью:

— Ты угадал.

Не могу даже передать, как мне хотелось немедленно согласиться. Если б зависело только от меня, я бы взял себе несколько дней съездить к отцу и сестре, проститься со старшими детьми и все, и долой.

НАДО ЖЕ, ЧЕГО НОСЮТ!

Надоело! С тех пор как я решил уехать, все время думал: только бы поскорей! Все раздражало. Нет, не только рожи на Мавзолее, не только бегущие по пятам кагэбэшники и перебегающие на другую сторону улицы вчерашние полуприятели. Но и все остальные люди — водители автомобилей, милиционеры, продавцы, покупатели, писатели и прохожие — надоели! Я знаю, вот сейчас на их глазах кого-нибудь схватят, будут тащить, вязать, убивать, и можешь сколько угодно вопить, они не услышат. Идущий куда-то народ будет дальше струиться мимо, обтекая место насилия, как вода обтекает камень.

В те дни одной старухе очень не повезло столкнуться со мной в темном месте. Ира послала меня ранним утром за молоком, я шел в коротком полушубке и спортивных брюках, заправленных в сапоги. И в проходном дворе эта убогая, несмотря на темноту, обратила внимание на мою одежду, остановилась и, сердитым пальцем тыча в мою нижнюю часть: «Это надо же, чего носют!» — сказала с таким осуждением, будто я шел вообще без штанов.

Я сначала оторопел, остановился, оглядел, что на мне ее так возмутило. И вдруг вся моя злоба на партию, правительство, Союз писателей, КГБ, портреты вождей, кумачовые полотна, Брежнева, Сталина, Ленина и мавзолей Ленина вылилась на эту жалкую старую дуру. Я на нее набросился, наговорил ей всяких грубостей (не пересекая, правда, границ нормативной лексики) и агрессией своей так напугал, что она молча кинулась наутек, и надо заметить, что для ее преклонных лет оказалась довольно прыткой.

ВПОЛНЕ НОРМАЛЬНОЕ ПРИГЛАШЕНИЕ

Некоторые строгие люди уличали меня в том, что я уезжал добровольно. То есть шел своими ногами в ОВИР, писал заявление и заполнял другие бумаги. Добровольность же моя была примерно как у человека, который своими руками достает из кармана и отдает бумажник грабителю, приставившему ему к горлу нож.

Среди строгих критиков я встречал немало таких, которые утверждали, что они бы никогда и ни при каких обстоятельствах не согласились. Это была ничего не стоящая болтовня. Я знал только одного человека, который не принял ультиматума КГБ и за свое решение заплатил жизнью. Это был Анатолий Марченко, до которого любому из моих критиков было далековато.

На другое утро после посещения меня парламентером Богдановым я в очередной раз собрал у себя дома иностранных корреспондентов, объявил им об ультиматуме и о том, что я его принимаю. Многочисленные сообщения об этом немедленно появились в иностранных газетах, и вскоре на меня посыпались приглашения из разных стран, от издателей, университетов и частных лиц. Из Германии, Франции, Англии. Только из Америки пришло больше тридцати приглашений для чтения одной лекции или курса лекций. Университет штата Висконсин в городе Миллуоки приглашал меня на год на должность писателя при университете (writer in residence). Глава напечатавшего «Чонкина» издательства Farrar, Srtaus & Giroux Роджер Страус предлагал мне с женой и дочерью быть гостем издательства и обещал, что все мои дорожные расходы по пребыванию в США будут полностью оплачены. Профессор Деминг Браун писал, что, посетив Мичиганский университет, я узнаю, что такое настоящее американское гостеприимство. Помимо новых приглашений, у меня было одно четырехлетней давности от Баварской академии изящных искусств. Это была телеграмма, приглашавшая меня посетить академию и в качестве новоизбранного члена прочесть лекцию. Телеграмма начиналась с имени адресата «Herrn Woinowitch» («Господину Войновичу»). Почтальон меня не застал, и с почты, где первое слово телеграммы приняли за фамилию, пришло извещение: «Гражданин Херрн, на ваше имя пришла телеграмма».

Разложив на столе все приглашения, я спросил у Иры, куда поедем. Я думал, что надо в Америку. Ира сказала:

— Нет, в Америку слишком далеко.

— Тогда, — согласился я, — поедем в Германию.

Я взял телеграмму баварских академиков и поехал в ОВИР.

За четыре года телеграмма немного выцвела и имела пятно от поставленной на нее сковородки. Именно эту бумажку я выбрал из всех приличных. В ОВИРе мне сказали, что поездками за границу занимается капитан Баймасова, и показали кабинет на первом этаже. Я постучался.

Баймасова, полная брюнетка в форме, поинтересовалась целью моего прихода.

— Да вот, — сказал я, — хочу съездить за границу.

Поскольку тогда желание съездить за границу выражалось и осуществлялось не так просто, капитан удивилась.

— Что значит вы хотите съездить? По какой линии?

— А какие бывают?

— Бывают официальные поездки в составе делегаций, бывают частные по приглашениям.

— Ну вот у меня есть приглашение.

Я протянул ей телеграмму. Она повертела ее в руках.

— Нет, это не приглашение.

— А что же это?

— Так, бумажка, которая сама по себе ничего не значит. Приглашение должно быть на гербовой бумаге, с переводом на русский язык, заверенное нотариусом.

— Да? — спросил я, все еще валяя дурака. — А где ж я возьму такое? У меня другого нет. А вы не можете спросить вашего начальника, вдруг и это приглашение сойдет?

К моему удивлению, она согласилась спросить и пошла на второй этаж.

Через несколько минут спустилась, расплываясь в улыбке:

— Да, это вполне нормальное приглашение. Посидите, сейчас я вам приготовлю анкеты, вы их дома заполните. Вы втроем едете? Жена, доченька? Сейчас, сейчас.

УГОВОРИТЬ ГРАФА ПОТОЦКОГО

Мне все надоело и все надоели, но сразу уехать я не мог. Было сказано, что мне разрешат взять с собой кого угодно. А кого? Пашу и Марину? Но если их, то тогда и их мать, мою первую жену Валю. Не отнимать же у нее детей. Дочке было 22 года, сыну 18. Я на всякий случай предложил Вале уехать вместе. Она не только отказалась, но спрятала паспорта детей, чтобы они сами не решили такого вопроса. Но я и не хотел, чтоб они ее бросили. Я знал, что это ее убьет. Оставались у меня отец и сестра Фаина с малолетним Мишей. Тащить их с собой, таких не приспособленных к жизни? Куда? Что я там с ними буду делать? Что бы ни было, я предложил, но отец отказался: «Куда же мы поедем от наших могил!» Хотя где там эти могилы? Раскиданы по всей территории СССР, давным-давно обезличены, цветочек некуда положить.

Со своими близкими я разобрался, остались родители Иры, старые, консервативные, нелегкие на ногу люди. К тому же Данил Михайлович со своей большевистской дурью: «Вы что? Куда вы меня тащите? Неужели я, коммунист, поеду целоваться с вашим Штраусом?» А Анна Михайловна! В ней никакого большевизма не было, но она по субботам ходила в баню (помыться и к мозолистке), и, если выпадало на этот день какое-то важное дело, из-за которого надо было отменить баню, она испытывала невероятные страдания и не могла себе представить, что помыться можно в пятницу или, наоборот, в воскресенье. А тут надо принимать решение посерьезнее. Уезжают единственная дочь и единственная внучка. Уехать с ними? Куда? За границу? В Германию? Ей, правда, все равно, Штраус, не Штраус, но Германия — это так далеко и так чуждо, что невозможно даже вообразить. И остаться без дочери и без внучки — тоже как умереть.

Она говорит Ире:

— Пусть уезжает Володя. Он все это сделал, пусть сам и едет.

Ира спрашивает:

— А Оля пусть останется без отца?

Анна Михайловна не отвечает. Она сама понимает, что ее предложение принять нельзя. Но уехать она тоже не может.

Ира говорит мне:

— Нет, мы сейчас не поедем. Я не могу их бросить сейчас. Давай подождем до Нового года.

— А что случится до Нового года?

— Ну, может быть, они свыкнутся с мыслью, что им придется остаться. Или, в конце концов, дойдут до мысли, что можно уехать.

Я — Данилу Михайловичу:

— Если не согласны ехать в Германию, езжайте в Израиль. По крайней мере, мы будем достижимы друг для друга. Там вы вступите в израильскую компартию.

— Вы хотите, чтобы я поехал в эту фашистскую страну? Которая нагло попирает права палестинцев?

Есть прекрасный еврейский анекдот. Приходит к Рабиновичу сват: «Рабинович, почему бы вам не отдать вашу Риву замуж за графа Потоцкого?» Рабинович: «Что? За этого гоя? Да как вы смеете такое мне предлагать?» Сват: «Рабинович, подумайте, это же граф Потоцкий, самый богатый человек на земле. Ваша Рива всю жизнь будет жить в хоромах, ходить в шелках, ездить в каретах и как сыр в масле кататься». Рабинович упирается: «Нет, пусть этот Потоцкий будет хоть трижды богат, но Рива за гоя не пойдет никогда». Сват употребляет все свое красноречие и наконец вырывает согласие. Выскакивает на улицу взъерошенный, взмокший от пота и отдувается: «Ууфф! Теперь осталось уговорить графа Потоцкого».

Моим графом Потоцким была Ира, вдруг переменившая решение и объявившая, что никуда не уедет по крайней мере до Нового года. Я пытался убедить ее, что мы не можем тянуть с отъездом. Я вел через Идашкина переговоры, мы все обсудили, я сказал «да», а теперь получается, что я просто валял дурака. Вот этого они уже не потерпят, и наше положение станет гораздо опаснее прежнего. Но Ира стоит на своем, мы уедем не раньше Нового года.

Преуспев в своих уговорах не более чем анекдотический сват, я иду встречаться с Идашкиным и говорю ему:

— До Олимпиады уехать никак не могу. Уеду к Новому году.

Вижу на лице его признаки очень большого разочарования. Он уже почти выполнил свою миссию, и вот на последнем пункте осечка. Но я говорю:

— Ты скажи этим, кто тебя послал, что я на время Олимпийских игр из Москвы куда-нибудь уберусь. Я буду эти игры бойкотировать, как американцы.

Он кисло улыбается моей неуместной шутке.

На другой день Санин приносит сообщение. Некто сказал Идашкину, что это, конечно, не то, чего мы от него (от меня) ожидали, но ладно, мол, до конца года потерпим.

Но потерпят ли в самом деле, а не решат ли выйти из положения более кардинальным способом, это еще не известно.

ПОРА ПРОЩАНИЙ

Я выполнил данное Идашкину обещание: на время Олимпийских игр мы уехали из Москвы и олимпийского Мишку видели только по телевизору. С Петрухиным и Олей Принцевой побывали в Ленинграде, посетили Эрмитаж, поехали в сторону Выборга и несколько дней провели на даче Олиного отца Юзефа. Оттуда без заезда в Москву направились на юг, в Керчь, чтобы проститься (оказалось, навеки) с отцом и сестрой. Опять предложил ехать вместе. Фаина могла бы и согласиться, но отец сказал: нет! И опять сослался на родные могилы. Сказать правду, я не очень и уговаривал, потому что куда бы я повез столь громоздкое и недееспособное семейство. Когда прощались, папа заплакал. Не помню, видел ли я его когда-нибудь плачущим.

Из Керчи мы направились в Коктебель. Там в это время были наши тогдашние друзья Игорь и Нина Виноградовы, Лена Щорс, критик Игорь Золотусский, кто-то еще. Дня два-три провели там.

Там же на набережной, гуляя с шестилетней Олей, я подошел к киоску, где продавался сок, напомнивший строку из «Мастера и Маргариты»: «Абрикосовая дала обильную пену». Я сунул в амбразуру киоска свой рубль, но, наткнувшись на другую руку, смутился, отстранился и увидел перед собой человека небольшого роста, даже ниже меня, с окладистой седой бородой, которая, казалось, была слишком для него тяжела и пригибала его голову вниз. Он, кстати, тоже был с маленькой девочкой, примерно того же возраста, что и моя. По фотографиям я узнал в бородаче знаменитого уже к тому времени Василия Белова. Живьем я его никогда не видел, но однажды, еще в 1964 году, общался по телефону.

Он тогда только начинал печататься, я же, будучи его ровесником, ступил на эту дорожку чуть раньше, и, должно быть, поэтому он говорил со мной почтительно, называл по имени-отчеству, а себя просил называть просто Василием. Теперь я обратился к нему по фамилии и спросил, он ли это. Он встрепенулся, обрадовался, хотя уже привык быть узнаваемым, и с заметным самодовольством, а также и с настороженностью, которая живет в каждом советском человеке, сказал, одновременно окая и, как ни странно, картавя:

— Да вроде бы он.

— Очень приятно, — сказал я и тоже представился.

— Как же, как же, читал, — сказал он неожиданным для меня и не очень подходящим к случаю покровительственным тоном, каким говорят старшие с младшими.

Тон его меня удивил, а знание — нет: мне было известно, что многие люди читали «Чонкина» и «Иванькиаду» в сам-тамиздате, но все-таки приятно было получить еще одно подтверждение, что и в отдаленных провинциях люди имеют представление о том, что я пишу.

— Читали? Значит, доходят до ваших мест такие книги? — переспросил я, имея в виду опять-таки тамиздат, переспросил просто из вежливости, в положительности ответа нисколько не сомневаясь.

— Ну почему ж не доходить? Доходят.

Потом я понял, что мы имели в виду разные вещи. Я думал о тамиздате, а Василий читал что-то мое (вероятно, рассказ «Хочу быть честным»), опубликованное за семнадцать лет до того в «Новом мире». Поскольку мы держали в голове разное и по-разному представляли себе текущий литературный процесс, разговор дальше поехал наперекосяк. Не оставляя своего снисходительного и даже барского тона (для чего я был совсем неподходящим объектом), он поинтересовался:

— Как вас печатают?

Я сказал, что меня просто не печатают.

— Ну просто, — закартавил он с назиданием, — просто никого не печатают.

— Нет, — говорю, — вы меня не так поняли. Меня вообще никак не печатают, ни просто, ни сложно, никак. Я вообще просто полностью запрещенный писатель.

Он пощипал бороду, подумал, видимо, ничего не понял или что-то, может быть, вспомнил, я увидел, что разговор не получается, да и не нужно, и пожалел, что сунулся со своим узнаванием. Мы разошлись. Потом два Игоря, Золотусский и Виноградов, рассказывали, что к ним обоим заходил Белов, спрашивал: а в чем дело? Ему сказали про меня, что я уезжаю.

Он спросил: что? зачем? почему? Ему объяснили.

Он удивился, но осудил и сказал, что я уезжаю зря. Ему сказали: как же зря, ведь если он не уедет, его посадят.

— Ну что ж, что посадят, — сказал Василий. — Ну, посадят. Это ничего, что посадят, русскому писателю не грех и посидеть.

Оно, может быть, и было бы полезно выслушать подобный совет от того, кто сам следует своим рекомендациям, но Василий, насколько мне было известно, сиживал тогда не в Бутырках, не в Лефортове и не в Вологодской пересылке, а исключительно на заседаниях бюро обкома КПСС и в правлении Союза писателей — членом того и другого он тогда состоял. Я ему через тех же критиков передал, что, если он, будучи последовательным, первым сядет в тюрьму, я готов составить ему компанию.

Вернувшись из Коктебеля в Москву, я дома включил телевизор и увидел, что наш деревенщик уже сидит. На этот раз в Кремлевском дворце, в президиуме очередного съезда Союза писателей, кажется, РСФСР.

СМЕРТЬ ИРИНЫХ РОДИТЕЛЕЙ

Олимпиада кончилась, мы вернулись в Москву. Вскоре заболела Ирина мать Анна Михайловна и оказалась в больнице. Пролежала там дня три, и вдруг утром 21 августа к нам прибегает наша подруга Лена Щорс. Лене позвонил Данил Михайлович (наш телефон отключен) и сказал, что Анна Михайловна умерла, а он сам едет к нам. Мы стали ждать. Ждем, ждем — его нет. Послали ту же Лену Щорс к нему на «Автозаводскую». Она поехала, вернулась с известием, что и он умер. Выбежал из дома, чтобы ехать к нам, у него случился инсульт, и он умер прямо у подъезда.

Я подозревал, хотя так никогда и не сказал Ире о своих подозрениях, что КГБ убил обоих родителей. Мать прикончили в больнице, а отца у подъезда, чтобы лишить нас причины откладывать отъезд. Я знаю, что многим людям такие предположения кажутся дикими, но я не сомневался, что для КГБ убийство двух стариков, невольно стоявших поперек каких-то планов этой конторы, ничего не стоило.

В день смерти Ириных родителей у меня разыгрался приступ. Эти странные приступы были и раньше, сначала в слабой форме, а после моего отравления в 75-м году они усилились и участились. Врачи так и не смогли поставить никакой диагноз. У меня вдруг останавливалось дыхание, и было ощущение, что я не могу дышать непроизвольно, а как бы сам руковожу этим процессом.

И в этот день начался приступ, самый сильный за все время. Вызвать дежурного врача я не мог — из литфондовской поликлиники был исключен, а в районную не записан. От всех недомоганий меня лечил мой друг микропедиатр Виталий Андрющенко. Сейчас мы его вызвали, и он сидел около меня и все время мерил мне давление, как в реанимации. Я видел его изумление, потому что у меня давление поднималось до невероятных высот, потом падало, чуть ли не до нуля, и опять поднималось. Все время туда-сюда.

Я сказал Андрющенко, что, наверное, эту ночь уже не переживу, и попросил его позаботиться о моей семье.

Он начал меня успокаивать:

— Да ничего страшного.

— Ну да, я вижу, что ничего.

— Ничего органического у вас нет.

— Мне все равно, умру я от органического или неорганического.

Он спорить не стал.

Ира вызвала «Скорую помощь». Приехала «Скорая», врач сделал мне какой-то укол и сказал: «Надо срочно госпитализировать». Андрющенко говорит: «Нет». Приезжий врач настаивает на госпитализации. Началась борьба. Меня тащат в разные стороны: врач «Скорой» — в одну, Андрющенко — в другую. Андрющенко победил, и я остался дома. Только к утру приступ прошел. Но я чувствовал себя совершенно больным и был не в состоянии поехать на похороны родителей Иры.

Вскоре опять явился Санин.

— Скажи Идашкину, что у меня больше нет причин оставаться здесь. Я готов уехать в любое время, хоть прямо сейчас, — сказал я, находясь при этом в лежачем положении.

Санин говорит «хорошо» и уходит. Через некоторое время возвращается и передает мне слова Идашкина:

— Юрка сказал, что тебя выпустят. Просто человека, который тобой занимался, сейчас нет. Но ты не беспокойся, тебя выпустят, если, конечно, ты будешь себя хорошо вести.

— Ах, так! — говорю. — Тогда передай Идашкину, и пусть он передаст дальше, что я сейчас, конечно, болен и обессилен, но вести себя хорошо не буду. Пусть на это даже не рассчитывают. Я буду вести себя плохо. До самой смерти. И ставить мне какие-либо условия бессмысленно.

С этим он ушел. Потом было некоторое затишье. С их стороны. С моей — нет. Я тут же собрал иностранных корреспондентов. Сделал заявление, и Ира тоже написала свое заявление. Я сказал все, что думал о КГБ, называя их подлецами. Но о своих подозрениях об убийстве Ириных родителей умолчал, не хотел травмировать Иру.

ПРОСЬБА СРОЧНО ЗАЙТИ В ОВИР

Я болел несколько дней, ко мне вызвали сначала одного врача. Он пришел, сказал, что мне нужен покой, и только покой, и что я должен выпивать по рюмке коньяка в день. Потом пришел другой врач. Он меня послушал.

— А что вы лежите? — спрашивает.

— Как что? Я больной, мне велели лежать.

— Вставайте и идите.

— Куда? — удивился я.

— Куда хотите идите, — ответил он. — Ходите как можно дольше. И как можно быстрее.

Я встал и пошел. Я решил, что я никуда не уезжаю, ни к чему готовиться не буду, а буду жить, как жил, и не стану приноравливаться к обстоятельствам.

Стал заниматься своим здоровьем. Как я потом говорил, я перестал одновременно есть, пить и курить. Обычно старые курильщики, бросив курить, быстро толстеют, а я худел. За короткое время сбросил 10 килограммов, и потому, что жил так: вставал, съедал ложку чего-нибудь или пол-яблока, выпивал чашку кофе и выходил на улицу. Шел быстрым шагом. Мне всегда надо было выбирать какое-то направление. Один из маршрутов пролегал от моего дома у метро «Аэропорт» до метро «Полежаевская» через несколько парков. На преодоление этого маршрута уходило часа два с половиной. Приходил домой, чего-нибудь перекусывал и опять шел. Возвращался, ложился спать, вставал, ел, опять ходил. И быстро снизил вес с 80 килограммов до 70.

Однажды я шел мимо турника, и вдруг мне захотелось попробовать на нем подтянуться. В армии, занимаясь гимнастикой, я подтягивался до тридцати раз. Я подошел к турнику, легко подтянулся, перевернулся и сам себе удивился.

Снова курить я начал в день отлета, в самолете.

Я решил, что, очевидно, в КГБ вопрос о моем отъезде решен отрицательно, и не собирался добиваться чего-то другого. На чей-нибудь вопрос, когда я все-таки уеду, отвечал, что никогда. Но в ноябре ситуация изменилась. Однажды, в воскресенье, ко мне должен был прийти советник по культуре немецкого посольства Герман Грюндель. Ко мне иностранцы часто приходили пообщаться. (Уже потом, когда я жил в Германии, Грюндель рассказал, что немецкие власти и немецкий посол вели переговоры с советскими инстанциями по поводу моего выезда. Давали какие-то гарантии.) Очевидно, в КГБ хотели, чтобы я сказал Грюнделю, что уже все в порядке.

Было воскресенье, почта не работала. Я вышел в коридор и вдруг слышу, что-то шуршит. Смотрю, под дверь просовывается записка. Я ее схватил, дверь открыл — уже никого нет. Смотрю, это записка из ОВИРа: «Прошу срочно прийти в ОВИР. Капитан Баймасова».

Когда я оклемался, то пришел туда, и меня овировская сотрудница приняла чуть ли не с распростертыми объятиями: «Здравствуйте! Как поживаете? Как ваша доченька?» Дала анкету для советских граждан, выезжающих за рубеж. В анкете было написано, что советский гражданин за рубежом должен проявлять особую бдительность, не поддаваться на провокации и избегать мест скопления эмигрантов. А я нарочно, заполняя анкету, спрашиваю ее:

— А как я узнаю, кто из них эмигранты, а кто нет?

— Ну, как-нибудь... — отвечает она неуверенно.

Еще похожий пункт: «Если за границей вы оказались в купе с лицом противоположного пола, не соглашайтесь ни на какие предложения, поскольку это может быть провокацией».

Мой друг Дэвид Саттер ехал однажды в купе и переспал с лицом противоположного пола. Но Дэвид был американец, а лицо оказалось провокаторшей КГБ.

ДОСТУП К ТЕЛУ

Белла Ахмадулина предложила устроить прощальный вечер в мастерской Бориса Мессерера на Поварской улице, тогда Воровского. Я пришел туда сначала с четырьмя мешками своих рукописей, и мы с Борей долго их жгли. Я всегда сжигал рукописи. Хотя не делал это так драматически, как Гоголь, но сжег когда-то примерно три тысячи своих стихотворений, считая их плохими. А сейчас иногда жалею. Вспоминаю некоторые строчки и думаю: а ведь было неплохое стихотворение. Но целиком вспомнить не могу.

А перед моим отъездом мы сжигали черновики и то, что я хотел уничтожить. Рукописи, если постараться, все же горят, хотя и с трудом. Мы с Борей их ворошили кочергой, сминали и в конце концов одолели.

Прощание длилось несколько дней, и меня все эти дни не оставляло ощущение, что я присутствую на собственных похоронах. Приходили друзья, знакомые, малознакомые и совсем незнакомые люди. Из последней категории мне запомнились два молодых человека террористического вида. Они не хотели говорить вслух из-за предполагаемых микрофонов и подали мне записку, в которой сообщали, что их подпольной организации необходимо срочно послать своего человека на Запад и они просят меня найти этому человеку невесту иностранного происхождения. Не знаю, воображали ли они себя действительно подпольщиками, были ли своеобразными брачными аферистами, желавшими таким путем выехать за границу, или имела место одна из последних провокаций КГБ. Кто бы они ни были, я им помочь никак не мог, так как свободной иностранной невесты у меня в то время под рукой не было, о чем я им и сообщил, и они ушли очень разочарованные и, кажется, мне не поверив.

Доступ к телу был открыт. Поток посетителей начинался с раннего утра и кончался далеко за полночь. Утренние посетители приходили поодиночке или небольшими группами, вели себя тихо, сидели со скорбными лицами и разговаривали вполголоса, как и полагается в присутствии усопшего. Но ближе к вечеру поток усиливался, все чаще хлопала за стеной дверь лифта, все чаще раздавался звонок в дверь квартиры, и в конце концов народу набивалось столько, что было трудно протолкнуться. Вечерние посетители тоже приходили со скорбными лицами, но толкотня, многолюдность и водка делали свое дело, и пришедшие начинали шуметь, как обычно бывает с гостями, развеселившимися на поминках.

Однако все это прошло. Прошел поток посетителей, прошел прощальный вечер, устроенный Беллой и Борей, и наступил последний день.

БЫВШИЕ ДРУЗЬЯ

Среди приглашенных на мои проводы людей не было Феликса Светова и Владимира Корнилова, дружба с которыми кончилась одинаково — полным крахом. Феликс, как я узнал уже на Западе, написал обо мне большое сочинение, в самом начале которого обо мне было сказано: «Я любил его до дрожи, до сердцебиения», а потом все о том, каким я оказался плохим. Причем плохим с самого начала, потому что, по словам воспоминателя, к дружбе мы с самого начала относились по-разному: «Все мое — твое, а твое...» Тут значительное многоточие, хотя если по правде, то чаще было наоборот: я, имея заработки побольше световских, часто одалживал ему трешки-десятки, назад никогда их не требовал. Согласно сочинению Светова, бывший его друг (то есть я), когда стал печататься, разбогател, стал покупать дома (чушь!), зазнался, перешел с водки на виски с тоником (глупость хотя бы потому, что виски с тоником не пьют). А потом собрался уехать якобы по принуждению, во что автор не поверил, написал ернически (цитирую по памяти): «а я своим умишком что-то не дотумкаю, в ОВИР разве пришлось не своими ногами чапать».

Примерно так же кончилась и другая дружба.

Когда я собрался сделать решительный шаг — передать на Запад рукопись «Чонкина», об этом догадался Владимир Корнилов. Прибежал ко мне и потребовал, чтобы я и его рукописи передал (сам он этого сделать не мог, потому что у него еще не было знакомых иностранцев, они появились потом). Я никогда никого не толкал к диссидентству. Тех, кто просил меня им в том поспособствовать, долго отговаривал. Отговаривал и Корнилова. Я ему сказал, что мое положение такое, что мне терять уже нечего. Я властями доведен до полного отчаяния. Меня не только не печатают, но не дают даже заработать на кусок хлеба и не оставляют мне никакого выхода, кроме бунта.

А его положение было еще терпимым. Его не печатали, но давали переводить стихи поэтов других советских народностей, и он неплохо этим зарабатывал. Кроме того, стихи можно не печатать, но они расходятся по рукам, многие советские поэты только этим удовлетворялись. Как писал Галич, «Эрика» берет четыре копии, вот и все, и этого достаточно».

Я его отговаривал, он настаивал, я в конце концов согласился и отдал две его повести и только что написанный роман «Демобилизация» иностранцам, которые доставили все это на Запад. Рукописи Корнилова попали в издательство «Посев» и были там опубликованы раньше «Чонкина». Мы продолжали жить, общаться довольно тесно. После покушения на меня в гостинице «Метрополь» Корнилов ходил вместе со мной к доктору Аркадию Новикову, который подтвердил факт моего отравления. Вместе с ним мы отнесли рукопись Гроссмана Сахарову. Но кошка уже пробежала. Корнилов стал сочинять на меня эпиграммы и пародии. Я не против ни того, ни другого, если вышучиваются какие-то черты характера пародируемого или особенности его стиля. Но Корнилов писал с очевидным намерением обидеть. Я, правда, тоже в долгу не оставался. Однажды на дне рождения Ларисы один из гостей, а именно наш общий друг Витя Фогельсон, сильно выпив, стал декламировать стишок из известной матерной серии «На винограднике шабли...» Юмор там в том, что матерное слово подразумевается, но не появляется или появляется, но не то и не там, где его ожидаешь. «Два футболиста, снявши бутсы, с двумя девицами... гуляют». И вот Фогельсон стал читать: «Поэт Гийом Аполлинер имел весьма огромный... х.й, а вот писатель Жан Ануй, так тот имел большущий х.р.». Тут и я решил сочинить что-то подобное, причем без всякого недоброжелательства, а исключительно из хулиганских соображений. Вспомнив, что у жены Корнилова Ларисы был когда-то роман с литератором Борисом Носиком, я продекламировал «Писатель Боря Заходер имел больших размеров... носик. А вот писатель Боря Носик так тот имел огромный...» дальше — рифма к Заходеру.

Наши отношения были еще терпимыми. Но постепенно ухудшались, пока он убеждался, что пишет больше меня. А потом стал склоняться к мысли, что не хуже. А потом, что и получше. В этом его поддержали и укрепили Евтушенко и его тогдашняя жена Галина.

Однако видимость дружбы между нами все еще сохранялась, пока на Западе не вышел из печати «Чонкин». И прошел в некоторых странах, а особенно в Америке, с очень большим успехом. Этого Корнилов пережить не мог. Он стал утверждать, что я знал заранее, что роман должен быть размером не больше чем триста страниц, а ему этого не сказал. После этого наши отношения просто рухнули. Корнилов в пору увлечения мной видел во мне добродетели, которые теперь для него исчезли. В разговорах с разными людьми, в том числе и нашими общими друзьями, если речь заходила о моральных человеческих качествах, он тут же ссылался на меня, как на пример аморальности и бесчестности. Ни одному моему слову не верил. Когда пришло время мне уезжать, он, как и Светов, сомневался, что мне был предъявлен ультиматум. Много лет спустя, на собрании журнала «Апрель», когда Евтушенко сказал, что я лгу о том, что меня отравили, Корнилов, призванный в свидетели Сарновым, сказал, что он об этом ничего не знает.

ОТЪЕЗД И ПОСЛЕДНЯЯ СХВАТКА

21 декабря 1980 года в седьмом часу утра измученные бесконечными прощаниями и последней бессонной ночью, Ира, Оля и я спустились вниз, в темноту московского декабрьского утра, к толпе, нас ожидавшей, как ожидают на похоронах выноса тела. Толпа, как и полагается в таких случаях, состояла из людей близких и неблизких, из тех, с кем виделись почти каждый день, и тех, кто не появлялся, может быть, несколько лет, а теперь вот пришел проститься.

Пришли мои старшие дети Марина и Паша. Пришли близкие друзья. Приехали родственники из провинции. Высыпали во двор полуодетые соседи. Почему-то в памяти осталось, как из темноты выделился и приблизился актер Валя Никулин. Семь лет назад, когда меня исключили из Союза писателей, он позвонил и сказал, что непременно придет в самое ближайшее время, но не пришел (да и не обязан был, наше знакомство было шапочное), а теперь вот появился, и мы обнялись торопливо.

Но для всех объятий времени уже не оставалось, захлопали дверцы машин, и наш странный кортеж, состоявший из «Жигулей» и машин иностранных марок, понесся в аэропорт «Шереметьево».

Закончился период странного и неестественного противостояния еще одного человека государству, которое вело эту борьбу, не жалея ни сил, ни времени, ни зарплаты вовлеченным в борьбу сотрудникам секретных служб.

И наступил последний акт. Наши небогатые пожитки (мы взяли с собой всего четыре чемодана, один из них с дочкиными игрушками) проверяла целая бригада таможенников. Проверяли каждую вещь, каждый ботинок, каждую Олину куклу вставляли в рентгеновский аппарат. Ничего они не искали, кроме, может быть, повода подвергнуть нас последнему унижению. Но все пропускали. Заинтересовались бронзовой медалью Баварской академии изящных искусств, по приглашению которой я уезжал сейчас в Мюнхен. Потом подумали, посоветовались с кем-то, пропустили. Я держался индифферентно. Мне было на самом деле все равно. Досмотр подходил уже к концу, и два наших чемодана уже поехали куда-то вниз по наклонному транспортеру, когда меня вдруг подозвали и попросили расписаться в каком-то бланке. Я спросил, в чем я должен расписаться.

— В том, что ваша рукопись конфискована.

Я удивился: какая рукопись? Мне показали пачку выцветшей и пожелтевшей бумаги. Это была глава, не вошедшая в опубликованную повесть о Вере Фигнер, глава, которую я наверняка уже давно каким-то другим способом отправил за рубеж. Но, наверное, я не был тогда в самом спокойном состоянии, потому что тут же швырнул им их бланк назад, а язык уже произнес необдуманные слова:

— Хорошо, в таком случае я возвращаюсь домой.

Я выхватил у рабочего третий чемодан, который он волок к транспортеру, и подошел к перегородке, отделявшей нас от провожавших.

Какой-то тип в штатском распростер руки:

— Стойте, подождите!

Я поставил чемодан и подошел к старшему таможеннику.

— И не стыдно позориться на глазах у всех людей? Из-за каких-то бумажек. Неужели вы думаете, что я доверил бы вам действительно что-нибудь ценное?

И вдруг, что это? Я не поверил своим глазам и ушам. Таможенник покраснел, опустил глаза и четко, почти по слогам произнес:

— Ваши отношения с таможней закончены. У таможни к вам нет никаких претензий.

Я растерялся. Я-то думал, что все они здесь кагэбэшники, кто в форме таможенника, кто просто в штатском. А оказывается, ему стыдно. Он не хочет, чтобы я считал его одним из *этих*. Я отошел. Некий тип в плаще побежал в дальний угол с карманным приемником-передатчиком и принялся быстро и возбужденно в него что-то бормотать. С кем он связывался? С Лубянкой? Воскресенье, раннее утро, Андропов, может быть, еще спит.

Ира сказала другому кагэбэшнику, который топтался рядом:

— И что вы суетитесь? Вы же все равно эти бумаги отдадите.

— А вот и не отдадим, ни за что не отдадим, — ответил он злорадно. — Вы нас не знаете.

— Это вы его не знаете, — сказала Ира.

Приблизился тот, который бегал с передатчиком. Я встал у него на пути.

— И что ты бегаешь с этой штукой? Что ты там бормочешь? И не стыдно?

— А я ни при чем! — закричал он нервно.

— Врешь, — сказал я, — уж ты-то при чем. Это он, — я показал на таможенника, — может быть, еще ни при чем. А ты-то как раз при чем.

— Я ни при чем, — еще раз повторил он и кинулся от меня бежать. Мне показалось, что и ему стало как-то неловко.

Это подействовало на меня отрезвляюще, и я успокоился. И стал думать, зачем я устроил этот скандал? Тем временем два первых наших чемодана появились из подземелья. Подошел рабочий и, как мне показалось, злорадно сообщил, что двигатели запущены и самолет отправляется.

— Уже не уедете, — сказал он.

Из толпы провожавших, молчаливо наблюдавшей эту последнюю сцену, раздался голос Булата:

— Володя, что ты делаешь? Другого шанса не будет.

Я и сам знал, что не будет. Я уже жалел о том, что случилось. Случившееся даже отчасти противоречило моим правилам. Правил у меня вообще-то немного, но одно из них твердое и продуманное. Я стараюсь не говорить, что я что-то сделаю или чего-то не сделаю, если не уверен, что поступлю именно так. И второе правило — прямо вытекает из первого. Если я сказал, что я сделаю то-то и то-то, я должен это сделать. А уж в данном случае тем более. Раз я сказал, что я без рукописи не уеду, значит, свое слово должен держать. А слово-то глупое, ведь первый экземпляр рукописи, не очень-то даже для меня важный, уже переправлен, а этот я так положил, просто на всякий случай. Но ничего не поделаешь. Потом я задним числом думал, что у кагэбэшников даже и шанса не было не сдаться. Вопрос о моем отъезде был решен на каких-то верхах, им недоступных. И нарушить решение верхов им было не под силу. Но тогда я этого точно не знал и, правду сказать, чувствовал, что из-за ерунды подвергаю себя большому риску.

Деваться, однако, было некуда...

Им тоже деваться было некуда, и рукопись мне вернули. Если сказать честно, при этом я испытал некоторое злорадство. Они меня хотели унизить, а унизил их я. Но я еще не знал, что меня ждет следующее испытание.

Только мы скрылись с глаз провожавших нас друзей и иностранных корреспондентов, как в каком-то коридорчике нам опять преградили дорогу таможенники и милиция. Оказывается, кроме общего досмотра, нам предлагают пройти еще личный обыск. Женщина-таможенница завела в кабинку мою жену и дочь и тут же выпустила их обратно. Настала моя очередь. Мы вошли в кабинку втроем. Толстый таможенник с большой звездой в петлице, капитан милиции, в отличие от таможенника худой, с коричневым дубленым лицом, и я.

— Выньте все из карманов! — приказал таможенник.

За будкой плакала Оля, Ира ее утешала, я не хотел их больше травмировать и решил подчиниться. Вынул из карманов все, что в них было. Паспорт, какие-то деньги, которые я не пытался утаить, просто забыл о них на первом досмотре. Но таможенника мои деньги нисколько не заинтересовали. Потому что перед ним была поставлена цель не уличить меня в валютных операциях, а унизить. Я это понял. Но я знал, что унизить меня он не может, потому что я к нему отношусь примерно как к корове. Я знал, что могу сопротивляться и, возможно, даже без особого риска, но мог и полностью повиноваться, ничуть не чувствуя себя оскорбленным. Я так и решил — делать все, что он потребует. Он приказал мне снять сапог, я снял. Он, сидя на корточках, сунул руку внутрь. И вдруг я увидел, что передо мной не какой-то там грозный страж чего-то, а немолодой человек, толстый, краснолицый, страдающий одышкой.

— Слушай, — сказал я ему нарочно на «ты», — а что ты там ищешь? Бомбу?

— Нет, — сказал он хмуро, — не бомбу.

— А что? Совесть свою?

— Снимите второй сапог, — сказал он и протянул руку.

Я снял сапог и швырнул мимо его руки на пол. И приказным тоном сказал: «Подними!» Он поднял и туда сунул руку. И тогда я, уже сильно разозлившись и даже уже готовый опять отказаться от полета (хотя это было бы все-таки глупо), сказал:

— И не стыдно тебе меня обыскивать? Ты же знаешь, что я не преступник, а писатель.

— А я ваших книг не читал, — сказал он, как мне показалось, агрессивно.

— И стыдно, что не читал, — сказал я. — И вообще, посмотри на себя. Что ты тут ползаешь по полу? Ты же потерял человеческий облик. Ты такой толстый, тебе трудно, у тебя давление поднялось, у тебя может быть инсульт, а ты ползаешь. Я бы на твоем месте лучше застрелился, чем делал эту работу.

Вернув мне сапог, он начал следующую фразу:

— А теперь...

Я решил, что он собирается раздеть меня донага, и на самом деле можно было вытерпеть и такое, но я был не в том состоянии.

— Что теперь тебе еще нужно, сволочь? — повысил я голос.

И вдруг он закричал: «Ничего! Ничего!» — и выскочил из кабинки.

Я сначала подумал, что он побежал звать кого-то на помощь, и сидел в одном сапоге — ждал, что прибегут какие-то люди, будут заламывать мне руки. Но никто не бежал. Я стал собирать вынутые перед этим бумажки, и до меня дошло, что обыскиватель мой просто сбежал. Потому, как я догадался позднее, что ему стало стыдно.

Натягивая сапог, я встретился взглядом со все еще стоявшим надо мной милиционером. Он смотрел на меня странно, очевидно, не понимая, что происходит.

— А куда он ушел? — вдруг спросил милиционер, обращаясь ко мне заискивающе, как к начальнику.

— А я не знаю. Наверно, пошел стреляться. — И предложил: — Пойди и ты застрелись.

Я думал, что милиционер рассердится, но он вдруг как-то жалко улыбнулся и спросил:

— А вы надолго уезжаете?

— Ненадолго, — сказал я. — Я скоро вернусь.

Потом мы все трое бежали к самолету. Я еще кому-то выкрикивал какие-то проклятия, а служащая аэропорта бежала за нами и истерически восклицала: «Это для вашей же безопасности! Это для вашей же безопасности!» Она оправдывалась, не понимая сути происшедшего.

Мы оказались последними пассажирами, вошедшими в самолет, у которого уже были запущены двигатели. Как я потом понял, самолет был задержан именно из-за нас. Только мы вошли, дверь закрылась, и самолет порулил на взлетную полосу. Набрали высоту, и появилась стюардесса, которая везла на тележке разные напитки: пиво, водку, коньяк, виски, джин... Я взял чекушку водки, пачку сигарет и спросил, сколько стоит. Она мне сказала: в долларах столько-то, в западногерманских марках в два раза больше.

— А в рублях? — спросил я.

— Отечественную валюту не принимаем, — сказала она и покраснела.

Моя младшая дочь Оля в возрасте около трех лет сочинила сказку: «Шел слон. Навстречу ему волк. Волк сказал: «Слон, слон, можно я тебя съем?» — «Нельзя», — сказал слон и пошел целый».

Ира говорила, что эта сказочка про меня. Я бы сказал, что почти про меня. Слон ушел живой, но сильно обкусанный.

Часть шестая

Мягкая посадка

НЕОСОЗНАННАЯ ОБХОДИМОСТЬ

Самолет шел на посадку. Я смотрел в окно. В Москве все было заснежено, а здесь зеленая трава и ярко-красные черепичные крыши. Невольно я вспомнил про одну свою читательницу из Ленинграда, Маргариту Николаевну Фигнер, которая, найдя в моем сочинении о ее родственнице несколько ошибок, заметила и то, что у меня в родовом имении Фигнеров крестьянские избы покрыты черепицей. «Откуда в Казанской губернии такой прибалтийский пейзаж?» — удивлялась возмущенно читательница. Я ей объяснял, что отец моей героини Николай Александрович Фигнер постоянно затевал разные предприятия: то крупорушку построит, то еще чего. Кроме прочего, построил кирпичный завод, где делал и черепицу, вот откуда и черепичные крыши. Теперь я сверху увидел тот самый пейзаж, который в здешних местах назвать прибалтийским было бы неуместно. Маленькие деревушки или хутора, то есть отдельные крестьянские дворы с прилегающими постройками и везде соединенными асфальтированными дорогами. Автобан с петлеобразными развязками. Приземлились. Меня удивил броневик на летном поле с надписью POLIZEI. За турникетом у кабины паспортного контроля стоял Вика Некрасов в кожаной куртке нараспашку, и где-то за ним маячила Дорис Шенк с большой мохнатой собакой в руках. При ближайшем рассмотрении собака оказалась искусственной и предназначалась в подарок Оле. Я швырнул паспорт полицейскому и, не дожидаясь возвращения документа, кинулся к Вике и Дорис. Я не представляю себе, чтобы сегодня немецкий полицейский позволил мне такую вольность. Но тогда они, видимо, предупреждены были заранее, что я имею право.

За пределами багажного отделения ожидали другие встречающие: Марио и Лена Корти, Дорис Шенк, Игорь, Лена и Оля Шенфельд, Владимир Матусевич, передачи которого по «Свободе» я слушал в СССР. Дорис сказала, что среди ожидавших меня были еще два или три замеченных ею, как она думет, кагэбэшника. Подошла корреспондентка радио «Свобода» Оксана Антич с микрофоном.

— Господин Войнович, вы приехали на Запад, какие у вас первые впечатления?

— Какие первые впечатления? Никаких, я только что вышел из самолета.

Она задала мне несколько коротких вопросов. Я коротко и осторожно ответил.

Приблизился высокий рыжеватый и усатый господин, представился: Ота Филип, Баварская академия. На более или менее приличном русском языке сказал, что ему поручено доставить меня в гостиницу. Лена Корти спросила, в какую гостиницу.

— А этого я вам не скажу, — ответил Ота Филип сурово.

Но таинственность оказалась бесполезной. Мы поехали с Филипом, остальные за нами. Филип надеялся, что они отстанут, но этого не случилось. Приехали в гостиницу «Сплендид», показали паспорта, заполнили короткую анкету. Вика сказал, что мы все приглашены в ресторан «Рома» тут же, на Максимилианштрассе. О чем говорили, разумеется, не помню. Помню, мне сказали, что отсюда, из автомата, можно за пять марок позвонить в Москву. Я воспринял это как чудо. Позвонил сначала детям, потом Сарнову. Слышимость была замечательная, и я подумал, что все-таки разлука не будет полной. К концу трапезы ко мне подсел Игорь Шенфельд и спросил, не хочу ли я поступить работать на «Свободу».

Я ни к какой штатной работе никак не готовился, но спросил:

— А что делать?

— Есть место в исследовательском отделе. Работа простая. Допустим, день рождения Михалкова. Надо написать статью о нем.

Я не рассердился. Я пришел в ужас.

— Ты понимаешь, что значит твое предложение? Неужели я претерпел все, что мне выпало, только для того, чтобы в конце концов осесть в какой-то конторе и писать статьи про Михалкова?

— Это не какая-то контора, — важно поправил Шенфельд, — а исследовательский отдел серьезной радиостанции. Ты отказываешься легкомысленно. Ты скоро поймешь, что без постоянной работы на Западе прожить невозможно и такую работу ты можешь получить только на «Свободе».

— Тогда, — сострил я, — вам вашу станцию следует называть не «Свобода», а «Осознанная необходимость».

В ГОСТИНИЦЕ «СПЛЕНДИД»

После плотного обеда вернулись в гостиницу. Гостиница маленькая, двухэтажная. Название Splendid отвечало качеству. У нас уютный двухкомнатный номер на втором этаже. Потом я узнал, что в этой гостинице часто останавливались именитые иностранцы. Например, Хемингуэй или в наше время голливудские артисты. Утром спустились к завтраку. Маленькая комната, искусственная елка с игрушками — дело к Рождеству. На завтрак свежие булочки, сыр, джем. Запах, похожий на тот, которым встретил нас когда-то эстонский город Выру. Мы еще не допили кофе, появляется и садится за соседний столик Вика Некрасов. Я спрашиваю:

— Ты что, тоже в этой гостинице живешь?

Он отвечает почему-то смущенно:

— Да, тоже в этой гостинице.

Я думал, так случайно совпало. Оказалось, вовсе не случайно. Руководство радио «Свобода» его специально сюда вызвало из Парижа и поселило именно в этой гостинице, так что мой адрес с самого начала не был секретным. На «Свободе» решили, что я не захочу давать им интервью, но Вике отказать не посмею. Их сомнение не было лишено оснований. Я действительно надеялся пока помолчать. Имея утопический план неожиданного возвращения через год, я не хотел особенно раздражать советскую власть и давать ей повод лишить меня гражданства немедленно. Кроме всего, боялся за детей, отца и сестру. Думал, буду избегать публичных высказываний.

Благое намерение.

Но еще накануне позвонил из Би-би-си Леонид Владимиров. Я подумал: ладно, для Би-би-си сделаю исключение, эта станция считается не самой антисоветской, а вот уж «Свободе» все-таки откажу. Но тут сидит Некрасов, и откуда-то из-под лестницы вылезает Владимир Матусевич с катушечным магнитофоном и вопросом:

— Дадите интервью?

— Нет, не дам.

А Вика говорит:

— Ну, со мной-то ты можешь поговорить?

Не дать интервью, а поговорить.

Что я ему могу ответить? Конечно, Вика, конечно. Как и в чем я могу тебе отказать?

Уселись в уголке. Матусевич включил микрофон. Всех вопросов, конечно, не помню. Наверное, говорили об общем положении дел, о стране, литературе и перспективах. Наверное, я выразил свое предположение, которое тогда мало кому казалось реалистичным, о возможных в обозримом будущем переменах. Разговор дошел до состояния современной литературы, которое я считал плачевным.

— А как же деревенщики? — спросил Вика. — Белов, Астафьев, Распутин?

Это было время, когда группа писателей, называвшихся деревенщиками, вошла в моду. Они писали, кто лучше, кто хуже, в общем, может быть, неплохо, но критики объявили их достигшими в литературе самых высоких вершин. Борис Можаев, сам принадлежавший к этой группе, высказал мнение, охотно подхваченное другими, включая Солженицына, что деревенщики в своих сочинениях о деревне превзошли Тургенева и Толстого, потому что в отличие от классиков сочетают в себе личный опыт (сами крестьяне) и высокую образованность (кончили Литературный институт).

О художественной ценности деревенщицких книг можно было еще спорить, но меня очень удивляло беспокойство об этих людях как отважных разоблачителях режима. Некоторые поклонники этих писателей шли дальше, утверждая, будто они так хорошо пишут, что даже советская власть не может этого не признать. Я, помня, как советская власть относилась к другим, которые, без сомнения, писали не хуже, и о себе тоже думая не совсем скромно, относился к этим высказываниям с раздражением. Я видел, что советское государство не просто терпит этих превзошедших Тургенева и Толстого, а всячески поощряет их тиражами, премиями и орденами.

Я не разделял восторгов по поводу этих на самом деле вполне благополучных и обласканных властью писателей и удивлялся беспокойству за них, как отважных и преследуемых. Незадолго до того я слышал, как Вика собирал и передал с оказией какую-то посылку Распутину. И сейчас он стал говорить что-то об их тяжелой судьбе. Я разозлился:

— Да откуда этот миф? Кто их преследует? Это тебя преследовали, меня преследовали, Жору Владимова травят, а их никто не трогает. Их широко печатают. Их хвалят в газетах. Их противопоставляют диссидентам, и они охотно противопоставляются. Они заседают в секретариатах, президиумах и парткомах.

Вика был огорчен моими ответами.

— А Ваську ты тоже не любишь? — спросил он меня печально.

К Шукшину я относился лучше, но помнил рассказ Некрасова о том, как Василий уклонился от встречи с ним, попавшим в опалу. Вика тогда обиделся, но, будучи человеком отходчивым (как казалось мне, чересчур), простил своего покойного друга. А я за него ту обиду помнил.

Следующим интервьюером была Лана Дейя из «Голоса Америки», самого осторожного в выражениях из зарубежных радиостанций. Когда я в Москве делал какие-то резкие заявления для иностранных корреспондентов, «Голос Америки» неизменно передавал их, но всегда предваряя словами: «Мы передаем с небольшими сокращениями». Познакомившись еще в Москве с одним из старейших сотрудников «Голоса», Виктором Французовым, я сказал ему: «Вы должны так говорить: «Мы передаем это с небольшими, но существенными сокращениями».

КАРИН И ПОЛЬ ЗАРУБИНА

В день нашего приезда дежурной по гостинице была женщина, назвавшая себя Кариной. Как мы потом выяснили, она была больше, чем дежурная, она управляла гостиницей за молодого хозяина, который в дела особенно не вникал, но иногда приходил подсчитывать доходы, очень приличные, на которые, как она говорила, покупал себе много рубашек. Он был гомосексуалистом и через несколько лет умер от СПИДа.

Отвлекусь от сюжета и замечу, к слову, что в Советском Союзе я лично гомосексуалистов не знал, потому, наверное, что, имея в виду Уголовный кодекс, они вели скрытный образ жизни. А за границей, в Америке и Германии, познакомился с ними. Так вот все те, кого я знал, умерли от СПИДа.

Однако вернусь в гостиницу «Сплендид». Карина нам потом рассказала, что не знала, кто мы такие и что в нас особенного. Однако что-то особенное было. Вот приблизительно ее рассказ:

— Явился однажды генеральный секретарь академии профессор Карл Шуман и просил, чтобы я приготовила самый лучший номер. Я приготовила. Шуман приходил еще два раза, проверял, все ли в порядке. Я ожидала, что приедут какие-то очень важные персоны, но вы слишком важными мне не показались. По виду обыкновенные люди. Но что-то в вас было такое, что, когда я смотрела на вас, у меня сжималось сердце, и тогда я пряталась за стойкой и плакала.

На второй или третий день нашего пребывания в гостинице появился новый официант, говоривший по-русски с акцентом и с ошибками. Оказался мужем Карины. Сын русских эмигрантов первой волны. Вырос в Париже, говорил про себя: «Я не русский, я француз и французский офицер».

Звали его Поль Зарубина. Не Зарубин, а именно Зарубина. В детстве был Гончаровым. Потом папа Гончаров бросил маму, мама дала сыну свою фамилию. В Парижском муниципалитете не поняли, что фамилия женского рода, и дали такую, как есть, мальчику, написав в документах: «Поль Зарубина». А ему оказалось все равно, он за то, чтобы убрать букву «а», бороться не стал. Работал Зарубина метрдотелем ресторана одной из главных гостиниц Мюнхена «Арабелла». Владел свободно немецким, французским, английским, испанским и итальянским, а по-русски говорил с акцентом и многими ошибками. Писал еще хуже. Потому что, когда мальчиком был в бойскаутском лагере, писал матери письма по-русски, она исправляла его ошибки и отправляла ему обратно. Тогда он перестал вообще писать по-русски. И говорить тоже. Когда мы познакомились, он к русским делам особенного интереса не проявлял, но к нам расположился. Узнав, что я известный русский писатель, написал матери письмо (по-французски), она ответила ему (по-русски), чтобы был со мной осторожен, потому что все советские люди большевики и чекисты. Он, однако, ее предупреждениям не внял, и какое-то время мы общались.

Мы приехали 21 декабря, а через три дня начались рождественские каникулы. Я даже не мог себе представить, насколько большой это праздник. На Мариенплац детей катали на нарядных лошадях и на пони. Пахло жареными каштанами и глинтвейном, которые публика потребляла в большом количестве. Странное веселье без повального пьянства. Было много музыки и света. Посреди площади стояли в ряд киоски, разукрашенные елочными ветками, игрушками, цветами и сами по себе разноцветные. Когда человеку одиноко, чужой праздник нагоняет на него еще большую тоску. Мне было тоскливо и странно, что люди так беспечно веселятся. Мне казалось, наступает конец Света, а они этого не видят и не чувствуют.

НОРМАЛЬНЫЙ МЕНШ

Как-то я поздно вернулся в гостиницу. Меня остановил ночной портье и стал спрашивать, что я думаю о немцах. Я ответил, что в целом это культурные, вежливые люди, улыбаются, охотно отвечают на вопросы.

Он покачал головой.

— Это все внешнее. На самом деле люди бездуховные, думают только о материальном. Каждый мечтает о том, чтобы иметь хороший дом и «Мерседес».

Я его пытался уверить, что люди везде одинаковы, и в России думают тоже больше о материальном, разница только в уровне запросов. Здесь — дом и «Мерседес», там — отдельная квартира и «Жигули».

Потом я встречал очень многих немцев, которые представляли себе русских такими, каким нас хотела воспитать советская пропаганда: живущими только мечтами о светлом будущем и равнодушными к сегодняшним материальным благам.

Банкир Клаус Ценц, которому я много рассказывал о Советском Союзе и советских людях, казалось, слушал меня внимательно, но встреча с реальным советским человеком его потрясла.

— К нам в банк, — сказал он мне, — приехал для переговоров какой-то ваш министр. Сразу потребовал, чтобы его поселили в «Фир ярясцайтен» («Четыре времени года» — самая дорогая гостиница в Мюнхене), чтобы по утрам ему подавали черный «Мерседес», а когда мы составили договор, он только бегло его просмотрел и сказал, что подпишет его, как только мы переведем два процента на его личный счет в швейцарском банке. Нормальный человек (Ein normaler Mensch), — заключил свой рассказ удивленный Клаус.

— А по-моему, — сказал я, — он нормальный преступник. И вы преступники, если согласились на его условия.

— Нет, — объяснил мне Ценц, — мы не преступники. Наш закон позволяет нам подкупать чиновников недружественного нам государства.

НАМ И ЗДЕСЬ ХОРОШО

После Рождества появился Карл Шуман и вежливо поинтересовался, что мы думаем насчет постоянного жилья.

— Не беспокойтесь, — сказала ему Ира. — Нам и здесь хорошо.

Лицо Шумана осталось бесстрастным, но, как мы догадались потом, он испугался, и очень сильно. Ира не понимала, что для бедной Баварской академии держать нас в гостинице, да еще такой дорогой, как «Сплендид», было не по карману. У нас, советских людей, были совершенно другие представления о том, что почем. В свое время я часто бывал в Ленинграде по приглашению «Ленфильма» и неделями жил в гостинице «Европейская» в просторном двухкомнатном люксе. «Ленфильм» платил за гостиницу четыре рубля в сутки и мог держать меня сколько угодно времени. Так же безболезненно для своего бюджета могла держать своих гостей в гостиницах Москвы Академия наук СССР. Мы не понимали, что академия бывает бедной, а гостиница слишком дорогой.

Через пару дней Шуман опять пришел с сообщением, что некая фрау фон Вульфен, дочь бывшего генерального секретаря академии, поэта графа Подевильса, предлагает нам пожить у них в загородном доме.

В Штокдорф мы приехали на электричке. На станции нас встретила худенькая, скромно одетая женщина на стареньком «Фольксвагене-жуке» тогдашних времен с двигателем воздушного охлаждения сзади. Привезла в какой-то дом, где было полутемно, горели свечи, в углу — маленькая панорама: модель яслей, где родился Христос, три волхва, ослы, коровы. Поговорили на ломаном английском. Она сводила нас в другой двухэтажный дом, показавшийся мне странным. Внизу — кухня, а все остальное — три комнаты, ванная и коридор — наверху. Я боялся, что Ире не понравится, и тогда придется искать что-то другое, но она, к моему удивлению, легко согласилась, я, естественно, не возражал.

Когда мы сказали Полю, или, как жена его называла, Павлику Зарубине, что едем в Штокдорф, он воскликнул: «Так и мы живем в Штокдорфе! Бог нам посылает вас!» Потом он к нам приходил в гости, иногда помогал нам принимать других гостей. Мы внизу готовили, а гостей принимали наверху. Зарубина показывал свой высокий профессионализм, неся сразу по шесть тарелок.

Мы собирались пожить у Вульфенов только первое время, но прожили лет десять, не считая двух годичных перерывов, когда мы жили в Америке.

КРУГ ДРУЗЕЙ

Чуть ли не в первый день нашего приезда мне в гостиницу позвонил из Кельна профессор Вольфганг Казак, о котором я раньше имел весьма смутное представление. Он был известный славист и, пожалуй, единственный славист, относившийся резко отрицательно к советской системе и советской казенной литературе. Другие слависты в подавляющем большинстве придерживались левых просоветских взглядов, охотно ездили в Советский Союз (а с другими взглядами их бы и не пустили), дружили с советскими литературными боссами и переводили их книги.

Вольфганг был сыном известного немецкого писателя Германа Казака. Во время войны совсем мальчишкой попал в советский плен, был в лагере где-то под Куйбышевом (Самара). Начальник лагеря расположился к нему, жалел и при первой возможности занес его в список отправляемых на родину. Вольфганг всегда с благодарностью вспоминал этого начальника и других русских, которых встречал в плену, но был достаточно умен, чтобы не судить по отдельным людям о сути советской власти. Казак позвонил, чтобы поздравить меня с приездом, и сообщил, что какие-то анонимные люди, которые называют себя кругом моих друзей, назначили мне годовую стипендию — три с половиной тысячи марок в месяц. Я был ужасно смущен. Как? Зачем? Что за люди? Казак сказал, что эти люди не хотят себя называть. Много лет спустя я узнал, что кругом друзей, опасаясь вызвать недовольство советской власти, назвал себя фонд Александра Гумбольдта.

ПЕРЕПАЛКИНО

Итак, живем в Штокдорфе, деревне, которую мы сначала переименовали в Палкино, а потом по ассоциации с Переделкино — в Перепалкино. Деревней это можно назвать условно. Основное население здесь — богатые люди: министры, юристы, банкиры. Наш хозяин Левин фон Вульфен, нотариус и владелец собственной нотариальной конторы. Звание нотариуса в Германии очень уважаемо и ценится выше адвокатского. Левин начинал именно как адвокат, но потом переквалифицировался. Двоюродный брат Левина Фридрих или Фриц фон Халем, двухметрового роста ленивый человек с рыжими усами, вместе с Левином начинал как адвокат и вместе надеялся переучиться на нотариуса. Но на курсы нотариусов был конкурс, около пятисот человек на десять мест, Левин занял шестое место, а он, Фриц, по его собственному признанию, примерно 272-е. И неудивительно, потому что он не похож на немца, слишком ленив. Я бывал несколько раз в его конторе и понял, что клиентов у него немного и к умножению их он не стремится. Каждый раз охотно садился играть со мной в шахматы, что для делового немца совершенно немыслимо. Он был довольно знатного рода. Его отец занимал когда-то важную должность, но в сорок четвертом году принял участие в заговоре против Гитлера и был повешен. Может быть, поэтому Фриц держался левых убеждений, симпатизировал Советскому Союзу, был членом германского Общества дружбы с СССР и неплохо говорил по-русски.

Левин и его жена тоже оба из древних немецких родов. Он барон, а она, пока не вышла замуж, была графиней Подевильс. Домработница фрау Шпан зовет Барбару фрау баронин. Барбара писательница, биолог и орнитолог, различает всех птиц по оперению и голосам. Фрау Шпан, лысоватая и глуховатая тетка лет под шестьдесят, постоянный источник внутрисемейных анекдотов. Левин любит рассказывать про нее, что не раз ловил ее за руку, когда она пыталась картины старых голландских мастеров из его коллекции протирать тряпкой, смоченной в керосине. Мою фамилию фрау Шпан, как ни странно, сразу запомнила и часто обращается ко мне с интересными сообщениями. Например, убирая двор, вдруг приходит в ужас и кричит мне истошно:

— Херр Войнович! Херр Войнович!

Я подбегаю, готовый услышать страшную весть:

— Что случилось?

Она мне показывает на орудие производства и говорит:

— Эта лопата опять сломалась.

Общаясь с Вульфенами, я охотно поддерживал образ русского человека, пил водку и провозглашал тосты. Говорим по-английски. От моего немецкого, который я учил в трех классах вечерней школы и полтора года в институте (сдавал тысячи), практически ничего не осталось, а вот английским, который учил всего один месяц, хоть и с помощью жестов, все-таки мог пользоваться.

ОЛЯ И ФРАУ ГЕРБЕР

Прошли рождественские каникулы. В начале января Барбара спрашивает Иру:

— А как с девочкой? Когда пойдет в школу?

— Наверное, в будущем году, — отвечает Ира.

— Завтра, — говорит хозяйка.

— Нет, ну, нам надо тут еще...

— Завтра!

Завтра она нас просто схватила, мы приехали в единственную в Штокдорфе начальную школу. Учительница фрау Гербер взяла Олю за руку, увела в класс. Через четыре часа мы приезжаем, выходит Оля, очень радостная. Фрау Гербер говорит:

— У нее уже тут есть подруга.

Оля говорит:

— Три подруги!

— Что ж ты там делала? — спрашиваю. — Ты же ничего не понимаешь?

Оказывается, фрау Гербер ввела Олю в класс со словами:

— Дети, это русская девочка, она только что приехала из России. Она не говорит по-немецки ни одного слова.

И всем детям это так понравилось, что они кинулись к ней дружить. У нее и сейчас есть подруга Соня, с которой они с 1-го класса и до сих пор неразлучны.

Оля слишком долго, как мне казалось, не могла разговаривать по-немецки. Мы нашли для дополнительных занятий частную учительницу, фрау Гёбель. Фрау занималась с Олей бесплатно, регулярно и по несколько часов в день, но эффект долго был нулевым. Месяца через три мы ехали на машине с приятелями и их двумя детьми. Все дети на заднем сиденье. И вдруг я слышу, что Оля вовсю болтает с ними по-немецки. Она легко и сразу сошлась со всеми девочками в классе, а через нее мы познакомились с их родителями и как-то сразу вошли в немецкую среду, что многим эмигрантам казалось делом заманчивым и недоступным. Нашими близкими знакомыми стали мюнхенский банкир, владелец патентного бюро, директор гимназии, страховой агент, хозяин книжного магазина и местный крестьянин, бауэр, владелец обширных угодий и большого стада коров.

ОБМАНЧИВЫЕ ВПЕЧАТЛЕНИЯ

Увидев первый раз Барбару на старом «Фольквагене», я решил, что Вульфены люди скромных достатков, и сильно ошибся. Упомянутый «Фольксваген-жук» принадлежал одной из трех дочерей Вульфенов (еще у них есть сын Хубертус), а у Барбары есть вполне новый, но все-таки скромный «Опель». Зато Левин любит машины очень нескромные. В то время у него был автомобиль «Субару», который считался служебным, и «Астон Мартин» — для удовольствия. Потом служебную машину он менял на «Сааб», «Сааб» еще на что-то, «Астон Мартин» на «Ягуар», на «Бентли» и т.д.

Олина учительница фрау Гербер жила в соседнем поселке. Однажды после уроков я, привыкший к тому, что учителя люди бедные, предложил ей довезти ее на своем подержанном «БМВ». Она удивилась, поблагодарила, села в стоявший у школы серебристый «Мерседес» и укатила. Я был смущен.

Проходя в Штокдорфе мимо одного из пятиэтажных домов, я увидел около него много легковых автомобилей и подумал, что в нем, наверное, живут богатые люди. Как в нашем писательском доме, у которого стояло тоже очень много машин. Потом я понял, что ошибся. Если много машин, значит, живут скученно: много семей, много людей, много машин.

ПИВО ДЛЯ РУССКИХ ТАНКИСТОВ

Католическое Рождество мы провели в гостинице, а Новый год встречали в доме Ланы Дейя, бывшей рижанки, и ее мужа Сташека, поляка, окончившего Ленинградскую консерваторию. Там я первый раз столкнулся с эмигрантской средой, которая меня очень сильно удивила.

Во-первых, за столом все стали говорить о возможном вторжении советских войск в Германию, причем как о событии, которое вот-вот должно произойти. Хотя я, живя в Советском Союзе, ничего подобного не ощущал. Советский Союз в отношениях с Западом, по-моему, уже давно просто оборонялся, И, застрявши в Афганистане, захватить марш-броском Европу вряд ли надеялся. Но на Западе люди беспокоились и задавались вопросом: «Что же будет?»

В той компании был старый эмигрант из так называемой второй волны. По-русски говорил с акцентом и с ошибками. И когда все всерьез стали обсуждать, что они будут делать, если советские танки войдут в Мюнхен, он, пивовар по профессии, сказал: «А я их не боюсь. Я вынесу пиво всем танкистам, и они меня не тронут».

Потом я встретил коренных немцев, которые в страхе перед русским вторжением вообще уехали из Германии. Я знал нескольких, эмигрировавших в Канаду и в Австралию, подальше от Европы, и живших там до самой перестройки. И лишь когда в Советском Союзе начались перемены, они поняли, что опасность миновала, и стали возвращаться в Германию.

Эмигранты меня удивили еще тем, что рассказывали небылицы о своей прошлой жизни так смело, как будто их собеседниками были не их соотечественники. Один, недавно покинувший СССР обыкновенным путем, по «еврейской линии», говорил, что его выслали из Советского Союза за то, что он хотел взорвать Мавзолей, и похоже было, что другие принимали эту выдумку за чистую монету, хотя по личному опыту жизни могли бы знать, что одно только намерение без реальной попытки совершения привело бы замыслившего к поездке в другую сторону. Известный эмигрантский деятель и писатель Роман Гуль при мне утверждал, что в Советском Союзе совсем не осталось цыган, они все уничтожены. Старушка из Висбадена спрашивала меня, почему в руководстве СССР так мало русских. Я спросил: «Вы имеете в виду, что там одни евреи?» Она замялась, но сказала: «Да».

Я привел ей полный список членов Политбюро ЦК КПСС, сказал, что в нем нет ни одного еврея. Она промолчала, но, как я понял, осталась при своем мнении. Многие эмигранты «третьей волны» врали друг другу, рассказывая, какое высокое положение они занимали в прошлой жизни и какими были отважными борцами с советской властью. Причем их отвага и бескомпромиссность возрастали по мере удаления от советских границ. В Израиле рассказывали анекдот: по улицам Иерусалима идут две маленькие шавки, и одна говорит другой: «Ты знаешь, а в России я была волкодавом».

А когда соприкоснулся с эмиграцией «первой волны», то увидел, что у тех вообще совершенно дикие представления о Советском Союзе. На каком-то выступлении я, рассказывая о процессе Синявского и Даниэля, упомянул, как Михалков воскликнул:

— Слава богу, что у нас есть КГБ!

— Как, прямо так и произнес: «Слава богу»? — удивились они. — Разве там можно так говорить?

Потом я слышал от эмигрантов, что в Советском Союзе запрещены елки на Новый год. Они в самом деле когда-то, в 20-х годах, были запрещены.

Язык старой эмиграции был совершенно другой: очень правильный, но уже занафталиненный. Они не знали современного русского языка. Мне рассказывали, что, когда Александр Галич выступал в Париже и пел свои песни, одна эмигрантка спросила у другой: «А на каком языке он поет?»

РУССКИЙ СВИФТ

Александр Зиновьев написал книгу «Зияющие высоты», которую диссиденты объявили гениальной. Так же она была воспринята и многими на Западе, успех ее был бурный. Зиновьева называли русским Свифтом.

Я столь высоко это сочинение не ценил, оно мне казалось просто большим капустником, в котором отображались реальные ситуации и конкретные люди под очень прозрачными псевдонимами. Еще в Москве я с автором был знаком мельком, сначала мы встретились на организованной совместно с американцами Московской книжной ярмарке, а потом, когда он собрался уезжать, я посетил его на квартире. Он очень отличался от людей моего литературного круга и от известных мне диссидентов тем, что внешне и отчасти повадками был похож на секретаря парткома. Кроме того, он показался мне суетным и закомплексованным человеком. В Мюнхене я решил возобновить с ним знакомство, позвонил и был приглашен. Первое, на что мне невольно пришлось обратить внимание, это латунная пластинка на бачке унитаза. Натертая до блеска, она отражала и значительно увеличивала помещаемые перед ней предметы, в том числе и тот предмет, который мужчины обнажали, справляя малую нужду. Второе впечатление было и от его живописи, мрачно-сатирической и фантастической. Какие-то ужасные монстры, люди, рыбы, птицы, жабы, динозавры и скрюченный и голый Ленин в стеклянном гробу. Картины производили отталкивающее впечатление, я ни одну из них ни за что не повесил бы у себя дома. Зиновьев считался многими крупным философом и математическим логиком, я о достижениях его в этих областях судить никак не могу, может быть, вообще он был крупной личностью, но и у самых крупных людей бывают слабости и черты характера, которые, когда их подметишь, кажутся странными или смешными. Так вот, не оспаривая нисколько значения Зиновьева как философа, логика и вообще незаурядной личности, могу сказать, что был он, кроме всего, большой фантазер, поэтому к его рассказам о самом себе я относился всегда с недоверием. Например, к тому, что перед войной он покушался на Сталина, а потом бежал из тюрьмы, попал в армию, где был сначала кавалеристом, потом танкистом, а в конце войны летчиком. В жизни все могло быть, но все-таки трудно было поверить, что человек, реально покушавшийся на Сталина, мог бежать. Что кавалерист стал танкистом, поверить можно, но как танкист мог превратиться в летчика, это вообразить мне было уже труднее. Он хвастал, что во время войны убил много немцев, участвуя в каких-то, как я понял, наземных боях, в которых он вряд ли мог участвовать, если был летчиком-штурмовиком. «Меня иногда немцы спрашивают, — говорил он, — вы не жалеете о том, что убили много немцев? Я им отвечаю: нисколько не жалею, а вспоминаю с удовольствием».

Фантазии его бывали по-детски наивны и примитивны. Так же как и поводы для них. Например, у меня есть рассказ «В кругу друзей». Кто читал, тот вспомнит, там речь о Сталине в ночь перед нападением Германии на Советский Союз. Сталин, огорченный тем, что Гитлер его так подло обманул, а сам он оказался законченным простофилей, проникается к себе отвращением и даже ненавистью, в порыве которой хватается за пистолет и расстреливает собственное отражение в зеркале. Я описал, как зеркало трескалось, лопалось, как от него отваливались куски. Я дал этот рассказ почитать Зиновьеву. Не прошло и нескольких дней, как я услышал от него рассказ о том, как в самом конце войны, оказавшись в каком-то немецком городе, он нашел где-то форму эсэсовского офицера, надел и пошел в ней (уже маловероятно) по городу. Вошел в какой-то дом, стал подниматься по лестнице и вдруг увидел спускающегося навстречу эсэсовца. Он тут же выхватил пистолет и пулю за пулей стал всаживать в эсэсовца, который оказался его собственным отражением в большом зеркале между двумя этажами. И дальше — почти дословно, как у меня в рассказе, зеркало трескалось, лопалось, разваливалось на куски. Это напоминало еще один литературный источник, а именно «Милый друг» Мопассана. Там есть сцена, когда герой, впервые обзаведясь фраком, поднимается по лестнице и в большом межэтажном зеркале видит элегантно одетого мужчину, и не сразу понимает, что это он сам.

Пример второй. Я несколько раз слышал от него, что он родился в простой русской крестьянской многодетной семье, причем количество детей менялось от шести до одиннадцати. Но как-то, прочтя мой текст о моей родословной, он позвонил мне и сказал:

— Ты знаешь, я, между прочим, тоже сербского происхождения.

Я удивился.

— Да, мои предки были сербы Зиновичи, а потом уже переименовались в Зиновьевых.

По-моему, главной причиной его диссидентства было постоянное стремление к эпатажу публики. Поэтому он всегда говорил нечто противоположное тому, что от него ожидали. Будучи членом коммунистической партии, он объявил себя антикоммунистом. Приехав на Запад, стал ругать Запад и оказался в этом качестве вполне востребованным. Вернувшись в Москву, примкнул к партии Зюганова, стал говорить, что сожалеет о том, что он (именно он) разрушил Советский Союз, хотя это было мощное и хорошее государство, а эпоха Брежнева была выше похвал.

Я уже сказал, что его литературное наследие ценю не очень высоко, живопись — тоже. О его философии представления не имею и математической логике тоже. Но мне рассказывал мой близкий друг Валентин Турчин, физик и математик, что однажды, еще в начале семидесятых годов, в Москве, Зиновьев объявил, что решил теорему Ферма. Собрал несколько известных ученых, стал им демонстрировать свое доказательство, но оно было, по словам Турчина, просто смехотворным. С таким человеком судьба свела меня в Мюнхене. Одно время мы даже часто общались, то есть ездили друг к другу в гости и вместе отдыхали на море, но дружба наша близкой не стала — слишком мы были разные.

ОТВОРИТЕ ФЕРНЗЕЕР

Прямо напротив нас живет Маша, бывшая колхозница со станции Мерефа под Харьковом. Во время войны ее, тогда молодую девушку, немцы угнали в Германию. После войны домой не вернулась. Здесь ей было не сладко, но и на родину ехать не решилась. Опять в колхоз, где она гнула спину от зари до зари и с голоду пухла. Где ее отца неизвестно за что и неизвестно куда насовсем увели. Осталась, вышла замуж, родила дочку. Муж умер, второй тоже, живет с третьим. Онемечилась. С мужем говорит по-немецки. С дочерью тоже. О внуках и говорить нечего. А теперь вот появились у нее соседи-соотечественники. Можно прийти, отвести душу, поговорить на родном языке. Ну, язык у нее и раньше был такой, на котором говорят в ее родных местах так называемые простые люди. Не русский, не украинский, а смесь, называемая в тех местах, как гибрид ржи и пшеницы, суржиком. А теперь еще и немецкие слова намешались. Потому что в русском языке есть много слов, которых в ее времена она слышать не могла. Например, телевизор. Здесь она этот прибор называет по-немецки «фернзеер». Иногда звонит по телефону или прибегает через дорогу, говорит: «Отворите фернзеер, там Москву показуют». Я написал о ней небольшой рассказ, где назвал ее Настей. Кто-то этот рассказ услышал по радио, сказал ей, она прибежала взволнованная. Испугалась, что, прочтя мой рассказ, советские ее найдут, выкрадут и увезут в Мерефу. Стала спрашивать меня, правда ли я написал о ней. Я сказал: нет — и показал ей текст. Она увидела, что там написано «Настя» и успокоилась. Раз Настя, значит, правда не о ней. Ее муж херр Штробль торгует запчастями для кемпинговых прицепов, но главное его дело — это скачки, где он проигрывает все, что зарабатывает, и разведение кроликов без коммерческого интереса, а для души. Он их разделяет по половому признаку и держит в отдельных клетках, но они каким-то образом проникают друг к другу и плодятся. Содержание их обходится дорого. Маша предлагает выходы из положения: кроликов есть, продавать, раздавать даром. Штробль не соглашается ни на то, ни на другое, ни на третье. Маша не выдержала, поставила ультиматум: или я, или кролики. Муж сказал: кролики. И остался с ними и с Машей.

У других соседей, Яблоновских (он немец польского происхождения), тоже были кролики. Две маленьких дочки Яблоновских носили кроликов на руках, целовали, повязывали им бантики. Потом кролики исчезли. Я спросил Яблоновского, куда они делись.

— А мы их съели, — сказал он.

После кроликов они завели перепелок, которых девочки тоже носили на руках, а потом съели.

В СОСТОЯНИИ ШОКА

Человек, посещающий заграницу туристом или бывая там в командировках, никогда не поймет того, что испытывает человек, попавший туда навсегда и не по своей воле.

Пока жил в Советском Союзе, я, как все советские люди, мечтал побывать за границей и завидовал тем, кто имел такую возможность. Но никогда не мечтал уехать туда насовсем, понимая, что тот мир, каким бы прекрасным ни был, он все-таки чужой. И хотя я не оказался там неизвестным солдатом, в конце концов как-то освоился и по прошествии времени стал довольно сносно изъясняться на двух языках, а все-таки приживался с трудом. Первые года три жил в состоянии шока. Чувствовал себя, как глубоководная рыба, поднятая в верхние слои. Я не пытался анализировать свои чувства и не мог бы объяснить, чего мне не хватает. Может быть, того давления, которое я постоянно испытывал последние годы на родине. Может быть, ощущение полной свободы мне тоже как-то мешало. Последние годы в Советском Союзе я жил в гордом сознании, что, потеряв скромные права советского человека, я обрел внутреннюю свободу. Но обыкновенной внешней свободы действий, доступных не ограниченному в своих правах человеку, у меня не было, было привычное ощущение связанности по рукам и ногам. А теперь меня развязали.

Я знал людей, которые стремились на Запад и ради исполнения своей мечты преодолевали невероятные трудности и опасности. Я читал записки человека, совершившего ради такого переселения необыкновенный поступок. Он, будучи тренированным пловцом, задумал и осуществил следующее. Купил билет на круиз по Тихому океану. Круиз был своеобразный, советский. Корабль выходил из Владивостока, делал за несколько дней большую петлю по Тихому океану и, не заходя ни в один из иностранных портов, возвращался обратно во Владивосток. Поэтому путешествие можно было совершать без виз и прочих выездных формальностей. Так вот, этот человек подготовился, долго тренировался в отечественных водоемах, запасся ластами и компасом, и ночью, когда корабль был, по его представлению, в наибольшей близости к одному из островов Фиджи, прыгнул за борт. Больше двух суток плыл, теряя сознание и надежду и рискуя стать добычей акул. И все-таки доплыл до места, вышел на берег и потерял сознание.

У меня такой страсти никогда не было. В туристические поездки, кроме единственной в Чехословакию, меня не пускали, да я их никак и не добивался. И вот оказался на Западе. Я встречал много людей, которые считали себя счастливыми оттого, что попали на Запад. Вика Некрасов неоднократно повторял: «Спасибо нашей советской власти за то, что она меня выгнала». Я ничего подобного не говорил и не испытывал. Страдал от невозможности общения с близкими: детьми, отцом, сестрой и друзьями. С детьми еще мог общаться по телефону, но тоже с осторожностью, боясь своими звонками как-то им навредить. Письма своим родителям я писал редко, но, пока мы жили в одной стране хоть и на большом расстоянии, помнил, что в любой момент могу их навестить. А тут отец и сестра оказались от меня совершенно отрезаны, и только теперь я понял, как они мне нужны. А вокруг чужие люди, в основном вежливые, приветливые, но говорят на другом языке и почти обо всем имеют другие понятия.

Я думаю, что состояние шока, а может быть, даже и чего-то вроде неявной депрессии продолжалось у меня года три. Все это время я как-то жил, ездил по разным странам, выступал перед читателями, участвовал в каких-то конференциях, давал интервью, что-то писал, но, прочтя написанное, приходил в уныние и выбрасывал.

О ЯЗЫКЕ

Немецкий язык я не учил. Телевизор смотрел, догадываясь, о чем речь, только по действию. Видя или слыша немецкий текст, даже не пытался его понять. В гостях изъяснялся на своем убогом английском, а когда немцы говорили между собой, даже не вслушивался. Обилие чужого языка подавляло. От латинских букв рябило в глазах. Я ездил на машине по Мюнхену и нигде ни до ни после не блуждал так, как в этом городе. Кроме всего, от того, что не успевал прочесть длинные названия улиц. Особенно много было названий на «ш». Шиллерштрассе, Шванштрассе, Шванталлерштрассе, Шляйсхаймерштрассе. Когда едешь и пытаешься прочесть название (а там только один первый звук изображается тремя латинскими буквами sch), эта улица уже кончилась и началась другая, тоже на «ш». Иногда я уставал только от этих букв и, придя домой, хватал с полки любую русскую книгу, чтобы, прочтя хотя бы несколько слов, войти в мир привычных понятий.

Но постепенно язык как-то сам собой впитывался. Однажды я ждал электричку в город. На платформе стоял щит с каким-то рекламным текстом. Делать было нечего, я стал читать этот текст, вовсе не рассчитывая что-то понять, и вдруг понял и засмеялся. Текст был шуточный, но я засмеялся не шутке, а тому факту, что я ее понял.

По-английски, благодаря пройденному в Москве курсу суггестологии и моей учительнице Марине Туницкой, я все-таки кое-как говорил. Во время первой двухмесячной поездки в Америку надеялся как-то этот язык улучшить. Но оказалось, что все два месяца я был окружен людьми, говорившими худо-бедно по-русски, и к концу своего пребывания в США с ужасом заметил, что, практически никак не улучшив свой английский, стал говорить по-русски с американским акцентом. Очень испугался. Зато, когда вернулся в Мюнхен, взял в аэропорту такси, то, к своему удивлению, всю дорогу до Штокдорфа говорил с водителем по-немецки. При этом он понимал меня, а я понимал его.

НЕЧЕЛОВЕЧЕСКИЙ ФАКТОР

Еще в первую ночь пребывания на немецкой земле во время первого звонка из Би-би-си у меня был спрошен мой адрес, куда перевести гонорар за интервью. Не имея своего, я дал адрес Ота Филипа: Мюнхен, Амалиенштрассе, 6. Пока в Би-би-си оформляли мой гонорар, пока выслали, я обзавелся собственным адресом: Ханс Кароссаштрассе, 5, Штокдорф. Тогда в Германии было принято иметь резиновые штампы с адресом, и я себе заказал такой, чтобы каждый раз не писать его от руки. Естественно, я сообщил свой адрес всем, с кем находился тогда в переписке, в том числе и Би-би-си.

Прошло несколько дней, мне позвонил Филип с известием, что из Лондона пришел денежный перевод. Я купил бутылку вина, сел в машину, поехал за тридцать километров в город, посетил Филипа. По случаю моего приезда жена Ота Маша приготовила обед. Выпили, поели, поговорили, и день прошел.

На другой день опять был звонок из Би-би-си с просьбой написать для них какую-нибудь юмореску. Я написал юмореску и отправил, указав свой адрес и попросив будущую корреспонденцию адресовать прямо мне. Юмореска прошла в эфир, мне начислили гонорар и отправили на имя Ота Филипа. Ота позвонил, я купил бутылку вина, сел в машину, поехал, мы пообедали, поговорили, и свечерело.

Между прочим, моя юмореска на Би-би-си многим очень понравилась, о чем сообщил мне по телефону Франк Вильямс, заместитель главы русской службы. Он же просил писать им и дальше что-нибудь в этом духе. Я сказал: «Хорошо, но, пожалуйста, не посылайте гонорар Ота Филипу. Он живет далеко, мне ездить туда каждый раз не с руки и незачем, тем более что я уже не бомж, имею свой собственный адрес и могу это удостоверить своей личной печатью». Франк записал мой адрес я сочинил новую юмореску и через некоторое время опять обедал у Ота Филипа по поводу пришедшего к нему моего гонорара. Через день Маша Филип кормила снова меня, по случаю прибытия из Лондона новой депеши.

В этот раз ко мне обращался лично директор русской службы Барри Холланд. Отчасти повторяя слова своего заместителя, он сообщал мне, что русская служба довольна моим сотрудничеством и желает продолжать наши рабочие отношения. Я поблагодарил Барри за похвалу и заодно попросил его лично еще раз записать и сообщить подчиненным мой собственный правильный адрес, а господина Филипа больше не беспокоить. Барри сказал «хорошо», но следующая корреспонденция опять пришла к Филипу.

Поскольку я установил с Би-би-си более или менее постоянную связь, оттуда стали приходить разные бумаги: просьбы что-нибудь написать, контракты, анкеты, письма радиослушателей. И весь этот почтовый поток в течение лет приблизительно трех шел на Амалиенштрассе и оседал в ящике Ота Филипа. Подписывая контракты, заполняя анкеты, отвечая на письма, я каждый раз и все настойчивей просил посылать мои письма мне, а не Ота Филипу и, чтобы обратить внимание на просьбу, ставил штамп со своим адресом и писал его от руки в начале письма, в середине и в конце, обводил его красным фломастером, наводил на него разноцветные стрелы, как на картах военных сражений, но все было бесполезно, письма регулярно поступали на имя Ота Филипа.

Впрочем, не совсем так. Имя этого бедного и ни в чем не повинного адресата постепенно подвергалось последовательной трансформации.

Сначала Филипа называли Ота, потом Ода, потом Ога, потом Опа, что по-немецки значит «дедушка», потом Ома, что означает «бабушка». Процесс искажения развивался. Сперва изменялось только имя, затем дошло до фамилии. Ома Филип, Кома Филер, Дома Милер, Дора Малер, Дура Шалер, и чем дальше, тем больше, до абсолютной неузнаваемости. Через некоторое время стали путать имя, фамилию и название улицы, именуя ее последовательно: Амалиенштрассе, Оталиенштрассе, Шоталиенкассе, Шмантилиенмассе и так далее. Я не представляю, какие розыски производили немецкие почтальоны, но все эти корреспонденции регулярно доставлялись Ота Филипу, к которому я продолжал ездить, как на работу.

Не думайте, что я сидел сложа руки.

Каждый раз при получении письма, адресованного Дробу Тухтеру или Кону Шперлину, я приходил в ярость, звонил в Лондон по телефону, но чаще прибегал к эпистолярному жанру, разражаясь то язвительной, то гневной филиппикой. Иногда перемежал текст указанием адреса примерно таким образом: «Дорогой Барри, в ответ на Ваше предложение написать одноактную пьесу сообщаю, что меня зовут не Кроп Вишлер и не Прост Трайлер, а Владимир Войнович и проживаю я не в Мюнхене, а в Штокдорфе на Ханс-Кароссаштрассе. Пьесу я готов написать даже полутораактную, но при условии, что Вы пришлете Ваш заказ на мою фамилию, а не на другую и по моему адресу. Но если Вы будете и дальше слать мне корреспонденцию через Ота Филипа под всеми его псевдонимами, то вашей радиостанции придется платить мне отдельно за бензин на поездки в Мюнхен, на вино, которое я каждый раз покупаю, а Филипу выплачивать денежную компенсацию за обеды, которыми меня регулярно кормит его жена».

И эта угроза ни на кого не подействовала.

Несколько раз в ответ на очередное послание из Лондона я отправлял им лист бумаги, весь заляпанный штампами с моим адресом. Никакого результата.

Поначалу вся эта история казалась мне забавной вроде безобидного анекдота, потом стала все больше меня раздражать, и в конце концов, при очередном сообщении Филипа о новой корреспонденции из Лондона, меня уже просто трясло. У меня появилось что-то вроде мании преследования, я стал думать, что какие-то злые люди на Би-би-си или засланные на эту радиостанцию советские шпионы специально хотят довести меня до инфаркта или до сумасшедшего дома.

Время от времени мне приходила мысль вообще прекратить всякие контакты с радиостанцией и ни за какими письмами больше не ездить. Но возможность прямо обращаться к моим читателям в Советском Союзе была мне очень дорога, и гонорары, получаемые в результате, были не лишними. В конце концов я решил проверить, после каких усилий мне удастся довести мой адрес до сведения работников радиостанции. Я подумал: пусть это будет чем-то вроде научного эксперимента, поставленного на себе. Так в прошлом некоторые врачи проверяли свои вакцины, заражая самих себя чумой или холерой.

Тем временем Ота Филип решил сменить жилье и переехал в другую часть Мюнхена, может быть, в надежде, что письма из Би-би-си там его не достанут. Не тут-то было. Немецкие почтальоны, проявляя исключительную добросовестность и чудовищную сообразительность, находили бедного Ота и там. Он опять звонил, сохраняя (не понимаю, как ему удавалось) полное спокойствие. И чтоб я не нервничал, объяснил мне однажды, что все дело в компьютере.

Тогда, в начале 80-х годов, компьютеры были еще не везде, но в некоторых больших компаниях все-таки были. О них рассказывали всякие страсти, для кого забавные, а для кого и драматические. Самая знаменитая история была с человеком, которому компьютер торговой компании регулярно выписывал счет за не совершенные им покупки. Правда, счет был соответственный — на ноль долларов, ноль центов. Сперва тот человек вел себя благодушно, как я. Потом стал нервничать и слать компании сердитые письма, уверяя, что он у нее никогда ничего не покупал. Неумолимый компьютер отвечал ему напоминаниями, а потом и угрозами, что его долг в сумме ноль долларов ноль центов за просрочку платежа увеличивается каждый день на ноль процентов, и если он не оплатит счет в течение ноля дней, то ноль будет многократно помножен на ноль и так далее, и все это длилось до тех самых пор, пока получатель угроз не сообразил, что надо делать. Он выписал и послал компьютеру чек на ноль долларов ноль центов плюс ноль процентов за ноль просроченных дней. Компьютер этот чек зарегистрировал, записал в свою глупую память, внес на баланс компании и успокоился навсегда.

Ота мне объяснил, и я с ним согласился. Конечно, эти шутки вытворяет компьютер. Живые люди просто не могут не обратить внимания на все мои просьбы, мольбы, вопли и заклинания. На это способна только бездушная машина. И я понял, что надо делать.

Однажды Франк Вильямс попросил меня приехать в Лондон и прочесть главы из моего нового романа. Я явился в редакцию, неся в одной руке портфель с рукописью, а в другой — горсть гвоздей. Франк, встреченный мной в коридоре, удивился:

— Вы собираетесь у нас что-нибудь ремонтировать?

— Нет, я собираюсь высыпать эти гвозди внутрь вашего компьютера, чтобы он сгорел от короткого замыкания.

— Интересная идея, — одобрил Франк, — но дело в том, что у нас нет никакого компьютера.

— Как! — закричал я, потрясенный. — У вас нет компьютера?

— Вас это удивляет? — спросил Франк, сам удивившись моему удивлению.

Сейчас это невозможно представить, но в начале восьмидесятых годов даже одна из крупнейших в мире радиостанций не имела ни одного компьютера. В редакционных комнатах, как в старину, трещали пишущие машинки, в редких случаях электрические.

Но меня потрясло не отсутствие компьютера, а то, что, как оказалось, не машина, а все-таки люди, находясь со мной в постоянной переписке, не удивлялись тому, что их автор столько времени не имеет своего адреса. И не обращали внимания на адрес на каждом моем конверте и на каждом подписанном мной документе. И не замечали всех моих специальных иронических и истерических обращений по этому поводу, вопросительных и восклицательных знаков и проклятий в свой адрес. Франк слушал, хихикал, ему было смешно (еще бы!), но он же, кажется, был немного смущен и что-то бормотал про так называемый человеческий фактор.

Человеческий фактор — это, как известно, такой фактор, которым объясняют всякие глупости, сделанные не машиной, а человеком ввиду несовершенства его психофизического устройства. Когда он, управляя автомобилем, перепутал педали и вместо тормоза нажал на газ, или, сажая самолет, забыл выпустить шасси, или в животе прооперированного больного оставил скальпель, но ведь человек, сказал я Франку, обычно из своих ошибок делает выводы и старается их больше не повторять. В данном случае это не человеческий фактор, а нечеловеческий фактор, и давайте его исправлять.

— Давайте, — согласился Вильямс.

— Хорошо, — согласился и я. — У кого на станции есть мой адрес?

— У меня, — сказал он.

— Идемте к вам.

У себя в кабинете он раскрыл записную книжку, нашел искаженный адрес Ота Филипа. Я попросил книжку, своими руками вычеркнул адрес Филипа, вписал свой и спросил, у кого еще могут быть записаны мои данные. Оказалось, что еще у двух секретарш. Я посетил обеих и внес нужные исправления.

Я был в Лондоне несколько дней, записал на пленку отрывки из романа, встретился с друзьями, посетил Британский парламент и Национальную картинную галерею, погулял по Оксфорд-стрит, послушал болтунов в Гайд-парке, посмотрел развод караула у Букингемского дворца, вернулся в Штокдорф и — что вы думаете? — звонит мне бедный Ота Филип, к нему на имя Кросна Франтила пришло письмо: Франк Вильямс, которому я только что вписал свой правильный адрес, благодарит меня за посещение радиостанции, с удовольствием вспоминает наши встречи, надеется, что и мне было приятно.

Я ответил немедленно, что мне было очень приятно, но из Штокдорфа собираюсь переселиться непосредственно к Ота Филипу, которого вы называете каждый раз какими-то именами, каких никакой человек даже придумать не мог бы. Где вы опять раскопали этот дурацкий адрес? Проверьте свою записную книжку еще раз, не заколдована ли она. Проверьте и запишите: мой адрес... На оставшейся части листа я опять написал свой адрес своим почерком и печатными буквами, поперек листа и вдоль. А когда и на это письмо пришел ответ через Ота Филипа, я взревел, перепугав всех домашних, и взялся за очередное послание к Барри Холанду.

«Дорогой Барри, — написал я, — меня зовут Владимир Войнович. Когда Вы наконец запомните, что я живу на улице Ханс Каросса в деревне Штокдорф? Я не живу в Мюнхене. Я не живу на Амалиенштрассе, Дамилиен- и Шмантилиенштрассе. Я живу на Ханс Кароссаштрассе и зовут меня (спросите ваших радиослушателей, они подтвердят) Владимир Войнович. Если вы не перестанете надо мной издеваться, я напишу на вас сатиру, и вы, поскольку у вас никто ничего не читает (даже писем, адресованных вам), вы, не читая, передадите мою сатиру в эфир. Если Вам приходится слушать свое же радио, Вы, может быть, услышите мою передачу и узнаете, что я, ваш автор, имярек, проживаю на улице Ханс Каросса...»

Через несколько дней мне пришло письмо от Барри Холанда. Оно было адресовано... А вот и не угадали. Я нашел его в своем почтовом ящике на улице Ханс Каросса. Барри обещал, что отныне так будет всегда. «Но если Вы хотите, — добавил он, — написать на нас сатиру, мы возражать не будем. У нас есть только одно пожелание: пусть это будет смешно».

Я тогда предложением Барри не воспользовался, потому что эта история долго еще не только не казалась мне смешной, но была причиной ночных кошмаров.

Но с тех пор прошло много лет, кошмары кончились, можно и посмеяться.

ПРОСТОЙ ТАДЖИКСКИЙ РАБОЧИЙ

После нового, 1981 года начались выступления и лекции.

Первая январская лекция была назначена, естественно, в Баварской академии. Зал был набит битком академиками, журналистами, но что эти люди обо мне знали и что хотели услышать, я не совсем понял. Перед выступлением подошел пожилой журналист с микрофоном и, присвоив мне высокое научное звание, на сравнительно неплохом русском спросил:

— Профессор, является ли ваш визит свидетельством улучшения отношений между Германией и Советским Союзом?

Вопрос был для меня столь неожиданным, что я растерялся, но потом ответил:

— Если вы знаете обо мне столько же, сколько о Советском Союзе, то считайте мой ответ утвердительным.

Он мою язвительность не оценил и сказал «спасибо».

Вечер вел известный немецкий писатель Хорст Бинек. Его интерес к российским делам объяснялся тем, что в юности он так же, как Вольфганг Казак, побывал в советском плену.

Опыт публичных выступлений, не считая чтения стихов, у меня был очень мал, и когда я увидел полный зал людей, которые на меня смотрят и ждут, что я им скажу что-то важное, я растерялся. Я был уверен: что ни скажу, им, высокообразованным и много знающим, это все давно известно. Я ограничил свою тему рассказом о состоянии советской литературы, каким я его видел.

Объяснял, что в официальной советской литературе вообще не было почти ничего хорошего за всю ее историю, кроме, может быть, «Тихого Дона», и то неизвестно, кто его написал (я и до сих пор сомневаюсь в авторстве Шолохова). Я был пессимистического мнения о советской литературе вообще и о современной в частности. Мне стали задавать вопросы: «А как же Булгаков? А Платонов? А Зощенко?»

Я отвечал, что этих писателей нельзя называть советскими, сама советская власть их таковыми не признавала, и они существовали не благодаря советской власти, а вопреки.

Меня удивило, что публика оказалась к советской власти и литературе более благосклонной, чем я. Переводивший мое выступление Юрий Шлиппе, один из сотрудников «Свободы», стал со мной спорить, приведя в опровержение моих утверждений имена Горького и Алексея Толстого.

После выступления меня атаковали журналисты, некоторым я ответил на их вопросы сразу, кому-то назначил время на другие дни. Всего дал несколько десятков интервью. Почти все они задавали одни и те же вопросы: кто я? Где родился? Где жил? Кем был? Я отвечал все, как есть. Родился в Душанбе, потом жил в Ленинабаде. В восьмилетнем возрасте покинул Таджикистан, работал в колхозе, на заводе и т.д. Результат оказался ошеломительным. Журналисты как будто сговорились и написали примерно одно и то же. В одной газете было написано: «Владимир Войнович — простой рабочий из Душанбе». В другой, третьей, десятой газете почти слово в слово: простой таджикский рабочий, простой среднеазиатский рабочий написал плутовской роман о солдате Чонкине. Причина моего появления на Западе излагалась невнятно, потому что журналистам она была непонятна. Может быть, их вводило в заблуждение то, что я приехал с советским паспортом. То есть был обыкновенным путешествующим литератором. Объяснение нашлось после моего интервью корреспонденту журнала «Штерн» Юргену Зерке. Этот богемного вида неопрятный бородатый человек подошел ко мне еще тогда, после моей лекции в академии. Подошел, как и другие журналисты, с просьбой об интервью, но сразу предупредил, что оно будет более обстоятельным, чем другие. Соглашаясь, я не представлял себе, что разговоры с Зерке растянутся на несколько месяцев, и не знал, что у его журнала можно было запросить очень большой гонорар. Я не запросил ничего, мне ничего и не заплатили. Зерке снял в Штокдорфе гостиницу, ходил ко мне, как на работу, много дней подряд. Мы вместе обедали, ужинали, выпивали, я ему все рассказывал о себе. Говорили по-английски, которым я владел еще еле-еле, и он, как я потом понял, знал этот язык немногим лучше меня. Тем не менее изъяснялись. Делали перерывы. Иногда надолго. Когда я куда-нибудь уезжал или он. Кроме прочего, я рассказал ему о том, как меня в 1957 году не приняли в Литературный институт, посчитав, что моя фамилия с окончанием на «ич» — еврейская. Зерке слушал, кивал бородой, ничего не записывал, объясняя, что память у него очень хорошая. Я надеялся, что он покажет мне текст, прежде чем напечатать, Зерке сказал, что на Западе визировать интервью не принято, но мне не стоит беспокоиться, он журналист серьезный. Поскольку и «Штерн» был серьезным изданием, я ждал предстоящей публикации с нетерпением. И дождался. Кое-что в ней было правильно, но упор был сделан на том, что в СССР я подвергался преследованиям, потому что фамилия у меня еврейская, да и сам я еврей.

ОТЯГЧЕННЫЙ ЕВРЕЙСКОЙ ФАМИЛИЕЙ

Сложилась дикая ситуация. Я всегда, когда надо было определить свою национальную принадлежность, назывался русским, потому что по культуре, по языку и по самоощущению считал себя таковым и был им в любом случае больше, чем сербом или евреем. Да и в «пятом пункте» у меня было написано «русский». Зерке написал: «еврей». И сам еврей, и фамилия еврейская. И все беды у меня были в СССР из-за «пятого пункта». Утверждение Зерке не замедлило перекочевать в различные справочники и энциклопедии, где обрело совсем уж странный вид. В результате чего, если где-то в печати надо было привести мои биографические данные, появлялась примерно такая справка: «Владимир Войнович, простой таджикский рабочий...» И далее: «...отягченный еврейской фамилией, подвергался преследованиям и был вынужден покинуть Советский Союз». Доказывать (где?! кому?!), что я не еврей, да и фамилия у меня «тоже не» — глупо и стыдно, а если не говорить, тогда что получается? Во-первых, получается, что меня преследовали и выгнали не за то, что я написал «Чонкина» или подписывал петиции в защиту кого-то, и вообще «не за то, а потому». Потому что мне, несчастному, досталась такая страшная (пострашнее, чем Рабинович или Шапиро) фамилия. Во-вторых, с некоторых пор в Германии евреи пользовались льготами, по сравнению с другими иммигрантами, и выходит, что я, называвший себя русским в СССР, теперь решил изменить национальность из корыстных соображений, причем самым бессовестным образом.

«Штерн» — журнал известный. Номер с моим интервью попал в Югославию, и оттуда поступили вопросы. Незадолго до того некоторые югославские Войновичи пошарили по родословным, признали меня своим и получили от меня подтверждение, что я и есть тот, за кого они меня принимают. Теперь они выражали недоумение.

Ксения Войнович, старушка из Загреба, написала мне, что против евреев ничего не имеет, со мной лично готова дружить и дальше, «но, — подчеркнула, — если Ваша фамилия не сербская, значит, мы, к сожалению, не родственники». Я вынужден был объясняться: «Ксения, дорогая, у меня мама еврейка, но по папе я все-таки Ваш родственник, и, судя по моим подсчетам, Вы являетесь мне семиюродной тетей».

Неприятности эти повторялись многократно. Почти каждая рецензия на мои книги сопровождалась справкой: «Простой таджикский рабочий, отягченный еврейской фамилией...» Читая о себе этот бред, я впадал в меланхолическое состояние. Но прошло какое-то время, и раздражение мое более-менее затихло. До той поры, пока в 1992 году великодушные власти города Мюнхена не решили отметить мое 60-летие.

Объявление о моем авторском вечере было помещено в газете «Абендцайтунг». Газету с криком «Володя, здесь о тебе статья!» нам принесла Маша Штробль. Первой газету взяла моя жена. Пробежала заметку глазами и стала газету сворачивать, чтобы убрать подальше с моих глаз. Поняв, что дело неладно, я выхватил газету, развернул и прочел заголовок: «Hier klingt echt Russisch» («Здесь звучит настоящая русская речь»). И дальше: «Tadschikischer Satiriker liest aus seine Werke...» («Таджикский сатирик прочтет из своих произведений...»).

Газету я порвал и выбросил. Но что делать дальше, не знал. Если б они написали на меня какую-то клевету, я мог бы подать в суд и проучить всех, кто пишет про меня неправду, раз и навсегда. Но утверждение, что я таджикский рабочий или сатирик, не клевета, а просто глупость.

Глупость — ну и ладно... Придя в зал, где должно было состояться мое выступление, я увидел, что на всех стульях лежат какие-то бумажки. Я взял одну из них и прочел очень лирический текст о том, как я страдал из-за своей еврейской фамилии. Так страдал, что вынужден был покинуть жестокую «Heimat» (родину).

Я был ужасно зол. Я вышел на трибуну. Я сказал публике:

— У вас там у всех лежат бумажки. Порвите их. У меня фамилия не еврейская. Я страдал не из-за фамилии. Я был изгнан из СССР, потому что власть считала меня своим врагом. Я хотел бы знать, есть ли здесь журналисты из «Абендцайтунг»? Если есть, я хотел бы их спросить: неужели вы не понимаете, что, если перед вами будет выступать таджикский сатирик, вы услышите не настоящую русскую, а настоящую таджикскую речь?

Не договорив, я махнул рукой.

В Германии от образованных людей я тысячу раз слышал вопрос:

— А что, разве русский язык и таджикский (узбекский, грузинский, армянский, якутский) — не одно и то же?

В ответ я спрашивал: почему люди, которые знают, что немецкий язык — это совсем не то, что французский или итальянский, не могут понять, что и между другими языками есть разница? «А мы, немцы, — слышал я не раз, — в национальностях не разбираемся...»

Я никогда не попрекаю немцев их нацистским прошлым: нынешние поколения не виновны в том, что творили их дедушки. Но мне часто хочется им сказать: как это вы не разбираетесь, когда именно вы пытались решить, с какой нацией как поступить, кого поголовно сжечь, кого обратить в рабство, кого приблизить к себе?..

Мой юбилейный вечер прошел хорошо. Я читал отрывки из своих книг, слушатели смеялись, аплодировали. После вечера ко мне подошел молодой человек, представился корреспондентом мюнхенской газеты «Зюддойче Цайтунг», одной из самых крупных в Германии, — и попросил об интервью.

— Хорошо, — согласился я. — Но если вы напишете, что я простой таджикский рабочий или таджикский сатирик, обремененный еврейской фамилией, я вас убью.

Корреспондент посмеялся и сказал, что человек он добросовестный и, прежде чем что-нибудь напечатать, все тщательно проверяет.

Я дал ему интервью. Он его записал на магнитофон, долго работал над текстом. Когда интервью вышло, я со страхом взял в руки газету и... Нет, там не было утверждения, что я отягченный еврейской фамилией таджикский рабочий-сатирик. Там было справедливо написано, что я родился в Душанбе, но в возрасте восьми лет мне пришлось покинуть мою «малую родину» навсегда по очень серьезной причине. Началась война, и маленькому Вове пришлось бежать от немцев из Таджикистана на Украину.

У КАЗАКА

Второе мое выступление было в Кёльне у Казака. Публика была настроена по отношению ко мне исключительно доброжелательно. И встретила меня дружным постукиванием костяшками пальцев по столу, так немецкие студенты аплодируют. Во время выступления со мной опять случился приступ из тех, какие бывали в Москве. Но в Москве это происходило обычно ночью в постели, а здесь, когда я стоял на трибуне. У меня стало перехватывать дыхание, сознание помутилось, я начинал фразу и забывал, что хотел сказать. Это было странное состояние. Я осознавал, что плету какую-то невнятную околесицу, но мысль путалась, все перед глазами плыло, мне казалось, что я вот-вот упаду. Я стал жестами обращаться к Казаку, показывая ему, что мне плохо. Он меня не понимал. Потом я уже просто сказал ему, что мне плохо и я дальше не могу говорить, и попросил его объявить конец моего выступления. Он опять ничего не понял, я сам как-то завершил свою речь, после чего Джефри Хоскинг, который по обмену вел курс в Боннском университете, увез меня к себе, а Казак, так ничего и не поняв, решил, что я как-то схалтурил, обиделся на меня, впрочем, ненадолго. У Джефри я провел клинический эксперимент — выпил стакан водки, и мне стало легче.

ПАРИЖ

Первая заграничная поездка была из Мюнхена в Париж, куда мы приехали всей семьей. Но еще перед ней Оля заболела коклюшем. Ира, как всегда в таких случаях, запаниковала, я тоже был перепуган. Тем не менее мы отправились, но поездка была этим отравлена. Из-за этого коклюша я Париж толком не разглядел и ожидавшихся положительных эмоций не получил. Хотя поездка была из самых интересных. Она была организована совместно моим французским издательством Сёй и ПЕН-клубом, где в конце концов состоялся мой вечер. Но до того были сотни интервью с корреспондентами газет и журналов. Интервьюеры из самых солидных изданий приглашали меня в ресторан, разговоры с другими проходили в гостинице в Латинском квартале. Моим гидом и переводчиком была в эти дни Наташа Дюжева, красивая женщина, недавно приехавшая, кажется, из Ленинграда и работавшая в «Русской мысли». Вскоре после нашего знакомства она заболела какой-то странной болезнью, связанной с полной потерей иммунитета (сейчас я думаю, может быть, это был тогда еще малоизвестный СПИД). Чтобы предохранить ее от возможных вирусов, ее положили в стеклянный саркофаг, и в нем она все-таки умерла.

Интервьюеры шли сплошным потоком — с одним я говорил, два других ждали в коридоре, так с утра до вечера. Наташа составляла расписание. Были еще и встречи с друзьями и приятелями: с Некрасовым, Максимовым, Гладилиным и совсем неожиданная с Отаром Иоселиани, с которым до этого в Москве мы были шапочными приятелями. К вечеру после всех интервью я валился с ног и расслаблялся известным способом. Наутро мучила изжога. Как раз в такое изжогочное утро появился Отар. Мы поздоровались. Он спросил, как дела, я ответил: изжога. Он сказал «сейчас» и исчез. Через пять минут снова появился с неизвестным мне лекарством «Алька-зельцер», которое показалось мне чудодейственным. С Викой мы просто посидели в кафе, Максимов пригласил меня к себе. Когда я пришел, он мне сказал, что только что по телевидению сообщили, будто французской полицией пойман советский шпион с письменным приказом убивать за границей наиболее видных диссидентов. Я в это не очень поверил, полагая, что посылаемые на такое дело шпионы письменные инструкции и партбилеты с собою не держат. Я подумал, что Максимов, может быть, чего-то не понял, и он тут же продемонстрировал полное незнание французского языка. Когда по телевизору стали показывать что-то особенно его заинтересовавшее, он позвал жену: «Таня! Таня! Что они говорят?» Таня Максимова, в девичестве Полторацкая, оказалась для него счастливой находкой. Она помогала ему во всех его делах, была замечательным секретарем и терпела его запои. После ужина Максимов обратился ко мне с предложением делового сотрудничества. В чем оно должно было состоять, я не понял, может быть, он хотел ввести меня в действующую редколлегию (в недействующую он звал меня и позже). Но ясно было, что сотрудничество может быть только неравным, в котором Максимов будет главным, а я по крайней мере вторым, то есть зависимым от него. Чем это могло кончиться, я уже знал. Начав журнал вместе с четой Синявских и Некрасовым, он сначала освободился от первых, потом очень грубо выгнал Вику, написав ему что-то вроде: «Господин Некрасов, наш журнал в ваших услугах более не нуждается». Мне кажется, что ему было важно таким образом унизить человека, которому вряд ли кто другой посмел бы выразить недовольство в подобной форме. Я своих соображений Максимову не высказал, но сообщил, что хочу быть сам по себе.

Вскоре состоялся мой вечер во французском ПЕН-клубе, в который, как, вероятно, помнит читатель, я был когда-то избран. Кроме членов клуба и представителей французской прессы, было много русских эмигрантов, литераторов, издателей и журналистов. Вел встречу сын Петра Аркадьевича Столыпина, Аркадий Петрович. Он обратился ко мне с краткой речью, в которой, кроме всего, похвалил меня за мужество, проявившееся в том, что я якобы отказался подписать какое-то письмо против Сахарова. Я стоял, кивал головой, поленился возразить, что я никогда не отказывался подписать письмо против Сахарова, потому что мне вряд ли такое могли предложить. Лжесведение о моем отказе подписать письмо против Сахарова Столыпин почерпнул, очевидно, из книги Юрия Мальцева «Вольная русская литература», где автор приписал мне этот не совершенный мною поступок. После Столыпина выступил и Владимир Максимов. Он говорил, что надеется, мы теперь будем вместе. Я и тут кивал головой, но быть вместе ни с кем не собирался, ценя выше всего личную свободу и независимость. Человек, состоящий в любой политической или общественной организации, вынужден соглашаться с некой общей позицией, даже если по совести она ему кажется чуждой.

ВЫНУЖДЕННЫЙ ПИСАТЬ ХОРОШО

Когда-то Андрей Синявский свое место в литературе видел реалистически. Ему приписывали такой парадокс: «Солженицын великий писатель, он может себе позволить писать плохо. А мы, писатели средние, должны всегда писать хорошо». Это умозаключение я бы теперь добавил поправкой, что великий писатель должен чувствовать квоту для плохо написанного. Перейдя ее, он может поставить свою великость под сомнение, что и случилось с Солженицыным.

Я познакомился с Синявским вскоре после его отсидки, в Москве, в мастерской Биргера. Потом встречался с ним несколько раз и участвовал в его проводах за границу. На другой день после моего приезда в Париж мне в гостиницу позвонила его жена Марья и спросила, не собираюсь ли я их навестить. Я из вежливости сказал, что конечно, но на самом деле не было ни времени, ни большого желания. Она предложила оплатить такси. Я гордо отказался: и сам, мол, не нищий. Тогда я и в самом деле денег не считал, просто не понимая, что их у меня для несчитания слишком мало. Приехал к ним за город на такси, Марья меня встретила, поздоровалась и тут же стала вести себя так, как будто я здесь живу и ни в каких заботах не нуждаюсь. В запущенном этом доме было много всякого народу, включая Гюзель Амальрик и Николая Бокова, автора ходившей в самиздате сатирической повести «Смута новейшего времени, или Похождения Вани Чмотанова». Текст этого сочинения я уже плохо помню, но помню, что там, кажется, герой отрезает и выкрадывает из Мавзолея голову Ленина. Поскольку, пока автор жил в Москве, да и после его отъезда на Запад, повесть распространялась анонимно, молва приписывала ее авторство мне. В этом авторстве, я слышал, меня подозревали какие-то мои враги в партийных и кагэбэшных структурах, что усиливало их злобу ко мне. Бокова я нашел в подвале, где он что-то печатал на большом типографском станке. Когда я ему представился, он спросил: «Вы в изгнании или в послании?» Я не знал, что эта фраза, приписываемая Зинаиде Гиппиус, в эмиграции считается классической и наиболее широко обсуждаемой и толкуемой, поэтому ироничности вопроса не понял и на вопрос ответил вопросом: «А что это значит?» Он, видимо, заподозрил в моем вопросе ответный подвох и не нашел, что ответить. Я стал слоняться по дому, ожидая, что меня вот-вот позовут к обеду, или к чаю, или к чему-нибудь, но меня никто никуда не звал. Марья Васильевна, время от времени пробегая мимо, не обращала на меня внимания, иногда, впрочем, бегло мне улыбаясь, и так прошло часа два, после чего я, несколько удивленный приемом, сказал: «Ну, ладно, я, пожалуй, поеду». Она посмотрела, словно не понимая, зачем я вообще приезжал, и потом спросила: «А что же ты с Андреем повидаться не хочешь?» Я спросил со скрытым ехидством: «А разве можно?» После чего был немедленно препровожден в кабинет, хозяин которого (может быть, я ошибаюсь, но мне так помнится) в телогрейке, ватных брюках и валенках сидел в углу и крутил самокрутку. Перед ним был медный таз, полный окурков.

Из того, о чем говорили, помню рассказ об издателе, который чуть не прогорел с книгой Синявского «Голос из хора». Он дал автору огромный аванс (на который был куплен дом), а потом пришлось разоряться и на рекламу, чтобы книгу как-нибудь распродать. Говоря о книге, Синявский поглядывал на меня и, очевидно, хотел услышать мое мнение о ней, но не услышал, потому что мое мнение было умеренно положительным, но вряд ли способным удовлетворить честолюбивые ожидания автора. В этой книге собственные мысли Синявского мне были более или менее интересны, но приводимые обильно народно-лагерные речения могли поразить московского профессора, но не меня, прошедшего ремеслуху, армию и с лагерным миром много лет соприкасавшегося. А профессор если уж взялся записывать, то должен был бы сообразить, что в выражении «у меня, как у латыша, только душа да х...» порядок слов должен быть иным, а именно: «у меня, как у латыша, только х... да душа», тут и рифма, и объекты владения выставлены в правильной иерархии. Следующая часть разговора была посвящена поэту Н., который пришел к нему, Синявскому, домой, не побоялся. Пришел и сказал ему, что читал все его книги: «Любимова», «В тени Гоголя», тот же «Голос из хора» и — восхищен, завидует и иногда, читая, плачет. Выслушав это, я заметил, что раз Н. к нему приходит, то, значит, знает, что может себе позволить, а что касается его восторгов, то он их выражает всем, направо и налево, мне выражал тоже, а Манделю он сказал: «Москва без тебя опустела».

Именно после разговора с Синявским я понял, насколько бывают люди падки на лесть. Сколь бы откровенной она ни была, а очень хочется принять ее за искреннюю любовь. Не только Синявский, но и Мандель на это клюнул, и когда я иронически отзывался о высказываниях Н., он замолкал, сопел, и было видно, что, сознавая очевидную правоту моих слов, очень не хочет со мной согласиться. И Синявскому мой сарказм был неприятен, и очень. Тем более что я сам от себя ему фимиама не воскурил. Но он промолчал. И промолчал второй раз, несколько лет спустя, в Мюнхене, куда приехал по поводу избрания его в Баварскую академию. Я на церемонии не был. Но по окончании ее Синявский позвонил и предложил встретиться у Юлии Вишневской. Юлия, бывшая диссидентка, в описываемое время работала на радио «Свобода», отличалась правдолюбием и гостеприимством. Всех своих знакомых зазывала к себе, на гуся с яблоками, который у нее всегда сгорал и превращался в жирную головешку. Синявский встретил меня дружелюбно, пересказал вкратце лестные речи приветствовавших его академиков и опять вспомнил о восторгах поэта Н. по поводу романа «Спокойной ночи». Я, естественно, опять в искренности восторгов усомнился (и, может быть, напрасно, доброжелательность Н. была неподдельной). Но через короткое время моим скептическим репликам был дан не совсем, как мне показалось, остроумный отпор. Синявский меня внимательно выслушал, намотал на ус, взял паузу минут на сорок, после чего сообщил мне (хотя я его об этом не спрашивал), что он пишет трудно, вяло, медленно и плохо. Может быть, он ожидал от меня немедленного и горячего опровержения, но оно не последовало. Тогда он сказал так: «Однажды Боборыкин встретил Тургенева и спросил, как ему пишется. Тургенев сказал, как я вот тебе, что ему пишется трудно, вяло, медленно и плохо. «А я, — закричал радостно Боборыкин, — пишу легко, быстро, много и хорошо».

Боборыкин в этой фразе был настолько не похож на меня, что до меня только спустя несколько дней дошло, что Синявский меня сравнил именно с ним. А себя, разумеется, с Тургеневым. Или сам себя из средних писателей перевел в великие, или Тургенева записал средним, вынужденным писать хорошо.

С СОВЕТСКИМ ПАСПОРТОМ

В Париже я впервые узнал, что здесь, как и в других крупных европейских и американских городах, есть книжный склад, где охотно и бесплатно дают сколько угодно книг, считающихся антисоветскими. Солженицына, Авторханова, Джиласа, моих собственных. Я, не понимая, откуда такая щедрость, стеснялся брать бесплатно, спрашивал: «А сколько все-таки стоит?» Мне говорили: да ладно, берите так. Я набрал два чемодана, поехал на поезде в Мюнхен. Ночью меня разбудили немецкие пограничные полицейские. Долго и с большим подозрением разглядывали наши советские паспорта. Попросили открыть чемоданы. Удивились количеству книг, стали вертеть в руках и спрашивать, что за книги. Я на ломаном английском объяснил и спросил: разве немецкая полиция интересуется книгами? Не помню, что те мне ответили. Оказалось, за время нашего отсутствия в Мюнхене подорвали станцию «Свобода» и я, как держатель советского паспорта, вызывал подозрение.

Этот паспорт, пока меня его не лишили, постоянно осложнял мне жизнь. Пока я им пользовался, мне приходилось иногда отвечать за политику Советского Союза. Например, я собрался поехать в Италию. А в Мюнхене находилось итальянское генеральное консульство. И консулом был человек, которого я хорошо знал, — до того он работал в Москве, и мы с ним были даже на «ты».

Я ему сказал, что хочу поехать в Италию.

— Ты можешь поехать не раньше, чем через три недели, — сказал он.

— Почему через три недели? — удивился я.

— Потому что у нас такое ограничение для советских граждан. Советские итальянцам чинят такие препятствия, а мы, в ответ, — им.

— Ну, ты же знаешь, что я не только не советский, а даже вполне наоборот, — пытался возразить я.

— Я знаю, — согласился он, — но формально ты — советский, у тебя советский паспорт.

КПСС И НАРКОТИКИ

Апрель 1981-го. Пришла пора ехать в Америку. Взял приглашение от издательства, где было сказано, кроме всего, что «все расходы по перелету и пребыванию в Америке вас и вашей семьи, разумеется, будут покрыты».

Явившись в американское консульство, я, советский человек, волновался. Заполнил какую-то анкету. Ответил отрицательно на вопросы, состоял ли я в нацистской или коммунистической партиях. Не является ли целью моей поездки в Соединенные Штаты шпионаж, саботаж и диверсии. Не собираюсь ли я похищать американских детей. Согласился с условием, что в случае моей смерти в США мой труп будет депортирован обратно в Германию за семь тысяч долларов. Девушке в стеклянном окошке отвечал на устные вопросы. Она спросила меня еще раз, состоял ли я когда-нибудь в коммунистической партии. Охотно ответил, что нет, никогда. Хотя потом уже подумал, что в коммунистической организации, то есть в комсомоле, все-таки состоял. Еще был вопрос:

— Do you have drugs?

Я знал, что слово дрогс или драгс (разные люди произносят по-разному) означает лекарства. Но не знал, что главное значение этого слова — наркотики. Сказал: йес. Она удивилась моей откровенности, повторила вопрос: «You have drugs?» Я понял, что что-то не то, но показал ей пачку аспирина. Она улыбнулась и попросила меня пройти в комнату консула. Оказалось, что консул хорошо знает, кто я такой. Он отнесся ко мне дружелюбно, ни о чем не спрашивал и сказал, что если бы у меня был не советский паспорт, он мне сразу дал бы многократную визу на несколько лет.

БОБ В БАНЕ

Первый наш рейс был из Мюнхена в Детройт с пересадками в Нью-Йорке и Бостоне.

Были первые трудности с языком. Когда учишь язык в Москве и потом встречаешься с ним реальным, то понимаешь, что это не совсем одно и то же. Мне кажется, теперешняя Америка после событий, случившихся в nine eleven, то есть 11 сентября, стала менее приветливой к иностранцам. А тогда везде сплошь улыбки, почти все просьбы не встречают сопротивления. Я говорю спасибо. Мне отвечают welcome. Я учил, что «велкам» — это значит «добро пожаловать», и опять говорю «спасибо», на меня смотрят с удивлением. Я, учивший на своих краткосрочных курсах, что после «спасибо» надо говорить «not at all», то есть «ничего не стоит», очень не сразу понял, что «велкам» — это чаще всего значит «пожалуйста». Американцы меняют гласные «а» на «о», и наоборот. Например, город Albany надо читать как Олбани, но слово body они превращают в «бади». Многие эмигранты это произношение охотно принимают и бравируют словами «шапинг» и «лабстер». Я позвонил своей знакомой и попросил позвать к телефону ее мужа. Она сказала, это невозможно, потому что Боб в бане. Я удивился, что Боб ходит париться (это было на него не похоже), но, переспросив жену, в конце концов понял, что Боб улетел в Бонн, где в настоящий момент и находится. В Нью-Йорке, где мы делали первую пересадку, я подошел к какому-то столику и сказал, что хотел бы узнать, где мне найти рейс на Бостон. Меня переспросили: Бастон? Я согласился: Бастон. Мне указали на другую стойку. Я подошел и сказал, что хочу улететь в Бастон. Меня переспросили: Бостон?

В Бостонском аэропорту нас ждал Наум Коржавин, которого мы, его друзья, звали Эммой, Эмкой, Эммочкой Манделем. Мы, перенеся следующий полет на два дня, остановились у него. Было много разговоров об общих знакомых, но больше всего Манделя волновали судьбы мира и деревенщиков. Мир идет к катастрофе, а деревенщики пишут хорошо и смело, но советская власть ничего с ними поделать не может, потому что они слишком талантливы. Утром мы с Эммой по дороге в магазин проходили мимо каких-то мужиков, чинивших машину. Они что-то там крутили, машина не заводилась, мужики матерились. Я сначала воспринял картину как обычную, но, пройдя несколько шагов, остановился и обернулся с удивлением: «Батюшки! Да где же это я нахожусь?!»

Магазин, к моему удивлению, тоже оказался русским, продавцы говорили по-русски и продавали привычные для русского человека продукты: селедку, квашеную капусту, гречневую крупу, бычки в томате и конфеты «коровка».

Мандель, считавший себя уже опытным эмигрантом, учил меня поведению в западном обществе.

— Володя, — говорил он, — имей в виду, на Западе очень серьезно относятся к тому, как человек сам себя оценивает. Тебя могут спросить: «Скажите, мистер Войнович, как вы считаете — вы хороший писатель?» Тебе не стоит при этом краснеть, что-то мямлить, я, мол, не знаю, ты должен отвечать уверенно и четко: да, я очень хороший писатель.

— Ты же знаешь, — возразил я, — что я так никогда не смогу ответить.

— Ну и напрасно, — сказал Мандель.

В Детройте нас встретил на «Кадиллаке» хозяин издательства «Ардис» Карл Проффер, высокий стройный красавец, успешный в бизнесе и спорте: баскетболист. Через несколько лет он умрет от скоротечного рака. Несколько дней мы провели в городе Энн Эрбор, в большом доме Карла и его жены Эллендейи, очень красивой женщины. В главной гостиной у них стоял телевизор с большим выносным экраном. На этом экране, как мне сказал, ничуть не смущаясь, Карл, он с Эллендейей любят смотреть порнофильмы. Мы прожили у Профферов несколько дней. Я выступил в Мичиганском университете, где профессор Деминг Браун обещал мне продемонстрировать американское гостеприимство. Это гостеприимство было оценено в сто долларов. Передавая мне чек, Браун смущался и, зная, что я недоволен, потом на разных конференциях, где нам вместе приходилось бывать, старался не попадаться мне на глаза.

И вот, наконец, Нью-Йорк. В аэропорту Ла Гвардия Ира, Оля и я шли по узкому коридору на выход, и вдруг на нас напала целая банда фоторепортеров. Один за другим щелкали затворы аппаратов. Блицы слепили. Можно было подумать, что сюда сбежались все нью-йоркские папарацци. Я такое видел только в кино, когда изображалась жизнь какого-то политика или суперкинозвезды. Мы шли, ослепляемые вспышками, и сначала ничего не могли понять. Оказалось, что это организовала газета «Новый американец» во главе с Сергеем Довлатовым. Меня встречала вся их компания — сам Довлатов, Александр Генис, Петр Вайль, Нина Алловерт, Алик Батчан, Наташа Шарымова. Дело в том, что они только что создали газету и конкурировали с «Новым русским словом», газетой, которую редактировал Андрей Седых, он же Яков Моисеевич Цвибак, эмигрант еще первой волны. Когда-то был литературным секретарем Бунина, а потом сам писал книги. Русский рынок в Америке все-таки небольшой, и одна из двух газет не должна была выжить. В конце концов не выжил «Новый американец».

Но тогда они хотели встретить меня с помпой и перехватить возможного автора. Они взяли у меня большое интервью. Спросили, как мне нравится их газета. Я сказал: очень нравится, чем обидел Якова Моисеевича.

Мы вышли из аэропорта. Все-таки я был еще молодым эмигрантом,

готовым всему удивляться. Я удивился, что все встречавшие меня сели в
машины таких размеров, в каких в СССР ездили только члены Политбюро. Потом я понял, что это были подержанные машины, из тех, которые
у автомобильных дилеров можно было купить за 200—300 долларов.
В Америке уже входили в моду маленькие японские «Тойоты» и «Хонды». Но бывшие советские люди привыкли представлять себе, что большая машина — привилегия большого начальства.

Приехали к Довлатову, сидели у него на кухне. Как написали потом
Вайль и Генис, они все ждали, что я скажу какую-нибудь шутку, а я шутку не говорил, а просто тихо закусывал. Это правда, но и от них я шуток
никаких не услышал. Довлатов еще в Штокдорф присылал мне свои рассказы. Он утверждал, что пишет как я, то, что видит, и рассказы его по
существу документальны. А я, за редкими исключениями вроде «Иванькиады», писал не то, что конкретно видел, а шел туда, куда вели меня воображение и логика сюжета, поэтому я поначалу недооценил Довлатова.
Этой недооценке способствовал и его отец Донат Мечик, присылавший
мне свои малоинтересные театральные байки. Впоследствии я к Довлатову стал относиться гораздо лучше, о чем успел сообщить ему еще при
его жизни. Хотя и сейчас думаю, что его привязанность к конкретным
обстоятельствам, событиям и персонажам без того, что называется полетом фантазии, существенный его недостаток.

Еще в Энн Эрбор позвонила незнакомая девушка. По-русски, но с
сильным акцентом. Назвалась Лизой Такер. Сказала, что она редактор в
издательстве Farrar, Straus & Giroux, и сообщила, что мне заказана гостиница **«Ирокез»** (Iroquois) на 47-й улице. От Довлатова мы поехали в эту
гостиницу. Выяснилось, что она не оплачена и чтобы переночевать в
ней, надо заплатить хотя бы за первые сутки. Я спросил, сколько, мне
сказали: шестьдесят семь долларов. Я полез в карман. К счастью, нашел
70 долларов, оставшихся от полученной в Мичигане сотни. Заплатил.
Осталось три доллара. Я не знал, много это или мало. Что на них можно
купить? Утром встал, как всегда, раньше Иры и Оли, спустился вниз.
Хоть я и не очень верил советской пропаганде о Нью-Йорке как о страшном городе, вышел, огляделся с опаской. Никто на меня не напал. Я решился дойти до угла. Увидел какой-то магазин. Решил купить что-нибудь на завтрак. Почему-то начал с масла и, не зная, как оно выглядит,
спросил у продавца:

— Дую хэв батер?

— Вот? — переспросил он.

— Батер.

— Батери? (Батарейка)

— Ноу, батер.

Он так и не понял. Я ушел ни с чем. Зашел в другой магазинчик. За
прилавком пышная негритянка.

— Ду ю хэв батер?

— Вот?

— Батер.

Она долго думала, думала и вдруг поняла:

— Бадэ?

— Бадэ!

Она показала на полку, где лежит искомое. До полки я не дошел. Решил не тратить деньги зря. Вернулся в гостиницу. Ира с Олей проснулись, приняли душ и ждали меня. Мы спустились вниз втроем и зашли в ближайшее кафе.

— У меня есть только три доллара, — сказал я официанту. — Дайте нам что-нибудь, на что хватит этих денег.

Он пошел, пошептался с человеком, разгуливавшим по залу, и принес нам полный завтрак: три омлета, булочки, масло, джем и кофе. А когда мы встали из за стола и сказали «спасибо», он пробормотал: «Шур» (sure), и это слово в данном случае тоже означает «пожалуйста» или «ничего не стоит».

ЖАДНЫЙ СТРАУС

После завтрака появилась Лиза Такер, брюнетка 20 лет с большими серыми глазами. Я спрашиваю ее, почему не оплачена гостиница? Она ссылается на издателя:

— Роджер Страус сказал, что вы будете выступать и сами заработаете.

Заработаю я или нет, это еще вилами по воде. Но он же обещал, что мой полет туда и обратно и все мое пребывание в Америке будут оплачены. Я сказал это Лизе. Лиза пожала плечами. Она человек маленький, подневольный, спорить с хозяином не может.

И я стал выступать. Я выступал каждый день и очень плохо себя чувствовал. Видимо, еще давали знать последствия отравления в «Метрополе». Мне платили где-то 500 долларов, где-то меньше, самое большое — 700 долларов.

Как-то Лиза Такер сказала, что надо выступить в Вашингтоне в Институте Кеннана за 150 долларов.

— Вычеркни их сразу, — сказал я.

— Но это очень важный институт.

— Все равно вычеркни.

— Я вам не советую, — продолжала настаивать Лиза. — Это очень, очень важный институт.

— Ладно, тогда оставь.

Институт Кеннана оказался действительно важным для меня учреждением, через несколько лет я получил в нем стипендию, которая на целый год лишила меня забот о пропитании.

А пока я разъезжаю по Америке, выступаю, устаю, но все, что заработаю, в лучшем случае только покроет мои расходы. Выступлений так много, что я вижу только набитые залы, много людей с одними и теми же вопросами, но совсем не вижу Америку. И ради чего же я приехал?

Через несколько дней после приезда мы встретились с моим издателем, человеком тогда очень известным. Он был не только хозяин одного из самых престижных издательств, но еще имел свою долю в джинсовой империи «Леви Страус». Роджер Страус пригласил нас в элитный литературный ресторан. Здесь, как он мне объяснил, бывали все знаменитые американские писатели. Частым посетителем был, естественно, Хемингуэй. Естественно, потому что бывал во всех местах, по которым на Западе водила меня судьба. В гостиницах «Сплендид» и «Айроквай», в кабинете главного редактора издательства Рэндом Хаус Роберта Бернстайна, где он хранил свое ружье. Вот и в этом ресторане пил свой кальвадос. Я был польщен таким историческим как бы соседством, но не забыл напомнить Страусу о деньгах. Он поднял брови, как бы не понимая, о чем речь. Я напомнил, что речь о том, что в приглашении, присланном мне дважды, было четко обещано, что мой приезд с дочерью и женой и поездки по Америке будут полностью оплачены.

— А, вы об этом предложении,— вспомнил Страус, — так оно вообще было фиктивное. Мы посылали его в Советский Союз просто для того, чтобы вас выпустили.

— Да, но вы мне то же самое прислали в Мюнхен.

Он смутился.

— Правда? Ну хорошо, я вам заплачу эти деньги. Сколько дней вы еще в Нью-Йорке? До воскресенья? В пятницу вы получите чек.

Перед обедом Роджер подарил Оле большого игрушечного страуса на ниточке. Оле подарок так понравился, что она решила выступить в роли посредника и попросила:

— Папа, прости ему все.

— Нет, Олечка, — сказал я ей, — нам этого страуса не хватит.

Я ему звонил отовсюду и требовал, чтобы он мне заплатил деньги, но при этом продолжал выступать. Не дождавшись от Страуса обещанных денег, я поехал в Вашингтон, он обещал прислать мне деньги туда. Потом обещал, что получу деньги в Сан-Франциско. Потом в Лос-Анжелесе. Затем в Сиэтле и опять в Нью-Йорке. Вернувшись в Мюнхен, я написал Страусу, что если он не пришлет мне 3000 долларов, я порву с ним всякие отношения. В ответ получил письмо, вскоре подтвержденное чеком, что он выслал мне 2500 долларов и, если я буду настаивать, пришлет еще пятьсот. Чувствуя на расстоянии, как больно ему расставаться с каждым долларом, я последние полтысячи ему простил.

Во время той поездки по Америке я не только плохо говорил по-английски, но и, не имея опыта выступлений, очень нервничал. Я все время рассказывал о положении в литературе и заканчивал одним и тем же примером. Я говорил: «Советская литература настолько ограничена разными правилами, что ничего хорошего в ней быть не может. Мне один ихтиолог объяснял, что если поместить в аквариум малька щуки, то из него вырастет только маленькая аквариумная рыбка».

Оля, бедная семилетняя девочка, сидела на всех моих выступлениях, слушала их каждый раз от начала до конца, и как-то мне сказала: «Папа, не говори больше про рыбку».

А я боялся отклониться от текста. Только в дискуссиях чувствовал себя несколько увереннее.

На выступлении в Колумбийском университете, где было очень много русских, меня спросили, считаю ли я себя антисоветским писателем? Я сказал, что нет.

— Как же, — говорят, — разве то, что вы пишете, не антисоветское?

— Ну, с точки зрения советской власти, антисоветское, — сказал я. — Потому что она воспринимает враждебно всякое отклонение от принятого ритуала. Можно считать антисоветским тенденциозное разоблачение власти, призывы к ее свержению. А я просто описываю абсурд реальной жизни и изображаю характеры, которые существовали до советской власти и будут существовать после нее. Вообще-то я надеюсь, что я переживу советскую власть, и книги мои переживут. А советская и антисоветская литература умрут вместе со всем советским.

Возник большой спор. Некоторые считали, что я уклоняюсь от ответа, поскольку чего-то боюсь. Но я правда так считал и сейчас считаю, что я был не антисоветский писатель. Потому что антисоветское — это то, что прямо противостоит советскому и лишается смысла, если рушится то, чему оно противостоит. Мандель рассказал мне анекдот или реальный случай. В Вашингтоне демонстрация коммунистов и контрдемонстрация их противников. Полиция разгоняет коммунистов. Полицейский бьет схваченного им человека. Тот кричит: «За что ты меня бьешь? Я антикоммунист!» На что полицейский, продолжая махать дубинкой, отвечает: «I don't care what kind of communist you are» («Мне все равно, коммунистом какого рода ты являешься»).

Впрочем, потом, когда я занялся публицистикой, некоторые мои статьи можно было назвать антисоветскими, они после крушения советской власти перестали быть актуальными. Это, увы, случилось не со всеми.

К слову сказать, я встретил на Западе много людей, которые, живя в Советском Союзе, вели себя очень послушно, а там стали такими ярыми антисоветчиками, что мне до них было очень далеко.

ВНУЧКА ШОЛОМ-АЛЕЙХЕМА

Впрочем, в американском ПЕН-клубе я выступал как откровенный противник советской власти. Там собралось довольно много народу, но я не представлял, кто эти люди, поскольку очень плохо знал американскую литературу. Я стал выступать и говорить о Советском Союзе, вдруг вскакивает какой-то человек с длинной косичкой:

— Вы говорите неправду! Вы совсем иначе относились бы к Советскому Союзу, если бы знали, что такое Рейган и рейганизм. Вы не понимаете разницу между Советским Союзом и Америкой.

— Я не знаю, что такое Рейган и рейганизм, — ответил я, — но разницу я понимаю. И понимаю, что если бы вы в Советском Союзе сказали слова «Брежнев» и «брежневизм», то продолжали бы вашу дискуссию в кабинете следователя, а если бы еще пришли к нему с этой косичкой, то продолжили бы разговор в институте судебной психиатрии имени Сербского.

Вскочила еще одна женщина.

— Это все неправда. Я бываю в Советском Союзе. Когда я приезжала последний раз, меня встретили в аэропорту на хорошей машине, меня повезли в Союз писателей, мне оказали очень теплый прием, меня даже возили в Крым и показывали дом моего дедушки.

— Извините, а кто ваш дедушка? — перебил ее я.

— Шолом-Алейхем.

— А, Шолом-Алейхем... А в каком году вы приезжали?

— В 1967-м.

— А вы знаете, что в 67-м году писателям Синявскому и Даниэлю показывали мордовские лагеря, где их дедушки вообще не жили.

Потом я ее спросил:

— А как вас зовут?

— Бел Кауфман.

— Я читал вашу книгу «Вверх по лестнице, ведущей вниз», и она мне очень понравилась. Вы хорошая писательница, и именно поэтому вам должно быть стыдно за то, что вы говорите.

Я довольно резко с ней обошелся. Я мог ожидать, что меня осудят как не очень страстного антисоветчика, но уж никак не ожидал атаки с советских позиций.

После выступления ко мне подошел тот человек с косичкой:

— Я вас благодарю за ваше яркое выступление.

Подошла и Кауфман:

— Спасибо вам, спасибо.

— За что же вы мне говорите «спасибо», — удивился я, — если вы считаете, что я вру?

Я еще не понял, что это был типичный американский способ ведения дискуссий: они яростно спорят, а потом пожимают друг другу руки и пьют вместе виски.

Подобные споры возникали у меня в разных местах. Часто я был довольно находчив в своих ответах и уже не боялся публики.

На одном из выступлений, где я опять ругал советскую власть, встал какой-то студент и задал мне ехидный, как ему казалось, вопрос:

— Скажите, пожалуйста, а сколько стоило вам ваше образование в Советском Союзе?

— Я получил в Советском Союзе два образования, — пояснил я ему. — Я учился в школе пять лет и немножко в институте, но, кроме того, я еще пас телят, работал на заводе и на стройке. За первое образование я не платил, а за второе мне не платили. Так что я считаю, что мы квиты.

ПРИНСТОН И ГАРВАРД НА ВЫБОР

В Нью-Йорке Лиза Такер сказала мне, что ее отец, известный американский историк Роберт Такер, очень хочет со мной познакомиться и приглашает меня к себе в Принстон.

Я приехал, познакомился с самим Робертом и его женой Женей, бывшей москвичкой.

Они впервые встретились, кажется, в сорок шестом году, когда Роберт работал в американском посольстве в Москве. Это было еще сталинское время, когда общение с иностранцем считалось изменой Родине. В случае, если женщина вступала в романические отношения с иностранцем, за ней наблюдали до тех пор, пока ее любовник был здесь же, в Москве. Но стоило ему уехать хотя бы на короткое время, ее немедленно арестовывали и давали большой срок, как это случилось, например, со знаменитой актрисой Зоей Федоровой. Роберт, человек от природы наивный и доверчивый, в этом случае понимал все правильно и Москву не покидал ни при каких обстоятельствах. Когда кончился срок его работы в американском посольстве, он нашел себе работу в посольстве Индии и там, уже без дипломатического иммунитета, продержался до смерти Сталина. После этого уехал, но вскоре вернулся в качестве переводчика. Через короткое время, будучи переводчиком в свите кандидата в президенты Эдлая Стивенсона, оказался на приеме у Хрущева. К Стивенсону Хрущев испытывал большую симпатию, чем к другим, и даже позволил себе публично высказать пожелание, чтобы президентом Америки был именно Стивенсон. Чем сделал ему медвежью услугу. Стивенсон выборы проиграл. Но пока он был еще кандидатом. Его с почестями принимали в Кремле, чем и воспользовался Роберт Такер. Он обратился к Никите Сергеевичу с просьбой выпустить в Америку его русскую жену Евгению. И Хрущев, желая произвести на возможного в скором будущем президента Соединенных Штатов Америки хорошее впечатление и в знак доброй воли, распорядился, и Женя отправилась не в Мордовию, а в город Принстон, штат Нью-Джерси.

К моменту нашего знакомства Роберт Такер был уже известным профессором, советологом, специалистом по советской истории, в которой его больше всего интересовали Сталин и сталинизм. Он спросил меня, не хочу ли я пробыть год в Принстоне, одном из лучших университетов мира. Я, совершенно не понимая ценности предложения, вяло согласился: почему бы и нет?

А пока продолжил свои поездки и выступления. Нью-Йорк, Вашингтон, Филадельфия, Бостон... В Бостоне есть несколько высших учебных заведений. Но главный из них — Гарвардский университет, который, как и Принстон, входил в Ivy Leage — восьмерку старейших и наиболее почитаемых учебных заведений. В Гарварде деканом факультета славистики был мой горячий поклонник профессор Дональд Фангер. Он написал большую работу, в которой сравнивал меня с Гоголем, благодаря чему меня приняли с неожиданным для меня почетом. Проявляли много внимания и интереса и заказали шикарный ужин. И на этом ужине я вел себя непристойно, хватал под столом за коленку какую-то аспирантку и удивлялся, почему ей это не нравится. Не только сам напился, но споил всех, кто сидел за столом, включая Дональда Фангера. Как мне потом рассказывали, все перепились настолько, что на другой день боялись друг другу посмотреть в глаза. Им было стыдно за вчерашнее.

И еще я узнал, что, оказывается, они мне готовили место «писателя в резиденции» — это такая должность, при которой можно ничего не делать, иногда встречаться со студентами и получать зарплату, измеряемую несколькими тысячами долларов в месяц. Но после этой пьянки они решили меня не приглашать. Так что я потерял высокооплачиваемую работу и важную для Америки запись в послужном списке, что работал в таком важном университете. Впрочем, впереди у меня был не менее уважаемый миром Принстон.

КОНФЕРЕНЦИЯ В ЛОС-АНДЖЕЛЕСЕ И ЕЕ ПОСЛЕДСТВИЯ

Эта конференция русских писателей в эмиграции состоялась, как мне кажется, тогда же, весной 1981 года. Коржавина на нее не пригласили, что, как я понимал, должно было его очень обидеть. Я позвонил устроительнице Ольге Матич и предложил, чтобы приезд Эммы оплатили они, а я приеду за свой счет. Я надеялся, что она скажет: ладно, заплатим и ему, и вам. Не тут-то было. Он приехал за их счет, я за свой. Я подробностей уже не помню, но их можно найти в воспоминаниях Сергея Довлатова. Выступая на конференции, Довлатов ответил на подозрения неприехавшего Максимова, что он обрезался. Чем это событие, если бы оно случилось, не устроило Максимова, я не знаю, но Довлатов ответил на это приблизительно так.

— Владимир Емельянович, я не обрезался и, если бы вы приехали, охотно предъявил бы вам доказательство. Но, к сожалению, я не могу протянуть его через океан.

Особых симпатий друг к другу участники конференции не испытывали. Алешковский, напав на Лимонова, сказал, что его книги достойны только того, чтобы ими подтираться. Довлатов нарисовал шарж: Лимонов в майке с надписью на груди «Fuck me». Мандель понес всех: и устроителей, и участников, и подверг сомнению вообще полезность таких конференций. Мне стало жалко денег, которые я ему пожертвовал, и было неудобно перед устроителями, которых я упрашивал пригласить его. Я даже выступил как-то, его пожурил.

Никаких симпатий участники друг к другу не испытывали. Юз Алешковский, Юрий Милославский и Саша Соколов не могли пережить того факта, что публика меня знала больше, чем их. Прямо в лицо мне сказать не решались, но за спиной брюзжали, что то, что я пишу, вообще не литература, а внимание к себе я ловко привлек исключительно своим расчетливым диссидентством.

На конференции выступил главный редактор известного американского издательства КНОПФ Ашбел Грин и призвал участников не питать лишних иллюзий, заранее примириться с ситуацией, в которой их книги в американской аудитории не будут иметь успеха.

Среди участников конференции была Кэрол Пирс, аспирантка из Сиэтла. Я познакомился с ней еще в Москве, где она проходила практику и часто бывала у меня дома. В Сиэтле она училась и в свободное время работала помощницей у моего адвоката Шройтера. В Москве она была посредницей между ним и мной, передавала письма его ко мне и мои к нему. Теперь она пригласила меня к себе, я охотно принял предложение и прожил в доме Кэрол недели полторы. Меня в Америке многое удивляло. И здесь удивило, что Кэрол, молодая одинокая женщина, по виду очень скромного достатка, имеет такой большой двухэтажный дом. Впрочем, она была не совсем одинокой. С ней жила ее подруга Наоми. На второй или третий день моего постоя Кэрол сказала:

— Ты понимаешь, какие у меня с Наоми отношения.

Я, конечно, догадывался. Гомосексуалистов обоего пола мне приходилось встречать и раньше, но раньше они о своих наклонностях и конкретных связях не распространялись. Стеснялись, боялись молвы и закона. На Западе такие связи постепенно входили в моду и даже афишировались. Несмотря на свое лесбиянство, обе женщины за мной охотно ухаживали, стирали и гладили мое белье и носки. Я расспрашивал Кэрол, кто из них мужчина, кто женщина. Она сказала, что такого разделения нет, они обе и пассивные, и активные. Но потом призналась, секс с мужчиной доставляет ей больше удовольствия, чем с женщиной. Кажется, она сама еще не знала, что беременна от Джона Глэда, с которым переспала во время конференции. Через естественное время она родила мальчика, назвала его Ароном и поздравила Джона с отцовством. Джон не поверил в свою причастность к этому событию, подозревал в этом виновным меня, но согласился на генетическую экспертизу. Экспертиза подтвердила, что Кэрол не врет. Джон от ответственности не уклонился, помогал Кэрол материально, а Арончик часть времени проводил у него. Причем жена Глэда Лариса тоже полюбила мальчика, заботилась о нем и держала его фотографию у себя на рабочем столе в редакции «Голоса Америки». Сейчас это уже взрослый молодой человек, учится в университете, изучает славистику и говорит неплохо по-русски.

ШРОЙТЕР ВРЕТ, А СТРАУС ОБМАНЫВАЕТ

Когда я приехал в Сиэтл, Леонард Шройтер в городе отсутствовал, но звонил мне откуда-то по телефону. На вопрос, как дела, отвечал shit и, как я понял, встречаться со мной не торопился. Это меня насторожило. Через несколько дней он появился и пригласил меня сначала к себе в офис. Когда я туда пришел, там ряженые американские студентки-славистки на ломаном русском языке спели мне что-то из русских народных песен и что-то сплясали. Шройтер пригласил меня в ресторан. Сам пришел с какой-то дурой, которая, глядя на него, фальшиво закатывала глазки и спросила меня, понимаю ли я, что Леонард is my darling? Вопрос звучал бы нормально, если бы я знал его жену. В ресторане я спросил Шройтера, не собирается ли он отдать мне мои деньги. Он сказал, что охотно это сделает, но боится, что я на Западе новичок и по неопытности быстро потрачу весь свой скромный капитал неизвестно на что. На другой день он опять исчез из города и опять звонил мне по телефону. Я спросил, как я могу получить деньги. Мне было отвечено, что деньги лежат на каком-то неснимаемом счету и основную сумму, тысяч шестьдесят долларов, лучше пока не трогать, но не основную, тысяч десять, мне поможет снять его помощница Мэри Фриск. Между тем у меня был билет с неизменяемой датой отлета, эта дата приблизилась. Можно было, конечно, пожертвовать билетом, остаться и все-таки заставить Шройтера отдать мне деньги, но Ира выражала недовольство тем, что я застрял в Сиэтле, я нервничал и в конце концов уехал с вырванной суммой, которая сама по себе мне еще казалась большой.

ОСОЗНАННАЯ НЕИЗБЕЖНОСТЬ

Прошло почти полгода, как мы на Западе. За это время я объехал пол-Европы и почти всю Америку с советским паспортом. Но вот произошло неизбежное.

16 июня 1981 года мне позвонил Марио Корти:

— Ты слышал, что тебя лишили советского гражданства?

— Нет.

— Только что опубликован Указ Президиума Верховного Совета СССР.

Я, конечно, знал, что рано или поздно это произойдет. Больше того, думал, что если *они* меня гражданства не лишат, это будет выглядеть подозрительно. В любом случае не собирался очень сильно по этому поводу переживать. В чем бы меня ни обвиняли, как бы ни оскорбляли, я никогда это близко к сердцу не принимал. Как мне цитировал когда-то Ильин, кого-то, если правильно помню, Гегеля, а может быть, Бебеля: когда тебя ругают враги, ты должен этим гордиться. Гордиться не гордиться, но *их* поношения меня не задевали. А тут почувствовал такую невероятную обиду, что первый раз захотелось заплакать. Написал Брежневу открытое письмо.

«Господин Брежнев,

Вы мою деятельность оценили незаслуженно высоко. Я не подрывал престиж советского государства. У советского государства благодаря усилиям его руководителей и Вашему личному вкладу никакого престижа нет. Поэтому по справедливости Вам следовало бы лишить гражданства себя самого.

Я Вашего указа не признаю и считаю его не более чем филькиной грамотой. Юридически он противозаконен, а фактически я как был русским писателем и гражданином, так им и останусь до самой смерти и даже после нее.

Будучи умеренным оптимистом, я не сомневаюсь, что в недолгом времени все Ваши указы, лишающие нашу бедную родину ее культурного достояния, будут отменены. Моего оптимизма, однако, недостаточно для веры в столь же скорую ликвидацию бумажного дефицита. И моим читателям придется сдавать в макулатуру по двадцать килограммов Ваших сочинений, чтобы получить талон на одну книгу о солдате Чонкине.

Владимир ВОЙНОВИЧ
17 июля 1981 года, Мюнхен»

В том письме я не просто издевался над Брежневым, а выразил свою серьезную уверенность в том, что Брежнев, Андропов и все руководство ЦК КПСС подрывают престиж и сами устои советского государства и что книги Брежнева превратятся в макулатуру. Кстати, это произошло гораздо быстрее, чем можно было ожидать. Брежнев умер в ноябре 1982 года, а уже меньше чем через год на Франкфуртской книжной ярмарке в советском павильоне не было ни одной книги Брежнева, зато хорошо было представлено литературное творчество Андропова. В следующем году писателя Андропова сменил писатель Черненко, а еще через год и этот канул в Лету.

Письмо Брежневу я разослал радиостанциям, вещавшим на СССР, и в «Зюддойче Цайтунг». Из газеты позвонили с просьбой. Вы пишете «господин Брежнев». У нас так не принято. У нас принято обращаться к людям «многоуважаемый господин». Мы с вашего разрешения... Извините, не разрешаю. После нанесенного мне господином Брежневым оскорбления я его «много уважать» не собираюсь. Оставьте как есть. Просто «господин». Хорошо даже, если вы напишете это немецкое слово Herr в русской транскрипции. Позвонил из «Голоса Америки» Виктор Французов с просьбой смягчить текст. «Слишком уж вы хлестко».

— Ничего, — сказал я, — передайте как есть.

Пришлось им смириться.

ДОПРОС В ЦИРНДОРФЕ

Меня лишили гражданства, паспорт (хотя у меня его не отняли) стал недействительным, пришлось думать о политическом убежище. Что это такое и каким образом его получать, я не знал. Я слышал, что в Англии нуждающийся в убежище может подойти к любому полицейскому и сообщить ему о своем желании. Полицейский, выслушав, кладет руку на плечо обратившегося, и с этого момента он находится под защитой британской короны. Мне сказали, что с просьбой об убежище надо обращаться в специально для этого созданное учреждение, которое располагается в деревне Цирндорф под Нюрнбергом. Сопровождать меня туда добровольно и бесплатно взялся, несмотря на свои убеждения, Фридрих фон Халем. Его врожденное доброжелательство оказалось выше политических пристрастий.

В Цирндорф приехали рано утром. Шли по улице, говорили по-русски, проходившая мимо женщина, не разобравшись, спросила: «Сконд бендем, панове?» Я ответил: «Мы русские». Услышав ответ, она ничего не сказала, но взглядом одарила разочарованным и враждебным.

В первом кабинете сидели двое, которые, к моему удивлению, приняли меня сразу крайне недружелюбно и не желали верить моим словам. Из двух следователей один, как известно, бывает злой, а другой добрый. Эти были оба злые. Вопросы задавались по-немецки. Те, которых я не понимал, фон Халем переводил. Начали с вопроса:

— Вы утверждаете, что в Советском Союзе вас преследовали?

— Да, преследовали.

— В чем это заключалось?

— Ну, например, в том, что меня лишили гражданства.

— Вас лишили гражданства, и это вы считаете преследованием?

— А вы не считаете это преследованием?

— Здесь мы задаем вопросы.

Объясняю, что в Советском Союзе по неотмененному Уголовному кодексу 1926 года лишение гражданства является заменой смертной казни. Это вызвало у обоих иронические усмешки.

— А кто вас лишил гражданства?

— Глава государства Леонид Брежнев.

— У вас есть соответствующий документ?

— У меня документа нет, но указ опубликован в советской печати, и в немецких газетах тоже есть об этом сообщение. Вот, например, в «Зюддойче Цайтунг».

Показываю газету. Они с презрением отмахиваются. Газета — это не документ. В газете можно написать что угодно.

— Как вы сюда приехали?

— Прилетел 257-м рейсом «Аэрофлота» из Москвы.

— Значит, вас никто не преследовал. Те, кого преследуют, сидят в тюрьме или едут в Израиль через Вену.

— Меня преследовали иначе, и я уехал иначе.

— Почему вам сделали такое исключение?

— Потому что я довольно известный писатель и в этом смысле являюсь исключением.

— Что значит известный писатель? Вознесенский тоже известный писатель, он, однако, приехал через Вену.

— Вознесенский? Через Вену? Это какая-то чушь.

Они стали уверять меня, что не чушь, и я не сразу понял, что речь идет не об Андрее Вознесенском, а о Юлии Вознесенской, диссидентке и феминистке из Ленинграда. Допрос чем дальше, тем становился грубее и агрессивней. Я пытался что-то объяснять, они отвечали: мы вам не верим. Фон Халем время от времени помогал с переводом, но в спор не вмешивался. В конце концов я разозлился на себя и на них. На себя, что я все это выслушиваю. Несмотря на свою правовую безграмотность, я понимал, что имею безоговорочное право на убежище и что мне его дадут, независимо от того, понравлюсь я или нет этим двум тупицам, а если не дадут (что совсем невероятно), то просто уеду в Америку и получу его там. На каком-то этапе нашего разговора мои допросчики окончательно вывели меня из себя. Я сказал:

— Все! Больше ни на один ваш вопрос отвечать не буду!

— Вы обязаны отвечать, — возразил мне один из них.

Забеспокоился фон Халем. Зашептал мне, чтобы я вел себя осмотрительнее, потому что от этих людей зависит...

— От них ничего не зависит, — перебил я его. — Они, даже если мне не верят, должны меня выслушать, а потом проверить, не вру ли, это очень просто.

— Но я вас прошу, успокойтесь, поймите, что здесь решается ваша судьба.

Тут я рассердился и на него и объяснил ему, что моя судьба уже решена и от этих людей уж точно ее решение не зависит.

— Спросите его, будет он отвечать на наши вопросы или не будет, — спросил один из этих.

— Найн, — сказал я ему по-немецки.

Тогда мне было предложено пройти в кабинет, находившийся в конце коридора. У этого кабинета были две двери. Первая, обыкновенная, и вторая, в глубине отдельного коридорчика, железная. Я открыл первую дверь, и тут же открылась вторая. Открывший ее человек грубо сказал:

— Проходите только один.

Фон Халем сказал, что он мой адвокат. Ему было резко отвечено: никаких адвокатов.

Я вошел. Хозяин кабинета сел за стол, опять очень невежливо приказал мне:

— Закройте дверь!

Я закрыл и приблизился к его столу.

— Шпрехен зи гут дойч? — спросил он все в том же недоброжелательном тоне.

— Найн, — ответил я. — Майн дойч ист нихт гут.

— Хорошо, — сказал он почти без акцента, — тогда будем говорить по-русски. Вы утверждаете, что вы в Советском Союзе подвергались преследованиям.

— Да, — сказал я, — утверждаю, что в Советском Союзе я подвергался преследованиям.

— Интересно, — сказал он, и в его голосе появилась ирония. — И каким же вы подвергались преследованиям?

— Самым разным. Долго перечислять не буду, но, например, меня лишили советского гражданства. Ваши коллеги в это не верят.

— Предположим, я верю, — сказал он опять с иронией. — А кто и каким образом лишил вас гражданства?

— Леонид Брежнев, — начал отвечать я, сам уже засомневавшись, что это так и было. — Леонид Брежнев подписал указ о лишении меня советского гражданства.

— Подождите, — сказал он уже без иронии, но в сомнении. — Лично Брежнев подписал указ о лишении лично вас гражданства?

— Лично Брежнев, — подтвердил я, — о лишении лично меня...

— Так что же вы стоите! — вдруг вскричал он, и сам вскочил на ноги, и придвинул мне стул. — Садитесь! А это был ваш адвокат? Извините, я не понял, надо было позвать и его. Ну, ладно, разберемся сами.

После чего мне были предложены стакан чая и еще несколько вопросов по поводу моей биографии, на которые я охотно ответил.

Мне пришлось пройти еще по нескольким кабинетам, где какие-то люди, включая представителя ЦРУ, уже ни о чем меня не спрашивая, ставили печати на бумагах, которые я сдал в канцелярию Штарнберга, главного города округа, в который входит деревня Штокдорф.

Чиновник, принявший эти бумаги, объяснил мне, что теперь я должен ждать решения какой-то комиссии. Когда это решение состоится, неизвестно, но пока оно не состоялось, я не имею права покидать пределы Штарнбергского округа, не могу даже ездить в Мюнхен. На это я ему немедленно возразил, что ни с какими запретами считаться не собираюсь. Не позднее чем завтра поеду в Мюнхен в американское консульство, получу визу и уеду в США. Чиновник это выслушал, улыбнулся и сказал:

— Ну, вам можно.

Между прочим, немецкое уважение к закону проявляется, кроме прочего, в том, что никаких исключений они не признают. Если можно — можно, если нельзя — нельзя. Но в моем случае, как бы я ни нарушал правила ожидания убежища, они не могли мне в нем отказать, мое право на него было безусловным.

РОДИНА ИЛИ МУЖ

Меня лишили гражданства, а Иру нет. Когда кончился срок ее паспорта, она хотела на всякий случай продлить срок его действия и поехала в советское посольство в Бонне.

Там ей сказали:

— Ваш паспорт кончается, но вы же не лишены гражданства. Возвращайтесь в Советский Союз.

— Я не могу вернуться, — сказала она, — у меня здесь муж.

— Неужели вам муж дороже родины? — лицемерно удивился работник посольства.

— Да, мне муж дороже, — сказала Ира.

ЧЕРНЫЙ КАЗАК

Однажды в Америке, уже в девяностых годах, я оказался расистом. Я преподавал в Гаучер-колледже под Балтимором взрослым студентам что-то из русской литературы. Студентов было человек двадцать, и один из них — черный. Как-то я прихожу на занятие, и мне говорят, что возник большой скандал. Оказывается, этот афроамериканец написал на меня донос, что я расист. Я очень удивился, потому что расистом никогда не был и повода заподозрить меня в этом грехе как будто никому не давал. Оказывается, автор доноса решил, что я расист после прочтения романа «Москва 2042», в котором есть отрицательный персонаж — черный казак. Я нашел этого студента, отозвал его в сторону.

— Вы поступили подло, — сказал я ему. — Во-первых, вы должны были сначала сказать мне. Во-вторых, вы меня оскорбляете. В чем вы увидели расизм?

— Вы черного сделали отрицательным персонажем, — начал он.

— У меня там все персонажи — отрицательные. Хотите, я сейчас перепишу этот образ, и у меня будут все отрицательные, а ваш черный станет положительным?

— Нет, не надо. Хорошо, а почему его зовут Томом?

— А почему бы не звать его Томом? Обыкновенное имя. Я мог назвать его Джоном, а назвал Томом.

— Нет, вы намеренно так его назвали, как в «Хижине дяди Тома».

Я уже слышал, что черные американцы считают образ дядюшки Тома отрицательным. Нам, наоборот, он казался положительным — затравленный темнокожий человек, вызывающий симпатию. А они видят в нем пассивного литературного героя, который не борется против рабства. Я очень разозлился, сказал: «Пойдем на занятия».

В аудитории я обратился к студентам:

— Этот человек обвиняет меня в расизме. Кто-нибудь из вас читал «Москву 2042»?

Все читали.

— Есть в этой книге расизм?

И тут они на него накинулись и просто заклевали его. Он понимал, что они хоть и белые, но свои и имеют право так с ним разговаривать. И он от меня отстал и даже пытался потом со мной дружить, но я от этой дружбы уклонился потому, что не люблю дураков любого цвета.

Я ненавижу расизм и шутки про негров, которые у нас позволяют на эстраде. Хотя мне кажется нездоровой и излишняя политкорректность, которая обычно переходит в другое неравенство. Известно, что в некоторые университеты человеку темной кожи легче поступить, чем белому. Один абитуриент подал документы для поступления в Джорджтаунский университет в Вашингтоне и указал в анкете, что он афроамериканец. Его приняли. Но когда он явился в университет, чуть не разразился скандал. Потому что он оказался белым.

— Вы нас обманули, — сказали ему.

— Почему? Я афроамериканец. Я родился в Кении.

Так он осталя в университете.

ПЬЮЩИЙ ПРИНСТОН

Вскоре пришло официальное приглашение в Принстон. На первые полгода я получил стипендию фонда Форда (хотя никого о ней не просил), на вторые шесть месяцев меня приглашал университет с обязанностью раз в неделю вести семинар по русской литературе. Моя должность называлась visiting fellow (приглашенный коллега) или visiting professor (приглашенный профессор). Лет через десять в написанной для кого-то краткой автобиографии я в шутку написал, что был пастухом, столяром, авиамехаником и профессором Принстонского университета. После чего разные издания и даже телевизионные каналы, излагая кратко мою биографию, называли и сейчас нет-нет да называют меня профессором Принстонского университета, кем я, разумеется, давно уже не являюсь.

Приняли нас хорошо. Нам были куплены авиабилеты первого класса, а в Принстоне приготовлена двухэтажная шестикомнатная квартира на берегу озера, и мы там зажили очень непривычной для нас жизнью.

Для преподавания сначала надо было набрать достаточное количество слушателей. Я повесил объявление, что будет семинар по русской литературе и, сидя в выделенном мне кабинете, ждал, придет ли кто-нибудь. Пришло в конце концов человек пятнадцать. Для семинара я выбрал шесть писателей: Платонова, Зощенко, Булгакова, Надежду Мандельштам, Солженицына и себя. Студентам объяснял, что есть советская литература, а есть литература запрещенная или долгое время запрещавшаяся, вот ее мы будем изучать. Студенты относились ко мне хорошо и по окончании все до одного написали, что они мной очень довольны. Может быть, потому что я всем поставил высокие оценки. Они и правда все, кроме одной студентки, старались.

В Америке оценки обозначаются не цифрами, а буквами: А, В, С. Я всем поставил А, некоторым с плюсом. Но той студентке В с минусом. Она ожидала худшего и тоже оценила меня положительно. Наш дом стоял как-то отдельно от города. Жили в нем в основном временные преподаватели вроде меня. И хотя у каждого жильца была здесь своя отдельная большая квартира, была здесь атмосфера общежития или коммуналки. Все знали всех, были друг к другу приветливы.

Когда я приехал, Такер предложил мне сразу запастись большим количеством алкоголя. Объяснив, что пить так и так придется и спиртное лучше купить в достаточном количестве оптом. Это обойдется дешевле, чем покупать каждый раз по бутылке. Я согласился и купил ящик виски — двенадцать бутылей по полгаллона и столько же джина.

Общались мы в основном с Такерами, и очень часто. Мы приходили к ним, они — к нам. У нас было обыкновенно для русского угощения: гостей сразу приглашали к столу с выпивкой и закуской. У Такеров по-западному. Сначала не за столом — дринк: виски, джин, по желанию пиво с орешками. Ужин с вином. После ужина опять дринк и орешки. Приглашались гости четырех сортов. Одни на дринк до ужина, другие на после ужина, третьи только на ужин, и четвертые на оба дринка и ужин. Мы приглашались на все. Американцы, приглашенные на дринк к пяти часам, понимали, что примерно к семи надо поблагодарить хозяев за приглашение и удалиться. Русские этого не понимали, уходить не торопились, хозяева ерзали, потом как-нибудь все-таки выпроваживали. Гости у Такеров были в основном, по американским понятиям, важные, те, которые называются very important people, или, как в России теперь говорят, випы. Приезжал Джордж Кеннан, известный политик, дипломат, историк, основатель института Кеннана в Вашингтоне, где восемь лет спустя я получу стипендию и проведу целый год, пытаясь написать продолжение «Чонкина». Билл Льюис был сначала послом в какой-то латиноамериканской стране, потом в Чехословакии, затем стал директором музея Метрополитен. Частым гостем у Такеров бывал директор Принстонской библиотеки, человек украинского происхождения, фамилию его я забыл. Во время первой нашей встречи он меня спросил:

— Как вы думаете, чем люди больше всего занимаются в Принстоне?

Я сказал:

— Естественно, научной работой.

Он сказал:

— Нет.

Я подумал.

— Ну, наверное, много читают.

— Что вы! — сказал он. — В Принстоне люди больше всего пьют. Посмотрите, сколько у нас книжных магазинов? Два. А сколько винных? Не меньше десяти. И заметьте, их торговля идет очень бойко.

Я вспомнил про свои два ящика спиртного, про такеровские дринки и подумал, что мой собеседник прав — пьют здесь много. Пьют много, но пьяных не видно. Потому что пьют не так, как в России. В России большинство пьющих людей (и я к ним принадлежал когда-то) пьют водку стаканами и быстро и тяжело пьянеют. А здесь пьют совсем иначе. Нальет человек себе стакан виски с содовой, во время беседы потягивает понемножку. Захмелел, сделал паузу. Протрезвел — продолжил. В среднем выпивающий американец за вечер потребляет спиртного больше, чем русский. Но при этом не пьянеет.

Так что я с моим собеседником согласился. В Принстоне пьют или тогда пили немало. Но не за питье же многим из них дают высокие научные звания и Нобелевские премии!

МИССИЯ ВОЗМОЖНА

В Принстоне мне все-таки удалось продвинуться в моем английском.

Я выписал и каждое утро читал «Нью-Йорк таймс». Поздно ночью, когда Ира и Оля уже спали, сидел перед телевизором и тупо смотрел американские детективы, чаще всего серии «Миссия невозможна», там язык простой. В конце концов попробовал свое знание употребить в дело и перевел на русский смешной рассказ Ричарда Лури, переводчика «Чонкина».

ГОНОРАР ОТ «ПЕТУХА»

Перебирая свои бумажки, я нашел письмо, в котором автор проставил число и месяц, а года не указал. По-моему, это был год 1983-й. Речь идет о юмористическом журнале «Петух».

«3 января

Дорогой Владимир Николаевич!

Посылаю Вам два номера бульварно-демократического издания, возглавляемого неким Консоном, у которого я являюсь бескорыстным консультантом. Может быть, Вы могли бы что-то прислать, если не рассказ, то неиспользованный скрипт для радио, или текст какого-нибудь выступления, вроде того, что прозвучало в Бостоне — о Вашем знакомом, который часто менял взгляды...

Недавно я читал письма Мандельштама, относящиеся к тому недолгому периоду, когда он заведовал отделом поэзии в газете «Московский комсомолец». В этих письмах Мандельштам заискивает перед авторами, льстит им, клянчит, заклинает что-нибудь прислать. Если Мандельштам так себя вел, то и я в этом ничего зазорного не вижу.

Если Вы скажете, что журнал плохой, то я отвечу, что в Ваших силах сделать его хорошим, то есть опять же что-нибудь прислать.

Ждем и надеемся.

Надеюсь также, что Вас и Ваших близких не слишком удручает наша шумная страна, мы бы очень хотели, чтобы Вы навсегда здесь поселились.

Привет Вашей жене и дочке.

Будьте все здоровы и удачливы в Новом году.

Ваш Сергей Довлатов».

На просьбу Довлатова я откликнулся, предложив свой перевод рассказа Ричарда Лури. Довлатов прислал мне чек на 10 долларов со справкой, что предъявитель сего — первый и единственный автор журнала «Петух», получивший в этом издании гонорар.

ДОРОГИЕ БОЙСКАУТЫ И БЕСПЛАТНЫЕ ПИОНЕРЫ

Общаясь с Такером, я рассказал ему о Шройтере, который уклоняется от того, чтобы отдать мне деньги. Такер сказал, что для отнятия денег у Шройтера надо нанять другого адвоката. И порекомендовал одного из владельцев старой адвокатской конторы, некоего Ральфа Мэйсона. Мэйсон принял меня в своем офисе, стал расспрашивать, кто я и откуда, что пишу и где печатаюсь. Когда я упомянул издательство «ИМКА-пресс», он оживился и вспомнил, что был в детстве бойскаутом и членом названной организации, по-английски YMCA (Young Men Christian Assosiation) — то есть объединения молодых христиан. Рассказал мне о бойскаутских лагерях. На это ушло минут сорок. Я его спросил, а сколько стоят ваши услуги. Он ответил:

— Велл, мое время стоит сто пятьдесят долларов в час.

Сто пятьдесят долларов тогда казались мне ценой фантастической. Я подумал, не рассказать ли ему что-нибудь о пионерских лагерях, но делать этого не стал, понимая, что время, потраченное на мой рассказ, тоже будет оплачено мной. Он, заметив мои сомнения, сказал:

— Велл, но час моей секретарши стоит только шестьдесят долларов.

До того я никогда не прибегал к услугам адвоката как такового (Шройтер, будучи адвокатом, исполнял для меня обязанности литературного агента), и я не очень представлял, в чем они состоят. Выбора не было, я согласился.

ВЕЖЛИВЫЙ МЭЙСОН И ГРУБЫЙ КЛИЕНТ

Мэйсон взялся за дело. Писал Шройтеру письма. Очень вежливые. Даже любезные. Даже больше чем любезные. Начинал всегда, как принято у американцев, с эпитета «дорогой» и заканчивал неизменно «сердечно ваш» (cordially yours). И между началом и концом текст был исключительно почтительный. Я читал, удивлялся, что это он с ним чикается. Не лучше ли написать: «Ты, мерзавец и вор, отдавай деньги, а то я тебя посажу в тюрьму». Но по ответам Шройтера я видел, что он очень занервничал. Он отвечал исправно. Писал, что его час стоит сто десять долларов (раньше об этом не было и речи). Что вся его контора работала эти годы на меня жертвенно и бесплатно. Он писал цветисто и нервно. Мэйсон — очень любезно и без эмоций. Спокойно, как коллега коллегу, спрашивал, сколько тот получил денег за то-то, сколько истратил, на что и сколько заплатил мне. В конце концов удалось выдрать половину, то есть тысяч тридцать. Из них услуги Мэйсона и его секретарши обошлись мне тысяч в семь. Дальше Мэйсон сказал, что, по его мнению, на этом тяжбу нашу стоит прекратить. «Для того чтобы получить остальное, — объяснил он, — мне надо ехать в Сиэтл. Вам придется оплатить мои дорожные расходы и мою гостиницу. На это уйдет много денег, а в том, что мы выиграем дело, у меня уверенности нет».

Я согласился.

Мэйсоном я остался доволен, расплатился с ним и пригласил на свой прощальный ужин в местный ресторан. Он явился в строгом старомодном костюме с галстуком, а его жена в хорошем платье и в кроссовках, чем шокировала Иру мою и Иру Ривкину, еще не привыкших к американской безвкусице. Среди приглашенных была, между прочим, Нина Берберова. Я произнес тост за всех присутствовавших, в том числе за нее. Произносил по-английски и удостоился ее похвалы моему владению этим языком. Похвала, я думаю, имела два основания. Первое: русские писатели, кроме Бродского, на языках совсем не говорили, я ее удивил тем, что я вообще на нем как-то говорю, но особенно ей польстило, что я ее назвал «Our outstanding Russian writer», наш выдающийся русский писатель.

Но речь о Мэйсоне. С ним расстались в полной взаимной приязни. Я уехал в Штокдорф. Прошло несколько лет. Из Принстона пришло письмо. Некий адвокат писал мне примерно следующее: «Сообщаем Вам, что господин Ральф Мэйсон ушел в мир иной. Разбирая бумаги покойного, мы нашли, что вы ему не заплатили семь тысяч... (была указана точная сумма). Просим вас погасить эту задолженность в ближайшее время. Если у вас есть вопросы, вы можете не колеблясь обращаться ко мне». По-английски это звучало: «Please do not hesitate to contact me». Я сначала, естественно, испугался. Как, неужели не заплатил? Забыл? Не может быть! Полез в свои бумаги, которые, к счастью, к тому времени у меня еще частично сохранились. Убедился, что Мэйсону заплачено все сполна. Сначала хотел сделать копии документов и послать. Передумал. Автор обращения ко мне мог найти это все в архиве Мэйсона, но решил, наверное, что проще написать мне. А может быть, даже и рассчитывал, что я испугаюсь и заплачу еще раз. Мой ответ был крайне невежливым. Я написал приблизительно так. Дорогой... (в Америке все, к кому письменно обращаются, дорогие)... Дорогой такой-то, меня очень огорчило Ваше сообщение о смерти господина Мэйсона, о котором у меня остались самые добрые воспоминания. Господин Ральф Мэйсон был хорошим человеком и замечательным адвокатом. Он защищал права других людей, но не забывал и о своих, и, конечно, он вряд ли стал бы ждать до самой смерти, пока ему его клиент отдаст долг. Разумеется, свои долги я господину Мэйсону полностью выплатил, доказательства чего Вам следует поискать в архиве господина Мэйсона. Я же со своей стороны поисками доказательств заниматься не имею ни времени, ни желания. Если у вас будут еще вопросы, «please do hesitate to contact me», то есть, пожалуйста, очень подумайте, прежде чем ко мне обращаться.

ШИРОКИЕ БРОВИ И ЖАКЛИН СЬЮЗЕН

Пока я пребывал в Принстоне, произошло давно ожидаемое событие — умер Брежнев. Мне позвонили из Парижа из «Русской мысли» и спросили, что бы я сказал по этому поводу. Я ответил, что некролог, готовый, на эту тему уже существует, его написал Гоголь. И повторил совет, данный когда-то Питеру Односу, найти в «Мертвых душах» то место, где Чичиков, покидая город N., видит похоронную процессию. Хоронят прокурора. Чичиков, откинув кожаные занавески, смотрит и думает. Что вот жил прокурор и умер. И, пожалуй, напишут про него, что он был верным сыном отечества, был почитаем вдовами и сиротами, а ведь если подумать хорошенько, то всех достоинств у него было только что широкие брови. В «Русской мысли» обрадовались, и слова про брови дали в газете шапкой.

Брежнев умер. И как водится, сразу стало несладко его родственникам, выдвиженцам и прихлебателям. Всем, кто крутился возле дочери Брежнева Галины. Мужа ее, заместителя министра внутренних дел Чурбанова, посадили, ее любовник-цыган повесился в тюремной камере. Свояк Брежнева министр внутренних дел Щелоков и его жена застрелились.

Через год после смерти Брежнева я был на Франкфуртской книжной ярмарке. Посетил советскую секцию, которая оказалась более убогой, чем могла быть. Была на ней пара книг Андропова. Несколько человек представляли эту экспозицию. Я спросил их:

— Товарищи, а вот был такой писатель, лауреат Ленинской премии Брежнев, почему здесь нет его книг?

Пока я произносил эту фразу, все разбежались.

Еще до воцарения Андропова западные газеты наперебой создавали его положительный образ, как интеллигентного человека, либерала, политика, готового к серьезным реформам. Американские газеты особо подчеркивали, что он в подлиннике читает американскую писательницу Жаклин Сьюзен. А по их представлениям, если уж человек говорит как-то по-английски, а тем более читает в подлиннике американскую литературу, то он непременно должен быть интеллигентом и либералом.

Взойдя на престол, что сделал Андропов? Нагнал страху на брежневское окружение. Расстрелял директора Елисеевского магазина Соколова. Стал укреплять дисциплину, вылавливая людей в банях и кинотеатрах. При нем был сбит корейский самолет с 269 пассажирами на борту. Ясно было, что с его приходом ничего хорошего не случится. Но надежда на перемены оставалась. И возросла, когда я увидел, что Андропов сам уже передвигаться не может, а ходит поддерживаемый под руки дюжими молодцами. Советские вожди вели себя так безвкусно, что собственные смерти превратили в комедию. Только к власти пришел неподкупный и строгий начальник, а его уже ведут, и чуть ли не прямо к смертному одру. Немощному Черненко высшая власть тоже досталась как предсмертный подарок. Уже почти не стоявший на ногах, он промычал перед писателями что-то бесцветное и бессмысленное о новых достижениях советской власти. Главный редактор «Литературной газеты» Александр Чаковский откликнулся панегириком, в котором, не стесняясь ни публики, ни себя самого, восторженно заявил, что, когда он слушал дорогого Константина Устиновича, ему казалось, что это сам Ленин держит речь перед аудиторией. Умирали брежневские соратники — Суслов, Устинов... Советское телевидение одну за другой показывало траурные церемонии. Советское общество воспринимало это без печали, а, наоборот, как повод для анекдота: человек пришел на очередные похороны не по разовому билету, а по абонементу. Держателям абонемента не пришлось долго ждать. Черненко умер, не прожив на вершине власти и года.

В марте 1985 года на трибуну Мавзолея взошел новый лидер — Михаил Сергеевич Горбачев.

«СВОБОДА» ИЩЕТ АВТОРОВ ПОДЕШЕВЛЕ

Приехав в Германию, я отказался от штатной работы на «Свободе», но соглашался на отдельные интервью. Потом сотрудник радиостанции Александр Перуанский (в эфире Александр Воронин) предложил мне что-нибудь для них написать. Я подумал и согласился, желая продолжить общение с советской аудиторией. Никакого опыта в публицистике у меня не было, и первую свою статью «Антисоветская советская пропаганда» я писал два или три месяца. Потом дело пошло быстрее. Я читал свои статьи (по-радийному — скрипты) на радио по субботам по 10 минут. Но тратил на написание этих текстов всю неделю. Передача называлась «Писатели у микрофона». Поскольку по субботам выступал только я, то Перуанский предлагал мне назвать передачу «Сегодня с вами Владимир Войнович». Мне показалось, что это будет нескромно, и название осталось прежнее.

Три года, с 1983 по 1986-й, с небольшими перерывами, я читал свои скрипты в эфир. В это время было трое наиболее популярных авторов «Свободы»: Некрасов, Довлатов и я. Потом к нам присоединились Аксенов и Владимов. Мне говорили, что у меня самый высокий рейтинг. И я думаю, что я его заслужил тем, что прежде, чем оказаться у микрофона, каждый скрипт переписывал по нескольку раз и тратил на него уйму времени. Кроме того, я выработал для себя, как мне казалось, четкую концепцию своих передач: я рассказывал советским слушателям о том, что такое советская жизнь, в чем ее своеобразие и ненормальность. Советские люди отличались от жителей других стран тем, что сами не понимали, где и как живут.

Начальство «Свободы» относилось к авторам очень высокомерно, считая, что радиостанция их кормит. На самом деле меня она не только не кормила, а даже мешала зарабатывать деньги. За любые свои публикации в западных газетах (а мне некоторые из них предлагали постоянное сотрудничество) я получал гораздо больше.

На радио мне платили по высшей ставке — 40 марок в минуту, то есть 400 марок за выступление. В месяц выходило 1600—2000 марок — деньги, на которые жить было нельзя. Штатные работники радио, делая то же самое, получали гораздо больше. Кроме того, они получали отпускные, больничные, пособия на детей и имели полностью оплаченные квартиры. Само собой, у них шел стаж, за который потом начислялась приличная пенсия, а у внештатников не было даже и этого. Поскольку штатные были работниками американской радиостанции, то получали американское гражданство, а с ним и право на ежегодную оплаченную поездку на родину (home live), то есть в США, где многие из них никогда не жили. Считалось, что такие поездки помогают липовым американцам пережить ностальгию. Мой редактор Саша Перуанский, один из самых высокооплачиваемых редакторов (16 тысяч марок в месяц), вырос в Иране, потом жил в Германии, потом получил американский паспорт и тоже ездил лечить ностальгию в Америку, где он никогда не жил.

Работа у Саши была, как говорится, не пыльная. По субботам мы приходили вместе в студию, Перуанский делал вступление: «У микрофона Александр Воронин. Сейчас перед вами выступит писатель Владимир Войнович. Пожалуйста, Владимир Николаевич». Я читал. В середине передачи пауза, редактор включает свой микрофон: «Напоминаю, что у микрофона выступает писатель Владимир Войнович. Продолжайте, пожалуйста, Владимир Николаевич». И всё.

После передачи мы вместе шли в кантину (столовую) пить пиво.

Начальство на радиостанции время от времени менялось. В 1986 году новым главным реактором стал некий Константин Гальской. Пришел, осмотрелся, решил навести экономию. Спросил, почему некоторым авторам платят так много. Ему объяснили, что Войнович, Некрасов, Владимов — это особо ценные авторы.

— А нам особо ценные не нужны! — сказал Гальской. — Найдите авторов подешевле!

И тут же урезал гонорар Владимову вдвое.

Говорили, что в это же время радиостанцией много денег было потрачено на смену мебели, унитазов и дверных ручек.

Я еще до прихода нового главреда дописывал «Москву 2042» и от сочинения скриптов сам временно отстранился. Поэтому меня обидеть Гальскому не удалось. Когда Перуанский попросил меня вернуться к сотрудничеству, я ответил:

— Гальской ищет авторов подешевле, я к ним не отношусь.

В этот раз я ни на какие призывы не откликался до тех самых пор, пока Гальской не отступил и не прислал мне следующее письмо:

«Директор Русской службы «Радио Свобода»
Константин Галльской
10 июня 1986 года

Уважаемый Владимир Николаевич!

Недавно администрации РС/РСЕ удалось получить специальный фонд для оплаты внештатных работ наиболее важных для нашего радиовещания авторов, сотрудничество с которыми мы были вынуждены прервать из-за острейшего финансового кризиса.

Мы были бы глубоко признательны Вам, если бы Вы нашли возможность возобновить Ваши беседы, которые, судя по многочисленным опросам радиослушателей, пользуются огромной популярностью.

С уважением,
искренне Ваш
К.В. Галльской»

ВИКТОР ШЕЛАПУТИН-ГРЕГОРИ

Мои передачи правда пользовались очевидной популярностью, что подтверждалось существовавшей в Париже службой, которая каким-то образом определяла рейтинг тех или иных передач. Потом, уже вернувшись в Москву, я встречал людей, которые рассказывали мне, что по субботам специально выезжали за город, туда, где не мешали заглушки, и слушали мои передачи.

Заместителем Гальского был Виктор Грегори, добродушный бородатый человек крупного сложения, сильно пьющий. У него в кабинете всегда была бутылка 0,75 виски. Когда я к нему заходил, он меня угощал из этой бутылки, но обычно всю бутылку опустошал сам. Потом шел домой и пил с женой Джоанной, тоже любившей это дело. На самом деле Виктор был не Виктором и не Грегори, а Вадимом Шелапутиным, сыном одного из актеров Театра Советской Армии. В Москве окончил с хорошими оценками институт иностранных языков, был призван в армию в ГРУ (Главное разведывательное управление). Был послан в Австрию в качестве переводчика и там сбежал к американцам. Первые вопросы, которые были ему заданы американцами: «У нас с Советским Союзом есть соглашение о взаимной выдаче дезертиров. Вы не боитесь, что вы будете выданы?» Шелапутин сказал: «Не боюсь, потому что я не дезертир, а политический перебежчик». После этого им занялось ЦРУ и конкретно Джордж Бейли, офицер отдела, занимавшегося русскими перебежчиками. Потом этот Бейли женился на дочке одного из крупных немецких издателей и стал делать журналистскую карьеру. В 1981 году брал у меня интервью для какого-то журнала, а в 1987 году стал директором радио «Свобода».

Как-то радио принимало известную американскую политическую деятельницу Джин Киркпатрик, после этого был обед в ресторане, куда был приглашен и я. Я оказался за столом рядом с Виктором Грегори, разговорившись с которым спросил, почему какие-то люди на «Свободе» могут по своему усмотрению уменьшать гонорары авторам и нельзя ли мне заключить с радиостанцией контракт, защищающий меня от произвольных решений. Грегори сказал мне, что такой контракт со мной никто не заключит.

— Почему? — спросил я.

— Потому что, проработав какое-то время по контракту, ты сможешь претендовать на постоянное место на радио.

Этот ответ меня удивил. Я был уверен, что радио «Свобода», половина сотрудников которой были полуграмотные люди, бывшие и, как вскоре выяснилось, небывшие сотрудники КГБ и ЦРУ, с радостью взяло бы меня, как-никак довольно известного писателя, на штатную работу, а они, оказывается, боятся, что я на эту работу буду претендовать. Разозлившись, я написал письмо, которое, к моей маленькой радости, сохранилось:

Дорогой Виктор!

Когда ты и Гальской просили меня (а не я вас просил) вернуться к постоянному сотрудничеству с радио «Свобода», я вам пытался кое-что объяснить, но вы, кажется, не поняли. Поэтому объясняю еще раз.

1. Я во всех отношениях независимый писатель и если и сотрудничал с радио «Свобода», то в первую очередь не из меркантильных соображений (надо ли объяснять из каких?). Я не подрабатывал у вас по бедности, а, напротив, жертвовал своим временем, которое мои издатели оплачивают лучше.

2. Я мог бы согласиться на постоянное сотрудничество только при возможности выражать совершенно свободно свою собственную точку зрения. При этом оплата должна быть по самой высшей из принятых у вас ставок, с предоставлением мне максимальных льгот, которые предусмотрены для ваших внештатных сотрудников. Эти условия должны быть четко перечислены в договоре с соблюдением всех юридических норм и гарантий. (Без договора я с вами уже работал и знаю, чем это кончается, когда у вас возникают идеи перекраски полов или ремонта крыши.) Только такое отношение могло бы склонить меня к постоянному сотрудничеству с радио «Свобода».

Вы же сначала уговариваете, а потом (и уже не первый раз) оборачиваете дело так, как будто я перед вами стою с протянутой рукой, в которую вы даже готовы что-нибудь положить, но опасаетесь при этом, как бы не оказать мне чересчур много чести и не положить лишнего.

По-моему, из изложенного выше достаточно ясно, что от постоянного сотрудничества с радио «Свобода» я отказываюсь. Я не отказываюсь выступать по радио время от времени, но никаких обязательств на себя не беру.

С приветом,
Владимир Войнович
19 февраля 1987

ДЖОРДЖ БЕЙЛИ

Письмо директору «Свободы», уже упоминавшемуся мной Джорджу Бейли, у меня, к сожалению, не сохранилось, а с ним у меня тоже было столкновение. Однажды мне позвонил из Парижа Максимов и спросил, не хочу ли я поступить в штат «Свободы», возглавить отдел культуры. Я немного удивился, почему именно Максимов обращается ко мне с таким предложением? Какое отношение он имеет к радиостанции? Через несколько дней мне позвонил, а затем явился ко мне домой Бейли, который просил его называть Георгий Георгиевич, и предложил то же самое. Я попросил время подумать.

К тому времени мое материальное положение заметно ухудшилось, в какой-то степени из-за работы для «Свободы». Я писал скрипты, а времени для работы над тем, за что мне бы заплатили гораздо больше, у меня не оставалось. И вообще надоело пробавляться случайными заработками. Соблазняло то, что буду регулярно получать большую зарплату. Я почти согласился, когда понял, что меня берут на работу не потому, что я им кажусь таким ценным работником, а потому что хотят убрать Перуанского. Бейли пригласил меня в ресторан для окончательного разговора. Я сказал, что взять должность согласен, но Перуанского выгонять не буду. Кроме того, у меня была идея создать новый литературно-политический журнал и печатать тексты, проходящие через радио. Идея пустая, скорее всего, у меня на осуществление ее не хватило бы энтузиазма. Как я вскоре понял, слух об этой идее дошел до Максимова, он испугался возможной конкуренции (о чем я не подумал), у него был по этому поводу какой-то разговор с Бейли, который почему-то его боялся. Впрочем, Максимова боялись непонятно почему, кажется, все. Его непонятно на чем державшееся влияние в эмиграции было так сильно, что он мог сказать неугодному ему человеку: «Ты у меня на аптеку не заработаешь!», и тот, к кому это было обращено, действительно мог опасаться, что не сможет обеспечить себя лекарствами.

Так вот опасавшийся Максимова Бейли на мое предложение делать при радиостанции журнал отозвался так:

— Все русские, кого я знаю, хотят делать журналы. Один Максимов не хочет делать журнал. — Подумал, понял, что сказал глупость. Добавил: — Потому что журнал у него уже есть.

Все-таки наш разговор закончился тем, что Бейли обещал мне назвать точную дату, когда я смогу приступить к работе. На том мы и разошлись. Но я, подумав, решил, что, пожалуй, я все-таки не хочу занимать никакой штатной должности, да и журнал делать тоже, это может быть не по мне, и вообще останусь в положении, которым дорожил, в положении независимого писателя. Бейли, естественно, этого не понял, но тоже решил вопрос отрицательно, поскольку очень боялся Максимова. И стал бегать от меня, а при случайных встречах бормотать, что он очень куда-то спешит, но он все помнит и он на днях обязательно мне позвонит. Бейли я тоже написал язвительное письмо, заметив, что он бегает от меня, как жених, обещавший жениться и передумавший. Я объяснил ему, что я тоже передумал, штатной работы на радио не ищу и он может не беспокоиться.

НОВЫЕ АВТОРЫ ПОДЕШЕВЛЕ

Пока я конфликтовал с начальством радиостанции и писал роман, Перуанский регулярно одолевал меня, умоляя вернуться к работе. Я отказывался. Позвонил Бейли, я сказал и ему: нет. Следующим звонившим был Юджин Пелл, президент обеих станций: «Свобода» и «Свободная Европа». Просил прийти. Я пришел. Он сначала рассыпался в комплиментах, какой я хороший и какая находка для «Свободы», потом спросил — есть ли у меня претензии к радио «Свобода». Я сказал: «Есть». Они говорят, что со мной контракт заключать нельзя, и именно поэтому я без контракта работать не буду. Он сказал: of course — разумеется. Я сказал, что мой гонорар никто не имеет права снижать.. Он сказал: sure — конечно. Со мной заключили контракт. Мне стали платить то же, но с прибавлением 14% НДС — налога на добавленную стоимость, и я скоро понял, что просто сильно и глупо продешевил. Даже возросший заработок с прибавлением НДС меня устроить не может, на него просто не проживешь. Чтобы заработать больше, я попробовал делать передачи вдвое длиннее, и увидел, что растягиваю текст, делаю его слишком жидким. А писать халтуру я органически не мог, моя рука мне не позволяла. И сознание говорило, что если буду халтурить, то те люди, которые меня слушали и выезжали из Москвы, чтобы услышать, не станут зря расходовать бензин или тратиться на электрички. Я попробовал готовить прежние десятиминутки (оптимальный для меня размер), не тратя на них слишком много сил — писать не тексты, а краткие конспекты. Некоторые так и делали, и это у них получалось, а у меня нет. Выходило, что хоть я по их понятиям считаюсь высокооплачиваемым, но если подсчитать, сколько у меня уходит времени на написание одного скрипта, то я вполне сравняюсь с тем, кому платят по минимуму.

Я решил вообще перестать регулярно писать скрипты. Но оставил себе возможность для выступлений другого рода. Например, продал им свою пьесу «Фиктивный брак». Написал несколько сказок, аллегорически изображавших историю СССР. Прочел целиком «Москву 2042», и это была для меня самая интересная работа на радио. Другие радиостанции, Би-би-си и «Немецкая волна», передали роман только в отрывках, «Голос Америки», опасаясь солженицынского гнева, от чтения книги вообще отказался, зато по «Свободе» весь роман целиком в моем чтении передавался четыре раза. Я был этим очень доволен. Это было в 1987 году, когда в Москве уже шла перестройка.

ГЕНСЕК УМЕР, ДА ЗДРАВСТВУЕТ ГЕНСЕК

Поначалу Михаил Сергеевич вел себя как все предшественники. Произнес с трибуны Мавзолея обычную словесную жвачку. Но была одна фраза, на которую я обратил внимание. Он пообещал, что будет бороться с пустословием. Его предшественники боролись со всем, но пустословие было тем, чем они больше всего занимались. Обещание бороться с пустословием само могло быть пустословием. Однако почти с первых дней на посту генсека пошли о Горбачеве необычные слухи. Провел пленум, после чего сказал участникам, что никому на местах он никаких приветов не передает. Стал говорить о перестройке и гласности. Из Политбюро стали изгоняться наиболее реакционные его члены. Ленинградец Романов, московский правитель Гришин. В Союзе писателей началась своя чистка. В коридорах «Свободы» стали появляться пришельцы из Советского Союза, прежде невыездные. Сначала отдельные храбрецы, готовые рискнуть чем-то за сотню марок, за ними другие, решившие, что и риска нет, а сто марок это сто марок. Дошло до того, что, вырвавшиеся за границу, они уже толпами валили на «Свободу». Начальство на радиостанции стало приспосабливаться к новым условиям. Стали поговаривать, что здешние эмигранты оторвались от советской жизни, питаются прошлыми впечатлениями. Редакторам было сказано: ищите новых авторов. А чего их искать, если вот они толпами штурмуют ворота. Ну и пошли в эфир новые авторы подешевле, рядом с которыми мне стало просто стыдно звучать. И я опять тихо отошел в сторону.

ДРУГ МОЙ ЖОРА

Меня иногда спрашивают: «Зачем вы это рассказываете?» Этот вопрос ставит меня в тупик. Я не знаю, зачем я это рассказываю или зачем вообще что-то рассказываю. Может быть, просто потому, что хочется рассказать это себе самому. Чтобы если кому-то будет когда-нибудь интересно, он знал обо мне все с моих слов, а не с чужих, часто толкующих мою жизнь, слова и поступки превратно.

У меня, как у всякого человека, было много друзей: детские, те, с кем учился и работал, с кем служил в армии. С этими всеми разлучила судьба. Жили, учились, служили, работали вместе — разъехались — дружба осталась в прошлом. Но с друзьями московскими бок о бок прошла целая жизнь, а дружбы в основном почти все развалились. С Камилом Икрамовым, Феликсом Световым, Володей Корниловым...

С Георгием Владимовым, для меня Жорой, я познакомился в 1961 году, когда в «Новом мире» были опубликованы сначала моя повесть «Мы здесь живем», потом его «Большая руда». Мы быстро подружились и дружили тесно, пока он не женился на Наташе Кузнецовой, больной женщине и интриганке. Она рассорила Владимова со многими его приятелями. В конце концов и со мной.

Мы перестали общаться. Тем временем происходили события, так или иначе сближавшие наши судьбы. Меня исключили из СП. Но до этого и над ним тоже нависли тучи. Например, за его письмо какому-то писательскому съезду с поддержкой Солженицына. Письмо, надо сказать, было резкое. В нем была острая фраза-вопрос: «Кто мы, нация стукачей или великая нация?» Тогда это письмо сошло ему с рук. Его интервью «Литературной газете» было знаком, что у него все в порядке. Вопросы задавал бывший либерал, а уже в то время беззастенчивый союзписательский функционер Феликс Кузнецов. Владимов говорил о своих литературных планах и взглядах на литературу. На то, что он «правильный» советский писатель, намекнул, сказав, что к его любимым книгам относится роман «Как закалялась сталь», но это вряд ли было правдой. Его простили и даже напечатали «Три минуты молчания», но успокоиться он не мог. До меня дошло его высказывание: «Вот если Войновича посадят, тогда и я выступлю». Он выжидал, меня не сажали. Наконец он не выдержал. Его не пустили, кажется, в Швецию, он это использовал как повод и написал открытое письмо, в котором были слова: «Серые начинают и выигрывают», «несите бремя серых». Отослал в секретариат СП свой членский билет. Тут же погрузился в активное диссидентство. Стал вместо изгнанного из страны Валентина Турчина председателем московского отделения «Эмнисти Интернешнл». Подружился с Сахаровым, активно (намного активней меня) участвовал в разных диссидентских акциях. Вскоре КГБ за него взялся. Перед моим отъездом был у него первый обыск и, кажется, тогда же первый инфаркт. Я посетил его перед отъездом. Обещал, если смогу, как-то помогать и защищать. Он меня благодарил. Было похоже, что наши дружеские отношения практически восстановились. С тем я и уехал. Когда у него был второй обыск и возникла угроза ареста, я звонил ему уже из Мюнхена по телефону, затем написал открытое письмо в его защиту, попросил подписать Ростроповича, Вишневскую и Зиновьева, после чего письмо было опубликовано в западной прессе и, естественно, передано западными радиостанциями на Советский Союз. В это же время в Москве Белла Ахмадулина посетила кого-то из высших чинов КГБ (если не ошибаюсь, Филиппа Бобкова), тоже просила за Владимова. Короче говоря, в 1983 году его выпустили, и он был, может быть, последним диссидентом, кого отправили на Запад, а не в противоположную сторону. Во Франкфурте-на-Майне его ожидала должность главного редактора журнала «Грани», предложенная ему еще в Москве. Я в это время был в Принстоне. Написал Владимову дружелюбное письмо. Ответа не получил. Через некоторое время прочел интервью, в котором он, кроме прочего, напоминал читателям о моем «покаянии», то есть протесте журналу «Грани», «хотя, — как утверждал Владимов, — ему иголки под ногти, насколько мне известно, не загоняли». Через какое-то время Владимир Максимов в разговоре по телефону сообщил мне: «Владимов сказал, что тебя он печатать, конечно, не будет». Я уже настолько привык к переменам Жориного отношения ко мне, что даже не удивился. До прихода Владимова в «Грани» журнал этот из номера в номер печатал список своих бывших и настоящих авторов, которыми считал нужным гордиться. В этом списке неизменно упоминался и я. После прихода Владимова мое имя из этого списка исчезло.

Прошло три года. Вдруг до меня дошел слух, что между Владимовым и руководством НТС, которому принадлежал журнал, возникли трения, перешедшие в неразрешимый конфликт. Владимов отказывался подчиняться требованиям НТС и вести их линию, и те решили расстаться с ним как с главным редактором. В эмигрантской среде возникло некоторое волнение. Потом было сочинено коллективное письмо в защиту Владимова. Мне позвонила сотрудница «Свободы» Аля Федосеева, предложила подписать. Я сначала согласился, но по здравом размышлении решил свою подпись снять. О чем сообщил Максимову, готовившему письмо к печати. Максимов потребовал объяснений. Возникла переписка, которую привожу в том виде, в каком она у меня сохранилась.

Войнович Максимову.

Дорогой Володя!

Ты хорошо знаешь, что в журнал «Грани» Г. Владимов пришел с готовым списком запрещенных писателей, в который не последним номером включил и меня. Мне и некоторым другим авторам в журнал «Грани» по неизвестным мне причинам вход был воспрещен. Почему-то в то время никто этой странной цензурной политикой новоиспеченного редактора не возмутился, а мне она (хотя я печататься в «Гранях» не рвался) показалась, откровенно говоря, просто низкой. По-моему, писателю, испытавшему на себе всю мерзость запрета на имя, использовать свою малую власть для запрета других писателей, прошедших тот же печальный путь, должно быть стыдно. Если бы сейчас речь шла о защите писательских прав Владимова, я бы охотно принял в ней участие, несмотря на его ко мне враждебное отношение. Но защита редактора и цензора Владимова писателем, которого он усердно пытался перевести в разряд запрещенных, выглядела бы смехотворной, лицемерной и беспринципной.

Кроме того, я считаю, что в свободном мире любая политическая партия имеет право на печатные органы того направления, которого она сама держится. Я в НТС не состою и не берусь за них решать, какой у них должен быть журнал и кому его редактировать.

Жму руку.

В. Войнович
13.06.1986

Максимов Войновичу

Дорогой Володя!

Зная о ваших с Владимовым взаимоотношениях, я даже не пытался обращаться к тебе за подписью (так же, как и к Коржавину), поэтому сообщение А. Федосеевой о твоем согласии меня, признаюсь, очень обрадовало, о чем я и не преминул с удовольствием сообщить тому же Владимову. Но согласись, что сначала дать, а потом снять свою подпись, это поступок не из самых принципиальных. Этим неожиданным кульбитом ты поставил меня в крайне неловкое положение, тем более что письмо к тому времени уже было разослано в большинство русских газет и журналов зарубежья. К сожалению, я имею возможность снять твое имя лишь в «К» и «Р.М.»[1], заниматься новой перепиской со всеми остальными у меня нет ни времени, ни желания. Опровержения по их адресу ты сможешь позднее разослать сам.

Что же касается «запретных» владимовских списков, то это плод эмигрантской паранойи или злостного навета, не более того[2].

И еще одно, дорогой Володя. Не знаю, насколько правда, но до меня дошло, что в разговоре с Р. Орловой или еще с кем-то ты обронил нечто о «Володькиных письмах», которые-де ты не обязан подписывать. Если это очередная ложь, то заранее приношу свои извинения. Если же это правда, то весьма об этом сожалею, ибо, дожив до почтенного возраста и сделав в русской литературе, мягко говоря, никак не меньше тебя, в «Володьках» ни у кого не ходил и впредь ходить не собираюсь. Сам я ни при каких обстоятельствах и ни в каком виде не говорил и не мог бы представить, что мог бы сказать о тебе «Володька». Негоже нам, русским писателям, так жалко самоутверждаться за чужой счет. Но повторяю, что если это лишь очередная эмигрантская сплетня, чтобы затеять между нами еще одну свару, то я приношу тебе свои искренние извинения.

Жму руку,

В. Максимов
18.06.86

Владимов Войновичу

Дорогой Володя,

Максимов ознакомил меня с твоим письмом от 13.6 и со своим ответом. Ты увидишь, что у него были на то причины.

Ни малого упрека тебе — за то, что снял подпись, — я не высказываю. Более того, меня приятно волнует твоя готовность защищать мои писательские права, которым, правда, пока ничто не угрожает. Но о существовании моего списка запрещенных писателей, куда я и тебя включил не последним, — слышу впервые. В тех номерах «Граней», что я редактировал, твое имя не раз упоминалось в самых доброжелательных контекстах, а не печатал я Владимира Войновича по одной причине, которую, я думаю, следует признать уважительной: он ничего мне не присылал. Да наконец, нужно слишком мало ценить себя, чтобы предположить даже попытку перевести тебя «в разряд запрещенных».

Если тебе неудобно назвать того человека, от кого пошла вся эта

---

[1] «Континент» и «Русская мысль».

[2] Максимов забыл, что о нежелании Владимова меня печатать мне говорил именно он.

вонь насчет моей «цензурной политики», это сделаю я. По характеру вони — это г-н Поповский, деятельный сотрудник определенного толка организации[1], куда он, по-видимому, поставляет за хороший оклад характеристики на своих коллег-эмигрантов; бесконечные его ссылки на «вашингтонское начальство», в конце концов, вынудили меня попросить его из журнала. Допускаю, впрочем, что вонь эту услышал ты не от него самого, а ее бережно донесли посредники.

И вот тут-то выплывает любопытное обстоятельство, показывающее, как часто господа такого рода приписывают другим собственные методы. Список — действительно существовал, но, во-первых, не запретных имен, а во-вторых, составил его не я, а г-н Поповский. Еще в 83-м году, когда я только раздумывал, принимать ли «Грани», он по своей инициативе сделал для меня обзор литературного Зарубежья, где о многих сказал несколько теплых (или бранных, или безразличных) слов. Процитирую о тебе:

«Вл. Войнович выехал на Запад на высокой волне, как жертва режима. Это помогло ему широко здесь печататься. К тому же и жанр побасенки тут еще мало ведом. Хотя я считаю его писателем одаренным, но боюсь, что на Западе он быстро растрясет свой духовный запас и ему нечего будет писать. Сумеет ли он сказать какое-то новое слово — не знаю. От этого зависит его будущее как писателя».

Возможно, что таков же был твой тогдашний «грэйд» в упомянутой организации, — не скажу, что слишком высокий.

Надо ли доказывать, что я этого списка никогда не придерживался? Напротив, именно расширение списка имен, допущенных мною в «Грани», и привело к моему уходу.

В свое время, в Москве, делая шаг к примирению, ты сказал, что мы оба можем оказаться в камере у одного следователя. Здесь, благодаря новым сплетням и подозрениям, нам грозит оказаться под пятою одной фашиствующей мафии. Поэтому так горестно было прочесть о твоем согласии с решением НТС, которое ты почему-то увязываешь с особенностями свободного мира. В мире противоположном, 16 лет назад, когда «уходили» Твардовского, разве же не имели, в конце концов, Мелентьев с Воронковым права заменить его Косолаповым?

Жму руку. Наташа тебе кланяется.

Твой Г. Владимов
25.06.86

Войнович Владимову

Дорогой Жора!

Извини, что отвечаю не сразу. Я некоторое время не был дома, а, вернувшись, с удивлением обнаружил твое письмо.

Начну со снятой мною подписи. Я давно уже пришел к решению (от

---

[1] Наверное, имелся в виду НТС. А может быть, ЦРУ.

которого, впрочем, иногда отступаю) не подписывать коллективных писем (кроме поздравительных и некрологов), потому что редко бывают такие, с которыми я целиком согласен. В данном случае я готов был бы отступить от этого принципа, если бы это могло иметь практические последствия, но на них, кажется, никто не рассчитывал. Кроме того, если даже исключить одну из причин моего отказа от подписи, остается другая, существенная. Твоя аналогия не кажется мне справедливой, потому что разгром «Нового мира» был наступлением тоталитарной власти на последний островок нашей общей свободы. Если бы в СССР существовали независимые органы печати, то снятие с поста главного редактора партийного журнала я бы тоже считал внутренним делом партии. Что касается НТС, то я с этой организацией никогда не сотрудничал, в дела ее не посвящен, и мое решение означает не согласие с ними, а только нейтралитет.

Для меня редактор Владимов и писатель Владимов не одно и то же. К писателю Владимову я всегда относился хорошо, твои книги и сейчас стоят на моей полке, а главы из «Генерала», когда попадаются, читаю с большим интересом.

О том, что ты не хотел меня печатать, мне недавно сказал Поповский, а задолго до него другие люди. Если это было не так, ты мог бы легко развеять мои сомнения, хотя бы просто обратившись ко мне, как к одному из возможных авторов.

Письмо Поповского меня нисколько не удивило. В эмиграции вообще есть много литераторов, которые с необъяснимым злорадством начинают хоронить своего коллегу, как только им покажется, что он исчерпался и исписался и вообще не выдержал тяжести свалившихся на него испытаний. Мне такая формула поведения кажется крайне чуждой. Мне кажется, что писателю, потерявшемуся на чужбине, следует если не помочь, то, по крайней мере, посочувствовать. Мнение же «вашингтонского начальства» меня и вовсе не интересует, поскольку никакого начальства у меня попросту нет. Вопреки ходячему утверждению, что здесь на гонорары жить невозможно, я живу именно на них и ни от кого не завишу.

Что же касается твоего отношения к своим бывшим друзьям, оно меня, правду сказать, много раз удивляло. Я готов сделать очередной шаг к примирению, но как долго оно продлится, это сейчас, как и в прошлом, будет зависеть только от тебя.

Уже заканчивая это письмо, я узнал, что умерла Елена Юльевна[1]. Я всегда относился к ней с большим уважением и сейчас глубоко сочувствую тебе и Наташе.

Я понимаю, что положение твое сейчас весьма осложнилось, но надеюсь, что ты из него как-нибудь выберешься.

Искренне желаю тебе добра.

Твой В. Войнович
03.06.1986

---

[1] Теща Владимова. — *В.В.*

Войнович Максимову.

Дорогой Володя!

Извини, что поздно отвечаю. Я тут приболел, попал в больницу и письмо твое прочел только по возвращении.

«Тему Владимова» я считаю в данный момент исчерпанной и возвращаться к ней не буду. По поводу же второй части твоего письма сообщаю, что я с Р. Орловой и ее мужем практически ни в каких отношениях не нахожусь и никаких «Володькиных писем» ни с ней и, насколько мне помнится, ни с кем другим не обсуждал. Володькой я тебя не называл никогда даже мысленно. Я вообще никого не называю ни володьками, ни петьками, ни митьками, нет такой привычки. Но, если уж речь зашла о твоих письмах, я, честно сказать, далеко не всегда с ними согласен. Я думаю, что и ты не всегда со мною согласен. Ничего оскорбительного в этом, по-моему, нет. На твои литературные и иные заслуги я никогда не покушался, а к тебе лично отношусь дружески.

С чем и остаюсь,

твой В. Войнович
03.07.1986

ПРЕДСМЕРТНАЯ СЛАВА ВЛАДИМОВА

После этой переписки мы долго не общались. Я знал, что Владимовы живут в своем Нидерхаузене. Как и на что они жили, не знаю. Наталья время от времени писала какие-то статьи и рецензии для радио «Свобода» и газеты «Русская мысль». На те копейки, которые ей там платили, жить, конечно, было нельзя, я думаю, они получали социальное пособие. Отношений у нас практически не было никаких. У других с ними тоже. Насколько я понимал, они перессорились со всеми, кроме, может быть, Максимова, но тут равноценной дружбы быть не могло, а зависимость от Максимова была делом унизительным. Время от времени Наташа, не помню уже с чем, звонила мне, называла меня на «вы» и по имени-отчеству, хотя раньше наши отношения были более фамильярными. Потом до меня доносились слухи, что она продолжает утверждать, что я про нее распространяю слухи, будто она в цирке ходила по проволоке.

Не помню уже в каком году мы вместе оказались в Вене на международной литературной конференции, где из русских кроме меня были Довлатов, Лимонов и чета Владимовых. В один из дней нам предложили автобусную экскурсию. Входя в автобус, я не заметил сидевших на переднем сиденье Владимовых и двинулся в сторону последних рядов, когда услышал сзади укоряющую реплику:

— А Владимир Николаевич нас таки не замечает.

Я вернулся, взял Наташу за руку и потащил к выходу. Она не сопротивлялась, и Жора не возражал. Мы вышли из автобуса, и я сказал:

— Наташа, я тебя очень прошу запомнить. Я никогда никому про тебя не говорю, что ты ходила по проволоке или делала еще что-нибудь. Никогда не говорю про тебя ничего плохого. Ты мне веришь?

— Да, Владимир Николаевич, верю, — сказала она смиренно, как осознавший свою вину ребенок.

После этого наши отношения более или менее наладились. Году уже, может быть, в 1990-м в Баварской академии возникла очередная идея пригласить русских писателей. По предложению местных славистов был приглашен Сорокин. По моему предложению — Владимов и Юрий Мамлеев. Владимов, изголодавшийся по человеческому вниманию, был огорчен только тем, что слависты позвали в ресторан Сорокина, а его игнорировали. Но его с Наташей и Мамлеева мы с Ирой пригласили домой, и все было хорошо. К моему шестидесятилетию радио «Свобода» подготовило специальную передачу, в которой участвовал и очень тепло говоривший обо мне Владимов. Последний раз мы виделись уже после смерти Наташи на презентации владимовского четырехтомника, изданного стараниями «нового русского», бывшего учителя литературы Гольдмана. Он оказался давним поклонником Владимова, и не только издал четырехтомник, но устроил пышную презентацию, заплатил Владимову гонорар и оплатил приезд. Честное слово, я был искренне рад этому. Под конец жизни Владимов вкусил немного славы на родине. Он одну за другой получил несколько литературных премий. Букеровскую премию дважды: за лучшую книгу года («Генерал и его армия») и за лучшую книгу десятилетия (за нее же) и был, кажется, уже последним лауреатом премии имени Сахарова. Все-таки самое последнее время мы не общались, и о его смерти я узнал из газет.

Вскоре после смерти Жоры закончил свой путь и его издатель. В Москве у светофора средь бела дня к его машине подъехал мотоциклист и положил на крышу взрывное устройство. Оно сработало немедленно, убив Гольдмана и оторвав голову мотоциклисту. Так, очевидно, было задумано. Заказчики не любят оставлять в живых исполнителей.

ЛЕВ КОПЕЛЕВ

С нашими эмигрантами у меня в основном не заладилось. Незадолго до меня приехал в Германию Лев Копелев со своей женой Раисой Орловой. Именно он, Лев Зиновьевич, которого все звали просто Лева, был человеком, наблюдая которого я пришел к выводу, подтвержденному затем и другими примерами, что можно иметь большую голову с соответственно (очевидно) крупным мозгом, большие способности к усвоению знаний и при этом быть неумным, поверхностным, не способным мыслить самостоятельно человеком. Лева прошел через все соблазны и обольщения своего времени. В молодости был активным большевиком и, по его собственному признанию, сталинцем. В конце войны был арестован, провел в лагерях и в описанной Солженицыным шарашке лет, кажется, десять, сталинцем быть перестал, но ленинцем — остался. То есть продолжал верить в Ленина, в Маркса, в их учение, искренне поддерживал всяких западных левых и даже написал книгу с вызывающе глупым названием: «Сердце всегда слева». Еще в конце шестидесятых годов говорил, что хотел бы быть разведчиком. Бомбардировал ЦК КПСС письмами, в которых утверждал, что наша антизападная пропаганда ведется неправильно, и предлагал свои варианты. В диссидентство тоже вступил, критикуя власть слева, обвиняя ее в том, что она наносит вред делу коммунизма. Он хорошо говорил по-немецки (и неплохо еще на многих языках), был очень общителен. Со всеми доступными ему видными немцами бежал немедленно знакомиться, брататься, братание переводил в дружбу. Сначала, когда он был коммунистом, его друзьями были восточногерманские писатели: Бертольт Брехт, Анна Зегерс, Криста Вольф. Их сочинения он противопоставлял западной литературе. Став диссидентом, еще в Москве он сошелся с приезжавшим в СССР Генрихом Бёллем и многими дипломатами, общался с бывшим канцлером Вилли Брандтом. Он появился в Германии как один из самых главных борцов за права человека (кем он на самом деле не был) и как самый крупный русский писатель и властитель дум (кем он не был тем более). Он отрастил бороду под Толстого, ходил с большой суковатой палкой и, по мнению многих, производил впечатление библейского пророка. Его сравнивали с еврейским философом Мартином Бубером. С апломбом произносил он речи, состоявшие из одних общих мест, повторения несобственных мыслей и тем самым производил впечатление на романтически восторженных немцев. Будучи неумным человеком, он не мог реалистично оценивать факты советской истории и, утверждая, что культура в СССР всегда высоко уважалась, приводил в пример 1937 год, когда, по его словам, несмотря на сталинские репрессии, страна широко отмечала столетие со дня смерти Пушкина. Просидев много лет в сталинских лагерях, мог бы дойти хотя бы до понимания примитивных приемов советской власти и сталинской пропаганды. Они отмечали разные годовщины или достижения с целью отвлечь внимание мировой общественности от того, что творилось в Советском Союзе. О современной русской литературе он говорил немцам, что для нее сейчас особых трудностей не существует, писать можно практически все, что хочешь. Его иногда спрашивали, почему же преследовали Войновича. Он отвечал: потому что у Войновича одиозное имя. Он утверждал, что лучшие писатели остались в России. Его спрашивали удивленно: «А как же вы?» — «А я, — говорил он, — вообще не писатель». У доверчивых немцев складывалась картина, по которой уровень писателей в эмиграции невысок. Лучший из них сам Копелев, но и он не писатель, а что же говорить об остальных! Я к Копелеву относился дружелюбно, но иронично, никаких его утверждений всерьез не принимал. Писаний тоже. Но, к моему удивлению, его книга воспоминаний «Хранить вечно» оказалась очень неплохо написанной.

Казак предложил мне принять участие в книге, посвященной семидесятилетию Копелева, то есть создать такой коллективный панегирик. Я уклонился.

МОСКВА 2042

Этот роман «Москва 2042» я задумал еще задолго до эмиграции, в Советском Союзе. Мне было интересно предположить, что случится со страной в обозримом и не очень обозримом будущем. Я уже писал, что, когда уезжал, говорил друзьям:

— Через 5 лет в стране начнутся радикальные перемены.

— Да какие перемены, — возражали они, — как это может быть?

— Сейчас в Политбюро в основном старые люди, — объяснял я им, — но придут помоложе и начнут что-то менять.

— Кто придет? — говорил мне Бен Сарнов. — Ты же видишь, они набирают еще более старых.

Действительно, Брежнев взял на пост председателя Совета министров Николая Тихонова, который был даже немного старше его.

— Но это же противоестественно, — убеждал я друзей. — Это все скоро рухнет.

Я видел, что посты советников и другие должности занимают новые, более разумные люди, и понимал, что грядет смена поколений. Те, кто сегодня пребывает в роли советников и референтов при большом начальстве, сами займут руководящие должности.

Но что будет с Советским Союзом, если этого не произойдет? И я задумал такой роман и даже начал рассказывать знакомым, как это может быть. Я помню, мы с Виктором Некрасовым сидели дома у моей любимой редакторши Анны Самойловны Берзер, и я им рассказывал о Сим Симыче Карнавалове, о том, как он въезжает в Москву будущего на белом коне. И они очень смеялись. Кстати, потом, когда я роман написал, они оба обиделись на меня за Сим Симыча. Некрасов в Париже держался со мной, как ни разу до того, сурово:

— Ну, как же так можно?

— Вика, — сказал я ему, — ты смеялся, когда я вам рассказывал свой замысел, ты сам мне рассказывал разные смешные вещи о Солженицыне. Почему смеяться между собой можно, а в романе нельзя?

После двух рюмок он стал к вымыслу моему снисходительней.

Идею романа я привез из Москвы. Но к работе приступил в 1982 году.

Сначала будущий роман назвал «Москва 2032», отсчитав 50 лет от 82-го года. Число 2032 было еще для меня заманчиво, потому что в том году мне исполнилось бы 100 лет, если бы я дожил. Но потом мне показалось, что я дал слишком небольшой срок, и прибавил 10 лет. Кроме того, повествование ведется от первого лица, как будто от меня, и я решил подальше отодвинуть этот персонаж от собственной биографии.

Обычно я работаю так: медленно-медленно продвигаюсь, что-то пишу, выбрасываю, а потом вдруг наступает какое-то озарение, и в конце я пишу очень быстро. В 1986 году я быстро закончил роман.

Тут подвернулся Максимов с предложением:

— Дал бы что-нибудь для журнала. Когда ты появляешься, тираж растет.

Время от времени он просил меня участвовать в его журнале и тогда говорил комплименты. В то же время мог и укусить.

Много раз он меня хотел поставить на место. Но Максимов-редактор был умнее Максимова-человека. И вполне компромиссен. В чем-то другом он мог быть бескомпромиссным, но как редактор знал, что компромисс необходим. Поэтому, с одной стороны, он всегда хотел поставить меня на место, но, с другой стороны, понимал, что я для него ценный автор. Когда просил дать что-нибудь для журнала, способен был даже щедро польстить, а потом не прямо, а намеками отозваться пренебрежительно.

— Может быть, тебя не устраивает наш гонорар? — предположил он. — Сколько тебе платят на радио «Свобода»?

Я сказал, сколько.

— Ну, хорошо. Я тебе заплачу по 100 марок за страницу.

И я дал ему главы из романа «Москва 2042». Но, чтобы не пугать, дал те главы, где Сим Симыча Карнавалова еще нет. Он их напечатал, мы встретились. А он всегда, как только меня использовал, вел себя уже иначе.

— Мы напечатали твой текст, — сказал он. — Ты получишь гонорар, у нас он для всех 30 марок за страницу, — и отводит глаза в сторону.

Я вижу, он хорошо помнит, что называл другие цифры. Но я ничего не сказал — 30 так 30.

Уже с полной рукописью я приехал в Нью-Йорк. Встретился с Андреем Седых, главным редактором газеты «Новое русское слово». Он тоже попросил у меня что-нибудь напечатать, и побольше.

— Я роман написал, хотите? — спросил я.

— Хочу, — сказал он.

— Но только там у меня есть персонаж, в котором люди находят сходство с одним известным человеком. Я так не считаю, но им кажется, что он похож на этого человека.

— На Максимова? — испугался Седых.

— Нет, хуже.

— Кто может быть хуже?

— Солженицын.

— А, ну Солженицын, ладно, — легко согласился он.

Седых заплатил мне сразу довольно крупную по тем временам сумму и стал печатать роман. Газету расхватывали, потому что речь шла о путешествии в будущее Советского Союза. И вдруг в романе появляется Сим Симыч Карнавалов (а он возникает не сразу), и это становится шоком для читателей. Людмила Фостер, которая работала на «Голосе Америки» и вела литературные передачи, пишет мне письмо: «Володя, я читала роман с большим интересом, и вдруг что я вижу? Что, Войнович ох...ел?!»

Возник страшный переполох в эмигрантской среде. Одни говорили: «Как можно покуситься на такую личность и на такого писателя?» А другие обрадовались, потому что видели многое сами, но не решались произнести, ведь Солженицын был вне критики.

ПЕРЕСТРОЙКА

Информации о Советском Союзе у меня за границей было больше, чем у советского человека. Я мог читать советские газеты в университетских библиотеках, но, кроме того, я уже читал американские газеты и немножко немецкие. Я слушал радио и получал бюллетень новостей, который выпускало радио «Свобода» — очень информативный для внутреннего пользования (типа бюллетеня «Белый ТАСС» для главных редакторов — с информацией, не всегда доходившей до страниц советских газет).

В начале 1987 года в Мюнхен приехала журналистка Юлия Тролль из газеты «Новое русское слово». Приехала, чтобы взять у меня интервью. Я ей сказал, что в Советском Союзе начались серьезные перемены, которые пойдут далеко, и они уже необратимы. Ей мой прогноз показался слишком наивным. Она хваталась за голову, закатывала глаза.

— Неужели вы верите Горбачеву?

— Я никому конкретно не верю, — ответил я, — я верю в неизбежность и необратимость исторических процессов.

Это интервью вызвало ужасный гнев в кругах эмиграции. А некоторые очень обрадовались моему предположенному ими ренегатству. Войнович верит Горбачеву, он продался советским. Один журналист, который писал язвительные и даже с брезгливой интонацией публицистические статьи о Советском Союзе, а передо мной при встречах заискивал, тут решил, что я себя разоблачил, и с долго скрывавшейся ненавистью написал обо мне: «Он всегда был советским, им и остался». Но я продолжал говорить то, что я думал. Я помнил, что и при Хрущеве были некоторые либеральные реформы, но никогда ими не обольстился. Я видел, что они доходили до какой-то точки, и ни одна из них не была необратимой. А эти перемены показались мне и были необратимыми.

ЗАЛЫГИН

Как говорил тогда, кажется, Жванецкий, в России стало читать интереснее, чем жить. Газеты писали то, что еще недавно могло появиться только в самиздате. «Московские новости» и «Огонек» помещали невообразимо острые материалы и подвергали критике все, что еще недавно было защищено от критики статьями Уголовного кодекса. Но что интересно, вместе с критикой системы и наиболее реакционных ее представителей, перестроечная пресса стала нападать на диссидентов и эмигрантов с гораздо большей яростью, чем это делалось до сих пор. Я следил за перестройкой с большим волнением, радовался всем ее достижениям, с какого-то момента был уверен в ее необратимости, одобрял ее в своих выступлениях по радио, а про меня несколько раз в «Московских новостях», «Литературной газете» и еще где-то написали, что эти войновичи (с маленькой буквы) никогда не поверят в нашу перестройку. Слово «диссидент» стало еще больше ругательным, чем было раньше. «Лидеры» перестройки стремились к поездкам на Запад, стояли под воротами радио «Свобода» в надежде заработать свои сто марок, толклись у других возможных кормушек, а внутри страны нападали на диссидентов и эмигрантов. Я, помню, услышал по радио страстную речь бывшего летчика писателя Анатолия Маркуши. Он жаловался на недостаток свободы слова и говорил приблизительно так: «Ну почему, почему нам не дают выступать против диссидентов? Ведь мы можем это делать лучше и убедительней, чем это делают казенные критики». Люди, которых раньше не выпускали за границу, теперь туда ездили охотно и не совсем бескорыстно. Общались с эмигрантами, получая от последних подарки и угощения, а через них возможности где-то выступить, где-то напечататься и получить за это где что дадут. Но потом возвращались в Союз и очень своеобразно отчитывались о своих поездках. Битов в Нью-Йорке охотно общался со своим другом Юзом Алешковским, с земляком Ефимом Эткиндом, а потом на вопрос корреспондента «Московских новостей», что общего было у него с эмигрантами, ответил, что у него ничего общего с ними не было и быть не могло, потому что они отстали от нас на пятнадцать лет. Я помню, меня очень удивило это высказывание. От кого эмигранты отстали? Почему на пятнадцать лет, а не на двадцать или не на десять? Известный театральный критик Саша Свободин, друг Саши Володина и отчасти мой, будучи в Мюнхене, разыскал меня, охотно и радостно общался и угощался, а потом читателям тех же «Московских новостей» доложил, как он боролся с провокациями эмигрантов и какой давал им отпор. Фамилий, правда, никаких не назвал.

Было еще и такое. Приезжавшие в Мюнхен литераторы рвались к микрофонам «Свободы» и при этом требовали от эмигрантов, чтобы они не вмешивались в советские дела, а то помешают перестройке. Это иногда раздражало. Две советские литературные дамы, сидя у меня на кухне, рассказали какую-то историю. Она меня заинтересовала, я сказал, что, пожалуй, о ней напишу. Дамы решительно воспротивились:

— Ни в коем случае. Вам здесь вообще не надо ничего писать. Вам лучше помолчать, а то все испортите.

Я разозлился и удивился логике. Я не молчал, когда все молчали, а теперь, когда все заговорили, я должен молчать.

Я, разумеется, так не думал и не молчал. Одобряя перемены и даже считая их уже необратимыми, тем не менее всегда подчеркивал, что для того, чтобы считать перестройку успешной, надо сделать еще много чего. И приблизительно перечислял, чего именно.

Мне очень хотелось как можно скорее вернуться в Россию не только самому, но и в качестве печатаемого писателя, и я понимал, что чем раньше это произойдет, тем лучше. Я не сомневался, что перестройка, в конце концов, дойдет до этого, но какие-то процессы хотелось поторопить. Тут дошло до меня известие о выступлении в Сорбонне главного редактора «Нового мира» Сергея Залыгина, на которое я решил немедленно отреагировать.

Я вспомнил, что меня когда-то в «Новом мире» любили, и даже держали в числе лучших авторов. В советское время Залыгин и я — мы оба были авторами этого журнала. Теперь он стал главным редактором, а в редколлегию вошли два человека, которых я считал близкими друзьями, — Игорь Виноградов и Олег Чухонцев, первый по прозе, второй — по поэзии. Послал Залыгину свою повесть «Путем взаимной переписки». Сообщил, что в свое время я рассчитывал напечатать ее в «Новом мире», но напечатана она была только за границей, так вот не пора ли ей появиться на страницах, для которых она и писалась. Отправляя рукопись, я думал, что Игорь и Олег ее тоже увидят и как-то проявятся. Конечно, я надеялся на положительную реакцию, но допускал и то, что редакция не решится напечатать повесть сейчас. Но в таком случае, возможно, мне ответят по-дружески, что, мол, сейчас не время, и попросят подождать, когда это время наступит. В доэмигрантские времена, предлагая советским печатным органам свои тексты, я всегда надеялся на хорошее, но готовился к худшему. Сейчас тоже на хорошее не надеялся, но допускал, что получу какой-нибудь сигнал от Виноградова или Чухонцева. И вдруг — письмо, и на конверте штамп с адресом «Нового мира». С нетерпением распечатал. Письмо оказалось от «самого» Залыгина, который мне сообщил, что, конечно, они («Новый мир») будут печатать кое-что из того, что было отвергнуто, но все-таки они (цитирую) «орган печати, а не перепечатки материалов, так или иначе уже вышедших в свет. Исключение мы можем сделать лишь для нескольких наиболее высокохудожественных произведений, которых так немного, и меня очень удивило, что десятки авторов, предлагая свои произведения нам, считают их именно такими. Не правда ли — странно?»

Мне письмо показалось хамским, я ответил резко и думал, что на этом наша переписка завершена. Но Залыгину тех гадостей, которые он мне наговорил, показалось мало. Он решил продолжить свою отповедь и, кроме всего, написал: «Из работ, которые в прошлом были отвергнуты, мы сейчас печатаем (будем печатать) Платонова, Набокова, Булгакова, Пастернака. Если Вы не в этом ряду, Вы говорите, что это хамство. Не смешно ли? У нас нет недостатка в претендентах всех мастей. Если Вас не печатают здесь, значит, Вы не верите в нашу перестройку. Значит, Вы думаете, она блеф?»

Я перестройку блефом не называл, я в нее верил, верил, что со мной она состоится, а что состоится без меня, правда не верил. Не потому что был слишком самонадеян, а потому что понимал суть событий лучше, чем мой оппонент. Я мог вслед за Платоновым сказать, что народ без меня не полон. А мог выразиться иначе: что если в России останется хоть один запрещенный писатель (я или не я — неважно), значит, можно будет считать перестройку несостоявшейся. Я решил предать нашу переписку гласности (Приложение № 9), на что Залыгин вряд ли рассчитывал.

Примерно в то время, когда состоялась эта переписка, в Германию приехал с семьей Борис Биргер. Рассказал, что на Белорусском вокзале его провожал Игорь Виноградов, который сказал: «Передай Володе, чтобы он не печатал эту переписку, потому что публикация эта ему же и навредит». Но я-то знал, что если перестройка не дойдет до пределов, за которыми можно будет печатать эту переписку, то это будет не перестройка, если такая публикация все еще будет невозможна, то мне там будет нечего делать. Впрочем, я не сомневался, что перестройка дойдет до логического финала, и не собирался смиренно ждать. Я сразу решил, что опубликую переписку с Залыгиным, а после виноградовского предупреждения укрепился в своем намерении и напечатал ее в русских газетах и в воскресном приложении к «Нью-Йорк таймс». Полный текст переписки передали радио «Свобода», «Голос Америки», «Немецкая волна» и Би-би-си. И как очень скоро выяснилось, я правильно поступил и формально, и по существу. Даже, как мне передавали, тогдашний член Политбюро, правая рука Горбачева Александр Яковлев где-то сказал про меня: «Он прав». Не только Яковлев, а и сама жизнь скоро показала, что я был прав.

Вскоре Залыгин в качестве перестроечного деятеля поехал в США, был в Вашингтоне. Там его принимали в разных организациях, в том числе и в Ассоциации американских издателей. Встреча состоялась в американском издательстве «Харкорт, Брейс, Йованович», издавшем «Москву 2042». Московский гость был усажен в красный угол и оказался как раз под моим портретом, на который время от времени косился с очевидным неудовольствием. Кто-то из американцев даже запечатлел это и обещал прислать мне снимок, но я его, кажется, так и не получил.

Мне продолжали, сейчас уже не помню кто, передавать из России угрозы, что если так буду себя вести, то никогда не вернусь, на что я неизменно отвечал, что если причиной запрета вернуться на родину будет мое поведение, то такая родина не стоит того, чтоб в нее возвращаться.

PUBLIC RELATIONS

В мае 1987 года вышеупомянутое издательство «Харкоурт, Брэйс, Йованович» в лице Марии Араны (тогда еще Араны-Ворд) пригласило меня для Book promotion, то есть для рекламных поездок по случаю выхода «Москвы 2042» по городам Америки, начиная с Нью-Йорк.

Я приехал на последние деньги, но поселился (за счет издательства, разумеется) в одном из очень дорогих отелей. Мне дали длинный лимузин с шофером в униформе и белых перчатках. В задней части салона телевизор, бар с холодильником, шампанским и другими напитками. Я должен передвигаться в этом неуклюжем и безвкусном (американская мечта) драндулете, изображая из себя преуспевающего классика, а в кармане у меня, как говорится, вошь на аркане. Купить пачку сигарет не на что. Я спросил Марию, или, как мы ее называли, Марусю, будут ли мне платить что-нибудь за выступления. Она сказала: нет, это рекламная поездка, все выступления бесплатные. Платой мне будет количество привлеченных моими выступлениями читателей. Я пошел к Боршардту, одолжил у него триста долларов. Теперь как-то можно существовать. Давал много интервью. Большинство по-английски. Корреспондент «Нью-Йорк таймс» напечатал интервью, заметив, что английский у меня сравнительно неплохой, но с попытками избегать употребления артиклей. Как раз когда я давал это интервью, до меня дозвонилась Ира и сообщила о смерти отца. Если не ошибаюсь, он умер 25 мая, через десять дней после своего 82-го дня рождения. Джон Глэд предлагал мне потребовать у советских властей визу для поездки на похороны. Но ясно было, что визу никто не даст, а если предположить, что дали бы, то не иначе как после многодневных раздумий и согласований, когда поездка стала бы слишком запоздалой. В любом случае это была бы не больше чем саморекламная акция. «Нью-Йорк таймс» я дал по крайней мере два интервью. Вторым интервьюером был Серж Шмеман, сын известного в эмиграции священника отца Александра. Он уже брал у меня одно интервью еще в Штокдорфе. Тогда я говорил с ним без опаски, теперь был немного насторожке. Думал, его отец наверняка поклонник Солженицына, сын, наверное, тоже, надо ухо держать востро. Оказалось, что Серж относится к Солженицыну примерно так же, как и я, иронически, и отец его в Исаиче тоже разочаровался. ...

Организовывал мою поездку по Америке отдел, специально занимавшийся public relations. Теперь аббревиатура этого понятия и в России широко используется, но легко вошедшее в русский язык слово «пиар», я думаю, многие даже не знают, как расшифровывать. Так вот по рекомендации этого отдела издательство выделило на мою поездку 35 тысяч долларов. За эти деньги я должен был передвигаться исключительно на упомянутом лимузине, который встречал меня во всех аэропортах и возил на любое расстояние, даже если оно измерялось сотней шагов. На самолетах и лимузинах я перебирался из города в город, выступал в самых престижных университетах Восточного побережья: Колумбийский, Йель, Корнель, Гарвард, Джорджтаун. По прибытии на место, как я ни торопился, шофер оказывался у моей дверцы первым и распахивал ее с почтительным поклоном. Меня это смущало, коробило, но я терпел, полагая, что так надо и издательство лучше знает, как мне себя вести.

ВСТРЕЧА С ЧУХОНЦЕВЫМ И ПИСЬМО ДЕСЯТИ

Так получилось, что во время моих разъездов где-то по тому же пути передвигался Чухонцев. Я выступал в Ричмонде, мне сказали: а завтра у нас выступает Чухонцев. Я приехал еще куда-то, и там мне говорят: завтра у нас выступает Чухонцев. В Нью-Йорке у меня была встреча с членами заведения, называемого Institute for humanities. Это объединение, как я понял, интеллектуалов разных профессий (писатели, артисты, экономисты). Нью-йоркская элита. Среди членов Бродский, Василий Леонтьев, американец русского происхождения, лауреат Нобелевской премии по экономике. Бродского не было, восьмидесятилетний Леонтьев пришел. Я говорил не столько о своем романе, сколько о том, что происходит в СССР и как я это вижу. Разумеется, рассказал о своем конфликте с Залыгиным. Слушатели проявили большой интерес. Леонтьев просил меня дать копии писем ему, он покажет их, когда будет в Москве (а он там бывает), Раисе Максимовне, с которой он подружился. У меня копий с собой не было, а потом я замотался, не успел с ним встретиться, и Раиса Максимовна осталась непросвещенной.

Выслушав мой рассказ о Залыгине, кто-то из слушателей сообщил: «Кстати, у нас в четверг будут двое советских писателей, один прозаик, а другой поэт и один из боссов «Нового мира». Я спросил фамилии, мне сказали: Битов и Чухонцев, и ведший беседу заранее состроил мину, выражая готовность согласиться с моим низким мнением. Я, напротив, горячо возразил: «Что вы! Чухонцев крупнейший русский поэт, и Битов тоже известный прозаик».

Это обусловило обоим теплую встречу.

А пока я отправился в Гарвард, и там нарисовалась такая картина. Сверхнеожиданная. Мой лимузин плавно причалил к тротуару, выложенному из красных керамических плиток, шофер выскочил и распахнул дверь, а я, выставив ногу наружу, увидел нашего Олега Чухонцева. Он стоял на тротуаре в том виде, в котором словно только что прибыл из Москвы. В черном кожаном пиджаке китайского производства, в польских джинсах и с сумкой через плечо с надписью латинскими буквами AEROFLOT. При виде моего лимузина он остолбенел и открыл рот. Много лет спустя в Москве появятся такого рода машины для перевозки попзвезд и молодоженов. А тогда для советского человека это было одно из чудес техники. Машина, по сравнению с которой советский членовоз казался игрушечным. Олег вряд ли когда до этого видел такую машину и вперился в нее, возможно, пытаясь вообразить, кто из нее может вылезти. И увидел меня.

Для начала пошли выпить по кружке пива. Говорили.

Олег сказал мне, что приехал сюда благодаря культурному фонду, который пригласил его не как писателя, а как члена редколлегии одного из самых прогрессивных изданий. Он был уже в Чикаго, в Ричмонде, где-то еще, а послезавтра едет в Нью-Йорк выступать в какой-то церкви перед эмигрантами.

Признаюсь, я ему был очень рад, но с первых же минут что-то такое меня стало смущать. Он мне с воодушевлением рассказывал о планах журнала на ближайшее время, о том, что у них в портфеле только что обнаруженные где-то стихи Мандельштама, последние рассказы Шаламова, неизданные рассказы Зощенко, что-то эпистолярное из Пастернака.

— Ты представляешь, — говорил он, — абсолютно никакой цензуры. Мы никому ничего предварительно не представляем. Что хотим, то и печатаем.

Тут я, помня, что Олег был когда-то и обо мне вполне высокого мнения, сказал ему:

— Если вы печатаете, что хотите, почему бы вам не захотеть и меня напечатать?

Этот вопрос, очевидно, показался ему не очень уместным, потому что он мне на него просто ничего не ответил и перешел к другой теме, уже частично мной освещенной.

— Ты, — сказал он в полуутвердительной интонации, — домой, конечно, уже не вернешься?

— Обязательно вернусь, — сказал я. — Как только возникнет реальная возможность, так и вернусь.

Он промолчал и, как мне показалось, не только не понял ответа, но даже и не услышал его.

Я спросил, слышал ли он о моем конфликте с Залыгиным.

Он ответил:

— Нет, а что?

Но поскольку во вранье он не был силен, то тут же и проговорился, что был посвящен и, будучи на моей стороне, считает, что я сделал ошибку и сам себе напортил. У «Чонкина» имелся шанс быть опубликованным через какое-то время, но теперь я сам закрыл себе дорогу к печати. Почти слово в слово он повторил то, о чем предупреждал меня через выехавшего в Германию Борю Биргера Виноградов, и то, что говорили другие. О чем я сам был, повторяю, более оптимистического и, как вскоре выяснилось, реалистического мнения.

Вообще, в то время меня удивляли люди, которые называли себя перестройщиками, а иные еще пышнее — прорабами перестройки. Как раз во время моей рекламной поездки по Штатам случилось небольшое событие, от участия в котором я отказался. Мне позвонил Максимов и предложил подписать письмо, которое он сочинил и которое подписали Буковский, Орлов, Кузнецов, Аксенов, Неизвестный, кто-то еще. Письмо, обращенное к западным правительствам, предлагало не доверять словам и действиям советского руководства, которое, по словам подписантов, затеяло обычный в своем духе обман Запада. В нем было условие, после которого к советским намерениям можно было бы отнестись с

бóльшим доверием: «Пусть Горбачев докажет...» И следовал перечень доказательств, которые следовало потребовать от Горбачева. Я письмо не
подписал по трем причинам: а) давно стал уклоняться от подписания
коллективных обращений, б) мне не понравился тон письма, бывший,
по моему мнению, неуместно хлестким, и самое главное в) я видел, что
перестройка уже переступила черту, за которой возврата назад нет. Можно было верить Горбачеву или не верить, но пора было понять, что бывают необратимые исторические процессы и этот был из таких. Ни Горбачеву, ни всему советскому руководству, если бы и захотелось, остановить
этот процесс уже бы не удалось. Когда мне предлагали оценить ситуацию, я сравнивал Советский Союз с автобусом, который пытается съехать с горы. Автобус старый, шины лысые, бензин разбавлен водой, тормоза плохо держат. Водитель пытается не слишком разгоняться и удерживать машину на крутых поворотах, а пассажиры кто требует прибавить
газу, кто, наоборот, немедленно остановиться и сдать назад, а кто-то хватается за баранку и требует: дай порулю. Я утверждал, что автобус остановить уже невозможно, у него есть два шанса: или при умелом маневрировании съехать в долину, или рухнуть и оказаться там же в виде обломков. Галина Старовойтова, с которой я познакомился и подружился два
года спустя, одобрила этот образ. Но меня удивляло, что сами эти перестройщики не сознают, каких пределов они достигли и к чему ведут их
дальнейшие действия. Как только письмо десяти, само по себе просто
недальновидное, появилось, как тут же последовал суровый отпор. В тех
же «Московских новостях» собрались передовые интеллектуалы того
времени, Олег Ефремов, Лен Карпинский, Михаил Шатров (остальных
не помню), сурово осудили подписантов и чуть ли не в один голос заявили, что эти люди проявили себя как враги перемен и окончательно закрыли себе дорогу домой. Это было отвратительно по тону и очень глупо
по содержанию. Гораздо глупее, чем письмо десяти. Меня тогда удивило,
как же эти люди не понимают, что им, во-первых, хотя бы из соображений приличия следует не смешивать подписавшихся в одну кучу, не приговаривать их вслед за советской властью к пожизненному изгнанию и,
во-вторых, подумать, чего же будет стоить эта перестройка, если она людей лишит возможности вернуться на родину, пусть даже за очень плохие высказывания.

Вечером того дня, когда мы встретились с Чухонцевым в Гарварде, я
за счет издательства (оно мне это позволило) пригласил Олега и чету
Манделей в ресторан роскошной гостиницы «Хайятт», небоскреба, построенного квадратом с тогда еще диковинными стеклянными скоростными лифтами, с балконами, выходящими вовнутрь, в зимний сад, который каким-то образом заполнял всю эту многоэтажную пустоту. И где-
то между этажами на площадке, державшейся на натянутых канатах, черный музакант в белом костюме на белом рояле играл что-то негромкое.
Мы ели какую-то изысканную пищу, слушали музыку, и вдруг Чухонцев
наклонился ко мне и сказал: «Если бы меня заставили жить такой жиз-

нью, я бы повесился». Я никогда не был слишком обидчив, но тогда мне послышался в словах старого друга упрек, который я уже слышал от многих других, что я сбежал сюда, упиваюсь этой окружающей роскошью и забыл все, что осталось на родине. Подчеркиваю: может быть, Олег такого смысла в свои слова не вкладывал, но я так его понял. Мне было обидно и хотелось спросить Олега: «Неужели ты не помнишь, как я уезжал? Неужели не помнишь, как за семь лет до того, сидя у меня на кухне и подвыпив, сказал: «Володя, если ты не уедешь, они тебя убьют».

БИТОВ И ЧУХОНЦЕВ ПЕРЕД ЭМИГРАНТАМИ

Битов и Чухонцев выступали в русской церкви. На встречу явилось много разного народа. Перед входом в храм толпились эмигранты, слависты, корреспонденты, западные и советские, в том числе и корреспондент «Правды», который брал интервью у Ахмадулиной и Мессерера. Увидев меня, Белла кинулась ко мне и крикнула покинутому интервьюеру: «Вы видите, я обнимаюсь с Войновичем. Можно с ним обниматься?» На что корреспондент, не оценив (или оценив) издевки, милостиво ответил, что теперь, в процессе перестройки, можно. Между прочим, братание (fraternization) запрещено в американской армии, именно оно как раз в описываемое время стало одним из пунктов обвинения охранявшим московское посольство США морским пехотинцам, которые очень глубоко браталисть с русскими девушками.

Публику пустили, и я сел где-то сзади, рядом с моей издательницей Эллендейей Проффер, женщиной красивой, умной и острой, оставшейся вдовой после смерти Карла. Время от времени она громко комментировала речи выступавших, которые в один голос утверждали все то же — что в СССР больше нет никакой цензуры. При этом Битов плутовал ловко, а Олег весьма неуклюже. Держался надуто, как представитель большой державы, имеющий от нее государственное задание не дать себя втянуть в провокационные разговоры.

— Ну что вам сказать, — сообщил он публике снисходительно. — У нас сейчас нет, вообще нет никаких запретных имен и названий.

— Все врет! — сказала сзади Эллендейя. — Все врет!

До Олега это, конечно, дошло, но он сделал вид, что не слышал, явно при этом смутившись.

— Вот, например, у нас в журнале, — продолжил он, — мы решили печатать Платонова. Мы не спрашивали ни у кого разрешения и вообще думали только о том, с чего начать: с «Котлована» или «Чевенгура».

— Опять врет! — сказала Эллендейя.

Я ее спросил: почему же врет? Наверное, так и было.

— Если даже так было, все равно врет.

Зато Битов всем очень понравился. Высказал мысль, которую через год довез и до Мюнхена, — что с наступлением свободы все сразу опубликовано и больше печатать нечего.

Ему был задан вопрос, всех волновавший: а будут ли печатать в СССР Солженицына? Битов тут же извернулся самым ловким образом.

— Ну, Солженицын — это такое огромное явление, он сам по себе целое государство. А государство с государством как-нибудь договорятся без нас.

И этим трюком сорвал аплодисменты.

Мне было стыдно за выступавших и за аудиторию, которой гости так легко скормили свою мякину.

После этого на улице Олег подошел ко мне и, не глядя в глаза, спросил, как мне понравилось его выступление.

— Ты ждешь честного ответа или какого? — спросил я.

Тут он начал лепетать что-то жалкое. Что никогда не был в Америке, а если будет прямо отвечать на задаваемые вопросы, его сюда больше никогда не пустят. И тогда сюда будут ездить те, кто ездил раньше.

— Ну да, — сказал я ему, — ты, может быть, прав. Если ты не будешь врать, тебя, возможно, не будут сюда пускать, будут пускать старых врунов, но, по мне, пусть лучше врут они, а не ты.

Я думал, он будет возражать, спорить, ругаться, а он еще больше смутился и стал говорить:

— Да, да, ты прав, я на этом могу потерять репутацию.

Не знаю, понятно ли, почему я так болезненно воспринимал подобные встречи. Ну, во-первых, я вообще ненавижу лгунов, во-вторых, когда врет мой товарищ, он так или иначе приглашает меня в соучастники. Другие люди, зная о наших отношениях, интересуются моим мнением о том, что он говорит. И что — я из солидарности должен врать вместе с ним? И еще одно важное для меня соображение. Эти путешественники даже не понимали, насколько их ложь была направлена прямо против меня лично. Если в России все хорошо и печатают вообще все или все достойное, это значит, что у меня тоже там все в порядке, что меня тоже там печатают или то, что я пишу, как правильно утверждал Залыгин, не достойно того, чтобы быть там напечатанным.

Олег мне сказал, что их перед отъездом инструктировали, как вести себя за границей, советовали вести себя естественно и говорить все, что думают. Но они, предполагая, что начальство ожидает от них правильномыслия, говорят то, что, как им кажется, они, по мнению начальства, должны. Так я записал тогда. И сейчас могу сказать, что, к сожалению, это коснулось и Олега, человека по натуре честного, но временно поддавшегося искушению благами, которых раньше он не имел.

WACH AUF, GENOSSE KRITIKER

Роман не принес мне ни больших тиражей, ни крупных гонораров. Хотя в американской печати отзывы были привычно хорошие, вплоть до восторженных. Из отзывов в немецких газетах я запомнил только рецензию некоего Клауса Петера Вальтера. В самой почитаемой немецкой газете «Франкфуртер Альгемайне Цайтунг» он напечатал статью «Schlaf gut Genosse Leser» («Спи спокойно, товарищ читатель»). Не буду говорить о качестве статьи, в которой от начала до конца я сравнивался с боксером ниже среднего веса, вышедшего на заведомо проигрышный бой с тяжеловесом Александром Зиновьевым. Поплясав долго на боксерских аналогиях, критик решил меня свалить в нокаут и нанес следующий словесный удар:

«Он (то есть я.— *В.В.*) мог вызвать на соревнование чемпиона (Зиновьева. — В.В.), только будучи совершенно ослепленным и переоценивая себя, потому что он вступил на ринг уже фактически проигравшим. Своим «Иваном Чонкиным» Зиновьев создал фигуру, которая заслужила сравнения с бравым солдатом Швейком Ярослава Гашека».

Такой подарок я не мог не принять. Я написал в ответ: «Wach auf, Genosse Kritiker» («Проснись, товарищ критик!»). Проснись и запомни: литературной критикой (так же, как и судейством на ринге) нельзя заниматься без определенных познаний в этом предмете. Проснись и запомни, что «Гамлета» написал не Шиллер, «Войну и мир» написал не Достоевский, «Волшебную гору» написал не Бальзак, а «Ивана Чонкина» написал не Александр Зиновьев, а я, Владимир Войнович.

19 марта 1988 г., Штокдорф».

Язвительные отклики направили в газету члены Баварской академии Хорст Бинек, Барбара фон Вульфен и кто-то еще. Ни один из этих откликов не был напечатан. Мое мнение об ответственности немецкой прессы и точности излагаемых ею фактов после череды печальных разочарований осталось не слишком высоким.

ЖИЗНЬ МОЯ КИНЕМАТОГРАФ

С Катей Краусовой и Эриком Абрахамом я познакомился в Лондоне у моего приятеля Игоря Голомштока. Судя по сопоставляемым датам, это случилось не позже начала 1987 года. Оказалось, Эрик и есть тот загадочный человек, который из года в год покупает право option на «Чонкина» и приносит мне небольшой постоянный доход. Не зная его лично, я представлял себе английского чудака, который не знает, куда девать деньги. Оказалось, у чудака вполне земные планы. Сначала о происхождении пары. Катя — словачка, точнее словацкая еврейка, дочь, если я правильно помню, бывших до 1968 года партийных деятелей. Эрик — сын южноафриканского адмирала и тоже еврейского происхождения. Оба работали на Би-би-си, делали фильмы для компании, но затем решили заняться этим же самостоятельно. «Чонкина» открыла Катя. Убедила Эрика, что это стоящая вещь. Эрик, прочтя книгу, с ней согласился и считал, что Чонкин — универсальный характер, понятный всем. Потому и взялся за дело. Без реальных денег. Начал с поиска режиссера и актеров на главные роли.

Понимая, что если найдет подходящих, то под них найдутся и деньги. Уговаривал Милоша Формана, тот после долгих раздумий отказался. Нашел Михаила Барышникова, который хотел сыграть Чонкина. Кто-то не верил, что Барышников с его красивыми ногами сможет играть кривоногого Чонкина. Но Эрик утверждал, что Барышников сыграет и кривоногого. Познакомившись с Катей и Эриком, я все еще сомневался в реалистичности их затеи. В сомнениях и уехал. Но дело, как ни странно, вдруг пошло. Эрик первым делом предложил мне написать сценарий, и я написал. Потом мы вместе летали в Нью-Йорк встречаться с Барышниковым. Я его стеснялся, он меня, как я понял, тоже. Мы между собой даже и не поговорили, только поглядывали друг на друга. Под Барышникова в Голливуде давали большие деньги, но все еще не было режиссера.

РАДОСТИ И НАДЕЖДЫ

В начале 1988 года из Москвы пришло письмо от неожиданного отправителя:

«Здравствуйте, Володя!

Не знаю, помните ли Вы меня — нас когда-то, тысячу лет назад, знакомил К. Воинов. У меня возникла одна идея. Я давний поклонник Вашей книги «Похождения Ивана Чонкина» и мечтаю осуществить ее экранизацию. Осуществить эту постановку — дело непростое, но, думаю, в принципе возможное: у нас сейчас много изменилось в лучшую сторону. Чтобы это стало реальностью, очень многое зависит от Вас. На данной стадии — это моя частная инициатива. Напишите мне, что Вы думаете по этому поводу. Если Вы пришлете положительный ответ, я начну действовать.

С дружеским приветом,

Эльдар Рязанов.
Москва, 26 декабря 1987 года».

Понятно, это письмо спокойным меня оставить никак не могло. Рязанов хочет поставить «Чонкина» в Москве! Неужели это возможно?

Письмо Рязанова меня взволновало и немного покоробило.

Я не люблю, когда приключения Чонкина называют похождениями. И терпеть не могу, когда Чонкина называют бравым солдатом. Он не бравый, и его судьба не похождения, а приключения. Тем он существенно отличается от Швейка. То, что Рязанов употребил слово «похождения», то есть не чувствует существенной разницы между двумя определениями, мне не понравилось. Но я счел возможным закрыть на это глаза, потому что возможность возвращения в Россию меня волновала больше, чем перспектива экранизации.

Вероятно, между сохранившимся письмом Рязанова и моим ответом ему у нас был еще какой-то контакт, где и упоминалась возможность моего «примирения с родиной».

Я ему ответил с максимальной вежливостью. Он мне «здравствуйте», а я ему «многоуважаемый», он мне «Володя», а я ему «Эльдар Александрович» (Приложение № 8).

Разумеется, об интересе Рязанова к постановке фильма я тут же сообщил Эрику. Он заинтересовался. Но дожидаться, пока предложение Рязанова будет подкреплено делом, он не хотел и не мог и предложил мне в начале июля опять съездить в Нью-Йорк для очередных переговоров не помню с кем.

А дальше возьму кусок из «Замысла».

ПОВОРОТ СЮЖЕТА

Описывать жизнь сочинителя вне его замыслов столь же бессмысленно, сколь жизнь шахматиста без сыгранных, выигранных, проигранных и недоигранных партий. Замысел этой книги возник... Когда он возник, я, право, уже и не припомню, тут, может быть, никакого определенного момента и не было, как не бывает, наверное, момента образования облака. Но, во всяком случае, когда-то он все же возник и медленно тлел в сознании, пока в июне 1988 года не прорезался при таких приблизительно обстоятельствах.

Автор этих строк, которого обозначим инициалами В.В., совершал очередную прогулку в пределах рощи Форст Кастен, которая начинается сразу за уже прославленным нами Штокдорфом под Мюнхеном. А сама эта роща еще ничем не прославилась, хотя говорят, и один местный житель страстно в том В.В. уверял, что именно в этой роще охотился когда-то Владимир Ильич Ленин, и даже известно место, где охотник соорудил, может быть, свой первый в жизни шалаш. Теперь рощу Форст Кастен с именем вождя мирового пролетариата, ныне развенчанного, связывают только отдельные специфически подготовленные эрудиты, тысячам же баварцев эта роща знакома расположением в ней популярного в здешних местах биргартена, то есть пивной на открытом воздухе. Охотно посещаемой и автором книги «Замысел».

И сейчас авторская прогулка могла бы закончиться в этом самом биргартене, если бы неожиданный поворот сюжета не предопределил ей иное, более интересное завершение.

Передвигаясь в сторону указанного заведения, В.В. обдумывал план своей предстоящей поездки в Америку, где он собирался встретиться с важными людьми по важному делу, которое важными людьми могло быть подвинуто в желательном направлении. Предвкушая будущий свой разговор с важными людьми и отбирая для него наиболее убедительные аргументы, В.В. из спокойного состояния переходил в возбужденное, размахивал руками, бормотал что-то себе под нос, когда в груди у него, и не слева, а ровно посредине, возникло и стало нарастать непонятное жжение с одновременной отдачей в локти и одеревенением губ. В.В. показалось, что в него вставили кипятильник и он весь сейчас закипит.

Испытывая столь незаурядное ощущение, он прислонился спиной к ближайшей сосне, а ноги стал выдвигать вперед. Трава была скользкая после дождя, ноги поехали, спина притормаживала, и автор плавно опустился в мокрое там, где стоял. Пока он опускался, все его предыдущие планы показались ему совершенно ничтожными, люди, встречи с которыми он ожидал, не сто́ящими ожидания, и страна Америка недостойной того, чтобы из-за нее претерпевать хлопоты длинного перелета. В.В. сидел на мокрой траве, упершись в нее руками, смотрел, как смещаются в странном смешении деревья, люди, собаки и облака, и, вслушиваясь в завывания недалекой сирены, сказал смущенно склонившимся к нему лицам:

— Es brennt hier[1].

Кажется, именно тогда, на парусиновом лежаке реанимобиля, визгливо оповещавшего о неотложности своего движения, весь этот замысел возник перед автором с такой ясностью, которая, как говорят, озаряет человека только на грани потери сознания.

С ПЕЧЕНЬЮ В СЕРДЦЕ

В июле 1988 года в палату интенсивной терапии больницы района Богенхаузен в Мюнхене был доставлен русский писатель-эмигрант, который на плохом немецком языке и с помощью дополняющих речь междометий и жестов изобразил жжение в груди вроде изжоги. Дежурный врач вызвал заведующего отделением доктора Кирша. Тот, как выяснилось, бывал в Румынии и потому считал себя осведомленным в родном языке пациента.

— Спокойный вечер, — сказал он, войдя в палату, хотя было всего лишь позднее утро. — Имеете о чем пожалеть?

Писателю было, конечно, о чем пожалеть. Ему было жаль бесцельно растраченных лет, иллюзий, денег и еще того, что сорвалась поездка в Америку. Но он предположил, что его спрашивают не об этом. И догадался: на что он жалуется?

— Ja, ja, — сказал он охотно. — Ich habe etwas fur[2] пожалеть. Es brennt hier.

— Где печень? — спросил доктор, продолжая свои упражнения в русском языке. — Тут печень? — И положил руку больному на грудь.

— Найн! — испугался больной. — Моя печень есть здесь. — И показал на правую сторону своего живота.

— Вас? — озаботился доктор. — Здесь тоже печень? — Он встал со стула, воткнул пациенту в живот все десять пальцев и стал мять его, словно месил тесто. Пока месил, забавлял пациента беседой. — У вас в

---

[1] Es brennt hier (*нем.*). — Здесь печет.
[2] Es brennt hier (*нем.*). — У меня есть о чем.

России большие события. Перестройка, гласность. Горбачев — великий человек, а его Раиса — очень шармантная дама. — Подумал, покачал головой. — Здесь никакой печень нет. Здесь есть печень. — Положил опять руку на грудь. — Здесь, — повторил, — печень нет, здесь есть.

Больной заволновался. Он допускал, что в результате нездорового образа жизни и чрезмерного употребления алкогольных напитков печень могла сместиться, но неужели так далеко? Подумав, он сообразил, в чем дело, но решил уточнить:

— Доктор, вы имеете в виду, что здесь brennt, то есть печет?

— Яволь! — сказал доктор, довольный, что его наконец поняли. — Здесь печень.

— А здесь не печет?

— Здесь нет печень, — согласился он и принялся делать больному кардиограмму.

Кардиограмма оказалась нехорошей, а в эстетическом отношении и совсем безобразной. Вместо привычных высокогорных зазубрин с острыми углами какие-то кривые ползучие волны, словно проведенные пьяной рукой.

— Но вы не нуждаете иметь никакое волнение, — сказал доктор ласково, — сейчас будем сделать для вам eine Spritze[1], и вы будете стать совсем покойный.

После обследования, проведенного с применением новейшей диагностической аппаратуры и введением в сердце катетера, больного в сопровождении швестер Моники и дюжины заглядывающих ему в рот практикантов навестил лично профессор Центра сердечно-сосудистой хирургии Майснер. Профессор поздоровался, спросил про перестройку, гласность, Горбачева и Раису Горбачеву (sehr hubsch[2]), пощупал пульс, затем предложил каждому из студентов тоже пощупать, при этом что-то им объясняя. Затем, выгнав их всех и швестер Монику в коридор, профессор присел на край койки, взял руку больного в свою и мягким голосом сказал, что больной находится в худшем состоянии, чем можно судить по внешнему виду, артерии сердца почти полностью закупорены, если ничего не делать, то наиболее вероятный прогноз: в ближайшие дни обширный инфаркт и, увы, — профессор привел выражение своего лица в соответствие со смыслом слов, — летальный исход.

Услышав такое, больной, как ни странно, вовсе не испугался. Даже наоборот, как бы возгордился и приосанился. Летальный — это звучит красиво и очень значительно. Это не то что просто умереть или, тем более, сыграть в ящик, отдать концы, дать дуба, откинуть копыта или что там еще? Слова «летальный исход» навевают представление о каком-то необыкновенном, волшебном полете.

---

[1] Eine Spritze (*нем.*) — укол.

[2] Sehr hubsch (*нем.*) — очень красивая, прелестная.

— Но, — сказал профессор, — у нас есть хороший шанс вас спасти. Мы можем сделать вам операцию. Из ноги вынем вену, порежем на куски, сюда вставим... Это рискованно, но...

— Какая степень риска? — поинтересовался больной.

— Примерно один процент. То есть девяносто девять пациентов из ста остаются в живых.

— Ну, что ж, — склонился к согласию пациент. — Давайте рискнем.

— Вот и хорошо, — заторопился профессор. — Я думаю, это наиболее разумное решение. — И тут же сунул на подпись неизвестно откуда извлеченную бумагу, что в случае чего никаких претензий со стороны летально исшедшего не последует. С этой бумагой профессор так суетился, что у больного мелькнуло невольное подозрение: а нет ли тут какого подвоха? За годы жизни в Германии он то и дело, не извлекая из опыта никакого урока, подписывал какие-то бумаги автоматически, привезя с собой привычки, выработанные в мире, где всякие обязательства, в том числе и закрепленные подписью, мало что значат. Но здесь они как раз что-то значили. В первую очередь их значение проявлялось в том, что с его банковского счета бесконечно снимались платы за подписку на какие-то журналы, от которых он никак не мог потом отвязаться, за обслуживание копировальной машины, которой у него давно не было, за членство в обществе самаритян, о которых он знал только, что к городу Самаре они никакого отношения не имеют.

Больной насторожился и решил для начала изучить бумагу внимательно. Но текст был длинный, не во всех пунктах понятный, и словаря под рукой не было, а профессор стоял над душой, то есть как раз сложилась такая обстановка, при которой он и прежние бумаги подписывал.

Больной взял услужливо протянутую ему ручку и коряво вывел свою фамилию, которая в немецком исполнении удлинялась на целых три буквы.

И сразу полегчало. Теперь осталось положиться на судьбу и на мастерство профессора Майснера, а там — будь что будет. В конце концов мы все всё равно приговорены к смертной казни, и наши заботы о собственном здоровье есть попытка всего лишь отсрочить, а не отменить исполнение приговора.

А ОДИН ВСЕ-ТАКИ УМИРАЕТ

Швестер Луиза — деревенская женщина лет сорока с квадратной фигурой и лицом настолько рязанским, что кажется странным, как это она ни слова не понимает по-русски. Она пессимистка, в благополучный исход чего бы то ни было, кажется, вообще никогда не верит, а своим пациентам пророчит самое худшее. Мне, когда я еще только-только был сюда привезен, сказала, подвешивая капельницу, что у меня, очевидно, обширный инфаркт, и врачи, конечно, сделают все, что смогут, но... Хорошо, что я оказался не столь впечатлительным, как наш знаменитый актер, который несколькими годами позже выслушал в лондонской больнице подобный диагноз и немедленно умер.

После ухода профессора Майснера Луиза ввезла на тележке обед и поинтересовалась:

— Ну что сказал доктор? Плохо, да?

— Он сказал, что нужна операция.

— О! — Луиза затрясла головой. — Операция — это очень опасно. Это ведь все-таки открытое сердце. Я раньше работала в хирургии, я там кое-чего насмотрелась. Вам грудную клетку разрежут циркульной пилой...

И стала с большим удовольствием нагружать меня информацией о подробностях. Меня усыпят, положат, сделают надрез, потом включат циркульную пилу. Грудную клетку резать не так-то просто, пила визжит, перегревается, пахнет дымом, горелым мясом, кровь брызжет в разные стороны, иногда даже заляпывает хирургу глаза. Потом все ребра вот так раздвинут, сердце вынут и перережут артерии. А вместо них из ноги вынут вену...

— Но, — перебил я Луизу, — профессор сказал, что девяносто девять человек из ста выживают.

— Конечно, конечно, — согласилась Луиза, — девяносто девять выживают. — И тут же покачала головой. — А кто-то один все-таки помирает.

Впрочем, она же сказала мне, что у нее есть друг, который после такой же операции ездит на велосипеде по сорок километров в день очень быстро и хорошо себя чувствует...

ПОЖАЛУЙТЕ БРИТЬСЯ

Итак, больному было сказано, что до операции он должен вести себя с исключительной осторожностью, инфаркт может развиться в любую секунду.

Поэтому из палаты выходить разрешается, но ненадолго и не дальше этого коридора. Быть всегда в сфере видимости врачей. Ни в коем случае не курить.

Он себе обещал, что после операции бросит, но пока продолжал курить и именно для этого несколько раз на дню прятался от врачей, так что в случае катастрофических последствий курения врачи нашли бы его не скоро. Правда, количество выкуриваемых сигарет он сократил и рассчитал так, что в утро операции у него оставалась одна последняя сигарета. Он собирался ее медленно и с наслаждением выкурить и на том проститься с сорокалетней привычкой.

Накануне вечером швестер Моника пригласила его в процедурную, сказав: «Будем бриться». Он взял в горсть собственный подбородок: «А что, вам кажется, я не брит?» Она улыбнулась: «Здесь да, а там, наверное, нет». «А зачем? — спросил он. — Меня же резать будут здесь, а не там». «Не знаю, — сказала она, — я не операционная сестра, а дежурная, но я знаю, что так полагается». Стесняясь предстоящей процедуры, он попросил у Моники бритву, с тем чтобы исполнить все самому, но она эту идею отвергла, бритье должно быть качественным, а ему самому ввиду сложной конфигурации выбриваемого места справиться с ним будет не так-то просто. «А у меня большой опыт», — сказала Моника.

Она отвела пациента в процедурную, уложила на стол, покрытый клеенкой, и стащила с него штаны. Он лежал в глупом виде: верхняя половина одета, а нижняя — наоборот. Он лежал на спине с выставленным наружу этим, беспредельно конфузясь, что у него это есть и что оно такое жалкое, скукоженное, маленькое, похожее, скорее, на детскую пипку, чем на мужской детородный орган. Он совсем готов был сгореть от смущения, когда Моника, прежде чем дотронуться до, надела очки, словно без них такую малость могла не разглядеть. Но он стал приходить в себя, когда заметил, что Моника относится к этому предмету, как к любому другому в сфере ее внимания. Взяла двумя пальцами, оттянула, схватила баллончик фирмы «Жиллет», нажала на кнопку, и из него, словно из огнетушителя, бурно полезла пена, которой было щедро докрыто все пространство ниже пупа, вокруг предмета и около. Отставила баллончик, взяла безопасную бритву, принялась за работу. Держа предмет в вытянутом состоянии, поворачивала его туда и сюда, как парикмахеры прошлого, брея клиентов, держали их за кончик носа. Почти сорок лет, со времен прохождения пациентом военкоматских комиссий, ни одна женская рука не касалась этого места со столь безличным к нему отношением.

ВЫЕЗД В НЕБЫТИЕ

Утром швестер Моника вкатила в палату кровать на колесах и предложила больному перевалиться со своего ложа на это: пора ехать на операцию. Он признался сестре, что хочет выкурить последнюю сигарету. Она сама была курящая и его понимала.

— Хорошо, — сказала она. — Я сейчас сделаю успокаивающий укол, чтоб вам не было страшно. А потом по дороге в операционную в коридоре мы остановимся, и вы совершите свое преступление.

Она быстро сделала укол и, вцепившись руками в спинку кровати, толкнула ее в сторону распахнутой уже для выезда двустворчатой двери. Пациент запомнил, как его тело проезжало между этими створками, и на этом предложение можно оборвать, не поставив ни точки, ни многоточия, поскольку сознание выезжавшего полностью растворилось в пустоте, даже не озарившись напоследок никаким сколько-нибудь интересным видением.

ВОЗВРАЩЕНИЕ В ЖИЗНЬ

Почти каждому пишущему свойственно преувеличивать свои провидческие способности, и наш писатель утверждает, что его выход из небытия был им запечатлен лет за десять до описываемого момента в небольшом этюде, названном им «Этюд».

Точно как в том этюде, открыв глаза, он долго не мог понять, где он и кто он, новорожденный или обрубок, переживший катастрофу, и вообще — человек ли? В ограниченном объеме освещенного пространства некое существо совершало однородные движения, а в таинственном мраке углов мерцали детали предметов, не имевших названия.

Вскоре названия стали откуда-то выпархивать и как бы приклеиваться к соответствующим предметам, говоря ему: это потолок, это часы, это женщина.

Женщина в белом халате и с белым лицом стояла над ним, качала какую-то грушу, потом что-то писала в журнале, снова качала и снова писала.

После сложного умственного усилия он понял, что это медсестра (но не Моника), она меряет и записывает его кровяное давление.

Медсестра качала грушу, писала в тетради и спросила без особого интереса:

— Wie geht es?[1]

Язык, на котором был задан вопрос, возвратил его сразу к реальности, он хотел ответить, что дела его идут хорошо, для чего несколько раз открыл рот и закрыл, но никакого звука этим не произвел.

Его это не удивило, не испугало, не огорчило. Он смотрел на часы, они показывали без четверти пять, ему хотелось бы знать, утра или вечера.

— Wie geht es? — снова спросила сестра, и он снова ответил беззвучно.

Когда она задала тот же вопрос в третий, четвертый раз, он забеспокоился. Почему она спрашивает? Разве она не видит и не знает, что он не может говорить?

Он толкнул ее слабой рукой, показал на ее карандаш и изобразил витиеватым жестом, что хотел бы воспользоваться этим предметом.

— Что? — изумилась она. — Вы хотите писать? Вам пока нельзя писать.

Видимо, она знала о профессии пациента и вообразила, что он собирается немедленно приступить к работе.

Глядя опять на часы, он попытался представить, сколько прошло времени с тех пор, как Моника вкатила ему укол, и вспомнил про сигарету, которую, вероятно, так и не выкурил. И этот факт его странным образом взволновал. Он обещал себе, что вот эту, последнюю выкурит, а после операции — ни одной, теперь ему представлялось, что сигарету

---

[1] Wie geht es? (нем.) — Как дела?

придется докуривать, и это его огорчило. Нарушив обет один раз, потом трудно остановиться.

— Wie geht es? — в который уж раз спросила сестра, чем его очень разволновала. Он вцепился в ее карандаш и стал его выкручивать, сам удивляясь, что сила есть. Выкрутив, знаком потребовал бумагу и в подставленную тетрадь вписал: «Ich kann nicht schprechen»[1]. Тут же поняв, что совершил постыдную грамматическу ошибку — перед буквами «р» и «t» звук «ш» изображается одной буквой «s».

— Ах, вы не можете говорить! — сказала медсестра, словно бы удивляясь. И тут же выяснилось, что удивляться нечему.

— Я знаю, что вы не можете говорить. Но вам и не надо ничего говорить. У вас все в порядке. Вам сделали операцию. Все идет как надо. И у вас в России все хорошо. Перестройка, гласность, Горбачев великий человек.

ВТОРОЕ РОЖДЕНИЕ

— Я зашел вам сообщить, что у вас все в порядке. — Профессор Майснер сидел передо мной, сцепив на колене пальцы. Пальцы у него тонкие, бледные, поросшие темными закрученными волосками. — Вы поедете домой. Потом, если захотите, отдохнете в реабилитационном санатории, там вам будет очень хорошо, а потом... Что потом? Потом нормальный образ жизни. Самое главное не набирать вес. Избыточный вес — это наш главный убийца. Знаете, у нас говорят: обжора роет себе могилу зубами. Курить — ни в коем случае. Если будете курить, я вам гарантирую, что все ваши проблемы вернутся через полгода. Поэтому я вас очень прошу, я вас умоляю, никакого никотина. Никотин — это пакость, никотин — это... — Он отвернулся в сторону. — Никотин — это тьфу, тьфу, тьфу, — изобразил он плевки, словно выпуливаемые из пулемета. — Вот что такое никотин. Никакого никотина.

— И никакого алкоголя, — воспользовалась случаем и вставила свое Ира, преувеличивавшая мою зависимость от спиртного.

— Алкоголь можно, — сказал Майснер.

— Очень немного, — уточнила Ира.

— Алкоголь можно, — повторил профессор.

— Чуточку-чуточку, — сказала Ира.

— Алкоголь можно.

— Самую капельку.

— Алкоголь можно.

— А путешествовать? — спросил я.

— Никаких ограничений. Пройдете курс реабилитации и — куда угодно, хоть в Австралию. Или к вам в Россию. У вас там такие интерес-

---

[1] Ich kann nicht sprechen (*нем.*). — Я не могу говорить.

ные дела. Увидите Михаила Горбачева, передайте ему от меня привет. Я и моя жена очень большие его поклонники. Кстати сказать, когда у него будут какие-нибудь такие проблемы, дайте ему мою визитную карточку. Я за свою работу с него ничего не возьму.

Профессор ушел, а я стал переодеваться в вещи, привезенные из дома Ирой. Швестер Моника стояла рядом. Мне надо было снять пижамные штаны и надеть нормальные цивильные брюки. И хотя на мне были еще трусы, я вдруг смутился и выжидающе посмотрел на швестер. Она перехватила мой взгляд, тоже смутилась и вышла.

— Мне кажется, эта Моника к тебе неравнодушна, — плохо скрывая ревность, сказала Ира.

— Естественно, — сказал я. — После того как она увидела меня таким, какой я есть, остаться равнодушной... нет, это никак невозможно.

Никогда в жизни не думал, что процесс переодевания может приносить человеку столько радости. Как приятно вместо пижамы и тапочек надеть нормальные штаны, рубашку, пиджак, ботинки и выйти на улицу к живым людям, среди которых быть не больным, а прохожим. Тут я подумал и стал вспоминать, сколько у меня было всяких попутных званий, приложимых к моему имени: новорожденный, ребенок, мальчик, школьник, эвакуированный, пастух, сторож, пассажир, ремесленник, столяр, молодой человек, мужчина, водитель, допризывник, новобранец, солдат, рядовой, часовой, караульный, дневальный, арестованный, демобилизованный, инструктор, путевой рабочий, плотник, студент, прогульщик, редактор, поэт, прозаик, писатель, диссидент, подозреваемый, обвиняемый, эмигрант, иностранец, бесподданный, реабилитированный, и еще, если посчитать, по крайней мере, десятка два званий можно припомнить.

Швестер Луиза выскочила из своей стеклянной дежурки, обняла меня, поцеловала и сказала:

— Возвращайтесь! Возвращайтесь, мы вам будем очень рады.

— Спасибо, швестер, но я бы предпочел встречаться с вами где-нибудь в другом месте. Только не здесь.

— Конечно, — сказала швестер. — Лучше не здесь, но все-таки. У наших больных часто бывают разные осложнения, и они возвращаются.

— Это я понимаю, — сказал я. — Но все-таки бывают люди, у которых нет никаких осложнений. Кстати, как ваш этот друг, велосипедист?

— Мой друг! — воскликнула Луиза, радостно сверкнув очами. Она обрадовалась, конечно, не своему грядущему ответу, а тому, что я напомнил ей о важном. — Мой друг. Знаете, мой друг уже третий день лежит в коме. И никакой надежды, — добавила она в очень оптимистической тональности. — Ни-ка-кой.

8 июня 1988 года без преувеличения можно назвать моим вторым днем рождения. Если бы не подоспевшие достижения сердечно-сосудистой хирургии и не личное мастерство профессора Майснера, то весь мой век был бы пятьдесят шесть лет без малого.

ЖИЗНЬ ПОСЛЕ ЖИЗНИ

Пока я долеживал свои дни в больнице, меня навещали разные люди, а среди них и старый друг Саша Чудаков, критик, которого и его жену Мариэтту я знал с их молодоженства в коммунальной квартире в Сокольниках. В шестьдесят восьмом году мы были соседями по снимаемым дачам на станции Отдых. Продукты возили, естественно, из Москвы. Саша по утрам бегал на дальние дистанции, забегал к нам, завтракал, после чего нам опять приходилось ехать за продуктами. Он был большой, жизнерадостный, полный сил и оптимизма. В конце своей недлинной жизни написал неожиданно яркие воспоминания. В Германию он попал в числе первых, бывших невыездными, а теперь выезжавших. Вел курс не то в Гамбурге, не то в Кёльне, заехал в Мюнхен и вот нашел меня. После него пришел Саша Перуанский, принес «Московские новости» № 25, 19 июня 1988 г. со статьей Рязанова «Великодушие», предлагавшей власти реабилитировать меня (Приложение № 9).

В этой статье Рязанов опять употребляет неточное слово. Великодушие проявляют к преступникам, кем я все-таки не был. Вообще все письмо щедро сдобрено чисто советскими демагогическими приемами и оборотами вроде слов «наше Великое Государство» (и существительное и прилагательное с большой буквы). Я таким стилем никогда не владел, оттого и судьба моя сложилась так, как сложилась. В данном случае я говорю не в похвалу себе и не в укор Рязанову. Человек, работавший в советском искусстве, если хотел чего-то легально добиться (а я когда-то хотел), должен был уметь разговаривать с советскими чиновниками на понятном им языке. Используя принятые демагогические обороты, ритуальные выражения и к месту употребляя заглавные буквы. Потом я узнал, что Рязанов все свои шаги делал только с разрешения высшего начальства. Даже на написание первого письма мне испросил разрешения у тогдашнего второго человека в Политбюро Александра Яковлева. Тот разрешил с оговоркой, что Рязанов должен подчеркнуть, что это письмо — его частная инициатива. Что тот и выполнил.

Прочтя статью Рязанова, я опять соединился с Абрахамом, взбудоражил его, он, наконец, Рязановым всерьез заинтересовался, откликнулся, начались реальные переговоры.

РУССКО-ТУРЕЦКАЯ БОРЬБА

А я пока восстанавливался. После операции бросил курить. Сделать это оказалось гораздо легче, чем я ожидал. Сколько раз сокращал, бросал, возвращался к прежней норме — пачка в день. Правда, последнее время уже организм курение не принимал. По утрам я еле-еле со страшным бульканьем втягивал в себя воздух. И все-таки, едва просыпался, рука тянулась к сигарете. После операции я думал примерно так. Пятьдесят шесть лет уже прожил. Можно и умереть. Но умирать из-за этой маленькой вонючей вещи, которая называется сигаретой? И мне вдруг стало противно курить. Курильщики стали вызывать во мне сочувствие, особенно курящие на морозе. В больнице после реанимации я делил палату с турком, который, насколько я понял, был контрабандистом, или по-немецки шмуглером. Закупал в Турции поддельные ролексы и брегеты и завозил их в больших количествах в Германию. Этот, едва смог сползти с кровати, начал курить. Приоткрывал окно и курил. Возникал сквозняк, и тяга влекла дым странной траекторией через меня к двери. Я просил турка не курить. Он продолжал. Я ему предлагал, если хочет покончить с жизнью, прыгнуть прямо в окно. Потом сползал со своей кровати, шел к нему и плечом отталкивал его от окна. Это, наверное, смешно было смотреть со стороны, как пихают друг друга два еле стоящих на ногах доходяги. Турка часто навещала жена, одетая по-европейски в джинсы. Когда она уходила, турок жаловался, что она у него одна. По его мнению, оптимальное количество жен равнялось трем (две мало, четыре много). Иногда он мне грубил, но я на него не обижался. Однажды, в ответ на какую-то мою фразу, он с презрением сказал:

— Подумаешь, профессор.

— А я профессор и есть, — сказал я ему практически в шутку. Но он без шуток сразу поверил, перешел со мной на «вы» и стал менее разговорчив. Его выписали на день раньше меня. Он меня обнял и прослезился.

ДВЕ СМЕРТИ

Месяц я восстанавливался в санатории. Не курил, держал диету. Что было не трудно. Больных кормили по трем нормам на выбор. Строгая диета: 800 калорий, нестрогая — 1200 и вообще без диеты. Я выбрал 1200 и за три недели похудел на 8 килограммов. За это время написал сценарий по «Чонкину» и получил от Эрика 75 тысяч долларов.

В тот год случились две ранившие меня смерти. В феврале умерла моя первая жена Валя, и потом долго снилась мне смотрящей на меня молча, смиренно, с немым укором, от которого я просыпался с чувством неисправимой вины. А в конце моего пребывания в санатории Ира привезла весть о самоубийстве Вали Петрухина, которое показалось мне глупым, нелепым и, если можно так сказать, несвоевременным. Я ведь предчувствовал, что уже скоро-скоро увижусь со многими дорогими мне людьми, и Петрухин в этом воображаемом коротком списке занимал одну из первых строчек. Если иметь в виду то, что называется здравым смыслом, то гибель его была ничем не оправданна. На волне перестроечных перемен он занялся цветочным бизнесом. Одолжил много денег, завез с юга огромное количество цветов, что-то продал, что-то у него пропало, он решил, что обанкротился, впал в депрессию и осуществил давно задуманное. Сидя ночью в Дубненской гостинице, написал предсмертную записку и прыгнул с девятого этажа. После смерти оказалось, что для паники у него не было никаких оснований. Дела его были не блестящи, но и не так плохи, как ему показалось. Несмотря на плохое ведение торгового дела, он был в небольшой прибыли.

ЦЕННЫЙ КАДР С НЕМЕЦКИМ ПАСПОРТОМ

После санатория я был приглашен в Лондон, куда одновременно из Москвы приехал Рязанов с делегацией «Мосфильма». Об этом будет дальше в моем открытом письме Рязанову, для которого возникнет причина. А пока все идет хорошо. Рязанов с делегацией приглашен в Москву. После чего Эрик, Катя и я получили приглашение в Москву.

Как раз перед этим (случайно и счастливо совпало) я получил немецкий паспорт. Перед тем узнал любопытную веешь. Посол СССР Юлий Квидинский звонил министру внутренних дел Баварии и просил в выдаче мне паспорта отказать.

— Почему? — спросил министр.

— Потому, — был ответ, — что он для нас ценный кадр, и мы не хотим его терять.

Ценному кадру еще полтора года не возвращали советского гражданства. Но все-таки события пока развивались в желательном направлении.

Еще в конце 1987 года в Мюнхен приезжал Виталий Коротич, мы встретились, познакомились, после чего он уехал с обещанием печатать меня в «Огоньке». И, если не ошибаюсь, осенью следующего года опубликовал отрывки из «Чонкина». А в декабре первую книгу романа запустил в «Юности» Андрей Дементьев. За ним ко мне обратились редакторы «Дружбы народов» Сергей Баруздин и «Октября» Анатолий Ананьев. В марте 1989-го, когда первая книга «Чонкина» была уже полностью напечатана, я получил немецкий паспорт и собрался в Москву. Получил трехнедельную визу. Ира с Олей были еще беспаспортные, но визы дали и им.

Собираясь в дорогу, посетили аптеку в Планнеге, поселке, соседнем с Штокдорфом. Хозяин этой аптеки всегда относился к нам благожелательно и часто давал для Москвы лекарства без рецептов и со скидкой. Чего нельзя было получить в других аптеках. Теперь у него была тоже просьба. Его племянник, большой болельщик советской хоккейной команды, хотел бы получить от кого-нибудь из наших игроков автограф. Я выслушал просьбу, сказал, что не представляю себе, как ее выполнить, потому что ни с одним хоккеистом не знаком, но если представится возможность, то о просьбе не забуду.

БЕСКОМПРОМИССНЫЕ СУДЬИ

Перед отъездом меня и Иру пригласил к себе Эдик Кузнецов. Мы пришли. Там были Зиновьевы, он и она, Максимов и максимовские поклонники — некий бывший советский врач с женой. Разговор зашел о моей предстоящей поездке. Максимов сурово меня осудил, сказав, что будь я принципиальным человеком, то поставил бы советским властям условие, что приеду только после того, как будет напечатан Солженицын. Если бы к тому времени я был таким, каким был лет за пятнадцать до того, то, возможно, и устыдился бы своего эгоизма. Но я уже немного поумнел. И потому сказал, что согласен поставить подобное условие, если Солженицын в свою очередь объявит, что не будет печататься, пока не издадут «Чонкина». Опять были дурацкие вопросы, неужели я настолько наивен, что верю Горбачеву. Я повторил то, что уже говорил другим, что Горбачеву верю или не верю — неважно, важно, что верю в общий ход истории, желаю нынешним событиям сколько могу способствовать и ради этого готов на компромисс в разумных и допускаемых моими представлениями о чести и совести пределах. Слово «компромисс» в присутствующих вызвало большое волнение. Доктор, ставший бескомпромиссным вдали от советских границ, и его жена при слове «компромисс» презрительно кривили губы. Зиновьев стал выкрикивать что-то агрессивное.

— А ты что, никогда не шел ни на какой компромисс? — спросил я его.

— Я?! — воскликнул он возмущенно. — На компромисс? Оля! — призвал он на помощь жену. Оля тоже изобразила на лице потрясение, что кто-то мог подумать, будто Зиновьев, принципиальный Зиновьев, когда-нибудь был способен позволить себе такую слабость, как компромисс. А он, не удовлетворенный поддержкой, бегал по комнате и с возмущением повторял:

— Я? Компромисс? Я?

Тогда я задал следующий вопрос:

— А ты в партию КПСС вступал по глупости или из практических соображений? Компромисс это был или рассчитанный карьерный поступок?

Он растерялся и замолчал. Признаться в практических соображениях ему не хотелось, но и согласиться с тем, что был дураком, натура не позволяла.

Тем не менее спор наш продолжился, и в процессе его Максимов сказал мне, что он, в отличие от меня, человек независимый, заработал денег столько, что хватит детям и внукам, ему от *них* ничего не надо, а мне надо, и я *им* служу. Обвинение в служении *им* было в наших кругах большим оскорблением.

Мы с Ирой поднялись и ушли молча.

Но дома (лестничный юмор) я подумал, что зря не ответил.

Следующим утром я позвонил Кузнецову и попросил к телефону Максимова. Оказывается, он уже уехал, но пока не в Париж, а к этим своим докторам, жившим возле Аахена.

— Хорошо, — сказал я. — Если будет звонить, передай ему, пусть, когда доберется до дома, заглянет в почтовый ящик.

И тут же написал и отправил ему по почте записку, в которой сообщил, что денег я, правда, много не заработал, потому что в отличие от него не служил ни вашим, ни нашим (имея в виду Кочетова, у которого он был членом редколлегии, и Шпрингера, зарплата от которого и стала основой наследства для детей и внуков).

Кузнецов Максимова тут же разыскал, а тот позвонил мне с дороги.

— Привет. Максимов. Ну что, вчера неплохо посидели.

— Тебе кажется?

— А что? По-моему, все в порядке.

— Нет, Володя, — сказал я, — не все в порядке.

— А что такое?

— Ты сам знаешь, что такое. А если не знаешь, приедешь, прочтешь, узнаешь.

И он тут же отступил. Начал страстно меня убеждать, как высоко он ценит меня, мои гражданские, литературные и прочие качества, а вчера, ну что, ну, выпили, поспорили, стоит ли принимать близко к сердцу сказанное по пьянке и сгоряча. Разговор кончился просьбой разойтись с миром и даже дружески и позволить ему отправить мое письмо назад, не читая.

Я сдался и разрешил. Письмо и в самом деле вскоре вернулось ко мне в нераспечатанном виде.

Еще раз о компромиссе. В искаженном сознании некоторых наших романтиков, настоящих, бывших или только воображавших себя романтиками, компромисс — это нечто постыдное. На самом деле компромисс — это необходимое условие существования человека в человеческом обществе. Полностью бескомпромиссных людей не бывает. Крайняя бескомпромиссность граничит с идиотизмом. С другой стороны, компромисс может переходить грань, за которой начинаются конформизм и беспринципность. Я всю жизнь старался быть честным во всех отношениях. То есть был, конечно, далеко не безгрешен. К кому-то не проявлял достаточного внимания, кого-то зря и, может быть, даже сильно обидел. Но при этом не крал, не лгал ради корысти или карьеры, не кривил душой, не наушничал, не плел интриг, не пытался занять чужое место и имел некоторые принципы, от которых, как правило, не отступал. Но на какие-то компромиссы в пределах, допускаемых моими понятиями о чести и совести, соглашался и не вижу причины стыдиться этого. Одна дама, считая, очевидно, себя особой бескомпромиссной, вопрошала меня: а кто же за вас будет определять границы компромисса, до которого вы можете дойти? Я ответил: за меня никто. Только я сам. Есть государственные законы, регулирующие поведение человека, но можно быть очень большим негодяем, не нарушая этих законов и даже усердно их исполняя. Но в нормальном человеке есть внутренние ограничители, на них всегда следует полагаться. Есть люди, у кого ограничители работают недостаточно или вообще отсутствуют. Например, некто лишен совести и готов переступить через многое. Такого человека следует считать просто уродом. Любые его поступки, даже самые постыдные с общей точки зрения, нельзя считать компромиссом.

Говорят, имярек допускает много компромиссов со своей совестью. На самом деле если у него нет совести, значит, нет и компромисса. Компромиссы с совестью — явление редкое, случающееся с совестливыми людьми, поставленными в сложные условия.

Что же касается наших бескомпромиссных борцов, то они, когда поняли наконец, что в России происходит все-таки что-то серьезное, ринулись туда без всяких условий. Зиновьев вернулся под красное знамя, стал своим человеком в КПРФ, а Максимов, всегда уважавший высокое начальство и стремившийся к дружбе с президентами и премьер-министрами, сначала подружился с пробывшим недолгое время на посту шефа КГБ Валентином Бакатиным, а потом и с самим Горбачевым, и даже с переходом на «ты». Тоже поменял ориентацию, стал печататься в «Правде», призывал к терпимости (что и есть вид компромисса) и решительно обругал Солженицына (на что раньше не решался), назвав «Красное колесо» оглушительной неудачей.

Часть седьмая

Обратный рейс

ТАМОЖЕННЫЙ ДОСМОТР И ПРАВО НА РОДИНУ

Пол Павликовский, или, по-нашему, Павлик, еще года за два до того задумал сделать обо мне фильм для Би-би-си. Примерно такой же, какой перед тем сделал о Вацлаве Гавеле, тогда чехословацком диссиденте, жившем под домашним арестом. Идея фильма обо мне состояла в том, что он был о человеке, который навсегда покинул свою страну, не имеет никаких шансов вернуться, кроме как в своих несбыточных фантазиях. Отсюда наравне с картинками моей реальной жизни сцены из «Москвы 2042», в которых каким-то образом достигнут тот эффект, что обыкновенный взлетающий «Боинг» видится как межпланетный корабль, а обыкновенная советская столовая очень похожа на описанный у меня в романе прекомпит, где людей кормят свининой вегетарианской. Чтобы проверить, такой ли будет Москва в будущем, как описано у меня, Павлик поехал в Москву того времени и встретил там людей прошлого, которыми были тогда очень привлекавший к себе внимание монархист и агрессивный националист Дмитрий Васильев, полковник Руцкой и два советских писателя: Михаил Алексеев и Иван Стаднюк. Среди задаваемых Павликовским вопросов были и об отношении опрашиваемых к «Чонкину» и его автору. Разумеется, мнения отвечавших о том и другом были отрицательные. Некоторые из них теперь звучат смешно. Стаднюк, например, сказал: «А кто такой Войнович? Его никто не знает. Выйдите на улицу и спросите, кто знает Войновича. Ну, может быть, один из тысячи. А меня знает каждый второй». Пока Павлик снимал фильм, события в Советском Союзе менялись и доменялись до того, что и мне с новым немецким паспортом «Аэрофлот» продал билет в Москву. Из Москвы я улетал рейсом 257. Возвращался обратным 258-м. Как будто не было между рейсами девятилетнего промежутка. В Москве съемочная группа Би-би-си была среди встречающих. То есть за барьером после зоны таможенного досмотра.

К досмотру стояла очередь часа на два. Чемоданы всех стоявших в ней обыскивали тщательно и методично. Вынимали каждую тряпку по одной, встряхивали, смотрели на просвет. Я никогда не страдал манией величия, но, не забыв еще старого опыта общения с КГБ, предположил, что причина очереди — мое появление в ней. Меня встречали помимо Марины, Паши, Сарновых, Виноградовых, Биргера, Тани Бек, Чухонцева и узнаваемые публикой лица: Рязанов, Смехов, Кваша. Кто-то из них, кажется, Кваша, подошел к таможенникам, посуетился, по его словам, лицом, то есть дал им возможность себя узнать, сообщил, что в очереди стоит Некто (то есть я), а его ждут друзья, журналисты, включая известных людей, и на данном фоне устраивать цирк просто глупо, неприлично и самим же себе не на пользу. Потом к ним подходили и Смехов, и Рязанов. Таможенники держались хмуро, никого узнавать не хотели, слушать тем более и с прежним упорством рылись в чужих чемоданах. Наконец дошла очередь до меня, Иры и Оли. Нас «обслуживала» целая бригада. Женщина, член бригады, швырнула Ире обратно ее декларацию, сказав, что она не вписала туда свои два кольца. Ира спросила: а разве надо? А то вы не знаете! — иронически отозвалась таможенница. Ира действительно не знала, потому что в ее опыте пересечения границ требования вписывать в декларацию кольца не было. Тем временем трое таможенников приступили к потрошению моих чемоданов. Рылись старательно, с выражением лиц, предвкушающих, что найдут что-то очень не дозволенное таможенными правилами. Взглянув на главного, я изобразил радостное удивление и воскликнул:

— О! Какое знакомое лицо! Когда я уезжал, это же вы точно так же рылись в моем чемодане!

Он задергался:

— Нет, это был не я!

— Как же не вы? Вы! Я вас хорошо запомнил!

Он продолжал отрицать, и я видел, что он в этой ситуации чувствует себя очень неуютно.

Дав ему еще немного подергаться, я сказал:

— А что вы на этом чемодане сосредоточились? Трусами моими трясете. Что вы из них надеетесь вытрясти? Криминал? Так он у меня не здесь, а в том чемодане.

— А что за криминал? — наивно заинтересовался таможенник.

— Криминал — это мои книги.

Он обрадовался. Ему действительно надоело перетряхивать мое исподнее.

— Давайте ваши книги.

Прикрепленный к бригаде услужающий расторопно поднес указанный чемодан.

Я открыл цифровой замок. Таможенник откинул крышку. Первая книга была «Чонкин». Таможенник почтительно подержал ее в руках, сказавши благожелательно:

— Ну какой же это криминал. Сейчас у нас «Чонкина» все читают.

Тем он уже признался, что все-таки знает, кто я такой. Следующий титул «Москва 2042» был таможеннику, вероятно, еще не известен, он книгу тоже подержал и отложил в сторону. Название книги «Антисоветский Советский Союз» его явно привело в замешательство. Он книгу просто выронил из рук и сделал вид, что название не дочитал до конца. Впрочем, тут же объявил, что таможенная процедура закончена. Встречавшие схватили чемоданы, кому какой попался, и потащили их каждый к своей машине. После чего мы поехали в старческий Дом ветеранов кино, где доживали свой век Евгений Габрилович, Рина Зеленая и другие престарелые кинематографисты. Жили, впрочем, в неплохих условиях. У каждого была своя отдельная квартира со своей мебелью и библиотекой. Вообще это было похоже на гибрид богадельни с санаторием: врачи, медсестры, общая столовая, где по утрам полные официантки развозили между столами манную кашу и омлеты. Нам стараниями Рязанова была приготовлена в доме двухкомнатная квартира. Когда мы туда приехали, выяснилось, что чемодан с книгами пропал. Дальнейшие поиски его успехом не увенчались. Я был уверен тогда и уверен сейчас, что чекисты его просто выкрали. Что в общей суматохе сделать было несложно. Когда разные люди тащили разные чемоданы к своим машинам, за ними никто не следил, так один чемодан и уехал в сторону.

В аэропорту, кроме команды Павликовского, встречала меня и съемочная группа Первого канала советского телевидения. Они торопились дать новость в эфир. Корреспондентка поднесла микрофон к моим губам, спросила, кому я хочу сказать «спасибо» за свой приезд. Я сказал, что Рязанову я благодарен за его отдельные усилия, но в принципе эта страна принадлежит мне по праву рождения и за приезд в нее я не должен благодарить никого. Телевизионщики, смотав кабели, понеслись в Останкино, но им по рации (мобильных телефонов еще не было) сообщили, что они могут и не спешить. Потом в своих бесчисленных публичных выступлениях я повторял то же утверждение, что я никого не благодарю за возвращение на родину, это осуществилось мое право, а за право не благодарят. Как я слышал, о моих выступлениях много говорили. Большинство слушавших меня людей воспринимали мои слова как дерзость, а некоторые как проявление неблагодарности, но в данном случае я считал себя обязанным внушать людям уважение к собственным и не каким-нибудь, а к самым фундаментальным правам.

РАЗГОВОР С ГЛУХИМИ

А выступать и правда приходилось много. Дом культуры «Меридиан», Дом литераторов, Дом кино, Дом ученых, Дом культуры авиационного института. Некоторые залы вмещали по тысяче и больше человек, в Ленинграде Октябрьский зал — около пяти тысяч человек и такой же в Киеве, и все были набиты битком. В «Меридиане», едва я начал выступление, мне подали целую пачку записок. В первой автор просил меня отвечать на все вопросы подряд, не сортируя их на угодные и неугодные. Во второй был вопрос о том, какие в ФРГ существуют законы против занятия евреями государственных должностей. Я ответил, что с тех пор как составители подобных законов были повешены в Нюрнберге, доступ евреев и неевреев к любым должностям открыт одинаково. Третий вопрос был похож на первый. Я ответил автору, что он что-то перепутал и не понимает, что я приехал не из нацистской Германии, а из современного европейского демократического государства. Четвертая, пятая, десятая и пятидесятая записки были написаны той же рукой. Я их отбросил и стал отвечать на другие. Один вопрос был задан мне в письме, но я ответил на него как на записку. Автор, считая меня истинным патриотом, выражал предположение, что, если меня пустят назад в Советский Союз, я буду готов ползти туда хоть на брюхе. Я отвечал, что страна, в которую надо ползти на брюхе, не заслуживает даже того, чтобы в нее въезжать в золотой карете. На пресс-конференции в «Юности» меня спросили, что я думаю о понятиях «родина» и «свобода». Я ответил, что то и другое мне дорого, но если выбирать между родиной и свободой, то я выбираю свободу. Эти мои слова принимались как вызов, но кого-то, может быть, заставляли задуматься

На моих вечерах меня представляли то Рязанов, то Сарнов. Много внимания уделяли мне Андрей Дементьев и его будущая жена Аня Пугач. Замечу сразу, что хотя мы с Дементьевым были и остаемся вряд ли полными единомышленниками, но его тогдашние заслуги в продвижении в печать прежде запрещенной литературы неоспоримы. Стараниями Дементьева и Пугач был устроен большой прием в «Юности», телевизионная передача и вечер в Доме литераторов. Первое большое телевизионное интервью я давал у входа в «Юность». Как раз перед этим ко мне подошел литфондовский врач Толя Бурштейн и вручил добытую им где-то стенограмму заседания бюро Объединения прозы, исключавшего меня из Союза писателей. Я стоял перед камерой с этими пожелтевшими листками, когда приблизилась Римма Казакова, поэтесса, бывшая когда-то женой Георгия Радова.

— Что это ты держишь? — спросила она.

— Вот, — показал я, — стенограмма моего исключения.

На ее лице возникло выражение легкого беспокойства.

— Надеюсь, там Жорки нет, — осторожно спросила она.

— Как же нет! — возразил я. — Вот он. На самом первом месте.

Хотя она разошлась с Радовым задолго до его смерти, ей это было неприятно слышать. Пробормотав что-то о том, что были такие времена, она отошла.

Андрей Дементьев, будучи, как говорилось, прорабом перестройки и в качестве главного редактора «Юности» проявившим достаточную смелость и понимание момента, все еще оставался советским человеком и, представляя меня публике, предлагал ей не слишком на меня сердиться. Ленин, сказал он, учил нас терпимо относиться к нашим врагам и, несмотря ни на что, ценить их таланты.

Разговаривая с советскими людьми, в том числе и с теми, кого я считал близкими друзьями, я иногда начинал чувствовать, что общаюсь с глухими, слепыми или сумасшедшими. Или сам я глухой, слепой, сумасшедший. Меня очень часто спрашивали, почему я не возвращаюсь. Я задавал встречный вопрос: как они себе это представляют? Лишенный гражданства, как я могу вернуться? Кто меня сюда пустит? Лишенный жилья, где я буду жить? Люди это выслушивали и спрашивали: «Но почему вы не хотите вернуться?» Лидии Корнеевне Чуковской и ее дочери Люше я целый вечер объяснял, что вернусь, как только мне вернут гражданство и жилье. После чего Лидия Корнеевна подумала и сказала: «Как жаль, что вы не хотите вернуться! Это же очень важно, чтобы оставались какие-то свои люди. Которые могли бы, когда нужно, хотя бы в аптеку сбегать».

Люша сначала не понимала, почему я не возвращаюсь, потом не понимала, что за проблемы у меня могут быть с жильем. Ведь квартиру очень просто купить за доллары. За доллары у нас можно купить все. Есть ли у меня эти доллары, она не спрашивала, предполагала, видимо, что есть и в неограниченных количествах.

ГЕРОИ И КАВАЛЕРЫ

Много раз читал я в наших газетах и слышал по телевидению сказки о том, как возвращавшихся политэмигрантов наши наивные соотечественники встречали с распростертыми объятиями и аплодисментами, а потом поняли, что обманулись. Не знаю, как насчет других возвращавшихся, но мое возвращение не выглядело так идиллически. Конечно, были и объятия, и аплодисменты, и добрые слова, которые я воспринимал как естественные. Но ведь зло, и это каждому ясно, воспринимается острее, чем добро, а зла тоже хватало. Там и сям появлялись отзывы недружелюбные, злые и разнузданно злобные. Вскоре после публикации «Чонкина» напала на меня группа ветеранов. Сейчас к этой категории людей благодаря усилиям так называемых «Наших» (я их, отступив от строгой грамматики, называю «Ихними») привлечено повышенное внимание, и часть общества поневоле задумалась, кто же они есть эти ветераны и все ли они заслуживают однозначного уважения. По-моему, не все и не за все. У нас существует группа старых людей, почтительно и официально называемых ветеранами. Те из них, кто еще в силах, ходят на остаточные парады, посещают места бывших боев, выступают от имени павших, и все это было бы ничего, если бы они представляли всех воевавших в большой войне и победивших фашизм. Но они представляют только одну категорию ветеранов, взлелеянных советской и теперешней властью. Они не только хранят память о наших победах, поражениях и страданиях, но отстаивают и сейчас, и весьма агрессивно, советский режим в его сталинском виде. Другие участники войны (и их большинство) или погибли, или остались инвалидами, или прошли через немецкий плен и советские лагеря и теперь доживают свои дни в нищете и безвестности. Эти люди в советах ветеранов не состоят или не играют там никакой роли. И получается, что у нас есть только один тип ветеранов, которые выступают в качестве экспертов по всем делам, имеют моральное право несогласных с ними людей преследовать и требовать расправы над ними. Только такие ветераны имеются в виду, когда вообще у нас ссылаются на мнение ветеранов. В 1995 году либеральный деятель перестроечных времен и мэр Петербурга Анатолий Собчак запретил в северной столице показ фильма о Чонкине, потому что ветераны могли обидеться. К слову скажу, что как воевало большинство этих управляемых ветеранов, неизвестно. Я думаю, что не обижу героев, если предположу, что выживших больше среди тех, кто воевал в обозах, заградительных отрядах, конвойных войсках и в тыловом обеспечении.

Но на меня в 1989 году, вскоре после публикации «Чонкина», напали именно герои. Члены Одесского клуба «Золотая звезда», генералы, Герои Советского Союза (один дважды) и кавалеры трех орденов Славы. За их прошлые подвиги я бы их уважал, если бы они, потрясая своими регалиями и опять-таки от имени павших, не выступили как достойные презрения невежды и демагоги. Вылив на меня поток лживых, никак не заслуженных мной обвинений, они сами напросились на мой непочтительный ответ (Приложение № 11), которого вряд ли ожидали.

ДРУЗЬЯ, КРИТИКИ И ЧИТАТЕЛИ

Некоторые из бывших друзей так и остались бывшими. Игорь Виноградов и его жена Нина в прошлой жизни были из тех немногих, кто не боялся со мной дружить, кто посещал меня в самые острые моменты моей диссидентской жизни. Когда я собрался уезжать, Игорь помогал мне паковать чемоданы и отправлять через таможню книги. Но в наших отношениях уже произошла трещина, а при встрече она и вовсе расширилась.

Мой приезд Игорь отметил в «Московских новостях» статьей, которая мне показалась странной: «Здравствуй, Ваня!» Сдержанно похвалив «Чонкина», которого, как мне помнилось, он хвалил раньше несдержанно, тут же обругал автора за «Москву 2042». При личной встрече оправдывал Залыгина, меня обвинил в том, что мое письмо Залыгину было продиктовано не надеждой напечатать «Путем взаимной переписки», а желанием разоблачить Залыгина, сказать: а вот слабо вам это напечатать. Моим уверениям, что это не так, он не поверил. Потом сказал, что «Москву» я написал для того, чтобы угодить советской власти. Чего в моем романе, мне кажется, никто не видел ни тогда, ни потом.

Игорю кто-то сказал, что я хочу порвать с ним отношения. Он меня спросил, так ли это. Я честно ответил, что не так, но, когда мы расстались, я понял, что при таком его понимании моих намерений и поступков мне поддерживать отношения просто неинтересно. И скучно.

То же было с Феликсом Световым. Он ко мне приходил несколько раз и пытался наладить дружбу. Я его принимал без упреков. Мы выпивали, разговаривали, но дружбы не возникало. Он жаловался Тане Бек, опять повторял, что любил меня «до дрожи, до сердцебиения», но я, помня, что он обо мне когда-то написал, не мог уже относиться к нему с прежней сердечностью.

Корнилов в отличие от Светова держался по-прежнему враждебно. Еще до моего приезда он написал и напечатал стихи, от начала до конца лживые и глупые:

Помнишь, блаженствовали в шалмане
Около церковки без креста?
Всякий, выпрашивая вниманья,
Нам о себе привирал спроста.
Только все чаще, склоняясь над кружкой,
Стал ты гадать — кто свой, кто чужой,
Кто тут с припрятанною подслушкой,
А не с распахнутою душой?..
Что ж, осторожничать был ты вправе,
Но, как пивко от сырой воды,
Неотделимы испуг от яви,
Воображение от беды.
...Я никому не слагаю стансы
И никого не виню ни в чем.
Ты взял уехал. Я взял остался.
Стало быть, разное пиво пьем.
Стало быть, баста. Навеки — порознь...
Правду скажу — ты меня потряс:
Вроде бы жизнь оборвал, как повесть,
И про чужое повел рассказ.
...В чистых пивных, где не льют у стенки,
Все монологи тебе ясны?
И на каком новомодном сленге
Слышишь угрозы и видишь сны?
Ну а шалман уподобен язве,
Рыбною костью заплеван сплошь,
Полон алкашной брехни... и разве
Я объясню тебе, чем хорош...

Здесь опять порицание описываемого персонажа и почтение к себе самому. Персонаж, судя по всему, без особых причин стал пугливым, осторожным и подозрительным, а лирический герой наоборот — с достоинством и распахнутой душой. Персонаж ни с того ни с сего взял уехал, а герой взял остался. И сохранил верность себе и «шалману», где «льют у стенки» и который «уподобен язве, рыбною костью заплеван сплошь». Ложь этого рассказа в том, что сам Корнилов был всегда нервным, подозрительным и истериком. Впадал в панику при появлении у него милиционера. Когда я уехал, а он остался, мы были не в равном положении. Он был так же исключен из СП, и с ним могло что угодно случиться, но многое не случилось. У него не отключали телефон, его не отравляли в КГБ, и ему не предъявляли ультиматум. Зная его хорошо, не представляю, чтобы, получив ультиматум, он бы гордо его отверг.

Меня не удивляла враждебность, проявлявшаяся ко мне генералами, чиновниками, газетами и литераторами определенного сорта и писателями-деревенщиками. Но и многие другие писатели и журналисты, казавшиеся мне людьми нашего лагеря, тоже отнеслись к моему возвращению с очевидным недоброжелательством. Анатолий Рыбаков не мог простить мне своей собственной подлости, когда он выступал в 1970 году против меня на секретариате. Так или иначе пытались подмочить мою репутацию Евтушенко, Битов. Критикесса из «Литературной газеты» Алла Латынина написала лживую статью «Когда поднялся железный занавес» о том, что эмигранты не возвращаются, очевидно, не по политическим причинам (их уже нет), а по экономическим самого низкого сорта (привыкли к западной колбасе). И меня отнесла к представителям «колбасной» эмиграции, которые не желают возвращаться, а я уже жил в Москве в 20 минутах ходьбы от «Литературки».

Когда-то реакцией на мою первую маленькую и скромную повесть «Мы здесь живем» был поток рецензий от положительных до восторженных (другие тоже попадались), а теперь, когда я вернулся с «Чонкиным» и другими книгами, критики за редкими исключениями писали обо мне плохо или вообще ничего. Почти никто не сказал словами Аксенова: «Как жаль, что вас не было с нами». Корреспондентка «Литературки» начала интервью со мной с утверждения, что от «Чонкина» впечатления читателей разноречивые. Я сказал: что за чушь? Это у вас в «Литературной газете» и в среде штабных генералов разноречивые, а читатели три с половиной миллиона экземпляров «Юности» с «Чонкиным» расхватали и передавали из рук в руки. Когда я получил квартиру и делал ремонт, ко мне шли сантехники, электрики, паркетчики. Они все до единого читали «Чонкина». Некоторые критики «Чонкина» все-таки признавали. Мой, тоже бывший, друг Станислав (Стасик) Рассадин не упускал случая лягнуть меня хотя бы мимоходом. О «Чонкине» отзывался снисходительно, но сетовал, что я за границей ничего не написал, кроме каких-то неинтересных сказок. Хотя именно там я написал «Москву 2042», «Шапку», пьесы «Трибунал» и «Фиктивный брак», несколько сот мелких рассказов, статей, фельетонов, да и сказки мои слушателями радио «Свобода» воспринимались очень хорошо. Почти везде, где я выступал, меня просили почитать именно сказки.

О том, что лишенным гражданства надо его вернуть, раздавались только отдельные голоса. Я запомнил высказывания на эту тему пианиста Николая Петрова и, конечно, Рязанова. Из писателей высказался, кажется, только один Виктор Астафьев. Назвал несколько имен. О книгах моих и Аксенова отозвался очень неодобрительно, но посчитал, что тем не менее гражданство нам обязаны вернуть. Мне было все равно, как относится Астафьев к моим писаниям. Я его тоже ценил не слишком высоко, но если бы лишенным гражданства оказался он, точно так же выступил бы в его защиту.

Я был бы несправедлив, если бы не сказал, что были все-таки литераторы, которые отнеслись ко мне благожелательно. Это помогало мне не пасть духом от неожиданно многоголосого недоброжелательства. Но основную поддержку мне оказывали все-таки издатели и читатели: первые мои книги охотно печатали, а вторые охотно покупали.

РАДОСТИ И ПЕЧАЛИ

В Доме ветеранов кино я познакомился с Алесем Адамовичем, временно там проживавшим с его женой Ириной Комаровой. Вместе ходили на какой-то грандиозный митинг в Лужниках. Меня удивляли не сами митинги, а сопутствовавшее им народное творчество. Лозунги, плакаты и призывы вроде «Борис, борись!». Постоянный митинг с утра до вечера был у «Московских новостей». Шли споры за советскую власть и против. Я втиснулся в толпу, ввязываться в дискуссию не собирался, но какой-то долговязый и длинноволосый молодой парень стал мне говорить, что он за советскую власть. Я не выдержал и сказал что-то против. Он начал со мной спорить, вгляделся в меня, нырнул куда-то вниз, через секунду вынырнул с «Чонкиным» в «Юности» и попросил автограф. Меня еще по телевидению не показывали, поэтому таким узнаванием я не был избалован.

В некоторых моих встречах со слушателями участвовал Веня Смехов. Как-то он сказал мне, что дружит с советскими хоккеистами. Я вспомнил о просьбе планнегского аптекаря и сказал, что мне нужен автограф хотя бы одного из наших хоккеистов. На другой день Веня явился с клюшкой, исчерканной подписями всех членов советской сборной. Когда я передал эту реликвию моему аптекарю, он заплакал от умиления и восторга.

Эта поездка в Москву была омрачена встречей с сестрой Фаиной. Я думал, что она в Керчи, и надеялся дозвониться до нее по телефону. А нашел ее в московской больнице МПС, где ее лечили от рака крови. Я приехал в больницу и увидел не свою младшую сестренку, а старуху. В сорок пять лет она выглядела на семьдесят: лицо землистое и сморщенное. Я не мог в полной мере осознать реальность ее положения. После чудесного исцеления от рака моего отца я все еще верил, что такое же чудо может быть и с другими, а тем более с Фаиной. Ведь она на самом деле еще молодая женщина, на целых двенадцать лет моложе меня. Но она понимала свое положение лучше. «Вова, — спросила она меня, — как ты думаешь, я — не жилец?»

Я не знал, что для нее можно сделать. Она лежала в отделении в то время самого знаменитого гематолога Кассирского. Ее лечащим врачом был мой старый знакомый и тоже, как говорили, замечательный врач Лев Идельсон. Я его спрашивал о состоянии Фаины, он отвечал уклончиво, и я все еще не представлял себе, что она обречена. После выписки из больницы я ее не мог приютить, сам был бездомным. Отправил ее в Запорожье к Лене, дочери моего уже покойного брата Вити. Когда сажал ее в вагон, она опять спросила: «Как ты думаешь, я — не жилец?»

ЛЮБОВЬ ДО ГРОБА И ПОСЛЕ ГРОБА

О том, что Камил болен раком, я впервые услышал в Штокдорфе вскоре после своего шунтирования и возвращения из больницы. Мне сказали, что он лежит в клинике в Кёльне, куда его устроил Лева Копелев. Мы с Ирой навестили его там. Он был худ и бледен, спокойно говорил о неизбежности близкого конца. Я и в данном случае, держа в памяти случай с отцом, не верил, что это так фатально. Потом была встреча в Москве. Одна-единственная. У меня был такой плотный график, что я только единожды выбрался к нему. Он выглядел лучше, острил, рассказывал анекдоты, и я покинул его в уверенности, что он выкарабкивается.

Мой билет первого класса в Москву и обратно стоил почти ничего. Кажется, тысячу рублей, что по реальному курсу было не больше 100 долларов. На обратном пути был обед с коньяком. Стюардесса налила мне стаканчик. Я выпил, закусил, заснул. Проснулся, стаканчик был опять полон. Выпил, заснул, проснулся — опять полный. Так что я вернулся в Мюнхен выспавшись, сильно навеселе и с клюшкой, потрясшей встречавших меня Иру, Люду и Эрика Зориных, а затем и аптекаря.

Я вернулся в Штокдорф, полный радужных надежд на ближайшее будущее. Еще не успел приехать, а Москва атаковала меня новыми приглашениями и предложениями. С предвкушением чего-то хорошего я развернул очередную телеграмму и прочел в ней всего два слова: «Faina umerla». Моя бедная сестренка! Ее жизнь была короткой и безрадостной.

Позже летом умер Камил. Ему в Москве стало хуже, он собрался ехать в Германию. Он сам считал, что шансов спастись нет, поэтому Ольга, его жена, спросила его: может, не стоит ехать. Но, наверное, надежда на чудо в нем оставалась. Он на Ольгу рассердился, накричал, и они полетели. В самолете он впал в кому и, находясь в ней, был доставлен в больницу. Его положили на ту самую койку, на которой за несколько дней до того умерла жена Копелева Раиса Орлова. Мы с Ирой прощались с ним в Кёльнском крематории. Ольга и Копелев сошлись, как мне показалось, чуть ли не прямо на похоронах. Стали жить вместе. Очень скоро она обнаружила, что он в свои восемьдесят лет живет не только с ней, а еще с одной из своих секретарш. А может быть, даже и не с одной. Ольга выразила свое недовольство. Он не понял. «А в чем дело? — сказал он. — У меня всегда были любовницы, и Рая не возражала».

Ольга тоже не возражала, но собрала вещи и уехала в Москву.

КЕННАН-ИНСТИТУТ FOR ADVANCED SOVIET STUDIES

События 1989—1990 годов слились у меня в одно пестрое воспоминание. Не помню, что следовало за чем. Поездки в Москву стали частыми, и не только связанные с фильмом. Меня приглашали на какие-то встречи и конференции. Было много интервью газетных и телевизионных. Я о советской власти высказывался так резко, что в мае 1989 года КГБ завел на меня новое дело оперативной подборки. Я выражал желание вернуться в Россию насовсем, но всякие предложения покаяться или попросить о возвращении гражданства по-прежнему отвергал.

Работа над третьим «Чонкиным» у меня никак не клеилась, материальное положение ухудшалось, необходимость зарабатывать деньги на жизнь все больше отрывала от недовершенного замысла. Кто-то мне посоветовал, и я подал заявление в Кеннан-институт на годовую стипендию. Профиль института назывался «for advanced Soviet studies», то есть здесь занимались углубленным изучением советского общества, его политикой, экономикой. Сочинителю там, по идее, делать было нечего. Тем не менее стипендию мне дали легко, и мы — Ира, Оля и я — опять собрали чемоданы и в сентябре переехали в Вашингтон. Сняли четырехкомнатную квартиру в Чеви Чейз. Формально это штат Мериленд, фактически продолжение Вашингтона. Квартиру эту помогли нам снять наши американские друзья Эндрю (корреспондент «Ньюзвик») и Кристина Нагорские, сами жившие в этом доме. Дом для нас очень необычный. Многоэтажный. Внизу магазин, прачечная, химчистка, парикмахерская, что-то еще, на верхнем этаже фитнес-центр, на крыше бассейн. Можно жить, болеть и умереть, не выходя из дома. Наша соседка так и делала. Не выходила. Продукты какие-то невидимки приносили и вешали у нее на ручке двери. Я ее никогда не видел. Но однажды вступил в переписку. У нее всю ночь невыносимо громко кричал телевизор. Я подсунул под дверь записку с просьбой убавить звук. После этого ответная записка была просунута и под мою дверь: «Извините, я почти ничего не слышу». Я встречным текстом спросил, не нуждается ли она в какой-нибудь помощи. Ответа не последовало.

Через дом от нас жили советские журналисты, и среди них был прославленный мной Сергей Сергеевич Иванько. Так судьба опять приблизила нас друг к другу. Советский аппаратчик и карьерист, он теперь возглавлял журнал «Soviet life», в качестве такового разъезжал по Америке, рекламировал перестройку и сетовал на то, что в Советском Союзе есть еще бюрократы старой закалки и прочие отсталые люди, которые противятся «нашей перестройке». Несколько лет спустя именно в Америке наш герой и закончил свои дни.

КРУГ ДРУЗЕЙ

Наша социальная жизнь в Вашингтоне была довольно насыщенной. Там жили Василий и Майя Аксеновы, мой друг, известный югославский диссидент Михайло Михайлов, новые друзья и успешные бизнесмены Саша и Ира Чапковские, Джон (переводчик) и Лариса (журналистка) Глэд, корреспондент «Голоса Америки» Зора Сафир и американские журналисты, которых я знал еще по Москве: Роберт Кайзер, Алфред Френдли, упомянутый выше Эндрю Нагорский и редактор моих изданий того времени Мари Арана, замечательный редактор, оказавшаяся для меня тем, кем была когда-то Ася Берзер.

Тогдашний муж Мари Ник Ворд был членом совета директоров известной гостиничной компании Marriott. Как только стало возможно, он поехал в Москву с идеей построить там фирменную гостиницу. Добивался разрешения построить ее на Красной площади, в этом ему отказали и предложили место поскромнее. Первый раз он вернулся полный разных впечатлений, которые он начал отмечать еще при посадке в аэропорту «Шереметьево».

— По этому аэропорту,— говорил он, — вообще можно судить о советской экономике. Там слишком много самолетов стоят на земле. А они должны находиться в воздухе.

Не совсем поверив мне, что я в Москве довольно известен, он, знакомясь с кем-нибудь, спрашивал, знают ли они такого-то. Получая утвердительный ответ, сообщал собеседнику, что я его друг. Добиваясь разрешения построить в Москве отель Marriott, Ник дошел до исполнявшего обязанности премьер-министра Егора Гайдара и спросил его, знает ли тот Войновича.

— Да, — сказал Гайдар. — Как я могу его не знать, если он муж моей любимой учительницы.

В конце концов Нику удалось построить в России несколько гостиниц. В первой из них, «Мариотт-Тверская», он некоторое время был директором, учил персонал работать с клиентами.

С ВИДОМ НА КАПИТОЛИЙ

Кеннан-институт, или Институт Кеннана, или имени Кеннана, был основан Джорджем Кеннаном, историком и писателем, бывшим при Сталине послом в СССР. Задолго до него, еще в девятнадцатом веке, в России был послом другой Джордж Кеннан, его дядя, тоже писатель и тоже историк, исследователь Сибири. Когда я спрашивал, в честь которого именно Кеннана назван институт, мне говорили, что это неясно. Живущий (живший тогда) Джордж Кеннан не оспаривает первый вариант и не возражает против второго.

Если я правильно понимаю, Кеннан-институт является частью института Смитсониан, который управляет сетью музеев, представляющих образцы достижений науки и техники. В том числе космонавтики. Институт находится в замке Смитсониан, где есть башня, а в башне комната, которую дали мне. С видом на Капитолий и на мол — большое, засеянное травой поле, место массовых гуляний народа и обитания бомжей, летом живущих просто на траве, а зимой на крышках колодцев, от которых идет кое-какое тепло.

ЛУЧШЕ ИВРИТ, ЧЕМ АНГЛИЙСКИЙ

В Кеннан-институте я уже выступал в 1981 году, когда первый раз посетил Америку. Второй раз побывал там месяца за два до переезда в Вашингтон. Зашел в институт, познакомился с директором, которого зовут Блэйр Рубл, и ответсекретарем Тэдом, Теодором, или попросту Федей Тарановским, сыном гарвардского профессора Кирилла Тарановского, с которым я тоже был знаком. Блэйр и Федя только что получили в институте свои должности. Говорили, что, представляясь Рублу, Тарановский спросил: «Как я должен себя называть, чтобы вам угодить?» Тот, не задумываясь, ответил: «Называйте себя Полтинник».

Посетив институт перед окончательным переездом, я поинтересовался, дадут ли мне здесь компьютер, или мне лучше привезти свой, на котором я уже работал четыре года. Мне сказали, что институт снабжен самыми лучшими персональными компьютерами AT&T, и я получу один из них. И действительно, один из них я немедленно получил. Все было бы хорошо, если бы я писал по-английски. Но и по-русски, мне сказали, проблем не будет. Тэд Тарановский дал мне два флоппи-диска (тогда эти диски были величиной с ученическую тетрадь) с русской программой, я всунул их в компьютер — ничего не произошло.

Мне посоветовали обратиться в компьютерный отдел к женщине по имени Элоиз, которая все наладит.

— Ноу проблем. Здесь работы на одну минуту, — уверенно сказала Элоиз, придя ко мне и узнав, в чем дело.

Она тыкала-тыкала пальцы в клавиатуру, ничего не получилось. Обещала прислать на другой день инженера.

— Ерунда, — сказал инженер, выслушав меня, — сейчас мы это сделаем за две минуты.

Инженер тоже ушел ни с чем. Я продолжал общаться с Элоиз, а она была очень разговорчивой.

— На завтра я вызвала специалиста из фирмы AT&T, — говорила она. — Он, между прочим, давным-давно был моим любовником. Даже хотел на мне жениться. Но потом женился на другой... — И это было только начало длинной истории, которую я выслушивал.

Она приходила ко мне каждый день, каждый раз с новым рассказом и вызывала все новых и новых специалистов.

Наконец, очередной специалист из фирмы AT&T сделал русскую программу. Работала она так: ты пишешь текст, но первая строка этого появляется на экране только после того, как ты написал уже десятую.

Я объяснил Элоиз, что меня это не устраивает. Она просила не падать духом и сама не прекращала своих усилий. После трех месяцев безрезультатных боев с моим компьютером разных специалистов прибежала радостная:

— Всё, ваши проблемы решены. Вам даст программу человек, у которого она уже есть.

Надо заметить, что стипендию этого института получали люди разных профессий, занимавшиеся проблемами Советского Союза, и из разных стран. Литератор был я один.

— Генералу израильской армии, — продолжает Элоиз, — уже сделали программу, и он готов отдать ее вам.

— И я смогу писать по-русски?

— Нет, — говорит она, — на иврите.

— Но мне же надо по-русски!

— Но это же все равно лучше, чем по-английски.

В конце концов я купил себе маленький «Макинтош» — «Макплюс» — с экраном размером в полторы пачки сигарет. И стал работать дома. Еще через три месяца такой же «Мак» мне поставили в моем кабинете. Но я уже привык работать дома и редко посещал свою комнату в башне, хотя место было уникальное. Приехавший в Вашингтон фотограф Валерий Плотников решил сделать оригинальную фотографию. Под его руководством я затащил свой письменный стол на крышу, поставил на него еще неизвестный советским людям предмет — компьютер и со всем этим реквизитом едва не провалился. Но снимок, сделанный с риском для жизни, получился невыразительный.

Из попыток написать третью книгу «Чонкина» ничего не вышло. Не написалась она тогда, а написалась двадцать лет спустя, но те заметки, что я делал в институте Кеннана, мне пригодились, и я задним числом приношу этому институту свою благодарность.

НЕСОСТОЯВШИЙСЯ ФИЛЬМ

Пока я устраивался в Вашингтоне, закончились полным разрывом отношения Эрика Абрахама с Рязановым и фирмы «Портобелло» с «Мосфильмом». Эрику не понравился сценарий Рязанова, выбор актеров и концепция фильма. Но вообще в этом конфликте проявилась тогда еще полная несовместимость двух систем и мировоззрений. Эрик был частное лицо и владелец частной фирмы, а за Рязановым стояло советское государство. Когда дело дошло до разрыва, Эрику стали угрожать и делать намеки, о которых он мне сообщал с недоумением: «Они мне говорят, что я даже не представляю себе, какие глаза следят за этим делом. Они что, не понимают, что мне наплевать, какие глаза за этим следят».

Я за годы эмиграции сильно отвык от советского мышления (а точнее сказать, и раньше им не очень владел), и мне тоже многозначительные намеки на следящие глаза казались нелепыми, смешными и даже жалкими. А кое-что вызывало и отвращение. На переговорах с «Мосфильмом» Эрик по моей просьбе включил в число условий для сотрудничества выдачу мне постоянной или многократной (по крайней мере) визы. Ему было высокомерно отвечено, что вопрос о визе относится к числу, не имеющих отношения к делу. Одного этого ответа для меня было достаточно, чтобы вообще охладеть ко всей затее с фильмом. И я охладел. Во всем случившемся Рязанов счел виноватым меня. Перед тем как заклеймить меня печатно, он звонил мне и сильно ругался. Матерился. Обвинял меня в коварстве. Употреблял странные фразы вроде: «Вы богатые, а мы бедные, мы бедные, но благородные». Кто вы, кто мы, можно было только догадываться. Когда он в запале сказал: «и страна наша благородная», я понял, что продолжать спор просто бессмысленно. Стоит ли объяснять, что о благородстве «нашей страны» я был (и остаюсь) прямо противоположного мнения. Потом он написал и напечатал в «Огоньке» статью, как все было, по его мнению. Очень посетовал, что я уехал, не пожалев, что фильм о Чонкине не состоялся в России. Слава богу, времена уже были такие, что «Огонек» и мне позволил ответить. В ответной статье «Отрезанный ломоть» (декабрь 1989 года. Приложение № 12) я попытался объяснить Рязанову и читателям, что если я в России все еще чужой, если моя жизнь в ней не состоялась, то о несостоявшемся фильме жалеть нечего. Вот такой был конфликт, так он разрешился. С тех пор было сделано два фильма о Чонкине. Английский односерийный с чешским режиссером Иржи Менцелем и русскими актерами и российский телесериал с режиссером Алексеем Кирющенко. С Рязановым мы давно помирились. Иногда на каких-то совместных, как говорят, тусовках встречались, не кусались, а теперь и вовсе стали соседями. Но не друзьями. Он, насколько я понимаю, остался при своем мнении. А я при своем. Кроме того, не в обиду будь никому сказано, со временем стало совершенно очевидным, что у нас заведомо ничего не могло получиться, потому что я не его автор, а он при всех его достоинствах не мой режиссер. Но это теперь не имеет никакого значения.

МОСКВА, КРЕМЛЬ, БУРЛАЦКОМУ

В институте Кеннана в советское время обычно получали стипендию и работали над своими проектами люди, изучавшие положение в Советском Союзе, но жившие в других странах. Во время моего пребывания там все чаще и чаще появлялись советские гости. Первым появился корреспондент «Огонька» Юрий Батурин, скромный молодой человек, вскоре сделавший головокружительную карьеру. При Ельцине он был одним из авторов новой Конституции, помощником президента, секретарем Совета безопасности, а потом вдруг переучился на космонавта. Затем пошли косяком 23-летний депутат Верховного Совета ССР Илья Заславский, Галина Старовойтова, Юрий Левада, Федор Бурлацкий. Последний при Брежневе, как я слышал, состоял в команде сочинителей генсековских речей и слыл либералом. Выступая в институте, он рассказывал, какие в Советском Союзе наступили либеральные времена.

Я представился и задал волновавший меня вопрос:

— Будут ли возвращать гражданство тем, кто его лишен?

Бурлацкий долго всматривался в меня, видимо, в поисках правильного ответа. Наконец спросил:

— А в чем дело? Вы хотите приехать — приезжайте! Я вам могу прислать приглашение.

— Извините, — сказал я, — я не хочу ездить по вашему приглашению. Это моя родина, и я хочу ездить на родину без приглашений.

Он делал вид, что не понимает, или правда не понимал, в чем дело.

— Ну, вы мне все-таки напишите.

— Мне незачем вам писать, — сказал я. Но, подумав, спросил из любопытства: — А куда вам писать?

Он замешкался с ответом, может быть, даже задумался, давать ли свой адрес или нет, затем нашел выход из положения:

— Напишите просто, — сказал он, расплывшись в самодовольной ухмылке, — «Москва, Кремль, Бурлацкому». Меня найдут.

Этот человек, о котором говорили, что он принадлежал к кругу околобрежневских либералов, запомнился мне надутым самодовольным чинушей советского образца. Но были совсем на него непохожие.

ЗАСЛАВСКИЙ И СТАРОВОЙТОВА

Депутату Верховного Совета СССР Илье Заславскому было 23 года, а выглядел он еще моложе, как худенький старшеклассник. Другое дело Галина Старовойтова. Молодая, энергичная, уверенная в себе дама. Выступала, слушала, интересовалась не только собой. Рассказывала об этнических проблемах в Советском Союзе, об Армении, Нагорном Карабахе. Видно было, что умеет повелевать. Всем стипендиатам Кеннан-института предоставлялся оплачиваемый помощник, которого можно было посылать в библиотеки или архивы и давать самые разные задания. У меня таким помощником был аспирант, которому я стеснялся что-нибудь поручать, а он испытывал постоянную неловкость оттого, что получает деньги за так. Иногда я все-таки посылал его в библиотеку Конгресса за какой-нибудь книгой, и он охотно кидался исполнять поручение. Старовойтова была совсем не такой. Получив в Кеннане месячную стипендию и аспирантку в помощь, она ее эксплуатировала по полной программе. Моей судьбой она заинтересовалась и потом уже в Москве сделала обо мне большую телевизионную программу. Но еще в Вашингтоне мы подружились и общались лично. Когда я вернулся в Германию, перезванивались, а когда поселился в Москве, опять стали общаться лично.

ФЕРМЕР ДЭВИД ОРР

Ненаписанное продолжение истории Чонкина меня мучило много лет. Сюжет в процессе обдумывания неоднократно менялся и удлинялся. В первом варианте он кончался 1956 годом.

Приехав на Запад, я встретил много людей, похожих на Чонкина. Например, бывших военнопленных, власовцев, боявшихся вернуться в

Советский Союз. Некоторые из них избежали депортации, расстрела или лагерного срока. Избежавшие осели в Европе и в других местах. Как-то в Англии я пришел в один ресторан и смотрю, все столы заняты людьми, которые говорят по-украински. Оказалось, там есть целые украинские деревни. Такие же поселения можно найти в Америке.

Между Нью-Йорком и Филадельфией есть ферма (русские ее называют «фарма» от английского «фарм») Рова — большое поселение русских эмигрантов. В восьмидесятых годах на фарме жили (а может быть, живут и сейчас) очень странные русские люди. В основном вторая волна эмиграции, бывшие советские солдаты, казаки. Они жили в странном мире, не смешиваемом со смежным американским, и говорили на диковинном языке — на русском с англицизмами и украинизмами. Здешний контингент в основном состоял из очень простых малограмотных русских людей. Но на местном кладбище, довольно большом, попадались и могилы знаменитостей. Например, генерала Деникина, переселенного в новые времена в Москву. Насмотревшись на обитателей «фармы», я понял, что и Чонкин мог бы быть одним из них. А лучше, если он каким-нибудь образом попадет на настоящую американскую ферму.

Чтобы понять, как живут американские фермеры, я, выступая в университете штата Индиана, спросил, не знает ли кто-нибудь какого-нибудь фермера, у которого я мог бы пожить несколько дней. Мне назвали Дэвида Орра, фамилия, если вспомнить устаревшее русское слово «орать», вполне подходящая для земледельца. Дэвид был фермер современный, регулярно приезжал в университет на агрономический факультет слушать лекции. Меня с ним познакомили, и он охотно пригласил меня к себе.

Стояла ранняя весна, сельскохозяйственных работ еще было мало, но тем не менее я выезжал с ним на поля, и Дэвид рассказывал мне, как он работает.

Он — типичный для Америки потомственный хлебороб. Его род корнями уходил в Англию, но уже 200 лет как обосновался в Америке. И все 200 лет все предки были фермерами. Дэвид ведет хозяйственную книгу, куда записывает все свои доходы и расходы: продал зерно, купил трактор, новые ботинки, коробку спичек — все доходы и расходы, крупные и мелкие. Так записывал еще его прадед, потом дед и отец. Я увидел потомственного крестьянина, который гордится своим крестьянством и тем, что достойно продолжает дело своих предков.

В семье Орра традиция — имя каждого должно быть пятибуквенным и начинаться обязательно с «Д». Главу семьи зовут Дэвид, жену — Донна, и две дочки — Даяна и Дэбра. В их роду всегда были крепкие семьи. Они здесь рождались, женились, жили вместе до самой смерти и все похоронены на местном кладбище. На новом поколении традиция сломалась. Обе дочери Орра ко времени нашего знакомства по два раза разводились и вновь выходили замуж, а теперь небось и внуки вступают в не очень крепкие браки.

Дэвид работал много и эффективно. Выращивал сою и кукурузу в среднем по сто центнеров кукурузы с гектара. У него 600 акров, то есть 300 гектаров земли — участок, достаточный для среднего колхоза. Но работал он один. Донна служила бухгалтером на большом элеваторе. У Дэвида было тоже два элеватора, но маленьких, в которых он хранил зерно, а потом передавал на большой элеватор.

Орры не держали никаких животных — ни коров, ни свиней, ни собак, ни кошек. Их дом стоял посреди поля, и рядом с ним — мобилхаус — автомобильный прицеп для гостей: 3-комнатная квартира на колесах со всеми удобствами. Ни тот, ни другой дом никогда не запирались, даже когда хозяева уезжали в отпуск.

Когда я гостил у Дэвида, у него было два комбайна, два трактора, три машины — один грузовик побольше, другой поменьше и легковая. Он все время пересаживался из одной машины в другую, работая с утра до вечера. Вся его техника комфортабельная. В поле он слушал радио и в то время мечтал о радиотелефоне, который тогда был ему почему-то недоступен.

— Зачем тебе радиотелефон? — спрашивал я.

— Я хочу во время работы разговаривать с женой.

Спиртного он не употреблял вообще никогда. Утром съедал кукурузную или овсяную кашу или же хлопья с молоком и пил воду со льдом. Вода со льдом на столе всегда — и утром, и вечером.

ДНЕВНОЙ И НОЧНОЙ ПОЛЕТЫ

Люди, слушавшие в восьмидесятых годах «Голос Америки», должны помнить имя Морис Фридберг. Профессор Морис Фридберг часто выступал по радио с рассказами о новинках американской и русской литературы, которую он преподавал в университете штата Иллинойс. Я с Морисом дружил и, оказавшись в соседнем штате, подумал, не навестить ли его. Как-то утром я развернул на столе карту. Дэвид поинтересовался:

— Что ты смотришь?

— Сколько отсюда ехать на машине до города Урбана? — спросил я, намереваясь взять напрокат машину и посетить приятеля.

— Часа четыре, а что?

— Думал, может, съездить, но раз так далеко, не поеду.

Дэвид ничего не сказал, но в воскресенье за завтраком предложил:

— А ты позвони этому своему приятелю и спроси, какой аэропорт к нему ближе всего.

Я уже догадался, о чем речь. Позвонил Морису, разбудил его, не поняв, что там на час меньше, и спросил:

— Какой у тебя аэропорт поблизости?

Морис спросонья не сразу понял вопрос, а когда понял, сказал: «Шампейн».

— Тогда скажи ему, пусть в 2 часа приезжает в Шампейн, — велел мне Дэвид.

После этого мы поехали в церковь, в которой была очень смешная служба (я описал ее в «Чонкине III»). Потом пошли обедать в местный ресторан, а после обеда поехали куда-то в поле, где стояли металлические гаражи. Из одного из них Дэвид выкатил самолет «Сесна». Мы сели — он за штурвал, Донна рядом, я сзади, — взлетели и взяли курс на Шампейн.

В аэропорту нас встретил Морис, я ему подарил книжку «Москва 2042» с надписью: «Морису Фридбергу от автора, свалившегося с неба».

Мы провели целый день в городе, осмотрели университет. Тогда там уже все было компьютеризовано. Фридберг утверждал, что в их университете самая большая в мире русская библиотека — после библиотеки Конгресса и Ленинской. И действительно, библиотека оказалась огромной.

— А хочешь получить всю свою библиографию? — спросил меня Морис.

— Хочу, — сказал я.

Он попросил какую-то девушку, та набрала чего-то на компьютере, нажала кнопку. Из ленточного принтера (тогда других еще не было) вышла лента метра на четыре — моя библиография. Тогда это показалось мне чудом.

Мы с Дэвидом пробыли в Урбане весь день. Ужинали вечером, вылетели обратно в полной темноте. Я помнил, как военных летчиков долго обучали ночным полетам, и был приятно удивлен, что Дэвид всему этому обучен. Поглядывая время от времени вниз, я пытался как-то сориентироваться, но безуспешно. Зато по времени понял, что скоро садиться. Спросил Дэвида: а где же аэродром?

— А вот он,— сказал Дэвид и нажал кнопку дистанционного управления. Маленький аэродром внизу ярко осветился, и фонари горели до тех пор, пока мы не приземлились.

СМЕШНЕЕ ДЖОННИ КАРСОНА

За время эмиграции мне приходилось выступать много в разных залах, когда лучше, когда хуже, но по мере накопления опыта так или иначе публике скучать я особенно не давал. Но одно мое выступление оказалось особенным. Это было в университете штата Мичиган, город Лансинг.

Теплым майским днем я ехал туда на машине из Вашингтона. Погода была хорошая, дорога свободная, я не опаздывал и не спешил. Такое путешествие обычно не доставляет мне ничего, кроме удовольствия, сейчас же оно было омрачено беспокойством по поводу предстоящего выступления. Казалось бы, о чем волноваться? Столько раз выступал в больших и малых аудиториях и весьма в этом деле поднаторел, но данный случай отличался от предыдущих тем, что впервые я решил употребить в дело свое знание английского языка. Прожив какое-то время в Америке, я уже довольно сносно изъяснялся по-английски в магазинах, на улице и в гостях, но выступать перед студентами и профессорами я до сих пор не решался. Вернее, решился один раз еще в Принстоне. Но тогда мой язык был совсем никудышный, и кроме того, я читал приготовленный текст по бумажке, путаясь в ударениях и произнесении отдельных слов. Словом, одобрительные отзывы я услышал, но понял, что это просто проявление американской специфической вежливости. Теперь я знал язык получше и подготовился капитальней.

Написал всю речь на бумаге. Назвал ее «Писатель в советском обществе». Вставил в нее много фактов, цитат, исторических дат и статистических данных. Выучил все наизусть. Проверил выученное на жене, дочери и друзьях. Учел их замечания и с ощущением, что подготовлен неплохо, отправился в путь. Но чем ближе был пункт моего назначения, тем больше я волновался. Конечно, я, в общем, готов, но все-таки как именно выступать? Читать по бумаге плохо. Говорить без бумаги страшно. Вдруг что-то забуду. А еще ведь мне будут задавать вопросы. Сумею ли я их понять? Смогу ли кратко и находчиво ответить?

Полный неуверенности и сомнений, въехал я в кампус, нашел на плане, а потом и на местности нужное здание и у входа в него увидел большую афишу со своей фамилией. Текст, написанный крупными буквами, извещал студентов и преподавателей, что сего числа в таком-то зале выступит известный (и другие лестные эпитеты) русский писатель-сатирик, автор романа о солдате Чонкине и прочих (опять лестный эпитет) произведений. И дальше сочинитель афиши вписал от себя буквально следующее:

«О чем он будет говорить, я не знаю, но ручаюсь, что это будет очень смешно».

Прочтя такое, я не на шутку перепугался. Дело в том, что я никого не собирался смешить. Я подготовил серьезное выступление на серьезную тему.

Первый импульс у меня был повернуть немедля назад. Поддавшись второму импульсу, я сорвал со стены объявление и вошел в зал. Он был переполнен, что выглядело весьма необычно. Каждый писатель-эмигрант, выступающий с лекциями в американских университетах, только в начале удивляется, но потом принимает как должное, что его аудиторией бывает маленькая комната, а в ней пять-шесть студентов и пара преподавателей факультета славистики. А тут даже и мест не хватило, студенты сидят на подоконниках, стоят у стен и в проходах. Еще бы! Ведь им пообещали, что будет смешно, и даже очень, а посмеяться задаром кто же не хочет?

В ужасе и ярости взошел я на трибуну, поднял над головой сорванную афишу и спросил: «Какой умник написал это глупое объявление?» В зале наступила секундная тишина, затем пронесся легкий веселый гул.

Публика поняла, что смешное уже начинается, и приготовилась, как говаривал Михаил Зощенко, «поржать и животики надорвать». Что меня и пугало. Сейчас они услышат не то, что ожидали, начнут покидать зал, и это самое страшное. Я повторил свой вопрос: «Какой умник написал эту глупость?» В первом ряду встал худощавый кудрявый человек лет сорока пяти и печально сказал: «Я, профессор Браун (фамилия изменена), тот умник, который написал эту глупость». В зале засмеялись. Я немного смутился. Профессор Браун был как раз тот человек, кто пригласил меня сюда, и мне не хотелось его обижать. «Извините, господин Браун, — сказал я, — я не хотел вам сказать ничего неприятного, я просто подумал, что такое мог написать студент первого курса, но никак не профессор».

Публикой моя нечаянная колкость была оценена по заслугам и отмечена взрывом смеха. Я подождал, пока смех утихнет, и стал объяснять, что здесь, кажется, имеет место недоразумение: «Вам обещали, что я вас буду смешить, но я этого делать не собираюсь. Поэтому, если кому-нибудь из вас хочется повеселиться, пойдите куда-нибудь в кабаре, варьете, в цирк, там вас повеселят. Там клоуны ходят в больших ботинках, у них штаны спадают, они корчат рожи, дают друг другу пинка под зад, это смешно, правда?» Публика смехом подтвердила, что правда смешно.

Прямо передо мной сидела парочка, студент и студентка, молодые, полные и смешливые. Пока я говорил, он показывал на меня пальцем, толкал ее локтем в бок, она толкала его и тихо хихикала.

— У меня, — продолжал я свое объяснение, — нет ни малейшего желания вас смешить. Может быть, в книгах моих попадаются смешные места, но мои устные выступления — это что-то другое. Тема моей лекции «Писатель в советском обществе». Советское общество — это... Я не понимаю, чему вы смеетесь. Какое из произнесенных мною слов кажется вам смешным? Советское? Это смешно? Ха-ха? Или общество? Общество — это очень смешное слово?

В зале уже стоял хохот или даже гогот. Профессор Браун смеялся сдержанно и довольно. Его обещание сбывалось. Толстый студент хохотал, обхватив руками свой круглый живот, его соседка повизгивала, как поросенок. Кажется, все веселились, кроме двух человек в черных униформах. Я думал, что это охранники, но потом мне объяснили, что в университете никакой специальной охраны не было. Кто бы они ни были, вид у них был суровый и неприступный, дававший понять, что они здесь несут службу, а не развлекаются.

Я глянул на часы. Уже прошло пятнадцать минут, а я еще и не начал своей столь старательно приготовленной лекции. Придется ее на ходу подсократить.

Я выждал длинную паузу и, когда слушатели наконец успокоились, попытался подействовать на них своей рассудительностью.

— Мне кажется, — сказал я, — вы ложно настроились. Вы решили, что я сатирик и поэтому должен говорить смешно. Но вы путаете разные жанры. Сатира сатире рознь. Есть сатира, и есть эстрадные шутки. И есть шутники, которых называют сатириками. Они выходят на эстраду, рассказывают какую-то глупость из разряда «А вот был еще случай». Например, холостой мужчина увидел объявление, что продается машинка, заменяющая женщину. Побежал, купил, принес домой, оказалось, что это машинка для пришивания пуговиц. Смешно? Правда? Очень. Ну, посмейтесь, а я подожду. Вы меня принимаете за кого-то вроде вашего телевизионного эстрадника Джонни Карсона. Он хороший, смешной актер, я сам смеюсь, когда его вижу, но я-то не Джонни Карсон. Я предпочитаю другую сатиру, в которой юмор горький, а смех сквозь слезы. Понимаете?

Конечно, они поняли. Только наоборот: у них были слезы сквозь смех. Соседка толстого студента просто рыдала сквозь хохот. Да и он тряс головой и смахивал слезу рукавом.

— Пушкин... — сказал я и сделал паузу.

Я до сих пор не понимаю, что смешного они нашли в слове «Пушкин», но и оно было встречено приступом смеха.

— Пушкин... — повторил я и в отчаянии умолк.

Когда они кое-как успокоились, я им быстро, скороговоркой, не давая опомниться, сообщил, что Пушкин, читая «Мертвые души», смеялся не хуже их, но, прочтя, сказал: «Боже, как грустна наша Россия». А сам Гоголь свою смешнейшую повесть закончил словами: «Скучно на этом свете, господа».

Чтобы передать публике испытанное Гоголем чувство, я произнес последнюю фразу таким жалким голосом, что все опять залились хохотом. Профессор Браун, пытаясь сдержаться, хватался за затылок, который, видимо, уже ломило от смеха. Толстый студент падал на свою соседку, корчился в конвульсиях и сучил ногами. Соседка отталкивала его и сама верещала, как милицейский свисток. В середине зала кто-то свалился со стула. Один из тех, кого я считал охранниками, не выдержал и тоже начал смеяться. Причем сразу бурно, хлопая себя по ляжкам и стукаясь затылком о стену. Зато другой был по-прежнему суров и неподвижен, как изваяние.

Стоит ли говорить, чем было встречено мое утверждение, что настоящие сатирики вообще очень невеселые люди. Гоголь был меланхоликом. Очень мрачным человеком был Михаил Зощенко.

— А вы? — спросил меня с места профессор Браун.

Я еще не успел ответить, а зал уже опять покатился со смеху. Представление о том, что я могу быть серьезным и даже грустным, по их мнению, слишком уж не вязалось с моим обликом.

— Но я все-таки хочу рассказать вам о том, что представляет собой советское общество и какую роль в нем играет советский писатель.

Я попытался объяснить им, что Советский Союз — это тоталитарное государство, которым управляет одна-единственная политическая партия. Там есть парламент, но в него избирают одного депутата из одного кандидата. Там есть десять тысяч членов Союза писателей, и все они до единого пользуются методом социалистического реализма, который теоретически предполагает правдивое, исторически конкретное изображение жизни в ее революционном развитии. Советские писатели — это, как сказал один из них, люди, которым партия дала все права, кроме права писать плохо.

Надеясь все-таки переломить настроение публики, я перешел к совсем грустной теме и стал рассказывать о борьбе за права человека, репрессиях, но стоило мне произнести слова — КГБ, ГУЛАГ, психбольница, они заливались дружным, иногда даже истерическим хохотом.

Глянув на часы, я увидел, что время мое истекло, на тему приготовленной лекции мне не удалось сказать ни единого слова.

Я совсем разозлился на публику и сам на себя и сказал:

— Когда я ходил в детский сад, любому из моих ровесников достаточно было показать палец, чтобы вызвать неудержимый хохот. Вы, я вижу, до сих пор из детского возраста не вышли.

И переждав очередную волну хохота, закончил свою речь такими словами:

— Я хотел рассказать вам очень серьезные вещи, но вы все равно не поймете. Поэтому я заканчиваю, все, благодарю за внимание.

Мне приходилось выступать много до и после. Иногда мои выступления встречались публикой одобрительно, и смехом, и аплодисментами, но такого хохота и таких оваций себе я в жизни не слышал.

После лекции ко мне выстроилась длинная очередь желавших получить мой автограф.

Подошла женщина в темных очках, видимо, преподаватель:

— Вы выступали очень смешно. Я никогда в жизни так не смеялась. Тем более последний год, с тех пор как похоронила мужа.

Подошел толстый студент:

— Спасибо, вы имеете хорошее чувство юмора.

Его соседка сказала, что собиралась написать диссертацию о советских юмористах, но теперь, пожалуй, сменит тему и напишет только обо мне.

— Мне нравится, что вы очень веселый человек, — сказала она, и я не стал с ней спорить.

Второй человек в униформе, который единственный в зале держался сурово, попросил автограф и пообещал:

— Я расскажу о вашей лекции моей жене. Она будет очень смеяться.

Последним ко мне приблизился профессор Браун. Промокая глаза бумажной салфеткой, он сказал:

— Владимир, когда вам надоест писать, вы сможете выступать на сцене, как Джонни Карсон. Даже смешнее, чем Джонни Карсон.

Я уезжал домой, огорченный тем, что серьезные мысли, столь прилежно мной подготовленные, остались не донесенными до публики, принявшей меня за кого-то другого. Но потом подумал, что такого успеха у меня еще не было и это стоит принять во внимание. Выступая в другом американском университете, я специально стал говорить, что приехал с серьезной лекцией и надеюсь на серьезное внимание зала, рассчитывая как раз на нечто противоположное. Но зал принял мои слова за чистую монету, и хотя по ходу дела я вставлял какие-то шутки, слушатели, кажется, ни разу не улыбнулись, лекция прошла при полном молчании зала и закончилась вежливыми аплодисментами. Я попробовал посмешить публику еще раз, другой, третий, и неудачно. Я вернулся к старому своему амплуа и, поднимаясь на трибуну, говорю только серьезно и только об очень серьезных вещах. И это бывает иногда довольно смешно.

ПОЕЗДКА В АРМЕНИЮ

Летом 1990 года Галя Старовойтова предложила мне съездить вместе в Армению и прислала приглашение, которого с какими-то сложностями добилась в ОВИРе. Она была уже в Ереване, когда туда же из Москвы я вылетел опять в качестве иностранца и в сопровождении верной Галиной помощницы Люды Иодковской, бывшей в прошлом одной из жен моего давнишнего приятеля Эдмунда (Эдика) Иодковского, автора знаменитой в свое время песни «Едем мы, друзья, в дальние края. Станем новоселами и ты, и я». В перестроечные времена Эдик редактировал газету московских писателей «Литературные новости», печатал там острые материалы и погиб при очень странных обстоятельствах: переходя пустынный переулок, был сбит грузовиком, который с места происшествия, естественно, скрылся, а когда был найден, то оказался, как и следовало ожидать, числившимся в угоне. В те годы грузовики с неисправными тормозами давили людей с подозрительной избирательностью. Их жертвами стали много раз упоминавшийся мной Виктор Ильин, сын все еще остававшегося активным диссидента Сергея Григорьянца, и вот Эдмунд Иодковский, поэт, любитель женщин, романтик, безалаберный человек. Он много раз влюблялся, женился, разводился. Люда была, кажется, его предпоследней женой. Она сохранила фамилию Эдика и добрую память о нем.

Полет в Ереван был похож на езду в рейсовом автобусе в захолустной провинции.

Я привык, что в авиации вообще и особенно в пассажирской очень строго соблюдаются определенные правила. А тут, в самолете «Ту-154», какие-то люди полубомжевого вида, чемоданы, узлы и коробки в багаж не сдают, а тащат в салон, складывают в проходах, запихивают на верхние полки, при этом не закрывая их. Пристегиваться никто не думает, да и нечем — у меня ремень есть, но замок сломан. Самолет начал разгон с открытыми полками. Я Люде сказал, что это безобразие, сейчас чемоданы посыплются на головы пассажиров. Люда вскочила, побежала по салону взлетающего самолета, стала захлопывать крышки.

Взлетели. Люда достала коньяк в плоской бутылке. Я смотрю — азербайджанский! А в это время между армянами и азербайджанцами шла война за Нагорный Карабах и главной чертой отношений двух народов была смертельная ненависть. Я на всякий случай содрал этикетку.

В полете самолет трясся и скрипел, казалось, вот-вот развалится и вообще можно задним числом удивиться, что такие самолеты как-то летали и не все падали. И наш не упал.

В Ереване, что сразу бросалось в глаза, была очень тревожная обстановка. Старовойтова привела меня в штаб АОД (Армянское общенациональное движение). Обстановка — как на вокзале или в Смольном 24 октября 1917 года. Какие-то люди входят, выходят, кто-то сидит за столом, какой-то человек дремлет, сидя на полу у дверей. Табачный дым разъедает глаза. Люди, сидящие за столами, скоро станут руководителями страны, министрами и председателями комитетов, а Левон Тер-Петросян — президентом. Меня он встретил, в отличие от других, не очень приветливо. Оказывается, он слышал мое и Васи Аксенова недавнее выступление по «Голосу Америки». Между прочим, тогда американское ЦРУ еще не предвидело грядущего распада Советского Союза. А мы оба считали его скорым и неизбежным. Обсуждали, как это произойдет, какие республики отпадут от СССР, а какие, возможно, останутся. Я предположил, что может остаться Армения. Сейчас Тер-Петросян строго спросил меня, почему я так думаю.

— У вас маленькая республика и много врагов. С одной стороны — Азербайджан, с другой — Турция, с третьей — Грузия. Вам, мне кажется, лучше оставаться с Россией.

— А это уж наше дело, — резко и глупо ответил он.

— Конечно, ваше. А мое дело думать и высказывать свое мнение.

Мой прогноз оказался ошибочным, но я и сейчас думаю, что мои тогдашние рассуждения были логичны.

Мне дали машину с водителем. Я ездил по Армении. Побывал в Спитаке и Ленинакане.

Я видел города после бомбардировок во время войны, но такое увидел впервые. Оба города представляли собой сплошные руины. Сопровождавший меня член АОД рассказывал, как по-разному соседи отнеслись к армянской трагедии. Грузины никогда не были друзьями армян, но, выражая сочувствие многовековому соседу, прислали тысячу гробов, и этот необычный подарок был принят с благодарностью. А вот азербайджанцы якобы прислали в насмешку ящики с кирпичной крошкой.

Это было время большой и непримиримой вражды между армянами и азербайджанцами. Ее усилили армянские погромы в Баку. Многие армяне бежали из Азербайджана на историческую родину, но здесь их принимали не очень приветливо. Особенно смешанные семьи. «Полукровки» жаловались мне, что житья им нет ни там, ни здесь. Там «полукровка» — ненавидимый армянин, здесь так же ненавидимый азербайджанец.

ВОЗВРАЩЕННОЕ ГРАЖДАНСТВО И КВАРТИРНЫЙ ВОПРОС

В сентябре 1990 года кончался срок моего годичного пребывания в Кеннан-институте и жизни в Вашингтоне. Весной Оля окончила 10-й класс гимназии, и они вместе с Ирой вернулись в Мюнхен. Несколько месяцев я жил один. В Кеннан-институте практически не бывал. Обычно по окончании срока люди благодарили это учреждение, указывая название работы, которую за время пребывания там написали. Мне отблагодарить институт было за что, но нечем. За год я не написал практически ничего, кроме нескольких статей. В августе состоялось давно мной ожидавшееся событие: Горбачев издал указ о возвращении гражданства 23 бывшим врагам народа, включая меня. Из советского посольства позвонили с предложением получить паспорт. Но я уже уезжал и предложил искать меня в Мюнхене. В Мюнхене меня пригласил к себе генеральный консул Обертышев, выставил бутылку коньяку (мы выпили по рюмке) и вручил паспорт. Никаких формальных извинений я так никогда и не услышал.

Гражданство мне вернули, и я мог бы возвращаться. Но куда? Этот вопрос многие мои собеседники, с кем я его обсуждал, решали за меня просто. Купить квартиру! За доллары!

Мысль о том, что у меня может не быть долларов, была мало кому доступна. Художник и поэт Евгений Аранович, которого я посетил, сказал мне: «Я знаю, вы безумно богаты». Ведущий киевского телевидения, беря у меня интервью, спросил: «Вы богатый человек?» Говорить, нет, я бедный, было глупо, я ответил уклончиво, мол, нет, не богатый, но он мне не поверил и повторил ту же фразу в уже утвердительной форме: «Вы богатый человек!»

Исходя из представления о моем богатстве, некоторые люди обращались ко мне с просьбой пожертвовать на операцию, на церковь или на личные нужды двадцать, тридцать, пятьдесят тысяч долларов. Я думаю, что причиной проявлявшегося ко мне в то время недоброжелательства многих моих коллег, а иногда и неприкрытой ненависти была зависть к моему предполагаемому богатству.

Поскольку мое материальное положение было далеко от воображаемого некоторыми, я написал письмо Горбачеву, что возвращенное гражданство никак не меняет моего положения, ибо в советское время меня лишили не только звания советского гражданина, но и московской квартиры. Формально считалось, что я ее продал (по цене подержанных «Жигулей»), но на самом деле оставить ее за собой у меня не было никакой возможности. Меня изгнали из страны, лишили возможности возвращения, и через какое-то время Бенедикт Сарнов по моей доверенности сдал ее кооперативу «Московский писатель» за те смешные деньги, на которые в новые времена уже нельзя было купить. Надо сказать, что Горбачев отреагировал немедленно. Мое письмо было передано с его благожелательной резолюцией мэру Москвы Гавриилу Попову, тот собрал городскую думу, которая тогда еще называлась горсоветом, и тут же было принято решение о предоставлении мне трехкомнатной квартиры. Это было очень короткое время, когда такое частичное восстановление справедливости на фоне крушения советской власти оказалось возможным. Уже в новой постсоветской России вопрос о предоставлении жилья Жоре Владимову решался долго, с выдвижением разных унизительных условий. Когда на заседании комиссии по гражданству я поставил вопрос о том, чтобы Владимову одновременно вместе с паспортом вернули квартиру, мне уже официально возразили, что квартиру вернуть нельзя, поскольку свою, тоже кооперативную, он продал и теперь, если хочет, пусть купит за деньги. А поскольку денег у Владимова было еще меньше, чем у меня, то это условие выглядело вполне издевательским.

Не помню уже, какое именно учреждение выдало мне смотровой ордер на квартиру в Филях. Мы с Ирой поехали смотреть. Дом был еще недостроен. Достраивавшие его рабочие захватили половину квартир, сами в них расселились, и похоже было, что на фоне всеобщего хаоса выселить их никто не сможет. Меня они, уже многие читавшие «Чонкина», приняли приветливо и обещали отделать мою квартиру лучше других.

— А вы ее не захватите? — спросил я.

— Что вы!— горячо отозвался один из них. — Мы ее для вас охранять будем.

Ире место не понравилось. Мы стали искать что-то другое.

Вторая квартира была в блочном доме на Пролетарском проспекте. Я уже готов был ее взять, но меня остановил (спасибо ему) Андрей Дементьев, сказав, что мое положение позволяет мне требовать лучшего. Третьим вариантом была квартира на девятом этаже почти готового к сдаче дома в Астраханском переулке напротив писательского дома, где жили Булат, тот же Дементьев и прочие члены вымирающего сообщества советских писателей. Это был, возможно, последний дом, выстроенный для советской номенклатуры, и моими соседями стали заместители министров, начальники главков, армейский генерал-полковник, милицейский генерал-майор и как-то не по чину затесавшийся подводник, капитан первого ранга, получивший однокомнатную квартиру. Неноменклатурными в нашем подъезде были я и певица Елена Камбурова.

Квартиры здесь были, как говорилось, улучшенной планировки. У нас просторный холл, один балкон, две лоджии и два туалета. Неслыханная роскошь для жильца, не забывшего коммунальную квартиру с одной уборной на двадцать пять семей. Но дом хоть и номенклатурный, а постройка советская. Дешевые обои ядовито-зеленого цвета, плохо покрашенные решетки лоджий, разбухшие двери, паркет с щелями шириной в палец. Я въезжал в этот дом вместе с большинством других новоселов. Эти сановные люди приезжали на казенных «Волгах» с шоферами. Я видел, как положение этих людей катастрофически ухудшалось. Значительная их часть скоро лишилась и «Волг», и шоферов, некоторые пересели на «Жигули» (появился во дворе даже один «Запорожец»), других и вовсе я стал встречать в метро и на остановке трамвая. Но прошло еще какое-то время, эти люди присмотрелись к новым порядкам, приспособились, и постепенно наш двор стал заполняться и заполнился «Фордами», «Тойотами», «Мерседесами» и большими джипами разных марок. Бывшие заместители министров, начальники главков, директора заводов становились генеральными директорами и президентами банков, финансовых групп, консалтинговых компаний, всяческих АО и ООО с ограниченной ответственностью и неограниченными возможностями. Перед тем как вселиться в этот дом, я познакомился с одним замминистра какой-то промышленности. Он вместе с другими беднел, ругал новую власть, но прошло время, я встретил его, подъехавшего к дому и вылезавшего из черного «Мерседеса», с теннисной ракеткой в руках. Я спросил его, как дела. Он ответил сдержанно: неплохо. Я спросил, хуже он живет, чем раньше, или все-таки получше.

— Конечно, лучше, — признался он. — Но... — помялся...— ведь воровать приходится.

— А разве раньше вы не воровали? — спросил я простодушно.

Он подумал и засмеялся.

— Конечно, воровал. Но не в таких же количествах.

ПОСЛЕДНИЕ ДНИ БУЛАТА

Дом, в котором жил Булат Окуджава, числился по Безбожному переулку, но стоял прямо напротив моего, то есть в Астраханском переулке, к Безбожному выходя торцом. Теперь мы стали частыми гостями друг друга. Приближаясь к своему семидесятилетию, Булат все меньше писал, редко и неохотно выступал с концертами, а собственной игре на гитаре предпочитал услуги сына Були, аккомпанировавшего ему на рояле. Дом по-прежнему был гостеприимный. Булат настаивал водку на лимонных корочках, Оля подавала на стол салаты, лобио, сациви и хачапури. Все было вроде как прежде, но я видел, как Булат постепенно погружается в тихую меланхолию и, когда ни придешь, сидит перед телевизором и смотрит дешевые детективы. Одно из последних его стихотворений было о переменах в жизни России, которые многим, включая его, внушали надежды и страх очередной раз обмануться. В это время он дружил с лидерами новой России. У него была традиция встречать Старый новый год на переделкинской даче. В этот день гостями его были режиссер Иосиф Райхельгауз с женой Мариной Хазовой (она играла в «Коте домашнем» роль жены героя), а еще Гайдар и Чубайс со своими Машами. Чубайс привез бочонок с пивом и разливал его по стаканам. Это странно, но я тогда путался в рангах чиновников и спросил у Анатолия Борисовича:

— Вы какую должность занимаете? Вице-премьер?

Чубайс улыбнулся.

— Я первый вице-премьер.

— А фамилия у вас, — спросил я, — литовская?

— Скорее еврейская.

Эти люди, которые фактически руководили государством, были еще очень молоды. Через какое-то время Оля Окуджава предложила мне вместе с ней и Булатом подписать поздравительную телеграмму Чубайсу по случаю его сорокалетия. Я отказался. Мое знакомство с ним было слишком шапочным для дружеского поздравления и могло выглядеть просто как лесть человеку, занимающему высокий пост.

Празднование семидесятилетия Окуджавы устроил в своем театре на Трубной площади Иосиф Райхельгауз. Перед театром собралась огромная толпа, жаждавшая услышать любимого барда. Но пели другие, а Булат только кланялся и улыбался. Мне кажется, что после сделанной ему в Америке такой же, как мне, операции он так от нее полностью и не оправился. Его иммунная система была сильно повреждена. Врачи предупреждали его, что любая простуда может быть для него смертельно опасной. Ему стоило воздерживаться от пребывания в людных местах и необязательных поездок. Тем не менее в начале лета 1997 года он и Оля решили отправиться в Париж с заездом в Германию. Может быть, мне сейчас кажется задним числом, но я помню, что планируемое путешествие я считал слишком рискованным для Булата и даже опасался, что мы больше уже не увидимся. Но что я мог сделать? Мы с Ирой оба были в это время в Москве и дали Окуджавам ключи от мюнхенской квартиры. После Мюнхена они поехали в Кельн, где общались с Копелевым, который был болен гриппом. Булат заразился от Левы, едва доехал до Парижа, там слег и уже не встал. Говорили, что французские врачи, если бы знали об иммунных проблемах Булата, могли его спасти. А Копелев, успев отозваться на смерть Булата (он и мне звонил в Москву), сам через несколько дней умер от того же гриппа.

ПУСТЫЕ ПОПЫТКИ

Меня часто спрашивали, пытался ли я после возвращения в Россию свести с кем-нибудь счеты за прошлое. Нет, не пытался. Одному человеку, Пасу Прокофьеву Смолину, тому самому генералу КГБ, который меня отравил в «Метрополе», случайно узнав его телефон, хотел позвонить и сказать, что о нем думал, но не стал этого делать из чувства брезгливости. Других не трогал тем более. Меня спрашивали, простил ли я их. Нет, не простил. Простить мог бы любого, кто попросил бы прощения. Но таких не нашлось, а если с кем-то из них очень редко и случайно я встречался, они не вызывали во мне никаких чувств, кроме презрения. Некоторые из них, когда думали (к сожалению, ошибочно), что время их кончилось, признавались в газетах, что не всегда были правы, но объясняли свои якобы заблуждения слишком большой преданностью коммунистическим идеалам. Ни одному из них я не поверил. Они были преданы только своим корыстным интересам, ради которых готовы были, если нужно, подличать, а если нет, оправдывать себя тем, что по наивности заблуждались.

Поскольку, как уже говорилось, перестройку я воспринял очень серьезно, мне с самого начала хотелось вернуться и принять в ней какое-то участие. Задним числом я думаю, что, может быть, моего стремления хватило бы ненадолго, но то, что такое стремление у меня было, — факт. Но что я мог делать? Например, участвовать во внутренней литературной жизни, способствовать общению между собой литераторов России и Запада. С другой стороны, я этому и способствовал. Дважды при активной помощи Иры добился приглашения (разумеется, полностью оплаченного немцами) российских писателей в Баварскую академию, где они выступали перед мюнхенской публикой. В основном Ириными стараниями (она выступала от моего имени) Лидия Чуковская, Фазиль Искандер и Людмила Петрушевская были приняты в эту академию. Мне хотелось чем-то подобным заниматься в России. Когда писатели во главе с Приставкиным создали общественное движение ППП (писатели в поддержку перестройки), потом переименованное в «Апрель», Анатолий, с которым я тогда переписывался, предложил и мне вступить в эту группу. Я устно согласился, но очень скоро понял, что мне там не место. Мне рассказали, что, когда выбирали правление и Приставкин предложил включить туда и меня, против резко выступил уже неоднократно клеветавший на меня Евтушенко. Обвинил меня во лжи. В том, что я лгу, утверждая, что кагэбэшники меня отравили. Сказал участникам заседания, что он достаточно осведомлен о том, что было на самом деле. Сарнов попытался ему возразить и призвал в свидетели Владимира Корнилова, который видел меня после посещения гостиницы «Метрополь» и с которым мы вместе ходили к доктору Аркадию Новикову, подтвердившему факт отравления. Корнилов, задолго до того доведший наши отношения до полного разрыва и после того не раз извращавший некоторые факты моей биографии, пробурчал что-то вроде «не знаю, не знаю», и моя кандидатура была отвергнута. После чего я вообще уклонился от вхождения в эту группу.

Состоять в компании людей, сомневающихся в моей честности и поверивших навету клеветника, я не хотел.

Я уже говорил, как недружелюбно, а то и враждебно наша так называемая творческая интеллигенция встречала бывших диссидентов и эмигрантов и меня лично. Я не говорю здесь о тех, для кого я был естественным врагом, а о людях, которых я приблизительно причислял к тому же кругу, которому принадлежал сам.

За много лет до того мой литературный дебют вызвал поток рецензий от восторженных до ругательных, но положительных было больше. Теперь я приехал с книгой, переведенной на многие языки и здесь, после долгого запрета, напечатанной тиражом в несколько миллионов экземпляров, которую после ее выхода прочло огромное количество людей, на которую американская критика откликнулась не меньше чем сотней восторженных откликов, так вот в России эту книгу критики вообще обошли вниманием. Появились какие-то рецензенты неизвестной мне породы и с непонятным чувством юмора. Одному показался смешным тот факт, что я в детстве работал пастухом. Другой предположил, что я печатаюсь в журнале «Знамя», чтобы быть поближе к Букеровской премии. Я старался не обращать на это внимания, но одна публикация меня все же задела. В ней речь шла о моем выступлении перед студентами МГУ. На вопрос, пишу ли я своих героев с себя, я ответил, что каждый писатель в какой-то степени пишет героев с себя. И привел в пример Флобера, сказавшего о своей героине: «Эмма — это я». Один из студентов, пробовавший свои силы в реальной журналистике, в отчете о моем выступлении написал, будто я, цитируя Флобера, приписал ему высказывание: «Анна — это я». Городская газета (уже не помню, как она называлась) напечатала заметку, как есть. Газета «Коммерсантъ», тогда очень модная, с претензией на репутацию солидного издания, немедленно отозвалась репликой, потешаясь над моим приписанным мне невежеством. Я написал опровержение, обратился с ним к «Коммерсанту», мне было отвечено: мы опровержений не печатаем. Газета, в которой заметка появилась, опровержение напечатала, но с условием, что я ей дам большое интервью. Чем я за опровержение и расплатился.

С тех пор прошло много времени. Многие из тех, кого я так огорчал своим существованием, постарели, отошли от дел, а иные ушли из жизни. Теперешних критиков интересуют их современники, а меня, слава богу, обычно не трогают. До тех пор, пока я не лягну какую-нибудь священную корову, которую они надеются еще подоить.

ВАЛЕНТИНА ТЕРЕШКОВА

Когда я получил квартиру, встал, естественно, вопрос об обстановке. Любой человек, обретая новое жилье, сначала отбирает то, что можно перевезти со старого. Мебель, книги, носильные вещи, посуду. У меня не было ничего. Надо было покупать мебель. Люша Чуковская и тут удивилась: что это я хлопочу о такой ерунде, почему не везу шкафы, диваны, столы и стулья из заграницы, там же это все гораздо лучше. Недоумевал Андрей Дементьев и другие добрые люди. Не удивлялась Валентина Терешкова, с которой я тогда неожиданно для себя подружился.

Приехав как-то в Москву, я был приглашен в возглавлявшееся ею общество дружбы с другими странами. Пришел. Участвовал в разных заседаниях, на которые был регулярно приглашаем. У Терешковой там было по крайней мере две должности — одна государственная и другая общественная. По общественной я даже стал на какое-то время ее заместителем. Может быть, это даже называлось вице-президент, точно уже не помню. И чем занимался, не помню. Скорее всего, ничем. И хотя Валентина Владимировна оставалась советской выдвиженкой из низов и напоминала чем-то министра культуры Фурцеву, но, как и Фурцева, была живым, вполне коммуникабельным человеком. Могла мягко попросить и жестко приказать, была отзывчива на чужие проблемы. Узнав, что я получил квартиру, сама вызвалась мне помочь. Писала и звонила на какие-то мебельные склады, и в конце концов у меня появились румынская спальня, арабская кухня, диван советского производства и безобразного вида и четыре громоздких кресла. Книги, посуду я покупал заново. Во Владимире, участвуя в каком-то фестивале, спросил, где тут хозяйственный магазин. Местные люди поинтересовались с удивлением, а что я там надеюсь найти, там же ничего нет. Я сказал, что найду по крайней мере десять предметов, которые мне пригодятся. За мной увязались телевизионщики и документально запечатлели, что я купил: топор, ножовку, плоскогубцы, сковородку, утюг, пылесос, гвозди, шурупы, шпингалеты, защелку для туалета, что-то еще.

С тех пор я живу в Москве. Несколько лет жил на два дома. У нас в семье были разногласия по вопросу, где жить. Про Олю я не могу сказать, что она стала совсем немкой, но, во всяком случае, та среда, та культура, тот круг близких ей людей стали для нее уже своими. Ира хотела быть с Олей. Я хотел быть с обеими, но большую часть времени проводить в Москве, где у меня душевный и материальный интерес, тоже двое детей и друзья.

Даже вполне взрослые люди, долго пожив на Западе, потом с трудом возвращаются. Некоторые не возвращаются вовсе. Я хотел вернуться. Я ожидал, что мое отсутствие в России было замечено. Но прав оказался один мой товарищ, сказавший в свое время, что страна не заметила нашего отсутствия. Не одного меня, но всех нас. И не радовалась нашему возвращению. Чем серьезнее я возвращался, тем больше чувствовал, что я здесь чужой. Подумав, я понял, что и раньше был чужим, а представление о том, что это не так, было лишь иллюзией. И здесь чужой, и там чужой. Мои попытки войти в общественную жизнь кончались тем, что я сам же их прекращал, потому что мне становилось скучно. Тем более что она, общественная жизнь, превратилась в нескончаемую череду тусовок. Дважды я брался вести колонки в газетах. Сначала в «Известиях», потом в «Новых известиях». Но мне самому казалось, что это у меня не очень-то получается. Из опасения надоесть читателю я сам это дело прекращал. Много раз я выступал по телевидению. Участвовал в каких-то ток-шоу и полемических схватках с людьми других взглядов. Но понял, что у других это получается лучше. Я вежливый, не умею перебивать, перекрикивать, чего непременно требует, как условия зрелищности, телевидение. В общем, и от той общественной деятельности, которая была мне доступна, я отошел, хотя, бывает, состою в жюри некоторых премий.

НЕУМЕСТНЫЕ ПРЕТЕНЗИИ

К писателю Битову я никогда особого интереса не проявлял, но все-таки о его человеческих качествах был более высокого мнения, пока наше знакомство было относительно шапочным. Хотя отдельные подробности его поведения меня удивляли давно. В 1979 году он был одним из создателей альманаха «Метрополь» и в качестве такового участвовал в привлечении к нему авторов. О тех, кто не поддался на его уговоры, он отзывался с презрением. Собравшись вместе, авторы поклялись стоять друг за друга и обещали, что в случае исключения из Союза писателей хотя бы одного остальные покинут организацию в знак протеста. Попова и Ерофеева исключили. Аксенов, Липкин, Лиснянская сделали, как обещали. Искандер сказал, что он не партизан, и в Союзе остался. Белла Ахмадулина, оставшись, решила заменить выход из Союза другим серьезным поступком и выступила в защиту сосланного в Горький Сахарова, после чего ее несколько лет не печатали. Бездарней других повел себя Битов. «В жизни, — сказал он, — бывают случаи, когда человек имеет право отказаться от своего слова». Поступок жалкий, объяснение бездарное, но понять было можно: выход из Союза требовал того, что называется мужеством. Ну, не оказалось его у человека, ничего не поделаешь. Но когда во времена перестройки он, пытаясь угодить новой власти, стал делать постыдные заявления об эмигрантах (с некоторыми вроде Алешковского охотно общаясь), которые отстали от него на много лет, врать о наступлении полной свободы в литературе и делать вид, что другой литературы, кроме него и Приставкина, вообще больше не существует, он стал вызывать во мне удивление, постепенно переходившее в более негативное чувство.

В 1987 году группа писателей-перестройщиков была приглашена Баварской академией изящных искусств в Мюнхен. Список приглашенных составляли мы с Ирой и одним из первых вставили в него Битова. Кроме него гостями академии стали Приставкин, Вознесенский, Ахмадулина и Мессерер в качестве мужа. Все, естественно, выступали. Каждого представлял кто-то из академиков. Я представлял Приставкина.

Я держал речь по-немецки, Приставкин внимательно слушал, приклеив ухо к губам шептавшего ему переводчика. Затем Приставкин читал какой-то отрывок из своей прозы, Вознесенский — стихи. Белла, пролежав несколько дней в больнице, выступала последней и, кроме прочего, прочла стихотворение, посвященное мне. Битов выступил с сообщением, которое я уже дважды слушал в Нью-Йорке. О странном эффекте гласности: рукописи копились много лет, а вот напечатаны все в одночасье, и больше печатать нечего. Потом был банкет. Участники выступали с тостами и речами. Выступил и я.

Не называя Битова, я сказал: «Нехорошо говорить, что все уже напечатано и больше печатать нечего. Есть еще кое-что. Еще есть целая группа писателей, которая находится на Западе и до которой очередь не дошла. Никого еще не напечатали — ни меня, ни Аксенова, ни Владимова, не говоря уже о Солженицыне. Издали только умерших писателей — Булгакова, Платонова. А о том, чтобы издать нас, даже и речи не было».

Битов понял, что это камень в его огород, поднялся и стал бурчать, что нельзя бороться с тоталитаризмом тоталитарными методами. На что я ему сказал, что с тоталитаризмом только тоталитарными методами и можно бороться, потому что других он не понимает. Но мое выступление тут ни при чем, оно не является фактом борьбы с тоталитаризмом и не тоталитарно само по себе. Некоторые немцы тоже были мной недовольны, что я таких уважаемых гостей ставлю в неловкое положение.

Они совсем не могли понять, в чем дело. Сижу в Мюнхене, заседаю в академии, чего еще нужно? Если мои соотечественники не понимают, чего я хочу, то немцам и вовсе непонятно. Им кажутся неуместными мои претензии на то, что я к российским делам тоже могу и считаю себя вправе быть причастным.

ДВУХГОЛОВЫЕ ДЕТИ

Приставкина я пригласил к себе домой, и у нас за водкой с пельменями, купленными в русском магазине, состоялся разговор, который передаю почти дословно.

— Обожаю пельмени, — сказал Толя. — Хотя мне это совершенно не нужно. Разжирел. Врач говорит: нужно держать диету, и самую строгую. А я не могу. Люблю пожрать, и ничего не поделаешь. А здесь бы я вообще помер. У вас тут такие колбасы, такие сыры. Ты уже, конечно, не вернешься? — вывел он свой вопрос прямо из гастрономии.

Я занервничал. Эта песнь о несъеденной колбасе мне изрядно уже надоела. И я попытался объяснить Анатолию, что в моем теле, кроме желудка, входа в него и выхода, размещены еще всякие органы и железы, которые вырабатывают мысли, желания, сомнения, радости, печали, любовь к ближнему, детям, животным, природе и родине. И надежду на то, что я обязательно вернусь на свою родину, буду там жить, писать, печататься, любоваться березками и топить печку березовыми дровами.

— А поскольку ты, — сказал я ему, — такой влиятельный сейчас человек, вот и поспособствуй тому, чтобы это случилось.

— Чему поспособствовать? — спросил он.

— Моему возвращению.

— Но ты же не хочешь.

— Кто тебе это сказал?

— Ты.

— Я тебе этого не говорил.

— Старик, — сказал он, кладя на тарелку недожеванный пельмень, — ты только что сказал, что ты отсюда не уедешь, потому что здесь такая колбаса, такие сыры...

Я пытался говорить с ним медленно и рассудительно, как с душевнобольным.

— Слушай, про колбасу говорил ты, а не я. Я сказал что-то прямо противоположное. Я сказал, что хочу вернуться.

— А зачем? Зачем? — никак он не мог понять. — Ты там жить все равно не сможешь. Ты можешь обижаться, когда говорят про колбасу, но я тебе скажу, это правда, человеку, привыкшему к здешней пище...

— Я не привык, — перебил я его. — Я не ем колбасу. Мое любимое блюдо: картошка с постным маслом и с луком.

— Где ты ее возьмешь? — сказал он и в волнении укусил салфетку. — Картошки на рынке нет, а в магазинах только гнилая. Капуста отравлена пестицидами. Морковь — гербицидами. Помидоры — нитратами. А постного масла днем с огнем не сыщешь. В магазинах пусто. Негде купить штаны. Запчастей для машины не найдешь. Сковородку я везу отсюда. Электролампочки не достанешь. Телевизоры горят. Мясо тухлое. В больницах больных заражают СПИДом. Дети в Чернобыле рождаются с двумя головами.

Я пытался ему возразить:

— Не пугай. Некоторые одноголовые еще как-то живут, и голода, слава богу, нет.

— Есть, есть голод! — закричал он. — Жрать совершенно нечего.

Тогда я, не удержавшись, съехидил:

— А как ты борешься с лишним весом?

Он не уловил ехидства в моем вопросе и чуть не заплакал, говоря, что с лишним весом никак не борется, потому что в диетических магазинах так же пусто, как во всех других. Но под конец, забыв все предыдущее, пообещал:

— Если когда-нибудь приедешь, можешь рассчитывать на пельмени не хуже этих.

НАИВНО ДУМАТЬ, ЧТО ПОПРОШУ

Меня познакомили, и он был у меня в гостях, известный в те годы экономист, профессор, академик и депутат Николай Шмелев. Я знал, что он считается одним из ведущих перестройщиков, близким к Горбачеву. Способствовал продвижению и принятию новых прогрессивных законов. Выпили, перешли на «ты». Я и к нему приступил со своим вопросом насчет гражданства. Он сказал: «Никаких проблем. Напиши письмо Горбачеву, скажи, что хотел бы вернуться, способствовать перестройке, что никаких материальных претензий нет». Я разозлился. «Ты меня не понял, — сказал я. — У меня материальные претензии есть. У меня к советской власти вообще много претензий. И первая состоит в том, что гражданство должно быть мне возвращено не в порядке оказания милости, а как принадлежащее мне по бесспорному праву. Без всяких слезных прошений». — «Ну, как же, как же, — пытался он не упустить формальную сторону дела. — Для того чтобы дать гражданство, нужно какое-то основание». — «Не дать, а вернуть, — поправил я. — Разве тебе, образованному человеку и демократу, не понятно, что лишение честного человека гражданства есть преступление? Пока брежневские, андроповские и черненковские указы о лишении людей гражданства не отменены, преступление продолжается». — «Я с тобой согласен, — сказал, — но все-таки, если ты хочешь получить гражданство, надо написать заявление». — «Нет, заявление писать не буду. Я не писал заявление, чтобы меня лишили гражданства, и не буду писать, чтобы мне его возвратили». — «Но если ты думаешь, что тебе вернут гражданство без твоей просьбы, это наивно». — «Тогда наивно думать, — сказал я, — что я попрошу».

Прошло еще какое-то время. Наверное, в 90-м году меня пригласили на конгресс Международного ПЕН-клуба в Дублин. Туда приехала делегация советского ПЕН-центра во главе с Битовым и его заместителями, двумя Олегами — Чухонцевым и Хлебниковым. Здесь Битов меня удивил еще и своей деловой хваткой. Члены делегации прилетели первым классом «Аэрофлота», купив билеты примерно по тысяче рублей, а от устроителей конгресса Битов потребовал возмещения расходов на полет в первом классе в ценах для жителей Запада, то есть, кажется, по две с половиной тысячи долларов. Как президент международной советской организации, он и на родине успел удачно улучшить свое положение: получил дачу, построил новую квартиру, оставив за собой старую, и вообще проявлял незаурядную ловкость в использовании своего положения. В Дублине мы поначалу общались мирно. Он даже сказал где-то вступительное слово, предваряя мое выступление. Улучив момент, я вспомнил о нашем конфликте в Мюнхене и спросил его, а почему он все-таки не мог тогда выступить как-то в защиту своих изгнанных из страны товарищей.

— Тогда это было еще опасно, — ответил он, чем еще раз меня удивил.

Я был уверен, что выступать не слишком горячо было уже совсем не опасно. И многие (например, Марк Захаров и упомянутый мною выше Николай Петров) в этом духе уже выступали. Поэтому осторожность Битова была чрезмерной, граничила с трусостью и свидетельствовала о полном равнодушии к судьбам своих бывших товарищей. Отдельно с ним я уже не общался, но Чухонцеву при случае сказал:

— Рыбаков объявлял, что ПЕН-клуб организован для всех русских писателей, где бы они ни жили. Почему же вы не приглашаете тех, кто находится в эмиграции? Например, почему бы вам не пригласить меня?

— Ну, ты же член французского ПЕН-клуба, — недоуменно произнес он.

— А тебе кажется это естественным, — спросил я его, — что я член французского ПЕН-клуба, а не российского? Тем более что к Франции я никакого отношения не имею.

Чухонцев сказал об этом разговоре Битову. Спустя какое-то время тот позвонил в Мюнхен, но почему-то не мне, а Ире, и долго с ней говорил.

— Если Володя хочет, то, конечно, мы это рассмотрим, — пообещал он ей. — У нас есть устав и определенный порядок. Надо написать заявление и представить две рекомендации.

Я предупредил Иру: «Если он позвонит еще раз, скажи ему, что я ни в каких рекомендациях не нуждаюсь. Сам Битов вступал в ПЕН-клуб без рекомендаций, и мне тоже они не нужны. Я заслужил право быть приглашенным без всяких условий».

В советские годы я занимался правозащитной деятельностью и подвергался преследованию, которое этих людей обошло. В 1975 году я пытался создать отделение ПЕН-клуба в Москве и говорил об этом с Сахаровым, о чем Андропов докладывал на Политбюро ЦК КПСС. Эти попытки были одной (но не единственной) из причин преследования меня, и мое право быть принятым в российский ПЕН-клуб без всяких формальностей было бесспорным.

Битов еще раз звонил, и опять в мое отсутствие убеждал Иру, что мне надо написать заявление. Я этого делать не собирался и говорил так, чтобы дошло до Битова, что, наверное, ему хочется наложить на моей просьбе свою резолюцию, но ему это вряд ли удастся, потому что просьбы не будет. Точно так же, как просьбы вернуть мне гражданство. Гражданство я в конце концов получил и стал жить в основном в Москве. Проводил в ней не меньше времени, чем тот же Битов, хотя все еще воспринимался наезжающим изредка эмигрантом. В Москве люди время от времени приносили мне на подпись коллективные письма в защиту кого-то или с какими-то инициативами. Некоторые из них начинались словами: «Мы, члены ПЕН-клуба, протестуем против...» Я отказывался их подписывать, не будучи членом этой организации. «Вы не член ПЕН-клуба?» — удивлялись посланцы, и уходили ни с чем.

Битов через некоторое время стал чувствовать глупость своей позиции, но пытался настоять на своем. Прислал ко мне парламентером Беллу. Она по доброте душевной, чтобы не конфликтовали люди, которые ей оба дороги.

— Володя, — спросила она, — а в чем дело? Почему ты не член ПЕНа? Я тебе дам рекомендацию.

— Белла, — спросил я ее, — а тебе кто-нибудь давал рекомендацию?

— Нет, никто не давал.

— Вот и я хочу, чтобы мне тоже никто не давал.

Прошло еще время. Позвонил Мидхад Шилов, бывший на телевидении каким-то начальником. Пригласил к участию в «круглом столе» членов ПЕН-центра. Я объясняю, что не являюсь членом этой организации.

— Этого не может быть, — не поверил Шилов. — Ладно, мы выясним.

На другой или на третий день мне звонит человек по фамилии Стабников, который не был членом ПЕН-клуба, но занимал в этой организации какую-то административную должность и, как говорили впоследствии, сильно проворовался.

— Владимир Николаевич, — говорит он, — Андрей Георгиевич Битов сейчас вышел и не может вам позвонить, но он просил передать, что вы приняты в члены ПЕН-клуба.

— Хорошо, — сказал я и в ожидании моего «спасиба» наступило молчание.

— Владимир Николаевич, — прервал Стабников долгую паузу, — вас приняли без заявления и без характеристик.

— Очень хорошо, — сказал я, — что приняли без заявления и без характеристик. Вы их от меня все равно не дождались бы.

Опять была пауза. Стабников, подумав, решил побудить меня к благодарственному слову и объяснил смысл происшедшего события:

— Я вам хочу сказать, что вы попали в хорошую компанию.

Чтобы поставить его на место, я предложил ему ответное толкование:

— А я вам хочу сказать, что ваш ПЕН-клуб попал в хорошую компанию со мной.

И положил трубку.

После этого был упомянутый мной «круглый стол». Я пришел туда с письмом Андропова (Приложение № 5) о том, что я, такой негодяй, хотел организовать ПЕН-клуб в Советском Союзе. У меня была ксерокопия письма Андропова, напечатанного на машинке, но первую страницу из трех я потерял. И распечатал ее с компьютера. На этом заседании я сказал — и это явилось сюрпризом для Битова, — что нахожусь здесь, поскольку был первым, кто хотел организовать ПЕН-клуб в Советском Союзе. И показал телеоператору копию. Битов увидел первую страницу и ехидно, с большой надеждой, что ловит меня на подделке, спросил:

— А что, тогда уже были компьютеры?

— Нет, компьютеров не было, — согласился я. — Я потерял первую страницу. А вот другие страницы — машинописные, — и показал письмо целиком.

Так я стал членом ПЕН-клуба и тут же усомнился, что мне это нужно. Я участвовал в одном-единственном заседании, сидел рядом с драматургом Розовым, который прошипел мне что-то злобное. Он, как и Рыбаков, не мог простить мне собственной подлости. Я слушал речи, посвященные перевыборам Битова на следующий срок, и вдруг понял, что мне это совершенно неинтересно. Большинство членов этой, по идее, правозащитной организации, как я понял, вступили в нее, имея в виду прежде всего распределяемые там материальные блага. Распределение это коснулось только очень узкого круга лиц, но не вошедшие в круг удовлетворяются отдельными заграничными поездками и тем, что пенклубовские девочки оформляют им визы и покупают билеты. Один раз воспользовался такой привилегией и я. Когда ездил в Китай. Насколько мне известно, правозащитной деятельностью в ПЕН-клубе занимался только покойный Александр Ткаченко. Про других не знаю, но не могу себе представить, что Битов способен вступиться за чьи-нибудь права хотя бы с малейшим риском для собственного благополучия. Тем более что в нашей стране реальная правозащитная деятельность, а не видимость ее без такого риска невозможна. Причем раньше правозащитники, как правило, рисковали своей свободой, а теперь головой.

КОМИССИЯ ПО ГРАЖДАНСТВУ

В девяносто втором году, все еще стремясь к какой-то общественной активности, я получил предложение войти в президентскую комиссию по гражданству.

Комиссия занималась обсуждением вопросов нового российского гражданства — кому и как его давать. В комиссию входили министры и их заместители, начальник ОВИРа Рудольф Кузнецов, генерал КГБ Краюшкин и еще какие-то люди из так называемых силовых структур. Возглавлял комиссию важный чиновник кавказского происхождения (фамилию я забыл). Эти люди не понимали, как я попал в их компанию, какая роль мне здесь предназначена, и потому относились ко мне с опаской и споров со мной избегали. Например, речь зашла о возвращении гражданства жившему в Англии Владимиру Буковскому. Стали обсуждать, возвращать или нет. Я решительно прервал их дискуссию:

— Вернуть гражданство, и не как попало. Буковского должен пригласить посол Советского Союза в Англии Борис Панкин, принести ему извинения и вручить паспорт с почетом.

Они записали в протоколе: «Принести извинения и вручить с почетом».

Потом, правда, выяснилось, что у Буковского никто и не отбирал гражданство: его вывезли на самолете как преступника, но гражданства почему-то не лишили. Но в тот момент я об этом не помнил, а другие члены комиссии, как ни странно, не знали. И новый паспорт был диссиденту почтительно выдан.

Однажды с гневной речью выступил какой-то замминистра.

— Есть люди, которые обзавелись двойным гражданством, — возмущался он. — Я считаю, что это безобразие. Надо отнимать у таких людей российские паспорта.

— Что за глупости! — возразил я. — Межгосударственные и межчеловеческие отношения в наше время усложняются. Люди все больше пересекают границы, вступают в смешанные браки. Есть много других случаев, в которых без двойного гражданства трудно обойтись. Советское государство изгоняло своих граждан, и они вынуждены были получать паспорта других стран. Теперь многие из них возвращаются, но почему они должны отказываться от документов, облегчающих им жизнь? Вот, — я вынул из кармана два своих паспорта, — попробуйте у меня отнять хоть один.

Я думал, что этот человек, который только что пылал праведным гневом, будет мне возражать. Но нет, он тут же испуганно съежился и притих. И все согласились предложенный закон о запрещении двойного гражданства, который они собирались подсунуть Ельцину, дальше не продвигать или позднее предложить, но в другой редакции.

В то время в Россию часто приезжала Корнелия Герстенмайер, немка с осетинскими корнями, дочь видного деятеля послевоенной Германии, президента бундестага. Корнелия активно занималась политикой: в советские годы поддерживала диссидентов, а когда началась перестройка, точно так же поддерживала уже либералов. Она была просто влюблена в Гайдара, в Чубайса. Стала вникать во все российские дела и говорила «мы», имея в виду русских и в том числе себя.

У нее был и сейчас есть фонд, деньгами которого она поддерживала нуждающихся: бедных писателей и детей в детских домах. Она принимала живое участие во всех наших делах и очень хотела получить российское гражданство. Я ей предложил написать заявление в эту комиссию и, когда речь там зашла о ней, поддержал ее, и она сразу получила гражданство.

Какое-то время я этим занимался, а потом мне, по правде сказать, это наскучило, и я порекомендовал вместо себя бывшего диссидента и правозащитника Кронида Любарского, вернувшегося из эмиграции в Россию. Он, как человек по характеру гораздо энергичнее меня, активно работал в этой комиссии, пока не погиб неожиданно и нелепо. Поехал отдыхать на остров Бали и там утонул.

ОБСЧЕТ

Чтобы дать передышку читателю, расскажу случившийся со мной смешной анекдот. В девяностых годах в результате сумасшедшей инфляции деньги обесценились настолько, что все люди стали миллионерами. Зарплата в миллион рублей в месяц считалась нищенской. Этот миллион можно было оставить за один раз в супермаркете. Я в то время жил на две страны, приблизительно половину времени проводил в Мюнхене, половину в Москве и в Москве никак не мог сориентироваться в ценах.

Однажды за какой-то весьма скромный набор продуктов заплатил около миллиона рублей, но по дороге домой заподозрил, что меня надули. Приехал домой, разложил продукты, сверил с чеком: точно, надули тысяч не меньше чем на пятьсот. Я сложил купленное назад в сумки, вернулся в магазин и к кассирше, выбившей мне чек. Та, естественно, меня спросила, а где я был с этими продуктами. Я сказал, как есть: ездил домой, там пересчитал. Кассирша обрадовалась и стала громко кричать, что таких умников, как я, она знает. Поехал, дома половину продуктов оставил, теперь вернулся. Два молодых рабочих магазина поддержали ее громкими и откровенными насмешками над мошенником, то есть надо мной. Я вызвал директоршу. Она меня узнала и поняла, что вряд ли я тот, кто стал бы проворачивать столь незатейливую аферу. И стала разбираться, как все получилось. А кассирша, все еще настаивая на своей правоте, кричала:

— Да что вы говорите! Мы больше, чем на сто тысяч, не наябываем! Разобрались. Выяснилось, что мне присчитали покупки предыдущего покупателя, чек которого не был оторван и соединился с моим.

ЧЕМ ЛУЧШЕ ШАРАХАТЬ ПО ГОЛОВЕ

В те годы спиртные напитки продавались в магазинах и киосках, стоявших на каждом углу. Напитки были часто, а может быть, даже в большинстве случаев поддельные, пить которые можно было только с риском для жизни. Я тогда чаще всего покупал «Советское шампанское», надеясь почему-то, что оно настоящее. Но покупал только сухое. Однажды сунул голову в киоск, спросил:

— Шампанское есть?

— Есть.

— Сухое?

— Нет, только сладкое.

Я сказал:

— Тогда не надо.

Продавец удивился:

— Да ты что, мужик! Сладкое, оно знаешь, как по башке шарахает!

— Шарахать по башке лучше просто бутылкой, — сказал я ему.

ДИСПУТ С ГЕНЕРАЛАМИ

Весной 1991 года состоялась у меня знаменательная дискуссия с пассажирами самолета рейса 258 Мюнхен—Москва. Еще в аэропорту я обратил внимание на группу соотечественников, мужчин в возрасте между сорока и пятьюдесятью, одетых по-разному, но как будто с одного склада. Держались они кучкой, и выражение лиц у всех было одновременно надменное, настороженное и испуганное. В руках они держали одинаковые картонные коробки. Уже в самолете сосед по креслу, сотрудник журнала «США и Канада», сказал мне, что люди с коробками — генералы из Генштаба. Ездили в Германию по приглашению бундесвера. В коробках везут подаренные немецкими коллегами столовые сервизы. Через некоторое время генералы узнали, что с ними летит автор «Чонкина», только что напечатанного, широко обсуждавшегося и страстно проклинавшегося высшими военными чинами. Мне передали, что руководитель делегации генерал Богданов приглашает меня побеседовать. Я понимал, что вряд ли найду среди них поклонников, но, рассчитывая на диалог, пошел к ним в первый класс.

— Скажите, — задал и сразу в агрессивном тоне вопрос Богданов, — вот нас, военнослужащих, интересует: как вы думаете, ваш «Чонкин» нравится советским воинам?

— Нравится, — сказал я.

— Вы так думаете? Всем советским воинам нравится «Чонкин»?

— Ну почему же всем? — улыбнулся я. — Не всем, а приблизительно от рядовых до полковников.

Что тут началось! Генералы стали кричать, перебивая друг друга, и перевели разговор на такой убогий уровень, что я пожалел, что пришел к ним.

— А вы знаете, чем отличается генерал от полковника? — спросил один из них.

— Знаю, — сказал я. — Лампасами.

Это вызвало еще большее возмущение. Один из них кричал, что он получает зарплату только на двадцать рублей выше полковника. Другой — что у него жена кандидат филологических наук, а сам он два года служил рядовым. То, что я служил вдвое больше, его не смягчило.

— Вы не любите нашу армию! — вопил он истерически.

— Не люблю, — сознался я. — Я вообще никакую армию не люблю.

Я попробовал им объяснить, что армию любить необязательно, достаточно понимать необходимость ее существования. Можно уважать офицеров и жалеть солдат. Можно признать необходимость в собственном пребывании в армии на какое-то время. Но любить армейские порядки, тем более солдатскую службу, про которую даже в уставе написано, что она состоит из тягот и лишений, так же противоестественно, как любить тюрьму. Сравнение Советской армии с тюрьмой показалось генералам уж таким кощунственным, что они, будь у них возможность, меня бы тут же расстреляли.

Разговор все больше напоминал мне проработки в Союзе писателей, от которых я, слава богу, отвык. Я поднялся с кресла и хотел вернуться к себе в экономический класс, но передо мной стояла стюардесса с тележкой и широким задом, который перегораживал весь проход между креслами.

— Пропустите, пожалуйста, — попросил я ее.

— Ничего, подождете, — буркнула она, желая, видно, понравиться генералам. А те продолжали кричать мне в спину, что такие, как я, хотят ослабить нашу Советскую армию, да напрасно стараются: Советская армия себя еще покажет. Последняя фраза на фоне происходивших в стране событий звучала вообще крайне глупо. Армия себя еще покажет... Кому, что и ради чего? Я огрызался, говоря генералам, что они себя уже показали в Афганистане.

Разумеется, этот разговор не прибавил мне любви к армии, которая не оправдала и надежд моих собеседников. Советскую власть не отстояла. В Чечне воевала долго, жестоко и неуклюже. Не вызывала во мне уважения армия, чьи солдаты на московских улицах клянчили у прохожих деньги и сигареты.

ПУТЧ В ТЕМНОТЕ

Август 1991 года. Нам с Ирой обоим предложили работу: преподавать русский язык на летних курсах в Гаучер-колледже под Балтимором. С радио «Свобода» я уже не сотрудничал, на Западе меня печатали меньше, чем раньше, а советские гонорары были мизерны. Мы согласились. Кто были наши слушатели, мы не знали и не очень интересовались, потом поняли, что это были люди военные из NSA (National Security Service), служба электронной разведки. Впрочем, они ходили, естественно, в штатском, о службе своей не распространялись — студенты как студенты — парни и девушки — одна из них слепая.

Нам с Ирой дали комнату в студенческом общежитии с кондиционером, вставленным в окно. Работая, он ужасно шумел, надо было кричать, чтобы услышать друг друга. А стоило выключить, наступала невыносимая жара. В воскресенье 18 августа я проснулся от тишины. Кондиционер не работал, но было еще не жарко. Я включил телевизор — не работал и он. Я вышел из дома, спросил кого-то, что случилось. Мне объяснили: на местной подстанции произошла авария, на устранение ее уйдет несколько часов. Значит, и компьютер работать не будет, а мне без него в комнате делать нечего, кроме как потеть — к середине дня жара неизбежно наступит, а к вечеру станет невыносимой. Пришла штатная преподавательница колледжа Оля Самойленко, пригласила нас прокатиться в Балтимор. Поехали. Гуляли по городу, посетили местный дельфинарий, посмотрели потрясающие выступления дельфинов с людьми. Обедали в местном ресторане. Когда расплачивались, Ольга дала официанту чаевых меньше, чем он ожидал. В России официанты обычно выражали недовольство чаевыми соответствующим выражением лица. Этот выразил свою обиду словами: «Мэм, неужели я вас так плохо обслуживал, что вы мне дали только восемь процентов?» (В Америке принято платить официантам десять-пятнадцать процентов от суммы заказа. Эта норма привилась и в России. Но во многих европейских странах она не признается, и официанты довольствуются оставляемой им мелочью. — *В.В.*)

Вечером вернулись в Гаучер с надеждой, что подстанцию уже починили. Увы. В десять вечера я вышел на улицу, встретил кого-то из охраны, спросил, когда все-таки дадут свет, он сказал:

— К полуночи. Если повезет. (If we lucky.)

Не повезло. В полночь легли спать.

В два часа ночи громко зазвонил телефон. Ира сняла трубку и, выслушав звонившего, сказала:

— Миша, ты не мог бы позвонить с этой шуткой утром?

Положила трубку. Я спросил, в чем дело.

— Миша Михайлов несет какую-то чушь, что в Москве переворот, Горбачева свергли.

Это для Миши была типичная шутка. Он любил разыгрывать своих друзей, и розыгрыши его были однообразны:

— Ты слышал, Горбачев умер?

Или:

— Слышал, Рейган бросил Нэнси и женится на Элизабет Тэйлор?

И еще слушатель не успел удивиться, огорчиться или порадоваться, а он уже хохочет, давая понять, что это всего лишь шутка.

Мы собирались спать дальше, опять телефон. На этот раз Илья Левин. В Москве переворот. В это время как раз зашумел кондиционер — дали свет. Я включил телевизор и увидел на улицах Москвы танки. Москвичи в это время смотрели «Лебединое озеро».

После этого мы три дня не отрывались от телевизора. Смотрели передачи CNN. В колледже была спутниковая антенна, и два часа в сутки можно было смотреть советские передачи. В Москве объявлен комендантский час, который никем не соблюдается. Горбачев под домашним арестом в Форосе. Ельцина вот-вот арестуют. Путчисты составили длинный список перестройщиков, подлежащих аресту во главе с Ельциным. Прогнозы были разные. Некоторые считали, что путчисты захватили власть всерьез и надолго. Доходили слухи, что Кончаловский и Коротич покинули страну. Главный редактор «Литературной газеты» Бурлацкий не пожелал возвращаться из отпуска и спрятался где-то на юге. Битов сказал, что ничего страшного, теперь коммунисты цивилизованные, можно жить и при них. Американское телевидение обращалось за прогнозами к экспертам, в число которых попал и я. Какой-то канал взял у меня длинное интервью, в котором я сказал, что авантюра путчистов продлится не больше месяца, потому что для возврата к прошлой форме правления в стране нет ресурсов. Ни экономических, ни идеологических. Судя по всему, у них нет даже сколько-нибудь сформулированного плана. Этот канал из всего моего интервью оставил только одно слово «awful» (ужасно). Но в интервью CNN мне все-таки что-то сказать удалось. Я давал путчистам максимум месяц, были более точные прогнозы: некоторые пессимисты предрекали, что коммунисты вернулись на следующие семьдесят лет.

Вот и еще произошло историческое событие, которого я оказался пассивным наблюдателем издалека. Смотрел издалека на баррикады и на то, как свергали памятник Дзержинскому.

А мог бы быть и поближе...

Еще в начале того же 1991 года я получил приглашение на Конгресс соотечественников, который должен был открыться в Москве как раз 18 или 19 августа. Приглашаемых завлекали разнообразными развлечениями, включая молебны в главных московских соборах, посещение дворянского собрания (откуда оно только взялось?) в Колонном зале, обеды в лучших ресторанах, путешествие по Золотому кольцу, катание на теплоходе и наблюдение за вольтижировкой казачьей сотни. Для начала будущим конгрессменам предлагалось перевести по триста долларов в Чеширское отделение какого-то банка, это только за честь участия, а потом оплатить и все остальное, гостиницы, богослужения, плавания на теплоходе и скакание опереточной казачьей сотни. Я на предложение ответил фельетоном (его напечатали «Московские новости»), высказал предположение, что это мошенническая афера и что деньги в Чеширском банке, конечно же, пропадут. Они потом и пропали.

Теперь в передачах из России появились и участники Конгресса. В самый разгар путча их водили по церквям. Они выглядели растерянными и испуганными. Зная представления многих из них о коммунистах нашего времени как о кровожадных большевиках 20-х годов, я был уверен, что некоторые из них думали, что их специально завлекли в Москву к путчу, чтобы здесь арестовать и расстрелять.

ВОЗВРАЩЕНИЕ В СП

Еще в 1989 году мне прислали в Мюнхен из Союза писателей СССР, который еще не распался, письмо без подписи, но с рассуждениями о том, что, мол, пришло время, когда надо исправлять ошибки прошлого, то есть меня приглашают вернуться в Советский Союз и соответственно в СП. На что я ответил: когда мне пришлют письмо, подписанное каким-нибудь человеческим именем и содержащее извинения, тогда я подумаю. Ответа не последовало. Через некоторое время пришло письмо уже из Московского союза писателей с тем же приглашением. Секретарем был тогда Юрий Черниченко, он и сказал, что приносит извинения, хотя сам меня не обижал. Но поскольку он выступал не от себя лично, а от имени Союза писателей, то извиниться должен был. Я извинения принял, вступил в этот союз, но никогда там не бываю. Потому что времена изменились, и я не понимаю, какую роль в моей жизни может иметь эта организация и что я мог бы ей дать.

КРУГ ОБЩЕНИЯ

В Москве я начал знакомиться с деятелями новой России. Один из них был моим старым другом — Борис Золотухин, адвокат, правозащитник, в свое время изгнанный из адвокатуры и из партии за защиту Александра Гинзбурга. Другого, Егора Гайдара, я знал, когда он был еще подростком. В семидесятых мы жили на улице Черняховского, рядом с 152-й школой, где моя жена преподавала в старших классах литературу. В девятом и десятом классах одним из лучших ее учеников был Егор Гайдар.

Мы встретились с ним уже во время одного из моих приездов в Москву, и он сказал:

— Вы, наверное, не помните, когда вы переезжали в новую квартиру, я был одним из тех, кто перетаскивал ваши вещи.

Другим перетаскивавшим был его друг и одноклассник Юра Заполь, в новые времена ставший одним из тех, кого называют олигархами.

Один из владельцев преуспевающей компании «Видео Интернейшнл», он недолго наслаждался своим положением. Несколько лет назад умер от рака, не дожив до пятидесяти лет. В начале девяностых я познакомился с молодыми политиками Аркадием Мурашевым (он тогда был начальником московской милиции) и Сергеем Юшенковым, который был в армии, в молодые годы успел дослужиться до полковника, в новые времена увлекся политикой и стал одним из самых заметных фигур в Верховном Совете и в Государственной думе. Его эволюция казалась мне удивительной. Он окончил политическую академию, был офицером по политической части и, естественно, членом КПСС. Я, по привычке, ко всем, носившим партбилет, относился плохо. И некоторых подозревал в том, что они подлаживаются под время. Но чем дальше я узнавал Юшенкова, тем больше он мне нравился. Я увидел, какой это чистый, цельный и искренний человек. Он чем-то напоминал мне моего друга Петрухина. У них были одинаковые заблуждения, одинаковый способ выхода из них и одинаковое жизненное мировоззрение. Оба выросли в провинции: Петрухин в Пятигорске, Юшенков в ярославской деревне. Но путь Сергей Николаевич проделал очень нетипичный для деревенского парня. В деревне, где он жил, все мужики пили, курили и матерились. Сергею это не нравилось, и он решил, что, по крайней мере, до 21 года не будет ни пить, ни курить, ни материться. Когда ему исполнился 21 год, он попробовал и то, и другое, и третье — выпил, закурил и выругался, — ему все не понравилось еще больше, и он не стал ничего этого делать в жизни.

— Как же в армии можно было без всего этого обходиться? — спрашивал я его.

— Когда были какие-то пьянки, я деньги давал, а сам сидел и пил воду. К этому все мои сослуживцы привыкли и не приставали.

Кто искренне верил в коммунизм, тот, разочаровавшись, чувствовал себя обманутым и становился искренним и наиболее непримиримым врагом учения. Я встречал таких еще среди диссидентов. Именно они, а не те, кто в коммунизм смолоду не верил, были его самыми решительными противниками. Но тогда их борьба за справедливость неизбежно кончалась лагерным сроком. И Юшенкова ждала бы та же судьба, будь он немного постарше. Но он вырос позже и вел себя соответственно своему времени. В августе 91-го он остановил танковую колонну, когда в форме полковника стал прямо перед головной машиной. Из танка вылез капитан, и Юшенков ему сказал:

— Капитан, у вас есть выбор: или стать на сторону свободы и прославиться, или остаться на стороне тоталитарного режима и покрыть свое имя позором.

Капитан выбрал первое, но славы не приобрел, а, как я слышал, спился и умер безвестным.

Юшенков был хорошо образованным человеком и умным, знающим, чего он хочет, политиком. Политиком четких демократических убеждений. Врагом лжи, ханжества и демагогии. В отличие от большинства членов Думы, беспринципных людей, шедших в политику ради карьеры, корысти и тщеславия. Таких, как Юшенков, оставалось все меньше. Галина Старовойтова, Михаил Молоствов, Юлий Рыбаков, Владимир Головлев. Первой убили Старовойтову, за ней Головлева, последним Юшенкова. Их время в политике кончилось. И политика реальная с живыми дискуссиями кончилась. Сейчас среди депутатов Госдумы и вообще политиков у власти нет ни одного человека, в чьей честности я мог бы не сомневаться.

СОЮЗ НЕРУШИМЫЙ

«Какой гимн?» — думал я в 2000 году, когда пошли разговоры о возможном создании новой государственной песни. Гимн, можно сказать, это визитная карточка государства. По нему можно себе представить, какими это государство обладает особенностями, чем отличается от других и какие цели преследует. Я вспоминал разрозненные слова разных гимнов от «Боже, царя храни» до «Еще Польска не сгинела» или «Ще не вмэрла Украина». Все они, включая «Интернационал» и даже тот сталинский вариант, так или иначе выражали суть и цели воспеваемого государства. А о чем нам петь, если мы до сих пор не осознали, кто мы такие и куда идем? Государство наше, постсоветское, тогда еще практически не сложилось. Если оно строит капитализм, то как можно держаться за символы системы, считавшей непримиримую борьбу с капитализмом своей задачей? Если оно поощряет религиозное возрождение, то допустимо ли при этом поклоняться мощам разрушителя церквей, убийцы многих тысяч священников и расстрельщика царской семьи? Если нашим недавним прошлым можно гордиться, то зачем мы сейчас идем совершенно в другую сторону?

Спешка с созданием нового гимна не понравилась многим. Особенно когда стало ясно, что это будет просто перекройка из перекройки, которую произведет все тот же Сергей Михалков. Хотя при этом что-то невнятно говорилось о конкурсной основе, но «конкурс» был своеобразный, как советские выборы: один депутат из одного кандидата. Затея была явно неудачная. Что можно было хорошего сказать о тексте, совершенно пустом, не имеющем никакого реального содержания? Только общие слова: «Россия священная», «хранимая Богом», «гордимся тобой». Наиболее точным мне показалось заключение безымянного интернетовского эксперта: «Славословия, адресованные России... звучат очень фальшиво. Данный вариант гимна расценивается как скоропалительная халтура. Никакой пользы для общества от него нет, а скорее, даже наоборот».

В те дни, желая принести обществу пользу, я предложил ему альтернативный вариант гимна собственного сочинения.

СМЕШНОЕ И СМЕХОТВОРНОЕ

Есть высказывание, которое только кажется парадоксальным: смех — дело серьезное. Но это вовсе не парадокс. Очень многие человеческие дела, претендующие на серьезность, проверяются на прочность именно смехом. Если дело в основе своей по-настоящему серьезно, его высмеять невозможно. Если возможно, то надо подумать, действительно ли оно так серьезно, как кажется.

Как читатель уже, наверное, понял, я не всегда уважаю то, что одобряется высшим начальством. За что удостаиваюсь проклятий господ, которые свою корыстную преданность вышестоящему начальству называют патриотизмом. Особенно мне достается от них, когда я смеюсь над тем, что они почитают своими святынями. Эти люди не понимают и никогда не поймут, что истинно святое осмеянию не поддается. Легко поддается пошлое и ханжеское, выдающее себя за святое.

Я сел за компьютер и добросовестно, хотя и быстро, совместил разнородные современные реалии, представления разных людей о нашем прошлом, настоящем и надеждах на обозримое будущее и предложил газете «Известия».

Кажется, после «Чонкина» у меня не было такого читательского успеха. Текст разлетелся по Интернету — самиздату нашего времени. Мне звонили люди, знакомые и незнакомые. Артистка Нина Русланова позвонила в три часа ночи и потребовала меня к телефону. Ей сказали, что я сплю. «Ничего, пусть проснется, когда Русланова звонит». Я взял трубку и услышал густой пьяный мат. Но это был единственный отзыв, который если бы был сколько-нибудь осмыслен, можно было бы назвать критическим. Остальные были одобрительные и даже восторженные. При этом я не был настолько самонадеян, чтобы думать, будто исключительно художественные достоинства моего стихотворения были приняты во внимание. Успех объяснялся тем, что я попал в точку.

Конечно, по очевидным признакам мой текст можно считать сатирическим. Но сатира, как сказано в одной из энциклопедий, это «уничтожающее осмеяние явлений, которые представляются автору порочными. Средства сатиры: ирония, сарказм, гипербола, гротеск». В моем варианте ирония и сарказм присутствовали, но гипербола и гротеск мне не понадобились, ибо сама задача была гротесковой. Разве, когда я пишу, что «спустившись с вершин коммунизма, народ под флагом трехцветным, с орлом двухголовым и гимном советским шагает вразброд», — это гипербола? Или: «Сегодня усердно мы Господа славим и Ленину вечную славу поем» — это гротеск? В гимне обычно кратко излагается прошлое, настоящее и ставятся задачи на будущее, которые я выразил так, как это обещают наши законодатели и законоисполнители: «Всем выдадим все: офицерам — квартиры, зарплату — рабочим, почет — старикам, а злых террористов замочим в сортире, ворам-олигархам дадим по мозгам». То есть, если говорить чисто формально, я вложил в гимн все, что полагается: обобщил пройденный страной путь, оценил настоящую ситуацию и наметил главные перспективы. Но все-таки я, разумеется, считал свое стихотворение шуткой, и звонок Сергея Юшенкова был для меня неожиданным.

— Владимир Николаевич, — сказал он мне по телефону, — вы не будете возражать, если я как депутат предложу нашей Думе принять ваши стихи в качестве текста государственного гимна России?

— Сергей Николаевич, вы шутите?

— Почему? Я считаю ваш вариант действительно более подходящим и отвечающим современному состоянию России. А вы разве так не считаете?

— Конечно, считаю. Но как бы вам это сказать...

— А никак не сказать... Скажите только «да» или «нет».

Я сказал «да». Юшенков оформил выдвижение наилучшим образом. Нашел артистов, и они гимн с моими словами спели и записали на компакт-диск. Он же собрал пресс-конференцию, на которой журналисты спросили, не кажется ли мне мой текст слишком смешным, чтобы всерьез претендовать на государственное признание. Я ответил так:

— Некоторые считают мой текст смешным, но он не смешнее текста другого автора, готового услужить любому режиму. С достойным восхищения цинизмом он воспевает то Сталина, то Ленина, то Господа Бога. Цинична и власть, принимающая услуги такого сочинителя. И петь сочиненные им слова можно только цинично, без малейшего к ним уважения, а над всем, что недостойно уважения, можно смеяться, во всяком случае, до тех пор, пока это не запрещено Уголовным кодексом. Когда будет запрещено — станет еще смешнее...

А вот мнение о моем тексте самого Юшенкова:

«С моей точки зрения, слова Владимира Войновича в большей мере соответствуют тем реальностям, которые сегодня есть в нашей стране, они отражают историю страны. Некоторые говорят, что это написано с чувством юмора, но жизнь — она без юмора и не бывает, а разве не юмор, когда принимают в качестве гимна музыку Александрова, которая была фактически написана как гимн большевиков, и к тому же уже доподлинно известно, что это фактически музыка, которая является плагиатом немецкого композитора, потом одного русского композитора, надерганы из этих мелодий разные музыкальные фразы, и так получился этот так называемый гимн?..»

Накануне обсуждения альтернативных текстов в Думе мне позвонил какой-то протокольный кремлевский чиновник и вкрадчиво поинтересовался, действительно ли я считаю свой текст достойным принятия его в качестве государственного гимна.

— Да, — сказал я. — А что?

— Нет, нет, ничего, — быстро ответил чиновник. — Я просто хотел узнать у вас, не действует ли Юшенков без вашего одобрения.

Я сказал, что не действует.

— Ну-ну, — ответил чиновник, как мне показалось, со скрытой угрозой и повесил трубку.

Некоторые «народные избранники» были очень недовольны тем, что мой текст приходится всерьез обсуждать, и сильно ругались. Актер и депутат, бывший при Горбачеве министром культуры, Николай Губенко выразил уверенность, что мне за мой текст где-то хорошо заплатили. Он был прав. За свою работу я получил в «Известиях» гонорар. Но не такой уж большой, чтобы Губенко лопнул от зависти.

А текст мой в Думе все-таки был поставлен на голосование и получил 23 голоса из 450...

Это случилось в декабре 2001 года. Тогда в Думе еще оставалось место для одиночного инакомыслия.

СТОРОННИЙ НАБЛЮДАТЕЛЬ

Я стал ездить в Москву все чаще и чаще. Уже наблюдал события вблизи, но все еще как чужой, не имея ни прав, ни возможности непосредственно участвовать в происходящем. В восемьдесят девятом году был свидетелем многотысячного митинга в Лужниках. В следующем году во время очередного приезда, совпавшего с майскими праздниками, был поселен в снесенной впоследствии гостинице «Интурист». 1 мая вышел на улицу Горького, стоял на тротуаре, смотрел на текущую мимо демонстрацию, не похожую на прежние с портретами вождей и призывами выполнить и перевыполнить. Необычные демонстранты и транспаранты. Лозунги советские вперемежку с неизвестно какими. Пожилой полковник, весь в орденах, выкрикивал что-то антисемитское, но на него никто не обращал внимания. Группа сплоченных чем-то общим людей шла, скандируя что-то вроде «Свободу узникам совести! Слава Сахарову!». Одна из женщин в этой группе узнала меня и закричала: «Слава Войновичу!» Несколько голосов неуверенно поддержали ее и стали звать меня к себе: «Идемте с нами!» Я вежливо отказался. Эту группу сменила другая, в которой кто-то вдруг выкрикнул «Долой КГБ!». Вся колонна этот призыв охотно подхватила, и сотни голосов стали скандировать, но шепотом: «Долой КГБ! Долой КГБ!» Сами еще, видно, не верили, что можно провозглашать такое во весь голос. Очень странное впечатление производят сотни людей, шепчущих одновременно.

Постояв немного на улице, я ушел к себе в номер и увидел уже по телевизору тот скандальный эпизод, когда толпа своими враждебными выкриками буквально согнала с трибуны Мавзолея Горбачева и его соратников.

Я наблюдал за тем, что происходит в России, с большими надеждами, но многое меня смущало. Когда я ожидал возвращения гражданства, меня удивляло, что эта проблема интересует только меня и, возможно, других лишенцев, но почти никто не понимает необходимости и даже первоочередности или, скажем, второочередности этого шага. И сейчас, задним числом, я считаю, что, объявив курс на перестройку, употребляя такие лозунги, как гласность и демократия, власть должна была в первую очередь освободить политзаключенных, извиниться перед ними, принять с почетом и помочь вернуться в общество полноценными членами. А следом за этим вернуть гражданство тем, кто был его лишен. Однако власть с этим всем не спешила, а общество ее к этому не побуждало. Политика по отношению к инакомыслящим слишком долго оставалась неизменной. В 1986 году Сахарова наконец вернули из ссылки в Москву, но Юрия Орлова из советской ссылки выслали в Америку. Возвращение гражданства 23 человекам, включая меня, произошло только в 1990 году, причем перед нами, подвергшимися внесудебным репрессиям, никто и не подумал хотя бы извиниться. Если не считать коньяк, которым меня угостил в Мюнхене советский генконсул.

СОМНЕНИЯ, ОБОЛЬЩЕНИЯ И РАЗОЧАРОВАНИЯ

Меня смущало многое в поведении не только власти, но и общества. Когда я смотрел на лозунги и призывы, с которыми народ выходит на митинги и демонстрации, меня радовало то, что люди как будто понимают, что такое демократия и свобода, для чего они нужны каждому человеку и всему обществу. Но в то же время я видел, как они легко покупаются на популистские и демагогические призывы.

Наивная наша публика приходила в восторг от скромности Ельцина, утверждавшего, что он носит ботинки за 18 рублей. Люди аплодировали его внезапным налетам на магазины, где он устраивал разнос директорам, хотя ясно было, что каким бы магазинное начальство ни было недобросовестным и вороватым, общая пустота полок была не из-за него. А потом тысячеголосое «Ельцин! Ельцин!» я воспринимал как признак общего душевного нездоровья. Сколько раз народ обманывали, а он все готов был обманываться и приходил в экстаз, ожидая чуда от Ельцина, Кашпировского, Чумака и вещавших по всем телевизионным каналам иностранных жуликоватых проповедников, одного из которых я знал лично. Очередной всплеск любви к предполагаемому чудотворцу был в дни возвращения Солженицына, но он быстро закончился.

Все перемешалось. Раньше я и мои товарищи всегда сторонились людей власти, и люди власти не стремились приблизиться к нам. Во время моей доэмиграционной жизни в Москве у меня не было знакомых чинов выше отдельных секретарей Союза писателей, да и с теми никаких отношений не возникало. А тут появились депутаты, министры, премьер-министры и даже президенты, чаще бывшие, но иногда и будущие, наши и иностранные.

Но, конечно, наших я знал больше и лучше. Естественно, мне ближе других были те, которые называли себя правыми, хотя нас, имевших репутацию антисоветчиков, в свое время считали левыми. Как я уже писал, среди людей, занимавших теперь высокое положение, был мой старый друг Борис Золотухин, бывший ученик моей жены Ирины Егор Гайдар, среди новых политиков, с которыми я тесно общался, были Галина Старовойтова, Сергей Юшенков, Владимир Головлев, Аркадий Мурашев и другие. В это время в среде этих людей царил дух оптимизма и эйфории. Им казалось, что они в целом победили и осталось доделать кое-что по мелочи. Особенно после провала коммунистического путча в августе 1991 года. Казалось, революция свершилась и с коммунистическим строем покончено навсегда. КПСС запрещена, в стране новая конституция, многопартийный парламент и беспартийный президент. Но если сравнивать нашу страну с онкологическим больным, получилось так, как если бы первоначальную опухоль вырезали, а многочисленные метастазы оставили. КПСС запретили, она тут же возродилась под другим названием. Состоявшийся в 1992 году «суд над КПСС» был чистым фарсом и ничем иным быть не мог. Обвинители, защитники и судьи почти все были бывшими членами КПСС. Когда-то знакомый немец сетовал, что Нюрнбергский процесс был незаконен, потому что впервые в истории победители судили побежденных. А кто мог судить этих упырей? Они сами? Вот и получилось бы подобие суда над КПСС. От имени КПСС в СССР и за его пределами было совершено столько чудовищных злодеяний, что, будь она судима независимым судом, вполне могла бы быть объявленной преступной организацией. Не говоря уже о КГБ. Вот говорят, было совершено много ошибок. Аналитики ищут, кто виноват. Горбачев? Ельцин? Гайдар с Чубайсом? А по-моему, виноваты все и никто. Часть вины лежит на правых. Почти никто из них не настаивал на реальном суде над КПСС. Никто, кроме Старовойтовой, не твердил о необходимости люстрации. Правые торопились ускорить переход от социалистической системы хозяйствования к капиталистической, передать производство и торговлю в частные руки, но мало заботились о социальных программах. Поддерживали богатых. И себя приводили в пример. Один из ведущих членов СПС говорил: «Мы партия крупного капитала». Другой повторял: «Мы люди небедные» В предвыборном ролике продемонстрировали, как летят на частном самолете. Как политики могли бы помнить, что большинство электората составляли именно бедные, а крупный капитал примкнет не к своим политическим единомышленникам, а к реальной власти.

Возможно, события могли бы принять иной оборот, если бы в политической жизни могли участвовать наиболее деятельные диссиденты, но пропаганда даже перестроечных времен позаботилась о том, чтобы создать о них в народе самое невыгодное представление, а власть, уже ельцинская, расставила барьеры, преграждавшие диссидентам путь в большую политику. Она не допускала (в частности, это коснулось Буковского) к выборным должностям политических изгнанников, проведших какое-то время за рубежом. Впрочем, пытаясь оценить тогдашнюю ситуацию непредвзято, я думаю, что взять в руки высшую власть в стране никто из диссидентов не был способен, кроме Сахарова, но и тот бы не справился. Чтобы управлять реально такой страной, нужно было подчинить себе всю номенклатуру в центре и на местах, армию, КГБ, а они подчиниться могли только своему. Кем им к тому времени был Ельцин. Советская власть вроде рухнула, а рычаги управления остались прежними, и надо было знать, каким из них и как орудовать.

Событие Октября 1917-го раньше называли великой революцией, а теперь переворотом. На самом деле это был переворот, превратившийся в революцию, а в августе 1991-го произошло восстание, превратившееся в переворот. Одни коммунисты сменили других. Они и превратили суд в фарс, люстрацию не допустили, а вместо покаяния предложили гордиться нашим замечательным прошлым, которое было темным, а теперь чем дальше, тем больше светлеет. После XX съезда КПСС никому, даже Брежневу с Сусловым, не удавалось обелить Сталина, а теперь злодей и убийца миллионов стал почти первым лицом России, а слова о том, что он вырастил нас на верность народу, пассажиры метро могут заучивать на станции «Курская». В советское время советские органы безопасности устрашали не только народ, но и самих руководителей партии, за что высших чекистов постоянно меняли, а при успешном менеджере и какое-то время после него расстреливали. Партия боялась, что чекисты когда-нибудь станут над ней. Теперь это свершилось. Чекисты стали над партией «Единая Россия», являющейся эрзацем КПСС. Другие партии существуют только для бутафории, такие же в свое время существовали в Польше, Чехословакии и ГДР. Пока нефтедоллары дают достаточную прибыль, чтобы подкармливать население, оно довольно и послушно. Проявляющих недовольство так мало, что с ними можно не считаться. Оппозиционеров, готовых претендовать на власть, еще меньше. Реально мыслящие карьеристы понимают, что к вершинам власти надежней подниматься по безопасной партийно-бюрократической лестнице, вступив в «Единую Россию». Тем, которые карабкаются по лестнице, я не верю. Революционеров, которые намерены свалить эту лестницу, я боюсь.

Тут я выскажу мысль, крамольную со всех сторон: со стороны власти и со стороны ее ниспровергателей. Я за нынешнюю власть не голосую, а за других голосовать мне практически не дадут. А если дадут, то только для того, чтобы мой кандидат смог набрать свои непроходимые в Думу проценты и мы с ним оба могли в демократию поиграть и потешиться. А если шансы моего кандидата станут реальными, я за него тоже голосовать не буду, потому что вряд ли ему поверю. Потому что если он даже придет к власти через баррикады и влезет на танк, произнесет что-нибудь зажигательное, и народ будет скандировать его имя, то потом, слезши с танка и усевшись за праздничный стол, он подумает и опять предложит нам привычное меню из объедков. При этом я все-таки оптимист. Я верю, что будущее за демократией западного образца. Когда-нибудь состоится она и в России. Тогда я бы, возможно, стал голосовать за своего кандидата. Если бы значился в избирательных списках.

ИСТОРИЯ БОЛЕЗНИ

Мне было уже 62 года, когда мной вдруг овладела странная, не бывавшая раньше апатия, которую я описал в своем живописном альбоме, но начал издалека.

Чеховский персонаж (из рассказа «Открытие»), статский советник Бахромкин, на пятьдесят третьем году жизни открыл в себе талант живописца и, открыв, огорчился. Столько лет провел на казенной службе, а ведь мог стать художником. Поогорчался, но потом, вернувшись с работы домой в собственной карете, поужинав рябчиками с бургундским, раздетый и уложенный лакеем в постель под пуховое одеяло, вспомнил, как живут поэты и живописцы — ни собственного дома, ни лакеев, ни лошадей, ни пуховых одеял, ни рябчиков, ни бургундского, — и... «Ну его к черту! — подумал он, нежась и сладко засыпая. — Ну его... к... черту... Хорошо, что я... в молодости не тово... не открыл...»

Автору этих строк повезло. Не дослужившись до высоких чинов, домов, лакеев и лошадей, он радовался любому в себе открытию, включая и то, о котором речь.

Его спрашивали: ну неужели раньше не учился и не пытался? Он отвечал с сожалением: нет, не учился. Но попытки отдельные были, и вот как они ему хронологически вспоминаются. Лет шести пытался нарисовать землетрясение. Тогда же рисовал лошадь, получался сундук с ногами. Четырнадцати лет в ремесленном училище с обложки «Блокнота агитатора» (было такое издание) срисовал силуэты Ленина и Сталина, но мастер производственного обучения Виктор Федорович Романюта, заметив, предупредил, что вождей у нас в Советском Союзе изображают только художники, имеющие специальное разрешение. А другим за это же дают срок. У нашего художника специального разрешения не было, а срок получать не хотелось, и он прекратил это занятие.

В армии (в 20 лет) рисовал карандашом самолет «МиГ-15» и своего друга Генку Денисова. За него срок не давали, но результат получился столь убогим, что попытки были оставлены и надолго. В 1968 году на даче нашел набор школьных красок и на попавших под руку плоскостях (бумага, картон, фанера) нарисовал корову и человеческое лицо, случайно оказавшееся похожим на Владимира Тендрякова, Чонкина с Нюрой (подражание одной из картинок Шагала) и на куске паркета красавицу, которую назвал «Обнаженная с приветом». Чонкина с Нюрой подарил своему другу Леве Левицкому, Обнаженную — с приветом сценаристу Симе Лунгину. Сима заметил, что «привет» слишком большой, но подарок все-таки принял, кажется, он в семье Лунгиных до сих пор хранится, если режиссер Павел Лунгин не передал его Лувру.

Школьный набор вскоре исчерпался, искать новые краски было лень, а подручные заменители (зубная паста, кетчуп и сапожный крем) требовательного творца устраивали только отчасти. Поэтому живописные потуги были прерваны опять почти на три десятка лет.

Все-таки у автора было другое дело, которым он занимался с более или менее постоянным упорством. И вдруг на 63-м году жизни наступил момент — неожиданный — полной апатии. Автор по-прежнему утром вставал и прежде, чем надеть штаны и почистить зубы, садился к компьютеру и клал пальцы на клавиши, но, удивительное дело, — было полное отсутствие желания стучать по клавишам и выстукивать букву за буквой, этот процесс, казалось бы, совершенно привычный, вдруг стал восприниматься автором, как слишком утомительный и бессмысленный. Не то чтобы не было замыслов — они были, автор точно знал, что он еще вчера задумал, но писать теперь он ничего не хотел. Но по многолетней привычке утром вставал, садился за компьютер и долгие часы сидел, уставившись в пустой экран.

Однажды пришли в гости Слава и Бен Сарновы. Автор простодушно поведал друзьям о своем состоянии, и Слава, умеющая говорить правду-матку в тот момент, когда меньше всего ее хочется слышать, с восторгом вынесла диагноз:

— У тебя кризис!

Автор огорчился. Но признал: правда, наверное, кризис. Когда-то же должен он наступить.

А тут в Москву из Мюнхена, чтобы отметить собственный день рождения, приехала жена автора и с ней несколько немецких студентов, которых она обучала русскому языку. А те одарили ее натюрмортом, купленным в Измайловском парке. Натюрморт был — розы на подоконнике. Жена повесила картину в спальне, а наш герой каждый раз, просыпаясь, смотрел на него и думал, что чего-то в нем не хватает, чтобы на проснувшегося человека, тем более находящегося в состоянии кризиса, не навевать меланхолию. И однажды он купил... да, опять школьный набор, высветлил на картине фон, и розы расцвели. Розы расцвели, а набор не кончился. Не выбрасывать же... Пришлось писать следующую картину — автопортрет. На портрет красок не хватило, купил новый набор. А потом опять краски остались, и пришлось начать следующую картину. И дальше — избыток одного порождал нехватку другого, а нехватка становилась причиной избытка. На фоне такой диалектики будущий художник впал в буйное помешательство, перестал бриться, пить, есть и спать и совершенно забросил писание букв, которое стало казаться ему совершенно никчемным занятием. Картины или то, что можно было назвать таким словом, писались маслом, их надо было где-то сушить, автор стал прибивать их гвоздями к стене, и за короткое время интерьер его квартиры преобразился.

Недели через две-три в квартире опять появились Сарновы. Привыкшие видеть практически ничем не украшенные стены, удивились:

— Это что? Это чье?

Пришлось признаться.

— Ничего себе кризис! — вырвалось у Славы.

Жена, Сарновы, другие близкие люди, поудивлявшись, все-таки забеспокоились, заговорили о кризисе возраста и на всякий случай пригласили психолога. Психолог охотно пришел, выслушал больного, посмотрел картины и одну из них пожелал тут же купить, но получил за так, в качестве гонорара.

Как-то заглянул на огонек один из сравнительно новых друзей — писатель Миша Гуревич. Тоже поудивлялся, а потом спросил:

— А почему бы вам не сделать выставку?

— Вы что, смеетесь? Какая выставка, это же просто так, любительская... — чуть не сказал «мазня», но обижать себя слишком уж не хотелось.

Гуревич ушел, а на другой день снова явился с миловидной брюнеткой Нателлой Войскунской. Вместе посидели, поглазели, попили чаю, уехали. Вечером Нателла позвонила, призналась, что заведует художественной галереей АСТИ, и добавила:

— Вот мы от вас ехали с Мишей в машине, и я ему сказала, что ваши картины стоят у меня перед глазами. Он сказал: у меня тоже. И я поняла, что вашу выставку надо обязательно делать.

Автор все-таки не сразу прельстился. Наоборот, испугался. Как же это — устроить выставку? Значит, самому объявить себя достойным внимания художником. А не засмеют ли? Ясное дело, засмеют.

— Извините, — сказал он Нателле, — а вы мне предлагаете выставку, как имеющему имя в другом искусстве?

— Нет,— решительно отвергла она, — мне ваши картины понравились сами по себе. Поверьте, я знаю многих известных людей, которые рисуют, но их картины я никогда не возьмусь выставлять.

В конце концов автор согласился. Выставка прошла с неожиданным для него успехом. У него, писателя, было всегда немало поклонников, но и достаточно врагов, которые его люто ненавидели и поносили последними словами. Но как к художнику к нему публика отнеслась в целом благожелательно. Конечно, были люди, которым его картины не понравились, но их оказалось намного меньше, чем тех, которым понравились. В числе последних были и художники, и искусствоведы. Почти все картины были раскуплены. Особенно ходко шли автопортреты. Картины автора стоили недорого, но если считать, сколько денег он получил за единицу потраченного времени, то оказалось, что живопись может прокормить лучше, чем литература, в которой все-таки он больше преуспел.

Осознав, что кризис пациента сопровождается производством предметов, могущих представлять относительный коммерческий интерес, близкие успокоились и к причудам новоявленного художника стали относиться более снисходительно.

К моменту написания автором этих строк у него уже было несколько персональных выставок в Москве, Петербурге, Мюнхене, Берлине, Кёльне и Вене, в больших галереях и в Русском музее.

Надо сказать, что автору повезло. Он никак этого успеха не добивался. Не просил никого устроить выставки, но соглашался, когда его об этом просили. Все шло в руки само.

Теперь в некоторых справочниках о нем пишут: писатель, художник. Даже предлагали вступить в Союз художников. Чего он пока не сделал, потому что не знает, зачем этот Союз ему нужен. Так же, как не знает, зачем ему нужен Союз писателей.

SIEHT VERDÄCHTIG AUS

Осенью 1999 года Ира почувствовала напряжение в левой груди. Пошла к гинекологу. Та ничего не нашла и очень не хотела направлять пациентку на маммографию. Вообще, немецкая страховочная медицина имеет много недостатков даже по сравнению с постоянно нами ругаемой российской, сохраняющей рудименты советской. Во-первых, врач, к которому вы прикреплены (по вашему выбору), считается домашним, но его не так-то просто вызвать на дом. Во-вторых, если вызовете «Скорую помощь», машина придет, но кто в ней приедет, неизвестно. Когда мне однажды пришлось вызвать, приехали сильные ребята, готовые мои 80 килограммов снести по лестнице вниз и донести до машины, но не имеющие никакого медицинского образования. Это добровольцы, члены общества самаритян или мальтийского ордена. Пока я жил в Штокдорфе и долгое время потом, домашним врачом у меня был доктор Брехенмахер, уверенный в том, что своего персонажа в «Москве 2042» Руди Миттельбрехенмахера я списал с него. Это большого роста, симпатичный, общительный человек. Любит порассуждать о тайнах и загадках человеческого организма. В очередной раз осматривая меня, задавал разные вопросы, в том числе и дежурный: «Wasser leuft?» — то есть течет ли вода (водой врачи для приличия называют мочу). С некоторых пор я стал ему говорить, что вода течет, но langsam, то есть медленно. «Langsam?» — переспрашивал он и переходил к другому вопросу. Мне было уже за шестьдесят, когда московская врачиха нашла у меня аденому и спросила, консультируюсь ли я у уролога. И очень удивилась, узнав, что я у врача этой специализации вообще ни разу не был. В следующий раз в Мюнхене, посетив Брехенмахера, я спросил его, почему, слыша от меня, что вода течет медленно, он на это никак не реагирует, не посылает меня к урологу, которого каждый мужчина лет после сорока должен регулярно посещать.

— Ах, — сказал он, пожав плечами, — вы хотите посетить уролога? Никаких проблем. Вот вам направление к доктору Шапперреру, это очень хороший врач, передайте ему привет от меня.

После этого я стал регулярно наблюдаться у доктора Шапперера, пил таблетки, пока моя аденома не потребовала оперативного вмешательства, что и проделал в Боткинской больнице профессор Лоран.

Даже при моем относительно небогатом опыте общения с немецкими врачами, я знаю слишком много случаев, когда по невнимательности они пропускали начало серьезной болезни у пациента.

В отличие от меня Ира не относилась к медицине беспечно. Регулярно посещала нужных врачей, в том числе гинеколога, но слишком им доверяла. Когда начала чувствовать необычное напряжение в груди, ее гинекологиня ничего не нашла и никакого дополнительного обследования не назначила. Тем временем напряжение росло. В очередной раз Ира даже повысила голос, настаивая на том, чтобы быть направленной на маммографию. И когда врач, проводивший это обследование, насторожился и сказал: «Sieht verdächtig aus (выглядит подозрительно)», — оказалось, что дело зашло слишком далеко.

В больнице Dritte Orden (Третий Орден) профессор Габка сказал:

— Вам осталось жить пять лет.

Ира не захотела лечиться у него. Отправились в Гроссхадерн, лучшую университетскую клинику Мюнхена, а может быть, даже и всей Германии. Это огромное здание, больше Онкоцентра на Каширке, прозванного пациентами Блохинвальдом. Длинные и широкие коридоры первого и второго этажей называются Patientenstrasse и Besucherstrasse, то есть улица Пациентов и улица Посетителей. Здесь лечат все болезни и делают все операции. Иру положили, и все пошло своим чередом: биопсия, операция, которую провел доктор Инго Бауэрфайнд, — смешная фамилия, буквально переводится как враг крестьян.

После операции, естественно, была химиотерапия с полным выпадением волос и другими последствиями.

Я познакомился с Ирой до ее двадцатилетия, когда она была естественной блондинкой. И потом всю жизнь была блондинкой, я даже не думал, что она может быть седой. Теперь увидел: да, поседела. Впрочем, это было неважно, потому что все волосы, какие бы ни были, выпали. Купили парик, Ира в нем ходила днем и спала ночью. Я говорил:

— Сними его, дай голове отдохнуть.

Она не снимала, стеснялась. Я продолжал уговаривать:

— Ты не должна стесняться, я же твой муж. Я тебя все равно люблю любую. Кроме того, сейчас это модно. Даже фотомодели ходят с бритыми головами.

Она продолжала ходить в парике.

Но новые волосы отросли, и довольно быстро. И целый год прошел в относительном спокойствии и надежде. Мы ездили в Америку и провели два месяца в колледже штата Вермонт. Съездили и в Москву.

Казалось, что болезнь побеждена. Перед глазами был положительный пример. У нашей подруги Ингрид Штикль было то же самое: рак, операция, химия. Тридцать лет назад. Теперь уже сорок. Она до сих пор жива. Могло и у нас быть так же. Кажется, доктор Габка ошибся, как ошиблись когда-то врачи, приговорившие к преждевременной смерти моего папу.

Но через год появились признаки возвращения болезни, пока невнятные. Просто стал увеличиваться показатель наличия раковых клеток, по-немецки — тумор-маркер. Нормальный показатель, кажется, 20—30 единиц. У Иры их стало 40—50—60, и через какое-то время число достигло нескольких тысяч. Профессор Унч, румынского происхождения, с самого начала предвещал фатальное развитие событий, но делал это не к месту бодрым тоном, как анекдотический оптимист, который на предположение пессимиста, что хуже уже не будет, говорит уверенно: будет, будет. Унч сообщал Ире очередную цифру. Она говорила: «Но я ничего не чувствую». Он бодро обещал: скоро почувствуете. Потом появились реальные признаки: боли в печени, в костях, тошнота. Были и другие проявления. Однажды ночью она проснулась в страхе с вопросами: «Кто я? Где я?» И очень не сразу успокоилась.

БОРЬБА ЗА ЖИЗНЬ

Ира лечилась упорно. Соглашалась с самыми радикальными предложениями врачей. В обычной жизни трусиха и паникерша, она воспринимала неутешительные прогнозы с видимым спокойствием. За четыре с лишним года болезни я ни разу не увидел ее плачущей. Она мне призналась, что однажды в мое отсутствие все-таки плакала.

На каждого, кто болен неизлечимо, обрушивается поток ободряющей информации. Что где-то ученые изобрели новое лекарство или новый метод лечения. Что где-то есть филиппинец, тибетец, китаец, который лечит самые запущенные случаи. Или экстрасенс, который исцеляет больного, глядя на его фотографию, или деревенская старуха, умеющая готовить особые отвары.

Наша подруга Люда Зорина внимательно следила за мировой прессой, сообщавшей время от времени о сенсационных успехах какого-нибудь доктора или метода, приходила к нам и убеждала: надо же что-то делать. Как будто то, что делала Ира (а она лечилась у лучших онкологов Мюнхена), вообще ничего не значило. Больные, бывает, в надежде на чудо хватаются за что угодно, но Ира голову не теряла. Однажды, впрочем, по совету живущего в Дюссельдорфе врача из России согласились встретиться с другим таким же. Бывший москвич, работавший в институте Склифосовского, теперь живет в Израиле. Привез в Мюнхен и продал нам за пять тысяч евро месячный запас ампул какого-то, якобы изобретенного им, чудодейственного лекарства для ежедневных инъекций. Сказал, что при этом надо носить темно-синее нижнее белье. Сфотографировался со мной и, наверное, теперь показывает кому-то меня, как успешно им вылеченного больного. Правду сказать, я не поверил ему ни на секунду, но не хотел лишать Иру даже слабой надежды. Сам научился и делал ей каждый вечер уколы. Через месяц изобретатель хотел всучить нам очередную месячную порцию. Ира сказала: нет, он стал торговаться и дошел до половины цены. Сама эта торговля укрепила нас в подозрении, что мы имеем дело с шарлатаном.

Люда продолжала искать и очередной раз пришла с сообщением, что нашла то, что нужно. Был когда-то в России ученый — химик, врач, изобретатель каких-то видов оружия, технических устройств и медикаментов Анатолий Тимофеевич Качугин. Он изобрел какое-то лекарство от туберкулеза, а потом и от рака — йодистый кадмий. Сам изобретатель давно умер, но его дело продолжает и больных от рака успешно излечивает его помощница и вдова Белла Яковлевна. В этот раз Люде удалось нас уговорить. Мы поехали в Москву, узнали адрес: Большая Почтовая. Нашли нужный дом, насколько помню, панельный.

Я ожидал увидеть что-то вроде небольшой частной клиники с приемной и длинной очередью жаждущих исцеления. Но это была маленькая однокомнатная квартира. На фоне убогой обстановки выделялись два парадных портрета Качугина работы Глазунова и Шилова. В комнате сидели две очень полные и очень пожилые женщины: одна седая, сама Белла Яковлевна, а другая, с крашеными красными волосами, ее сестра, имени не помню. Держались они почему-то нервно. Белла Яковлевна вообще практически молчала. За нее говорила ее сестра с сильным украинским акцентом и фрикативным «г». О методе лечения говорила туманно, повторяя рефреном и варьируя фразу: «Хениальный ученый Анатолий Тимофеевич Качухин хениально предвидел шо...» — «Как хениально предсказал великий ученый Анатолий Тимофеевич Качухин...»

Всякие уточняющие вопросы воспринимала как скрытый подвох и бурно возражала: «Та шо вы будете мне ховорить, я врач вышшей катехории». Стала показывать какие-то порошки, насыпанные в пакетики, сделанные из газеты. Сказала, что, если мы купим эти порошки за 300 долларов, она объяснит, как их принимать.

— Для начала, — сказала она, будучи, как и ее сестра, весом килограммов под сто пятьдесят, — надо держать строхую диету и сбавить вес. Это обязательно. Как хениально указывал великий ученый Анатолий Тимофеевич Качухин, избыточный вес действует буквально на усе жизненные орханы и затрудняет орханизму употребить в дело иммунные механизмы. Кроме того, я вам запрещаю употреблять в пищу кисломолочные продукты, петрушку, укроп и щавель.

Мы все выслушали. Триста долларов у нас при себе не было. Мы заплатили 300 рублей за консультацию и ушли. Сразу хочу сказать, что описанной картинкой я не намереваюсь как-то опорочить или отвергнуть так называемый метод Качугина, у меня нет для этого достаточных знаний, но старушки, готовые взяться за Ирино лечение и пытавшиеся убедить нас, что оно будет наверняка успешным, доверия у нас не вызвали. Все сенсационные новости о гарантированных успехах в лечении большинства видов рака, к сожалению, до сих пор вызывают доверия не больше, чем очередная конструкция вечного двигателя.

Следующий курс химии немного замедлил течение болезни, но серьезного результата не дал.

Вскоре врачи обнаружили опухоль в печени. Небольшую, но растущую. Предложили три варианта лечения: опять химиотерапию, удаление опухоли лазером и — это профессор Унч советовал — операцию на печени. Еще до этого Ингрид Штикль написала письмо в Нюрнберг профессору Вальтеру Галльмайеру. У него должность — главный онколог Баварии. Он не только врач, но еще, как бы это сказать, философ рака. Вместе со своим коллегой Гербертом Каппауфом написал книгу: «**NACH DER DIAGNOSE KREBS — LEBEN IST EINE ALTERNATIVE**».

Буквальный перевод названия: «После диагноза «рак» — жизнь есть альтернатива». Как это перевести на человеческий язык, я не знаю. Прежде чем встретиться с Ирой, Галльмайер, читавший до того «Чонкина», поинтересовался, нельзя ли книгу его и Каппауфа за их счет напечатать в России. Ира взялась за дело, нашла переводчицу и издательство (ЭКСМО), добавила наших собственных денег. Книга в конце концов вышла под более съедобным по-русски названием одной из глав: «Во всем виноват Гиппократ». Книга была еще в работе, когда мы приехали в Нюрнберг и навестили профессора.

— Кто вас лечит? — спросил профессор.

Ира назвала три фамилии.

— Самые лучшие специалисты, — сказал профессор.

Долго вникал в Ирины бумаги и произнес речь, вкратце повторявшую содержание книги. Все люди смертны, но мало об этом думают, пока не услышат зловещий диагноз. Сначала он воспринимается как тяжелый неожиданный удар. Потом больной к нему привыкает. Потом даже находит в своем состоянии что-то положительное. Начинает ощущать радость жизни, как никогда прежде. Начинает воспринимать каждый прожитый день как подарок судьбы. И поэтому один день больного человека ценнее многих дней здорового.

— Теперь,— сказал, — поговорим о вашей ситуации. Опухоль в печени. Что можно делать? Химиотерапию? На данной стадии она вряд ли окажется эффективной. Операцию? Не советую. Операция очень тяжелая, а последствия неизвестны. Вполне вероятно, что она только ускорит течение болезни.

— А лазер? — спросила Ира. — Доктор Шульц говорит, что при его лечении есть большая надежда на успех.

— Я так не считаю, — сказал Галльмайер. — Лазером вы печень тоже потревожите, и результат может быть тот же: ускоренное течение болезни.

— Так что же делать? — спросила Ира.

— Если вы хотите честного совета, я вам его дам. Ничего не делать. Сейчас болезнь на такой стадии, когда ничего не ясно. Она может быстро прогрессировать, но может замедлиться, и даже надолго. В моей практике все бывало. Мой вам совет: ничего не делайте и, пока вас болезнь не мучает, забудьте о ней. Живите сегодняшним днем. Я сам себе советую жить сегодняшним днем, потому что предугадать, что будет завтра, никто не может. Поезжайте к морю, на какие-нибудь острова, купайтесь, наслаждайтесь солнцем, не думайте о том, что будет завтра. А когда вы все время думаете о своей болезни, соглашаетесь на мучительные процедуры, вы не живете, а страдаете. А вы поживите сколько придется, но в спокойствии и радости.

На обратном пути мы обсудили услышанное. Я воспринял слова Галльмайера как дающие повод для оптимизма. Он сказал: мы ничего не знаем. Мы не знаем, как вообще это будет развиваться и будет ли. А вдруг случится чудо, и болезнь просто застынет на месте. Нет, возразила Ира, он сказал не это. Он сказал, что мне все равно уже ничего не поможет, а потому не стоит ничего делать.

Не знаю, кто из нас правильней понял, но Ира решила лечиться дальше. Мои уговоры внять совету Галльмайера, забыть на время о врачах, уехать куда-нибудь на Канарские острова (я думал, я бы сам так сделал, если бы касалось меня) успеха не имели. Она обратилась к доктору Шульцу, который очень надеялся на успех. Была проведена первая процедура. Совершив ее, доктор остался очень собой доволен. Почему-то проверить результат сразу было невозможно, а когда проверили, оказалось, что нет, опухоль не поддалась. Доктор решил, что процедуру следует повторить, считая, что уж во второй раз все получится. Не получилось второй раз, а после третьего стало ясно, что дело только ухудшается. Как и предупреждал Галльмайер, движение резко пошло под уклон. Ира по утрам долго и спокойно рассматривала себя в зеркало.

— Как тебе кажется, — спросила меня, — я сильно пожелтела?

— Совсем нет, — соврал я.

Не могу передать, как это страшно смотреть и видеть, как неведомая подлая и безжалостная сила пожирает человека, словно каждый день отрывая от него по куску. Я сам последние три года, а последний год особенно, жил как в бреду, переходя от крайнего отчаяния к полной апатии. По ночам она стала страшно не храпеть, а хрипеть. Это был странный хрип, похожий на звук ломаемого дерева. Иногда я уходил в соседнюю комнату и плакал. Потом возвращался и опять ложился к ней под бок, чтобы, просыпаясь, она видела, что я рядом.

У нас совместная жизнь была долгая, непростая и отношения сложные. Бывали конфликты, и очень серьезные. Было время, когда доходило почти до развода. Но любил я ее всегда. Если кем-то и увлекался, то только до определенного предела. В острые моменты бывало желание уйти, но не к кому-то, а в никуда. Но во время ее болезни наши отношения стали близкими к идеальным. Она потеряла грудь, волосы, худела и желтела, а я ее любил, так сильно, как в самом начале или как во время ее беременности. Любил, конечно, не плотски, а как любят ребенка, сильно, беззаветно, с готовностью, если б было возможно, спасти ее ценой своей жизни. Любил, надеялся, впадал в отчаяние и снова надеялся, когда для чуда не оставалось уже ни малейшего шанса.

ПОСЛЕДНИЕ ДНИ И ЧАСЫ

Последний раз в декабре 2003 года по больничному коридору я вез ее в инвалидном кресле. Я встретил доктора Инго Бауэрфайнда и спросил, есть ли еще хоть малейший шанс. Он покачал головой: нет.

Мы с Олей по очереди ночевали в палате. На второе утро я дремал у Ириной кровати. Открыл глаза и увидел, что она совершенно не дышит. Позвал сестру. Та закричала Ире прямо в ухо:

— Фрау Войнович!

Ира проснулась и целый день была спокойна и вела себя смиренно.

Вечером, часу в десятом, пришел Бауэрфайнд. Сел у Ириной койки, скрестил на груди волосатые руки.

Ира спросила:

— Вы так поздно работаете. У вас же маленькие дети.

— Ничего, — отмахнулся доктор, — они привыкли расти без меня. Как вы себя чувствуете?

Ира сказала:

— Плохо.

Он согласился:

— Плохо. — И добавил: — И лучше уже не будет.

Ира улыбнулась:

— Да, я понимаю.

Что он еще говорил, я не помню, но после этого разговора с ним Ира захотела вернуться домой. Приехала наша подруга Барбара Мюллер. Она, по профессии медсестра, помогла перевезти Иру и пересадить из коляски ко мне в машину.

Последние дни декабря 2003 года были днями умирания. Устроить Иру в мюнхенский хоспис не удалось, там все койки были заняты. Но монашки, работавшие там, пришли на дом. Сменили кровать, ухаживали. Дежурила у больной и Барбара Мюллер. Болевой терапевт (есть в Германии такая врачебная специализация) выписал сильные лекарства (наркотики), которые избавляли Иру от боли.

Новый год мы провели втроем: Ира, Оля и я. За окном веселилась молодежь. Горели бенгальские огни, и взрывались петарды. Ире было интересно, я рассказывал ей, что происходит. Открыли бутылку шампанского, и Ира выпила полбокала.

2 января пришла Луитгард, или просто Лу Вист, врач-дерматолог. Ее покойный муж и наш друг Вернер Росс был известным в Германии литератором, специалистом по Ницше и редактором журнала «Политише Майнунг», в котором я часто печатался.

Лу сказала Ире:

— У меня есть несколько мест на Северном кладбище (Nordfriedhof). Рядом с Вернером. Хочешь, мы тебя там похороним?

Я испугался, что Ира рассердится, обидится или огорчится, но она сказала спокойно:

— Wundebar (чудесно)! Ich bin froh (я рада).

Вечером 4 января мы с Олей что-то почувствовали. Позвонили Барбаре Мюллер. Та приехала немедленно. Явилась бывшая Ирина студентка Урсула Фёлькль, преданно служившая Ире до и во время болезни. Ира спала. Дыхание прерывистое. Вдруг втянула в себя воздух и замерла.

— Умерла? — сказал я и посмотрел на Барбару.

— Кажется, да.

И в это время последовал такой же затяжной выдох, как бы сделанный с большим облегчением, и Ира затихла. Навсегда. Это было 4 января в 8 часов 32 минуты вечера.

Тут же раздался звонок из Москвы. Звонил праздновавший свой семьдесят седьмой день рождения Бен Сарнов.

— Как дела?

— Ира умерла минуту назад, — сказал я и сам удивился, что это так просто можно сказать.

Дальше все пошло в ускоренном темпе. Барбара позвонила по телефону, и тут же явилась врач, констатировавшая смерть. Утром пришли два мужика с носилками, а на них специальный ящик с откидной на одну сторону крышкой. На другой стороне четыре замка-карабина. Крышку закрыли, карабины застегнули, понесли деловито вниз. Пришли из хосписа рабочие. Разобрали и унесли хосписную кровать. Пришла женщина из похоронной службы с ворохом бумаг и сотней вопросов: фамилия, предыдущая фамилия, девичья фамилия, какой гроб, из какого дерева, какого цвета, с каким лаком, что будет внутри. Вопросов было в самом деле очень много — и десятой доли не помню. Требовала паспорт, свидетельство о рождении, свидетельство о браке. Куда-то звонила, кого-то о чем-то спрашивала, диктовала мою фамилию: Войнович. И по буквам (buchstabieren): Фау-О как Отто — И как Ингрид — Н как Нордпол... Почему-то у немцев принято, диктуя букву «Н», они обозначают ее не каким-нибудь именем или предметом, а во всех случаях выкрикивают «Nordpol», то есть Северный полюс.

ПОХОРОНЫ И ПОМИНКИ

В Мюнхене нет привилегированных кладбищ. Нет такого порядка, чтобы бургомистр Мюнхена, или премьер-министр Баварии, или канцлер Германии выделял особо почетное место для особо почетных покойников. Nordfriedhoff (Северное кладбище) примыкает к одному из самых престижных районов Мюнхена, и потому здесь лежат известные писатели, издатели, артисты. Но здесь же покоятся люди малой и никакой известности: немцы, турки, югославы, поляки, русские, чеченец Абдурахман Авторханов и иранский принц Атабай. Кто захочет, тому и найдется место. Потому что места здесь платные и временные. Родные покойного арендуют могилу (недорого стоит) на десять-двадцать-тридцать, хоть на сто лет вперед, но когда срок кончился, плата не поступает, памятник убирают и на этом же месте роют очередную могилу для нового арендатора. А на памятнике, если его выберут следующие клиенты, стешут прежнее имя и выбьют новое.

На Ирины похороны пришло неожиданно много народу. Редко к кому из немцев столько приходят. Пришли члены Баварской академии, эмигранты, студенты, друзья и соседи по Штокдорфу. Пришел бывший московский корреспондент немецкого телевидения Герд Руге, Клаус Беднарц из Кёльна, журналисты Райни Майер и его жена Катя (Neue Zuricher Zeitung) приехали из Швейцарии, Лена Щорс и Оля Принцева — из Америки. Потом были поминки в клинике, принадлежащей Лу Вист.

За день до похорон позвонила Люда Зорина, сказала, что Эрик хочет на поминках прочесть какое-нибудь соответствующее поводу стихотворение. Спрашивала, что бы я посоветовал? Перебрав в уме варианты, я подумал, что, пожалуй, хорошо бы прочесть «Брожу ли я вдоль улиц шумных...». Подошел к книжной полке. Стал думать, в каком из десяти томов искать? Взял один наугад и увидел бумажную закладку, сделанную Ирой. Открыл там, где закладка, и прочел: «Брожу ли я вдоль улиц шумных, вхожу ль во многолюдный храм, сижу ль меж юношей бездумных, я предаюсь своим мечтам...»

ПО СЛЕДАМ ДЕТСТВА

Напряжение последних четырех лет, частая смена надежды и отчаяния сказались так, что ко дню смерти Иры я и сам развалился. За два дня до ее кончины выбежал в аптеку, что в полусотне шагов от нашего дома, и вдруг нестерпимая боль в пояснице. Поскольку ни русские, ни немецкие врачи (а меня лечили всякие, включая профессоров с именами) за несколько последующих лет причины этой боли так и не установили, я думаю, что она возникла, как говорят, «на нервной почве». И тоже стенокардия. После операции шунтирования у меня пятнадцать лет не было никаких жалоб на сердце. А тут стало «прихватывать». И с каждым днем сильнее. Резко встал, нагнулся, махнул рукой, чтобы отогнать муху, услышал по телевизору что-то, что взволновало, и хватаюсь за пузырек с нитроглицерином. Вообще стал инвалидом. Несколько шагов — спина и сердце — все сразу. Выжил благодаря Оле. Она работала в двух школах и ухаживала за мной. Ей было тяжело. Я пытался ей помогать, но помощник был никудышный. Расстояние до ближайшего магазина в сотню метров одолевал в несколько приемов с нитроглицерином. Сумка с двумя-тремя килограммами продуктов была почти непосильным грузом. Подъем на третий этаж без лифта давался как восхождение на крутую гору. В мюнхенской больнице Богеннаузен мне вставили стент, но облегчение не наступило. Я впал в апатию, странным образом совмещаемую с пассивной активностью. Пассивной в том смысле, что сам никуда не стремился, но, когда меня куда-то звали, шел. Позвонил журналист

Олег Панфилов, предложил съездить в Таджикистан. Газета «Ленинабадская правда» отмечает юбилей. Она была основана в 1934 году (тогда она называлась «Рабочий Ходжента», и первым ее главным редактором был мой отец (я этого не знал, а на месте обнаружил, что и мама моя в той же газете работала рядовым литсотрудником). По предложению Панфилова власти города Худжанда (теперешнее название бывшего Ленинабада-Ходжента) на празднование юбилея пригласили меня. Я спросил кардиолога, что он думает о такой поездке. Он сказал: «Я бы не рисковал». Я рискнул, и мы с Олей поехали. В Москве к нам присоединился Панфилов. Оделись мы довольно легко, потому что был апрель, и я боялся, что там, на далеком юге, будет чересчур жарко. Но я очень ошибся. Все дни нашего пребывания в солнечной республике было пасмурно и холодно так, что ноги мерзли.

Конечно, мне трудно было узнать город, который я покинул шестьдесят три года назад. Низкие одноэтажные дома барачного типа сменили высокие панельные башни. Асфальтированные дороги вместо пыльных, с арыками по бокам. А на асфальте ни ишаков, ни верблюдов. Но меня привели в школу, где я учился в первом классе, и я ее узнал.

Нас встречали нынешний главный редактор и чиновник из местной администрации. Я Оле обещал, что в Худжанде будем есть настоящий таджикский плов. Вечером по дороге из аэропорта заехали в какой-то ресторан. Там нас угощали чем угодно, только не пловом. Сказали, что здесь его не делают, но завтра пойдем обедать туда, где делают. Завтра вблизи нашей гостиницы такого заведения не оказалось. На казенной машине поехали куда-то в столовую самообслуживания. Там посетители ели плов, не очень аппетитно выглядевший, но оказалось, что он кончился как раз перед нами. Послезавтра опять плов нигде не нашли. В конце концов главный редактор пригласил нас к себе, и его жена сварила нам настоящий таджикский плов.

Меня уверяли, что образованные таджики живут и ведут себя вполне по-европейски, но жена подавала нам плов и уходила на кухню. Ужинали нормально при электрическом свете. Оказывается, это была необычная ситуация. Потому что в городе электричество выключают в девять часов вечера, но хозяин куда-то обратился, сказал, что принимает высокого московского гостя, у него в порядке одолжения свет не выключали, пока мы не ушли. А вот в соседнем с нашим хозяином подъезде свет есть всегда, потому что там живет начальник милиции города.

Празднование юбилея было пышное. Возле дворца, где это должно было происходить, заранее стали собираться нарядно одетые люди. Продавалось пиво и безалкогольные напитки. Красная ковровая дорожка покрывала кусок тротуара перед крыльцом, само крыльцо и дальше уходила в глубь здания. Я спросил, для кого дорожка. Мне сказали, для раиса, то есть начальника. Именно так он и называется: начальник Ленинабадской области. Область, как и Ленинградская, сохранила свое название. Тем временем народ входил внутрь, заполнял зал. Я тоже хотел войти, но мне предложили подождать, пока приедет раис. Как он подъехал, я не видел. Но вот он появился в коридоре. Молодой человек, как мне показалось, лет тридцати пяти, со свитой. Он поздоровался со мной, взял меня под руку, и мы вместе по красной дорожке вошли в зал. Грянула музыка, все вскочили и встретили бурными аплодисментами, разумеется, не меня, а раиса. После этого были речи, общие слова, рассказывалась история газеты, как она в трудные годы прославляла людей труда и звала на подвиг. Когда слово дали раису, он прошел по ковровой дорожке к трибуне. Начало и конец речи, произнесенной по-русски, опять были встречены бурными аплодисментами. Следующим был я. Мне как-то перед самим собой было неудобно, и я прошел сбоку от дорожки. Тем не менее меня тоже приветствовали дружно.

Затем был рынок, оказавшийся по-восточному шумным и многолюдным, но довольно убогим. Продавались сушеные фрукты, кукуруза, семечки, не помню что еще и в большом количестве кинжалы с наборными ручками, которые местные кузнецы делают тут же на рынке. Оказалось, их производят из клапанов автомобильных моторов. Расклепывают их, обтачивают. Получаются довольно красивые блестящие и острые ножи.

В Худжанде я несколько раз выступал. В разных местах. В том числе в местном пединституте, где училась моя мама. С огорчением отметил, что меня здесь почти никто не читал. Но одного читателя я все-таки встретил. Оле надо было срочно возвращаться в Мюнхен, а самолета из Худжанда в этот день не было. Нам дали машину, и мы поехали в Ташкент. Спереди шофер еще с одним человеком, сзади мы с Олей. Передние говорили между собой по-таджикски. Потом тот, что сидел рядом с шофером, обернулся ко мне и спросил по-русски, пишу ли я продолжение «Чонкина».

— А вы читали «Чонкина»? — удивился я.

— Как же, обязан был.

— А почему?

— А я в КГБ служил.

Похожая встреча через какое-то время случилась со мной в Москве. Я ехал на «леваке». Был час пик, но шофер находил какие-то объездные пути, и мы довольно быстро продвигались к месту назначения.

— Вот видите, — сказал шофер с гордостью, — как я вас везу. Потому что я знаю все переулки и дворы, через которые можно приехать. А знаете почему? Потому что служил в КГБ. Мы за диссидентами гонялись.

— Так, может, и за мной гонялся?— предположил я.

— А как ваша фамилия?

Я сказал.

— Конечно, — сказал он радостно, — ездил за вами. Ездил.

Помолчав, продолжил разговор:

— Но вы на нас не обижайтесь. Мы что, мы мелкие сошки. Нам приказывают за кем-то следить, мы следим. А это ж не мы все решали. Это наше начальство. Брежнев, Андропов. А наше дело выполнять, что прикажут. Но то время кончилось. Сейчас другие времена. Сейчас свобода, демократия...

Вдруг что-то на него нашло, он стал сначала бормотать невнятно и тихо, но с нарастанием децибел:

— Сейчас демократия. Демократы. Вот если бы дали сейчас пулемет, я бы всех этих демократов перестрелял.

Оля из Ташкента улетела, а я побывал еще в Душанбе. Выступал в университете. Там оказалось, что меня не только читали, а даже был пройден какой-то курс по «Чонкину» и «Москве 2042». И нашлись люди, лично знавшие подружку моих детских лет Галю Салибаеву. Больше того, Олег Панфилов нашел здание, где была когда-то газета «Коммунист Таджикистана» и где на балконе в раннем детстве я был сфотографирован в матросской форме и с журналом «Пионер» в руках. На том же балконе я снялся и в этот раз. Шестьдесят восемь лет спустя.

ОКОНЧАНИЕ С МНОГОТОЧИЕМ

Странно, что я пережил эту поездку, а потом открывшуюся в конце мая выставку в Русском музее, состоявшуюся по инициативе художника и искусствоведа Йозефа Киблицкого. Не только пережил, но в октябре собрался в еще более дальнее путешествие. Меня пригласили в Израиль участвовать в фестивале памяти Окуджавы.

Планировалось несколько концертов в Израиле, потом Лос-Анджелес—Чикаго—Нью-Йорк. Я уже купил билет в Израиль, но почувствовал, что не выдержу такой нагрузки, позвонил в Иерусалим одному из организаторов. Тот занял, что я практически срываю мероприятие, потому что в программе указан как один из главных участников. Он так ныл, что я сдался и собрался лететь, понимая, что это безумие. Меня спас инфаркт, случившийся накануне предполагаемого отлета в Израиль.

Сердце заболело с вечера. Нитроглицерин помогал на несколько минут. До пяти утра лежал, хватался за сердце, прыскал нитроглицерин. В пять решился разбудить Олю. Она вызвала «Скорую помощь», меня отвезли опять в Богенхаузен. Диагноз: инфаркт. Меня заверили, что небольшой. Меня это особенно не обрадовало. Пусть бы был и большой. Поставили еще один стент. Выписали. От инфаркта отошел, но состояние лучшим, чем до него, не стало. Друг Отара Иоселиани детский кардиолог Ладо (Владимир) Алекси-Месхишвили, работающий в Берлинском кардиоцентре, предложил мне свою помощь. Я трижды летал в Берлин, где мне трижды по протекции Ладо ставили новые стенты. После первого и второго врач говорил: «Ну, теперь у вас все в порядке». Я выходил на улицу и чувствовал, что не все в порядке. После третьего стало лучше, хотя и не сразу. С сердцем стало полегче, но не хотелось ни работать, ни жить. Нет, суицидных намерений не было. Я думаю, для самоубийства тоже нужна какая-то внутренняя энергия. Готовность к совершению решительного поступка. Я не готов был ни к чему. Я из Мюнхена уезжал в Москву, хотя ничего здесь не делал. Старался не вылезать из квартиры. Вечерами выпивал в одиночестве. Не слишком много, но регулярно. И только вечерами. Спал крепко, без сновидений. Просыпался неохотно, с мыслью, что опять придется жить целый день. Сам избегал куда-то ходить, но ко мне гости приходили. В основном это были сын Павел, дочь Марина, Бен и Слава Сарновы, Борис и Марина Золотухины, Юрий Кушак, Татьяна Бек. О Тане в этой книге я практически ничего не написал, хотя она для Иры и меня была одним из самых близких людей. Ее отец Александр Альфредович Бек был моим старшим товарищем, а с Таней я познакомился, когда ей было тринадцать лет. Примерно тогда и началась наша дружба, несмотря на 17 лет разницы в возрасте. Я был свидетелем ее взросления, ее успехов в поэзии и ее романов, в основном неудачных. Когда мы вернулись из эмиграции, Таня принимала участие в жизни нашей семьи. Она была не только хорошей поэтессой, но и замечательным критиком, литературоведом, преподавателем в Литинституте и редактором. Она взяла у меня и напечатала два обширных интервью-беседы, в которых я, пожалуй, впервые попытался рассказать читателю о себе, своих книгах и замыслах более или менее внятно. Она внимательно читала и добровольно редактировала все мои рукописи и вообще всегда готова была прийти на помощь. Она была идеалисткой, максималисткой, очень чувствительной и обидчивой. Последние годы своей жизни она в «Независимой газете» вела колонку, где рассказывала о книжных новинках и о том, что вообще происходит в литературе. В одной из колонок она насмешливо откомментировала письмо нескольких поэтов, предложивших тогда еще живому Туркмен-баши перевести его стихи (оцениваемые авторами письма высоко) на русский язык. Задетые отзывом Тани авторы отреагировали мерзко, звонили Тане и оскорбляли ее. Она впала в депрессию, запила и принимала при этом много лекарств, несовместимых с алкоголем. От передозировки того и другого, очевидно, и умерла в феврале 2005-го в возрасте 55 лет. Ее смерть была тоже для меня большой потерей. А еще через год примерно так же умерла моя старшая дочь Марина. Водку она не пила, но при любом заболевании сама себя лечила и глотала лекарства горстями, не очень вникая в их свойства и недооценивая опасности передозировки.

Я жил в прострации и в ощущении, что неодолимая сила отрывает от меня куски, и постепенно погружался во мрак. Друзья начали меня спасать и сватать, говоря, что женщина, потерявшая мужа, — это вдова, а мужчина в той же ситуации — жених. Предлагали разные варианты знакомства. Я отмахивался. Я вообще жить не хотел. Пока не встретил Светлану...

И ПОСЛЕ МНОГОТОЧИЯ

Этот свой автопортрет я писал неоправданно долго. Написал, как сумел. Возможно, был не вполне объективен. Допускаю, что я недостаточно самокритичен, кажусь себе лучше, чем есть, и отобразил не все свои проступки, недостатки и слабости. Но литература такая штука, что в ней, как бы автор ни пытался себя приукрасить, его истинный облик все равно проступит сквозь наведенный глянец.

Еще когда я печатал отдельные главы своей биографии в «Новых известиях», до меня доходили слухи о недовольстве некоторых вдов и прочих родственников изображенных мною людей. Мне очень жаль, если я задел чьи-то чувства, но в свое оправдание скажу только, что я никогда ни на кого не возводил напраслины, никаких фактов намеренно не искажал. Я описал события и людей такими, какими видел и запомнил. Святых не встречал. Рисовать святых — это дело иконописцев, а я реалист. Теперь точка.

Приложения

ПРИЛОЖЕНИЕ 1

ПРЕДСЕДАТЕЛЮ ВААП

т. Б.Д. Панкину в ответ на его интервью,
опубликованное «Литературной газетой»
26 сентября 1973 года

Уважаемый Борис Дмитриевич!

Правду сказать, до появления в газете Вашего интервью я волновался, не понимая, в чем дело. Вдруг какой-то совет учредителей создал какое-то агентство по охране каких-то авторских прав.

Для чего?

Авторские права внутри нашей страны порою своеобразно, но все-таки охранялись и раньше.

А за рубежом...

Именно это меня всегда волновало. Кто, думал я, больше всего может беспокоиться об охране своих авторских прав за рубежом? Вероятнее всего, те, кто больше других там издается. Например, А. Солженицын, В. Максимов, академик А. Сахаров и прочие так называемые диссиденты, извините за модное слово. Было бы естественно предположить, что именно они и вошли в совет учредителей. Но, узнав, что председателем совета избран товарищ Стукалин[1], я сразу отмел это предположение. Нет, сказал я себе самому, товарищ Стукалин такой совет никогда не согласится возглавить.

Ваше интервью кое-что прояснило, а кое-что еще больше запутало. С одной стороны, конечно, приятно, что в совет учредителей от писательской общественности вошли такие крупные творческие индивидуальности, как Г. Марков, Ю. Верченко, С. Сартаков и т.д. С другой стороны, непонятно: почему именно они больше других заботятся об охране авторских прав? Ведь на их авторские права за пределами нашего отечества, думается, никто особенно не посягает.

Мне приходили в голову самые нелепые мысли. Я даже подумал, что, может быть, пока я не следил за творчеством этих писателей, они создали небывалые по силе шедевры, над которыми нависла угроза попасть в самиздат, в «Посев» или, например, к «Галлимару». А может быть, они бросились на защиту чужих авторских прав из чистого альтруизма?

---

[1] Борис Стукалин. В описываемое время председатель Государственного комитета по делам печати, издательств и книжной торговли.

Я попытался уяснить себе цели агентства, которое указанные товарищи учредили, а Вы возглавили.

В своем интервью Вы говорите, что деятельность Вашего агентства будет направлена на «усиление обмена подлинными достижениями в различных сферах человеческого духа». Слово «подлинными» подчеркнуто не было, но я его все же заметил. Я подумал, что определять подлинность достижений в сферах человеческого духа — дело довольно сложное. Иногда на это уходили годы, а то и столетия. Надо надеяться, что теперь подлинность достижений будет определяться немедленно.

Кем же? Вашим агентством?

Хотелось бы знать, по каким признакам. Можно ли считать подлинными достижения А. Солженицына? Или теперь подлинными будут считаться достижения товарища Верченко?

В тексте своего интервью Вы справедливо замечаете, что автору того или иного произведения заниматься охраной собственных прав «хлопотно и неэкономично». В подтексте Вы намекаете, что автору станет и вовсе хлопотно, если он, издаваясь за границей, не возьмет в посредники Ваше агентство. В таком случае автор, видимо, считается нарушителем государственной монополии на внешнюю торговлю и автоматически переходит в разряд уголовных преступников.

Это богатая идея. Она таит в себе ряд любопытных возможностей. Например, такую. Передав свое достижение за границу, автор сам становится объектом охраны. Охрану авторских прав вместе с носителем этих прав следует признать самой надежной. В связи с этим, мне кажется, было бы целесообразно возбудить перед компетентными инстанциями ходатайство о передаче в ведение Вашего агентства Лефортовской или Бутырской тюрьмы со штатом охранников и овчарок. Там же можно было бы разместить не только авторов, но и их правопреемников. А поскольку Ваше агентство обещает гражданам государств — участников Всемирной конвенции те же права, что и собственным гражданам, то такую же форму охраны можно было бы распространить и на них.

Меня, однако, смущает следующее обстоятельство. Ваше агентство, судя по всему, является общественной, а не государственной организацией. Но поскольку монополия на внешнюю торговлю принадлежит именно государству, и только ему, то не грозит ли Вашему агентству риск самому быть подвергнутым уголовному преследованию?[1] Если агентство станет объектом охраны, то как оно сможет охранять что-то другое? Над этим, пожалуй, стоит подумать.

И еще одно предложение.

---

[1] Как я потом узнал, этот абзац моего письма учредителей агентства как-то смутил. Считаясь формально общественной организацией, они де-юре не имели права заниматься внешней торговлей. Но законом они легко пренебрегли, тем более что де-факто были не общественной организацией, а спецслужбой КГБ. — *В.В.*

Поскольку Ваше агентство намерено само определять, когда, где и на каких условиях издавать то или иное произведение или не издавать его вовсе, то эта правовая особенность агентства должна, очевидно, отразиться в его названии. Предлагаю впредь именовать его не ВААП, а ВАПАП — Всесоюзное агентство по присвоению авторских прав.

Всего одна лишняя буква на вывеске, а насколько точнее становится смысл!

Развивая это предложение, можно считать естественным присвоение вместе с авторскими правами и самого авторства. В дальнейшем Ваше агентство должно произведения советских авторов издавать от своего имени и нести ответственность за их идейно-художественное содержание.

Желая внести личный вклад в это интересное начинание, прошу автором данного письма (и, естественно, носителем авторских прав) считать агентство ВАПАП.

Примите мои уверения в совершеннейшем к Вам почтении.
Владимир Войнович 5 октября 1973 г.

ПРИЛОЖЕНИЕ 2

СТЕНОГРАММА
ЗАСЕДАНИЯ БЮРО ОБЪЕДИНЕНИЯ ПРОЗЫ
МОСКОВСКОЙ ПИСАТЕЛЬСКОЙ ОРГАНИЗАЦИИ

31 января 1974 года

Председательствует Г.Г. Радов

Г.Г. РАДОВ. Открываем заседание бюро. Поскольку Б.М. Зубавин болел, я беру сегодня на себя обязанность быть председателем.

Сегодня у нас стоит вопрос о поведении члена Союза писателей В.Н. Войновича. Поступок его известен членам бюро. Речь идет об опубликовании материала в антисоветском издательстве «Посев» в № 11 за прошлый год. Члены бюро с этим материалом знакомы, поэтому надобности в чтении нет.

Не вдаваясь в оценку этого документа, хочу сообщить, что вопрос о поведении В.Н. Войновича разбирался на секретариате Московской писательской организации в 1968 году. Речь шла о подписании Войновичем коллективного письма в защиту антисоветчиков, за что он получил выговор. 20 декабря 1970 года решением секретариата он был предупрежден, что заслуживает исключения из Союза. Речь шла о публикации за границей клеветнического, как утверждалось в решении секретариата, антисоветского произведения. Войнович был предупрежден, что заслуживает исключения из Союза, но ввиду того, что он опубликовал протест против напечатания его незавершенного произведения «Жизнь и замечательные приключения солдата Ивана Чонкина», он получил только строгий выговор с занесением в личное дело. Секретариат надеялся, что Войнович сделает для себя соответствующий вывод.

И вот перед нами третий факт — публикация в «Посеве» в ноябре 1973 года.

Поскольку товарищи знакомы с материалом, я думаю, мы попросим сейчас Войновича разъяснить свое отношение к этому вопросу,

В.Н. ВОЙНОВИЧ. То, что это было напечатано в «Посеве», я не знал. Я узнал это только от т. Стрехнина. Но вообще это письмо открытое, я его не скрывал, и его могли послать куда угодно.

Сейчас вы будете обсуждать это письмо. Я уже говорил Юрию Федоровичу, что я считаю это письмо сатирическим произведением, оно похоже даже на гротеск, но гротеска в нем нет, потому что в нем содержится все то, что содержалось в интервью Панкина. Я представил это только в деталях. Я написал это письмо потому, что Панкин заявил, что отныне правами писателей будет ведать агентство ВААП — оно будет определять, какие произведения подлежат печатанию, какие не подлежат, какие можно печатать, какие нельзя. У меня в письме говорится насчет Бутырской и Лефортовской тюрьмы. Панкин это имел в виду: он писал, что автора, который не обратится в ВААП, ждет тюрьма. Он не написал адреса, — эти адреса уточнил я.

Я считаю, что права писателей и так у нас урезаны, и отнимать у писателя последнее право распоряжаться своей рукописью по своему усмотрению нельзя. Я считаю, что основание этого агентства на таких условиях возмутительно, и выразил свое к этому отношение.

Г.Г. РАДОВ. Есть вопросы?

Г. БРОВМАН. Все-таки интересно, каким образом это письмо могло попасть на страницы контрреволюционного, фашистского издания?

В.Н. ВОЙНОВИЧ. Я послал это письмо Панкину в «Комсомольскую правду». Он мог его напечатать там.

Г.Г.РАДОВ. Что Вы имеете в виду под открытым письмом?

В.Н. ВОЙНОВИЧ. Я имел в виду, что это не секретное письмо. Я его послал Панкину и давал читать всем, кто меня об этом просил.

Г.Г. РАДОВ. Я же не могу просить у Вас то, чего я не знаю.

В.Н. ВОЙНОВИЧ. Вы приходите ко мне в гости, я говорю — я написал письмо Панкину. Вы берете, читаете и, если хотите, — переписываете.

Г.Г. РАДОВ. Вас не огорчил факт публикации этого письма в «Посеве»?

В.Н. ВОЙНОВИЧ. Нет, потому что это письмо открытое.

Г.Г. РАДОВ. Обычно, если человек пишет открытые письма, он их посылает в нашу печать.

В.Н. ВОЙНОВИЧ. Я и послал Панкину в «Комсомольскую правду».

Г.Г. РАДОВ. Значит, официально Вы в органы советской печати не обращались. А то, что оно опубликовано на Западе, Вы считаете случайным?

В.Н. ВОЙНОВИЧ. Нет, не считаю. Но в принципе оно должно было быть здесь напечатано.

Г.Г. РАДОВ. Как же оно могло быть напечатано, если Вы никому не посылали?

В.Н. ВОЙНОВИЧ. Вы же знаете, что оно не могло быть напечатано потому, что вы считаете, что это письмо плохое.

Г.Г. РАДОВ. Вы же не давали ему оценку, что это плохое письмо.

Г. БРОВМАН. Войнович не молодой писатель, он прекрасно отдает себе отчет, что «Посев» издание контрреволюционное, фашистское, черное издание на современном издательском горизонте за рубежом. Это не буржуазная газета, не социал-демократическая правая, а это контрреволюционное издание, призванное вести антисоветскую деятельность. Почему же он считает естественным опубликование этого письма там?

В.Н. ВОЙНОВИЧ. То, что я пишу, я не считаю антисоветским, а если я не считаю это антисоветским, то значит, они тоже не сделали ничего антисоветского. Я хотя там печатался, в отличие от вас, но я не знаю этого издательства, я не выписываю книги, которые оно издает. Я знаю только из каких-то источников, которые для меня не являются достоверными. Они могут печатать все, что им попадает в руки — это уже забота не моя, чтобы им не попадало.

Но им попадает в руки очень многое, и за это я ответственность на себя не беру, а руководство Союза писателей совместно с другими организациями создали такую обстановку, что многие наши вещи не могут быть здесь опубликованы и таким образом они попадают туда.

Я могу вам предложить разорить издательство «Посев» моментально: все, что попадает туда, печатать здесь.

Г.Г. РАДОВ. Но это, к Вашему сожалению, не произойдет.

У меня еще два вопроса. Вы пишете, что хотели видеть в числе учредителей этого агентства прежде всего тех, кто больше других там издается. Вероятнее всего, Солженицына, Максимова и Сахарова.

Вы убеждены, что больше всего издаются на Западе из всей огромной литературы именно эти три человека? Вы не знаете о миллионных тиражах за границей Шолохова, Леонова, Федина, Симонова и других? Вы убеждены, что Солженицын издается там больше, чем упомянутые мною писатели?

В.Н. ВОЙНОВИЧ. Я убежден, что Солженицын издается там больше, чем все названные Вами писатели.

Г.Г. РАДОВ. Второй вопрос. Вы иронизируете по поводу того, что членами-учредителями этого Общества являются т.т. Марков, Верченко и Сартаков. Вы читали интервью Панкина о том, что агентство создает целый ряд творческих организаций, в том числе и Союз писателей.

В данном случае Верченко, Сартаков и Марков вошли в состав учредителей от нашего Союза, представляющего всю советскую литературу. Вы же это знали! Три официальных секретаря Правления, представляющие творческий союз целиком. Мы их избрали на съезде писателей демократическим путем. Они осуществляют защиту наших интересов и выступают как юридические члены нашей Всесоюзной организации. Вы же это знали?

В.Н. ВОЙНОВИЧ. Знал, но не все они являются писателями, тем более крупными.

Г.Г. РАДОВ. Мы не говорили о крупности и авторитетности. Там написано, что они представляют Союз писателей, Верченко — не член Союза писателей, а работник Союза писателей, избранный нами. Со дня организации Союза писателей в течение всего времени им руководили не только писатели, но и общественные работники — Щербаков, Поликарпов, Воронков и целый ряд других. Они являются привлеченными работниками, мы платим им деньги и т.д.

Я хотел выяснить вашу точку зрения на эти два вопроса, но она осталась неясной.

т. ПАДЕРИН. Юрий Николаевич! (*Я думаю, это не Падерин, стенографистка записала меня Юрием. — В.В.*). Ознакомившись с письмом, я почувствовал, что у Вас есть определенное уважение к Солженицыну. Что Вы о нем прочитали и читали ли его последний роман «Архипелаг ГУЛАГ»?

В.Н. ВОЙНОВИЧ. На этот вопрос я отвечать не буду.

Г.Г. РАДОВ. Вы пока что член Союза писателей, пришли на заседание Бюро, и забывать это не следует.

В.Н. ВОЙНОВИЧ. Я пришел не выступать, а уходить! (*Мне помнится, я сказал: Не вступать в Союз, а уходить. — В.В.*).

Г.Г. РАДОВ. По-моему, отношение Юрия Николаевича к вопросу осталось нам не ясным. Есть ли еще вопросы к нему? Прежде чем приступить к обсуждению, я все-таки хотел бы задать последний вопрос.

Своим поведением Вы ставите нас в очень легкое положение по отношению к Вам и очень трудное для себя. Я хочу спросить хотя бы по праву возраста — достаточно ли серьезно осознаете Вы обстановку, в которую попали, и достаточно ли серьезно взвешиваете то, что говорите и как себя ведете перед большой группой писателей? По-видимому, они проявляют к Вам интерес, раз пришли сюда. Достаточно ли серьезно Вы к этому относитесь или это дань браваде? Объясните! Я даю возможность сказать по-серьезному.

В.Н. ВОЙНОВИЧ. Мне трудно это объяснять. Дело в том, что когда я писал это письмо, я вполне представлял, что за этим последует. Я знал, что могу быть исключенным из Союза писателей. Я делал еще кое-что, за что я мог бы быть исключен из Союза. Это не значит, что я делал плохо. Я считаю, что положение в нашей литературе очень тяжелое.

(Г.Г.РАДОВ. Мы не обсуждаем этот вопрос. Дискуссии по поводу положения в литературе мы не ведем.)

Хорошо. Я думал, как мне себя вести...

Г.Г. РАДОВ. Положение в литературе такое, что человеком, который дважды нанес моральный ущерб государству, в последнее время были изданы две серьезные книги, и было проявлено беспокойство Союза писателей в том направления, чтобы они были изданы. Так что о положении в литературе можно судить и по этому факту — забота Союза писателей и общества о каждом отдельном литераторе, несмотря на то, что выступления этого литератора и в первом во втором случае нанесли моральный ущерб. Ведь любое выступление за границей наносит нам моральный ущерб. У Вас вышли в последнее время две книги; одна новая и вторая — переиздание. Не было массовых просьб читателей о переиздании, — Вам шли навстречу.

В.Н. ВОЙНОВИЧ. Во-первых, у меня есть читатели и их немало, которые ждут моих книжек. Мои книжки на полках не валяются. Поэтому мои книжки надо издавать. Если не будут издавать, то будет неправильно — есть читательский спрос, и независимо от моего поведения они должны издаваться. Я ведь ничего плохого, нечестного не сделал. За что я получил первый выговор? Я подписал письмо в защиту Синявского и Даниэля. Я не руководствовался никакими корыстными соображениями. Мне никогда не нравилось и не понравится, что писателя судят за то, что он написал. Но я думал о том, какой вред это наносит нашему государству. И, когда выступал судья Смирнов на этом процессе, я подал записку, ища выхода из положения, который удовлетворил бы все стороны: нельзя ли Синявского и Даниэля взять на поруки? Мне казалось, что это хороший выход из положения. Другие люди, не считавшие их преступниками, ругали меня и говорили, что «таким образом ты вроде признаешь, что они преступники». Я тоже не считал, что они преступники. Но я считаю, что с этого началась длинная цепь неприятностей для нашего государства.

Как вы заявляете, вы руководствуетесь интересами государства. Я тоже руководствуюсь интересами этого государства.

Была сделана ошибка. И я думаю, что ошибку эту поняли, потому что Синявский освобожден раньше срока и гуляет в Париже. А меня наказывали уже после того, как он не сидел — он уже гуляет по Парижу, а я расплачивался за это письмо.

Вы говорили, что Союз писателей сделал одолжение мне, напечатав мои книги...

(Г.Г. РАДОВ. Нет, проявил элементарную заботу.)

Я написал письмо с протестом против публикации в журнале «Грани». Журнал «Грани» напечатал часть моего романа (а не «Посев»), без моего разрешения, — я такого разрешения не давал.

При этом я считал, что виноват в этом не только журнал «Грани», а опять-таки та обстановка, которая сложилась у нас.

Потом здесь, в Союзе писателей, у нас велись длинные разговоры. Я не хотел писать письмо, мне тяжело было писать это письмо по моральным соображениям, потому что хотели, чтобы я сказал только об одной стороне дела, а я хотел сказать о двух сторонах. Но мне сказали — так нужно, ты нам помоги.

Я сказал — вы просите, чтобы я помог, а почему все мои пьесы, которые шли по всей стране, сняты, книги мои закрыты? Мне ответили — вы сделайте сейчас, а потом мы сделаем.

У меня тогда было двое детей, сейчас трое, я должен был их кормить, и это соображение для меня было тоже существенным. И я пошел на это и написал то, что хотели. После этого я пошел в Союз писателей, обращался к некоторым писателям и видел, что все довольны. Но после этого два года мою фамилию вычеркивали из всех списков. Например, если Свердловская студия просила у меня сценарий, я посылал заявку, а потом узнавал, что приехал референт из Москвы и эту заявку прикрыл. Вы хорошо знаете, что так бывает. Мои пьесы были по-прежнему запрещены, мне не давали ходу нигде, два года я просто нищенствовал, нечем было кормить детей.

Я уже не говорю о литературной деятельности руководства Союза писателей, с которой я не согласен, но и политически это глупо: сначала руководство предлагает — давайте сотрудничать на какой-то разумной основе, а потом я увидел только сведение счетов, месть и т.д.

Г.Г. РАДОВ. Я попросил Войновича взвесить серьезность ситуации, и вот мы получили такой ответ. Есть еще вопросы? /Нет/.

Я хочу прочесть один параграф Устава:

/Читает/

Когда об суждалось его произведение, напечатанное за границей, имелся в виду именно этот пункт. Письмо в «Литературную газету» его действительно просили написать, потому что писатель, состоящий в Союзе, обязан выразить свое отношение к тому, что его произведение напечатано на Западе во враждебном нам органе. И просьба эта была к нему для того, чтобы не применять этот пункт полностью. Раз он сделал такое заявление печатно, к нему отнеслись снисходительно.

Кто желает взять слово?

В. КРАСИЛЬЩИКОВ. В течение последних нескольких лет по своей работе я регулярно читаю все антисоветские, контрреволюционные издания со дня их изначального выхода, с момента Октябрьской революции. Я работал в ИМЭЛ и хорошо знаком с литературой этого рода — от «Социалистического вестника», основанного Мартовым в Берлине, до монархических махровых, реакционных газет, выходивших в Париже и Брюсселе и бережно хранимых сейчас, как своего рода документы эпохи, в Институте марксизма-ленинизма.

Журналы это разные, часто между ними возникает полемика, они пикируются, препираются, уличают друг друга, анализируют события

Октябрьской революции со своих точек зрения. Иногда, когда появляется, допустим, новый претендент на русский престол, как это случилось в 1922 г., когда появилась лжеАнастасия, бурные дебаты разворачиваются вокруг этой проблемы и страшная драка раздирает всю эмигрантскую прессу.

Но одно их объединяет. Их объединяет страстная ненависть к Советскому Союзу, к нашей партии, к любым успехам нашего социалистического строительства и махровый антисемитизм. На этой почве все они сходятся и все находят общий язык.

Еще один момент, который роднил их тогда. Это предсказание близкой гибели Советской власти. Тогда эти предсказания делались с помощью провидцев. Теперь эти журналы приняли несколько иное лицо, осовременились. Я не могу к ним отнести ту внешнюю характеристику, которую я дал в отношении их исторических прародителей, но их по-прежнему роднит звериная ненависть к нашему народу, вернее, к нашим людям, строящим социализм, к любым нашим успехам и беспрерывные предсказания гибели нашей социалистической системы. Только теперь эти предсказания делаются с помощью ЭВМ и по ходу дела отодвигаются с пятилетки на пятилетку.

Среди этих «любезных» и «милых» изданий есть такое издание, как «Посев», которое мне приходилось, правда, нерегулярно, читать, потому что оно не входило в сферу моих интересов. И в этом издании появляется открытое письмо нашего товарища Владимира Николаевича Войновича.

Письмо названо открытым. Очень странное обстоятельство выяснялось по ходу дела. Открытые письма обычно пишутся в какой-то орган, Я не знаю, как в «Комсомольской правде» рассчитывали такое письмо напечатать, но для меня это не имеет значения. Это чепуха и вообще не имеет значения, для кого оно было написано. Важно то, что оно было написано и было напечатано там, где его напечатали. Почему-то большое произведение Владимира Николаевича не было там оттиснуто, а оттиснули это маленькое письмо.

В этой связи меня удивила фраза: «там все попадает им в руки». Попадает в руки все, но не все печатается. В этом как раз корень вопроса.

С этой точки зрения мне очень не понравилось Ваше поведение. Весной на таком же заседании творческого объединения мы обсуждали поведение В. Максимова. При всем моем неприятии этого творчества, я должен сказать, что он вел себя достойно. Он не говорил: я не знаю, чего он хотел и т. д., а открыто сказал, что он ненавидит наш строй, ненавидит нас и будет бороться. Он честный, настоящий противник. Вы же юлите, изворачиваетесь...

В.Н. ВОЙНОВИЧ. Здесь большая разница.

Г.Г. РАДОВ. Мы терпеливо Вас слушали и не перебивали. Давайте условимся вести заседание спокойно. Тогда мы добьемся ясности.

Я не претендую на то, чтобы олицетворять строй. Это вы претендуете на то, чтобы выражать мнение советских писателей, какой-то их части. Я говорю за себя. Мы обсуждаем Вас как нашего творческого товарища. Мне Ваша личная позиция крайне несимпатична, потому что вы ведете себя как нашкодивший школьник — Вы изворачиваетесь, придумываете аргументы, которые самому Вам не кажутся вескими и убедительными.

(В.Н. ВОЙНОВИЧ. Кажутся).

Я говорю то, что мне кажется. Нигде, как на трибуне, и в выступлении, человек не старается представить себя самим собой, и в то же время нигде, как на трибуне, человек не открывается так окончательно, так полностью. И это случилось с Вами.

Если говорить о вашем письме по существу, а не по форме, то в вашем письме проглядывает неприязнь, непринятие нашего строя, ненависть ко всем завоеваниям нашей революции, которая пронизывает все творчество столь любимого и защищаемого вами Солженицына.

Я хотел еще оказать вот о чем. Вся эта история — весьма поучительный урок для нас. Мы часто не чужды обывательского брюзжания. И вот — начинается с обывательского брюзжания, а кончается тем, к чему пришел Владимир Войнович в произведении, опубликованном за рубежом, и в своем письме, в связи с которым мы обсуждаем его поведение.

Я считаю, что сейчас, когда так ожесточилась борьба двух миров, особенный урон наносят такие выступления, какое позволил себе Войнович. И, естественно, это несовместимо со званием советского писателя, и пребывание Войновича в нашем Союзе я считаю недопустимым.

А.ВОИНОВ. У меня возник вопрос. Мы прочитали это письмо — все ли мы остро и серьезно отнеслись к нему?

Я думаю, что каждый из нас, бывая за границей, знает, как выискивают наши идеологические противники всякие факты и фактики, которые могут нам нанести тяжелый урон. Должен оказать, что я недавно был в Берлине и видел передачу западногерманского телевидения. Я смотрел и думал о том, что они совершенно сознательно принижают ужасную роль фашизма, они идеализируют сейчас Гитлера. И в то же самое время — интересная деталь: после того как личный садовник Гитлера восхвалял своего шефа, тут же было пристроено интервью, которое корреспондент западногерманского радио брал у Синявского.

Я думаю, что Войнович, сочиняя это письмо, не мог не понимать, что оно наносит ущерб нашей стране. И я не верю Войновичу, что он не знает, каким образом это письмо оказалось напечатанным. Кто-то приходил к Войновичу в гости, кто-то переписывал это письмо, и оно таинственным способом оказалось напечатанным там.

Я вам скажу прямо, Войнович, Вы писали это письмо специально для того, чтобы напечатать его там, потому что вы прекрасно понимали, что это клеветническое письмо не может быть напечатано здесь. Вы несли. это письмо Панкину, заметая следы ...

(ВОЙНОВИЧ. Какие следы? Я же его подписал.)

Да, Вы его подписали и передали какому-то иностранному корреспонденту, а потом копию понесли Панкину. И не надо прятаться.

Когда я слушаю Вас, я думаю вот о чем: у нас действительно есть писатели трудной судьбы, у нас действительно есть писатели, которым трудно подчас пробиться в издательствах. Не так давно мы обсуждали творчество одной замечательной писательницы — Яновской, книги которой надо помочь издать. По вашей логике Яновская должна была взять свои книги и отдать печатать за границу. Это логика, простите меня, антисоветская.

Мы в своей среде сами должны исправлять все, что нам кажется нужным исправить.

Я считаю, что в данном случае речь идет просто о контрреволюционной контрабанде. Контрабандистски это письмо было передано на Запад с желанием нанести ущерб и нашему Союзу, и нашему обществу.

Я считаю, что Войнович должен быть исключен из Союза писателей.

Л.Н. ФОМЕНКО. Несколько лет тому назад, когда мы обсуждали на Секретариате книгу Войновича, напечатанную в «Гранях», Войнович был все же другим, чем сегодня. Сегодня он просто нетерпим, сегодня он просто продолжает то, что у меня вчера сорвалось с языка, когда я прочитала это письмо. Я бы это рассматривала как политическое хулиганство. Он обижает, оскорбляет товарищей, идет ва-банк.

Вообще, как сказал один умный человек сегодня, пусть бы миллионеры заботились об авторском праве. Я, например, никогда не думаю об авторском праве.

Но здесь совершенно о другом речь. Тогда мы говорили очень серьезно о его творчестве, вспоминали с болью хорошие его дела и старались понять, что это такое. Просили, чтобы он доказал своим творчеством и поведением, каков же он на самом деле — тот ли, который пишет стихи о космонавтах, тот ли, который написал о Вере Фигнер, или тот, который написал «Солдата Чонкина». Пусть это начало большого романа, но тенденция этой вещи тогда была названа антинародной, а она такая и есть, не говоря о страшном натурализме, который не дает ее читать спокойно.

Вот это какое-то двойственное, очень непонятное человеческое крайне неприятно. Это обижает и оскорбляет.

Правильно сказал Войнович, что у нас много людей, которые трудно печатаются, и что много людей, которым трудно кормить своих детей.

(В.Н. ВОЙНОВИЧ. А почему?)

По разным причинам. Не потому, что они бездарны — этот вопрос мы снимаем. Бывают разные причины, может быть и неуважительные. Могут сидеть бюрократы. В нашем доме все может быть, как и в моей, так и вашей семье. У одного такой характер, у другого — другой, бывают столкновения, люди могут расходиться, на что-то идут, но никому не приходит в голову так столкнуть разные личности. Я говорю, что это хулиганство.

Вы берете Верченко. Нам нет смысла его защищать, — я его мало знаю. Но почему нужно было здесь столкнуть это имя с именами уважаемых писателей Маркова и Сартакова? Верченко не писатель и не лезет в писательскую среду. Почему же нужно было столкнуть его имя с другими именами?

То, что написано, я рассматриваю как хулиганство, но должна сказать: то, что Вы наговорили сейчас — сгоряча или не сгоряча — просто нас оскорбляет. Говорю это честно. Здесь сидят люди, которые прошли большой жизненный путь. У Вас тоже седины достаточно. Пора хулиганства и заигрывания должна уже пройти.

Я смотрела вашу книгу, прочитала ее. Думала — как хорошо написали такую книгу. Если писал, чтобы поправить свои дела, то ведь он жил в этом материале не меньше трех лет. Думаю, дело пошло на лад. И хлоп — он пишет это письмо — миллионер, которому ущемляют его права. Это письмо доконало, если бы и не ваше поведение сегодня. Если Вы себя подготовили, это не дело — так Союзом писателей играть нельзя. Не знаю, кто Вас уговорил написать письмо в «Литературную газету», кто вас умолил.

В.Н. ВОЙНОВИЧ. Я никого не упрекаю!

Л.Н. ФОМЕНКО. Все секретари, которые были тогда на заседании, высказались, и каждый желал вам только добра, желали дать понять, что вы споткнулись на этой вещи.

И вы как будто бы пытались что-то подумать. А сегодня я вижу человека, который хочет, чтобы о нем пошла слава.

Я считаю, что чаша переполнена.

В.Н. ВОЙНОВИЧ. Может быть, я что-то по отношению к присутствующим неосторожно выскажу, — не хочу, чтобы кто-то воспринимал это на свой счет, тон моего разговора и т.д.

Я не оправдываюсь и не считаю, что я виляю. Я знаю, чем это кончится, — на этот счет у меня сомнений нет.

Г.Г. РАДОВ. Ваш опыт общения с Союзом должен вас научить, что к вам подходили с гуманностью и терпимостью.

В.Н. ВОЙНОВИЧ. Когда я писал письмо, я выступал не против строя, а против агентства ВААП. Я считаю, что агентство ВААП и советский строй не одно и то же. Мне мои права нужны. Если вам не нужны — отрекайтесь от них. Я не отрекаюсь от своего письма. Поэтому мне ясно, чем кончится дело. Я просто не хочу, чтобы себя считали оскорбленными.

С.С. ЛЕСНЕВСКИЙ. Я хочу, чтобы Володя (я называю его Володя потому, что давно знаю его, хорошо отношусь к нему, только недавно узнал об этом письме, и это меня очень огорчило) заметил, что мы все больше переживаем, чем он сам. Никто не пришел сюда с такой мыслью, с таким мнением, чтобы принимать определенное решение. Но надо сказать, что у нас нет времени, — не у нас буквально...

(Г.Г. БРОВМАН. Исторического времени нет.)

Я, конечно, не возвожу это событие в историческое событие, но какое-то движение истории мы обязаны чувствовать. Что касается данной ситуации, то, вероятно, этот вопрос нельзя считать историческим. Думаю, что у Володи есть еще время подумать и что-то сказать, так как окончательное решение будет выносить еще секретариат. Подумать не о том, как себя вести, — это термин прагматический, а о том, что это означает.

Хочу сказать, что я думаю по существу.

Относительно самой проблемы печатания. Как я понимаю, это психологически связано с теми трудностями, которые Войнович по тем или иным причинам, зависящим от него или не от него, испытывал в своей писательской судьбе. Это дело понятное. Может быть, это какая-то легенда, но я слышал, что когда молодые поэты приходили к Мандельштаму и жаловались, что их не печатают, то он их спускал с лестницы и спрашивал: а Христос печатался? Он хотел сказать, что это не первое, о чем должен думать писатель. И, размышляя над этим, я пришел к выводу: я стал замечать — когда я думаю, печатают меня или нет? Это приходит в те моменты, когда я творчески менее состоятелен. Это какой-то симптом известной неполноценности писательской, когда поднимаются такие вопросы: как человек печатается, кого больше печатают, кого меньше, почему меня не печатают и т.д.

Если человек думает, почему мне не пишется, — вот это существенный писательский вопрос, а если мы начинаем думать, почему не печатают, то можно отойти от всякого творчества.

Теперь по поводу Агентства. Мне кажется, в этом письме действительно есть элемент сатирического хулиганства. Но если рассматривать это всерьез, то создание Агентства является громадным шагом вперед в труднейшем деле общения нашей страны, социалистического мира со всем человечеством. Это наладить очень трудно, есть мир социалистический, капиталистический, есть третьи страны. При этом нам надо выжить, нам надо победить, и при этом нам надо общаться. Мы должны вести нашу борьбу новыми, более гибкими мерами.

Создание Агентства — это громадный шаг к общению с миром, последствия его трудно предсказать. Это глубоко прогрессивный шаг, и партия и правительство пошли на это очень дальновидно. Я не знаю, кого будут больше издавать, кого меньше — какая чепуха. Важен сам факт, что создана организация, которая будет общаться со всем миром. Войнович упомянул Галлимара — это почтенное издательство, которое печатает и прогрессивных писателей, и даже коммунистов.

Теперь о Панкине. Панкин уже несколько лет член нашего Союза.

Это необычайно светлый человек. Я учился с ним на одном курсе, знаю его со студенческих лет. Потом я его знал много лет как редактора «Комсомольской правды». Это одна из самых интересных наших газет, одна из самых смелых в хорошем смысле слова. И это обращение к Панину просто неуважение к замечательному, прекрасному человеку.

У нас работает В.Н. Ильин. Его должность адекватна в рамках нашей организации должности Ю.Н. Верченко. Я знаю, что этот человек высокой, рыцарской чести, он грудью бросается добывать людям больницу, деньги. В этом проходит его деятельность.

В суде есть такое понятие — презумпция невиновности, но это и моральная категория. Я верю в искренность Володи и верю, что он просто запутался, заобиделся, переобиделся. Можно обидеться на издателя, но нельзя переносить свою обиду на Родину, а так объективно получилось. Это выступление против наших организаций.

Г.Г. РАДОВ. Давайте уточним факты. Письмо написано в октябре 1973 г. У Войновича вышли сразу две книги. У меня за пять лет вышла одна книга. Так что нечего говорить, что он обиделся. Вы ищите другие доводы.

С.С. ЛЕСНЕВСКИЙ. Я лично хочу исходить из того, что человек искренен, но объективно это письмо против нашей жизни, против партии, а ни нашей жизни, ни нашей Родины нет без партии.

Мы знаем судьбы писателей. Знаем судьбу Ахматовой, которая не была членом партии и марксистом, но в 1946 г., когда к ней пришли иностранные корреспонденты после того, как ей было очень тяжело, она выгнала их. Она рассказала мне, как была в Италии и в какую там пришли ярость, что она не просит политического убежища.

Знаем трагическую судьбу другого писателя, который всеми силами стремился пробиться к Родине, к пониманию. И сейчас, когда читаешь вышедшую книгу о мученической судьбе ряда людей, это ценишь.

(Г.Г. РАДОВ. О ком Вы говорите?)

Я говорю о Мандельштаме. Он попал в тяжелейшее испытание.

(В.Н. ВОЙНОВИЧ. Колючая проволока помешала ему пробиться!)

Я призываю Володю подумать о том, что, объективно говоря, его выступление — это выступление против партии, против народа, что вовлекается он в очень мутную, грязную волну людей, которые вообще готовы тебя за пятак продать. Я прошу тебя обо всем этом подумать.

Г.С. БЕРЕЗКО. Должен сказать, что когда я прочитал Ваше письмо, стало мне очень огорчительно, тяжело. Вы написали ужасное письмо. Мне даже не совсем понятно, как Вы могли так написать. Вы назвали это письмо гротеском.

В.Н. ВОЙНОВИЧ. Я сказал, что оно похоже на гротеск.

Г.С. БЕРЕЗКО. Это больше похоже на литературное хулиганство. С большим душевным огорчением мы относимся к этому письму.

В молодости я долго жил в коммунальной квартире и запомнил одного «шалуна», который забавлялся тем, что когда на кухне никого не было, бросал мусор и окурки в чужой суп, а потом ходил по квартире с горделивым видом. Ваше письмо напомнило мне этого «шалуна» из коммунальной квартиры. Это ужасное письмо! Вы приводите там сравнения с Бутырской тюрьмой, говорите об уголовной ответственности. В каком страшном духовном мраке Вам это привиделось?

В.Н. ВОЙНОВИЧ. Этого нет в письме. Там намекается на уголовную ответственность. В интервью Панкова говорится, что автора ждут известные последствия...

Г.Г. БРОВМАН. Слова «уголовный» там нет.

В.Н. ВОЙНОВИЧ. А какое?

Г.С. БЕРЕЗКО. Я вспоминаю, как мы на секретариате в свое время обсуждали ваш очень плохой роман «Жизнь и замечательные приключения солдата Ивана Чонкина»...

В.Н. ВОЙНОВИЧ. Я тогда с вами не согласился.

Г.С. БЕРЕЗКО. Я прекрасно помню все, что мы говорили. И у меня лично создалось такое впечатление, благоприятное для вас впечатление, что вы хотя бы задумались над тем, что вы сотворили. А сотворили вы сатиру, но сатиру на народ. Такой сатиры я не понимаю.

В.Н. ВОЙНОВИЧ. А Салтыков-Щедрин?

Г.Г. РАДОВ. Он не на народ писал.

В.Н. ВОЙНОВИЧ. А город Глупов?

Г.Г. РАДОВ. Это о самодержавии, чиновниках.

Г.С. БЕРЕЗКО. Во-первых, не на народ писал, во-вторых, Войнович, помните, что времена были другие.

Я согласен с Лесневским, что создание агентства ВААП — это прогрессивная мера, принятая и в интересах писателей, и в интересах советской власти. И как это можно было не понять — это поразительно!

Здесь все правильно говорилось. Затем этот ернический, издевательский тон по отношению к людям, писателям, честно работающим, интересно работающим. Вам могут не нравиться книги, но вы имеете возможность выступить со своей точкой зрения.

В.Н. ВОЙНОВИЧ. Где?

Г.С. БЕРЕЗКО. Хотя бы на перевыборном собрании секции прозы.

В.Н. ВОЙНОВИЧ. Вы так же соберетесь и исключите меня из Союза, если я выступлю.

Г.С. БЕРЕЗКО. Что вы говорите?

Я начал говорить о чтении вашего романа, плохого, дурного романа, и у меня создалось такое впечатление, что Вы о чем-то задумались. Оказывается — нет. Оказывается, все это прошло мимо, не задело Вас ничем, не изменило вашего отношения, вашей большой обиды на Союз, на всех нас.

(В.Н. ВОЙНОВИЧ. Она стала еще больше.)

Г.С. БЕРЕЗКО. И вы пришли к нам после этого ужасающе, необычайно воинственно настроенным. Вы напомнили мне того шалуна в коммунальной квартире, который сыпал пепел в чужие супы и был глубоко удовлетворен. Так и вы. Я вспомнил этого шалуна не случайно, я вспомнил его, послушав вас. И это очень грустно, и оскорбительно то, что вы себя считаете единственным болельщиком за советскую литературу.

Уверяю вас, советская литература не нуждается в вашем сочувствии, обойдется. Вы не обойдетесь без советской литературы, не обойдетесь без нас, без Родины. А Советский Союз как-нибудь обойдется.

Ю. КОРОЛЬКОВ. Сначала о расстановке сил.

Я немного больше знаю, в частности об НТС, чем знает Войнович. Дело в том, что с организацией НТС мне приходилось сталкиваться 20 лет назад, еще будучи в Германии, и даже еще раньше — во время войны.

Я являюсь членом Комитета по культурным связям с соотечественниками за рубежом, получаю газету «За Родину», которая очень много говорит об НТС и рассказывает, что из себя представляют эти люди. Я не буду повторяться, но это наши враги и враги без кавычек. Это предатели и не только власовцы, но и старая эмиграция. После войны это шпики, гестаповцы, полицаи. Мне доводилось бывать в лагерях перемещенных лиц. Матерые полицаи являются заправилами в НТС.

Мне пришлось работать над книгой о Мусе Джалиле, и я нашел документ о том, кто предал подпольную молодежную организацию. Он сам пишет — по заданию НТС и германской разведки — абвера я вошел в организацию, раскрыл и т.д.

Это провокаторы, шпики, полицаи, палачи — с кем вы начинаете солидаризироваться?

Вы поймите меня правильно, я не хочу вам зла. Задумайтесь только над тем, с кем и как вы солидаризируетесь.

Когда я прочел ваше письмо, я сразу подумал, а зачем оно написано.

Вот подписали конвенцию, ограничение в выступлениях. Ведь мы не все можем напечатать, антисоветчину мы не будем поддерживать. Раз и навсегда запомните — идет борьба двух лагерей. Не идет ли это от желания написать и попытаться как-то помочь Солженицыну, чтобы он свободно выступал?

Если с этой точки зрения подойти к вашему выступлению, я бы очень хотел, чтобы вы подумали и, может быть, что-то решили. Я хочу считать, что вы честный человек, а в вашем письме и вашем выступлении сегодня есть элемент провокации — вызвать скандальчик и вокруг этого дела пошуметь. Так нельзя.

Г. БРОВМАН. Я хочу поддержать, высказанную мысль о нашем «доме». Многим присутствующим здесь и тем, кто сейчас говорит, было трудно. Были обстоятельства сложные, были обстоятельства критические, приводившие к тому, что детей нечем было кормить. Но никому из советских людей, оказавшихся в таком положении, — позвольте мне это вам заявить, — кроме отдельных отщепенцев, не пришло в голову искать защиту в той среде, которую обрисовал Ю. Корольков.

Есть неправильные действия, есть бюрократ-издатель, есть плохой рецензент, недоброжелательный, бездарный и ограниченный человек, — надо искать на них управу в нашем «доме», в партийной организации. Можно обратиться в органы народного контроля, в Секретариат Союза, в районный комитет и даже Центральный Комитет партии — это не возбраняется никому. Но писать надо, желая остаться в собственном доме и разобраться в делах собственными усилиями с помощью товарищей. Писать надо так, чтобы можно было напечатать в советской газете.

Два слова о нашем председателе. Г. Радов отнес в «Литературную газету» статью, которая вызвала большое движение умов, по поводу безответственности, которая задела министров и даже членов правительства. Он сделал большое дело. Но каким был бы Радов, если бы он понес эту статью, предварительно размножив ее и показав «товарищам» в кавычках. А почему они товарищи Владимиру Николаевичу? Потому что он печатается у них. Там, где печатают автора, его считают товарищем. Если он печатается в НТС, его воспринимают как коллегу.

Можно и нужно критиковать наши недостатки. Я не хотел бы, чтобы наше обсуждение поведения Владимира Николаевича было воспринято так, что мы, писатели, чуждаемся критики. Но здесь не критика, а идейная борьба, особенно острая в наши дни. На фоне шумихи с «Архипелагом Гулаг» все это выглядит ужасно. Именно на фоне этой шумихи вы выглядите как жалкий подпевала, убогий человек, простите меня за эти слова! Вы не идете вровень с крупными, большими антисоветчиками, сидящими в тылу, а действуете из подворотни, как тот человек на коммунальной кухни.

Вы презираете нас — мы разные литераторы. Вы пишете, что Маркова не будут печатать и издавать. Если Маркова не будут печатать НТС и «Грани», это правильно. У нас большая литература. Вы недооцениваете наши таланты. И вдруг вы выскакиваете, как Моська ...

(В.Н. ВОЙНОВИЧ. Вас недооцениваю!)

Я критиковал вас, но критиковал вас с расположением, с уважением. Я ценил вас за ваши правдивые повести — повесть о колхозе, повесть о жилищно-строительном кооперативе. Там был материал для критики. Вы были правы, критикуя многие явления современной жизни на страницах наших журналов и газет. Это была товарищеская литературная работа, формирующая советское искусство. А сегодня — другое дело. Вы стали нашим врагом.

Я считаю прозвучавшее здесь предложение об исключении В.Н. Войновича из членов Союза абсолютно правильным. Для меня, для литератора уже не молодого, прошедшего войну, много видевшего, бесспорно, что сегодня мы имеем дело с нашем противником и в одном союзе с ним нам быть не к лицу.

И.Р. ГУРО. Я не знаю В. Войновича, не знаю его творчества. Волей-неволей поэтому я составила свое мнение по его выступлениям и по тому, что, имея уши, я слышала. Несколько фактов повлияли на мое мнение о нем и безусловно повлияют на то решение, которое я внутренне принимаю в отношении Войновича как члена Союза.

Я не верю в астральные, потусторонние силы и не верю, что каким-то неземным путем этот документ мог оказаться в грязной газетенке наших врагов. Этот документ был передан таким образом, чтобы найти адресата, и адресат был найден. Это — первое.

Второе. Очень большой политический вес имеет любое заявление писателя, обнародованное в нашей прессе. Поэтому, когда мы прочли письмо Войновича о том, что он считает гнусным поступком печатание, помимо его желания, его произведения, мы восприняли это как искреннее заявление. Как же можно было иначе это воспринять?! Но я слышала своими ушами, что это письмо было вызвано соображениями материальной выгоды, облегчения своего положения и т.д.

(В.Н. ВОЙНОВИЧ. И желанием сохранить добрые отношения с Союзом писателей.)

Следовательно, заявление двурушническое, заявление обманное. Как мы можем иначе расценить его? Не могу поверить, что кто-то из наших товарищей умолял Войновича: «помоги нам». Мы не нуждаемся в нем. Прежде всего он сам этим себе помогает.

Здесь было произнесено слово «провокация». Я человек немолодой, имею жизненный опыт и могу оценить атмосферу. И вот этот плохой, дрянной запах провокации меня сопровождает все время. Мы его слышим в этих репликах Войновича.

Я считаю, что Войнович сам себя поставил вне рядов советских писателей.

В. АМЛИНСКИЙ. Я знаю творчество Войновича. Я относился к его творчеству и таланту с уважением. Когда я прочитал это письмо, я, честно говоря, был поражен. Мне казалось, что это не похоже на него. Я не знал истории с повестью о приключениях солдата Чонкина. Я считал, что не похож на него тон этого ернический, развязный, странно грубый тон.

Когда речь идет о судьбе писателя, который написал интересную книгу, выразил себя, то не так просто бросаться этой судьбой, и мы все это понимаем. И в ряде выступлений, например, у Лесневского, проступала какая-то боль за Войновича. Я не думаю, что он человек, который сознательно рассчитывал на провокационность, но объективно так получилось.

Тем людям, которые такие вещи печатают, нет дела ни до Войновича, ни до его прозы, ни до литературы вообще. Им нет до него дела, — они хотят делать свой политический бизнес на этом, и это далеко от литературы.

Он в данном случае объективно сработал на них.

Меня удивили также в этом письме какие-то оскорбительные выпады против Бориса Панкина — человека серьезного, объективно делающего свое дело, и против Ю.Н. Верченко, который много доброго делает людям. Он не чиновник-бюрократ, насколько я его знаю.

Мне кажется, если бы Войнович нашел в себе силы, мужество, желание решительным образом отмежеваться от своей позиции, от этого письма, это было бы каким-то выходом. Есть ведь еще Секретариат. Войнович должен очень тщательно, по-человечески продумать всю создавшуюся ситуацию. Не хочется говорить грубости в его адрес. Тут есть люди, которые его знают, читают, и нас это письмо страшно огорчило. Я даже думаю, что это не он писал, на него непохоже.

Вообще все это очень тяжело и грустно. Я не хочу говорить каких-то проработческих фраз. Речь идет о художнике, о его судьбе. Но это действительно совершенно недопустимо и невозможно. Ведь антисоветчикам, которые использовали его произведение, нет дела ни до какого дарования. Может быть, он найдет в себе силы и мужество свою ложную позицию пересмотреть.

А. СТАРКОВ. Тут уже много было сказано. Все, что здесь происходит, я воспринимаю как личную неприятность.

Когда-то я читал письмо в «Литературную газету», читал роман о народовольцах, который прекрасно называется «Степень доверия». Применил ли к себе Войнович это прекрасное название, подумал ли он о той степени доверия, с какой отнеслись к нему читатели письма в «Литературную газету», те, кто издавали его книги?

Не хочется об этом говорить, но я никак не могу отрешиться от мысли, которая всех тревожит, что это все-таки какой-то маневр, какая-то конъюнктура, избрание какого-то момента для нанесения неприятности, удара — то, что в футболе называется финтом. Но почему избран ВААП?

Так получилось, что мой зять — молодой дипломат получил назначение в ВААП. Он пришел и с гордостью об этом сказал — вот мы теперь будем помогать издавать советскую литературу за рубежом.

И вот я никак не могу представить себе моего зятя в качестве надзирателя Бутырской тюрьмы. Мне кажется, эти слова не от головы, а от какого-то маневра.

Я очень хорошо относился к тому, что я читал («Чонкина» я не читал), о народовольцах хороший роман. Но теперь я уже ничему не верю, я запутался в ваших маневрах. Литератор вы хороший, а человек какой-то «финтующий».

Мы все очень переживаем. Очень печально, что мы вынуждены обсуждать не ваше творчество, не ваш роман, а ваш поступок, а еще более печально, что вы рассматриваете нас всех как надзирателей Бутырской тюрьмы. Это для меня очень оскорбительно, и огорчительно.

Г.Г. РАДОВ. Высказалось уже много товарищей. Есть предложение заканчивать, тем более что позиция ясна. Разрешите мне сказать несколько слов.

Мне показали из нового сочинения Солженицына «Архипелаг Гулаг» то место, где он презрительно отзывается об Иване Бунине за то, что тот не принял гитлеровцев. Вы помните трагический эпизод, когда к голодному умирающему Бунину пришли гитлеровцы и предложили свою помощь, и Бунин с негодованием от нее отказался. То, что проделал Солженицын, — это крайняя степень падения: презирать Бунина, не принявшего помощь гитлеровцев!

Я хочу продолжить мысль Ю. Королькова. Понимает ли Войнович, что здесь сидят люди, прошедшие, независимо от дарования, большой жизненный путь. Они честно жили, были в рядах армии, не только выступали на литературном фронте, но и сражались на фронтах войны, в том числе в разведке. Эти люди вот здесь сидят. Они пришли с единым желанием разобраться, потому что наше гражданское чувство глубоко уязвлено вашим тоном. Мы проявили максимум выдержки с единственной целью — помочь разобраться свихнувшемуся человеку, потому что человек живет на нашей земле, он моложе многих из нас. У меня, как председательствующего, было единственное желание — дать возможность человеку обдумать свои поступки, объяснить их. Речь идет не о раскаянии, но хотя бы дать нам понять, что он всерьез над этим задумался. Я этого не увидел.

Я тоже увидел в этом политический маневр. Когда Г. Бровман сказал, что В. Войнович выглядит жалким подпевалой в хоре гораздо более крупных и изощренных антисоветчиков, — это не оскорбление, это та роль, которую вы сыграли. Вольно или невольно, но вы поставили себя в жалкую, смешную, унизительную роль подпевалы. И кого же?!

Вот сегодня мне сказали, что редактор забраковал целиком мою книгу. Что же, у меня будет с ним спор. У меня бывали споры с противниками, с бюрократами. Это стоит много крови, но это нормально, — это жизнь, это борьба в нашем собственном «доме» за его улучшение и очищение.

Теперь давайте взвесим — с кем вы рвете и к кому идете. Вы рвете с Панкиным, хорошим, доброжелательным человеком, который первым выступил в защиту Абрамова, оградил от неправильных нападок Ч. Айтматова и его «Белый пароход» блестящей статьей в «Комсомольской правде».

Когда вы говорите о последствиях, которые вы вычитали, — мы же не дети, никакого намека нет. А вы говорите, что писатели материально ущемлены.

Мы приобрели огромный международный престиж благодаря этому агентству, получили возможность охватить труды прогрессивных литераторов Запада, которых будем у нас печатать. Мы идем в этих целях на большое расходование валюты. А вы оплевали этот шаг!

Вы отказываетесь от своих товарищей. Вы отказываетесь, в общем, от своей Родины. Вы выразили свое отношение к ней здесь, сейчас и выразили его в этом письме. Когда я читал письмо в «Литературной газете», оно мне показалось недостаточным, потому что он не давал характеристики этого сочинения и не анализировал причины, почему оно пришлось по плечу «Граням». Несмотря на это, несмотря на его недостаточность, заявление Войновича было напечатано. Я, честно говоря, порадовался, что мы не дали благодаря этому свихнуться еще одному человеку.

У меня возникло огромное недоумение: как можно писать о Фигнер, честнейшей душе, и таить такое мрачное в себе. Это двурушничество. Во имя чего?

Мы имеем дело, мне кажется, с обдуманным, сознательным, политическим шагом. Создание ВААП здесь ни при чем. Просматриваются здесь совсем другие вещи. Атакуется партийное руководство литературы, политическая направленность литературы, защищающей коммунизм, имеющей только в таком качестве право на жизнь, а не в других качествах, как хотелось бы автору. Потому что он говорит о сочинениях, направленных против советской власти. Это заявление явно активное политическое заявление. Мы не дети, не наивные дети. Если я не хочу, чтобы мое произведение было опубликовано, я приму меры. Я не верю в невидимку, который шагает с письмом в «Грани».

И вот, исходя из того, что Войнович не внял двукратному предупреждению секретариата, исходя из того, что здесь говорили, что он достоин исключения из Союза. Я присоединяюсь к тому, что говорили товарищи.

Теперь я обращаюсь к вам — к вам отнеслись с высшей терпимостью, не трогая вашего человеческого достоинства. Постарайтесь выступить обдуманно, серьезно, постарайтесь говорить взвешенно.

В.Н. ВОЙНОВИЧ. Я еще раз подчеркиваю, что я не увиливаю от своей ответственности за это письмо. И хотя его не передавал в «Посев», но что оно могло попасть и попадет туда — я не сомневался. Я его никаким корреспондентам не передавал.

Теперь то, что я писал. Я писал о колхозе, о целине, писал о Фигнер, писал о приключениях Чонкина, писал это письмо. Это писал один и тот же человек. Он не двурушничал. Этот человек писал, мне кажется, одно и то же, в какой-то степени развивался. Вам кажется, что я развивался не туда. Мне так не кажется.

Здесь говорили много слов. Говорили, что я подписал, что я антисоветчик, чуть ли не служу в НТС. Это у нас практика (сказали, что Каплан стреляла в Ленина и что Чуковская могла бы стрелять в Ленина, потому что она как Фанни Каплан) такое передергивание. В нашей литературе много недостатков. И вам вместо того, чтобы обсуждать меня, надо бы всерьез поговорить об этом, обратиться к высшим советским органам, к высшим партийным органам и сказать, что так нельзя.

Много говорили о Солженицыне. Многие из здесь присутствующих и сидящих в ресторане ЦДЛ не так давно в один голос говорили другие слова, когда обсуждали здесь, в Союзе писателей, роман его «Раковый корпус». Солженицыну создали все условия для того, чтобы сделать его не советским писателем. Солженицын пытался сотрудничать. Он все время взывал к разуму, говорил — не это, так то.

Сейчас говорят об «Архипелаге Гулаг». Я отвечу на вопрос Падерина — я «Архипелаг Гулаг» не читал, но я верю Солженицыну. Я верю, что это писатель честный, мужественный, не верю, что он власовец. Я знаю, что он боевой офицер, гражданин, патриот своей Родины. И за все, что вы говорите, — постыдитесь, побойтесь бога.

Г.Г. РАДОВ. У меня имеется проект постановления. Разрешите его зачитать. (Читает проект постановления.)

Есть замечания по проекту?

Л.Н. ФОМЕНКО. Это писалось заранее, после всех разговоров и переговоров, а сегодня выявился целый ряд вещей, в частности, последнее слово Войновича. Я считаю, что это должно быть учтено в постановлении.

Г. БРОВМАН. А также его поведение на собрании.

Г.Г. РАДОВ. Есть предложение добавить: несмотря на старания членов Бюро убедить Войновича в несовместимости его поведения с пребыванием в Союзе, Войнович упорно отстаивал свою точку зрения, высказанную в письме, чем подтвердил верность своим убеждениям.

Мы это сформулируем, но смысл такой. Нет возражений? /Нет./ Есть добавления? /Нет./

Я голосую, — кто за этот проект постановления с добавлением? Кто против? — Нет. Кто воздержался? Нет. Принимается единогласно.

В.Н. ВОЙНОВИЧ. Голосуют только члены Бюро или все присутствующие?

Г.Г. РАДОВ. Члены Бюро, и у нас здесь есть члены Правления, они тоже голосуют.

Г. Ф. СТРЕХНИН. В порядке справки Войновичу: у нас присутствуют 9 членов Бюро. Из 9 никто не голосовал против. И 6 членов правления.

Г.Г. РАДОВ. На этом разрешите закончить обсуждение

ПРИЛОЖЕНИЕ 3

В СЕКРЕТАРИАТ МО СП РСФСР

Я не приду на ваше заседание, потому что оно будет происходить при закрытых дверях, втайне от общественности, то есть нелегально, а я ни в какой нелегальной деятельности принимать участия не желаю.

Нам не о чем говорить, не о чем спорить, потому что я выражаю свое мнение, а вы — какое прикажут.

Секретариат в нынешнем его составе не является демократически избранным органом, а навязан Союзу писателей посторонними организациями. Ни весь секретариат в целом, ни каждый из его членов в отдельности не могут быть для меня авторитетами ни в творческом, ни тем более в нравственном отношении. Два-три бывших писателя, а кто остальные? Посмотрите друг на друга — вы же сами не знаете, что пишет сидящий с вами или напротив вас. Впрочем, про некоторых известно, что они ничего не пишут.

Я готов покинуть организацию, которая при вашем активном содействии превратилась из Союза писателей в союз чиновников, где циркуляры, написанные в виде романов, пьес и поэм, выдаются за литературные образцы, а о качестве их судят по должности, занимаемой автором.

Защитники отечества и патриоты! Не слишком ли дорого обходится отечеству ваш патриотизм? Ведь иные из вас за свои серые и скучные сочинения получают столько, сколько воспеваемые ваши хлеборобы не всегда могут заработать целым колхозом.

Вы — союз единомышленников... Один ограбил партийную кассу, другой продал казенную дачу, третий положил кооперативные деньги на личную сберкнижку... За двенадцать лет своего пребывания в союзе я не помню, чтобы хоть один такой был исключен.

Но стоит сказать честное слово (а иной раз просто промолчать, когда все орут), и тут же следует наказание по всем линиям: набор книги, над которой ты работал несколько лет, раскидают; пьесу запретят; фильм по твоему сценарию положат на полку. А за этим вполне прозаическое безденежье. И вот ты год не получаешь ни копейки, два не получаешь ни копейки, залез в долги, все, что мог, с себя продал, и когда дойдет до самого края и если ты за эти два года слова неосторожного не сказал, к тебе, может быть, снизойдут и подарят двести — триста рублей из Литфонда, чтобы потом всю жизнь попрекать: «Мы ему помогали, а он...» Не надо мне помогать, я не нищий. У меня есть читатели и зрители. Не стойте между ними и мной, и я в вашей помощи нуждаться не буду.

Я не приду на ваше секретное заседание. Я готов полемизировать с вами на любом открытом собрании писателей, а если хотите, рабочих, от имени которых вы на меня нападаете. В отличие от большинства из вас, я сам был рабочим. Одиннадцати лет я начал свою трудовую жизнь пастухом колхозных телят. Мне приходилось пахать землю, месить на стройке раствор, стоять у станка на заводе. Четыре года я прослужил солдатом Советской Армии. На открытом собрании я хотел бы посмотреть, как вам удастся представить меня акулой империализма или агентом иностранных разведок.

Ложь — ваше оружие. Вы оболгали и помогли вытолкать из страны величайшего ее гражданина. Вы думаете, что теперь вам скопом удастся занять его место. Ошибаетесь! Места в великой русской литературе распределяются пока что не вами. И ни одному из вас не удастся пристроиться хотя бы в самом последнем ряду.

В. ВОЙНОВИЧ
19 февраля 1974 г., Москва

ПРИЛОЖЕНИЕ 4

«Дорогая Люся! Вот тебе вкратце полная история того, как рукопись попала ко мне и что было дальше. По-моему, это было в конце 74-го года, но дату можно проверить по другому событию, а именно по времени выхода в свет солженицынского сборника «Из-под глыб» (ниже понятно будет почему). Как-то в нашем дворе (Черняховского, 4) ко мне подошел Семен Израилевич Липкин и начал издалека: «Нет ли у вас возможности передать на Запад одну рукопись, это рукопись не моя, но очень интересная...» Я перебил: «Гроссман?» Он сказал: «Да». Я знал, что Липкин дружил с Гроссманом, и по каким-то признакам догадывался, что он мог быть хранителем «Жизни и судьбы». Я рукопись взял, но что делать дальше? Надо было быстро и качественно перефотографировать, но кто мог бы это сделать? Я позвал к себе Игоря Хохлушкина, надеясь, что он человек надежный. Очень ошибся. Хохлушкин пришел, сделал несколько кадров и убежал, сказав, что у него пресс-конференция по поводу «Глыб», коих он был одним из участников. На другой день опять сделал несколько кадров и сказал, что срочно едет за город, вернется на следующей неделе и тогда... Я был в некотором ужасе. Я понимал, что если ГБ пронюхает про рукопись, они тут же за ней придут. Я Хохлушкину не мог не сказать, что за рукопись, а теперь боялся, что он проболтается, тем более что к роману он отнесся с явным пренебрежением. Я решил переснять текст сам своим «Зенитом» и сделал это, понимая, что хорошего качества тут не будет. После этого стал думать, кто и где мог бы сделать дубль. Кто — я так и не придумал, а где — я решил, что из диссидентских домов надежнее вашего нет. Взял в поводыри Корнилова и пришел к вам. После этого на Запад попали две пленки: одна моя, другая ваша. Я стал ждать результата. В 5-м номере «Континента» появились отдельные, плохо выбранные, отрывки. И все. Я не понимал, в чем дело. Потом до меня дошло, что обе пленки попали к Максимову, причем Горбаневская утверждала, что на пленках разные тексты и плохо читаются. Но, как я потом понял, никто их прочесть особо и не старался. Максимову роман не понравился. Горбаневской — тоже. Максимов послал роман с кислой припиской Карлу Профферу, но тот тоже интереса не проявил. Я ничего этого не знал и четыре года ждал появления романа, но не дождался. Тогда, в 1979 году, я попросил Липкина дать мне рукопись снова, нашел ленинградского самиздатчика Владимира Сандлера (он сейчас живет в Нью-Йорке), и тот на замечательной самодельной аппаратуре и наилучшим образом переснял текст. После этого я позвал к себе свою знакомую, австрийскую славистку Розмари Циглер, в ее надежности у меня сомнений не было. Я объяснил ей, в чем дело, сказал, что это выдающийся роман, который надо не только передать на Запад, но и найти издателя. В этот раз рукопись перевез на Запад австрийский атташе по культуре Йохан Марте. Он передал ее Ефиму Эткинду и Симе Маркишу, а те расшифровали пленку и напечатали книгу в издательстве «Ляш Дом». Вот и все».

ПРИЛОЖЕНИЕ 5

В ЦК КПСС
О намерении писателя В. ВОЙНОВИЧА
создать в Москве
отделение Международного ПЕН-клуба

В результате проведенных Комитетом госбезопасности при Совете Министров СССР специальных мероприятий получены материалы, свидетельствующие о том, что в последние годы международная писательская организация ПЕН-клуб систематически осуществляет тактику поддержки отдельных проявивших себя в антиобщественном плане литераторов, проживающих в СССР. В частности, французским национальным ПЕН-центром были приняты в число членов ГАЛИЧ, МАКСИМОВ (до их выезда из СССР), КОПЕЛЕВ, КОРНИЛОВ, ВОЙНОВИЧ (исключен из Союза писателей СССР), литературный переводчик КОЗОВОИ.

Как свидетельствуют оперативные материалы, писатель ВОЙНОВИЧ, автор опубликованных на Западе идейно ущербных литературных произведений и разного рода политически вредных «обращений», в начале октября 1974 года обсуждал с САХАРОВЫМ идею создания в СССР «отделения ПЕН-клуба». Он намерен обратиться в Международный ПЕН-клуб с запросом, как и на каких условиях можно организовать «отделение» ПЕН-клуба в СССР с правом приема в него новых членов на месте. В качестве возможных участников «отделения» обсуждались кандидатуры литераторов ЧУКОВСКОЙ, КОПЕЛЕВА, КОРНИЛОВА, а также лиц, осужденных в разное время за антисоветскую деятельность — ДАНИЭЛЯ, МАРЧЕНКО, КУЗНЕЦОВА, МОРОЗА. ВОЙНОВИЧ считает также, что принимать можно будет «необязательно диссидентов», но и «молодых писателей, которые заслуживают этого». Таким образом, ВОЙНОВИЧ намерен противопоставить «отделение ПЕН-клуба» Союзу писателей СССР.

Характерно, что в плакате под названием «Писатели в тюрьме», рассылаемом американским ПЕН-центром, значится в числе прочих и фамилия ВОЙНОВИЧА, о котором в провокационных целях сообщается, что он «заключен в психиатрическую лечебницу», что не соответствует действительности.

В настоящее время ВОЙНОВИЧ встал на путь активной связи с Западом, имеет своего адвоката, гражданина США Л. ШРОТЕРА, ранее выдворявшегося из СССР за сионистскую деятельность. ВОЙНОВИЧ поддерживает контакт с неким И. ШЕНФЕЛЬДОМ, одним из функционеров польского эмигрантского центра «Культура», и с другими антисоветски настроенными представителями эмиграции (СТРУВЕ, МАКСИМОВ, НЕКРАСОВ, КОРЖАВИН-МАНДЕЛЬ), через которых стремится публиковать свои произведения на Западе, а также постоянно встречается с аккредитованными в Москве и временно приезжающими в нашу страну иностранцами.

Парижское издательство «ИМКА-пресс» в феврале 1975 года выпустило в свет на русском языке «роман-анекдот» ВОЙНОВИЧА «Жизнь и необычайные приключения солдата Ивана Чонкина», в аннотации к которому сообщается, что это «роман о простых русских людях накануне и в первые дни Второй мировой войны», что автор передает «трагедию русского народа, обездоленного и обманутого своим «великим отцом». Роман издан в переводе в Швеции и будет издаваться в ФРГ.

Кроме того, ВОЙНОВИЧ вступил в члены так называемой «русской секции» Международной амнистии, организованной в Москве ТУРЧИНЫМ И ТВЕРДОХЛЕБОВЫМ, являющимися активными участниками антиобщественных акций.

В конце января 1975 года ВОЙНОВИЧ заявил ряду западных корреспондентов, что он не имеет возможности печататься в СССР, в связи с чем не может обеспечить свою семью с помощью литературного труда, допустил ряд грубых выпадов против Союза писателей, сказал, что события, происшедшие в творческой жизни в СССР, обусловили его «коллизию с официальной советской доктриной социалистического реализма». ВОЙНОВИЧ подчеркнул, что он не признает полномочия Всесоюзного агентства по авторским правам и сознательно публикует свои произведения на Западе.

С учетом того, что ВОЙНОВИЧ скатился, по существу, на враждебные позиции, готовит свои произведения только для публикации на Западе, передает их по нелегальным каналам и допускает различные клеветнические заявления, мы имеем в виду вызвать ВОЙНОВИЧА в КГБ при СМ СССР и провести с ним беседу предупредительного характера. Дальнейшие меры относительно ВОЙНОВИЧА будут приняты в зависимости от его реагирования на беседу в КГБ.

Председатель Комитета Госбезопасности
Ю. АНДРОПОВ

ПРИЛОЖЕНИЕ 6

СОВЕРШЕННО СЕКРЕТНО!
МИНИСТРУ СВЯЗИ СССР
т. ТАЛЫЗИНУ Н. В.

Уважаемый Николай Владимирович!

С глубочайшей тревогой довожу до Вашего сведения, что в возглавляемой Вами отрасли народного хозяйства скрывается враг разрядки международной напряженности, захвативший ответственный пост начальника Московской городской телефонной сети.

Вот как мне удалось его обнаружить.

20 сентября сего года, решив воспользоваться услугами, предоставляемыми телефонной сетью своим абонентам, я позвонил в г. Бостон (США) своему личному другу, поэту Науму КОРЖАВИНУ, и провел с ним разговор, содержание которого передаю приблизительно.

— Алло, — сказал я поэту Коржавину.

— Хеллоу, — отозвался он.

— Как живешь?

— Нот бэд. А ты?

— И я ничего.

В столице нашей Родины был день. Светлый день десятой пятилетки. Наши люди в порыве трудового энтузиазма возводили новые здания, управляли различными механизмами, варили сталь и давали стране угля.

В то же самое время в городе Бостоне была, естественно, ночь. Под покровом темноты орудовали шайки гангстеров, пылали факелы куклукс-клана, дымилась марихуана, неудержимо падал курс доллара, потерявшие надежду безработные загодя выстраивались к бирже труда в такие длинные очереди, какие у нас бывают только за коврами и колбасой.

Очевидно, подавленный этой гнетущей обстановкой, а может, просто спросонья поэт Коржавин на мои вопросы отвечал вяло и невпопад.

— Как Люба? — справлялся я о здоровье его жены.

— Люба? — переспрашивал он с бестолковостью, соответствовавшей его отсталому мировоззрению. — Люба спит. А как Ира?

Думаю, Вам приятно будет узнать, что руководимая Вами система работала превосходно. Слышимость была такая, как будто сонный поэт Коржавин сидит не на противоположной стороне планеты, а где-то совсем рядом. Наш разговор, сам по себе не представлявший никакого интереса для постороннего уха (так мне казалось), был тем не менее красноречивым подтверждением того, что мы живем в эпоху разрядки международной напряженности, когда сближаются континенты, когда контакты и обмен информацией (пусть даже пустяковой) между людьми стали не только доступны, но и поощряются странами, подписавшими соглашения в Хельсинки.

Увы, торжество разрядки длилось недолго.

Утром следующего дня, сняв телефонную трубку, я с огорчением отметил, что она молчит как рыба. «Что-то сломалось», — сказал я себе и пошел к ближайшему автомату.

— 151-28-53? — очаровательным женским голосом переспросило бюро ремонта. — Это ваш телефон?

— Мой.

— Выключен за хулиганство.

Я растерялся и положил трубку. Но потом позвонил опять:

— Простите, может быть, я ослышался... за что выключен?

— Это ваш телефон? — снова спросили меня.

— Нет, не мой, — ответил я на этот раз.

— Выключен за неуплату.

Вопреки репутации хулигана я старался быть вежливым:

— Только что вы назвали другую причину. Пожалуйста, подумайте и ответьте поточнее, за что выключен мой телефон.

Кажется, она была смущена. А может, и нет.

— Ваш телефон выключен по распоряжению сверху.

— С какого примерно верху?

— А то вы не знаете?

— Я не знаю.

— Странно. — Она мне явно не верила. — Тогда позвоните по телефону такому-то, там вам скажут.

Я позвонил по телефону такому-то, а потом еще по какому-то, а потом еще, еще и еще. Лица, с которыми я говорил, отказывались называть мне свои должности и фамилии, отвечали загадками и намеками на то, что я сам все хорошо понимаю (хотя я не понимаю), и вообще у меня было такое ощущение, что я звоню не на телефонный узел, а в какую-то подпольную организацию. С невероятным трудом мне удалось все-таки выяснить, что телефон мой отключен по распоряжению начальника Московской городской телефонной сети Виктора Фаддеевича ВАСИЛЬЕВА. Но за что?

Вот сижу я, любезнейший Николай Владимирович, в своей отрезанной от всего мира квартире и задаюсь этим самым вопросом: за что?

Ну, насчет неуплаты — это, конечно, ложь. Услуги, оказываемые мне органами связи, я оплачиваю всегда самым аккуратнейшим образом. Мой портрет как одного из самых примерных плательщиков Вы могли бы смело повесить в своем кабинете или даже на улице перед зданием Вашего министерства.

Хулиганство? Но почему тогда меру наказания определяет не суд, а телефонный начальник? И что будет, если его примеру последуют начальники электричества, лифта, газа, водопровода, канализации? Это же курам на смех! Это же может просочиться в газеты. Это может стать достоянием падких на сенсации западных «голосов» и армянского радио.

И в чем выразилось мое хулиганство? Поэту Коржавину я ничего хулиганского не сказал. Вы можете позвонить ему и проверить, если, конечно, не боитесь, что и Ваш телефон после этого замолчит. (Впрочем, я думаю, у Вас есть несколько телефонов и, если даже один из них окажется отключенным, Вы сможете временно пользоваться другим.) Может быть, хулиганством считается сам факт разговора с другой страной? Для чего же тогда предоставляются абонентам подобные хулиганские услуги?

Ответ «сами знаете» также не кажется мне удовлетворительным. Я не знаю, Николай Владимирович.

Даже при свойственной мне самокритичности я не могу усмотреть в своих действиях ничего хулиганского. А вот то, что Ваш подчиненный Васильев подслушивает чужие разговоры, лжет сам, заставляет лгать других и лишает людей возможности общаться между собою, это и есть самое настоящее хулиганство. Ну, можно подобрать и другие определения: беззаконие, произвол, самодурство — не знаю, что Вам больше по вкусу.

Дело, однако, не в определениях. Дело в том, что существуют (может быть, Вы слышали) так называемые права человека, согласно которым человек имеет право не только, как поется в песне, «на ученье, отдых и на труд», но также и на другие мелочи. В частности, и на такие, как свободно выражать чего кому вздумается, обмениваться информацией, идеями и вступать друг с другом в контакты. Я с Вами или с поэтом Коржавиным, или Вы с поэтом Коржавиным, или еще с кем Вам захочется, не испрашивая на то разрешения подчиненного Вам Васильева. И вот эти наши с Вами права считаются в цивилизованном мире настолько неотъемлемыми, что соблюдение их является одним из важнейших условий международной разрядки. Они упомянуты в различных международных соглашениях и торжественно провозглашены в тех самых Хельсинкских, подпись под которыми от имени Советского государства поставил лично Леонид Ильич БРЕЖНЕВ. Поэтому, отключая мой телефон, Васильев не только себя позорит как хулиган, но пытается посеять сомнения в искренности усилий Советского Союза по развитию процесса разрядки и ставит в неловкое положение лично товарища Брежнева.

Не мне Вам говорить, Николай Владимирович, что врагов разрядки во всем мире еще немало. Хорошего же они помощничка нашли себе в нашей стране! Ведь никому из них, даже пресловутому Джорджу МИНИ[1], не удалось еще выключить ни одного телефона. А Васильеву удалось. Слышал я, что делает он это не впервые, что телефонный террор под его руководством достиг небывалых масштабов.

Не знаю, как Вам, Николай Владимирович, а мне положение кажется угрожающим. Захватив телефонную сеть, враги разрядки могут пойти

---

[1] Джордж Мини — в то время лидер американских профсоюзов, которого советская пропаганда представляла как отъявленного реакционера и врага разрядки.

и дальше. А если они возьмут в свои руки еще и почту, телеграф, радио и телевидение, то тогда... Вы сами знаете, что бывает в подобных случаях.

Чтобы уберечь нашу страну от столь неприятных последствий, я прошу Вас безотлагательно отстранить Васильева от занимаемой им должности, а новому начальнику МГТС приказать включить мой телефон.

Примите мои уверения в совершеннейшем к Вам почтении.

Владимир **ВОЙНОВИЧ**
10 октября 1976 г., Москва

ПРИЛОЖЕНИЕ 7

ШКОЛЬНИКАМ, ЧЛЕНАМ КЛУБА «БРИГАНТИНА»

«Ребята!

Я получил ваше письмо, адресованное «гр-ну Войновичу» и написанное таким тоном, как будто вы уже со школьной скамьи готовитесь в тюремные надзиратели. Я бы вообще не стал на него отвечать, будь оно написано людьми взрослыми. Но вы — дети, вам еще многое предстоит узнать и понять, и именно поэтому я отвечаю.

Ни из какого сборника Союза писателей вы о моей «антисоветской деятельности» узнать не могли, потому что такого сборника не существует в природе. И ваш директор очень плохой педагог, если заставляет детей ставить подписи под заведомой ложью. Вы поступите справедливо, если перестанете за это его уважать.

Узнать о моей деятельности, которую вы по подсказке директора называете антисоветской, вы могли только из упомянутых вами передач зарубежных радиостанций или других источников, известных директору.

Я действительно исключен из Союза писателей за деятельность, которую правильнее назвать литературной и общественной, то есть за то, что стараюсь писать по способностям, а жить по совести. Я исключен, в частности, за то, что много раз выступал в защиту несправедливо преследуемых людей, и вам советую это делать, когда подрастете или даже уже и сейчас. И не по подсказке директора, а по своему собственному разумению. Я исключен из Союза писателей за то, что в числе других людей своими слабыми силами пытался не допустить возрождения в нашей стране порядков, характерных для времени, скромно называемого ныне «периодом культа личности».

Когда вы подрастете и узнаете о том времени больше, чем знаете сейчас, у самых совестливых из вас волосы встанут дыбом. Вы узнаете, что миллионы людей (в том числе, может быть, ваши бабушки и дедушки) погибли, обвиненные в «антисоветской» деятельности. Вы узнаете также, что такие писатели, как Мандельштам, Цветаева, Ахматова, Булгаков, Платонов, Зощенко, Пастернак, были либо замучены в лагерях, либо затравлены иными способами, что взрослые дяди и тети по глупости или по злобе писали им письма, подобные вашему. Вы узнаете, что теперь эти писатели (и, увы, только они) являются гордостью нашей литературы.

К сожалению, преследования писателей не ограничились тем давним периодом. Если уж вы слушаете зарубежное радио (куда смотрит ваш директор?), то вы и сами сможете составить список писателей (а заодно и музыкантов, танцовщиков, художников, шахматистов и прочих), которые представляют нашу сегодняшнюю литературу с гораздо большим основанием, чем почетные члены вашего клуба. Именно эти писатели, изгнанные из страны или подвергающиеся преследованиям на родине, являются лучшими из ныне живущих, и рано или поздно будут признаны благодарными потомками. Впрочем, зачем потомками? Уже и сейчас их книгами, переходящими из рук в руки, зачитываются тысячи людей в нашей стране и миллионы за рубежом.

Недавно кто-то из вас писал мне: «Мы любим Вас таким, какой Вы есть». А теперь пишете: «Мы также возмущены Вашим «творчеством» (беря последнее слово в кавычки). Так каким же вы меня любили? И чего стоила ваша «любовь» (теперь я ставлю кавычки), если она кончилась, едва вы узнали о моем исключении из Союза писателей? Видимо, эта ваша «любовь» была просто казенным мероприятием.

Мои книги оттого, что я исключен из Союза писателей, хуже не стали. Они переведены более чем на двадцать языков, о них написаны тысячи хвалебных статей в мировой прессе, включая коммунистическую. Я вам с гордостью скажу, что тысячи читателей в нашей стране не отреклись от меня, они берегут мои книги, перечитывают, а иногда и переписывают от руки. Эти читатели мне дороги, а такие, как вы, извините, нет.

Да и вообще настоящий читатель не тот, кто пишет членам Союза писателей, всем без разбору, поздравления к праздникам и ставит галочку в отчете, а тот, кто читает книги, деля их на интересные и неинтересные. Тот, кто зачитывается интересными книгами, плачет над ними или смеется, набираясь ума, доброты и сочувствия к людям.

Мои книги сейчас не печатаются в СССР, но виноват в этом не я. В. И. Ленин (может быть, он является для вас авторитетом), по словам В. Бонч-Бруевича, мечтал, что наступит время, «когда мы наконец воссоединим литературу, которая создавалась по ту и другую сторону границ самодержавной России, когда мы наконец будем в состоянии изучать ее всю целиком и полностью и обратим самое серьезное внимание на то, что многие авторы должны были волей-неволей печататься за границей».

Надеюсь, что когда-нибудь мечта Ленина все-таки сбудется, и в числе многих книг, пока что вам недоступных, дойдут до вас и мои. И некоторым из вас станет стыдно за то, что вы подписали письмо, сочиненное вашим директором.

В. ВОЙНОВИЧ
2 ноября 1977 г., Москва».

ПИСЬМО Э. РЯЗАНОВУ

Многоуважаемый Эльдар Александрович!

Я очень рад тому, что у Вас возникла идея поставить фильм по моему роману «Жизнь и необычайные приключения солдата Ивана Чонкина». Я буду рад безмерно, если эта идея осуществится практически. Это само по себе говорит о моем стремлении, как Вы выражаетесь, к примирению с Родиной. Пусть будет так. Но при этом все же замечу, что Родина мне всегда была дорога, и к разрыву с ней я никогда не стремился. По крайней мере семь лет после моего исключения из Союза писателей СССР я из последних сил противился могущественным силам, выталкивавшим меня за границу. В 1980 году представитель этих сил объявил мне, что, если я не покину СССР в самое ближайшее время, будет сделано все, чтобы моя жизнь стала невыносимой. Но она уже и так была невыносима. Не знаю, насколько Вам известны условия моего тогдашнего существования, поэтому вкратце напомню. К моменту моего отъезда все мои книги, киносценарии, пьесы и даже песни были полностью запрещены. Я, отец троих детей, был лишен какой бы то ни было легальной возможности заработать на кусок хлеба. Милиция постоянно угрожала мне обвинением в тунеядстве. Моя почта была почти полностью блокирована, телефон выключен, а я передвигался по Москве всегда в сопровождении большой свиты, которая не упускала меня ни на миг из виду. Иногда члены этой свиты проявляли разного рода активность, напоминая мне о зыбкости моего существования. Конечно, я ко всему этому тогда более или менее привык, но надо признаться, что осуществлять мои литературные планы (а у меня никаких других не было и нет) в обстановке постоянного напряжения мне было трудно. А мне было обещано (и вполне серьезно), что станет еще труднее. Я выехал в ФРГ в декабре 1980 года, а в июле 1981-го указом Брежнева был лишен советского гражданства «за действия несовместимые». Эти «действия» выражались в том, что ситуацию в СССР я оценивал как застойную и выражал надежду на приход нового поколения руководителей, которые приступят к серьезным реформам. У меня есть целый сборник статей, написанных в то время, которые подтверждают, что мои предсказания я не придумал задним числом.

Извините за все эти подробности, но я предполагаю, что Вы захотите ознакомить с моим письмом еще кого-то, кто, может быть, имеет превратное представление о том, как я покинул Родину, что этому предшествовало и что за этим последовало.

Сейчас уже всем известно, что ситуация, в которой многие писатели, художники, музыканты, актеры и режиссеры вынуждались или к долгому молчанию, или к эмиграции, была создана людьми, ввергнувшими страну в состояние застоя. Я лично этих людей с Родиной никогда не отождествлял и всегда верил, что, вопреки их усилиям, мой скромный труд рано или поздно будет признан на Родине. По-моему, сейчас для такого признания самое подходящее время. К происходящему сегодня процессу оздоровления советского общества я отношусь положительно и не вижу причин, почему я должен стоять от него в стороне. Я думаю, что возвращение советскому читателю книг моих и книг других отторгнутых писателей могло бы способствовать закреплению и развитию этого процесса.

Теперь конкретно о деле. Мне настолько хочется, чтобы оно осуществилось, что я вообще не ставил бы никаких условий, но есть одна, впрочем, вполне преодолимая «закавыка». Дело в том, что мои права на «Чонкина» временно ограничены. Одна английская фирма купила у меня так называемое право option. Если Вы не знаете, что это значит, попробую объяснить. Это значит, что фирма покупает права на книгу на определенный срок — в данном случае этот срок истекает 18 ноября с. г. В течение этого срока фирма изыскивает возможности постановки фильма: выпрашивает у кого-то деньги (сама она не настолько богата) и ищет режиссера. Иногда сначала собирает деньги, а потом находит режиссера, иногда находит режиссера, а уже «под него» собирает деньги. В данном случае режиссер (довольно известный) уже есть. Идут переговоры о совместном англо-немецком телевизионном фильме. Причем сейчас уже фирма торопится, потому что срок контракта поджимает. Получив Ваше письмо, я немедленно с этой фирмой связался и сказал о Вас. Они очень загорелись и готовы немедленно лететь в Москву для переговоров о совместной постановке. По-моему, это было бы здорово. Под режиссера Рязанова и под такого сопродюсера, как Советский Союз, они немедленно собрали бы деньги и, возможно, довольно большие. При этом фильм полностью делается в СССР, но для него выделяется западная пленка и западная аппаратура, а потом и западная реклама для распространения здесь.

Я очень прошу Вас и тех, от кого зависит решение вопроса, подумать об этой возможности. Как только разговор дойдет до делового уровня, я сообщу название, адрес, номера телефонов и телекса фирмы.

Мой роман о солдате Чонкине — книга глубоко русская, и я хочу, чтобы фильм по ней был снят в России, чтобы герои оригинала говорили по-русски. Если соответствующее решение не будет принято в сравнительно короткое время, здесь, Вы знаете, у моря погоды дожидаться не будут. И тогда Чонкину придется, возможно, под развесистой западной клюквой изъясняться по-английски или по-немецки. Но нам, как говорится, не привыкать.

Желаю Вам всего хорошего и жду ответа.

Дружески Ваш Владимир Войнович
18 января 1988 г.

ПЕРЕПИСКА С С. ЗАЛЫГИНЫМ

Многоуважаемый Сергей Павлович!

Прочтя в газетах о Вашем выступлении перед студентами университета в Париже, где вы как будто среди прочего сказали, что готовы публиковать рукописи русских эмигрантских писателей, я решил, не откладывая дела в долгий ящик, предложить «Новому миру» мой рассказ «Путем взаимной переписки».

Рассказ был написан для «Нового мира» почти двадцать лет тому назад, подготовлен к публикации, набран (у меня до сих пор сохранилась пожелтевшая копия), и автор даже ухитрился получить 60 процентов аванса. По причинам, которые Вам хорошо известны, публикация эта не состоялась. Но почему бы ей не состояться сегодня?

Как Вы видите, рассказ уже был опубликован, но в издании, недоступном советскому читателю.

Если этот конкретный рассказ по той или иной причине покажется Вам неприемлемым, могу предложить что-то другое. Старое или новое. Напомню, что в свое время я начал работать над моим романом «Жизнь и необычайные приключения солдата Ивана Чонкина» по договору с «Новым миром». Наблюдая за впечатляющими переменами в Советском Союзе, я начинаю серьезно надеяться, что к нашему читателю скоро вернутся книги не только давно умерших писателей, но и живущих сегодня, в том числе и мои.

С глубоким уважением (подпись)

7 марта 1987 г.

Отправляя сие, я мало на что надеялся, но вдруг — о чудо! — приходит письмо с обратным адресом: «Москва, «Новый мир». Можете себе представить, как торопливо автор разрывал конверт и с какой жадностью впился в текст на официальном бланке.

Конечно, я в первую очередь надеялся, что ответ будет положительным, но если нет, то, может быть, мне ответит не Залыгин, а кто-то из двух друзей. Скорее всего, Игорь. Когда-то мой рассказ ему нравился. Может быть, он напишет, что пока еще не время, и по-дружески посоветует подождать. Но письмо было от Залыгина.

Уважаемый Владимир Николаевич!

Мне кажется, у Вас сложилось такое впечатление, будто «Новый мир» публикует нынче все то, что когда-то и где-то, по каким-то причинам было отклонено и не напечатано. Это далеко не так.

Есть в Советском Союзе текущий литературный процесс — вот что для нас самое главное, его-то мы должны отражать, ради него и существует журнал. Здесь наши главные заботы. И этих «главных» у нас в стране нынче более чем достаточно, на их решение и направлены все наши силы, которыми мы надеемся обойтись.

Далее. Мы — орган печати, а не перепечатки материалов, так или иначе уже вышедших в свет. Исключение мы можем сделать лишь для нескольких наиболее высокохудожественных произведений, которых так немного, и меня очень удивило, что десятки авторов, предлагая свои произведения нам, считают их именно такими. Не правда ли — странно?

Но даже и эти очень немногие произведения мы публикуем (будем публиковать), имея к тому свои редакционные соображения, — когда они либо являются переводными, либо мы обладаем текстом, которым не обладают другие издатели, и прочее в том же плане.

И, наконец, и об этом я говорил на той встрече, на которую Вы ссылаетесь, что по нашему законодательству договора и другие соглашения с зарубежными авторами заключаются издателями только через ВААП.

С уважением

Главный редактор журнала «Новый мир» (С. Залыгин).
24 марта 1987 г.

Ростропович рассказывал, что он плакал, когда какой-то наглец из госфилармонии сказал, что ему не дают концертов не потому, что он что-то не так сделал или не то ляпнул, а потому, что он плохо играет на виолончели.

Я был тренированный, я не заплакал. А решил отвесить ответную оплеуху.

Уважаемый Сергей Павлович!

Правду сказать, я давно уже отвык от причудливых вывертов советского языка, овладев которыми человек приобретает способность думать одно, подразумевать другое, делать третье, а четвертое, главное, опускать.

На Ваше письмо, вежливое по форме и хамское по содержанию, отвечаю по пунктам.

1. Нет, у меня не сложилось впечатление, что «Новый мир» печатает все, что было когда-то отклонено. Я, напротив, в правдивости слов, сказанных Вами в Париже, весьма усомнился, но, как человек добросовестный, решил проверить, прав я или не прав.

2. Да, я думаю, что пишу достаточно для Вашего журнала художественно и даже с избытком. Такие утверждения трудно доказывать, но в данном случае в этом нет нужды. Если мои первые литературные опыты признавались высокохудожественными редколлегией «Нового мира» во главе с «самим» Твардовским в период расцвета журнала, то почему бы моим более поздним (и, вероятно, более умелым) работам не считаться

такими же в дни, когда вы только пытаетесь (да вряд ли сумеете) оживить разложившийся труп.

3. Вообще-то говоря, вы свою задачу сформулировали неточно. Точнее было бы так. Отклоненные ранее произведения принимаются к печати в случае, если сами они являются высокохудожественными, а их авторы давно мертвыми (как показывает практика, оптимальный срок мертвости колеблется в пределах от 25 до 65 лет).

4. Что же касается Ваших замечаний по поводу моей иностранности. Ваших главных забот и надежды обойтись собственными силами, тут я вижу стремление (распространенное шире, чем можно было ожидать), одновременно с выборочным возвращением отечественному читателю давно умерших писателей, закрепить навечно результаты разбоя, учиненного в литературе союзписательской шайкой в последние два десятилетия. Насколько мне помнится, Вы, несмотря на Вашу эксплуатируемую ныне беспартийность, в этом разбое тоже приняли посильное участие, — не правда ли?[1]

5. Теперь самое главное. Посылая Вам свой рассказ, я не надеялся, что Вы его напечатаете, хотя считал бы такую публикацию небольшим, но важным шагом на пути исправления в литературе, как мягко говорится, «ошибок прошлого». Я надеялся противостоять клевете, которая как распространялась, так и распространяется против людей сходной со мной судьбы. Разъезжающие ныне по западным странам наши (или, если хотите, Ваши) литературные эмиссары с простецкими лицами провозглашают расцвет гласности и, дурача местную публику, плетут небылицы о том, что в Советском Союзе уже нет никакой цензуры, нет никаких запрещенных книг и имен, что писателям-эмигрантам доступ на страницы советских изданий не заказан, да только они сами не проявляют никакого желания. А нежелание продиктовано ясно чем — ненавистью к своей стране и к своему народу. Газета «Московские новости» и вовсе разразилась попреками, что вот, мол, они, эмигранты, боролись за гласность (даже дошло до такого признания), а теперь, когда гласность наступила, не спешат обратно, не хотят нам помочь, клевещут и, наверное, будут злорадно потирать руки, если наша перестройка провалится[2].

Не буду отвечать за всех эмигрантов (они люди разные и в одной партии не состоят), но я лично руки потирать не буду. Потирать руки будут Ваши коллеги вроде Михалкова, Бондарева и прочей швали. Им ничего не жалко, кроме той кормушки, в которую они с ушами залезли. А теперь в страхе, что их от кормушки оттащат, до того озверели, что да-

---

[1] Я смутно помнил, что мой адресат участвовал в проработке «метропольцев» (Аксенова и других), но не знал, что у него в подобных делах большой опыт, что он вместе с другими улюлюкал вслед высланному Солженицыну, а еще раньше Пастернака называл тараканом и сравнивал с тифозной вошью, боясь при этом, что вошь обидится.

[2] Увы, так было. — *В.В.* 2009.

же угрожают «перестройщикам» Сталинградом (интересно, почему не Освенцимом?).

Я же на происходящее смотрю с надеждой, но без особого обольщения. Потому что истинной гласности не может быть без правды, а у нас (у вас) правдой все еще заведуют или патентованные лжецы (Чаковский, Грибачев и др.), или люди, которые, если разрешит начальство, и сказали бы правду, да уж не знают, в чем она заключается. (подпись).

10 апреля 1987 г.

Я думал, что на этом и конец, но далекий мой оппонент решил обогатить свое эпистолярное наследие следующим перлом.

Уважаемый Владимир Николаевич!

Мое письмо вежливое, не в пример Вашему. Из работ, которые в прошлом были отвергнуты, мы сейчас печатаем (будем печатать) Платонова, Набокова, Булгакова, Пастернака. Если Вы не в этом ряду, Вы говорите, что это хамство. Не смешно ли? У нас нет недостатка в претендентах всех мастей. Если Вас не печатают здесь, значит, Вы не верите в нашу перестройку. Значит, Вы думаете, она блеф? А если Вас напечатают, тогда Вы поверите? Снова смешно. И ничего важного не случится, пока Вы не поверите?

Давайте не будем спорить и учить один другого. Давайте останемся каждый при своем мнении. Как славно.

Сергей Залыгин.
5 мая 1987 г.

Пришлось и мне о своем эпистолярном наследии позаботиться.

Не кажется ли Вам, досточтимый Сергей Павлович, что переписка наша приняла комические очертания. Вам нечего ответить, а вы отвечаете. Вы приводите мне список мертвых писателей, намеченных Вами к реабилитации, хотя в обоих своих письмах — и первом и втором — я выражал совершенно отчетливо желание быть зачисленным в список живых. Ибо главное (хотя и временное) мое отличие от перечисленных Вами гигантов заключается прежде всего в том, что я еще жив. Это же отличие объединяет меня с теми, кого выкинули из страны, пытались и пытаются до сих пор (несмотря на перестройку) выкинуть, вымарать из литературы. А это вот как раз и не получается. Оттого и злоба. И Ваша злоба, вероятно, на том же замешена.

В том, что «реабилитируются» мертвые, ничего нового нет. Этот процесс происходил в период хрущевской «оттепели» и в эпоху брежневского «застоя». А вот до живых ни разу еще не добрались, ни тогда, ни сейчас. Посылая Вам свой рассказ, я не чести добивался публиковаться в «Новом мире» (мне, откровенно говоря, сейчас уже все равно, что «Новый мир», что «Октябрь», что «Молодой колхозник»). Я пытался помочь предполагаемым перестройщикам (к числу которых ошибочно отнес и Вас) сделать принципиальный шаг на пути к отказу от преступной традиции насилия над живой литературой и теми, кто ее создает.

Я перестройку блефом не называл. Это Ваши слова, сами под ними и подпишитесь. Но если список запрещенных писателей не будет ликвидирован вовсе, если в нем останется хотя бы одно имя (мое или чье-то, неважно), то она, перестройка, конечно же, не удастся. Засим позвольте нижайше откланяться.

(подпись).
7 мая 1987 г.

P.S. Некоторые люди из Вашего окружения считают, как я слышал, что сторонним наблюдателям вроде меня в происходящий в Советском Союзе процесс лучше не вмешиваться. Нам предлагается молча стоять в стороне, лишь сочувственно вздыхая или аплодируя перестройщикам. Почему бы это?

Страна, с которой я разлучен, принадлежит мне, как и любому, кто в ней родился. Лишения меня гражданства я не признавал и не признаю, и мне не все равно, что происходит на моей родине. За гласность и демократизацию я боролся открыто в самом Советском Союзе, когда «перестройщики» вроде Вас скромно помалкивали. Я и сейчас выступаю и буду выступать за гласность и демократизацию и против искажения этих понятий. И ничьего разрешения испрашивать не собираюсь.

ПРИЛОЖЕНИЕ 10

СТАТЬЯ Э. РЯЗАНОВА В «ОГОНЬКЕ»

ВЕЛИКОДУШИЕ

Деятели нашего искусства, многие из которых оказались на Западе не по своей воле, должны быть приобщены к нашей жизни. Ведь не все из них, подобно Иосифу Бродскому, смогут стать лауреатами Нобелевской премии и благодаря этому хоть частично вернуться на Родину. Может быть, пора проявить добрую волю и благородство по отношению к тем, кто хочет сегодня возвратить себе советское гражданство. Эти таланты еще смогут пригодиться Отчизне. И надо понимать, что нелюбовь к Родине и нелюбовь к конкретным руководителям страны — это отнюдь не синонимы. Вожди меняются, а народ, страна, как известно, остаются...

Вспоминаю популярную некогда песню наших космонавтов:

«На пыльных тропинках далеких планет
Останутся наши следы...»

Стихи песни написаны гражданином ФРГ Владимиром Войновичем[1]. После изгнания автора из нашей страны (он написал ее, будучи гражданином СССР) песня эта звучала некоторое время без слов, а потом и вообще перестала исполняться. Я уже много лет мечтаю поставить фильм по книге Войновича «Жизнь и необычайные приключения солдата Ивана Чонкина». Роман этот был сочинен Войновичем у нас, в России, но напечатать его в те годы оказалось невозможным. Роман опубликовали на Западе. Мне кажется, Владимир Войнович создал прекрасную книгу, которая, несмотря на изгнание, останется в истории нашей литературы, станет гордостью нашей словесности.

Ценность книги в народности, в создании двух сочных национальных русских характеров — солдата Ивана и почтальонши Нюрки. Именно такие, как Чонкин — честные, добрые, отважные, — выиграли Великую Отечественную войну. Так что положительное начало, столь редкое в сатирическом жанре, представлено в романе ярко и выпукло. В книге, конечно, немало едких, язвительных страниц, которые сатирически разоблачают перерожденцев — руководителей района, псевдоселекционера-лысенковца (действие книги происходит в 1941 году, до войны и в ее начале), бериевских выкормышей, от чьего произвола трепещет все население вокруг: ведь могут казнить, а могут помиловать. Автор высмеивает «выдвиженщин», всплески начальственного антисемитизма, бесхозяйственность и другие неприглядные явления сталинской эпохи.

Один из руководителей кинематографа, прочитав книгу, сказал мне:

— Эльдар Александрович, мне сейчас приносят куда более острые сценарии, чем эта книга...

И действительно, мы сейчас у себя в стране, не стесняясь, говорим и пишем об очень печальных и страшных страницах нашей истории, кричим более откровенно о прежних и сегодняшних бедах, нежели это изображено в романа Войновича. Но не за остроту содержания я люблю «Чонкина» (хотя в книге полно «перца» и по нынешним меркам), а за то, как она написана, за ее художественность, за народный превосходный юмор, за национальную самобытность. Однако поставить фильм по этому роману мне никак не удается. «Закавыка» заключается в том, что книга издана не у нас, а на Западе. (Хотя я не понимаю, почему ее нельзя сейчас напечатать у нас?) А главное то, что автор лишен советского гражданства и живет в ФРГ. Конечно, я не политик и, может, чего-нибудь не понимаю, может, надо набраться терпения и подождать. Но я, признаюсь, не могу ждать, нет у меня лишнего времени. Мне уже перевалило за шестьдесят, я не имею права тратить годы на ожидание. Я написал не так давно горькое стихотворение, которое кончается строчкой:

Как раз на жизнь свобода опоздала!

---

[1] Я в это время был лицом без гражданства.

Но в данном случае свобода не опоздала, а еще не пришла. А ведь фильм, над которым я начну сейчас трудиться, сможет выйти на экран только(!) через три года. Тут учитывается и написание сценария, и производство, и печать тиража. Неужели и тогда, через три года, будет все еще преждевременно? Неужели мы в глубине души не верим в перестройку и думаем, что это игра, которая скоро кончится?

Я написал Войновичу личное письмо, где рассказал о своем намерении. Автор откликнутся благодарным, очень теплым посланием... (дальше длинная цитата из моего письма. — *В.В.*)

У кого и когда появилась мысль использовать гражданство нашей Родины как жупел против инакомыслия, как разменную монету? Гражданством нельзя награждать, а лишением его — наказывать. В этом есть что-то недостойное нашего Великого Государства. Мне думается, пришло время, и надо способствовать возвращению советского гражданства тем, кто был неоправданно лишен его по произволу, беззаконно, из-за чиновничьего самодурства, из великодержавной спеси и чванства. Понимаю, что не все смогут или захотят вернуться в СССР, ибо по-разному сложились судьбы изгнанников. Но это уже их дело. То, что было отнято, и отнято несправедливо прошлым правительством, должно быть возвращено нынешним. Причем, как мне кажется, это надо сделать без всякий условий, без требований покаяния и самобичевания. Великая страна должна быть великодушной.

Эльдар Рязанов

ПРИЛОЖЕНИЕ 11

ОТКРЫТОЕ ПИСЬМО РЕДАКТОРАМ ЖУРНАЛОВ

«ЮНОСТЬ» А. ДЕМЕНТЬЕВУ И «ОГОНЕК» В. КОРОТИЧУ

Сбежавший в ФРГ бывший советский журналист, а теперь — сотрудник западногерманского издательства «Ардис» господин В. Войнович сочинил клеветническое и кощунственное измышление под названием «Жизнь и необычайные приключения солдата Ивана Чонкина», а наши советские журналы «Юность» и «Огонек» с любезного разрешения западногерманского издательства «Ардис» опубликовали его.

Сам факт такого расстилающегося пресмыкания советских журналистов перед иностранным журналом уже вызывает возмущение.

Что же привлекло наших редакторов?

Над чем смеется господин Войнович, что им взято под осмеяние и глумление?

Прежде всего — это первый день Великой Отечественной войны, это кадровые командиры, политработники, бойцы Рабоче-Крестьянской

Красной Армии, это колхозники и колхозницы периода мая—июня 1941 года.

Мы, ветераны войны, Герои Советского Союза и полные кавалеры ордена Славы, члены клуба «ЗОЛОТАЯ ЗВЕЗДА» при Доме офицеров Од-Во, начавшие службу в РККА еще в довоенное время, выражаем свое глубокое возмущение публикацией этого кощунственного клеветнического измышления и свидетельствуем:

Первый день Великой Отечественной войны остался в нашей памяти и в памяти всего советского народа как самый трагический день нашей 70-летней истории, как начало самой кровопролитной войны за всю историю человечества. В этот день бомбили наши города, в этот день вступили в бой передовые наши части, в этот день появились первые тысячи жертв, первые тысячи раненых и искалеченных. У всех нас, свидетелей того времени, в памяти рыдания и плач по всей стране матерей, жен, сестер, невест, детей, провожавших на войну своих сынов, мужей, братьев, отцов, женихов. У всех у нас в памяти громадные очереди добровольцев в военкоматах.

И этот день всенародной скорби взят западногерманским господинчиком под осмеяние, под сочинение анекдота?!!

Где предел цинизму и издевательству?!!

Неужели нашим редакторам непонятно это?!!

Клеветнически «описана» и осмеяна Красная армия периода 1941 года. В самом неприглядном свете выставлено поколение бойцов, командиров и политработников 1941 года, тех самых бойцов, которые приняли на себя первый, самый страшный удар самой мощной в истории войны армии, тех самых бойцов, которые прошли всю войну и от которых к концу войны осталось в живых только три процента. Это те самые командиры и политработники, которые первыми поднимались в атаку и первыми гибли, те самые командиры и политработники, которые стояли насмерть у стен Москвы, Ленинграда, Сталинграда, Одессы, Севастополя и других городов. Это они остановили мутный коричневый поток фашистской чумы, грозившей захлестнуть весь мир. Это они освободили Европу и разбили вдребезги многомиллионный вермахт.

Можно ли смеяться над павшими Героями? Над защитниками Родины? «Мертвые сраму не имут».

Советские граждане Коротич и Дементьев, неужели Вы не отдаете себе отчета в этом кощунстве?

Вот уж действительно подтверждение туркменской пословицы: «Если друг плачет, то враг хохочет».

Примитивизм мышления и поступков, животные чувства, плоская похабщина, умственная отсталость — вот что «приписал» деревенским женщинам и всем жителям деревни КРАСНОЕ «писатель» из ФРГ, все это пронизано злобой ко всему советскому, ко всему русскому, в духе геббельсовских «русише швайне». Издевательство, брезгливость элитарного господина к «черной кости» свидетельствуют об отсутствии у автора элементарной порядочности.

Ну а вы, граждане редакторы?

Где ваша гражданственность? Где ваша гордость?

Вы в трех миллионах экземпляров распространили злобную клевету на Красную армию, вы оскорбили память народа, память павших героев.

Мы, оставшиеся в живых, требуем прекратить глумление над самым святым в народной памяти — павшими ее защитниками — и требуем дать нам слово опровержения кощунственной и злобной клеветы на страницах тех журналов, которые ее опубликовали.

Это будет только справедливо.

От имени собрания клуба «ЗОЛОТАЯ ЗВЕЗДА», объединяющего 72 Героев Советского Союза и 16 полных кавалеров ордена Славы, настоящее опровержение подписали:

Председатель совета клуба «ЗОЛОТАЯ ЗВЕЗДА»
Герой Советского Союза, полковник В.А. ЗАВЕРТЯЕВ
Члены совета клуба:
Дважды Герой Советского Союза, генерал-лейтенант В.А. АЛЕКСЕНКО
Герой Советского Союза, генерал-майор П.А. ГНИДО
Герой Советского Союза, генерал-майор Г.А. ШАДРИН
Полный кавалер ордена Славы, старшина Л. БУЖАК
Секретарь клуба «ЗОЛОТАЯ ЗВЕЗДА», подполковник Г. КАРГОПОЛЬЦЕВ

Наш адрес: 270044, г. Одесса, ул. Пироговская, д. 7/9, Дом офицеров ОдВо, клуб «Золотая Звезда», секретарю Каргопольцеву Георгию Васильевичу.

25 февраля 1989 г.

А это мой ответ авторам.

Ваши превосходительства, господа герои и кавалеры!

Откровенно говоря, прочитав ваше письмо, я в его подлинность не сразу поверил, подумал — розыгрыш. Письмо-то из Одессы, а Одесса, все знают, город шутников. Там «Юморина» проводится, там Ильф и Петров развивались, там сам Жванецкий живет. Не Жванецкий ли и написал? Потом думаю, нет, это не Жванецкий, а Чехов. Потому что написанное вами больно уж смахивает на чеховское «Письмо ученому соседу», автор которого, войска Донского отставной урядник и дворянин Василий Семи-Булатов, критиковал своего адресата за предположение, будто человек произошел от «обезьянских племен». Отставной урядник с такой теорией не был согласен, но при этом скромно оговаривался: «Извините меня, неука, за то, что вмешиваюсь в Ваши ученые дела и толкую по-своему, по-старчески и навязываю вам свои дикообразные и какие-то аляповатые идеи, которые у ученых и цивилизованных людей скорей помещаются в животе, чем в голове».

В письме же «Кощунство» мысли и идеи высказываются столь аляповатые, что они даже и в животе не помещаются, вылезают наружу. Причем изложено все таким дикообразным языком, как будто писали письмо какие-то неучи, а не советские генералы, из которых по крайней мере двое — Гнидо и Алексенко (об остальных не знаю) — окончили по две академии. А по стилю письма кажется, что писали его, может быть, вояки времен Гражданской войны, которые не только что академий, а и полного курса церковно-приходской школы не одолели.

Вот взять хотя бы первый абзац.

«Сбежавший, — пишете вы, — в ФРГ бывший советский журналист, а теперь сотрудник западногерманского издательства «Ардис» господин В. Войнович сочинил клеветническое и кощунственное измышление под названием «Жизнь и необычайные приключения солдата Ивана Чонкина», а наши советские журналы «Юность» и «Огонек» с любезного разрешения западногерманского издательства «Ардис» опубликовали его.

Сам факт такого расстилающегося пресмыкания советских журналов перед иностранным журналом уже вызывает возмущение...»

Здорово! Словам тесно, а мыслям просторно. Нет, в самом деле, давайте разберем. Повторю еще раз: «Сбежавший в ФРГ бывший советский журналист, а теперь сотрудник западногерманского издательства «Ардис»... Обрываю цитату, потому что не могу сдержаться. Всего полторы строки, а сколько фантазии! И насколько изображенная картина богаче убогой реальности. Потому что в реальности я, во-первых, никуда не бежал, во-вторых, журналистом никогда не был, в-третьих, издательство «Ардис» не западногерманское, а американское, в-четвертых, слово «западногерманское» пишется не через черточку, а слитно, в-пятых, я вообще не являюсь сотрудником какого бы то ни было издательства.

Вы скажете, ну подумаешь, немного ошиблись. Для вас, может, и немного, а для меня много, ваши превосходительства. Для меня это так, как было бы для вас, если бы я о вас написал, например, что группа сотрудников мордовской газеты «Правда Белоруссии», приобретя свои награды на барахолке, окопалась в клубе имени «Золотого теленка» при одесском кичмане.

Между прочим, господа генералы, я в ФРГ уехал легально, а затем нелегально, то есть незаконно, был лишен советского гражданства указом вашего любимого писателя, выдающегося соратника, Маршала Советского Союза и четырежды Героя (интересно узнать, не был ли он почетным членом вашего клуба?).

Однако возвращаюсь к вашему тексту. Процитированный мною первый абзац вашего письма заканчивается замечательным перлом (повторяю): «Сам факт расстилающегося пресмыкания советских журналов перед иностранным журналом...» Прекрасно! Факт расстилающегося пресмыкания — это даже хочется заучить наизусть. Но интересно и вот что. Вы называете журналом то, что всего одной строкой выше называли издательством. Как это понимать? Ваши превосходительства, прикажите меня расстрелять, но я не могу поверить, что в столь представительной группе героев и кавалеров, где четверо из шести носят каракулевые папахи, никто не знает, что издательство и журнал — это не одно и то же. Спросите любого ефрейтора, он знает.

Когда я читал ваше письмо в оригинале и сравнивал его с опубликованным текстом, мне было, право, жаль, что в «Ветеране» и в «Правде Украины» вас так сильно поправили. Хотя в некоторых случаях поправили не зря. Например, в печатном варианте было опущено, и правильно, ваше сравнение меня с Геббельсом. Я на Геббельса не похож. Геббельс был хромой, а я нет. А вот с Герингом у некоторых из вас сходство есть. Он тоже летал на самолете и совершил много подвигов. И в искусстве разбирался, правда, в основном ударял по живописи.

Геббельса советские редакторы из вашего текста вычеркнули, но оставили ваши слова о брезгливости элитарного господина к «черной кости». Интересно, это кто же элитарный? Побойтесь Бога! Это вы, генералы, говорите рядовому солдату? Да я, ваши превосходительства, за четыре года своей службы в армии живого генерала видел не чаще, чем хвостатую комету. Для меня в те годы даже старшина Бужак был бы заметной шишкой. И я же элитарный! Хотя почему бы и нет? Я ваших рентгеновских снимков не смотрел и какая у вас кость, черная или зеленая, не знаю. Я только знаю, что для суждения о том или ином предмете надо иметь о нем какое-то представление. Вот вам такой пример. Во времена, когда Туполев был заключенным и работал в шарашке, генеральным конструктором его самолетов был некий человек, который в технике вообще ни уха ни рыла не смыслил. Так вот он, когда поступило предложение поставить на новый самолет не четырехтактный, а двухтактный двигатель, засомневался, не слишком ли смело. А может быть, говорит, для начала трехтактный поставим? Как, ваши превосходительства, заслуживает такой человек брезгливой ухмылки? По-моему, да. А вы думаете, вы далеко от него ушли? По-моему, нет. Если человек дает указания о деле, которого он не знает, то будь он хоть рядовым, хоть маршалом, хоть даже семижды героем, ему следует напомнить пушкинские слова: «Суди, дружок, не выше сапога».

Теперь давайте оставим в стороне тонкости, грамматику и стилистику. Перейдем к вашей критике по существу. Вы мое сочинение называете не романом, а «кощунством и клеветническим измышлением». Это, конечно, сильно. Вы задаетесь вопросом: «Над чем смеется господин Войнович, что им взято под осмеяние и глумление?» И сами же себе отвечаете: «Прежде всего — это первый день Великой Отечественной войны, это кадровые командиры, политработники, бойцы Рабоче-Крестьянской Красной армии, это колхозники и колхозницы периода мая—

июня 1941 года». Вы перечисляете факты, которые и без вас всем известны: о бомбах, боях, раненых и убитых, о рыданиях матерей, жен, сестер, невест, детей, провожавших на войну «сынов, мужей, братьев, отцов, женихов».

Что из этих скорбных воспоминаний следует? Из них следует, ваши превосходительства, что, не усвоив грамматики, вы достигли высшего пилотажа в области демагогии. Не критикуя роман по существу (а скорее всего даже и не прочтя), вы создаете картину, в которой неискушенный читатель эмоционально воспримет меня как чуть ли не виновника описанной вами народной трагедии. А если не виновника, то хотя бы выродка, который, глядя, как одни уходят на фронт, а другие рыдают, сам стоит в стороне и, потирая потные ручки, хихикает.

Извините, господа генерал-демагоги, но я созданный вами образ слегка поправлю.

Я в боях не участвовал, потому что к началу войны успел только окончить первый класс (а наше гуманнейшее правительство на фронт, спасибо, первоклашек не посылало). Но я относился к тем детям, которые плакали, когда провожали отцов. Мой отец в мае вышел из лагеря, в июне ушел на фронт, а в декабре был тяжело ранен. За что получил не золотую звезду, а золотистую ленточку. А потом на старости лет еще и прибавку к пенсии — пятнадцать рублей в месяц. Сам же западногерманский господин, как вы меня изволите называть, пережил бомбежки, две эвакуации, голод, холод, детский труд, колхоз, ремесленное училище и так далее.

Так что, ваши превосходительства, смеяться над народом я вряд ли стал бы. Я смеюсь и издеваюсь, но, увы, бессильно, над теми, кто разорил страну, обезглавил командование Красной армии, оставил на произвол судьбы миллионы пленных; потом перегнал их из немецких лагерей в советские, создавал штрафные роты, заградительные отряды, переселял народы, превратил страну в огромный концлагерь и вывел такую породу людей, которые, не читая книг, всегда знают, как их надо писать.

Кстати, перечисленных мною примет Великой Отечественной войны вы, судя по вашему письму, совсем не заметили. И после войны, летая на штурмовиках или бомбардировщиках, не заметили под своими краснозвездными крыльями заборов с колючей проволокой, вышек с автоматчиками и растянувшихся по всем дорогам колонн заключенных. А перечисленных вами жен, сестер, матерей (можно продолжить список родственных отношений) в очередях к тюремным окошкам вы сверху тоже не видели?

Напоминаю вам, герои и кавалеры, что, кроме односторонне обрисованной вами войны до нее, во время и после шла и сейчас еще не закончилась другая война, по количеству жертв превзошедшая даже ту, на которой вы отличились. Одним из постоянных объектов нападения в этой другой войне всегда была литература. Она на протяжении многих лет подвергалась варварским бомбардировкам, как Дрезден и Хиросима.

Опомнитесь, господа генералы, и посмотрите: под вами дымящиеся руины. Выходите из боя! Займитесь чем-нибудь мирным. Если вам в отставке нечего делать, ловите кефаль, выращивайте баклажаны и тащите все на Привоз, торгуйте, обогащайтесь. Сейчас это очень поощряется.

В заключение хочу выразить два сомнения. Вы говорите, что выступаете от имени 88 членов вашего клуба. А почему же подписались только шесть человек? Другие что, постеснялись?

Второе сомнение вот в чем. В своем сочинении, которое вы называете то письмом, то опровержением, вы говорите, что выступаете от имени павших. А я сомневаюсь, что вы имеете на это право. Как бы героически ни вели вы себя сорок с лишним лет тому назад, вы все же остались в живых. Ваши жены не стали вдовами, ваши дети сиротами, и сами вы благополучно дожили до преклонного возраста. Больше того, вам за все ваши подвиги заплатили сполна и чинами, и орденами, и привилегиями. Недавно, будучи в Москве, заглянул я в кооперативный, извините за выражение, писсуар. Входная плата двадцать копеек. Там была надпись, которую я хотел (но передумал) взять эпиграфом к этому моему письму: «Герои Советского Союза и полные кавалеры ордена Славы обслуживаются бесплатно».

Кстати, а вы не знаете, почему слово «Герой» пишется с большой буквы, а «кавалеры» с маленькой? Хотя даже в вашем клубе героев в четыре с половиной раза больше, чем кавалеров.

В заключение хочу вам открыть небольшую военную тайну. Вот меня часто спрашивают, где я нахожу героев для моих измышлений, из какого пальца я их высасываю. Посмотрите, ваши превосходительства, друг на друга и подумайте, зачем мне истощать свои пальцы, когда природа изготовила столь замечательных, живых и готовых позировать персонажей.

Март 1989

ПРИЛОЖЕНИЕ 12

ОТВЕТ НА СТАТЬЮ Э. РЯЗАНОВА

ОТРЕЗАННЫЙ ЛОМОТЬ

Я откликаюсь на статью Эльдара Рязанова не сразу, потому что соответствующий номер «Огонька» (см.: Эльдар Рязанов «Прощай, Чонкин». «Огонек», 1989, №35) шел до меня очень долго, а кроме того, я был занят переездом (временным) в другую страну и устройством на новом месте. Откликаюсь не для того, чтобы вступать в перепалку. Я Рязанова по-прежнему высоко ценю, мне понятна его досада на обстоятельства, не позволившие ему снять фильм по моему роману «Жизнь и необычайные приключения солдата Ивана Чонкина», мне понятны его обиды, но мне непонятно, на что он рассчитывал, когда брался за это дело. И на что рассчитывало руководство «Мосфильма».

С самого начала этой истории было совершенно очевидно, что права на постановку фильма по моему роману принадлежат фирме «Портобелло». Эти права были проданы фирме задолго до перестройки, — тогда, когда появление Чонкина на советском экране невозможно даже было себе представить. Поэтому с самого начала речь могла идти только о совместном производстве. Ни о чем другом.

Но у Рязанова и у «Мосфильма» были, оказывается, другие намерения, о которых я, например, даже не подозревал.

Сейчас в статье Рязанова я прочел следующее:

«Нам было известно, что права «Портобелло» на экранизацию кончаются 18 ноября 1988 года. Мы надеялись, что, если немного потянем, сможем освободиться от англичан и работать без них». Потом выяснилось, что права «Портобелло» вроде бы кончаются на год позже. Скорректировали свои планы с уточненной датой».

Вот вторая цитата:

«Перед поездкой наших представителей в Лондон мы все посовещались. Мы знали, «права у англичан кончаются в ноябре 1989 года. И мы, если Войнович согласится передать права нам, можем смело приступить к съемкам картины».

Надо сказать, что эти планы меня весьма и весьма удивили. Прежде всего, своим простодушным, нескрываемым, я бы даже сказал, азиатским коварством. Значит, когда представительные делегации «Мосфильма» ездили в Лондон, жили там в дорогих гостиницах, оплаченных владельцем фирмы «Портобелло» Эриком Абрахамом, и вкушали за его же счет изысканные обеды, переговоры, которые при этом велись, были заведомо липовые и рассчитанные на то, что партнер окажется дураком.

Обо мне мосфильмовские предприниматели, видимо, тоже думали не лучше, чем об английском продюсере. «Если Войнович согласится...» А если не согласится? Такой вариант Рязанову и мосфильмовскому начальству почему-то даже и в голову не пришел. А если бы пришел и меня бы спросили, то, очевидно, отношения с фирмой «Портобелло» пришлось бы или строить на другой основе, или прекратить на более ранней стадии.

Сейчас Рязанов упрекает меня, что я чуть ли не действовал за его спиной и тайком от него подписывал какие-то документы. Это не так. По поводу предполагавшейся картины о Чонкине я с «Мосфильмом» вообще ни в какие юридические отношения не вступал и вступать не собирался. Все связанные с этим договора я заключал только с фирмой «Портобелло» и, как сказано выше, задолго до появления на моем горизонте Рязанова. Сейчас Рязанов попрекает меня моим последним по времени соглашением с «Портобелло», но и эту бумагу я подписал в июне 1988-го, когда собственные планы Рязанова были, как говорится, по воде вилами писаны, о чем сам Рязанов примерно в то же время поведал читателям «Московских новостей» в своей статье «Великодушие». Больше того, представителям «Мосфильма» с моего одобрения фирма «Портобелло» в Лондоне и мой литературный агент в Нью-Йорке предъявили все заключенные нами соглашения, так что никакого кота в мешке не было. И рассчитывать на то, что западный партнер где-то что-то прошляпит, было и некорректно, и нереалистично.

Надеяться в таком деле на меня тоже не следовало, потому что вести свои дела в расчете на чужую оплошность я не умел, не умею и уметь не хочу. Эльдар Александрович изображает меня растяпой, который по незнанию английского языка подписывает сам не знает чего. Это неверно. Я английским языком владею вполне сносно, а вот в юридической казуистике разбираюсь не очень. Она мне бывает непонятна ни на русском языке, ни на английском. В этой казуистике люди моей профессии вообще разбираются редко, поэтому писатели на Западе (и я тоже) нанимают литературных агентов, которые разбираются. Мне приходится (часто по совету агента) подписывать много всяких договоров, все условия которых я не всегда держу в голове. Поэтому когда Рязанов позвонил и попросил немедленно сообщить ему, что написано в таком-то пункте моего такого-то договора, я ему сразу на этот вопрос ответить не мог (а потом, письменно, ответил). Рязанов, насколько я понимаю, в правовой казуистике тоже не очень силен, поэтому «Мосфильм» посылал в Лондон и в Нью-Йорк своих юрисконсультов и экономистов, и если уж те не разобрались, то чего требовать от меня? (Я частное лицо и имею право быть неделовым, а вот мосфильмовским специалистам, стремящимся к международному сотрудничеству, во избежание удручающих ошибок, следовало бы вникнуть не только в здешние законы, но и в здешнюю этику, про которую советские люди часто думают, что она или примитивна — не обманешь, не продашь, — или вовсе не существует.)

Замечу к слову, что с владельцами фирмы «Портобелло» Эриком Абрахамом и Катей Краусовой я нахожусь не только в деловых, но и дружеских отношениях. А если говорить о деловой стороне, то фирма «Портобелло» платит мне довольно большие деньги в твердой валюте, а «Мосфильм» если и заплатит, то поменьше и в валюте, которая здесь, где я живу, вообще хождения не имеет.

Итак, в переговоры с Рязановым, а затем и с «Мосфильмом» я вступил, будучи связан с «Портобелло» договорными обязательствами, о нарушении которых не могло быть и речи. Меня привлекала не передача «Мосфильму» моих прав, а именно совместное производство. Я думал, что совместное производство будет соблазнительно и Рязанову, и «Мосфильму». Оно давало возможности «Мосфильму» и «Портобелло» объединить свои усилия и создать нечто незаурядное. Тем более что был шанс убить трех зайцев, то есть сделать хороший фильм, показать добрый пример международного сотрудничества и заодно объединить в одном фильме три куска разорванной культуры, представленные в данном случае Рязановым, мною и Михаилом Барышниковым, желавшим сыграть главную роль.

Но вот «Мосфильм» с «Портобелло» не договорились, и грандиозная затея лопнула, как мыльный пузырь. Обе стороны понесли при этом довольно большие убытки. «Мосфильму» что, у него деньги казенные, а вот Эрик Абрахам сто тысяч долларов (надеюсь, не последние) вынул из собственного кармана.

Сотрудничество не состоялось, как я теперь вижу, ввиду полной несовместимости всех сторон. Я не знаю, поняло ли это руководство «Мосфильма», но Рязанов, по-моему, нет, не понял. Он указывает на какие-то второстепенные причины и детали. Например, пеняет сам на себя, что не дал мне подписать (на том бы он меня и поймал) сценарий, написанный якобы нами совместно. (На самом деле есть два сценария. Один писал я один. В другом, написанном Рязановым, я дописывал отдельные сцены. Этот другой сценарий, если Рязанову нужно, я могу подписать задним числом, но от этого ничего не изменится.)

Эльдар Александрович сетует, что автор этих строк в своем последнем письме не нашел (цитирую) «ни одного слова благодарности к людям, которые, идя против течения, вкладывали все свои силы и способности, чтобы сделать фильм по его книге».

На самом деле я вовсе не рассматривал свое письмо как последнее и не считал, что, не сойдясь в чем-то — Рязанов с «Портобелло», а я с «Мосфильмом», — мы и между собой должны непременно расплеваться. Кроме того, упомянутое письмо было написано под влиянием раздражения от состоявшегося накануне телефонного разговора, в котором Рязанов предъявлял мне несправедливые обвинения и вообще наговорил много такого, о чем я могу забыть, только имея в виду, что это было сказано в состоянии аффекта. В том разговоре, идентифицируя меня со всем расчетливым и холодным западным миром и употребляя весьма неточно местоимения «мы» и «вы», Рязанов сказал мне примерно так: «Вы слишком богаты, обращаетесь с нами, как с дикарями, а мы бедные, но благородные. И «Мосфильм» благородный, и страна наша благородная».

Эти слова, надо сказать, меня и удивили, и разозлили. Потому что «мы», может быть, и богаты, но я лично не богаче Рязанова. Относительно дикарей спорить не буду (элементы дикарства есть), а что касается благородства, то у меня, Эльдар Александрович, изгнанному из «вашей» благородной страны, тоже на этот счет есть свои отдельные соображения.

Так вот я разозлился и в письме Рязанова благодарить не стал. Но в Москве много раз, и лично и публично, я благодарил Рязанова за то, что он пытался экранизировать «Чонкина», способствовал публикации романа и добился моего приезда в Москву. Пользуясь случаем, я еще раз выражаю благодарность всем, кто содействовал реабилитации хотя бы моих книг в Советском Союзе и особенно (еще раз) Рязанову. Мне очень жаль, что мое сотрудничество с этим выдающимся комедийным режиссером так вот печально закончилось, но, оглядываясь назад, я теперь вижу точно, что это сотрудничество на данном этапе и не могло состояться. И дело не только в фирме «Портобелло».

Некоторые мои читатели (или слушатели), вероятно, знают, что перестройку я принял сразу, с первых ее шагов. Я относился к числу тех, кто с самого начала поверил, что перестройка — это не политический трюк каких-то отдельных личностей, а неизбежный и необратимый процесс. Процесс этот внушает большие надежды и не меньшие опасения. Чем он кончится, в конце концов, зависит от суммы усилий всех, кто в нем участвует. Мне, честно говоря, тоже захотелось быть одним из участников. Потому что страну, которую Рязанов называет «наша», я тоже всегда считал и до сих пор считаю (и не собираюсь ни у кого спрашивать на это разрешения) своей. Я хотел принять участие в процессе не из меркантильных, а (я обычно стесняюсь такие слова говорить) из гражданских соображений. Поэтому предложение Рязанова соблазнило меня чем-то большим, чем просто желание увидеть Чонкина на экране. В расчете на это большее я, по приглашению Союза кинематографистов СССР, и отправился весной этого года в Москву. Приглашение пробил, конечно, Рязанов, а его поддержали, насколько мне известно, Георгий Данелия и Андрей Смирнов.

Советское посольство в Бонне без задержек оформило визы, и 16 марта мы с женой и дочерью после восьмилетнего отсутствия отправились на родину. При этом у всех у нас (и у пятнадцатилетней дочери тоже) было написано на визах: «Цель поездки — переговоры с Союзом кинематографистов».

В аэропорту нас, как правильно пишет Рязанов, тепло встретили друзья, родные, близкие (ну и правильно, а как же еще родные, близкие и друзья должны были нас встречать?). Чтобы исчерпать сразу эту тему, скажу, что и потом было очень много радостных, и горьких, и трогательных встреч с близкими и неблизкими дома, на улицах и в переполненных залах.

Но были еще встречи, которых Рязанов не видел, а я очень даже приметил.

На пути к друзьям нас встретила суровая таможенная служба, сотрудники которой точно знали, кто я такой, и вряд ли подозревали меня в перевозе наркотиков, оружия и валюты. Тем не менее, и мне, и моей жене, и моей дочери был устроен демонстративный и весьма дотошный досмотр, такой же грубый, каким нас провожали из страны. (Обычно иностранцев, к которым проявляется какой-то практический интерес, не досматривают, а тут мне было показано, что я если и иностранец, то далеко не первого сорта.)

Рязанов заметил, что в аэропорту нас снимало телевидение, но не заметил, какое именно телевидение. А вышло так, что увидели наш приезд не советские, а британские телезрители по одному из каналов Би-би-си. Советское телевидение, правда, там тоже было, но оно тратило на нас пленку напрасно, заснятые кадры на экранах не появились, поскольку запечатлелась на них, как было сказано, «не та фигура». По приезде я узнал, что восстановлен в звании члена Союза писателей СССР. Но сообщено мне это было почти шепотом. Известие об этом странном восстановлении было опубликовано маленькими буквочками в никому за пределами писательского клуба не известной многотиражке «Московский литератор», но так и не появилось, например, в «Литературной газете». («Литературка» в отличие, например, от «Медицинской газеты» вообще даже и не заметила моего появления в Москве — должно быть, и для нее я «не та фигура».) Между прочим, само по себе мое «восстановление» было чем-то, что в народе называется финтом ушами. Как объяснил мне потом один из секретарей СП[1], решение о моем когдатошнем исключении из этой организации хотя и отменено, я не могу считаться членом СП, поскольку не являюсь гражданином СССР. А гражданином СССР я не являюсь потому, что в свое время был лишен этого звания указом Брежнева. Указ этот до сих пор не отменен. Правда, когда я был в Москве, некоторые люди мне говорили, что если я как следует попрошу, то отмена указа вовсе не исключена. Я отвечал: да, спасибо, но тогда мне и вовсе рассчитывать не на что, ибо исключена возможность того, что я попрошу. (Я не просил, чтобы меня лишали гражданства, и не мне просить, чтобы его вернули.)

(Для сравнения: когда я выезжаю из Германии или возвращаюсь в нее, я ни у кого не прошу разрешения и некому сказать спасибо. Теперь вот я приехал на год в Америку. И собираюсь ездить в Чикаго, Сан-Франциско, на Гавайские острова. Где, кому сказать спасибо? Я не знаю.)

В Москве, как я уже сказал, ко мне было проявлено довольно много интереса. Я выступал перед публикой, давал интервью газетам, радио и телевидению (программа новостей в первый день отказалась меня показать, Останкинскую студию мне тоже — не та фигура — не предложили, но в некоторых передачах я все-таки появился).

Я попал в Москву в довольно бурное время. В разгаре была предвыборная кампания. Повсюду — шумные митинги, телевизионные дебаты и прочее. Выступают кандидаты, доверенные лица, члены неформальных объединений, представители народных фронтов. Я на какое-то время погрузился в эту суету, но вскоре понял, что это меня не касается, я

---

[1] Юрий Поляков.

здесь чужой. Для кого хороший, для кого плохой, но для слишком многих — чужой. Отрезанный ломоть. Я здесь не могу ни быть избранным, ни избирать, ни издавать журнал, ни создавать кооператив, ни купить, допустим, на свои гонорары квартиру в Москве, избушку в деревне. У меня здесь нет ни кола, ни двора, никаких прав и никаких обязанностей, кроме обязанности убраться восвояси, как только кончится виза.

Во время моих выступлений меня много раз люди звали вернуться («приезжайте, вы нам нужны»), но на других уровнях я подобных призывов не слышал. Правда, где-то кто-то как-то упомянул об этой проблеме в печати (и Рязанов, не забываю, по этому поводу несколько раз выступал), но власти хранят молчание, как будто и проблемы никакой нет. Сейчас очень много пишут и говорят о репрессиях сталинского периода и гораздо меньше о временах более близких. И вот перестройка идет, а бывшие заключенные по-прежнему не реабилитированы, а изгнанные из страны живут там, куда ветром занесло. Конечно, если даже и позвать обратно, то вернутся не все, но извиниться следует все-таки перед каждым. И отменить все указы о лишении разных людей гражданства. Но об этом я большого беспокойства в Москве не заметил и понял, что проблема сия находится на далекой периферии общественных интересов.

Так или иначе, но в Москве мне слишком часто приходилось чувствовать себя иностранцем. Вот, например, такой случай.

Явился я как-то на «Мосфильм» для встречи с генеральным директором Владимиром Досталем. Пришел на пару минут раньше условленного часа и сказал секретарше, что мне надо видеть Владимира Николаевича. Секретарша в ответ:

— Владимир Николаевич принять вас не сможет, потому что у него сейчас будет иностранная делегация.

Я хотел было возмутиться: как так, он ведь именно меня на это время как раз пригласил, а потом прикинул и понял, что это же я и есть иностранная делегация.

Ну, принимали меня примерно как Риббентропа. С одной стороны длинного стола — советская делегация (человек, пожалуй, двенадцать), а с другой стороны — германский рейх представлял я один. Представители советской стороны сдержанно улыбались, натужно шутили, и некоторые при этом сверлили меня глазами, давая понять, что нас, мол, на мякине не проведешь.

Все эти столкновения с реальной действительностью, ясное дело, отражались на моем настроении. Чем более росло мое ощущение непричастности к происходящим событиям, тем быстрее таял энтузиазм, связанный с возможной постановкой будущего фильма. Если я в этой стране чужой, то зачем мне стремиться к постановке фильма именно здесь?

В Москве я, естественно, встречался много раз с Рязановым. Время от времени мы с ним работали над сценарием.

Дорабатывая сценарий, я все больше ощущал, что затеянное дело кажется мне все менее соблазнительным. Тем более что я сегодня здесь, а завтра там. А послезавтра пустят ли меня снова сюда, неизвестно. Я сказал на «Мосфильме», что хотел бы время от времени присутствовать на съемках. Но для этого мне нужна, по крайней мере, постоянная виза. Мне было отвечено: постоянной не будет, а насчет многократной мы похлопочем. Впрочем, гарантии тоже нет: «Вы что, забыли, куда вы приехали?» Я стал задумываться. Если я приехал во всех смыслах туда же, откуда уехал, то, пожалуй, пора подумать, стоило ли приезжать?

Конечно, дело не в том, что мне не дают визы и не возвращают гражданства. Рязанов не виноват, и я не путаю его с государством. Но, работая над фильмом, я вступил в отношения не только с ним и не только с «Мосфильмом», а со всей советской системой, которая ко мне свое отношение изменила не очень сильно[1]. Ну да, меня в Москву ненадолго пустили (пренного благодарен), но обращаются, как с иностранцем, причем иностранцем второго сорта, с которым можно особо не чикаться.

Пока я обдумывал ситуацию, на поле боя появилась группа генералов Героев Советского Союза из Одессы. В своем открытом письме главным редакторам «Огонька» и «Юности» Виталию Коротичу и Андрею Дементьеву они возмущались публикацией «кощунственного измышления» (так они именовали мой роман), стыдили своих адресатов, а уж со мной и вовсе не церемонились, назвали меня и предателем, и клеветником, и сравнили (мне, правда, не привыкать) с Геббельсом (в печатном варианте это сравнение — большое спасибо — исчезло).

Когда письмо было опубликовано, я уже находился в Мюнхене, но до меня доходили известия, что генеральское сочинение произвело нужное впечатление и над картиной о Чонкине и над какими-то моими публикациями нависли тучи. Нет, конечно, сейчас времена не те, да и генералы не в прежней силе, но отбиваться от них как-то все-таки нужно.

Я и вовсе приуныл и стал думать, что вообще я, видимо, напрасно в это дело встрял. Если генералы все еще имеют возможность вмешиваться в литературу и искусство, где гарантия того, что фильм получится таким, каким я его хотел бы видеть? Не добьются ли их превосходительства, в конце концов, запрещения картины на том или ином этапе? Или, может быть, еще хуже — в борьбе с ними придется пойти на какие-то уступки, а я этого точно не захочу. Я во многих делах склонен к компромиссу, но с невеждами, лезущими в искусство, что бы они ни носили на погонах или на груди, у меня никакого компромисса быть не может. Я не только не хочу им уступать что бы то ни было, но даже вступать с ними в какие-то ни было обсуждения не желаю.

---

[1] К моменту написания статьи я еще не знал, что в КГБ уже заведено на меня новое дело оперативной подборки.

Конечно, будь я признанным в стране гражданином да имей доступ к печатным изданиям, я бы этим генералам несколько оплеух отвесил, за мной, как говорится, не заржавеет. А тут...

Вот Рязанов ответил на генеральские оскорбления и подписался всеми своими регалиями: народный артист, лауреат и прочее — тоже вроде как генерал. А у меня звание простое — отщепенец. Я все еще непрощенный преступник, со мной, как некоторые думают (правда, ошибочно), можно поступать как угодно. Меня, прожившего даже по советским понятиям не самую легкую жизнь, с малых лет работавшего физически, можно называть бездельником, паразитом и попрекать куском хлеба, которого я не съел. Меня, насильно выкинутого из страны, можно называть предателем, перебежчиком, опять-таки кем угодно.

Конечно, брань на вороту не виснет, и я к ней уже привык. Но советскому обществу пора учиться от нее отвыкать. Облыжные и безнаказанные обвинения отдельных людей наносят всему обществу гораздо больший урон, чем можно себе представить. Общество это станет только тогда правовым, когда клеветник в любом мундире будет рисковать тем, что придется доказывать свои утверждения в зале суда.

Рязанов описывает, как, пробивая картину, он с генералами воевал, а штатское начальство — кого уговаривал, кого обводил вокруг пальца. Все это он делал (я нисколько не сомневаюсь) с лучшими намерениями. В советских условиях до сих пор только так и надо крутиться, иначе такого острого фильма, как «Чонкин», не сделаешь. Тут и мне надо было бы проявить адекватную смекалку и изворотливость. Но в том-то и дело, что я этого не умею, никогда не умел и, в конечном счете, именно поэтому оказался за пределами советской системы и советских границ. Может, раньше и стоило научиться такому умению, а теперь уже ни к чему, до конца дороги добреду и без этого.

Пока я предавался своим сомнениям, отношения между фирмой «Портобелло» и «Мосфильмом» осложнялись. Эрик Абрахам (за свой счет) приезжал в Москву, и ему не понравились сценарий и актерские пробы, хотя актеры были такие, что лучше не подберешь (здесь я несколько слукавил. Актеры Гундарева и Стеклов были действительно хорошие, но для ролей Чонкина и Нюры староваты, о чем, не желая их обижать, я тогда умолчал. — *В.В.*). Мосфильмовцы (за счет Эрика) ездили в Лондон. Советские люди в одиночку передвигаться не умеют, поэтому Эрику опять пришлось принимать целую делегацию с руководителем, заместителем (не знаю, был ли там секретарь первичной организации), бухгалтером и юристом. В Лондоне о многом не договорились. Абрахам решил, что в Москве фильм, так сказать, мирового класса не сделают, и решил делать его в другой стране, на другом языке и на других условиях. При этом он под давлением московских делегатов и по моей просьбе разрешил (разрешил, повторяю, совершенно бесплатно) «Мосфильму» делать свою картину, но только для советской аудитории. Потому что он не хотел, чтобы советский фильм перебежал дорогу его фильму.

Достоин ли Абрахам осуждения? По-моему, нет. Несколько лет назад он купил права на экранизацию романа, потом продлевал договор и платил за продление. И вообще долгое время живет этим делом, на которое возлагает определенные надежды. А теперь что, он должен уступить безоговорочно, бесплатно, себе в убыток права, да еще людям, которые его хотели надуть? С какой стати? И когда Рязанов пишет: «мы все взбесились!», я его просто не понимаю. Я вижу во всем этом повод для огорчения, а для бешенства нет, не вижу. И не вижу достаточной причины вообще, чтобы отказываться от постановки фильма на данных условиях. Конечно, они не лучшие, но соответствуют обстоятельствам, с которыми надо считаться. Тем более что условия были поставлены «Портобелло» не на вечные времена. Через два-три года фильм мог бы быть показан за рубежом, а если бы он (вот к чему надо было стремиться!) оказался выдающимся, то удержать его в пределах советских границ было бы и сейчас невозможно.

Итак, фильм по моему роману в Советском Союзе не состоялся. Мне легче всего (и это правда) сказать, что мое дело сторона, права на книгу проданы, а я на их теперешнего владельца могу иметь только ограниченное влияние.

Но дело в том, что я не только физически, но и душевно стою на стороне Эрика Абрахама. Скажу больше. Даже и при (вообразим себе) отсутствии фирмы «Портобелло» мое сотрудничество с «Мосфильмом» вряд ли бы завершилось успешно.

Во время описываемой истории я заметил, что, готовясь к постановке фильма, Рязанов вроде бы даже и не понимает, что у меня могут быть отдельные интересы. Причем интересы не только творческие (по которым тоже были некоторые расхождения), но и всякие другие, в том числе. А мосфильмовское начальство меня и вовсе в расчет не принимало, не знаю уж почему.

На переговорах в Лондоне Эрик Абрахам по моей просьбе включил в число условий для сотрудничества выдачу мне постоянной или многократной (по крайней мере) визы. Ему было высокомерно отвечено, что вопрос о визе относится к числу не имеющих отношения к делу. Ответ не только нахальный, но и совершенно неделовой. Потому что одного этого ответа для меня лично было бы достаточно, чтобы прекратить с такими партнерами всякие отношения.

Да, приступая к работе с Эльдаром Рязановым, я был рад, что фильм по моей книге будет делаться талантливым русским режиссером, по-русски и на русской земле. Ради этого я до известной степени готов был пренебречь своими материальными интересами. Но я-то это сотрудничество рассматривал как первый шаг к моему, пусть не полному (дело не в месте жительства), но достойному возвращению в Россию.

Символику примем, заплатим налоги
И—к светлой заре по прямому пути.
Вот только б опять дураки и дороги
Нам не помешали до цели дойти.

ПРИПЕВ:

Славим отечество у каждого столика,
Где собирается нынче народ,
И горячо обсуждает символику
И не имеет важнее забот.

2000

Содержание